KLASSIKER DER GESCHICHTSSCHREIBUNG

PHAIDON

CORNELIUS TACITUS

SÄMTLICHE ERHALTENE WERKE

Unter Zugrundelegung der Übertragung von
Wilhelm Bötticher
neu bearbeitet von Andreas Schaefer

PHAIDON

Printed in Austria

ISBN 3-88851-077-5

INHALTSVERZEICHNIS

DIALOG ÜBER DIE REDNER

DIALOG ÜBER DIE REDNER

1. Oft fragst du mich, lieber Justus Fabius[1], warum, während die früheren Jahrhunderte[2] an Geist und Ruhm so vieler bedeutender Redner reich gewesen, vorzugsweise unsere Zeit so verlassen und ohne Lob der Beredsamkeit ist und kaum noch auch nur den Namen Redner kennt. Denn so nennen wir ja nur die Alten, wogegen die der Rede Kundigen in der Gegenwart Sachwalter, Rechtsbeistände und Anwälte ja alles andere, nur nicht Redner heißen. Auf diese deine Fragen zu antworten und die Last einer so gewichtigen Untersuchung auf mich zu nehmen – gewichtig, da ich entweder über unsere Fähigkeiten ein nachteiliges Urteil zu fällen hätte, wenn wir dieselbe Höhe nicht erreichen können, oder über unseren Geschmack, wenn wir es nicht wollen – würde ich kaum wagen, wenn ich meine eigene Meinung vorzutragen und nicht vielmehr bloß ein Gespräch der bedeutendsten Redner unserer Zeit zu wiederholen hätte, welche ich als noch sehr junger Mann eben diese Frage erörtern hörte. So bedarf ich nicht des eigenen Geistes, sondern nur des Gedächtnisses und der Erinnerung, um, was ich von so ausgezeichneten Männern fein gedacht und gewichtig ausgesprochen vernommen, – indem sie entgegengesetzte oder gleiche, aber dadurch, daß ein jeder damit den eigentümlichen Ausdruck seiner Sinnesart und seines Geistes wiedergab, stets auch etwas beweisende Ursachen anführten – jetzt in derselben Weise, mit Anführung derselben Gründe und Beibehaltung der Zeitfolge der Unterhaltung zu verfolgen. Denn es fehlte nicht an einem Manne, welcher auch das Gegenteil zu verteidigen suchte und, indem er das Altertum vielfach angriff und verspottete, die Beredsamkeit unserer Zeiten den Talenten der alten vorzog.

2. Am Tage nachdem Curiatius Maternus[3] seinen Cato[4] vorgelesen hatte, da es hieß, er habe bei den Mächtigen damit angestoßen, weil bei einem Trauerspiele dieses Inhalts er, sich selbst vergessend, an nichts als nur an Cato gedacht, und darüber viel in der Stadt gesprochen wurde, besuchten ihn Marcus Aper[5] und Julius Secundus[6], damals unsere berühmtesten Redner, die ich nicht nur in gerichtlichen Verhandlungen fleißig hörte, sondern auch in ihrem Hause und sobald sie öffentlich erschienen mit unbeschreiblicher Lernbegier und einer gewissen Leidenschaftlichkeit der Jugend aufsuchte, um auch

ihre Gespräche, ihre Debatten und den Inhalt ihrer vertraulichen und geheimen Unterredungen ganz in mich aufzunehmen, obwohl viele mißgünstigerweise meinten, Secundus besitze keine Fertigkeit im Reden, und Aper sei mehr durch Talent und natürliche Kraft als durch wissenschaftliche Bildung zum Ruhme der Beredsamkeit gelangt. Jedoch fehlte es dem Secundus nicht an einem reinen, gedrängten und hinlänglich fließenden Vortrage, und Aper, mit jedem Zweige der Bildung wohl bekannt, verschmähte mehr die Wissenschaft, als daß er in ihr fremd gewesen wäre, um von eigener Tätigkeit und Anstrengung noch größern Ruhm zu ernten, wie wenn er glaubte, daß ein Kopf, wie er von seiten anderweitiger Kunst gar keine Unterstützung zu bedürfen schiene.

3. Als wir in Maternus Zimmer eintraten, trafen wir ihn sitzend an und das Buch, welches er am Tage vorher vorgelesen hatte, in den Händen haltend.

Da sagte Secundus: „Schreckt dich denn das Gerede der Übelwollenden gar nicht davon ab, Maternus, an dem Anstoß Wohlgefallen zu finden, den dein Cato gab? Oder hast du deshalb dein Buch zur Hand genommen, um es sorgfältiger von neuem zu bearbeiten und den Cato nach Tilgung dessen, was zu einer schiefen Deutung Anlaß gab, zwar nicht besser, aber doch sicherer in die Welt zu senden?"

Hierauf erwiderte jener: „Du wirst es lesen, was Maternus sich selbst schuldig gewesen ist, und wiederfinden, was du gehört hast. Und hat Cato noch etwas vergessen, so wird es in der nächsten Vorlesung Thyestes sagen. Denn dieses Trauerspiel habe ich schon angelegt und in mir selbst gestaltet; und deshalb eile ich nun, die Herausgabe dieses Buches zu beschleunigen, um nach Beseitigung der früheren Arbeit mich mit ganzer Seele dem Gedanken an die neue hinzugeben."

„So wenig", sagte Aper, „kannst du dir mit diesen Trauerspielen Genüge tun, daß du alle deine Zeit, ohne dich um Reden und Prozesse irgend noch zu kümmern, soeben erst einer Medea und nun auch einem Thyestes zuwendest, obgleich dich doch die Prozesse so vieler Freunde und die Vertretung so zahlreicher Kolonien und Landstädte auf das Forum rufen, denen du kaum genügen möchtest, wenn du dir auch nicht selbst noch das neue Geschäft aufgebürdet hättest, einen Domitius[7] und Cato, das heißt auch unsere Geschichte und römische Namen den Fabeln der Griechen beizugesellen."

4. Maternus antwortete: „Diese deine Strenge würde mich betroffen machen, wäre uns nicht der häufige und unablässige Streit fast schon zur Gewohnheit geworden. Denn du unterlässest nicht, die Dichter mitzunehmen und zu verfolgen, ich dagegen, dem du Lässigkeit im Rechtsbeistande vorwirfst, übe ja doch täglich damit eine Rechtsvertretung, daß ich die Dichtkunst gegen dich verteidige. Um so mehr freue ich mich, daß sich uns ein Richter dargeboten hat, der

mir entweder verbietet, in Zukunft noch Verse zu machen, oder, was ich schon längst wünsche, auch durch sein Ansehn mich antreibt, die engen Schranken gerichtlicher Verhandlungen zu verlassen, in welchen ich mich mehr als zu viel abgemüht habe, und jene heiligere und erhabenere Beredsamkeit zu üben."

5. „Nun, ich will", sagte Secundus, „ehe sich Aper weigert, mich als Richter anzuerkennen, tun was rechtschaffene und Maß haltende Richter pflegen, indem sie solche Erkenntnisse von sich ablehnen, bei welchen es am Tage liegt, daß die eine Partei überwiegend in Gunst bei ihnen steht. Denn wem ist es wohl unbekannt, daß niemand mit mir enger durch freundschaftlichen Umgang und ununterbrochene Lebensgemeinschaft verbunden ist, als Salejus Bassus[8], ein Mann, der zugleich der trefflichste Mensch und der vollendetste Dichter ist! Wird nun aber die Dichtkunst angeklagt, so kenne ich keinen andern, welcher, angeschuldigt, eine sicherere Verteidigung ermöglichte."

„Unbesorgt", erwiderte Aper, „mag Salejus Bassus sein, und wer sonst das Studium der Dichtkunst und den Ruhm der Lieder liebt, sobald er Prozesse zu führen nicht imstande ist. Denn habe ich einmal einen Schiedsrichter in diesem Streite gefunden, so will ich nicht zugeben, daß Maternus in Gemeinschaft mit mehreren verteidigt werde, sondern ihn ganz allein vor euch deshalb anklagen, daß er, zu männlicher, sachwaltender Beredsamkeit geboren, mit welcher er sich Freunde erwerben und erhalten, zu Verbindungen gelangen, und sich ganze Provinzen verpflichten könnte, eine Beschäftigung aufgibt, welche sich wie keine andere in unserem Staate reicher an Nutzen, erhabener an Würde, schöner an Ruf in der Hauptstadt und glanzvoller an Berühmtheit im ganzen Reiche sowie bei allen Völkern, denken läßt. Denn wenn alle unsere Pläne und Handlungen auf den Nutzen für das Leben bezogen werden müssen, was ist dann sicherer, als die Kunst zu üben, mit welcher stets gewaffnet man dem Freunde Schutz, dem Fremden Hilfe, dem Gefährdeten Rettung, den Neidern aber und Feinden auch noch Furcht und Schrecken bringt, während man selbst unbesorgt und wie mit einer bleibenden Macht und Gewalt umschirmt ist? Ihr Einfluß und Nutzen wird, wenn es uns gut geht, darin erkannt, daß sie andern zur Zuflucht und zum Schutze gereicht; meldet sich aber eigene Gefahr an, dann ist kein Panzer oder Schwert eine sicherere Schutzwehr in der Feldschlacht, als die Beredsamkeit dem Angeklagten und Gefährdeten zugleich Wehr und Waffe ist, sei es im Gerichte, im Senate oder vor dem Fürsten sich gleicherweise zu verteidigen und anzugreifen. Was hat unlängst Eprius Marcellus[9] den erbitterten Senatoren anderes entgegengestellt, als seine Beredsamkeit, mit der gerüstet und drohend er die zwar beredte aber ungeübte und in solchen Kämpfen unerfahrene Weisheit des Helvidius[10] unwirksam zu machen wußte! Ich will nicht mehr von ihrem Nutzen sagen, und glaube auch, von dieser Seite wird mein Freund Maternus mir am wenigsten widersprechen.

6. „Ich komme zu dem Genuß, welchen die Beredsamkeit des Sachwalters gewährt, deren Annehmlichkeit uns nicht in einem einzelnen Momente, sondern fast an jedem Tage, fast zu jeder Stunde zuteil wird. Denn was ist wohl angenehmer für den freigebornen, nicht gemeinen und zu edlen Genüssen geschaffenen Menschen, als sein Haus stets voll und durch den Zusammenfluß der ausgezeichnetsten Männer besucht zu sehen, und zu wissen, daß dies nicht unserem Gelde, nicht unserer Kinderlosigkeit, noch der Besorgung irgend einer Amtspflicht, sondern allein uns selbst gilt; ja, daß jene Kinderlosen, Reichen und Mächtigen meist zu dem armen und jungen Manne kommen, um ihm ihre eigenen oder ihrer Freunde Fährlichkeit zu empfehlen. Gewähren wohl unermeßliche Schätze und ausgezeichnete Macht irgend einen solchen Genuß wie den, Leute, die schon alt und grau geworden sind und auf die Gunst der ganzen Welt zu bauen haben, im größten Überfluß an allen Gütern das Bekenntnis ablegen zu sehen, daß sie das, was das Beste ist, nicht besitzen? Und nun, welche Begleitung von Männern in der Toga[11], und mit ihnen welcher Austritt aus dem Hause, welches Ansehen bei dem öffentlichen Erscheinen, welche Verehrung in den Gerichten, welche Freude, sich zu erheben und aufzutreten unter Schweigenden, die auf den einzigen nur gerichtet sind! Wenn das Volk sich sammelt, in einem Kreise sich zusammendrängt und jegliche Stimmung annimmt, in welche sich der Redner versetzt hat! Nur die ganz gemeinen und auch den Blicken der Unerfahrenen kenntlichen Freuden der Redenden zähle ich hiemit auf; jene geheimeren und nur den Rednern selbst bekannten sind größer. Trägt er eine sorgfältig und lange durchdachte Rede vor, gewiß, es hat, so wie der Vortrag selbst, so auch die Freude ein gewisses Gewicht und eine gewisse Sicherheit; tritt er nicht ohne einige Bangigkeit der Seele mit einer neuen, eben erst erwogenen Sache auf, so dient selbst diese Besorgnis dem Erfolge zur Empfehlung, und gibt dem Vergnügen höheren Reiz. Eine ganz besondere Freude aber gewährt die Kühnheit, ja selbst die Verwegenheit im Extemporieren. Denn auch im Geiste ist, wie auf dem Felde, wiewohl man sich im übrigen lange mit Bestellung und Bearbeitung beschäftigen möge, doch das angenehmer, was von selbst wächst.

7. „Ich meinesteils habe, um von mir selbst ein Bekenntnis abzulegen, den Tag, an welchem mir der breite Purpurbesatz[12] verliehen wurde, und den, an welchem ich, ein Neuling und in einer keineswegs zur Gunst behilflichen Stadt geboren, die Quästur, das Tribunat oder die Prätur[13] erhielt, nicht fröhlicher verlebt, als die, an denen mir vermöge dieser meiner Rednergabe, so gering sie sein mag, einen Angeklagten im Senat glücklich zu verteidigen, oder vor den Centumvirn[14] eine Sache erfolgreich durchzuführen, oder sogar vor dem Kaiser seine eigenen Freigelassenen und Prokuratoren[15] zu beschützen und zu verteidigen vergönnt ist. Dann scheine ich mich über Tribu-

nate, Präturen und Konsulate zu erheben, dann das zu besitzen, was, wenn es sich nicht im Geiste selbst erzeugt, weder durch Vermächtnisse verliehen, noch durch Gunst zuteil wird. Welcher Ruhm und welches Lob in irgend einer Kunst läßt sich mit dem Ruhme der Redner vergleichen? Wer ist in Rom so angesehen, nicht allein bei Geschäftsleuten und tätig in der Welt Verkehrenden, sondern auch bei Unbeschäftigten und Jünglingen, wenn sie nur die rechte Anlage besitzen und etwas Gutes von sich hoffen? Wessen Namen prägen Eltern ihren Kindern früher ein? Wen nennt auch der unwissende Haufe, und dieses mit der Tunika bekleidete Volk im Vorübergehen häufiger mit Namen und weist mit dem Finger auf ihn hin? Auch Fremde und Ausländer fragen, sobald sie in Rom angekommen sind, nach ihnen, von denen sie in ihren Landstädten und Kolonien schon gehört haben, und wünschen sie gleichsam wiederzuerkennen."

8. „Ich möchte zu behaupten wagen, daß Marcellus Eprius, von welchem ich soeben sprach, und Crispus Vibius[16] – denn ich bediene mich lieber neuerer und in frischem Andenken stehender, als älterer und schon in Vergessenheit geratener Beispiele – nicht minder in den äußersten Teilen der Erde leben, als zu Capua oder Vercellae, wo sie geboren sein sollen. Dies bewirken nicht des einen zwei-, des andern dreihundert Millionen Sesterzen, obwohl man allerdings annehmen kann, daß sie auch zu diesen Schätzen vermittelst der Beredsamkeit gekommen sind, sondern die Beredsamkeit selbst, deren Göttermacht und himmlische Kraft in allen Zeiten viele Beispiele davon geliefert hat, bis zu welchem Glücke Menschen durch die Kraft des Geistes gelangten. Wie ich vorhin bemerkte, brauchen wir von diesen Beispielen nicht erst durch Erzählung zu vernehmen, sondern können sie mit eignen Augen schauen. Denn je gemeiner und niedriger die Redner geboren wurden, und je auffallendere Armut und Beschränktheit sie bei ihrer Geburt umgab, desto leuchtendere und in die Augen fallendere Beispiele sind sie, um den Nutzen der gerichtlichen Beredsamkeit zu beweisen, weil sie ohne Empfehlung durch ihre Abkunft, ohne Mittel zu besitzen, und keiner von beiden ein Muster von Sittlichkeit, der eine durch sein Äußeres sogar verächtlich, schon viele Jahre hindurch die Mächtigsten im Staate sind, und, so lange es ihnen gefiel, die Ersten auf dem Forum, jetzt die Ersten in des Kaisers Freundschaft, alles bewegen und mit sich fortreißen, und dabei auch vom Fürsten selbst mit einer gewissen Ehrerbietung ausgezeichnet werden, da ja Vespasianus[17], dieser ehrwürdige und gegen Wahrheit so duldsame Greis, recht gut einsieht, daß wohl seine übrigen Freunde sich auf das stützen, was sie von ihm selbst empfangen haben, und was er leicht selbst zusammenhäufen und auf andere übertragen kann, Marcellus aber und Crispus etwas seiner Freundschaft zugebracht haben, was sie vom Fürsten nicht empfangen haben und man von ihm auch nicht empfangen kann. Den geringsten Platz unter so Vielem

und so Großem nehmen Ahnenbilder, Inschriften und Statuen ein; doch verachtet man auch diese nicht, so wenig als Reichtum und Vermögen, und leichter dürfte sich jemand finden, der diese Dinge tadelte, als der sie verschmähte. Also von diesen Ehren, Auszeichnungen und Gütern voll erblicken wir die Häuser derer, welche sich von früher Jugend an gerichtlichen Angelegenheiten und dem Studium der Beredsamkeit gewidmet haben.

9. „Gedichte dagegen und Verse, worauf Maternus sein ganzes Leben zu verwenden wünscht – davon ging ja unsere ganze Unterhaltung aus – verschaffen denen, welche ihre Schöpfer sind, weder irgend eine Würde, noch fördern sie in irgend einer Art den Nutzen; der Genuß aber ist kurz, das Lob leer und unfruchtbar, das sie erlangen. Mag dies nun sowie das, was ich nachher zu sagen im Begriffe bin, dein Ohr, Maternus, beleidigt zurückweisen: was hilft es, wenn bei dir Agamemnon oder Jason schön zu sprechen wissen? Wer kehrt dadurch verteidigt und dir verpflichtet nach Hause zurück? Wer gibt unserem Salejus, dem vortrefflichen Dichter, oder, wenn dies ehrenvoller ist, dem hochberühmten Sänger, das Geleit, begrüßt ihn oder geht ihm zur Seite? Gewiß wird er doch, wenn einer seiner Freunde, wenn ein Verwandter, wenn er selbst in einen Handel verwickelt worden ist, zu Secundus hier seine Zuflucht nehmen, oder zu dir, Maternus, nicht weil du Dichter bist, noch daß du für ihn Verse machen sollst; denn die wachsen dem Bassus im eigenen Hause, schön allerdings und lieblich, doch nur mit dem Erfolge, daß, wenn er im ganzen Jahre, alle Tage lang und auch noch während eines Teiles der Nächte ein einziges Buch herausgeschmiedet und herausstudiert hat, er sich noch obenein genötigt sieht, zu bitten und sich darum zu bewerben, daß sich nur Leute finden, welche ihn zu hören würdigen, und auch das nicht einmal umsonst. Denn da mietet er erst ein Haus, richtet einen Hörsaal ein, borgt Bänke und verteilt Einladungskarten. Und falls nun auch seiner Vorlesung der herrlichste Erfolg zuteil wird, dieser ganze Ruhm, im Zeitraum eines einzigen oder zweier Tage gleichsam im grünen Halme oder in der Blüte schon geerntet, kommt zu keiner sichern, keiner festen Frucht, noch trägt er einen Freund oder einen Schützling oder im Herzen irgend eines Menschen eine bleibende Verbindlichkeit davon, sondern nur unstetes Geschrei, leeren Zuruf und eine flüchtige Freude. Wir haben vor kurzem als ausgezeichnet und außerordentlich Vespasians Freigebigkeit gepriesen, da er dem Bassus fünfhunderttausend Sesterzen zum Geschenk machte. Schön ist es allerdings, durch sein Talent die Huld des Fürsten sich zu verdienen, wieviel schöner ist es jedoch, wenn es einmal die häusliche Lage nötig macht, sich selbst zu dienen, seinem eigenen Genius zu huldigen, seine eigene Freigebigkeit an sich zu erfahren. Dazu kommt noch, daß die Dichter, wenn sie etwas Tüchtiges ausarbeiten und zustandebringen wollen, dem Verkehr mit ihren Freunden und

den Annehmlichkeiten der Hauptstadt entsagen, alle übrigen Pflichtverhältnisse aufgeben und, wie sie selbst sagen, in Wälder und Haine, das heißt in die Einsamkeit sich zurückziehen müssen.

10. „Nicht einmal die öffentliche Meinung und der Ruf, dem sie allein dienen, und von welchem sie bekennen, daß er der einzige Lohn ihrer ganzen Anstrengung sei, ist den Dichtern gleich willfährig wie den Rednern, weil den mittelmäßigen Dichter niemand kennt, den guten nur wenige. Denn wann dringt der Ruhm auch der trefflichsten Vorlesungen nur durch die ganze Stadt? geschweige, daß er in so vielen Provinzen bekannt werden sollte. Wie wenige, wenn sie aus Spanien oder Asien – um von unseren Galliern gar nichts zu sagen – nach der Stadt kommen, fragen nach Salejus Bassus? Und wenn ja auch einer nach ihm fragt, so geht er, hat er ihn einmal gesehen, vorüber und läßt sich daran genügen, wie wenn er ein Gemälde oder eine Statue gesehen hat. Doch ich will diese meine Rede nicht so verstanden wissen, als ob ich diejenigen, denen ihre Natur das Rednertalent versagt hat, von der Dichtkunst zurückschrecken wollte, wofern sie nur imstande sind, in diesem Zweige geistiger Tätigkeit ihre Muße angenehm zu beschäftigen und ihren Namen in Ruf zu bringen. Ja, ich halte gewiß die ganze Beredsamkeit und alle ihre Zweige für heilig und ehrwürdig, und glaube, daß nicht nur euer Kothurn oder der erhabene Klang des Heldengedichtes, sondern auch die Lieblichkeit der lyrischen Gedichte, die Üppigkeit der Elegien, die Bitterkeit der Jamben, das Spiel der Epigramme und welche andere Gestalt die Redegewandtheit annehmen mag, den übrigen Beschäftigungen mit anderen Künsten vorzuziehen ist. Ich habe es nur mit dir, Maternus, zu tun, weil du, obwohl deine Natur gerade zum Gipfel der Beredsamkeit hinstrebt, lieber in der Irre umhergehen willst und obgleich du das Höchste erreichen würdest, bei dem Unbedeutenderen stehenbleibst. Wie ich, wenn du in Griechenland geboren wärest, wo es nicht entehrt, auch die Kurzweil der Künste zu treiben, und dir die Götter die Stärke und Kraft eines Nikostratus[18] verliehen hätten, nicht zugeben würde, daß diese gewaltigen und zum Kampfe geschaffenen Arme durch die Leichtigkeit des Wurfspeers oder den Wurf des Diskus erschlafften, so rufe ich dich jetzt aus den Hörsälen und von den Theatern auf das Forum, zu Rechtsstreitigkeiten und zu wahren Kämpfen, zumal da du nicht einmal zu dem bekannten Vorwande deine Zuflucht nehmen kannst, der so vielen das Wort redet, als sei die Beschäftigung der Dichter weniger als die der Redner der Gefahr des Anstoßes ausgesetzt. Denn es braust die Kraft deiner herrlichen Natur auf und du stößest nicht für einen Freund, sondern, was gefährlicher ist, für einen Cato an. Und der Anstoß, den du gibst, wird nicht entschuldigt durch die Notwendigkeit der Pflicht, durch die Gewissenhaftigkeit des Rechtsbeistandes oder durch das Ungestüm der vom Augenblicke eingegebenen und plötzlich enstande-

nen Rede: du hast allem Anscheine nach darüber nachgedacht und dir eigens eine merkwürdige Person auserkoren, um sie auf eine gewichtsvolle Weise reden zu lassen. Ich fühle wohl, was man dagegen erwidern kann: eben hieraus erwachse jener ungemessene Beifall, dies gerade werde in jenen Hörsälen vorzüglich gelobt und befinde sich bald in dem Munde aller. Nun, so entschuldige dich wenigstens nicht mit der Sorge für deine Ruhe und Sicherheit, da du selbst dir einen höheren Gegner wählst. Uns genüge es, Privatstreitigkeiten und solche, die unserer Zeit angehören, zu übernehmen, in welchen, müssen wir einmal, damit hervorzutreten genötigt, für einen gefährdeten Freund das Ohr der Mächtigeren beleidigen, unsere Treue Beifall und unsere Freimütigkeit Entschuldigung finden kann."

11. Als Aper dies mit ungewöhnlicher Lebhaftigkeit, wie er pflegte, und gespannten Blicks gesprochen hatte, antwortete Maternus gelassen und sanft lächelnd: „Obwohl ich mich anschickte, die Redner nicht minder nachdrücklich anzuklagen, als Aper sie gelobt hatte – denn ich vermutete, er würde, von ihrem Lobe abschweifend, die Dichter herabsetzen und die Beschäftigung der Dichtkunst ganz verwerfen, – hat er mich doch durch einen Kunstgriff milder gestimmt, indem er denen, welche nicht imstande wären, Prozesse zu führen, Verse zu machen gestattete. Ich aber, mag ich auch vielleicht im Führen von Prozessen etwas leisten und emporstreben können, habe doch durch Vorlesung von Trauerspielen teils gleich anfangs den Weg des Ruhmes zu betreten gesucht, als ich unter Neros Regiment[19] die schändliche und auch das Heiligtum der Wissenschaft entweihende Gewalt des Vatinius brach, teils glaube ich, wenn ich auch heute einige Berühmtheit und einen gewissen Namen besitze, dies mehr durch den Ruhm der Gesänge als den der Reden gewonnen zu haben, und so habe ich beschlossen, von juristischen Anstrengungen mich ganz loszumachen. Ich trage gar kein Verlangen nach jener Begleitung beim Ausgehen und Heimkehren oder nach dem Schwarme der Begrüßenden, ebensowenig als nach ehernen Statuen und Bildern, die auch wider meinen Willen sich einen Weg in mein Haus gebahnt haben. Meine Stellung und meine Sicherheit behaupte ich bis jetzt durch Schuldlosigkeit besser als durch Beredsamkeit, und besorge auch nicht, je anders im Senate als für die Rettung eines anderen reden zu müssen.

12. „Wälder aber und Haine und eben die Abgeschiedenheit, auf welche Aper schalt, gewähren mir so großes Vergnügen, daß ich es zu den hauptsächlichsten Vorzügen meiner Dichtung zähle, daß sie nicht im Geräusch, nicht während der Klient schon vor der Tür sitzt, nicht bei dem Jammer und den Tränen der Beklagten verfaßt werden, sondern der Geist sich zurückzieht in reine, unbefleckte Räume und sich eines geweihten Aufenthaltes erfreut. Dies war der erste Anfang der Beredsamkeit, dies ihr innerstes Heiligtum; in dieser Gestalt und Ein-

kleidung zuerst den Sterblichen ein Segen, ergoß sie sich in jene reinen, noch von keinem Laster berührten Seelen; so sprachen die Orakel. Der Gebrauch der gewinnsüchtigen und bluttriefenden Beredsamkeit ist neu und aus verderbten Sitten entsprungen, ja, wie du, Aper, selbst sagtest, als eine Waffe erfunden. Dagegen hatte jenes glückliche und, um nach unserer Weise zu reden, goldene Zeitalter, arm an Rednern wie an Verbrechen, Überfluß an Dichtern und Sehern, um edle Taten zu besingen, nicht um Missetaten zu verteidigen, und niemand besaß größeren Ruhm oder erhabenere Ehre, zuerst bei den Göttern, deren Aussprüche sie verkündet und deren Mahlen sie beigewohnt haben sollen, dann bei jenen von Göttern erzeugten und heiligen Königen, unter denen wir von keinem Sachwalter, sondern von einem Orpheus und Linos[20] und, will man höher hinauf blicken, von Apollo selbst vernommen haben. Oder scheint dies zu fabelhaft und lediglich erdichtet, so gibst du, Aper, mir doch gewiß zu, daß Homer keine geringere Ehre bei der Nachwelt hat, als Demosthenes, und daß der Ruf des Euripides oder Sophokles in nicht engere Grenzen, als der des Lysias oder Hyperides[21] eingeschlossen ist. Mehr Leute wirst du heutzutage finden, welche Ciceros, als solche, die Vergils Ruhm verkleinern, und kein einziges Buch des Asinius[22] oder Messalla[23] ist so berühmt, wie die Medea des Ovid[24] oder der Thyestes des Varius[25].

13. „Nicht einmal das Glück der Seher und jenes selige Stilleben möchte ich mich mit dem unruhigen und angstvollen Leben der Redner zu vergleichen scheuen. Mögen immerhin ihre Kämpfe und Gefahren sie zu Konsulaten erhoben haben; lieber ist mir eines Vergil sorgenfreie und einsame Abgeschiedenheit, in welcher es ihm ja doch weder bei dem Kaiser Augustus an Gunst, noch beim römischen Volke an Berühmtheit fehlte. Des sind des Augustus Briefe Zeuge, Zeuge das Volk ja selbst, welches, als es Vergils Verse im Theater vernommen hatte, sich insgesamt erhob und den gerade gegenwärtigen und unter den Zuschauern befindlichen Dichter ganz so verehrte, wie wenn er Augustus gewesen wäre. Nicht einmal in unseren Zeiten dürfte ein Secundus Pomponius[26] einem Afer Domitius[27] an Würde im Leben und an Dauerhaftigkeit des Ruhmes nachstehen. Denn was haben Crispus und Marcellus, auf deren Beispiel du mich verweisest, in diesem ihrem Glücke denn so Begehrenswertes? Daß sie sich fürchten, oder daß sie gefürchtet werden? Daß, indem sie täglich um etwas gebeten werden, die, denen sie es nicht gewähren, deshalb ungehalten gegen sie sind? Daß sie, zusammengekoppelt mit der Schmeichelei, weder den Gebietenden jemals genug Sklaven, noch uns jemals frei genug zu sein scheinen? Worin besteht denn ihre so große Macht? So viel pflegen auch Freigelassene auszurichten. Nein, mich mögen die holden Musen, wie Vergil sagt, fern von Bekümmernissen und Sorgen und von der Nötigung, täglich etwas

gegen die Neigung zu tun, zu jenen heiligen Stätten und jenen, ihnen heiligen Quellen führen; nicht möge ich fürder noch das leidenschaftlich erregte und schlüpfrige Forum und den mit bleichem Zagen erfüllenden Ruhm zitternd zu versuchen haben; nicht möge mich der Lärm der zur Begrüßung Kommenden, nicht atemlos ein Freigelassener aus dem Schlafe wecken, nicht möge ich, ungewiß der Zukunft, ein Testament nur um des Unterpfandes willen abfassen, und nicht mehr besitzen als ich lediglich dem, dem ich es bestimme, hinterlassen kann, wenn einst mein vom Geschick beschlossener Tag kommt. Auch möchte ich dann auf meinem Grabeshügel nicht trauervoll und finster abgebildet werden, sondern heiter und bekränzt, und niemand brauche ob des Andenkens meines Namens erst anzufragen und zu bitten."

14. Kaum hatte Maternus, in aufgeregter Stimmung und wie begeistert geendet, als Vipstanus Messalla[28] in sein Zimmer eintrat und, schon aus der Spannung aller vermutend, daß ein Gespräch von tieferer Bedeutung unter ihnen geführt werde, sprach: „Ich bin wohl nicht recht zu gelegener Zeit gekommen, während ihr eine geheime Beratung pflegt und einen Rechtsstreit miteinander überlegt?"

„Gar nicht, gar nicht", antwortete Secundus, „ja, ich hätte sogar gewünscht, du wärest früher dazugekommen, Denn dich hätte sowohl unseres Aper äußerst gründliche Auseinandersetzung erfreut, indem er den Maternus aufzufordern suchte, sein ganzes Talent und seinen ganzen Fleiß Prozeßführungen zuzuwenden, als auch des Maternus heitere und, wie Dichter zu verteidigen geziemte, kühnere und mehr für Dichter als für Redner passende Schutzrede für seine Gedichte."

„Ja freilich", erwiderte er, „hätte mich die Unterredung selbst mit unendlichem Vergnügen erfüllt, und schon daran habe ich ja meine Freude, daß ihr, so treffliche Männer und die ersten Redner unserer Zeit, nicht bloß in den Geschäften des Forums und in deklamatorischen Studien euren Geist übt, sondern auch solche Debatten mit zu Hilfe nehmt, welche dem Geiste Nahrung geben und sowohl euch, die ihr jetzt also disputiert, als auch denen, zu deren Ohren es etwa gelangt, die angenehmste Ergötzung in gelehrter und wissenschaftlicher Bildung gewähren. Daher sehe ich denn auch wirklich, daß es an dir, Secundus, nicht minder gelobt wird, daß du durch die Lebensbeschreibung des Julius Afrikanus der Welt auf mehr dergleichen Schriften Hoffnung gemacht hast, als an Aper, daß er noch immer nicht von Schulstreitsätzen läßt und seine Muße lieber nach der Weise moderner Redekünstler als nach der der alten Redner verwenden will."

15. Darauf sagte Aper: „Hörst du denn gar nicht auf, Messalla, nur das Alte und die Vorzeit zu bewundern, dagegen die Bestrebungen unserer Zeiten zu verspotten und zu verachten? Denn solche Reden

habe ich oft von dir vernommen, daß du, deine und deines Bruders Beredsamkeit vergessend, behauptetest, niemand sei in dieser Zeit ein Redner, und das, wie ich glaube, um so zuversichtlicher, da du den Vorwurf der Mißgunst nicht besorgtest, indem du selbst den Ruhm dir absprichst, welchen andere dir zugestehen."

„Ich bereue auch", erwiderte jener, „diese meine Rede nicht, noch glaube ich, daß Secundus, daß Maternus oder auch du selbst, lieber Aper, wiewohl du bisweilen für das Gegenteil streitest, anders denkst; und ich möchte es wohl von einem unter euch erlangen, daß er den Ursachen dieses unaufhörlichen Zwiespaltes nachforschte, über welche ich selbst so oft nachsinne, und sie darstellte. Was dabei einigen zum Trost gereicht, das macht für mich die Frage nur noch wichtiger, eben weil ich sehe, daß es auch den Griechen so gegangen ist, daß jener Sacerdos Niketes[29] und wer sonst noch Ephesus oder Mytilene[30] vom eifrigen Geschrei seiner Schüler erzittern läßt, noch weiter von Aeschines[31] und Demosthenes, als Afer oder Africanus oder ihr selbst von Cicero oder Asinius abgewichen seid."

16. „Du hast", sagte Secundus, „eine wichtige und der Erörterung würdige Frage angeregt. Wer aber wird sie befriedigender lösen als du, zu dessen großer Gelehrsamkeit und ausgezeichnetem Geiste sich auch noch Studium und Nachdenken gesellten!"

Darauf antwortete Messalla: „Ich will euch wohl meine Gedanken eröffnen, wenn ihr zuvor mir versprechen wollt, daß auch ihr diese unsere Auseinandersetzung unterstützen wollt."

„Für zwei", erwiderte Matern, „versprech' ich es. Ich sowohl wie Secundus werden die Punkte ausführen, von denen wir bemerken, daß du sie nicht sowohl übergangen als uns übrig gelassen hast. Was Aper betrifft, so hast du es schon kurz vorher gesagt, daß es seine Gewohnheit ist, anderer Meinung zu sein, und er selbst gibt es ja deutlich genug zu erkennen, daß er sich schon längst zum Widerspruch rüstet und diese unsere Einstimmigkeit zum Lobe der Alten sich nicht gutwillig gefallen lassen will."

„Nein, gewiß werde ich nicht zugeben", sagte Aper, „daß unsere Zeit ungehört und unverteidigt durch diese Verschwörung von eurer Seite verurteilt wird, sondern gleich zuerst die Frage aufwerfen, wen ihr denn die Alten nennt und welche Epoche der Beredsamkeit ihr mit diesem Ausdrucke bezeichnet. Denn ich meinerseits verstehe, wenn ich von den Alten höre, darunter eine gewisse Anzahl von Männern der Vorwelt und von solchen, die längst dagewesen sind, und dann schweben mir Odysseus und Nestor vor Augen, deren Zeitalter ungefähr tausendunddreihundert Jahre vor unserer Zeit liegt. Ihr dagegen führt einen Demosthenes und Hyperides an, von denen doch bekannt genug ist, daß sie zu Philipps und Alexanders Zeiten blühten, und zwar, daß sie beide überlebten. Hieraus ist ersichtlich, daß nicht viel mehr als vierhundert Jahre zwischen unserer und Demosthenes' Zeit in der Mitte liegen, ein Zeitraum, welcher in Beziehung auf unsere leibliche Gebrechlichkeit vielleicht lang scheinen mag, in Rücksicht auf die Beschaffenheit der Jahrhunderte und auf die Weiten der unermeßlichen Zeit sehr kurz ist und ganz nahe liegt. Denn wenn, wie Cicero in seinem Hortensius[32] schreibt, das ein großes und eigentliches Jahr ist, in welchem die dermalige Stellung des Himmels und der Gestirne wieder eintreten wird, und dieses Jahr von denen, welche wir so nennen, zwölftausendneunhundertundvierundfünfzig umfaßt, so beginnt das Dasein eures Demosthenes, welchen ihr euch als der Vorwelt und dem Altertum angehörig denkt, nicht allein in demselben Jahre mit dem unsrigen, sondern fast in demselben Monat.

17. „Doch ich gehe zu den lateinischen Rednern über, unter denen ihr nicht den Menenius Agrippa[33], wie ich glaube, der doch noch als ein Alter erscheinen kann, den beredten Männern unserer Zeiten vorzuziehen pflegt, sondern den Cicero, Caesar, Caelius, Calvus, Brutus[34], Asinius und Messalla; warum ihr diese vielmehr den alten Zeiten als den unserigen beizählt, sehe ich nicht ein. Denn um gerade nur von Cicero zu reden, so ist er doch unter dem Konsulat des Hirtius und Pansa[35], wie der Freigelassene desselben, Tiro[36] geschrieben hat, am siebenten Dezember ermordet worden, in dem Jahre, in welchem der spätere Kaiser Augustus sich und Quintus Pedius zum Ersatz des Pansa und Hirtius zu Konsuln wählen ließ. Rechne nun die sechsundfünfzig Jahre, während welcher alsdann Kaiser Augustus den Staat regierte, füge die dreiundzwanzig des Tiberius hinzu, und fast vier Jahre des Gaius, sowie die zweimal vierzehn des Claudius und Nero und dann auch noch das eine lange Jahr des Galba, Otho und Vitellius, und das nun bereits sechste dieser segensreichen Regierung, mit welcher Vespasian den Staat beglückt – so kommen von Ciceros Tode bis auf diesen Tag hundertundzwanzig Jahre zusammen: ein einziges Menschenalter. Denn ich selbst habe in Britannien einen Greis gesehen, welcher versicherte, er sei mit bei der Schlacht gewesen, in welcher man den Britannien mit Krieg überziehenden Julius Caesar von den Gestaden abzuwehren und zurückzuschlagen unternahm. Hätte nun diesen Mann, welcher bewaffnet dem Gaius Julius Caesar widerstand, sei es Gefangenschaft oder freier Wille oder irgend ein anderes Geschick nach Rom gezogen, so hätte er zugleich Caesar selbst und Cicero hören und auch unseren Verhandlungen beiwohnen können. Bei der letzten Getreideverteilung habt ihr ja selbst mehrere Greise gesehen, welche erzählten, daß sie auch von Augustus schon ein und das andere Mal eine Spende erhalten hatten, woraus man entnehmen kann, daß sowohl Corvinus als Asinius von ihnen konnten gehört worden sein; denn Corvinus lebte bis zur Mitte von Augustus' Herrschaft, Asinius beinahe bis an das Ende derselben. So teilt ein Jahrhundert doch nicht, und nennt nicht immer alt und der Vorzeit

angehörig Redner, welche das Ohr derselben Menschen noch erkennen und gleichsam reihen und vereinigen konnte.

18. „Dies hab' ich deshalb vorausgeschickt um, wenn etwa aus dem Rufe und dem Ruhme dieser Redner für jene Zeiten ein Lob erwachsen soll, zu beweisen, daß dasselbe in der Mitte liege und selbst uns noch näher liege als dem Servius Galba[37], Gaius Caelius oder Gaius Carbo[38], und wen wir sonst mit Recht noch alte nennen möchten. Denn sie sind doch in der Tat rauh und ungeglättet, roh und formlos, und es wäre wohl zu wünschen, daß sie in keiner Hinsicht euer Calvus oder Caelius oder auch selbst Cicero nachgeahmt hätte. Denn ich will von nun an meine Sache kräftiger und kühner führen, nachdem ich nur das noch vorausgeschickt habe, daß sich mit den Zeiten auch die Gestaltungen und Gattungen der Rede ändern. So ist, mit dem älteren Cato verglichen, Gaius Gracchus voller und gehaltreicher, so Crassus[39] gefeilter und schmuckvoller als Gracchus, so Cicero lichtvoller, feiner und erhabener als beide, Corvinus milder, sanfter und im Ausdrucke durchgebildeter als Cicero. Auch frage ich gar nicht danach, wer der beredteste sei; nur das einstweilen bewiesen zu haben, begnüge ich mich, daß die Beredsamkeit nicht immer gleich aussieht, sondern auch bei denen, die ihr Alte nennt, mehrere Gattungen derselben angetroffen werden, und daß, was verschieden, nicht auch darum sogleich schlechter ist, aber vermöge der Untugend menschlicher Mißgunst das Alte stets gelobt, das Gegenwärtige verachtet werde. Bezweifeln wir etwa, daß es Leute gegeben hat, die den Appius Caecus mehr bewunderten als den Cato? Es ist bekannt genug, daß es nicht einmal dem Cicero an Verkleinerern fehlte, denen er aufgeblasen, schwülstig und nicht gedrängt genug, sondern über das rechte Maß hinausschweifend, überströmend und zu wenig von alter Art schien. Ihr habt ja gewiß die Briefe des Calvus und Brutus an Cicero gelesen, aus denen leicht zu bemerken ist, daß, wie Calvus dem Cicero saftlos und matt, Brutus aber nachlässig und unzusammenhängend geschienen, so auf der andern Seite auch Cicero von Calvus nicht vorteilhaft beurteilt worden ist, als schlaff und entnervt, von Brutus aber, um mich seiner eigenen Worte zu bedienen, als verrenkt und lahm. Fragst du mich nach meiner Meinung, so scheinen sie mir alle die Wahrheit gesagt zu haben. Doch erst nachher werde ich zu den einzelnen kommen; jetzt habe ich es noch mit allen insgesamt zu tun.

19. „Sofern denn nun die Bewunderer der Alten gleichsam diesen Grenzstein für das Altertum zu setzen pflegten, den sie bei Cassius Severus[40] setzen, von welchem sie versichern, daß er zuerst von jenem alten und geraden Wege der Rede abgewichen sei, so behaupte ich, daß er nicht aus Mangel an Geist noch aus Unkunde der Wissenschaft sich zu dieser Art der Beredsamkeit gewandt hat, sondern mit Überlegung und Einsicht. Er sah nämlich wohl, daß, wie ich kurz

vorher sagte, mit den Zeitverhältnissen und dem sich ändernden Geschmacke auch die Gestalt und Weise der Rede umgeändert werden müsse. Leicht ließ sich das Volk in jener früheren Zeit, unwissend und ungebildet wie es war, die Breite der schwerfälligsten Reden gefallen; ja, gerade das wurde zum Lobe angerechnet, wenn jemand den ganzen Tag wegredete. Da stand denn freilich eine lange Vorbereitung des Eingangs in Ehren, eine weit ausgeholte Verkettung der Erzählung, das zur Schau tragen vieler Einteilungen, die tausendfältige Steigerung der Beweise, und was sonst noch in den trockenen Schriften eines Hermagoras[41] und Apollodorus[42] vorgeschrieben wird; und wenn nun vollends jemand in die Philosophie auch nur einen Blick getan zu haben schien und aus dieser dann irgend einen Satz in seine Rede mit einfließen ließ, so wurde er mit Lobsprüchen bis in den Himmel erhoben. Kein Wunder! Denn dies war ja neu und unbekannt, und von den Rednern selbst kannten nur sehr wenige die Regeln der Rhetoren oder die Lehrsätze der Philosophen. Aber jetzt fürwahr, wo dieses alles schon Gemeingut ist, wo kaum im äußersten Kreise der Zuhörer jemand steht, der nicht mit den Grundbegriffen der Wissenschaft, wenn auch nicht vertraut, so doch wenigstens bekannt wäre, bedarf es neuer und ganz besonderer Wege der Beredsamkeit, damit der Redner auf denselben der Langenweile der Zuhörer entgehen könne, zumal bei solchen Richtern, welche nach Macht und Gewalt, nicht nach Recht und Gesetz erkennen, auch das Maß der Zeit sich nicht gefallen lassen, sondern selbst festsetzen, und nicht auf den Redner warten zu müssen glauben, bis es ihm beliebt, von der Sache selbst zu reden, sondern oft sogar noch Erinnerungen geben, ihn, will er abschweifen, zurückrufen und versichern, sie hätten Eile.

20. „Wer würde wohl jetzt einen Redner ertragen, welcher in der Einleitung von der Schwächlichkeit seiner Gesundheit reden wollte? Und von dieser Art sind doch meistenteils die Eingänge des Corvinus. Wer würde die fünf Bücher gegen Verres abwarten; wer sich jene ungeheuren Bände über Einrede und Formel gefallen lassen, welche wir in Ciceros Verteidigungsreden für Marcus Tullius oder Aulus Caecina[43] lesen? In unserer Zeit eilt der Richter dem Redenden voraus und wendet sich von ihm hinweg, wenn er nicht entweder durch den Strom der Beweise, oder durch die eigentümliche Färbung der Gedanken, oder durch den Glanz und Schmuck der Schilderungen angezogen und bestochen ist. Auch der große Haufe der Umherstehenden, der bloß kommende und gleich wieder gehende Zuhörer ist schon gewohnt, von einer Rede heitern Schmuck und Schönheit zu verlangen, und erträgt ebensowenig in den Gerichten die dürre, ungeschmückte Altertümlichkeit, wie wenn jemand auf der Bühne die Gebärden eines Quintus Roscius oder Turpio Ambivius[44] ausdrücken wollte. Jünglinge nun vollends und solche, die in ihrer wissenschaftli-

chen Bildung recht eigentlich noch auf dem Amboß liegen, die, um der Fortbildung willen, den Redner suchen, die wollen etwas Glänzendes und des Behaltens Wertes nicht nur hören, sondern auch mit nach Hause nehmen; sie teilen es sich gegenseitig mit und schreiben es oft in ihre Kolonien und Provinzen, sei es, daß ein Gedanke durch Schärfe und Kürze des Ausdrucks aufgeblitzt, oder eine Stelle durch besonderen dichterischen Schmuck sich ausgezeichnet hat. Denn jetzt verlangt man von dem Redner auch dichterische Schönheit, nicht mit dem Roste eines Attius oder Pacuvius[45] besudelt, sondern aus dem Heiligtume eines Horatius, Vergilius und Lucanus entnommen. Also ist, dem Geschmacke und Urteil solcher Männer huldigend, das Zeitalter unserer Redner schöner und schmuckreicher geworden, und doch sind deshalb unsere Reden nicht weniger wirksam, weil sie das Ohr der Richter auf eine angenehme Weise berühren. Denn was sollte man wohl davon denken, wenn jemand deshalb die Tempel unserer Zeit für weniger fest halten wollte, weil sie nicht aus rohem Bruchstein und unförmlichen Ziegeln erbaut werden, sondern von Marmor glänzen und von Gold strahlen?

21. „Ich gestehe euch ganz aufrichtig, daß ich mich bei einigen der Alten kaum des Lachens, bei andern kaum des Schlafs erwehren kann; und ich will gar nicht etwa einen aus dem großen Haufen, einen Canutius, Arrius, Furnius oder Toranius nennen, und wen sonst noch sein Gerippe und seine Magerkeit sogleich als Leute aus demselben Krankenhause zu erkennen geben. Selbst Calvus, obgleich er, wie ich glaube, einundzwanzig Bücher hinterlassen hat, genügt mir kaum in einer und der anderen kleinen Rede; auch sehe ich nicht, daß andere mit meinem Urteile nicht einverstanden wären. Denn wieviele lesen wohl noch die Rede des Calvus gegen Asitius oder Drusus? Aber, werdet ihr mir einwenden, in aller Lernbegierigen Händen befinden sich doch die Anklagen, welche „gegen Vatinius“ überschrieben sind, und besonders die zweite Rede unter ihnen. Nun, die ist eben auch in Ausdruck und Gedanken schön und für das Ohr der Richter wohl berechnet, so daß man sieht, auch selbst ein Calvus habe wohl gewußt, was besser sei, und nicht am Willen habe es ihm gefehlt, sich erhabener und gewählter auszudrücken, sondern an Talent und Kraft. Wie steht es um die Reden des Caelius? Unter diesen gefallen doch auch wohl die, wenn auch nicht ganz, so doch zum Teil, in welchen wir die Schönheit und Erhabenheit der jetzigen Zeit erkennen. Jene niedrigen Ausdrücke dagegen, jener lückenhafte Zusammenhang, jene unvollendeten Gedanken schmecken nach dem Altertum, und ich halte niemand in dem Grade für einen Altertümler, daß er den Caelius von der Seite loben sollte, von welcher er sich als ein Alter zeigt. Gern wollen wir es dem Gaius Caesar nachsehen, daß er wegen der Größe seiner Entwürfe und wegen seiner Staatsgeschäfte weniger in der Beredsamkeit geleistet hat, als sein göttlicher Geist erheischte,

ebenso fürwahr, wie wir den Brutus seiner Philosophie zugute halten wollen; denn daß er in den Reden hinter seinem Rufe zurückbleibt, gestehen auch seine Bewunderer ein. Auch liest wohl nicht leicht jemand Caesars Rede für den Samniter Decius oder die des Brutus für den König Dejotarus, und die übrigen, die ebenso schleppend und matt sind, es sei denn, daß er auch die Gedichte dieser Männer bewundert. Denn auch Gedichte haben sie ja gemacht und in den Bibliotheken aufstellen lassen, nicht besser als Cicero, aber glücklicher, weil von ihnen es weniger Leute wissen. Auch Asinius, obgleich in einer uns schon näheren Zeit geboren, scheint mir doch unter den Meneniern und Appiern studiert zu haben; wenigstens hat er den Pacuvius und Attius nicht nur in seinen Trauerspielen, sondern auch in seinen Reden wiedergegeben; so hart und trocken ist er. Aber wie der menschliche Körper, so ist nur diejenige Rede schön, in welcher die Adern nicht hervortreten und die Knochen sich nicht zählen lassen, sondern ein ruhiges und gesundes Blut die Glieder füllt, in den Muskeln emporschwillt und die Nerven selbst mit Röte bedeckt und durch Anmut empfiehlt. Den Corvinus will ich nicht angreifen, weil es nicht an ihm lag, wenn er die heitere Fülle und den Glanz unserer Zeit nicht darstellte. Wir dürften wohl nur darauf sehen, wie weit die Kraft seines Geistes und Talentes seinem Geschmacke entsprochen habe.

22. „Ich komme auf Cicero, der denselben Kampf, wie ich mit euch, mit seinen Zeitgenossen hatte. Denn diese bewunderten die Alten; er gab der Beredsamkeit seiner Zeit den Vorzug, und in keiner anderen Hinsicht eilte er so sehr den Rednern dieser Zeit voraus als im Geschmack. Denn er war der erste, der die Rede ausbildete, der erste, der im Ausdrucke Auswahl, in der Anordnung Kunst anwandte; auch in blühenderen Stellen versuchte er sich, und dann und wann erfand er gedankenreiche Wendungen, besonders in den Reden, die er schon in höherem Alter und gegen das Ende seines Lebens verfaßte, das heißt, nachdem er weiter vorgeschritten war und durch Übung und Erfahrung gelernt hatte, welches die beste Art der Rede sei. Denn seine früheren Reden sind nicht frei von den Fehlern des Altertums. Er ist schleppend in den Eingängen, breit in den Erzählungen, ergeht sich in Abschweifungen, gerät langsam in Bewegung und wird selten warm; nur wenige Perioden enden passend und mit einem Lichtblick; nichts kann man sich davon nehmen, nichts mit nach Hause bringen, und wie an einem rohen Gebäude ist die Wand zwar fest und dauerhaft, aber nicht geglättet und glänzend genug. Ich verlange aber, daß der Redner, wie ein wohlhabender und prachtliebender Hausvater, nicht bloß mit einem solchen Dache sich schirme, welches Wind und Wetter abhält, sondern das auch Blick und Auge ergötzt, nicht bloß mit solchem Geräte sich versehe, welches zu den notwendigen Bedürfnissen hinreicht, sondern daß in seiner Einrich-

tung sich auch Gold und Gestein befinde, daß man Wohlgefallen daran habe, es in die Hand zu nehmen und häufiger zu besehen. Manches aber werde fern gehalten als veraltete, verlegene Ware; kein Ausdruck sei vom Roste gleichsam angegangen; keine Periode habe nach der Weise der Annalen eine schwerfällige und schleppende Konstruktion. Er fliehe widerwärtige und abgeschmackte Possenreißerei, bringe Mannigfaltigkeit in seine Darstellung und lasse nicht jeden Schlußsatz auf ein und dieselbe Weise endigen.

23. „Ich will nicht spotten über das Rad des Glückes und das ius Verrinum[46] und über das in allen Reden in der dritten Periode immer als Sentenz gebrauchte esse videatur. Denn selbst dies habe ich nur ungern erwähnt und mehreres übergangen, was dennoch diejenigen, welche sich altertümliche Redner nennen, allein bewundern und nachahmen. Ich will niemand namentlich anführen, sondern mich damit begnügen, die ganze Klasse dieser Menschen bezeichnet zu haben, aber gewiß schweben euch diejenigen vor Augen, welche den Lucilius statt des Horatius, den Lucretius statt des Vergilius lesen, denen die Beredsamkeit eines Aufidius Bassus oder Servilius Nonianus in Vergleich mit Sisenna oder Varro[47] nichts ist, welche die Sammlungen unserer Redner stolz und gehässig verschmähen, dagegen die eines Calvus bewundern. Und wenn diese nun nach altertümlicher Weise vor dem Richter schwatzen, so folgt ihnen kein Zuhörer, hört sie das Volk nicht an, hält sogar kaum der Prozessierende selbst bei ihnen aus: so trübselig und schmucklos gelangen sie selbst zu jener Gesundheit, womit sie sich etwas wissen, nicht durch Kraft, sondern durch Nüchternheit. Nun heißen aber die Ärzte nicht einmal am Körper einen Zustand gut, der nur eine Folge von Ängstlichkeit des Geistes ist. Es ist nicht genug, nicht krank zu sein; ich will, man soll kraftvoll, fröhlich und munter sein. Der ist nicht fern von Schwäche, an dem die bloße Gesundheit gelobt wird. Ihr nun aber, ihr so hoch Beredten, verherrlichet, wie ihr's vermöget, wie ihr's tut, unser Zeitalter durch die schönste Weise der Rede. Denn ich sehe ja, wie du, Messalla, gerade die reichsten Partien der Alten am meisten nachahmst, und ihr, Maternus und Secundus, vereinigt in dem Grade mit der Würde der Gedanken die Schönheit und den Schmuck des Ausdrucks, so ausgezeichnet ist bei euch die Feinheit in der Erfindung, die Anordnung des Stoffs, die Fülle, so oft es die Sache erfordert, die Kürze, so oft es gestattet ist, so groß die Schönheit der Darstellung, die Einfachheit der gedankenreichen Wendungen, so ganz versteht ihr eure Gefühle auszudrücken, so sehr dabei auch eurer Freiheit Maß und Ziel zu setzen, daß, wenn auch unsere Überzeugung Mißgunst und Neid zurückhalten mag, doch unsere Nachkommen die Wahrheit über euch eingestehen werden."

24. Als Aper so gesprochen hatte, sagte Maternus: „Erkennt ihr unsern Aper an seiner Kraft und seiner Wärme? Mit welchem

Strome, mit welcher Gewalt der Rede hat er unsere Zeit verteidigt! Wie gewaltig und wie mannigfach hat er die Alten angegriffen! Mit welchem Geiste nicht allein und Feuer, sondern auch mit wie viel Gelehrsamkeit und Kunst hat er von ihnen selbst die Waffen entlehnt, um mit ihnen nachher gegen sie zu Felde zu ziehen! Doch dein Versprechen, Messalla, darf er damit nicht rückgängig gemacht haben. Auch verlangen wir ja gar keinen Verteidiger der Alten, und stellen keinen unter uns, obwohl wir soeben gelobt worden sind, mit denen, welche Aper angefeindet hat, in Vergleich. Ja, er selbst denkt nicht einmal so, sondern hat nur so nach alter und von euren Philosophen oft in Anwendung gebrachter Gewohnheit die Rolle des Widerspruchs übernommen. So trage uns denn, nicht eine Lobrede auf die Alten – denn diese lobt ihr eigener Ruf genug, – sondern die Ursachen vor, warum wir so weit hinter ihrer Beredsamkeit zurückgeblieben sind, zumal da die Berechnung ergeben hat, daß von Ciceros Tode bis auf diesen Tag nur hundertundzwanzig Jahre herauskommen."

25. Hierauf erwiderte Messalla: „Ich will dem von dir, Maternus, vorgeschriebenen Wege folgen. Denn allerdings bedarf es gegen Aper nicht erst einer langen Widerrede, der erstlich, wie ich glaube, einen bloßen Wortstreit erhoben hat, als ob nicht recht eigentlich diejenigen alt genannt würden, die doch bekanntlich erst vor hundert Jahren gelebt hätten: Allein, ich mag über den Namen nicht streiten, nenne er sie Alte oder Vorfahren oder wie er sonst Lust hat, wenn es nur zugestanden bleibt, daß die Beredsamkeit jener Zeiten bedeutender gewesen ist. Auch dem Punkte in seiner Rede widerstreite ich nicht, wo er im allgemeinen eingesteht, daß es sogar in denselben, geschweige in verschiedenen Zeitaltern mehrere Arten der Rede gegeben hat. Aber wie unter den attischen Rednern der erste Rang dem Demosthenes angewiesen wird, den nächsten Platz dagegen Aeschines, Hyperides, Lysias und Lykurg einnehmen, aber nach der einstimmigen Meinung aller diese Periode der Beredsamkeit den meisten Beifall verdient, so hat sich bei uns Cicero vor den übrigen beredten Männer seiner Zeit hervorgetan, Calvus aber, Asinius, Caesar, Caelius und Brutus werden mit vollem Rechte sowohl den früheren als den folgenden vorgezogen. Auch tut es nichts zur Sache, daß sie in der Art untereinander verschieden sind, da sie doch in der Gattung übereinstimmen. Calvus ist gedrängter, Asinius wohllautender, Caesar glanzvoller, Caelius beißender, Brutus nachdrucksvoller, Cicero heftiger, voller, gewaltiger; aber alle tragen sie doch dasselbe Gepräge einer kernigen Gesundheit an sich, so daß, wenn man die Werke aller zusammen in die Hand nimmt, man merken kann, wie sich, bei so großer geistiger Verschiedenheit, dennoch darin eine gewisse Ähnlichkeit und Verwandtschaft im Urteil und in der ganzen Richtung findet. Denn daß sie einander herabzusetzen suchten und sich aller-

dings mitunter manches in ihren Briefen findet, worin sich ein gegenseitiges Übelwollen entdecken läßt, das ist nicht ein Fehler der Redner, sondern der Menschen. So glaube ich, daß Calvus, daß Asinius und Cicero selbst sich ganz gewöhnlich mit neidischen und scheelen Blicken angesehen und die übrigen Fehler menschlicher Schwäche an sich gehabt haben; nur Brutus allein unter ihnen hat, meines Erachtens, nicht aus Übelwollen und Neid, sondern aufrichtig und unbefangen seine innerste Überzeugung an den Tag gelegt. Oder sollte der den Cicero beneiden, der, wie mir scheint, nicht einmal gegen Caesar mit Neid erfüllt gewesen ist? Was Servius Galba und Gaius Caelius betrifft, und wen er sonst noch von den Alten anzufechten so unablässig bemüht gewesen ist, so bedürfen sie keines Verteidigers, da ich gern gestehe, daß manches ihrer Beredsamkeit, als noch im Entstehen begriffen und noch nicht gereift genug, fehlt.

26. „Sollte ich mir übrigens, jene Art der Beredsamkeit, welche die beste und vollendetste ist, beiseite lassend, eine Redeweise wählen, so wäre mir wahrlich doch des Gaius Gracchus' Ungestüm oder des Lucius Crassus' Reife lieber als des Mäcenas Lockengekräusel oder des Gallios Wortgeklingel. Soviel besser ist's, den Redner selbst mit zottiger Toga zu bekleiden, als mit gefärbten, buhlerischen Kleidern herauszuputzen. Denn das ist doch keines Redners, ja nicht einmal eines Mannes Schmuck, dessen sich die meisten Sachwalter unserer Tage auf die Weise bedienen, daß sie an Schlüpfrigkeit der Worte, Leichtfertigkeit der Behauptungen und Regellosigkeit der Komposition den Schauspielern nachahmen: das, was man kaum sollte hören dürfen, geben die meisten für etwas Lobenswertes, Ruhmwürdiges und Geistreiches aus, daß man ihre Konzepte vorsinge und vortanze. Daher denn jener abscheuliche und unsinnige, aber bei gewissen Leuten doch sehr häufige Ausruf, nach welchem unsere Redner zierlich sprechen, unsere Bühnenkünstler auf beredte Weise tanzen sollen. Ich will gar nicht leugnen, daß Cassius Severus, welchen allein unser Aper zu nennen gewagt hat, in Vergleich mit denen, die nachher auftraten, doch noch ein Redner genannt werden kann, obwohl er in einem großen Teile seiner Werke mehr etwas Gewaltsames verrät als wahre Lebenskraft. Denn er ist der erste, der mit Verachtung aller Ordnung in der sachlichen Darlegung mit Beisetzung aller Sittsamkeit und Scham in den Worten, selbst mit den Waffen, deren er sich bedient, nicht in der rechten Positur, und meist schon in dem Drange, loszuschlagen, aus derselben herausgeworfen, nicht kämpft, sondern zankt. Übrigens ragt er, wie ich sagte, mit den Späteren verglichen, durch Mannigfaltigkeit gelehrter Bildung, durch die Anmut eines feinen Tones und die Stärke eben jener Kraft weit aus den übrigen heraus, von denen Aper keinen zu nennen und gleichsam in Treffen herauszuführen sich getraut hat. Ich dagegen erwartete, daß er nach Anschuldigung des Asinius, Caelius und Calvus uns eine andere Schar

vorführen und mehr noch, oder wenigstens ebensoviele nennen würde, von denen wir den einen dem Cicero, den andern dem Caesar und so immer weiter einem jeden einen entgegenstellen könnten. Nun aber hat er es dabei bewenden lassen, die alten Redner namentlich herabzuwürdigen, und keinen der folgenden anders als insgesamt und im allgemeinen zu loben gewagt, aus Besorgnis, glaube ich, viele zu beleidigen, wenn er einige wenige hervorgehoben hätte. Denn wie wenige Schulredner gibt es, die nicht eine so hohe Meinung von sich hegten, daß sie sich über Cicero stellen, und auch auf Gabinianus[48] gleich sich selbst folgen lassen? Ich hingegen werde mich nicht scheuen, einzelne zu nennen, damit aus den aufgestellten Beispielen um so leichter ersichtlich sei, in welchen Abstufungen die Beredsamkeit entkräftet worden ist und abgenommen hat."

27. „Eile", sprach Maternus, „oder erfülle vielmehr dein Versprechen. Denn dafür verlangen wir gar nicht nach einem Beweise, daß die Alten beredter gewesen seien, was bei mir wenigstens etwas Ausgemachtes ist, sondern wir fragen nach den Ursachen, von welchen du eben bemerktest, daß du sie bei dir zu erwägen pflegtest, als du noch durchaus milder gestimmt und gegen die Beredsamkeit unserer Zeiten nicht erzürnt warest, da dich Aper noch nicht durch seine Angriffe auf deine Vorfahren beleidigt hatte."

„Nicht beleidigt", sagte er, „bin ich durch Apers Behauptungen, und auch ihr dürft euch nicht beleidigt fühlen, wenn etwas euer Ohr verletzen sollte, da ihr wißt, daß es bei Unterredungen dieser Art Gesetz ist, seine innere Überzeugung ohne Beeinträchtigung der Freundschaft auszusprechen."

„Fahre nur fort", erwiderte Maternus, „und bediene dich, da du von den Alten redest, auch der Freiheit dieser Alten, von welcher wir uns wohl noch mehr entfernt haben als von ihrer Beredsamkeit."

28. Hierauf sagte Messalla: „Die Ursachen liegen nicht verborgen, lieber Maternus, nach denen du fragst, und sie sind auch weder dir selbst, noch dem Secundus hier oder Aper unbekannt, wenngleich ihr mir das Geschäft zuweiset, das, was wir alle davon denken, auszusprechen. Denn wer weiß es nicht, daß die Beredsamkeit und die übrigen Künste von ihrem alten Ruhme herabgesunken sind, nicht durch den Mangel an Talenten, sondern durch die Trägheit der Jugend, die Nachlässigkeit der Eltern, die Unwissenheit der Lehrer und das Vergessen der alten Sitte? Übelstände, die zuerst in Rom entstanden, dann durch Italien verbreitet, nun auch auf die Provinzen sich erstrecken. Doch was eure Geburtsländer angeht, das ist euch ja wohl selbst besser bekannt. Ich will von Rom und den uns hier eigentümlichen und einheimischen Mängeln reden, die uns gleich bei der Geburt empfangen und durch die verschiedenen Altersstufen hindurch sich mehren. Zuvor will ich jedoch einiges Weniges über die Strenge und Zucht unserer Vorfahren in Betreff auf Erziehung und Bildung der Kinder

vorausschicken. Erstlich wurde einem jeden sein Sohn, von keuscher Mutter geboren, nicht in der Kammer einer gekauften Amme, sondern auf dem Schoße und am Busen der Mutter erzogen, deren vorzüglichster Ruhm es war, das Haus zu hüten und sich den Kindern zu widmen. Ferner aber wurde eine bejahrtere Verwandte auserkoren, deren bewährten und geprüften Sitten man den ganzen jungen Nachwuchs einer und derselben Familie anvertrauen konnte, und in deren Gegenwart weder etwas Unanständiges gesprochen, noch etwas Unschickliches getan werden durfte. Und nicht bloß auf die Studien und Beschäftigungen, sondern auch auf die Erholungen und Spiele der Knaben hatte sie einen heiligenden und ehrfurchtgebietenden Einfluß. So, hören wir, leiteten Cornelia, die Mutter der Gracchen, so Aurelia, die Caesars, so Atia, die des Augustus, die Erziehung und führten dem Staate in ihren Kindern seine ersten Bürger zu. Diese Zucht und Strenge hatte den Erfolg, daß die lautere, unverdorbene und durch keine Art von Verkehrtheit verschrobene Natur eines jeden sogleich mit aller Innigkeit sich edlere Beschäftigungen zu eigen machte und, sie mochte sich nun zum Kriegswesen, oder zur Rechtswissenschaft, oder zum Studium der Beredsamkeit hinneigen, damit ganz allein sich beschäftigte und dies ganz und gar in sich aufnahm.

29. „Jetzt dagegen wird gleich nach seiner Geburt das Kind einer griechischen Magd überwiesen, der man einen oder den andern aus der ganzen Sklavenmenge, meistenteils den wertlosesten, der zu keinem ernsten Geschäft sich eignet, beigesellt. Mit den Geschwätzen und Irrtümern dieser Menschen werden sogleich die zarten und noch unerfahrenen Seelen erfüllt, und kein Mensch im ganzen Hause hält es der Erwägung wert, was er in Gegenwart des jungen Gebieters rede oder tue. Ja, sogar die Eltern selbst gewöhnen die Kleinen weder an Rechtschaffenheit noch an Bescheidenheit, sondern an Mutwillen und ein naseweises Wesen, wodurch allmählich Unverschämtheit und ein geringschätziges Betragen gegen sich selbst und gegen andere sich einschleicht. Und nun die eigentümlichen und besonderen Untugenden dieser Stadt, die scheinen mir beinahe im Mutterleibe schon sich zu erzeugen, Parteieifer für Bühnenkünstler, Leidenschaft für Gladiatorspiele und Pferde. Hiervon eingenommen und besessen, wie wenig Sinn für edlere Beschäftigungen hat der Geist dann noch! Wie wenige wird man wohl finden, die zu Hause von irgend etwas anderem reden? Welche andere Unterhaltungen junger Leute vernehmen wir, wenn wir einmal die Hörsäle betreten? Nicht einmal die Lehrer führen über irgend etwas häufiger Gespräche mit ihren Zuhörern. Denn sie versammeln ja auch ihre Schüler um sich, nicht durch die Strenge ihrer Zucht, nicht durch Proben ihres Geistes, sondern durch die Gunstbuhlerei der Begrüßungen und durch den Köder der Schmeichelei.

30. „Ich übergehe die ersten Unterrichtsgegenstände der Lernen-

den; selbst in diesen gibt man sich zu wenig Mühe. Weder auf Bekanntschaft mit den Schriftstellern, noch auf Erforschung des Altertums, noch auf Kenntnis der Begebenheiten, Menschen und Zeiten wird Fleiß genug verwandt, sondern man sucht sogleich die sogenannten Rhetoren auf. Von ihrer Lehrtätigkeit, wann sie zuerst in dieser Stadt Eingang gefunden und wie sie gar kein Ansehen bei unsern Vorfahren gehabt hat, werde ich gleich reden. Zuvor muß ich auf die Bildungsweise zurückgehen, welcher sich, wie uns berichtet wird, die Redner bedienten, deren endlose Anstrengung, deren tägliches Nachdenken, deren unablässige Übungen in allen Zweigen der Wissenschaften schon aus ihren eigenen Werken zu erkennen sind. Bekannt ist euch auf jeden Fall die Schrift des Cicero, die Brutus überschrieben ist, und in deren letztem Teile – denn der erste enthält eine Aufzählung der alten Redner – Cicero seine eigenen Anfänge, seine Bildungsstufen, gleichsam eine Erziehungsgeschichte seiner Beredsamkeit erzählt, wie er bei Quintus Mucius das bürgerliche Recht gelernt, bei dem Akademiker Philo, bei dem Stoiker Diodotus alle Teile der Philosophie ganz in sich aufgenommen und sich nicht begnügend mit diesen Lehrern, welche er in Rom hatte hören können, auch Achaja und Asien durchreiste, um sich die ganze Mannigfaltigkeit sämtlicher Wissenschaften zu eigen zu machen. Daher kann man es an den Schriften Ciceros merken, daß ihm die Kenntnis weder der Geometrie, noch der Musik, noch der Grammatik, noch irgend einer freien Kunst gefehlt hat. Er war mit der Feinheit der Dialektik, mit dem Nutzen der Sittenlehre, mit den Bewegungen und Ursachen der Dinge bekannt. Denn so, werte Männer, so verhält es sich. Aus großer Gelehrsamkeit, aus einer Menge von Künsten, aus der Erkenntnis aller Dinge strömt und sprudelt jene bewundernswürdige Beredsamkeit hervor, und die Kraft und Macht des Redners ist nicht wie die der übrigen Wesen in enge und kleinliche Schranken eingeschlossen, sondern nur der ist ein Redner, welcher über jeden Gegenstand auf eine schöne, schmuckvolle und überzeugende, der Würde der Sache angemessene, dem Interesse der Zeitverhältnisse entsprechende, die Zuhörer angenehm befriedigende Weise zu reden imstande ist.

31. „Davon waren jene Alten überzeugt; um es dahin zu bringen, sahen sie ein, sei es nicht nötig, in den Schulen der Rhetoren zu deklamieren, in erdichteten und sich in keiner Beziehung der Wahrheit nähernden Kontroversen nur Zunge und Stimme zu üben, sondern mit den Wissenschaften das ganze Herz zu erfüllen, in welchen von dem, was gut und böse, sittlich schön und häßlich, gerecht und ungerecht ist, gehandelt wird. Denn das ist der dem Redner gegebene Stoff. In den Gerichten sprechen wir ja gewöhnlich von der Billigkeit, bei Beratungen von der Schicklichkeit, und zwar so, daß meistens dieses beides wieder miteinander vereinigt wird, worüber doch nie-

mand auf eine reichhaltige, mannigfaltige und schmuckvolle Weise reden kann, der nicht die menschliche Natur, die Kraft der Tugend, die Verkehrtheit des Lasters und die Bedeutung dessen kennt, was weder zu den Tugenden, noch zu den Lastern gerechnet wird. Darin hat auch das seinen Grund, daß der leichter den Zorn des Richters reizt oder besänftigt, welcher weiß, was Zorn, schneller zum Mitleid ihn bewegt, welcher weiß, was Mitleid ist und durch welche Gemütsbewegungen es erregt wird. Der in diesen Geschicklichkeiten und Übungen bewanderte Redner wird, er möge nun vor einer feindselig oder günstig gestimmten, vor einer mißgünstigen, düstern oder besorgten Zuhörerschaft zu reden haben, stets den Puls der Geister fühlen, und je nachdem es die Natur eines jeden fordert, die zügelnde Hand gebrauchen und die Rede mäßigen, da ihm ja jedes Mittel zu Gebote steht und zum beliebigen Gebrauche bereitliegt. Es gibt Leute, bei welchen eine kurzgefaßte, gedrängte und gleich alle Punkte zusammenfassende Darstellungsweise mehr Glauben gewinnt; bei diesen wird es von Nutzen sein, sich der Dialektik befleißigt zu haben. Andere ergötzt mehr eine ausführlich und gleichmäßig sich verbreitende, aus dem gemeinen Menschenverstande hergeleitete Rede. Um diese zu bewegen, werden wir von den Peripatetikern eine leicht zugängliche und auf jede Art des Streites schon berechnete Grundlage der Beweisführung entlehnen. Die Akademiker werden uns ihre Kampfesfreudigkeit, Plato seine Erhabenheit und Xenophon seine Anmut borgen. Selbst von Epikur und Metrodorus[49] manchen Ausruf eines edleren Sinnes aufzunehmen und sich desselben, wie es die Sache gerade fordert, zu bedienen, wird für den Redner nicht unpassend sein. Denn wir denken uns ja nicht einen Weisen oder eine Republik von Stoikern, sondern einen solchen, der nur einige Wissenschaften ganz in sich aufnehmen, von allen aber einen Vorschmack haben soll. Und deshalb umfaßten ja die alten Redner die Kenntnis des bürgerlichen Rechts, und mit Grammatik, Musik und Geometrie machten sie sich wenigstens bekannt. Denn die meisten Prozesse, welche vorkommen, ja fast alle, erfordern Kunde des Rechts, gar viele aber lassen doch auch diese Kenntnisse wünschenswert erscheinen.

32. „Niemand soll mir antworten, es reiche hin, daß wir uns für den jedesmaligen Fall eine einzelne und zusammenhangslose Belehrung verschaffen. Denn erstlich verwenden wir auf eine andere Weise das Eigene als das Erborgte, und es macht offenbar einen großen Unterschied, ob jemand besitzt, was er vorbringt, oder ob er es entlehnt. Zweitens ist es gerade die Vielseitigkeit der Kenntnisse, die uns, auch wenn wir etwas ganz anderes verhandeln, zum Schmuck gereicht und selbst da, wo man es am wenigsten vermuten möchte, sich hervortut und auszeichnet. Und das ist etwas, was nicht bloß der gelehrte und fachkundige Zuhörer, sondern selbst das Volk bemerkt und auf der Stelle gleich so rühmend anerkennt, daß es erklärt, ein

solcher Mann habe ordentlich studiert, er habe alle Stufen der Beredsamkeit durchgemacht, kurz, er sei ein Redner. Das kann aber nach meiner Überzeugung kein anderer werden, noch je geworden sein, als der, welcher wie zur Schlacht mit allen Waffen wohl gerüstet, so mit allen Kenntnissen gewaffnet auf das Forum zieht. Das aber wird so ganz von den Rednern unserer Zeit vernachlässigt, daß man in ihren Vorträgen überall die abscheulichsten und schimpflichsten Verstöße der alltäglichen Rede entdeckt, daß sie die Gesetze nicht kennen, die Senatsbeschlüsse nicht innehaben, sogar das bürgerliche Recht verlachen, das Studium der Weisheit aber und die Vorschriften der Rechtsgelehrten vollends ganz verabscheuen, in sehr wenige Gedanken und einen engen Kreis von Aussprüchen die Beredsamkeit, als wäre sie aus ihrem Reiche vertrieben, einzwängen, so daß sie, die vordem als Königin aller Wissenschaften im schönsten Geleite die Herzen erfüllte, jetzt beschnitten und verstümmelt, ohne Glanz, ohne Ehre, fast möchte ich sagen ohne Anstand, wie eines der niedrigsten Handwerke erlernt wird. Dies halte ich daher für die erste und vorzüglichste Ursache, weshalb wir uns so sehr von der Beredsamkeit der alten Redner entfernt haben. Wenn man Zeugen verlangt, welche vornehmere werde ich nennen können als bei den Griechen Demosthenes, von dem erzählt wird, daß er ein sehr eifriger Zuhörer Platos gewesen, und Cicero, der, wie ich glaube, wörtlich sich so ausdrückt, er habe, was er in der Beredsamkeit geleistet, nicht in den Räumen der Rhetoren, sondern in denen der Akademie erworben. Es gibt noch andere bedeutende und gewichtige Ursachen, die billig nun von euch dargelegt werden, weil ich ja meine Verpflichtung erfüllt und, was mir nun einmal immer begegnet, schon genug Anstoß bei Leuten erregt habe, welche sicherlich, wenn ihnen dies etwa zu Ohren kommen sollte, sagen werden, ich habe, indem ich die Wissenschaft des Rechts und der Philosophie als dem Redner notwendig preise, nur meinen eigenen Torheiten Beifall klatschen wollen."

33. Hierauf erwiderte Maternus: „Mir scheinst du das übernommene Geschäft so wenig schon vollendet zu haben, daß es mir vorkommt, als habest du erst damit begonnen und gleichsam nur einige Fingerzeige und Umrisse angedeutet. Denn du hast wohl auseinandergesetzt, womit die alten Redner sich zu rüsten pflegten, und den Unterschied unserer Lässigkeit und Unwissenheit im Gegensatz zu ihren eifrigen und fruchtbaren Bestrebungen dargetan – das übrige aber erwarte ich noch, um, wie ich von dir gelernt, was jene wußten und wir nicht wissen, so nun auch das zu erfahren, durch welche Übungen damals der Jüngling, wenn er das Forum zu betreten in Begriff war, seinen Geist zu kräftigen und zu nähren pflegte. Denn daß die Beredsamkeit nicht schon in bloßer Kunst und Kenntnis, sondern noch weit mehr in der erlernten Fertigkeit besteht, das wirst du, denke ich, nicht leugnen wollen, sowie diese unsere Freunde hier es durch ihren Blick zu erkennen zu geben scheinen."

Als darauf auch Aper und Secundus dies bestätigten, sagte Messalla wie von neuem beginnend: „Weil ich denn die Anfänge und die Keime der alten Beredsamkeit hinreichend dargetan zu haben glaube, indem ich auseinandersetzte, in welchen Wissenschaften die alten Redner unterwiesen und ausgebildet zu werden pflegten, so will ich nun ihre Übungen erörtern, wiewohl in den Wissenschaften selbst schon Übung liegt, und niemand so viele teils so tiefliegende, teils so mannigfache Gegenstände erfassen kann, wenn nicht, wie zum Wissen das Nachdenken, so zu diesem Nachdenken Gewandtheit in der Rede und zu dieser wieder die eigentliche Beredsamkeit selbst sich gesellt. Hieraus folgt, daß beim Auffassen dessen, was man vortragen will, und beim Vortrage des Aufgefaßten dasselbe Verfahren stattfindet. Kommt dies jemand nicht recht einleuchtend vor und trennt er die Erkenntnis von der Übung, so wird er doch wenigstens zugeben, daß der, der seinen Geist mit diesen Wissenschaften ausgerüstet und erfüllt hat, weit besser vorbereitet zu den Übungen kommen wird, welche den Rednern eigen zu sein scheinen.

34. „Bei unsern Vorfahren nun wurde der Jüngling, welcher sich für das Forum und für die Beredsamkeit ausbildete, schon durch häusliche Unterweisung eingeweiht, ganz für edle Wissenschaft lebend, von seinem Vater oder seinen Verwandten zu dem Redner hingebracht, der den ersten Rang im Staate einnahm. Ihm suchte er nun immer mehr anzuhängen, ihn zu begleiten, bei allem was er redete, sei es in Gerichten oder in Volksversammlungen, zugegen zu sein, so daß er selbst Wortwechsel auffaßte, an Streitreden teilnahm und, sozusagen, mitten im Kampfe kämpfen lernte. Viele Erfahrung, große Festigkeit, sehr viel Urteilskraft wurde ihnen so schon als Jünglingen zuteil, indem sie mit ihren Studien ins hellste Licht, ja mitten in die Entscheidungskämpfe traten, wo niemand ungestraft etwas Törichtes oder Zweckwidriges sagt, ohne daß es der Richter verwarf, der Gegner vorrückte, ja selbst die Anwälte mißbilligten. So wurden sie also gleich in die wahre und unverfälschte Beredsamkeit eingeweiht, lernten, obwohl sie nur einem folgten, doch alle Sachwalter ihrer Zeit in sehr vielen Prozessen und gerichtlichen Verhandlungen kennen, und das Volk selbst zeigte ihnen in der Beurteilung die mannigfachste Weise, woraus sie leicht abnehmen konnten, was bei einem jeden Beifall fand oder mißfiel. Auf diese Art fehlte es ihnen weder an dem trefflichsten und ausgesuchtesten Lehrer, der ihnen die wahre Gestalt der Beredsamkeit und nicht ein bloßes Schattenbild derselben zeigte, noch an Gegnern und Nebenbuhlern, die mit dem Schwerte und nicht mit Fechtstäben kämpften; nein, sie hatten ein immer neues, immer volles Auditorium[50], das ebenso aus Übelwollenden wie aus Gönnern bestand, so daß auch gut Gesagtes nicht der Kritik entging. Denn ihr wißt ja, daß der große und bleibende Ruf der Beredsamkeit nicht weniger auf den Bänken der Gegner als der eigenen Partei er-

worben wird, ja, daß er dort einen festeren Grund gewinnt und zuverlässiger erstarkt. Ja fürwahr, unter solchen Lehrern war der Jüngling, von welchem wir hier reden, Schüler wirklicher Redner, Zuhörer des Forums, ein fleißiger Besucher der Gerichte, gebildet und geschult durch anderer Erfahrungen, er, dem, weil er sie täglich hörte, die Gesetze bekannt, die Mienen der Richter nicht neu, die Gewohnheit der Volksversammlungen stets vor Augen und das Ohr des Volkes mannigfach erprobt war – mochte er eine Anklage oder eine Verteidigung übernommen haben, er war sogleich allein und ohne weiteres einer jeden Sache gewachsen. In seinem neunzehnten Jahre griff Lucius Crassus den Gaius Carbo, im einundzwanzigsten Caesar den Dolabella[51], im zweiundzwanzigsten Asinius Pollio den Gaius Cato, nicht viel älter Calvus den Vatinius in den Reden an, die wir noch heute mit Bewunderung lesen.

35. „Jetzt dagegen werden unsere jungen Leute auf die Bühnen der Schulredner geführt, die man Rhetoren nennt, welche erst kurz vor Ciceros Zeiten aufgekommen sind und unseren Vorfahren nicht gefallen haben, was daraus deutlich ist, daß ihnen unter den Censoren Crassus und Domitius geboten wurde, die Schule der Unverschämtheit zu schließen, wie Cicero sagt. Doch, wie ich sagen wollte, in diese Schulen führt man sie, und ich weiß in dieser Beziehung nicht, ob ich behaupten soll, daß der Ort selbst, oder die Mitschüler, oder die Art zu studieren dem Geiste größeren Nachteil bringt. Denn im Orte liegt nichts Ehrfurchtgebietendes, sondern es betritt ihn kein anderer als ein gleich Unerfahrener; von den Mitschülern läßt sich nichts gewinnen, da Knaben unter Knaben, Jünglinge unter Jünglingen mit gleicher Sorglosigkeit reden und gehört werden; die Übungen selbst aber sind großenteils zweckwidrig. Es wird ja nämlich doch nur eine zweifache Gattung von Stoffen bei den Rhetoren behandelt, nämlich Reden, in welchen etwas empfohlen, und solche, in welchen etwas bestritten wird. Die ersteren werden als leichter und weniger Einsicht erfordernd den Knaben, die letzteren den schon Gereifteren übertragen. Und was sind das, meiner Treu, für Stoffe und von wie abenteuerlicher Zusammenstellung! Natürlich wird nun dieser von der Wahrheit so weit entfernte Stoff auch deklamatorisch behandelt. Daher kommt es, daß man sich über den Lohn von Tyrannenmördern, über die geschändeten Frauen gelassene Wahl, über Mittel gegen die Pest, über die Blutschande mit Müttern, oder was sonst noch täglich in der Schule, selten oder nie auf dem Forum verhandelt wird, mit einem ungeheueren Wortschwall ausläßt; kommt man aber vor wirkliche Richter[52] .... die Sache denken, so konnte er nichts Niedriges, nichts Gemeines aussprechen.

36. „Großartige Beredsamkeit wird, wie die Flamme durch den Stoff genährt und durch Aufregung belebt; sie leuchtet im verzehrenden Brande erst recht auf. Gerade auf diese Weise ist auch in unserem

Staate die Beredsamkeit der Alten gefördert worden. Denn wiewohl auch die Redner in unseren Zeiten erlangt haben, was in einem geregelten, ruhigen und glücklichen Gemeinwesen gewährt werden durfte, so glaubten sie doch in jener Verwirrung und Zügellosigkeit noch mehr erreichen zu können, da, wo alles durcheinanderging und eines einigen Lenkers ermangelte, ein jeder Redner für so klug galt, als dem in der Irre gehenden Volke eingeredet werden konnte. Daher die beständigen Gesetzesvorschläge und der populäre Name; daher die Volksreden der Beamten, welche auf der Rednerbühne beinahe übernachteten; daher die Anklagen mächtiger Angeschuldigter und die selbst ganzen Häusern geschworenen Feindschaften; daher die Parteiungen der Großen und die unaufhörlichen Kämpfe des Senates gegen das Volk. Wiewohl dies alles den Staat zerriß, so war es doch eben das, was die Beredsamkeit in jenen Zeiten übte und sie mit großen Belohnungen zu überhäufen schien, weil jemand, je mehr er durch die Rede vermochte, desto leichter zu Ehrenstellen gelangte, desto mehr in diesen selbst seine Amtsgenossen überragte, desto größere Gunst bei den Großen, desto größeres Ansehen beim Senat, desto größeren Ruhm und Namen sich beim Volke erwarb. Solche Männer hatten denn auch einen Überfluß von Klienteln selbst bei auswärtigen Nationen, solchen bewiesen die in die Provinzen abgehenden Beamten ihre Ehrerbietung, sowie ihre Aufmerksamkeit bei ihrer Wiederkehr, solche schienen Präturen und Konsulate von selbst an sich zu rufen, sie waren selbst auch als Privatpersonen nicht ohne Gewalt, da sie Volk und Senat durch Rat und Ansehen lenkten. Ja, sie hielten sich sogar selbst überzeugt, daß niemand ohne Beredsamkeit einen angesehenen und bedeutenden Platz im Staate erlangen oder behaupten könne. Und das war kein Wunder, da sie selbst wider seinen Willen vor dem Volk auftreten mußten, da es nicht genug war, im Senate kurz seine Stimme abzugeben, wenn man nicht mit Geist und Beredsamkeit seine Meinung zu behaupten wußte, da man, auf irgend eine Weise angefeindet oder beschuldigt, mit eigener Stimme zu antworten hatte, da man selbst Zeugnisse in Gerichten nicht abwesend und schriftlich, sondern mündlich und in Person abzulegen gezwungen wurde. So kam zu den großen Belohnungen der Beredsamkeit auch noch die Nötigung zu derselben in hohem Grade hinzu, und wie es für schön und rühmlich galt, für beredt gehalten zu werden, so im Gegenteil für schimpflich, stumm und sprachlos zu erscheinen.

37. „So wurden sie also nicht weniger durch das Ehrgefühl als durch Belohnungen angespornt, daß man sie nicht etwa zur Schar der Schutzsuchenden als zu der der Patrone zählen möchte, daß die von den Vorfahren auf sie übergegangenen Verbindungen nicht anderen zufielen, daß sie als schlaff und ihnen nicht gewachsen Ehrenstellen entweder gar nicht erlangten, oder wenn sie sie erlangt hatten, sie

schlecht verwalteten. Ich weiß nicht, ob die alten Schriften in eure Hände gekommen sind, die sich noch in den Bibliotheken der Altertumsfreunde befinden und jetzt gerade von Mucianus zusammengetragen werden, ja, wie ich glaube, schon in elf Büchern Verhandlungen und drei Büchern Briefe geordnet und herausgegeben sind. Aus diesen läßt sich ersehen, daß Gnaeus Pompejus und Marcus Crassus nicht bloß durch Gewalt und Waffen, sondern auch durch Geist und Rede mächtig gewesen sind, daß die Lentuler, Meteller, Luculler, Curionen und die ganze übrige Schar der Großen viel Mühe und Sorgfalt auf diese Studien verwandt, und überhaupt niemand in jenen Zeiten ohne einige Beredsamkeit zu großer Macht gelangt ist. Dazu kam die glänzende Stellung der Angeklagten und die Großartigkeit der Prozesse, was ebenfalls der Beredsamkeit sehr großen Vorschub leistet. Denn es macht einen großen Unterschied, ob man von einem Diebstahle einer Rechtsformel oder einem Interdikt[53] zu reden hat, oder von Amtserschleichung in den Wahlversammlungen, Plünderung der Bundesgenossen, oder Bürgermord. Ist es zwar einerseits besser, daß solche Übel sich gar nicht zutragen, und der Zustand des Staates als der beste anzusehen ist, in welchem wir nichts Derartiges zu erleiden haben, so boten sie doch auch wieder, als sie sich zutrugen, der Beredsamkeit einen gewaltigen Stoff dar. Denn es wächst mit der Größe des Gegenstandes auch die Geisteskraft, und niemand kann einer Rede Ruhm und Auszeichnung verschaffen, wenn er nicht eine dem entsprechende Sache gefunden hat. Den Demosthenes, denke ich, machen nicht die Reden berühmt, welche er gegen seine Vormünder verfaßt hat, so wenig wie die Verteidigung des Publius Quintius oder Licinius Archias den Cicero zu einem großen Redner machen; Catilina, Milo, Verres, Antonius haben ihn mit so großem Ruhme umgeben. Freilich war es für den Staat nicht etwa deswegen so wichtig, schlechte Bürger zu erzeugen, damit nur die Redner reichen Stoff gewännen; laßt uns aber, wie ich wiederholt erinnere, nur an unsere Frage denken, und uns dessen bewußt bleiben, daß wir von einer Sache reden, welche immer leichter in stürmischen und unruhigen Zeiten hervortrat. Wer weiß nicht, daß es heilsamer und besser ist, den Frieden zu genießen, als vom Kriege heimgesucht zu werden? Aber trotzdem bringt doch der Krieg mehr gute Kämpfer hervor als der Friede. Eine ähnliche Bewandtnis hat es mit der Beredsamkeit. Denn je häufiger sie gleichsam in der Schlacht gestanden, je mehr Streiche sie ausgeteilt und empfangen hat, je bedeutendere Gegner und heftigere Kämpfe sie sich selbst wählt, desto höher und erhabener und eben durch jene Gefahren geadelt lebt sie im Munde der Menschen, deren Natur es ist, das Ruhige zu verschmähen.

38. „Ich gehe nun zur Form und zum Brauche der alten Gerichte über. Ist gleich jetzt das Forum der Wahrheit günstiger, die Beredsamkeit übte doch jenes alte Forum mehr, auf welchem niemand ge-

zwungen war, innerhalb weniger Stunden seinen Vortrag zu beendigen, Vertagungen freistanden, sich selbst jeder das Maß seiner Rede setzte, die Zahl weder für die Tage noch für die Sachwalter vorgeschrieben war. Zuerst schränkte dies Gnaeus Pompejus[54] in seinem dritten Konsulate ein und legte der Beredsamkeit gleichsam Zügel an, doch so, daß alles auf dem Forum, alles nach den Gesetzen, alles vor den Prätoren verhandelt wurde; und wie viel größere Sachen ehedem vor diesen vorgenommen zu werden pflegten, was gibt es dafür einen stärkeren Beweis, als daß die Centumviralsachen[55], welche jetzt den ersten Rang einnehmen, so sehr durch den Glanz der anderen Gerichte verdunkelt wurden, daß weder von Cicero, noch von Caesar, Brutus, Caelius, Calvus, kurz von keinem einzigen großen Redner eine vor den Centumvirn gehaltene Rede zu lesen ist, die Reden des Asinius Pollio ausgenommen, die den Titel „für die Erben der Urbinia" führen, doch auch von diesem Redner selbst schon mitten in der Regierung des Kaisers Augustus gehalten, nachdem schon der lange Friede dieser Zeiten, die ununterbrochene Ruhe des Volks, das unablässig stille Verhalten des Senats und die Staatszucht jenes Kaisers, wie allem andern so auch der Beredsamkeit Zügel angelegt.

39. „Vielleicht wird, was ich sagen will, kleinlich und lächerlich erscheinen; dennoch will ich es aussprechen, wäre es auch nur, damit man lacht. Wieviel Erniedrigung, meinen wir wohl, haben der Beredsamkeit jene Mäntelchen[56] gebracht, in welche eingeschnürt und gleichsam eingeschlossen wir uns mit den Richtern unterhalten? Wieviel Kraft, glauben wir, haben der Rede die Hörsäle und Kanzleistuben entzogen, in welchen jetzt beinahe die meisten Sachen durchgenommen werden? Denn sowie ja edle Rosse der Lauf und die Rennbahn bewährt, so gibt es für die Redner auch ein Feld; und können sie sich nicht darauf frei und ungehemmt bewegen, so wird die Beredsamkeit gelähmt, sie wird gebrochen. Ja, wir erfahren sogar, daß gerade Sorgfalt und Ängstlichkeit in der Wahl des Ausdrucks uns im Wege ist, weil der Richter oft fragt, wann man denn zur Sache komme, und dann seiner Frage gemäß der Anfang gemacht werden muß, häufig durch Beweisführungen und Zeugen dem Anwalt Stillschweigen geboten wird, dabei denn einer oder der andere an den Redenden herantritt und die Sache wie in einer Einöde verhandelt wird. Der Redner aber hat Zuruf und Beifallsbezeigungen und gleichsam ein Theater nötig, wie dies alles täglich den alten Rednern zuteil wurde, als so viele und zugleich so berühmte Männer das Forum beengten, als Klienten, Tribus und selbst Abgeordnete der Landstädte, ja, halb Italien den Gefährdeten zur Seite standen, als bei den meisten Gerichten das römische Volk noch glaubte, es liege ihm etwas an der Entscheidung. Es ist bekannt, daß Gaius Cornelius, Marcus Scaurus, Titus Milo, Lucius Bestia und Publius Vatinius unter dem Zusammenströmen der ganzen Bürgerschaft angeklagt und ver-

teidigt worden sind, so daß schon der Eifer des parteinehmenden Volkes selbst die kältesten Redner aufregen und entflammen konnte. So sind denn auch die darüber noch vorhandenen Bücher von der Art, daß auch die, welche sie vorgetragen haben, nach keinen anderen Reden besser beurteilt werden können.

40. „Und nun noch die ununterbrochenen Volksversammlungen, das freie Recht, auch die Mächtigsten anzugreifen, und der eben aus diesen Feindschaften hervorgehende Ruhm, da sehr viele der in der Rede Geübten nicht einmal einen Publius Scipio, einen Sulla, einen Gnaeus Pompejus schonten, und sie beim Angriffe auf die ersten Männer des Staates, wie dies einmal dem Neide eigen ist, auch auf ein aufmerksameres Ohr des Volkes rechnen konnten, welche Glut teilte dies dem Geiste, welches Feuer dem Redner mit!

„Wir reden nämlich nicht von einer stillen und ruhigen Beschäftigung, die sich der Rechtschaffenheit und Mäßigung freut; sondern es ist nun einmal jene großartige und ausgezeichnete Beredsamkeit eine Tochter der Zügellosigkeit, welche Toren Freiheit nannten, die Gefährtin der Empörungen, die Aufwieglerin des fessellosen Volkes, ohne Fügsamkeit, ohne sittliche Strenge, trotzig, verwegen, anmaßend, wie sie in gut eingerichteten Staaten gar nicht aufkommt. Denn von welchem lacedämonischen, von welchem kretischen Redner haben wir je gehört? Und diese Staaten sollen gerade eine sehr strenge Zucht und sehr strenge Gesetze gehabt haben. Selbst bei den Macedoniern und Persern oder bei irgend einem anderen Volke, welches mit einer bestimmten Regierung zufrieden war, haben wir nichts von Beredsamkeit erfahren. Bei den Rhodiern sind einige, sehr viele Redner dagegen bei den Athenern aufgetreten, bei welchen alles das Volk, alles die Unerfahrenen, ja, um mich so auszudrücken, alle alles vermochten. Auch unser Staat, so lange er noch umherirrte, so lange er sich in Parteiungen, Zwistigkeiten und Zwietracht aufrieb, so lange noch kein Friede auf dem Forum, keine Einigkeit im Senate, keine Mäßigung in den Gerichten, keine Ehrfurcht vor den Oberen, keine Zügelung durch die Beamten herrschte, brachte ohne Zweifel eine kräftigere Beredsamkeit hervor, sowie ja auch ein noch nicht bearbeiteter Acker manche Pflanzen üppiger emporschießen läßt; aber es war doch weder die Beredsamkeit der Gracchen dem Staate so viel wert, daß er sich auch ihre Gesetze hätte gefallen lassen mögen, noch wog Cicero auf eine glückliche Weise ein solches Ende mit dem Rufe seiner Beredsamkeit auf.

41. „Auch jetzt ist das, was aus alter Zeit den Rednern noch geblieben ist, das Forum, nur ein Beweis, daß der Staat noch nicht fehlerfrei und noch nicht ganz nach Wunsch geordnet ist. Denn wer ruft unsern Beistand an, als entweder ein Schuldiger oder ein Unglücklicher? Welche Landstadt begibt sich in unseren Schutz, als eine, die entweder ein benachbartes Volk oder innere Zwietracht beunruhigt? Wel-

che Provinz beschützen wir, als eine solche, die geplündert und gemißhandelt ist? Nun wäre es aber doch besser gewesen gar nicht klagen, als sein Recht erst verfechten lassen zu müssen. Wenn daher ein Staat gefunden würde, in welchem niemand sich verginge, so wäre unter Unschuldigen der Redner, wie unter Gesunden der Arzt überflüssig. Sowie jedoch die Heilkunst am wenigsten Anwendung und am wenigsten Gedeihen bei den Völkern findet, welche die dauerhafteste Gesundheit und die gesundesten Körper haben, so ist auch der Ruhm der Redner unter gut gesitteten und zum Gehorsam gegen den Regenten willigen Menschen geringer und weniger glänzend. Denn wozu bedarf es langer Erklärungen im Senate, wenn die Besten schnell einig werden, wozu vieler Reden vor dem Volke, wenn über das Gemeinwesen nicht Unerfahrene und Viele, sondern lediglich ein Mann und zwar der Weiseste[57] Rat hält; wozu freiwilliger Anklagen, wenn die Verbrechen so selten und so unbedeutend sind; wozu gehässiger und das Maß überschreitender Verteidigungen, wenn die Milde dessen, der das Erkenntnis fällt, den Gefährdeten entgegenkommt? Glaubt mir, ihr trefflichen und beredten – aber nur so weit beredten Männer als es heutzutage noch nötig ist – wäret ihr entweder in früheren, oder jene, die wir bewundern, in diesen unseren Zeiten geboren, und hätte ein Gott euer Leben und eure Zeiten plötzlich vertauscht, so würde es weder euch an jenem höchsten Lobe und Ruhme in der Beredsamkeit, noch jenen an Maß und rechter Beschränkung darin gefehlt haben. So aber, weil nun doch niemand zu derselben Zeit großen Ruf und große Ruhe erlangen kann, genieße jeder den Vorzug seines Zeitalters, ohne Herabsetzung des andern."

Maternus hatte ausgeredet. Darauf sagte Messalla: „Wohl möchte ich manchem widersprechen, wohl über manches noch mehr gesagt wünschen, wäre nicht schon der Tag verstrichen."

„Das wird künftig einmal", erwiderte Maternus, „nach deinem Belieben geschehen, und wir wollen, wenn dir in dieser meiner Auseinandersetzung etwas dunkel vorgekommen ist, uns darüber von neuem unterhalten."

Damit stand er auf, umarmte Aper und sagte: „Ich werde dich bei den Dichtern, Messalla dagegen wird dich bei den Altertumsfreunden verklagen."

„Ich aber", versetzte jener, „euch bei den Rhetoren und Schulrednern."

Sie lachten darüber, und wir gingen auseinander.

AGRICOLA

AGRICOLA

1. Taten und Charakter berühmter Männer der Nachwelt zu überliefern, war von alters her gebräuchlich und hat nicht einmal in unsern Tagen eine um die Ihrigen sich sonst so wenig kümmernde Zeit unterlassen, wenn einmal irgendein großes und ausgezeichnetes Verdienst sich siegreich über jene, kleinen und großen Staaten gemeinsame Schwäche emporschwang, die Tüchtigkeit nicht beachten zu wollen und zu beneiden. Aber bei unseren Vorfahren wurde, wie es nahelag und leichter war, Denkwürdiges zu vollbringen, so auch jenes bedeutendere Talent, ohne Parteilichkeit oder Selbstsucht, nur durch des edeln Bewußtseins Lohn bewogen, solchem Verdienste ein Denkmal zu errichten. Ja, viele hielten in der eigenen Erzählung ihres Lebens mehr ein Vertrauen auf ihren sittlichen Wert, als eine Anmaßung; und man versagte mißdeutend einem Rutilius[1] und Scaurus den Glauben deshalb nicht. So werden Tugenden zu der Zeit auch am besten gewürdigt, die sie am leichtesten erzeugt. Ich dagegen bedarf, obwohl ich das Leben eines schon entschlafenen Mannes jetzt erzählen will, Nachsicht, die ich freilich nicht zu erbitten brauchte, wenn ich als Ankläger aufträte: so furchtbar und der Tugend feindlich ist unsere Zeit[2].

2. Wir haben gelesen, daß, als von Arulenus Rusticus[3] der Pätus Thrasea, und von Herennius Senecio[4] der Helvidius Priscus gelobt worden waren, dies als Kapitelverbrechen galt, und daß nicht bloß wider die Verfasser, sondern auch gegen ihre Bücher gewütet wurde, indem den Triumvirn das Geschäft übertragen wurde, auf dem Comitium und auf dem Forum die Denkmäler der ausgezeichnetsten Geister zu verbrennen. Nichts Geringeres meinte man durch jenes Feuer zu vernichten, als die Stimme des römischen Volkes, die Freiheit des Senates und das bleibende Gedächtnis der Menschheit; überdies wurden auch die Lehrer der Weisheit vertrieben und jede edle Kunst verbannt, damit man nirgends noch auf etwas Ehrenwertes stieße. Wahrlich, wir haben einen starken Beweis von Geduld gegeben, und wie die Vorzeit sah, was das Äußerste in der Freiheit, so haben wir gesehen, was das Letzte in der Knechtschaft ist, da uns durch Nachspähungen selbst der Verkehr der Sprache und des Ohrs geraubt wurde. Selbst die Erinnerungskraft hätten wir mit der

Stimme verloren, stände es ebenso in unserer Macht, zu vergessen, wie zu schweigen.

3. Jetzt erst kehrt der Mut wieder, und – hat gleich im ersten Beginnen der segensreichsten Zeit der Kaiser Nerva ehemals Unvereinbares gepaart, Fürstengewalt und Freiheit, mehrt gleich Nerva Trajanus täglich das Glück des Reiches, und ist die öffentliche Wohlfahrt auch nicht bloß zu Hoffnungen und Wünschen, sondern schon zum Vertrauen auf die Erfüllung der Wünsche und zu Kraft gelangt, – so liegt es ja in der Natur der menschlichen Schwäche, daß die Heilmittel langsamer sind als die Übel; und wie unser Körper nur allmählich zunimmt, dagegen schnell vernichtet wird, so mag man auch Talent und Geistesstreben leichter unterdrücken als ins Leben zurückrufen. Beschleicht uns doch die Trägheit selbst mit süßem Reiz, und schließlich gewinnt man die anfangs verhaßte Untätigkeit lieb. Noch mehr! wenn in fünfzehn Jahren, einem bedeutenden Zeitraume des sterblichen Daseins, viele Tüchtige durch zufälligen Tod, die Tüchtigsten durch die Grausamkeit des Fürsten ihren Untergang gefunden haben, wie wenige sind unter uns, die, um mich so auszudrücken, nicht bloß andere, sondern ihr eigenes Selbst überlebt haben, da so viele Jahre uns mitten aus dem Leben herausgerissen sind, in denen wir Jünglinge zum Alter, Greise beinahe sogar bis an die Grenze der vollendeten Lebenszeit in Schweigsamkeit gelangt sind. Dennoch soll es uns nicht verdrießen, wenn auch mit ungebildeter, kunstloser Stimme an die vorige Knechtschaft zu erinnern, sowie vom gegenwärtigen Glücke ein Zeugnis abzulegen. Einstweilen wird diese Schrift, der Ehre meines Schwiegervaters Agricola geweiht, durch das Bekenntnis kindlicher Liebe entweder Beifall oder doch Entschuldigung finden.

4. Gnaeus Julius Agricola, aus der alten und glanzvollen Kolonie Forum Julii[5] gebürtig, hatte zu beiderseitigen Großvätern kaiserliche Prokuratoren[6], was ritterlicher Adel ist. Sein Vater war Julius Graecinus, von senatorischem Range, bekannt durch seinen Eifer für Beredsamkeit und Weisheit, und wegen dieser Eigenschaften dem Zorne des Kaisers Gaius[7] verfallen. Er erhielt nämlich den Befehl, Marcus Silanus anzuklagen, und wurde, weil er sich dessen weigerte, umgebracht. Seine Mutter war Julia Procilla, eine Frau von seltener Sittenreinheit. In ihrem Schoße mild erzogen, verlebte er seine Knaben- und Jünglingsjahre unter lauter Beschäftigungen mit edeln Künsten. Fern hielt ihn von den Lockungen der Verführer, außer der eigenen guten und unverdorbenen Natur, auch der Umstand, daß ihm schon als kleinem Knaben Massilia[8] zum Wohnsitz und zur Lehrerin in seinen Studien zuteil geworden, ein Ort, in welchem griechische Feinheit und provinzielle Genügsamkeit vereint sich zu schöner Harmonie paaren. Ich weiß noch, daß er selber zu erzählen pflegte, er würde in seinen ersten Jünglingsjahren dem Studium der Philosophie zu eifrig und mehr als es einem römischen Senator verstattet sei, obgelegen

haben, hätte nicht die Besonnenheit der Mutter der entflammten und glühenden Begeisterung Zügel angelegt. Natürlich trachtete der hohe und strebsame Geist mehr leidenschaftlich als mit Umsicht nach der Schönheit und dem Glanze eines erhabenen und großartigen Ruhmes. Später milderte dies die Vernunft und das reifere Alter, und er bewahrte, was doch besonders schwer ist, aus dem Weisheitsstreben nur noch das Maßhalten.

5. Seinen ersten Lagerdienst verrichtete er in Britannien zur Zufriedenheit des Suetonius Paulinus[9], eines sorgsamen und besonnenen Feldherrn, von welchem er zur Ehre der Zeltgenossenschaft erkoren wurde. Agricola benutzte den Kriegsdienst nicht nach der Gewohnheit junger Leute zu zügellosem Übermut, oder trägen Sinnes den Tribunentitel und seine Unerfahrenheit zu Vergnügungen und Urlaub, sondern suchte die Provinz kennenzulernen, dem Heere bekanntzuwerden, von erfahrenen Männern zu lernen und den besten zu folgen. Er erstrebte nichts aus bloßer Prahlerei, verweigerte nichts aus Furcht, und handelte dabei sowohl mit ängstlicher Sorgsamkeit als mit lebendigem Eifer. Gewiß war zu keiner andern Zeit Britannien heftiger in Gärung und sein Besitz zweifelhafter. Veteranen wurden niedergemetzelt, Koloniestädte in Brand gesteckt, Heerscharen aufgerieben. Bald kämpfte man ums Leben, bald wieder um den Sieg; und obschon dies alles nach dem Plane und unter der Anführung eines anderen geschah, und der ganze Erfolg, der Ruhm der wiedergewonnenen Provinz dem Feldherrn zugeschrieben wurde, so erhöhte es doch die Geschicklichkeit, Erfahrung und Begeisterung des Jünglings, und es ergriff eine Sehnsucht nach Kriegsruhm sein Gemüt, die so unbeliebt ist in Zeiten, wo hervorragende Persönlichkeiten der Mißdeutung erliegen, und nicht geringere Gefahr aus großem, als aus schlechtem Rufe erwächst.

6. Hierauf begab er sich nach Rom zum Eintritt in Staatsämter und verband sich mit Domitia Decidiana, einer Frau von glänzender Herkunft, weshalb dem höher Strebenden diese Heirat[10] Würde und Stütze verlieh. Doch lebten sie auch in bewundernswürdiger Eintracht, indem sie sich gegenseitig liebten und einer dem andern den Vorzug gab, wobei jedoch einer guten Gattin um so größeres Lob gebührt, je größer bei einer schlechten die Schuld ist. Das Los der Quästur erteilte ihm als Provinz Kleinasien, zum Prokonsul den Salvius Titianus[11], gegen beide blieb er unbestechlich, wiewohl die Provinz reich und gegen Frevler entgegenkommend war, und der Prokonsul, in jeder Art zur Habsucht geneigt, gern mit aller erdenklichen Nachsicht wechselseitige Verheimlichung des Bösen erkauft hätte. Hier wurde er mit einer Tochter beschenkt, zugleich zum Ersatze[12] und zum Troste; denn einen früher geborenen Sohn verlor er schon nach kurzer Zeit wieder. Darauf verlebte er die Zeit zwischen der Quästur und dem Volkstribunat[13] und auch das Jahr des Tribunates

selbst in Ruhe und Muße, und in richtiger Beurteilung der Neronischen Zeit, in welcher Untätigkeit Weisheit war. Ebenso still und schweigend war auch der Verlauf der Prätur, denn Rechtspflege war ihm nicht zugefallen. Bei den Spielen und dem eitlen Gepränge dieses Ehrenamtes hielt er die Mitte zwischen Sparsamkeit und Verschwendung, da er glaubte, dem wahren Ruhme um so näherzukommen, je weiter er sich von übertriebenem Aufwand entfernte. Alsdann von Galba zur Ermittlung der Tempelgeschenke auserkoren, bewirkte er durch die sorgsamste Nachforschung, daß dem Staat keines andern als nur des Neros Tempelraub[14] fühlbar blieb.

7. Das folgende Jahr schlug seinem Herzen wie seinem Hause eine schwere Wunde. Denn als Othos[15] Schiffsvolk, zügellos umherschweifend, das Gebiet der Intimilier, einen Teil Liguriens feindlich verheerte, ermordete es die Mutter Agricolas auf ihren Gütern, und plünderte die Güter selbst nebst einem großen Teile des väterlichen Erbes, was eben Veranlassung zum Morde gewesen war. Auf der Reise, um der letzten Kindespflicht zu genügen, wurde Agricola durch die Nachricht überrascht, daß Vespasianus nach der Herrschaft strebe, und trat sogleich auf seine Seite über. Für den Anfang der Regierung, sowie für die Dinge in der Stadt trug, da Domitianus noch sehr jung war und sich des Vaters Erhebung nur zu Zügellosigkeit zunutze machte, Mucianus[16] Sorge. Dieser stellte den zu Truppenaushebungen abgesandten Agricola, da er unbestechlich und eifrig dabei verfahren war, an die Spitze der zwanzigsten, nur langsam zum Huldigungseide sich bequemenden Legion, wo sein Vorgänger meuterisch gehandelt haben sollte; denn selbst den Konsular-Legaten war sie zu übermächtig und furchtbar, und so auch der prätorische Legat außerstande, sie zu bändigen – man weiß nicht ob durch seine oder der Soldaten Schuld. Auf diese Weise zum Nachfolger und zugleich zum Rächer erwählt, wollte er, mit seltener Mäßigung, lieber den Schein erwecken, sie gutgesinnt vorgefunden als erst dazu gemacht zu haben.

8. Damals verwaltete Britannien Vettius Bolanus, und zwar milder als es diese trotzige Provinz verdiente. Agricola mäßigte sein Kraftgefühl und hielt seinen Feuereifer in Schranken, um sich nicht über jenen zu erheben; denn er wußte zu gehorchen und hatte gelernt, das Nützliche mit dem Rechten zu verbinden. Kurz darauf erhielt Britannien zum Statthalter den gewesenen Konsul Petilius Cerialis. Da gewann seine Tatkraft freie Bahn, sich zu zeigen. Doch anfangs gewährte ihm Cerialis nur an Mühen und Gefahren Anteil, nachher auch am Ruhme; oft setzte er ihn, zum Versuche, über einen Teil des Heers, nicht selten, je nachdem der Erfolg gewesen, über eine größere Truppenzahl. Doch niemals nahm sich Agricola das Vollbrachte zu seinem eigenen Ruhme; dem Feldherrn, von dem es ausgegangen war, schrieb er als Untergebener das Gelingen zu. So im Gehorsam

seine Tüchtigkeit, im Selbstgefühl seine Bescheidenheit beweisend, blieb er vom Neide, aber nicht vom Ruhme fern.

9. Als er von seiner Legatenstelle bei der Legion heimkehrte, nahm ihn Divus Vespasianus unter die Patrizier[17] auf und setzte ihn dann über die Provinz Aquitanien[18], eine besonders glänzende Würde, vermöge der Verwaltung selbst und der Aussicht dessen auf das Konsulat, dem er sie bestimmt hatte. Es glauben viele, militärischen Genies gehe die Feinheit ab, weil die Rechtspflege im Lager, sorglos und minder scharf, auch meist tätlich verfahrend, die Verschlagenheit des Forums nicht übe. Agricola, mit seiner natürlichen Klugheit, benahm sich auch unter Bürgern gewandt und gerecht. Dabei unterschied er streng die Zeiten der Geschäfte und der Erholung. So oft Landtage und Gerichte es erheischten, war er ernst, gespannt, ja streng, doch häufiger mitleidsvoll; sobald der Pflicht genügt war, nichts von Amtsmiene mehr. Das Finstere, Rücksichtslose und Genaue des Beamten hatte er dann verbannt, und, was so selten ist, weder tat die Milde seinem Ansehen, noch die Strenge der ihm bewiesenen Liebe Abbruch. Von Unbescholtenheit und Uneigennützigkeit bei einem so großen Manne etwas zu erwähnen, wäre wohl eine Beleidigung seiner Tugenden. Nicht einmal um den Ruf, dem oft auch edle Männer huldigen, bemühte er sich durch die Geltendmachung seines Verdienstes oder durch künstliche Mittel. Fern von Eifersucht gegen Amtsgenossen, fern von Streitsucht gegen Prokuratoren, hielt er es ebensowohl für unrühmlich über sie zu siegen, als für erniedrigend zu erliegen.

Nicht ganz drei Jahre behielt er dieses Amt; dann wurde er zur unmittelbaren Aussicht auf das Konsulat zurückberufen, und es begleitete ihn die allgemeine Meinung, Britannien werde ihm zur Provinz gegeben werden, nicht, daß er selbst etwa sich dahin geäußert hätte, sondern weil er dazu tüchtig schien. Gewiß, nicht immer irrt der Ruf; nicht selten wählt er auch. Als Konsul verlobte er die damals schon so hoffnungsvolle Tochter[19] mit mir, der ich noch in jugendlichem Alter stand, und nach seinem Konsulate vermählte er sie mit mir. Gleich darauf wurde er über Britannien gesetzt und ihm auch die priesterliche Würde des Pontifikates übertragen.

10. Britanniens Lage und Völker, schon von vielen Schriftstellern geschildert, will ich nicht zur Probe von Fleiß und Fähigkeit erwähnen, sondern weil es ja zu dieser Zeit erst ganz bezwungen wurde, und so soll das, was, ehe es erkundet war, frühere Schriftsteller mit rednerischem Schmuck, jetzt mit der Treue der Wahrheit vorgetragen werden.

Britannien, unter den Inseln, welche die Kunde der Römer umfaßt, die größeste, erstreckt sich, was Ausdehnung und Himmelsstrich betrifft, gegen Morgen nach Germanien, gegen Abend nach Hispanien[20] hin; gegen Mittag liegt es den Galliern sogar vor Augen; die Nordseite desselben wird, da sich gegenüber kein Land befindet, von der weiten und offenen See bestürmt. Die Gestalt des gesamten Britanniens haben Livius, der beredteste Geschichtschreiber unter den Alten, und Fabius Rusticus[21], der gewandteste unter den Neueren, einer länglichen Schüssel oder Doppelaxt verglichen. Und so ist auch sein Aussehen diesseits Caledoniens, woher denn diese Anschauung auf das Ganze übergegangen ist. Ist man aber erst an die Grenze beider Länder gekommen, so gewahrt man, daß eine unermeßliche, ungeheure Strecke Landes, die an dem scheinbar alles schon begrenzenden Gestade wieder vorspringt, wie in einen Keil zusammenläuft. Das erst ist die Küste des äußersten Meeres, welche damals zuerst eine römische Flotte umschiffte, und es erst zur Gewißheit brachte, daß Britannien eine Insel sei, so wie sie auch die bis zu der Zeit unbekannten Inseln, welche man Orakden nennt, entdeckte und unterjochte. In Sicht kam auch Thule, aber der Auftrag ging eben nur so weit und der Winter stand vor der Tür; das Meer aber, heißt es, ist starr und den Rudernden unwillfährig und soll nicht einmal von Winden sonderlich gehoben werden, ich glaube, weil dort Land und Berge, welche die Stürme erzeugen, selten sind, und die tiefe Masse des ununterbrochenen Meeres schwerer in Bewegung zu setzen ist. Die Natur des Ozeans und seine Wechselflut zu untersuchen, eignet sich für dieses Werk nicht, auch haben sie schon viele dargestellt. Eins möchte ich hinzufügen, daß nirgends das Meer seine Herrschaft weiter ausdehnt, viele Strömungen hierhin und dorthin trägt, und nicht bloß bis ans Ufer anschwillt und zurückflutet, sondern ganz in das Land einströmt, es umfließt, und selbst zwischen Gebirgszüge und Berge sich eindrängt, als gehörten sie mit in sein Gebiet.

11. Was für Menschen übrigens Britannien ursprünglich bewohnt, ob Eingeborene oder Eingewanderte, ist unter ihnen, da sie Barbaren sind, nicht recht ausgemittelt. Ihr Äußeres ist verschiedentlich gestaltet, und daraus läßt sich manches schließen. Denn das rötliche Haar der Bewohner Caledoniens und ihr starker Gliederbau spricht für germanische Abkunft. Die bräunliche Gesichtsfarbe der Siluren[22], ihr meistens krauses Haar und ihre Lage Hispanien gegenüber machen es glaublich, daß alte Iberer hinübergeschifft sind und von diesen Gegenden Besitz genommen haben. Die den Galliern zunächst Wohnenden gleichen ihnen auch, sei es, daß der Einfluß der Abkunft fortwirkt, oder daß, weil die Länder gegenüber vorlaufen, der Himmelsstrich die Ähnlichkeit verursacht hat. Im ganzen genommen darf man jedoch wohl glauben, daß Gallier die Nachbarinsel besetzten. Ihren Gottesdienst findet man hier mit gleich fest wurzelnden Bräuchen; gar nicht sehr verschieden ist die Sprache, gleich groß die alle Gefahren herausfordernde Verwegenheit und, wenn sie nahestehen, gleich groß auch im Ausweichen dieselbe Zaghaftigkeit. Doch zeigen die Britannier wilderen Mut, da sie ja noch kein langer Friede verweich-

licht hat. Denn auch die Gallier, so hören wir, taten sich einst in Kriegen hervor. Bald aber schlich sich mit der Waffenruhe Schlaffheit ein, und sie verloren mit der Freiheit auch den tapfern Sinn. Unter den Britanniern hatten die vorlängst Besiegten gleiches Schicksal, die übrigen sind noch, was die Gallier früher gewesen.

12. Ihre Stärke besteht im Fußvolk; einige Stämme kämpfen auch zu Wagen. Der Angesehenste ist der Lenker; die Schützlinge kämpfen für ihn. Vordem gehorchten sie Königen; jetzt werden sie durch die Großen in Fraktionen und Parteiungen hin- und hergezogen, und nichts ist so kraftvollen Völkern gegenüber für uns ersprießlicher, als daß sie nicht zusammenhalten. Selten treten zwei oder allenfalls drei Gaue zur Abwehr einer gemeinsamen Gefahr zusammen. So werden, da sie einzeln kämpfen, allesamt besiegt.

Der Himmel ist durch häufigen Regen und Nebel verdunkelt; von strenger Kälte weiß man nichts. Die Dauer der Tage überschreitet das Maß unseres Länderkreises; die Nacht ist hell und in der äußersten Gegend Britanniens so kurz, daß man nur einen geringen Zwischenraum zwischen des Tages Ende und Anfang wahrnimmt. Ja, man versichert, wenn es Wolken nicht verhindern, sehe man während der Nacht den Glanz der Sonne, und sie gehe nicht unter und auf, sondern nur vorüber. Die ebene Grenze der Erde nämlich läßt wegen des niedrigen Schattens die Finsternis nicht emporsteigen, und die Nacht erhebt sich nicht bis zum Himmel und den Sternen.

Der Boden ist, den Ölbaum, die Rebe und die übrigen nur wärmeren Ländern eigentümlichen Gewächse ausgenommen, an Früchten tragbar und ergiebig. Langsam reifen sie, schnell kommen sie hervor, und beides hat einen und denselben Grund, die große Feuchtigkeit der Erde und der Luft. Britannien liefert Gold, Silber und andere Metalle als des Sieges Lohn. Auch erzeugt der Ozean Perlen, doch von etwas grauer, bleicher Farbe. Einige meinen, es fehle den Sammelnden an Einsicht; denn im Roten Meere würden sie lebendig und noch atmend von den Felsen losgerissen, in Britannien, so, wie sie gerade an den Strand gespült seien, aufgelesen. Ich aber möchte eher glauben, daß es den Perlen an natürlicher Güte als uns an Gewinnsucht fehle.

13. Was die Britannier selbst betrifft, so unterwerfen sie sich unverdrossen der Aushebung, den Steuern und was sonst die Regierung ihnen auferlegt, wenn Unbill fernbleibt; diese lassen sie sich schwer gefallen, da sie zwar schon zum Gehorsam aber noch nicht zur Knechtschaft bezwungen sind. So mag es denn wohl scheinen, daß Divus Julius Caesar[23], der erste unter allen Römern, der mit einem Heere Britannien betrat, obwohl er durch glücklichen Kampf die Einwohner in Schreck setzte und von der Küste Besitz nahm, das Land den Nachkommen gezeigt, nicht aber eingehändigt hat. Bald darauf erhoben sich die Bürgerkriege und die Waffen der Mächtigen wandten sich gegen die Republik: lange wurde Britannien vergessen, auch

im Frieden. Der Kaiser Augustus nannte dies Staatsklugheit, Tiberius Vorschrift[24]. Daß der Kaiser Gaius[25] die Absicht hatte, in Britannien einzudringen, ist wohl gewiß, wäre er nicht so rasch im Entschlusse, ebenso leicht zur Sinnesänderung zu bewegen, und das ungeheure Unternehmen gegen Germanien so fruchtlos gewesen. Der Kaiser Claudius begann das Werk, indem er Legionen und Hilfsvölker übersetzen und Vespasianus an der Unternehmung teilnehmen ließ, womit der Grund zu seinem bald folgenden Glücke gelegt wurde. Völker wurden bezwungen, Könige gefangen und dadurch Vespasianus vom Schicksal bezeichnet.

14. Von gewesenen Konsuln war hier zuerst Aulus Plautius und gleich nachher Ostorius Scapula Statthalter, beide ausgezeichnete Kriegsmänner; und so wurde der nächste Teil Britanniens allmählich zur Provinz gemacht. Überdies wurde eine Veteranenkolonie angelegt. Einige Gaue schenkte man dem Könige Cogidumnus, einem Manne, welcher bis auf unsere Tage treu verblieb, nach alter und längst herkömmlicher Sitte des römischen Volkes, selbst Könige als Werkzeuge zur Knechtschaft zu benutzen. Darauf hielt Didius Gallus das von seinen Vorgängern Erworbene zusammen, indem er nur einige wenige Castelle über die Grenze hinausrückte, um damit den Ruf einer erweiterten Verwaltung zu gewinnen. Auf Didius folgte Veranius, und dieser starb noch vor Jahresablauf. Hierauf hatte Suetonius Paulinus zwei Jahre lang Glück in Unterwerfung von Völkerschaften und Verstärkung der Waffenplätze. Doch als er im Vertrauen darauf die Insel Mona[27] angriff, weil sie den Empörern Mannschaft sandte, gewährte er zum Aufstand hinter seinem Rücken günstige Gelegenheit.

15. Als nämlich mit der Person des Legaten auch die Furcht vor ihm entfernt war, besprachen die Britannier gemeinsam das Unheil der Knechtschaft, teilten vergleichend einander die erlittene Unbill mit, und steigerten sie durch die ihnen gegebene Deutung: nichts gewinne man, sagten sie, durch Geduld, außer daß noch Drückenderes denen geboten werde, die allzu geduldig alles ertrügen. Einen König hätten sie vordem gehabt, jetzt würden ihnen zwei aufgebürdet; der Legat wüte gegen ihr Blut, der Prokurator gegen ihre Habe. Gleich verderblich sei für die Unterworfenen Zwietracht und Eintracht dieser Vorgesetzten. Des einen Centurionen, des andern Knechte verübten abwechselnd Gewalt und Schmach. Schon sei nichts mehr der Habsucht, nichts mehr der Wollust versagt. Im Kampfe sei es der Stärkere, welcher Waffenbeute raube; jetzt aber würde ihnen meist von Feiglingen und Unwehrhaften ihnen die Wohnungen ausgeraubt, Kinder fortgeschleppt, Werbungen auferlegt, als ob sie nur nicht für das Vaterland zu sterben verständen. Denn wie viele Soldaten seien denn herübergekommen, wenn die Britannier im Vergleiche damit sich selbst zählten? So habe ja Germa-

nien das Joch abgeschüttelt, und werde von einem Flusse und nicht vom Ozean beschirmt. Für sie wären Vaterland, Gattinnen, Eltern, für jene nur Habsucht und Schwelgerei zum Kriege Antrieb. Zurückweichen würden sie, wie Julius Caesar gewichen sei, wenn man nur der Mannhaftigkeit der Vorfahren nacheifern wollte. Sie möchten sich nicht durch den Ausgang eines oder des andern Treffens schrekken lassen; den Unglücklichen sei kühnerer Angriff und größere Beharrlichkeit eigen. Schon fänden die Britannier auch bei den Göttern Erbarmen, welche den römischen Feldherrn entfernt, das Heer auf einer andern Insel wie in Verbannung hielten; schon sei es unter ihnen selbst, was ja sonst so schwer gehalten, zu gemeinsamer Beratung gekommen. Endlich sei, in Plänen solcher Art ertappt zu werden, gefährlicher, als ihre Ausführung zu wagen.

16. Durch diese und ähnliche Reden gegenseitig entflammt, griffen sie unter Leitung Boudiccas, einer Frau aus königlichem Stamme – denn beim Oberbefehle sehen sie nicht auf das Geschlecht – insgesamt zu den Waffen und drangen nach Verfolgung der in den Kastellen zerstreuten Soldaten, und nach Erstürmung der Landwehren auf die Kolonie selbst als den Sitz der Knechtschaft los, wobei Erbitterung und Siegestrunkenheit keine Art der Barbaren eigenen Grausamkeit unterließ; und wäre nicht Paulinus auf die Kunde von dem Aufstande der Provinz schleunig zu Hilfe gekommen, so wäre Britannien verloren gewesen. So führte es das Glück einer einzigen Schlacht zur alten Unterwürfigkeit zurück, obwohl viele unter den Waffen blieben, welche das Bewußtsein ihres Abfalls und zunächst die Furcht vor dem Legaten beunruhigte, er möchte wiewohl sonst vortrefflich, gegen die sich Unterwerfenden anmaßend und als Rächer seiner eigenen Schmach zu hart verfahren. Daher wurde Petronius Turpilianus als ein versöhnlicherer Mann hingesandt; dieser, von den Vergehungen der Feunde unberührt und deshalb mit größerer Milde den Reuigen entgegenkommend, stellte die vorige Ruhe wieder her und übergab dem Trebellius Maximus die Provinz ohne weiter etwas zu wagen. Trebellius, noch weniger unternehmend und ohne alle Erfahrung im Felddienst, hielt durch eine gewisse Freundlichkeit in der Verwaltung die Provinz zusammen. Schon lernten auch die Barbaren schmeichelnden Lastern verzeihen, und das Dazwischentreten des Bürgerkriegs lieh der Untätigkeit eine triftige Entschuldigung. Aber man hatte mit Meuterei zu kämpfen, da der an Feldzüge gewöhnte Soldat im Müßiggang übermütig geworden war. Trebellius, entehrt und sich selbst erniedrigend, indem er sich durch Flucht und Versteck der Erbitterung des Heeres entzog, behielt nachher nur noch aus Gnade den Oberbefehl, und wie nach gegenseitigem Vertrage, wonach das Heer sich Ungebundenheit, der Feldherr persönliche Sicherheit bedungen hätte, blieb dieser Aufstand ohne Blutvergießen. Auch Vettius Bolanus setzte während des Bürgerkrieges Britannien nicht durch

kriegerische Haltung in Bewegung. Gleich blieb die Lässigkeit gegen den Feind, gleich der Mutwille im Lager, nur daß sich der schuldlose und wegen keiner Vergehungen verhaßte Bolanus statt des Ansehens wenigstens Liebe erworben hatte.

17. Als aber Vespasianus mit dem übrigen Reiche auch Britannien an sich brachte, da gab es große Feldherren, treffliche Heere, und die Hoffnung der Feinde sank. Gleich zuerst verbreitete Petilius Cerialis Schrecken durch einen Angriff auf den Gau der Briganter[29], welcher als der volkreichste der ganzen Provinz gilt. Es folgte Schlacht auf Schlacht, nicht selten mit vielem Blutvergießen, und bald durchzog er siegend oder doch kämpfend einen großen Teil des Gebietes der Briganter. Ein Cerialis hätte die Bemühungen und den Ruf eines anderen Nachfolgers erdrücken können, Julius Frontinus dagegen, ein Mann von großer Bedeutung, soweit es ihm vergönnt war, zeigte sich des Unternehmens Last gewachsen, und unterwarf mit Waffengewalt das mächtige und kampflustige Volk der Siluren, wobei er außer der Tapferkeit der Feinde auch die Schwierigkeiten des Terrains zu bewältigen hatte.

18. Diese Lage der Dinge und diesen Wechsel des Waffenglücks fand Agricola, als er erst mitten im Sommer hinüberkam[30], in Britannien vor: der Soldat überließ sich, wie nach schon beendigtem Feldzuge, der Sorglosigkeit, der Feind dagegen neuer Hoffnung auf einen günstigen Augenblick. Der Gau der Ordoviker[31] hatte nicht lange vor Agricolas Ankunft eine in seinem Gebiete stehende Reiterabteilung fast gänzlich aufgerieben. Damit fing die ganze Provinz an, sich zu regen, und je nachdem ein jeder den Krieg wünschte, schenkte er dem gegebenen Beispiele Beifall oder wartete erst die Gesinnung des neuen Statthalters ab. Obwohl der Sommer schon verstrichen, die Truppenabteilungen in der Provinz umher zerstreut waren und der Soldat sich für dieses Jahr schon der Ruhe überlassen hatte – lauter hemmende und widrige Umstände für den Beginn eines Krieges, so daß es den meisten geratener schien, nur ein wachsames Auge auf die Verdacht erregenden Bewegungen zu richten – beschloß Agrippa dennoch der Gefahr entgegenzugehen. Nachdem er also die einzelnen Abteilungen der Legionen und eine ziemliche Schar von Hilfstruppen zusammengezogen hatte, führte er, weil die Ordoviker es nicht wagten, in die Ebene hinabzuziehen, er selbst voran, damit die übrigen in der gemeinsamen Gefahr auch gleichen Mut gewönnen, das Heer die Höhen hinauf. Nachdem er so beinahe die ganze Völkerschaft vernichtet hatte, faßte er den Entschluß, die Insel Mona, von deren Besitznahme, wie oben erwähnt, Paulinus durch den Aufstand ganz Britanniens abgerufen worden war, zu unterwerfen, da er wohl wußte, daß man den einmal gewonnenen Ruf festhalten müsse, und das Ganze sich dem ersten Erfolge gemäß gestalten würde. Aber es fehlte, wie es bei einem so unbestimmten Vorhaben natürlich war, an Schif-

fen. Trotzdem bewerkstelligte die Umsicht und Beharrlichkeit des Heerführers die Überfahrt. Er ließ die Auserlesensten unter den Hilfstruppen, die mit den Untiefen bekannt und von Hause aus ans Schwimmen gewöhnt waren, sich selbst, ihre Waffen und Rosse zugleich regieren, nach Ablegung alles Gepäcks einen so plötzlichen Angriff machen, daß die bestürzten Feinde, welche eine Flotte oder wenigstens Schiffe und eine Seeschlacht erwartet hatten, einer auf diese Weise anrückenden Kriegsmacht nichts mehr für zu schwer oder unüberwindbar hielten. Als auf diese Weise um Frieden gebeten und die Insel übergeben worden war, galt Agricola als ein berühmter und großer Mann, er, welcher gleich beim ersten Eintritt in die Provinz in der Zeit, welche andere mit eitlem Gepränge oder unter Werben um Popularität zu verbringen pflegen, dafür Beschwerden und Gefahren vorgezogen hatte. Dennoch nannte Agricola die Zügelung der schon Besiegten nicht einen Feldzug oder Sieg, noch benutzte er das Gelingen seines Unternehmens zu leerer Prahlerei; er schmückte nicht einmal den Bericht seiner Taten mit dem Lorbeer. Aber gerade durch diese Verleugnung desselben vermehrte er seinen Ruhm, indem man wohl denken konnte, wieviel der noch von der Zukunft erwarte, der so großes verschwieg.

19. Übrigens beschloß er, mit der Stimmung der Provinz bekannt und zugleich durch fremde Erfahrung belehrt, wie wenig Waffenglück zum Ziele führt, wenn es Unbilden zur Folge hat, die Ursachen der Kriege an der Wurzel zu vertilgen. Mit sich und den Seinen beginnend, hielt er zuerst sein Dienstpersonal in strenge Zucht, was den meisten nicht minder schwer fällt, als eine ganze Provinz zu regieren. Da gab es kein amtliches Geschäft, welches er durch Freigelassene oder Sklaven hätte verrichten lassen; da wurde kein Centurio und Soldat aus Privatrücksichten, noch auf Empfehlung und Fürbitte zur Legion gewählt, sondern es galt der Beste, ihm als der Zuverlässigste. Um alles wissend ahndete er nicht alles; kleine Fehler verzeihend, übte er Strenge gegen große; und auch dann strafte er nicht immer; oft genügte ihm Reue. Geschäfte und Ämter übertrug er lieber gleich solchen, welche kein Vergehen besorgen ließen, als daß er die verurteilte, welche sich vergangen hatten. Die Eintreibung der Getreidelieferungen und Steuern milderte er durch Gerechtigkeit in der Geschäftsführung, indem er alles abschnitt, was, zum Nebengewinn ersonnen, drückender als die Steuern selbst empfunden wurde. Wurden sie doch gezwungen, wie zum Hohn bei verschlossenen Kornböden zu sitzen und sogar ihr eigenes Getreide zu kaufen, um mit dem Preise Spiel zu treiben, wurden den Gemeinden Abwege und weit gelegene Gegenden angewiesen, damit sie von den nächsten in entlegene und vom Wege entfernte Winterlager lieferten, lediglich zu dem Zwecke, das, was alle in der Nähe hatten, einigen wenigen gewinnreich zu machen.

20. Alles dies stellte er gleich im ersten Jahre ab und brachte so den Frieden, welcher bei der Sorglosigkeit oder Maßlosigkeit seiner Vorgänger nicht weniger als der Krieg gefürchtet wurde, in trefflichen Ruf. Als der Sommer kam, zog er das Heer zusammen, lobte die Mannszucht der Soldaten auf dem Marsche, hielt die sich Zerstreuenden zusammen, wählte selbst die Lagerplätze, und war selbst immer der erste, Meergewässer und Wälder zu untersuchen. Und dabei gestattete er doch den Feinden keine Ruhe, sondern unternahm plötzlich verheerende Streifzüge; hatte er aber hinreichenden Schrecken verbreitet, so zeigte er auch wieder durch Schonung den lockenden Reiz des Friedens. So geschah es, daß viele Stämme, welche bis zu dieser Zeit unabhängig gewesen waren, Geiseln stellten und ihre Feindseligkeit aufgaben. Umsichtsvoll und sorgsam umschloß er sie mit Schanzen und Kastellen, wie keinen anderen neu besetzten Teil Britanniens in früherer Zeit.

21. Unangefochten verging der folgende Winter und wurde zu den heilsamsten Anordnungen verwendet. Um nämlich die zerstreut wohnenden, rohen und eben deshalb zum Kriege geneigten Einwohner der Insel durch Wohlleben an Frieden und Ruhe zu gewöhnen, bewog er sie durch persönliche Aufforderung und öffentliche Unterstützung, Tempel, Marktplätze und Häuser aufzuführen, indem er die Tätigen lobte, die Saumseligen zur Rede stellte. So diente der Wetteifer des Ehrgeizes statt des Zwanges. Ferner ließ er die Söhne der Großen auch in freien Künsten unterrichten, wobei er dem Talente der Britannier den Vorzug vor dem Fleiße der Gallier gab, so daß sie, die unlängst noch die römische Sprache anzunehmen sich weigerten, nun sogar nach Beredsamkeit strebten. Seitdem kam auch unsere Tracht in ehrenvolle Aufnahme, und die Toga wurde immer gebräuchlicher. Allmählich verstand man sich selbst zu den Lockungen der Laster, zu Säulenhallen, Bädern und feinen, glanzvollen Gelagen. Dies alles wurde von den Kurzsichtigen Bildung genannt, während es doch eigentlich schon Knechtschaft war.

22. Das dritte Jahr der Feldzüge brach eine Bahn zu neuen Völkern, da bis zum Tanaus[33] hin, so heißt ein Meergewässer, alle Gaue verwüstet wurden. Durch dieses Schrecknis bestürzt, wagten die Feinde nicht, das obwohl von wütenden Stürmen hart mitgenommene Heer anzufechten, und man gewann sogar noch Zeit Kastelle anzulegen. Sachkundige bemerkten, kein anderer Feldherr habe vorteilhaft gelegene Plätze weiser ausgewählt, kein von Agricola angelegtes Kastell sei je durch Feindesgewalt erstürmt, noch durch Kapitulation oder Flucht preisgegeben worden. Ausfälle waren häufig; denn gegen anhaltende Belagerungen hatte man sich mit Vorräten auf das ganze Jahr versehen. So verstrich dort der Winter ohne Schrecken, und jeder vermochte sich selbst zu schützen, während der Feind, dem nichts gelingen wollte, alle Hoffnung aufgab, weil er, sonst gewohnt, den im

Sommer erlittenen Verlust durch glückliche Erfolge im Winter wieder auszugleichen, jetzt auf gleiche Weise im Winter wie im Sommer geschlagen wurde. Dabei eignete sich Agricola nie, was andere vollführt, ruhmsüchtig zu; jeder, Centurio oder Präfekt, hatte an ihm einen unparteiischen Zeugen seiner Tat. Einige wollten wissen, er sei bei heftigem Tadel zu bitter gewesen. So freundlich er gegen Leute war, so hart war er gegen Schlechte. Aber kein Groll blieb in ihm zurück; seine Verschlossenheit, sein Schweigen brauchte man nicht zu fürchten. Er hielt es für edler zu beleidigen, als zu hassen.

23. Den vierten Sommer wendete er zur Behauptung des durchzogenen Gebietes an, und, gestattete die Tapferkeit des Heeres und Ruhm des römischen Namens eine Grenze, so wurde hier in Britannien sie gefunden. Denn Clota und Bodotria[34], durch die Brandung der entgegengesetzten Strömung tief ins Land hineingebuchtete Meeresarme, werden nur durch einen schmalen Erdstrich geschieden; und dieser ward damals durch verschanzte Posten befestigt, dazu auch alles näher gelegene Küstenland besetzt, so daß die Feinde gleichsam auf eine andere Insel zurückgewiesen waren.

24. Im fünften Jahre seiner Feldzüge setzte er mit dem ersten Schiffe über, bezwang in häufigen und zugleich glücklichen Schlachten bis zu der Zeit unbekannte Völker, und besetzte den Teil Britanniens, der Hibernien zugewendet liegt, mit Truppen, mehr von Hoffnung als von Furcht geleitet, da Hibernien, mitten zwischen Britannien und Hispanien und dem Meere Galliens bequem gelegen, dem bedeutendsten Teile des Reiches eine sehr vorteilhafte Verbindung gewähren dürfte. Der Umfang desselben, mit Britannien verglichen, weniger bedeutend, übertrifft doch den der Inseln des unseres Meeres; Boden und Klima, Charakter und Lebensweise der Bewohner entfernen sich nicht sehr von Britannien, und die dortigen Reeden und Häfen sind noch besser durch Handelsverkehr und Kaufleute bekannt. Agricola hatte einen der kleinen Könige des Volks, den eine Empörung der Seinigen vertrieben, aufgenommen, und behielt ihn unter dem Scheine der Freundschaft zu gelegentlicher Benutzung bei sich. Oft hörte ich von ihm, mit einer Legion und mäßiger Hilfsmannschaft ließe sich Hibernien überwältigen und behaupten, und selbst wider Britannien dürfte dies von Nutzen sein, wenn Römerwaffen allenthalben, und aus den Augen gleichsam die Freiheit käme.

25. In dem Sommer nun, mit welchem er das sechste Jahr seiner Verwaltung begann, richtete er seine Unternehmungen gegen die jenseits Bodotria gelegenen Gaue, und weil ein Aufstand aller jenseits der Grenze wohnenden Völker und die Beunruhigung der Märsche durch feindliche Heeresmacht zu besorgen war, ließ er die Hafenplätze mit der Flotte untersuchen. Von Agricola zuerst zur Verstärkung der Streitkräfte benutzt, folgte sie, ein herrliches Schauspiel, wie der Krieg zugleich zu Lande und auf dem Meere heranwogte: oft

sah man in demselben Lager Fußvolk und Reiter sowie Seesoldaten, Vorräte und Heiterkeit teilend, jeder hob seine Taten und seine Abenteuer hervor, und bald wurden Tiefen der Wälder und Gebirge, bald das Ungestüm der Stürme und Fluten, bald die Besiegung des Landes und der Feinde, bald die des Ozeans mit der Soldaten eigenen Ruhmredigkeit verglichen. Auch die Britannier setzte, wie man von Gefangenen hörte, der Anblick der Flotte in Bestürzung, gleich als wenn nun die Abgeschlossenheit ihres Meeres eröffnet und den Besiegten die letzte Zuflucht verschlossen sei. Aber zu Wehr und Waffen greifend hatten die Kaledonier nach großer Zurüstung und, wie es bei unbekannten Dingen zu gehen pflegt, unter dem übertreibenden Gerüchte, als wären sie sogar zum Angriff geschritten, ein Kastell bestürmt und mit dieser Herausforderung Furcht verbreitet. Über Bodotria zurückzugehen und lieber zu weichen als vertrieben zu werden, rieten schon Feigherzige unter dem Scheine der Klugheit, als Agricola inzwischen erfuhr, daß die Feinde in mehreren Heeressäulen hereinzubrechen willens seien. Um von ihrer überlegenen Zahl bei ihrer Ortskenntnis nicht überflügelt zu werden, begab er sich mit ebenfalls dreifach geteiltem Heere auf den Marsch.

26. Als dem Feinde dies bekannt wurde, änderte er plötzlich seinen Plan, wandte sich zur Nachtzeit insgesamt gegen die neunte Legion als die schwächste, und drang, nachdem die Wachen im Schlafe und in der Bestürzung niedergestoßen waren, in das Lager ein. Schon kämpfte man mitten im Lager, als Agricola, von dem Marsche der Feinde durch Kundschafter unterrichtet, und ihnen auf dem Fuße folgend, den schnellsten von der Reiterei und dem Fußvolke den Kämpfenden in den Rücken zu fallen, sodann allen zusammen den Schlachtruf zu erheben befahl. Als der Morgen dämmerte, erglänzten die Heereszeichen. So von zwei Seiten bedrängt, ergriff die Britannier Schrecken, den Römern aber kehrte der Mut zurück, und um Rettung nun nicht mehr besorgt, kämpften sie jetzt für den Ruhm. Ja, sie suchten nun selbst einen Ausfall zu machen, und ein fürchterlicher Kampf erhob sich besonders in den engen Toren, bis die Feinde geworfen waren, indem beide Heeresabteilungen miteinander wetteiferten, das eine, damit es wirklich Hilfe gebracht, das andere, damit es keine Unterstützung bedurft zu haben schiene. Hätten nicht Sümpfe und Wälder die Fliehenden gedeckt, es wäre auch der Krieg durch diesen Sieg beendet worden.

27. Auf den Sieg und seinen Ruhm stolz riefen die Kriegerscharen wilden Mutes, nichts sei ihrer Tapferkeit unzugänglich; man müsse in Caledonien eindringen und endlich im ununterbrochenen Siegeslauf der Schlachten Britanniens Grenzen finden. Ja es waren auch jene unlängst noch so Vorsichtigen und Weisen nach gelungener Tat unternehmend und vorlaut geworden. Das ist das unbilligste Los des Krieges: das Glück eignen sich alle zu, das Unglück wird einem zur

Last gelegt. Doch die Britannier schrieben das Unglück nicht der Tapferkeit der Feinde, sondern einem glücklichen Zusammentreffen und der Klugheit des Feldherrn zu und mäßigten ihren stolzen Sinn so wenig, daß sie vielmehr die Jugend bewaffneten, Weiber und Kinder an sichere Orte brachten und durch Zusammenkünfte und Opfer der Verschwörung der Gaue eine heilige Weihe verliehen. So schied man also beiderseits mit erbitterter Gesinnung.

28. In demselben Sommer unternahm eine Kohorte von Usipiern, welche in Germanien ausgehoben und nach Britannien hinübergesandt war, ein großartiges und der Erwähnung würdiges Wagstück. Nach Ermordung des Centurio und der Soldaten, welche zur Unterweisung im Dienste unter die Manipeln gemischt, als Beispiel und Lenker gelten sollten, bestiegen sie drei Liburnen[35], indem sie die Steuermänner gewaltsam mit fortzogen; brachten, während nur einer das Ruder leitete, die beiden andern als verdächtig um, und segelten, noch ehe das Gerücht davon sich verbreitet hatte, wie eine Wundererscheinung vorüber. Bald dahin, bald dorthin verschlagen und mit vielen Britanniern, die ihr Eigentum gegen sie schützen mußten, im Kampfe zusammentreffend, dabei oftmals Sieger, doch nicht selten auch geschlagen, gerieten sie zuletzt in solche Not, daß sie erst die Entkräftetsten aus ihrer Mitte, dann die, welche das Los traf, verzehrten. Als sie so Britannien umfahren und, weil sie ein Schiff nicht zu regieren verstanden, ihre Fahrzeuge verloren hatten, wurden sie, für Seeräuber gehalten, erst von Sueben, dann von Friesen aufgefangen, und einige von ihnen kamen, im Handel feilgeboten und von einer in die andere Hand verkauft, bis an unser Ufer, wo sie mit der Erzählung eines solchen Abenteuers Aufsehen erregten.

29. Im Anfange des Sommers traf den Agricola ein Schlag im eigenen Hause, indem er den ein Jahr vorher geborenen Sohn verlor; dieses Unglück ertrug er nicht wie so viele Kriegshelden bloß aus Ehrgeiz standhaft, aber auch nicht auf eine unmännliche Weise, wehklagend und sich härmend. Mit zur Linderung des Schmerzes diente ihm der Krieg.

Nachdem er daher die Flotte vorausgeschickt, um durch Plünderung an mehreren Orten großen und ungewissen Schrecken zu erregen, gelangte er mit leichtgerüstetem Heere, dem er die tapfersten und durch langen Frieden schon erprobten Britannier beigesellt hatte, bis zum Berge Graupius, welchen bereits die Feinde besetzt hatten. Denn die Britannier, keineswegs durch den Ausgang der vorigen Schlacht entmutigt, sondern Rache oder Knechtschaft nur vor Augen habend, und endlich belehrt, daß die gemeinsame Gefahr nur durch Eintracht abzuwehren sei, hatten durch Gesandtschaften und Bündnisse die Streitkräfte aller Gaue aufgeboten. Schon sah man über dreißigtausend Bewaffnete, und immer noch strömte die junge Mannschaft zusammen: samt und sonders wer noch in frischem und kräftigem Alter stand, wer schon im Kriege berühmt geworden war und mit seinem Ehrenschmucke prangte, eilte herbei. Calgacus, ein unter mehreren Feldherren durch Tapferkeit und Geburt ausgezeichneter Mann, sprach vor der versammelten und eine Schlacht fordernden Menge, wie berichtet wird, folgendermaßen:

30. „So oft ich die Ursachen dieses Kriegs und unsere Bedrängnis betrachte, habe ich große Zuversicht, es werde der heutige Tag und euere Einmütigkeit der Anfang der Freiheit für ganz Britannien sein. Denn wir alle wissen noch nichts von Knechtschaft, und dabei ist hinter uns kein Land mehr, ja das Meer selbst nicht mehr sicher, da die Römerflotte uns bedroht. So sind Kampf und Wehr, für Tapfere ehrenvoll, zugleich das sicherste auch für die Feigen. Die bisherigen Schlachten, in welchem mit welch wechselndem Glücke wider die Römer gekämpft wurde, ließen noch Hoffnung auf unseres Armes Hilfe, weil wir, die Edelsten von ganz Britannien und zugleich im Herzen des Landes, frei vom Anblick dienstbarer Ufer wohnend, auch das Auge noch nicht durch die Befleckung der Tyrannei entweiht hatten. Der Erde Grenzbewohner und der Freiheit letztes Bollwerk, hat unsere abgeschiedene Ferne und das Dunkel unseres Rufes bis auf diesen Tag verteidigt: denn das Unbekannte gilt für groß. Jetzt aber steht die Grenze Britanniens offen, jenseits ist kein Volk mehr, nichts als Fluten und Klippen, und feindlicher noch die Römer, deren Übermute man vergeblich durch Gehorsam und Bescheidenheit zu entfliehen wähnt. Räuber des Erdkreises, durchsuchen sie, da es den alles verwüstenden an Land gebricht, nun auch das Meer, habsüchtig, wenn der Feind begütert ist, ist er arm, voll Ehrfurcht, sie, die nicht der Osten, nicht der Westen gesättigt hat, die einzigen, die wie der Reichtum auch die Armut mit gleicher Leidenschaft reizt. Plündern, morden, rauben nennen sie Herrschaft unter anderem Namen, und wo sie auf diese Weise eine Wüste schufen, Frieden.

31. „Kinder und Verwandte als das Teuerste zu erachten, hat einem jeden die Natur geboten. Sie werden uns, um anderswo zu dienen, durch Aushebungen entrissen, Gattinnen und Schwestern werden, entgehen sie auch des Feindes Lüsten, von denen geschändet, welche sich Freunde und Gastfreunde nennen. Gut und Vermögen führen sie als Tribut fort, den Ertrag der Felder als Getreidelieferungen. Selbst körperlich verbraucht man uns, indem man uns unter Schlägen und Beschimpfungen zum Straßenbau durch Wald und Sumpf zwingt. Zur Knechtschaft geborene Sklaven kommen einmal zum Verkauf und werden noch obendrein von ihren Herren ernährt. Britannien kauft täglich seine Knechtschaft, täglich nährt es sie; und wie im Hausgesinde der zuletzt eingetretene Sklave seinen Mitsklaven selbst ein Spott ist, so sind in dieser alten Knechtsgemeinschaft des Erdkreises wir als neu und wertlos dem Verderben bestimmt. Denn nicht Fruchtgefilde, noch Bergwerke oder Häfen besitzen wir, zu deren

Pflege man uns aufbewahren möchte. Dazu sind Tapferkeit und wilder Mut der Unterworfenen den Gebietern wenig willkommen, und gerade die Entfernung und Abgeschiedenheit ist, je mehr sie schützt, desto verdächtiger. So der Hoffnung auf Verzeihung beraubt, fasset endlich Mut, ihr sowohl, denen die Wohlfahrt, wie ihr, denen der Ruhm das Teuerste ist. Die Briganter konnten unter eines Weibes Leitung eine Kolonie niederbrennen, ein Lager erobern und, hätte das Glück sie nicht zur Lässigkeit verleitet, das Joch abwerfen. So wollen wir, ungeschwächt, unbezwungen und nicht willens, uns nur für den Augenblick Freiheit zu erkämpfen, gleich beim ersten Zusammentreffen zeigen, was für Männer Caledonien sich aufbewahrt hat!

32. „Oder glaubt ihr, daß den Römern ebenso im Kriege Tapferkeit, wie Zügellosigkeit im Frieden eigen sei? Durch unsere Spaltungen und Zwistigkeiten emporgehoben, rechnen sie des Feindes Fehler ihrem Heere zum Ruhme an, welches aus aller Welt Völkern zusammengezogen, das Unglück ebenso auflösen wird, wie das Glück allein es zusammenhält. Ihr müßtet denn wähnen, daß Gallier und Germanen und, o der Schande! so viele Britannier, obwohl fremder Herrschaft mit ihrem Blute dienend, dennoch längere Zeit hindurch den Römern feind als ihre Knechte, von Treue und Anhänglichkeit gefesselt werden. Furcht ist es und Schrecken, schwache Bande der Zuneigung. Nimm sie hinweg, und die zu fürchten aufgehört, werden anfangen zu hassen. Alle Antriebe zum Siege sind auf unserer Seite. Keine Gattinnen entflammen die Römer, keine Eltern werden ihnen die Flucht zum Vorwurf machen; die meisten haben entweder gar kein Vaterland, oder ein anderes. Gering an Zahl, zagend aus Unkunde, als fremd selbst Himmel, Meer und Wälder, kurz alles rings umher betrachtend, sind sie gleichsam eingeschlossen und gefesselt uns von den Göttern in die Hände geliefert. Nicht schrecke euch der täuschende Anblick, der Glanz des Goldes und des Silbers, das weder schützt, noch verwundet. Mitten in der Schlachtreihe der Feinde werden wir unsere Scharen finden; die Britannier werden ihre gute Sache erkennen, die Gallier der vorigen Freiheit gedenken, die übrigen Germanen von jenen entweichen, wie unlängst die Usipier sie verlassen haben. Nichts ist weiter dann zu fürchten. Entblößt sind die Kastelle, in den Kolonien stehen Greise, in den Munizipien herrscht Mißvergnügen und Zwietracht zwischen übelwollenden Untertanen und ungerechten Herrschern. Hier ist ein Feldherr und ein Heer; dort Tribute, Bergwerksdienst und die übrigen Knechtesstrafen, und ob ihr ewig sie erdulden oder augenblicklich dafür Rache nehmen werdet, kommt auf diesem Felde zur Entscheidung. Wohlan denn, so gedenket, zum Kampfe ausziehend, eurer Vorfahren und eurer Nachkommen!"

33. Freudig und nach Barbarenweise mit Gesang, Getöse und verworrenem Geschrei beantworteten sie die Rede; und schon sah man

die Scharen sich bewegen, die Waffen blinken und die Verwegensten hervorstürmen, während sich der Schlachthaufe ordnete, als Agricola die, wenn gleich freudig gestimmten und sich kaum in den Verschanzungen zurückzuhaltenden Krieger noch anfeuern zu müssen glaubte und so sprach:

„Es ist nun das achte Jahr, Kameraden, seit ihr nach dem Götterwillen, der über dem römischen Reiche waltet, mittels eurer treuen Tapferkeit und meiner Anstrengung Siege über Britannien erfochten habt. Auf so vielen Feldzügen, in so vielen Schlachten, mochte es der Tapferkeit wider den Feind, oder des unermüdlichen Kampfes fast wider die ganze Natur selbst bedürfen, brauchte weder ich mich der Soldaten, noch brauchtet ihr euch des Feldherrn zu schämen. So sind wir denn hinausgeschritten, ich über das Ziel früherer Legaten, ihr über das früherer Heere, und stehen, nicht der Sage, nicht dem Gerüchte nach, nein, mit dem Lager, mit den Waffen auf der Grenze Britanniens. Jetzt ist Britannien gleichzeitig entdeckt und bezwungen. Ich wenigstens hörte oft auf dem Marsche, wenn euch Sümpfe oder Berge und Flüsse ermüdeten, alle Tapfern rufen: „Wann wird es Feinde geben, wann eine Schlacht?“ Da kommen sie nun, aus ihren Schlupfwinkeln herausgedrängt, und ihr habt für eure Wünsche und eure Tapferkeit freie Bahn; rasch führt die Sieger alles vorwärts, sowie alles sich für Besiegte feindlich gestaltet. Denn wie es rühmlich, einen solchen Marsch bestanden, Waldungen durchdrungen, Meergewässer durchwatet zu haben, und ehrenvoll für die Vordringenden ist, so bringt, was heute noch ein so günstiges Ansehen hat, den Fliehenden die äußerste Gefahr. Wir besitzen ja nicht dieselbe Ortskenntnis, noch denselben Überfluß an Zufuhr, sondern nur Arme, Waffen und in diesen alles. Was mich betrifft, so stand es schon längst bei mir fest, daß weder für das Heer noch für den Feldherrn Rückzug sicher sei. So ist denn ein ehrenvoller Tod einem schmachvollem Leben vorzuziehen, und auf derselben Stätte finden wir Rettung und Ehre. Ja, nicht ruhmlos wäre es, an der äußersten Grenze der Erde und der Natur zu fallen.“

34. „Ständen uns neue Völker und eine uns fremde Schlachtordnung gegenüber, so würde ich das Beispiel anderer Heere euch zur Ermutigung nennen. So aber gedenkt nur eurer eigenen Lorbeeren und fragt eure eigenen Augen. Es sind die, welche ihr im vorigen Jahre, als sie heimlich in der Nacht eine einzige Legion angriffen, mit dem bloßen Schlachtgeschrei besiegtet, sie, unter allen übrigen Britanniern die feigsten Flüchtlinge, und deshalb nur noch so lange am Leben. Wie uns, als wir in Wälder und Schluchten eindrangen, nur das mutigste Wild entgegenstürzte, das furchtsame und feige schon durch den bloßen Schall unseres Zuges verscheucht wurde, so sind die tapfersten Britannier schon längst gefallen, übrig ist nur ein Haufe von Feigen und Furchtsamen, welche ihr endlich gefunden habt, nicht

etwa weil sie zum Widerstand Halt machen, nein, weil sie sich haben ertappen lassen; die Todesangst und die äußerste Furcht lassen ihre Leiber an dieser Stätte festgewurzelt stehen, damit ihr hier einen schönen und glänzenden Sieg gewinnt. Macht ein Ende mit den Feldzügen, krönet fünfzig Jahre mit einem großen Tage und beweiset dem Vaterland, daß die lange Dauer des Krieges und die stete Erneuerung des Kampfes nie die Schuld des Heeres gewesen sei!"

35. Während noch Agricola zu ihnen sprach, wurde die Kampflust der Soldaten sichtbar; dem Ende der Rede folgte laut jauchzende Bewegung, und augenblicklich eilte man zu den Waffen. Die begeisterungsvoll Herbeistürmenden ordnete er so, daß die Hilfstruppen des Fußvolks, deren achttausend waren, ein festes Mitteltreffen bildeten, die der Reiterei, dreitausend an Zahl, die Flanken deckten. Die Legionen blieben vor dem Walle stehen, zur glorreichen Verherrlichung des Sieges, wenn er ihn ohne Römerblut gewann, zur Unterstützung, falls jene geschlagen würden. Die Schlachtordnung der Britannier war zur Schau zugleich und zum Schrecken auf Anhöhen so aufgestellt, daß das Vordertreffen auf der Ebene stand, die übrigen längs dem Abhange des Höhenzuges wie in einer Kette sich erhoben. Die Mitte des Feldes füllten in lärmendem Durcheinanderjagen die Streitwagen und Reiter aus. Da ließ Agricola, besorgt wegen der überlegenen Menge des Feindes, daß etwa die Seinen zugleich von vorn und von den Flanken her angegriffen würden, die Reihen weiter auseinandertreten, und stellte sich selbst, wiewohl sich die Schlachtlinie auf diese Weise zu sehr dehnte, und viele die Legionen herbeizuholen rieten, immer mehr der Hoffnung zugewandt und mutig in der Gefahr, zu Fuß vor die Feldzeichen, nachdem er sein Pferd hatte wegführen lassen.

36. Beim ersten Anrücken wurde aus der Ferne gestritten. Mit ebensoviel Kaltblütigkeit als Geschicklichkeit wußten die Britannier mittels ihrer ungeheuren Schwerter und kurzen Schilder den Wurfgeschossen der unsrigen auszuweichen oder sie abzuschlagen, und uns dann selbst mit einem Pfeilregen zu überschütten, bis Agricola drei batavische und zwei tungrische[36] Kohorten aufrief, das Schwertgefecht und Handgemenge zu beginnen, worin sie durch langen Dienst geübt, die Feinde aber, da sie kleine Schilder und unförmlich große Schwerter führten, ungeschickt waren. Denn die spitzenlosen Schwerter der Britannier hielten, wenn man Mann gegen Mann und in engem Raume stritt, nicht aus. Als daher die Bataver einhieben, mit den Schildbuckeln darauf losstießen, die Gesichter zerfetzten und, nachdem sie die auf der Ebene ihnen Gegenüberstehenden niedergestreckt, die Hügel hinanzurücken begannen, da schlossen sich die übrigen Kohorten, von nacheiferndem Ehrgeiz getrieben, ihnen im Sturmschritt an, und hieben nieder, wer ihnen gerade der nächste war; ja viele wurden in der Hast des Sieges halbtot oder unverwundet

selbst von ihnen liegen gelassen. Inzwischen mischten sich die Reitergeschwader, nachdem die Wagenkämpfer die Flucht ergriffen hatten, in den Kampf des Fußvolkes ein, und obwohl sie einen plötzlichen Schrecken erregt hatten, so wurden sie doch durch die dichtgedrängten feindlichen Scharen und die Unebenheit des Bodens gehemmt; keineswegs hatte sich jetzt der Kampf für die unsrigen günstig gestellt, da sie, während sie nur mit Not die Anhöhe hinaufdrangen, zugleich von den Leibern der Rosse weggedrängt wurden; oft stürmten umherschweifende Wagen, scheue Pferde ohne Reiter, wie jedes die Furcht trieb, von der Seite oder von vorn auf sie los.

37. Die Britannier, welche, ohne bis dahin an der Schlacht teilzunehmen, die Höhen der Hügel besetzt hatten und die geringe Zahl der unsrigen sorglos verachteten, wollten, allmählich herabziehend, die Sieger schon im Rücken umgehen, hätte nicht Agricola, gerade dies befürchtend, vier gegen plötzliche Vorfälle als Rückhalt aufgestellte Reiterscharen den Anrückenden entgegengeworfen, und sie, je wilder sie herangestürmt kamen, desto heftiger zurückgeschlagen und in die Flucht gesprengt. So wurde die List der Britannier gegen sie selbst gewandt, indem die Reiterscharen auf Befehl des Feldherrn um die Front der Kämpfenden herumschwenkten, und die Schlachtlinie der Feinde im Rücken angriffen. Da sah man auf der weiten Ebene ein großartiges und furchtbares Schauspiel: nachsetzen, verwunden, Gefangene machen und diese, wenn andere in den Wurf kamen, ermorden, bald, wie gerade eines jeden Natur es mit sich brachte, ganze Scharen der Feinde mit den Waffen in der Hand vor einer kleineren Anzahl die Flucht ergreifen, manche waffenlos sich freiwillig dem Tode in die Arme stürzen, überall Waffen und Leichen und verstümmelte Gliedmaßen und blutiges Erdreich; nicht selten auch bei den Besiegten noch Erbitterung und Tapferkeit. Als sie sich den Wäldern genähert hatten, sammelten sie sich, umzingelten die ersten der unvorsichtigen und der Gegend nicht kundigen Verfolger, und hätte nicht Agricola, überall selbst zugegen, kräftige und leichtgerüstete Kohorten nach Art eines Jagdtreibens ausziehen und, wo dichtere Waldung war, einen Teil der Reiter absitzen, die lichteren Stellen aber zu Pferde durchstreifen lassen, man hätte in der Tat aus übergroßer Zuversicht noch einen bedeutenden Verlust erleiden können. Als sie aber die Verfolgenden wieder in Ordnung und in geschlossenen Gliedern erblickten, da suchten sie, zur Flucht gewandt, nicht mehr in Haufen, wie zuvor, nicht mehr einer nach dem andern zurückschauend, sondern einzeln und sich ausweichend, entfernte und abgelegene Gegenden zu erreichen. Ein Ende der Verfolgung machte erst die Nacht und der Überdruß des Mordens. Gefallen waren von Feindes Seite an zehntausend, von den unsrigen dreihundertundsechzig, unter ihnen Aulus Atticus, der Präfekt einer Kohorte, den jugendliche Hitze und die Unbändigkeit seines Pferdes mitten unter die Feinde geführt hatte.

38. Die Nacht war für die triumphierenden, der Beute sich freuenden Sieger mit Jubel erfüllt; die Britannier irrten, Männer und Weiber ihren Klageruf vermischend, umher, schleppten Verwundete fort, riefen den Entkommenen zu, verließen ihre Wohnungen und steckten sie in der Wut selbst in Brand, suchten sich Schlupfwinkel aus, und verließen sie in demselben Augenblicke, überlegten gemeinsam dies und jenes, dann wieder ein jeder für sich; bisweilen brach ihnen das Herz beim Anblick ihrer Lieben, öfter entflammte er sie zur Wut, und es war bekannt genug, daß einige, wie aus Erbarmen, Weib und Kind erwürgten. Der folgende Tag gewährte einen noch vollständigeren Anblick des Sieges. Todesschweigen herrschte überall, einsame Hügel, rauchende Hütten in der Ferne, die Kundschafter erspähten keinen Menschen. Da man durch diese, die nach allen Richtungen ausgesendet worden waren, in Erfahrung brachte, daß die Spuren der Flucht unsicher seien und der Feind sich nirgends zusammenrotte, eine größere Ausdehnung des Kriegs aber nach dem Ablauf des Sommers nicht mehr tunlich war, so führte er das Heer in das Land der Borester[37]. Nachdem er hier Geiseln in Empfang genommen hatte, befahl er dem Präfekten der Flotte, um Britannien herumzuschiffen. Es wurde die nötige Mannschaft mitgegeben; Schrecken war schon vorangeeilt. Er selbst verteilte Fußvolk und Reiter in langsamen Märschen, um schon durch die bloße Dauer des Durchzuges die neubezwungenen Stämme zu schrecken, in die Winterquartiere. Da lief auch schon die Flotte, vom Wetter wie durch den Ruhm begünstigt, in den Hafen von Trutulum ein, indem sie, Britanniens nächste Küste von hier aus ganz umfahrend, ebendahin auch wieder heimgesegelt war.

39. Diesen Tatenlauf vernahm, wiewohl er durch keinen Wortprunk in Agricolas Berichten übertrieben worden war, Domitianus, nach seiner Weise, mit heiterer Stirn, aber beklommenem Herzen. Mußte er sich doch dabei bewußt sein, wie erst unlängst sein über Germanien erdichteter Triumph zum Gespött geworden war, indem der Kaiser Sklaven erhandelt hatte, um ihnen durch Kleidung und Haar das Ansehen von Gefangenen zu geben, während jetzt ein wahrer und bedeutender Sieg nach Erlegung so vieler tausend Feinde weit und breit durch den Ruf verherrlicht wurde. Er sagte sich, daß er das am meisten zu fürchten habe, wenn der Name eines Privatmanns über den des Fürsten erhoben würde, wie er umsonst des Forums Leben und die Künste die den Bürger zieren, zum Schweigen gebracht habe, wenn ihm ein anderer den Kriegsruhm raube; alles andere könne ja auch, so gut es gehen wolle, übersehen werden, aber ein tüchtiger Feldherr habe die Vorzüge, die einem Kaiser zukommen. Von solchen Sorgen beunruhigt und, was immer grausame Gedanken bei ihm verriet, sich begnügend, sie im stillen zu nähren, hielt er es zunächst für das Beste, seinen Haß ruhen zu lassen, bis die erste

Begeisterung des Ruhmes und die Gunst des Heeres anfinge zu erkalten; denn noch besaß Agricola Britannien.

40. Triumphschmuck also, eine lorbeerumkränzte Ehrenstatue und was statt des Triumphes sonst noch bewilligt wird, ließ er ihm unter einem Schwall von ehrenden Ausdrücken im Senat erteilen, und dabei auch noch die Vermutung äußern, Syrien sei als Provinz Agricola bestimmt, welches, damals durch den Tod des Konsulars Atilius Rufus erledigt, bedeutenderen Männern vorbehalten war. Viele sind der Überzeugung gewesen, ein Freigelassener, aus der Zahl der vertrauten Diener zu Agricola gesandt, habe das Handschreiben, worin ihm Syrien übertragen wurde, bei sich geführt, mit der Weisung, es ihm, wenn er noch in Britannien wäre, einzuhändigen, und eben dieser Freigelassene sei, obwohl er ihm noch in der Meerenge zwischen Britannien und Gallien begegnete, ohne Agricola auch nur zu grüßen, zu Domitianus zurückgekehrt – mag das nun wahr sein oder im Geiste des Fürsten erfunden und erdichtet. Inzwischen hatte Agricola die Provinz seinem Nachfolger in völliger Ruhe und Sicherheit übergeben, und kam, damit sein Einzug nicht durch den Glanz und die Menge der Entgegenkommenden Aufsehen erregte, unter Vermeidung der Begrüßung seiner Freunde, nicht anders als ihm befohlen war, nachts in Rom und im kaiserlichen Palaste an. Empfangen mit einem flüchtigen Kusse und ohne auch nur ein Wort zu vernehmen, mußte er sich im Schwarme der Höflinge verlieren. Um übrigens seinen für Friedsame so drückenden Kriegsruhm durch andere Tugenden zu mildern, führte er ein im höchsten Grade ruhiges und stilles Leben, machte wenig Aufwand, war zugänglich im Gespräch und ließ sich, wenn er ausging, nur von einem oder dem andern seiner Freunde begleiten, so daß gar viele, die große Männer nach dem Glanze der Umgebung zu messen pflegen, wenn sie Agricola sahen und betrachteten, nach seinem Rufe fragten und wenige sich ihn erklären konnten.

41. Häufig wurde er in dieser Zeit vor Domitianus abwesend angeklagt und abwesend freigesprochen. Was ihm Gefahr brachte, war keine Beschuldigung oder Klage von seiten irgend eines Beleidigten, sondern der Haß des Fürsten gegen das Verdienst, der Ruhm des Mannes selbst, und die schlimmste Klasse von Feinden, die Lobredner. Es folgte auch eine Zeit für den Staat, die von Agricola zu schweigen nicht gestattete; so viele Heere gingen in Moesien, Dacien, Germanien und Pannonien durch Unbesonnenheit oder Feigheit der Feldherrn verloren; so viele kriegserfahrene Männer mußten sich mit zahlreichen Kohorten ergeben und gefangennehmen lassen: schon war man nicht mehr bloß für die Grenzwälle und Ufer des Reichs, sondern sogar für die Winterlager der Legionen und den Bestand des Reiches selbst in Sorgen. Als sich daher Verlust an Verlust reihte und der Tod bedeutenderer Männer und große Niederlagen ein jedes Jahr

bezeichneten, da verlangte die Stimme des Volks Agricola zum Feldherrn, indem jedermann seine Kraft, seine Festigkeit, seinen in Kriegen erprobten Mut mit der Schlaffheit und Furchtsamkeit aller übrigen verglich, und es ist bekannt genug, daß auch zu Domitianus Ohren solche Reden in verletzender Weise drangen, indem die besten seiner Freigelassenen aus Liebe und Treue, die schlechtesten aus Bosheit und Neid den immer zum Schlechten geneigten Kaiser dadurch aufreizten. So öffnete sich für Agricola durch seine eigenen Tugenden sowohl als durch die Laster anderer in seinem eigenen Ruhme der Abgrund des Verderbens.

42. Schon war das Jahr gekommen, wo er durch das Los das Prokonsulat[38] von Asien oder Afrika erhalten sollte, und Civicas[39] neuliche Ermordung ließ es weder für Agricola an Warnung, noch für Domitianus an einem Beispiel fehlen. Da näherten sich einige, die um die Gedanken des Fürsten wußten, wie von selbst Agricola, um ihn zu fragen, ob er denn in die Provinz gehen werde. Zuerst priesen sie in versteckter Weise die Ruhe und Muße, dann boten sie ihm ihre Dienste zur Unterstützung seiner Ablehnung an; endlich, ihre Absicht nicht weiter bemäntelnd, nötigten sie ihn, ratend zugleich und schrekkend, zu Domitianus hin. Dieser, ein Meister in der Verstellung, hörte mit der Miene stolzer Selbstgenügsamkeit die Bitten des Ablehnenden an, und ließ, als er ihm Gewährung zugenickt hatte, sich noch Dank sagen, ohne über das Gehässige seiner Gnade zu erröten; das Ehrengehalt aber, welches einem Prokonsul konsularischen Standes geboten zu werden pflegte, und einigen von ihm selber auch bewilligt worden war, gab er Agricola nicht, vielleicht darüber beleidigt, daß er nicht darum ersucht worden war, vielleicht aus schuldbewußter Konsequenz, damit es nicht scheine, daß er das, was er nicht gewollt hatte, erkauft zu haben schiene. Es ist der menschlichen Natur eigen, den, welchen man beleidigt hat, auch zu hassen; Domitianus jähzorniger Sinn war vollends, je versteckter, um so unversöhnlicher. Allein die Mäßigung und Klugheit Agricolas besänftigte ihn, weil derselbe nicht durch Trotz und leere Freiheitsprahlerei, um Nachruhm zu erzwingen, das Schicksal herausforderte. Ja alle, welche Unerlaubtes zu bewundern pflegen, mögen wissen, daß auch unter bösen Fürsten große Männer leben können, und daß Gehorsam und Bescheidenheit, wenn Tätigkeit und Kraft dabei nicht fehlen, zu eben dem und höherem Ruhm gelangen, wodurch so viele auf gefährlichem Wege aber ohne irgendwie dem Staate damit zu nützen, sich mit einem prahlerischen Tode einen Namen gemacht haben.

43. Das Ende seines Lebens, für uns schmerzlich und für seine Freunde betrübend, blieb selbst bei Fernerstehenden und Fremden nicht ohne Teilnahme. Selbst der Pöbel und das so gleichgültige Volk sammelte sich oft vor seinem Hause, sprach von ihm auf den Plätzen und in Gruppen, und es war gewiß niemand, der bei der Nachricht

von dem Tode Agricolas sich gefreut oder ihn sogleich vergessen hätte. Vermehrt wurde das Bedauern durch das weitverbreitete Gerücht, es habe ihn Gift hinweggerafft. Wir haben nichts darüber in Erfahrung gebracht, was ich zu behaupten wagen möchte. Doch während seiner ganzen Krankheit kamen die vornehmsten Freigelassenen und vertrautesten Ärzte, während sonst nur Boten geschickt zu werden pflegten, häufiger als es sonst bei Hofe üblich ist, mag das nun Teilnahme oder Kundschaftung gewesen sein. Am letzten Tage wenigstens wurden, das ist ausgemacht, die Stadien des Todeskampfes durch aufgestellte Eilboten[40] gemeldet, und niemand konnte glauben wollen, daß man mit etwas, was der Kaiser mit Betrübnis hätte vernehmen können, sich so beeilt haben würde. Dennoch trug er den Schein des Schmerzes in Stimmung und Miene zur Schau, von nun an frei von Gefühl seines Hasses und als ein Mensch, der überhaupt Freude leichter als Furcht verhehlte. Es war hinlänglich bekannt, daß er sich, als er das Testament Agricolas gelesen hatte, in welchem dieser als Miterben seiner trefflichen Gemahlin und der zärtlich ihn liebenden Tochter den Domitianus[41] eingesetzt hatte, hierüber freute, gleich als sei es ihm zur Ehre und aus Überzeugung geschehen. So blind und von unaufhörlichen Schmeicheleien verdorben war sein Geist, daß er nicht wußte, es werde von einem guten Vater nur ein böser Fürst zum Erben eingesetzt.

44. Geboren war Agricola im dritten Konsulate[42] des Caius Caesar am dreizehnten Juni; er starb im vierundfünfzigsten Lebensjahre, am dreiundzwanzigsten August im Konsulat des Collega und Priscus[43]. Vielleicht wünscht die Nachwelt auch sein Äußeres zu kennen; es war mehr edel als erhaben; in seinem Blicke lag nichts Furchterweckendes, in seinen Zügen unbeschreibliche Anmut. Jeder erkannte leicht einen guten, jeder gern einen großen Mann in ihm.

Agricola hat, wiewohl er mitten aus der Bahn kräftigen Mannesalters weggerissen wurde, was den Ruhm anlangt, doch das fernste Lebensziel erreicht. Besaß er doch von wahren Gütern, die sich auf Tugenden gründen, das vollste Maß, und das Glück – was konnte es einem mit dem Schmucke des Konsulates und des Triumphes bekleideten Manne noch mehr gewähren? An übermäßigem Vermögen hatte er keine Freude; ansehnliches waren ihm zuteil geworden. Da Tochter und Gattin ihn überlebten, kann er sogar glückselig erscheinen, weil er mit ungeschmälerter Würde, unverwelktem Ruhme und ohne Verlust von Verwandten und Freunden der Zukunft entging. Denn wenn es ihm auch nicht gestattet war, im lichten Glanze unserer beglückten Zeit zu leben und Trajanus als Kaiser zu sehen, wovon er mit weissagendem Wunsche zu uns zu sprechen pflegte, so wurde ihm doch bei seinem frühen Tode der große Trost zuteil, der letzten Schreckenszeit noch entkommen zu sein, in welcher Domitianus nicht mehr in Zwischenräumen und Erholung gönnenden Pausen, sondern wie mit einem großen Streiche den Staat zugrunde richtete.

45. Agricola sah nicht, wie die Curie belagert, der Senat mit Waffen umschlossen, mit demselben Schlage so viele Konsularen hingemordet und so viele der edelsten Frauen verbannt und in die Flucht getrieben wurden. Noch konnte man nur nach einem Siege über Carus Metius[44] urteilen, noch erscholl lediglich innerhalb der albanischen Burg das Bluturteil des Messallinus[45], und Massa Baebius war damals noch angeklagt. Bald führten unsere[46] eigenen Hände den Helvidius ins Gefängnis, zerriß des Mauricus und Rusticus Anblick, zerriß Senecius unschuldiges Blut das Herz. Nero wendete doch den Blick noch ab, befahl die Greuel, aber sah sie nicht mit an; unter Domitianus gehörte das ganz besonders zum Elend, daß man ihn sehen und sich von ihm beobachten lassen mußte, da unsere Seufzer aufgeschrieben wurden, da jener mordlustige Blick und jene Röte, womit er sich gegen die Scham waffnete, hinreichte, um so viele Männer wegen der Totenblässe ihres Antlitzes dem Verderben zu weihen[47].

Ja, Agricola, du warst glücklich, nicht bloß durch den Ruhm deines Lebens, nein auch in der rechten Zeit deines Todes. Wie die erzählen, welche deinen letzten Gesprächen beiwohnten, unterwarfst du dich standhaft und willig deinem Schicksal, als wolltest du, soweit du selbst vermöchtest, dem Fürsten Schuldlosigkeit schenken. Mir aber und der Tochter mehrt, außer dem bittern Schmerze um den entrissenen Vater, auch das noch den Gram, daß es uns nicht vergönnt war, in deiner Krankheit dir stets zur Seite zu sein, den im Tode Ermattenden zu pflegen, bis zuletzt dich zu sehen und zu umarmen. Gewiß hätten wir auf jeden Auftrag, jedes Wort gelauscht, um es tief unserm Herzen einzuprägen. Das ist unser Schmerz, das unsere Wunde; so lange mußten wir von dir entfernt sein, um dich vier Jahre früher zu verlieren. Alles, ohne Zweifel, ist dir, bester aller Väter, zu deiner Ehre reichlich zuteil geworden, da dir zur Seite die liebevollste Gattin saß; aber dennoch benetzten deine Leiche zu wenig Tränen, und noch beim letzten Lebensblick vermißten deine Augen etwas[48].

46. Gibt es für die Manen frommer Menschen eine Stätte, gehen, wie die Weisen glauben, große Seelen nicht mit dem Körper unter, so ruhe sanft, und rufe uns, dein Haus, von kraftloser Sehnsucht und unmännlicher Klage auf zur Betrachtung deiner Tugenden, die zu betrauern, zu bejammern nicht gestattet ist. Durch Bewunderung vielmehr, nie verhallendes Lob und, vermag es unsere Natur, durch Nacheiferung wollen wir dich ehren. Das ist die wahre Verehrung, das die fromme Liebe der dir am engsten Verbundenen. Das möchte ich der Tochter auch und der Gattin empfehlen, so des Vaters, so des Gatten Andenken zu heiligen, daß sie sich alles, was er getan und geredet hat, wieder vor die Seele rufen, und mehr das Bild seiner Seele, als das seines Äußeren umfassen. Nicht als ob ich gegen Bildnisse aus Marmor oder Erz geformt mich erklären zu müssen glaubte; aber wie das Menschenantlitz selbst, so sind auch seine Nachbildun-

gen hinfällig und vergänglich; ewig ist nur das Bild des Geistes, welches festzuhalten und darzustellen nicht fremder Stoff und Kunst, nur die sittliche Gestalt des eigenen Lebens vermag. Alles, was wir an Agricola geliebt und bewundert haben, das letzt jetzt und immerdar im Herzen der Menschen, in der Ewigkeit der Zeiten, im Ruhm der Weltbegebenheiten fort. Denn wohl mag viele der Alten als ruhmlos und unbekannt die Vergessenheit begraben; Agricola wird für die Nachwelt als ein Vermächtnis der Geschichte unsterblich sein.

GERMANIA

GERMANIA

1. Germanien insgesamt wird von den Galliern, Rätern und Pannoniern durch den Rhein- und Donaustrom, den Sarmaten und Daciern durch wechselseitige Furcht oder durch Gebirge geschieden. Das übrige umgrenzt der Ozean, weitausgedehnte Landspitzen und Inseln von unermeßlichem Umfange umfassend, mit einigen erst unlängst bekannt gewordenen Völkern und Königen, zu denen der Krieg den Weg eröffnet hat[1]. Der Rhein, auf einem unzugänglichen und jähen Gipfel der rätischen Alpen entspringend, wendet sich in mäßiger Biegung westwärts, und ergießt sich in den nördlichen Ozean. Die Donau, einer sanften und gemach aufsteigenden Höhe des Abnobagebirges[2] entströmend, durchfließt das Gebiet mehrerer Völker, bis sie in sechs Armen in das pontische Meer hinausbricht; ein siebter verliert sich in Sümpfen.

2. Die Germanen selbst möchte ich für Ureinwohner halten, und am wenigsten durch Einwanderungen anderer Völker und gastliche Verbindungen vermischt, weil einesteils ehedem diejenigen ja nicht zu Lande, sondern auf Flotten kamen, welche ihren Wohnsitz zu vertauschen suchten, andernteils der unermeßlich jenseits und, um mich so auszudrücken, für uns auf der Kehrseite sich ausdehnende Ozean von unserem Länderkreise aus nur selten zu Schiffe besucht wird. Wer möchte auch, ganz abgesehen von den Gefahren dieses grausenhaften und unbekannten Meeres, Asien, Afrika oder Italien verlassen und nach Germanien ziehen, einem wenig anmutigen Land, von rauhem Klima, und zur Bewohnung wie für das Auge trübselig für jeden, dem es nicht Vaterland ist.

Die Germanen feiern in alten Liedern, was bei ihnen die einzige Art von Überlieferung und Jahrbüchern ist, den der Erde entsprossenen Gott Tuisto und seinen Sohn Mannus als Stammväter und Gründer ihres Volkes. Dem Mannus schreiben sie drei Söhne zu, nach deren Namen die dem Ozean zunächst wohnenden Ingävonen, die in der Mitte Hermionen, die übrigen Istävonen heißen. Einige behaupten, wie es bei der Freiheit, die das Altertum gewährt, zu gehen pflegt, jener Gott habe noch mehr Söhne gehabt, und somit gebe es auch noch mehr Volksnamen, nämlich Marser[3], Gambrivier, Sueben und Vandalen, und das seien die wahren alten Namen. Dagegen sei der

Name Germanien neu und erst unlängst hinzugekommen, weil ja diejenigen, welche zuerst den Rhein überschritten und die Gallier vertrieben hätten, jetzt Tungrer und damals Germanen genannt worden wären. So sei der Name eines Stammes allmählich zum Namen des ganzen Volkes erweitert worden, so daß nämlich alle zuerst von den Siegern, um Furcht einzujagen, hierauf auch von ihnen selbst, da der Name einmal erfunden war, Germanen genannt wurden[4].

3. Auch Herkules, erzählt man, sei einst bei ihnen gewesen, und ihn besingen sie zuvorderst unter allen Helden, wenn sie zur Schlacht ausziehen wollen. Dann haben sie auch noch Lieder, durch deren Anstimmung, Barditus von ihnen genannt, sie ihren Mut entflammen und den Ausgang des bevorstehenden Kampfes schon aus dem bloßen Klange vorausahnen. Denn sie erschrecken andere oder verzagen selbst, je nachdem die Schlachtreihe schallte, und es scheint dies nicht nur aus Worten zu bestehen, als vielmehr ein Einklang zum Ausdruck der Tapferkeit zu sein. Man strebt dabei besonders nach Rauheit des Tones und dumpfen Getöse, indem man den Schild vor den Mund hält, damit die Stimme desto voller und kräftiger durch das Zurückprallen derselben anwachse.

Übrigens meinen einige, auch Odysseus sei auf seiner langen und fabelhaften Irrfahrt in diesen Ozean verschlagen und nach Germanien gekommen, und Asciburgium[5], das, am Ufer des Rheins gelegen, noch heute blüht, sei von ihm begründet und benannt worden; ja, selbst ein von Odysseus geweihter Altar mit beigefügtem Namen seines Vaters Laertes sei an eben jenem Orte ehedem gefunden worden, so wie es noch jetzt auf der Grenze von Germanien und Rätien einige Denkmäler und Grabhügel mit griechischen Inschriften gebe. Dies alles bin ich mit Gründen weder zu bestätigen noch zu widerlegen willens; jeder mag ihm nach seiner eigenen Weise den Glauben entziehen oder schenken.

4. Ich selbst trete der Meinung derer bei, die glauben, daß Germaniens Völkerschaften, durch keine Heiratsverbindungen mit andern Stämmen berührt, von Anbeginn ein eigenes, unvermischtes und nur sich selbst ähnliches Volk gewesen seien. Daher denn auch die Leibesbildung, trotz der großen Menschenzahl, bei allen dieselbe ist: wildblickende blaue Augen, rötliches Haar, hohe und nur zum Angriff kräftige Gestalten, während sie Anstrengung und Arbeit nicht so leicht aushalten. Am wenigsten sind sie durch Klima oder Bodenbeschaffenheit gewöhnt, Durst und Hitze, wohl aber Kälte und Hunger zu ertragen.

5. Das Land, obgleich von nicht geringer Verschiedenheit im Ansehen, ist im allgemeinen doch entweder von finstern Waldungen oder scheußlichen Sümpfen bedeckt[6], feuchter nach Gallien, windiger nach Noricum und Pannonien hin, für Kornsaaten ertragreich, für Obstbäume untauglich, an Vieh reich, das jedoch meistens unansehnlich

ist[7]. Nicht einmal das Rindvieh hat sein sonst gewöhnliches stattliches Aussehen und der Stirne Zier. Auf die Größe ihrer Herden sind sie stolz; dies ist ihr einziger und liebster Reichtum. Silber und Gold haben ihnen, ich weiß nicht ob aus Huld oder im Zorn, die Götter versagt. Doch möchte ich nicht behaupten, daß keine Ader Germaniens Silber oder Gold erzeuge; denn wer hat nachgeforscht? Besitz desselben und Gebrauch zieht sie nicht sonderlich an[8]. Sieht man doch bei ihnen silberne Gefäße, welche ihre Gesandten und Häuptlinge zum Geschenk erhalten haben, ebenso gering geachtet als die aus Ton geformten. Trotzdem halten unsere Nachbarn, wegen des Gebrauches im Handel, Gold und Silber wert, und gewisse Münzen unserer Prägung kennen oder ziehen sie vor; die mehr im Innern Wohnenden bedienen sich einfacher und altertümlicher des Warentausches. Von Geld nehmen sie nur altes und lange bekanntes an, ausgezahnte oder mit dem Abzeichen eines Zweigespanns versehene Münzen[9]. Auch gehen sie mehr dem Silber als dem Golde nach, nicht aus irgend einer besondern Vorliebe, sondern weil ihnen die Menge der Silbermünzen zum Gebrauch bequemer ist, da sie gemeine und wohlfeile Waren zu erhandeln pflegen.

6. Nicht einmal Eisen ist in Überfluß vorhanden, wie sich aus der Art ihrer Waffen schließen läßt[10]. Selten führen sie Schwerter oder größere Lanzen. Speere oder, nach ihrem eigenen Ausdruck, Framen tragen sie mit einer schmalen und kurzen, doch so scharfen und so gut zum Gebrauche passenden Eisenspitze, daß sie mit derselben Waffe, wie es die Umstände erfordern, in der Nähe und aus der Ferne kämpfen. Der Reiter begnügt sich mit Schild und Frame; das Fußvolk schleudert auch noch Wurfgeschosse, deren einer mehrere führt. Sie werfen sie ungeheuer weit, weil sie nackt sind oder mit einem kleinen Kriegsmantel leicht bekleidet. Mit Waffenschmuck prahlen sie nicht; nur die Schilde bemalen sie mit den grellsten Farben. Wenige haben Panzer, kaum einer oder der andere eine Sturmhaube oder einen Helm. Ihre Pferde zeichnen sich weder durch Schönheit noch durch Schnelligkeit aus; aber sie werden auch nicht nach unserer Weise zu wechselnden Kreiswendungen abgerichtet; sie reiten geradeaus oder in einer Wendung nach rechts, und zwar in so geschlossener Schwenkungslinie, daß niemand zurückbleibt.

Im ganzen genommen besteht ihre größte Stärke im Fußvolk, und darum kämpfen sie auch gemischt, wobei die Schnelligkeit der Fußgänger, die sie, aus der ganzen Mannschaft auserlesen, vor die Schlachtreihe stellen, dem Reiterkampfe sich eng anzuschließen weiß. Auch die Anzahl ist bestimmt: immer hundert aus jedem Gaue bilden eine Gemeinschaft; darnach nennen sie sich auch untereinander, und was anfangs bloße Zahlbestimmung war, ist jetzt Name und Ehrentitel.

Die Schlachtordnung wird keilförmig aufgestellt. Vom Platze zu weichen, wenn man nur nachher wieder vordringt, halten sie mehr für Klugheit als für Furchtsamkeit. Die Leichen der ihrigen holen sie auch in unentschiedenen Schlachten fort. Den Schild im Stich gelassen zu haben ist die größte Schande, und dem Entehrten weder Opfern beizuwohnen noch in eine Versammlung zu kommen verstattet; ja, viele, welche sich aus den Kriegen gerettet, haben ihrer Schande durch Erhängen ein Ende gemacht.

7. Könige wählen sie nach dem Adel, Feldherrn nach der Tapferkeit. Wie die Könige keine unumschränkte oder willkürliche Gewalt haben, so befehligen auch die Feldherrn mehr durch Beispiel als durch Kommando, wenn sie tapfer, vor andern kenntlich und vor der Schlachtreihe tätig sind: die Bewunderung verschafft ihnen Gehorsam. Übrigens ist außer den Priestern niemand berechtigt, jemand hinzurichten, zu fesseln oder selbst zu schlagen. Dies alles geschieht nicht wie zur Strafe, noch auf Geheiß des Feldherrn, sondern wie wenn es die Gottheit geböte, von welcher sie glauben, daß sie bei den Kämpfenden gegenwärtig sei, weshalb sie auch Bildnisse und gewisse aus Hainen hervorgeholte Zeichen mit in die Schlacht nehmen. Was aber einen ganz besonderen Sporn zur Tapferkeit gewährt, ist das, daß nicht der Zufall oder ungefähre Zusammenhäufung das Geschwader oder den Keil bildet, sondern Familien und Verwandtschaften. Dabei haben sie ihre Lieben ganz in der Nähe, so daß das Geheul der Weiber und das Gewimmer der Kinder vernommen werden kann. Das sind für jeden die heiligsten Zeugen und die größten Lobredner. Zu den Müttern wie zu den Gattinnen bringen sie ihre Wunden, und diese scheuen sich nicht, ihre Zahl und die Art der Verwundung genau zu untersuchen. Ebenso bringen sie den Kämpfenden Speisen und gewähren ihnen Ermunterung.

8. Es wird erzählt, daß manche schon weichende und wankende Schlachtordnung durch die Frauen wieder hergestellt worden sei durch die Beharrlichkeit des Flehens, durch Entgegenhalten ihrer Brust und Hinweisung auf die nahe Gefangenschaft, deren Gedanke sie um ihrer Weiber willen noch weit empfindlicher peinigt, so daß man sich nachdrücklicher derjenigen Gaue versichert halten kann, von denen man unter den Geiseln auch edle Jungfrauen einfordert. In ihnen, meinen sie ja sogar, liege etwas Heiliges und Prophetisches, und deshalb verschmähen sie weder ihren Rat, noch lassen sie ihre Aussprüche unbeachtet. Unter dem Divus Vespasianus haben wir Veleda[11] gesehen, die lange bei den meisten für eine Gottheit galt; aber auch vor Zeiten haben sie Albruna und noch mehrere andere verehrt, nicht aus Schmeichelei und nicht als wollten sie Göttinnen aus ihnen machen.

9. Unter den Göttern verehren sie am meisten den Merkur[12], dem sie an gewissen Tagen auch Menschenopfer darzubringen für recht halten. Herakles und Mars sühnen sie mit den erlaubten Tieropfern.

Ein Teil der Sueben opfert auch der Isis. Woher dieser ausländische Opferdienst seinen Grund und Ursprung habe, ist mir nicht recht bekannt geworden, nur daß das Sinnbild schon, wie eine Liburne[13] gestaltet, lehrt, der Gottesdienst sei aus der Fremde her. Übrigens halten sie es mit der Größe des Himmlischen unvereinbar, die Götter mit Wänden zu umschließen, noch sie auf irgend eine menschenähnliche Weise abzubilden. Sie weihen ihnen Haine und Gehölze, und geben nur den Namen der Götter der geheimnisvollen Stätte, wofür nur ihre Ehrfurcht Augen hat.

10. Wahrzeichen und Lose beachten sie wie nur irgend jemand in der Welt. Die Art zu losen ist einfach. Sie zerschneiden eine von einem Fruchtbaume abgehauene Rute in kleine Reiser, und streuen diese, mit gewissen Merkzeichen versehen, regellos und wie es der Zufall will, über ein weißes Gewand aus. Dann hebt, bei öffentlichen Beratungen der Priester des Gaues, in Privatangelegenheiten aber der Familienvater selbst, nachdem er zu den Göttern gebetet und gen Himmel emporgeblickt, dreimal ein jedes auf und deutet sie nach dem vorher eingeschnittenen Zeichen. Wenn sie ungünstig sind, so findet über diese Sache für diesen Tag keine Beratung mehr statt; ist es aber erlaubt, so wird noch durch Wahrzeichen Beglaubigung erfordert. Das nun ist auch hier bekannt, daß man der Vögel Stimmen und Flug zu Rate zieht, dem Volke der Germanen aber ist eigentümlich, auch von Pferden Vorbedeutungen und Mahnungen auszuforschen. Sie werden öffentlich in jenen eben erwähnten Gehölzen und Hainen gehalten, weiß von Farbe und von keiner irdischen Arbeit berührt. Man spannt sie vor den heiligen Wagen, der Priester und der König oder das Oberhaupt des Gaues begleiten sie und beobachten ihr Wiehern und Schnauben. Keinem Wahrzeichen schenkt man größeren Glauben, nicht allein beim Volke, sondern auch bei den Großen und bei den Priestern; denn sich selbst halten sie für Diener, jene aber für Vertraute der Götter. Es gibt aber auch noch eine andere Beobachtung von Wahrzeichen, womit man den Ausgang schwerer Kriege erforscht. Sie stellen aus dem Volke, mit welchem der Krieg geführt wird, den ersten besten Gefangenen, dessen sie sich bemächtigt haben, mit einem aus ihren Landsleuten Auserkorenen, jeden in seinen vaterländischen Waffen, zum Zweikampf zusammen. Der Sieg des einen oder des andern wird als Vorentscheidung angesehen.

11. Über geringere Sachen ratschlagen die Häupter, über größere alle, jedoch so, daß auch das, worüber das Volk zu bestimmen hat, von den Häuptern erst in Überlegung gezogen wird. Sie kommen, wenn nicht ein zufälliges und plötzliches Ereignis vorfällt, an bestimmten Tagen, entweder bei Neumond oder bei Vollmond, zusammen; denn sie halten dies für den günstigsten Anfangspunkt von Geschäften. Auch rechnen sie nicht, wie wir, nach Tagen, sondern nach Nächten[14]. Auf diese Weise setzen sie Termine fest und treffen

Verabredungen. Die Nacht erscheint als Führerin des Tages. Eine nachteilige Folge der Freiheit ist es, daß sie nicht zugleich und nicht wie Leute, denen es anbefohlen ist, zusammenkommen, sondern daß selbst der zweite und dritte Tag über dem Zögern der sich Versammelnden hingeht. Sobald es dem Haufen gutdünkt, setzen sie sich bewaffnet nieder. Von den Priestern wird Schweigen geboten, welche dann auch das Strafrecht haben. Dann läßt sich der König oder ein Häuptling, wie Alter, wie Adel, wie Kriegsehre, wie Wohlredenheit einen jeden berechtigt, vernehmen, mehr mit dem Ansehen der Überredung, als mit der Macht des Befehls. Mißfällt der Antrag, so verwerfen sie denselben mit Gemurr, gefällt er, so schlagen sie die Framen zusammen. Die ehrenvollste Art der Beistimmung ist das Lob mit den Waffen.

12. Erlaubt ist, vor der Versammlung auch zu klagen und auf Todesstrafe anzutragen. Der Unterschied der Strafen richtet sich nach dem Vergehen. Verräter und Überläufer hängen sie an Bäumen auf; Feige, Kriegsscheue, am Körper Geschändete versenken sie, noch Flechtwerk darüber werfend, in Schlamm und Sumpf. Die Verschiedenheit dieser Bestrafung deutet darauf hin, daß man Verbrechen durch die Strafe an das Licht bringen, Schändlichkeiten dagegen verhüllen müsse. Doch auch auf leichtere Vergehen steht eine angemessene Strafe; die Überführten müssen mit einer bestimmten Zahl von Pferden und Schafen büßen; ein Teil der Buße wird dem Könige oder der Gemeinde, der andere dem Beleidigten selbst oder seinen Verwandten entrichtet. Ferner wählt man auch in diesen Versammlungen die Häupter, welche in den Gauen und Dörfern Recht sprechen. Jedem steht ein Geleit von Hunderten aus dem Volke zugleich als Rat und zu größerem Ansehen zur Seite.

13. Nichts aber, weder von öffentlichen noch Privatgeschäften, verhandeln sie anders als bewaffnet. Jedoch erlaubt keinem die Sitte, früher die Waffen zu tragen, als die Gemeinde ihn dazu bewährt gefunden hat. Dann schmückt den Jüngling in der Versammlung selbst entweder eins der Häupter, oder der Vater, oder ein Verwandter mit dem Schilde und der Frame. Das ist ihre Toga, das ihr erster Jugendschmuck; vorher erscheinen sie nur als Glieder der Familie, dann erst als die des Gemeinwesens. Hohe Herkunft oder große Verdienste der Väter verschaffen auch den unreifen Jünglingen die Anerkennung des Häuptlings. Die übrigen werden den schon Kräftigeren und bereits längere Zeit Bewährten beigesellt, und keiner schämt sich, in einem Gefolge zu erscheinen. Ja, es gibt sogar in der Gefolgschaft selber Abstufungen nach der Bestimmung dessen, welchem man sich angeschlossen hat; und groß ist sowohl der Wetteifer des Gefolges, wer den ersten Platz bei seinem Häuptling behaupten soll, als auch der der Häuptlinge, wer das zahlreichste und mutigste Gefolge habe. Darin besteht ihre Würde, darin ihre Macht, immer von einer großen Schar

auserlesener Jünglinge umgeben zu sein, im Frieden zur Ehre, im Kriege zum Schutz. Und nicht bloß in ihrem eigenen Stamme, sondern auch bei den benachbarten Völkerschaften erwerben sie sich damit einen Namen und Ruhm, wenn sie sich durch die Menge ihres Gefolges und durch Tapferkeit hervortun; denn an sie wendet man sich mit Gesandtschaften, sie ehrt man mit Geschenken, und recht oft beseitigen sie Kriege schon durch ihren bloßen Ruf.

14. Kommt es aber zum Kampfe, so ist es schimpflich für den Häuptling, an Tapferkeit übertroffen zu werden, schimpflich für das Gefolge, es der Tapferkeit des Häuptlings nicht gleichzutun. Das aber ist vollends für das ganze Leben eine Schande und eine Schmach, seinen Häuptling überlebend aus der Schlacht zurückzukommen. Ihn zu verteidigen, zu schützen, selbst seine eigenen Heldentaten seinem Ruhme zuzurechnen, ist die erste Pflicht. Die Häuptlinge kämpfen für den Sieg, das Gefolge für den Häuptling. Wenn der Gau, in welchem sie geboren, in langer Friedensruhe erschlafft, so ziehen die meisten Jünglinge von Adel unaufgefordert zu den Stämmen hin, die gerade einen Krieg führen, ebensowohl weil diesem Volke die Ruhe zuwider ist, als weil sie auch leichter in Gefahren zu Ruhm gelangen, und ein bedeutendes Gefolge sich nur gewaltsam und durch Krieg unterhalten läßt. Denn von der Freigebigkeit ihres Häuptlings verlangen sie ihr Streitroß, ihre blutige und sieggewohnte Frame; ferner gelten statt des Soldes Schmausereien und, wenn auch einfache so doch reichliche Bewirtung. Mittel zu solchem Aufwande bieten nur die Kriege und der Raub, und nicht so leicht möchte man sie dazu überreden, das Land zu pflügen oder den Ertrag des Jahres abzuwarten, als den Feind herauszufordern und sich Wunden zu verdienen. Ja, es scheint ihnen sogar faul und träge, sich mit Schweiß das zu erwerben, was man doch mit Blut gewinnen kann.

15. So oft sie nicht in den Krieg ziehen, bringen sie viele Zeit mit Jagen, mehr aber noch im Müßiggange hin, dem Schlafen und Essen ergeben, die Tapfersten gerade und Kriegslustigsten ganz unbeschäftigt. Die Sorge für Haus und Herd, sowie für ihre Felder den Frauen, Greisen und überhaupt den Schwächsten in der Familie überlassend, leben sie selbst in den Tag hinein, in sonderbarem Widerspruche mit ihrer Natur, da dieselben Menschen so sehr die Trägheit lieben und die Ruhe hassen. Es ist Sitte, daß jeder Gau freiwillig und zwar Mann für Mann den Häuptlingen entweder Hornvieh oder Früchte darbringt, was, als Ehrengabe angenommen, auch den Bedürfnissen abhilft. Sie freuen sich besonders an Geschenken von benachbarten Völkern, die nicht bloß von einzelnen, sondern auch im Namen des Landes geschickt werden, wie auserlesene Pferde, schwere Waffen, Pferdeschmuck und Halsketten. Schon haben wir sie auch Geld anzunehmen gelehrt.

16. Daß die Völker der Germanen keine Städte bewohnen, ist hin-

reichend bekannt; sie dulden nicht einmal miteinander verbundene Wohnsitze. Abgesondert und zerstreut bauen sie sich an, wie ein Quell, ein Feld, ein Gehölz ihnen eben gefiel. Dörfer legen sie nicht nach unserer Weise so an, daß die Gebäude verbunden sind und zusammenhängen, sondern jeder umgibt sein Haus mit einem Raume, sei es zum Schutze gegen Feuersgefahr, sei es aus Unwissenheit in der Baukunst. Nicht einmal Mauersteine und Ziegel sind bei ihnen in Gebrauch; zu allem bedienen sie sich rohen Holzes, ohne Schönheit und Anmut. Einige Stellen bestreichen sie sorgfältiger mit einer so reinen und glänzenden Erde, daß sie wie Malerei und Farbenzeichnung aussieht. Sie pflegen auch unterirdische Höhlen auszugraben, und belasten diese oben noch mit vielem Dünger, als Zufluchtsstätte für den Winter und zum Behältnis für die Früchte, weil sie die Strenge der Kälte durch solche Anlagen mildern, und, wenn einmal der Feind kommt, er nur das Offenliegende verheert, während das Verborgene und Vergrabene entweder unbemerkt bleibt, oder es eben deshalb entgeht, weil man es suchen muß.

17. Zur Bedeckung haben alle einen Kittel, der mit einer Spange, oder wenn diese nicht vorhanden ist, mit einem Dorn zusammengehalten wird; im übrigen bringen sie ganze Tage unbedeckt neben dem Herde am Feuer zu. Die Wohlhabendsten zeichnen sich durch ihre Kleidung aus, die nicht, wie die der Sarmaten und Parther, weit ist, sondern eng anschließt und jedes Glied hervortreten läßt. Sie tragen auch Felle wilder Tiere, die dem Rheinufer zunächst Wohnenden ohne viel darauf zu geben, die Entfernteren mit größerer Auswahl, weil sie ja sonst durch Handel keinen Putz haben. Sie wählen sich dazu besonderes Wild, ziehen ihm das Fell ab und besetzen es hie und da mit Flecken und Häuten von Tieren, die der äußerste Ozean und ein unbekanntes Meer erzeugt. Die Tracht der Frauen ist von der der Männer nicht verschieden, nur daß die Frauen sich häufiger in Leinwand kleiden, diese mit Purpurstreifen zieren, und den oberen Teil der Kleidung nicht in Ärmel auslaufen lassen; Oberarm wie Unterarm, sowie auch der nächste Teil der Brust bleibt frei.

18. Gleichwohl sind die Ehen dort streng, und in keinem Punkt möchten ihre Sitten mehr zu loben sein. Denn sie sind fast die einzigen unter den Barbaren, die sich mit einem Weibe begnügen, äußerst wenige ausgenommen, mit denen, nicht aus Sinneslust, sondern um ihres Adels willen, von allen Seiten Eheverbindungen gesucht werden.

Mitgift bringt nicht das Weib dem Manne, sondern der Mann dem Weibe zu. Zugegen sind Eltern und Verwandte, und mustern die Geschenke, die nicht zu Weibertändeleien, nicht zum Putz der Neuvermählten auserlesen sind, sondern es werden Rinder, ein aufgezäumtes Roß und ein Schild nebst Frame und Schwert geschenkt. Gegen solche Geschenke wird die Gattin in Empfang genommen und sie selbst bringt ihrem Manne auch ein Waffenstück. Dies gilt ihnen als das stärkste Band, dies als geheimnisvolle Weihe, dies als die Götter des Ehebundes. Damit sich nicht die Frau von allen Gedanken an männliche Tugenden und von allen Kriegsschicksalen ausgeschlossen wähne, wird sie schon durch die Vorzeichen der beginnenden Ehe daran erinnert, sie komme als Gefährtin von Beschwerden und Gefahren, werde im Frieden und im Kampfe gleiches dulden und gleiches wagen. Dies kündigen ihr die zusammengespannten Rinder, dieses das aufgeschirrte Roß, dies die überreichten Waffen an, die ihr gegeben werden. Damit muß sie leben, damit sterben; sie empfängt, was sie ihren Kindern unentweiht übergeben muß, und was wert ist, daß ihre Schwiegertöchter es empfangen und es so auch auf die Enkel komme.

19. So leben sie denn in wohlbeschirmter Keuschheit, und durch keine Lockungen von Schauspielen, keine Reizungen von Gastmählern verführt. Die Heimlichkeiten der Briefe[15] sind den Männern so gut wie den Frauen unbekannt. Sehr selten für ein so zahlreiches Volk ist der Ehebruch, dessen Bestrafung unverzüglich geschieht und den Gatten überlassen bleibt. Vor den Augen ihrer Verwandten jagt sie der Ehemann, entblößt und mit abgeschnittenem Haupthaare, aus dem Hause und treibt sie mit einer Geißel durch das ganze Dorf. Preisgegebener Keuschheit gewährt man vollends keine Verzeihung; nicht durch Schönheit, nicht durch Jugend, nicht durch Reichtum fände ein solches Weib einen Mann. Denn hier lacht niemand über das Laster, und verführen und sich verführen lassen, nennt man nicht den Geist der Zeit. Noch besser freilich sind die Volksstämme, in welchen nur Jungfrauen sich verheiraten, und es mit der Hoffnung und dem Gelübde der Gattin bei einem Male sein Bewenden hat. So empfangen sie nur einen Mann, wie nur einen Leib und ein Leben, so daß kein Gedanke darüber hinaus, kein Verlangen weiter reicht, und sie nicht sowohl den Ehemann in ihrem Gatten lieben als die Ehe selbst. Die Zahl der Kinder zu beschränken oder irgend einen von den Nachgeborenen zu töten, wird für eine Missetat gehalten, hier vermögen gute Sitten mehr als anderswo gute Gesetze.

20. In jedem Hause wachsen sie halbnackt und schmutzig zu dem Gliederbau, zu der Leibesgestalt empor, die wir bewundern. Jeden nährt seine eigene Mutter an ihrer Brust, Mägden und Ammen werden sie nicht überwiesen. Den Herrn und Knecht kann man in keiner Art durch weichlichere Erziehung unterscheiden; unter demselben Vieh, an demselben Erdboden halten sie sich auf, bis das Alter die Freigeborenen absondert und Tapferkeit sie kenntlich macht. Spät erwacht beim Jünglinge die Sinnlichkeit, und darum ist seine Manneskraft unerschöpft. Auch mit den Jungfrauen eilt man nicht; ihre Jugendkraft ist dieselbe wie bei den Jünglingen, ihre hohe Gestalt ähnlich. Gleich an Alter und Stärke verehelichen sie sich, und von der

Kraft der Eltern zeugen die Kinder. Die Söhne der Schwestern sind gleich angesehen bei dem Oheim wie bei dem Vater. Einige halten diese Blutsverwandtschaft für noch heiliger und enger, und ziehen, wenn sie Geiseln nehmen, diese vor, als seien sie sowohl für das Herz ein festeres, als für das Haus ein umfassenderes Band. Zu Erben jedoch und Nachfolgern hat jeder seine eigenen Kinder: Testamente gibt es nicht[16]. Sind keine Kinder vorhanden, so haben die nächsten Ansprüche auf den Besitz, Brüder und Oheime von väterlicher und mütterlicher Seite. Je mehr Angehörige, je größer die Zahl der Anverwandten, desto angesehener ist das Alter: Kinderlosigkeit bringt nicht den mindesten Gewinn.

21. Feindschaften, sei es des Vaters oder eines Angehörigen, ebenso wie Freundschaften derselben zu übernehmen, ist Gesetz. Doch dauern sie nicht unversöhnlich fort. Denn selbst der Totschlag wird mit einer bestimmten Zahl von Rindern oder Schafen gesühnt, und das ganze Haus läßt sich die Genugtuung gefallen, ein Glück für das allgemeine Wohl, weil ja Feindschaften neben der Freiheit um so gefährlicher sind.

Gelage und Gastlichkeit liebt wohl kein anderes Volk so ohne Grenzen. Irgend jemand, wer es auch sei, von seinem Hause wegzuweisen, wird für frevelhaft gehalten; ein jeder bewirtet ihn nach Vermögen, indem er ihm ein Mahl zurichtet. Ist das aufgezehrt, dann gehen sie, der, welcher soeben Wirt gewesen, nun Wegweiser zu gastlicher Aufnahme und Begleiter, ungeladen in das nächste Haus; auch macht dies keinen Unterschied: mit gleicher Freundlichkeit nimmt man beide auf. Zwischen einem Bekannten und einem Unbekannten macht, was das Recht des Gastes anlangt, niemand einen Unterschied. Es ist Sitte, dem Scheidenden zu gewähren, was er etwa fordert; dagegen nimmt man ebensowenig Anstand, auch von ihm etwas zu fordern. Man freut sich über Geschenke, rechnet aber weder das Geben derselben an, noch fühlt man sich durch ihre Annahme zu irgend etwas verpflichtet. Die gegenseitige Dienstfertigkeit ist das Band, welches den Gast mit seinem Wirte verbindet.

22. Gleich nach dem Schlafe, den sie gewöhnlich bis in den Tag ausdehnen, baden sie, in der Regel warm, da ja bei ihnen meistens Winter ist. Nach dem Bade nehmen sie Speise zu sich; jeder hat seinen besondern Sitz und seinen eigenen Tisch. Dann gehen sie an ihre Geschäfte und nicht minder oft in Waffen zu Gastgelagen. Tag und Nacht in einem fort zu zechen, gereicht keinem zur Schande. Die unter Berauschten natürlich häufigen Zänkereien enden selten bloß mit Schimpfreden, häufiger mit Mord und Blutvergießen. Aber auch über Aussöhnung von Feinden, Verschwägerungen, Häuptlingswahlen, ja über Krieg und Frieden ratschlagen sie meistenteils bei Gastgelagen, als ob zu keiner Zeit das Herz so sehr für aufrichtige Gesinnung empfänglich und voll Begeisterung für erhabene sei. Dieses weder

listige noch verschlagene Volk enthüllt noch die Geheimnisse seiner Brust in der Ungebundenheit, die der Ort gewährt. Was sich nun so unverhüllt und offen ausgesprochen, wird am folgenden Tage wieder vorgenommen; man hat beide Zeiten gut berechnet; sie überlegen, wenn sie unfähig sind sich zu verstellen, und beschließen, wenn sie sich nicht täuschen können.

23. Zum Getränk dient ihnen ein Aufguß auf Gerste oder Korn, zu einiger Ähnlichkeit mit Wein gegoren. Die nächsten Uferanwohner erhandeln auch Wein. Ihre Speisen sind einfach: wildes Obst, frisches Wild oder geronnene Milch. Ohne besondere Zurüstung und ohne Leckereien vertreiben sie den Hunger. Gegen den Durst beobachten sie nicht dieselbe Mäßigkeit. Wollte man ihrer Trinksucht willfahren, indem man ihnen gäbe, soviel sie begehrten, so würden sie mindestens eben so leicht durch Laster, als durch Waffen zu besiegen sein.

24. Von Schauspielen haben sie nur eine Art und in jeder Gesellschaft dieselbe. Nackt stürzen sich die Jünglinge, denen dies Vergnügen macht, im Sprunge zwischen Schwerter und feindlich drohende Framen. Die Übung hat Gewandtheit, die Anstand erzeugt, doch nicht um Gewinn oder Lohn, so gewagt auch der Mutwille ist, es belohnt ihn nur das Vergnügen der Schauenden. Das Würfelspiel treiben sie, worüber man sich wundern möchte, nüchtern, ganz wie ein ernsthaftes Geschäft, mit solcher Verwegenheit bei Gewinn und Verlust, daß sie, wenn sie nichts mehr haben, auf den äußersten und letzten Wurf sogar ihre Freiheit und Person setzen. Der Überwundene begibt sich freiwillig in die Knechtschaft; ist er auch jünger und stärker, so läßt er sich dennoch binden und verkaufen. So groß ist ihr Starrsinn bei solcher Verkehrtheit: sie selbst nennen es Worthalten. Sklaven dieser Art verkaufen sie, um sich zugleich auch von der Schande ihres Sieges zu befreien.

25. Die übrigen Sklaven verwenden sie nicht so wie wir, daß die Geschäfte unter die Dienerschaft verteilt sind, sondern jeder schaltet über sein eigenes Haus und über seinen eigenen Herd. Eine bestimmte Menge Getreide, Vieh oder Kleidungsstücke legt ihm der Herr wie einem Lehnsmann auf, und insoweit gehorcht er als Sklave. Die übrigen Geschäfte des Hauses verrichten Frau und Kinder. Einen Sklaven zu geißeln oder durch Bande und Arbeit zu züchtigen, ist selten. Zu töten pflegt man sie, nicht der Zucht und Strenge wegen, sondern in der Aufwallung und im Zorne, wie einen Feind, nur daß es ungestraft geschieht. Freigelassene stehen nicht viel über den Sklaven, haben selten einiges Gewicht im Hause, nie in der Gemeinde, lediglich die Völkerschaften ausgenommen, welche unter Königsherrschaft stehen. Denn da erheben sie sich selbst über Freigeborene, selbst über den Adel. Bei den übrigen ist eben das Nachstehen der Freigelassenen ein Beweis der Freiheit.

26. Geldgeschäfte zu machen und Geld auf Wucherzins zu legen, ist

unbekannt, und dadurch besser verhütet, als wenn es verboten wäre. Die Äcker werden der Anzahl der Bebauer gemäß von den Dörfern im Ganzen in Besitz genommen und man verteilt dieselben nach dem Range unter sich. Erleichtert wird das Teilungsgeschäft durch die weiten Räume der Felder. Mit dem Saatfeldern wechselt man alljährlich, und es ist dazu an Acker Überfluß. Denn bei des Bodens Fruchtbarkeit und weiter Ausdehnung strengen sie sich nicht an, Fleiß anzuwenden, um Obstpflanzungen anzulegen, Wiesen abzusondern und Gärten zu bewässern: nichts als die Saat wird der Erde anbefohlen. Daher teilen sie denn auch das Jahr schon in weniger Abschnitte ein: für Winter, Frühling und Sommer gibt es Begriffe und auch Benennungen, der Name des Herbstes ist, wie seine Gaben, unbekannt.

27. Bei Leichenbegängnissen findet keine Prunksucht statt. Das allein wird beobachtet, daß man Leichen berühmter Männer mit besonderen Holzarten verbrennt. Den Bau des Scheiterhaufens überladen sie weder mit Decken noch mit Spezereien; jedem werden seine Waffen, einigen auch ihr Roß in das Feuer mitgegeben. Über der Grabstätte erhebt sich ein Rasenhügel. Der Denkmäler hochragende und mühevolle Ehre verschmähen sie, als drückend für die Abgeschiedenen. Wehklagen und Tränen lassen sie bald, Schmerz und Trauer spät aufhören. Den Frauen ziemt die Totenklage, den Männern die Erinnerung.

Dies haben wir im allgemeinen vom Ursprung und den Sitten der Germanen insgesamt erfahren. Jetzt will ich die Einrichtungen und Gebräuche der einzelnen Völkerschaften, sofern sie voneinander verschieden sind, und welche Stämme aus Germanien nach Gallien eingewandert sind, auseinandersetzen[17].

28. Daß die Gallier einst mächtiger gewesen sind, bezeugt als vornehmster Gewährsmann Divus Julius Caesar[18]: daher ist es glaublich, daß auch Gallier nach Germanien hinübergewandert sind. Denn wie wenig konnte doch ein Strom es hindern, daß, wenn Völkerschaften stark geworden waren, sie gemeinsame und durch keine Reichsgewalt getrennte Wohnsitze einnahmen und mit den früheren vertauschten? So ließen sich zwischen dem hercynischen Walde[19], den Flüssen Rhein und Main die Helvetier, weiterhin die Boier nieder, beides gallische Völkerschaften. Noch lebt der Name Boiaemum fort, und deutet auf die alten Zeiten des Landes hin, obwohl seine Bewohner gewechselt haben. Ob aber die Aravisker von den Osen, einem germanischen Stamme, nach Pannonien, oder die Osen von den Araviskern nach Germanien gewandert sind, da sie noch heute gleiche Sprache, Einrichtungen und Sitten haben, ist ungewiß, weil ehedem bei gleicher Dürftigkeit und Freiheit die Vorzüge und Mängel beider Ufer einander gleich waren. Die Treverer und Nervier wetteifern sogar in der Behauptung germanischen Ursprungs, als ob sie sich durch diesen Ruhm der Blutsverwandtschaft von der Ähnlichkeit

und Schlaffheit der Gallier entfernten. Die Rheinufer selbst bewohnen unstreitig germanische Völker, Vangionen, Triboker und Nemeter. Selbst die Ubier erröten, obwohl sie durch ihre Verdienste eine Römerkolonie geworden und sich lieber Agrippinenser nach dem Namen ihrer Gründerin[20] nennen, über ihren Ursprung nicht, nachdem sie vorzeiten herübergekommen und, da sie sich treu bewährt, dicht am Rheinufer angesiedelt worden sind, damit sie selbst die Germanen abwehren sollten, und nicht um bewacht zu werden.

29. Unter allen diesen Völkern sind die ersten an Tapferkeit die Bataver. Sie bewohnen einen kleinen Teil der Ufergegend, sowie die Insel des Rheinstroms. Einst waren sie ein Zweig der Chatten, und wanderten erst wegen einheimischen Zwiespalts in diese Gegend aus, um darin mit zum römischen Reiche zu kommen. Noch hat die Ehre und Auszeichnung alter Bundesgenossenschaft Bestand: kein Tribut erniedrigt sie, kein Steuerpächter saugt sie aus. Frei von Lasten und Lieferungen, und ausgesondert, um nur in Schlachten verwendet zu werden, spart man sie, wie Wehr und Waffen für die Kriege auf. In demselben Abhängigkeitsverhältnis steht auch der Stamm der Mattiaker. Denn über den Rhein und die alten Grenzen hinaus hat die Größe des Römervolkes die Ehrfurcht vor seiner Herrschaft auszudehnen gewußt. So leben sie, was Wohnsitz und Gebiet betrifft, auf ihrem Uferlande, mit Herz und Sinn für uns, im übrigen den Batavern ähnlich, nur daß sie schon infolge der Bodenbeschaffenheit und des Klimas ihres Landes noch geweckteren Sinnes sind.

Nicht möchte ich, wiewohl sie sich jenseits des Rheines und der Donau niedergelassen haben, diejenigen zu den Völkern Germaniens zählen, die das dekumanische Land[21] bebauen. Das loseste, aus Armut unternehmungslustige Gesindel der Gallier besetzte es, da der Grundbesitz zweifelhaft war. Nachher zog man den Grenzwall und ließ die Posten dahin weiterrücken, so daß es nun als Vorland des Reichs und Teil der Provinz betrachtet wird.

30. Über diese hinaus beginnt zuerst mit dem hercynischen Walde das Gebiet der Chatten. Diese Gegenden sind nicht so flach und sumpfig, wie die übrigen Gaue in den Ebenen Germaniens. Es ziehen sich nämlich Hügel ganz hindurch, und werden nur allmählich seltener; der hercynische Wald begleitet seine Chatten, und verläßt sie erst an ihrer Grenze. Dieses Volk hat einen festeren Körperbau, gedrungene Glieder, einen drohenden Blick und größere Regsamkeit des Geistes. Groß ist, für Germanen, ihr Verstand und ihre Gewandtheit. Sie wählen sich ihre Befehlshaber, leisten ihnen dann Gehorsam, kennen Reih und Glied, nehmen Gelegenheiten wahr, verschieben den Angriff, machen ihre Einteilung für den Tag, Umwallung für die Nacht, halten Glück für etwas Ungewisses, Tapferkeit für das Gewisse, und rechnen, was so selten und sonst nur römischer Kriegszucht gegeben ist, mehr auf den Feldherrn als auf das Heer. Ihre ganze

Stärke besteht im Fußvolk, welches sie außer den Waffen auch noch mit Eisengerät und Mundvorrat belasten. Andere Völker sieht man in die Schlacht ziehen, die Chatten in den Krieg. Streifzüge und zufälliger Kampf sind selten. Freilich ist das eine Eigentümlichkeit der Reitermacht, den Sieg schnell zu erkämpfen und sich schnell zurückzuziehen; aber Schnelligkeit ist der Furcht verwandt, und Bedachtsamkeit steht festem Mute näher.

31. Eine Sitte, die auch bei andern Völkern der Germanen vorkommt, aber nur selten und als Beweis der Tatenlust einzelner, die ist bei den Chatten allgemein geworden, sobald sie ins Jünglingsalter getreten sind, Haupthaar und Bart wachsen zu lassen, und erst nach Erlegung eines Feindes die der Tapferkeit gelobte und verpflichtete Gestaltung ihres Antlitzes wieder abzulegen. Über Blut und Waffenbeute enthüllen sie die Stirn, und meinen nun erst die Schuld ihres Daseins abgetragen zu haben und ihres Vaterlandes sowie ihrer Eltern würdig zu sein. Feige und Kriegsscheue behalten ihr zottiges Aussehen. Die Tapfersten tragen überdies einen eisernen Ring – bei diesem Volke eine Schande – wie eine Fessel, bis sie sich durch Tötung eines Feindes davon erlösen.

Sehr vielen Chatten gefällt dieses Äußere und sie haben oft schon bei grauem Haar noch diese Auszeichnung und sind deshalb wie bei den Feinden so bei ihren Landsleuten auch hochangesehen. In allen Schlachten machen sie den Anfang, sie sind stets die erste Schlachtreihe, ein befremdender Anblick; nimmt ihr Antlitz doch im Frieden selbst kein milderes Ansehen an. Keiner hat eine Wohnung oder ein Feld oder irgendein Geschäft: zu wem sie gerade kommen, von dem werden sie ernährt, Verschwender fremden Guts, des eigenen Verächter, bis kraftloses Alter sie zu so rauher Kriegsmannsweise unfähig macht.

32. Den Chatten zunächst wohnen am Rhein, wo sein Bett schon sicher ist und er als Grenze genügt, die Usiper und Tenkterer. Letztere zeichnen sich außer dem gewöhnlichen Ruhme in Kriegen noch besonders durch kunstmäßig geübte Reiterei aus, und die Berühmtheit des chattischen Fußvolks ist nicht größer als die der tenkterischen Reiter. So ordneten es die Vorfahren an, die Nachkommen machen es ebenso. Darin bestehen die Spiele der Kinder, darin der Wettstreit der Jünglinge, und noch die Greise halten daran fest. Wie Gesinde, Haus und Hof, sowie alle Gegenstände des Erbrechtes, so erben auch die Pferde fort. Einer von den Söhnen erhält sie, jedoch nicht gerade, wie das übrige, der älteste, sondern wer der mutigste im Kriege und der ausgezeichnetste ist.

33. Neben den Tenkterern saßen ehedem die Brukterer; jetzt sollen dort die Chamaver und Angrivarier eingewandert sein, nachdem die Brukterer von den vereinten Nachbarvölkern geschlagen und gänzlich ausgerottet worden sind, sei es aus Haß wegen ihres Übermutes,

sei es aus Beutelust oder vermöge einer gewissen Gunst der Götter gegen uns. Denn selbst den Anblick des Kampfes gönnten sie uns; über sechzigtausend fielen nicht durch Waffen und Geschosse, sondern, was noch glanzvoller ist, zum Ergötzen und zur bloßen Augenweide Roms. Möchte doch, so flehe ich, diesen Völkern bleiben und fortbestehen, wenn nicht Liebe zu uns, so doch Haß widereinander, weil bei dem drohenden Verhängnis des Reiches das Schicksal uns nichts Größeres gewähren kann, als die Zwietracht der Feinde!

34. An die Angrivarier und Chamaver schließen sich im Rücken die Dulgubnier, Chasuarier und andere nicht eben häufig erwähnte Völkerstämme an; vorn stoßen an sie die Friesen. Groß- und Kleinfriesen heißen sie, nach Maßgabe ihrer Macht. Beide Stämme ziehen sich den Rhein entlang bis an den Ozean, und außerdem noch um ungeheure Seen herum, die auch schon von Römerflotten befahren worden sind. Haben wir uns doch hier selbst auf dem Ozean schon versucht, und so hat die Sage denn erzählt, es seien hier noch Säulen des Herkules[22]; mag wirklich Herkules hierhergekommen sein, oder sind wir nur einmal gewohnt, alles Große, wo es irgend sein mag, auf seine Verherrlichung zurückzuführen. Auch fehlte es dazu dem Drusus Germanicus nicht an Kühnheit; aber der Ozean widerstand den Nachforschungen über sich wie über Herkules. Nachher hat es niemand wieder versucht; es schien frommer und ehrfurchtsvoller, was der Götter Taten anbetrifft, zu glauben als zu wissen.

35. Soweit kennen wir Germanien gegen Westen hin. Nach Mitternacht springt es in einem ungeheuern Bogen vor. Gleich zuerst zieht sich das Volk der Chauken, obwohl es schon bei den Friesen beginnt und einen Teil der Küste einnimmt, an der Seite all der Völker, die ich aufgezählt habe, entlang und biegt endlich bis in das Chattenland hinein. Einen so unermeßlichen Länderraum haben die Chauken nicht bloß inne, sondern füllen ihn auch aus, eine Völkerschaft, die unter den Germanen die angesehenste ist und dabei ihre Größe doch am liebsten durch Gerechtigkeit zu behaupten sucht. Ohne Habgier, ohne Herrschsucht, still und für sich, reizen sie zu keinem Kriege, erlauben sich keine Plünderungen und Räubereien. Das gerade ist der vorzüglichste Beweis ihrer Tapferkeit und ihrer Stärke, daß sie ihre Überlegenheit nicht durch Ungerechtigkeiten zu erlangen suchen. Doch haben alle ihre Waffen in Bereitschaft, und, wenn es die Umstände erfordern, ein Heer, eine große Menge von Männern und Rossen: auch wenn sie sich ruhig verhalten, bleibt ihr Ruf derselbe.

36. Zur Seite der Chauken und Chatten lebten die Cherusker lange unangefochten einen allzu langen und schlaffen Frieden. Das war denn für sie mehr behaglich als sicher, weil eine Ruhe mitten unter Herschsüchtigen und Starken trügerisch ist; wo es auf die Faust ankommt, sind Mäßigung und Rechtschaffenheit nur Namen für den

Überlegenen. So werden die Cherusker, die vordem brav und rechtschaffen hießen, jetzt feige und töricht genannt; den Chatten, welche Sieger blieben, rechnete man das Glück als Klugheit an. Mit hineingezogen in den Sturz der Cherusker wurden auch die Fosen, ein benachbarter Stamm, im Mißgeschick gleichgeltende Gefährten, während sie im Glück schwächer gewesen waren.

37. Dieselbe Landspitze von Germanien zunächst am Ozean bewohnen die Cimbern, jetzt eine kleine Völkerschaft; doch ist ihr Ruhm unendlich groß, und noch weit umher bestehen Spuren ihres alten Rufes fort, diesseits und jenseits des Rheins weite Lagerplätze, aus deren Umfang man noch jetzt die Masse und Stärke des Volkes ermessen kann, sowie die Glaubhaftigkeit einer so bedeutenden Auswanderung.

Im sechshundertundvierzigsten Jahre[23] befand sich unsere Stadt, als man zuerst von den Waffen der Cimbern hörte, unter dem Konsulat des Caecilius Metellus und des Papirius Carbo. Rechnen wir von da bis auf das zweite Konsulat des Kaisers Trajan, so kommen ungefähr zweihundertundzehn Jahre heraus. So lange wird Germanien besiegt! Innerhalb dieses so langen Zeitraumes gab es wechselseitig viele Verluste. Nicht die Samniten, nicht die Punier, nicht Hispanien oder Gallien, selbst nicht die Parther haben uns häufigere Mahnungen gegeben. Denn gewaltiger als Arsaces[24] Thron ist die Freiheit der Germanen. Was dürfte uns das unter einen Ventidius gebeugte Morgenland wohl weiter als die Niederlage des Crassus vorzuhalten haben, wobei es noch dazu selbst Pacorus verlor? Die Germanen dagegen raubten dem Volke Roms, als sie Carbo, Cassius, Aurelius Scaurus, Servilius Caepio und auch Marcus Manlius geschlagen oder gefangen genommen hatten, zugleich fünf konsularische Heere, Varus und mit ihm drei Legionen sogar dem Caesar[25], und nicht ohne Verlust schlug Gaius Marius sie in Italien, Julius Caesar in Gallien, Drusus, Nero und Germanicus in ihrer eigenen Heimat nieder. Bald darauf wurde des Gaius Caesar[26] mächtiges Drohen zum Gespött, und nun trat Ruhe ein, bis sie auf Veranlassung unserer Zwietracht und unserer Bürgerkriege die Winterlager der Legionen eroberten und es selbst auf Gallien absahen; und auch als man von da sie wiederum vertrieben hatte, haben wir in den letzten Zeiten mehr über sie triumphiert[27] als sie besiegt.

38. Nun ist von den Sueben zu reden, die nicht wie die Chatten und Tenkterer ein Volk bilden. Sie haben nämlich den größten Teil Germaniens inne, und zerfallen wieder in besondere Stämme mit eigenen Namen, obwohl sie im allgemeinen Sueben genannt werden. Abzeichen dieses Volkes ist es, das Haar schräg über den Kopf zu nehmen, und in einen Knoten zusammenzuschürzen. So unterscheiden sich die Sueben von den übrigen Germanen, so unter ihnen wieder selbst die Freigeborenen von den Sklaven. Bei andern Völkern

geschieht dies, sei es infolge von Verwandtschaft mit den Sueben, oder, was ja häufig der Fall ist, aus Nachahmung, doch selten und nur in der Jugendzeit; bei den Sueben nimmt man, sogar bis es grau ist, das starre Haar aufwärts zusammen und knüpft es häufig bloß am Scheitel selber fest; die Großen tragen es auch wohl mit größerer Sorgfalt geschmückt. Darin besteht ihre Sorge für Schönheit, die jedoch unverfänglich ist; denn nicht um zu lieben und geliebt zu werden, sondern gleichsam für des Feindes Auge schmücken sie sich so, wenn sie in den Krieg ziehen wollen, zu einer gewissen Hoheit und zum Schrecken aufgeputzt.

39. Für die ältesten und edelsten der Sueben geben sich die Semnonen aus. Der Glaube an ihr Alter wird durch ihre Religion bestärkt. Zu einer festgesetzten Zeit kommen nämlich in einem durch die Weihe der Väter und altertümliche Ehrfurcht geheiligten Walde alle Völker desselben Geblüts, durch Abgeordnete vertreten, zusammen und beginnen mit einem öffentlichen Menschenopfer die schauderhafte Feier dieses barbarischen Brauches. Auch auf eine andere Weise noch bezeugt man dem Haine seine Ehrerbietung. Niemand tritt anders als mit einer Fessel angetan hinein, um sich dadurch als unterwürfig und der Gottheit Allmacht zu bekennen. Ist er etwa einmal hingefallen, so ist ihm nicht erlaubt, sich aufhelfen zu lassen und aufzustehen; auf dem Boden wälzt man sich hinaus. Darauf bezieht sich überhaupt der ganze Aberglaube, daß von hier der Ursprung des Volkes ausgegangen, hier der über alles waltende Gott, alles übrige aber untertan und dienstbar sei. All dem verschafft der Wohlstand der Semnonen noch mehr Ansehen. Sie wohnen in hundert Gauen, und schon die Größe ihrer Körperschaft bewirkt, daß sie ihren Stamm für das Haupt der Sueben halten.

40. Die Langobarden dagegen adelt ihre geringe Zahl. Rings von sehr vielen und sehr kräftigen Völkerstämmen umgeben, schützen sie sich nicht durch Unterwürfigkeit, sondern durch gefahrvolle Schlachten. Die Reudigner sodann, die Avionen, die Anglen, die Variner, die Eudosen, die Suardonen und die Muithonen sind durch Flüsse oder Wälder geschirmt, und nichts ist bei ihnen besonders bemerkenswert, als daß sie gemeinsam die Nerthus, das ist die Mutter Erde, verehren, und glauben, sie greife in die Verhältnisse der Menschen ein und fahre bei den Völkern umher. Auf einer Insel des Ozeans befindet sich ein heiliger Hain, und in diesem ein geweihtes Fuhrwerk, mit einer Decke umhüllt. Es zu berühren ist allein dem Priester verstattet. Dieser ahnt die Anwesenheit der Göttin im Heiligtume und begleitet sie, wenn sie mit Kühen dahinfährt, in tiefer Ehrfurcht. Das sind dann Freudentage, und an jedem Orte Feste, den sie ihres Besuches und gastlichen Verweilens würdigt. Dann ziehen sie nicht in Kriege und greifen nicht zu den Waffen; verschlossen ist jedes Eisen; dann kennt, dann liebt man nur Frieden und Ruhe, bis derselbe Prie-

ster die Göttin, wenn sie genug Verkehr mit den Sterblichen gehabt hat, der geweihten Stätte wiedergibt. Sofort werden Fuhrwerk und Decken und, wer es glauben will, die Gottheit selbst in einem geheimen See gewaschen. Sklaven verrichten dieses Geschäft, und gleich verschlingt sie nachher derselbe See. Daraus entsteht ein geheimes Grauen und heilige Scheu, zu wissen, was das sei, was nur dem Tode Geweihte schauen.

41. Dieser Teil der Sueben nun erstreckt sich in das entlegenere Gebiet Germaniens hinein. Näher – um, wie kurz zuvor dem Rheine, so jetzt der Donau zu folgen – wohnt die Völkerschaft der Hermunduren, den Römern treu ergeben, weshalb sie auch die einzigen Germanen sind, die nicht nur am Ufer, sondern auch im Innern und selbst in der glänzendsten Koloniestadt[28] der Provinz Rätien Handelsverkehr treiben. Überall und ohne Wächter kommen sie herüber, und während wir den übrigen Stämmen nur unsere Waffen und Lager zeigen, haben wir diesen, auch ohne ihr Verlangen, unsere Wohnungen und Landhäuser eröffnet. Im Lande der Hermunduren entspringt die Elbe, ein berühmter und einst bekannter Fluß[29], jetzt hört man nur von ihm.

42. Neben den Hermunduren wohnen die Naristen und dann die Markomanen und Quaden. Ausgezeichnet ist der Markomanen Ruhm und Stärke, und selbst ihren Wohnsitz haben sie sich, nachdem sie einst die Bojer vertrieben hatten, erst durch Tapferkeit errungen. Auch die Naristen und Quaden sind nicht entartet, und so bilden diese alle gewissermaßen die Vormauer Germaniens an der Donau entlang. Die Markomanen und Quaden hatten bis auf unsere Tage noch Könige aus ihrem eigenen Volke: das angesehene Geschlecht des Marbod und des Tuder; jetzt lassen sie sich Ausländer auch gefallen; doch Gewalt und Macht haben diese Könige nur durch römischen Einfluß. Selten werden sie von unseren Waffen, häufiger mit unserem Gelde unterstützt; doch sind sie darum nicht weniger mächtig.

43. Weiter rückwärts schließen sich hinten an die Markomanen und Quaden die Marsigner, die Cotiner, Osen und Burer an. Unter diesen verraten die Marsigner und Burer durch Sprache und Lebensweise suebische Abkunft. Bei den Cotinern beweist die gallische, bei den Osen die pannonische Mundart, daß sie keine Germanen sind; dazu kommt, daß sie sich Tribut gefallen lassen. Einen Teil desselben legen ihnen die Sarmaten, einen andern die Quaden als Fremden auf. Die Cotiner gewinnen, weshalb sie um so mehr sich schämen sollten, aus Bergwerken auch Eisen. Überhaupt bewohnen alle diese Völker nur wenige ebene Gegenden, im übrigen Waldgebirge, Berghöhen und den Gebirgszug[31]. Denn es teilt und durchschneidet Suebien eine zusammenhängende Bergkette, jenseits welcher noch sehr viele Völkerschaften hausen. Unter diesen dehnt sich der über mehrere Stämme verbreitete Name der Lugier am weitesten aus. Es wird ge-

nügen, die bedeutendsten zu nennen, die Harier, Helvekonen, Manimer, Elisier und Nahanarvalen. Bei den Nahanarvalen wird ein altem Gottesdienst geweihter Hain gezeigt. Den Vorsitz führt ein Priester in weiblichem Ornate, doch nennen sie die Götter nach römischer Deutung Castor und Pollux. Das ist das Wesen der Gottheit, ihr Name Alcis. Keine Bildnisse, keine Spur ausländischen Glaubens gibt es hier, sondern sie verehren diese Gottheiten als Brüder im kräftigen Mannesalter. Übrigens kommen die Harier, abgesehen davon, daß sie mit ihren Kräften die kurz zuvor aufgezählten Völkerschaften übertreffen und schon so voll von tapferem Mute sind, ihrer angeborener Wildheit noch durch Kunst und die Wahl der Tageszeit zu Hilfe. Ihre Schilde sind schwarz, ihr Leib gefärbt, schwarze Nächte wählen sie zu den Schlachten, und jagen schon durch die Furchtbarkeit und das Schattenhafte ihres totenähnlichen Heeres Schrecken ein, indem kein Feind den neuen und gleichsam höllischen Anblick aushält; denn zuerst wird ja in allen Schlachten das Auge besiegt. Jenseits des Gebietes der Lugier wohnen die Gotonen, welche von Königen beherrscht werden, und zwar schon etwas strenger als die übrigen Völkerschaften der Germanen, jedoch noch nicht so, daß sie die Freiheit verloren hätten. Hierauf dann am Ozean die Rugier und Lemovier: allen diesen Völkern sind runde Schilde eigen, kurze Schwerter und Folgsamkeit gegen die Könige.

44. Die dann im Ozean selbst folgenden Völkerstämme der Suionen sind außer Männern und Waffen auch durch Flotten mächtig. Die Gestalt der Schiffe ist dadurch ausgezeichnet, daß Schnäbel an beiden Enden eine immer zum Landen bereite Front bilden. Man bedient sie weder mit Segeln, noch befestigt man die Ruder reihenweis an den Seiten; lose, wie auf einigen Flüssen, und beweglich, wie es die Umstände erfordern, nach der einen oder andern Seite ist das Ruderwerk. Auch steht bei ihnen der Reichtum in Ehren: darum gebietet einer, hier nun schon ohne alle Beschränkung und ohne sein Recht auf Gehorsam erst erbitten zu müssen. Auch sind die Waffen nicht wie bei den übrigen Germanen in freiem Gebrauch, sondern eingeschlossen unter einem Wächter und zwar einem Sklaven, weil der Ozean plötzliche Einfälle der Feinde abwehrt, ferner eine müßige Schar Bewaffneter leicht übermütig wird. Daß man nämlich weder einen Edeln, noch einen Freigeborenen, ja nicht einmal einen Freigelassenen über die Waffen setzt, liegt im Interesse des Königs.

45. Jenseits des Gebietes der Suionen ist noch ein anderes, träges und fast unbewegliches Meer: daß von ihm der Erdkreis umgürtet und geschlossen werde, ist daher glaublich, weil hier der letzte Glanz der schon untersinkenden Sonne bis zum Aufgange derselben fortdauert und so hell ist, daß er die Sterne verdunkelt. Überdies fügt noch die Einbildung hinzu, man vernehme auch ein Geräusch und sehe Gestalten von Göttern und die Strahlen ihres Hauptes. Nur bis dahin reicht,

auch selbst der Sage nach, die eigentliche Natur. Am rechten Ufer also des suebischen Meeres wohnen die Völkerstämme der Aestier[32], bei denen Gebräuche und äußere Erscheinung suebisch sind, während sich die Mundart mehr der britannischen nähert. Sie verehren die Mutter der Götter. Als Abzeichen ihres Glaubens tragen sie Bilder von Ebern. Dies gewährt statt der Waffen und jeglicher Schutzwehr dem Verehrer der Göttin selbst unter Feinden Sicherheit. Selten ist der Gebrauch von Eisenwehr, häufig der von Knütteln. Korn und andere Früchte bauen sie unter größeren Mühen als man nach der gewohnten Trägheit der Germanen erwarten sollte. Aber auch das Meer durchsuchen sie; sie sind die einzigen unter allen, die den Bernstein, den sie selbst Glaesum[33] nennen, in den Untiefen und am Ufer selbst sammeln. Doch haben natürlich diese Barbaren die Natur und Entstehungsart desselben ununtersucht und unerforscht gelassen; ja, lange lag er unter den übrigen Auswürfen des Meeres, bis unsere Putzsucht ihm einen Namen gab[34]. Sie selbst benutzen ihn zu nichts; roh wird er gesammelt, formlos ausgeführt, und staunend nehmen sie den Preis dafür in Empfang. Daß er aber ein Baumsaft ist, läßt sich daraus erkennen, daß häufig Tiere, kriechende wie geflügelte, durchschimmern, welche, in die Flüssigkeit hineingeraten, dann, wenn sich der Stoff verhärtet, darin eingeschlossen werden. Ich möchte daher glauben, daß es, wie in den unbekannteren Gegenden des Orients, wo Weihrauch und Balsam ausschwitzt, so auch auf den Inseln und in den Ländern des Westens fruchtbarere Gehölze und Haine geben, die, von den Strahlen der nachbarlichen Sonne ausgesaugt und auf diese Weise flüssig geworden, in das nächste Meer fließen und durch die Gewalt der Stürme an das entgegengesetzte Ufer geschwemmt werden. Wenn man die Natur des Bernsteins prüft, indem man Feuer daran hält, so entzündet er sich wie Kien und nährt eine fette und wohlriechende Flamme, nachher wird er zähe, wie Pech oder Harz.

An die Suionen reihen sich die Völkerstämme der Sitonen an. Im übrigen ihnen ähnlich, unterscheiden sie sich durch den einen Umstand, daß ein Weib die Herrschaft hat. So tief sind sie, nicht nur aus der Freiheit, sondern noch selbst unter die Knechtschaft hinabgesunken.

46. Hier ist das Gebiet von Suebien zu Ende. Ob ich die Stämme der Peuciner, Veneter und Fennen[35] zu den Germanen oder zu den Sarmaten rechnen soll, weiß ich nicht, obwohl die Peuciner, welche einige Bastarner nennen, in Sprache, Lebensweise, Wohnart und Behausung sich wie Germanen ansehen. Schmutzig und träge sind alle. Die Großen haben durch Wechselheiraten mit den Sarmaten auch von deren Mißgestalt etwas angenommen. Die Veneter haben sich auch von ihren Sitten vieles angeeignet; denn was von Wäldern und Bergen zwischen den Peucinern und Fennen sich erhebt, das durchstreifen sie in Raubzügen. Jedoch werden sie besser noch zu den

Germanen gezählt, weil sie sowohl feste Wohnungen haben, als auch Schilde führen und, gern zu Fuß, ja selbst schnelle Läufer sind, was alles bei den Sarmaten anders ist, die ihr Leben auf Wagen und zu Pferde führen. Die Fennen aber sind ausnehmend wild und schmutzig arm. Sie haben keine Waffen, keine Pferde, keinen Herd. Zur Nahrung dient ihnen Kraut, zur Kleidung Felle, zum Lager der Erdboden. Ihr Wohl und Weh sind Pfeile, welche sie aus Mangel an Eisen mit Knochen spitzen, und ebenso Weiber wie Männer nährt die Jagd; denn überall sind jene mit dabei und fordern ihren Anteil an der Beute. Da haben denn die Kinder keine andere Zuflucht gegen wilde Tiere und Regengüsse, als daß man sie in irgendeinem Zweiggeflecht verbirgt. Dahin kehren sie auch als Jünglinge zurück, das ist noch das Obdach der Greise. Ja, sie halten diese Lebensweise für beglückender, als auf Äckern zu stöhnen, sich in Häusern abzumühen, um fremdes und eigenes Gut zwischen Furcht und Hoffnung zu schwanken. Unbekümmert um die Menschen, unbekümmert um die Götter, wie sie sind, ist ihnen ja das schwerste gelungen, daß sie nämlich nicht einmal mehr einen Wunsch bedürfen.

Alles Weitere nun ist bloße Fabel, zum Beispiel, daß die Hellusier und Oxionen Gesicht und Augen von Menschen, Leib und Gliedmaßen wilder Tiere haben, was ich als unverbürgt unentschieden lasse.

HISTORIEN

ERSTES BUCH

Januar bis März 69 n. Chr.

1. Ich werde mein Werk mit dem zweiten Konsulate des Servius Galba und dem des Titus Vinius beginnen. Denn von den 820 Jahren nach Erbauung der Stadt Rom haben viele Geschichtschreiber berichtet, und zwar so lange man der Taten des römischen Volkes zu gedenken hatte, mit gleicher Beredsamkeit und Freimütigkeit; als jedoch die Schlacht bei Actium geschlagen war und im Interesse des Friedens die gesamte Staatsgewalt einem einzigen Manne zu übertragen war, da schwanden jene großen Geister dahin; zugleich wurde die Wahrheit auf mehrfache Weise entstellt, zuerst aus Unbekanntschaft mit dem Staatswesen als etwas fremdgewordenem, dann aus Schmeichelsucht, oder auch auf der andern Seite aus Haß gegen die Gewalthaber. So trug unter diesen Erbitterten oder knechtisch Gesinnten keiner für die Nachwelt Sorge. Doch mag man sich vor der Gunstbuhlerei eines Schriftstellers leicht verwahren, Mißgunst dagegen und Scheelsucht finden stets ein geneigtes Ohr; denn an der Schmeichelei haftet ja der schimpfliche Vorwurf des Sklaventums, am Übelwollen der täuschende Schein der Freimütigkeit.

Mir sind Galba, Otho und Vitellius weder durch Wohltat noch durch Kränkung bekannt geworden. Daß meine ehrenvolle bürgerliche Stellung von Vespasianus[1] ausgegangen, von Titus gefördert, von Domitianus noch weiter erhöht worden ist, will ich nicht leugnen; aber denen, die unbestechliche Treue gelobt haben, darf auch niemand mit Vorliebe, ebensowenig als mit Haß geschildert werden. Reicht mein Leben so weit, dann habe ich die Regierung des göttlichen[2] Nerva und die Herrschaft Trajans, einen reicheren und sicherern Stoff[3], dem höheren Alter vorbehalten, wobei ja die Zeit mir ein so seltenes Glück gewährt, in welcher erlaubt ist, was man will zu denken, und was man denkt zu sagen.

2. Ich gehe an ein Werk, das reich ist an Unglücksfällen, furchtbar durch Schlachten, zwietrachtsvoll in Parteiungen und selbst im Frieden voller Grausamkeit. Vier Fürsten wurden durch das Schwert gemordet[4], drei Bürgerkriege wurden geführt, noch mehr auswärtige Kriege und meistens beiderlei zusammen; Glück im Orient, im Abendlande Unglück, Illyricum in Aufruhr, Gallien schwankend, Britannien schon bezwungen und dann sogleich wieder aufgegeben,

in Aufstand wider uns die Völker der Sarmaten und der Sueben, die Dacier durch die Vergeltung von Niederlagen berühmt geworden, beinahe auch die Waffen der Parther in Bewegung gesetzt durch eines falschen Nero[5] Gaukelspiel. Italien vollends wurde von neuen oder sich erst jetzt nach einer langen Reihe von Jahrhunderten wiederholenden Unglücksfällen heimgesucht, Städte wurden verschlungen oder verschüttet[6], in Campaniens fruchtbarstem Küstenland auch Rom durch Feuersbrünste verheert, wobei die ältesten Tempel ein Raub der Flammen wurden, selbst das Kapitol steckten Bürgerhände in Brand[7], heilige Gebräuche wurden entweiht, hohe Ehen gebrochen[8], das Meer mit Verbannten erfüllt, Felseninseln durch Mord befleckt. Furchtbarer noch wurde in Rom gewütet, wo Adel, Reichtum, Ehrenämter, ausgeschlagen oder verwaltet, als Verbrechen galten und Verdienste der sicherste Weg zum Verderben waren. Nicht minder waren die Belohnungen der Angeber verhaßt, als ihre Freveltaten, indem die einen Priesterwürden und Konsulate wie eine Beute, andere Prokurationen und geheimen Einfluß davontrugen und alles durch Haß und Schrecken in Bewegung setzten und über den Haufen warfen. Sklaven wurden gegen ihre Herren bestochen, Freigelassene gegen ihre Schutzherren, und wer keinen Feind hatte, wurde von Freunden gestürzt.

3. Dennoch war dies Zeitalter nicht so unfruchtbar an Tugenden, daß es nicht auch treffliche Vorbilder aufstellte. Mütter begleiteten ihre flüchtigen Kinder, Frauen folgten ihren Männern in die Verbannung, Anverwandte zeigten sich entschlossen, Schwiegersöhne standhaft, Sklaventreue trotzte selbst der Folter; hervorragende Männer ertrugen Todesnot, ja den Tod selbst mutig, so daß ihr Ende dem gefeierten Tode der Alten gleichkam. Neben dem mannigfachen Unglückswechsel in der Menschenwelt ereigneten sich auch am Himmel und auf Erden Wunder, warnende Blitzesschläge und Vorbedeutungen der Zukunft, erfreuliche und trauerverkündende, unbestimmte und unzweideutige: niemals hat sich ja auch im römischen Volke durch fruchtbarere Unglücksfälle oder durch entschiedenere Anzeichen bestätigt, die Götter seien nicht auf unsere Sicherheit, sondern nur auf unsere Bestrafung bedacht.

4. Bevor ich jedoch den mir bestimmten Stoff darstelle, glaube ich darauf zurückgehen zu müssen, wie der Zustand Roms, die Stimmung der Heere, die Beschaffenheit der Provinzen, was im ganzen Länderkreise gesund und was krank war, damit man nicht die Ereignisse allein und ihren meist zufälligen Erfolg, sondern auch ihren inneren Zusammenhang und ihre Ursachen kennenlerne. Neros Tod[9], wie froh man ihn auch in der ersten Aufwallung der Freude betrachtete, hatte doch mannigfache Bewegungen der Gemüter, nicht nur in der Stadt, bei den Senatoren, im Volke oder bei der Stadtmiliz, sondern auch bei allen Legionen und Feldherren aufgeregt, da ja das Ge-

heimnis der Herrschaft bekannt geworden, daß man auch anderswo als in Rom Princeps werden könne[10]. Die Senatoren waren freudig gestimmt, indem sie gegen den neuen, abwesenden Fürsten sogleich die Freiheit rücksichtslos geltend machten, die vornehmsten Ritter kamen der Freude der Senatoren am nächsten; der in seinem Besitzstande noch nicht angegriffene und mit den großen Häusern verbundene Teil des Volkes, Klienten und Freigelassene Verurteilter und Verwiesener, richtete sich zur Hoffnung empor; der niedrige, an Zirkus und Theater gewöhnte Pöbel sowie die Verworfensten der Sklaven oder solche, die nach Aufzehrung ihrer Habe von Neros Schande lebten, waren niedergeschlagen und auf neue Gerüchte begierig.

5. Die Miliz der Stadt, von langjähriger Caesarenhuldigung durchdrungen und, Nero zu verlassen, mehr durch Kunstgriffe und äußeren Anstoß verleitet, als aus eigenem Antrieb, war, als sie merkte, daß das in Galbas Namen versprochene Geschenk nicht gegeben werde und sich überhaupt zu großem Verdienst und Belohnungen im Frieden nicht gleiche Gelegenheit biete, wie im Kriege, und daß man bei dem von den Legionen erhobenen Fürsten in der Gunst ihr zuvorgekommen sei, so schon geneigt zu einer Umwälzung, und noch überdies durch den Frevel des Präfekten Nymphidius Sabinus, der für sich nach der Herrschaft trachtete, in unruhiger Bewegung. Nymphidius wurde nun zwar mitten in seinem Beginnen gestürzt; aber es blieb, war gleich das Haupt des Abfalls gefallen, sehr vielen Soldaten doch das Gefühl der Mitschuld, und auch an Gerede fehlte es nicht, indem man auf Galbas Greisenalter und auf seinen Geiz schmähte. Seine sonst gepriesene und im Munde der Krieger gefeierte Strenge beunruhigte die der alten Mannszucht widerstrebenden und vierzehn Jahre hindurch von Nero so verwöhnten Soldaten, daß sie nicht minder die Laster der Fürsten liebten, als sie sonst vor ihren Tugenden Ehrerbietung hegten. Dazu kam noch eine für den Staat ehrenwerte, aber ihm selbst gefährliche Äußerung Galbas: der Soldat werde von ihm ausgehoben und nicht gekauft. Stand doch auch das übrige hiermit nicht in Einklang.

6. Den schwachen Greis richteten Titus Vinius und Cornelius Laco, jener der verworfenste, dieser der kraftloseste aller Menschen, zugrunde, indem sie den Haß der Missetaten auf ihn luden und ihn durch Untätigkeit verächtlich machten. Langsam[11] war Galbas Marsch und blutig, da der designierte Konsul Cingonius Varro und der Konsular Petronius Turpilianus ermordet wurde. Jener war als Genosse des Nymphidius, dieser als Neros Feldherr, beide ungehört und somit unverteidigt gleich Schuldlosen, umgekommen. Der Einzug in die Stadt war, da so viele Tausende wehrloser Soldaten[12] niedergemetzelt wurden, von unglücklicher Vorbedeutung und selbst denen, welche sie gemordet hatten, grauenvoll. Als die spanische Legion einrückte, und die, welche Nero aus der Flotte ausgehoben hatte,

in Rom blieb, war die Stadt mit ungewohnter Heeresmacht angefüllt. Dazu kamen noch viele Scharen aus Germanien, Britannien und Illyrien, die Nero gleichfalls geworben und, nachdem er sie nach den kaspischen Pässen zu dem Kriege vorausgeschickt hatte, den er gegen die Albaner vorbereitete, zur Unterdrückung der Unternehmungen des Vindex[13] zurückgerufen hatte: zu Umwälzungen eine ungeheuere Masse, wenn auch nicht zu einem einzelnen sich bestimmt hinneigend, so doch für den Wagenden bereitstehend.

7. Zufällig traf es sich gerade, daß die Nachricht von Clodius Macers und Fontejus Capitos Hinrichtung nach Rom kam. Macer, der in Afrika ganz offen Meuterei getrieben hatte, war vom Prokurator Trebonius Garutianus auf Galbas Befehl, Capito in Germanien, da er ähnliches begann, von den Legionslegaten Cornelius Aquinus und Fabius Valens, noch ehe es befohlen, getötet worden. Einige glaubten, Capito, wiewohl durch Habsucht und Ausschweifungen verrufen und gebrandmarkt, sei doch von Neuerungsgedanken entfernt gewesen; von den Legaten aber sei, da sie ihn nicht zum Kriege bewegen konnten, obendrein noch eine hinterlistige Beschuldigung ersonnen worden, und Galba habe, aus natürlichem Leichtsinn oder um nicht tiefer nachforschen zu müssen, das wie auch immer Geschehene, weil es nicht geändert werden konnte, gutgeheißen. Übrigens wurden beide Hinrichtungen übel aufgenommen; ist einmal ein Fürst verhaßt, so fallen ihm gute und böse Taten gleicherweise zur Last. Alles war käuflich, übermächtig die Freigelassenen, der Sklaven Hände streckten sich beim plötzlichen Glückswechsel gierig aus und griffen, wie natürlich bei einem Greise, hastig zu, und so waren des neuen Hofes Übel die alten, ebenso drückend, nicht ebenso entschuldigt. Selbst das Alter Galbas diente dem an Neros Jugend gewöhnten und die Kaiser nach Gestalt und äußerem Anstand, wie es einmal des großen Haufens Sitte ist, vergleichenden Hofe zum Gespött und Mißbehagen.

8. Dies war in Rom die Stimmung der Gmüter, wie natürlich bei einer so großen Menschenmenge. Von den Provinzen stand Spanien unter Cluvius Rufus, einem beredten und in den Künsten des Friedens wohlerfahrenen Manne, der sich im Kriege noch nicht bewährt hatte. Gallien war, abgesehen von der Erinnerung an Vindex, auch durch das jüngst verliehene Geschenk des römischen Bürgerrechtes und für die Zukunft durch Steuererleichterung verpflichtet. Doch die den germanischen Heeren zunächst gelegenen gallischen Gaue, nicht mit derselben Auszeichnung behandelt, einige sogar ihres Gebietes beraubt, maßen mit gleichem Unwillen die Vorteile anderer und ihre eigenen Beeinträchtigungen. Die in Germanien stehenden Heere waren, was das Gefährlichste bei so großer Macht ist, zugleich besorgt und zornerfüllt, im Stolze auf den jüngst errungenen Sieg, und in der Furcht als Begünstiger einer anderen Partei. Zögernd waren sie von Nero abgefallen, und Verginius hatte sich nicht sogleich für Galba

erklärt[14]; ob er habe herrschen wollen, blieb zweifelhaft, daß ihm von den Soldaten die Herrschaft angetragen wurde, galt für ausgemacht. Die Ermordung des Fontejus Capito erfüllte sie, wenngleich sie sich nicht darüber zu beklagen hatten, doch mit Unwillen. Es fehlte an einem Anführer, da Verginius unter dem Scheine der Freundschaft entfernt worden war; und daß er nicht wieder zurückgesendet, ja daß er zur Verantwortung gezogen wurde, sahen sie als ihre eigene Beschuldigung an.

9. Das obergermanische Heer verachtete seinen Legaten Hordeonius Flaccus, einen durch Alter und Lähmung der Füße kraftlosen Mann ohne Festigkeit und ohne Ansehen. Nicht einmal wenn die Soldaten sich ruhig verhielten, konnte er sie regieren; um so mehr gerieten die Wütenden, wenn er sie zügeln wollte, durch seine Kraftlosigkeit erst recht in Flamme. Die Legionen des unteren Germaniens waren längere Zeit ohne Konsular, bis Aulus Vitellius, von Galba gesandt, ankam, des Censors und dreimaligen Konsuls Vitellius Sohn; dies hielt man für genügend. Im britannischen Heeren gab es nicht die mindeste Unzufriedenheit. In der Tat, keine anderen Legionen haben unter allen Stürmen der Bürgerkriege sich unsträflicher gehalten, sei es, weil sie fern und durch den Ozean abgeschieden, oder durch häufige Feldzüge daran gewöhnt waren, lieber den Feind zu hassen. Auch Illyrien verhielt sich ruhig, wiewohl die von Nero aufgebotenen Legionen, während er noch in Italien zögerte, sich mit Gesandtschaften an Verginius gewandt hatten. Aber die durch weite Räume getrennten Heere – das heilsamste Mittel, des Soldaten Treue zu erhalten – konnten weder Laster noch Kräfte miteinander einigen.

10. Das Morgenland war noch unbewegt. Syrien und vier Legionen hatte Licinius Mucianus unter sich, ein Mann, den gleicherweise Glück und Mißgeschick in Ruf gebracht hatten. Um die Freundschaft ausgezeichneter Männer hatte er als Jüngling in ehrsüchtiger Weise gebuhlt; nachdem er dann sein Vermögen durchgebracht hatte und in mißliche Lage gekommen war, und weil ihn auch des Claudius Jähzorn mit Verdacht erfüllt und in die Einsamkeit Asiens versetzt hatte, war er der Verbannung so nahe, wie nachher dem Throne. Üppigkeit und Unternehmungsgeist, Leutseligkeit und Anmaßung, schlechte und gute Eigenschaften waren in ihm gemischt, seine Vergnügungssucht unmäßig, so lange er unbeschäftigt war; so oft er dagegen auszog, waren seine Tugenden groß, vor der Öffentlichkeit zu loben, stand er in schlechtem Rufe als Privatmann. Aber nur durch mancherlei Lockmittel hatte er bei seinen Untergebenen, seinen nächsten Bekannten und seinen Amtsgenossen Einfluß, und leichter dürfte es ihm gewesen sein, die Herrschaft zu erteilen, als sie zu besitzen. Den Krieg gegen die Juden führte Flavius Vespasianus – ihn hatte Nero zum Heerführer erwählt – mit drei Legionen; er hatte gegen Galba keinen Wunsch und keine Abneigung im Herzen. Hatte er

doch seinen Sohn Titus, um ihm seine Ehrerbietung und Ergebenheit zu beweisen, abgesandt, wie wir an seinem Orte erwähnen werden. Daß nach dem verborgenen Gesetze des Schicksals, daß nach Wunderzeichen und Orakelsprüchen dem Vespasian und seinen Söhnen die Herrschaft vorherbestimmt gewesen sei, haben wir erst nach seiner Erhebung geglaubt.

11. Ägypten und die Kriegsmacht, um es im Zaum zu halten, haben schon seit dem verewigten Augustus römische Ritter gleich Königen in Händen: so schien es zweckgemäß, die schwer zugängliche, getreidereiche, durch Aberglauben und Zügellosigkeit zwietrachtsvolle und leicht aufzuregende Provinz, die nichts von Gesetzen weiß und welcher Staatsbehörden fremd sind, bei dem Herrscherhause zu erhalten[15]. Damals regierte Tiberius Alexander[16] einer aus diesem Volke selbst. Afrika samt den darin befindlichen Legionen war nach Hinrichtung des Clodius Macer[17] mit jedem Fürsten zufrieden, nachdem es einen kleineren Tyrannen kennengelernt hatte. Die beiden Mauritanien, Rätien, Noricum und Thrazien, und was sonst noch für Provinzen von Prokuratoren regiert werden, ließen sich, wie sie gerade diesem oder jenem Heere nahe waren, zu Gunst oder Haß durch den Einfluß der Mächtigeren leiten. Die wehrlosen Provinzen, und vor allen das jeder Unterjochung ausgesetzte Italien selbst, sollten des Krieges Siegesbeute werden. Das war der Zustand der römischen Welt, als Servius Galba zum zweitenmal und Titus Vinius als Konsuln ihr Jahr antraten, welches ihnen selbst den Tod, dem Staate fast Vernichtung brachte.

12. Wenige Tage nach dem 1. Januar wurde aus Belgien ein Schreiben des Prokurators Pompejus Propinquus überbracht, daß die Legionen des oberen Germaniens, die Heiligkeit ihres Eides brechend, einen andern Kaiser verlangten und die Wahlfreiheit dem Senate und römischen Volke überließen, damit die Empörung milder beurteilt würde. Dieser Umstand brachte Galbas Plan zur Reife, der schon längst mit sich und seinen nächsten Freunden wegen einer Adoption zu Rate ging. Es war auch in jenen Monaten von nichts anderem häufiger in der ganzen Stadt geredet worden, erstlich weil es freistand und zur wahren Sucht geworden war, über dergleichen zu sprechen, dann wegen des schon kraftlosen Alters Galbas. Wenige verrieten dabei Urteil oder Liebe zum Gemeinwesen; viele bestimmten in törichter Hoffnung diesen oder jenen, je nach den Freunden oder Schutzbefohlenen, die sie hatten, in selbstsüchtigem Gerede, auch zum Teil aus Haß gegen Titus Vinius, welcher in demselben Grade, wie er mächtiger wurde, sich auch mit jedem Tage verhaßter machte. Spannte doch Galbas Willfährigkeit selbst die bei hoher Stellung gierigen Gelüste seiner Freunde immer höher, da sich unter dem schwachen und leichtgläubigen Fürsten mit ebensoviel geringerer Furcht als größerem Gewinne sündigen ließ.

13. Die Macht des Principates war geteilt zwischen dem Konsul Titus Vinius und dem Prätorianerpräfekten Cornelius Laco. Nicht minder stand auch Galbas Freigelassener, Icelus, in Gunst, den man, weil er mit dem Ringe[18] beschenkt worden war, gern mit ritterlichem Namen Marcianus nannte. Diese, untereinander uneins und in unbedeutenderen Angelegenheiten jeder sein Interesse verfolgend, trennten sich in betreff des Planes, einen Nachfolger zu erwählen, in zwei Parteien. Vinius war für Marcus Otho; Laco und Icelus begünstigten übereinstimmend, nicht sowohl irgendeinen, als nur einen anderen. Auch war die Freundschaft Othos mit Titus Vinius dem Galba nicht unbekannt, und das Gerede der nichts mit Stillschweigen übergehenden Welt machte die beiden, weil Vinius eine verwitwete Tochter hatte und Otho unvermählt war, zu Eidam und Schwiegervater. Ich glaube, Galba beschlich auch die Sorge für den Staat, der Nero vergebens entrissen worden wäre, wenn er dem Otho überlassen werden sollte. Otho hatte nämlich seine Knabenjahre leichtsinnig, sein Jünglingsalter liederlich verlebt und war bei Nero wegen seiner Schwelgerei wohlgelitten gewesen. Deshalb hatte ja auch dieser die fürstliche Buhlerin Poppäa Sabina bei ihm, als dem Vertrauten seiner Lüste, in Verwahrung gegeben, bis er seine Gemahlin Octavia beseitigt hatte. Nachher hatte er ihn mit derselben Poppäa in Verdacht und entfernte ihn unter dem Scheine einer Statthalterschaft nach der Provinz Lusitanien. Otho, der nach milder Verwaltung der Provinz zuerst gleich übergetreten[19] und auch nicht untüchtig war, ja, solange der Krieg währte, in der ganzen Umgebung am meisten glänzte, verfolgte leidenschaftlicher mit jedem Tage die sogleich gefaßte Hoffnung zur Adoption, indem die Mehrzahl der Soldaten ihn begünstigte und Neros Hof sich zu ihm als zu einem Gleichgesinnten neigte.

14. Aber Galba, auf die Botschaft von der Empörung in Germanien, wiewohl noch über Vitellius nichts gewiß war, ängstlich besorgt, wohin nun wohl das Ungestüm der Heere losbrechen würde, und nicht einmal der Stadtmiliz vertrauend, hielt, was er noch für das einzige Rettungsmittel hielt, eine Sitzung für die Wahl eines Nachfolgers ab. Nachdem er außer Vinius und Laco den designierten Konsul Marius Celsus und den Stadtpräfekten Ducenius Geminus zugezogen hatte, ließ er nach wenigen Bemerkungen über sein Alter den Piso Licinianus[20] herbescheiden; sei es aus eigner Wahl, oder weil, wie einige glaubten, Laco darauf drang, der bei Rubellius Plautus in Freundschaft mit Piso gestanden hatte. Aber schlau begünstigte er ihn als einen ihm Unbekannten, zudem hatte Pisos vorteilhafter Ruf diesem Vorschlag Geltung verschafft. Piso, ein Sohn des Marcus Crassus und Scribonias, durch beide adeliger Abkunft, war in seinem Äußern und in seiner Haltung von alter Art und Weise und galt nach richtiger Würdigung für ernst, ungünstig Deutenden für finster. Diese Seite seines Wesens, je bedenklicher sie den ängstlichen Gemütern war, gefiel gerade um so mehr dem Adoptierenden.

15. So ergriff denn also Galba Pisos Hand und sprach, wie es heißt, auf folgende Weise: „Wenn ich dich als Privatmann nach dem Curiatgesetze vor den Oberpriestern, wie es Brauch ist, adoptierte, so wäre es ebenso mir eine Ehre, des Gnaeus Pompejus und Marcus Crassus Sprößling meinen Penaten zuzuführen, wie eine Auszeichnung für dich, deinen Adel mit des sulpicischen und lutazischen Geschlechtes Glanze zu erhöhen. So aber, da mich zur Herrschaft einstimmig Götter und Menschen berufen, hat mich dein vortrefflicher Charakter und die Liebe zum Vaterlande bewogen, das Principat, um welches unsere Vorfahren mit den Waffen stritten, nachdem ich es durch Kampf erlangt, dir in der Ruhe des Friedens anzutragen, nach dem Vorgange des verewigten Augustus, welcher seinen Schwestersohn Marcellus, dann seinen Eidam Agrippa, hierauf seine Enkel und endlich seinen Stiefsohn Tiberius Nero zur höchsten Würde nach sich erhob. Aber Augustus suchte einen Nachfolger in der Familie, ich im Staate; nicht als fehlte es mir an Verwandten oder Kriegsgenossen, sondern wie ich selbst nicht durch Bewerbung die Herrschaft empfangen habe, so soll nicht bloß meine Verwandtschaft, welche ich dir nachgestellt, nein, auch die deinige beweisen, daß ich mit Urteil gehandelt habe. Hast du doch einen Bruder von gleichem Adel, an Jahren älter, würdig dieser hohen Stellung, wenn nicht eben du den Vorzug verdientest. Dein Alter ist schon über die Leidenschaften der Jünglingszeit hinaus; dein Leben bedarf für nichts Vergangenes der Entschuldigung. Was dein Geschick betrifft, so hast du bisher nur widriges ertragen; mit schärferem Stachel prüfet das Wohlergehn das Herz, da Elend man wohl duldet, Glück uns verdirbt. Treue, Offenheit und Freundschaft, die Hauptvorzüge des menschlichen Herzens, wirst du mit gleicher Festigkeit zu bewahren, andere aber werden sie durch Augendienerei zu schwächen suchen. Eindrängen wird sich Kriecherei, Schmeichelei und, das schlimmste Gift für die Wahrhaftigkeit, der Eigennutz. Wir freilich, ich wie du, reden heute einer mit dem andern in aller Aufrichtigkeit; die übrigen lieber mit unserm Range als mit uns. Denn dem Fürsten das, was nötig ist, zu raten, ist mit großer Schwierigkeit verbunden; dem ersten besten Fürsten beizustimmen, dazu bedarf es des Herzens nicht.

16. „Könnte der ungeheure Körper des Reiches ohne Lenker bestehen und im Gleichgewicht erhalten werden, so verdiente ich es wohl, daß mit mir die Republik begänne; nun aber ist es längst schon zu der Not gekommen, daß weder mein Alter dem römischen Volke mehr zuwenden kann als einen guten Nachfolger, noch deine Jugend mehr als einen guten Fürsten. Unter Tiberius, Gajus und Claudius waren wir gleichsam Erbgut einer einzigen Familie; Ersatz für die Freiheit wird es sein, daß wir erwählt zu werden begannen; und da das Haus der Julier und Claudier nun erloschen ist, wird die Adoption stets den besten zu finden wissen. Denn von Fürsten erzeugt und geboren zu

werden, ist ein Zufall, und es wird dann weiter nach dem Werte nicht gefragt; bei der Adoption ist das Urteil frei, und wenn man nur wählen will, so gibt die allgemeine Stimmung einen Fingerzeig. Vor Augen stehe dir Nero, den in seiner Aufgeblasenheit wegen der langen Reihe der Caesaren nicht Vindex mit der unbewaffneten Provinz, oder ich mit einer einzigen Legion, sondern seine eigene Unmenschlichkeit und seine Auschweifungen von des Staates Nacken herabwarf; und doch gab es bis dahin noch kein Beispiel von der Verurteilung eines Fürsten. Wir, durch Krieg und Wahl erhoben, werden, wenn auch noch so trefflich, Neider haben. Doch laß dich das nicht schrecken, wenn in dieser Welterschütterung sich zwei Legionen noch nicht beruhigt haben. Konnte ich mich doch selbst in meiner Lage nicht gleich sicher fühlen, und kaum wird man die Adoption vernommen haben, so werde ich aufhören, als ein Greis zu erscheinen, was man mir jetzt allein zum Vorwurf macht. Nero wird stets von den verworfensten Menschen zurückgewünscht werden; meine Sorge und die deine muß es sein, daß ihn sich nicht auch die besseren zurückwünschen. Noch länger Ermahnungen zu geben, ist dem jetzigen Augenblick nicht angemessen; auch ist ja meine ganze Absicht erfüllt, wenn ich eine gute Wahl in dir getroffen habe. Die nützlichste und zugleich die kürzeste Art, Gutes und Böses zu unterscheiden, ist, zu bedenken, was du selbst unter einem andern Fürsten wollen würdest und was nicht. Denn hier gibt es nicht wie bei den Völkern, welche unter Königen stehen, ein bestimmtes Herrscherhaus, und sonst nur Sklaven, sondern herrschen sollst du über Menschen, welche weder völlige Knechtschaft ertragen können noch völlige Freiheit." Dies und ähnliches sprach Galba, als machte er ihn zum Fürsten; die übrigen verkehrten mit ihm, als sei er es schon.

17. Piso soll im ersten Augenblick, als man ihn ansah und auch nachher, als die Augen aller auf ihn gerichtet waren, keine Regung von Betroffenheit oder Freude verraten haben. Seine Rede war ehrerbietig gegen den Vater und Imperator, über sich selbst bescheiden, in Miene und Haltung nichts verändert, mehr als könnte, denn als wollte er herrschen. Hierauf beriet man, ob von der Rednerbühne, ob im Senate, oder im Lager[21] die Adoption zur Kunde gebracht werden solle. Man beschloß, sich in das Lager zu begeben: ehrend werde das für die Soldaten sein, deren Gunst, wie unrecht man auch tue, sie durch Schenkung und Bewerbung zu erlangen, so doch auf erlaubtem Wege keinesweges zu verachten sei. Das Volk hatte indes in allgemeiner Erwartung den Palast umstellt, ungeduldig bei dem wichtigen Geheimnis; und die, welche es zu unterdrücken sich bemühten, vergrößerten nur noch das übel verhaltene Gerücht.

18. Am 10. Januar, einem abscheulichen Regentag, hatten Donner und Blitz und die Drohungen des Himmels die Besucher Roms auf ungewöhnliche Art beunruhigt. Dies, obwohl seit alter Zeit zur Auf-

hebung der Wahlversammlungen beachtet, schreckte Galba nicht ab, sich sofort in das Lager zu begeben, entweder weil er dergleichen als etwas Zufälliges zu verachten gewohnt war, oder weil man dem Verhängnis des Geschickes, auch wenn es uns angedeutet wird, doch nicht entgeht. Vor einer zahlreichen Versammlung von Soldaten verkündigte er mit der Kürze eines Feldherrn, es werde Piso von ihm adoptiert nach des Kaisers Augustus Weise und Soldatenbrauch, kraft dessen sich ein Mann den andern wähle; und damit, wenn er sie verheimlichte, die Empörung nicht für um so bedeutender gehalten würde, erklärte er selbst, es hätten sich die 4. und 22. Legion, von einigen wenigen Rädelsführern aufgewiegelt, nicht weiter als bis zu Worten und Reden verirrt, und würden in kurzem zu ihrer Pflicht zurückgekehrt sein. Dabei läßt er kein gewinnendes Wort, keine Verheißung in seiner Rede verlauten. Dennoch geben die Tribunen und Centurionen sowie die nächsten unter den Soldaten eine gefällig lautende Antwort; unter den übrigen herrschte Niedergeschlagenheit und Schweigen, als wären sie der im Frieden sogar schon zum Gesetz gewordenen Gewohnheit eines Geldgeschenkes im Kriege selbst verlustig gegangen. Das ist ausgemacht, es hätten die Gemüter durch einen wenn auch noch so geringen Beweis von Freigebigkeit des kargen Greises wohl gewonnen werden können. Nur Schaden brachte ihm diese altertümliche Unbeugsamkeit und die übertriebene Strenge, welcher wir nicht mehr gewachsen sind.

19. Ebenso schmucklos, ebenso kurz wie vor den Soldaten, waren hierauf Galbas Worte im Senate; Pisos Rede lautete gefällig, und die Gunst der Senatoren war nicht zu verkennen. Viele bewiesen sie aus Neigung, in überschwenglicher Weise, die, welche ihn nicht gewollt, mit aufdringlicher Unterwürfigkeit die Indifferenten, welche die Mehrzahl waren, und die ihre Privathoffnungen verfolgten, ohne sich um den Staat zu kümmern. Weiter hat in den vier folgenden Tagen, welche in der Mitte zwischen seiner Adoption und seiner Ermordung lagen, Piso nichts mehr öffentlich gesprochen noch getan. Da täglich häufigere Botschaften von dem Abfalle in Germanien kamen, und die Stadt so bereit ist, alles Neue, wenn es ein Unglück ist, aufzufassen und zu glauben, so hatten die Senatoren schon dafür gestimmt, Gesandte an das germanische Heer abzuschicken. Es wurde insgeheim in Überlegung gezogen, ob auch Piso sich aufmachen solle, indem er, der Sache höheres Ansehen gebend, die kaiserliche Majestät, jene dagegen nur das Gutachten des Senats bringen würden. Man hielt es für gut, auch Laco, den Präfekten der Prätorianer, mitzuschicken. Dieser hintertrieb die Ausführung des Planes. Auch die Gesandten – der Senat hatte nämlich ihre Wahl dem Galba überlassen – wurden mit der entsetzlichsten Unentschiedenheit ernannt, wieder beurlaubt, durch andere ersetzt, je nach dem Bemühen, zu bleiben oder zu gehen, wie gerade einen jeden Furcht oder Hoffnung bestimmt hatte.

20. Die nächste Sorge war Geld, und wie man nun auf alles sann, so schien es das gerechteste, es von daher zurückzufordern, wo der Grund des Mangels lag. 2200 Millionen Sesterzien hatte Nero mit Schenkungen verschwendet. Galba befahl, einen jeden einzeln vorzufordern und ihm nur ein Zehntel des Geschenks zu lassen. Aber diese Leute hatten kaum den zehnten Teil noch übrig, da sie fremdes Gut mit gleichem Aufwand hatten draufgehen lassen, wie sie das ihrige verschwendeten; den Gierigsten und am tiefsten Herabgekommenen verblieben nicht Äcker oder Kapital, sondern nur Luxusgerät. Mit der Eintreibung wurden dreißig römische Ritter beauftragt, eine ganz neue Art von Amt, durch seinen Umfang und die Menge der Beteiligten beschwerlich; überall sah man Subhastationszeichen und Ankäufer, die ganze Stadt war durch Versteigerungen unruhig bewegt. Aber groß war doch die Freude, daß die, welche Nero beschenkt, nun so arm werden sollten wie die, die er beraubt hatte. Entlassen wurden in diesen Tagen folgende Tribunen: aus den Prätorianern Antonius Taurus und Antonius Naso, aus den Stadtkohorten Aemilius Pacensis, aus der Polizeiwache Julius Fronto; und doch war dies für die übrigen keine Absicherung, sondern nur eine Veranlassung zu Besorgnis, als würden aus Intrige und aus Furcht nur einzelne verstoßen, während doch alle verdächtig waren.

21. Indessen wurde dem Otho, der in ruhiger Lage der Dinge keine Hoffnung und in jeder Hinsicht nur in der Verwirrung Rat zu finden vermochte, vielerlei zugleich zum Ansporn: ein auch für einen Fürsten drückender Aufwand, ein kaum von einem Privatmann zu ertragender Mangel, gegen Galba Erbitterung, gegen Piso Neid. Auch spiegelte er sich Besorgnis vor, um desto mehr seinen persönlichen Wünschen nachzuhängen. Überlästig meinte er, sei er dem Nero schon gewesen; er habe nicht wieder Lusitanien und die Ehre einer zweiten Verbannung zu erwarten; den Herrschenden immer verdächtig und verhaßt sei der zum nächsten Nachfolger Bestimmte. Geschadet habe ihm dies bei dem greisen Fürsten; mehr noch werde es ihm bei dem jungen schaden, welcher von Natur schon trotzig und durch lange Verbannung noch wilder geworden sei. Es könne ja Otho getötet werden. Darum sei zu handeln und zu wagen, so lange Galbas Ansehen wanke und das des Piso noch nicht Festigkeit gewonnen habe. Regierungsübergänge seien günstig für große Unternehmungen; da gelte es nicht zu zaudern, wo die Ruhe noch verderblicher sei als die Verwegenheit. Der Tod, das allen gleicherweise von der Natur bestimmte Los, scheine doch nicht gleich bei der Nachwelt, wenn er durch Vergessenheit oder durch Ruhm bezeichnet sei; warte einmal der Schuld dasselbe Ende wie der Unschuld, so zieme es dem mutigeren Manne, des Unterganges wert zu seinn.

22. Nicht unmännlich und seinem Körper ähnlich war Othos Geist. Die vertrautesten seiner Freigelassenen und Sklaven wurden in

einer für ein Privathaus ungewöhnlich schlaffen Zucht gehalten; jetzt zeigten sie ihm, der nach solchen Dingen begehrlich war, einen Hof wie den Neros mit seiner Üppigkeit, Ehebruch, Frauenwechsel[22] und sonstigen Gelüsten der Alleinherrschaft, ihm, dem solches Begehrenden, sobald er es wagen wollte, als sein eigen und rückten es ihm, bliebe er untätig, als einem andern überlassen vor, wobei ihn auch noch die Mathematiker[23] bestürmten, indem sie neue Umwälzungen und ein für Otho glanzvolles Jahr aus der Beobachtung der Sterne prophezeiten – Menschen, die gegen Mächtige treulos, gegen Hoffende betrügerisch sind, und die in unserem Staate stets verpönt und doch stets beibehalten werden. Viele solche Mathematiker, in dem ehelichen Leben eines Fürsten die verderblichsten Werkzeuge, hatte sich das geheime Kabinet Poppäas gehalten. Einer derselben, Ptolemäus, Othos Begleiter in Spanien, hatte ihm verheißen, daß er Nero überleben werde, und als der Erfolg es nun bestätigte, demselben eingeredet, daß er auch noch zur Herrschaft gelangen werde, da dies bei einer Vergleichung von Galbas Alter und Othos Jugend bereits gemutmaßt und besprochen wurde. Otho aber nahm es als eine auf Sachkenntnis und auf Schicksalswink begründete Voraussage an, mit dem der Natur des Menschen eigenen Hange, lieber das zu glauben, was geheimnisvoll ist. Dazu ließ es Ptolemäus an nichts fehlen, indem er ihn schon zu dem Verbrechen reizte, zu dem von Wünschen dieser Art der Übergang so leicht ist.

23. Doch ist es ungewiß, ob der Gedanke an das Verbrechen plötzlich in ihm entstand. Nach der Soldaten Gunst hatte er, sei es in der Hoffnung auf die Nachfolge oder um sich zum Frevel zu rüsten, schon längst gestrebt, indem er auf dem Marsche, wenn sie in Haufen oder auf den Posten standen, die ältesten mit Namen anrief und, an die Zeit erinnernd, wo sie Neros Begleitung bildeten, sie als Zeltgenossen anredete, einige wiedererkannte, nach diesem und jenem fragte und sie mit Geld oder Begünstigung unterstützte, indem er öfters auch Klagen und zweideutige Reden über Galba einfließen ließ, und was sonst noch dazu dient, die Menge aufzuwiegeln. Die Beschwerlichkeiten der Märsche, der Mangel an Zufuhr, die Strenge des Oberbefehls wurden mit um so größerem Unmut aufgenommen, da sie, gewohnt, auf Flotten nach Campaniens Gewässern und Achajas Städten[24] hinzufahren, jetzt die Pyrenäen, die Alpen und ungeheuere Strecken Weges mühevoll unter den Waffen zu durchwandern hatten.

24. In die schon entzündeten Gemüter der Soldaten hatte Maevius Pudens, einer der Vertrauten des Tigellinus, gleichsam noch Fakkelbrände geworfen. Dieser ging, indem er alle die, welche von Natur aus wankelmütig oder geldbedürftig und zu neuen Ausschweifungen begierig waren, an sich lockte, allmählich so weit, daß er, so oft Galba bei Otho speiste, in der Form eines Kostgeldes der Wach-

habenden Kohorte hundert Sesterzien auf den Mann austeilte; und diese gleichsam öffentliche Schenkung erhöhte Otho noch bei einzelnen durch heimlichere Gaben; so keck darauflos bestechend, daß er dem Leibtrabanten Coccejus Proculus, welcher mit seinem Nachbar einen Grenzstreit hatte, des Nachbars ganzen Acker mit seinem eigenen Gelde erkaufte und zum Geschenke machte, infolge der Sorglosigkeit des Präfekten, dem Offenkundiges so gut wie Heimliches entging.

25. Jetzt übertrug Otho einem seiner Freigelassenen, dem Onomastus, die Ausführung des Verbrechens. Als ihm von diesem Barbius Proculus, die Ordonnanz der Leibtrabanten, und Veturius, ein Adjutant derselben, zugeführt wurden, und er sie in vielfach prüfendem Gespräch als verschlagene und unternehmende Menschen erprobt hatte, so überhäufte er sie mit Belohnungen und Versprechungen und gab ihnen Geld, um dasselbe noch bei mehreren zu versuchen. So übernahmen zwei gemeine Kriegsleute, die Herrschaft über die Römer an einen andern zu bringen, und führten ihren Vorsatz wirklich aus. Zur Mitwissenschaft des Frevels wurden nur wenige gezogen. Den noch schwankenden Sinn der übrigen suchten sie durch verschiedenartige Kunstgriffe aufzuregen, die angeseheneren Soldaten als durch von Nymphidius empfangene Gaben verdächtig, den großen Haufen und die übrigen durch Entflammung des Zorns und durch die verlorene Aussicht auf das so oft verschobene Geschenk. Manche setzte auch die Erinnerung an Nero und das Verlangen nach der früheren Zügellosigkeit in Flammen. Alle insgesamt aber wurden von Furcht geschreckt, sie möchten ihren Dienst verändern müssen.

26. Angesteckt von dieser Gärung wurden auch die schon aufgeregten Legionen und Hilfstruppen, als bekannt geworden war, daß die Treue des germanischen Heeres wanke. Und so weit schon war bei den Übelgesinnten der Abfall vorbereitet und selbst bei den noch nicht Verführten die Bereitwilligkeit, sich dabei ruhig zu verhalten, daß sie am vierzehnten Januar schon den von einem Mahle heimkehrenden Otho mit sich fortgerissen haben würden, wenn sie nicht die Unzuverlässigkeit der Nacht, die in der ganzen Stadt zerstreuten Soldatenquartiere und die Schwierigkeit, sich unter Berauschten zu verständigen, gefürchtet hätten, nicht aus Besorgtheit für den Staat, den sie mit ihres Fürsten Blute zu beflecken nüchternen Mutes sich rüsteten, sondern nur damit nicht in der Finsternis der erste beste, der sich den Soldaten des pannonischen oder germanischen Heeres darböte, statt des Otho, da die meisten ihn nicht kannten, erkoren würde. Viele Anzeichen der sich ihrem Ausbruch nähernden Empörung wurden von Mitwissenden unterdrückt; manche wies vor Galbas eigenen Ohren der Präfekt Laco ab, ein Mann, der mit der Soldaten Stimmung unbekannt und jedes auch noch so trefflichen Rates, falls er ihn nicht selbst vorgebracht hatte, Widersacher war, dabei starrsinnig gegen Einsichtsvolle.

27. Als am 15. Januar Galba vor dem Apollotempel opferte, kündigte ihm der Opferschauer Umbricius an, die Eingeweide prophezeiten Unglück, nahebevorstehende Nachstellungen und einen Feind im eigenen Hause, indem Otho ganz nah hinzugetreten war, es hörte, und dies als von der entgegengesetzten Seite erfreulich und seinen Absichten günstig deutete. Nicht lange darauf meldet ihm sein Freigelassener Onomastus, daß er von den Baumeistern und den Unternehmern des Werkes erwartet werde. Dies war das verabredete Zeichen, daß die Soldaten sich bereits sammelten und die Verschwörung reif sei. Otho gab, als man ihn nach der Ursache seines Weggehens fragte, vor, man kaufe für ihn ein seines Alters wegen verdächtiges und darum vorher zu untersuchendes Landgut, und ging, auf den Freigelassenen gestützt, durch den Palast des Tiberius auf das Velabrum[25], von da nach dem goldenen Meilenzeiger hin bei dem Tempel des Saturnus. Dort begrüßten ihn dreiundzwanzig Leibtrabanten als Imperator, setzten ihn, obgleich er über die geringe Zahl der Begrüßenden erschrocken war, eilig auf einen Tragsessel und rissen ihn mit gezückten Schwertern mit sich fort. Ungefähr ebensoviele Soldaten schlossen sich ihnen unterwegs an, einige, weil sie von der Sache wußten, die Mehrzahl in Verwunderung, teils mit Geschrei und Freudenbezeigungen, teils schweigend, um sich erst nach dem Erfolge zu entscheiden.

28. Die Wache im Lager hatte der Tribun Julius Martialis. Dieser, sei es nun wegen der Größe des plötzlichen Frevels, oder weil im Lager die Verführung sich weiter erstreckte und er, wenn er entgegenstrebte, um sein Leben in Besorgnis war, erregte bei den meisten den Verdacht, als wisse er um die Sache. Auch die übrigen Tribunen und Centurionen zogen das Gegenwärtige dem Zweifelhaften und der Ehre vor, und die Stimmung der Gemüter war von der Art, daß wenige die schändlichste Tat wagten, mehrere sie wollten, alle sie geschehen ließen.

29. Währenddessen bestürmte Galba, nichtsahnend und nur mit dem Opfer beschäftigt, noch die Götter des schon einem andern gehörenden Reiches, als plötzlich das Gerücht überbracht wurde, es werde ein Senator, man wisse nicht wer, ins Lager gebracht. Bald hieß es, Otho sei der Dahingebrachte; und nun eilten auch Leute aus der ganzen Stadt herbei, so oft jemand den Vorgang mitangesehen hatte, einige aus Furcht übertreibend, manche die Wahrheit verkleinernd, auch jetzt nicht einmal die Schmeichelei vergessend. Als man daher zu Rate ging, hielt man für gut, die Gesinnung der Kohorte, welche im Palast die Wache hatte, zu prüfen; aber nicht durch Galba selbst, dessen volles Ansehen man zu bedeutenderen Gegenmaßregeln aufsparte. Piso rief sie auf den Stufen des Palastes herbei und redete sie so an: „Es ist heute der sechste Tag, Kameraden, seit ich, nicht wissend, was da kommen würde, und ob ich mir diesen Namen wün-

schen, ob ich ihn fürchten sollte, zum Caesar erkoren wurde. Zu welchem Schicksal unseres Hauses oder des Staates, das liegt in eurer Hand; nicht als bebte ich meinetwegen vor einem traurigeren Falle, da ich ja, bekannt mit dem Unglück aus Erfahrung, wenn je, so jetzt es lerne, daß selbst das Glück mit nicht geringerer Gefahr verbunden ist; meines Vaters Geschick, das des Senates, das des Reiches selbst beklage ich, wenn wir heute entweder untergehen, oder, was gleich traurig in den Augen der Gutgesinnten ist, morden müssen. Zum Trost gereichte uns bei der neulichen Bewegung[26], daß kein Blut in der Stadt floß und die Herrschaft ohne Zwiespalt wechselte. Durch die Adoption schien dafür gesorgt, daß auch nach Galba ein Krieg unmöglich wäre.

30. „Ich will keineswegs meinen Adel oder mein sittenreines Leben geltend machen; in Vergleich mit einem Otho brauchen Tugenden nicht erst erwähnt zu werden. Die Laster, womit er allein sich brüstet, kehrten schon damals das Reich um, als er noch den Freund des Kaisers spielte. Sollte er etwa durch sein Äußeres, durch seinen stolzen Gang oder durch seinen weibischen Schmuck die Herrschaft verdienen? Die irren sich, welche die Verschwendung durch den Schein der Freigebigkeit besticht. Zu verschwenden wird ein Mensch wie er verstehen, zu schenken nicht. Unzucht, Schmausereien, Weibergesellschaften gehen ihm jetzt durch den Sinn. Dies hält er für den Preis der Fürstenwürde, daß dabei Begier und Lust sein eigener, Schimpf und Schande aller Anteil sei. Denn noch nie hat jemand eine durch Frevel erworbene Herrschaft auf löbliche Weise geführt. Den Galba hat die allgemeine Stimme der Menschheit, mich Galba unter eurer Zustimmung zum Caesar ernannt. Wenn Republik, Senat und Volk nichtssagende Namen sind, so ist es an euch, Waffenbrüder, daß den Kaiser nicht die Schlechtesten machen. Von dem Aufstand der Legionen gegen ihre Feldherren hat man mitunter wohl gehört; eure Treue, euer Ruf ist bis auf diesen Tag noch unverletzt geblieben, und auch Nero hat ja euch verlassen, nicht ihr den Nero. Weniger als dreißig Überläufer und Ausreißer, die, wenn sie einen Centurio oder Tribun sich wählen wollten, niemand dulden würde, sollen die Reichsherrschaft vergeben? Wollt ihr ein solches Beispiel zulassen, und, indem ihr ruhig euch verhaltet, das Verbrechen teilen? Hinüber in die Provinzen wird solche Frechheit sich verbreiten, und uns werden der Verbrechen, euch der Kriege Folgen treffen. Und dabei ist es doch nicht mehr, was für den Fürstenmord, als was euch, bleibt ihr schuldlos, gegeben werden wird, sondern ebenso sollt ihr von uns für eure Treue, wie von andern für die Schandtat ein Geschenk erhalten."

31. Als die Leibtrabanten sich davongeschlichen hatten, trat der übrige Teil der Kohorte, der den Redenden nicht zurückwies, wie es bei Ruhestörungen wohl geschieht, mehr aus Gewohnheit und noch ohne einen Entschluß gefaßt zu haben, als wie man nachher glaubte,

aus Hinterlist und Verstellung unter die Waffen. Es wurde auch Celsus Marius an die Detachements des illyrischen Heeres abgesandt, die in der vispanischen Säulenhalle lagerten; die Primipilaren Amulius Serenus und Domitius Sabinus erhielten den Auftrag, die germanischen Soldaten aus dem Vorhofe des Freiheitstempels herbeizuholen. Der Legion der Seesoldaten traute man nicht, da sie wegen der Ermordung ihrer Waffenbrüder entrüstet war, die Galba gleich bei seinem Einzuge hatte niedermetzeln lassen. Selbst in das Lager der Prätorianer begeben sich die Tribunen Cetrius Severus, Subrius Dexter und Pompejus Longinus, ob sich die Empörung, die noch im Entstehen und noch nicht zur vollen Reife schon gelangt war, nicht durch Vorstellungen noch zum Bessern wenden ließe. Von den Tribunen bestürmten die Soldaten zwei, den Subrius und Cetrius mit Drohungen, an Longinus vergriffen sie sich tätlich und entwaffneten ihn, weil er nicht nach der Heeresordnung diente, sondern als einer von Galbas Freunden seinem Fürsten treu und den Abtrünningen um so verdächtiger war. Die Legion der Seesoldaten schloß sich unverzüglich an die Prätorianer an. Die Abteilungen des illyrischen Heeres jagten den Celsus fort mit drohend vorgehaltenen Wurfspeeren. Die germanischen Abteilungen schwankten lange, körperlich noch schwach und in ihrem Herzen friedlich gestimmt, weil sie, von Nero nach Alexandria voraus- und von da wieder zurückgesandt, durch die lange Seefahrt krank, von Galba angelegentlich gepflegt wurden.

32. Schon füllte der gesamte Pöbel den Palast, untermischt mit Sklavengesindel, und unter verworrenem Rufe Othos Hinrichtung und die Vernichtung der Verschworenen verlangend, wie wenn sie im Zirkus oder im Theater ein Schauspiel forderten. Dabei leitete sie nicht Urteil noch Aufrichtigkeit, sie, die an demselben Tage noch das Gegenteil mit gleichem Eifer fordern sollten; es geschah nur nach hergebrachter Weise, jedwedem, wenn er nur Fürst war, zu schmeicheln, weil einmal ausgelassener Zuruf und nichtsbedeutende Teilnahme gestattet war.

Indes war Galba zwischen zwei Meinungen geteilt. Titus Vinius hielt dafür, man müsse im Palast bleiben, die Sklaven entgegenstellen, die Zugänge besetzen und sich nicht unter die Erbitterten begeben. Er möchte den Schlechten Zeit doch zur Reue, den Gutgesinnten Zeit zur Vereinigung geben, Verbrechen würden durch ungestüme Eile, ein edles Vorhaben durch Säumen mächtig. Endlich sei ja auch nachher noch die Möglichkeit vorhanden, hinzugehen, sollte es ratsam scheinen; die Rückkehr dagegen, sollte es ihn gereuen, stehe in fremder Gewalt.

33. Die übrigen hielten es für gut, zu eilen, ehe die noch kraftlose Verschwörung der wenigen wüchse. Auch Otho werde in ängstlicher Unschlüssigkeit sein, der, nachdem er sich heimlich davongeschlichen und sich Unbekannten in die Arme geworfen, nun während dieses

Zauderns und dieser Lässigkeit, mit der man die Zeit verstreichen lasse, den Fürsten zu spielen lerne. Man dürfe nicht warten, bis er, nachdem im Lager alles angeordnet, auf das Forum losrücke und im Angesicht Galbas nach dem Kapitol ziehe, während der vortreffliche Imperator samt seinen tapfern Freunden nichts weiter als die Tür des Hauses verschließe, um eine Belagerung aushalten zu können. Und eine herrliche Hilfe werde man an den Sklaven haben, wenn die Einigkeit einer so großen Menge und, was am meisten vermöge, die erste Entrüstung erkalte. So sei also das unsicher, was schimpflich sei; oder solle man denn fallen, nun, so müsse man der Gefahr entgegengehen. Dies werde um so mehr dem Otho Haß und ihnen selber Ehre bringen. Als Vinius dieser Meinung widerstritt, fuhr Laco drohend auf ihn los, aufgehetzt von Icelus aus rein persönlicher hartnäckiger Gehässigkeit und zum Verderben des Staates.

34. Ohne länger zu zögern, trat Galba denen bei, die zu dem, was ehrenvoller schien, rieten. Ins Lager jedoch wurde Piso als ein jugendkräftiger Mann von großem Namen vorausgesandt, der soeben erst zu hoher Gunst gelangt und ein Feind des Titus Vinius war, sei es, daß dem wirklich so war, oder daß es die Erbitterten so wünschten: leichter pflegt man ja an Haß zu glauben. Kaum war Piso hinausgetreten, als sich ein anfangs schwankendes und ungewisses Gerücht verbreitete, Otho sei im Lager umgebracht; bald, wie es bei großen Lügen zu gehen pflegt, versicherten einige, sie seien dabei gewesen und hätten es gesehen; und leicht ja schenkt man einer Sage in der Freude und Gedankenlosigkeit Glauben. Viele waren der Meinung, das Gerücht sei mit Absicht ersonnen und ausgebreitet worden, da sich schon Othonianer mit eingeschlichen hatten, die, um Galba herauszulocken, eine falsche Freudenpost verkündigt hätten.

35. Da nun brach nicht nur das Volk und der unwissende Pöbel in Händeklatschen und unmäßige Bezeigungen von Teilnahme aus, sondern auch sehr viele Ritter und Senatoren verbannten unvorsichtig alle Furcht, sprengten die Tür, drangen in den Palast hinein und stellten sich dem Galba vor, indem sie beklagten, daß ihnen die Rache entrissen sei: gerade die Feigsten, die, wie die Tat lehrte, in der Gefahr nichts wagen wollten, waren in ihrer Rede ohne Maß und mit der Zunge trotzig. Keiner wußte, alle behaupteten, bis, da alle wahre Kunde fehlte, Galba, durch die Einstimmigkeit der Irrenden bewältigt, seinen Panzer nahm, und da er der hereindrängenden Menge mit seinem altersschwachen Körper nicht zu widerstehen vermochte, sich auf einen Tragsessel heben ließ. Im Palaste rief ihm begegnend Julius Atticus, ein Leibtrabant, sein blutiges Schwert zeigend, zu, von ihm sei Otho getötet worden, worauf Galba erwiderte: „Kamerad, wer hat dir das befohlen?“ Hierbei zeigte er den festen Mut, mit welchem er, ohne sich an Drohungen zu kehren oder durch Schmeicheleien bestechen zu lassen, die Zügellosigkeit der Soldaten bändigte.

36. Schon war im Lager die allgemeine Stimmung nicht im mindesten mehr unentschieden und so groß der Eifer, daß man Otho, nicht damit zufrieden, ihn selbst mit der Heerschar zu umringen, auf der Erhöhung, wo sich noch kurz vorher Galbas goldnes Standbild befand, mitten zwischen den Feldzeichen mit Fahnen umgab. Nicht einmal Tribunen oder Centurionen durften sich ihm nähern; ja, der gemeine Soldat gebot sogar, sich vor den Vorgesetzten selbst in acht zu nehmen. Alles erschallte von Geschrei, von Lärm und gegenseitiger Aufmunterung, indem nicht so wie beim Volke und dem großen Haufen verschiedene Stimmen sich in müßiger Schmeichelei erhoben, sondern, so oft man einen von den herzuströmenden Soldaten erblickte, man ihn bei der Hand ergriff, ihn mit den Armen umschlang, ihn neben sich stellte, ihm den Eid vorsprach und bald den Kaiser den Soldaten, bald die Soldaten dem Kaiser empfahl. Auch Otho ließ es nicht an sich fehlen, indem er, die Hände vorstreckend, die Menge unterwürfig grüßte, ihr Küsse zuwarf, und um der Herrschaft willen sich in allem wie ein Sklave gebärdete. Nachdem die ganze Legion der Seesoldaten ihm den Huldigungseid geleistet hatte, hob er, im Vertrauen auf seine Macht und in der Meinung, die, welche er bis jetzt nur einzeln aufgeregt, insgesamt anfeuern zu müssen, auf dem Walle des Lagers also an:

37. „In welcher Eigenschaft ich, Waffenbrüder, vor euch aufgetreten bin, vermag ich nicht zu sagen, da ich mich weder einen Privatmann zu nennen wage, da ich ja von euch zum Fürsten ernannt bin, noch auch einen Fürsten, während noch ein anderer herrscht. Auch euer Name wird im Ungewissen sein, so lange man noch zweifelt, ob ihr den Imperator des römischen Volkes oder einen Feind in eurem Lager habt. Hört ihr nicht schon, wie meine Bestrafung und eure Hinrichtung zugleich gefordert werden? So offenbar ist's, daß wir nur zusammen fallen oder gerettet werden können. Und Galba, man kennt ja seine Milde, hat es vielleicht schon versprochen, da er, ohne daß es jemand forderte, so viele Tausende völlig schuldloser Soldaten niedermetzeln ließ. Schauder überfällt mich, so oft ich mich dieses Einzuges über Leichen, dieses einzigen Siegs des Galba erinnere, als er im Angesicht Roms die sich ihm Ergebenden, die er auf ihr Flehen begnadigt hatte, dezimieren ließ. Und als er nun unter solchen Vorbedeutungen in Rom eingezogen war, welchen andern Ruhm brachte er dem Thron mit, als in Spanien Obultronius Sabinus und Cornelius Marcellus, in Gallien Betuus Cilo, in Germanien Fontejus Capito, in Afrika Clodius Macer, auf der Heerstraße Cingonius, in Rom Turpilianus und hier im Lager Nymphidius ermordet zu haben? Wo ist irgend eine Provinz, wo ein Lager, das nicht blutbefleckt und mordbesudelt, oder, wie er selber rühmt, gesäubert und zurechtgewiesen wäre? Denn was andere Verbrechen nennen, nennt er Heilmittel, indem er mit falschen Namen die Grausamkeit Strenge, den Geiz Spar-

samkeit und eure schmachvolle Hinrichtung Mannszucht heißt. Sieben Monate sind es seit Neros Ende, und schon hat Icelus mehr geraubt, als ein Polyclitus, ein Vatinius, ein Tigellinus auch nur begehrten. Mit minderer Habsucht und Zügellosigkeit würde Titus Vinius sein Wesen getrieben haben, hätte er selbst geherrscht; so hat er uns ganz wie leibeigene Untertanen behandelt, andererseits als wertlos verachtet. Dieses eine Haus dort reicht hin zu dem Geschenk, das man euch niemals gibt und euch täglich zum Vorwurf macht.

38. „Damit auch nicht einmal auf den Nachfolger Galbas wenigstens einige Hoffnung zu bauen wäre, so rief er aus der Verbannung einen Mann zurück, den er in finsterem und kargem Wesen sich selbst am ähnlichsten glaubte. Ihr habt es gesehen, Waffenbrüder, wie durch ein auffallendes Ungewitter selbst die Götter gegen die unselige Adoption sich aussprachen. Ebenso ist der Senat, ebenso das römische Volk gesinnt. Auf eure Mannhaftigkeit ist die Erwartung gerichtet, an der edle Unternehmungen ihren einzigen Halt haben, und ohne welche auch das Trefflichste unkräftig ist. Nicht zum Kriege rufe ich euch auf, noch zu Gefahr. Aller Soldaten Waffen sind mit uns, und auch die eine Kohorte in der Toga[27] verteidigt jetzt den Galba nicht, sondern hält ihn nur fest. Wenn sie euch erblickt und meine Losung empfängt, dann wird das der einzige Wettstreit sein, wer sich mir am meisten verpflichte. Es gilt kein Zögern bei einem Unternehmen, welches nicht anders denn vollbracht Lob finden kann." Hierauf befahl er das Zeughaus zu öffnen. Sogleich wurden die Waffen gegen den Brauch des Dienstes und die Ordnung weggerafft, so daß sich der Prätorianer und der Legionar nicht mehr durch ihre Abzeichen unterschieden; sie mischten sich durcheinander mit Helmen und Schilden der Hilfstruppen. Von keinem Tribun, keinem Centurio aufgefordert, folgt jeder sich selbst und seinem Drange, und ein Hauptantrieb für alle Schlechten war die tiefe Niedergeschlagenheit der Besseren.

39. Schon hatte Piso, erschreckt durch den Lärm des wachsenden Aufruhrs und durch das bis in die Stadt hinein erschallende Geschrei den indes herausgekommenen und dem Forum sich nähernden Galba erreicht, schon hatte Marius Celsus nichts Erfreuliches hinterbracht, als die einen meinten, man müsse in den Palast zurück, die anderen, man solle auf das Kapitol eilen. Viele rieten, von der Rednerbühne Besitz zu nehmen, die Mehrzahl widersprach nur den Meinungen der übrigen und, wie es bei unglücklichen Beratungen geht, als das Beste erschien, wozu die Zeit bereits verstrichen war. Laco soll ohne Wissen Galbas damit umgegangen sein, den Titus Vinius zu ermorden, sei es, um durch seine Bestrafung die Soldaten zu besänftigen, oder weil er ihn für einverstanden mit Otho hielt, oder endlich aus bloßem Haß. Bedenken verursachten Zeit und Ort, weil, war einmal der Anfang mit dem Morden gemacht, Maß zu halten schwer war; und ganz zerstörten diesen Plan die Schreckensnachrichten und das Auseinan-

derfliehen der nächsten Umgebung, indem der Eifer all derer erkaltete, die, anfangs guter Dinge, sich ihrer Treue und ihres Mutes bewußt waren.

40. Galba wurde im Durcheinandertreiben der wogenden Menge hin und her gedrängt, voll waren ringsumher Basiliken und ein Tempel, ein trauriges Schauspiel; dabei vernahm man keinen Laut des Volkes oder Pöbels, sondern sah nur betroffne Mienen und nach allen Seiten Horchen, kein Tumult und keine Ruhe, ein Schweigen, wie es bei großer Furcht und großem Zorn zu sein pflegt. Dennoch meldete man dem Otho, der Pöbel bewaffne sich. Er befahl, draufloszugehen und der Gefahr zuvorzukommen. So brachen denn römische Krieger, als wollten sie einen Vologesus oder Pacorus vom angestammten Arsacidenthron stürzen, nicht als machten sie sich auf, ihren wehrlosen, greisen Imperator zu ermorden, nachdem sie den Pöbel auseinandergesprengt, den Senat niedergetreten, wild ihre Waffen schwingend, in gestrecktem Trabe auf das Forum ein; nicht der Anblick des Kapitols, nicht die heilige Scheu vor den nahe sich erhebenden Tempeln, nicht die Fürsten der Vorzeit oder die Fürsten der Zukunft schreckten sie zurück, ein Verbrechen zu begehen, für welches ganz gewiß der später folgende Herrscher Rache nimmt.

41. Als man die Schar der Bewaffneten in der Nähe erblickte, riß der Fahnenträger der den Galba begleitenden Kohorte – man sagt, es sei Atilius Vergilio gewesen – das Bildnis des Kaisers herunter und warf es auf die Erde[28]. Auf dieses Zeichen gab sich die Zuneigung aller Soldaten für Otho zu erkennen; das Forum wurde verlassen, da alles Volk entfloh, gegen die noch Schwankenden wurden die Waffen gezückt. Neben dem See des Curtius[29] wurde Galba in der Bestürzung der ihn Tragenden vom Sessel abgeworfen und auf die Erde hingewälzt. Seine letzten Worte hat man, wie es einem jeden gerade Haß oder Bewunderung eingab, verschieden überliefert; einige behaupten, er habe flehend gefragt, was er sich denn Böses habe zuschulden kommen lassen, und sich nur wenige Tage Frist zur Zahlung des Geschenkes erbeten; die Mehrzahl berichtete, er habe selbst den Mördern seine Kehle hingehalten; sie möchten sich beeilen und zuschlagen, wenn ihnen dies dem Staate zu frommen schiene. Den Mordenden war es gleichgültig, was er sagte. Über den Mörder ist man nicht ganz einig. Einige, ein Freiwilliger, Terentius, andere, Lecanius, ein noch verbreiteteres Gerücht behauptete, Camurius, ein Soldat von der 15. Legion, habe ihm das Schwert in die Kehle gestoßen und sie durchgeschnitten. Die übrigen zerfetzten auf eine scheußliche Weise Arme und Beine; denn die Brust war bedeckt. Viele Wunden schlug man selbst dem schon verstümmelten Körper noch in wilder Wut.

42. Hierauf gingen sie auf Titus Vinius los, von welchem gleichfalls zweifelhaft war, ob ihm die Furcht des Augenblicks die Stimme er-

stickt, oder er ausgerufen habe: es sei gewiß von Otho nicht befohlen, daß er getötet würde. Mag er dies aus Furcht nur so gesagt oder damit sein Mitwissen um die Verschwörung bekannt haben, so spricht besonders sein Leben und sein Ruf dafür, daß er um das Verbrechen gewußt habe, zu welchem er Veranlassung gebeben hatte. Er lag vor des Julius Caesars Tempel, zuerst in die Kniekehle gestochen, dann von Julius Carus, einem Legionär, durch beide Seiten gestoßen.

43. Einen ausgezeichneten Mann sah unsre Zeit an jenem Tage an Sempronius Densus. Dieser, in einer prätorischen Kohorte Centurio und von Galba dem Piso zum Schutze beigegeben, verschaffte, indem er mit gezücktem Dolche den Bewaffneten entgegenging, wegen ihres Frevels ihnen Vorwürfe machte, und bald mit der Faust, bald mit der Rede die Aufmerksamkeit der Mörder auf sich lenkte, dem schon verwundeten Piso doch noch Gelegenheit zu entfliehen. Piso entkam in den Tempel der Vesta, wo er, aufgenommen von einem mitleidigen Staatssklaven[30] und in dessen Gemach versteckt, nicht durch die Heiligkeit des Ortes und den Dienst der Gottheit, sondern nur durch Verborgenheit das drohende Verderben aufschob, bis, von Otho gesandt und nach seinem Blute vorzugsweise lechzend, Sulpicius Florus, der in den britannischen Kohorten diente und von Galba erst vor kurzem mit dem Bürgerrecht beschenkt worden war, und der Leibtrabant Statius Murcus erschienen, von welchen Piso hervorgezogen und auf der Schwelle des Tempels ermordet wurde.

44. Keinen Mord soll Otho mit größerer Freude vernommen, kein Haupt mit so unersättlichen Augen betrachtet haben, sei es, daß sein jetzt erst aller Besorgnis überhobner Geist sich der Freude hinzugeben anfing, oder bei Galba die Erinnerung an dessen Majestät, bei Titus Vinius die an dessen Freundschaft seinen wenngleich ihnen abholden Sinn mit einem trüben Bilde umdüstert hatte. Über Pisos Ermordung dagegen, als eines Feindes und Nebenbuhlers, sich zu freuen, hielt er für recht und erlaubt. Auf Stangen gesteckt wurden die Köpfe zwischen den Feldzeichen der Kohorten umhergetragen, neben dem Adler der Legion, indem diejenigen wetteifernd ihre blutigen Hände zeigten, die den Mord vollführt hatten, die nur dabei gewesen waren und nun mit oder gegen ihre Überzeugung ihn als eine schöne und denkwürdige Tat priesen. Vitellius fand nachher mehr als hundertundzwanzig Bittschriften von Menschen, die wegen eines ausgezeichneten Dienstes an jenem Tage Belohnung verlangten, und ließ sie alle aufsuchen und hinrichten, nicht zur Ehre Galbas, sondern nach der bei Fürsten hergebrachten Sitte, zur Sicherung für die Gegenwart und zur Rache für die Zukunft.

45. Man hätte den Senat und das Volk jetzt für völlig verwandelt halten können. Alles eilte in das Lager, drängte sich selbst vor die nächste Umgebung vor, wetteiferte mit den Voraneilenden, schimpfte auf Galba, lobte das Urteil der Soldaten, bedeckte Othos

Hand mit Küssen; und je mehr das, was geschah, Verstellung war, mit desto größerer Übertreibung tat man es. Otho wies keinen zurück und beschwichtigte den habgierigen und drohenden Sinn der Soldaten mit Wort und Blick. Den designierten Konsul Marius Celsus, welcher sich dem Galba bis zum letzten Augenblick als treuer Freund bewährt hatte, wollten sie zum Tode ausgeliefert wissen, aufgebracht gegen seine Tüchtigkeit und Schuldlosigkeit, als wären dies verwerfliche Eigenschaften. Es war nicht zu verkennen, daß man es auf den Anfang des Mordens und Plünderns und auf das Verderben aller Guten abgesehen hatte. Aber Otho besaß noch nicht Ansehen genug, um ein Verbrechen zu verhindern; befehlen konnte er es schon. Daher gebot er in verstelltem Zorne, ihn zu fesseln mit der Versicherung, er solle noch härtere Strafe leiden, und entzog ihn so dem augenblicklichen Untergange.

46. Alles ging von nun an nach der Willkür der Soldaten. Sie selbst wählten sich die Präfekten der Leibwache, nämlich Plotius Firmus, der früher gemeiner Soldat, dann Kommandant der Polizeisoldaten gewesen war und schon, als Galba noch unangefochten dastand, zu Othos Partei gehört hatte; daneben Licinius Proculus, einen der vertrautesten Freunde Othos, von dem man wenigstens vermutete, daß er dessen Pläne begünstigt habe. Zum Stadtpräfekten machten sie den Flavius Sabinus, dem Urteile Neros folgend, unter welchem er dasselbe Amt bekleidet hatte; viele nahmen bei ihm auf seinen Bruder Vespasian Rücksicht. Es wurde verlangt, daß die Urlaubsgelder, die man den Centurionen zu entrichten pflegte, erlassen würden; der gemeine Soldat zahlte sie nämlich wie eine jährliche Steuer. Der vierte Teil des Manipels war auf Urlaub zerstreut oder trieb sich sogar im Lager selbst herum, wenn er nur den Centurio dafür bezahlte; keiner achtete dabei die Größe der Abgabe, noch die Art des Erwerbs. Durch Straßenraub, Plünderungen oder Sklavenarbeit suchte man sich Freiheit vom Dienste zu erkaufen. Die wohlhabendsten Soldaten wurden dann durch Anstrengung und harte Behandlung so lange gequält, bis sie sich Urlaub kauften. Waren Sie nun durch diesen Aufwand von Mitteln entblößt und noch obendrein durch Müßiggang erschlafft, dann kehrten sie arm statt wohlhabend, träge statt tüchtig in den Manipel zurück; und indem so von neuem immer einer nach dem andern durch dieselbe Armut und Zügellosigkeit verdorben wurde, ließen sie sich zu Meutereien und Spaltungen, zuletzt zu Bürgerkriegen fortreißen. Doch Otho, um nicht durch Freigebigkeit gegen den gemeinen Mann die Centurionen von sich abwendig zu machen, versprach, es solle seine eigene Kasse die jährlichen Urlaubsgelder zahlen; eine unstreitig nützliche und späterhin von guten Fürsten als stehende Einrichtung festgehaltene Maßregel. Der Präfekt Laco wurde zum Schein auf eine Insel verwiesen, von einem Freiwilligen, den Otho zu seiner Ermordung vorausgesandt hatte, niedergestoßen, Marcianus Icelus als ein Freigelassener öffentlich hingerichtet.

47. Als der Tag so unter Verbrechen hingegangen war, blieb als schlimmster Jammer zuletzt noch die Freude übrig; und der Stadtprätor[31] berief den Senat; die übrigen Behörden wetteiferten in Schmeicheleien; die Senatoren kamen herbeigelaufen; man beschloß für Otho die tribunicische Gewalt, den Namen Augustus und jede Fürstenehre, und alle insgesamt bestrebten sich, die Schmähungen und Vorwürfe in Vergessenheit zu bringen, von denen, waren sie gleich von allen Seiten ausgestoßen worden, niemand empfand, daß sie in seiner Seele sich fest eingeprägt hätten. Ob er die Kränkungen vergessen hatte, oder nur einstweilen ungeahndet lassen wollte, blieb bei der Kürze seiner Herrschaft ungewiß. Otho, welcher sich über das noch blutige Forum mitten durch die Haufen der Erschlagenen auf das Kapitol und von dort in den Palast begeben hatte, erlaubte, daß die Leichen den Verwandten zur Bestattung überlassen und verbrannt wurden. Den Piso bestattete seine Gemahlin Verania und sein Bruder Scribonianus, den Titus Vinius seine Tochter Crispina, nach Aufsuchung und Auslösung der Köpfe, die die Mörder zum Verkaufe bei sich behalten hatten.

48. Piso stand im 31. Lebensjahr, sein Ruf war besser als sein Glück. Von seinen Brüdern hatte Claudius den Magnus, Nero den Crassus hinrichten lassen. Er selbst, lange verbannt, vier Tage Caesar, hatte durch die beschleunigte Adoption vor seinem älteren Bruder keinen andern Vorzug, als daß er früher umgebracht wurde. Titus Vinius verlebte siebenundfünfzig Jahre in ungleichem Wandel. Sein Vater war aus prätorischer Familie, sein Großvater mütterlicher Seite ein Geächteter. Wegen seines ersten Kriegsdienstes stand er in üblem Rufe, er hatte Calvisius Sabinus zum Legaten gedient, dessen Gemahlin sich in sträflicher Neugier, um die Einrichtung des Lagers zu besehen, nachts in Kriegerkleidung dahinbegeben und, nachdem sie die Wachen und die übrigen Dienstverrichtungen in gleichem Vorwitz mitgemacht, im Hauptquartiere selbst Unzucht gewagt hatte; als Schuldiger an diesem Verbrechen wurde Titus Vinius belangt. Er wurde daher auf Befehl des Kaisers Gajus in Ketten geworfen; nachher, als die Zeiten sich änderten, freigelassen, wurde er, ohne Anstoß in der Amtslaufbahn, nach der Prätur mit dem Befehl über eine Legion vertraut und erntete Beifall. Später befleckte er sich mit Sklavenschande als Dieb eines goldenen Bechers bei einem Gastmahle des Claudius, der am folgenden Tage unter allen Vinius allein mit irdenem Geschirr bedienen ließ. Doch verwaltete Vinius als Prokonsul das narbonensische Gallien streng und untadelig. Nachher durch Galbas Freundschaft in den Abgrund hinabgezogen, war er kühn, verschlagen, unternehmend und, wie er gerade seinem Geiste die Richtung gegeben hatte, verworfen oder tüchtig mit gleicher Energie. Das Testament des Titus Vinius war wegen der Größe seines Vermögens ohne Gültigkeit; Pisos letztem Willen gab seine Armut Bestand.

49. Galbas Leichnam begrub, nachdem er lange liegen geblieben und man in der Dunkelheit sich vielfache Mißhandlungen gegen ihn erlaubt hatte, der Rechnungsführer Argius, einer seiner angesehensten Sklaven, im Privatpark desselben mit dürftiger Bestattung. Sein Haupt, von Marketendern und Troßknechten aufgespießt und zerfleischt, wurde vor dem Grabhügel des Patrobius – dieser, ein Freigelassener Neros, war von Galba hingerichtet worden – erst am folgenden Tage gefunden und dem schon verbrannten Leibe beigesellt. Solches Ende nahm Servius Galba, nachdem er in dreiundsiebzig Jahren fünf Fürsten in günstigem Geschicke überlebt hatte und unter fremder Herrschaft glücklicher gewesen war als mit seiner eigenen. Der Adel seiner Familie war alt, sein Reichtum groß; er selbst von mittelmäßigem Charakter, mehr lasterfrei als tugendhaft; gegen Ruhm weder gleichgültig, noch tat er damit groß; nach fremdem Geld nicht begierig, mit seinem eigenen sparsam, mit öffentlichem geizig; Freunde und Freigelassene, wenn ihm der Zufall gute zugeführt hatte, nur vorwurfsfrei gewähren lassend, waren sie schlecht, selbst bis zur Mitschuld arglos. Aber der Glanz seiner Abkunft und die schlimmen Zeitverhältnisse dienten zur Beschönigung, was Schlaffheit war, Weisheit zu nennen. So lange sein Alter kräftig war, glänzte er in Germanien durch Kriegsruhm. Als Prokonsul regierte er Afrika mit Mäßigung, schon bejahrter mit gleicher Gerechtigkeit das diesseitige Spanien, indem er größer als ein Bürger erschien, so lange er bloß Bürger war, und nach einstimmiger Meinung aller zur Herrschaft fähig, hätte er sie nicht besessen.

50. Die zitternde und, wie über die Gräßlichkeit des eben begangenen Frevels, so auch zugleich über Othos frühere Sitten sich ängstigende Stadt erschreckte überdies noch eine neue Botschaft über Vitellius, die vor der Ermordung Galbas unterdrückt war, damit man in dem Glauben bliebe, nur das Heer des oberen Germaniens sei abgefallen. Darüber, daß unter allen Sterblichen die zwei verworfensten in Unzucht, Untätigkeit und Schwelgerei vom Schicksal dazu auserkoren schienen, dem Reiche ein Ende zu machen, trauerten öffentlich nicht nur der Senat und der Ritterstand, und wer irgend teil am Staate hatte und für ihn besorgt war, sondern auch das gemeine Volk. Jetzt sprach man nicht mehr von den jüngsterlebten Szenen des entsetzensvollen Friedens, sondern erinnerte sich an die Bürgerkriege und an die so oft von ihren eigenen Herren eingenommene Stadt, an die Verwüstung Italiens, die Plünderung der Provinzen, an Pharsalus, Philippi, Perusia und Mutina, Namen, die durch die Niederlagen des Vaterlandes bekannt waren[32]. Fast zugrunde gegangen sei der Erdkreis auch, als unter Edeln um das Principat gestritten wurde; aber fortbestanden habe nach des Julius Caesar, fortbestanden nach Caesar Augustus Siege die Herrschaft, auch die Republik würde unter Pompejus und Brutus fortbestanden haben. Für wen solle man sich jetzt in die

Tempel begeben? Für Otho oder für Vitellius? In beiden Fällen seien die Gebete gottlos, seien die Gelübde verabscheuungswürdig, da man schwanke zwischen zwei Menschen, aus deren Kriege man als einziges Ergebnis das allein erfahren könne, daß derjenige als der schlechtere sich erweisen werde, welcher gesiegt. Einige ahnten auch etwas von Vespasian und des Orients Waffenerhebung, und war auch Vespasian beiden vorzuziehn, so schauderte man doch vor einem neuen Kriege und vor neuen Niederlagen. Und Vespasians Ruf war in der Tat zweideutig; als einziger unter allen Fürsten vor ihm veränderte er sich zu seinem Vorteil.

51. Jetzt will ich den Beginn und die Veranlassungen der von Vitellius ausgegangenen Bewegung darlegen. Als Julius Vindex mit seiner ganzen Mannschaft vernichtet war, wollte das auf Beute und Ruhm trotzende Heer, dem ja ohne Mühe und Gefahr der Sieg in einem so reichlich lohnenden Kriege zuteil geworden war, lieber einen Feldzug und eine Schlacht, lieber Kriegsbeute als bloßen Sold. Lange hatten sie einen gewinnlosen und beschwerlichen Dienst ausgehalten, vermöge der Beschaffenheit des Landes und seines Klimas und wegen der Strenge der Kriegszucht. Diese, im Frieden unerbittlich, wird durch Bürgerzwist aufgelöst, indem es an Verführern von beiden Parteien nicht zu fehlen pflegt und die Treulosigkeit unbestraft bleibt. Mannschaft, Waffen und Pferde waren zum Bedarfe, ja zum Prunk im Überfluß vorhanden; aber vor dem Kriege kannten sie nur ihre eigenen Centurien und Geschwader; die Heere waren durch die Grenzen der Provinzen voneinander geschieden. Jetzt gegen Vindex zusammengezogen und mit sich selbst sowie mit Gallien bekannt geworden, strebten die Legionen abermals nach den Waffen und nach neuen Händeln und sprachen nicht mehr von Bundesgenossen, wie vordem, sondern von Feinden und Besiegten. Auch ließ es die am Rheine wohnende Bevölkerung Galliens nicht an sich fehlen; sie war derselben Partei gefolgt und reizte jetzt am heftigsten gegen die Galbianer auf: denn diesen Namen hatten sie jenen gegeben, von Vindex gar keine Kenntnis nehmend. So gegen die Sequaner und Aeduer und alle andern Gaue nach Maßgabe ihres Wohlstandes feindlich gesinnt, weideten sie sich schon im Geiste an Eroberungen von Städten, Verwüstungen von Feldern, Plünderungen von Haus und Hof, und wurden dabei außer von ihrer eigenen Habsucht und Anmaßung, den hauptsächlichsten Lastern der Stärkern, auch durch den Übermut der Gallier gereizt, die sich zur Beschimpfung des Heeres damit brüsteten, daß ihnen von Galba der vierte Teil der Abgaben erlassen und sie im Namen des Staates beschenkt worden seien. Dazu kam das schlau verbreitete und ohne weiteres für wahr gehaltene Gerede, die Legionen sollten dezimiert, die unternehmendsten Centurionen entlassen werden. Von allen Seiten langten Schreckensbotschaften und ungünstige Gerüchte aus Rom an; die feindselige Stimmung der Kolonie

Lugdunum, von welcher, da sie mit hartnäckiger Treue dem Nero ergeben war, allerlei Sagen ausgingen. Doch der meiste Stoff zu Erdichtungen und deren Glauben befand sich im Lager selbst, in seinem Haß, seiner Furcht und, blickte man auf die eigene Macht, in seinem Sicherheitsgefühl.

52. Gerade um den 1. Dezember des vorigen Jahres hatte Aulus Vitellius Niedergermanien betreten und die Winterlager der Legionen mit Sorgfalt besichtigt. Den meisten wurde ihr Rang wiedergegeben, die Ehrenstrafen erlassen, die Disziplinarstrafen gemildert, vieles davon geschah aus Liebedienerei, manches aus Überlegung, wenn Vitellius unter anderem die schmutzige Gewinnsucht des Fontejus Capito[33] in Entziehung und Erteilung militärischen Ranges auf eine unparteiische Weise unwirksam gemacht hatte. Auch wurde dies alles nicht nach dem Maßstabe eines konsularischen Legaten, sondern von einem höhern Standpunkte aus angesehen. Und wie Vitellius in den Augen strengerer Richter ein niedriger Gesell war, so nannten es doch seine Gönner Freundlichkeit und Güte, wenn er ohne Maß und ohne Überlegung das Seinige verschenkte und mit dem, was andern gehörte, freigebig war: schon aus dem Verlangen, ihm die Regierung zu übertragen, deutete man seine Fehler als Tugenden. In beiden Heeren waren viele stille und ruhige, aber auch viele schlechte und unternehmende Naturen; leidenschaftliche Begehrlichkeit und ausnehmende Verwegenheit zeichnete die Legionslegaten Alienus Caecina und Fabius Valens aus. Der eine von diesen, Valens, war gegen Galba aufgebracht, als habe er die von ihm entdeckte Unschlüssigkeit des Verginius und die Unterdrückung der Anschläge Capitos mit Undank belohnt, und reizte den Vitellius auf, indem er ihm den Eifer der Soldaten vorhielt. Er selbst stehe ja überall in gefeiertem Rufe; von seiten des Hordeonius Flaccus[34] werde sich ihm kein Hindernis entgegenstellen; Britannien werde beitreten, die Hilfstruppen der Germanen folgen; mit der Treue der Provinzen stehe es schlecht, mit der Herrschaft des Greises mißlich und in kurzem werde es damit vorbei sein. Nur auftun möge er seine Arme und dem kommenden Glücke entgegeneilen. Mit Recht habe Verginius Bedenken gehabt, der aus ritterliche Familie, von einem unbekannten Vater abstammend, der Herrschaft, hätte er sie angenommen, nicht gewachsen gewesen wäre und nur dann sicher war, wenn er sie ausschlug. Dem Vitellius erteilten die drei Konsulate seines Vaters, das Zensoramt, die Amtsgenossenschaft mit dem Kaiser schon längst die Würde des Imperators und raubten ihm die Sicherheit des bloßen Bürgers.

53. Hierdurch wurde der träge Geist mehr zu Begierde als zu Hoffnung aufgerüttelt. Indessen hatte in Obergermanien Caecina, jugendkräftig schön, von Körperbau gewaltig, hochfahrenden Sinnes, redegewandt und von stolzerhabenem Gange sich die Gunst der Soldaten erworben. Galba hatte ihn als jungen Mann und Quästor in

Baetica, da er ungesäumt auf seine Seite übertrat, an die Spitze einer Legion gestellt, und ihn nachher, weil er überführt wurde, öffentliche Gelder entwendet zu haben, als einen Kassendieb belangen lassen. Caecina, welcher sich das nicht gefallen lassen wollte, beschloß nun, alles zu verwirren und die ihm geschlagenen Wunden mit des Staates Unglück zuzudecken. Auch fehlte es im Heere nicht an Elementen der Unzufriedenheit, weil dasselbe insgesamt am Kriege gegen Vindex teilgenommen, ferner erst nach der Ermordung Neros zu Galba übergegangen war und dann noch in diesem Huldigungseide selbst sich von den Fähnlein Niedergermaniens hatte zuvorkommen lassen. Dazu traten die Treverer, die Lingonen und was für Gemeinden sonst noch Galba durch harte Verordnungen oder Gebietsschmälerungen aufgebracht hatte, in nähern Verkehr mit dem Winterlager der Legionen. Daraus entstanden meuterische Gespräche; der Soldat ließ sich unter den Bürgern nur noch leichter verführen, und Verginus gewann die Gunst, die jedem anderen zustatten kommen konnte.

54. Der Hauptort der Lingonen hatte nach altem Brauche den Legionen zum Geschenk rechte Hände[35] als Zeichen der Gastfreundschaft gesandt. Die Abgeordneten derselben, die im Aufzuge der Trauer und Niedergeschlagenheit im Hauptquartier und in den Zelten bald über die ihnen selbst zugefügten Kränkungen, bald über die Belohnungen der Nachbarstaaten und, als sie ein geneigtes Ohr bei den Soldaten fanden, über die Gefahren und Beschimpfungen des Heeres selbst ihr Mißvergnügen zu erkennen gaben, entflammten die Gemüter. Man war nicht mehr fern vom Aufruhr, als Hordeonius Flaccus den Gesandten befahl, sich zu entfernen und, damit ihre Abreise desto geheimer bliebe, in der Nacht das Lager zu verlassen. Nun entstand ein fürchterliches Gerede, indem gar viele für gewiß behaupteten, sie seien umgebracht und es würden, schafften sie sich nicht selber Rat, die mutigsten Krieger und alle, die sich über den gegenwärtigen Zustand mißvergnügt geäußert hätten, in der Dunkelheit und während die übrigen von nichts wüßten, ermordet werden. Da verpflichteten sich einander die Legionen in geheimem Bunde, mit hineingezogen wurden die Soldaten der Hilfstruppen, anfangs verdächtig, als seien sie, da sie mit ihren Kohorten und Schwadronen die Legionen umgaben, willens, einen Angriff auf diese zu machen, dann um so leidenschaftlicher denselben Gedanken folgend, da ja Schlechtgesinnte sich leichter zum Kriege, als im Frieden zur Eintracht vereinigen.

55. Die Legionen Niedergermaniens ließen sich denn doch zu der am 1. Januar gebräuchlichen Eidesleistung auf Galba bewegen, zwar stark zögernd und indem sich nur hie und da eine Stimme in den ersten Reihen erhob und die übrigen schweigend abwarteten, was die nächst vorhergehenden wagen würden, da es einmal in der menschlichen Natur liegt, schnell nachzufolgen, wo man sich scheut, den An-

fang zu machen. Doch in den Legionen selbst sprach sich eine verschiedene Stimmung aus. Die Soldaten der 1. und 5. waren so in Gärung, daß einige mit Steinen nach Galbas Bildnissen warfen; die 15. und 16. Legion wagten sich nicht über Murren und Drohungen hinaus und sahen sich nur nach dem Beginn des Ausbruches um. Im obergermanischen Heer dagegen rissen die 4. und 22. Legion, die in demselben Winterlager standen, gerade am ersten Januar die Bildnisse Galbas herab, die 4. Legion auf eine entschlossenere Weise, die 22. erst zögernd, dann mit den andern übereinstimmend. Und damit sie nicht die Ehrerbietung vor dem Reiche zu verleugnen schienen, riefen sie bei der Eidleistung die vergessenen Namen „Senat und römisches Volk" aus, wobei keiner der Legaten oder Tribunen etwas für Galba tat, ja einige, wie im Tumulte gewöhnlich ist, sich noch ganz besonders als Meuterer zeigten. Doch hielt niemand eine eigentliche Rede oder sprach von der Rednerbühne aus, es gab ja auch noch keinen, dem man sich damit hätte verpflichten können.

56. Der konsularische Legat Hordeonius Flaccus schaute den Frevel mit an, ohne es zu wagen, die Tobenden zu bändigen, die Schwankenden zurückzuhalten oder die Gutgesinnten zu ermuntern, sondern untätig, zaghaft und bloß aus Schwäche schuldlos. Vier Centurionen der 22. Legion, Nonius Receptus, Donatius Valens, Romilius Marcellus, Calpurnius Repentinus, wurden, da sie Galbas Bildnisse in Schutz nehmen wollten, im Nu von den Soldaten fortgerissen und gefesselt; und nun dachte niemand mehr an Treue oder an seinen früheren Eid, sondern wie es im Aufruhr zu gehen pflegt, alle standen auf der Seite, wo die Mehrzahl stand.

In der Nacht, welche auf den 1. Januar folgte, brachte der Adlerträger der 4. Legion nach der Kolonie der Agrippinenser[36] dem eben speisenden Vitellius die Nachricht, die 4. und 22. Legion hätten nach Niederwerfung der Bildnisse Galbas dem römischen Senate und Volke den Eid geleistet. Diesen Schwur hielt man für bedeutungslos; man beschloß, sich des noch schwankenden Glückes zu versichern und einen Fürsten anzubieten. Von Vitellius wurden Boten an die Legionen und Legaten abgeschickt, daß das obergemernaische Heer von Galba abgefallen sei, man müsse daher entweder gegen die Abtrünnigen Krieg führen oder, wenn man lieber Eintracht und Frieden wolle, einen Imperator machen; und mit geringerer Gefahr nehme man einen Fürsten an, als ihn zu suchen.

57. Das nächste Winterlager war das der 1. Legion und der entschlossenste unter den Legaten Fabius Valens. Dieser rückte am folgenden Tage mit den Reitern der Legion und der Hilfsvölker in die Kolonie der Agrippinenser ein und begrüßte Vitellius als Imperator. Es folgten mit dem lebhaftesten Wetteifer die in derselben Provinz stehenden Legionen, und das obergermanische Heer, die schön klingenden Namen des Senats und des römischen Volks aufgebend,

trat am 3. Januar ebenfalls dem Vitellius bei. Da konnte man denn sehen, daß es ihm an den beiden vorigen Tagen keineswegs um die Republik gegangen war. Dem Eifer der Heere taten es die Agrippinenser, Treverer und Lingonen gleich, Mannschaft, Pferde, Waffen und Geld anbietend, wie ein jeglicher durch Körperkraft, seine Mittel oder Talent etwas galt, und so handelten nicht bloß die Häupter in den Kolonien und Lagern, die schon gegenwärtig Überfluß und nach errungenem Siege auf große Belohnungen Hoffnung hatten, sondern auch die Manipeln und der gemeine Soldat gaben ihre Ersparnisse, ihre Wehr- und Brustgehänge und den silbernen Waffenschmuck statt des Geldes hin, aus Begeisterung, in der Aufwallung oder aus Habgier.

58. Nachdem daher Vitellius die Bereitwilligkeit der Soldaten gelobt hatte, verteilte er die Hofämter des Kaisertums, die von Freigelassenen besorgt zu werden pflegten, unter römische Ritter. Die Urlaubsgelder zahlte er den Centurionen aus dem Fiskus, und gab der Wut der Soldaten, welche viele zur Bestrafung ausgeliefert wissen wollten, in den meisten Fällen seine Beistimmung, teils vereitelte er sie durch Scheinverhaftungen. Pompejus Propinquus, der Prokurator Belgiens, wurde auf der Stelle umgebracht; den Befehlshaber der germanischen Flotte, Julius Burdo, entzog er ihnen durch List. Gegen ihn war der Zorn des Heeres entbrannt, weil er beschuldigt wurde, er habe Fontejus Capito angeschwärzt und dann ihm nachgestellt. Capito stand in günstigem Andenken, und unter den Wütenden war öffentlich nur hinzurichten, zu verzeihn nur durch Täuschung erlaubt. So wurde er in Gewahrsam gehalten und erst nach dem Siege, als sich der Soldaten Haß bereits gelegt hatte, daraus entlassen. Inzwischen wurde als Sühnungsopfer der Centurio Crispinus preisgegeben, der sich mit dem Blute Capitos befleckt hatte, und deshalb in den Augen der seine Auslieferung Verlangenden desto offenbarer schuldig, in denen des Strafenden desto verächtlicher erschien.

59. Hierauf wurde Julius Civilis der Gefahr entzogen, ein bei den Batavern vielvermögender Mann, damit das Volk nicht durch seine Hinrichtung aufgebracht und abtrünnig würde. Befanden sich doch auch im Gaue der Lingonen acht Bataverkohorten, Hilfstruppen der 14. Legion, die sich in der Zeit der Zwietracht von der Legion getrennt hatten, und jetzt, je nachdem sie Partei ergriffen, verbündet oder feindlich, ein bedeutendes Gewicht erhalten konnten. Die Centurionen Nonius, Donatius, Romilius und Calpurnius, die wir oben erwähnten, ließ er umbringen, da man ihnen ihre Treue zum Verbrechen machte, bei einer Meuterei die schwerste Anschuldigung. Auf seine Seite traten nun Valerius Asiaticus, Legat der Provinz Belgien, den bald nachher Vitellius zu seinem Eidam machte, und der Statthalter des lugdunensischen Galliens, Junius Blaesus, mit der italischen Legion und der taurianischen Reiterschar, die in Lugdunum standen.

Auch die rätischen Truppen säumten nicht, sich anzuschließen. Nicht einmal in Britannien trug man Bedenken.

60. Dort befehligte Trebellius Maximus, ein durch Habsucht und schmutzigen Geiz dem Heere verächtlicher Mann. Noch mehr entflammte den Haß gegen ihn Roscius Caelius, Legat der 20. Legion, der längst mit ihm in Zwietracht, aber auf Veranlassung des Bürgerkrieges heftiger losgebrochen war. Trebellius warf dem Caelius Meuterei und Auflösung der militärischen Disziplin, Caelius dem Trebellius die Ausbeutung und Hilflosigkeit der Legionen vor, während unter dem schmählichen Parteikampf der Legaten die Mannszucht im Heere zugrunde ging, und es mit dem Zwiespalt dahin kam, daß Trebellius, auch von den Soldaten der Hilfstruppen mit Schmähungen fortgejagt und, da ihre Kohorten und Geschwader sich an Caelius anschlossen, verlassen zu Vitellius seine Zuflucht nahm. Die Provinz blieb nun in Ruhe, obwohl der Konsular entfernt war; es regierten sie die Legionslegaten, an Rechten gleich, Caelius nur durch Kühnheit mächtiger.

61. Nach dem Beitritt des britannischen Heeres mit ungeheuren Streitkräften und Hilfsmitteln versehen, bestimmte Vitellius zwei Feldherrn und zwei Heerstraßen für den Krieg. Fabius Valens erhielt Befehl, Gallien zu gewinnen, oder, sollte es sich weigern, zu verheeren und über die cottischen Alpen in Italien einzubrechen, Caecina auf näherem Wege über die pöninischen Alpen[37] hinabzuziehen. Dem Valens wurden Auserwählte vom niedergermanischen Heer mit dem Adler der 5. Legion nebst Hilfskohorten und Geschwadern, an 40000 Mann, gegeben; 30000 führte Caecina aus dem oberen Gemanien, deren Kern die 21. Legion war. Zugeordnet wurden beiden germanische Hilfsvölker, aus denen Vitellius auch seine eigenen Truppen ergänzte, um mit der ganzen Streitmasse nachzufolgen.

62. Auffallend war der Gegensatz zwischen dem Heere und dem Imperator. Der Soldat drängte und forderte Krieg, solange Gallien noch in schwankender Bewegung sei, solange Spanien noch Bedenken trage; der Winter stehe nicht im Wege, und ebensowenig die Hindernisse des tatenlosen Friedens; man müsse in Italien eindringen und Rom in Besitz nehmen. Im Bürgerkriege, wo es mehr auf Tat ankomme, als auf Überlegung, sei nichts sicherer als Eile. Vitellius blieb in träger Ruhe und genoß die hohe Stellung als Fürst in träger Schwelgerei und bei verschwenderischen Mahlen im voraus, schon mittags betrunken und mit überladenem Magen, während dabei der Eifer und die Kraft der Soldaten von selbst Obliegenheiten des Feldherrn erfüllten, als wäre der Imperator zugegen und flößte Hoffnung den Tüchtigen oder den Feigen Furcht ein. Marschfertig und in ungeduldiger Spannung verlangten sie das Zeichen zum Aufbruch. Der Name Germanicus wurde dem Vitellius sogleich gegeben; Caesar ließ er sogar als Sieger sich nicht nennen. Als ein erfreuliches Wahrzeichen

flog vor Fabius Valens und dem Heere, welches er in den Krieg führte, gerade am Tage des Aufbruchs, als der Zug sich in Bewegung setzte, gleichsam als Wegweiser ein Adler langsam schwebend voran, und eine lange Strecke hindurch war der Lärm der frohlockenden Soldaten und die Ruhe des unerschrockenen Vogels so groß, daß man es als ein nicht zu bezweifelndes Vorzeichen einer großen und glücklichen Tat betrachtete.

63. Zu den Treverern kamen sie, als zu Bundesgenossen, ohne Besorgnis. In Divodurum – dies ist eine Stadt der Mediomatriker[38] – hatte man das Heer mit aller Freundlichkeit aufgenommen, doch eine plötzliche Bestürzung setzte es in Schrecken: mit einemmal wurden die Waffen zur Ermordung der unschuldigen Bürgerschaft ergriffen, nicht um Beute zu machen oder aus Plünderungsgier, sondern aus Wut und Raserei, ohne einen bestimmten Grund; weshalb auch um so schwerer Mittel dagegen zu finden waren, bis die Soldaten, durch die Bitten des Feldherrn besänftigt, von der Vernichtung der Stadt abstanden. Dennoch waren an 4000 Menschen gemordet worden, und ein solcher Schreck ergriff ganz Gallien, daß, wenn nachher der Heereszug sich näherte, ihm ganze Ortschaften mit ihren Obrigkeiten bittend entgegenkamen, während sich Weiber und Kinder auf den Wegen niederwarfen, und was man sonst noch für Mittel, um Feindeszorn zu stillen, zwar nicht im Kriege, sondern nur um des Friedens willen, anzuwenden suchte.

64. Die Nachricht von Galbas Ermordung und der Regentschaft Othos erhielt Fabius Valens im Gau der Leuker. Die Soldaten ließen sich dadurch nicht zu Freude oder Furcht bewegen; sie dachten nur an Krieg; den Galliern war alles Bedenken abgeschnitten; ihr Haß war gleich groß gegen Otho und Vitellius, aber vor Vitellius hatten sie auch Furcht. Der nächste Gau war der der Lingonen, treu der Partei des Vitellius ergeben. Wohlwollend aufgenommen, wetteiferten sie in strenger Mannszucht. Doch die Freude war von kurzer Dauer, wegen des zügellosen Betragens der Kohorten, die, wie wir oben erwähnten, von der 14. Legion getrennt und von Fabius Valens seinem Heere beigefügt worden waren. Erst entbrannten Wortwechsel, dann Händel zwischen den Batavern und den Legionären, während sich die Soldaten, Partei ergreifend, an diese oder jene anschlossen; so wäre es fast zum Kampfe gekommen, hätte nicht Valens durch Bestrafung einiger die dessen schon vergessenden Bataver an das Oberkommando erinnert. Vergebens suchte man gegen die Aeduer einen Vorwand zum Kriege. Als ihnen befohlen war, Geld und Waffen zu liefern, brachten sie obendrein noch Zufuhr unentgeltlich dar; und was die Aeduer aus Furcht, das taten die Lugduner aus Freude. Aber die italische Legion und die taurianische Reiterschar wurde mit fortgeführt; man beschloß, die 18. Kohorte in Lugdunum, ihrem gewöhnlichen Winterquartiere, zurückzulassen. Manlius Valens, der Le-

gat der italischen Legion, stand bei Vitellius nicht in Ehren, obwohl er sich um seine Sache verdient gemacht hatte. Durch geheime Verleumdungen hatte Fabius den Nichtsahnenden und, damit er um so argloser sich berücken lasse, öffentlich Gelobten, angeschwärzt.

65. Die alte Zwietracht zwischen den Lugdunensern und Viennesern hatte der letzte Krieg noch mehr entflammt. Zahlreich waren die gegenseitigen Niederlagen, wiederholter und erbitterter, als daß man sich bloß um Nero und um Galba geschlagen hätte. Galba hatte die Einkünfte der Lugdunenser, seinen Zorn als eine passende Gelegenheit dazu benützend, zum Fiskus geschlagen[39]; dagegen wurde den Viennensern große Ehre erwiesen. Daraus entstand Eifersucht und Neid; und da sie nur ein Fluß trennte, umschlang sie gegenseitiger Haß. Deshalb hetzten die Lugdunenser einen jeden der Soldaten auf und trieben zur Vertilgung der Viennenser an, indem sie erzählten, wie von diesen ihre Stadt belagert, des Vindex Unternehmen unterstützt, und jüngst zu Galbas Schutze Legionen ausgehoben worden seien: Hatten sie so zum Hasse erst Gründe vorgehalten, so spiegelten sie auch die Größe der Beute vor. Und schon blieb es nicht mehr bei geheimer Aufforderung, sondern sie baten öffentlich, man möge zur Rache aufbrechen und den Herd des gallischen Krieges zerstören. Dort sei alles unrömisch und feindlich, nur sie selbst seien eine römische Kolonie, ein Teil des Heeres und seine Genossen in Glück und Unglück. Sollte das Schicksal ihnen zuwider sein, so möchte man sie den erbitterten Nachbarn nicht preisgeben.

66. Hierdurch und durch noch mehr ähnliche Reden hatten sie die Soldaten schon so weit gebracht, daß nicht einmal die Legaten und die Häupter der Partei noch glaubten, es werde sich die Erbitterung des Heers dämpfen lassen, als die Vienneser, in Kenntnis ihrer Gefahr, Wolltücher und Binden zur Schau trugen[40] und, sobald der Heereszug sich in Bewegung gesetzt hatte, Waffen, Knie und den zuschreitenden Fuß der Soldaten umfaßten und so ihr Herz erweichten. Dazu gab Valens jedem Soldaten noch dreihundert Sesterzen. Jetzt erst war das Alter und Ansehen der Kolonie von Gewicht, und man hörte Fabius, als er das Wohl und die Sicherheit der Viennenser empfahl, wohlwollend an. Sie wurden jedoch sämtlich entwaffnet und unterstützten die Soldaten mit privaten Mitteln und allen möglichen Vorräten. Aber das Gerücht hielt sich, Fabius selbst habe sich durch eine große Summe erkaufen lassen. Lange in niedriger Armut, wußte er, jetzt plötzlich reich geworden, den Wechsel seines Glücks schlecht zu verbergen, unmäßig in den durch langes Darben entflammten Begierden, und nach dürftiger Jugend ein verschwenderischer Greis. In langsamem Zuge wurde hierauf das Heer durch das Gebiet der Allobroger und Vocontier geführt, wobei der Heerführer sogar die Weite der Tagemärsche und den Wechsel der Rasttage in schändlichen Verträgen mit den Grundbesitzern und Stadtobrigkeiten verkaufte, und

zwar auf eine so drohende Weise, daß er gegen Lucus Augusti – eine Landschaft der Vocontier – mit Feuerbränden zog, bis er durch Geld besänftigt wurde. So oft kein Geld zu haben war, war er nur durch Hurerei und Ehebruch zu erweichen. So gelangte die Armee an die Alpen.

67. Noch mehr Beute und Blut verschlang Caecina. Seinen ungestümen Sinn hatten die Helvetier gereizt, ein gallischer Volksstamm, ehedem durch Waffentaten und Männer, dann durch die Erinnerung an seinen Namen berühmt. Ihnen war die Ermordung Galbas noch unbekannt, und sie wollten von Vitellius Herrschaft nichts wissen. Veranlassung zum Kriege gab die ungeduldige Habsucht der 21. Legion. Sie hatte Geld geraubt, welches zum Sold für ein Kastell abgesandt war, das die Helvetier schon seit langer Zeit mit eigener Mannschaft und aus eigenen Mitteln unterhielten. Dies übel empfindend, fingen die Helvetier ein Schreiben auf, das im Namen des germanischen Heeres an die pannonischen Legionen überbracht werden sollte, und hielten den Centurio mit etlichen Soldaten in Gewahrsam fest. Caecina verlangte nach Krieg und eilte, die erste beste Schuld zu rächen, ehe sie die Täter gereute. Er brach eilig auf, verwüstete die Felder, plünderte einen im langen Frieden beinah zu einem Städtchen angewachsenen, wegen seiner schönen Lage und der Vorteile seiner Heilquelle stark besuchten Ort[41], und schickte zu den rätischen Hilfstruppen Boten mit der Aufforderung, die Helvetier, wenn sie sich gegen die Legion gewandt hätten, im Rücken anzugreifen.

68. Die Helvetier, vor der Entscheidung voll trotzigen Mutes, in der Gefahr verzagt, wußten, obwohl sie im ersten Tumult Claudius Severus zum Anführer gewählt hatten, mit den Waffen nicht Bescheid, hielten nicht Reih und Glied und berieten nichts gemeinsam. Veteranen gegenüber schien die Feldschlacht verderblich, die Belagerung gefährlich, da die Mauern vor Alter verfallen waren; hier stand Caecina mit einem starken Heere, dort die rätischen Reiterscharen und Kohorten und die junge Mannschaft der Räter selbst, an Waffen gewöhnt und nach des Dienstes Regeln geübt. Von allen Seiten Verheerung und Gemetzel, sie selbst in der Mitte ohne feste Stellung, flohen sie, nachdem sie die Waffen weggeworfen hatten, großenteils verwundet oder zerstreut auf den Berg Vocetius[42]. Als eine Kohorte Thracier gegen sie abgeschickt war, wurden sie sogleich wieder hinabgetrieben und, von Germanen und Rätern verfolgt, in den Wäldern und selbst in den Verstecken niedergemacht. Viele Tausende von Menschen wurden erschlagen, viele Tausende in die Sklaverei verkauft. Als man, nachdem alles zerstört war, in förmlichem Heereszuge auf Aventicum[43], des Volkes Hauptstadt, losging, wurden Abgeordnete geschickt, um die Stadt zu übergeben, und die Übergabe angenommen. Caecina bestrafte als den Anstifter des Krieges einen der vornehmsten, den Julius Alpinus; die andern überließ er der Gnade oder Grausamkeit des Vitellius.

69. Nicht leicht läßt es sich sagen, ob die Abgeordneten der Helvetier den Imperator oder die Soldaten weniger versöhnlich antrafen. Sie verlangten den Untergang der Stadt, hielten den Abgeordneten Waffen und Fäuste vor das Gesicht; selbst Vitellius enthielt sich nicht drohender Worte, als Claudius Cossus, einer der Gesandten, bekannt durch seine Redegabe, aber mit wohlangebrachter Zaghaftigkeit seine Geschicklichkeit im Reden verbergend, dadurch nur um so mächtiger das Herz der Soldaten erweichte, wie ja der gemeine Mann leicht umzustimmen ist durch plötzliche Eindrücke und sich ebenso zum Mitleid hinreißen läßt, wie er kein Maß in seiner Grausamkeit kennt. Unter einem Strom von Tränen und immer günstigere Bedingungen mit immer größerer Beharrlichkeit verlangend, erwirkten die Gesandten Straflosigkeit und Schonung für die Stadt.

70. Caecina verweilte nur wenige Tage in Helvetien, bis er von Vitellius Ausspruch Nachricht bekam, und rüstete sich zugleich zum Alpenübergang. Da erhielt er die frohe Botschaft aus Italien, daß die am Padus stehende silianische Reiterschar der Huldigung des Vitellius beigetreten war. Die Silianer hatten den Vitellius zum Prokonsul in Afrika gehabt; nachher von Nero, um nach Ägypten vorausgeschickt zu werden, von dort aufgeboten, wegen des Krieges gegen Vindex wieder zurückgerufen, und jetzt noch in Italien stehend, traten sie auf Antrieb ihrer Decurionen, welche, ohne Otho zu kennen, dem Vitellius verpflichtet waren, die Stärke der anrückenden Legionen und den Ruf des germanischen Heeres erhoben, zu seiner Partei über, und schlossen, wie zum Geschenke für den neuen Fürsten, die festesten Landstädte des transpadanischen Gebietes, Mediolanum, Novaria, Eporedia und Vercellae an dieselbe an. Dies erfuhr Caecina durch sie selbst und schickte, weil es nicht möglich war, den breitesten Landstrich Italiens durch die bloße Besetzung mit einer einzigen Reiterschar zu verteidigen, die Kohorten der Gallier, Lusitaner und Britannier und die Fähnlein der Germanen mit der petrianischen Reiterschar voraus. Er selbst bedachte sich eine Weile, ob er sich nicht über die rätischen Alpen nach Noricum gegen den Prokurator Petronius Urbicus wenden solle, welcher, nachdem er die Hilfstruppen zusammengezogen und die Brücken über die Flüsse abgebrochen hatte, dem Otho für ergeben galt. Aber aus Furcht, die schon vorausgesandten Kohorten und Reiterscharen zu verlieren, und zugleich in der Erwägung, daß die Behauptung Italiens größeren Ruhm gewähre und, wo es auch zum Kampfe kommen möchte, Noricum mit zu der übrigen Siegesbeute fallen würde, führte er die Subsignanen[44] und die schwerfälligen Troßkolonnen der Legionen auf der pöninischen Straße über die noch winterlichen Alpen.

71. Otho indessen ließ sich wider aller Erwarten nicht in Schwelgerei noch Trägheit lässig gehen. Die Vergnügungen wurden aufgeschoben, man ließ nichts von Üppigkeit merken und gab allem ein

der Herrschaft würdiges Ansehen; um so größere Furcht erweckte diese Tugendheuchelei und die Wiederkehr drohender Laster. Den designierten Konsul Marius Celsus, welchen er durch Scheinverhaftung der Soldatenwut entzogen, ließ er auf das Kapitol bescheiden. Nichts als den Ruf der Großmut suchte er sich durch den angesehenen, seiner Partei verhaßten Mann zu gewinnen. Celsus gestand die ihm zum Verbrechen gemachte standhafte Treue gegen Galba ein und forderte noch obendrein zum Dank für das gegebene Beispiel auf. Und Otho tat nicht, als ob er verziehe, sondern rief vielmehr die Götter zu Zeugen ihrer gegenseitigen Versöhnung an, setzte ihn unter die Zahl seiner vertrautesten Freunde und wählte ihn bald darauf im Kriege mit zum Feldherrn. Celsus blieb, wie wenn es das Schicksal so wollte, auch dem Otho unverbrüchlich und unglücklich treu. Den Großen der Stadt erfreulich, vom Volke gefeiert, war des Celsus Rettung selbst den Soldaten nicht unangenehm, welche jetzt eben die Tugend bewunderten, der sie gezürnt hatten.

72. Gleicher Jubel folgte hierauf aus anderem Grunde, als man Tigellinus Untergang erwirkt hatte. Ophonius Tigellinus, von unberühmten Eltern, schandbefleckt in seinen Knabenjahren, unzüchtig in seinem Alter, verübte, als er den Oberbefehl über die Nachtwache, die Prätorianer und andere Auszeichnungen für Verdienste durch Laster, weil es so schneller ging, erlangt hatte, bald Grausamkeit, dann Habsucht und Verbrechen der Männlichkeit, indem er Nero zu jeder Schandtat zu bewegen wußte, manches auch ohne sein Wissen wagte, und zuletzt selbst ihn verließ und verriet. Daher bestanden denn auf keines anderen Bestrafung so beharrlich zwar in entgegengesetzter Stimmung, sowohl die, die Nero haßten, als auch die, die ihn zurückersehnten. Unter Galba hatte des Titus Vinius Einfluß ihn verteidigt, welcher sich darauf berief, er habe ihm seine Tochter gerettet. Unstreitig hatte er sie auch gerettet, nicht aus Menschenfreundlichkeit, er, der ja so viele gemordet hatte, sondern um sich für die Zukunft einen Ausweg offen zu erhalten, wie immer die Verworfensten, der Gegenwart nicht trauend und vor einem Wechsel bangend, gegen den öffentlichen Haß sich im voraus Privatgunst zu verschaffen suchen, worin sich denn nicht Sorge für die Unschuld, sondern für die Straffreiheit als Gegengeschäft zu erkennen gibt. Um so aufgebrachter also, da zum alten Hasse gegen Tigellinus sich die frische Erbitterung gegen Titus Vinius gesellte, lief aus der ganzen Stadt das Volk nach dem Palaste und auf die Plätze zusammen und lärmte, wo die Zügellosigkeit des Pöbels am größten ist, nach dem Zirkus und in die Theater strömend, ihm mit aufrührerischen Rufen entgegen, bis Tigellinus in den Bädern von Sinuessa die Botschaft, daß er sterben müsse, erhielt und sich nach Unzucht mit seinen Konkubinen, unter Küssen und nach ehrlosem Zögern mit einem Schermesser die Kehle abschnitt, und sein verrufenes Leben auch noch durch ein niederträchtiges Ende schändete.

73. Um dieselbe Zeit wurde, da man ihre Hinrichtung verlangte, Calvia Crispinilla durch allerlei Täuschungen und unter ungünstigem Gerede über den sich unwissend stellenden Fürsten der Gefahr entrissen. Sie, die Lehrmeisterin der Lüste Neros, die, um Clodius Macer zum Kriege aufzureizen, sich nach Afrika hinüber begab und ganz unverhohlen dem römischen Volke eine Hungersnot zu bereiten trachtete, behauptete sich nachher in der Gunst der ganzen Stadt, gestützt auf ihren Ehebund mit einem Konsularen, und unter Galba, Otho und Vitellius unangefochten, hierauf durch ihr Geld und ihre Kinderlosigkeit mächtig, was ebenso in guten wie in bösen Zeiten von bedeutendem Gewichte ist.

74. Inzwischen gingen häufige, mit Lockungen weiblicher Art angefüllte Briefe von Otho an Vitellius, die diesem Geld und Einfluß und die freie Wahl eines Ruhesitzes für ein verschwenderisches Leben anboten. Gleiches spiegelte Vitellius vor, zuerst geschah dies alles in milderem Ton und beiderseits mit einfältiger und unwürdiger Verstellung; nachher warfen sie sich wie im Wortwechsel gegenseitig Notzüchtigungen und Niederträchtigkeiten vor, keiner mit Unrecht. Otho schickte, nach Zurückberufung der von Galba abgeordneten Gesandten, wieder andere wie im Namen des Senates an beide germanische Heere, sowie an die italische Legion und an die Truppen ab, die in Lugdunum standen. Die Gesandten blieben bereitwilliger, als daß es hätte scheinen können, man habe sie festgehalten, bei Vitellius zurück. Die Prätorianer, welche Otho den Gesandten dem Vorgeben nach als Ehrenwache beigegeben hatte, wurden, noch ehe sie mit den Legionen in Berührung kamen, zurückgeschickt. Dazu gab ihnen Fabius Valens im Namen des germanischen Heeres an die prätorischen und städtischen Kohorten auch noch Briefe mit voll Rühmens von der Stärke der Partei und mit Vereinigungsanträgen; ja, er warf ihnen obendrein noch vor, daß sie die so viel früher schon dem Vitellius übergebene Herrschaft dem Otho zugewendet hätten.

75. So wurden sie durch Versprechungen und zugleich durch Drohungen in Versuchung geführt, als würden sie, dem Kriege nicht gewachsen, im Frieden nichts verlieren; dennoch ließ sich dadurch die Treue der Prätorianer nicht wankend machen. Nun wurden auch Meuchelmörder von Otho nach Germanien, von Vitellius nach Rom gesandt. Beide verfehlten ihren Zweck: die Vitellianer ungestraft, da sie im Gewühl einer so großen Menschenmenge durch wechselseitiges Unbekanntsein entkamen; die Othonianer verrieten sich durch die Neuheit ihres Gesichtes, da jeder jeden kannte. Vitellius verfaßte ein Schreiben an Titianus, Othos Bruder, worin er ihm selbst und seinem Sohne den Tod androhte, wenn man ihm nicht Mutter und Kinder ungefährdet ließe. Auch blieben wirklich beide Häuser unerschüttert; ob unter Otho aus Furcht, ist ungewiß. Als Sieger gewann Vitellius den Ruhm der Menschenfreundlichkeit.

76. Die erste Botschaft, die dem Otho mehr Vertrauen einflößte, war die aus Illyricum, daß ihm die Legionen Dalmatiens, Pannoniens und Mösiens den Huldigungseid geleistet hätten. Dasselbe wurde aus Spanien berichtet; Cluvius Rufus[45] wurde durch ein Schreiben belobt, allein in demselben Augenblick erfuhr man, es habe sich Spanien zu Vitellius gewandt. Nicht einmal Aquitanien, obwohl von Julius Cordus für Otho in Eid genommen, blieb lange treu; nirgends Treue oder Liebe, aus Furcht und Not schlug man hierhin und dorthin um. Eben diese Furchtsamkeit wandte die narbonensische Provinz dem Vitellius zu, da man so leicht zu den Nächsten übergeht, wenn sie mächtiger sind. Die entfernten Provinzen und was von Waffenmacht durch das Meer geschieden war, blieb in Othos Dienst, nicht aus Parteibegünstigung, sondern weil das Gewicht groß war, welches der Name Roms und der Hoheitsschein des Senates verlieh; auch hatte schon die frühere Botschaft die Gemüter eingenommen. Das Heer in Judäa vereidigte Vespasian, Mucianus die Legionen Syriens auf Otho. Zugleich hielten Ägypten und alle gegen Morgen liegenden Provinzen sich an seinen Namen gebunden. Gleiche Folgsamkeit bewies Afrika, wozu der erste Antrieb von Karthago ausging: ohne des Prokonsuls Vipstanus Apronianus Entscheidung abzuwarten, hatte Crescens, ein Freigelassener Neros – denn auch solche nehmen in bösen Zeiten eine öffentliche Stellung im Staate ein – dem großen Haufen wegen der Freude über die neue Herrschaft ein Gastmahl gegeben, und das Volk beeilte nun alles Weitere ohne Rückhalt. Karthago folgten die übrigen Städte.

77. Da so die Heere und Provinzen sich geteilt hatten, war für Vitellius, um die Stellung als Staatsoberhaupt einzunehmen, ein Krieg unvermeidlich; Otho versah gleichwie in tiefem Frieden die Geschäfte der Regierung. Manches auf eine der Würde des Staates angemessene Weise, vieles wider Gebühr nur nach dem Bedürfnis des Augenblicks übereilend. Selbst mit seinem Bruder Titianus Konsul bis zum 1. März, bestimmte er die nächsten Monate dem Verginius, um einigermaßen das germanische Heer zu begütigen. Dem Verginius wurde Pompejus Vopiscus unter dem Vorgeben alter Freundschaft beigesellt; die meisten deuteten es sich, als sei es zur Ehre der Viennenser geschehen. Die übrigen Konsulate verblieben nach der Bestimmung Neros oder Galbas dem Caelius Sabinus und Flavius Sabinus bis zum 1. Juli, dem Arrius Antonius und Marius Celsus bis zum September, und gegen ihre Erhebung tat nicht einmal Vitellius als Sieger Einspruch. Otho aber gab auch noch das Pontifikat und Augurates greisen Männern, um ihre ehrenvolle Stellung zu krönen, welche Ehrenämter schon bekleidet hatten, oder erwies ganz jungen Adeligen, die jüngst aus der Verbannung zurückgekehrt waren, zur Schadloshaltung die Priesterwürden ihrer Großväter und Väter. Cadius Rufus, Pedius Blaesus und Scaevinus Paquius erhielten ihren Se-

natorenrang zurück. Sie waren, wegen Erpressungen verklagt, unter Claudius und Nero gestürzt worden; den Begnadigenden beliebte es, einen andern Namen zu wählen und das, was Habsucht gewesen war, als Majestätsverletzung erscheinen zu lassen, durch deren Verhaßtheit damals auch gute Gesetze vernichtet wurden.

78. Mit derselben Freigebigkeit auch Städte und Provinzen zu gewinnen bemüht, machte der Kaiser den Einwohnern von Hispalis und Emerita[46] die Nachsendungen neuer Familien, sämtlichen Lingonen das römische Bürgerrecht, und der Provinz Baetica maurische Städte zum Geschenk; Cappadocien und Afrika wurden neue Rechte mehr in Aussicht gestellt als bleibend für die Dauer verliehen. Während dies geschah, was durch den Drang der gegenwärtigen Umstände und durch die Besorgnisse wegen der Zukunft entschuldigt werden mag, ließ er, auch jetzt nicht einmal seine Liebeständel vergessend, die Bildsäulen der Poppaea durch einen Senatsbeschluß wieder aufrichten. Man hat geglaubt, er sei selbst Neros Andenken zu feiern willens gewesen, in der Hoffnung, die Menge damit an sich zu locken; und es gab auch wirklich Leute, welche Neros Bildnisse öffentlich aufstellten; ja es riefen selbst dem Otho einige Tage Volk und Soldaten „Nero Otho" zu, als ob sie ihm dadurch noch mehr Auszeichnung und Ehre erwiesen. Er selbst ließ sich nicht darüber aus, aus Furcht es zu verbieten, oder aus Scham, es anerkennen zu müssen.

79. Da aller Sinn auf den Bürgerkrieg gerichtet war, beachtete man das Ausland gar nicht. Um so kühner wurden die Rhoxolaner, ein sarmatischer Volksstamm: im vorigen Winter waren sie, nachdem sie zwei Kohorten niedergehauen hatten, unter großer Hoffnung in Mösien eingedrungen, 9000 Reiter stark, und in ihrem wilden Mute wegen des Erfolges mehr auf Beute als auf Kampf bedacht. Umherschweifend und unbesorgt wurden sie plötzlich von der 3. Legion und den ihr beigesellten Hilfstruppen angegriffen. Bei den Römern war alles zur Schlacht in Bereitschaft; die Sarmaten wurden, zerstreut in ihrer Beutelust oder beschwert mit der Last des Gepäckes, und da auf den schlüpfrigen Wegen die Schnelligkeit der Pferde nichts half, wie Gefesselte niedergehauen. Auffallend ist es nämlich, wie in der Tat die ganze Tapferkeit der Sarmaten gleichsam außerhalb ihrer Person liegt. Nichts Feigeres gibt es im Kampfe zu Fuß; rücken sie in Geschwadern heran, dann möchte ihnen kaum eine Schlachtlinie widerstehen. Indem aber damals der Tag feucht war und der Frost aufgegangen war, konnten ihnen weder ihre Piken noch ihre übermäßig langen Schwerter, die sie mit beiden Händen führen, etwas nützen, da die Pferde ausglitten und sie durch die Schwere ihrer Schuppenpanzer behindert waren. Dies ist die Bedeckung der Fürsten und jedes Vornehmeren, aus eisernen Blechen oder sehr hartem Leder zusammengefügt und wenngleich gegen den Hieb undurchdringlich, so doch den durch den Andrang der Feinde Niedergeworfenen beim Wieder-

aufstehen hinderlich. Zugleich versanken sie im tiefen und weichen Schnee. Der römische Soldat, welcher behend in seinem Panzer und mit dem leicht zu werfenden Spieß oder mit den Lanzen drauflosging, durchbohrte, wenn es die Umstände erforderten, auch mit dem leichten Schwerte den ungedeckten Sarmaten – denn mit einem Schilde sich zu verteidigen, ist bei ihnen nicht Sitte – Mann gegen Mann, bis die wenigen, die in der Schlacht davongekommen waren, sich in den Sümpfen verbargen. Hier fanden sie im strengen Winterfrost und an den Wunden ihren Tod. Als man dies in Rom erfuhr, wurde Marcus Aponius, welcher Mösien verwaltete, mit einem triumphgeschmückten Standbilde, die Legionslegaten Fulvius Aurelius, Julianus Tettius und Numisius Lupus mit konsularischen Ehrenzeichen beschenkt. Otho war hocherfreut und eignete sich selbst den Ruhm an, als ob auch er im Kriege glücklich und mit seinen Feldherrn und seinen Heeren den Staat gehoben hätte.

80. Inzwischen brachte ein durch einen unbedeutenden Anlaß, von dem gar nichts zu besorgen war, entstandener Aufruhr Rom beinahe den Untergang. Otho hatte die 17. Kohorte aus Ostia nach Rom kommen lassen. Sie zu bewaffnen war der Prätorianertribun Varius Crispinus beauftragt worden. Dieser, um mit desto größerer Muße, während Ruhe im Lager war, die Befehle auszurichten, befahl, die Wagen der Kohorte mit Anbruch der Nacht zu beladen, indem er das Zeughaus öffnen ließ. Der Zeitpunkt wurde zum Verdacht, die Ursache zur Beschuldigung, das Absichtliche im Streben nach Ungestörtheit Veranlassung zum Tumult, und der Anblick der Waffen unter den Händen Berauschter erweckte Verlangen nach ihnen. Die Soldaten lärmten und beschuldigten die Tribunen und Centurionen des Verrats, als sollten die Sklaven der Senatoren zum Sturze Othos bewaffnet werden, einige ganz unbewußt und von Wein beschwert, die Verworfensten eine Gelegenheit zum Plündern erspähend, der große Haufe, wie es seine Art ist, nur auf irgendeine neue Bewegung begierig. Die Folgsamkeit, die Bessergesinnte hätten finden können, hatte die Nacht unmöglich gemacht. Den Tribun, der sich dem Aufruhr widersetzen wollte, und die strengsten von den Centurionen machten sie nieder. Dann wurden die Waffen geraubt, die Schwerter entblößt; so saßen sie auf und sprengten in die Stadt, nach dem Palaste.

81. Otho hatte gerade eine zahlreiche Gesellschaft der angesehensten Frauen und Männer bei sich, welche, in ängstlicher Ungewißheit, ob das Toben der Soldaten zufällig oder eine Verräterei des Kaisers sei, ob es gefährlicher sei, zu bleiben und ergriffen zu werden, oder zu entfliehen und sich zu zerstreuen, bald Ruhe heuchelten, bald sich durch Furchtsamkeit verrieten und zugleich auf Othos Miene blickten; Otho, wie es geht, wenn die Gemüter sich einmal zum Argwohn neigen, wurde gefürchtet, eben weil er selbst sich fürchtete. Nicht minder jedoch über die Gefahr des Senats, als über die eigene er-

schrocken, hatte er sogleich die Befehlshaber der Leibwache abgesandt, um den Zorn der Soldaten zu besänftigen, und befahl nun allen, schnell die Gesellschaft zu verlassen. Da eilten denn überall die Staatsbeamten nach Wegwerfung ihrer Insignien, die Menge der Begleiter und Sklaven vermeidend, Greise wie Frauen, in der Dunkelheit nach allen Richtungen über die Straßen Roms hin. Nur einzelne gingen nach Hause, die meisten in die Behausungen von Freunden und zu dem ärmlichsten Klienten, den jeder hatte, in unbekannte Schlupfwinkel.

82. Der Soldaten Ungestüm ließ sich nicht einmal durch die Tür des Palastes aufhalten, in das Gelage mit der Forderung hineinzustürmen, man solle ihnen Otho zeigen, wobei der Tribun Julius Martialis und der Legionspräfekt Vitellius Saturninus, während sie sich den Hereinbrechenden widersetzten, verwundet worden waren. Von allen Seiten sah man Waffen und Drohungen, bald gegen die Centurionen und Tribunen, bald gegen den Senat insgesamt, da sie vom blinden Schreck in Wut versetzt waren und, weil sie einmal keinen einzelnen ihrem Grimme opfern konnten, gegen alle ungebundene Freiheit forderten, bis Otho, ganz gegen die kaiserliche Majestät, auf ein Polster trat und sie nur mit Mühe durch Bitten und Tränen beschwichtigte, so daß sie widerwillig und noch nicht gebessert ins Lager zurückkehrten. Am folgenden Tage waren, wie wenn die Stadt erobert worden wäre, die Häuser verschlossen, wenig Menschen auf den Gassen, das Volk niedergeschlagen, der Blick der Soldaten zur Erde gesenkt und mehr unmutig als reuevoll. Die Präfekten Licinius Proculus und Plotius Firmus sprachen manipelweise zu ihnen, jeder nach seiner Weise, in milderem oder barscherem Tone. Die Rede endete damit, daß jedem Soldaten 5000 Sesterzen gezahlt werden sollten. Nun wagte es Otho, sich ins Lager zu begeben. Da drängten sich Tribunen und Centurionen um ihn her und baten, indem sie die Abzeichen ihres Dienstes von sich warfen, dringend um Entlassung und Lebenssicherheit. Die Soldaten fühlten das Gehässige darin und forderten, sich zum Gehorsam bequemend, von selbst die Hinrichtung der Urheber des Aufruhrs.

83. Wiewohl alles in Verwirrung und die Stimmung der Soldaten ungleich war, da wohl jeder Bessergesinnte Abstellung der gegenwärtigen Zügellosigkeit verlangte, der große Haufe aber und die Mehrzahl, erfreut über Aufruhr und ein von der Gunst der Menge abhängiges Regiment, durch Tumulte und Räubereien sich um so leichter nur zum Bürgerkriege bewegen ließ, sprach Otho in der Erwägung, wie unmöglich der durch ein Verbrechen erworbene Thron durch plötzliche Zucht und altertümliche Strenge behauptet werden konnte, aber doch wegen der bedenklichen Lage Roms und der Gefahr des Senates ängstlich besorgt, endlich folgendes: „Weder um eure Herzen zur Liebe gegen mich zu entflammen, Waffenbrüder,

noch um euch zur Tapferkeit zu ermutigen – denn beides besitzt ihr ja in einem vorzüglichen Grade – sondern darum bin ich gekommen, Mäßigung in eurem Mute und Beschränkung eurer Hochachtung gegen mich von euch zu fordern. Der Ursprung des letzten Tumultes lag nicht in plötzlich entstandenem Hader, der schon viele Heere in Zwietracht gestürzt hat, ja, nicht einmal in Dienstverweigerung oder Furcht vor Gefahren; sondern eure übertriebene Anhänglichkeit hat ihn mehr leidenschaftlich als besonnen erregt. Oft haben ja edle Beweggründe, wenn man nicht Überlegungen anwendet, einen verderblichen Erfolg. Wir ziehen in den Krieg. Gestattet es denn da die Beschaffenheit der Umstände oder die von der Gelegenheit gebotene Eile, daß alle Nachrichten öffentlich vernommen und alle Beratungen in Gegenwart aller vorgenommen werden? Es ist ebenso nötig, daß die Soldaten manches nicht wissen, wie sie manches wissen müssen. So will es das Ansehn der Heerführer, so die Strenge der Disziplin, daß vieles auch den Centurionen und Tribunen bloß zu befehlen zweckmäßig ist. Wäre, wenn ihnen etwas befohlen wird, jedem für sich noch zu fragen erlaubt, so ginge mit dem Verschwinden des Gehorsams auch die Obergewalt zugrunde. Sollte man künftig dort in tiefer Nacht die Waffen an sich reißen dürfen? Sollte auch nur der eine oder andere Nichtswürdige und Berauschte – denn ich möchte es nicht glauben, daß mehr als einige wenige in der neulichen Bestürzung gerast haben – in eines Centurio und Tribunen Blut seine Hände tauchen und in das Zelt seines Imperators einbrechen?

84. „Ihr tatet dies nun freilich für mich; aber beim Durcheinanderrennen, in der Finsternis und allgemeinen Verwirrung kann sich auch wider mich eine Gelegenheit eröffnen. Wenn dem Vitellius und seinen Schergen die Wahl gestattet würde, welchen Geist, welche Gesinnung sie uns wünschen möchten, was würden sie wohl anders als Empörung und Zwietracht wählen, so daß nicht der Soldat dem Centurio, nicht der Centurio dem Tribun gehorchte, und wir so in Verwirrung, Fußvolk wie Reiter ins Verderben stürzten? Mehr durch Gehorchen, Waffenbrüder, als durch Auskundschaften der Befehle der Feldherrn erhält sich das Heerwesen, und am tapfersten ist gerade im entscheidenden Augenblicke selbst das Heer, welches sich davor am ruhigsten verhielt. Ihr mögt die Waffen und den Mut haben: mir überlaßt die Anordnung und Leitung eurer Tapferkeit. Wenige trugen die Schuld; zwei wird die Strafe treffen. Ihr übrigen vertilgt das Andenken an die abscheuliche Nacht, und kein Heer vernehme je wieder jene Stimmen gegen den Senat. Das Haupt des Reiches, die Zierde aller Provinzen zur Strafe zu fordern, würden, beim Herakles, selbst jene Germanen nicht wagen, welche eben jetzt Vitellius gegen uns in Bewegung setzt. Sollten jemals Italiens Kinder und echte Römerjugend imstande sein, Blut und Mord zu schreien über den Stand, durch dessen Glanz und Ruhm wir die Niedrigkeit und das

Dunkel der Partei des Vitellius überstrahlen? Vitellius hat sich einiger Volksstämme bemächtigt, er besitzt ein Schattenbild von einem Heere. Der Senat ist mit uns. Daher steht denn der Staat auf dieser Seite, auf jener die Feinde des Staates. Wie? glaubt ihr, diese herrliche Stadt bestehe nur aus ihren Palästen, Gebäuden und Steinmassen? Stumm und unbeseelt, können diese untergehen und wiederhergestellt werden; das ist einerlei. Des Staates ewige Dauer, der Friede der Nationen und mein Leben samt dem eurigen hat in dem Wohle des Senats sein Fundament. Ihn, der unter glücklichen Götterzeichen von unserem Ahnherrn, dem Erbauer unserer Stadt, eingesetzt ist, und von den Königen bis zu den Kaisern in ununterbrochener Reihe lebendig erhalten worden ist, laßt uns, wie wir ihn von unseren Vorfahren empfangen haben, so der Nachwelt übergeben. Denn wie aus eurer Mitte die Senatoren, so erwachsen aus der Senatoren Mitte die Fürsten."

85. Sowohl diese Rede zur Erschütterung und Besänftigung der Soldaten, als auch die Mäßigung in der Strenge – denn nicht mehr als zwei hatte er ja zu bestrafen befohlen – machte einen günstigen Eindruck, und es wurden die, welche man in Zucht zu nehmen nicht vermochte, wenigstens für jetzt beschwichtigt. Damit war jedoch die Ruhe der Stadt nicht wiedergekehrt. Waffengetöse und kriegerisches Aussehen herrschte überall, wobei die Soldaten, wenn sie sich gleich zu keinem Tumulte vereinigten, doch sich verkleidet in die Häuser zerstreuten und tückisch allen auflauerten, welche Adel oder Reichtum oder sonst eine bedeutende Auszeichnung bösem Gerede bloßgestellt hatte. Daß auch Soldaten des Vitellius in die Stadt gekommen seien, glaubten viele, um die Gesinnung der Parteien zu erforschen. Daher war denn alles voll Verdacht, und kaum in häuslicher Zurückgezogenheit lebte man ohne Furcht. Doch die meiste Ängstlichkeit zeigte sich öffentlich, indem man, je nachdem das Gerücht eine Nachricht brachte, Stimmung und Miene danach gestaltete, damit man bei Bedenklichem nicht Mißtrauen zu verraten, bei Günstigem nicht zu wenig sich zu freuen schiene. Als nun vollends der Senat in die Kurie zusammenberufen wurde, war in jeder Hinsicht Maß zu halten schwierig, daß Schweigen nicht trotzig und freie Rede nicht verdächtig schiene. Dem Otho war ja die Schmeichelei bekannt, da er vor kurzem noch Privatmann war und damals in gleicher Weise sprach. Daher gaben sie denn ihren Aussprüchen allerlei Wendungen, drehten sich mit ihnen hin und her, den Vitellius Feind und Hochverräter nennend, die Vorsichtigsten in allgemeinen Schmähreden, während einige begründete Vorwürfe ausstießen, doch nur mitten im Lärm und wenn recht viele Stimmen sich erhoben, oder im Gewirr der Worte selbst einander überschreiend.

86. Überdies noch schreckten Wunderzeichen die Stadt, von Verschiedenen verschiedentlich erzählt: In der Vorhalle des Kapitols seien

dem Zweigespann, auf welchem die Siegesgöttin damals stand, die Zügel entfallen, aus Junos Kapelle eine übermenschliche Gestalt hervorgestürzt; des Julius Caesars Standbild auf der Tiberinsel habe bei heiterem und stillem Wetter sich von Westen nach Osten umgewandt, in Etrurien ein Stier geredet; ungewöhnliche Tiergestalten seien zur Welt gekommen, und mehreres andere noch, was, in ungebildeten Jahrhunderten auch im Frieden beachtet, jetzt nur noch in Zeiten der Furcht angehört wird. Aber ganz besondere Bestürzung, neben gegenwärtigem Unheil auch wegen der Zukunft, entstand aus dem plötzlichen Übertreten des Tiber, welcher, ungeheuer anschwellend, die Pfahlbrücke niederriß, und wegen der hemmenden Masse ihrer Trümmer sich aufstauend, nicht nur die niedrigen und ebenen Gegenden der Stadt, sondern auch die gegen solche Gefahren geschützt scheinenden überflutete. Viele wurden von den Straßen hinweggerissen, mehrere in den Buden und Schlafstätten überrascht. Beim Volke entstand Hungersnot aus Erwerbslosigkeit und Mangel an Lebensmitteln; die Fundamente der Mietshäuser wurden durch das stehende Wasser schadhaft und fielen dann, als der Fluß wieder zurücktrat, auseinander. Als man sich von der Gefahr erst wieder frei fühlte, wurde eben das besonders, daß dem Otho, gerade da er sich zum Zuge rüstete, das Marsfeld und die flaminische Heerstraße[47], der Weg seines Krieges, durch zufällige oder natürliche Ursachen versperrt war, als Vorzeichen und Prophezeiung bevorstehender Niederlagen gedeutet.

87. Nachdem Otho die Stadt gesühnt und den Kriegsplan erwogen hatte, beschloß er, weil ja die pöninischen und cottischen Alpen und die übrigen Pässe nach Gallien von den vitellanischen Heeren gesperrt waren, in das narbonensische Gallien mit der Flotte einzufallen, welche stark und seiner Partei ergeben war, weil er die Reste der an der mulvischen Brücke zusammengehauenen Leute, welche durch die Grausamkeit des Galba in Gewahrsam gehalten wurden, zu einer Legion zusammengeordnet, und dabei auch den übrigen für die Zukunft zu einem ehrenvolleren Dienste Hoffnung gemacht hatte. Mit zur Flotte schlug er auch die städtischen Kohorten und einen großen Teil der Prätorianer als Hauptmacht und Kern des Heeres, und den Anführern selbst als Ratgeber und Wache. Die Leitung des Unternehmens ward den Primipilaren Antonius Novellus und Suedius Clemens nebst dem Aemilius Pacensis, dem er die von Galba genommene Tribunenwürde wiedergegeben hatte, anvertraut. Die Flottenverwaltung behielt der Freigelassene Moschus, um die Treue der Männer von Rang zu beobachten. Über die Scharen des Fußvolks und der Reiter wurden Suetonius Paulinus, Marius Celsus und Annius Gallus zu Befehlshabern bestimmt, das meiste Vertrauen aber dem Präfekten der Leibwache, Licinius Proculus geschenkt. Dieser, in der Stadt ein unverdrossener Dienstmann, jedoch des Krieges unge-

wohnt, machte, indem er das Ansehen des Paulinus, die Energie des Celsus, die Erfahrenheit des Gallus, jeden in seiner Art, anschwärzte, was ja so leicht ist, schlecht und ränkevoll den Ehrenhaften und Bescheidenen den Rang streitig.

88. In diesen Tagen wurde Cornelius Dolabella nach der Kolonie Aquinum entfernt, weder in strenger noch niedriger Haft, nicht um einer Beschuldigung willen, sondern weil sein alter Name[48] und seine Verwandtschaft mit Galba aufmerksam auf ihn gemacht hatten. Vielen von den Staatsbeamten, einem großen Teile der Konsularen befahl Otho, nicht als Teilnehmer am Kriege oder als Gehilfen, sondern unter dem Namen von Begleitern mit ihm zu ziehen; unter anderen auch dem Lucius Vitellius, indem er ihn ganz so wie die übrigen behandelte, weder wie des Kaisers, noch auch wie des Feindes Bruder. Daher war die Stadt von Sorge bewegt, kein Stand von Furcht oder Gefahr frei. Die Ersten des Senates, altersschwach und im langen Frieden erschlafft, der Adel, lässig und an Kriege nicht mehr denkend, der Ritterstand, vom Dienst nichts wissend, waren, je mehr sie ihre Zaghaftigkeit zu verbergen und zu unterdrücken sich bemühten, desto augenscheinlicher verzagt. Auch fehlte es im Gegenteil nicht an solchen, die aus törichtem Ehrgeiz glänzende Waffen, ausgezeichnet schöne Pferde, mitunter auch prächtige Zurüstungen zu Gelagen und Mittel zur Erregung von Sinnenlust wie Kriegsgerät kauften. Die Verständigen waren für die Ruhe und den Staat in Sorgen, jeder Leichtsinnige und nicht in die Zukunft Schauende von eitler Hoffnung aufgeblasen, viele, weil im Frieden ihr Kredit vernichtet war, deshalb in der Verwirrung guter Dinge, und am sichersten im Ungewissen.

89. Doch die Menge und das wegen des großen Umfanges des Reiches von dem Anteil an öffentlichen Sorgen ausgeschlossene Volk empfang allmählich die Übel des Krieges, da alles Geld für die Bedürfnisse der Soldaten verwendet wurde, und die Lebensmittel im Preise stiegen, was beim Aufstand des Vindex den großen Haufen nicht so sehr gedrückt hatte, da damals die Stadt außer Sorge und der Krieg in der Provinz war, da er zwischen den Legionen und Gallien gleichsam außer Landes wütete. Denn seit der Kaiser Augustus die Herrschaft der Caesaren ordnete, hatte das römische Volk nur in der Ferne und zu eines einzigen Besorgnis oder Ehre Krieg geführt. Unter Tiberius und Gajus berührte nur des Friedens Unglück den Staat. Das Unternehmen des Scribonianus gegen Claudius[49] wurde zu gleicher Zeit vernommen und unterdrückt, Nero mehr durch Botschaften und Gerüchte als durch Waffengewalt gestürzt. Jetzt wurden Legionen und Flotten und, was sonst nur selten geschah, die Prätorianer und Stadtmiliz ins Feld geführt, das Morgenland und das Abendland und die ganze beiderseitige Heeresmacht stand im Hintergrunde; hätte man unter anderen Feldherrn gekämpft, so wäre es Stoff zu

einem langen Kriege gewesen. Es versuchten einige, Otho, als er aufbrechen wollte, aufzuhalten, und wegen der noch nicht aufbewahrten Ancilien[50] Bedenken zu erheben. Er wies jedes Zögern zurück, da es auch Nero verderblich gewesen war, und Caecina, der schon über die Alpen gegangen war, ließ ihm keine Ruhe.

90. Am 14. März überließ Otho, nachdem er den Staat den Senatoren empfohlen hatte, was von den neronischen Versteigerungen übrig geblieben und noch nicht zum Fiskus geschlagen war, den aus der Verbannung Zurückgerufenen, ein sehr gerechtes und dem Scheine nach großartiges, aber, da die Eintreibung schon längst beeilt war, wenig einbringendes Geschenk. Hierauf berief er eine Volksversammlung und sprach, Roms Majestät und die Einstimmigkeit des Volkes und Senats für seine Person erhebend, gegen die Vitellianische Partei bescheiden, mehr die Unwissenheit der Legionen als ihre Verwegenheit rügend, ohne den Vitellius zu erwähnen; mochte diese Mäßigung nun seine eigene sein, oder enthielt sich nur der Verfasser der Rede aus Besorgnis für sich selbst beleidigender Ausfälle gegen Vitellius. Man glaubte nämlich, daß Otho, wie in Kriegsberatungen des Suetonius Paulinus und Marius Celsus, so in Angelegenheiten der Stadt sich des Talents des Galerius Trachalus[51] bediente, und es gab auch Leute, welche selbst dessen Stil erkennen wollten, der durch häufiges Auftreten vor Gericht bekannt war und, um das Ohr des Volkes zu befriedigen, etwas Breites und Volltönendes besaß. Hierauf folgte Geschrei und Zuruf der Menge, nach der Weise der Schmeichelei, übertreibend und ohne Wahrheit. Ganz als gäben sie dem Diktator Caesar oder dem Kaiser Augustus das Geleit, wetteiferten sie in Bezeigungen der Teilnahme und Segenswünschen; und zwar nicht aus Furcht oder Liebe, sondern nach den Eingebungen des Sklavensinnes hatte, wie in den Scharen des Hausgesindes, jeder seinen persönlichen Beweggrund, und des Staates Ehre wurde für gar nichts mehr geachtet. Bei seinem Abzuge vertraute Otho die Ruhe der Stadt und die Regierungssorgen seinem Bruder Salvius Titianus an.

ZWEITES BUCH

März bis Oktober 69 n. Chr.

1. Schon legte das Schicksal in einem ganz entgegengesetzten Teile der Erde den ersten Grund zu einer Dynastie[52], welche mit wechselndem Geschick dem Staate segensreich oder schreckenvoll, den Herrschern selbst gedeihlich oder verderbenbringend werden sollte. Titus Vespasianus aus Judäa, von seinem Vater abgeschickt, als Galba noch fest stand, gab als Ursache dieser Reise die Huldigung für den Kaiser an und sein Lebensalter, das schon zur Bewerbung um Ehrenämter herangereift war. Allein die auf Erdichtungen erpichte Menge hatte ausgestreut, er sei zur Adoption herberufen worden. Anlaß zu diesem Gerede gab die Betagtheit und die Kinderlosigkeit des Fürsten, und die zügellose Sucht der Bürger, zur Wahl, bis sie einen getroffen, viele zu bestimmen. Des Titus eigenes, jeder Hoheit gewachsenes Wesen bestärkte das Gerücht, sein edles, mit einer gewissen Majestät verbundenes Äußeres, des Vespasian glücklicher Tatenlauf, weissagende Orakel und, da die Gemüter einmal zum Glauben geneigt waren, statt der Vorbedeutungen auch Zufälligkeiten. Als er zu Korinth, einer Stadt Achajas, sichere Kunde von Galbas Tod erhielt und Anwesende versicherten, Vitellius waffne sich, und es werde zum Kriege kommen, da erwog er beklommenen Herzens, mit Zuziehung einiger weniger Freunde, alles von beiden Seiten. Reiste er weiter nach der Stadt, so würde man ihm keinen Dank für die zur Ehre eines andern übernommene Huldigung wissen und er dem Vitellius oder Otho nur als Geisel dienen. Kehrte er dagegen um, so würde sich der Sieger ohne Zweifel beleidigt fühlen, aber da der Sieg noch unentschieden sei, der Sohn entschuldigt werden, wenn der Vater einer Partei beiträte. Wenn dagegen Vespasian die Regierung übernähme, würden die auf Krieg Bedachten die Beleidigungen schon vergessen müssen.

2. Als er nun durch dieses und ähnliches zwischen Furcht und Hoffnung hin und her geworfen wurde, siegte die Hoffnung. Einige haben geglaubt, er sei entflammt von Sehnsucht nach der Königin Berenice[53] umgekehrt; auch war des Jünglings Herz nicht kalt gegen Berenice, aber für seine öffentliche Tätigkeit erwuchs daraus kein Hindernis. Allerdings verlebte er seine Jugendzeit in Vergnügungen, während seiner eigenen Regierung mäßiger als unter der des Vaters.

Also fuhr er an Achajas und Asiens Küste und allem, was links von der geraden Fahrt abliegt, vorüber und steuerte auf die Inseln Rhodus und Cypern und von da in kühnerer Fahrt auf Syrien zu. Dabei kam ihn die Lust an, den Tempel der paphischen Venus zu besuchen und in Augenschein zu nehmen, der bei Eingeborenen und Fremden hochberühmt ist. Es möchte nicht uninteressant sein, über den Ursprung dieses Gottesdienstes, den Brauch des Tempels und die Gestalt der Göttin – denn nirgends sonst ist sie so beschaffen – kurz zu reden.

3. Erbauer des Tempels, sagt alte Überlieferung, sei König Aerias. Einige behaupten, dies sei der Name der Göttin selbst. Eine jüngere Sage berichtet, er sei von Cinyras[54] geweiht, und die Göttin selbst, vom Meere erzeugt, hier angetrieben; aber die Wissenschaft und Kunst der Opferschauer sei aus der Fremde eingeführt und zwar habe der Cilicier Tamiras die Göttin hergebracht und man sei dahin übereingekommen, daß die Nachkommen beider Familien dem heiligen Dienste vorstehen sollten. Späterhin traten, damit das königliche Geschlecht in jeder Ehre vor dem fremden Stamme den Vorrang hätte, die Fremdlinge selbst die Wissenschaft ab, die sie eingeführt, und nur ein cinyradischer Priester wird befragt. Tieropfer gibt es, sooft sie einer gelobt hat, jedoch nur männliche. Den meisten Glauben schenkt man den Eigenweiden der Böcke. Blut über den Altar strömen zu lassen, ist verboten; unter Gebet und in reinem Feuer lodert der Altar und, obwohl im Freien, benetzt ihn kein Regen. Das Bild der Göttin, nicht in menschlicher Gestalt, ist ein zusammenhängender, von breiterer Grundfläche aus in immer engerem Umfange, wie eine Spitzsäule sich erhebender Kreis; die Bedeutung aber bleibt dunkel.

4. Nachdem Titus die Schätze und Weihgeschenke der Könige geschaut und was sonst das altertumsfrohe Griechenvolk der ungewissen Vorzeit andichtet, fragte er zuerst über seine Seefahrt. Als er vernommen, daß der Weg gangbar und das Meer günstig sei, fragte er in Umschweifen über sich selbst, nachdem er mehrerlei Opfertiere geschlachtet. Sostratus – dies war der Name des Priesters – sah, daß die Eingeweide glückverheißend und zustimmend und die Göttin großen Unternehmungen hold sei, und eröffnete ihm, im Augenblicke nur wenig und das Gewöhnliche antwortend, nachdem er sich eine geheime Unterredung erbeten hatte, seine Zukunft. Titus schiffte mit erhöhtem Selbstgefühl zu seinem Vater hin, und brachte der noch schwankenden Stimmung der Provinzen und der Heere eine mächtige Stütze des Vertrauens.

Schon hatte Vespasian den judäischen Krieg beinahe beendet, indem nur noch die Belagerung Jerusalems übrig war, eine harte und beschwerliche Anstrengung mehr wegen der Eigentümlichkeit der bergigen Lage und der Hartnäckigkeit des Fanatismus, als daß die Belagerten noch Kräfte genug gehabt hätten, die Drangsale auszuhalten. Vespasian selbst hatte, wie wir oben erwähnten, drei Legionen, die schon im Kriege geübt waren; vier befehligte Mucianus im Frieden; doch hatten Nacheiferung und der Ruhm des Nachbarheeres die Lässigkeit verbannt, und was Gefahren und Beschwerden jenen an Stärke, das hatte diesen ungefährdete Ruhe und ihre bisherige Befreiung von den Strapazen des Krieges an Rüstigkeit gegeben. Beide hatten an Hilfstruppen Kohorten und Reiterscharen, Flotten und Könige und, bei ungleichem Rufe, einen gleich berühmten Namen.

5. Vespasian, ein eifriger Kriegsmann, ging dem Heereszuge voran, wählte den Platz für das Lager, strebte Tag und Nacht mit kluger Berechnung und, wenn es not tat, mit der Faust dem Feinde entgegen, zufrieden mit der ersten besten Speise, in Kleidung und Haltung kaum sich vom gemeinen Kriegsmann unterscheidend; kurz, wäre seine Habsucht nicht gewesen, den alten Feldherren gleich. Den Mucianus hingegen hoben sein Leben auf großem Fuß, Reichtum und seine in allen Dingen das bürgerliche Maß überschreitende Art heraus. Er war redegewandter, in der Anordnung und Leitung von Verwaltungsgeschäften auch erfahren. Sie hätten zusammen einen trefflichen Fürsten abgegeben, wenn sich mit Ausschluß ihrer beiderseitigen Fehler ihre guten Eigenschaften nur hätten vereinigen lassen können. Übrigens traten sie wegen der nachbarlichen Provinzialverwaltung, dieser Syrien, jener Judäa vorgesetzt und aus Neid uneinig, erst nach Neros Ende ihrem Haß entsagend in gemeinsame Beratungen; zuerst vermittels ihrer Freunde; dann hatte Titus, als sicherstes Unterpfand ihrer Eintracht, der verkehrten Eifersucht durch vereinigtes Interesse ein Ende gemacht, von Natur und auch durch Bildung selbst einen Mann wie Mucianus anzuziehen geschickt. Tribunen, Centurionen und die Menge der Gemeinen wurden durch Eifer und Nachsicht, durch Tugenden, durch Lüste, wie gerade eines jeden Sinn beschaffen war, gewonnen.

6. Noch ehe Titus ankam, hatten beide Heere Otho den Huldigungseid geleistet, da sich die Nachrichten, wie es zu geschehen pflegt, übereilten und der Bürgerkrieg sich nur langsam in Bewegung setzte, zu welchem sich der Orient nach langer Eintracht und Ruhe jetzt zum erstenmale rüstete. Ehemals begannen die Bürgerkämpfe in Italien oder Gallien mit den Kräften des Abendlandes; Pompejus, Cassius, Brutus und Antonius, denen allen der Bürgerkrieg über das Meer hin folgte, hatten kein glückliches Ende gefunden, und häufiger hatte man in Syrien und Judäa von den Caesaren gehört, als sie gesehen. Hier war kein Aufstand der Legionen erfolgt; gegen die Parther waren nur Drohungen mit wechselndem Erfolge ausgeführt worden; als im letzten Bürgerkriege andere Gegenden in Gärung standen, blieb hier der Friede unerschüttert; danach war alles Galba treu ergeben. Als darauf kundbar wurde, daß Otho und Vitellius mit frevelhaften Waffen das Römerreich an sich zu reißen strebten, da tobten die Soldaten, weil andern der Lohn der Herrschaft, ihnen selber nur

der Zwang der Knechtschaft verbliebe, und schauten sich nach ihren Kräften um. Im Orient standen ja sieben Legionen und mit gewaltigen Hilfsmannschaften waren Syrien und Judäa bereit; dieserseits angrenzend Ägypten und zwei Legionen, dort Cappadocien und Pontus und was sich von Lagerplätzen Armenien entlang befindet; Asien und die übrigen Provinzen, nicht arm an Mannschaft und reich an Geld; Inseln umströmt vom Meere und darum günstig, den Krieg einstweilen vorzubereiten, und das Meer selbst gewährten Sicherheit.

7. Dieser Drang der Krieger blieb den Feldherrn nicht unbemerkt; doch beschloß man, während andere kämpften, selbst den Ausgang des Krieges abzuwarten. Sieger und Besiegte im Bürgerkrieg würden sich nie in fester Treue einigen; auch komme es nicht darauf an, ob das Geschick Vitellius oder Otho überleben lasse. Im Glücke würden ja selbst treffliche Feldherren übermütig; bei diesen finde man nur Zwietracht, Feigheit, Üppigkeit; so würden sie durch ihre eigenen Laster, der eine im Kampfe, der andere im Siege untergehen. Man ließ daher die Waffen bis zu günstiger Gelegenheit noch ruhen, Vespasian und Mucian seit kurzem, die übrigen schon längst im Plane einig, die Gutgesinnten aus Liebe zum Staate, viele durch den Reiz der Beute, andere durch ihre bedrängte häusliche Lage angespornt. So wünschten Gute und Schlechte aus verschiedenen Gründen, aber alle mit gleichem Eifer den Krieg.

8. Um eben diese Zeit gerieten Achaja und Asien ohne Grund durch die Nachricht in Schrecken, Nero komme an, da die Gerüchte über seinen Tod verschiedenartig waren, und deshalb desto mehr erdichteten und glaubten, daß er lebe. Die Schicksale und Versuche der übrigen wollen wir im Verlaufe des Werkes erzählen; damals begab sich ein Sklave aus Pontus, oder, wie andere berichtet haben, ein Freigelassener aus Italien, des Zitherspieles und Gesanges kundig, was neben seiner Ähnlichkeit im Aussehen ihm noch mehr Beglaubigung für seinen Betrug verschaffte, nachdem er Deserteure an sich gezogen, die er, da sie mittellos umherirrten, durch ungeheure Versprechungen bestochen hatte, auf das Meer und zog, durch Sturmes Gewalt nach der Insel Cythnus verschlagen, selbst einige aus dem Morgenlande kommende Soldaten an sich, oder ließ sie, wenn sie sich weigerten, ums Leben bringen und bewaffnete, Kaufleute plündernd, deren handfesteste Sklaven. Auch den Centurio Sisenna, welcher als Zeichen der Einigkeit im Namen des syrischen Heeres rechte Hände[55] an die Prätorianer überbringen wollte, ging er mit allerlei Kunstgriffen an, bis dieser heimlich die Insel verließ und furchtsam, weil er Gewalt befürchtete, die Flucht ergriff. Nun verbreitete sich Schrecken weit umher, und viele regten sich beim Rufe des weltbekannten Namens aus Verlangen nach einer Umwälzung der Dinge und aus Unzufriedenheit mit der Gegenwart. Das täglich weiter um sich greifende Gerede zerschlug ein Zufall.

9. Die Verwaltung der Provinzen Galatien und Pamphylien hatte Galba dem Calpurnius Asprenas übertragen. Diesem waren aus der Flotte von Misenum zwei Triremen zum Geleite gegeben worden, mit welchen er bei der Insel Cythnus vor Anker ging. Da kamen auch gleich Leute, die im Namen Neros die Schiffskapitäne riefen. Der Betrüger stellte sich traurig, nahm die Treue der Soldaten, welche einst die seinigen gewesen seien, in Anspruch und bat sie, ihn nach Syrien oder Ägypten zu bringen. Sei es, daß die Schiffskapitäne schwankten, oder aus List, kurz, sie erklärten, daß sie mit den Soldaten reden müßten, und wenn sich alle bereit zeigten, zurückkehren würden. Dem Asprenas wurde alles treulich hinterbracht, auf seinen Befehl das Schiff genommen, und der Betrüger, wer es auch gewesen sein mag, getötet. Sein Kopf, welcher in den Augen, in dem Haupthaar und der Miene der Wildheit etwas Auffallendes hatte, wurde nach Asien und von da nach Rom gebracht.

10. In der parteiungsvollen und beim häufigen Fürstenwechsel zwischen Freiheit und Zügellosigkeit schwankenden Stadt Rom gingen auch unbedeutende Dinge unter großen Bewegungen vor sich. Vibius Crispus, ein Mann, der wegen seines Vermögens, seines Einflusses und seines Geistes mehr den Angesehenen als den Gutgesinnten beizuzählen war, forderte Annius Faustus, einen Mann aus dem Ritterstande, welcher in den Zeiten Neros Angeberei getrieben hatte, zur Untersuchung vor den Senat. Denn der Senat hatte erst neulich unter Galbas Herrschaft beschlossen, daß die Ankläger vor Gericht gezogen werden sollten. Diesen Senatsbeschluß, der mannigfach gedreht und, je nachdem gerade ein mächtiger oder unbedeutender Mann verklagt ward, unwirksam oder in Kraft war, hielt man zur Einschüchterung aufrecht. Überdies hatte Crispus es sich auch noch aus persönlichem Interesse angelegen sein lassen, den Angeber seines Bruders zu stürzen, und einen großen Teil des Senats dazu gebracht, ohne Verteidigung und Verhör seine Auslieferung zum Tode zu verlangen. Dagegen war bei anderen dem Angeklagten nichts so vorteilhaft, als die übermäßige Macht des Klägers. Sie stimmten dafür, man müsse ihm Frist gestatten, die Beschuldigungen nahmhaft machen, ihn, sei er auch noch so verhaßt und schuldig, doch, wie es Rechtens sei, verhören. Anfangs drangen sie auch durch, und die Untersuchung wurde einige Tage verschoben. Nachher wurde Faustus verurteilt, aber durchaus nicht mit allgemeinem Beifall, wie er es durch seinen so schändlichen Wandel verdient hatte. Denn man erinnerte sich, daß Crispus selbst dieselbe Angeberei um Lohn getrieben hatte, und nicht die Strafe des Verbrechens mißfiel, sondern der, welcher es verfolgte.

11. Erfreulich gestaltete sich indes für Otho der Beginn des Krieges, indem sich auf sein Gebot die Heere aus Dalmatien und Pannonien in Bewegung setzten. Es waren vier Legionen, von denen 2000 Mann vorausgesandt waren; sie selbst folgten in mäßigen Zwischenräumen,

die von Galba ausgehobene 7., die aus Veteranen bestehende 11. und 13. und die 14., welche wegen Unterdrückung des britannischen Aufstands im besten Rufe stand. Nero hatte ihren Ruhm erhöht, indem er sie als die besten auswählte, weshalb sie ihm auch lange Treue und dem Otho lebhafte Zuneigung bewiesen. Allein, je größer ihre Stärke und Tüchtigkeit war, desto mehr säumten sie aus Selbstvertrauen. Früher als das Heer der Legionen kamen die Reiterscharen und Kohorten an, und aus Rom selbst eine nicht zu verachtende Mannschaft, fünf prätorische Kohorten und die Fähnlein der Reiterei mit der 1. Legion; außerdem noch eine schimpfliche Hilfsschar, 2000 Gladiatoren, doch in Bürgerkriegen selbst von strengen Heerführern gebraucht. Über diese Truppen wurde Annius Gallus zum Befehlshaber gemacht und mit Vestricius Spurinna vorausgesandt, die Ufer des Po zu besetzen, weil ja nun der erste Plan vereitelt war, da Caecina schon die Alpen überstiegen hatte, von welchem Otho gehofft hatte, daß er sich in Gallien würde festhalten lassen. Diesen selbst begleiteten auserlesene Leibtrabanten mit den übrigen prätorischen Kohorten, die Veteranen des Prätoriums und eine große Menge Schiffssoldaten. Auch war sein Marsch nicht lässig oder mit Üppigkeit bezeichnet; sondern er trug einen eisernen Panzer und ging zu Fuß vor den Feldzeichen einher, wilden Ansehens, ohne Schmuck und seinem Rufe unähnlich.

12. Das Glück lächelte der Unternehmung, da er vom Meer aus mit seiner Flotte den größeren Teil Italiens bis dicht an den Fuß der Seealpen beherrschte. Auf letztere einen Versuch zu machen und die narbonensische Provinz anzugreifen, hatte er als Anführer Suedius Clemens, Antonius Novellus und Aemilius Pacensis beordert. Allein, Pacensis war durch die Zügellosigkeit der Soldaten in Fesseln gelegt, Antonius Novellus besaß kein Ansehen, Suedius Clemens hatte es beim Oberbefehl auf Popularität abgesehen, absichtlich in der Mannszucht schwach, war er dabei doch nach Schlachten begierig. Nicht Italien, nicht die Gegenden und Wohnsitze des Vaterlandes schien man zu betreten; wie an fremden Gestaden und in feindlichen Städten brannte, verheerte, raubte man, um so entsetzlicher, weil nirgends Vorkehrungen gegen Schrecken dieser Art getroffen waren. Die Äcker waren voll, die Häuser offen; mit Weib und Kind entgegenkommend, wurden die Besitzer im Sicherheitsgefühl des Friedens von des Krieges Unheil umgarnt. Die Seealpen verwaltete damals der Prokurator Marius Maturus. Dieser wollte durch ein Aufgebot des Volkes – es fehlte nicht an junger Mannschaft – die Othonianer von den Grenzen der Provinz abwehren. Aber gleich beim ersten Angriff wurden die Bergbewohner zusammengehauen und zerstreut, da sie planlos zusammengerafft, und ohne von Lager und Kommando etwas zu wissen, weder im Siege eine Ehre sahen, noch in der Flucht eine Schande.

13. Gereizt durch dieses Treffen ließen Othos Soldaten ihren

Grimm an dem Muncipium Albintimilium[56] aus. Auf dem Schlachtfelde gab es keine Beute; arm war das Landvolk und wertlos die Waffen; auch gefangen nehmen konnte man sie nicht, da sie flink und der Örtlichkeit kundig waren; so befriedigte man die Habgier mit dem Elend der Schuldlosen[57]. Das Gehässige davon vermehrte noch eine ligurische Frau durch ihr musterhaftes Benehmen, die, da sie ihren Sohn versteckt hatte und die Soldaten glaubten, sie habe zugleich auch Geld verborgen und sie deshalb unter Mißhandlungen fragten, wo sie den Sohn verborgen hielte, auf den Mutterleib zeigend antwortete, da sei er geborgen, und durch keine Schrecknisse noch durch den Tod bewogen wurde, dieses edle Wort zu ändern.

14. Eilende Boten hinterbrachten dem Fabius Valens, die Flotte Othos bedrohe die narbonensische Provinz, die schon Vitellius gehuldigt hatte. Auch kamen Abgeordnete der Koloniestädte, um Hilfe zu erbitten. Er schickte zwei Kohorten Tungrer, vier Reitergeschwader derselben und die gesamte Reiterschar der Treverer mit dem Präfekten Julius Classicus. Ein Teil davon wurde in der Kolonie Forum Julii[58] zurückbehalten, damit nicht, wenn alle Truppen sich landeinwärts gewandt hätten, die Flotte auf dem unbewachten Meere herbeieilen könnte. Zwölf Reitergeschwader und Auserlesene aus den Kohorten zogen gegen den Feind. Eine Kohorte Ligurer wurde ihnen beigesellt, als eine mit der Gegend wohl bekannte Hilfsschar, sowie fünfhundert Pannonier, die noch nicht unter den Fahnen dienten. Auch säumte man nicht mit dem Kampfe. Die Schlachtordnung wurde so aufgestellt, daß ein Teil der Schiffssoldaten mit untermischtem Landvolk sich an den dem Meere nahe gelegenen Hügeln hinanzog, die ganze Fläche zwischen diesen und dem Ufer die Prätorianer innehatten, und auf dem Meere selbst die Flotte, sich gleichsam anschließend und schlachtfertig, mit entgegengewandter, drohender Front davor ausdehnte. Die Vitellianer, die an Fußvolk eine geringere Macht, in der Reiterei ihre Hauptstärke besaßen, stellten die Alpenbewohner auf den nächsten Höhen, die Kohorten in dichten Reihen hinter der Reiterei auf. Die Geschwader der Treverer rückten unvorsichtig dem Feinde entgegen, da die Veteranen sie von vorn empfingen, zugleich seitwärts sie die im Werfen mit Steinen geübte Schar des Landvolks bedrängte, welches, Mutige und Feige, unter die Soldaten gemischt im Siege gleiche Kühnheit zeigte. Vermehrt wurde noch der Schreck der Geschlagenen, indem die Flotte den Kämpfenden in den Rücken kam. So waren sie von allen Seiten eingeschlossen, und sämtliche Truppen wären verloren gewesen, hätte nicht das Dunkel der Nacht das siegende Heer aufgehalten, den Fliehenden zur Deckung.

15. Obwohl besiegt, waren die Vitellianer nicht untätig. Nachdem sie Hilfsmannschaft herbeigezogen hatten, griffen sie den sorglosen und wegen des Erfolges lässigeren Feind an. Die Wachtposten wur-

den niedergehauen, das Lager durchbrochen, schon geriet man auf den Schiffen in Bestürzung, bis man, da sich die Furcht allmählich legte, einen Hügel in der Nähe besetzte, sich verteidigte und dann selbst darauf losging. Nun entstand ein furchtbares Gemetzel, und die Präfekten der tungrischen Kohorten wurden, nachdem sie lange die Schlacht aufrecht erhalten, unter Geschossen begraben. Auch die Othonianer errangen den Sieg nicht ohne Blut, indem die wieder umkehrenden Reiter die, welche sie unvorsichtig verfolgten, umzingelten; und so zogen sich, als hätte man einen Waffenstillstand abgeschlossen, damit von der einen Seite nicht die Flotte, von der andern die Reiterei plötzlichen Schrecken erregte, die Vitellianer nach Antipolis, einer Landstadt des narbonensischen Galliens, die Othonianer nach Albingaunum[59] im Innern Liguriens zurück.

16. Korsika, Sardinien und die übrigen Inseln des nächsten Seegebietes erhielt die Nachricht vom Siege der Flotte auf Othos Seite. Doch Korsika hätte des Prokurators Pacarius Decumus Verwegenheit, die bei so bedeutendem Umfange des Krieges für das Ganze nichts hätte fruchten können, ihm selbst aber Vernichtung brachte, beinahe ins Verderben gestürzt. Aus Haß gegen Otho beschloß er nämlich, Vitellius mit den Streitkräften der Korsen zu unterstützen, eine nichtige Hilfe, auch wenn etwas daraus geworden wäre. Er berief die Häupter der Insel, eröffnete ihnen seinen Plan und ließ den Kapitän der dort stationierten Schnellsegler, Claudius Pyrrhicus, und den römischen Ritter Quintinus Certus, die zu widersprechen wagten, hinrichten. Durch ihren Tod geschreckt, huldigten die Anwesenden und zugleich die unwissende, nur fremde Furcht teilende Menge der Unerfahrenen dem Vitellius. Als aber Pacarius anfing, Aushebungen vorzunehmen und die ordnungslosen Leute mit Kriegsübungen zu quälen, da war ihnen die ungewohnte Anstrengung verhaßt, und sie erwogen ihre Schwäche: eine Insel sei es, die sie bewohnten, und fern von Germanien und der Legionen Macht; durch die Flotte waren sogar Gegenden geplündert und verwüstet worden, die von Kohorten und von Reiterscharen verteidigt würden. So wandte sich denn plötzlich ihre Stimmung ab; doch ohne offene Gewalt ersahen sie eine zur Hinterlist gelegene Zeit. Als sein Gefolge sich entfernt hatte, wurde Pacarius nackt und hilflos im Bade umgebracht; auch seine Gefährten wurden ermordet. Ihre Köpfe, als die von Feinden, trugen die Mörder selbst zu Otho; doch weder Otho belohnte sie, noch bestrafte sie Vitellius, da sie in dem ungeheuern Chaos sich unter größeren Freveln verloren.

17. Wie wir oben erwähnten, hatte schon die silianische Reiterschar Italien erschlossen und den Krieg herübergezogen, da bei niemand Otho in Gunst stand, aber auch nicht deshalb, weil man Vitellius lieber mochte; vielmehr hatte der lange Friede zur Knechtschaft erzogen und die Kraft gebrochen, so daß man, dem jeweils Besitz Ergrei-

fenden willfährig, sich gar nicht um den Besseren kümmerte. Der blühendste Landstrich Italiens, alles, was von Gefilden und Städten zwischen dem Po und den Alpen liegt, war von Vitellius Waffenmacht – denn es waren nun auch die von Caecina vorausgeschickten Kohorten angekommen – besetzt. Eine Kohorte Pannonier wurde bei Cremona gefangen genommen, zwischen Placentia und Ticinum 100 Reiter und 1000 Schiffssoldaten abgeschnitten. Nach diesem Erfolge ließen sich die vitellianischen Soldaten nicht mehr durch den Strom oder dessen Ufer halten; ja, die Bataver und Überrheinischen reizte gerade der Po, und da sie Placentia gegenüber plötzlich übersetzten und einige Vorposten aufhoben, schreckten sie die übrigen dermaßen, daß sie in ihrer Furcht fälschlich meldeten, es sei das ganze Heer Caecinas da.

18. Spurinna war mit sich einig – dieser nämlich hielt Placentia besetzt – Caecina sei noch nicht gekommen, und beschloß, wenn er sich näherte, die Soldaten innerhalb der Befestigungswerke zu halten und nicht seine drei prätorischen Kohorten und 1000 Vexillaren[60] mit den wenigen Reitern dem Veteranenheere entgegenzustellen. Aber die nicht zu bändigenden und kriegsunkundigen Soldaten ergriffen die Feldzeichen und Vexille und stürzten fort, dem Feldherrn, der sie zurückhalten wollte, mit den Waffen drohend, Centurionen und Tribunen nicht beachtend; ja, sie schrien, Otho werde verraten und Caecina sei herbeigerufen. So wurde Spurinna ein Gefährte fremder Verwegenheit, erst gezwungen, dann sich willig stellend, damit sein Rat von desto größerem Gewichte wäre, wenn der Aufruhr nachließe.

19. Als ihnen der Po zu Gesicht gekommen war und die Nacht hereinbrach, beschlossen sie, sich in einem Lager zu verschanzen. Diese den Soldaten aus der Stadt ungewohnte Arbeit schlug den Mut nieder. Da tadelten besonders die ältesten ihre Leichtgläubigkeit, wiesen auf die Befürchtungen und Gefahren hin, wenn Caecina mit seinem Heere auf den ebenen Feldern so wenige Kohorten umzingelt hätte. Bald hörte man im ganzen Lager nur bescheidene Reden, und als die Centurionen und Tribunen sich mit einmischten, lobte man die Vorsicht des Feldherrn, daß er eine an Kräften und Mitteln so reiche Koloniestadt zum Stützpunkt und Herde des Krieges gewählt hatte. Endlich führte Spurinna selbst, ihnen ihr Vergehen nicht vorführend, als auch mit Gründen auseinandersetzend, nach Zurücklassung von Kundschaftern die übrigen, die minder stürmisch sich jetzt den Befehlen unterwarfen, nach Placentia zurück. Die Mauern wurden befestigt, Bollwerke hinzugefügt, die Türme erhöht und nicht nur für Waffen, sondern auch für Folgsamkeit und willigen Gehorsam gesorgt, das einzige, was jener Partei fehlte, da man sich ihrer Tapferkeit nicht zu schämen brauchte.

20. Indes zog Caecina, als wären Grausamkeit und Zügellosigkeit hinter den Alpen gelassen, in guter Mannszucht durch Italien. Seinen

Aufzug legten ihm die Landstädte und Kolonien als Hochmut aus, daß er in buntem Kriegsmantel und in Beinkleidern wie ein Ausländer, Männer in der Toga anredete. Auch durch seine Gemahlin Salonina fühlten sie sich, obwohl sie, ohne jemand zu nahe zu treten, stattlich und auf einer Purpurdecke zu Pferde saß, wie Beleidigte verletzt, da es in der menschlichen Natur liegt, auf das glückliche Emporkommen anderer scharf richtende Blicke zu werfen, und Mäßigung im Glücke von keinem mehr zu fordern, als von denen, welche man sich gleich gesehen. Als Caecina den Po überschritten, die Treue der Othonianer durch Unterredung und Versprechungen wankend zu machen gesucht hatte, und anderseits eben so auch von diesen angegangen war, richtete er, nachdem man von Friede und Eintracht in schönklingenden und leeren Redensarten hin und her gesprochen hatte, unter großem Schrecken seine Anschläge und Bemühungen auf die Belagerung Placentias, wohl wissend, daß so, wie der Beginn des Kriegs gelang, der Ruf für das weitere sich gestalten werde.

21. Der erste Tag ging mehr über einen bloßen Anlauf als unter kunstmäßigem Verfahren eines Veteranenheeres hin; ohne Deckung und Vorsicht rückten sie auf die Mauern los, mit Speise und Wein beladen. Bei diesem Kampfe ging das Amphitheater, ein herrliches Gebäude, außerhalb der Mauern gelegen, in Flammen auf, sei es von den Belagerern, indem sie Fackeln, Feuerkugeln und Wurffeuer auf die Belagerten schleuderten, oder von diesen selbst in Brand gesteckt, indem sie die Zündstoffe zurückwarfen. Das zum Argwohn geneigte Stadtvolk glaubte, es sei heimtückischerweise Feuerstoff von Leuten aus den benachbarten Kolonistädten hineingeworfen worden, aus Neid und Eifersucht, weil kein Gebäude in Italien so viele Menschen faßte. Auf welche Art es auch geschah, so lange man noch Schrecklicheres zu fürchten hatte, achtete man es gering; als sie sich wieder sicher fühlten, trauerten sie darüber, als hätten sie nichts Härteres erfahren können. Übrigens wurde Caecina unter vielem Blutvergießen auf seiten der Seinigen zurückgeschlagen und die Nacht dann mit Herstellung der Belagerungswerke zugebracht. Die Vitellianer stellten Schanzkörbe, Flechtwerke und Schutzdächer zur Untergrabung der Mauern und zur Deckung der Belagerer, die Othonianer Pfähle und ungeheure Massen von Steinen, Blei und Erz, um die Feinde zu durchbrechen und niederzuschmettern, in Bereitschaft. Auf beiden Seiten war Ehrgefühl, auf beiden Ruhmbegier und Aufmunterung verschiedener Art herrschend, indem man hier die Legionen und die Stärke des germanischen Heeres, dort die Ehre der Stadtmiliz und der prätorischen Kohorten hervorhob, jene schmähend von schlaffen, trägen und durch die Genüsse des Zirkus und Theaters verderbten, diese von fremden und ausländischen Soldaten sprachen. Dabei priesen oder beschuldigten sie auch Otho und Vitellius; doch ergoßen sich die Schmähungen reichlicher als die Lobsprüche, womit sie sich untereinander anspornten.

22. Kaum war der Tag angebrochen, als die Mauern mit Verteidigern angefüllt waren, die Felder von Waffen und Männern blitzten. Dicht gedrängt griff der Legionen Heerschar, zerstreut die Mannschaft der Hilfstruppen die Höhen der Mauern mit Pfeilen und Steinen an; an den vernachlässigten oder vor Alter baufälligen Stellen kam es zum Nahkampf. Von oben warfen die Othonianer mit umso wuchtigerem und sichererem Schwunge ihre Spieße auf die verwegen anrückenden Kohorten der Germanen, die mit wildem Gesange und nach ihrer Väter Art mit nackten Körpern die Schilde über den Schultern zusammenschlugen. Die Legionssoldaten, durch Schanzkörbe und Flechtwerke gedeckt, untergruben die Mauern, errichteten einen Belagerungsdamm und arbeiteten an den Toren. Dagegen wälzten die Prätorianer zu diesem Zwecke bereitgestellte Mühlsteine mit ungeheurer Wucht und Gekrach hinab. Ein Teil der Anrückenden wurde verschüttet, ein anderer durchbohrt, entseelt oder verstümmelt. Als in dem wilden Durcheinander das Niedermetzeln noch zunahm, und sie von den Mauern her nur noch heftiger verwundet wurden, kehrten sie um und der Ruf ihrer Partei war gebrochen. Caecina ging, beschämt wegen der unbesonnen unternommenen Belagerung, um nicht verspottet zu werden und, ohne etwas auszurichten, in demselben Lager liegen zu bleiben, über den Po zurück und beschloß, nach Cremona zu ziehen. Es ergaben sich ihm, als er abzog, Turullius Cerialis mit mehreren Schiffssoldaten und Julius Briganticus mit einigen wenigen Reitern; dieser, Präfekt einer Reiterschar, ein geborner Bataver, jener, Primipilar und dem Caecina nicht fremd, weil er in Germanien eine Zenturie geführt hatte.

23. Sobald Spurinna den Abmarsch der Feinde erfahren hatte, berichtete er die Verteidigung von Placentia und alles, was geschehen und was Caecina zu tun willens sei, dem Annius Gallus in einem Schreiben. Dieser führte die 1. Legion Placentia zu Hilfe, besorgt wegen der geringen Anzahl der Kohorten, sie möchten eine längere Belagerung und die Gewalt des germanischen Heeres nicht aushalten. Als er erfuhr, Caecina sei geschlagen und gehe auf Cremona los, ließ er die kaum zu zügelnde und es in der Kampfbegier bis zum Aufruhr treibende Legion zu Bedriacum Halt machen. Dieser Flecken liegt zwischen Verona und Cremona, jetzt schon durch zwei römische Niederlagen[61] bekannt und unseligen Andenkens.

In denselben Tagen wurde von Marcius Macer nicht weit von Cremona glücklich gekämpft. Dieser entschlossene Mann schiffte die Gladiatoren ein und ließ sie sich plötzlich auf das feindliche Ufer des Po werfen. Dort gerieten die Hilfsscharen der Vitellianer in Verwirrung, und während die übrigen nach Cremona flohen, wurden die Widerstand Leistenden niedergemacht. Doch hielt man den Ungestüm der Sieger zurück, damit nicht die Feinde, durch neue Hilfe verstärkt, das Glück der Schlacht wenden könnten. Das war den

Othonianern, welche alles, was die Feldherrn taten, schief beurteilten, verdächtig. Um die Wette griffen alle, die im Herzen feige, aber mit der Zunge frech waren, den Annius Gallus, Suetonius Paulinus und Marius Celsus – denn auch diese hatte Otho zu Befehlshabern gemacht – mit allerlei Beschuldigungen an. Die heftigsten Anstifter von Aufruhr und Zwietracht waren die Mörder Galbas. Ob dieser Freveltat und aus Furcht wie wahnsinnig, verwirrten sie alles, bald offen in aufrührerischen Reden, bald durch geheime Schreiben an Otho, der, leichtgläubig gegen die Gemeinsten und die Wohlgesinnten fürchtend, zitterte, im Glücke unentschlossen, dagegen im Unglück kräftiger. Daher ließ er seinen Bruder Titianus kommen und stellte ihn an die Spitze des Krieges.

24. Inzwischen gingen unter des Paulinus und Celsus Leitung die Dinge trefflich vonstatten. Caecina quälte es, daß er alles so vergeblich begonnen, und der Ruf seines Heeres dahinschwand. Von Placentia zurückgeschlagen, nach der neulichen Niederlage der Hilfsscharen auch beim Zusammentreffen der Vorposten und durch mehr häufige, als erwähnenswerte Gefechte unterliegend, eilte er, da Fabius Valens sich näherte, um diesem nicht den ganzen Kriegsrum zufallen zu sehen, mit mehr Hast als Besonnenheit, seine Ehre zu retten. Beim zwölften Meilensteine von Cremona – der Ort heißt Castores – stellte er die Mutigsten von den Hilfstruppen in den hart am Wege gelegenen Hainen verborgen auf. Die Reiter erhielten den Befehl, weiter vorzurücken und, sobald sie zum Kampfe gereizt würden, durch freiwillige Flucht die Eile der Verfolger zu locken, bis sich der Hinterhalt erhöbe. Dies wurde den othonianischen Feldherren verraten, und so übernahm Paulinus die Führung des Fußvolks, Celsus die der Reiterei. Eine Abteilung der 13. Legion, vier Hilfskohorten und 500 Reiter wurden zur Linken aufgestellt; den Straßendamm besetzten in tiefaufgestellten Kolonnen drei prätorische Kohorten; auf dem rechten Flügel marschierte die 1. Legion mit zwei Hilfskohorten und 500 Reitern. Außer diesen allen wurden noch 1000 Reiter von den Prätorianern und den Hilfstruppen, den Sieg zu krönen oder zum Rückhalt für die Bedrängten, nachgeführt.

25. Als, noch ehe die Schlachtreihen handgemein wurden, die Vitellianer den Rücken wandten, hielt Celsus, vorher mit der List bekannt, die Seinigen zurück. Die Vitellianer, sich unvorsichtig erhebend, stürzten, da Celsus sich allmählich zurückzog und sie ihm immer weiter folgten, nun selbst in den Hinterhalt. Denn seitwärts standen die Kohorten, gegenüber die Front der Legionen, und im Rücken hatten sie durch plötzliche Schwenkung die Reiter eingeschlossen. Das Zeichen zum Angriff wurde dem Fußvolk nicht sogleich von Suetonius Paulinus gegeben. Zauderer von Natur, so daß ihm vorsichtige, auf Berechnung gestützte Pläne besser dünkten als ihr Gelingen aus Zufall, befahl er, die Gräben auszufüllen, das Feld

freizumachen, die Schlachtlinie auszudehnen, in der Meinung, der Sieg beginne früh genug, wenn dafür gesorgt sei, nicht besiegt zu werden. Durch dieses Zögern wurde den Vitellianern Zeit gelassen, sich in die durch Rankengeflecht ungangbaren Weinpflanzungen zu flüchten; und an diese grenzte ein kleiner Wald, aus dem sie sich von neuem hervorwagten und die kühnsten unter den prätorianischen Reitern töteten. Der König Epiphanes[62] wurde verwundet, indem er eifrig für Otho zum Kampf anfeuerte.

26. Nun brach das othonianische Fußvolk hervor. Die Schlachtreihe der Feinde wurde niedergestreckt, und auch die Nachrückenden in die Flucht geschlagen. Denn Caecina hatte die Kohorten nicht zusammen, sondern einzeln heranrücken lassen, ein Umstand, der im Kampfe nur die Zaghaftigkeit vermehrte, da der Schrecken der Fliehenden die Zerstreuten und sich nirgends Haltenden mit fortriß. Auch im Lager entstand darüber ein Aufruhr, daß man nicht alle insgesamt hinausführte. Der Lagerpräfekt Julius Gratus wurde gefesselt, weil man argwöhnte, daß er für seinen bei Otho dienenden Bruder Verrat anstellte, während diesen, den Tribunen Julius Fronto, die Othonianer unter derselben Beschuldigung gefesselt hatten. Übrigens herrschte überall, unter den Fliehenden, unter den sich Entgegenwerfenden, auf dem Schlachtfelde, vor dem Walle, eine solche Furchtsamkeit, daß bei beiden Teilen allgemein behauptet wurde, Caecina hätte mit seinem ganzen Heere vernichtet werden können, wenn Suetonius Paulinus nicht hätte zum Rückzuge blasen lassen. Paulinus sagte, er habe befürchtet, da noch so viele Beschwerden und ein so weiter Marsch bevorstand, es möchten die Vitellianer mit frischen Kräften die Ermüdeten aus dem Lager angreifen, und den Geschlagenen kein Rückhalt bleiben. Bei wenigen nur fand dieser Grund des Feldherrn Billigung; bei der Menge kam er in ungünstiges Gerede.

27. Dieser Verlust versetzte die Vitellianer nicht so sehr in Furcht, als er sie zur Mäßigung stimmte, und zwar nicht bloß auf Caecinas Seite, der die Schuld auf die Soldaten schob, die sich mehr zum Aufruhr, als zum Kampfe bereit zeigten: auch die Truppen des Fabius Valens – denn jetzt war er schon nach Ticinum gekommen – hörten auf, den Feind zu verachten, und leisteten aus Verlangen, die Ehre wiederzugewinnen, dem Feldherrn ehrerbietiger und williger Folge. Es war ohnehin ein schwerer Aufruhr ausgebrochen, den ich jetzt – denn der Zusammenhang der Taten Caecinas durfte nicht unterbrochen werden – von seinem ersten Entstehen an nachholen will. Die Kohorten der Bataver, von welchen ich berichtet habe, daß, als sie sich im neronischen Kriege von der 14. Legion getrennt und auf dem Marsche nach Britannien den Aufstand des Vitellius vernommen hatten, sich im Gau der Lingonen dem Fabius Valens angeschlossen hatten, betrugen sich übermütig, indem sie, sobald sie zu den Zelten einer Legion kamen, damit prahlten, daß durch sie die Vierzehner

gebändigt, Italien Nero entrissen, und so das ganze Kriegsgeschick in ihrer Hand sei. Dies schien den Soldaten schimpflich und dem Feldherrn kränkend zu sein; durch Zank und Streit wurde die Kriegszucht untergraben; zuletzt argwöhnte Valens in dem Übermute selbst Verräterei.

28. Als daher die Nachricht kam, die Reiterschar der Treverer und die Tungrer seien von Othos Flotte geschlagen und das narbonensische Gallien werde umstellt, befahl er, mit aus Sorge, die Bundesgenossen zu schützen, aber auch aus Feldherrnlist, um die meuterischen und, blieben sie zusammen, übermächtigen Kohorten zu zerstreuen, daß ein Teil der Bataver die Hilfe übernähme. Als dies vernommen wurde und sich verbreitete, da jammerten die Bundesgenossen, murrten die Legionen: geraubt werde ihnen der tapfersten Männer Beistand, jene alten Krieger, in so vielen Schlachten siegreich, führe man nun, da schon der Feind im Angesichte sei, gleichsam aus der Schlachtreihe weg. Sei die Provinz mehr wert als Rom und die Rettung des Reiches, so wollten sie alle ihnen dorthin folgen; beruhe aber des Sieges Vollständigkeit auf dem Besitz Italiens, dann dürfe man nicht die kräftigsten Glieder vom Körper reißen.

29. Unter solchen trotzigen Reden griffen sie, da Valens Liktoren gegen sie ausschickte und den Aufruhr zu dämpfen suchte, diesen selbst an, bewarfen ihn mit Steinen und verfolgten ihn, als er floh. Mit dem Geschrei, er halte Galliens Beute und der Viennenser Gold, den Lohn ihrer Strapazen, bei sich verborgen, plünderten sie sein Gepäck, durchwühlten das Zelt des Feldherrn und selbst den Boden mit Speeren und Lanzen; denn Valens verbarg sich in Sklaventracht bei einem Decurio der Reiter. Als sich hierauf allmählich des Aufruhrs Hitze legte, trat der Lagerpräfekt Alfenus Varus auch noch mit einer Maßregel hinzu, indem er den Centurionen verbot, die Wachtposten zu begehen, und die Trompetensignale untersagte, womit der Soldat zu den Verrichtungen des Kriegsdienstes aufgerufen wird. Nun waren alle wie erstarrt, sahen sich einander bestürzt an, gerade darüber voller Schreck, daß niemand sie kommandierte. Schweigend, voll Ergebung, endlich mit Bitten und Tränen suchten sie Verzeihung. Als nun vollends Valens entstellt, weinend und wider Erwarten unversehrt hervortrat, da erhob sich Freude, Mitleid, Beifallsruf. Der Fröhlichkeit sich überlassend, wie denn in beiden Richtungen der gemeine Mann kein Maß kennt, trugen sie ihn unter Lobpreisungen und Glückwünschen, mit den Adlern und Feldzeichen umgeben, auf das Tribunal. Er übte heilsame Mäßigung, verlangte keines einzigen Hinrichtung und gab, um nicht durch Bemäntelung noch verdächtiger zu werden, einigen wenigen die Schuld, wohl wissend, daß in Bürgerkriegen den Soldaten mehr gestattet ist als den Feldherren.

30. Noch während sie das Lager bei Ticinum verschanzten, kam die Nachricht von Caecinas unglücklicher Schlacht, und beinahe

wäre der Aufruhr von neuem ausgebrochen, wie wenn sie nur durch Verräterei und Zaudern des Valens am Kampfe nicht teil genommen hätten. Es gab keine Ruhe mehr. Ohne auf den Feldherrn zu warten, eilten sie den Feldzeichen voran, drängten die Fahnenträger vorwärts und vereinigten sich in reißend schnellem Zuge mit Caecina. Des Valens Ruf war ungünstig in Caecinas Heere: sie, so viel geringer an Zahl, klagte man, seien der Gesamtmacht der Feinde ausgesetzt gewesen, teils zur eigenen Entschuldigung, teils die Stärke der Ankommenden schmeichlerisch erhebend, um nicht als Besiegte und Feige verächtlich angesehen zu werden. Und wiewohl Valens mehr Streitkräfte, fast die doppelte Zahl von Legionen und Hilfstruppen hatte, neigte sich die Gunst der Soldaten doch dem Caecina zu, außer der wohlwollenden Gesinnung, worin man ihm mehr Bereitwilligkeit zutraute, auch wegen seines rüstigen Alters, seines hohen Wuchses, und aus einer gewissen grundlosen Vorliebe. Daher entstand denn Eifersucht zwischen den Feldherren. Caecina verspottete jenen als niederträchtig und schandbefleckt, dieser ihn als aufgeblasen und eitel. Doch unterdrückten sie ihren Haß und verfolgten dasselbe Interesse, in häufigen Briefen, ohne auf Verzeihung Bedacht zu nehmen, dem Otho schimpfliche Dinge vorwrefend, während die Feldherren von Othos Partei, so reichen Stoff zu Schmähungen gegen Vitellius sie auch hatten, sich dessen doch enthielten.

31. Allerdings fürchtete man vor dem Lebensende beider, wodurch sich Otho einen herrlichen, Vitellius den schmachvollsten Ruf erwarb, des Vitellius untätiges Schwelgerleben weniger als Othos leidenschaftliche Begierden. Dazu hatte Galbas Ermordung ihn zum Gegenstande des Schreckens und des Hasses gemacht; dagegen legte jenem niemand den Beginn des Krieges zur Last. Vitellius wurde durch seine Schlemmerei und Gefräßigkeit für persönlich sich entehrend, Otho durch Aufwand, Grausamkeit und Kühnheit für dem Staate verderblicher gehalten.

Nach der Vereinigung der Truppen des Caecina und Valens wurde von seiten der Vitellianer kein Anstand genommen, mit den gesamten Streitkräften zu kämpfen. Otho ratschlagte noch, ob man den Krieg in die Länge zu ziehen oder das Glück zu versuchen für besser halten solle.

32. Da achtete es Suetonius Paulinus seines Rufes, nach welchem niemand in dieser Zeit für kundiger im Kriegswesen gehalten wurde, würdig, über die Kriegsführung im allgemeinen seine Meinung abzugeben, und setzte auseinander, wie den Feinden Eile, ihnen selbst dagegen Zögern nützlich sei: das Heer des Vitellius sei nun insgesamt angekommen, er habe nicht viel Streitkräfte im Rücken, weil Gallien in Gärung, und das Rheinufer zu verlassen, wo dann feindselige Völkerstämme hereinbrechen könnten, nicht zweckmäßig sei; die britannischen Truppen würden durch Feind und Meer zurückgehal-

ten, Spanien habe nicht eben Überfluß an Waffenmacht, die narbonensische Provinz sei durch den Angriff der Flotte und die unglückliche Schlacht in Schreck geraten; eingeschlossen durch die Alpen und ohne Unterstützung zur See sei Italien jenseits des Po, und schon durch den bloßen Durchmarsch des Heeres verödet; nirgends gebe es Getreide für das Heer; und dieses könne doch ohne Vorräte nicht beisammen gehalten werden. Ferner würden die Germanen, die doch die fruchtbarste Truppe auf des Feindes Seite wären, falls sich der Krieg in den Sommer hineinziehe, in Hinfälligkeit ihrer Körper die Veränderung des Bodens und Klimas nicht aushalten. Manche im ersten Andrang gewaltigen Kriege hätten schon durch Überdruß und Hinzögerung ihre Kraft verloren. Dagegen stehe ihnen selber alles reich und sicher zu Gebote: Pannonien, Mösien, Dalmatien, der Orient mit ungeschwächten Heeren, Italien und das Haupt des Ganzen, Rom, Senat und Volk, nie bedeutungslose Namen, wenn sie auch bisweilen in Schatten gestellt würden, Hilfsmittel im Staat und bei Privatpersonen und unermeßliche Geldsummen, die in Bürgerzwisten mächtiger seien als das Schwert; endlich Soldaten, die an Italien oder wenigstens an Hitze gewöhnt seien. Vorn decke sie der Po, die Städte seien durch Mannschaft und Mauern sicher, und daß keine derselben dem Feinde sich ergeben werde, habe man durch Placentias Verteidigung erprobt. So möge er denn den Krieg in die Länge ziehen. In wenigen Tagen werde die 14. Legion, allein schon von bedeutendem Rufe, mit den mösischen Truppen da sein. Dann könne er ja eine neue Überlegung anstellen, und man würde, sollte eine Schlacht für gut befunden werden, mit vermehrten Streitkräften kämpfen.

33. Der Meinung des Paulinus trat auch Marius Celsus bei; daß Annius Gallus, welcher einige Tage vorher durch einen Sturz seines Pferdes sich verletzt hatte, derselben Ansicht sei, hatten die Boten hinterbracht, die seinen Rat erkunden sollten. Otho war zu einer entscheidenden Schlacht geneigt; sein Bruder Titianus und der Präfekt der Leibwache Proculius, aus Unverstand eilig, versicherten, das Glück, die Götter und Othos Schutzgeist begünstigten seine Absichten und würden auch mit seinen Unternehmungen sein; und damit niemand seiner Meinung entgegenzutreten wagte, hatten sie zur Schmeichelei ihre Zuflucht genommen. Als zu schlagen nun beschlossen war, überlegte man noch, ob es besser sei, daß der Kaiser an der Schlacht teilnehme, oder sich fern davon halte. Da Paulinus und Celsus keine Einwendungen mehr machten, damit es nicht schiene, als wollten sie den Fürsten Gefahren aussetzen, brachten ihn ebendieselben, welche jenen schlechteren Rat gegeben, dahin, daß er sich nach Brixellum[63] zurückzog und, dem Ungewissen der Schlacht entzogen, seine Person für die Entscheidung des Ganzen und dessen oberste Leitung aufsparte. Dies war der erste Tag, welcher der othonianischen Partei großes Unglück brachte. Einerseits nämlich entfernte sich mit

seiner Person eine bedeutende Schar prätorischer Kohorten, Leibtrabanten und Reiter, andererseits war der Mut der Zurückgebliebenen gebrochen, weil die Feldherren verdächtig waren, und Otho, auf den allein der Soldat Vertrauen setzte, wie auch er nur den Soldaten traute, die Befugnisse der Feldherren unbestimmt gelassen hatte.

34. Nichts von all dem entging den Vitellianern, da Überlauf, wie im Bürgerkriege in der Regel, häufig, und die Kundschafter, im Bestreben, die Gegenpartei auszuforschen, über die eigene nicht schwiegen. Ruhig und aufmerksam warteten Caecina und Valens, wenn der Feind in seinem Unverstand losbrechen würde, was eigener Weisheit gleich gilt, die Torheit ihrer Gegner ab, und fingen an, eine Brücke zu schlagen, indem sie sich den Schein gaben, als wollten sie der jenseits aufgestellten Gladiatorenschar gegenüber den Po überschreiten, sowie auch um ihre eigenen Soldaten die Zeit nicht in schlaffer Untätigkeit zubringen zu lassen. Es wurden Schiffe in gleicher Entfernung voneinander mit starken Balken an beiden Seiten verbunden und gegen die Strömung gerichtet, wobei man außerdem noch Anker fallen ließ, welche die Brücke fest zusammenhalten sollten. Doch trieben die Ankertaue, nicht straff angezogen, hin und her, damit, wenn der Strom wüchse, die Reihe der Schiffe sich unbeschädigt heben könnte. Es schloß die Brücke ein darauf errichteter und auf das äußerste Schiff vorgeschobener Turm, um von da aus mit Wurfgeschütz und Maschinen den Feind zurückzuweisen. Die Othonianer hatten am Ufer einen Turm erbaut und schleuderten Steine und Fackeln.

35. Nun befand sich mitten im Flusse eine Insel, an welche die Gladiatoren sicn in ihren Schiffen heranzuarbeiten suchten, die Germanen mit Leichtigkeit hinüberschwammen. Als einmal eine größere Zahl herübergekommen war, bemannte Macer einige Schnellsegler und griff die Feinde mit den entschlossensten Gladiatoren an. Aber teils besitzen Gladiatoren in Schlachten nicht gleiche Ausdauer wie Soldaten, teils führten sie von den schaukelnden Schiffen aus nicht so sichere Hiebe, wie jene festen Standes vom Ufer; und als durch die sich hin und her neigenden Bewegungen der Bedrängten die Ruderer und Kämpfer durcheinander gerieten, sprangen die Germanen auch noch in das seichte Gewässer hinab, hielten die Schiffe hinten fest, stiegen an Bord, oder zogen sie mit den Händen auf den Grund. Dies alles geschah vor den Augen beider Heere, und je erfreulicher es den Vitellianern war, desto heftiger verwünschten die Othonianer die Veranlassung und den Urheber der Niederlage.

36. Das Treffen wurde nun zwar, indem man die noch übrigen Schiffe mit fortriß, durch die Flucht abgebrochen, aber man verlangte Macers Hinrichtung; und schon war man auf den mit einer Lanze aus der Ferne Verwundeten mit gezückten Schwertern losgegangen, als er durch dazwischeneilende Tribunen und Centurionen beschützt wurde. Nicht lange darauf kam ihnen auf Othos Befehl Vestricius

Spurinna, nach Zurücklassung einer mäßigen Besatzung in Placentia, mit Kohorten zu Hilfe. Dann schickte Otho den designierten Konsul Flavius Sabinus den Truppen, an deren Spitze Macer gestanden, zum Befehlshaber, und die Soldaten waren erfreut über den Wechsel der Anführer, diese aber machten sich gar nichts aus einem wegen der häufigen Empörungen so gefährlichen Dienste.

37. Ich finde bei einigen Schriftstellern, die Heere hätten aus Scheu vor dem Kriege oder aus Widerwillen gegen beide Fürsten, deren Schändlichkeiten und Unwürdigkeit von Tag zu Tag offenkundiger wurden, sich bedacht, ob sie nicht den Kampf ruhen lassen und entweder selbst einen gemeinsamen Entschluß fassen, oder es dem Senate überlassen sollten, einen Kaiser zu wählen, und eben deshalb hätten die othianischen Feldherren zu Aufschub und Zögerung geraten, wobei besonders Paulinus sich Hoffnung gemacht, weil er, der älteste der Konsulare und durch Kriegstaten berühmt, sich in den britannischen Feldzügen einen ruhmvollen Namen erworben hatte. Wenn ich auch zugeben möchte, daß etliche im stillen Ruhe statt der Zwietracht, einen gutgesinnten und schuldlosen Fürsten statt der schlechtesten und schandbarsten sich gewünscht, so glaube ich doch weder, daß Paulinus, ein so einsichtsvoller Mann, in der verderbtesten Zeit von der Menge eine so große Mäßigung erwartet habe, daß diejenigen, welche aus Kriegslust den Frieden gestört hatten, aus Friedensliebe den Krieg aufgeben würden, noch, daß in Sprache und Sitte so getrennte Heere zu solcher Einigkeit hätten verschmelzen können, oder daß Legaten und Heerführer, die sich großenteils ihrer Verschwendung, ihrer Armut, ihrer Frevel bewußt waren, einen andern als einen schuldbefleckten und nur ihnen verpflichteten Fürsten geduldet haben würden.

38. Die alte und schon längst den Sterblichen innewohnende Herrschbegierde wuchs empor und kam zu Ausbruch mit der Größe des Reiches. Denn bei noch mäßigem Besitz ließ man sich die Gleichheit leicht gefallen; als es aber nach Unterwerfung des Erdkreises und nach Vernichtung nebenbuhlender Städte oder Könige freistand, unbesorgt nach Macht zu streben, da entbrannte der Rangstreit zuerst zwischen den Senatoren und dem Volke. Bald erhoben sich unruhige Tribunen, bald übermächtige Konsuln, und in der Stadt und auf dem Forum entbrannten Vorspiele zu Bürgerkriegen. Dann verwandelten aus dem niedrigsten Volke Gaius Marius und unter den Adeligen der ärgste Tyrann Lucius Sulla die mit den Waffen überwältigte Freiheit in Despotie. Nach diesen war, versteckter, doch nicht bessergesinnt, Gnaeus Pompejus; und niemals strebte man nachher nach etwas anderem als nach der Oberherrschaft. Bei Pharsalia und Philippi legten die Legionen der Bürger die Waffen nicht nieder; wie hätten Othos und Vitellius Heere freiwillig den Krieg aufgeben sollen! Gleicher Zorn der Götter, gleiche Raserei der Menschen, gleiche Veranlassungen zu

Freveln trieben sie zur Zwietracht. Daß diese Kriege gleichsam wie mit einem Schlag beendigt wurden, rührte nur von der Feigheit der Fürsten her. Doch es hat mich die Erwägung alter und neuer Handlungsweise zu weit geführt; ich kehre nun zum Faden der Erzählung zurück.

39. Als Otho nach Brixellum abgereist war, hatte sein Bruder Titianus die Ehre des Oberbefehls, Macht und Gewalt jedoch der Präfekt Proculus. Celsus und Paulinus mußten, da von ihrer Einsicht niemand Gebrauch machte, mit dem leeren Titel als Feldherren zum Deckmantel für fremde Schuld dienen. Die Tribunen und Centurionen waren unentschlossen, weil man die besseren zurücksetzte und die schlechtesten am meisten galten; die Soldaten waren wohlgemut, jedoch geneigter, an den Befehlen der Feldherrn zu deuteln, als sie auszuführen. Man beschloß, das Lager bis zum vierten Meilenstein von Bedriacum vorzurücken, mit so viel Unverstand, daß sie, obwohl in Frühjahrszeit und rings von so vielen Flüssen umgeben, an Wassermangel litten. Hier überlegte man wegen der Schlacht, da Otho in einem Schreiben darauf drang, sie zu beschleunigen; die Soldaten verlangten, der Kaiser solle am Kampfe teilnehmen, die meisten forderten, die jenseits des Po befindlichen Truppen herbeizurufen; und es läßt sich nicht so leicht entscheiden, was zu tun das Beste gewesen sein würde, als daß das Schlechteste das war, was man tat.

40. Nicht wie zur Schlacht, sondern wie zu einem Feldzuge ausrückend, zogen sie nach dem Zusammenflusse des Po und der Adda, sechzehn Meilen weit entfernt. Da Celsus und Paulinus widerrieten, die durch den Marsch ermüdeten und mit Gepäck beschwerten Soldaten dem Feinde entgegenzuwerfen, welcher leichtgerüstet und kaum viertausend Schritt vorgerückt, nicht säumen würde, sie entweder im ungeordneten Zuge oder zerstreut und mit der Schanzarbeit beschäftigt anzugreifen, nahmen Titianus und Proculus, durch Gründe besiegt, zum Rechte des Oberbefehls ihre Zuflucht. Allerdings war schnell zu Roß ein Numidier mit strengen Befehlen angekommen, in welchen Otho, auf die Untätigkeit des Feldherrn scheltend, die Sache zur Entscheidung zu bringen befahl, verdrießlich wegen der Zögerung und in Hoffnung ungeduldig.

41. An demselben Tage kamen zu Caecina, welcher mit dem Brückenbau beschäftigt war, zwei Tribunen prätorischer Kohorten, und verlangten eine Unterredung. Er war im Begriff, ihre Bedingungen anzuhören und darauf Bescheid zu geben, als Kundschafter Hals über Kopf die Nachricht brachten, der Feind sei da. So wurde die Mitteilung der Tribunen unterbrochen, und deshalb blieb es ungewiß, ob sie einen Mordanschlag oder Verrat, oder eine redliche Absicht im Sinne hatten. Caecina ritt nach Entlassung der Tribunen ins Lager zurück und fand schon auf Befehl des Fabius Valens das Signal zur Schlacht gegeben und die Soldaten unter den Waffen. Während

die Legionen noch um die Ordnung des Aufmarsches losten, brachen die Reiter hervor und wurden, sonderbar genug, nur durch die Mannhaftigkeit der italischen Legion abgeschreckt, sich nicht von einer geringen Anzahl von Othonianern gegen den Wall werfen zu lassen. Sie zwang mit gezückten Schwertern die Geschlagenen, zurückzukehren und den Kampf wiederaufzunehmen. Nun wurde die Schlachtordnung der vitellianischen Legionen in aller Ruhe aufgestellt; denn, wiewohl der Feind in der Nähe war, verhinderte doch das dichte Gesträuch den Anblick der Waffen. Bei den Othonianern waren die Führer verzagt, die Soldaten feindlich gegen sie gesinnt, der Heereszug durch Mischung von Wagen und Marketendern behindert und die Straße, bei abschüssigen Gräben zu beiden Seiten, selbst für einen ruhigen Marsch zu eng. Einige drängten sich zusammen um ihre Feldzeichen, andere suchten sie; von allen Seiten erscholl verworrenes Geschrei Herbeilaufender und Davoneilender; wie jeden gerade der Mut oder die Furchtsamkeit antrieb, stürzte er hervor in die erste, oder schlich sich zurück in die letzte Schlachtlinie.

42. Die durch plötzlichen Schreck betäubten Gemüter, ließ eine grundlose Freude in Schlaffheit versinken, indem sich Leute fanden, die erlogen sagten, das Heer sei von Vitellius abgefallen. Ob dies Gerücht von Vitellius Kundschaftern ausgestreut wurde, oder bei Othos Partei selbst, sei es aus Arglist oder durch Zufall, sich gebildet hatte, ist nicht recht ausgemittelt worden. Unter Angabe aller Kampflust huldigten sogar die Othonianer, und erregten, da mit feindlichem Murren geantwortet wurde, und sehr viele der ihrigen nicht wußten, aus welchem Grunde sie salutierten, Furcht vor Verrat. Nun drang die Schlachtlinie der Feinde ein, in vollen Reihen, an Kraft und Anzahl überlegen; die Othonianer, obwohl zerstreut, geringer an Zahl und ermüdet, schritten dennoch mutig zur Schlacht. Der Kampf gestaltete sich in der durch Bäume und Weinpflanzungen hindernisreichen Gegend nicht gleichförmig; in der Nähe, aus der Ferne, in einzelnen Haufen und in dichten Kolonnen trafen die Truppen aufeinander. Auf dem Damme der Heerstraße drängte man sich, Mann gegen Mann, mit dem Leibe und mit den Schildbuckeln, zerschlug, ohne die Speere erst zu werfen, mit dem Schwerte und der Streitaxt Helme und Panzer, und kämpfte so, einander erkennend und von allen übrigen gesehen, um die Entscheidung des ganzen Krieges.

43. Zufällig trafen zwischen dem Po und der Heerstraße auf offenem Felde zwei Legionen zusammen, für Vitellius die 21., die den Beinamen Rapax führt, durch alten Kriegsruhm ausgezeichnet, auf Othos Seite die 1., Adjutrix genannt, vorher noch in keine Schlacht geführt, aber kampfbegierig und nach den ersten Lorbeeren verlangend. Die von der ersten nahmen, nachdem sie die Vorderreihen der einundzwanzigsten niedergestreckt, den Adler weg; darüber wutentflammt drängte diese wieder die Soldaten der ersten zurück, wobei sie

den Legaten Orfidius Benignus tötete, und entriß den Feinden sehr viele Feldzeichen und Standarten. Auf einer andern Seite wurde durch den Angriff der 5. die 13. Legion geworfen, wurden die von der 14. durch das Andringen einer überlegenen Zahl umzingelt. Und während die Feldherren Othos schon längst davongeflohen waren, führten Caecina und Valens den Ihrigen Verstärkungen zu. Dazu kam frische Hilfsmannschaft, Varus Alfenus mit den Batavern, nachdem sie die Gladiatorenschar in die Flucht geschlagen, die, übersetzend, von den jenseits aufgestellten Kohorten noch auf dem Flusse selbst niedergemacht worden war. So rückten sie als Sieger dem Feinde in die Flanke.

44. Als das Mitteltreffen durchbrochen war, flohen die Othonianer überall nach Bedriacum zu. Dies war eine lange Strecke und der Weg durch Leichenhaufen versperrt. Desto größer war das Blutbad; denn in Bürgerkriegen lassen die Gefangenen sich nicht zur Beute machen. Suetonius Paulinus und Licinius Proculus vermieden auf seitwärts führenden Wegen das Lager. Den Legaten der 13. Legion, Vedius Aquila, führte seine unbesonnene Angst der Erbitterung der Soldaten entgegen. Noch bei hellem Tage begab er sich in den Wall und wurde von dem Geschrei der meuterischen Flüchtlinge umtobt. Selbst Schimpfworte und Tätlichkeiten erlaubten sie sich und schalten ihn einen Ausreißer und Verräter, nicht weil er plötzlich eine Schuld auf sich geladen hatte, sondern weil nach der Weise des großen Haufens jeder seine eigene Schande anderen zuschob. Titianus und Celsus kam die Nacht zustatten, da nun schon Wachen ausgestellt und die Soldaten zur Ordnung gewiesen worden waren, indem sie Annius Gallus durch Vorstellungen, Bitten und durch sein Ansehen umgestimmt hatte, nicht außer der Niederlage in der unglücklichen Schlacht nun selbst auch noch mit Blutvergießen gegeneinander zu wüten; möchte das Ende des Krieges gekommen sein, oder wollten sie lieber wieder zu den Waffen greifen, besiegt könnten sie allein durch Einigkeit ihr Los erleichtern. Den übrigen war der Mut gebrochen; die prätorianischen Soldaten riefen wütend, sie seien nicht durch Tapferkeit, sondern durch Verrat besiegt; auch die Vitellianer hätten den Sieg nicht ohne Blut gewonnen, da ihre Reiterei geschlagen und der Adler einer Legion ihnen geraubt sei; noch seien nebst Otho die Soldaten übrig, die jenseits des Po gestanden, die mösischen Legionen im Anzuge begriffen, ein großer Teil des Heeres in Bedriacum zurückgeblieben. Diese alle seien doch noch nicht besiegt, und man würde, sollte es so sein, auf eine ehrenvollere Weise in der Schlacht seinen Untergang finden. Durch solche Gedanken teils trotzig, teils verzagt, wurden sie durch die äußerste Verzweiflung doch öfter zur Erbitterung als zur Furcht getrieben.

45. Indessen machte das vitellianische Heer am fünften Meilensteine von Bedriacum halt, da die Feldherren es nicht wagten, an demselben

Tage das Lager anzugreifen; zugleich hoffte man auf freiwillige Ergebung. Aber wenn sie auch leichtgerüstet und nur zur Schlacht ausgezogen waren, gereichten ihnen ihre Waffen und ihr Sieg zum Schutz. Am folgenden Tage kam, da die Stimmung des othonianischen Heeres nicht mehr unentschieden war, und die, welche unbändiger gewesen waren, sich zur Sinnesänderung neigten, eine Gesandtschaft, und von seiten der vitellianischen Heerführer wurde kein Bedenken getragen, den Frieden zu bewilligen. Die Gesandten wurden eine Weile aufgehalten, dieser Umstand erregte Bedenken, solange man noch nicht wußte, ob man seinen Zweck erreicht hatte. Bald darauf kam die Gesandtschaft zurück, und offen standen nun die Wälle. Da ergossen sich Sieger und Besiegte in Tränen, indem sie in klagenvoller Freude das Los des Bürgerkrieges verwünschten. In den selben Zelten verbanden die einen die Wunden ihrer Brüder, die anderen die ihrer Verwandten. Hoffnung und Belohnung waren ungewiß, gewiß nur die Leichen und die Trauer, und keiner vom Unglück so unberührt, daß er nicht um einen Tod getrauert hätte. Den Leichnam des Legaten Orfidius suchte man auf und verbrannte ihn mit den gewohnten Ehren; wenige nur bestatteten ihre eigenen Angehörigen; den übrigen Haufen ließ man über der Erde liegen.

46. Otho wartete auf Nachricht von der Schlacht, nicht im geringsten zaghaft und in seinem Entschlusse fest. Erst setzten es niederschlagende Gerüchte, dann aus der Schlacht Entlaufene außer Zweifel, daß alles verloren sei. Der Eifer der Soldaten wartete nicht auf eine Erklärung des Kaisers. Sie hießen ihn guten Mutes sein; noch seien frische Streitkräfte vorhanden, und sie selbst würden das Äußerste erdulden und wagen. Dies war keine Schmeichelei; sie glühten in Wut und Begeisterung, in die Schlacht auszuziehen und das Glück ihrer Partei wiederaufzurichten. Die fern Stehenden streckten ihre Hände empor, die Nächsten umfaßten seine Knie, am eifrigsten Plotius Firmus. Dieser, ein Präfekt der Leibwache, bat ihn wiederholt, das treuste Heer, die Krieger, die sich so verdient um ihn gemacht, nicht zu verlassen. Größern Mut verrate es, unglückliche Verhältnisse hielten auch wider das Geschick noch an der Hoffnung fest, Furchtsame und Feige eilten aus Verzagtheit der Verzweiflung in die Arme. Je nachdem bei diesen Worten Otho in seinen Mienen Nachgiebigkeit oder Unbeugsamkeit verriet, erhob sich Freudenruf oder Klage. Und so benahmen sich nicht bloß die Prätorianer, Othos eigne Mannschaft; nein, auch die aus Mösien Vorangeschickten erklärten, das anrückende Heer besitze dieselbe Beharrlichkeit, und die Legionen seien schon in Aquileja eingezogen. So zweifelt niemand, daß der Krieg sich gar wohl furchtbar, trauerreich und für Sieger wie für Besiegte ungewiß hätte erneuern können.

47. Otho selbst, von Kriegsgedanken abgewandt, sprach: „Diesen euern Mut, diese Tapferkeit noch ferner Gefahren entgegenzustellen,

halte ich für einen zu hohen Preis meines Lebens. Je mehr Hoffnung ihr zeigt, falls mir zu leben gefiele, desto schöner wird mein Tod sein. Wir haben einander versucht, ich und das Glück. Bringt dabei die Kürze der Zeit nicht in Anschlag. Schwerer ist es ja, in der Hoheit sich zu mäßigen, von welcher man nicht glaubt, sie lange genießen zu können. Der Bürgerkrieg ging von Vitellius aus: daß wir mit den Waffen um die Herrschaft stritten, hob dort an; daß wir nicht öfter als einmal streiten, dazu will ich vorausgehen. Danach mag die Nachwelt Otho richten. Mag Vitellius sich seines Bruders, seiner Gattin, seiner Kinder freuen; ich bedarf weder der Rache noch des Trostes. Mögen andere länger die Herrschaft besessen haben; niemand soll sie so mutig aufgegeben haben. Oder sollte ich zugeben, daß so viele von der römischen Jugend, so viel treffliche Heere von neuem daniedergestreckt und dem Staate entrissen werden? Ja, es begleite mich diese eure Gesinnung, als wäret ihr für mich gestorben, aber überlebet mich! Laßt uns einander nicht lange im Wege sein, ich eurer Rettung, ihr meiner Festigkeit. Mehr vom letzten Augenblick zu reden, gehört schon zur Feigheit. Als Hauptbeweis meiner Entschlossenheit laßt es euch gelten, daß ich mich über niemand beschwere. Denn Götter oder Menschen anzuklagen, ist nur dessen Sache, der noch leben will."

48. Als er so gesprochen und nach Alter oder Stand einem jedem einzeln freundlich zugeredet hatte, sich schnell aufzumachen und durch Bleiben nicht noch mehr des Siegers Zorn zu reizen, bewog er durch sein Ansehn die jungen Leute, durch Bitten die Bejahrteren, mit ruhiger Miene, fest in seiner Rede und den Tränen der Seinen als unzeitig Einhalt tuend. Den Abziehenden befahl er Schiffe und Fuhrwerk zu geben, vernichtete Schriften und Briefe, die besondere Anhänglichkeit an ihn oder Schmähungen gegen Vitellius enthielten, teilte sparsam und nicht wie ein zum Sterben Entschlossener, Gelder aus. Dann suchte er selbst noch Salvius Coccejanus, seines Bruders Sohn, einen zarten Jüngling, welcher zagte und jammerte, zu trösten, indem er ihn wegen seiner Anhänglichkeit lobte und wegen seiner Furcht schalt: ob denn Vitellius so hartherzig sein würde, daß er für die Erhaltung seines ganzen Hauses ihm nicht einmal diesen Dank gewähren wollte. Er habe ein Recht auf des Siegers Gnade durch die Beschleunigung seines Endes. Denn nicht in der letzten Verzweiflung, sondern da sein Heer noch eine Schlacht forderte, habe er ja dem Staate das äußerste Unglück erspart. Groß genug sei der Name, welchen er sich selbst, der Adel, den er seinen Nachkommen erworben. Nach den Juliern, Claudiern und Serviern sei er der erste, der die Herrscherwürde in ein neues Haus gebracht. Darum möge er sich wohlgemut dem Leben zuwenden, und daß Otho sein Oheim gewesen, weder je vergessen, noch dessen auch zu sehr gedenken.

49. Als er hierauf alle entlassen hatte, ruhte er ein wenig. Da störte

ihn, wie sein Geist schon mit den letzten Sorgen beschäftigt war, ein plötzlicher Tumult; man berichtete ihm, daß die Soldaten wie von Raserei ergriffen tobten. Sie drohten Verderben den Abziehenden, und der wildeste Ungestüm erhob sich gegen Verginius, den sie im verschlossenen Hause belagerten. Otho erteilte den Urhebern des Aufruhrs einen Verweis, kehrte dann zurück und ließ die Scheidenden noch mit sich reden, bis alle unversehrt hinweggegangen waren. Als sich der Tag zum Abend neigte, stillte er seinen Durst durch einen Trunk kalten Wasssers. Dann ließ er sich zwei Dolche bringen, versuchte beide und legte sich einen unter das Haupt. Und er brachte die Nacht, als er erfahren hatte, daß die Freunde schon abgereist waren, ruhig und, wie versichert wird, nicht schlaflos zu. Mit Tagesanbruch stürzte er sich mit der Brust in den Stahl. Die auf des Sterbenden Gestöhn hereingetretenen Freigelassenen und Sklaven, und der Präfekt der Leibwache, Plotius Firmus, fanden eine einzige Wunde. Die Bestattung wurde beschleunigt. Er hatte auf das Dringendste darum gebeten, damit sein Haupt nicht abgeschnitten und dem Mutwillen preisgegeben würde. Den Leichnam trugen die prätorischen Kohorten unter Lobpreisungen und Tränen, seine Wunde und seine Hände mit heißen Küssen bedeckend. Einige von den Soldaten töteten sich neben dem Scheiterhaufen, nicht aus Schuldbewußtsein oder aus Furcht, sondern aus nacheiferndem Ehrgeiz und aus Liebe zum Kaiser; und nachher war es in Bedriacum, Placentia und in andern Lagerplätzen gar nichts Ungewöhnliches, sich so den Tod zu geben. Dem Otho errichtete man ein bescheidenes und darum bleibendes Grabmal. So endete er im 37. Jahre seines Lebens.

50. Er stammte aus der Landstadt Ferentium[64]; sein Vater war Konsul, sein Großvater Prätor gewesen; mütterlicherseits war seine Abkunft minder hoch, doch nicht unrühmlich: seine Knaben- und Jünglingszeit so, wie wir schon erwähnt haben. Durch zwei Taten, eine scheußliche und eine herrliche, verdiente er sich bei der Nachwelt gleichviel guten wie schlechten Ruf. So sehr ich nach Fabelhaftem zu suchen und durch Erdichtetes die Leser zu ergötzen, von dem Ernste des begonnenen Werkes mich fern glaube, so möchte ich doch einmal Bekanntem und Überliefertem den Glauben nicht abzusprechen wagen. An dem Tage, als man sich bei Bedriacum schlug, soll bei Regium Lepidum, so erzählen die Einwohner, an einem vielbesuchten Orte sich ein Vogel von nie gesehener Gestalt niedergelassen haben und sich von dort weder durch die Masse von Menschen noch der um ihn herumfliegenden Vögeln habe schrecken noch verscheuchen lassen, bis Otho sich selbst getötet hatte. Da sei er den Augen entschwunden, und berechne man die Zeit, so sei Anfang und Ende der Wundererscheinung mit Othos Hingang zusammengetroffen.

51. Bei seiner Bestattung erneuerte sich in Trauer und Schmerz der Aufruhr der Soldaten; und es gab niemand, der sie zügelte. Sie wand-

ten sich an Verginius und baten ihn unter Drohungen, bald die Herrschaft zu übernehmen, bald sich einer Gesandtschaft an Caecina und Valens zu unterziehen. Verginius entfloh heimlich durch einen abgelegenen Teil des Hauses und entkam so den hereinbrechenden Soldaten. Die Bitten der Kohorten, welche sich zu Brixellum befunden hatten, überbrachte Rubrius Gallus, und sie erhielten auch sogleich Begnadigung, da durch Flavius Sabinus die Truppen, an deren Spitze er gestanden hatte, zum Sieger übertraten.

52. Als so der Krieg überall schon beseitigt war, geriet ein großer Teil des Senates, der mit Otho aus der Stadt gezogen und dann in Mutina zurückgelassen worden war, in die äußerste Gefahr. Die Nachricht von der unglücklichen Schlacht kam dorthin, aber die Soldaten wiesen sie als ein falsches Gerücht zurück und belauerten jedes Wort des Senates, weil sie ihn für feindlich gegen Otho gesinnt hielten, deuteten ihm jede Miene und sein ganzes Betragen zum Nachteil, und suchten endlich durch Schmähungen und Beschimpfungen Grund und Veranlassung zum Morden, während sich außerdem den Senatoren noch eine andere Besorgnis aufdrängte, daß man nämlich glauben möchte, sie hätten, da des Vitellius Partei doch schon das Übergewicht erhalten hatte, noch Bedenken getragen, ihren Sieg anzuerkennen. So zagend und von beiden Seiten geängstigt kamen sie zusammen, aber keiner trat persönlich mit einem Rate hervor, weil man sich unter vielen in der Schuld Gemeinschaft sicher wähnte. Es erschwerte diese Sorgen der Zagenden noch die Stadtbehörde von Mutina durch Anbietung von Waffen und Geld; ja dieselbe nannte die Senatoren, ihnen unzeitige Ehre erweisend, Versammelte Väter.

53. Bemerkenswert war hierauf ein Streit, in welchem Licinius Caecina auf Marcellus Epirus, als spreche er sich zweideutig aus, losfuhr. Auch die übrigen traten mit ihren Meinungen nicht hervor; aber der in der Erinnerung an seine Angebereien verhaßte und der Mißliebigkeit preisgegebene Name des Marcellus hatte Caecina gereizt, sich, da er noch ein Neuling und erst vor kurzem in den Senat aufgenommen war, durch Feindschaft mit einem bedeutenden Manne berühmt zu machen. Durch die Mäßigung der Bessergesinnten wurden sie auseinandergebracht. Und nun kehrten alle nach Bononia[65] zurück, um sich von neuem zu beraten; auch hoffte man, mittlerweile mehr Nachrichten zu erhalten. Da in Bononia Leute auf den Straßen umher verteilt worden waren, um jeden Neuangekommenen auszufragen, sagte ein Freigelassener Othos auf die Frage nach der Ursache seiner Entfernung aus, er komme mit seinen letzten Aufträgen; noch lebend habe er ihn zwar verlassen, aber allein mit der Nachwelt beschäftigt und losgesagt von allem Lebensreize. Da erstaunte man, schämte sich, mehr zu fragen, und – alle wandten sich Vitellius zu.

54. Bei den Beratungen war der Bruder desselben, Lucius Vitellius,

zugegen, und schon kam er den Schmeichelnden entgegen, als plötzlich Coenus, ein Freigelassener Neros, durch eine arge Lüge alle in Bestürzung setzte, indem er versicherte, die 14. Legion sei noch dazugekommen, habe von Brixellum Verstärkung an sich gezogen, die Sieger seien geschlagen und das Glück ihrer Partei habe sich gewandt. Der Zweck dieser Erdichtung war, den Geleitsbriefen Othos, die nicht mehr beachtet wurden, wieder Geltung zu verschaffen. Coenus fuhr auch schnell nach Rom, doch büßte er schon wenige Tage nachher auf Vitellius Befehl mit seinem Leben. Die Gefahr der Senatoren vermehrte sich, weil die othonianischen Soldaten die überbrachten Nachrichten für gegründet hielten; ihre Furcht steigerte der Gedanke, daß sie ja wie nach öffentlichem Beschlusse sich von Mutina entfernt und ihre Partei verlassen hatten; und ohne sich weiter zu gemeinsamer Beratung zu versammeln, sorgte jeder für sich selbst, bis ein von Fabius Valens gesandter Brief die Besorgnis wegnahm. Auch vernahm man Othos Tod um so schneller, je preiswürdiger er war.

55. Zu Rom herrschte indes keine Spur von Ängstlichkeit! Die Veresspiele[66] besuchte man ganz wie gewöhnlich. Als zuverlässige Männer die Nachricht, Otho sei aus dem Leben geschieden und vom Stadtpräfekten Flavius Sabinus seien alle in Rom stehenden Soldaten für Vitellius in Eid genommen, in das Theater brachten, klatschte man dem Vitellius zu. Das Volk trug Galbas Bildnisse mit Lorbeer und Blumen um die Tempel, und Kränze wurden wie ein Grabeshügel neben dem See des Curtius auf der Stelle, die Galba sterbend mit seinem Blute gefärbt hatte, zusammengehäuft. Im Senate wurde, was während der langen Regierungen anderer Fürsten an Ehrenbezeigungen verordnet worden war, alles zugleich dem Vitellius zuerkannt; dazu auch noch für die germanischen Heere Belobung und Dank beschlossen, und eine Gesandtschaft abgeschickt, um der pflichtschuldigen Freude Ausdruck zu geben. Der nicht ohne Mäßigung abgefaßte Brief des Fabius Valens an die Konsuln wurde vorgelesen; mehr gefiel noch Caecinas Bescheidenheit[67], daß er gar nicht geschrieben hatte.

56. Übrigens wurde Italien schwerer und furchtbarer als im Kriege mitgenommen. In den Landstädten und Kolonien zerstreut, plünderten und raubten die Vitellianer und übten Gewalt und Notzucht; zu allem, mochte es recht sein oder unrecht, voll Begierde oder käuflich, schonten sie nicht Heiliges, nicht Gemeines. Auch gab es manche, die, als wären sie Soldaten, ihre persönlichen Feinde töteten. Die Soldaten selbst, mit den Gegenden bekannt, bestimmten sich volle Fruchtfelder, reiche Grundbesitzer zur Plünderung, oder, wollte man sich widersetzen, zum Morde, während die Feldherren sich gebunden fühlten und nicht wagten, es zu hindern. Weniger Habgier, mehr Gefallsucht leitete Caecina; Valens war wegen seines Eigennutzes und seiner Gewinnsucht berüchtigt und übersah aus diesem Grunde auch

fremde Schuld. Da Italiens Wohlstand schon längst erschöpft war, so konnte man eine solche Masse Fußvolk und Reiter, Schädigungen und Unbilden kaum ertragen.

57. Inzwischen ließ Vitellius, ohne von seinem Siege zu wissen, wie zum vollen Kriege die übrigen Streitkräfte des germanischen Heeres heranziehen. Von alten Soldaten wurden wenige in den Winterlagern zurückgelassen und die Aushebungen in Gallien beschleunigt, um die nur namenweise zurückgebliebenen Legionen zu ergänzen. Die Bewachung des Ufers[68] wurde dem Hordeonius Flaccus anvertraut; er selbst ließ von dem britannischen Heere 8000 Auserwählte zu sich stoßen. Als er so einige Tagemärsche vorgerückt war, erfuhr er von dem Glücke bei Bedriacum, und daß durch Othos Tod der Krieg sein Ziel erreicht hatte. Da berief er eine Versammlung und überhäufte die Tapferkeit der Soldaten mit Lobeserhebungen. Als das Heer verlangte, daß er seinen Freigelassenen Asiaticus mit der Ritterwürde beschenkte, unterdrückte er dies als eine unwürdige Schmeichelei; nachher schenkte er infolge seines Wankelmuts, was er öffentlich verweigert hatte, im vertraulichen Beisammensein des Mahles, und beehrte den Asiaticus, einen schändlichen, durch Nichtswürdigkeiten nach Gunst strebenden Sklaven mit den Ringen.

58. In denselben Tagen kamen Nachrichten, daß beide Mauritanien nach Ermordung des Prokurators Albinus übergetreten seien. Lucceius Albinus, von Nero über das caesariensische Mauritanien gesetzt, gebot, da ihm von Galba auch noch die Verwaltung der tingitanischen Provinz gegeben war, über nicht zu verachtende Streitkräfte. Neunzehn Kohorten, fünf Reiterabteilungen und eine ungeheure Zahl von Mauren, eine in Raubstreifzügen zum Kriege brauchbare Mannschaft, waren ihm zur Hand. Nach Galbas Ermordung Otho zugetan und mit Afrika nicht zufrieden, bedrohte er das durch eine schmale Meerenge davon getrennte Spanien. So geriet Cluvius Rufus in Besorgnis und befahl der 10. Legion, sich der Küste zu nähern, als wolle er übersetzen. Centurionen wurden vorausgesendet, um die Mauren für Vitellius zu gewinnen, und es hielt damit nicht schwer, bei dem bedeutenden Rufe des germanischen Heeres in den Provinzen. Ausgesprengt wurde überdies, Albinus maße sich, den Prokuratortitel verachtend, königlichen Schmuck und den Namen Juba[69] an.

59. Als die Stimmung sich so geändert hatte, wurden Asinius Pollio, Präfekt einer Reiterschar, einer der treusten Anhänger des Albinus, und die Kohortenführer Festus und Scipio überfallen, Albinus selbst, indem er aus der tingitanischen Provinz sich nach dem caesariensischen Mauritanien begeben wollte, bei der Landung ermordet. Seine Gemahlin wurde, als sie sich den Mördern zeigte, mit ihm umgebracht: Vitellius bekümmerte sich um nichts von allem, was geschah. Mit halbem Ohre eilte er selbst über noch so wichtiges hinweg, unfähig zu ernsteren Gedanken.

Das Heer ließ er auf dem Landwege weiterziehen; er selber fuhr den Ararstrom[70] hinunter, ohne alles fürstliche Gepränge, sondern nur durch seine alte Dürftigkeit auffallend, bis Junius Blaesus, der Statthalter des lugdunensischen Galliens, von erlauchtem Geschlechte, freigebig von Charakter und dazu auch reich genug, ihn mit fürstlicher Bedienung umgab und ihn selbst auf eine glänzende Weise begleitete, gerade dadurch mißfällig, obwohl Vitellius seinen Haß mit plumpen Artigkeiten zu verhüllen suchte. Es warteten seiner zu Lugdunum die Heerführer der siegreichen und der besiegten Partei. Den Valens und Caecina lobte er in der Versammlung und wies ihnen neben seinem Thronsessel einen Platz an. Dann ließ er das ganze Heer seinem Sohne, einem Kinde noch, entgegenziehen, nannte ihn, als man ihm denselben gebracht und mit einem Feldherrnmantel umhüllt hatte, auf dem Schoße haltend, Germanicus, und umgab ihn mit allen Abzeichen fürstlicher Hoheit. Dieses Übermaß von Ehre im Glück gereichte ihm im Unglück zu Troste.

60. Hierauf wurden die Entschlossensten unter den othonianischen Centurionen hingerichtet, was ganz vorzüglich die Gemüter in den illyrischen Heeren dem Vitellius abwendig machte. Zugleich sannen die übrigen Legionen, von ihnen angesteckt und aus Neid gegen die germanischen Soldaten, auf Krieg. Den Suetonius Paulinus und Licinius Proculus hielt er mit unheimlichem Zögern im Anklagezustand, bis er ihnen Gehör gab und sie eine mehr von der Not gebotene als ehrenhafte Verteidigung versuchten. Sie rechneten sich sogar einen Verrat zum Verdienste an, indem sie die Zeit des langen Marsches vor der Schlacht, die Ermüdung der Othonianer, das Gewirr der Fuhrwerke im Heereszuge und allerlei Zufälligkeiten ihrer List zuschrieben. Vitellius glaubte auch an ihre Treulosigkeit und sprach sie frei in betreff ihrer Treue. Salvius Titianus, Othos Bruder, geriet in keine Gefahr, da er durch Bruderliebe und Feigheit entschuldigt war. Dem Marius Celsus blieb das Konsulat. Doch glaubte man dem Gerüchte, warf es dem Betreffenden nachher auch im Senate vor, Caecilius Simplex habe diese Ehre, und zwar nicht ohne Celsus zu verderben, mit Geld erkaufen wollen. Vitellius ging darauf nicht ein und gab nachher das Konsulat dem Simplex ohne Verbrechen und Kauf. Den Trachalus schützte gegen seine Anschuldiger Galeria, des Vitellius Gemahlin.

61. Unter so bedeutender Männer Gefährdungen wagte es, mit Beschämung sei es gesagt, ein gewisser Mariccus, ein gemeiner Bojer, unter Vorspiegelung göttlicher Eingebungen, sich mit in den Hoheitskampf einzudrängen und die Waffen Roms herauszufordern. Schon hatte er als Erlöser Galliens und Gott – denn so hatte er sich genannt – 8000 Menschen zusammengebracht und verheerte die nächsten Gaue der Aeduer, als es der Bürgerschaft ihres Hauptortes mit einer auserlesenen jungen Mannschaft und von Vitellius beigegebenen Kohorten gelang, die fanatischen Haufen auseinanderzuspren-

gen. In dieser Schlacht wurde Mariccus gefangen und bald darauf wilden Tieren vorgeworfen. Da diese ihn nicht zerrissen, hielt ihn der einfältige Pöbel für unverletzlich, bis er vor Vitellius Augen hingerichtet wurde.

62. Weiter wurde nicht mehr gewaltsam gegen Abtrünnige oder irgend jemandes Güter verfahren. Die Testamente derer blieben gültig, die in Othos Reihen gefallen waren, oder, wo es kein Testament gab, das Gesetz. Überhaupt, hätte sich Vitellius nur in der Schwelgerei mäßigen können, Habsucht brauchte man von ihm nicht zu fürchten. Seine Gier nach Speisen war widerlich und unersättlich. Aus Rom und ganz Italien wurden Leckerbissen herbeigeschleppt, und von beiden Meeren her rasselten die Wagen damit auf den Landstraßen. Durch Zurüstungen von Gelagen wurden die Vornehmen in den Städten erschöpft und diese selbst ausgesogen. Der Soldat entartete durch die Gewöhnung an Wohlleben und Verachtung des Anführers und verlor an Ausdauer und Mannhaftigkeit. Der Kaiser schickte eine Verordnung nach Rom voraus, des Inhaltes, daß er den Titel Augustus erst später, den eines Caesar gar nicht annehmen werde, während er doch von seiner Macht nichts hergab. Die Mathematiker wurden aus Italien vertrieben, und streng verboten, daß römische Ritter sich durch Teilnahme an Gladiatorenkämpfen befleckten. Die vorigen Fürsten hatten sie durch Geld und häufiger noch mit Gewalt dazu gebracht, und viele Landstädte und Kolonien wetteiferten darin, die verderbtesten jungen Leute durch Belohnungen anzulocken.

63. Doch ließ Vitellius, nach der Ankunft seines Bruders und durch die sich einschleichenden Lehrmeister in der Tyrannei hochfahrender und härter geworden, Dolabella töten, der, wie wir erwähnt[71] haben, nach der Kolonie Aquinum entfernt worden war. Dolabella war, nachdem er von Othos Tode gehört, in die Stadt gekommen. Dies machte ihm der gewesene Prätor Plancius Varus, einer von Dolabellas vertrautesten Freunden, bei dem Stadtpräfekten Flavius Sabinus unter dem Vorgeben zum Vorwurf, er habe sich, den Gewahrsam brechend, der besiegten Partei als Führer zeigen wollen. Dazu bemerkte er, er habe die zu Ostia stehende Kohorte zu verführen gesucht. Da sich kein Beweis für so bedeutende Beschuldigungen fand, begann es ihn zu gereuen, und zu spät nach schon begangenem Frevel suchte er um Begnadigung nach. Da Flavius Sabinus wegen einer so wichtigen Sache doch bedenklich war, schreckte ihn Triaria, Lucius Vitellius[72] Gemahlin, ungestüm über die Schranken des Weibes hinaus, damit, daß er, auf Gefahr für den Fürsten, nach dem Rufe der Milde zu streben scheine. Sabinus, seiner eigenen Natur nach sanft, doch, wenn Furcht sich seiner bemächtigte, leicht umzuwandeln, und bei eines andern Gefahr für sich selbst besorgt, brachte den schon Fallenden, damit es nicht schiene, als habe er ihn halten wollen, zum Sturz.

64. Vitellius befahl daher aus Furcht und Haß, weil seine eigne Gemahlin Petronia nach kurzer Zeit Dolabellas Gattin geworden war, indem er ihn schriftlich zu sich beschied, ihn unter Vermeidung der belebten flaminischen Heerstraße seitwärts nach Interamna[73] zu führen und daselbst ums Leben zu bringen. Dies schien dem Mörder zu umständlich; noch auf dem Wege, in einer Herberge, warf er ihn zu Boden und tötete ihn, was zu großer Mißstimmung gegen die neue Regierung führte, als dies als deren erstes Probestück bekannt wurde. Triarias Zügellosigkeit erschien noch empörender neben einem Muster von Anspruchslosigkeit in des Kaisers nächster Umgebung, seiner Gemahlin Galeria, die sich in jene Greuel nicht mischte, und der gleich rechtschaffenen Mutter der Vitellier, Sextilia, einer Frau von alten Sitten. Ja, man erzählte, sie habe auf den ersten Brief ihres Sohnes gesagt, nicht ein Germanicus, ein Vitellius sei von ihr geboren; und auch nachher durch keinen Reiz der Hoheit noch durch öffentliche Huldigungen erfreut, empfand sie nur ihres Hauses Unglück.

65. Als Vitellius schon von Lugdunum abgereist war, erreichte ihn Cluvius Rufus, der Spanien verlassen hatte, Freude und Glückwunsch in der Miene, im Herzen voller Angst und wohl wissend, daß man ihn angeschwärzt hatte. Hilarius, ein kaiserlicher Freigelassener, hatte ihn angezeigt, er habe, sobald er von Vitellius und Othos Herrschaft gehört hatte, nach eigener Gewalt und nach dem Besitze Spaniens gestrebt, und deshalb den Geleitsbriefen gar keinen Fürstennamen vorgesetzt. Auch legte er einiges in seinen Reden als ehrenrührig für Vitellius und als auf Volksgunst für ihn selbst berechnet aus. Cluvius Ansehen war jedoch von solchem Gewichte, daß Vitellius noch obendrein seinen Freigelassenen zu bestrafen gebot. Cluvius wurde dem Gefolge des Fürsten beigesellt, Spanien ihm nicht genommen, welches er nach Lucius Arruntius Vorgange abwesend verwaltete[74]. Diesen hielt der Kaiser Tiberius aus Besorgnis, Vitellius den Cluvius ohne Furcht zurück. Nicht gleiche Ehre widerfuhr dem Trebellius Maximus. Er war wegen der Erbitteurng der Soldaten aus Britannien entflohen; statt seiner wurde nun aus der Zahl der Anwesenden Vettius Bolanus hingesandt.

66. Es ängstigte den Vitellius, daß der Mut der besiegten Legionen noch keineswegs gebrochen war. Über Italien zerstreut und mit den Siegern vermischt, führten sie feindliche Reden, besonders ungestüm die Soldaten der 14. Legion, welche nicht besiegt zu sein erklärten, da in der Schlacht bei Bedriacum nur die Vexillarier geschlagen, die Hauptkräfte der Legion gar nicht zugegen gewesen seien. Man beschloß, sie nach Britannien zurückzuschicken, woher sie von Nero gerufen worden waren, und einstweilen die Bataverkohorten mit ihnen zusammen lagern zu lassen, wegen deren alter Zwietracht mit den Soldaten der 14. Legion. Auch dauerte bei so großer Erbitterung unter Bewaffneten der Friede nicht lange. Als zu Augusta Tauri-

norum[75] ein Bataver einen Handwerker als Betrüger verfolgte, ein Legionär als seinen Wirt ihn schützte, sammelten sich zu einem jeden seine Kampfgenossen; man kam von Schmähungen zum Blutvergießen, und ein fürchterlicher Kampf hätte sich entzündet, hätten nicht zwei prätorische Kohorten, die Partei der 14. Legion ergreifend, diese mit Selbstvertrauen, die Bataver mit Besorgnis erfüllt. Letztere ließ Vitellius als treugesinnt sich seinem Zuge anschließen, die Legion über die grajischen Alpen[76] führen, und einen solchen Umweg auf dem Marsche machen, daß man Vienna vermied; denn auch die Viennenser fürchtete man. In der Nacht, in welcher die Legion aufbrach, verbrannte, da man allenthalben Wachtfeuer hatte brennen lassen, ein Teil der taurinischen Kolonie, ein Verlust, der, wie so vieles Unglück des Krieges, über bedeutenderen Unfällen anderer Städte in Vergessenheit geriet. Als die Soldaten der 14. Legion die Alpen hinabgezogen waren, richteten die Meuterischsten die Feldzeichen nach Vienna. Durch die Einigkeit der Bessergesinnten wurden sie in ihre Schranken zurückgewiesen, und die Legion nach Britannien übergesetzt.

67. Die nächste Besorgnis erregten dem Vitellius die prätorischen Kohorten. Zuerst voneinander abgesondert, dann durch ehrenvolle Entlassung begütigt, lieferten sie die Waffen ihren Tribunen aus, bis Vespasians Waffenerhebung ruchbar wurden. Da nahmen sie ihren Dienst wieder auf und bildeten den Kern der flavischen Partei. Die 1. Seelegion wurde nach Spanien geschickt, um sich in Frieden und Waffenruhe zu besänftigen; die 11. und 7. legte man wieder in ihre Winterquartiere; die von der 13. erhielten Befehl, Amphitheater zu erbauen. Denn Caecina machte zu Cremona, Balens zu Bononia Anstalten, ein Fechterspiel zu geben, da Vitellius sich niemals so mit Regierungssorgen beschäftigte, daß er die Vergnügungen darüber vergessen hätte.

68. So hatte er denn die besiegte Partei auf behutsame Weise zerteilt; aber bei den Siegern entstand ein Aufruhr, ausgehend von einem bloßen Kampfspiele, aber doch so, daß die Menge der dabei Erschlagenen den Haß gegen Vitellius vermehrte. Vitellius speiste zu Ticinum und hatte Verginius zur Tafel gezogen. Die Legaten und Tribunen wetteifern nach der Kaiser Lebensweise in Sittenstrenge, oder haben an frühbeginnenden Gastgelagen ihre Lust; gleicherweise zeigt sich der Soldat dienensteifrig oder zügellos. Bei Vitellius war alles in Unordnung und Rausch, alles mehr Nachtschwärmerei und Bacchanalien als Mannszucht und Felddienst. Als so nun zwei Soldaten, der eine von der 5. Legion, der andere von der gallischen Hilfsmannschaft, im Mutwillen zum Wettkampf im Ringen aneinander gerieten, der Legionär niedergefallen war, der Gallier ihn verhöhnte, und die, welche, um zuzusehen, zusammengekommen waren, Partei für und wider ergriffen, brachen die Legionäre mörderisch gegen die Hilfstruppen los, und zwei Kohorten wurden niedergemacht. Da

stillte ein Tumult den andern. Man erblickte in der Ferne Staub und Waffen, und plötzlich rief man, die 14. Legion sei umgekehrt und ziehe zum Kampfe heran; allein es war nur der Nachtrab; als man ihn erkannte, schwand die Besorgnis. Inzwischen kam ihnen zufällig ein Sklave des Verginius in den Weg und wurde beschuldigt, Vitellius ermorden zu wollen. Und schon stürzten die Soldaten zum Gelage hin und verlangten den Tod des Verginius. Selbst Vitellius zweifelte, obwohl bei jedem Verdacht schon zitternd, nicht an seiner Unschuld. Dennoch waren die Soldaten, welche ungestüm des Konsulars, ihres ehemaligen Feldherrn Hinrichtung verlangten, kaum zu zügeln. Überhaupt wurde niemand häufiger als Verginius durch Aufruhr jeder Art gefährdet. Die Bewunderung des Mannes und sein Ruf hielten sich; aber die Soldaten haßten ihn, weil sie von ihm zurückgewiesen worden waren[77].

69. Am folgenden Tage begab sich Vitellius nach Anhörung einer Gesandtschaft des Senates, die er dort hatte warten lassen, hinüber in das Lager und lobte sogar noch die Anhänglichkeit der Soldaten: laut murrten die Hilfstruppen, daß die Legionäre, so ungestraft wie sie blieben, nun auch noch in ihrer Anmaßung bestärkt wurden. Die Bataverkohorten wurden, damit sie nicht in ihrer Wut noch weiter gingen, nach Germanien zurückgesandt, wodurch das Schicksal zugleich zu einem inneren und auswärtigen Kriege den Grund legte. Den Staaten der Gallier wurde ihr Hilfsvolk zurückgegeben, eine ungeheure Menge, die man gleich beim ersten Abfall mit unter des Krieges Blendwerk aufgenommen hatte. Damit die schon geschwächten Reichsfinanzen zu den Spendungen hinreichten, befahl er, die Dienststärke der Legionen und Hilfsvölker zu beschränken und nicht wieder zu ergänzen. Dazu bot man unbeschränkte Entlassung an. Verderblich war dies für den Staat und den Soldaten lästig, für die nun bei geringerer Anzahl dieselben Verrichtungen, Gefahren und Beschwerden häufiger wiederkehrten. Auch wurden ihre Kräfte durch Wohlleben geschwächt, ganz gegen die alte Zucht und der Vorfahren Einrichtung, zu deren Zeit der römische Staat sich sicherer auf Tapferkeit stützte als auf Geld.

70. Von da wandte sich Vitellius nach Cremona, und als er hier Caecinas Fechterspiel geschaut, verlangte ihn, doch auch die Felder von Bedriacum zu betreten und die Spuren des neulichen Sieges mit eigenen Augen zu besichtigen. Ein scheußlicher und grauenhafter Anblick. Vierzig Tage nach der Schlacht lagen zerfleischte Leiber, abgehauene Glieder, faulende Menschen- und Pferdeleichen da, der Boden war mit dem Moder der Verwesung geschwängert, Bäume und Früchte waren umgehauen: eine furchtbare Wüste. Nicht minder unmenschlich war es, daß die Cremonesen einen Teil des Weges mit Lorbeer und Rosen bestreut, Altäre errichtet und nach Königsbrauch Opfer geschlachtet hatten, was, für den Augenblick freudenvoll, gar

bald ihnen selbst Verderben brachte. Valens und Caecina waren zugegen und wiesen die Punkte des Kampfes; wie von hier der Legionen Zug hereingebrochen, von dort die Reiter sich in Bewegung gesetzt, von jener Seite der Hilfsvolk Scharen sich herumgezogen. Dazu erhoben die Tribunen und Präfekten ihre Taten und mengten Falsches, Wahres oder Übertriebenes durcheinander. Auch die gemeinen Soldaten bogen mit Geschrei und Jubel von der Straße ab, suchten die Ausdehnung der Kämpfe zu ermitteln, betrachteten und bewunderten die Waffenberge und Leichenhaufen: manche gab es, die der Wechsel des Geschickes, Tränen und Mitleid übermannten; nur Vitellius Blick veränderte sich nicht, und es schauderte ihn nicht bei so vielen Tausenden unbestatteter Bürger. Fröhlich sogar und nichts von seinem so nahen Schicksale ahnend, ordnete er ein Opferfest für die Götter der Gegend an.

71. Sofort wurde zu Bononia von Fabius Valens das Fechterspiel gegeben und das Gerät dazu aus Rom herbeigeschafft. Je mehr er sich dem letztern näherte, desto sittenloser ging es auf dem Marsche zu, indem sich Schauspieler und ganze Herden von Verschnittenen einmischten, und was sonst an Neros Hofe Ton gewesen. Denn ihn feierte Vitellius in Bewunderung, gewohnt, einst, wenn er sang, ihn zu begleiten, und zwar nicht aus Zwang, wie selbst die achtbarsten Männer, sondern zu Schwelgerei und Völlerei leibeigen und verkauft. Um dem Valens- und Caecina noch freie Amtsmonate zu eröffnen, drängte er die Konsulate anderer zusammen, ignorierte das des Marcius Macer als eines Herrführers der othonianischen Partei, und schob das von Galba dem Valerius Marinus bestimmte weiter hinaus, nicht irgendwie beleidigt, sondern weil er glaubte, als ein sanfter Mann werde jener die Unbill sich ruhig gefallen lassen. Pedanius Costa wurde beseitigt, als Parteigänger wider Nero und Aufwiegler des Verginius dem Fürsten zuwider; doch brachte dieser andere Gründe vor. Trotzdem stattete man nach Sklavengewohnheit obendrein noch dem Vitellius Dank ab.

72. Nicht für wenige Tage hielt sich eine Lüge, so ernsthaft sie auch begonnen hatte. Es war ein Mann aufgetreten, der sich für Scribonianus Camerinus ausgab, welcher sich in der Schreckenszeit des Nero in Histrien verborgen gehalten habe, weil dort Klienten und Besitzungen der alten Crasser und der günstige Ruf ihres Namens noch fortbestanden. Als er sich so die Allerverworfensten, um die Komödie in Szene zu setzen, beigesellt hatte, rottete sich der leichtgläubige Haufe und auch einige Soldaten, sei es aus Irrtum oder aus Neigung zu Unruhen, um die Wette um ihn zusammen, bis er zu Vitellius geschleppt und, da er auf die Frage, wer in aller Welt er sei, keine genügende Auskunft gab, sein Herr ihn auch als seinen entlaufenen Sklaven Geta erkannte, nach Sklavenweise hingerichtet wurde[78].

73. Kaum glaublich ist es, wie sehr Stolz und Sorglosigkeit bei Vi-

tellius wuchsen, als Ordonnanzen aus Syrien und Judäa die Nachricht brachten, das Morgenland habe ihm gehuldigt. Denn, wenngleich noch auf eine schwankende und ungewisse Sage hin, war Vespasian doch schon in des Volkes Munde und Rede und in der Regel fuhr Vitellius bei seinem Namen auf. Nun ließen sich, als sei kein Nebenbuhler mehr vorhanden, er selber und das Heer in Tyrannei, Wollust und Raubsucht nach des Auslands Sitten zügellos gehen.

74. Dagegen hatte Vespasian den Krieg, die Rüstungen und die fern oder nahe liegenden Streitkräfte stets im Auge. Die Soldaten waren ihm allein so ganz ergeben, daß sie, als er ihnen den Eid vorsprach und dem Vitellius Heil und Segen erflehte, ihn nur schweigend anhörten. Mucianus war dem Vespasian nicht abgeneigt und noch mehr dem Titus zugetan. Der Statthalter Ägyptens, Tiberius Alexander, hatte gemeinsame Sache mit ihm gemacht. Die 3. Legion sah er, weil sie von Syrien aus nach Mösien versetzt war, als die seinige an; daß die übrigen Legionen von Illyricum ihr folgen würden, konnte man erwarten; denn sämtliche Heere hatte die Anmaßung der von Vitellius kommenden Soldaten in Flammen gesetzt, indem sie wild von Ansehen, rauhen Tones in ihrer Sprache, die übrigen als schlechtere verhöhnten. Allein, bei einem Kriege von solchem Umfange trägt man gewöhnlich doch Bedenken, und Vespasian, sonst zur Hoffnung geneigt, erwog dann auch wieder das Mißlingen: was für ein Tag es sein werde, an welchem er sechzig Lebensjahre[79] und zwei Söhne im Jugendalter dem Kriege anvertraue? Bei Privatunternehmungen finde ein Fortschreiten, finde ein Zurückschreiten statt, und man könne es, je nachdem man wolle, mehr oder weniger auf das Glück ankommen lassen; wer nach der Herrschaft strebe, dem sei zwischen Gipfel und Abgrund kein Mittelweg gelassen.

75. Vor Augen schwebte ihm die Stärke des germanischen Heeres, dem Kriegsmanne wohlbekannt; wie seine Legionen im Bürgerkriege sich noch nicht versucht hatten, die des Vitellius siegreich waren, und bei den Besiegten mehr Unzufriedenheit als Kraft zu finden war. In der Zwietracht ist die Treue der Soldaten schwankend und von jedem einzelnen Gefahr zu fürchten; denn was würden Kohorten und Reiterscharen helfen, wenn der eine oder der andere durch eine rasche Tat nach dem von der Gegenpartei zu erwartenden Lohn strebte? So war Scribonianus unter Claudius gefallen, so war sein Mörder Volaginius vom gemeinen Soldaten zum höchsten Range im Kriegsdienst emporgehoben worden. Es schien leichter, alle zu entflammen, als sich vor einem einzelnen zu hüten.

76. Während er unter solchen Befürchtungen schwankte, richteten ihn teils andere, Legaten und Freunde, teils Mucianus wieder auf, der nach vielen vertraulichen Unterredungen nun auch vor Zeugen so zu ihm sprach: „Jeder, der eine Beratung vor großen Unternehmungen anstellt, muß überlegen, ob, was er beginnt, dem Staate nützlich,

ruhmvoll für ihn selbst, leicht ausführbar, oder wenigstens nicht schwierig ist. Zugleich ist in Betracht zu ziehen, ob der, welcher dazu rät, auch seine eigene Gefahr dabei nicht aus dem Spiele läßt und, wenn das Glück dem Unternehmen günstig ist, wer dann von beiden die höchste Ehre gewinnt. Ich rufe dich nun, Vespasian, zur Herrschaft, wie dem Staate zum Heil, so dir zum Preise. Nächst den Göttern ruht sie in deiner Hand. Vor Schmeichelschein braucht dir dabei nicht bange zu sein. Von Schmach möchte es minder weit entfernt als von Ehre sein, nach Vitellius erwählt zu werden. Nicht gegen des verewigten Augustus scharfblickenden Geist, noch gegen Tiberius vorsichtiges Alter, nicht einmal gegen eines Gaius, Claudius oder Nero auf lange Herrschaft gestütztes Haus erheben wir uns. Zurückgetreten bist du auch vor Galbas Ahnenbildern. Länger in träger Ruhe zu warten und den Staat der Befleckung und Vernichtung preiszugeben, würde als Stumpfsinn und Feigheit erscheinen, gesetzt auch, du könntest dich ebenso sicher in der Knechtschaft fühlen, wie sie dich entehrte. Verstrichen und vorbei ist die Zeit, wo es allenfalls hätte so scheinen können, du habest nach dem Throne gestrebt; deine Zuflucht mußt du nun zu demselben nehmen. Oder hast du Corbulos Ermordung vergessen? Ich gestehe, er war von glänzenderer Abkunft als wir; aber auch Nero stand an Adel der Geburt über Vitellius. Berühmt genug ist der Gefürchtete in den Augen des Fürchtenden, wer es auch sei; und daß es möglich ist, vom Heere zum Fürsten gemacht zu werden, dafür ist Vitellius selbst ein Beweis, der ohne irgend einen Feldzug, ohne allen Kriegsruhm, bloß durch Galbas Verhaßtheit emporgehoben wurde. Auch den Otho hat er nicht durch Feldherrnkunst oder Heeresmacht besiegt, sondern durch dessen voreilige Verzweiflung, und ihn schon zu einem zurückzuersehnenden und großen Fürsten gemacht, während er mittlerweile die Legionen zerstreut, die Kohorten entwaffnet, täglich neuen Samen zum Kriege legt. Hatte der Soldat noch etwas von Feuer und Kampfeslust, so wird es durch Schlemmerei, durch Nachtgelage und die Nachahmung des Fürsten ausgetilgt. Du hast aus Judäa, Syrien und Ägypten neun frische, durch keine Schlacht erschöpfte Legionen, welche noch keine Zwietracht verdorben hat, sondern deren Soldaten durch Übung abgehärtet sind und einen auswärtigen Krieg glücklich geführt haben, starke Flotten, Reiterscharen und Kohorten, dir treugesinnteste Könige und deine eigene Erfahrenheit, worin du alle übertriffst.

77. „Von mir will ich nichts weiter sagen, als daß man mich nicht hinter Valens und Caecina stellt. Doch verschmähe deshalb den Mucianus als Genossen nicht, weil du ihn nicht als Nebenbuhler kennenlerntest. Mich stelle ich über Vitellius, dich über mich. Dein Haus hat einen Namen durch Triumph[80], zwei Jünglinge, von denen einer schon der Herrschaft fähig und in den ersten Jahren des Dienstes auch im germanischen Heere berühmt geworden ist. Töricht wäre es, dem

die Herrschaft nicht zu überlassen, dessen Sohn ich adoptieren würde, wenn ich selber herrschte. Übrigens wird sich Glück und Unglück für uns beide nicht gleich gestalten. Denn siegen wir, so wird die Ehre, welche du mir geben wirst, mir zuteilwerden; Mißlingen und Gefahren werden wir zu gleichen Teilen tragen; oder vielmehr, wie es noch besser ist, behalte du die Lenkung der Heere von gesicherter Stellung aus, mir überlasse den Krieg und den ungewissen Erfolg der Schlachten. Heutzutage halten die Besiegten strengere Mannszucht als die Sieger. Jene entflammt Erbitterung, Haß und Rachgier zur Tapferkeit; diese erlahmen in Hochmut und Stolz. Der Krieg selbst wird schon die verdeckten und schwellenden Wunden der siegreichen Partei aufdecken und bloßlegen, und ich setze kein größeres Vertrauen auf deine Wachsamkeit, Sparsamkeit und Weisheit, als auf des Vitellius Stumpfsinn, Unverstand und Grausamkeit. Übrigens steht im Kriege unsere Sache besser als im Frieden; denn wer überlegt, der ist schon abgefallen."

78. Nach Mucianus Rede drängten sich die übrigen kühner herbei, redeten ihm zu und führten Seherausssprüche und der Sterne Bewegung an. Auch war er von solchem Aberglauben nicht unberührt geblieben, hatte er doch bald nachher als Herrscher des Reichs einen gewissen Seleucus, einen Astrologen, ganz öffentlich zum Ratgeber und Wahrsager. Auch alte Vorzeichen traten ihm wieder vor die Seele: ein Zypressenbaum auf seinen Feldern von ansehnlicher Höhe war plötzlich umgestürzt und grünte am folgenden Tage, an derselben Stelle sich wieder erhebend, ebenso schlank und noch umfangreicher. Dies deuteten die Wahrsager insgesamt als etwas Großes und Glückverkündendes, und der höchste Glanz wurde dem Vespasian in früher Jugendzeit verheißen. Doch schienen anfangs die Triumphinsignien, das Konsulat und des jüdischen Sieges Ruhm die Verheißung des Wahrzeichens erfüllt zu haben; als er dies alles erlangt hatte, glaubte er, es werde ihm die Herrschaft prophezeit. Zwischen Judäa und Syrien liegt der Karmel: so nennt man den Berg und die Gottheit. Diese besitzt weder Bild noch Tempel, wie es die Vorfahren überliefert haben, nur Altar und Anbetung. Als Vespasian dort opferte und geheime Hoffnungen in seiner Seele nährte, sprach der Priester Basilides nach wiederholter Schau der Eingeweide: „Was es auch sei, was du vorhast, Vespasian, einen Palast zu bauen, deinen Grundbesitz zu erweitern, deine Sklaven zu vermehren, beschieden sind dir ein großer Wohnsitz, unermeßliches Gebiet und viele Menschen." Diese rätselhaften Worte hatte das Gerücht sogleich aufgefaßt und wußte sie zu deuten: nichts war mehr als dies im Munde des Volkes; in Vespasians Gegenwart wurde desto häufiger davon gesprochen, je mehr man einem Hoffenden zu sagen pflegt. Mit nicht mehr schwankendem Vorsatze schieden sie, Mucian nach Antiochia, Vespasian nach Caesarea. Jenes ist die Hauptstadt Syriens, dieses die Judäas.

79. Der Anfang, Vespasian die Herrschaft zu übertragen, wurde zu Alexandria gemacht, wo Tiberius Alexander sich beeilte und am 1. Juli die Legionen für ihn in Eid nahm. Dieser Tag wurde auch in Zukunft als Antrittstag der Regierung gefeiert, obgleich das in Judäa stehende Heer am 3. Juli ihm selbst gehuldigt hatte, mit solchem Eifer, daß man nicht einmal seinen Sohn Titus abwartete, der aus Syrien auf dem Heimwege und der Mittelsmann der Beratschlagungen Mucians und seines Vaters war. Alles ging vom Ungestüm der Soldaten aus, ohne Veranstaltung einer Versammlung und ohne Zusammenziehung der Legionen.

80. Während man noch um Zeit und Ort und, was in solchen Fällen das Schwierigste ist, ums erste Wort verlegen war, während Hoffnung und Furcht, Berechnung und Zufall den Geist beschäftigten, begrüßten, als er eben aus dem Schlafgemache trat, einige wenige Soldaten, wie zur Begrüßung des Legaten in gewohnter Ordnung antretend, den Vespasian als Imperator. Da liefen auch die übrigen herbei und riefen ihm Caesar, Augustus und alle möglichen Benennungen des Kaisertums zugleich zu. Die Stimmung hatte aus der Besorgnis den Übergang zur Hoheit gefunden. An ihm selbst war nichts von Aufgeblasenheit, von Anmaßung oder Veränderung in der veränderten Lage zu entdecken. Sobald er nur den wegen einer so großen Umwandlung vor seinen Augen sich lagernden Nebel verscheucht hatte, sprach er nach eines Kriegsmanns Weise und nun kam alles ihm freudig und wie im Strom entgegen. Denn eben darauf hatte Mucian nur gewartet und nahm nun die bereitwilligen Soldaten für Vespasian in Eid. Hierauf begab er sich in das Theater, wo die Antiochener sich zu beratschlagen pflegen, und redete die Zusammenströmenden, die sich in Schmeichelei ergossen, an, auch im Griechischen von ziemlich schönem Vortrag, und überhaupt in allem, was er sagte und tat, eine gewisse Kunst zur Schau tragend. Nichts brachte die Provinz und das Heer so auf, als daß Mucian versicherte, Vitellius habe beschlossen, die germanischen Legionen zu reichem und ruhigem Dienst nach Syrien zu verlegen, dagegen die syrischen Legionen mit den durch Klima und Anstrengungen beschwerlichen germanischen Winterlagern tauschen zu lassen. Die Bewohner der Provinz hatten nämlich die schon gewohnte Gemeinschaft mit den Soldaten gern, großenteils mit ihnen verschwägert und ihnen anverwandt, und die Soldaten liebten das durch den langen Dienst einmal bekannte und vertraut gewordene Lager gleich der Heimat.

81. Noch vor dem 15. Juli hatte ganz Syrien Treue geschworen. Von Königen traten bei Sohaemus[81], mit nicht zu verachtenden Streitkräften, und Antiochus, dessen Schätze von alters her unermeßlich waren, der reichste der dienstbaren Könige. Bald war auch Agrippa, durch geheime Botschaften der Seinigen aus Rom abgerufen, ehe noch Vitellius etwas wußte, auf schneller Seefahrt herbei-

geeilt, und mit nicht geringerem Eifer unterstützte die Königin Berenice die Partei, in jugendlicher Schönheit blühend, und auch dem alten Vespasian durch die Großartigkeit ihrer Geschenke angenehm. Was von den Provinzen das Meer bespült bis nach Asien und Achaja hin, und was landeinwärts sich nach Pontus und Armenien ausdehnt, das alles leistete den Eid. Dort regierten die Legaten ohne Waffenmacht, da Cappadocien jetzt noch keine Legionen hatte. Eine Beratung über das Ganze wurde zu Berytus[82] gehalten. Dorthin kamen Mucian mit seinen Legaten, Tribunen und den hervorragendsten Centurionen und Soldaten, sowie auch aus dem in Judäa stehenden Heere auserlesene Leute in Waffenschmuck. Soviel Fußvolk zugleich und Reiterei, sowie das Gepränge untereinander wetteifernder Könige, hatte dem Ganzen das Ansehen fürstlicher Hoheit gegeben.

82. Die erste Sorge für den Krieg war, Aushebungen zu veranstalten und die Veteranen wieder einzuberufen. Es wurden ansehnliche Städte dazu erkoren, Waffenwerkstätten in Tätigkeit zu setzen; zu Antiochia wurde Gold und Silber gemünzt, und all dies durch dazu geschickte Leute, jegliches an seinem Orte, eilig betrieben. Vespasian selbst sah nach, ermunterte, regte die Braven durch Lob, die Lässigen häufiger durch sein Beispiel als durch Tadel an, mehr die Fehler seiner Freunde, als ihre Verdienste übersehend. Viele beehrte er mit Präfekturen und Prokuratorstellen, einen sehr großen Teil mit der Auszeichnung des Senatorranges, treffliche Männer, die bald zu den höchsten Würden gelangten; bei einigen vertrat das Glück die Stelle der Verdienste. Zu einem Geschenke hatte den Soldaten gleich in der ersten Versammlung Mucian schon nur mäßige Hoffnung gemacht, und Vespasian gab im Bürgerkriege nicht mehr, als andere im Frieden, außerordentlich fest gegen Spenden an die Soldaten und deshalb im Besitz eines besseren Heeres. An die Parther und Armenier wurden Gesandte abgeordnet, und Vorkehrungen getroffen, daß nicht, wenn die Legionen sich mit dem Bürgerkriege beschäftigten, der Rücken bloßgegeben würde. Titus sollte Judäa bedrängen, Vespasian die Schlüssel Ägyptens behaupten. Gegen Vitellius schien ein Teil der Truppen hinreichend, Mucianus an ihrer Spitze, Vespasians Name und die Hoffnung, daß dem Geschick nichts zu schwer. An alle Heere und Legaten wurden Sendschreiben erlassen und ihnen anempfohlen, die gegen Vitellius aufgebrachten Prätorianer zur Wiederaufnahme des Dienstes durch ein Handgeld einzuladen.

83. Mucianus brach mit leichtgerüsteter Mannschaft auf, mehr den Genossen der Herrschaft, als den Diener derselben spielend, nicht in langsamem Marsche, damit er nicht sich zu bedenken schiene, doch auch nicht eilend; er ließ den Ruf erst durch die Entfernung selbst wachsen, wohl wissend, daß seine Kräfte nur mäßig waren, und man von Entferntem sich größere Vorstellungen mache. Aber es folgten ihm die 6. Legion und 13000 Vexillarier in langem Zuge. Die Flotte

hatte er aus Pontus nach Byzanz bringen lassen, noch unentschlossen, ob er nicht, Mösien liegenlassend, Dyrrhachium mit dem Fußvolk und der Reiterei, zu gleicher Zeit mit Kriegsschiffen das Meer nach Italien hin besetzen sollte, damit so Achaja und Asien im Rücken sicher seien, die waffenlos Vitellius preisgegeben wären, wenn man sie nicht durch Besatzungen deckte. Dann würde auch Vitellius selbst nicht wissen, welchen Teil Italiens er schützen solle, wenn ihm Brundisium und Tarent, Calabriens und Lucaniens Küsten von feindlichen Flotten bedroht würden.

84. So waren also durch Zurüstung von Schiffen, Mannschaft und Waffen die Provinzen in lärmender Bewegung. Aber nichts machte mehr zu schaffen, als die Beitreibung des Geldes. Dieses, behauptete Mucianus, sei des Bürgerkrieges Nerv, und sah bei Untersuchungen nicht auf Recht und Wahrheit, sondern lediglich auf des Vermögens Größe. Überall blühten Angebereien, und wer nur recht reich war, wurde ein Opfer der Ausbeutung. Dieses drückende und unerträgliche, aber durch die Not des Krieges entschuldigte Verfahren blieb auch im Frieden, obwohl Vespasian selbst während des Anfangs seiner Regierung auf Ungerechtigkeiten nicht gerade sehr bestand, bis er es in des Glückes Nachsicht und unter schlechten Ratgebern zu wagen lernte. Auch mit seinem eigenen Vermögen unterstützte Mucianus den Krieg, als Privatmann reichlich spendend, was er um so habsüchtiger vom Staate wieder nehmen wollte. Andere, die in Geldbeiträgen seinem Beispiel folgten, hatten nur selten ebensofreie Hand, sich wieder bezahlt zu machen.

85. Indessen wurde Vespasians Unternehmen durch den Eifer des illyrischen Heeres beschleunigt: die auf seine Seite tretende 3. Legion gab den übrigen Legionen Mösiens das Beispiel. Dies waren die 8. und die 7., Claudiana genannt, ganz für Otho eingenommen, wiewohl sie an der Schlacht nicht teilgenommen hatten. Bis Aquileja vorgerückt, hatten sie damit, daß sie die, welche ihnen die Nachricht über Otho brachten, fortjagten und die Fahnen, die des Vitellius Namen trugen, zerrissen, endlich die Feldkasse geraubt und unter sich verteilt, sich schon als Feinde gezeigt. Daraus entstand bei ihnen Furcht und aus der Furcht die Überlegung, man könne sich ja bei Vespasian das zugute rechnen, weshalb man sich bei Vitellius entschuldigen müsse. So suchten die drei mösischen Legionen durch Sendschreiben das pannonische Heer für sich zu gewinnen oder, falls es sich weigerte, zur Gewalt zu schreiten. Während dieser Bewegung erkühnte sich Aponius Saturninus, der Statthalter Mösiens, der größten Untat, indem er einen Centurio abschickte, den Legaten der 7. Legion Tertius Julianus zu ermorden, wegen Zwistigkeiten, welche er mit der Sache der Partei bemäntelte. Julianus floh, von seiner Gefahr benachrichtigt, der Gegend kundige Leute mit sich nehmend, durch unwegsame Teile Mösiens über das Gebirge Hämus, und nahm

auch forthin nicht an dem Bürgerkriege teil, unter allerlei Aufenthalt die zu Vespasian unternommene Reise in die Länge ziehend, und je nachdem die Nachrichten lauteten, zögernd oder eilend.

86. Dagegen traten in Pannonien die 13. Legion und die 7., Galbiana genannt, noch in Ingrimm und Zorn wegen der Schlacht bei Bedriacum, ohne Zögern zu Vespasian über: ganz besonders trieb dazu Antonius Primus[83] an. Er hatte, nach den Gesetzen schuldig, und zu Neros Zeit wegen Fälschung verurteilt, wie der Krieg so manche Ungehörigkeit zur Folge hat, den Senatorenrang wieder erhalten. Von Galba an die Spitze der 7. Legion gestellt, schrieb er, wie man glaubte, oft an Otho, und erbot sich ihm zum Führer im Bürgerkriege. Von diesem nicht beachtet, nahm er in keiner Weise am othonianischen Kriege Anteil. Als des Vitellius Sache wankte, schloß er sich an Vespasian an, und war für diesen von bedeutendem Gewicht als persönlich tapferer, redegewandter und meisterhaft den Samen der Mißgunst wider andere ausstreuender Meister, in Spaltungen und Empörungen vielvermögend, räuberisch, verschwenderisch, im Frieden der gefährlichste Mensch, im Kriege nicht zu verachten. So vereinigten sich die mösischen und pannonischen Heere und zogen auch die dalmatische Miliz auf ihre Seite, obwohl die konsularischen Legaten nichts weniger als Unruhstifter waren. Tampius Flavianus stand in Pannonien, Pompejus Silvanus in Dalmatien, beides reiche Greise. Als Prokurator stand ihnen Cornelius Fuscus zur Seite, ein Mann in kräftigem Alter und von berühmter Abkunft. Als noch junger Mann war er aus Gewinnstreben aus dem Senatorenstand ausgetreten; dann hatte er sich für Galba an die Spitze seiner Kolonie gestellt und für diesen Dienst die Prokuratorenwürde erlangt. Jetzt Vespasians Partei ergreifend, suchte er am tätigsten die Flamme des Krieges zu entzünden, indem er nicht nur am Lohne der Gefahren, als an diesen selbst Gefallen fand: dem sichern und längst erworbenen Besitze zog er Neues, Ungewisses, Schwankendes vor. So schickte man sich also an, an dem, was sich irgendwo krankhaft zeigte, zu rütteln und zu schütteln. Man schrieb an die 14. Legion nach Britannien, an die 1. nach Spanien, weil beide für Otho und wider Vitellius gewesen waren, und ließ in Gallien Schriften verbreiten, so daß in jedem Augenblicke ein ungeheurer Krieg entbrennen konnte, zumal die illyrischen Heere offenbar schon abgefallen, die übrigen dem Glücke zu folgen bereit waren.

87. Während dies alles in den Provinzen von Vespasian und den Führern seiner Partei ins Werk gesetzt wurde, zog Vitellius, mit jedem Tage verächtlicher und schlaffer, bei allen Lustbarkeiten der Munizipien und Landsitze haltmachend, in schwerfälligem Heereszuge nach Rom. 60000 Bewaffnete folgten ihm, in Zügellosigkeit verderbt; an Troßknechten eine noch größere Zahl, Marketender sind ja auch unter Sklaven stets das frechste Gesindel. Dazu war die Beglei-

tung so vieler Legaten und Freunde unfähig zu gehorchen, auch wenn sie unter strengster Zucht gestanden hätten. Noch beschwerlicher machten diese Menge die Senatoren und Ritter, die aus der Stadt entgegengezogen kamen, manche aus Furcht, viele aus Schmeichelei, die übrigen und allmählich alle, damit, während die andern sich aufmachten, nur sie nicht zurückblieben. Zu ihnen gesellten sich Leute aus dem Pöbel, welche als zu allen Schändlichkeiten dienstergeben dem Vitellius schon bekannt waren, Possenreißer, Schauspieler, Wagenlenker, an deren entehrender Freundschaft er seine besondere Freude hatte. Und nicht bloß die Kolonien oder Landstädte wurden durch Lieferungen, sondern die Bauern selbst und ihre Felder, auf denen die Früchte schon reif waren, wie Feindesland gebrandschatzt.

88. Viele und schreckliche Metzeleien fielen unter den Soldaten vor, da seit dem Aufstande in Ticinum die Zwietracht unter den Legionen und Hilfstruppen fortbestand, und sie nur, wenn man mit den Landbewohnern zu kämpfen hatte, zusammenhielten. Die meisten Opfer jedoch fielen am siebenten Meilensteine von der Stadt. Dort ließ Vitellius den Soldaten Mann für Mann schon zubereitete Speisen wie Gladiatorenfraß austeilen, und der herbeigeströmte Pöbel hatte sich durch das ganze Lager verbreitet. Einige davon – sie wollten nur städtischen Mutwillen treiben – entwaffneten die unbekümmerten Soldaten und fragten, nachdem sie ihnen heimlich die Wehrgehänge abgeschnitten hatten, ob sie mit dem Schwert versehen wären. An Verhöhnung nicht gewöhnt, ließen sich die Soldaten den Spott nicht gefallen und gingen auf das unbewaffnete Volk mit den Schwertern los. Unter andern wurde auch der Vater eines Soldaten, während er den Sohn begleitete, ermordet. Als man ihn hierauf erkannte und der Mord ruchbar wurde, verschonte man die Schuldlosen. In der Stadt jedoch zitterte man, da allenthalben schon Soldaten vorausliefen. Zumeist eilten sie auf das Forum, aus Begier, den Ort zu sehen, wo Galba gelegen hatte; und einen nicht minder schrecklichen Anblick boten sie selbst, in ihren Tierhäuten und ungeheuern Waffen starrend, wenn sie dem Gedränge des Volks in ihrer Plumpheit nicht gehörig auswichen oder, wenn sie auf schlüpfriger Erde oder durch jemandes Entgegenrennen niederfielen und zu Zank, hernach zu Tätlichkeiten und zum Schwerte schritten. Ja, auch Tribunen und Präfekten sprengten auf schreckenerregende Weise und mit Scharen von Bewaffneten umher.

89. Vitellius selbst, von der mulvischen Brücke her auf prächtigem Rosse, im Feldherrnmantel und mit dem Schwerte umgürtet, ließ Senat und Volk vor sich hertreiben, gab jedoch dem Rate seiner Freunde nach, nicht in die Stadt einzurücken, als wäre sie erobert, legte die purpurverbrämte Toga an, und zog in geordnetem Heereszuge ein. Die Adler von vier Legionen in der Front und ebensoviele Fahnen aus anderen Legionen zu beiden Seiten, dann die Feldzeichen

von zwölf Reiterscharen und hinter den Reihen des Fußvolks die Reiterei; hierauf vierunddreißig Kohorten, nach den Völkernamen oder Waffengattungen gesondert; vor ihren Adlern die Lagerpräfekten, die Tribunen und die ersten Centurionen, in weißem Gewande; die übrigen ein jeder neben seiner Centurie in ihren Waffen und Ehrenauszeichnungen strahlend; auch bei den Soldaten glänzten Brustgehänge und Halsgeschmeide: ein schöner Anblick und ein Heer, das eines andern Fürsten als Vitellius würdig war. So zog er auf das Kapitol, umarmte dort seine Mutter und beehrte sie mit dem Namen Augusta.

90. Am folgenden Tageließ er sich, wie vor dem Senate und Volke einer fremden Stadt, mit einer prunkenden Rede über seine eigene Person vernehmen, indem er seine Tätigkeit und Mäßigung mit Lob erhob, da doch die Anwesenden selbst und ganz Italien, durch welches er in Schlaf und Schwelgerei schandbar einhergezogen war, Zeugen seiner Schandtaten waren. Dennoch lärmte ihm der Pöbel, welcher, ohne Sorgen, ohne Falsches und Wahres zu unterscheiden, die gewohnten Schmeicheleien einmal gelernt hatte, mit Geschrei und Zuruf Beifall entgegen; und als er den Titel Augustus ablehnte, erzwangen sie, daß er ihn annahm, was ebenso bedeutungslos war, als wenn er ihn ausgeschlagen hätte.

91. In der bei allem eine Deutung suchenden Stadt wurde es als ein Unheil verkündendes Vorzeichen angesehen, daß Vitellius, nachdem er das Oberpriestertum erhalten, am 18. Juli sein Edikt über die öffentlichen Feierlichkeiten erlassen hatte, an einem von alters her wegen der Niederlagen an der Cremera und Allia unheilvollen Tage[84]. So alles menschlichen und göttlichen Rechts unkundig, während seiner Freigelassenen und Freunde Stumpfsinn ebensogroß war, lebte er wie unter Weinberauschten dahin. Doch beging er die Konsulwahlen mit den Bewerbern auf ganz bürgerliche Weise und strebte nach jedem Beifallsrufe auch des niedrigsten Pöbels, im Theater als Zuschauer, im Zirkus als Parteibegünstigter. Dies wurde jedoch, so angenehm und dem Volke gefällig es gewesen wäre, wäre es aus edlen Eigenschaften hervorgegangen, bei der Erinnerung an sein früheres Leben als entehrend und niedrig angesehen. Häufig kam er in den Senat, auch wenn derselbe über Kleinigkeiten befragt werden sollte. So hatte zufällig einmal der designierte Prätor Priscus Helvidius wider seinen Sinn gestimmt. Vitellius, anfangs aufgebracht, ging jedoch nicht weiter, als daß er die Volkstribunen wegen der Verachtung seiner Macht zu Hilfe rief. Nachher, als seine Freunde, welche eine tieferliegende Erbitterung bei ihm befürchteten, ihn zu besänftigen suchten, antwortete er ihnen, es sei nichts Neues, daß zwei Senatoren in Staatssachen verschiedener Meinung wären; auch er habe ja in der Regel dem Thrasea widersprochen. Die Mehrzahl spottete über die Unverschämtheit dieser Parallele; andern gefiel eben das, daß er

niemand von den Übermächtigen, sondern Thrasea zum Muster wahren Ruhms hervorgehoben hatte.

92. An die Spitze der Prätorianer hatte er den Publius Sabinus von der Präfektur einer Kohorte und den damaligen Centurio Julius Priscus erhoben; Priscus galt etwas durch Valens, Sabinus durch Caecinas Gunst. Während diese uneins waren, hatte Vitellius gar kein Gewicht. Die Regierungsgeschäfte besorgten Caecina und Valens, längst voll Angst, in gegenseitigem Hasse, den, da sie ihn im Kriege und im Lager schon nur schlecht zu verhehlen wußten, der Unverstand der Freunde und das zu Feindschaften so reichen Stoff enthaltende Rom vermehrte, indem sie im Bestreben anderer um ihre Gunst, im Gefolge und den ungeheuren Schwärmen der sie Begrüßenden, einander den Rang streitig machten und miteinander verglichen wurden, während sich Vitellius bald zu diesem, bald zu jenem hinneigte; niemals ist ja die Macht ganz sicher, wo sie zu weit strebt. Dabei verachteten und fürchteten sie zugleich den Vitellius selbst, der zwischen plötzlicher ungnädiger Stimmung und unzeitigen Artigkeiten wechselte. Doch waren sie deshalb nicht säumiger über Paläste, Parks und Staatsvermögen hergefallen, während die beklagenswerte und darbende Schar der Adligen, die Galba nur mit ihrem Leben und ihren Kindern dem Vaterlande wiedergegeben hatte, in keiner Weise durch das Mitleid des Fürsten Unterstützung fand. Eine den Großen des Staates willkommene Maßregel fand auch beim niederen Volke Anerkennung, nämlich daß er den aus der Verbannung Zurückgekehrten die Rechtsansprüche[85] an ihre Freigelassenen zugestanden hatte, obwohl die Sklavenschlauheit dies auf jede Art erfolglos zu machen suchte, indem sie ihre Gelder in den Säckeln unbekannter oder ehrgeiziger Leute unterbrachten, einige sogar in das Haus des Kaisers übertraten und so mächtiger wurden als ihre Herren selbst.

93. Die Soldaten dagegen schweiften, da das Lager voll war und die Menge nicht faßte, in den Hallen oder Tempeln und in der ganzen Stadt umher, kannten keinen Sammelplatz, hielten keine Wachen und stärkten sich durch keine Anstrengung. Unter den Verführungen der Stadt und Lüsten, die man sich auszusprechen scheut, entkräfteten sie den Leib durch Müßiggang, die Seele durch Wollust. Zuletzt schlug ein großer Teil, nicht einmal für das Leben besorgt, in der verrufenen Gegend des Vatikan seine Zelte auf, woher denn große Sterblichkeit unter den Gemeinen ausbrach. Auch richtete bei der Nähe des Tiber der unvorsichtige Gebrauch des Flusses und die Unfähigkeit, die Hitze zu ertragen, die so schon für Krankheiten empfänglichen Germanen und Gallier zugrunde. Überdies war durch Unregelmäßigkeit oder Gunsterschleichung die Heerordnung verwirrt worden. Sechzehn prätorische und vier Stadtkohorten wurden gebildet, jede zu 1000 Mann. Am meisten nahm sich Valens bei dieser Aushebung heraus, als habe er Caecina selbst aus der Gefahr gerissen.

Allerdings hatte durch seine Ankunft die Partei erst wieder Kraft gewonnen, und er hatte das nachteilige Gerede über seinen langsamen Marsch durch die glückliche Schlacht ins Gegenteil verwandelt; auch alle Soldaten Niedergemaniens hingen Valens an, und man glaubt deshalb, daß deswegen zuerst Caecinas Treue wankte.

94. Übrigens sah Vitellius nicht so viel den Feldherren nach, daß nicht den Soldaten noch mehr gestattet gewesen wäre. Jeder wählte sich selbst seinen Dienst. Selbst der Unwürdigste, war es ihm so lieber, wurde zur Stadtmiliz versetzt; auf der andern Seite gestattete man es, wenn tüchtige Leute unter den Legionären oder unter der bundesgenössischen Reiterei bleiben wollten, und es fehlte nicht an Soldaten, die dies wollten, weil sie von Krankheiten erschöpft waren und über die Ungesundheit des Klimas klagten. Dennoch wurde den Legionen und Reiterhaufen der Kern genommen, und dadurch des Lagers Ehre untergraben, indem man 20000 aus dem ganzen Heere mehr zusammenwürfelte als auswählte.

Als Vitellius eine Heerversammlung hielt, verlangten die Soldaten die Hinrichtung des Asiaticus, Flavius und Rufinus, der Heerführer in Gallien, weil sie für Vindex Krieg geführt hatten, und Vitellius wies solche Forderungen nicht zurück; abgesehen von dem seinem trägen Geiste angeborenen Mangel an Tatkraft, dachte er daran, daß ihm das Geschenk an die Soldaten bevorstehe, das Geld aber fehle, und gewährte ihnen deshalb alles andere. Den kaiserlichen Freigelassenen wurde geboten, gleich einem Tribute, nach der Zahl ihrer Sklaven beizusteuern. Vitellius selbst, nur damit beschäftigt, Geld durchzubringen, errichtete für Wagenlenker Stallungen, überfüllte den Zirkus mit Fechterspielen und Tierhetzen und vergeudete das Geld wie im größten Überflusse.

95. Ja, selbst den Geburtstag des Vitellius feierten Caecina und Valens durch Fechterspiele auf allen öffentlichen Plätzen der Stadt mit ungeheurem, bis auf jenen Tag ungewohntem Aufwande. Eine Freude für das gemeine Gesindel und den Gutgesinnten zum Ärgernis war es, daß er auf dem Marsfelde Altäre errichtete und dem Nero eine Totenfeier veranstaltete. Da wurden im Namen des Staates Opfertiere geschlachtet und verbrannt; Augustalen legten die Fackel an, eine Priesterschaft, die, wie eine ähnliche Romulus dem König Tatius[86], so der Kaiser Tiberius dem julischen Geschlecht geweiht hatte. Noch waren es nicht vier Monate seit dem Siege, als des Vitellius Freigelassener Asiaticus einem Polyclitus, einem Patrobius und den früher schon verhaßten Namen gleichkam. Niemand wetteiferte an diesem Hofe in Rechtschaffenheit und Tätigkeit; es gab nur den einen Weg zu Machteinfluß, mit verschwenderischen Mahlen, Aufwand und Schlemmerei des Vitellius unersättliche Gelüste zu befriedigen. Er selbst, zufrieden, die Gegenwart zu genießen und an weiteres nicht denkend, soll in diesen so wenigen Monaten seiner Regierung neun-

hundert Millionen Sesterzen durchgebracht haben. Die große und unglückliche Stadt, in demselben Jahre einen Otho und Vitellius erlebend, erfuhr in eines Vinius, Fabius, Icelus und Asiaticus Händen ein wechselndes schmähliches Los, bis Mucianus und Marcellus diesen folgten, mehr andere Personen als andere Charaktere.

96. Zuerst wurde dem Vitellius der Abfall der 3. Legion gemeldet durch Briefe, die Aponius Saturninus schickte, bevor auch dieser Vespasians Partei sich beigesellte. Aber teils hatte Aponius, in ängstlichem Schwanken bei dem plötzlichen Ereignis, nicht alles ausführlich geschrieben, teils legten es die schmeichelnden Freunde milder aus: es sei nur einer einzigen Legion Empörung; die übrigen Heere verharrten in der Treue. In dieser Weise sprach sich auch Vitellius vor den Soldaten aus, zog auf die jüngst verabschiedeten Prätorianer los, von denen falsche Gerüchte ausgestreut würden, und versicherte, es sei durchaus kein Bürgerkrieg zu befürchten, wobei er Vespasians Namen unterdrückte und Soldaten in der Stadt umherstreifen ließ, um den Gesprächen des Volks zu steuern. Das eben gab dem Gerede ganz besonders Nahrung.

97. Doch berief er Hilfstrupps aus Germanien, Britannien und Spanien, aber lässig und die Not verheimlichend. Ebenso zögerten auch die Legaten und Provinzen; Hordeonius Flaccus, da die Bataver bereits verdächtig waren, wegen eines eigenen Krieges in Angst, Bettius Bolanus, weil Britannien nie ganz ruhig war, beide auch von schwankender Gesinnung. Auch aus Spanien beeilte man sich nicht, wo damals gar kein Konsular stand; die Legaten der drei Legionen, welche, gleich an Rechten, wäre es dem Vitellius glücklich ergangen, in Gehorsam gewetteifert haben würden, wollten insgesamt mit seinem Mißgeschicke nichts zu schaffen haben. In Afrika traten die Legion und die Kohorten, welche Clodius Macer ausgehoben, Galba dann entlassen hatte, auf des Vitellius Befehl von neuem in Dienst; zugleich meldete sich dazu voll Eifer auch die übrige junge Mannschaft. Denn des Vitellius Pronkonsulat war daselbst unbescholten und beliebt gewesen, das des Vespasian berüchtig und verhaßt gewesen; daraus schlossen nun die Bundesgenossen auf die Herrschaft beider. Aber die Erfahrung lehrte das Gegenteil.

98. Anfangs unterstützte der Legat Valerius Festus getreulich den Eifer der Bewohner der Provinz, bald nachher schwankte er, es öffentlich in Sendschreiben und Bekanntmachungen mit Vitellius, in geheimen Botschaften mit Vespasian haltend, und bereit, die Sache dieses oder jenes zu verteidigen, nachdem die eine die Oberhand gewonnen. Einige Soldaten und Centurionen wurden mit Briefen und Bekanntmachungen Vespasians im Rätischen und Gallischen ergriffen, dem Vitellius zugesandt und hingerichtet; die Mehrzahl schlich sich durch, von treuen Freunden oder durch eigene List verborgen. So wurden die Vorkehrungen des Vitellius bekannt, von Vespasians

Entwürfen blieb das meiste unbekannt, zumeist durch des Vitellius Fahrlässigkeit; sodann hielt die Besatzung der pannonischen Alpen die Kundschaften zurück; ferner war auch das Meer durch das Wehen der Etesien den nach dem Morgenlande Schiffenden günstig, von dort her zuwider.

99. Endlich befahl Vitellius, durch das Einbrechen der Feinde und die von allen Seiten furchtbar lautenden Nachrichten aufgeschreckt, dem Caecina und Valens, in den Krieg zu ziehen. Caecina wurde vorausgeschickt; den Valens, der sich eben erst von einer schweren Krankheit wieder erholte, hielt seine Schwäche auf. Wie ganz anders sah das germanische Heer aus, als es wieder aus Rom aufbrach: Ohne Körperschaft, ohne Geistesfeuer, ein schleichender und lückenhafter Zug, in schlechtem Stand die Waffen, matt die Pferde; an Sonnenbrand, Staub und Wetter nicht gewöhnt und ebenso stumpf, Anstrengungen zu ertragen, als zu Zwistigkeiten geneigt. Dazu kam Caecinas sonstiger Ehrgeiz, seine jetzige Erschlaffung, da er sich durch die zu große Nachsicht des Glücks ganz der Schwelgerei ergeben hatte; oder war es bei dem auf Treubruch Sinnenden schon eine List, des Heeres Kraft zu brechen. Meistenteils hat man geglaubt, durch des Flavius Sabinus Eingebungen sei Caecinas Gesinnung wankend gemacht worden, und Rubrius Gallus habe als Zwischenträger die Versicherung gegeben, daß die Bedingungen des Übertritts von Vespasian genehmigt werden würden. Zugleich wurde ihm sein Haß und seine Eifersucht gegen Fabius Valens vorgehalten und geraten, er möchte, bei Vitellius weniger geltend, sich Gunst und Macht bei dem neuen Fürsten verschaffen.

100. Caecina, aus Vitellius Armen unter großen Ehrenbezeigungen scheidend, schickte einen Teil der Reiter zur Besetzung Cremonas voraus. Dann folgten die Vexillarier der 1., 4., 15. und 16. Legion; hierauf die 22. und 24.; den Nachtrab bildeten die 21., Rapax genannt, und die erste italische, samt den Vexillariern der drei britannischen Legionen und auserlesenen Hilfstruppen. Als Caecina fort war, schrieb Fabius Valens an das Heer, welches er vorher selbst angeführt hatte, es möchte ihn auf dem Marsche erwarten, so habe er es mit Caecina ausgemacht. Doch dieser, persönlich gegenwärtig und deshalb von größerem Gewichte, gab vor, dieser Plan sei abgeändert worden, um dem hereinbrechenden Kriege mit voller Wucht zu begegnen. So erhielten die Legionen Befehl, nach Cremona zu eilen, ein Teil, auf Hostilia zuzugehen; er selbst lenkte nach Ravenna ab, unter dem Vorwande, einen Tagesbefehl an die Flotte zu richten, suchte aber gleich nachher zu Patavium eine geheime Zusammenkunft, um den Verrat zu verabreden. Denn obwohl Lucilius Bassus nach dem Oberbefehl über ein Reitergeschwader von Vitellius zugleich über die ravennatische und misenensische Flotte gesetzt war, suchte er sich dafür, daß er nicht gleich den Oberbefehl über die Leibwache erhal-

ten, in unbilliger Erbitterung durch schmähliche Verräterei zu rächen; man kann nicht wissen, ob er den Caecina erst mit in den Verrat hineingezogen, oder wie es ja unter Schlechten geht, daß sie auch ähnlich sind, sie beide gleiche Schlechtigkeit geleitet hat.

101. Die zeitgenössischen Geschichtsschreiber, welche die Geschichte dieses Krieges geschrieben haben, nachdem das flavische Haus sich schon der Herrschaft bemächtigt hatte, geben schmeichlerisch entstellte Gründe dafür an, Sorge für den Frieden und Liebe zum Staate. Uns scheint es, als habe diese Männer außer ihrer angeborenen Charakterlosigkeit und ihrer, da sie einmal Galba verraten hatten, nun einem jeden feilen Treue, auch aus Eifersucht und Neid, daß andere ihnen bei Vitellius den Rang streitig machten, diesen gestürzt. Als Caecina die Legionen wieder eingeholt hatte, suchte er die dem Vitellius hartnäckig ergebenen Centurionen und Soldaten durch allerilei Kunstgriffe wankend zu machen. Bassus, welcher ebendarauf ausging, hatte einen weniger schweren Stand, da die Flotte in der Erinnerung, daß sie vor kurzem noch für Otho in den Krieg gezogen war, sich leicht zum Abfalle verleiten ließ.

DRITTES BUCH

Oktober bis Dezember 69 n. Chr.

1. Unter günstigerem Geschicke und mit größerer Treue stellten die Heerführer der flavianischen Partei ihre Kriegsberatung an. Sie waren nach Poetovio[87] im Winterlager der 13. Legion zusammengekommen. Dort überlegten sie, ob sie die pannonischen Alpen sperren sollten, bis sich die gesamten Streitkräfte im Rücken erhöben, oder ob es nicht größere Festigkeit verriete, heranzurücken und um Italien zu kämpfen. Die, denen es gut schien, die Hilfsvölker abzuwarten und den Krieg in die Länge zu ziehen, erhoben der germanischen Legionen Kraft und Ruf und führten aus, daß bald nach ihnen mit Vitellius der Kern des britannischen Heeres angekommen sei, während ihrerseits die jüngst geschlagenen Legionen teils nicht gleich an Zahl seien, teils, so trotzig sie auch redeten, schon als Besiegte weniger Mut besäßen. Halte man jedoch die Alpen einstweilen besetzt, so werde mit den Truppen des Morgenlandes Mucianus herankommen. Dann habe Vespasian ja auch das Meer, die Flotten und die Bereitwilligkeit der Provinzen für sich, mit denen er gleichsam eines zweiten Krieges Ungewitter sich erheben lassen könnte. So würden unter heilsamer Zögerung neue Streitkräfte herankommen und von den vorhandenen nichts verloren gehen.

2. Dagegen setzte Antonius Primus – dieser trieb am eifrigsten zum Kriege – auseinander, daß für sie Eile von Nutzen, für Vitellius verderblich sei. Mehr Sorglosigkeit als Selbstvertrauen habe sich bei den Siegern eingestellt; denn nicht in Kampfbereitschaft und im Lager gehalten, sondern in allen Landstädten Italiens dem Müßiggang ergeben, nur ihren Wirten furchtbar, hätten sie, je unbändiger sie sich vorher bewiesen, desot gieriger die unbekannten Lüste genossen, sich auch durch Zirkus und Theater und die Reize der Hauptstadt verweichlicht oder durch Krankheiten erschöpft. Lasse man ihnen aber Zeit, dann würden sie in der Beschäftigung mit Kriegsgedanken neue Kraft gewinnen. Auch sei Germanien nicht fern, sich von dorther zu verstärken, Britannien nur durch eine Meerenge getrennt, daneben Gallien und Spanien gelegen: von beiden Seiten wären Mannschaften, Pferde und Steuern in Bereitschaft; auch Italien selbst und Roms Hilfsquellen ständen ihnen zu Gebot, ja, wenn sie selbst angriffsweise zu Werke gehen wollten, so hätten sie zwei Flotten, und das Meer bei

Illyrien sei unbewacht. Was würde dann die Bergpässe zu versperren helfen; was die Verzögerung des Krieges bis zum andern Sommer? Woher sollte inzwischen Geld und Zufuhr kommen? Lieber sollte man doch gerade den Umstand benutzen, daß die pannonischen Legionen, mehr hintergangen als besiegt, zur Rache wieder aufzustehen eilten und die mösischen Heere ihnen ihre ungeschwächte Streitmacht zuführten. Bringe man mehr die Zahl Soldaten als die der Legionen in Anschlag[88], so sei auf ihrer Seite die Stärke überwiegend und keine Ausschweifungen schwächten sie; selbst die Beschämung habe heilsam auf die Mannszucht eingewirkt. Die Reiter aber seien ja auch damals nicht einmal besiegt, sondern trotz der unglücklichen Wendung der Dinge sei des Vitellius Schlachtreihe von ihnen auseinandergeworfen worden. „Zwei pannonische und mösische Reiterabteilungen durchbrachen damals den Feind; jetzt werden die vereinten Fahnen von sechzehn solchen Scharen mit des Hufschlags staubumwölktem Dröhnen die kampfentwöhnten Reiter und Rosse betäuben und über den Haufen werfen. Hält mich niemand zurück, so werde ich, wie ich geraten habe, so zur Tat auch führen. Ihr, die ihr dem Glück noch folgen könnt, wie ihr wollt, behaltet die Legionen beisammen; mir werden die leichtgerüsteten Kohorten genügen. Bald sollt ihr hören, daß der Weg nach Italien erschlossen ist und Vitellius Sache wankt. Dann werdet ihr Lust bekommen, mir zu folgen und in die Fußstapfen des Siegenden zu treten."

3. Dies und ähnliches ließ er mit flammendem Blicke und, um weithin gehört zu werden – denn es hatten sich auch Centurionen und einige Soldaten mit in die Beratung eingedrängt – mit donnernder Stimme auf eine Weise aus, daß er auch die Verdächtigen und Vorsichtigen mitfortriß, die übrige Menge aber, die Mutlosigkeit der anderen verachtend, ihn als den einzigen Mann und Feldherrn lobpreisend erhob. Diese Meinung hatte er gleich in der Versammlung von sich erweckt, in welcher er nach Vorlesung von Vespasians Sendschreiben nicht, wie die meisten, sich unbestimmt aussprach, um es dann nach dieser oder jener Seite deuten zu können, wie es ihm nützlich wäre. Offen schien er sich der Sache angenommen zu haben und hatte deshalb bei den Soldaten um so mehr Einfluß, als er Schuld so gut wie Ruhm mit ihnen teilen wollte.

4. Nächstdem hatte der Prokurator Cornelius Fuscus das meiste Ansehen. Auch er pflegte schonungslos auf Vitellius zu schmähen und hatte sich für unglückliche Fälle keine Hoffnung übrig gelassen. Tampius Flavianus, von Natur und seines Alters wegen langsam, erregte den Argwohn der Soldaten, da sie glaubten, er gedenke seiner Verwandtschaft mit Vitellius; auch glaubte man, weil er beim Beginn des Aufruhrs der Legionen geflohen und dann von selbst zurückgekommen war, er habe nur zum Verrate Gelegenheit gesucht. Flavianus hatte sich nämlich von Pannonien hinweg nach Italien begeben und,

als er der Gefahr entgangen, sich von Neuerungssucht bewegen lassen, den Legatentitel wieder anzunehmen und sich mit in den Bürgerkrieg zu mischen, wozu ihn Cornelius Fuscus beredete, nicht weil er der Mitwirkung des Flavianus bedurfte, sondern damit der Name eines Konsularen der eben damals sich erst erhebenden Partei ein ehrenvolles Ansehen liehe.

5. Um indes gefahrlos und mit Erfolg in Italien einzurücken, schrieb man an Aponius Satirnius, er möchte mit dem mösischen Heere eilen. Und damit nicht die wehrlosen Provinzen den Barbarenvölkern bloßgestellt würden, nahm man die Häutplinge der sarmatischen Jazygen[89], in deren Händen sich die Staatsregierung befand, ins Kriegsbündnis auf. Auch Volk und Reitermacht, worin allein sie stark sind, boten sie an; doch lehnte man dies Anerbieten ab, damit sie nicht während der Parteikämpfe auch auswärtige erregten, oder, falls ihnen von der Gegenpartei größerer Lohn geboten würde, sie sich nicht mehr um Recht und Pflicht kümmerten. Dagegen zog man den Sido[90] und Italicus, der Sueben Könige, zur Partei, da sie seit alter Zeit den Römern ergeben, und das Volk treuer Wort hält. Zur Seite stellte man Hilfstruppen auf, da Rätien, wo Porcius Septiminus, ein Mann von unbestechlicher Treue gegen Vitellius, Prokurator war, sich feindlich zeigte. Deshalb wurde Sextilius Felix mit der aurianischen Reiterschar, acht Kohorten und der jungen Mannschaft der Noriker ausgesandt, um das Ufer des Inn, welcher zwischen Rätien und Noricum hindurchfließt, zu besetzen; doch wurde, da weder die einen noch die anderen ein Treffen wagten, der Parteien Schicksal anderswo entschieden.

6. Den die Vexillarier der Kohorten und einen Teil der Reiter in Eile zum Angriff auf Italien führenden Antonius begleitete Arrius Varus, ein tüchtiger Kriegsmann. Diesen Ruhm hatte er der Oberanführung Corbulos und glücklichen Unternehmungen in Armenien zu danken. Man sagte aber auch, er habe in geheimen Unterredungen bei Nero Corbulos Verdienste angeschwärzt, weshalb er durch ehrlose Gunst zu einem ersten Centurio emporgestiegen war, aber bald das übel erworbene einstweilige Glück sich zum Verderben wenden sah. Jetzt wurden Primus und Varus, nachdem sie Aquileja besetzt hatten, in der ganzen Umgegend, in Opitergium und Altinum[91] mit Freunden aufgenommen. In Altinum ließ man gegen die ravennatische Flotte, weil man von ihrem Abfall noch nichts gehört hatte, eine Besatzung zurück. Dann gewann man auch Patavium und Ateste für die Partei. Dort erfuhr man, daß drei vitellische Kohorten und die sogenannte sebonianische Reiterabteilung bei Forum Alieni eine Brücke geschlagen und sich dort festgesetzt hätten. Dies war eine willkommene Gelegenheit, die Unbesorgten, denn daß sie dies waren, war auch gemeldet worden, anzugreifen. Mit Tagesanbruch wurden sie, meist unbewaffnet, überfallen. Es war Befehl gegeben

worden, nachdem man etliche getötet, die übrigen durch Schrecken zum Übertritt zu zwingen. Einige ergaben sich auch auf der Stelle; die Mehrzahl schnitt durch Abbrechung der Brücke dem eindringenden Feinde den Weg ab.

7. Auf die Siegesnachricht hin und nach der Entscheidung des Kriegsanfangs zugunsten der Flavianer kam die 7. Legion, die man Galbiana, und die 13., die man Gemina nannte, mit dem Legaten Vedius Aquila wohlgemut nach Patavium. Dort gönnte man sich einige Tage Ruhe, und der Lagerpräfekt der 7. Legion, Minucius Justus, wurde der Erbitterung der Soldaten, weil er strengeres Kommando führte, als im Bürgerkriege angeht, entzogen und zu Vespasian geschickt. Eine Sache, die man lange schon gewünscht, wurde durch rühmende Deutung zu noch größerer Wichtigkeit erhoben, als Antonius die in der Zeiten Zwiespalt umgestürzten Bildnisse Galbas in allen Landstädten wieder aufzurichten befahl, da er es ehrenvoll für seine Sache hielt, wenn man glaubte, Galbas Herrschaft habe seinen Beifall, und die Partei desselben lebe wieder auf.

8. Hierauf wurde überlegt, wo des Krieges Herd sein solle. Verona erhielt den Vorzug, da sich ringsumher Ebenen zum Reiterkampfe, worauf ihr Übergewicht beruhte, erstreckten; zugleich schien es der Sache und dem Rufe förderlich, die an Mitteln so reiche Kolonie dem Vitellius wegzunehmen. Auf dem bloßen Durchzuge wurde Vicetia in Besitz genommen, was, an sich unbedeutend – denn nur mäßig sind die Kräfte dieser Landschaft – große Wichtigkeit erhielt, wenn man bedachte, daß Caecina dort geboren, und dem Heerführer der Feinde so die Vaterstadt entrissen sei. An den Veronesern hatte man sehr viel gewonnen; sie waren durch ihr Beispiel und durch ihren Reichtum der Partei behilflich; auch war so ja ein Heer zwischen Rätien und die julischen Alpen in die Mitte gestellt, und hatte ein Bollwerk gebildet, damit hier nicht die germanischen Heere hindurchziehn konnten. Dies alles geschah ohne Wissen Vespasians oder selbst wider seinen Willen; denn er befahl, in Aquileja mit dem Kriege Halt zu machen und Mucianus zu erwarten, und fügte dem Gebote auch noch zur Erwägung bei, es könne ja, weil man Ägypten, den Schlüssel der Zufuhr, und die Zölle der reichsten Provinzen in Händen habe, Vitellius Heer durch Mangel an Sold und Getreide zur Übergabe gezwungen werden. Dieselben Weisungen gab auch Mucianus in wiederholten Schreiben, unter dem Vorwande, einen unblutigen und tränenlosen Sieg und anderes Ähnliches zu wünschen, in der Tat aber aus Ruhmsucht und um sich selbst die ganze Ehre des Krieges vorzubehalten. Doch aus jenen weitentlegenen Gegenden kam der Rat erst nach der Tat.

9. So brach Antonius denn mit plötzlichem Angriff in die feindlichen Posten ein, und man schied, nachdem man in leichtem Gefecht einander versucht hatte, mit gleichem Erfolge. Bald darauf befestigte

Caecina zwischen Hostilia, einem veronesischen Flecken, und den Sümpfen des Flusses Tartarus ein Lager, gesichert durch seine Stellung, da der Rücken durch den Fluß, die Seiten durch den sich vor sie hinziehenden Sumpf gedeckt waren; hätte es nicht an Treue gefehlt, so konnten die beiden Legionen, da sich das mösische Heer mit ihnen noch nicht vereinigt hatte, entweder von der Gesamtmacht der Vitellianer aufgerieben werden, oder hätten, zurückgetrieben, Italien verlassen und schimpflich die Flucht ergreifen müssen. Aber Caecina gab unter allerlei Zögern die ersten günstigen Momente des Krieges den Feinden preis, indem er auf diejenigen, welche es leicht war mit den Waffen fortzuschlagen, in Briefen losschalt, bis er durch Unterhändler die Bedingungen des Verrates festgestellt hatte. Unterdessen kam Aponius Saturninus mit der 7. Legion, der claudianischen, an. An der Spitze stand als Tribun Vipstanus Messalla, ein Mann von hoher Geburt und selbst vortrefflich, der einzige, der es redlich in diesem Kriege meinte. An diese Truppen sandte, obwohl sie keineswegs den Vitellianern gewachsen – es waren ja erst drei Legionen – dennoch Caecina ein Schreiben, worin er ihre Verwegenheit, die schon besiegten Waffen wieder zu ergreifen, tadelte. Zugleich wurde die Tapferkeit des germanischen Heeres rühmend hervorgehoben, Vitellius in nichtssagenden und gewöhnlichen Ausdrücken eben nur erwähnt, und jede Schmähung gegen Vespasian vermieden; überhaupt nichts gesagt, was den Feind hätte verführen oder schrecken können. Die Führer der flavianischen Partei erlaubten sich im voraus, ohne sich auf Verteidigung ihres früheren Mißgeschickes einzulassen, für Vespasian mit Stolz, für ihre Sache mit Zuversicht, über ihr Heer ohne Besorgnis, gegen Vitellius wie Feinde zu schreiben, wobei sie den Tribunen und Centurionen Hoffnung machten, zu behalten, was Vitellius ihnen vergünstigt hatte; auch Caecina selbst forderten sie nicht undeutlich zum Übertritte auf. Die Verlesung dieser Briefe in der Heerversammlung vermehrte noch das Selbstvertrauen, weil Caecina im demütigen Tone, als fürchte er bei Vespasian anzustoßen, ihre eigenen Heerführer dagegen verächtlich geschrieben hatten, als trotzten sie dem Vitellius.

10. Als darauf noch zwei Legionen angekommen waren, von denen die 3. Dillius Aponianus, die 8. Numisius Lupus führte, beschloß man seine Kräfte zu zeigen und Verona mit einem Belagerungswalle zu umgeben. Es war ein Zufall, daß der galbianischen Legion auf der dem Feinde zugekehrten Front die Arbeit an dem Walle zugefallen war, und in der Ferne erblickte Bundesgenossenreiter, als wären es Feinde, einen leeren Schreck erregten. Man stürzte zu den Waffen aus Furcht vor Verrat. Die Erbitterung der Soldaten fiel auf Tampius Flavianus ohne begründete Entschuldigung, aber da er schon längst verhaßt, wurde wie im Sturme seine Hinrichtung gefordert; laut riefen die Soldaten, er sei mit Villius verwandt, Othos Verräter, und

habe sie um das Geschenk gebracht. Auch war an Verteidigung nicht zu denken, obwohl er flehend seine Hände ausstreckte, sich mehrfach auf die Erde hinwarf und mit zerrissenem Gewande und unter Schluchzen sich auf die Brust und ins Antlitz schlug. Das eben reizte die Erbitterten nur um so mehr, weil diese übertriebene Furcht von Schuldbewußtsein zu zeugen schien. Aponius wurde von den Soldaten überschrien, als er zu reden beginnen wollte; mit Gelärm und Geschrei wiesen sie die übrigen zurück. Allein dem Antonius war das Ohr der Soldaten geöffnet; denn er besaß auch Rednergabe, sowie die Kunst, die Menge zu besänftigen, und Ansehen. Als nun der Aufruhr immer wilder wurde und man von Schmähworten und Beschimpfungen zu den Waffen und zu Tätlichkeiten schritt, befahl er, Flavianus in Ketten zu werfen. Wohl merkten die Soldaten das Blendwerk, sie vertrieben die Wache des Tribunals und wollten schon die äußerste Gewalt gebrauchen. Da bot ihnen Antonius seine Brust dar und beteuerte mit gezücktem Schwerte, entweder von der Soldaten Hände oder von seinen eigenen sterben zu wollen, jeden Bekannten oder durch irgendeinen militärischen Ehrenschmuck Ausgezeichneten, dessen er ansichtig ward, bei seinem Namen zur Hilfeleistung rufend. Dann, zu den Fahnen und den Göttern des Krieges hingewandt, flehte er, sie möchten diese Wut und Zwietracht lieber auf die Heere der Feinde wenden, bis endlich sich der Aufruhr legte und sich jeder, da es schon spät am Tage war, in sein Zelt verlor. Noch in derselben Nacht reiste Flavianus ab und wurde durch ein auf dem Wege ihn antreffendes Schreiben Vespasians der Gefahr entzogen.

11. Die Legionen griffen, wie von einer Pest angesteckt, nun den Legaten des mösischen Heeres Aponius Saturninus um so wütender an, weil sie nicht, wie früher von Anstrengung und Arbeit ermüdet, sondern mitten am Tage, da Briefe verbreitet worden, die Saturninus an Vitellius geschrieben haben sollte, in Flamme geraten waren. Wie ehedem in Tüchtigkeit und Mannszucht, so war jetzt ein Wettstreit in Frechheit und Mutwillen darüber, daß man nicht weniger gewaltsam den Aponius als den Flavianus zur Hinrichtung zu fordern schiene. Die Legionen freuten sich der Wiederholung des Vergehens, die mösischen, indem sie sich rühmten, die Rache der Pannonier unterstützt zu haben, die Pannonier, als würden sie durch den Aufruhr anderer entsühnt. Sie eilten hin nach dem Parke, wo sich Saturninus aufhielt. Und es retten denselben nicht Primus, Aponianus und Messalla, obwohl sie sich auf jede Weise bemühten, als vielmehr das Dunkel des Schlupfwinkels, in welchem er verborgen war, da er sich im Ofen eines gerade nicht gebrauchten Bades versteckt hatte. Darauf entwich er, seine Liktoren zurücklassend, nach Patavium. Nach der Entfernung der Konsularen hatte einzig und allein Antonius Macht und Gewalt über beide Heere, indem seine Amtsgenossen ihm den Vorrang ließen und ihm die Liebe der Soldaten entgegenkam. Auch

glaubten einige, es seien beide Aufstände auf Antonius Anstiften ausgebrochen, damit er allein den Gewinn vom Kriege hätte.

12. Auch auf seiten des Vitellius herrschte keine ruhige Stimmung, in noch verderblicherer Zwietracht, nicht durch Argwohn der Gemeinen, sondern durch die Treulosigkeit der Heerführer aufgeregt. Lucilius Bassus, der Präfekt der Flotte zu Ravenna, hatte die schon schwankenden Soldaten, weil sie großenteils Dalamatier und Pannonier waren, aus Provinzen, die sich in Vespasians Händen befanden, für die Partei desselben gewonnen. Man wählte zum Verrate eine Nacht, damit ohne Wissen der übrigen die Abtrünningen allein auf dem Hauptplatze zusammenkämen. Bassus, sei es aus Scham oder aus Besorgnis, was für einen Ausgang die Sache nehmen würde, wartete in seiner Wohnung ab. Die Schiffskapitäne fielen mit lautem Tumult über Vitellius Bildnisse her, und nachdem etliche der Widerstrebenden ermordet waren, neigte sich der übrige Haufe aus Abwechslungsfreude dem Vespasian zu. Nun kam Lucilius zum Vorschein und gab sich öffentlich als Urheber des Ganzen zu erkennen. Die Flotte wählte sich zum Präfekten den Cornelius Fuscus, der eilig herbeigelaufen kam. Bassus wurde in ehrenhaftem Gewahrsam auf einem Schnellsegler nach Atria gebracht und von dem dort mit einer Besatzung liegenden Reiterpräfekten Vivennius Rufinus in Fesseln gelegt. Doch wurden sie ihm durch die Dazwischenkunft des Hormus, eines kaiserlichen Freigelassenen, der auch unter die Heerführer gezählt wurde, sogleich wieder abgenommen.

13. Als der Abfall der Flotte bekannt geworden war, berief Caecina die vornehmsten Centurionen und einige Soldaten, während sich die übrigen zu Dienstverrichtungen umher zerstreut hatten, auf den Hauptplatz, weil er Einsamkeit im Lager haben wollte. Da erhob er Vespasians Tüchtigkeit und die Stärke seiner Partei: die Flotte sei zu ihm übergegangen, die Zufuhr ihnen beschränkt, entgegen Gallien und Spanien feindlich gesinnt, auf nichts sei in der Stadt zu bauen; kurz alles in betreff des Vitellius stellte er in nachteiliges Licht. Sofort nahm er, indem die Mitverschworenen, welche zugegen waren, den Anfang machten, den übrigen in der Überraschung ob des Unerwarteten der Sache den Eid für Vespasian ab. Zugleich wurden des Vitellius Bildnisse abgerissen und Boten abgeschickt, dies dem Antonius zu melden. Doch als der Verrat im ganzen Lager ruchbar wurde und die Soldaten, zurück nach dem Sammelplatz eilend, Vespasians Namen angeschrieben, die Bildnisse des Vitellius niedergeworfen sahen, herrschte anfangs dumpfes Schweigen; dann brach mit einem Male alles los: so tief also sei des germanischen Heeres Ruhm gesunken, daß sie ohne Schlacht und ohne Wunde ihre Hände wie gefesselt, ihre Waffen wie genommen überliefern sollten? Was für Legionen ständen ihnen denn gegenüber? Doch wohl besiegte! Fern sei noch die einzige Stärke des othonianischen Heeres, die von der 1. und 14.

Legion, die sie doch auch auf eben jenen Feldern geschlagen und zu Boden gestreckt hätten! Sollten so viele Tausende von Bewaffneten wie eine Herde Sklaven dem Verbannten Antonius zum Geschenk gegeben werden? Sollten acht ganze Legionen die Zugabe einer einzigen Flotte sein? So habe es einem Bassus, einem Caecina gefallen, nachdem sie dem Fürsten Paläste, Gärten und Vermögen weggenommen, nun den Soldaten auch den Fürsten selbst zu nehmen. Was würden sie, die ungeschwächt und ohne Blut vergossen zu haben, selbst der flavianischen Partei verächtlich, denen sagen, die, im Glück oder im Unglück, Rechenschaft von ihnen fordern würden?

14. Dies bald einzeln, bald insgesamt ausrufend, wie jeden gerade die Erbitterung trieb, stellten sie, die 5. Legion zuerst, Vitellius Bildnisse wieder auf, warfen Caecina in Bande, wählten den Legaten der 5. Legion Fabius Fabullus und den Lagerpräfekten Cassius Longus zu Anführern, ermordeten die ihnen zufällig in den Weg kommenden, von nichts wissenden und schuldlosen Soldaten von drei Schnellseglern, verließen das Lager, brachen die Brücke ab und marschierten wieder nach Hostilia zurück, von da nach Cremona, um sich an die 1. Legion, die italische, und die 21., die Rapax, anzuschließen, die Caecina zur Behauptung Cremonas mit einem Teile der Reiter vorausgeschickt hatte.

15. Als dies Antonius erfuhr, beschloß er, die feindlichen Heerhaufen, welche, in sich selbst uneinig, auch ihre Kräfte geteilt hatten, anzugreifen, bevor die Feldherren wieder Ansehen, der Soldat Gehorsam, die vereinigten Legionen Vertrauen gewännen. Er mutmaßte nämlich, daß Fabius Valens von Rom aufgebrochen sei und sich auf die Nachricht von Caecinas Verrat beeilen werde; Fabius war dem Vitellius treu und des Kriegswesens nicht unkundig. Zugleich fürchtete man über Rätien her die ungeheure Masse der Germanen, und auch aus Britannien, Gallien und Spanien hatte Vitellius Hilfsscharen herbeigerufen, ein fürchterliches Kriegsungewitter, hätte nicht Antonius, eben dies besorgend, durch Beschleunigung der Schlacht den Sieg vorweggenommen. Mit dem gesamten Heere kam er nach zwei Tagemärschen von Verona nach Bedriacum. Am folgenden Tage wurden die Legionen zur Schanzarbeit zurückbehalten, die Hilfskohorten in das cremonesische Gebiet geschickt, damit unter dem Scheine, Lebensmittel herbeizuschaffen, die Soldaten Lust zu Plünderung der Bürger bekämen, während er selbst mit 4000 Reitern bis zum achten Meilensteine von Bedriacum vorrückte, damit sie desto ungehinderter plündern könnten. Die Kundschafter spähten, wie es Brauch ist, noch weiter.

16. Es war etwa die fünfte Stunde des Tages[92], als ein Reiter eilig meldete, es nahe der Feind, voran zögen nur wenige, aber Bewegung und Getöse höre man weit und breit. Während Antonius noch überlegte, was zu tun sei, brach Arrius Varus, voll Begierde, sich zur Hilfe

tätig zu erweisen, mit den entschlossensten Reitern los und warf die Vitellianer zurück, jedoch mit mäßigem Verluste; denn als mehr herbeieilten, wandte sich das Glück, und gerade die, welche am eifrigsten verfolgt hatten, waren nun die ärgsten Ausreißer. Wie man sich gar nicht mit Antonius Willen so beeilt hatte, so sah er auch das kommen, was geschehen war. Nachdem er die Seinen angefeuert, mit tapferem Mute den Kampf zu beginnen, schob er die Schwadronen auf die Seiten und ließ in der Mitte einen Weg offen, um Varus und seine Reiter aufzunehmen; die Legionen erhielten Befehl, sich zu bewaffnen; auf den Feldern umher wurde ein Zeichen gegeben, daß jeder auf dem nächsten Wege, seine Beute im Stich lassend, der Schlacht zueilen sollte. Indessen drängte sich in scheuer Flucht Varus in den Haufen der Seinigen hinein und steckte ihn mit seiner Furcht an. Geschlagen kamen nun Verwundete und Unverletzte gleicherweise durch ihre eigene Furchtsamkeit und durch der Wege engen Raum in Not.

17. In dieser Verwirrung ließ Antonius keine Pflicht des besonnenen Feldherren oder des tapfersten Soldaten unerfüllt, trat den Erschrockenen entgegen, hielt die Weichenden zurück; wo es am meisten zu tun gab, sich irgend eine Hoffnung zeigte, da war er durch Rat und Tat und Zuruf dem Feinde bemerklich, vorleuchtend den Seinen. Zuletzt ging er in seiner Hitze so weit, daß er einen fliehenden Fahnenträger mit dem Speere durchbohrte. Dann ergriff er die Fahne und wandte sich dem Feinde entgegen. Durch diese Beschämung wurden jedoch nicht mehr als hundert Reiter zum Stehen gebracht; zustatten kam dabei die Beschaffenheit des Ortes, da der Weg hier enger und die Brücke über den durchschneidenden Bach abgebrochen war, der mit unsicherem Grund und abschüssigen Ufern die Flucht verhinderte. So half die Not oder auch das Glück der schon wankenden Partei wieder auf. In dichtgeschlossenen Reihen sich gegenseitig ermannend, empfingen sie die ordnungslos vorbrechenden Vitellianer, und diese gerieten außer Fassung. Antonius drängte auf die Bestürzten los und streckte die noch Entgegentretenden zu Boden. Dabei plünderten die übrigen, wie eines jeden Weise, machten Gefangene, nahmen Waffen und Pferde ab; und durch das glückverkündende Geschrei herbeigelockt, drängten sich auch die, die noch soeben auf den Feldern flüchtig umherschweiften, zum Siege mit herzu.

18. Beim vierten Meilensteine von Cremona blitzten die Feldzeichen der Legionen, der Rapax und der Italica, die wegen des anfangs glücklichen Gefechtes ihrer Reiter so weit vorgerückt waren. Doch als das Glück sich wandte, öffneten sie ihre Reihen nicht, nahmen die Geschlagenen nicht in ihre Mitte, zogen dem Feinde nicht entgegen, um ihn ihrerseits anzugreifen, da er doch durch den Lauf über eine so weite Strecke und durch den Kampf ermüdet war. Da der Zufall sie einmal besiegt, hatten sie einen Anführer nicht so sehr im Glücke

vermißt, als sie den Mangel desselben im Mißgeschicke empfanden. Auf die schon wankende Schlachtreihe sprengte die Reiterei der Sieger los, und der Tribun Vipstanus Messalla holte sie mit den mösischen Hilfstruppen ein, mit welchen viele Legionäre gleichen Schritt hielten, obgleich sie im Sturmschritt herangeführt wurden. So durchbrach untermischt Fußvolk und Reiterei die Heerschar der Legionen, und die Nähe der Mauern von Cremona flößte, je mehr sie zum Entkommen Hoffnung gab, desto weniger Mut zum Widerstande ein.

Auch setzte ihnen Antonius nicht weiter nach, der Anstrengung und Wunden eingedenk, womit das schwankende Glück der Schlacht, so günstig auch das Ende war, Reiter und Pferde erschöpft hatte.

19. Mit Anbruch der Abenddämmerung langte der gesamte Kern des flavianischen Heeres an. Und als man nun über die Leichenhügel und die frischen Spuren des Gemetzels einherschritt, verlangte man, als sei der Krieg zu Ende, nach Cremona zu marschieren und die Ergebung der Besiegten anzunehmen oder zu erstürmen. So sprach man öffentlich, was ganz schön klang. Bei sich selbst aber dachte jeder: es könne ja die in der Ebene liegende Koloniestadt in einem Anlauf genommen werden; mit gleicher Kühnheit würden sie in der Dunkelheit einbrechen und größere Freiheit im Plündern haben; warteten sie aber den Tag ab, dann würde es zum Frieden und zu Bitten kommen, und für ihre Beschwerden und Wunden würden sie mit leerer Großmut, leerem Ruhme sich begnügen müssen, die Schätze der Cremonesen aber in der Tasche der Präfekten und Legaten sein. Die Beute einer eroberten Stadt gehöre dem Soldaten, die einer übergebenen den Anführern. Centurionen und Tribunen wurden nicht beachtet, und damit nicht irgend eines Stimme gehört werden könne, schlugen sie die Waffen aneinander, den Gehorsam aufzukündigen entschlossen, wenn man sie nicht marschieren ließe.

20. Da trat Antonius unter die Manipeln und versicherte, als er durch sein Erscheinen und sein Ansehn Schweigen bewirkt hatte, er wolle keineswegs so verdienten Leuten Ehre und Belohnung entreißen; doch seien zwischen dem Heere und den Feldherren die Pflichten geteilt; den Soldaten zieme das Verlangen nach dem Kampfe; die Feldherren seien durch Vorsicht und Überlegung, öfter durch Zögern als durch Verwegenheit förderlich. Wie er nach Mannesvermögen mit Waffen und Faust zum Siege beigetragen habe, so wolle er nun durch Berechnung und planmäßiges Verfahren, den eigentlichen Obliegenheiten eines Feldherrn, zu nützen suchen. Denn es sei ja gar keinem Zweifel unterworfen, was ihnen entgegentreten werde, die Nacht und die Lage einer ihnen unbekannten Stadt, drinnen Feinde und überall zu Nachstellungen Gelegenheit. Selbst wenn die Tore offen ständen, dürfte man nicht anders als nach Auskundschaftung

und bei Tage einziehen. Oder wollten sie etwa eine Bestürmung beginnen, wenn sie gar nicht sehen könnten, welche Stelle günstig, von welcher Höhe die Mauern seien, ob die Stadt mit Wurfgeräten und Geschossen, oder mit Belagerungswerken und Schutzdächern angegriffen werden müsse? Dann sich an einzelne wendend, fragte er, ob sie denn Beile und Hacken und was sonst zur Eroberung von Städten nötig, mitgebracht hätten? Als sie dies verneinten, sprach er: „Sind denn Menschenhände wohl imstande, mit Schwertern und Wurfspeeren Mauern zu durchbrechen und zu untergraben? Sollte es nötig sein, einen Belagerungswall aufzuführen, sich mit Schutzbrettern und Schanzkörben zu decken, wollen wir dann wie unbesonnener Pöbel fruchtlos dastehen, die Höhe der Türme und des Feindes Befestigungswerke anstaunend? Laßt uns vielmehr nur die eine Nacht warten, und wenn wir Wurfgerät und Belagerungsmaschinen herbeigeschafft haben, so Kraft und Sieg in Händen tragen!" Mit diesen Worten schickt er Marketender und Troßknechte samt den frischesten der Reiter nach Bedriacum, Vorrat und was man sonst gebrauchte herbeizubringen.

21. Das verdroß nun vollends den Soldaten, und es kam beinahe zu einem Aufstande, als Reiter, die bis an die Mauern vorgeritten waren, einige herumschweifende Cremonesen aufgriffen, durch deren Aussage man erfuhr, daß sechs vitellianische Legionen und das ganze Heer, das in Hostilia gestanden, auf die Nachricht von der Niederlage der ihrigen an demselben Tage dreißig römische Meilen marschierend, sich zum Kampfe rüsteten und gleich dasein würden. Dieser Schreck öffnete verstockte Gemüter für die Anordnungen des Feldherrn. Er läßt die 13. Legion sich auf dem Damme der postumischen Straße aufstellen, an welche sich zur Linken anschließend die 7. galbianische auf offenem Felde stand, dann die 7. claudianische, durch einen Feldgraben – dieser befand sich dort – gedeckt; zur Rechten die 8. einem offenen Feldweg entlang, dann die 3. durch dichtes Gesträuch gedeckt. Dies war wenigstens die Ordnung der Adler und Fahnen; die Soldaten waren in der Dunkelheit durcheinander gemischt, wie der Zufall es fügte. Eine Abteilung der Prätorianer stand denen von der dritten zunächst, die Kohorten der Hilfstruppen auf den Flügeln; Seiten und Rücken waren von der Reiterei umgeben; die Sueben Sido und Italicus befanden sich mit auserwählten Leuten von ihrem Volke in der vorderen Schlachtlinie.

22. Das vitellianische Heer dagegen, das gedachte, in Cremona auszuruhen und, nachdem es durch Speise und Schlaf seine Kräfte hergestellt, den durch Kälte und Hunger erschöpften Feind am folgenden Tage über den Haufen zu werfen und zu Boden zu schlagen, stieß ohne Führung, ohne allen Plan, etwa um die dritte Stunde der Nacht[94] auf die schon schlagfertigen und in Schlachtordnung aufgestellten Flavianer. Die Ordnung des in seiner Leidenschaftlichkeit und

in der Finsternis zerrissenen Heereszuges möchte ich nicht mit Bestimmtheit anzugeben wagen, wiewohl andere berichtet haben, die 4. mazedonische Legion habe dort auf dem rechten Flügel gestanden, die 5. und 15. mit den Vexillen der 9., 2. und 20. Legion aus Britannien das Mitteltreffen, die von der 16., 22. und 1. den linken Flügel gebildet. Die Soldaten der Rapax und Italica hatten sich unter alle Manipeln gemischt. Die Reiterei und die Hilfstruppen wählten sich selbst ihre Stellung. Der Kampf war die ganze Nacht hindurch wechselvoll, unentschieden, furchtbar, und bald diesen, bald jenen verderblich. Nichts halfen Mut oder Stärke, nichts auch nur die Vorsicht des Auges. In beiden Heeren waren die Waffen dieselben, durch häufiges Anrufen die Losung der Schlacht bekannt, und die Feldzeichen durcheinandergemengt, so wie jeder Haufe sie den Feinden nahm und hierhin oder dorthin schleppte. Bedrängt wurde am meisten die 7., jüngst erst von Galba errichtete Legion. Sechs Centurionen der vorderen Reihen wurden getötet, einige Feldzeichen genommen; den Adler selbst hatte der oberste Centurio Atilius Verus mit vielem Blutvergießen unter den Feinden und endlich sterbend gerettet.

23. Da unterstützte Antonius die wankende Schlachtlinie, indem er die Prätorianer heranzog. Als diese den Kampf aufnahmen, warfen sie den Feind, darauf wurden sie selbst geworfen. Die Vitellianer hatten nämlich die Wurfmaschinen auf den Damm der Straße zusammengebracht, um im freien und offenen Raume die Geschosse abzuschleudern, die sich anfangs zerstreuten und ohne Beschädigung der Feinde in das Gebüsch einschlugen. Eine Wurfmaschine der 15. Legion von ausnehmender Größe schmetterte die feindliche Linie mit ungeheuren Steinen nieder, und hätte weit umher Verderben gebracht, wenn nicht zwei Soldaten eine herrliche Tat gewagt und dadurch, daß sie Schilde von Erschlagenen an sich rafften, unerkannt Stränge und Schwungseile abgeschnitten hätten. Sie wurden auf der Stelle niedergestoßen, und so gingen ihre Namen unter; über die Tat ist man ganz außer Zweifel. Auf keine von beiden Seiten hatte sich noch das Glück geneigt, bis bei stark vorgerückter Nacht der Mond aufging und die Schlachtreihen zeigte und täuschte. Aber günstiger stand er den Flavianern im Rücken. So waren die Schatten ihrer Rosse und Männer vergrößert und, falsch auf sie abgeschossen, als ob es die wirklichen Gestalten wären, fielen die feindlichen Geschosse diesseits nieder; die Vitellianer, vom ihnen entgegenscheinenden Lichte beleuchtet, waren den wie aus verborgenem Dunkel Schießenden ungedeckt preisgestellt.

24. Als nun Antonius die Seinen erkennen und von ihnen erkannt werden konnte, feuerte er die einen durch Beschämung und Vorwürfe, viele durch Lob und Ermunterung, alle durch Hoffnung und Versprechungen an und fragte die pannonischen Legionen, warum sie denn die Waffen wieder ergriffen hätten? Dies seien die Felder, auf

welchen sie die Schmach ihrer früheren Schande tilgen, wo sie ihren Ruhm wiedergewinnen könnten. Dann an die aus Mösien sich wendend, setzte er sie als die Urheber und Anstifter des Krieges in Bewegung. Vergebens seien die Vitellianer bloß mit Drohungen und Worten herausgefordert worden, wenn sie den Arm und Blick derselben nicht ertragen könnten. So sprach er, wenn er an diese oder jene herankam; ausführlicher zu denen der 3., sie an Altes und an Neues erinnernd, wie sie unter Marcus Antonius die Parther, unter Corbulo die Armenier, jüngst die Sarmaten geschlagen hätten; hierauf redete er erbittert zu den Prätorianern: „Wenn ihr nicht siegt, ihr Spießbürger, welcher andere Imperator, welches andere Lager wird euch aufnehmen? Da drüben sind eure Feldzeichen und eure Waffen, und der Tod, wenn ihr euch überwinden laßt; denn der Beschimpfung Maß habt ihr erfüllt." Schlachtruf erscholl von allen Seiten und die Soldaten der 3. Legion begrüßten, wie es in Syrien Sitte ist, die aufgehende Sonne.

25. Daraus entstand von ungefähr oder absichtlich vom Heerführer ausgesprengt, das Gerücht, Mucianus sei angekommen; die Heere hätten sich gegenseitig begrüßt. So ging es vorwärts, gleich als sei das Heer durch frische Hilfstruppen verstärkt, während die Linie der Vitellianer schon immer lückenhafter wurde, da diese, ohne Anführer, wie einen jeden sein Mut oder seine Furcht trieb, sich zusammenscharten oder auseinanderwichen. Als Antonius merkte, daß sie wankten, drang er auf sie mit dichtem Heereszuge ein. Die losen Reihen wurden durchbrochen und konnten auch nicht wieder geschlossen werden, da die Fuhrwerke und Wurfmaschinen hinderlich waren. Die ganze Straße entlang zerstreuten sich die Sieger in Eile der Verfolgung. Das Gemetzel war um so denkwürdiger, weil ein Sohn seinen Vater tötete. Hergang und Namen will ich nach dem Berichte des Vipstanus Messalla erzählen. Julius Mansuetus aus Spanien, in der Rapax dienend, hatte daheim einen unerwachsenen Sohn zurückgelassen. Dieser war nachher, als er erwachsen war, unter die 7. Legion von Galba aufgenommen worden. Zufällig stieß er nun auf den Vater, streckte ihn mit einer Wunde nieder, und während er den Halbentseelten plünderte, erkannt und ihn selbst erkennend, umarmte er den Entseelten und flehte mit jammernder Stimme des Vaters Manen um Versöhnung an und daß sie ihn nicht wie einen Vatermörder verabscheuen möchten: vom Ganzen gehe diese Tat aus, und ein wie kleiner Teil des Bürgerkampfes falle auf den einzelnen Soldaten! Damit hob er den Leichnam empor, öffnete das Erdreich und erfüllte die letzte Pflicht gegen den Vater. Dies bemerkten die nächsten, dann mehrere, worauf durch das ganze Heer Betroffenheit, Klagen und Verwünschung des so grausamen Krieges erschallten. Und doch erschlagen und plünderten sie nichts desto lässiger Verwandte, Schwäger, Brüder; sprachen von begangenem Frevel, und begingen ihn.

26. Als sie vor Cremona kamen, trat eine neue und ungeheure Arbeit ihnen entgegen. Im othonianischen Kriege hatten die germanischen Soldaten die Mauern von Cremona mit einem Walle umgeben und diese Befestigungswerke nun abermals erweitert. Bei ihrem Anblick stutzten die Sieger und die Heerführer waren unschlüssig, was sie befehlen sollten. Die Belagerung anzufangen, war, da das Heer einen ganzen Tag und eine Nacht hindurch sich ermüdet hatte, schwierig und, da keine Hilfe in der Nähe war, mißlich. Kehrte man dagegen nach Bedriacum zurück, so war die Beschwernis eines so weiten Marsches nicht auszuhalten und der Sieg ging wieder verloren. Auch ein Lager zu befestigen war bei der Nähe des Feindes gefährlich, damit er nicht die Zerstreuten und mit der Arbeit Beschäftigten durch einen plötzlichen Ausfall überraschte. Doch mehr als dies alles schreckten sie ihre eigenen Soldaten, welche eher Gefahr als Aufschub duldeten. Unwillkommen war alles auf Sicherheit Berechnete, in der Verwegenheit lag Hoffnung, und alle Niederlagen, Wunden und Blutvergießen wurden überwogen durch Gier nach Beute.

27. Dahin denn neigte sich Antonius und befahl, um den Wall einen Kreis zu schließen. Anfangs kämpfte man mit Pfeilen und Steinen aus der Ferne, wobei die Flavianer mehr litten, auf welche die Geschosse von der Höhe herabgeschleudert wurden. Hierauf aber wies er den Legionen einzeln Wall und Tore zu, damit die Teilung der Arbeit Tapfere und Feige unterschiede, und sie schon durch den Wettstreit der Ehre angefeuert würden. Die Wallstrecke, welche der Straße von Bedriacum zunächst lag, wählte sich die 3. und 7. Legion, den Wall zur Rechten die 8. und 7. claudianische; die Soldaten der 13. führte die Kampflust an das brixianische Tor. Darauf entstand ein kleiner Aufenthalt, bis von den nächsten Ländereien die einen Hacken und Äxte, die anderen Sicheln und Leitern herbeischleppten; dann rückten sie, die Schilde über den Kopf haltend, unter dichtem Schilddache heran. Doch römische Kriegskunst kämpfte auf beiden Seiten. Lasten von Steinen wälzten die Vitellianer hinab, durchwühlten das auseinandergeworfene und schwankende Schilddach so lange mit Lanzen und Stangen, bis sie die Verbindung der Schilde gelöst hatten und die entseelten oder verstümmelten Soldaten in schrecklichem Gewühl zu Boden streckten. Es wäre eine Stockung eingetreten, hätten nicht die Heerführer die ermatteten und Aufmunterungen – als ihnen keinen Gewinn bringend – nicht beachtenden Soldaten auf Cremona hingewiesen.

28. Ob dies der Einfall des Hormus gewesen, wie Messalla meldet, oder ob Gaius Plinius glaubwürdiger ist, der den Antonius beschuldigt, möchte ich nicht leicht entscheiden, wiewohl weder Antonius noch Hormus selbst mit der schändlichsten Freveltat ihrem Rufe und Wandel widersprachen. Nun hielt kein Blut und keine Wunde sie

mehr auf, den Wall zu untergraben und die Tore zu sprengen, einander auf den Schultern stehend und auf ein gedoppeltes Schilddach steigend, der Feinde Waffen und Arme zu erfassen. Noch Unverletzte wurden mit Verwundeten, Halbentseelte mit Verscheidenden hinabgewälzt, und mannigfaltig war der Sterbenden Anblick, in jeglicher Gestalt der Tod zu schauen.

29. Am hitzigsten war der Wettstreit der 3. und 7. Legion, und auch der Feldherr Antonius hatte sich mit auserlesener Hilfsmannschaft dahin geworfen. Als die Vitellianer den einander nichts Nachgebenden nicht mehr standzuhalten vermochten, und vom Schilddach die daraufgeschleuderten Geschosse niederglitten, da stürzten sie zuletzt die Wurfmaschine selbst auf die Heranrückenden hinab. Diese warf zwar für den Augenblick alle, auf welche sie gefallen war, auseinander und begrub sie unter sich, aber sie riß auch die Brustwehr und den Rand des Walles mit sich in die Tiefe. Während hier die Soldaten der 7. Legion in Keilen einzudringen suchten, zersprengte die 3. mit Beilen und Schwertern das Tor. Daß zuerst Gaius Volusius, ein Soldat der 3. Legion, hereinbrach, berichten einstimmig alle Schriftsteller. Dieser stieg auf den Wall empor, stieß die Widerstand Leistenden hinab und rief, mit Hand und Stimme sich kenntlich machend, das Lager sei genommen. Nun brachen auch die übrigen durch, da die Vitellianer schon voller Angst aus dem Walle hinausstürzten. Es füllte sich der ganze Raum zwischen dem Lager und den Mauern mit Leichen.

30. Jetzt zeigten sich abermals neue Schwierigkeiten, die hochragenden Mauern der Stadt, steinerne Türme, eiserne Riegel der Tore, speerschwingende Soldaten, die zahlreiche und der vitellianischen Partei ergebene Bevölkerung Cremonas, ein großer Teil Italiens, der sich zu einem auf diese Tage festgesetzten Markte versammelt hatte, was den Verteidigern vermöge der Menschenmenge zur Unterstützung, den Stürmenden wegen der Beute zum Sporne diente. Da ließ Antonius Feuer holen und es in die anmutigsten Gebäude außerhalb der Stadt werfen, ob vielleicht die Cremonesen durch den Verlust ihres Eigentums sich zum Abfall bewegen ließen. Die den Mauern nahegelegenen und deren Höhe überragenden Häuser füllte er mit den tapfersten Soldaten; diese trieben mit Balken, Ziegeln und Feuerbränden die Verteidiger hinweg.

31. Schon drängten sich die Legionen zu einem Schilddache zusammen, und die übrigen schleuderten Geschosse und Steine, als allmählich der Mut der Vitellianer zu sinken anfing. Je höher einer im Range stand, desto nachgiebiger zeigte er sich dem Geschicke, damit nicht, wenn auch Cremona zerstört und an Gnade nicht mehr zu denken war, der ganze Zorn des Siegers nicht auf die unbemittelte Menge, sondern auf Tribunen und Centurionen, bei denen das Morden lohnte, sich zurückwendete. Der gemeine Soldat, um das was kom-

men könnte unbekümmert und durch seine Unbekanntheit gesicherter, blieb fest. Auf den Straßen umherschweifend, in den Häusern verborgen, baten sie auch jetzt nicht um Frieden, nachdem sie dem Kriege entsagt hatten. Die Vornehmsten im Lager rissen des Vitellius Namen und Bildnisse weg, nahmen dem Caecina – denn er war auch jetzt noch gefesselt – die Ketten ab und baten ihn, als Fürsprecher ihre Sache zu unterstützen. Da er sie zurückwies und sich ungebärdig stellte, bestürmten sie ihn mit Tränen, indem als äußerstes Unheil so viele tapfere Männer den Beistand eines Verräters anriefen. Hierauf steckten sie die wollenen Binden der Hilfeflehenden auf die Mauern. Als Antonius geboten hatte, mit den Geschossen einzuhalten, trugen sie die Feldzeichen und Adler heraus; ein trauriger Zug von Waffenlosen folgte mit zur Erde niedergeschlagenen Blicken. Umstellt hatten sie die Sieger und überhäuften sie anfangs mit Schmähungen und fuhren mit den Fäusten auf sie los; nachher, als sie das Antlitz selbst zur Beschimpfung darboten und fern von jedem Trotze alles als Besiegte sich gefallen ließen, da fiel es ihnen ein, es seien ja dieselben, welche sich unlängst bei Bedriacum im Siege gemäßigt hatten. Als aber Caecina, im Staatskleide und mit Liktoren prunkend und den Haufen auseinandertreibend, als Konsul dahergezogen kam, entbrannten die Sieger; sie warfen ihm seinen Übermut und seine Grausamkeit und – so verhaßt sind Freveltaten – selbst seine Treulosigkeit vor. Antonius trat ihnen entgegen, gab ihm eine Bedeckung und sandte ihn fort zu Vespasian.

32. Inzwischen war das Volk der Cremonesen unter den Bewaffneten in einer schlimmen Lage; auch war man vom Morden nicht fern, als die Soldaten sich durch die Bitten der Anführer beschwichtigen ließen. Auch rief Antonius zu einer Versammlung und redete die Sieger hochtrabend, milde die Besiegten an, ohne sich über Cremona zu entscheiden. Das Heer bestand außer aus der ihm innewohnenden Plünderungssucht auch aus altem Hasse auf der Vertilgung der Cremonesen. Man glaubte, sie hätten Vitellius Partei auch im Kriege Othos unterstützt. Dann hatten sie, wie ja immer der städtische Pöbel frechen Sinnes ist, die zur Aufführung des Amphitheaters zurückgelassenen Krieger der 13. Legion mit mutwilligen Neckereien verhöhnt. Vermehrt wurde die Erbitterung auch dadurch, daß Caecina hier ein Fechterspiel gegeben hatte, daß zum zweitenmal hier der Herd des Krieges, daß man den Vitellianern in der Schlacht Speise gereicht und auch etliche Frauen in derselben gefallen waren, die aus Eifer für die Partei ins Feld mitzogen. Auch gab die Marktzeit der sonst schon reichen Kolonie das Ansehen noch größeren Reichtums. Die übrigen Heerführer blieben unbemerkt; den Antonius hatten Glück und Ruf den Augen aller ausgesetzt. Dieser eilte in ein Bad, um sich vom Blute reinzuwaschen. Da faßte man, indem er sich über Lauheit beklagte, die Äußerung von ihm auf, er werde ihnen gar bald

einzuheizen wissen. Diese gemeine Redensart warf alles Gehässige auf ihn, als ob er zur Anzündung Cremonas, das schon brannte, das Zeichen gegeben hätte.

33. 40000 Bewaffnete brachen herein, von Troßknechten und Marketendern eine noch größere und zu Ausschweifungen und Grausamkeit noch verderbtere Menge. Nicht Stand, nicht Alter schützte, daß nicht Notzüchtigungen zum Morde, Mord zu Notzüchtigungen sich gesellte. Hochbetagte Greise, abgelebte Frauen, wertlos als Beute, schleppte man zum Spott umher. War man auf eine erwachsene Jungfrau oder auf sonst jemand von ansehnlicher Gestalt gestoßen, so wurde ein solcher mit Gewalt von Räuberhänden hin- und hergerissen und trieb zuletzt die Räuber selbst zu gegenseitigem Morden. Während sie Geld oder schwergoldene Tempelgaben ein jeder für sich fortschleppten, wurden sie von andern überwältigt und verstümmelt. Einige suchten, was sich vorfand verschmähend, unter Geißelung und Foltern der Besitzer nach Verborgenem, scharrten Vergrabenes hervor, mit Facklen in den Händen, die sie, wenn sie die Beute hinausgeschafft hatten, mutwillig in die ausgeräumten Häuser und in leere Tempel schleuderten; und, wie natürlich bei einem Heere von verschiedenen Sprachen und Sitten, in welchem Bürger, Bundesgenossen und Ausländer sich befanden, waren auch die Begierden von verschiedener Art, hielt ein jeder etwas anderes für recht und nichts für unerlaubt. Vier Tage hielt Cremona dazu vor. Als alles schon, Geweihtes und Gemeines, im Feuer zusammensank, stand allein noch der Tempel der Mephitis vor der Mauer, durch seine Lage oder seine Gottheit geschützt.

34. Dies war Cremonas Ende, im 286. Jahre nach seinem Ursprung. Gegründet war es unter dem Konsulate des Tiberius Sempronius und Publius Cornelius, als Hannibal in Italien einbrach, als eine Schutzwehr gegen die jenseits des Po wohnenden Gallier, und falls sonst noch Heeresmacht über die Alpen stürmte. So nahm es zu und wurde blühend durch die Menge der Kolonisten, den günstigen Lauf der Flüsse, die Furchtbarkeit des Bodens, durch Verbindungen und Heiraten mit den Völkerstämmen. Es war von auswärtigen Kriegen unberührt, in Bürgerkriegen unglücklich. Antonius erließ, sich der Schandtat schämend, bei zunehmender Entrüstung den Befehl, es solle niemand einen Cremoneser als Gefangenen behalten. Auch hatte schon einstimmiger Wille ganz Italiens, welches den Kauf solcher Sklaven zurückwies, den Soldaten die Beute nutzlos gemacht. So fing man an, sie umzubringen. Als das bekannt wurde, wurden sie von Angehörigen und Verwandten heimlich losgekauft. Später kehrte der Überrest des Volkes nach Cremona zurück; es wurden die Marktplätze und Tempel durch die Hochherzigkeit der Bürger der italienischen Landstädte wiederaufgebaut, und auch Vespasianus ermunterte dazu.

35. Jedoch bei den Ruinen der in Schutt begrabenen Stadt zu lagern, erlaubte der durch Blut verpestete Boden nicht lange. Das Heer rückte bis zum dritten Meilensteine vor und sammelte die umherschweifenden und scheuen Vitellianer, jeden unter sein Feldzeichen. Die besiegten Legionen wurden aber, damit sie nicht bei noch fortdauerndem Bürgerkriege eine zweideutige Stellung einnähmen, in Illyricum umher zerstreut. Sodann ließ man nach Britannien und Spanien Botschaft und Ruf gelangen, nach Gallien wurde der Tribun Julius Calenus, nach Germanien der Kohortenpräfekt Alpinius Montanus entsandt, des Aufsehens wegen, weil letzterer ein Treverer, Calenus ein Aeduer, beide Vitellianer gewesen waren. Zugleich wurden die Alpenübergänge mit Posten besetzt, da Germanien verdächtig war, weil der Glaube verbreitet war, es rüste sich zu Vitellius Beistand.

36. Dieser indessen suchte nach Caecinas Abmarsch, nachdem er wenige Tage darauf auch Fabius Valens in den Krieg getrieben hatte, seine Sorgen in Wohlleben zu begraben, sorgte nicht für Waffen, stärkte die Soldaten nicht durch Zusprache und Übung, zeigte sich nicht vor den Augen der Menge, sondern hatte, in dem Schatten seines Parkes versteckt, dem trägen Vieh gleich, das, wenn man ihm nur Fressen vorwirft, daliegt und hinstarrt, Vergangenes, Bevorstehendes und Künftiges in gleiche Vergessenheit versenkt. Da setzte ihn, als er im Haine von Aricia[95] lässig dämmerte, der Verrat des Lucilius Bassus und der Abfall der ravennatischen Flotte in Schrecken. Und nicht lange darauf kommt über Caecina die mit Freude vermischte schmerzliche Botschaft, er sei abgefallen und vom Heere in Fesseln gelegt. Die Freude machte mehr Eindruck als die Sorge auf seinen stumpfen Sinn. Mit lautem Frohlocken fuhr er nach der Stadt zurück und überhäufte in zahlreicher Volksversammlung die Anhänglichkeit der Soldaten mit Lobsprüchen. Den Präfekten der Prätorianer, Publius Sabinus, ließ er wegen seiner Freundschaft mit Caecina fesseln und setzte Alfenus Varus an seine Stelle.

37. Hierauf sprach er zum Senate in einer hochtrabend abgefaßten Rede und wurde von den Senatoren mit ausgesuchten Schmeicheleien hochgepriesen. Mit einer harten Erklärung gegen Caecina wurde der Anfang von Lucius Vitellius gemacht; dann machten die übrigen, mit erkünstelter Entrüstung, als erhöben sie für Vitellius Klage, daß er als Konsul den Staat, als Feldherr den Kaiser, mit so vielen Reichtümern und Ehren überhäuft den Freund verraten hatte, nur ihrer persönlichen Erbitterung Luft. In keines einzigen Rede war auch nur die mindeste Verunglimpfung der flavianischen Heerführer zu bemerken. Die Verwirrung und Unbesonnenheit der Heere tadelnd, umgingen sie in schwankenden und ausweichenden Wendungen den Namen Vespasians. Dabei fand sich auch noch jemand, der sich den einzigen Tag des Konsulates – denn der war nur noch übrig

von Caecinas Stelle – unter viel Gespött über den Erteiler und Empfänger erschmeichelte. Am 31. Oktober trat Rosius Regulus es an und legte es nieder. Kundige machten dabei die Bemerkung, es sei früher noch niemals ohne Absprechung des Amtes und ohne ein besonderes Gesetz jemand an eines anderen Stelle ernannt worden; denn auf einen Tag war auch vorher schon Caninius Rebilus unter Gaius Caesars Diktatur Konsul gewesen[96], da man sich mit den Belohnungen für den Bürgerkrieg beeilte.

38. Kundbar und viel besprochen wurde in diesen Tagen Junius Blaesus Tod, über den wir folgendes erfahren haben. An einer schweren Krankheit im servilianischen Park daniederliegend, bemerkte Vitellius, daß ein in der Nähe gelegenes Gartenhaus die ganze Nacht hindurch von vielen Lichtern erglänzte. Als er nach der Ursache fragte, wurde ihm berichtet, bei Caecina Tuscus[97] seien viele zur Tafel, der gefeiertste Gast Junius Blaesus; was noch sonst von der Pracht und dem ausgelassenen Mutwillen hinzugefügt wurde, war alles übertrieben. Auch fehlte es nicht an Leuten, die den Tuscus selbst und anderen, aber noch gehässiger dem Baesus zum Vorwurf machten, daß er während des Fürsten Krankheit Freudentage feierte. Als nun diejenigen, welche das, was die Fürsten übelnehmen, scharfen Blicks erspähen, deutlich genug wahrnahmen, Vitellius sei erbittert und es dürfte sich Baesus wohl stürzen lassen, so übertrug man dem Lucius Vitellius die Rolle des Angebers. Dieser, dem Blaesus aus schändlicher Eifersucht feind, weil er ihn, einen mit jeglicher Schande gebrandmarkten Menschen, durch herrlichen Ruf überragte, schloß das Schlafgemach des Kaisers auf, nahm dessen Sohn an seine Brust und fiel ihm vor die Knie. Nach der Ursache seiner Aufregung gefragt, erklärte er ihm, nicht in seiner Sache besorgt, nicht für sich selbst voll Angst, nein für den Bruder, für des Bruders Kinder sei er mit seinen Bitten, seinen Tränen gekommen. Umsonst fürchte man sich vor Vespasian, den so viele germanische Legionen, so viele Provinzen mit ihrer Tapferkeit und Treue, so viele Länder und Meere mit ihren unermeßlichen Räumen fern hielten. In Rom, am eignen Busen habe man sich vor dem Feinde zu hüten, der sich der Junier und Antonier als seiner Ahnen rühme, sich den Soldaten als von Imperatoren abstammend leutselig und glänzend zeige. Auf ihn seien aller Augen gerichtet, während Vitellius, um Freund und Feind sich nicht bekümmernd, den Nebenbuhler hege, der vom Gelage aus auf des Fürsten Leiden hinabschaue. Zur Erwiderung für die unzeitige Freude müsse man ihm eine andre Nacht bereiten, die trauervoll und tödlich ihn lehre und empfinden lasse, daß Vitellius noch lebe und gebiete und, sollte ihm nach dem Schicksal etwas begegnen, einen Sohn besitze.

39. Ängstlich schwankend zwischen Verbrechen und Besorgnis, es möchte, verschöbe er den Tod des Baesus, ihm baldigen Untergang, geböte er ihn öffentlich, grimmigen Haß bereiten, beschloß Vitellius

mit Gift vorzugehen. Noch glaubhafter machte er diese Schandtat durch auffallende Freude, als er Blaesus besuchte. Ja, man hörte sogar die grausame Rede von ihm, mit der er sich rühmte – ich will seine eignen Worte anführen – seine Augen geweidet zu haben, indem er dem Tode seines Feindes zusah. Blaesus besaß außer berühmter Abkunft und feinen Sitten auch unerschütterliche Treue. Auch als man noch freie Hand hatte, von Caecina und den vornehmsten Parteihäuptern, die den Vitellius bereits verachteten, angegangen, weigerte er sich beharrlich. Unsträflich, friedlich, nach keiner plötzlichen Auszeichnung, geschweige nach dem kaiserlichen Stuhle strebend, hatte er es kaum vermeiden können, desselben für würdig gehalten zu werden.

40. Indessen erfuhr Fabius Valens, der mit seinem großen und verzärtelten Schwarme von Beischläferinnen und Verschnittenen lässiger als zum Kampfe schicklich einherzog, durch Eilboten, daß von Lucilius Bassus die ravennatische Flotte verraten sei. Hätte er nur den schon begonnenen Marsch beschleunigt, so hätte er dem noch schwankenden Caecina zuvorkommen oder noch vor der Entscheidung der Schlacht die Legionen erreichen können. Auch redete ihm mancher zu, er möchte mit den Treusten auf verborgenen Pfaden, Ravenna vermeidend, auf Hostilia oder Cremona zumarschieren. Andere waren der Meinung, man solle nach Herbeiziehung der prätorischen Kohorten aus Rom mit starker Mannschaft durchbrechen. Er selbst verbrachte unter unnützem Zögern mit Beratschlagungen die Zeit des Handelns; dann verwarf er beide Vorschläge, wählte, was in gefährlichen Lagen das Schlimmste ist, den Mittelweg, und war weder kühn noch vorsichtig genug.

41. Er schrieb an Vitellius und forderte Unterstützung. Es kamen drei Kohorten mit einer britannischen Reiterschar, ein Haufe, der so wenig geeignet war, sich durchzuschleichen, als sich durchzuschlagen. Aber Valens hielt sich nicht einmal in einer so bedenklichen Lage von der Schmach frei, daß man von ihm glaubte, er erzwinge unerlaubte Lüste und beflecke mit Ehebruch und Notzüchtigungen die ihn gastlich aufnehmenden Häuser. Es fehlte ihm ja nicht an Gewalt und Geld und an Lüsternheit, die das Äußerste wagt, wenn das Glück sinkt. Erst mit der Ankunft des Fußvolks und der Reiter wurde ihm die Verkehrtheit seines Planes offenbar, teils weil, selbst wenn sie noch so treu war, er mit einer so kleinen Mannschaft nicht durch die Feinde kommen konnte, teils weil sie auch nicht unverfälschte Treue mitgebracht hatte. Scham jedoch und Scheu vor der Gegenwart des Führers hielt sie noch, Bande, die für die Gefahrlustigen und um Schande Unbekümmerten wenig dauerhaft waren. In dieser Besorgnis und auch nur noch von wenigen begleitet, die sein Mißgeschick nicht umgewandelt hatte, schickte er die Kohorten nach Ariminum[98] voraus, befahl der Reiterschar, den Rücken zu decken, und wandte sich selbst nach Um-

brien und von dort nach Etrurien, wo er den Ausgang des Kampfes bei Cremona erfuhr, und den nicht feigen und, wäre er gelungen, furchtbaren Plan faßte, Schiffe zusammenzuraffen, in der ersten besten Gegend der narbonensischen Provinz zu landen und so Gallien, die Heere, Germaniens Völker und einen neuen Krieg in Bewegung zu setzen.

42. Nach dem Abzuge des Valens schloß Cornelius Fuscus die zagende Besatzung von Ariminum zu Lande und zu Wasser ein, indem er das Heer heranrücken ließ und Schnellsegler am nächsten Gestade umherschickte. Besetzt wurden die Ebenen Umbriens und das picenische Gebiet, soweit es vom adriatischen Meere bespült wird. Ganz Italien war zwischen Vespasian und Vitellius durch die Gebirgszüge des Apennins geteilt. Fabius Valens wurde vom pisanischen Meerbusen aus durch Meeresstille oder widrigen Wind in den Hafen des Hercules Monoecus einzulaufen genötigt. Nicht weit von da stand Marius Maturus, der Prokurator der Meeralpen, dem Vitellius treu, dem er, da alles ringsumher schon feindlich war, den Eid noch nicht gebrochen hatte. Dieser nahm den Valens freundlich auf und schreckte ihn warnend davon ab, sich in das narbonensische Gallien hineinzuwagen. Zugleich war auch die Treue der übrigen schon durch Furcht gebrochen.

43. Die umliegenden Ortschaften nämlich hatte der Prokurator Valerius Paulinus, ein tüchtiger Kriegsmann und dem Vespasian schon vor dessen Erhebung befreundet, diesem huldigen lassen und hielt, nachdem er alle um sich gesammelt hatte, die, von Vitellius entlassen, freiwillig Kriegsdienst nahmen, die Kolonie Forum Julium[100] als den Schlüssel des Meeres, mit Truppen besetzt, was von um so größerem Gewicht war, weil die Stadt des Paulinus Vaterstadt war und er bei den Prätorianern in Ehren stand, deren Tribun er einst gewesen war. Und selbst die Bewohner des platten Landes beeiferten sich aus Gunst für das Municipium und in Hoffnung künftiger Macht, die Partei zu unterstützen. Als dies, in der Anlage fest begründet, aber durch das Gerücht vergrößert, bei den schon schwankend gesinnten Vitellianern bekannt wurde, kehrte Fabius Valens nur mit vier Führern, drei Freunden und ebensovielen Centurionen zu den Schiffen zurück; Maturus und die übrigen blieben freiwillig da und huldigten Vespasian. Valens indes, dem allerdings die See mehr Sicherheit gewährte als die Gestade oder Städte, der aber auch so nicht wußte, was nun werden solle, und mehr mit sich einig darüber, was er meiden, als worauf er sein Vertrauen setzen müsse, wurde durch widrigen Sturmwind an die Stoechaden[101], Inseln der Massilienser, verschlagen. Da überwältigten ihn von Paulinus ausgesandte Schnellsegler.

44. Nach Gefangennahme des Valens wandte sich alles der Macht des Siegers zu, und der Anfang wurde in Spanien gemacht von der

ersten Legion Adjutrix, die, im Andenken an Otho dem Vitellius feind, auch die 10. und 6. nachzog. Auch Gallien zögerte nicht, und Britannien gewann der gute Eindruck für Vespasian, den er dort gemacht, als er von Claudius an die Spitze der 2. Legion gestellt und im Kriege berühmt geworden war, nicht ohne Bewegung in den übrigen Legionen, in denen die Mehrzahl der Centurionen und Soldaten, von Vitellius befördert, nur mit Besorgnis den schon erprobten Fürsten wechselte.

45. Bei dieser Uneinigkeit und den häufigen Gerüchten vom Bürgerkriege erhoben die Britannier ihren Mut auf Anstiften des Venutius, der neben angebornem Trotz und Römerhaß sich noch durch persönliche Erbitterung gegen die Königin Cartimandua[102] angefeuert fühlte. Cartimandua herrschte über die Briganten, durch edle Abkunft vielvermögend; und sie hatte ihre Macht noch vermehrt, seitdem sie durch hinterlistige Gefangennahme des Königs Caratacus zum Triumphe des Kaisers Claudius geholfen zu haben schien[103]. So wuchs ihr Reichtum und ihres Glückes Üppigkeit. Ihren Gemahl Venutius verschmähend, gab sie dessen Waffenträger Vellocatus Hand und Königswürde. Gleich wurde durch diese Freveltat ihr Haus erschüttert: für den Gemahl war die Gunst des Volkes, für den Ehebrecher die Sinnlichkeit und Grausamkeit der Königin. So brachte Venutius, indem er Hilfsscharen an sich zog und zugleich auch die Briganten selbst abfielen, Cartimandua in die äußerste Gefahr. Nun wurde von den Römern Schutz erbeten, und unsere Kohorten und Reiterscharen entrissen, wiewohl das Glück der Schlachten wechselte, doch die Königin der Gefahr; das Reich blieb dem Venutius, uns der Krieg.

46. In ebendiesen Tagen geriet Germanien in Gärung, und durch Saumseligkeit der Feldherren, Aufruhr der Legionen, Angriff von außen und die Treulosigkeit der Bundesgenossen wäre die Römermacht beinahe vernichtet worden. Diesen Krieg mit seinen Ursachen und Ergebnissen will ich – denn er zog sich weiter hinaus – späterhin erzählen[104]. Es regte sich auch das Volk der Dacier, das, niemals treu, jetzt auch ohne Furcht war, da das Heer aus Mösien hinweggeführt war. Doch die ersten Ereignisse sahen sie sich ruhig an; als sie erfuhren, daß Italien in Krieg auflodere, alles einander feindlich gegenüberstehe, eroberten sie die Winterlager der Kohorten und Reiterscharen und bemächtigten sich der beiden Donauufer; ja, sie schickten sich schon an, die Lager der Legionen zu zerstören, wenn nicht Mucianus ihnen die 6. Legion entgegengestellt hätte, schon unterrichtet vom Siege bei Cremona, und damit nicht von zwei Seiten Kriegswogen von außen hereindrängten, wenn die Dacier und Germanen in verschiedenen Richtungen einbrächen. Hilfreich war, wie sonst so oft schon, das Glück der Römer, das Mucianus und des Orients Streitmacht gerade dahin führte, und daß wir inzwischen bei Cremona

unsere Sache schon entschieden hatten. Fontejus Agrippa wurde von Asien her – er hatte als Prokonsul diese Provinz ein Jahr verwaltet – über Mosien gesetzt, und man gab ihm auch noch Truppen aus dem Heere des Vitellius, das in den Provinzen umher zu zerstreuen und in auswärtigen Krieg zu verflechten schon die Klugheit und das Interesse des Friedens geboten.

47. Auch die übrigen Völker blieben nicht still. Plötzlich hatte in Pontus ein ausländischer Sklave, einst Befehlshaber der königlichen Flotte, die Waffen erhoben. Dies war Anicetus, ein Freigelassener des Polemo, ehedem von großem Einfluß, und, als sich das Reich in eine Provinz umgestaltet hatte, mit diesem Wechsel nicht zufrieden. Nachdem er also in Vitellius Namen die Völkerschaften an sich gezogen, die um das schwarze Meer wohnen und, in Hoffnung auf Plünderung besonders die Klasse der Dürftigen gewonnen hatte, brach er an der Spitze einer nicht zu verachtenden Schar plötzlich in Trapezunt, einer altberühmten, von den Griechen am äußersten Ende der pontischen Küste erbauten Stadt ein. Die dort befindliche Kohorte wurde niedergehauen, ehedem eine königliche Mannschaft, die nachher mit dem römischen Bürgerrechte beschenkt, Feldzeichen und Waffen nach unserer Art besaß, Trägheit und Zügellosigkeit der Griechen beibehielt. Auch die Flotte steckte er in Brand, sein Spiel auf dem unbewachten Meere treibend, weil Mucianus die auserlesensten der Schnellsegler und alle Mannschaft nach Byzanz gebracht hatte. Ja, auch die Barbaren streiften verächtlich umher, indem sie sich eilends Schiffe gezimmert hatten; sie nennen diese Camaren, mit schmalen Seiten und weitem Bauche, ohne Verband von Erz oder Eisen zusammengefügt. Wenn das Meer hoch geht, erhöhen sie, soweit die Woge sich erhebt, den Bord der Schiffe durch Bretter, bis sie sich dachförmig schließen. So treiben sie mitten unter den Wogen fort und gleicherweise sind beide Spitzen Vorderteil und das Ruderwerk veränderlich, weil mit der einen oder der andern zu landen gleichgültig und gefahrlos ist.

48. Die Sache machte Vespasian aufmerksam, so daß er Vexillarier aus den Legionen auswählte und zu ihrem Anführer den Virdius Geminus, einen bewährten Kriegsmann, ausersah. Dieser griff den ungeordneten und aus Begier nach Beute umherschweifenden Feind an, drängte ihn auf die Schiffe, ließ in der Eile Schnellsegler anfertigen und holte Anicetus in der Mündung des Flusses Chobus ein, wo derselbe durch den Beistand des Sedochezerkönigs, den er durch Geld und Geschenke zum Bündnis gewonnen hatte, gesichert war. Anfangs nahm sich auch der König mit Drohungen und Waffengewalt des Schutzflehenden an, als ihm aber Lohn für den Verrat oder Krieg geboten wurde, da ließ er sich, in seiner Treue, wie Barbaren in der Regel, wandelbar, zu Anicetus Untergang verdingen, lieferte die Flüchtlinge aus, und der Sklavenkrieg hatte ein Ende.

Vespasian freute sich eben dieses Sieges, wie ja alles seine Wünsche übertraf, als ihn die Nachricht von der Schlacht bei Cremona in Ägypten traf. Desto eiliger setzte er seinen Marsch nach Alexandria fort, um nach Vernichtung des Heeres des Vitellius auch das der Einfuhren vom Auslande her bedürftige Rom durch Hunger zu bedrängen. Er gedachte nämlich auch das auf derselben Küste liegende Afrika zu Lande und zur See anzugreifen, um durch Verstopfung der Zufuhrquellen dem Feinde Mangel und Zwietracht zu bereiten.

49. Während in diesem Wanken des ganzen Erdkreises die Regierung überging, verfuhr Primus Antonius nach Cremonas Fall keineswegs mit gleicher Unsträflichkeit, sei es, daß er glaubte, für den Krieg sei nun genug getan und alles Übrige ein Kinderspiel, oder daß das Glück bei einem solchen Charakter Habsucht, Übermut und die übrigen Fehler aus der verborgenen Tiefe erst ans Licht zog. Als hätte er es erobert, durchtobte er Italien, schmeichelte den Legionen, als gehörten sie ihm, und bahnte sich mit allem, was er sagte und tat, den Weg zur Gewalt; und um den Geist der Zügellosigkeit unter den Soldaten zu verbreiten, überließ er es den Legionen, die Stellen der gefallenen Centurionen zu besetzen. Durch solche Wahl wurden gerade die unruhigsten Köpfe erkoren, und der Soldat war nicht mehr von den Heerführern abhängig, sondern diese wurden von den Soldaten gewaltsam fortgezogen. Dies meuterische und zur Auflösung der Mannszucht führende Treiben benutzte er hierauf zum Rauben, ohne im mindesten den sich nähernden Mucianus zu scheuen, was doch verderbenbringender war, als den Vespasian nicht geachtet zu haben.

50. Indessen rückte, da der Winter nahe und die Felder vom Po durchwässert waren, der Heereszug nur leichtbepackt weiter. Die Feldzeichen und Adler der siegreichen Legionen, die an Wunden oder Altersschwäche leidenden Krieger und auch viele Gesunde wurden in Verona zurückgelassen. Es schienen, da der Krieg so gut wie schon beendet war, die Kohorten und Reiterscharen nebst auserlesenen Legionären hinzureichen. Die 11. Legion hatte sich angeschlossen, sie, die anfangs gezögert, aber nun, da alles glücklich ging, in Angst darüber war, daß sie es an sich hatte fehlen lassen. Dalmatier, neu ausgehoben, begleiteten sie. Anführer war der Konsular Pompejus Silvanus; die eigentliche Leitung hatte der Legionslegat Annius Bassus in Händen. Dieser lenkte mit dem Scheine der Untergebenheit den im Kriege lässigen und die Zeit des Handelns mit Worten hinbringenden Silvanus und war bei allem, was zu tun war, mit ruhiger Geschäftigkeit zur Hand. Zu diesen Truppen wurden noch die besten von den ravennatischen Seesoldaten, die in den Legionen zu dienen verlangten, hinzugenommen; die Flotte ergänzten Dalmatier. Heer und Feldherren machten bei Fanum Fortunae Halt, über das Ganze ihres Unternehmens unschlüssig, weil sie gehört hatten, die prätorischen Kohorten seien von Rom aufgebrochen, und die Apenninen von

Truppen besetzt glaubten. Sie selbst machten der Mangel in der durch den Krieg ausgesogenen Gegend und aufrührerische Reden der Soldaten betroffen, welche Nagelgeld – dies ist der Name eines den Soldaten gewährten Geschenkes – forderten. Teils hatten sie für Geld oder Zufuhr nicht vorgesorgt, teils standen ihnen Übereilung und Habsucht dabei selbst im Wege, indem man das raubte, was man nur in Empfang zu nehmen brauchte.

51. Ich habe die namhaftesten Gewährsmänner dafür, daß die Sieger so ganz ohne Achtung für Recht und Unrecht gewesen, daß ein gemeiner Reiter mit dem offenen Bekenntnis, es sei in der letzten Schlacht sein Bruder von ihm getötet worden, sich von den Feldherren eine Belohnung dafür ausgebeten habe. Und diesen gestattete weder das Menschenrecht, diesen Mord zu belohnen, noch die Art dieses Krieges, ihn zu bestrafen. Sie hatten ihn hingehalten, als habe er mehr verdient als ihm sogleich vergolten werden könne; weiter wird darüber nichts gemeldet. Übrigens war auch in den früheren Bürgerkriegen derselbe Frevel vorgefallen. Denn in der Schlacht, in welcher am Janiculum[106] gegen Cinna gestritten wurde, brachte ein pompejanischer Soldat seinen Bruder, dann, nach erkannter Greueltat, sich selbst ums Leben, wie Sisenna erzählt. Soviel lebendiger war bei unsern Vorfahren wie der Tugenden Ruhm, so bei Freveltaten die Reue. Es wird nicht unpassend sein, solches und ähnliches aus der alten Zeit zu erwähnen, so oft die Sache selbst und die Gelegenheit Beispiele des Rechten oder des Trostes wider das Böse erheischen.

52. Antonius und die Feldherren seiner Partei fanden es für gut, die Reiter vorauszuschicken und ganz Umbrien auszukundschaften, ob irgendwo die Höhen der Apenninen bequemer zu ersteigen wären. Die Adler und Feldzeichen und die Soldaten aus Verona sollten herbeigezogen und der Po und das Meer reichlich mit Provianttransporten gefüllt werden. Es gab einige unter den Feldherren, welche Aufschub suchten, weil Antonius schon zu mächtig war und sichere Belohnungen von Mucianus erwartet wurden. Mucianus nämlich, wegen des schnellen Sieges in Besorgnis und, bemächtigte er sich nicht persönlich Roms, sich vom Kriege wie vom Ruhm desselben für ausgeschlossen haltend, schrieb an Primus und an Varus in ganz unbestimmten Ausdrücken, das Begonnene zu verfolgen, oder wiederum von den Vorteilen des Zögerns sprechend, und das alles so gestellt, daß er nach dem Erfolge der Ereignisse das Mißlingen von sich ablehnen, das Gelingen als sein Werk anerkennen konnte. Dem Plotius Griphus, der von Vespasian jüngst in den Senatorstand erhoben und an die Spitze einer Legion gestellt war, und den übrigen ihm Ergebenen gab er bestimmtere Weisungen, und diese alle antworteten dann ungünstig über des Primus und des Varus Eile, und ganz wie es Mucianus wünschte. Durch Übersendung dieser Briefe an Vespasian hatte er es denn dahin gebracht, daß des Antonius Anschläge und Taten nicht der Hoffnung desselben gemäß geschmäht wurden.

53. Antonius war darüber ungehalten und er schob die Schuld auf Mucianus, durch dessen Anschwärzungen seine Wagnisse so herabgesetzt worden wären. Selbst sich darüber zu äußern, enthielt er sich nicht, ohne Maß in seiner Rede und sich zu fügen nicht gewöhnt. Er schrieb einen Brief an Vespasian, ruhmrediger als man an einen Fürsten schreiben darf und nicht ohne versteckte Ausfälle gegen Mucianus: Er habe die pannonischen Legionen unter die Waffen gebracht, auf seinen Antrieb seien die Feldherren Mösiens aufgestanden, durch seine Beharrlichekit die Alpen durchbrochen, Italien besetzt, die Hilfsscharen der Germanen und Räter abgeschnitten worden. Daß er die uneinigen und zerstreuten Legionen des Vitellius im Reitersturm und dann mit des Fußvolks Macht einen Tag und eine Nacht hindurch geschlagen, das sei das Schönste doch und ganz sein eigen Werk. Das Unglück Cremonas sei dem Kriege zur Last zu legen; noch größere Verluste, den Untergang von noch mehr Städten hätten die früheren Bürgerzwiste den Staat gekostet. Nicht mit Botschaften und Sendschreiben, sondern mit dem Arme und mit den Waffen diene er seinem Imperator. Auch wolle er nicht dem Ruhme derer im Wege sein, die Asien unterdes zur Ruhe gebracht. Ihnen habe Mösiens Friede, ihm die Rettung und Sicherstellung Italiens am Herzen gelegen; auf seine Aufforderungen habe sich Gallien und Spanien, der stärkste Teil der Welt, zu Vespasian gewandt. Aber vergebens wären seine Anstrengungen, wenn die allein den Lohn für die Gefahren erhielten, welche an den Gefahren selbst nicht teilgenommen hätten. – Dies alles blieb dem Mucianus nicht unbekannt. Daher entstand denn bitterer Groll, den Antonius unumwundener, Mucianus hinterlistig und deshalb um so unversöhnlicher nährte.

54. Indessen hielt Vitellius, dessen Macht nun bei Cremona schon gebrochen war, die Nachrichten von der Niederlage geheim und verschob in törichter Selbsttäuschung mehr die Vorkehrungen gegen sein Unglück als das Unglück selbst. Denn hätte er es sich nur eingestanden und Rat gepflogen, so blieben ihm noch Hoffnung und Kräfte genug; da er aber im Gegenteile sich einbildete, es stehe alles vortrefflich, wurde es mit ihm bei dieser Täuschung immer schlimmer. Das seltsamste Schweigen über den Krieg herrschte in der Nähe seiner Person, in der ganzen Stadt waren die Gespräche darüber verboten, und nur desto mehr Menschen, die, wenn es freigestanden hätte, die Wahrheit berichtet haben würden, hatten, eben weil es ihnen verboten war, schrecklichere Nachrichten verbreitet. Auch die feindlichen Feldherren ermangelten nicht, den Ruf zu vergrößern, indem sie gefangene Kundschafter des Vitellius umherführen ließen, damit sie die ganze Stärke des siegreichen Heeres kennenlernten, und sie dann zurückschickten. Vitellius ließ sie alle, nachdem er sie heimlich ausgefragt hatte, umbringen. Ein Mann von merkwürdiger Entschlossenheit, der Centurio Agrestis, brachte endlich nach vielem Reden, wo-

mit er ihn vergeblich zu männlicher Gesinnung anzufeuern suchte, den Vitellius dahin, daß er selbst abgesendet wurde, um die Kräfte des Feindes und das, was bei Cremona vorgefallen war, in Augenschein zu nehmen. Er versuchte nicht, durch heimliche Erkundigung dem Antonius unbemerkt zu bleiben, sondern verlangte, seines Kaisers Auftrag und seine eigene Gesinnung bekennend, alles insgesamt besichtigen zu dürfen. Man gab ihm Leute mit, um ihm den Wahlplatz, die Ruinen von Cremona, die gefangenen Legionen zu zeigen. Agrestis kehrte zu Vitellius zurück, und als dieser erklärte, es sei nicht wahr, was er berichte, und ihn obenein noch beschuldigte, er habe sich bestechen lassen, sprach er: „Weil ein sprechender Beweis hier nötig ist und ich mit meinem Leben oder Tode dir nun nicht anders mehr nützen kann, so will ich dir einen geben, dem du glauben sollst!" Hiermit entfernte er sich und besiegelte mit freiwilligem Tode seine Aussage. Einige haben berichtet, er sei auf Befehl des Vitellius getötet worden, einig aber über seine Treue und Entschlossenheit.

55. Vitellius befahl, wie aus dem Schlafe geweckt, dem Julius Priscus und Alfenus Varus, mit vierzehn prätorischen Kohorten und allen Reiterscharen die Apenninen zu besetzen. Es folgte ihnen die aus den Seesoldaten bestehende Legion. So viele tausend Bewaffnete, auserlesene Rosse und Männer wären, hätte sie ein anderer geführt, selbst zum Angriffskriege stark genug gewesen. Die übrigen Kohorten gab er seinem Bruder Lucius Vitellius zum Schutze der Stadt. Er selbst, von seiner gewohnten Schwelgerei nichts nachlassend und aus Verzagtheit voller Hast, beschleunigte die Comitien, auf welchen er Konsuln auf viele Jahre voraus bestimmte, verschenkte an Bundesgenossen Vergünstigungen, an Ausländer die Gerechtsame Latiums, erließ den einen Abgaben, erteilte den andern Freiheiten, kurz, zerrüttete das Reich ohne alle Sorge für die Zukunft. Aber die Menge war bei Gelegenheit so großer Wohltaten gleich zur Hand, die Toren erhandelten sie für Geld, bei den Weisen galt für nichtig, was ohne Nachteil des Staates weder verliehen, noch angenommen werden konnte. Endlich kam er auf dringendes Verlangen des Heeres, welches Mevania[107] besetzt hatte, mit einem großen Zuge von Senatoren, deren viele die Schmeichelei, den größeren Teil die Furcht ihm nachziehen hieß, ins Lager, unschlüssig bei sich selbst und treulosen Ratschlägen preisgegeben.

56. Während er dort vor dem Heere sprach, flog – unheimlich klingt es – eine so große Menge von Unglücksvögeln über ihm dahin, daß sie den Tag mit einer schwarzen Wolke verdunkelten. Dazu gesellte sich noch als ein grauses Wahrzeichen, daß ein Stier von dem Altare entfloh, das Opfergerät auseinanderwarf und erst ferne, wo man Opfertiere nicht zu töten pflegt, erlegt wurde. Doch das sicherste Unglückszeichen war Vitellius selbst, er, der ohne vom Kriege etwas zu verstehen und keines Planes fähig nur immer andere fragte, wie die

Ordnung des Zuges, wie Kundschaft zu gestalten wäre, ob man den Krieg beschleunigen oder in die Länge ziehen solle, und bei jeder Botschaft selbst in Miene und Gang seine Angst verriet, dazu auch noch berauscht. Zuletzt, aus Überdruß des Lagers und auf die Nachricht vom Abfall der misenensischen Flotte hin, kehrte er nach Rom zurück, immer nur bei jedem neuen Schlag zitternd, und unbekümmert um den entscheidenden Augenblick. Denn obwohl es ihm ganz freigestanden hätte, mit den frischen Kerntruppen seines Heeres über die Apenninen zu gehen und die durch Winter und Mangel ermatteten Feinde anzugreifen, zersplitterte er seine Streitkräfte und gab die mutigsten, bis zum Äußersten entschlossenen Krieger der Niedermetzelung und Gefangenschaft preis, obwohl die einsichtsvollsten unter den Centurionen anderer Meinung waren und, hätte man sie zu Rate gezogen, die Wahrheit gesagt haben würden. Den Zutritt wehrten ihnen die vertrautesten Freunde des Vitellius, und so war einmal des Fürsten Ohr von ihnen gewöhnt, daß er, was von Nutzen gewesen, als widerwärtig ansah, und sich überhaupt nichts als Erfreuliches gefallen ließ, mochte es auch verderblich sein.

57. Die misenensische Flotte nun – so viel vermag in bürgerlichen Zwisten auch die Kühnheit eines einzelnen – bewog der Claudius Faventinus, ein mit Schimpf von Galba entlassener Centurio, zum Abfall, indem er in einem erdichteten Schreiben Vespasians ihr eine Belohnung für den Verrat vorspiegelte. Es befehligte die Flotte Claudius Apollinaris, weder standhaft in Treue noch unternehmend in Verräterei. So erbot sich Apinius Tiro, welcher Prätor gewesen war und sich damals gerade in Minturnae aufhielt, den Abtrünningen zum Anführer. Von diesen beeinflußt, brachten die Landstädte und Kolonien, wobei besonders die Puteolaner Vespasian begünstigten, wogegen Capua dem Vitellius treu war, ihre landstädtische Eifersucht mit in den Bürgerkrieg ein. Vitellius wählte Claudius Julianus – dieser hatte unlängst die misenensische Flotte mit Milde befehligt – dazu aus, die Gemüter der Soldaten zu besänftigen. Zur Unterstützung wurden ihm eine Stadtkohorte und die Gladiatoren mitgegeben, an deren Spitze Julianus stand. Als man beiderseits, da Julianus ohne viel Zögern auf Vespasians Seite übergetreten war, die Lager hatte zusammenstoßen lassen, nahm man Tarracina ein, welches mehr durch seine Mauern und seine Lage, als durch die Stimmung der Einwohner selbst gesichert war.

58. Als dies Vitellius erfuhr, ließ er einen Teil seiner Truppen mit den Präfekten der Prätorianer zu Narnia zurück und stellte seinen Bruder Lucius Vitellius mit sechs Kohorten und fünfhundert Reitern der durch Campanien hereindringenden Kriegsgefahr entgegen. Er selbst ließ sich, so niedergeschlagen er auch war, doch durch den Eifer der Soldaten und das Geschrei des Waffen fordernden Volkes wiederaufrichten, indem er die feige Menge, die über Worte hinaus doch

nichts zu wagen willens war, mit trügerischem Scheine ein Heer und Legionen nannte. Auf den Rat seiner Freigelassenen – denn seine Freunde waren, je angesehener, desto weniger treu – ließ er die Tribus zusammenrufen und nahm alle, die sich meldeten, in Eid. Da eine zu große Menge zuströmte, verteilte er die Besorgung der Aushebung unter die Konsuln. Den Senatoren legte er eine Anzahl Sklaven und ein bestimmtes Gewicht Silber auf. Die römischen Ritter boten Dienste und Geld an, und auch die Freigelassenen forderten aus eignem Antriebe gleiche Leistung. So hatte sich erheuchelter, von Furcht ausgegangener Diensteifer in Anhänglichkeit umgewandelt, und gar viele hatten nicht nur mit Vitellius, als mit der unglücklichen Lage des Principates selbst Mitleid. Auch ließ er es selbst nicht daran fehlen, durch Blick, Stimme und Tränen das Mitleid rege zu machen, mit Versprechungen freigebig und, wie es der Natur der Zagenden eigen ist, ohne Maß. Ja, er wollte sich sogar Caesar nennen lassen, was er vorher verschmäht hatte; jetzt bewog ihn Aberglauben an den Namen, und weil in der Furcht auf das Gerede der Menge ebenso wie auf den Rat der Einsichtsvollen gehört zu werden pflegt. Wie übrigen alles, was von unbesonnener Aufwallung ausgeht, anfangs gewaltig ist, aber mit der Zeit ermattet, so verloren sich allmählich die Senatoren und Ritter, erst zögernd und nur da, wo er selbst nicht gegenwärtig war, dann mit Verachtung und ohne Unterschied, bis Vitellius aus Scham über das vergebliche Bemühen das erließ, was doch niemand gab.

59. Wie die Besetzung Mevanias und der gleichsam von neuem wiederauflebende Krieg Italien in Schrecken gesetzt hatte, so brachte die feige Entweichung des Vitellius eine entschiedene Neigung für die Flavianische Partei hervor. Aufgeregt durch Nacheiferung, weil Campanien ihnen zuvorgekommen war, zeigten sich Samniter, Päligner und Marser, wie ja in einem neuen Verhältnisse sich die Folgsamkeit zu zeigen pflegt, zu allen Kriegsdienstleistungen voll Eifer. Aber bei dem harten Winter hatte das Heer während des Überganges über die Apenninen viel zu leiden, und da man sich kaum bei ruhigem Marsche aus dem Schnee herausarbeiten konnte, zeigte es sich, in welche Gefahr man gekommen sein würde, wenn den Vitellius nicht das Glück umkehren ließ, das den flavianischen Feldherrn nicht weniger oft zur Seite stand als Überlegung. Dort kam ihnen Petilius Cerialis entgegen, der in Bauerntracht und durch seine Ortskenntnis den Wachtposten des Vitellius entkommen war. Cerialis war nahe mit Vespasian verwandt und selbst auch nicht ohne Kriegsruhm, weshalb er in die Zahl der Feldherren mit aufgenommen wurde. Viele haben berichtet, auch dem Flavius Sabinus und dem Domitianus[108] habe die Flucht offengestanden. Von Antonius abgesandte Boten kamen durch allerlei Täuschungsmittel bis zu ihnen durch und wiesen ihnen einen sicheren Ort und Geleit an. Sabinus schützte seine zu Beschwerde und

Wagnis nicht geeignete Gesundheit vor; dem Domitianus fehlte es nicht an Mut dazu, aber die ihm von Vitellius beigegebenen Wächter, obwohl sie versprachen, seine Gefährten auf der Flucht zu sein, erregten die Besorgnis, sie möchten ihm nachstellen. Auch hatte Vitellius aus Rücksicht auf seine eigenen Angehörigen keine grausamen Absichten gegen Domitianus.

60. Als die Heerführer der feindlichen Partei nach Carsulae[109] gekommen waren, nahmen sie sich einige Tage zur Rast, bis die Adler und Feldzeichen der Legionen nachkämen. Auch gefiel ihnen der Lagerplatz schon an sich selbst, da er eine weite Aussicht hatte, die Zufuhr der Lebensmittel sicher war und blühende Landstädte im Rücken lagen. Zugleich hoffte man auf Unterredungen mit den nur zehn römische Meilen von da stehenden Vitellianern und auf Verrat. Dies verdroß die Soldaten, sie wollten lieber Sieg als Frieden und nicht einmal auf ihre eigenen Legionen warten, die mehr die Beute als die Gefahren mit ihnen teilen würden. Antonius berief sie zu einer Heerversammlung und setzte ihnen auseinander, Vitellius besitze noch Streitkräfte, die unentschieden seien, wenn sie sich noch bedenken könnten, aber nicht unwirksam sein würden, wenn sie verzweifeln müßten. Der Anfang eines Bürgerkrieges sei dem Schicksal zu überlassen; der Sieg werde durch Klugheit und Überlegung zustandegebracht. Schon sei die misenensische Flotte und Campaniens reizende Küste abgefallen und dem Vitellius nicht mehr vom ganzen Länderkreise übrig, als was zwischen Tarracina und Narnia liege. Genug Ruhm habe man durch die Schlacht bei Cremona geerntet, sowie durch die Zerstörung Cremonas nur zu viel Haß; sie möchten also Rom nicht lieber zu erobern als zu retten trachten. Größere Belohnungen und bei weitem die höchste Ehre warte ihrer, wenn sie ohne Blut dem römischen Senate und Volke Sicherheit verschaffen. Durch diese und ähnliche Worte wurden die Gemüter besänftigt.

61. Nicht lange darauf kamen die Legionen an. Da wankten beim schreckenden Rufe von der Verstärkung des Heers die vitellianischen Kohorten, und niemand ermunterte sie zum Kriege, dagegen viele zum Übertritte, die ihre Centurien und Schwadronen dem Sieger zum Geschenk, sich selbst zur Gunstbewerbung für die Zukunft zu übergeben sich beeiferten. Durch diese erfuhr man, daß zu Interamna in der ganz nahe gelegenen Ebene eine Besatzung von vierhundert Reitern stehe. Sogleich wurde Varus mit einer leichten Schar dahin gesandt, der einige der Widerstand Leistenden tötete; die Mehrzahl warf die Waffen weg und bat um Gnade; einige flohen ins Lager zurück und erfüllten alles mit Furcht, indem sie durch ihre Reden die Tapferkeit und Menge der Feinde übertrieben, um die Schande des verlorenen Postens zu mildern. Bei den Vitellianern gab es keine Strafe für eine Schandtat, teils war durch die Belohnungen der Abtrünningen die Treue schon gebrochen, und nur in der Verräterei gab

es noch einen Wettstreit. Häufig gingen Tribunen und Centurionen über; denn der gemeine Soldat hielt standhaft an Vitellius fest, bis Priscus und Alfenus, das Lager im Stiche lassend, sich zu Vitellius zurückbegaben und alle insgesamt davon entbanden, sich des Verrats zu schämen.

62. In ebendiesen Tagen wurde Fabius Valens zu Urbinum in der Haft getötet. Sein Haupt wurde den vitellianischen Kohorten gezeigt, damit sie keine Hoffnung weiter nährten; denn sie glaubten, Valens sei nach Germanien entkommen und biete dort alte und neue Heere auf. Beim Anblick des Getöteten gaben sie sich der Verzweiflung hin. Das flavianische Heer vernahm den Untergang des Valens mit großer Erregung als das Ende des Krieges. Valens war in Anagnia aus einer Ritterfamilie geboren. Frech im Betragen und dabei kein übler Kopf, strebte er durch Ausgelassenheit nach dem Rufe eines feinen Wesens. Beim Spiele der Juvenalien[110] unter Nero trat er erst wie gezwungen, dann aus eignem Antriebe als Mime auf, mit mehr Geschick als Anstand. Als Legionslegat begünstigte er erst den Verginius, dann schwärzte er ihn an. Fontejus Capito tötete er, nachdem er ihn verführt, oder weil er ihn nicht hatte verführen können. Galba verriet er, dem Vitellius war er treu und dadurch berühmt, weil andere Verräter waren.

63. Als ihnen nun von allen Seiten die Hoffnung abgeschnitten war, zogen die vitellianischen Soldaten, entschlossen, zur Gegenpartei überzugehen, und zwar nicht ohne Würde, unter ihren Feldzeichen und Standarten auf die unter Narnia liegenden Ebenen hinab. Das flavianische Heer hatte sich, wie zum Kampfe gerüstet und in seinem Schmuck, in dichten Reihen am Wege aufgestellt. Die Vitellianer wurden in die Mitte aufgenommen, und als sie im Kreise standen, redete sie Primus Antonius freundlich an. Ein Teil sollte in Narnia, der andere in Interamna stehen bleiben. Zugleich wurden einige von den siegreichen Legionen zurückgelassen, nicht lästig, wenn sie sich ruhig verhielten, aber stark genug zum Widerstande, wenn sie trotzten. In diesen Tagen unterließen es Primus und Varus nicht, durch häufige Botschaften dem Vitellius Sicherheit, Geld und einen abgeschiedenen Aufenthalt in Campanien anzubieten, wenn er die Waffen niederlegte und sich samt seinen Kindern Vespasian ergäbe. Ähnlichen Inhalts schrieb denn auch Mucianus, Vitellius traute ihm auch im ganzen und sprach schon von der Zahl der Sklaven und der Wahl des Platzes am Gestade. So große Dumpfheit hatte sich seines Geistes bemächtigt, daß, hätten nicht andere noch daran gedacht, daß er einst Kaiser gewesen, er selber es vergessen haben würde.

64. Dagegen ermunterten die Großen Roms den Stadtpräfekten Flavius Sabinus in geheimen Unterredungen, er möchte sich am Siege und am Ruhme Anteil zu verschaffen suchen. Er besitze an den Stadtkohorten ja Soldaten, welche er die seinen nennen könne, und auch

die Kohorten der Polizeisoldaten, ihre eigenen Sklaven, das Glück der Partei und da alles sich den Siegern zuwende, würde es ihm an Beistand nicht fehlen lassen. Er möchte doch dem Antonius und Varus an Ruhm nicht nachstehen wollen. Vitellius habe nur noch wenige und durch die von allen Seiten her so niederschlagend lautenden Nachrichten verzagte Kohorten, der Sinn des Volkes sei wandelbar, und hätte er sich demselben nur erst zum Führer gegeben, so würden ebendieselben Schmeicheleien dem Vespasian gelten. Vitellius selbst sei nicht einmal dem Glücke gewachsen, um so mehr durch dessen Untergang entkräftet. Das Verdienst, den Krieg beendigt zu haben, besitze der, der sich der Stadt bemächtigt habe. Dem Sabinus komme es zu, daß er dem Bruder die Herrschaft bewahre, dann werde Vespasian alle übrigen dem Sabinus hintanstellen.

65. Nichts weniger als mit frohem Mute nahm der altersschache Mann dergleichen Reden auf. Einige hegten den geheimen Argwohn gegen ihn, daß er aus Neid und Eifersucht der Erhebung des Bruders hinderlich wäre. Flavius Sabinus hatte nämlich, auch an Jahren älter, da beide noch im Bürgerstande lebten, mehr Ansehen und Vermögen als Vespasian, und man glaubte, er habe dem wankenden Kredit desselben noch vor dem Falle aufgeholfen, und dafür Haus und Landbesitz zum Pfande genommen, woher man, dauerte gleich scheinbar die Eintracht fort, doch versteckten Groll vermutete. Die bessere Deutung war: der sanfte Mann verabscheue Blutvergießen und Mord und unterhandle deshalb in häufigen Unterredungen mit Vitellius über Frieden und Niederlegung der Waffen auf dem Wege des Ausgleichs. Oft schon in ihren Wohnungen zusammengekommen, schlossen sie endlich im Apollotempel, wie die Sage ging, einen Vertrag. Ihre Worte und Äußerungen hatten nur zwei Zeugen, Cluvius Rufus und Silius Italicus. In ihren Mienen beobachteten von fern Zusehende, wie Vitellius niedergedrückt und unmännlich war, Sabinus dagegen nicht höhnisch und eher mitleidig.

66. Hätte Vitellius so leicht den Sinn der Seinigen zu lenken vermocht, wie er selbst sich nachgiebig zeigte, so wäre Vespasians Heer ohne Blutvergießen in die Stadt eingezogen. Aber gerade die treusten Anhänger des Vitellius wollten am wenigsten von Frieden und Verbindungen wissen, auf die Gefahr und Schande hinweisend, und wie die Gewährleistung nur in der Willkür des Siegers liege. So stolzes Selbstgefühl hege Vespasian nicht, daß er den Vitellius als Privatmann dulden könnte, und selbst die Besiegten würden das nicht zugeben. So würde nur Gefahr die Folge des Mitleids für ihn sein. Er selbst sei freilich schon betagt und des Glückes wie des Unglücks satt; aber was für einen Namen, welche Stellung werde sein Sohn Germanicus erhalten? Jetzt verspreche man ihm Geld, Dienerschaft und Campaniens Gefilde an des Meeres reizenden Buchten; aber sobald sich Vespasian der Herrschaft bemächtigt haben würde, würden weder er

selbst, noch seine Freunde, noch endlich sein Heer sich sicher fühlen, bevor der Gegenstand der Eifersucht hinweggeräumt sei. Fabius Valens, gefangen und für zweifelhafte Fälle aufgespart, sei ihnen überlästig gewesen; wie sollten Primus und Fuscus und das Vorbild der Partei, Mucianus, irgendeine andere Freiheit gegen Vitellius haben, als ihn zu töten! Pompejus sei nicht von Caesar, Antonius nicht von August verschont geblieben; es müßte denn etwa Vespasian eine höhere Gesinnung hegen, er, des Vitellius Klient, während dieser des Claudius Amtsgenosse gewesen sei. Nun, so möchte er sich denn, wie es der Censorwürde seines Vaters, wie es drei Konsulaten, wie es so vielen Ehren des glorreichen Hauses zieme, wenigstens aus Verzweiflung sich noch ermannen, etwas zu wagen. Fest stände doch der Soldat, noch immer sei ihm das Volk ergeben. Endlich könne ihnen ja nichts Schrecklicheres begegnen, als das, worin sie sich freiwillig stürzten; sterben müßten sie besiegt, sterben, wenn sie sich ergäben; darauf allein noch komme es an, ob sie den letzten Atem unter Hohn und Schmach oder als Männer verhauchen wollten.

67. Vitellius Ohr war taub gegen mutigen Rat. Es unterlag sein Geist dem Jammer und der Sorge, er möchte durch beharrliches Festhalten der Waffen seine Gattin und Kinder den Sieger minder versöhnlich finden lassen. Er hatte auch noch eine altersschwache Mutter, die jedoch wenige Tage vorher durch rechtzeitigen Tod dem Sturze ihres Hauses zuvorkam, nachdem sie nichts weiter von des Sohnes Principat davongetragen hatte, als Trauer und guten Ruf. Am 18. Dezember, als er den Abfall der Legion und der Kohorten, die sich zu Narnia ergeben hatten, vernommen, begab er sich in schwarzer Kleidung vom Palast hinab, trauernd um ihn herum die Dienerschaft. In einer kleinen Sänfte wurde sein zarter Sohn getragen, wie in einem Leichenzuge. Das Volk ließ sich mit schmeichelndem und unzeitigem Zuruf hören; die Soldaten beobachteten drohendes Schweigen.

68. Da war niemand so uneingedenk des menschlichen Geschickes, daß ihn dieser Anblick nicht rührte, wie ein Römerfürst, noch kurz vorher der Gebieter der Menschenwelt, den Sitz seiner Hoheit verlassend, mitten durch das Volk, durch Rom hindurch von seiner Herrschaft abtrat. So etwas hatte man noch nicht gesehen, noch nicht gehört. Plötzliche Gewalt hatte den Diktator Caesar gestürzt, heimliche Nachstellungen den Gajus, Nacht und eines Landguts Verborgenheit Neros Flucht verhüllt; Piso und Galba fielen wie in einer Schlacht. In der von ihm berufenen Versammlung, unter seinen eigenen Soldaten, unter dem Zuschauen selbst von Frauen, überlieferte Vitellius, nachdem er weniges und dem trauervollen Augenblicke Angemessenes gesprochen – er weiche um des Friedens und der öffentlichen Wohlfahrt willen, nur sein Andenken möchte man bewahren, und seines Bruders, seiner Gattin, des schuldlosen Alters seiner Kinder sich erbarmen – und damit seinen Sohn emporhaltend,

ihn bald einzelnen, bald allen empfehlend, so überlieferte er, als endlich seine Tränen ihm das Wort erstickten, dem ihm zur Seite stehenden Konsul – es war Caecilius Simplex – den von der Seite abgelösten Dolch, gleichsam das Recht über Leben und Tod der Bürger. Als sich der Konsul weigerte und alle, die in der Versammlung umherstanden, ihre Stimme dagegen erhoben, entfernte er sich, um im Tempel der Concordia die Reichsinsignien niederzulegen und sich nach der Wohnung seines Bruders zu begeben. Da erhob sich ein noch größeres Geschrei, wobei man ihm das Privathaus verwehrte und ihn in den Palast rief. Jeder andere Weg war ihm versperrt, nur der allein stand offen, der nach der heiligen Straße führte. Nun kehrte er, keinen Rat mehr wissend, in den Palast zurück. Schon vorher aber hatte sich das Gerücht verbreitet, er lege eidlich die Herrschaft nieder, und schon hatte Flavius Sabinus den Tribunen der Kohorten geschrieben, sie möchten nur das Kiregsvolk zügeln.

69. Nicht anders als wenn der ganze Staat sich schon in Vespasians Hand gegeben hätte, erfüllten die Häupter des Senates, viele vom Ritterstande und sämtliche Stadt- und Polizeisoldaten das Haus des Flavius Sabinus. Dorthin wurde die Botschaft vom Eifer des Volkes und den Drohungen der germanischen Kohorten überbracht. Er war schon zu weit gegangen, als daß er zurückgekonnt hätte, und alle, für sich selbst in Sorge, die Vitellianer möchten, wenn sie zerteilt und deshalb weniger stark wären, über sie herfallen, trieben den sich noch Bedenkenden zur Gewalt der Waffen an. Aber, wie es unter solchen Umständen geht, Rat wurde von allen gegeben, die Gefahr übernahmen nur wenige. Als die Bewaffneten, die Sabinus begleiteten, beim Wasserbecken des Fundanus hinabzogen, traten ihnen die Entschlossensten der Vitellianer in den Weg. Da erhob sich ein wegen des unvorhergesehenen Tumultes nur unbedeutendes, aber den Vitellianern günstiges Gefecht. Sabinus besetzte in der Verlegenheit, da es für den Augenblick das Sicherste schien, die Burg des Kapitols mit Soldaten und einigen Senatoren und Rittern durcheinander, deren Namen anzugeben nicht leicht ist, weil ja, da Vespasian Sieger blieb, viele dies Verdienst um die Partei sich fälschlich beilegten. Es unterzogen sich der Belagerung auch Frauen, unter denen besonders Verulana Gratilla merkwürdig ist, die weder Kinder noch Verwandte, sondern nur den Krieg im Auge hatte. Die vitellianischen Soldaten umstellten die Eingeschlossenen ohne besondere Wachsamkeit, und daher ließ Sabinus in der Stille der Nacht seine eigenen Kinder und Domitianus, seines Bruders Sohn, aufs Kapitol bringen, und auch einen Boten durch die nachlässig besetzten Posten an die flavianischen Feldherren senden, um zu melden, daß sie selbst umlagert und, wenn keine Hilfe käme, in großer Bedrängnis wären. Die Nacht brachte er so ruhig zu, daß er ohne Gefährdung hätte fortziehen können; denn die Soldaten des Vitellius, Gefahren gegenüber voll wilden Mutes,

waren bei Beschwerden und Nachtwachen ohne rechte Spannung, und winterliche Regengüsse, welche plötzlich niederströmten, waren dem Auge wie dem Ohre hinderlich.

70. Mit Tagesanbruch schickte Sabinus, ehe gegenseitige Feindseligkeiten begännen, einen der Primpilaren, Cornelius Martialis, mit Aufträgen und mit der Beschwerde, daß der Vertrag gebrochen würde, an Vitellius ab. Es sei eitel Verstellung und Blendwerk mit der Niederlegung der Herrschaft gewesen, um so viele erlauchte Männer zu täuschen. Warum hätte er denn sonst sich von der Rednerbühne lieber nach dem Hause seines Bruders am Forum, die Augen der Menschen auf sich zu ziehen gut gelegen, als nach dem Aventinus und der Behausung seiner Frau begeben? So hätte es sich für einen Privatmann geschickt, der jeden Schein des Kaisertums meiden wollte. Vitellius dagegen sei in den Palast, den eigentlichen Sitz der Herrschaft selbst zurückgekehrt, habe von dort aus eine bewaffnete Schar ausgesandt, der belebteste Teil der Stadt sei bedeckt mit den Leichen Unschuldiger und nicht einmal des Kapitols enthalte man sich. Als Privatmann in der Toga sei er doch nur ein Senator wie andere, während zwischen Vespasian und Vitellius durch Schlachten der Legionen, durch Eroberung von Städten, durch Übergabe von Kohorten entschieden worden wäre, da schon Spanien, Germanien und Britannien abgefallen, er, Vespasians Bruder, dennoch treu geblieben, bis man selbst ihn zu Unterhandlungen erst aufgefordert hätte. Friede und Eintracht seien dem Besiegten nützlich, dem Sieger nur rühmlich. Gereue ihn die Übereinkunft, dann möchte er doch nicht ihn, den er durch Treulosigkeit betrogen, mit dem Schwerte anfallen, nicht des Vespasians kaum mannbaren Sohn – was wäre durch die Ermordung eines Greises und eines Jünglings auch gewonnen? –, er möchte den Legionen entgegenziehen und da um die Entscheidung kämpfen; das übrige werde sich nach dem Ausgange der Schlacht gestalten. – Hierüber betroffen antwortete Vitelllius nur weniges, um sich zu entschuldigen, indem er die Schuld auf die Soldaten schob, deren allzu großem Eifer sein stilles Wesen nicht gewachsen sei; auch gab er dem Martialis den guten Rat, sich durch einen abgelegenen Teil des Hauses heimlich zu entfernen, damit er nicht von den Soldaten als Unterhändler des verhaßten Friedens getötet würde. Er selbst, weder zu befehlen noch zu verbieten imstande, war nun schon nicht mehr Kaiser, sondern nur noch des Krieges Ursache.

71. Kaum war Martialis auf das Kapitol zurückgekehrt, als auch das Kriegsvolk herangetobt kam, ohne Anführer, jeder seinem eigenen Kopfe folgend. In schnellem Zuge über das Forum und an den daranstoßenden Tempeln vorübereilend, rückten sie in Schlachtordnung gerade über den Hügel vor ihnen hinauf bis zu den ersten Toren der kapitolinischen Burg. Hier befanden sich von alters her Säulenhallen, an der Seite des Hügels, rechts, wenn man hinaufstieg. Auf deren

Dach trat man hinaus und überschüttete die Vitellianer mit Steinen und Ziegeln. Diese nun hatten nichts als ihre Schwerter in Händen, und Wurfmaschinen oder Geschosse erst herbeizuholen schien zu weitläufig. Sie warfen Feuerbrände auf den vorragenden Teil der Halle, und wären, dem Feuer folgend, durch das angebrannte Tor des Kapitols eingedrungen, wenn nicht Sabinus die überall heruntergerissenen Bildsäulen, Ehrendenkmäler der Vorfahren, gerade am Eingange wie eine Mauer ihnen entgegengeworfen hätte. Nun griffen sie die auf der andern Seite liegenden Zugänge des Kapitols an, neben dem Haine des Asyls und da, wo man auf den hundert Stufen zum tarpejischen Felsen emporsteigt. Unerwartet kam auf beiden Seiten der Sturm; näher und heftiger brach er über das Asyl herein, und nicht aufzuhalten vermochte man die über die anstoßenden Gebäude Kletternden, welche, in tiefem Frieden, wie man dachte, hoch emporgebaut mit dem Boden des Kapitols eine Ebene bildeten. Hier nun ist es ungewiß, ob die Belagerer Feuer auf die Dächer geworfen oder die Belagerten, wie die gewöhnliche Erzählung lautet, so die Emporklimmenden und schon immer weiter Vordringenden hinabtreiben wollten. Von da schlug das Feuer in die neben den Tempeln stehenden Säulenhallen; hierauf fingen die das Giebeldach stützenden Adler aus altem Holze Feuer und gaben ihm Nahrung. So brannte das Kapitol bei verschlossenen Türen unverteidigt und ungeplündert nieder.

72. Dies war, so lange Rom stand, die trauervollste und greulichste Untat, welche das Gemeinwesen des römischen Volkes traf, daß, ohne daß es einen auswärtigen Feind gab, während die Götter, wenn es bei unserem sittlichen Zustande möglich gewesen wären, uns gnädig waren, der Sitz Jupiters, des Besten, des Größten, unter günstigen Vorzeichen als der Herrschaft Unterpfand von unsern Vorfahren gegründet, er, den nicht Porsenna, als die Stadt sich ihm ergab, nicht die Gallier, als sie diese eroberten, zu entweihen vermochten, durch die Wut der Fürsten zerstört wurde. Gebrannt hatte auch vorher schon das Kapitol im Bürgerkriege, aber durch die arge Tat einzelner; jetzt offen belagert, offen in Brand gesteckt, aus welchen Ursachen des Krieges, um welchen Preis solch ein Verlust? Stehen blieb er, während wir für das Vaterland kämpften – versprochen hatte der König Tarquinius Priscus den Baum im sabinischen Kriege, und den Grundstein dazu gelegt, mehr in Hoffnung der künftigen Größe, als daß die noch nicht bedeutenden Mittel des römischen Volkes dazu ausgereicht hätten. Bald darauf führten Servius Tullius mit Unterstützung der Bundesgenossen, dann Tarquinius Superbus nach Eroberung von Suessa Pometia von der Beute der Feinde den Bau auf. Aber der Ruhm des Werkes war der Freiheit vorbehalten. Nach Vertreibung der Könige weihte ihn Horatius Pulvillus in seinem zweiten Konsulate mit einer Pracht, welche nachmals die unermeßlichen Schätze des römischen Volkes mehr ausschmücken als noch vermeh-

ren konnte. Auf demselben Grunde wurde es wiedererbaut, als es nach einer Zeit von vierhundertundfünfzehn Jahren unter dem Konsulat des Lucius Scipio und Gajus Norbanus abgebrannt war. Die Sorge dafür übernahm der Sieger Sulla, doch weihte er es nicht, dieses eine war seinem Glücke versagt. Des Lutatius Catulus Name hielt sich mitten unter den großen Werken der Caesaren bis auf Vitellius. Und dieser Tempel brannte damals nieder.

73. Doch der Brand versetzte die Belagerten in größeren Schreck als die Belagerer. Dem vitellianischen Kriegsmanne fehlte es in bedenklichen Lagen weder an List noch an Beharrlichkeit; bei der Gegenpartei waren die Soldaten verzagt, der Anführer untätig und, als hätte er den Kopf verloren, nicht der Zunge, nicht des Ohres mächtig, weder vom Rate anderer sich leiten lassend, noch sich selbst zu raten wissend, bald hierhin, bald dorthin getrieben durch das Geschrei der Feinde, was er befohlen hatte, verbietend, was er verboten hatte, befehlend. Bald gab, wie es in verzweifelter Lage zu gehen pflegt, ein jeder Befehle und niemand führte sie aus. Zuletzt warf man die Waffen weg und sah sich nach Flucht um und Mitteln, sich unkenntlich zu machen. Nun stürmten die Vitellianer hinein und wirrten mit Blut, Schwert und Flammen alles durcheinander. Wenige kriegserfahrene Männer, unter denen besonders ausgezeichnet waren Cornelius Martialis, Aemilius Pacensis, Casperius Niger und Didius Scaeva, wagten den Kampf und wurden niedergemacht. Flavius Sabinus wurde wehrlos und ohne die Flucht zu versuchen umringt, sowie der Konsul Quintius Atticus, den der Schatten seines Ehrenamtes und dabei die Eitelkeit seiner eigenen Person bemerkbar machte, weil er zahlreiche Edikte voll Lobeserhebungen für Vespasian, voll Schimpf gegen Vitellius unter das Volk gestreut hatte. Die übrigen entkamen auf verschiedene Weise, einige in Sklaventracht, andere durch die Treue ihrer Klienten geschützt und auch unter Gepäck verborgen. Etliche gab es auch, welche sich die Losung der Vitellianer gemerkt hatten, womit sich diese einander kenntlich machten, und nun auch fragend oder Antwort gebend, sich hinter dieser Dreistigkeit versteckten.

74. Domitianus, gleich während des ersten Sturms bei einem Tempelwärter verborgen, befand sich, durch die Schlauheit eines Freigelassenen in einem leinen Gewande unter die Schar der Opferdiener gemischt und so nicht erkannt, bei Cornelius Primus, einem Klienten seines Vaters, am Velabrum in Versteck. Als sein Vater sich der Herrschaft bemächtigt hatte, ließ er die Hütte jenes Tempelwärters niederreißen, und baute Jupiter dem Erretter eine kleine Kapelle und einen Altar, der auf dem Marmor seine Begebnisse darstellte; nachher, als er zur Regierung gelangt war, weihte er Jupiter dem Hüter einen ungeheuren Tempel und sein eigenes Bild im Schoße des Gottes. Sabinus und Atticus, mit Ketten belastet und zu Vitellius geführt, wurden von

ihm durchaus nicht mit feindseliger Rede und Miene empfangen, während diejenigen darüber murrten, die das Recht, sie zu ermorden, und den Lohn für ihre Mühe forderten. Nachdem zuerst die Umstehenden ein Geschrei erhoben hatten, verlangte der niedrigste Pöbel des Sabinus Hinrichtung und mischte Drohungen und Schmeicheleien durcheinander. Den Vitellius, der auf der Treppe des Palastes stehend anfangen wollte zu bitten, nötigte man, davon abzustehen. Nun stieß man den Sabinus nieder und schleppte den zerfleischten und vom Haupte getrennten Leichnam nach der gemonischen Treppe hin.

75. Dies war das Ende eines in der Tat nicht zu verachtenden Mannes. Fünfunddreißig Jahre hatte er in Friedens- und Kriegsgeschäften ruhmvoll als Soldat dem Staate gedient. Gegen seine Uneigennützigkeit und Gerechtigkeit möchte man nichts aufzuweisen haben; nur im Reden kannte er kein Maß. Das war auch das einzige, was ihm während der sieben Jahre, wo er Mösien, und während der zwölf, wo er die Präfektur von Rom verwaltete, üble Nachrede zuzog. Am Ende seines Lebens hielten ihn einige für schlaff, viele für gemäßigt und nur darauf bedacht, Bürgerblut zu schonen. Das, worüber alle einverstanden sein dürften, ist, daß vor dem Principate Vespasians des Hauses Zierde Sabinus war. Seine Ermordung war, wie wir vernommen, dem Mucianus erfreulich. Gar manche meinten auch, es sei selbst für den Frieden gut damit gesorgt, daß zwischen zwei Männern, von denen der eine sich als Bruder des Kaisers, der andere als Mitregent betrachtete, die Eifersucht nun aufgehoben sei.

Doch als das Volk des Konsuls Atticus Hinrichtung verlangte, widersetzte sich Vitellius, dadurch besänftigt und gleichsam dafür erkenntlich, daß auf die Frage, wer das Kapitol in Brand gesteckt, sich Atticus als Schuldiger bekannt und durch dieses Geständnis – oder war es nur eine zeitgemäße Lüge – das Gehässige und Verbrecherische der Tat eingestanden und von Vitellius Partei abgewälzt zu haben schien.

76. In diesen Tagen bedrohte Lucius Vitellius, der ein Lager beim Feroniatempel aufgeschlagen hatte, Tarracina mit Zerstörung, indem er die Gladiatoren und Ruderknechte daselbst eingeschlossen hielt, die es nicht wagten, sich aus den Mauern hinaus und in Gefahr auf offenem Felde zu begeben. Es befehligte, wie wir oben erwähnt haben, Julianus die Gladiatoren, Apollinaris die Ruderknechte, beide in Zügellosigkeit und Gedankenlosigkeit mehr Gladiatoren als Befehlshabern ähnlich. Sie hielten keine Nachtwachen und befestigten die unsichern Stellen der Mauern nicht; bei Nacht wie bei Tage umherschwärmend und die lieblichen Küstengegenden durchtobend; während die Soldaten im Dienst ihrer Ausschweifungen zerstreut waren, sprachen sie vom Kriege nur bei Gastgelagen. Wenige Tage vorher hatte sich Apinius Tiro entfernt und verschaffte sich durch harte

Beitreibung von Geschenken und Geld in den Landstädten umher seiner Partei mehr Haß als Kräfte.

77. Inzwischen kam ein Sklave des Verginius Capito als Überläufer zu Lucius Vitellius, versprach, wenn man ihm Mannschaft gäbe, die unbesetzte Burg zu überliefern, und stellte in tiefer Nacht leichtgerüstete Kohorten auf den obersten Berghöhen gerade über dem Haupte der Feinde auf. Von dort rannte der Soldat mehr zum Morden als zum Gefecht hinab. Man streckte die Unbewehrten oder die erst die Waffen Ergreifenden nieder. Manche wurden auch aus dem Schlafe aufgeschreckt, wobei sie durch die Finsternis, den Schreck, den Trompetenschall und das Geschrei des Feindes in Verwirrung versetzt waren. Wenige von den Gladiatoren leisteten Widerstand und fielen auch nicht ohne Rache. Die übrigen stürzten zu den Schiffen hin, wo alles sich in gleichem Schrecken durcheinanderwirrte, auch Stadtbewohner mit darunter, die ohne Unterschied von den Vitellianern hingemordet wurden. Sechs Schnellsegler entkamen während des ersten Tumultes, mit ihnen der Befehlshaber der Flotte, Apollinaris; die übrigen wurden am Gestade genommen, oder, von der zu großen Last der sich Hineinstürzenden niedergedrückt, vom Meere verschlungen. Julianus wird zu Lucius Vitellius hingeführt und, nachdem man ihn mit Geißelhieben schrecklich zugerichtet, vor seinem Angesicht erwürgt. Einige haben Lucius Vitellius Gemahlin Triaria beschuldigt, sie habe mit einem Kriegsschwerte umgürtet mitten im Jammer und Gemetzel des eroberten Tarracinas sich übermütig und grausam benommen. Er selbst schickte wegen des glücklich ausgeführten Unternehmens ein mit Lorbeer umwundenes Schreiben an seinen Bruder mit der Anfrage, ob er sogleich umkehren oder die Bezwingung von Campanien weiterverfolgen solle. Das war ein Glück nicht nur für Vespasians Partei, sondern auch für das gemeine Wohl. Denn wären die Soldaten gleich nach dem Siege, und abgesehen von der ihnen eigenen Hartnäckigkeit auch noch auf ihr Glück vertrauend, nach Rom marschiert, so hätte man gewiß auf keine leichte Weise und nicht ohne Verderben der Stadt zu kämpfen gehabt. Denn Lucius Vitellius, so verrufen er war, besaß doch Tatkraft, und nicht in Tugenden, wie Gutgesinnte, sondern nur in Lastern, wie immer die Verworfenen, zeigte er sie wirksam.

78. Während dies auf seiten der vitellianischen Partei geschah, zog Vespasians Heer von Narnia hinweg und feierte die festlichen Tage des Saturnus zu Ocriculum in aller Muße[111]. Der Grund zu so verkehrtem Säumen war, daß man Mucianus erwarten wollte. Auch gab es manchen, der Antonius in Verdacht hatte, er zögere aus Arglist nach einem geheimen Schreiben des Vitellius, in welchem er ihm das Konsulat und seine heiratsfähige Tochter nebst reicher Ausstattung zum Lohne für den Verrat anbot. Andere sagten, dies sei bloß erdichtet und Mucianus zu Gefallen ausgesonnen; einige wieder, es sei dabei

der Plan sämtlicher Heerführer gewesen, Rom den Krieg mehr zu zeigen als zu bringen, weil doch die stärksten Kohorten schon von Vitellius abgefallen waren, und es schien, daß er, da ihm aller Schutz abgeschnitten war, der Herrschaft entsagen werde. Aber dies alles sei durch die Übereilung, dann durch die Feigheit des Sabinus verdorben worden, der, unbesonnen zu den Waffen greifend, die so befestigte und selbst großen Heeren unbezwingliche Burg des Kapitols nicht hätte gegen drei Kohorten halten können. Nicht leicht wohl möchte man einem die Schuld beimessen dürfen, welche alle hatten. Denn teils hielt Mucianus durch zweideutige Briefe die Sieger auf, teils verdiente Antonius durch verkehrte Folgsamkeit oder dadurch, daß er das Gehässige auf jenen zurückfallen lassen wollte, Beschuldigung, teils ließen auch die übrigen Feldherren dadurch, daß sie den Krieg für schon beendet hielten, das Ende desselben noch so bedeutend werden. Nicht einmal Petilius Cerialis, mit 1000 Reitern vorausgesandt, um quer durch das Sabinerland auf der salarischen Straße in die Stadt einzurücken, hatte sich sonderlich beeilt, bis der Ruf von der Belagerung des Kapitols alle zugleich in Bewegung setzte.

79. Antonius kam auf der flaminischen Straße bis Saxa rubra, schon tief in der Nacht und zu spät zur Hilfe. Da erfuhr er, Sabinus sei getötet, das Kapitol abgebrannt, und Rom zittere; alles traurige Nachrichten. Auch der Pöbel und die Sklaven, hieß es, bewaffneten sich für Vitellius. Dazu hatte Petilius Cerialis in einem Reitergefecht Unglück gehabt. Als er nämlich unvorsichtig und wie gegen schon Besiegte herbeistürmte, hielten ihm die Vitellianer, Fußvolk mit Reiterei vermischt, stand. Man kämpfte nicht weit von der Stadt, zwischen Häusern und Gärten und Straßenbiegungen, was alles, den Vitellianern wohlbekannt und den Feinden fremd, diese schon furchtsam gemacht hatte. Auch waren nicht alle ihre Reiter untereinander einig, da ihnen mehrere beigegeben worden waren, die sich erst vor kurzem bei Narnia ergeben hatten und das Glück der Parteien noch abwarten wollten. Der Präfekt einer Reiterschar, Julius Flavianus, wurde gefangen genommen; die übrigen ließen sich in schimpfliche Flucht jagen; doch folgten ihnen die Sieger nicht über Fidenae hinaus.

80. Durch dies Gelingen wuchs des Volkes Eifer; der Pöbel Roms griff zu den Waffen. Nur wenige hatten eigentliche Schilde; der größere Teil ergriff, was jedem von Waffen in die Hand kam, und so verlangten sie das Zeichen zur Schlacht. Vitellius sagte ihnen Dank und befahl, sich zum Schutze der Stadt aufzumachen. Hierauf wurde der Senat berufen und man ernannte Abgeordnete an die Heere, um wie im Namen des Staates zur Eintracht und zum Frieden zu raten. Das Schicksal der Gesandten war verschieden. Die, welche dem Petilius Cerealis entgegengekommen waren, gerieten in äußerste Gefahr, indem die Soldaten die Friedensvorschläge trotzig zurückwiesen. Der

Prätor Arulenus Rusticus wurde verwundet. Das Gehässige dieser Tat vermehrte außer der verletzten Würde des Gesandten und des Prätors noch das persönliche Ansehen dieses Mannes. Sein Gefolge wurde zerstreut, der vorderste Lictor wurde getötet, da er es wagte, den Haufen auseinanderzutreiben, und wären sie nicht durch eine vom Heerführer ihnen gegebene Bedeckung verteidigt worden, die Bürgerwut hätte das auch bei den Völkern des Auslandes heilige Gesandtschaftsrecht vor den Mauern der eigenen Vaterstadt selbst mit einem Morde entweiht. Mit mehr Gelassenheit wurden die aufgenommen, die zu Antonius gekommen waren, nicht etwa weil die Soldaten gemäßigter waren, sondern weil der Feldherr mehr Ansehen besaß.

81. Angeschlossen hatte sich den Abgeordneten Musonius Rufus, ein Mann vom Ritterstande, der gern als ein Freund der Philosophie und der stoischen Lehre erscheinen wollte. Er hob nun an, sich unter die Manipeln mischend, den Kriegsleuten gute Lehren zu geben, indem er von den Vorteilen des Friedens und den Gefahren des Krieges redete. Das war vielen lächerlich, noch mehreren zuwider, und einige waren auch schon bei der Hand, ihn fortzujagen und niederzutreten, hätte er nicht auf das Zureden der Gemäßigsten und auf das Drohen anderer seine unzeitige Weisheit ruhen lassen. Entgegen kamen auch die vestalischen Jungfrauen mit einem Schreiben des Vitellius an Antonius. Er verlangte den entscheidenden Kampf nur einen Tag auszusetzen; bewilligte man diesen Aufschub, so würde sich alles leichter ausgleichen. Die Jungfrauen wurden auf eine ehrenvolle Art entlassen; dem Vitellius schrieb man wieder zurück, durch Sabinus Ermordung und die Einäscherung des Kapitols seien alle Unterhandlungen des Krieges abgeschnitten.

82. Dennoch versuchte es Antonius noch, die Legionen, die er zu einer Versammlung rief, dahin zu beschwichtigen, daß sie ein Lager neben der mulvischen Brücke aufschlügen und erst am folgenden Tage in die Stadt einzögen. Was ihn zu dieser Zögerung brachte, war, daß der durch das Gefecht erbitterte Soldat weder gegen Volk und Senat, noch gegen Tempel selbst und Heiligtümer der Götter Schonung üben möchte. Aber gegen jeden Aufschub hegte man wie gegen einen Feind des Sieges Verdacht. Zugleich hatten die auf den Hügeln umher erglänzenden Standarten, wiewohl ihnen nur unkriegerisches Volk folgte, den Schein eines feindlichen Heeres erweckt. In drei Heerhaufen geteilt zogen sie, der eine Teil, wie er gerade gestanden, auf der flaminischen Straße, der andere neben dem Tiberufer hin, der dritte Zug näherte sich auf der salarischen Straße dem collinischen Tore. Der Pöbel wurde durch das bloße Ansprengen der Reiter in die Flucht gejagt; das vitellianische Kriegsvolk rückte ebenfalls in drei Heeressäulen entgegen. So kam es zu vielen und wechselnden Gefechten vor der Stadt; doch waren sie den Flavianern, die durch die Ein-

sicht ihrer Feldherren im Vorteil waren, meistens günstig. Nur diejenigen kamen ins Gedränge, die sich nach der linken Seite der Stadt zum sallustianischen Parke hin auf engen und schlüpfrigen Wegen gewandt hatten. Die auf den Mauern des Parkes stehenden Vitellianer wehrten die Heranrückenden bis spät am Tage mit Steinen und Wurfspeeren ab, bis sie von den Reitern, die durch das collinische Tor eingebrochen waren, umzingelt wurden. Auch auf dem Marsfelde trafen feindliche Reihen aufeinander. Für die Flavianer stritt das Glück und der schon so oft gewonnene Sieg; die Vitellianer stürzten in bloßer Verzweiflung drauflos und sammelten sich, wiewohl geschlagen, von neuem in der Stadt.

83. Dicht bei den Kämpfenden stand als Zuschauer das Volk, und bezeigte wie bei einem Wettspielkampfe durch Geschrei und Händeklatschen bald diesen bald jenen seine Gunst. So oft die eine Partei wankte, verlangte man, daß die, die sich in Buden versteckt oder in ein Haus geflüchtet hatten, hervorgezogen und abgeschlachtet würden, und bemächtigte sich dann des größern Teils der Beute; denn da die Soldaten sich nun mit Blutvergießen und Morden beschäftigten, fiel die Beute dem Pöbel anheim. Wild und gräßlich sah es in der ganzen Stadt aus; hier sah man Gefechte und Verwundung, dort Bäder und Garküchen; Blut und Leichenhaufen, und daneben gleich Buhldirnen und ihresgleichen; alle nur denkbaren Lüste üppiger Friedensruhe, alle nur denkbaren Frevel der erbittersten Erstürmung; kurz, man hätte glauben mögen, dieselbe Stadt sei teils von Raserei ergriffen, teils von Ausgelassenheit. Auch schon früher hatten in Rom bewaffnete Heere gestritten, zweimal als Lucius Sulla, einmal als Cinna siegte, und es wurde damals auch nicht weniger Grausamkeit verübt; jetzt aber herrschte bestialische Sorglosigkeit dabei, und auch nicht einen Augenblick unterbrach man die Lustgenüsse. Als ob zu den festlichen Tagen sich nur diese Ergötzung auch noch hinzugesellte, jubelte man und genoß, um die Parteien unbekümmert, und voll Freude mitten im Unglück des Staates.

84. Am meisten hatte man mit der Bestürmung des Lagers zu schaffen, welches die Mutigsten noch als die letzte Hoffnung zu behaupten suchten. Desto nachdrücklicher wandten die Sieger – besonders groß war der Eifer der alten Kohorten – alles zugleich an, was je zur Zerstörung der festesten Städte erfunden worden war, Schilddach, Wurfmaschinen, Belagerungsdämme und Brandfackeln, indem sie riefen, was von Mühsal und Gefahr sie in so vielen Schlachten bestanden, werde durch diese Arbeit nun beendet. Die Stadt sei dem römischen Senate und Volke, die Tempel den Göttern wiedergegeben; die den Soldaten eigene Ehre habe im Lager ihren Sitz: das sei sein Vaterland, das sein Herd. Nähme man es nicht sogleich ein, so müsse man die Nacht unter den Waffen zubringen. Die Vitellianer dagegen, obwohl an Zahl und nach dem Willen des Schicksals die

Schwächeren, verschafften sich dadurch, daß sie den Sieg beunruhigten, den Frieden verzögerten, Häuser und Altäre mit Blut befleckten, den letzten Trost der Besiegten. Viele hauchten, schon halb entseelt, auf den Türmen und Zinnen der Mauern ihr Leben aus. Nach der Sprengung der Tore stellte sich die noch übrige Schar den Siegern entgegen, und alle fielen, vorn verwundet, dem Feinde zugewandt. So sehr sorgten sie auch sterbend noch für ein ehrenvolles Ende.

Vitellius ließ sich, als die Stadt genommen war, durch die Rückseite des Palastes in einer kleinen Sänfte auf den Aventinus nach dem Hause seiner Gemahlin tragen, um, wenn er dem Tage im Versteck entronnen, nach Tarracina zu den Kohorten und zu seinem Bruder zu fliehen. Dann aber kehrte er in seinem Wankelmute und da, wie es der Zaghaftigkeit eigen ist, dem alles Fürchtenden die rasche Tat des Augenblicks am meisten mißfiel, in den Palast zurück, der öde und verlassen war, da auch die niedrigsten der Sklaven sich verlaufen hatten oder doch seine Begegnung zu vermeiden suchten. Es schreckten ihn die Einsamkeit und die scheigenden Räume; er öffnete zum Versuch verschlossene Gemächer, bebte zusammen bei ihrer Leere, und wurde so endlich, müde des unglücklichen Umherirrens und in schimpflichem Verstecke sich verbergend, von Julius Placidus, dem Tribunen einer Kohorte, hervorgezogen. Die Hände auf den Rücken gebunden, in zerrissenem Gewande, ein schmachvolles Schauspiel, wurde er dahingeführt, und viele beschimpften, niemand beweinte ihn, die Ehrlosigkeit seines Endes hatte das Mitleid erstickt. Ein ihnen begegnender Soldat von den germanischen Truppen – ob er auf Vitellius, aus der Erbitterung oder um ihn desto früher der Verspottung zu entziehen, oder auf den Tribun den feindlichen Streich geführt, war ungewiß – hieb dem Tribunen das Ohr ab und wurde auf der Stelle niedergestoßen.

85. Vitellius stieß man, ihn mit gezückten Schwertern bald sein Antlitz zu erheben und zur Beschimpfung hinzuhalten, bald seine fallenden Standbilder und besonders die Rednerbühne oder die Mordstätte Galbas anzuschauen zwingend, endlich zur gemonischen Treppe hin, da, wo der Leichnam des Flavius Sabinus gelegen hatte. Nur eine einzige Äußerung eines nicht gemeinen Inhalts vernahm man noch von ihm, als er dem ihn verhöhnenden Tribun antwortete, er sei sein Kaiser doch gewesen. Hierauf sank er unter wiederholten Streichen nieder, und der Pöbel verfolgte nun mit demselben Wahnsinn den Getöteten, mit welchem er dem Lebenden gehuldigt hatte.

86. Seine Vaterstadt war Luceria. Er wurde 57 Jahre alt. Konsulat, Priesterwürden, Namen und Rang unter den ersten, erlangte er ohne alles Zutun von seiner Seite, sondern alles durch seines Vaters Berühmtheit. Die Regierung trugen ihm Menschen an, die ihn nicht kannten. Die Gunst des Heeres wurde wohl selten einem, der auf edle Weise darnach strebte, in dem Maße zuteil, wie ihm in seiner Schlaff-

heit. Doch lag in seinem Wesen Offenheit und Freigebigkeit, Eigenschaften, welche, wenn nicht Maß dabei gehalten wird, zum Verderben gereichen. Freunde wußte er sich, da er meinte, die Freundschaft würde durch Größe der Gaben und nicht durch sittliche Haltung behauptet, mehr zu erwerben, als zu halten. Zu des Staates Vorteil gereichte es ohne Zweifel, daß Vitellius besiegt wurde; aber zum Verdienste können die sich ihre Treulosigkeit nicht rechnen, die Vitellius dem Vespasian verrieten, nachdem sie selbst von Galba abgefallen waren.

Da der Tag sich dem Ende nahte, konnte wegen der Furcht der Staatsbeamten und Senatoren, welche aus der Stadt entwichen, oder in den Wohnungen ihrer Klienten umher sich verbargen, der Senat nicht zusammenberufen werden. Den Domitianus, der, als keine Feindseligkeiten mehr zu fürchten waren, zu den Heerführern seiner Partei getreten und als Caesar begrüßt worden war, geleitete das Kriegsvolk in großer Menge und unter den Waffen, wie es war, in sein väterliches Haus.

VIERTES BUCH

Dezember 69 und Anfang 70 n. Chr.

1. Mit Vitellius Ermordung hatte der Krieg mehr aufgehört, als der Friede schon begonnen. Bewaffnet verfolgten in der ganzen Stadt die Sieger mit nicht zu besänftigendem Hasse die Besiegten. Angefüllt mit Erschlagenen waren die Straßen, blutbefleckt die Plätze und Tempel, da überall ein jeder, den der Zufall ihnen entgegenführte, gemordet wurde. Und als dann die Zügellosigkeit immer weiter ging, suchten sie auch umher nach den Versteckten und schleppten sie hervor. Sowie sie einen von hoher, jugendlicher Gestalt[113] erblickten, hieben sie ihn nieder, ohne zwischen Soldat und Bürger einen Unterschied zu machen. Dies Wüten fand, so lange die Erbitterung noch frisch war, im Blute Befriedigung, dann ging es in Habgier über. Nichts ließ man irgendwo geheim oder verschlossen, unter dem Vorwande, Vitellianer würden versteckt gehalten. Davon nahm man Anlaß zum Erbrechen der Häuser oder ließ es, wurde Widerstand geleistet, Grund zum Morden sein; die Dürftigsten vom Pöbel, die Verworfensten der Sklaven ermangelten auch nicht, unaufgefordert reiche Herren zu verraten; andere wurden sogar von Freunden bezeichnet. Überall waren Wehklagen, Angstgeschrei und die Schicksale einer eroberten Stadt, in einem solchen Grade, daß man sich die früher verhaßte Ausgelassenheit der othonianischen und vitellianischen Soldaten zurückersehnte. Die Führer der Partei, schnell bei der Hand, den Krieg zu entflammen, waren der Zügelung des Sieges nicht gewachsen. Zu Unruhen nämlich und Zwietracht haben gerade die Verworfensten die meiste Tatkraft. Friede und Ruhe bedürfen edler Eigenschaften.

2. Domitian hatte Namen und Wohnsitz eines Caesars erhalten, aber seinen Sinn noch nicht auf Regierungssorgen gerichtet, sondern zeigte sich in Unzucht und Ehebruch nur als Sohn des Fürsten. Den Oberbefehl über die Prätorianer hatte Arrius Varus, die höchste Gewalt lag in Antonius Primus Händen. Dieser riß Geld und Sklaven aus dem Fürstenhause an sich, als wäre es Cremoneserbeute. Die übrigen hatten aus Bescheidenheit oder wegen ihrer Unberühmtheit, wie im Kriege scheinlos, so auch am Lohne desselben keinen Teil. Die eingeschüchterte und zur Knechtschaft bereitwillige Bürgerschaft verlangte, man solle den von Tarracina zurückkehrenden Lucius Vitellius

samt seinen Kohorten aufheben und den Rest des Krieges aus der Welt schaffen. Reiter wurden nach Aricia vorausgeschickt, der Heereszug der Legionen blieb diesseits Bovillae stehn. Sowenig Vitellius zögerte, sich und die Kohorten der Willkür des Siegers zu überlassen, warf auch der Soldat die unglücklichen Waffen nicht minder aus Grimm als aus Furcht weg. In langem Zuge schritten die Übergebenen von Bewaffneten umschlossen durch die Stadt, keiner mit demütiger Miene, sondern finster und trotzig, und gegen das Händeklatschen und den Mutwillen des verhöhnenden Pöbels unbeweglich. Etliche, die hindurchzubrechen wagten, wurden von den sie Umringenden niedergemacht, die übrigen in Gewahrsam gebracht; keiner sprach etwas, was ihn entehrte, und selbst mitten im Mißgeschicke bewahrten sie den Ruf der männlichen Gesinnung. Hierauf wurde Lucius Vitellius ermordet, in Lasterhaftigkeit seinem Bruder gleich, während dessen Herrschaft wachsamer und nicht nur Genosse seines Glückes, als auch durch sein Mißgeschick mit fortgerissen.

3. In diesen Tagen wurde auch Lucilius Bassus mit leichter Reiterei abgeschickt, um Campanien zu beruhigen, wo die Landstädte mehr untereinander als aus Widersetzlichkeit gegen den Fürsten uneins waren. Der Anblick der Soldaten brachte Ruhe, auch blieben die kleineren Koloniestädte unbestraft. Nach Capua wurde die 3. Legion ins Winterquartier gelegt, die angesehenen Häuser wurden hart mitgenommen, dagegen die Tarracinesen auf der andern Seite in keiner Weise begünstigt. Soviel geneigter ist man, Beleidigung als Wohltat zu erwidern, weil Dank als eine Last, die Rache als Gewinn betrachtet wird. Es gereichte zum Troste, daß Capito, Sklave des Verginius, der, wie wir erzählt haben, der Verräter der Tarracinesen gewesen war, mit denselben Ringen, die er als ein Geschenk des Vitellius trug, ans Kreuz geschlagen wurde.

In Rom erkannte indes der Senat dem Vespasian, was irgend bei den Fürsten üblich ist, mit einem Male zu, froh und in sicherer Hoffnung. Schienen ja doch die Bürgerwaffen, in Gallien und Spanien ergriffen, worauf auch die Germanen, dann Illyricum zum Kriege aufgestanden waren, nachdem sie nun Ägypten, Judäa, Syrien, alle Provinzen und Heere durchwandert hatten, als wäre gleichsam nun versöhnt der Erdkreis, ihr Ziel erreicht zu haben. Die Freudigkeit erhöhte noch ein Schreiben Vespasians, abgefaßt als wenn der Krieg noch fortbestände. Das war auf den ersten Blicke seine Haltung; tatsächlich sprach er denn schon als Fürst, auf bescheidene Weise von sich selbst, mit ehrenden Worten vom Gemeinwesen. Und so fehlte es auch nicht an Ergebenheit des Senats; ihm selbst und seinem Sohne Titus wurde das Konsulat, dem Domitianus die Prätur und Konsulargewalt beschlossen.

4. Auch Mucianus hatte ein Sendschreiben an den Senat ergehen lassen, welches Stoff zu allerlei Gerede darbot. Wieso führe er, wenn

er Privatmann sei, die Sprache von Amts wegen? Dasselbe hätte sich ja auch einige Tage später bei der Abstimmung sagen lassen. Auch seine Ausfälle gegen Vitellius schienen nicht mehr zeitgemäß und ohne Freimut; übermütig gegen den Staat und beleidigend für den Fürsten war aber, daß er sich rühmte, in seiner Hand habe sich die Herrschaft befunden und sei von ihm dem Vespasian geschenkt worden. Übrigens hielt diese Mißgunst sich verborgen, hervor trat dagegen die Schmeichelei. Mit vielem Wortgepränge wurden dem Mucianus die Triumphinsignien[114] wegen des Bürgerkriegs verliehen; doch zum Vorwand diente sein Feldzug gegen die Sarmaten. Daneben gab man dem Primus Antonius die Konsularinsignien, dem Cornelius Fuscus und Arrius Varus die prätorischen. Hierauf bedachte man die Götter und beschloß, das Kapitol wiederherzustellen. Alles dies beantragte Valerius Asiaticus, der designierte Konsul, die übrigen gaben mit Mienen nur und mit den Händen, einige wenige, die durch ihre Würden ausgezeichnet waren, oder deren Geist in Schmeichelei gewandt war, in wohlgesetzten Reden ihre Zustimmung. Als die Reihe an Helvidius Priscus, den designierten Prätor kam, trat dieser mit einer Meinung vor, die, wie sie einem guten Fürsten zur Ehre gereichte, so doch auch fern von Unwahrheit war, und er wurde mit Beifall vom Senate hoch gefeiert. So war es denn auch dieser Tag besonders, welcher ihm große Feindschaft und großen Ruhm bereitete.

5. Die Sache selbst scheint es zu fordern, daß ich, weil ich schon zum zweitenmale auf die Erwähnung eines Mannes gekommen bin, der noch öfter zu nennen ist, einiges über sein Leben, seine Bestrebungen und sein Schicksal nachhole. Helvidius Priscus, ein Caraciner aus der Landstadt Cluvia, Sohn eines Primipilarcenturios, widmete schon in früher Jugend sein glänzendes Talent den höheren Wissenschaften, nicht, wie die meisten, um mit einem schönen Namen träges Nichtstun zu bemänteln, sondern um desto fester gegen Mißgeschick am öffentlichen Leben teilzunehmen. Zu Lehrern in der Weisheit[115] wählte er sich die, welche für das einzige Gut die Tugend, für übel nur, was schimpflich ist, Macht, Adel und was sonst noch außerhalb des Geistes liegt, weder für ein Gut noch für ein Übel halten. Als er weiter nichts als Quästor gewesen war, erkor ihn Paetus Thrasea zum Eidam aus; er nahm von der Weise des Schwiegervaters nichts so sehr als dessen Freimut in sich auf, als Bürger, als Senator, Gatte, Eidam, Freund, in allen Pflichtverhältnissen des Lebens stets derselbe Verächter des Reichtums, fest am Rechten haltend, standhaft gegen Schrekken.

6. Manchen schien er allzusehr nach Ruhm zu streben, und von Ruhmsucht machen ja auch selbst Weise zuletzt sich los. Durch seines Schwiegervaters Sturz ins Exil verstoßen, unternahm es, unter Galbas Regierung zurückgekehrt, Eprius Marcellus, den Angeber Thraseas,

anzuklagen. Dieses Rachestreben, man weiß nicht, ob man es zu weitgehend oder mehr gerecht nennen soll, hatte den Senat in Parteien geteilt; denn wenn Marcellus fiel, so stürzte eine ganze Schar von Schuldigen. Anfangs nahm der Streit bedrohliche Formen an und treffliche Reden beider gaben davon Zeugnis; nachher, als die Gesinnung Galbas zweifelhaft wurde, und auf Fürbitten vieler Senatoren, gab Priscus die Sache auf, und man sprach darüber, wie einmal der Menschen Art ist, auf verschiedene Weise, seine Mäßigung lobend oder seine Festigkeit dabei vermissend.

An jenem Tage nun, als man über Vespasians Herrschaft abstimmte, hatte man beschlossen, Gesandte an den Fürsten abzuschikken. Demzufolge erhob sich zwischen Helvidius und Eprius ein heftiger Streit. Priscus verlangte eine namentliche Wahl durch vereidigte Beamte, Marcellus Auslosung, was auch schon die Meinung des designierten Konsuls gewesen war.

7. Aber was Marcellus trieb, war sein eigenes Schamgefühl, man möchte, würden andere erkoren, ihn für zurückgesetzt halten. So kamen sie im Wortwechsel allmählich zu zusammenhängenden Angriffsreden, wobei Helvidius fragte, warum Marcellus so das Urteil der Beamten scheue? Er habe ja Geld und Beredsamkeit vor vielen andern voraus, wenn die Erinnerung an seine Freveltaten ihn nicht drückte. Los und Urne machten keinen Unterschied im Lebenswandel; Abstimmung und Prüfung des Senates wären eingeführt, um bei einem jeden auf des Lebens und des Rufes Grund hindurchzudringen. Des Staates Wohl, Vespasians Ehre erfordere, daß die ihm entgegenträten, welche im Senate die Unbescholtenste, die des Kaisers Ohr daran gewöhnen könnten, gern die Sprache der Tugend zu vernehmen. Freundschaft habe ja bestanden zwischen Vespasian und Thrasea, Soranus und Sentius. Deren Ankläger dürften, wenn es auch nicht nötig sei, sie zu strafen, ihm doch nicht zur Schau gestellt werden. Durch dieses Urteil des Senates werde der Fürst gleichsam erinnert, wen er zu schätzen, wen er zu scheuen habe. Kein trefflicheres Werkzeug habe eine gute Regierung, als gutgesinnte Freunde. Es sei ja genug für Marcellus, daß er Nero zum Verderben so vieler Unschuldigen angetrieben habe; möge er immerhin seinen Lohn dafür und Straflosigkeit genießen, Vespasian jedoch den Besseren überlassen.

8. Marcellus dagegen sagte, nicht seine Meinung werde angefochten, sondern der designierte Konsul es habe so nach dem alten Brauche bestimmt, der das Los für Gesandtschaften festsetzt, damit nicht Gunstbewerbung oder Feindschaft Raum greifen könnten. Es habe sich nichts ereignet, weshalb von den alten Einrichtungen abzukommen, oder weshalb das, was den Fürsten ehren sollte, für irgend jemand zum Schimpfe werden müßte; zur Huldigung seien alle gut genug. Vielmehr müsse vermieden werden, daß nicht durch gewisser Leute Starrsinn das im neuen Verhältnisse noch unsichere Gefühl des

Fürsten, welches selbst auf Mienen und Gerede eines jeden lausche, in einem gereizten Zustand versetzt werde. Er erinnere sich der Zeiten, in denen er geboren, der Verfassung, welche Väter und Urväter eingeführt; er staune das Vergangene an und halte sich an das Gegenwärtige. Gute Herrscher wünsche er von Herzen, ertrage sie aber wie sie einmal seien. Nicht weniger sei Thrasea durch das Urteil des Senats als durch seine Reden gestürzt; nur Neros Tyrannei habe mit Scheinprozessen dieser Art ihr Spiel getrieben; auch sei für ihn eine solche Freundschaft nicht minder angstvoll, als für andere die Verbannung gewesen. Endlich, würde auch Helvidius in Standhaftigkeit und Unerschrockenheit einem Cato und Brutus gleichgestellt, er für seinen Teil sei nur einer aus dem Senate, welcher sich mit ihm zugleich in der Sklaverei befunden habe. Auch rate er dem Priscus, sich nicht über den Fürsten emporzuschwingen, nicht einen Vespasian, den triumphgeschmückten Greis, den Vater schon erwachsener Söhne, zu lehrmeistern. So wie den schlimmsten Kaisern unbegrenzte Tyrannei gefalle, so doch auch selbst den trefflichsten die Freiheit nur, wenn sie nicht ausarte. Diese beiderseits mit großer Heftigkeit ausgesprochenen Reden wurden mit geteiltem Interesse aufgenommen. Den Sieg trug die Partei davon, die durch das Los die Abgeordneten bestimmt wissen wollte, da auch die in der Mitte schwankenden Senatoren bemüht waren, die Sitte festzuhalten; und auch die Angesehensten gerade neigten sich auf diese Seite, aus Furcht vor Neid, falls sie selbst gewählt werden sollten.

9. Hierauf folgte ein anderer Streit. Die Prätoren der Staatskasse – denn damals wurde sie von Prätoren verwaltet – hatten, über des Staates Armut klagend, Einschränkung der Ausgaben verlangt. Dieses Geschäft behielt der designierte Konsul wegen der Größe seiner Lästigkeit und der Schwierigkeit der Abhilfe dem Fürsten vor; Helvidius war der Meinung, daß darüber der Senat entscheiden müsse. Als die Konsuln abstimmen lassen wollten, tat der Volkstribun Volcatius Tertullinus Einspruch, es dürfe über eine so wichtige Sache nichts in Abwesenheit des Fürsten beschlossen werden. Helvidius hatte auch beantragt, daß das Kapitol auf öffentliche Kosten hergestellt würde, Vespasian nur einen Beitrag gäbe. Diesen Antrag übergingen die Gemäßigten mit Schweigen, um ihn dann in Vergessenheit geraten zu lassen; doch gab es auch welche, die sich seines einst erinnern sollten[116].

10. Hierauf ging Musonius Rufus auf Publius Celer los, den er beschuldigte, Barea Soranus durch ein falsches Zeugnis gestürzt zu haben. Durch diese Untersuchung schienen die gehässigen Anklägereien wieder erneuert zu werden; doch vermochte man den verächtlichen und straffälligen Beschuldigten nicht zu schützen. Soranus stand ja in geheiligtem Andenken, Celer, der als Weisheitslehrer gelten wollte, wurde als Zeuge gegen Barea Verräter und Mörder einer Freund-

schaft, deren Lehrer gewesen zu sein er sich selbst rühmte. Der nächste Tag wurde für die Verhandlung festgesetzt, und man war, da die Gemüter einmal zur Rache aufgeregt waren, nicht sowohl auf Musonius oder Publius, als auf Priscus und Marcellus und die übrigen gespannt.

11. Bei diesem Stand der Dinge, da Zwiespalt unter den Senatoren, Ingrimm bei den Besiegten herrschte, die Sieger kein Ansehen hatten, die Gesetze nichts galten und kein Fürst unter den Bürgern weilte, rückte Mucianus in die Stadt ein und zog mit einmal alles an sich. Die Macht des Antonius Primus und Arrius Varus war gebrochen, wobei des Mucianus Zorn gegen sie sich nur schlecht verbarg, so sehr er ihn auch im Angesichte verstecken wollte. Scharfsichtig in Erspähung von Mißverhältnissen hatte die Bürgerschaft sich gewandelt und war auf die andere Seite übergetreten. Ihn allein umdrängte, verehrte jetzt alles. Und auch er selbst ließ es nicht an sich fehlen, mit Bewaffneten umgeben, Wohnungen und Parks wechselnd, eignete er sich in Pracht, Aufzug und Wachen die Gewalt des Fürsten an, nur auf den Namen selbst verzichtend. Am meisten Schrecken erregte die Ermordung des Calpurnius Galerianus. Er war der Sohn des Gaius Piso und hatte nichts gewagt. Aber sein berühmter Name und seine edle Jugendgestalt wurden im Munde des Volkes gefeiert, und es gab auch in der immer noch unruhigen und an neuem Gerede Gefallen findenden Bürgerschaft selbst Leute, welche über ihn den eiteln Ruf des Principates ausbreiteten. Auf Befehl des Mucianus von einer Soldatenwache umringt, wurde er, damit sein Tod in der Stadt nicht zu viel Aufsehen erregte, am vierzigsten Meilensteine von Rom auf der appischen Straße durch Öffnung der Adern umgebracht. Julius Priscus, der Präfekt der prätorianischen Kohorten unter Vitellius, tötete sich selbst, mehr aus Ehrgefühl als aus Zwang. Alfenus Varus überlegte seine Feigheit und Schande. Asiaticus, er war nämlich Freigelassener, büßte seine unheilvolle Macht mit dem Sklaventode.

12. Das in diesen Tagen immer lauter werdende Gerücht von der Niederlage in Germanien vernahm die Stadt nichts weniger als bekümmert. Von niedergemetzelten Heeren, eroberten Winterlagern der Legionen, von dem Abfall Galliens sprach man so, als sei es gar kein Unglück. Den ursprünglichen Anlaß dieses Kriegs und unter wie großer Bewegung auswärtiger und verbündeter Völker er emporloderte, will ich gründlicher erörtern. Die Bataver, als sie noch jenseits des Rheines wohnten, ein Stamm der Chatten, besetzten, durch inneren Aufruhr vertrieben, die äußersten, noch unbewohnten Gegenden der gallischen Küste und dazu die in der Nähe liegende Insel, welche von vorne der Ozean, von hinten und an den Seiten der Rhein umspült. Durch römische Macht nicht enkräftet, was bei einem Bündnis mit einem stärkeren selten ist, stellten sie dem Reiche nur Männer und Waffen. Lange schon waren sie in den germanischen

Kriegen geübt, nachher zu noch größerem Ruhme in Britannien gelangt, nachdem man ihre Kohorten dorthin übergesetzt hatte, welche nach altem Brauch die Edelsten von ihrem eigenen Volke befehligten. Sie hatten aber auch daheim noch eine auserlesene Reiterei, die ganz besonders darauf eingeübt war, samt Waffen und Pferden in ganzen Schwadronen den Rhein zu durchqueren.

13. Julius Civilis und Claudius Paulus, königlichen Stammes, überragten weit die übrigen. Den Paulus ließ Fontejus Capito unter fälschlicher Anschuldigung der Empörung ums Leben bringen. Civilis, in Ketten zu Nero geschickt und von Galba freigesprochen, geriet unter Vitellius von neuem in Gefahr, da das Heer seine Hinrichtung verlangte. So hatte er Grund zum Zürnen und durch unser Unglück Hoffnung. Doch Civilis, ein klügerer Kopf, als es sonst bei Barbaren der Fall zu sein pflegt, und mit ganz ähnlicher Gesichtsentstellung wie Sertorius oder Hannibal[117], schützte, damit man ihm nicht wie einem Feinde entgegenzöge, wenn er offen von Rom abgefallen wäre, Freundschaft gegen Vespasian und Eifer für seine Partei vor, da in der Tat ja auch ein Schreiben des Antonius Primus an ihn gelangt war, worin er aufgefordert wurde, die von Vitellius aufgebotenen Hilfsscharen von ihm abzulenken und unter dem Scheine eines Aufruhrs die Legionen in Germanien zurückzuhalten. Dieselbe Weisung hatte auch Hordeonius Flaccus mündlich ihm gegeben, aus Zuneigung für Vespasian und aus Besorgtheit für den Staat, dem sein Untergang nahe bevorstand, wenn ein von neuem beginnender Krieg und so viel tausend Bewaffnete in Italien einbrechen sollten.

14. So fing also Civilis, abzufallen entschlossen und einstweilen seinen tieferen Plan verbergend, um nach dem Erfolge das Weitere zu überlegen, die Umwälzung auf folgende Weise an. Auf Vitellius Befehl wurde die junge Mannschaft der Bataver zur Aushebung aufgerufen, welche, an und für sich selbst schon lästig, durch die Habsucht und Ausschweifungen der damit Beauftragten noch drückender wurde, weil sie Greise oder Schwache zusammenbrachten, um sie für Geld wieder loszulassen, sowie auf der andern Seite Halbwüchsige, aber durch ihre Gestalt in die Augen fallende – und die meisten haben schon als Knaben einen hohen Wuchs – zu Notzüchtigung hinweggeschleppt wurden. So erzeugte sich Erbitterung, und die Anstifter der verabredeten Empörung brachten es dahin, daß man sich der Aushebung widersetzte. Civilis rief die Großen des Volks und die Entschlossensten der Menge unter dem Scheine eines Opfermahls in einen heiligen Hain zusammen und zählte, als er bemerkte, daß Nacht und Frohsinn ihr Gemüt erwärmte, mit Preis und Ruhm des Volks beginnend die Ungerechtigkeiten, die Räubereien und die übrigen Übel der Knechtschaft auf. Es sei nicht mehr ein Bundesverhältnis wie sonst, nein, sie würden wie Leibeigene gehalten. Wann komme noch, so lästig auch sein Gefolge und so übermütig seine Herrschaft sei, ein

Legat mit Befehlsgewalt zu ihnen? Präfekten und Centurionen würden sie preisgegeben, und wenn sich diese mit Beute und mit Blut gesättigt, wechselten sie und man sänne auf neue Erpressung und allerlei Vorwände zum Raube. Die Aushebung stehe schon vor der Tür, wodurch Kinder von den Eltern, Brüder von den Brüdern wie zum letztenmale im Leben losgerissen würden. Nie habe es je schlechter um die Römer gestanden, und in ihren Winterlagern seien nur Beute noch und Greise. Sie möchten nur den Blick erheben und nicht vor den Legionen beben, die nur mehr dem bloßen Namen nach bestünden[117]. Sie selbst dagegen hätten eine Macht von Fußvolk und Reitern, Blutsverwandte bei den Germanen, und Gallien strebe nach Gleichem. Selbst den Römern sei ein solcher Krieg nicht unwillkommen, und auf des Vespasian Rechnung würden sie ihn schieben können, sollte das Glück sich zweifelhaft zeigen. Für den Sieg dagegen bedürfe es keiner Rechenschaft.

15. Mit lautem Beifall angehört, ließ er sie alle nach der Barbaren Brauch und unter landesüblichen Verwünschungen schwören. Gesandte wurden an die Canninefaten abgeordnet, um sie mit in ihren Plan zu ziehen. Dieser Volksstamm bewohnt einen Teil der Insel, in Herkunft, Sprache und Tapferkeit den Batavern gleich, an Zahl nur werden sie von diesen übertroffen. Hierauf verlockte er durch geheime Botschaften die britannischen Hilfsscharen, jene Bataverkohorten, die, wie wir oben erwähnt haben, nach Germanien geschickt worden waren und damals in Mogontiacum lagen. Es lebte unter den Canninefaten Brinno, ein töricht waghalsiger Mensch von hochberühmtem Adel. Sein Vater hatte sich vieler Feindseligkeiten erkühnt und für das Possenspiel der Feldzüge des Gaius straflos nur Verachtung übriggehabt. Er fand daher schon wegen des bloßen Namens der rebellischen Familie Beifall und wurde, nach dem Brauch des Volkes, auf einen Schild gehoben, auf den Schultern der ihn Tragenden umhergetragen und so zum Heerführer auserkoren. Sogleich zog er die Friesen, einen überrheinischen Volksstamm, an sich, und brach vom Ozean aus in das Winterlager zweier Kohorten ein, das zum Überfall am nächsten lag. Die Soldaten hatten den Angriff der Feinde weder vorhergesehen, noch besaßen sie, wenn dies auch der Fall gewesen wäre, hinreichende Stärke, um ihn abzuwehren. Das Lager wurde daher genommen und geplündert. Sodann fielen sie über die herumstreifenden und wie im Friedensstande übers Land ziehenden römischen Marketender und Händler her. Zugleich bedrohten sie die Kastelle mit Zerstörung, und diese wurden, weil sie nicht verteidigt werden konnten, von den Präfekten der Kohorten in Brand gesteckt. Feldzeichen, Standarten und was an Soldaten da war, wurde unter der Anführung des Primipilaren Aquilius in den oberen Teil der Insel zusammengedrängt, mehr dem Namen als der Stärke nach ein Heer; Vitellius nämlich hatte ja den Kern der Kohorten weg-

geführt und aus den benachbarten Gauen der Nervier und Germanen einen trägen Haufen unter die Waffen gesteckt.

16. Civilis, der mit List zu Werke gehen zu müssen glaubte, machte den Präfekten sogar noch Vorwürfe, daß sie die Kastelle verlassen hätten. Er werde schon mit der Kohorte, welche er anführte, den Aufruhr der Canninefaten dämpfen; sie sollten nur ein jeder in sein Winterlager zurückkehren. Daß nur Betrug hinter diesem Rate steckte, daß nämlich die zerstreuten Kohorten leichter überwältigt werden könnten, und daß nicht Brinno, sondern Civilis in diesem Kriege Anführer sei, stellte sich heraus, als allmählich Anzeichen davon hervorbrachen, welche die Germanen, ein kriegslustiges Volk, nicht lange geheimgehalten hatten. Als es mit der List nicht recht gelingen wollte, schritt er zur Gewalt und stellte die Canninefaten, Friesen und Bataver, jede in eigenen Schlachtkeilen, auf. Ihnen gegenüber nahm auch unsere Schlachtlinie ihre Stellung, nicht fern vom Rheinstrom, und so, daß die Schiffe, welche man nach der Verbrennung der Kastelle dorthin hatte kommen lassen, gegen den Feind gerichtet waren. Noch nicht lange hatte man gestritten, als die Kohorte der Tungrer zu Civilis überging: betroffen über den unerwarteten Verrat wurden die Soldaten nun von Bundesgenossen und Feinden niedergehauen. Dieselbe Treulosigkeit war auch auf den Schiffen. Der aus Batavern bestehende Teil der Ruderknechte hinderte, als wenn es aus Unerfahrenheit geschähe, die Verrichtungen des Schiffsvolkes und der Streiter. Dann arbeiteten sie ihnen geradezu entgegen und warfen die Achterdecks nach dem feindlichen Ufer herum. Endlich ermordeten sie, wenn sie sich ihnen nicht ergaben, die Steuerleute und Centurionen, bis die ganze Flotte von vierundzwanzig Schiffen überging oder genommen wurde.

17. Glanzvoll für die Gegenwart war dieser Sieg und von Nutzen für die Zukunft; Waffen und Schiffe, woran es ihnen gebrach, erhielten sie so, und durch ganz Germanien und Gallien pries der Ruf sie als Verfechter der Freiheit. Germanien schickte sogleich Gesandte, um Unterstützung anzubieten. Um Galliens Bündnis bewarb sich Civilis mit List und mit Geschenken, indem er die gefangenen Präfekten der Kohorten in ihre Heimat zurücksandte, den Kohorten freistellte, ob sie abziehen oder bleiben wollten. Den Bleibenden wurde ehrenvoller Dienst, den Fortgehenden erbeutete Römerwaffen angeboten. Zugleich erinnerte er sie in geheimen Unterredungen an die Leiden, die sie nun schon so viele Jahre duldeten, elende Knechtschaft fälschlich Frieden nennend. Die Bataver, obwohl noch nichts von Tribut wissend, hätten die Waffen gegen die gemeinsamen Tyrannen ergriffen. Im ersten Gefecht schon seien die Römer geschlagen und besiegt. Wie, wenn nun Gallien auch das Joch abwürfe, was bliebe in Italien noch übrig? Durch der Provinzen Blut besiege man ja die Provinzen. Möchten sie nicht an Vindex Heerschar denken. Batavische Reiter

hätten die Aeduer und Arverner niedergetreten, Belgier wären unter Verginius Hilfsvölkern gewesen, und bedenke man es recht, so sei Gallien durch seine eigene Streitkraft gefallen. Jetzt stritten alle für dieselbe Sache, und dazu komme auch die Mannszucht, die sich in den Feldlagern der Römer noch erhalten, ihnen zugute. Auf ihrer Seite seien ja die alten Kohorten, denen die Legionen Othos jüngst erlegen. Dienstbar möchten Syrien sein und Asien, der an Könige gewöhnte Orient; in Gallien lebten noch viele, die vor der Zinsbarkeit[118] geboren seien. Unlängst erst sei ja durch Quintilius Varus Niederlage die Knechtschaft aus Germanien verbannt, und nicht ein Fürst wie Vitellius, sondern Caesar Augustus zum Kriege herausgefordert worden. Freiheit sei von der Natur den sprachlosen Tieren auch verliehen, Tapferkeit der Menschen eigentümlicher Vorzug. Die Götter ständen den Mutigeren bei. So sollten sie also, da sie gerade unbehindert seien, die augenblicklich beschäftigten Römer, also mit frischer Kraft die schon Ermatteten, anfallen. Während die einen Vespasian, die anderen Vitellius begünstigten, stehe das Feld ihnen wider beide offen.

18. So sein Augenmerk auf Gallien und Germanien richtend, war er, wenn sein Plan gelang, nicht fern vom Königsthron der mächtigsten und reichsten Völker. Flaccus Hordeonius dagegen ließ durch Nichtbeachtung die ersten Bestrebungen des Civilis Nahrung gewinnen. Erst als die Schreckensbotschaft überbracht wurde, das Lager sei erobert, die Kohorten vernichtet, was römisch sei, von der Insel der Bataver vertrieben, ließ er den Legaten Munius Lupercus – dieser befehligte das Winterlager zweier Legionen – gegen den Feind ausrücken. Lupercus ließ von denen, die ihm zur Hand waren, die Legionäre, aus der nächsten Nachbarschaft die Ubier und die nicht fernstehenden Reiter der Treverer eilig übersetzen, dazu auch eine batavische Reiterschar, die, längst schon bestochen, noch Treue heuchelte, damit, wenn sie mitten in der Schlacht die Römer verriete, ihre Flucht einen um so höheren Wert erhielte. Civilis, von den Feldzeichen der gefangenen Kohorten umgeben, damit sein Kriegsvolk den eben gewonnenen Ruhm vor Augen hätte und die Feinde durch die Erinnerung an ihre Niederlage geschreckt würden, ließ seine Mutter und seine Schwestern und mit ihnen die Gattinnen und kleineren Kinder aller sich hinter die Front stellen, als Sporn zum Siege und zur Beschämung, würden sie geschlagen. Als nun die ganze Schlachtreihe vom Kriegsgesang der Männer, vom Geheul der Weiber ertönte, erwiderten die Legionen und Kohorten keineswegs mit gleichem Schlachtgeschrei. Schon hatte den linken Flügel die Reiterschar der Bataver entblößt, die überging und sich sogleich gegen uns schwenkte. Doch die Legionssoldaten, so mißlich auch die Lage war, hielten sich in ihren Waffen und in Reih und Glied. Die Hilfsscharen der Ubier und Treverer schweiften in schmählicher Flucht zerstreut

auf dem ganzen Felde umher. Die Germanen warfen sich auf sie. Mittlerweile gewannen die Legionen Zeit, in das Lager zu entfliehen, welches Vetera[119] genannt wird. Der Befehlshaber der batavischen Reiterschar, Claudius Labeo, in landstädtischer Eifersucht Civilis Nebenbuhler, wurde, damit nicht seine Ermordung das Mißvergnügen seiner Landsleute, seine Zurückbehaltung den Samen der Zwietracht hervorbringen möchte, nach dem Lande der Friesen eingeschifft.

19. In diesen Tagen holte auch der von Civilis abgesandte Bote die Kohorten der Bataver und Canninefaten ein, die auf des Vitellius Befehl sich auf dem Marsche nach der Stadt befanden. Sogleich schoß Übermut und Trotz in ihnen auf, und sie verlangten als Lohn für den Marsch ein Geldgeschenk, doppelten Sold, Vermehrung ihrer Reiterei, was freilich alles von Vitellius versprochen war, nicht um es zu erhalten, sondern um einen Grund zur Meuterei zu haben. Und Flaccus hatte dadurch, daß er vieles zugestand, nichts anderes bewirkt, als daß sie um so ungestümer forderten, wovon sie wußten, daß er es verweigern würde. Ohne weiter auf ihn Rücksicht zu nehmen, zogen sie nach Niedergermanien, um sich mit Civilis zu vereinigen. Nun ging Hordeonius mit den Tribunen und Centurionen zu Rate, ob er nicht die den Gehorsam Verweigernden mit Gewalt zu bändigen suchen sollte. Bald jedoch beschloß er in der ihm eigenen Mutlosigkeit und bei der Zaghaftigkeit seiner Untergebenen, welche die zweideutige Gesinnung der Hilfstruppen und die Ergänzung der Legionen mit plötzlich ausgehobener Mannschaft ängstigte, das Kriegsvolk im Lager zusammenzuhalten. Hernach, da es ihn reute, und selbst die, die es geraten, ihm darüber Vorstellungen machten, schrieb er, als sei er nachzusetzen willens, an Herenius Gallus, den Legaten der ersten Legion, der Bonn besetzt hielt, er möchte den Batavern den Durchmarsch verwehren. Er werde ihnen mit dem Heere auf dem Fuße folgen. Auch hätten sie überwältigt werden können, wenn von hier Hordeonius, von dort her Gallus, beiderseits sich mit ihren Truppen in Bewegung gesetzt und sie in der Mitte eingeschlossen hätten. Flaccus gab das Unternehmen auf und ließ in einem anderen Schreiben an Gallus die Weisung ergehen, er solle sie bei ihrem Abzuge nicht beunruhigen. So entstand denn der Verdacht, es werde mit Wissen und Willen der Legaten der Krieg erregt, und alles, was geschehen sei oder noch gefürchtet werde, rühre nicht von der Schlaffheit der Soldaten, noch von der Gewalt der Feinde, sondern von der Arglist des Anführers her.

20. Als sich die Bataver dem Lager bei Bonn näherten, schickten sie einen Boten voraus, um dem Herennius Gallus im Auftrage der Kohorten zu erklären, sie führten keinen Krieg gegen die Römer, für welche sie so oft gefochten hätten; ermüdet durch den langen und gewinnlosen Kriegsdienst, sehnten sie sich nach ihrem Vaterlande und nach Ruhe. Wenn sich ihnen niemand entgegenstellte, so würde ihr

Marsch harmlos sein; träte man ihnen aber mit Waffen entgegen, so würden sie mit dem Schwerte den Weg zu finden wissen. Den unschlüssigen Legaten hatten die Soldaten schon dazu gebracht, das Glück einer Schlacht zu versuchen. Dreitausend Legionäre und in Eile zusammengebrachte belgische Kohorten, nebst einem feigen, aber vor der Gefahr großsprecherischen Haufen von Landvolk und Marketendern, brachen aus allen Toren hervor, um die an Zahl ihnen nicht gewachsenen Bataver zu umzingeln. Diese, im Felddienst alterfahrene Krieger, scharten sich in Keile zusammen, allenthalben dicht geschlossen, und vorn, im Rücken und seitswärts wohl gedeckt. So durchbrachen sie die dünne Schlachtlinie der Unsrigen. Da die Belgier wichen, wurde die Legion geworfen, und voll Bestürzung eilte man dem Walle und den Toren zu. Da war die Niederlage am größten; hoch füllen sich die Gräben mit Leichen, und nicht bloß niedergehauen und durch Wunden, sondern auch im Sturz und durch eigene Geschosse fanden viele den Tod. Die Sieger vermieden die Kolonie der Agrippinenser und wagten auf ihrem ferneren Marsche keine Feindseligkeiten mehr, das Treffen bei Bonn entschuldigten sie damit, daß sie um Frieden gebeten, und erst als man ihnen denselben verweigerte, auf Selbsthilfe gedacht hätten.

21. Civilis, nach der Ankunft der Veteranenkohorten nun schon Führer eines ordentlichen Heeres, doch noch unschlüssig und die Übermacht der Römer erwägend, nahm alle, die zugegen waren, für Vespasian in Eid, und schickte Abgeordnete an die beiden Legionen, die, in dem neulichen Treffen geschlagen, sich ins Lager Vetera[119] zurückgezogen hatten, daß sie dieselbe Huldigung leisten möchten. Darauf gab man ihnen den Bescheid, man brauche weder eines Verräters, noch der Feinde Rat. Ihr Fürst sei Vitellius, für den sie in Treue bis zum letzten Atemzuge kämpfen würden. Darum möchte der batavische Überläufer nicht in der römischen Welt den Schiedsrichter spielen wollen, sondern für seinen Frevel die verdiente Strafe erwarten. Als dieses dem Civilis hinterbracht wurde, rief er zornentbrannt das gesamte Volk der Bataver zu den Waffen zusammen. Die Brukterer und Tencterer schlossen sich an, und durch Botschafter wurde Germanien zur Beute und zum Ruhme mit aufgerufen.

22. Gegen die Drohungen des sich so zusammenziehenden Kriegsgewitters befestigten die Legaten der Legionen, Munius Lupercus und Numisius Rufus, Wall und Mauern. Die Bauten des langen Friedens wurden niedergerissen, die sich nicht fern vom Lager wie zu einer Stadt fast herangebaut hatten, damit sie nicht den Feinden nützlich würden. Aber dafür war zu wenig gesorgt, daß Lebensmittel dem Lager zugefahren wurden; man ließ sie einfach wegschleppen. So wurde in wenigen Tagen zügellos verbraucht, was gegen Not auf lange Zeit vorgehalten hätte. Civilis füllte mit dem Kern der Bataver in der Mitte des Heereszuges, um sich ein noch fürchterlicheres Anse-

hen zu geben, beide Rheinufer mit Scharen von Germanen an, während die Reiterei über die Ebenen heransprengte. Zugleich wurden Schiffe stromaufwärts geführt. Hier hatten die Feldzeichen der Veteranenkohorten, dort die aus Wäldern und Hainen genommenen Tierbildnisse, mit denen ein jeder Volksstamm in den Kampf zu ziehen gewohnt ist, bürgerlichen und auswärtigen Krieg gemischt erscheinen lassen und die Belagerten bestürzt gemacht; die Hoffnung der Belagerer vermehrte auch die Ausdehnung des Walles, der, angelegt für zwei Legionen, von kaum 5000 bewaffneten Römern verteidigt wurde. Doch eine Menge von Marketendern, die sich beim Friedensbruche hier eingefunden hatten, leistete auch im Kriege ihre Dienste.

23. Die eine Hälfte des Lagers erhob sich sanft an einem Hügel, die andere war von der Ebene aus zugänglich. Augustus nämlich hatte geglaubt, durch dieses Winterlager würde Germanien belagert und bedrängt werden, und niemals ein so großes Unglück sich ereignen, daß man sogar kommen würde, um die Legionen darin zu bekämpfen. Daher hatte man weder auf die Örtlichkeit noch auf die Befestigungswerke besondere Mühe verwandt; Gewalt und Waffen dünkten gut genug. Die Bataver und die Überrheinischen stellten sich, damit sich in der Absonderung die Tapferkeit deutlicher zu erkennen gäbe, ein jeder Volksstamm für sich auf, um aus der Ferne anzugreifen. Nachher, als die meisten Geschosse, ohne zu treffen, an den Türmen und Brustwehren der Mauern saßen, und sie von oben her mit Steinen verwundet wurden, gingen sie mit Geschrei und im Sturme auf den Wall los, sehr viele, indem sie Leitern anlegten, andere auf dem Schilddache der ihrigen. Schon stiegen einige empor, als sie, mit dem Schwerte und durch bloßen Stoß mit dem Schild hinabgestürzt, mit Pfählen und Wurfspeeren überschüttet wurden, sie, die anfangs immer allzu ungestüm sind und kein Maß im Glücke kennen. Jetzt jedoch ertrugen sie aus Beutegier auch das Mißgeschick. Sie wagten sich sogar an Wurfmaschinen, die ihnen etwas Ungewohntes waren. Doch bewiesen sie dabei auch nicht die mindeste Geschicklichkeit; Überläufer und Gefangene unterwiesen sie, Bauholz nach Art einer Brücke zusammenzufügen, dann auf untergelegten Walzen vorwärts zu stoßen, so daß die einen obenstehend wie von einem Damme aus kämpften, die anderen, inwendig verborgen, die Mauern untergruben. Aber aus Wurfmaschinen geschleuderte Steine warfen das unförmige Bauwerk nieder, und als sie Schanzkörbe und Schutzdächer bereiten wollten, wurden brennende Speere aus Wurfgeschützen auf sie geschleudert und so die Belagerer selbst mit Feuer angegriffen, bis sie, die Gewalt aufgebend, sich aufs Warten verlegten, da sie recht gut wußten, daß nur auf wenige Tage Lebensmittel und ein großer Haufe Unbewehrter sich darin befinde. Zugleich hoffte man infolge des Mangels auf Verrat, auf die Unzuverlässigkeit der Sklaventreue und auf des Krieges Zufälligkeiten.

24. Indes gab Flaccus, als er die Einschließung des Lagers erfahren und in Gallien umhergesandt hatte, um Hilfsvölker aufzubieten, dem Legaten der 22. Legion, Dillius Vocula, eine aus den Legionen auserlesene Mannschaft, um in möglichst großen Tagesmärschen längs des Ufers hinzueilen. Er selbst, schwach am Körper und den Soldaten verhaßt, folgte zu Schiffe. Auch äußerten sie ganz unverhohlen, man habe die Bataverkohorten aus Mogontiacum herausgelassen, getan, als merke man nichts von den Unternehmungen des Civilis, und ziehe die Germanen in das Bündnis mit hinein. Mehr hätte selbst durch Primus Antonius, durch Mucianus des Vespanius Sache nicht gewonnen. Offener Haß und Waffengewalt ließen sich frei zurückweisen; Trug und Arglist hielten sich verborgen und seien darum unausweichbar. Civilis stehe als Gegner da und stelle sein Schlachtheer auf; Hordeonius gebiete vom Schlafgemache und vom Bette aus, was nur immer dem Feinde nützen könne. So viele bewaffnete Scharen von Helden ließen sich durch die Schwächlichkeit eines einzigen Greises leiten. Lieber möchten sie doch den Verräter töten und so ihr Glück und ihre Tapferkeit von der Unglücksahnung befreien. Durch solche gegenseitigen Reden schon aufgeregt, wurden sie durch ein Schreiben, das von Vespasian kam, noch mehr entflammt, welches Flaccus, weil es nicht verheimlicht werden konnte, in der Heerversammlung vorlas, und darauf die, welche es gebracht, gefesselt zu Vitellius schickte.

25. Als die Gemüter so besänftigt waren, kam man nach Bonn, in das Winterlager der ersten Legion. Noch feindlicher gestimmt warf hier das Kriegsvolk die Schuld der Niederlage auf Hordeonius; auf seinen Befehl hin habe man den Batavern die Spitze geboten, als folgten ihnen von Mogontiacum her die Legionen. Durch seine Verräterei sei man geschlagen worden, da keine Hilfe kam. Unbekannt sei dies den übrigen Heeren, und auch nicht einmal ihrem Imperator werde es gemeldet, während doch durch Herzueilen so vieler Provinzen die Verräterei schon im Entstehen hätte unterdrückt werden können. Hordeonius las dem Heere Abschriften von allen Briefen, womit er in Gallien, Britannien und Spanien um Hilfe bat, vor und führte das verderbliche Verfahren ein, die Briefe den Adlerträgern der Legionen zu übergeben, von welchen sie dann eher den Soldaten als den Anführern vorgelesen wurden. Hierauf ließ er einen von den Empörern fesseln, mehr um von seinem Recht Gebrauch zu machen, als weil gerade der eine schuld gehabt hätte. So rückte das Heer aus Bonn nach der Kolonie der Agrippinenser aus, und herbei strömten die Hilfsscharen der Gallier, die anfangs die römische Sache eifrig unterstützten; nachher, als die Germanen Kraft gewannen, bewaffneten sich die meisten Gaue gegen uns in der Hoffnung, frei zu werden und, wenn sie sich der Knechtschaft entzogen hätten, aus Begierde nach der Herrschaft. Indessen griff die Erbitterung der Legionen um

sich, und keinen Schreck hatte ihnen die Fesselung des einen Soldaten eingeflößt; ja, eben dieser beschuldigte noch obendrein den Feldherrn des Einverständnisses, als wolle man in ihm, dem Unterhändler zwischen Civilis und Flaccus, durch falsche Beschuldigung nur den Zeugen der Wahrheit unterdrücken. Da bestieg Vocula mit bewundernswerter Festigkeit die Rednerbühne, hieß den Soldaten greifen und ihn trotz seines Geschreis zum Tode führen; und während die Schlechtgesinnten so in Schreck gerieten, leisteten alle Besseren den Befehlen Folge. Da man sofort einstimmig Vocula zum Anführer verlangte, überließ ihm Flaccus den Oberbefehl.

26. Doch gar manches brachte die einmal mit Zwietracht erfüllten Gemüter auf: Mangel an Sold und Getreide, dabei Galliens Verweigerung der Aushebung und des Tributes, der Umstand, daß der Rhein bei einer unter jenem Himmelsstriche unerhöhrten Trockenheit kaum Schiffe tragen konnte, deshalb knappe Zufuhr und, am ganzen Ufer aufgestellte Posten, um die Germanen von den Furten fernzuhalten, und aus demselben Grunde weniger Feldfrüchte bei vermehrter Zahl der Verbraucher. Bei den Unverständigen galt der Wassermangel schon an sich als eine Vorbedeutung, als ob uns auch die Flüsse, diese alten Schutzwehren unserer Herrschaft, im Stiche ließen. Was im Frieden Zufall, was Naturerscheinung, das hieß Schicksal oder Zorn der Gottheit.

Als sie in Novaesium eingezogen waren, schloß die 16. Legion sich ihnen an; Vocula erhielt zum Mitkommando den Legaten Herennius Gallus. Dennoch wagte man es nicht, dem Feinde entgegenzurücken und schlug beim dreizehnten Meilenstein von Novasium aus, an einem Orte namens Gelduba, ein Lager auf. Dort suchte man durch Aufstellung der Schlachtreihe, durch Befestigungs- und Schanzarbeit und sonstige Kriegsübungen dem Soldaten Festigkeit zu geben. Und um das Heer auch durch Beute zur Tapferkeit zu entflammen, wurde es von Vocula in die nächsten Gaue der Gugerner geführt, welche das Bündnis mit Civilis angenommen hatten; ein Teil blieb mit Herennius Gallus zurück.

27. Es traf sich gerade, daß nicht fern vom Lager die Germanen ein mit Korn beladenes Schiff, da es an einer seichten Stelle festsaß, an ihr Ufer ziehen wollten. Gallus wollte das nicht dulden und schickte eine Kohorte zu Hilfe. Es mehrte sich auch die Zahl der Germanen, und da allmählich immer mehr Verstärkung ankam, lieferte man ein förmliches Treffen. Die Germanen führten unter großem Verluste der Unsrigen das Schiff hinweg. Die Besiegten maßen, was damals schon Gewohnheit geworden war, die Schuld nicht ihrer Feigheit, sondern der Treulosigkeit des Legaten bei. Nachdem sie ihn aus dem Zelte hervorgezogen, sein Gewand zerrissen und ihn gegeißelt hatten, forderten sie ihn auf zu sagen, um welchen Preis und mit wessen Einverständnis er das Heer verraten habe. Man schob wieder alles auf

Hordeonius; ihn nannte man den Urheber der Freveltat, diesen hier nur seinen Diener, bis er, da sie ihm mit dem Tode drohten, im Schreck nun selbst dem Hordeonius Verrat vorwarf. So legte man ihn in Bande, und er wurde erst nach Voculas Ankunft befreit. Dieser bestrafte am folgenden Tage die Urheber des Aufruhrs mit dem Tode. So groß war in diesem Heere der innere Widerspruch von Frechheit und Unterwürfigkeit. Offenbar war der gemeine Soldat dem Vitellius treu, jeder Angesehenere dem Vespasian zugetan. Daher die Wechselfolge der Freveltaten und der Hinrichtungen, das Durcheinandergehen von Folgsamkeit und Toben, so daß man die nicht zu bändigen vermochte, die man sonst bestrafen konnte.

28. Civilis sah indes seine Macht durch ungeheuren Zuwachs aus ganz Germanien vermehrt, und Geiseln aus den edelsten Geschlechtern befestigten das Bündnis. Da gebot er, die Gebiete der Ubier und Treverer zu verwüsten, da sie eben am nächsten lagen, und mit einer andern Schar über die Maas zu gehn, um die Menapier und die Moriner und die Grenzen Galliens zu erschüttern. Auf beiden Seiten trieb man Beute ein; mit größerer Erbitterung bei den Ubiern, weil dieser Volksstamm, von germanischem Ursprung, seinem Vaterland abgeschworen hatte und sich mit römischem Namen Agrippinenser nannte. Ihre Kohorten wurden niedergemacht, da sie sich im Flecken Marcodurum, als vom Ufer zu weit entfernt, zu sorglos verhielten. Doch auch die Ubier ruhten nicht, sich Beute aus Germanien zu holen, anfangs ungestraft. Dann wurden sie überwältigt, wie sie denn in diesem ganzen Kriege mehr treu als glücklich waren. Nachdem er so die Ubier niedergeworfen hatte, betrieb Civilis nachdrucksvoller und wegen des glücklichen Erfolgs mit wilderem Mute die Belagerung der Legionen und verstärkte die Wachtposten, damit keine geheime Botschaft von herannahender Hilfe durchkommen könnte. Die Wurfmaschinen und Belagerungswerke übertrug er den Batavern; den Überrheinischen, die eine Schlacht verlangten, befahl er, sich zur Niederreißung des Walles aufzumachen und, wenn sie hinabgestoßen würden, den Kampf zu erneuern, da es ihm an der Menge nicht fehlte und er solchen Verlust verschmerzen konnte.

29. Auch die Nacht selbst machte dieser Anstrengung kein Ende. Rinsgumher hatten sie Holzmassen aufgehäuft und angezündet, und stürmten, dabei schmausend und allgemein vom Wein erhitzt, aus bloßer Tollkühnheit in den Kampf. Natürlich konnten ihre Geschosse in der Finsternis nicht treffen; die Römer zielten auf die deutlich zu erkennende Schlachtreihe der Barbaren und auf jeden einzelnen, den Kühnheit oder Waffenschmuck in hellerem Lichte zeigte. Dies merkte auch Civilis und befahl, durch Auslöschung des Feuers alles in Finsternis zu tauchen und die Waffen durcheinander klirren zu lassen. So enstand verworrener Lärm und man wußte nicht, was geschah, konnte nicht sehen, wohin man traf, wohin man ausweichen sollte.

Wo das Geschrei gerade herkam, dahin wandte man sich und spannte den Bogen. Nichts half die Tapferkeit, alles verwirrte der Zufall, und oft fielen durch das Geschoß der Feigen selbst die Tapfersten. Bei den Germanen waltete unbesonnene Erbitterung; die römischen Soldaten warfen, mit Gefahren wohlvertraut, eisenbeschlagene Pfähle und schwere Steine nicht bloß auf gut Glück hinab. Wo das Getöse der Stürmenden oder das Anlegen der Leitern ihnen den Feind in ihre Hand gab, stießen sie mit dem Schildbuckel zurück und warfen mit dem Wurfspieß hinter ihnen her; viele, welche schon auf die Mauern emporgestiegen waren, durchbohrten sie mit Dolchen. Als so die Nacht dahingegangen war, zeigte der Tag einen neuen Kampfplatz.

30. Die Bataver hatten wirklich einen Turm mit doppeltem Stockwerk aufgeführt. Doch als er sich dem prätorischen Tore – das war die die ebenste Stelle – näherte, zerschmetterten ihn dagegen geschleuderte Pfähle und darauf gestoßene Balken, und viele der darauf Stehenden kamen dabei um. Auch kämpfte man mit den Erschreckten in plötzlichem und glücklichem Ausfall. Zugleich wurde von den Legionären, welche sich in Erfahrenheit und Geschicklichkeit hervortaten, allerlei versucht. Besonders großen Schrecken verursachte eine schwebende und sich auf und ab bewegende Maschine, welche, wenn sie plötzlich herabgelassen wurde, einzelne oder mehrere Feinde vor dem Angesicht der ihrigen in die Höhe riß und mittels eines Gegengewichts in das Lager warf. Civilis gab die Hoffnung auf Erstürmung auf und blieb wieder in Ruhe liegen, wobei er durch Boten und Versprechungen die Treue wankend zu machen suchte.

31. Dies geschah in Germanien vor der Schlacht bei Cremona, über deren Ausgang ein Schreiben des Antonius Primus Auskunft gab, dem ein Erlaß Caecinas beigefügt war; ein Kohortenpräfekt von den Besiegten, Alpinius Montanus, bestätigte das Schicksal seiner Partei mündlich. Hierauf zeigte sich die Stimmung der Gemüter verschieden. Die Hilfsvölker aus Gallien, ohne Vorliebe sowie ohne Haß gegen eine Partei, und ohne besonderes Interesse dienend, fielen auf die Aufforderung der Präfekten sogleich von Vitellius ab; die alten Soldaten zögerten. Doch als Hordeonius Flaccus den Eid vorsprach und die Tribunen in sie drangen, sprachen sie ihn nach; aber ohne rechte Zustimmung in der Miene und im Herzen; während sie die übrigen Worte des Eides nachsagten, gingen sie über Vespasians Namen stokkend oder mit leisem Gemurmel, meistens auch ganz schweigend hinweg.

32. Das hierauf in der Heerversammlung vorgelesene Sendschreiben des Antonius an Civilis reizte die Soldaten zum Verdacht, es sei an einen Parteigenossen und in einer feindseligen Absicht gegen das germanische Heer geschrieben. Als sodann die Nachrichten nach Gelduba ins Lager kamen, äußerte und benahm man sich auf dieselbe Weise und sandte Montanus mit der Aufforderung an Civilis ab, er

solle vom Kriege abstehen und nicht falschen Waffenschein um eigne Feindseligkeiten hüllen; wenn nur Vespasian zu unterstützen seine Absicht gewesen wäre, so habe er dem genügt. Hierauf antwortete Civilis anfangs auf eine listige Weise; als er dann sah, daß Montanus ein Mann von trotzigem Sinne und zu Neuerungen bereit war, hob er mit Klagen an über all die Gefahren, die er fünfundzwanzig Jahre hindurch in den römischen Lagern ausgestanden, und sprach: „Vortrefflich hat man mir für meine Mühen mit des Bruders Ermordung, meiner Gefangennahme und dieses Heeres wütendem Geschrei gelohnt, womit es mich zur Hinrichtung ausgeliefert wissen wollte, und wofür ich nach dem Völkerrecht Genugtuung verlange. Ihr aber, Treverer, und ihr übrigen Geknechteten, was für einen andern Lohn erwartet ihr für das so oft vergossene Blut, als danklosen Kriegsdienst, ewige Abgaben, Ruten, Beile und die Launen der Gebieter? Seht, ich, der Oberst einer einzigen Kohorte, dazu die Canninefaten und Bataver, ein so geringer Teil von Gallien, wir zerstörten jene stolz sich ausdehnenden Lagerplätze, oder bedrängen sie in Umlagerung mit Schwert und Hunger. Wenn wir nur etwas wagen, so wird uns entweder die Freiheit zuteil, oder wir bleiben, werden wir besiegt, nur was wir waren." Nachdem er ihn so angestachelt hatte, entließ er ihn, doch mit der Aufforderung, es milder zu berichten. Jener kehrte so zurück, als sei der Zweck seiner Sendung verfehlt, und verheimlichte das übrige. Aber das kam bald ans Tageslicht.

33. Civilis behielt nur einen Teil von seinen Truppen zurück, und schickte die Veteranenkohorten und entschlossensten Germanen unter Führung des Julius Maximus und Claudius Victor, seines Schwestersohnes, gegen Vocula und dessen Heer. Im Vorüberziehen hoben sie eine in Asciburgium liegende Reiterschar aus und stürmten so unerwartet auf das Lager los, daß Vocula das Heer weder anreden noch sich entwickeln lassen konnte. Nur das eine ordnete er mitten im Getümmel an, mit den Linientruppen dem Mitteltreffen festen Halt zu geben. Die Hilfsscharen warfen sich ordnungslos an die Flanken. Die Reiterei brach hervor, floh aber, in geschlossenen Reihen von den Feinden empfangen, auf die ihrigen zurück. Hierauf folgte Gemetzel nur, kein Kampf. Und die Nervierkohorten entblößten, sei es aus Furcht, sei es aus Verräterei, die Flanken der unsrigen. Auf diese Weise kam man bis an die Legionen, und schon wurden sie, nachdem sie ihre Feldzeichen verloren, selbst innerhalb des Walles niedergemacht, als sich plötzlich durch ganz neue Hilfe das Glück des Kampfes änderte. Die von Galba ausgehobenen und jetzt herbeigerufenen Kohorten der Vasconen griffen, bei der Annäherung ans Lager das Geschrei der Kämpfenden vernehmend, die eifrig beschäftigten Feinde im Rücken an, und verbreiteten in weiterer Ausdehnung als ihrer Zahl nach zu erwarten war, Schrecken, indem die einen von Novesium, die andern von Mogontiacum her die ganze Heeresmacht ange-

kommen glaubten. Dieser Irrtum gab neuen Mut, und so erlangten sie, auf fremde Kraft vertrauend, ihre eigne wieder. Gerade die tapfersten der Bataver, soweit sie zu Fuß waren, wurden niedergemacht. Die Reiterei entkam mit den Feldzeichen und Gefangenen, die sie gleich am Anfange der Schlacht gemacht hatten. Die größere Zahl der Gefallenen war an diesem Tage auf unsrer Seite, doch waren es minder tapfere Leute, bei den Germanen fiel der eigentliche Kern.

34. Die Heerführer hatten sich beide gleichermaßen durch eigne Schuld ihr Unglück zugezogen und ihr Glück nicht recht benutzt. Denn hätte sich Civilis mit bedeutenderer Mannschaft aufgestellt, so hätte er von so wenigen Kohorten nicht umgangen werden können und das schon überrumpelte Lager vollends vernichtet. Vocula erkundete den Anzug des Feindes nicht und wurde daher auch gleich beim Ausrücken besiegt. Nachher, dem Siege nicht genug vertrauend, setzte er sich erst nach tagelangem, gar nichts fruchtendem Verharren gegen den Feind in Bewegung, da doch, wenn er ihm auf der Stelle nachgedrängt und dem Laufe der Dinge nur zu folgen sich beeilt hätte, er schon durch diesen bloßen Stoß die Einschließung der Legionen hätte aufbrechen können. Inzwischen hatte Civilis die Belagerten zu überreden gesucht, alles sei bei den Römern verloren, den Seinigen aber der Sieg zuteil geworden. Die Feldzeichen und Standarten wurden umhergetragen, auch die Gefangenen zur Schau gestellt. Von diesen wagte einer die herrlich kühne Tat, mit heller Stimme das, was geschehen war, auszurufen, und wurde auf der Stelle von den Germanen niedergestoßen, wodurch seine Anzeige nur um so größeren Glauben fand. Zugleich erkannte man an der Verheerung und dem Brande der in Feuer aufgehenden Landhäuser die Annäherung des siegreichen Heeres. Im Angesicht des Lagers befahl Vocula die Feldzeichen aufzupflanzen und sie mit Wall und Graben zu umziehen. Nach Zurücklassung des Trosses und des Gepäckes sollte sie leichtgerüstet in den Kampf ziehen. Nun erhob sich gegen den Feldherrn ein zur Schlacht aufforderndes Geschrei, man war schon gewohnt, selbst zu drohen. Ohne sich auch nur zur Anordnung des Treffens Zeit zu nehmen, schritt man ungeordnet und ermüdet zum Kampfe. Civilis natürlich ließ es daran nicht fehlen, er rechnete nicht weniger mit den Fehlern des Feindes als mit der Tapferkeit der Seinigen. Das Glück war auf der Seite der Römer verschieden, die ärgsten Meuterer waren auch die Feigsten. Manche hielten, eingedenk des eben errungenen Sieges, stand, hieben auf den Feind ein, sprachen sich selbst und ihren Nebenleuten Mut zu, und winkten nach Wiederherstellung der Schlachtlinie den Belagerten zu, diesen Augenblick nicht unbenutzt zu lassen. Sie sahen dies alles von den Mauern aus, brachen aus sämtlichen Toren hervor, und da Civilis zufällig mit dem Pferde gestürzt war, fand in beiden Heeren das Gerücht, er sei verwundet oder gar getötet, Glauben, was bei den Seinigen eine ungeheure

Bestürzung, bei den Feinden Ermutigung verursachte. Aber Vocula ließ von der Verfolgung der Fliehenden ab und erhöhte Wall und Türme seines Lagers, als ob ihm von neuem eine Belagerung drohte. Nicht zu Unrecht, da er so oft schon den Sieg nicht ausnutzte, kam er in den Verdacht, es sei ihm lediglich um den Krieg zu tun.

35. Nichts war unsern Heeren drückender, als der Mangel an Lebensmitteln. Man schickte den Troß der Legionen mit dem unbewehrten Haufen nach Novaesium, um von dort auf dem Landwege Korn herbeizufahren; denn der Strom war in den Händen des Feindes. Der erste Transport kam ungefährdet durch, da Civilis sich noch nicht wieder ganz kräftig fühlte. Als er aber erfuhr, daß man abermals Leute zum Getreideholen nach Novaesium gesandt hatte, und die zur Bedeckung mitgegebenen Kohorten wie in tiefem Frieden dahinzögen, griff er die sich nur spärlich bei ihren Feldzeichen befindenden, samt und sonders zügellos umherschweifenden Soldaten, welche die Waffen auf die Wagen gelegt hatten, in aller Ordnung an, nachdem er Mannschaften vorausgesandt hatte, um die Brücken und Engpässe zu besetzen. Man kämpfte entlang des ganzen Zuges ohne Entscheidung, bis die Nacht das Gefecht trennte. Die Kohorten marschierten nach Gelduba, wo sich das Lager, welches die daselbst zurückgelassenen Kohorten bezogen hatten, noch geblieben war, wie es gewesen. Es war keinem Zweifel unterworfen, in wie große Gefahr sich die belasteten und in Bestürzung gesetzten Fouragetrupps auf dem Heimzuge begeben würden. So fügte denn Vocula zu seinem Heere 1000 Mann hinzu, die er aus der in Vetera eingeschlossen gewesenen 5. und 15. Legion auswählte, ein unbändiges und gegen seine Anführer aufsässiges Kriegsvolk. In größerer Anzahl, als befohlen war, ausrückend, sprachen sie ganz offen auf dem Zuge ihren Ingrimm aus, sie würden sich nicht länger Hungersnot und die Hinterlist der Legaten gefallen lassen. Dagegen klagten die Zurückgebliebenen, man habe sie dadurch, daß man einen Teil der Legionen weggeführt, preisgegeben. So entstand ein doppelter Aufruhr, in dem die einen Vocula zurückriefen, die andern sich weigerten in das Lager zurückzukehren.

36. Indessen schloß Civilis Vetera ein. Vocula zog sich nach Gelduba und von da nach Novaesium zurück, worauf Civilis Gelduba besetzte. Darauf lieferte er unweit Novaesium ein für ihn glückliches Reitertreffen. Aber die Soldaten wurden, gleichgültig ob Glück oder Mißgeschick vorlag, zu Mordplänen an ihren Führern aufgereizt. Auch forderten sie, durch die Ankunft derer von der 5. und 15. Legion verstärkt, ihr Geldgeschenk, da sie erfahren hatten, daß das Geld von Vitellius abgesandt sei. Hordeonius säumte nicht lange und gab es im Namen Vespasians. Das gab dem Aufruhr ganz besonders Nahrung. Schwelgend in Üppigkeit, bei Schmausereien und nächtlichen Gelagen, erneuerten sie den alten Groll gegen Hordeonius, und da kein einziger der Legaten oder Tribunen sich entgegenzustellen wagte

– auch hatte ja die Nacht alles Ehrgefühl verbannt – zogen sie ihn aus seiner Lagerstätte heraus und brachten ihn ums Leben. Dasselbe beabsichtigte man auch gegen Vocula, wäre er nicht in Sklaventracht und bei der Finsternis unerkannt entkommen.

37. Als der Sturm vorüber war und die Furcht wiederkehrte, schickten sie Centurionen mit Sendschreiben an die Bürgerschaften Galliens ab, um Hilfsmannschaft und Sold zu erbitten.

Sie selbst, wie der gemeine Haufe ohne Leitung ist, vorschnell, furchtsam und gedankenlos, griffen, als Civils heranzog, blindlings zu den Waffen, warfen sie sogleich auch wieder fort und begaben sich auf die Flucht. Das Mißgeschick erzeugte Zwiespalt, da sich die Soldaten des obergermanischen Heeres absonderten. Doch wurden Vitellius Bildnisse in den Lagern und in den nächsten Ortschaften der Belgier wieder aufgerichtet, während doch Vitellius schon tot war. Hierauf zur Reue umgekehrt, folgten die Soldaten der 1., 4. und 18. Legion dem Vocula, von dem sie von neuem für Vespasian in Eid genommen und zum Entsatze Mogontiacums geführt wurden. Dort waren die Belagerer aber schon abgezogen, ein aus Chatten, Usipern und Mattiakern gemischtes Heer, weil sie genug Beute hatten, doch nicht ohne mit ihrem Blute dafür zu bezahlen. Als sie auf dem Wege zerstreut nichts Arges ahnten, hatte unser Kriegsvolk sie angefallen. Hatten doch sogar die Treverer Schutzwehr und Wall an ihren Grenzen errichtet und kämpften unter großen Verlusten mit den Germanen, bis sie bald darauf ihre ausgezeichneten Verdienste um das römische Volk durch Empörung befleckten,

38. Unterdes traten Vespasian zum zweitenmal und Titus abwesend das Konsulat an, während Rom niedergeschlagen war und in mannigfacher Besorgnis schwebte, außer dem wirklich bevorstehenden Unglück auch noch leeren Befürchtungen hingegeben, als sei Afrika abgefallen, weil Lucius Piso dort auf Neuerungen sinne. Dieser stand als Prokonsul an der Spitze der Provinz, doch war er nichts weniger als ein unruhiger Kopf; aber weil die Schiffe durch Winterstürme fern gehalten wurden, fürchtete und glaubte die immer nur von einem Tage zum andern ihre Lebensmittel kaufende Menge, die nur mit der einzigen Sorge um Brot an dem Staate Anteil nimmt, die Küste sei gesperrt und man halte die Zufuhr zurück. Die Vitellianer, welche den Eifer für ihre Partei noch immer nicht abgelegt hatten, verstärkten das Gerede; ja, das Gerücht war sogar den Siegern selbst nicht unwillkommen, deren Begierden, die auch durch auswärtige Kriege nicht zu befriedigen waren, ein Sieg über Bürger noch nie gesättigt hatte.

39. Am 1. Januar wurde im Senate, den der Stadtprätor Julius Frontinus berufen hatte[120], für die Legaten, Heere und Könige Belobigung und Danksagung beschlossen, dagegen dem Tettius Julianus, weil er die auf Vespasians Seite übertretende Legion verlassen hatte, die

Prätur genommen, um sie auf Plotius Griphus zu übertragen. Hormus erhielt die Ritterwürde. Als später Frontinus abdankte, übernahm Caesar Domitianus die Prätur. Sein Name wurde Sendschreiben und Erlassen vorgesetzt, die eigentliche Macht war in Mucianus Händen, nur daß sich auf Antrieb seiner Freunde oder aus eigner Willkür vieles auch Domitianus erlaubte. Vornehmlich aber hatte sich Mucianus vor Antonius Primus und Arrius Varus zu fürchten, die, eben erst durch Tatenruf und Anhänglichkeit der Soldaten ausgezeichnet und berühmt geworden, auch vom Volke begünstigt wurden, weil sie sich gegen niemand über die Schlacht hinaus mehr grausam gezeigt hatten. Es wurde auch gesagt, Antonius habe den durch trefflichen Charakter und durch seines Bruders Bild hervorglänzenden Scribonianus Crassus[121] aufgefordert, das Staatsruder zu ergreifen. Dabei würde es gewiß an einer ganzen Schar von Mitverschworenen nicht gefehlt haben, wenn sich Scribonianus nicht geweigert hätte, er, der nicht einmal durch günstige Verhältnisse zu verführen war, noch viel mehr so ungewisse fürchtete. Weil nun einmal auf offenem Wege Antonius nicht unterdrückt werden konnte, überhäufte ihn Mucianus im Senate mit vielen Lobsprüchen und bürdete ihm heimliche Versprechungen auf, indem er ihm das durch Clucius Rufus Ausscheiden erledigte diesseitige Spanien in Aussicht stellte; zugleich teilte er auch unter die Freunde desselben Tribunen- und Präfektenstellen aus. Als er so den Sinn des eitelen Mannes erst mit Hoffnung und Begierde erfüllt hatte, nahm er ihm die Kräfte, indem er die 7. Legion, deren Liebe zu Antonius am feurigsten war, ins Winterlager entließ. Auch die 3. Legion, ein an Arrius Varus hängendes Kriegsvolk, wurde nach Syrien zurückgeschickt, ein Teil des Heeres nach Germanien geführt. Als so alles fortgeschafft war, was irgend Gärungsstoff enthielt, kehrte erst die eigentliche Gestalt der Stadt und der Lauf der Gesetze und die Geschäfte der Beamten zurück.

40. Am Tage seines Eintritts in den Senat sprach Domitianus über die Abwesenheit seines Vaters und seines Bruders sowie über seine Jugend kurz und gemäßigt und mit edler Haltung. Da man seinen Charakter noch nicht kannte, wurde sein häufiges Erröten für Bescheidenheit genommen[122]. Als er darauf beantragte, Galbas Ehren wieder herzustellen, stimmte Curtius Montanus dafür, auch Pisos Andenken zu feiern. Die Senatoren beschlossen beides, hinsichtlich Pisos ohne Erfolg. Hierauf wurden Männer durch das Los erwählt, welche das im Kriege Geraubte wiederbeibringen, die vor Alter herabgefallenen Gesetzestafeln untersuchen und wieder anschlagen, die durch die Schmeichelei der Zeiten entstellten Jahrbücher reinigen und den öffentlichen Ausgaben Maß setzen sollten. Dem Tettius Julianus wurde die Prätur wiedergegeben, nachdem man in Erfahrung gebracht hatte, er sei zu Vespasian geflohen; Grypus behielt seine Würde. Hierauf beschloß man, den Prozeß zwischen Musonius Rufus

und Publius Celer wieder aufzunehmen[123]; Publius wurde verurteilt und den Manen des Soranus Genugtuung gewährt. Dem so durch öffentliche Strenge ausgezeichneten Tage fehlte auch der Beifall für den Privatmann nicht. Ein gerechtes Gericht schien Musonius vollzogen zu haben, während der sich zur cynischen Schule bekennende Demetrius in ganz entgegengesetztem Rufe stand, weil man meinte, er habe den offenbar Schuldigen mit mehr Ehrgeiz als Rechtlichkeit verteidigt. Publius selbst besaß in Gefahren weder Mut noch Sprache. Als hiermit das Zeichen zur Rache gegen die Ankläger gegeben war, bat Junius Mauricus den Caesar, er möge dem Senate die kaiserlichen Kabinettsakten zur Einsicht geben, um durch sie jeweils zu erfahren, wer jemand zur Anklage gefordert habe. Er gab zur Antwort, über dergleichen sei der Fürst zu befragen.

41. Unter Vorantritt der Angesehensten legte der Senat einen feierlichen Eid ab, nach welchem alle Amtspersonen im Wetteifer untereinander, die übrigen auf Aufruf hin die Götter zu Zeugen anriefen, daß nichts durch ihr Zutun geschehen sei, wodurch irgend jemandes Wohl gefährdet worden, und daß sie auch nicht Lohn oder Ehre infolge der Not ihrer Mitbürger erhalten hätten, wobei diejenigen, die eine Freveltat auf ihrem Gewissen hatten, in Angst gerieten und die Worte der Eidesformel durch allerlei Künsteleien zu verändern suchten. Die Senatoren gaben bei gewissenhaftem Eide ihr Vertrauen zu erkennen und rügten den Meineid. Dieses Sittengericht, wie man es nennen könnte, lastete besonders schwer auf Sariolenus Vocula, Nonius Attianus und Cestius Severus, die durch häufige Angebereien unter Nero berüchtigt waren. Den Sariolenus bedrängte auch noch eine neue Beschuldigung, daß er ebendasselbe unter Vitellius betrieben hätte, und der Senat ließ nicht eher ab, ihm drohend die Fäuste entgegenzustrecken, bis er die Kurie verließ. Nun gingen sie auf Paccius Africanus los und drängten auch diesen hinaus, weil er die durch ihre Einigkeit sowie durch ihren Reichtum so rühmlich bekannten Brüder Scribonius, dem Nero zum Sturze angezeigt habe. Africanus wagte weder zu gestehen, noch konnte er leugnen; doch ging er nun seinerseits gegen Vibius Crispus, der ihn besonders mit Fragen in die Enge trieb, vor und übertrug, was er nicht verteidigen konnte, mit auf ihn und wich so der Gehässigkeit der Beschuldigung aus, indem er mit einem andern teilte.

42. Großen Ruhm wegen seiner Bruderliebe wie der Beredsamkeit erwarb sich an diesem Tage Vipstanus Messalla, da er, noch nicht im Senatorenalter[124], es wagte, für seinen Bruder Aquilius Regulus Fürbitte zu tun. Regulus hatte der Sturz des Hauses der Crasser und des Orsitus zum Gegenstande des größten Hasses erhoben. Aus eigenem Antriebe schien er, noch sehr jung, und nicht um eigene Gefahr abzuwenden, sondern in Hoffnung auf Machteinfluß, die Anklage, die dem Kaiser Nero genehm war, übernommen zu haben. Auch

Sulpicia Prätextata, die Gemahlin des Crassus, und vier Kinder desselben, waren falls der Senat es untersuchen wollte, zur Rache bereit. Messalla suchte daher weder die Sache noch den Angeklagten zu verteidigen, sondern setzte sich selbst nur für den gefährdeten Bruder ein, und hatte manchen damit schon erweicht. Da erhob sich gegen ihn mit fürchterlicher Rede Curtius Montanus. Er ging selbst so weit, daß er ihm vorhielt, Regulus habe erst nach Galbas Ermordung dem Mörder Pisos Geld gegeben und er sei zähnefletschend auf Pisos Haupt losgefahren. „Dazu", sprach er, „hat doch Nero dich gewiß nicht gezwungen, noch verlangten weder Stellung noch Leben diese Grausamkeit als Kaufpreis. Mögen wir immerhin uns die Verteidigungen jener Leute dort gefallen lassen, die lieber andere verderben, als selber in Gefahr geraten wollten. Dich hatte der Umstand aller Besorgnis überhoben, daß dein Vater verbannt, dein Vermögen unter die Gläubiger verteilt, dein Alter zu Ehrenämtern noch nicht reif war, und Nero gar nichts an dir fand, was er begehren, was er fürchten konnte. Aus Blutdurst und Gierde nach Belobungen hast du dein bisher unbekanntes, in keiner Verteidigungsrede erprobtes Talent gleich mit dem Morde eines bedeutenden Mannes eingeweiht, als du, die Konsularenbeute vom Leichnam des Staates reißend, von sieben Millionen Sesterzien strotzend und im Glanz der Priesterwürde, unschuldige Kinder, erlauchte Greise, angesehene Frauen unterschiedslos ins Verderben rissest, als du Nero Schlaffheit vorwarfst, weil er, von einer Familie zur andern gehend, sich und den Angebern so viele Mühe mache; es ließ sich ja mit einem einzigen Worte der ganze Senat stürzen! Haltet ihn fest, Senatoren, und bewahret ihn euch, den Mann von so schnellem Rate, damit jedes Lebensalter wohl versehen sei, und, wie unsere Greise einen Marcellus und Crispus, so unsere Jugend den Regulus sich zum Muster nehme. Es findet ja, auch wenn sie kein besonderes Glück hat, die Bosheit Nachahmer. Wie, wenn sie gar gedeiht und Kraft gewinnt? sollen wir dann den, den wir jetzt, obgleich er nur erst Quästor gewesen ist, doch nicht anzutasten wagen, auch mit der Prätur und mit dem Konsulate ausgezeichnet sehen? Oder meint ihr, Nero sei schon der Tyrannen ärgster gewesen? Ähnliches hatten die ja auch geglaubt, die den Tiberius, den Gaius überlebten, während sich ja doch ein immer noch abscheulicherer, ein noch wütenderer erhob. Wir fürchten Vespasian nicht, dem wehrt des Fürsten Alter und seine Mäßigung. Aber dauernder sind Strafexempel, als der Wandel eines Menschen! Wie sind wir doch so erschlafft, Senatoren, und schon nicht der Senat mehr, welcher nach dem Falle Neros darauf drang, die Angeber und ihre Diener nach der Sitte der Vorfahren zu bestrafen! So ist nach einem bösen Fürsten der erste Tag der beste!"

43. Mit soviel Beifall hörte der Senat Montanus an, daß Helvidius Hoffnung faßte, es ließe sich wohl auch Marcellus[125] stürzen. Er hob

also mit dem Lobe des Cluvius Rufus an, der nicht minder reich und durch Beredsamkeit berühmt, doch keinem unter Nero je Gefahr bereitet habe, und bedrängte den Eprius gleichzeitig mit der Beschuldigung und dem Vergleiche. Die Herzen der Senatoren brannten. Als Marcellus dieses merkte, sagte er, als wollte er die Kurie verlassen: „Wir gehen, Priscus, und überlassen dir deinen Senat; herrsche du in Caesars Gegenwart!“ Ihm folgte Vibius Crispus, beide erbittert, doch mit verschiedener Miene, Marcellus mit drohenden Blicken, Crispus höhnisch lächelnd, bis sie von herzueilenden Freunden wieder zurückgezogen wurden. Da der Streit nun weiter um sich griff, auf der einen Seite die besser gesinnte Mehrheit und auf der anderen wenige Mächtige mit hartnäckiger Erbitterung eiferten, ging der ganze Tag unter Zwietracht dahin.

44. In der nächstfolgenden Senatssitzung, wo der Caesar gleich von Unterdrückung alles Grimms und Zornes und vom Zwange, den die früheren Zeiten auferlegt hätten, zu reden anfing, stimmte Mucianus gütig für die Ankläger. Zugleich gab er denen, welche eine begonnene und dann liegen gebliebene Untersuchung wieder aufnehmen wollten, in sanfter Rede und als ob er bäte, einen Verweis. Der Senat ließ die angestrebte Freiheit, sobald man ihm entgegenwirkte, wieder fallen. Mucianus, damit es nicht schiene, als achte man das Urteil des Senates gering und lasse schlechthin allen unter Nero begangenen Missetaten Ungestraftheit angedeihen, verwies die Senatoren Octavius Sagitta und Antistius Sosianus, welche ihr Exil verlassen hatten, auf ihre Inseln zurück. Octavius hatte Pontia Postumia, die er verführt hatte, und die sich weigerte ihn zu ehelichen, im Liebeswahnsinn umgebracht, Sosianus war durch seine sittliche Verworfenheit vielen verderblich. Beide, durch einen strengen Senatsbeschluß verurteilt und verbannt, wurden, obschon anderen die Rückkehr gestattet wurde, in dieser Strafe festgehalten. Doch wurde dadurch die Unzufriedenheit mit Mucianus nicht gemildert. Sosianus und Sagitta waren unbedeutend, auch wenn sie wiederkehren sollten; die Ränke der Ankläger, ihr Reichtum und ihr in allem Bösen wohlgeübter Machteinfluß, das war es, was man fürchtete.

45. Auf einige Zeit versöhnte es die Senatoren, daß man im Senat nach alter Weise eine Sache untersuchen ließ. Der Senator Manlius Patruitus klagte, er sei an der Kolonie Sena Julia mitten in der Volksversammlung auf Befehl der Obrigkeit geschlagen worden. Und damit habe der Frevel noch nicht einmal ein Ende gehabt: Totenklage und Jammergeschrei und das Bild eines förmlichen Leichenbegängnisses habe man um seine Person herum entstehen lassen, unter Schimpfworten und Schmähreden, welche gegen den ganzen Senat ausgestoßen worden seien. Die Beschuldigten wurden vorgeladen, die Sache untersucht, die Schuldigen überführt und bestraft, dazu noch ein Senatsbeschluß erlassen, der die Einwohner der Kolonie zur

Ordnung wies. In diesen Tagen wurde auch Antonius Flamma zum Schadenersatz an die Cyrenesen und wegen seiner Grausamkeit zur Verbannung verurteilt.

46. Mittlerweile entbrannte beinahe unter dem Kriegsvolke ein Aufruhr. Die von Vitellius Entlassenen und für Vespasian wieder neu zusammengezogenen Soldaten forderten die Wiederaufnahme in den Prätorianerdienst, und die unter eben dieser Aussicht aus den Legionen schon ausgelesenen Soldaten bestanden auf dem ihnen versprochenen Sold. Auch die Vitellianer hätte man nicht ohne viel Blutvergießen fortjagen können, aber eine ungeheure Summe wäre zur Beibehaltung einer so großen Menschenmasse nötig gewesen. Mucianus begab sich in das Lager, um die Dienstzeit eines jeden genauer nachzuprüfen. Dabei stellte er die Sieger in ihrem Ehrenschmuck und ihren Waffen auf, wobei er mäßige Zwischenräume zwischen ihnen ließ. Hierauf wurden die Vitellianer, deren Ergebung man bei Bovillä, wie wir uns erinnern, angenommen hatte, und die man sonst noch in der Stadt und deren Nachbarschaft zusammensuchte, mit fast unbedecktem Leib vorgeführt. Mucianus ließ sie nun auseinandertreten, und die germanischen, die britannischen Soldaten und die Krieger sonstiger Heere getrennt aufstellen. Gleich der erste Anblick hatte sie bestürzt gemacht, da sie sich gleichsam einer Schlachtreihe, in Wehr und Waffen furchtbar, gegenübersahen, sie selber nackt und schmutzentstellt. Als man nun vollends anfing, sie hierhin und dorthin zu zerteilen, verbreitete sich unter allen Besorgnis und besonders die Furcht der germanischen Krieger war groß, weil sie glaubten, man bestimme sie durch diese Absonderung zum Tode. Sie fielen ihren Waffenbrüdern an die Brust, umschlangen ihren Nacken, baten sie um den letzten Abschiedskuß: man möchte sie doch nicht allein im Stiche lassen, nicht zugeben, daß sie in ganz gleicher Lage ein so ungleiches Los erführen; bald beschworen sie Mucianus, bald den abwesenden Fürsten, endlich Himmel und Götter, bis Mucianus sie alle durch einen Eid demselben Kriegsherrn verpflichtete Soldaten nannte und so der falschen Furcht begegnete. Unterstützte doch auch das Siegerheer ihre Tränen mit Zuruf. Und damit hatte es an diesem Tage ein Ende. Wenige Tage nachher antworteten sie schon ganz zuversichtlich dem sie anredenden Domitianus, verschmähten die ihnen angebotenen Ländereien und baten um Dienst und Sold. Zwar waren es Bitten, jedoch solche, denen man nicht widersprechen konnte. Man nahm sie also in die Leibwache auf. Dann wurden die, welche das Alter und die volle Dienstzeit hatten, ehrenvoll entlassen, andere wegen ihrer Schuld. Man ging aber in Absätzen und einzeln vor, das sicherste Mittel, die Einigkeit der Menge zu schwächen.

47. Übrigens wurde, ob aus wirklicher Armut, oder damit es so schiene, im Senate verhandelt, sechzig Millionen Sesterzien von Privatleuten anzuleihen, und an die Spitze dieses Geschäftes Pompejus

Silvanus gestellt. Nicht lange darauf jedoch verlor sich das Bedürfnis, oder man hörte auf es vorzugeben. Ferner wurden auf Domitianus Gesetzesvorschlag hin die Konsulate für nichtig erklärt, die Vitellius verliehen hatte, dagegen dem Flavius Sabinus ein Leichenbegängnis auf Staatskosten veranstaltet, rechte Beweise von der Unbeständigkeit des Glückes, welches das Höchste und das Niedrigste vermengt.

48. Um dieselbe Zeit wurde der Prokonsul Lucius Piso umgebracht. Über diesen Mord werde ich mit der möglichsten Wahrheit berichten, nachdem ich zuvor einiges nachgetragen habe, was mit der Entstehung und den Anlässen solcher Freveltaten in nicht geringer Beziehung steht. Die Legion in Afrika und die zur Deckung der Reichsgrenzen bestimmten Hilfstruppen waren unter der Regierung der verewigten Kaiser Augustus und Tiberius einem Prokonsul unterstellt. Darauf nahm Gaius Caesar in einem Augenblicke geistiger Verstörung und vor Marcus Silanus, welcher Afrika verwaltete, in Besorgnis, dem Prokonsul die Legion weg und übergab sie einem zu diesem Zwecke hingesandten Legaten. Durch gleiche Zahl der Beförderungen unter zwei geteilt und da die Vollmachten beider sich durchkreuzten, suchte man Zwietracht, und diese nahm auch durch verkehrte Rangstreitigkeiten überhand. Die Macht der Legaten wuchs durch die Dauer ihres Amtes, oder weil sie als die niedriger Gestellten sich der Nacheiferung mehr angelegen sein ließen, während die Prokonsuln, je angesehener, um so mehr auf Sicherheit als auf Macht bedacht waren.

49. Damals nun befehligte Valerius Festus die Legion in Afrika, ein Mann, der als Jüngling verschwenderisch gelebt hatte, nach nichts Geringem strebte und wegen seiner Verschwägerung mit Vitellius in Angst war. Ob er in häufigen Unterredungen den Piso zu Neuerungen erregt, oder sich dem ihn Erregenden widersetzt hat, ist ungewiß, weil ja niemand bei ihrem heimlichen Verkehr zugegen war, und nach der Ermordung Pisos sich die meisten auf des Mörders Seite neigten. Doch ist nicht zweifelhaft, daß die Provinz und das Kriegsvolk dem Vespasian abgeneigt waren; einige aus Rom entflohene Vitellianer wiesen den Piso darauf hin, daß Gallien wanke, Germanien bereit, er selber in Gefahr und in verdächtigem Frieden der Krieg sicherer sei. Indes kam Claudius Sagitta, der Präfekt der petrianischen Reiterschar, durch günstige Fahrt dem von Mucianus gesandten Centurio Papirius zuvor und versicherte, der Centurio habe den Auftrag, Piso umzubringen; Galerianus, sein Vetter und Eidam, sei schon gefallen. Nur von kühnem Wagnis sei noch Rettung zu hoffen, aber zweierlei Wege gebe es, etwas zu wagen, entweder auf der Stelle zu den Waffen zu greifen, oder zu Schiffe nach Gallien zu gehen und sich den vitellianischen Heeren zum Anführer anzubieten. Während sich hierdurch Piso nicht im geringsten bewegen ließ, rief der von Mucianus gesandte Centurio, sobald er im Hafen von Karthago angelangt

war, mit lauter Stimme dem Piso wie einen Princeps unaufhörlich Glück weissagende Worte zu und forderte die ihm Begegnenden, die wegen des plötzlichen Ereignisses verwundert waren, auf, in gleicher Weise mit einzustimmen. Die leichtgläubige Menge stürzte aufs Forum und forderte das persönliche Erscheinen Pisos. Alles brachte man durch Freudentaumel und Geschrei in Verwirrung, unbekümmert um die Wahrheit und nur zu schmeicheln begierig. Piso ließ sich, sei es auf Sagittas Angaben hin oder aus natürlicher Bescheidenheit, nicht öffentlich sehen, und gab sich den Gunstbezeigungen der Menge nicht hin. Als er den Centurio ausgeforscht und so erfahren hatte, man habe nur Gelegenheit gesucht, ihm ein Verbrechen anzudichten und ihn zu morden, befahl er, ihn hinzurichten, nicht aus Hoffnung, sein eigenes Leben zu retten, als aus Zorn gegen den Banditen, weil er, auch einer von Clodius Macers Mördern, die mit dem Blute des Legaten befleckten Hände von neuem zur Ermordung eines Prokonsuls ausgestreckt hatte. Hierauf gab er in einem ängstlichen Erlaß den Karthagern einen Verweis, verrichtete nicht einmal seine gewöhnlichen Amtsgeschäfte und schloß sich in seine Wohnung ein, um nicht auch nur von ungefähr Anlaß zu einer neuen Bewegung zu geben.

50. Doch als dann Festus die Aufregung der Menge, die Hinrichtung des Centurio und Wahres und Falsches, wie es bei Gerüchten geht, in Übertreibungen erfuhr, schickte er Reiter zur Ermordung Pisos ab. Diese trabten eilig fort, drangen noch in der Dämmerung des erst anbrechenden Tages mit gezogenen Schwertern in die Wohnung des Prokonsuls ein und fragten, da die meisten Piso nicht kannten, weil Festus punisches Hilfsvolk und Mauren zu diesem Morde ausersehen hatte, einen nicht weit vom Schlafgemach ihnen zufällig begegnenden Sklaven, wer hier Piso sei und wo er sei. Der Sklave antwortete mit edler Lüge, er sei Piso, und wurde auf der Stelle niedergemacht. Nicht lange darauf wurde auch Piso umgebracht; denn es war einer zugegen, der ihn kannte, Baebius Massa, einer der Prokuratoren Afrikas, der schon damals jedem Rechtschaffenen verderblich war und der bei den Veranlassungen der Leiden, die wir nachher zu dulden hatten, öfter wiederkehren wird. Festus begab sich von Adrumetum, wo er die Sache abgewartet hatte, zur Legion und ließ den Lagerpräfekten Caetronius Pisanus persönlicher Zwistigkeiten wegen in Fesseln legen. Er nannte ihn aber einen Spießgesellen Pisos; auch einige Soldaten und Centurionen bestrafte er teils, teils gab er ihnen Belohnungen, keines von beiden nach Verdienst, sondern nur damit man glauben möchte, er habe einen Krieg unterdrückt. Nachher legte er die Streitigkeiten der Oeenser und Leptitaner bei, die, auf unbedeutende Weise mit Raub von Früchten und Vieh unter den Landleuten beginnend, nun mit Waffen und Heeren ausgetragen wurden. Denn das Volk von Oea hatte, an Zahl geringer, die Garamanten aufgebo-

ten, eine noch unbezwungene und durch häufige Räubereien bei den Nachbarn sich bereichernde Völkerschaft. Daher waren die Leptitaner in Bedrängnis geraten und zitterten, da weit und breit ihre Felder verwüstet waren, hinter ihren Mauern, bis durch die Dazwischenkunft der Kohorten und Reiterscharen die Garamanten geschlagen und alle Beute wieder gewonnen wurde, ausgenommen das, was die in den unzugänglichen Gehöften Umherschweifenden an die landeinwärts Wohnenden verkauft hatten.

51. Indessen brachten dem Vespasian nach der Schlacht bei Cremona und den allseitig günstig lautenden Botschaften viele Leute jedes Standes, die sich mit ebensoviel Glück als Kühnheit auf das winterliche Meer gewagt hatten, die Nachricht, daß Vitellius gefallen sei. Gesandte des Königs Vologeses waren gekommen, welche 40000 parthische Reiter anboten. Herrlich und erfreulich war es, daß so viele Hilfstruppen von Bundesgenossen sich herzudrängten und man ihrer doch nicht bedurfte.

Man ließ dem Vologeses danken und ihm kund tun, er möge Gesandte an den Senat abschicken und sich davon unterrichten lassen, daß Friede sei. Vespasian, auf Italien und die Angelegenheiten der Hauptstadt gerichtet, vernahm ungünstige Gerüchte von Domitianus, wie er die Grenzen seines Alters und des ihm als Sohn Gestatteten überschreite. Er übergab daher dem Titus den bedeutendsten Teil des Heeres, um, was vom Kriege gegen die Juden noch übrig, zu vollenden.

52. Titus, sagte man, bat seinen Vater, bevor er abreiste, in einer langen Unterredung, er möchte sich nicht durch verleumderische Berichte ohne Grund aufbringen lassen und sich seinem Sohne unvoreingenommen und versöhnlich zeigen. Nicht Legionen, nicht Flotten seien so starke Schutzwehren der Herrschaft, als recht viele Kinder. Denn Freundschaften würden durch Zeit- und Glücksumstände, nicht selten auch durch Leidenschaften oder Irrtümer erkalten, auf andere übergehen oder erstürben; eigenes Blut dagegen sei mit jedem, besonders aber mit Fürsten eng verbunden, deren Glück auch andere genössen, während nur die nächsten Angehörigen ihr Unglück treffe. Auch den Brüdern würde die Eintracht nicht bleiben, wenn nicht der Vater ein Beispiel gäbe. Vespasian, keineswegs so mit Domitianus versöhnt, wie er sich über Titus Bruderliebe freute, hieß ihn gutes Muts sein und durch Krieg und Waffentaten den Staat verherrlichen; seine Sorge werde der Friede und das Haus sein. Dann belastete er die schnellsten Schiffe mit Getreide und vertraute sie dem noch stürmischen Meere an. Es schwebte nämlich Rom schon in so großer Gefahr, daß nicht für mehr als zehn Tage Getreide in den Speichern war, als von Vespasian die Zufuhr ankam.

53. Die Sorge für die Herstellung des Kapitols übertrug er dem Lucius Vestinus, einem Manne aus dem Ritterstande, aber einem der

ersten an Ansehn und Ruf. Die von ihm zusammenberufenen Opferschauer taten den Ausspruch, daß man den Schutt des vorigen Heiligtums in die Sümpfe abfahren, den Tempel an derselben Stätte errichten lassen müsse; die Götter wollten nicht, daß die alte Gestalt verändert würde. Am 21. Juni, bei heiterem Himmel, wurde der ganze Raum, den man zum Tempel weihte, mit Wollbändern und Kränzen umwunden. Es begaben sich Soldaten, deren Namen Glück bedeuteten, mit Heil verkündenden Zweigen hinein. Dann besprengten ihn die vestalischen Jungfrauen und Knaben und Mädchen, deren Väter und Mütter noch am Leben waren, mit aus Quellen und Flüssen geschöpftem Wasser. Hierauf flehte der Prätor Helvidius Priscus, nach dem Vorgange des Pontifex Plautius Aelianus, nachdem er den Bauplatz durch die Suovetaurilien entsühnt und die Eingeweide auf dem Rasenaltar geopfert hatte, zu Jupiter, Juno, Minerva und den Schutzgöttern des Reichs, daß sie das Vorhaben segnen und ihren von der Frömmigkeit der Menschen begonnenen Sitz unter göttlichem Beistande sich erheben lassen möchten, und berührte die Wollbänder, mit welchen der Grundstein umschlungen und die Seile verknüpft waren. Nun zogen auch die übrigen Staatsbeamten, Priester, Senat und Ritter und ein großer Teil des Volkes, in fröhlichem Eifer sich bemühend, an dem ungeheuren Steine, und von allen Seiten warf man silberne und goldene Münzen und rohe Metallstücke, die noch kein Ofen gebändigt hatte, sondern wie die Natur sie gibt, in das Fundament hinein. Die Opferpriester hatten vorher erklärt, man solle das Werk nicht durch Gestein und Gold, das schon zu etwas anderem bestimmt gewesen sei, entweihen. Dem Gebäude wurde mehr Höhe gegeben. Das war das einzige, wovon man glaubte, daß dagegen kein Bedenken sei, und daß es an der Pracht des vorigen Tempels noch gefehlt habe.

54. Indessen hatte die Kunde vom Tode des Vitellius in Gallien und Germanien den Krieg verdoppelt. Denn Civilis hörte nun auf, sich zu verstellen und stürmte auf das Volk der Römer los; die vitellianischen Legionen wollten selbst auswärtige Knechtschaft lieber, als Vespasianus zum Kaiser haben. Die Gallier hatten ihr Haupt erhoben, in der Meinung, unsere Heere hätten dasselbe Schicksal, da sich das Gerücht verbreitet hatte, es würden von den Sarmaten und Daciern die mösischen und pannonischen Winterlager eingeschlossen. Gleiches wurde über Britannien gefabelt. Doch nichts hatte sie so sehr als der Brand des Kapitols zu dem Glauben gebracht, das Ende des Reiches sei gekommen. Vor Zeiten sei schon von den Galliern die Stadt eingenommen worden, aber da der Sitz des Jupiter noch unverletzt geblieben sei, habe auch das Reich fortbestanden. Jetzt sei durch das verhängnisvolle Feuer ein Zeichen vom Zorne des Himmels gegeben worden, und, so weissagten in eitlem Aberglauben die Druiden, der Besitz der Menschenwelt werde den transalpinischen Völkern vorbedeutet.

Auch ging die Sage, die von Otho gegen Vitellius abgeschickten Häuptlinge Galliens hätten, ehe sie abgereist, gelobt, daß sie es zur Freiheit an sich nicht wollten fehlen lassen, wenn die ununterbrochene Kette der Bürgerkriege und die einheimische Not die Volkskraft Roms gebrochen haben würde.

55. Vor Flaccus Hordeonius Ermordung brach noch nichts hervor, woran man die Verschwörung hätte erkennen können. Als Hordeonius getötet war, gingen Boten zwischen Civilis und Classicus, dem Präfekten des Treverergeschwaders, hin und her. Classicus ragte durch Adel und Reichtum vor anderen hervor; er war von königlichem Geschlechte und sein Stamm im Frieden wie im Kriege berühmt. Er selbst rühmte sich damit, von seinen Vorfahren her mehr ein Feind als ein Bundesgenosse des römischen Volkes zu sein. Zu ihnen gesellten sich Julius Tutor und Julius Sabinus, der eine ein Treverer, der andere ein Lingone. Tutor war von Vitellius über das Rheinufer gesetzt worden; Sabinus wurde außer durch angeborene Eitelkeit noch durch den Ruhm vermeintlicher Abkunft entflammt, seine Urgroßmutter nämlich hätte dem in Gallien Krieg führenden Julius Caesar wohlgefallen und wäre dessen Geliebte gewesen. Diese forschten in geheimen Unterredungen die Stimmung der übrigen aus. Als sie sich derer, welche sie für tauglich hielten, durch Mitwissenschaft versichert hatten, kamen sie in der Kolonie der Agrippinenser in einem Privathause zusammen, denn öffentlich war die Bürgerschaft solchem Beginnen abgeneigt; dennoch waren einige Ubier und Tungrer mit dabei. Aber die meiste Leidenschaftlichkeit bewiesen die Treverer und Lingonen, denen lange Beratungen zuwider waren. Wie um die Wette schrieen sie, das römische Volk sei besessen von Zwietracht, die Legionen seien niedergehauen, Italien verwüstet, eben jetzt werde Rom erobert, jedes Heer sei mit einem eigenen Kriege beschäftigt; sichere man nur die Alpen durch Posten, so brauche Gallien, hätte seine Freiheit sich befestigt, nur selbst zu entscheiden, welche Grenzen es seiner Macht setzen wolle.

56. So sprach man und billigte es auch sogleich. Wegen des Überrestes des vitellianischen Heeres war man in Zweifel. Die meisten waren der Meinung, man müsse diese Aufrührer, diese Treulosen, welche sich mit dem Blute ihrer Anführer befleckt hatten, ums Leben bringen. Zur Schonung behielt aber der Grund die Oberhand, daß man sie, würde ihnen die Hoffnung auf Begnadigung abgeschnitten, zur Hartnäckigkeit entflammen würde. Anlocken solle man sie vielmehr zur Bundesgenossenschaft. Wären nur die Legaten der Legionen getötet, so würde der übrige Haufe, im Bewußtsein seiner Frevel und in der Hoffnung dafür ungestraft zu bleiben, ihnen leicht beitreten. So gestaltete sich die erste Beratung, und man sandte Aufwiegler zum Kriege in ganz Gallien umher. Sie selber heuchelten Gehorsam, um Vocula desto unversehener aus dem Wege räumen zu können. Es

fehlte nicht an Leuten, die das Vocula hinterbrachten, es fehlte ihm an Macht zum Einschreiten, da die Legionen unvollzählig und untreu waren. Unter unzuverlässigen Soldaten und versteckten Feinden hielt er es im Augenblicke für das beste, mit gegenseitiger Verstellung und denselben Künsten, die man gegen ihn anwandte, zu verfahren, und zog hinab nach der Kolonie der Agrippinenser. Dahin floh auch Claudius Labeo, von dem wir sagten, daß er gefangen genommen und außer Landes zu den Friesen gebracht worden war, nachdem er seine Wächter bestochen hatte. Dieser versprach, wenn man ihm Mannschaft geben würde, zu den Batavern zu gehen und den bedeutenderen Teil des Landes zum Bunde mit Rom zurückzuführen, wagte aber, als er eine mäßige Schar von Fußvolk und Reitern erhalten hatte, bei den Batavern nichts, sondern brachte einige Nervier und Baetasier unter die Waffen, und fiel mehr heimlich als in offenem Kriege in das Land der Canninefaten und Marsaker ein.

57. Vocula, durch den Trug der Gallier verlockt, zog gegen den Feind. Er war nicht weit von Vetera entfernt, als Classicus und Tutor, die unter dem Scheine der Kundschaftung vorausgeritten, mit den Heerführern der Germanen ein Bündnis abschlossen. Nun erst trennten sie sich von den Legionen und umgaben ihr Lager mit einem besonderen Walle, obwohl ihnen Vocula feierlich erklärte, die Römermacht sei durch den Bürgerkrieg noch nicht so sehr zerrüttet, daß sie auch Treverern und Lingonen verächtlich scheinen dürfte. Blieben ihr doch noch treue Provinzen, siegreiche Heere, das Glück des Reiches und rächende Götter. So seien vordem schon Sacrovir und die Aeduer, vor kurzem Vindex und Gallien durch je eine einzige Schlacht gefallen, und dasselbe Götterwalten, dasselbe Geschick möchte nun von neuem die Bundbrüchigen erwarten. Besser habe der verewigte Julius Caesar und der verewigte Augustus ihre Gesinnung gekannt; Galba und die Minderung der Tribute habe sie mit feindlichem Übermute erfüllt. Jetzt Feinde, weil das Joch so sanft sei, würden sie Freunde sein, sobald man sie geplündert und ausgesogen hätte. So sprach er in heftigem Tone und zog, da er Classicus und Tutor in der Treulosigkeit beharren sah, nach Novaesium zurück. Die Gallier lagerten sich auf einer zwei Meilen davon entfernten Ebene. Dahin wanderten nun Centurionen und Soldaten und ließen sich kaufen, so daß sie, ein Römerheer – eine unerhörte Schmach – dem Auslande schworen, und sich für einen so großen Frevel mit der Ermordung oder Gefangennahme der Legaten verpfändeten. Wiewohl sehr viele zur Flucht rieten, glaubte Vocula etwas wagen zu müssen und sprach nach Berufung einer Heerversammlung auf folgende Weise:

58. „Nie habe ich bekümmerter um euretwillen, unbesorgter meinetwegen zu euch geredet. Denn daß mir der Untergang bereitet wird, höre ich gern, und warte auf den Tod bei so mannigfachem

Unglück als auf das Ende meiner Leiden. Ihr aber erfüllt mich mit Scham und Mitleid, da gegen euch kein Kampf und kein Heer sich erhebt, denn das ist Kriegsgebrauch und Feindesrecht, sondern Classicus gegen das römische Volk mit euerm Arme Krieg zu führen hofft und mit der Herrschaft und der Huldigung Galliens prahlt. Haben wir denn so ganz, wenn in der Gegenwart uns Glück und Tapferkeit verlassen haben, auch der Vorzeit Beispiele vergessen, wie oft römische Legionen lieber sterben wollten, um nur nicht von der Stelle zu weichen? Oft haben sogar unsere Bundesgenossen ihre Städte zerstören und sich samt ihren Gattinnen und Kindern verbrennen lassen, und nichts anderes als Treue und Nachruhm war ihres Unterganges Preis; jetzt eben erdulden die Legionen Mangel und Belagerung bei Vetera, und lassen sich doch weder durch Schrecken noch durch Versprechungen von ihrem Platze treiben. Wir haben außer Waffen, Männern und vortrefflicher Lagerbefestigung noch Getreide und Zufuhr selbst für einen langen Krieg zur Genüge. Auch Geld genug war neulich da sogar zu einem Gnadengeschenk, welches ihr, mögt ihr es von Vespasian oder von Vitellius gegeben ansehen wollen, jedenfalls doch vom Imperator Roms empfangen habt. Wenn ihr, in so viel Kriegen Sieger, die ihr bei Gelduba, bei Vetera so oft den Feind geschlagen, euch vor einer Feldschlacht fürchtet, so ist das euerer zwar unwürdig, aber ihr habt ja einen Wall, habt Mauern und Zögerungsmittel, bis aus den nächsten Provinzen Hilfstruppen und Heere zusammenströmen. Mißfalle ich euch aber, nun so habt ihr ja andere, Legaten, Tribunen, und wäre es auch ein Centurio oder ein Soldat, daß nur die Schreckensnachricht nicht im ganzen Erdkreise sich verbreite, ihr seid in des Civilis, in des Classicus Gefolge, um Italien anzugreifen. Oder wollt ihr, wenn euch nun die Germanen und die Gallier bis an die Mauern Roms geführt haben, in eure Vaterstadt hinein die Waffen tragen? Das Gemüt schaudert schon bei der Vorstellung so großen Frevels. Wollt ihr denn dem Treverer Tutor Wache stehen? Soll euch der Bataver des Krieges Losung geben? Wollt ihr der Germanen Rotten ergänzen? Was wird sodann des Frevels Ausgang sein, wenn römische Legionen sich euch gegenüberstellen? Wollt ihr, als Doppelüberläufer, als Doppelverräter den Göttern verhaßt, dann zwischen dem neuen und dem alten Eide hin und her irren? Dich Jupiter, du Bester, Größter, den wir achthundertundzwanzig Jahre durch so viele Triumphe gefeiert haben, dich Quirinus, Vater Roms, flehe ich in heiligem Gebete an, daß ihr, wenn euch daran nicht gelegen ist, unter meiner Leitung dieses Lager rein und unentweiht zu erhalten, es doch wenigstens von Tutor und von Classicus nicht wollt beflecken und beschimpfen lassen. Verleiht den römischen Soldaten wieder lautere Gesinnung, oder baldige Reue sonder Unheil!“

59. Diese Rede wurde verschiedenartig aufgenommen zwischen Hoffnung, Furcht und Scham. Als Vocula sich entfernte und schon

Selbstmordgedanken hegte, hinderten ihn seine Freigelassenen und Sklaven, einem schmachvollen Tode selbst zuvorzukommen. Da ließ ihn Classicus durch Absendung des Aemilius Longinus, eines Abtrünnigen der ersten Legion, umbringen. Die Legaten Herennius und Numisius begnügte man sich zu fesseln. Hierauf nahm er die Insignien des römischen Oberbefehls[126] an und kam ins Lager. Doch standen ihm, so sehr er sich auch zu jeder Freveltat abgehärtet hatte, nicht weiter Worte zu Gebote, als die Eidesformel vorzulesen. Alle, die da waren, schworen für die Herrschaft Galliens. Den Mörder Voculas ehrt er durch hohen Rang, die übrigen, je nachdem ein jeder zum Frevel mitgewirkt hatte, durch Belohnungen.

Nun wurde die Leitung des Ganzen zwischen Tutor und Classicus geteilt. Tutor nötigte die mit starker Mannschaft eingeschlossenen Agrippinenser und das, was von Soldaten am oberen Rheinufer sich befand, zu derselben Eidesleistung, nachdem er die sich dessen weigernden Tribunen in Mogontiacum getötet und den Lagerpräfekten vertrieben hatte. Classicus ließ von denen, welche sich ergeben hatten, die verächtlichsten sich zu den Belagerten begeben, um ihnen Verzeihung in Aussicht zu stellen, wenn sie sich in die Notwendigkeit des Augenblicks fügten. Anders sei keine Hoffnung; Hunger, Schwert und das Äußerste würden sie zu erfahren haben. Dazu wiesen die Abgeordneten auf ihr eigenes Beispiel hin.

60. Die Belagerten zog Treue auf der einen, Mangel auf der andern Seite zwischen Ehre und Schande hin und her. Während ihrer Unschlüssigkeit gingen ihnen die gewöhnlichen und auch ungewöhnlichen Nahrungsmittel aus, da Lastvieh, Pferde und selbst andere Tiere, unreine, ekelhafte, die die Not gebrauchen lehrt, aufgezehrt waren. Endlich rauften sie Strauchwerk, Wurzeln und zwischen Gestein hervorwachsende Kräuter aus und gaben so ein sprechendes Beispiel von Elend und Geduld, bis sie den herrlichen Ruhm zuletzt auf schimpfliche Weise befleckten, indem sie an Civilis Abgeordnete schickten und um ihr Leben baten. Nicht eher, als bis sie Gallien huldigten, wurde ihre Bitte angenommen. Nun bedang er sich die Beute des Lagers aus und setzte ihnen Wächter, welche Geld, Troßknechte und Gepäck zurückhalten und sie dann selbst, als sie leichtbepackt abzogen, geleiten sollten. Etwa beim fünften Meilensteine brachen die Germanen hervor und griffen den sorglosen Zug an. Die Kampfrüstigsten fanden auf der Stelle, viele, während sie umherirrten, ihren Tod; die übrigen flohen ins Lager zurück, und Civilis klagte allerdings und schalt auf die Germanen, als hätten sie frevelhafterweise das Geleit gebrochen. Ob das Verstellung war oder ob er die Wütenden nicht habe zurückhalten können, ist nicht recht ausgemacht. Nach Ausplünderung des Lagers warfen sie Brandfackeln hinein und alle, die das Treffen überlebt hatten, wurden ein Raub der Flammen.

61. Civilis, der infolge eines bei den Barbaren üblichen Gelübdes

nach dem Beginn des Krieges gegen die Römer sein Haupthaar lang herabgekämmt und rot gefärbt trug, legte dasselbe erst jetzt nach vollbrachter Vernichtung der Legionen ab; auch sagte man, er habe seinem kleinen Sohne einige von den Gefangenen vorgeführt, um mit Knabenpfeilen und Knabenspeeren auf sie zu schießen. Übrigens unterwarf er sich weder selbst noch irgend einen Bataver der Huldigung Galliens, im Vertrauen auf die Macht der Germanen und daß, wenn es mit den Galliern zum Kampfe um den Besitz der Herrschaft kommen sollte, er schon vom Rufe gefeiert und der Überlegene sei. Der Legionslegat Munius Lupercus wurde unter anderen Geschenken der Veleda gesandt. Diese, eine Jungfrau aus dem Stamme der Bructerer, besaß eine ausgebreitete Herrschaft nach althergebrachter Sitte der Germanen, wonach viele Frauen für Prophetinnen und, bei steigendem Aberglauben, für Göttinnen gehalten wurden. Und das Ansehen Veledas wurde damals immer größer, denn sie hatte den Germanen Glück und die Vernichtung der Legionen vorhergesagt. Doch Lupercus wurde unterwegs getötet. Nur wenige aus Gallien gebürtige Centurionen und Tribunen wurden als Unterpfand des Bündnisses am Leben erhalten, die Winterlager der Kohorten, Reiterscharen und Legionen niedergerissen und verbrannt, nur die gelassen, die sich zu Mogontiacum und Vindonissa befanden.

62. Die 16. Legion mit den Hilfsvölkern, welche sich samt ihr ergeben hatten, erhielt Befehl, sich von Novaesium hinweg in die Kolonie der Treverer zu begeben, und es wurde ihr ein Tag anberaumt, bis zu welchem sie aus dem Lager ausgerückt sein sollte. Die ganze Zwischenzeit brachte man unter mancherlei Sorgen zu, die Feigsten wegen des Beispiels zagend, das man mit den bei Vetera Erschlagenen gegeben, der bessere Teil in Scham und Schmachgefühl. Was das für ein Marsch, wer Führer des Weges sein werde? Alles stehe ja in der Willkür derer, die sie zu Herren über Leben und Tod gemacht hätten. Andere, ohne sich um Schande zu kümmern, bepackten sich nur selbst mit Geld oder was ihnen sonst das Liebste war. Einige setzten ihre Waffen in Bereitschaft und bewehrten sich als ginge es zur Schlacht. Unter solchen Beschäftigungen kam die Stunde des Abmarsches heran; sie war niederschlagender, als man erwartet hatte. Innerhalb des Walles fiel die Verunstaltung nicht so sehr in die Augen; das offene Feld, der helle Tag deckte die Schande auf. Die Bildnisse der Kaiser waren abgerissen, die Feldzeichen ohne Ehrenschmuck, während von dieser und jener Seite her die Standarten der Gallier glänzten; schweigend zog man dahin, wie in langem Leichenzuge; Führer war Claudius Sanctus, da ihm ein Auge ausgestochen, gräßlich von Angesicht und noch schwächer an Geist. Die Schmach verdoppelte sich, als eine zweite Legion, die das Lager bei Bonn verlassen hatte, sich mit anschloß. Als der Ruf von der Gefangennahme der Legionen sich verbreitete, eilten alle, welche kurz vorher noch vor

dem Römernamen bebten, von den Feldern und aus den Häusern herbei und weideten sich, sie von allen Seiten umschwärmend, übermütig an dem ungewohnten Schauspiel. Die Picentiner Reiterschar ertrug diesen Jubel der höhnenden Menge nicht und zog, ohne auf des Sanctus Versprechen oder Drohungen zu achten, nach Mogontiacum hinweg; ja, da zufällig Voculas Mörder Longinus ihnen in den Weg kam, warfen sie ihre Speere nach ihm und machten so den Anfang der mit der künftigen Sühnung ihrer Schuld. Die Legionen änderten nichts in ihrem Marsche und lagerten sich vor den Mauern der Treverer.

63. Civilis und Classicus waren in der Aufgeblasenheit ihres Glücks unschlüssig, ob sie die Kolonie der Agrippinenser ihren Heeren zur Plünderung überlassen sollten. Die Grausamkeit ihres Charakters und Beutegier trieb sie zur Zerstörung der Stadt; dagegen stand des Krieges ganze Weise und die Erwägung, daß denen, die eine neue Herrschaft beginnen, der Ruf der Milde von Nutzen sei. Den Civilis stimmte dazu auch Erinnerung an eine Wohltat und, weil die Agrippinenser seinen Sohn, der gleich im Anfange der Unruhen in der Kolonie ergriffen worden war, in einer ehrenvollen Haft gehalten hatten. Aber den überrheinischen Völkern war die Stadt wegen ihres Reichtums und Gedeihens verhaßt; auch könne, meinten sie, der Krieg nicht anders ein Ende haben, als wenn sie ohne Unterschied der Wohnsitz aller Germanen würde, oder ihre Zerstörung auch die Ubier zerstreute.

64. Daher schicken die Tencterer, ein durch den Rhein von ihnen getrennter Volksstamm, Abgeordnete mit dem Befehle, in einer Versammlung der Agrippinenser ihre Erklärung abzugeben, die der trotzigste der Abgeordneten in dieser Weise vortrug: „Daß ihr zurückgekehrt seid in die Körperschaft und in dem Namen Germaniens, darüber sagen wir den gemeinsamen Göttern und der Götter Erstem, dem Mars, Dank und wünschen euch Glück, daß ihr endlich frei sein werdet unter Freien. Denn bis auf den heutigen Tag hatten die Römer Flüsse, Länder, den Himmel gleichsam selbst verschlossen, um uns von Unterredungen und Zusammenkünften mit euch fernzuhalten, oder, was für Männer, die zu den Waffen geboren sind, noch schimpflicher ist, um uns unbewehrt und beinah nackt nur unter Aufsicht und nur für Geld zusammenkommen zu lassen. Damit jedoch auf ewige Zeiten unsere Freundschaft und unser Bund bestehe, verlangen wir von euch, daß ihr die Mauern der Kolonie, das Bollwerk der Knechtschaft niederreißt – auch wilde Tiere, hält man sie eingeschlossen, verlieren ihren Mut –, daß ihr alle Römer in euerem Gebiete umbringt – nicht leicht vertragen sich Gebieter mit der Freiheit –, daß das Vermögen der Erschlagenen Gemeingut werde, damit niemand etwas verbergen oder sich von der allgemeinen Sache lossagen kann. Es möge uns und euch gestattet sein, wie einst unsern Vorfah-

ren, das beiderseitige Ufer zu bewohnen. Wie allen Menschen Licht und Tag, so hat den Tapfern die Natur alle Länder eröffnet. Nehmt die Einrichtungen und die Lebensweise eurer Väter wieder an, reißet euch los von den Vergnügungen, wodurch die Römer über Unterworfene mehr vermögen als durch Waffen. Ein lauteres, unverdorbenes und von Knechtschaft nichts mehr wissendes Volk, werdet ihr dann anderen gleich stehen, oder über sie gebieten."

65. Die Agrippinenser baten sich Bedenkzeit aus und gaben, weil weder in die Bedingungen einzugehen Besorgnis wegen der Zukunft, noch sie geradezu zurückzuweisen ihre gegenwärtige Lage zuließ, in folgender Weise Antwort: „Die erste Gelegenheit zur Freiheit, welche sich uns darbot, haben wir mit mehr Begier als mit Vorsicht ergriffen, nur um uns mit euch und den übrigen Germanen, unsern Blutsverwandten, zu verbinden. Die Mauern unserer Stadt sind jetzt, wo sich gerade die römischen Heere sammeln, besser zu verstärken, als sie zu zerstören. Die Ausländer, welche aus Italien oder etwa aus Provinzen in unserem Gebiete waren, hat der Krieg dahingerafft, oder sie sind ein jeder in seine Heimat zurückgeflohen. Die ehedem hierhergeführten und durch eheliches Band mit uns vereinten Kolonisten und ihre Abkömmlinge haben hier ihr Vaterland, und wir halten euch nicht für so ungerecht, daß ihr von uns Eltern, Brüder und Kinder wolltet getötet wissen. Zoll und Lasten im Handelsverkehr heben wir auf. Ihr möget unbewacht herüberkommen, doch bei Tage und unbewaffnet, bis die neuen und noch jungen Rechte durch Gewohnheit alt geworden sind. Schiedsrichter seien uns Civilis und Veleda, von welchen der Vertrag bestätigt werde." Als man die Tencterer so besänftigt hatte, schickte man Gesandte mit Geschenken an Civilis und Veleda ab, und sie setzten alles durch, wie es die Agrippinenser wollten. Nur persönlich Veleda zu nahen und sie anzureden, wurde ihnen abgeschlagen. Man hielt sie fern von ihrem Anblick, damit ihre Ehrfurcht noch größer würde. Sie selbst befand sich auf einem hohen Turme; ein aus ihren Verwandten Auserkorener überbrachte wie eine Mittelsperson Frage und Antwort der Gottheit.

66. Civilis beschloß, durch das Bündnis mit den Agrippinensern verstärkt, die nächsten Völkerschaften an sich zu ziehen, oder, falls sie widerstrebten, zu bekriegen. Schon hatte er das Land der Sunuker besetzt und ihre junge Mannschaft in Kohorten geordnet, als sich seinem weiteren Fortschritt Claudius Labeo mit einer zusammengerafften Schar von Bätasiern, Tungrern und Nerviern widersetzte, im Vertrauen auf seine Stellung, weil er ihm in der Besetzung der Maasbrücke zuvorgekommen war. Und so wurde in einem engen Passe unentschieden gekämpft, bis die Germanen hinüberschwammen und Labeo im Rücken angriffen. Zugleich warf sich Civilis, mochte es ein Wagnis oder Absprache sein, auf den Heerhaufen der Tungrer und rief mit lauter Stimme: „Nicht deshalb sind wir zum

Kriege geschritten, damit Bataver und Treverer den Völkern gebieten sollen. Fern ist diese Anmaßung von uns. Nehmt nur unser Bündnis an. Ich trete zu euch über, mögt ihr mich zum Feldherrn haben wollen, oder als gemeinen Krieger.“ Das machte Eindruck auf die Menge, und man steckte schon die Schwerter ein, als Campanus und Juvenalis, zwei Häuptlinge der Tungrer, ihm den ganzen Volksstamm übergaben. Labeo entfloh, bevor man ihn umringte. Civilis nahm auch die Ergebung der Bätasier und Nervier an und gesellte sie seinen Truppen bei, jetzt gewaltig an Macht, da die Völkerschaften Schrecken vor ihm ergriffen hatte, oder sich freiwillig zu ihm neigten.

67. Inzwischen ließ Julius Sabinus, nachdem er die Denkmäler des römischen Bundes[127] umgestürzt hatte, sich als Caesar begrüßen und machte sich mit einem großen, ungeordneten Haufen seiner Landsleute gegen die Sequaner auf, eine benachbarte und uns treu ergebene Völkerschaft. Auch schlugen die Sequaner den Kampf nicht aus. Das Glück war auf der Seite der Bessergesinnten, die Lingonen wurden geschlagen. Sabinus entzog sich mit ebenso großer Feigheit dem Kampfe, wie er ihn unbesonnen begonnen hatte, und verbrannte, um das Gerücht zu veranlassen, er sei umgekommen, das Landhaus, in welches er sich geflüchtet hatte, so daß man wirklich glaubte, er sei dort eines freiwilligen Todes gestorben. Durch welche List und in welchem Schlupfwinkel er nachher noch neun Jahre lang das Leben fristete, wollen wir ebenso wie die beharrliche Treue seiner Freunde und das ausgezeichnete Benehmen seiner Gattin Epponina an seinem Orte berichten[128]. Mit der glücklichen Schlacht der Sequaner stand des Krieges ungestümer Anfang still. Die Völkerschaften kamen allmählich wieder zur Besinnung und bedachten wieder Recht und Bündnis, zuerst die Remer, welche in ganz Gallien eine Aufforderung ergehen ließen, Abgeordnete zu schicken und gemeinsam zu beraten, ob man lieber Freiheit oder Frieden wolle.

68. Zu Rom indessen ängstigte dies alles, da es da noch schlimmer lautete, den Mucianus, es möchten selbst die trefflichsten Feldherren – denn schon hatte er Annius Gallus und Petilius Cerialis auserkoren – der Gesamtführung des Kriegs nicht recht gewachsen sein. Und doch durfte man die Stadt nicht ohne Leitung lassen; auch fürchtete man des Domitianus ungezügelte Begierden, während, wie wir schon angemerkt haben, Primus Antonius und Varus Arrius verdächtig waren. Varus hatte an der Spitze der Prätorianer immer noch Gewalt und Waffenmacht. Ihn setzte Mucianus ab und gab ihm, um ihn nicht ungetröstet zu lassen, die Aufsicht über das Getreidewesen. Um auch Domitianus zu begütigen, der dem Varus nahestand, setzte er den mit dem Hause Vespasians verschwägerten und bei Domitianus sehr beliebten Arretinus Clemens über die Prätorianer, indem er darlegte, der Vater desselben habe unter Gaius Caesar diesem Amte auf eine treffliche Weise vorgestanden, den Soldaten sei die Namensgleichheit

schon erfreulich, und er selbst, obwohl dem Senatorstande angehörig, beiden Ämtern zugleich gewachsen. Aus der Bürgerschaft wurden die Angesehensten mitgenommen, zum Teil auch solche, die sich darum bewarben. Gemeinschaftlich, doch in verschiedener Gesinnung, rüsteten sich Domitianus und Mucianus, jener in Hoffnung und Jugendfeuer eilend, dieser allerlei Aufschub suchend, um den Brausekopf aufzuhalten, damit er nicht im Ungestüme der Jugend und von schlechtem Rate geleitet, sich des Heeres bemächtigte und Frieden und Krieg schlecht beriete. Von den Legionen der Sieger wurde die 7. claudianische, die 11. und die 8., von den vitellianischen die 21., von den frisch Geworbenen die 2. über die poenischen und cottischen, ein Teil über die grajischen Alpen geführt, die 14. Legion wurde aus Britannien, die 6. und die 1. aus Spanien herbeigerufen.

So hielten denn auf den Ruf von der Annäherung des Heeres, und weil sie schon aus eigenem Antriebe sich zu milderen Plänen neigten, die Staaten Galliens eine Zusammenkunft bei den Remern. Hier warteten schon die Abgeordneten der Treverer, unter denen Julius Valentinus am leidenschaftlichsten zum Kriege hetzte. Er schüttete in wohlstudierter Rede alles aus, was man großen Reichen vorzuwerfen pflegt, Schmähungen und Verunglimpfungen gegen das römische Volk, war ein Wühler, um Aufruhr zu stiften, und durch die Gabe, darauf loszureden, bei der Mehrzahl beliebt.

69. Dagegen ließ sich Julius Auspex, einer von den Häuptlingen der Remer, über die römische Macht und die Vorzüge des Friedens aus, und sprach davon, daß auch Feige sich wohl zum Kriege entschlossen, dann aber seine Führung gerade die Wackersten der Gefahr aussetzte; auch daß schon die Legionen über ihren Häuptern seien. Und so hielt er die Weiseren durch Ehrerbietigkeit und Pflichtgefühl, die Jüngeren durch Gefahr und Furcht in Schranken. Man lobte Valentinus Mut und befolgte Auspex Rat. Es ist ausgemacht, daß den Treverern und Lingonen in Gallien das geschadet hatte, daß sie es beim Aufstande des Vindex mit Verginius gehalten hatten. Sehr viele schreckte die Eifersucht der Provinzen zurück. Wo sei der Kopf des Krieges? Wo solle man Recht und Vorschau einholen? Wo, wenn auch alles gelungen wäre, wähle man den Sitz der Herrschaft? Noch war zwar der Sieg nicht unser, doch schon entstand Zwietracht, weil die einen mit ihren Bündnissen, die andern mit ihrem Vermögen und ihren Kräften oder mit dem Alter ihrer Herkunft rechthaberisch prahlten. Aus Widerwillen gegen das, was werden sollte, ließ man sich das Bestehende gefallen. Man faßte im Namen Galliens an die Treverer ein Sendschreiben ab, sie möchten von den Waffen lassen, da Verzeihung zu erlangen und auch Fürsprecher vorhanden seien, wenn sie Reue zeigten. Wieder war Valentinus dagegen und verstopfte das Ohr seiner Mitbürger, nicht so sehr auf Zurüstung zum Kriege bedacht, als sich oft in Volksversammlungen hören lassend.

70. So handelten denn weder die Treverer noch die Lingonen und die übrigen Gemeinden der Rebellen der Größe des unternommenen Wagstücks gemäß. Nicht einmal die Anführer gingen nach einem gemeinschaftlichen Plane zu Werke, sondern Civilis zog in den unwegsamen Gegenden Belgiens umher, indem er Claudius Labeo gefangenzunehmen oder zu verjagen strebte. Classicus, meist träger Muße hingegeben, tat, als könne er seine Herrschaft schon wie erworben genießen. Und selbst Tutor eilte nicht einmal, das obergermanische Ufer und die Alpenpässe mit Truppen zu sperren. Und währenddessen brach die 21. Legion von Vindonissa her, und Sextilius Felix mit den Hilfskohorten durch Rätien herein. Dazu kam die Reiterschar der Singulares[129], welche einst von Vitellius aufgeboten und dann auf Vespasians Seite übergetreten war. An ihrer Spitze stand Julius Briganticus, Civilis Schwestersohn, dem Oheim, wie ja gewöhnlich der nächsten Anverwandten Haß am bittersten ist, verhaßt und selbst ihm verfeindet. Tutor verstärkte die durch frische Aushebung der Vangionen, Cäracaten und Triboker vermehrten Truppen der Treverer mit Veteranen zu Fuß und zu Pferde, indem er die Legionäre durch Hoffnung verleitet oder durch Furcht dazu gezwungen hatte. Anfangs vernichteten sie eine von Sextilius Felix vorausgeschickte Kohorte; nachher, als sich die Feldherren und das Heer der Römer näherten, gingen sie in ehrenwertem Abfall wieder zu uns über, und es folgten ihnen die Triboker, Vangionen und Cäracaten. Tutor zog, von den Treverern begleitet, Mogontiacum vermeidend, fort nach Bingium, der Örtlichkeit vertrauend, weil er die Brücke über die Nava abgebrochen hatte; als aber die Kohorten, die Sextilius führte, einen Angriff machten und man eine Furt entdeckte, sah er sich preisgegeben und geschlagen. Durch diese Niederlage wurden die Treverer bestürzt gemacht, das gemeine Volk warf die Waffen weg und zerstreute sich über das Land. Einige von den Häuptlingen flohen, damit es schiene, sie hätten sie zuerst dem Kriege entsagt, in die Ortschaften, welche sich dem römischen Bunde nicht entzogen hatten. Die Legionen, welche, wie oben erwähnt, von Novaesium und Bonn zu den Treverern hinübergeführt worden waren, vereidigten sich selbst auf Vespasian. Dies geschah in Abwesenheit des Valentinus, bei dessen Annäherung sich die Legionen, da er tobte und alles wieder in Verwirrung und Verderben zu stürzen drohte, zu den Mediomatrikern, einer verbündeten Völkerschaft, hinwegbegaben. Valentinus und Turor brachten die Treverer wieder unter die Waffen, nachdem sie die Legaten Herennius und Numisius umgebracht hatten, damit durch verminderte Hoffnung auf Verzeihung das Band des Frevels um so fester würde.

71. Dies war der Stand des Krieges, als Petilius Cerialis nach Mogontiacum kam. Mit seiner Ankunft hob sich die Hoffnung wieder. Selbst kampfbegierig und mehr dazu geneigt, den Feind zu verachten,

als sich vor ihm zu hüten, entflammte er auch das Kriegsvolk durch die trotzigen Reden, er werde, sobald ein Zusammentreffen nur vergönnt sei, mit einer Schlacht nicht zögern. Die in Gallien ausgehobenen Soldaten schickte er in ihre Gaue zurück und hieß sie dort verkünden, dem Reiche genügten die Legionen, die Bundesgenossen möchten unbesorgt zu den Geschäften des Friedens zurückkehren, da der Krieg so gut wie beendigt sei, seit der Arm der Römer ihn an sich genommen habe. Dies vermehrte die Folgsamkeit der Gallier, denn da sie ihre junge Mannschaft wieder hatten, ließen sie sich die Steuern leichter gefallen, zu Dienstleistungen deshalb williger, weil man sie verschmähte. Als dagegen Civilis und Classicus vernahmen, Tutor sei geschlagen, die Treverer niedergehauen, alles gehe für den Feind glücklich, zogen sie bestürzt und eilig die zerstreuten Truppen der ihrigen zusammen und warnten mittlerweile Valentinus durch wiederholte Botschaften, er möchte nicht alles aufs Spiel setzen. Desto hastiger kam Cerialis, nachdem er Leute zu den Mediomatrikern gesandt hatte, welche auf kürzerem Wege die Legionen gegen den Feind führen sollten, und das, was von Kriegsvolk in Mogontiacum war, sowie das, was er selbst mitgebracht, zusammengezogen hatte, in drei Tagemärschen nach Rigodulum. Diesen von Bergen und der Mosel eingeschlossenen Platz hatte Valentinus mit einer starken Mannschaft Treverer besetzt und auch noch Gräben und Barrikaden aus Stein aufgeführt. Dennoch schreckten diese Bollwerke den römischen Feldherrn nicht ab, das Fußvolke durchbrechen und die Schlachtordnung der Reiter einen Hügel hinaufziehen zu lassen, einen Feind verachtend, welcher, planlos zusammengerafft, nicht einen so bedeutenden Vorteil durch die Örtlichkeit hatte, daß die Seinigen nicht einen noch größeren durch ihre Tapferkeit besaßen. Einen kleinen Aufenthalt verursachte das Hinansteigen, solange man die Geschosse der Feinde zu passieren hatte. Als man erst handgemein mit ihnen geworden war, wurden sie fortgedrängt und wie im Sturz hinabgeworfen. Ein Teil der Reiter, welcher auf den ebeneren Höhen herumgezogen, nahm die Vornehmsten der Belgier, unter ihnen auch den Heerführer Valentinus gefangen.

72. Cerialis rückte am folgenden Tage in die Kolonie der Treverer ein, und die Soldaten waren begierig auf die Zerstörung des ganzen Ortes. Dies sei des Classicus, dies des Tutors Vaterstadt. Durch dieser Männer Schändlichkeit seien die Legionen eingeschlossen und niedergehauen worden. Was habe wohl Cremona in dem Maße verschuldet, das man aus Italiens Schoße weggerissen habe, weil es den Siegern einen Aufenthalt einer einzigen Nacht gebracht? Dagegen stehe an Germaniens Grenze der Ort unversehrt, wo man über die den Heeren abgenommenen Waffen und über die Ermordung der Heerführer frohlockte. Man möchte immerhin die Beute in des Fürsten Schatz fließen lassen; ihnen genüge die Verbrennung und Zertrümmerung

der widerspenstigen Kolonie, um damit die Zerstörung so vieler Lagerplätze zu vergelten. Cerialis, aus Furcht vor üblem Rufe, wenn man von ihm glaubte, er gewöhne die Soldaten an Zügellosigkeit und Grausamkeit, unterdrückte ihren Grimm. Und sie gehorchten, da der Bürgerkrieg ja nun beendigt war und sie sich den auswärtigen Verhältnissen gegenüber mäßigen zu müssen glaubten. Nun lenkte auch der klägliche Anblick der aus dem Gebiete der Mediomatriker herbeigerufenen Legionen die allgemeine Aufmerksamkeit auf sich. Niedergeschlagen im Bewußtsein ihrer Freveltat, standen sie da, den Blick auf die Erde geheftet. Keine Begrüßung fand wie sonst zwischen zusammenstoßenden Heeren statt. Sogar Tröstenden und Ermunternden gaben sie keine Antwort, in den Zelten umher versteckt und selbst das Tageslicht meidend. Und nicht Gefahr oder Besorgnis, als vielmehr Scham und Schande hatte sie so bestürzt gemacht. Dabei waren auch die Sieger betroffen, wagten keinen Laut und keine Fürbitte, sondern forderten nur durch Tränen und Schweigen für sie Verzeihung, bis Cerialis die Gemüter durch die Erklärung beruhigte, daß vom Schicksal herbeigeführt sei, was durch die Zwietracht der Soldaten und Heerführer oder durch die List der Feinde sich ereignet habe. Sie möchten diesen Tag als den ersten ihres Dienstes und ihres Eides ansehen. Der früheren Vergehen werde weder der Kaiser noch er selbst gedenken. Hierauf wurden sie in dasselbe Lager aufgenommen, und in den Manipeln bekannt gemacht, es solle niemand im Streite oder Zank seinem Waffenbruder Empörung oder Niederlage vorwerfen.

73. Nachher rief er die Treverer und Lingonen zu einer Heerversammlung und redete sie so an: „Ich habe die Gabe der Rede nie geübt, wie ja auch von der Kraft des römischen Volkes nur mit den Waffen Beweise gegeben sind. Doch weil bei euch ja Worte am meisten gelten, und ihr das, was gut und was schlecht ist, nicht nach seinem Wesen, sondern nach den Stimmen der Empörer abzuschätzen pflegt, so habe ich beschlossen, auch einiges zu sagen, was, da der Krieg beinahe beendet ist, euch vorteilhafter zu hören sein dürfte, als uns zu sagen. In euer und der übrigen Gallier Land sind die römischen Heerführer und Kaiser nicht aus eigenem Interesse eingezogen, sondern auf Hilferufe eurer Vorfahren, welche Zwietracht bis zur Vernichtung bedrängte, während die zu Hilfe gerufenen Germanen ihren Verbündeten so gut wie deren Feinden Knechtschaft auferlegt hatten. In wie vielen Schlachten gegen Cimbern und Teutonen, mit wie großen Beschwerden unserer Heere und mit welchem Erfolge wir die germanischen Kriege geführt, ist rühmlich genug bekannt. Und nicht deshalb haben wir den Rhein besetzt, damit wir Italien schützten, sondern damit kein zweiter Ariovist sich des Throns in Gallien bemächtigte. Oder glaubt ihr etwa, daß ihr dem Civilis und den Batavern sowie den überrheinischen Völkern lieber seid, als eure Väter

und Großväter ihren Vorfahren waren? Immer trieb dieselbe Ursache die Germanen an, nach Gallien herüberzukommen, Begehrlichkeit, Habsucht und Verlangen, ihren Wohnsitz zu verändern, um ihre Sümpfe und Einöden zu verlassen und diesen fruchtbaren Boden sowie euch selber in Besitz zu nehmen. Aber freilich werden von ihnen Freiheit und allerlei schöne Namen zum Vorwande gebraucht. Noch nie hat jemand nach der Unterjochung anderer und eigener Herrschaft gestrebt, ohne sich eben dieser Worte zu bedienen.

74. „Königstum und Kriege herrschten stets in Gallien, bis ihr unter unser Recht kamt. Wir haben, obwohl so oft gereizt, nach dem Siegesrechte doch nur das euch auferlegt, wodurch wir den Frieden erhielten. Denn wie man ohne Waffen nicht die Ruhe der Völker, so kann man Waffen auch nicht ohne Sold und Sold nicht ohne Steuern schaffen. Das übrige habt ihr mit uns gemein. Ihr selbst steht meist an der Spitze unserer Legionen, ihr selbst regiert diese und auch andere Provinzen. Nirgends ist Trennung oder Ausschließung. Ja, von gepriesenen Fürsten zieht ihr, wenngleich fern von ihnen, gleichen Vorteil, die tyrannischen sind nur den Nächsten drückend. So wie Dürre oder allzuhäufiger Regen und andere natürliche Übel, so laßt euch Habsucht oder Ausschweifungen von den Herrschern gefallen. Laster wird es geben, so lange es Menschen gibt; doch sie währen ja nicht immer und das Dazwischentreten der Besseren macht sie wieder gut. Oder habt ihr etwa unter Tutors und Classicus königlicher Gewalt auf gemäßigtere Herrschaft gehofft oder daß sich mit geringeren Steuern als jetzt Heere schaffen lassen, um die Germanen und die Britannier abzuwehren? Denn wären, was die Götter verhüten mögen, die Römer vertrieben, was anders würde daraus entstehen, als Kriege aller Völker untereinander? Glück und Zucht von acht Jahrhunderten haben dieses Gebäude zusammengefügt und es kann nicht eingerissen werden ohne das Verderben derer, die es einzureißen suchen. Ihr aber seid dann in der größten Gefahr mit eurem Gold und euren Schätzen; der Hauptveranlassung von Kriegen. Darum liebt und pflegt den Frieden und die Hauptstadt, an welcher wir, Besiegte sowie Sieger, gleiches Anrecht haben. Die Erfahrungen des Unglücks und des Glücks mögen euch mahnen, daß ihr nicht Trotz und Verderben dem Gehorsam und der Sicherheit vorzieht." Durch eine solche Rede beruhigte er sie und richtete sie auf, nachdem sie Härteres gefürchtet hatten.

75. Noch hielt das Siegerheer das Gebiet der Treverer besetzt, als Civilis und Classicus ein Schreiben an Cerealis sandten, dessen Inhalt folgender war: Vespasian sei, wiewohl man die Nachrichten geheim zu halten suche, aus dem Leben geschieden, Rom und Italien werde durch den inneren Kriege verzehrt, Mucianus und Domitianus Namen seien bedeutungslos und ohne Macht. Wenn Cerialis die Herrschaft über Gallien wolle, so würden sie sich mit den Grenzen ihrer

Staaten begnügen; sollte er lieber eine Schlacht wollen, so schlüge man ihm auch die nicht ab. Hierauf erwiderte Cerialis dem Civilis und dem Classicus kein Wort; denjenigen, welcher es gebracht, und das Schreiben selbst sandte er an Domitianus.

Die Feinde kamen in geteilten Heereshaufen von allen Seiten herbei. Sehr viele tadelten Cerialis, daß er diese sich habe vereinigen lassen, da er sie hätte einzeln abfangen können. Das römische Heer umgab das Lager mit Graben und Wall, in dem es vorher unbedachtsamerweise unverschanzt gestanden hatte.

76. Bei den Germanen erhob sich ein Streit entgegengesetzter Meinungen. Civilis meinte, man müsse die überrheinischen Völker erwarten, vor denen die schon gebrochene Kraft des römischen Volkes im Schreck vollends zermalmt werden würde. Was seien die Gallier anders als die Beute der Sieger? Ihre Kernmacht, die Belgier, ständen öffentlich oder im Herzen doch auf seiner Seite.

Tutor behauptete, durch Zögerung wachse die Römermacht, da sich die Heere von allen Seiten sammelten. Aus Britannien sei eine Legion übergesetzt, aus Spanien seien andere herbeigerufen, wieder andere von Italien her im Anzuge, und dies seien nicht erst plötzlich zusammengeraffte, sondern alte, kriegserfahrene Soldaten. Die Germanen, auf die sie hofften, ließen sich nicht befehlen und lenken, sondern täten in allem nur wie es ihnen gefiele. Dazu besäßen die Römer Geld und Geschenke, was sie allein bestäche, reichlicher, und niemand sei in solchem Grade zum Kriege geneigt, daß er um den gleichen Preis nicht die Ruhe der Gefahr vorziehen sollte. Komme es nun sogleich zur Schlacht, so hätte Cerialis keine anderen als die aus den Überresten des germanischen Heeres bestehenden, durch Bündnisse an Gallien geknüpften Legionen. Und selbst der Umstand, daß sie unlängst die ungeregelten Haufen des Valentinus wider eigenes Erwarten geschlagen hatten, gäbe ihrer und ihres Anführers Verwegenheit nur Nahrung. Sie würden wieder etwas wagen, und nun nicht mit einem unerfahrenen jungen Menschen[130], dem es mehr um Worte und Versammlungen zu tun gewesen sei, als um Stahl und Waffen, sondern mit Civilis und mit Classicus zusammentreffen. Bekämen sie diese zu Gesicht, dann würden sie sich an die Furcht, die Flucht, die Hungersnot erinnern und auch daran, wie sie so oft gefangen ihr Leben nur geschenkt zurückerhielten. Auch die Treverer und Lingonen würden nicht durch Wohlwollen gehalten; sie würden die Waffen wieder ergreifen, sobald die Furcht nur erst gewichen sei. Classicus führte dadurch, daß er Tutors Meinung Beifall schenkte, die verschiedenen Ratschläge zum Ausgleich, und sogleich schritt man zur Tat.

77. Das Mitteltreffen wurde den Ubiern und Lingonen angewiesen; auf dem rechten Flügel standen die Bataverkohorten, auf dem linken die Bructerer und Tencterer. Einige stürmten von den Bergen,

andere zwischen der Straße und der Mosel so unversehens heran, daß Cerialis im Schlafgemache in seinem Bette – er hatte nämlich die Nacht nicht im Lager zugebracht – zugleich vom Kampfe und von der Besiegung der Seinigen hörte und auf die Furchtsamkeit der Meldenden schalt, bis ihm die ganze Niederlage vor Augen stand: das Lager der Legionen schon durchbrochen, die Reiter zersprengt, die Feinde schon festen Fußes mitten auf der Moselbrücke, welche das jenseitige Gebiet mit der Kolonie in Verbindung setzt. Cerialis zog, in so bedrängnisvoller Lage unerschrocken, mit eigener Hand die Fliehenden zurück, gewann, sich unbewaffnet mitten unter die Geschosse wagend, durch glückliche Kühnheit und das Herbeieilen der Tapfersten die Brücke wieder und besetzte sie mit auserlesener Mannschaft. Dann begab er sich ins Lager zurück, sah die Manipeln der bei Novaesium und Bonn gefangen genommenen Legionen auf der Flucht, nur wenige Soldaten bei den Feldzeichen und die Adler beinahe umzingelt. Da rief er zornentbrannt: „Nicht Flaccus ist es, nicht Vocula, die ihr verlaßt! Hier ist kein Verrat; und nichts anderes habe ich mir vorzuwerfen, als daß ich unbesonnen geglaubt, ihr hättet, den Bund mit Gallien vergessend, den römischen Eid von neuem euch ins Gedächtnis gerufen. Man wird mich mit Numisius und mit Herennius in eine Reihe stellen[131], es ist bald so, daß alle eure Legaten durch ihrer eigenen Soldaten oder Feindes Hand gefallen sind. Geht, sagt es Vespasian, oder, was ihr näher habt, dem Civilis und dem Classicus, daß ihr eure Feldherren in der Schlacht verlassen habt. Legionen werden kommen, welche mich nicht ohne Rache und euch nicht ungestraft lassen werden!"

78. Was er sagte, war die Wahrheit, und auch von den Tribunen und Präfekten wurde ihnen dasselbe vorgehalten. Kohorten- und manipelweise stellten sie sich auf, denn die Schlachtlinie auszudehnen war nicht möglich, da der Feind nach allen Seiten hin sich ausgebreitet, und auch Zelte und Gepäck hinderlich waren, da man innerhalb des Walles kämpfte. Tutor, Classicus und Civilis, jeder an seinem Platze, trieben zum Kampfe an, die Gallier für ihre Freiheit, die Bataver für ihre Ehre, die Germanen zur Beute anspornend. Alles war den Feinden günstig, bis die 21. Legion, auf einem freieren Platze als die übrigen sich zusammenscharend, die Heranstürmenden aufhielt, dann warf. Nicht ohne göttlichen Beistand wandten sich, wie plötzlich umgewandelt in ihrem Inneren, die Sieger zur Flucht. Sie selbst erklärten, durch den Anblick der Kohorten erschreckt worden zu sein, welche beim ersten Angriff zersprengt, sich auf den höchsten Bergrücken wieder sammelten und so wie frische Hilfsmannschaft erschienen waren. Aber eigentlich war den Siegenden ihr eigener verkehrter Wettstreit hinderlich, womit sie, auf den Feind nicht weiter achtend, nur auf Beute ausgingen. So, wie Cerialis durch seine Sorglosigkeit die ganze Sache fast verdorben hatte, richtete er sie durch seine Ent-

schlossenheit nun wieder auf und nahm und zerstörte, sein Glück verfolgend, am selben Tage noch das Lager der Feinde.

79. Doch nicht lange Zeit vergönnte man den Kriegern Ruhe. Die Agrippinenser baten um Hilfe und boten die Gemahlin und Schwester des Civilis sowie des Classicus Tochter an, die man als Unterpfand des Bundes bei ihnen zurückgelassen hatte. Sie hatten mittlerweile die in den Häusern zerstreuten Germanen ermordet, so daß sie wohl mit Recht besorgt waren und um Hilfe flehten, bevor die Feinde wieder Kräfte sammeln und sich zur Hoffnung, ja zur Rache erheben würden. Dahin ging denn auch des Civilis Streben, dem es an Macht nicht fehlte, so lange die hitzigste seiner Kohorten, die aus Chauken und Friesen bestand und zu Tolbiacum im Gebiete der Agrippinenser lag, noch unversehrt war. Aber die Trauerbotschaft, daß die Kohorte durch die Hinterlist der Agrippinenser vernichtet sei, welche die Germanen durch reichliche Mahlzeit und Wein in Schlaf gebracht, dann die Türen verschlossen, Feuer hineingeworfen und sie verbrannt hatten, brachte ihn auf andere Gedanken. Zu gleicher Zeit kam Cerialis im Eilmarsch zu Hilfe. Auch noch eine andere Besorgnis quälte Civilis, es möchte die 14. Legion in Verbindung mit der britannischen Flotte die Bataver da, wo der Ozean sie umgibt, bedrängen. Allein die Legion führte der Legat Fabius Priscus zu Lande gegen die Nervier und Tungrer, und diese Völkerschaften unterwarfen sich; die Flotte griff nun ihrerseits die Canninefaten an, und der größere Teil der Schiffe wurde versenkt oder genommen. Auch einen großen Haufen Nervier, der sich aus eigenem Triebe erhoben hatte, um für die Römer Krieg zu führen, schlugen eben diese Canninefaten. Ebenso lieferte Classicus gegen die von Cerialis nach Novaesium vorausgeschickten Reiter ein günstiges Treffen. Diese nicht bedeutenden, aber sich häufenden Verluste schmälerten den Ruhm des jüngst errungenen Sieges.

80. In diesen Tagen ließ Mucianus des Vitellius Sohn ums Leben bringen, unter dem Vorwande, die Zwietracht würde fortbestehen, wenn er nicht den Samen des Krieges vernichtet hätte. Auch ließ er nicht zu, daß Antonius Primus von Domitianus unter sein Gefolge genommen würde, beunruhigt durch die Gunst, in der dieser bei den Soldaten stand, und des Mannes Stolz, der selbst seinesgleichen, geschweige höher Gestellte nicht ertragen wollten. Antonius machte sich zu Vespasian auf und wurde, wenngleich nicht wie er hoffte, doch auch nicht ungnädig vom Kaiser aufgenommen. Dieser fühlte sich verschiedentlich gestimmt, auf der einen Seite durch Antonius Verdienste, unter dessen Führung der Krieg ohne Zweifel beendigt war, auf der andern durch Mucianus Briefe. Daneben verfolgten auch die übrigen den Antonius als einen feindseligen und aufgeblasenen Mann und beschuldigten ihn auch wegen seines früheren Lebens. Dazu ließ er selbst an nichts fehlen, durch Anmaßung Anstoß zu ge-

ben, da er in der Erwähnung seiner eigenen Verdienste ohne Maß war, während er andere feige Memmen, Caecina einen begnadigten Gefangenen schalt. Daher wurde er allmählich immer mehr als unbedeutend und einflußlos angesehen, obwohl zum Scheine noch ein freundliches Verhältnis fortbestand.

81. Während der Monate, da Vespasian zu Alexandria auf die zu bestimmten Tagen im Sommer wehenden Winde und auf sichere Meerfahrt[132] wartete, ereignete sich viel Wunderbares, wodurch des Himmels Gunst und eine gewisse Zuneigung der Götter für Vespasian sich zu erkennen gab. Ein Mann aus dem gemeinen Volke in Alexandria, allen als erblindet bekannt, wälzte sich zu seinen Knien hin, indem er jammernd Heilung von seiner Blindheit forderte, nach Anweisung des Gottes Serapis, welchen das dem Aberglauben ergebene Volk vor anderen verehrt, und flehte zum Fürsten, er möge ihm die Wangen und den Rand der Augen mit dem Auswurf seines Mundes zu bestreichen würdigen. Ein anderer, dem die Hand gelähmt war, bat auf Befehl desselben Gottes hin, es möchte der Kaiser mit dem Fuße darauf treten. Vespasian verlachte sie anfangs und wies sie zurück. Als sie jedoch in ihn drangen, fürchtete er bald den Ruf von der Vergeblichkeit des Unternehmens, bald ließ er sich durch das Flehen der Leute selbst und durch die Reden der Schmeichler zur Hoffnung bewegen. Endlich ließ er von Ärzten ein Gutachten darüber geben, ob solche Blindheit und Lähmung durch Menschenhilfe überwindbar sei. Die Ärzte erklärten sich verschieden: es sei dem einen die Sehkraft noch nicht ganz verzehrt, und sie dürfte wiederkehren, wenn nur das erst hinweggeschafft sei, was sie behinderte; dem anderen seien die Gelenke nur verrenkt und könnten, würde Heilkraft angewandt, wohl wieder eingerichtet werden. Dies liege nun vielleicht im Wunsche der Götter, und es sei so der Fürst zu des Himmels Werkzeug erkoren. Endlich würde doch, gelänge die Heilung, der Ruhm auf den Kaiser, mißlinge sie, der Spott nur auf die Unglücklichen fallen. So vollzieht denn Vespasian in dem Glauben, es sei seinem Glücke alles möglich, und es gebe nichts mehr, was man ihm nicht zutrauen dürfte, mit freudiger Miene, während die Menge gespannt um ihn her stand, das von ihm Verlangte. Augenblicklich wurde die Hand wieder brauchbar, und auch dem Blinden schien das Tageslicht von neuem. Beides erzählen Augenzeugen auch noch jetzt, wo doch Erdichtung nichts mehr bringt.

82. Ein tieferes Verlangen ergriff nun Vespasian, hinzugehen nach jener heiligen Stätte, um dort wegen der Angelegenheiten seiner Herrschaft zu fragen. Er ließ alle fern vom Tempel halten, und als er hineingetreten und sich der Gottheit ganz hingegeben hatte, erblickte er hinter seinem Rücken einen vornehmen Ägypter, namens Basilides, von dem er sehr wohl wußte, daß er mehrere Tagereisen weit von Alexandria krank darniederliege. Er fragte die Priester, ob Basili-

des an diesem Tage in den Tempel gekommen sei, und die ihm Begegnenden, ob er in der Stadt gesehen worden sei. Endlich ermittelte er durch abgeschickte Reiter, daß er in jenem Augenblicke 80 Meilen entfernt gewesen sei. Da deutete er die Erscheinung als eine göttliche und den Sinn des Ausspruchs nach dem Namen Basilides[133].

83. Der Ursprung dieses Gottes ist von unsern Schriftstellern noch nicht berichtet worden; die Priester der Ägypter erzählen folgendes: Dem König Ptolemäus, welcher von den Macedoniern der erste war, der die Macht Ägyptens gründete, sei, als er dem unlängst erbauten Alexandria Mauern, Tempel und Gottesdienst gegeben hatte, im Schlafe ein Jüngling von ausnehmender Schönheit und übermenschlicher Gestalt erschienen, der ihn aufgefordert habe, die treusten seiner Freunde nach Pontus zu schicken und sein Bild holen zu lassen. Günstig werde das seinem Reiche sein und groß und berühmt der Ort werden, der es aufnehme. Dann habe er gesehen, wie eben dieser Jüngling umströmt von Feuer sich gen Himmel aufschwang. Ptolemäus, durch die Vorbedeutung und das Wunder erregt, eröffnete den Priestern der Ägypter, die dergleichen zu deuten pflegen, die nächtliche Erscheinung. Da diese aber von Pontus und dem Auslande eben nichts wußten, fragte er den Athener Timotheus aus dem Geschlechte der Eumolpiden[134], den er als Vorsteher der heiligen Gebräuche aus Eleusis hatte kommen lassen, was es mit jenem Dienste und jener Gottheit auf sich habe. Timotheus erkundigte sich bei Leuten, die schon nach Pontus gereist waren, und brachte in Erfahrung, daß dort eine Stadt Sinope liegt, und nicht weit davon ein Tempel des Jupiter Dis; von altersher in hohem Ruhme unter den Anwohnern. Es stehe auch ein weibliches Bild daneben, welches man meistens Proserpina nenne. Doch Ptolemäus, wie einmal der Könige Art ist, zur Furchtsamkeit geneigt, wenn er sich aber wieder sicher glaubte, mehr auf Vergnügungen als auf Angelegenheiten der Religion bedacht, schlug sich die Sache allmählich aus dem Sinn und richtete seine Gedanken auf andere Sorgen, bis dieselbe Erscheinung, nun schon schrecklicher und dringender, ihm selbst und seinem Reiche Untergang ankündigte, wenn der Befehl nicht vollzogen würde. Da befahl er Gesandte und Geschenke an den König Scydrothemis, der damals in Sinope herrschte, zu schicken und gab den Boten bei der Abfahrt die Weisung, sich an den pythischen Apollo zu wenden. Das Meer war ihnen günstig, der Ausspruch des Orakels unzweideutig: Sie sollten hingehen und das Bildnis seines Vaters heimwärts führen, das der Schwester dort zurücklassen.

84. Als sie nach Sinope gekommen waren, brachten sie ihres Königs Gaben, Bitten und Gebote vor Scydrothemis. Dieser, mit sich selbst nicht einig, fürchtete bald die Gottheit, bald erschreckten die Drohungen des widerstrebenden Volkes, oft ließ er sich auch durch die Geschenke und Versprechungen der Gesandten wieder umstim-

men. So verstrichen drei Jahre und Ptolemäus ließ nicht nach mit seinen Bemühungen und Bitten, schickte angesehenere Gesandte, eine größere Zahl von Schiffen und noch mehr Gold. Da erschien dem Scydrothemis eine Gesatlt, die ihm drohte, nicht weiter zu verzögern, was der Gott einmal bestimmt habe. Als er noch säumte, verfolgte ihn allerlei Verderben, Krankheiten und ganz offenbarer, täglich schwererer Zorn der Himmlischen. Nun berief er eine Versammlung und setzte das Gebot der Gottheit, seine und des Ptolemäus Erscheinungen und das hereinbrechende Unheil auseinander. Das Volk hörte nicht auf den König, war neidisch auf Ägypten, für sich selbst in Sorge und umlagerte so den Tempel. Um so auffallender erzählt nun die Sage, es sei der Gott von selbst in die am Ufer liegende Flotte gestiegen. Wunderbarerweise gelangte man dann schon am dritten Tage nach Zurücklegung einer so langen Meerfahrt in Alexandria an. Ein Tempel, wie er der Größe dieser Stadt angemessen war, wurde in der Gegend, die Rhacotis heißt, erbaut. Dort hatte schon eine Kapelle gestanden, die seit alter Zeit dem Serapis und der Isis heilig war. Dies ist die gewöhnlichste Sage von dem Ursprunge und der Ankunft des Gottes. Doch weiß ich wohl, daß einige behaupten, er sei aus der syrischen Stadt Seleucia unter der Regierung des Ptolemäus, der der dritte des Geschlechtes war, herbeigeholt worden, andere, die Veranlassung sei von eben diesem Ptolemäus ausgegangen, der Ort, von welchem er sich dahin wegbegeben habe, sei dagegen Memphis, jener einst berühmte Hort des alten Ägyptens gewesen. Den Gott selbst halten viele für Aesculap, weil er Kranke heile, einige für Osiris, die älteste Gottheit bei jenen Völkern, ein großer Teil für Jupiter als den Beherrscher aller Dinge, die meisten für den Vater Dis, nach Kennzeichen, welche an ihm selber sichtbar sind, oder nur auch nur vermutungsweise.

85. Indes erhielten Domitianus und Mucianus, noch ehe sie den Alpen nahten, günstige Nachrichten von den Ereignissen im Lande der Treverer. Die beste Bürgschaft für den Sieg war der feindliche Heerführer Valentinus, der, keineswegs niedergeschlagenen Mutes, in seiner Miene zu erkennen gab, welch stolzen Sinn er einst gehegt hatte. Nur deshalb angehört, um seine Denkungsart kennenzulernen und so verurteilt, gab er, als ihm selbst bei der Hinrichtung jemand die Eroberung seiner Vaterstadt vorhielt, darauf zur Antwort, er lasse sich dies gern einen Trost im Tode sein. Mucianus aber brachte einen lange geheim gehaltenen Gedanken als eben erst in ihm entstanden zum Vorschein. Weil der Feinde Macht durch der Götter Gnade gebrochen sei, schicke es sich nicht recht, da der Krieg fast beendigt sei, für Domitianus, den Ruhme eines andern zu schmälern. Stände das Bestehen des Reiches oder Galliens Wohlfahrt auf dem Spiele, so wäre es für den Caesar Pflicht gewesen, auf den Kampfplatz sich zu stellen; Canninefaten und Bataver aber müsse man untergeordneten Feldher-

ren überlassen. Er selber möge zu Lugdunum die Macht und Hoheit des Kaisertums ganz aus der Nähe zeigen und sich nicht in kleinere Gefahren mischen, sondern nur bei größeren nicht fehlen.

86. Man durchschaute wohl die List, aber es gehörte ja selbst das schon zum Gehorsam, daß man tat, als ob man sie nicht merke. So kam man nach Lugdunum. Von hier aus, glaubt man sicher, habe Domitianus durch geheime Boten des Cerialis Treue auf die Probe zu stellen gesucht, ob er, wenn er persönlich erschiene, den Oberbefehl über das Heer übergeben würde. Ob er mit diesem Plane auf Krieg gegen seinen Vater gesonnen habe, oder auf Macht und Mittel gegen seinen Bruder, blieb ungewiß; denn Cerialis wußte ihn mit heilsamer Zurückhaltung abzuweisen, als hege er einen kindisch eiteln Wunsch. Domitianus, wohl sehend, daß wegen seiner Jugend[135] die älteren Leute auf ihn nicht achten wollten, gab nun auch die weniger bedeutenden, schon früher von ihm versehenen Reichsgeschäfte auf, sich unter der Larve der Anspruchslosigkeit und Bescheidenheit tief versteckend, und Eifer für Wissenschaft, sowie Liebe zur Dichtkunst heuchelnd, um seine Gesinnung zu verhüllen und sich der Eifersucht seines Bruders zu entziehen, dessen ganz entgegengesetztem, milderem Wesen er eine schiefe Deutung gab.

FÜNFTES BUCH

Fortsetzung der Geschichte des Jahres 70 n. Chr.

1. Gleich im Anfange dieses Jahres handelte nun auch der Caesar Titus, zu Judäas völliger Bezwingung von seinem Vater ausersehen und, schon als sie beide noch im Bürgerstande lebten, berühmt im Felde, jetzt mit größerem Nachdruck und Gewicht, da die Provinzen und die Heere wetteifernd ihre Liebe für ihn zu erkennen gaben. Um über seine Stellung selbst erhaben zu erscheinen, zeigte er sich in Anmut und kriegerischer Gewandtheit, durch Leutseligkeit und freundlichen Zuspruch Diensteifer weckend, bei der Arbeit, auf dem Heereszuge meistens mitten unter dem gemeinen Kriegsvolk, unbeschadet seiner Feldherrenwürde. Drei Legionen empfingen ihn in Judäa, die 5., die 10. und die 15., die alten Soldaten Vespasians. Ihnen fügte er noch die 12. aus Syrien zu und Soldaten der 21. und 3. Legion von Alexandria her. Begleitet wurde er von zwanzig Bundeskohorten und acht Reiterscharen, dazu von den Königen Agrippa und Sohaemus, von den Hilfstruppen des Königs Antiochus und einer starken Arabertruppe, die wegen des unter Grenznachbarn gewöhnlichen Hasses gegen die Juden feindlich gesinnt waren, sowie von vielen, die aus Rom und Italien ihre Hoffnung, den noch uneingenommenen Fürsten für sich zu gewinnen, hergelockt hatte. Mit diesen Truppen rückte er in geordnetem Zuge ins Gebiet der Feinde ein, alles auskundschaftend und zum Entscheidungskampfe gerüstet, und schlug nicht fern von Jerusalem sein Lager auf.

2. Im Begriff, den letzten Tag der vielbesprochenen Stadt zu überliefern, scheint es uns angemessen, ihren Ursprung zu enthüllen. Man erzählt, es hätten die Juden, von der Insel Kreta flüchtig, sich am äußersten Rande Libyens niedergelassen, in den Zeiten, als Saturn mit Gewalt von Jupiter vertrieben, ihm die Herrschaft abgetreten hatte. Den Beweis nimmt man vom Namen her: berühmt sei auf Kreta der Berg Ida, die anwohnenden Idäi wurden mit Dehnung dieses Wortes nach Barbarenweise, Judäi nun genannt. Einige berichten, während der Isis Herrschaft habe die in ganz Ägypten im Überschuß vorhandene Bevölkerung unter Hierosolymus und Judas Führung sich in die nächsten Länder entleert; viele halten sie für einen äthiopischen Stamm, welchen unter König Cepheus Furcht und Haß getrieben, seinen Wohnsitz zu verändern. Manche überliefern auch, es habe eine

Schar Assyrier, Volk ohne Land, sich eines Teiles von Ägypten bemächtigt, dann aber eigene Städte, die Hebräerlande und die Syrien näher gelegenen Gegenden bewohnt, andere noch, was den Ursprung der Juden ruhmvoll macht, die Solymer, ein in Homers Gesängen gefeierter Volksstamm, hätten diese Stadt gegründet und nach ihrem eignen Namen Hierosolyma genannt.

3. Die meisten Erzähler stimmen darin überein, daß, als in ganz Ägypten eine entstellende Seuche ausgebrochen war, König Bocchoris sich an das Orakel Hammons mit der Bitte um ein Heilmittel gewandt hätte und die Weisung erhalten habe, sein Reich zu säubern und dieses Volk als den Göttern verhaßt in andere Länder zu vertreiben. Als man nun die so zusammengesuchte und zusammengetriebene Menge in Einöden ihrem Schicksal überlassen, habe sie, während alle übrigen in Tränen versanken, Moses, einer der Verbannten, aufgefordert, keine Hilfe von Göttern oder Menschen zu erwarten, da sie von beiden verlassen wären, sondern dem, als einem vom Himmel gesandten Führer zu vertrauen, unter dessen Beistand sie zuerst die Not des Augenblicks abwenden würden. Sie willigten ein und traten mit allem unbekannt aufs Geratewohl ihre Wanderung an. Doch nichts quälte sie nun so sehr als Wassermangel, und schon waren sie, dem Verschmachten nahe, auf allen Feldern umher darniedergesunken, als eine Herde wilder Esel von der Weide auf einen von einem Haine beschatten Felsen zulief. Moses folgte ihr und entdeckte, was er aus dem grasreichen Boden gemutmaßt hatte, reiche Wasseradern. Das Wasser gewährte Erquickung; und als sie ohne Unterbrechung einen Weg von sechs Tagen zurückgelegt hatten, besetzten sie am siebenten nach Vertreibung der Einwohner das Land, in welchem sie Stadt und Tempel erbauten.

4. Um sich des Volks für die Zukunft zu versichern, stiftete Moses in demselben ganz neue und denen der übrigen Welt zuwiderlaufende Gebräuche. Unheilig ist dort alles, was bei uns heilig ist; hinwiederum ist bei ihnen erlaubt, was uns ein Greuel ist. Das Bild des Tieres, welches ihnen einen Ausweg aus der Irre und Verdurstung gewiesen hatte, weihten sie in ihrem Heiligtume, wogegen sie wie zur Beschimpfung Hammons einen Widder schlachteten. Auch der Stier wird geopfert, den die Ägypter als Apis verehren. Des Schweines enthalten sie sich in Erinnerung der Plage, womit auch sie der Aussatz einst entstellt hatte, dem dies Tier unterworfen ist. Von ihrer früheren langen Hungersnot legen sie noch jetzt durch häufiges Fasten Bekenntnis ab, und es bleibt das ungesäuerte jüdische Brot ein Zeugnis davon, daß sie die Feldfrucht einst im Raube genossen hatten. Immer, sagt man, habe Ruhe ihnen am siebenten Tage gefallen, weil dieser ihren Mühsalen ein Ende gebracht. Dann, als die Untätigkeit ihnen wohlbehagte, habe man ebenso das siebente Jahr dem Müßiggang geweiht. Andere behaupten, es sei dies eine Ehre, die man dem Saturn

erweise, sei es, daß die Idäer, die, wie wir vernommen haben, mit Saturn vertrieben und des Volkes Stammväter wurden, ihnen die Begründung dieses Kultus überlieferten, sei es, weil von den sieben Gestirnen, welche die Menschenwelt regieren, des Saturnus Stern im höchsten Kreise und mit besonderem Einfluß sich bewege, wie ja auch die meisten Himmelskörper ihre Kraft und ihren Umlauf in der Siebenzahl vollenden.

5. Diese Gebräuche werden, wie auch immer eingeführt, durch ihr Alter gerechtfertigt. Die übrigen Einrichtungen, verdreht und abscheulich, haben nur durch Verworfenheit Kraft gewonnen. Denn jeder Nichtswürdige, der seine vaterländische Religion verachtete, brachte dorthin Beisteuer und Gaben, wodurch der Juden Macht sich hob, und weil sie untereinander selbst hartnäckige Treue und bereitwillige Barmherzigkeit beweisen, gegen alle Übrigen dagegen Feindeshaß. Sie speisen abgesondert, trennen ihre Lagerstätte von andern, enthalten sich, obwohl der Wollust unter allen Völkern sonst am meisten frönend, des Geschlechtsverkehrs fremder Weiber; zwischen ihnen selbst ist nichts verboten. Die Beschneidung haben sie eingeführt, um durch dieses Abzeichen kenntlich zu sein. Die, welche zu ihrem Brauche übertreten, beachten eben dasselbe, und nichts wird ihnen eiliger eingeschärft, als die Götter zu verachten, ihr Vaterland zu verleugnen und ihre Eltern, Kinder und Geschwister für nichts zu achten. Dennoch wird für die Vermehrung des Volkes Sorge getragen. Denn wie sie es für Frevel halten, irgend einen von den Spätgeborenen zu töten, so glauben sie auch, daß die Seelen der in der Schlacht oder durch Hinrichtung Gefallenen unsterblich sind. Daher stammt ihre Liebe zur Geschlechtsfortpflanzung und ihre Todesverachtung. Die Leichen setzen sie bei, anstatt sie zu verbrennen, nach ägyptischer Weise, mit welcher sie auch die Sorgfalt dabei und den Glauben über die Unterwelt teilen. Der an das Himmlische ist ganz das Gegenteil. Die Ägypter verehren allerlei Tiere und selbstgeschaffene Bilder; die Juden erkennen im Geiste nur und nur eine einzige Gottheit. Gottlos seien alle, die sich von Göttern aus irdischen Stoffen menschlichen Gestalten ähnliche Bilder schaffen; jenes höchste und ewige Wesen sei weder darstellbar noch vergänglich. Daher dulden sie keine Götterbilder in ihren Städten, geschweige in den Tempeln. Nicht einmal Königen wird solche Schmeichelei, nicht den Caesaren solche Ehre zuteil. Weil aber ihre Priester Flöten- und Paukenspiel erschallen ließen, sich mit Efeu bekränzten und man eine goldene Rebe im Tempel fand, haben einige gemeint, es werde Pater Liber verehrt, der Bezwinger des Morgenlandes. Dazu stimmen aber ihre Bräuche nicht. Liber nämlich hat festliche und fröhliche Bräuche eingeführt, die Weise der Juden ist abgeschmackt und schäbig.

6. Wo sich das Land nach dem Morgen hin erstreckt, wird es von Arabien begrenzt, im Mittag stößt Ägypten daran, im Abend die

Phönizier und das Meer, nach Norden dehnt es sich seitwärts von Syrien weithin aus. Der Menschenschlag ist gesund und kann Anstrengung ertragen. Regen ist selten, der Boden fruchtbar, die Erzeugnisse desselben wie bei uns und außer diesem Balsam und Palmen. Die Palmenwälder sind hoch und schön, die Balsamstaude ist von mäßiger Höhe. Tut man einem Aste, wenn der Saft recht in ihn geschossen ist, mit Eisen Gewalt an, so stocken die Gefäße. Mit einem Steine oder durch eine Scherbe lassen sie sich öffnen, und diese Flüssigkeit wird von den Ärzten gebraucht. Als Hauptgebirge ragt der Libanon empor, der wunderbarerweise mitten in so großer Hitze kühl ist und den Schnee bewahrt. Er speist auch einen Fluß, den Jordan, und gibt ihm Nahrung. Doch wird der Jordan nicht vom Meere aufgenommen, sondern fließt durch einen See und noch einen zweiten unvermischt hindurch; in einem dritten bleibt er. Dieser ist von ungeheuerm Umfange, einem Meere ähnlich, von Geschmack noch widriger, durch die Schärfe seines Geruches den Anwohnern Verderben bringend, und wird weder vom Winde bewegt, noch duldet er Fische oder Wasservögel. Die trägen Wogen tragen das, was man darauf wirft, wie auf festem Boden; des Schwimmens Kundige und Unkundige werden gleicherweise emporgehoben. Zu einer bestimmten Zeit des Jahres wirft er Erdharz aus, dessen Sammlungsweise, wie andere Fertigkeiten, die Erfahrung gelehrt hat. Die von Natur schon schwarze, aber erst wenn man Säure daraufgießt, sich verdichtende Flüssigkeit schwimmt auf der Oberfläche. Die, welche sich damit beschäftigen, ergreifen sie mit der Hand und ziehen sie an den Bord des Schiffes; dann fließt sie ohne jemandes Zutun hinein und belastet es, bis man sie lostrennt. Doch das kann man nicht mit Erz oder Eisen; sie weicht vor Blut und schon vor einem Kleide zurück, das mit dem Monatsfluß der Frauen befleckt ist. So erzählen die alten Geschichtschreiber; doch Leute, welche die Gegend kennengelernt haben, berichten, die von Erdharz wogenden Massen treibe und ziehe man mit der Hand an das Ufer, dann, wenn sie durch die Wärme der Erde und die Glut der Sonne getrocknet sind, schlägt man sie mit Beilen und Keilen wie Balken oder Steine auseinander.

7. Nicht weit von da sind Ebenen, von denen man erzählt, daß sie, einst fruchtbar und mit großen Städten bebaut, durch Blitzstrahl in Brand geraten seien; auch sollen noch Spuren davon vorhanden sein, aber das Land selbst, schon von Ansehen her dürre, habe seine fruchtbringende Kraft verloren. Denn alles von selbst Gewachsene oder von Menschenhand Gesäte, es komme nur bis zum Kraute, bis zur Blüte oder auch bis zur gewöhnlichen Größe empor, wird schwarz und welk und löst sich wie in Asche auf. Wie ich gern zugeben will, daß einst berühmte Städte hier vom Feuer des Himmels verzehrt worden sind, so bin ich doch der Meinung, daß durch die Ausdünstung des Sees erst das Land vergiftet und der Dunstkreis desselben verpestet

wird, und aus diesem Grunde die Erzeugnisse der Saaten und des Herbstes verfaulen, weil Boden und Luft gleich ungesund sind. Noch ein Fluß ist der Belus, der sich in das jüdische Meer ergießt, und an dessen Mündung man Sand sammelt, den man durch Beimischung von Soda zu Glas schmilzt. Nur unbedeutend ist diese Uferstrecke, aber von unerschöpflicher Ausbeute.

8. Ein großer Teil Judäas ist übersät mit Dorfschaften; doch haben sie auch Städte. Jerusalem ist die Hauptstadt des Volkes. Dort ist ein Tempel von unermeßlichem Reichtum, und erst die Stadt, dann die Königsburg, im innersten Kreise der Tempel von Festungswerken eingeschlossen. Bis an die Tür nur hatten die Juden Zutritt; über die Schwelle durfte außer den Priestern niemand. So lange der Orient sich in den Händen der Assyrier, Meder und Perser befand, waren sie der verachteteste Teil der Untertanen; als die Macedonier die Obergewalt erhielten, bemühte sich König Antiochus, ihnen ihren Aberglauben zu nehmen und griechische Sitte zu geben, wurde aber durch einen Krieg mit den Parthern daran gehindert, dies abscheuliche Volk zu verbessern. Denn in dieser Zeit war Arsaces abgefallen. Da setzten sich die Juden, weil die Macedonier schwach, die Parther noch nicht stark genug waren – die Römer waren noch fern – selber Könige, welche, durch den veränderlichen Sinn des Volks vertrieben, als sie mit den Waffen die Herrschaft wiedergewonnen hatten, Bürgerächtung, Städtezerstörung, Geschwister-, Gatten-, Elternmord und all das, was bei Königen sonst gewöhnlich ist, sich erlaubten und den Aberglauben begünstigten, weil man auch noch die Würde des Priestertums zur Stütze der Macht benutzte.

9. Von den Römern war der erste Gnaeus Pompeius, welcher die Juden bezwang und auch den Tempel nach dem Rechte des Sieges betrat. Nun wurde bekannt, daß kein Götterbild darin befindlich sei, sondern die Stätte leer und im Heiligtume nichts sei. Die Mauern Jerusalems wurden geschleift, der Tempel blieb stehen. Als bald darauf während unseres Bürgerkrieges jene Provinzen unter des Marcus Antonius Botmäßigkeit gekommen waren, bemächtigte sich der Partherkönig Pacorus Judäas, wurde jedoch von Publius Ventidius getötet, und die Parther über den Euphrates zurückgetrieben; die Juden unterwarf Gaius Sosius. Die von Antonius dem Herodes verliehene Königsherrschaft erweiterte Augustus als Sieger. Nach des Herodes Tod hatte, ohne auf den Kaiser erst zu warten, ein gewisser Simo sich des Königstitels bemächtigt. Dieser wurde von Quintilius Varus, welcher Syrien verwaltete, bestraft, und das gezüchtigte Volk regierten zu drei Teilen des Herodes Söhne. Unter Tiberius war Ruhe. Doch als ihnen darauf von Kaiser Gaius geboten wurde, sein Bild im Tempel aufzustellen, griffen sie lieber zu den Waffen, ein Aufstand, dem der Tod des Kaisers ein Ende machte. Claudius überließ, als die Könige gestorben oder auf einen geringen Teil zurückgewiesen waren, die

Provinz Judäa römischen Rittern oder Freigelassenen. Von den letzteren übte Antonius Felix in jeder Art von Tyrannei und Willkür Königsrecht mit Sklavenlaune aus, der mit Drusilla, einer Enkelin Cleopatras und des Antonius, vermählt war, so daß von eben dem Antonius dieser Felix Gatte der Enkelin, Claudius aber Enkel war.

10. Dennoch hielt sich die Geduld der Juden bis auf den Prokurator Gessius Florus. Unter diesem brach der Krieg aus. Der Legat von Syrien, Cestius Gallus, welcher ihm unterdrücken wollte, hatte wechselnde, öfters unglückliche Treffen zu bestehen. Als dieser natürlichen Todes oder aus Lebensüberdruß gestorben war, wurde von Nero Vespasian gesandt. Und dieser war in der Zeit von zwei Sommern durch sein Glück, seinen Ruf und treffliche Gehilfen des ganzen platten Landes und aller Städte außer Jerusalem mit siegreichem Heere Meister. Das nächste Jahr ging, auf den Bürgerkrieg gerichtet, soweit es die Juden betraf, in Ruhe hin. Sobald der Friede in Italien errungen war, kehrte die Sorge auch um das Ausland wieder zurück. Es erhöhte die Erbitterung, daß allein die Juden sich nicht hatten fügen wollen. Zugleich schien es für alle Ereignisse und Unfälle der neuen Regierung dienlicher, daß Titus bei dem Heere blieb.

11. So schlug er also, wie wir schon gesagt haben, vor den Mauern Jerusalems sein Lager auf und zeigte seine schlachtbereiten Legionen. Die Juden stellten ihre Schlachtlinie dicht vor den Mauern auf, um im glücklichen Falle sich weiter zu wagen und, falls sie geschlagen würden, gleich eine Zuflucht zu haben. Die mit den leichtgerüsteten Kohorten gegen sie abgeschickte Reiterei kämpfte unentschieden. Bald wichen die Feinde, lieferten jedoch an den folgenden Tagen häufige Gefechte vor den Toren, bis sie durch unaufhörliche Verluste hinter die Mauern zurückgeworfen wurden. Die Römer schritten zur Bestürmung. Denn es schien unwürdig, die Aushungerung der Feinde abzuwarten, und man verlangte auch nach Gefahren, ein Teil aus Tapferkeit, viele aus Wildheit und Begier, dafür belohnt zu werden. Titus selbst schwebten Rom, Machteinfluß und Freuden schon vor Augen, und wenn nicht sogleich Jerusalem fiele, schien dies ihn davon abzuhalten. Aber die schon hochgelegene Stadt war auch noch durch Werke und Wälle befestigt, mit denen auch ein ebener Platz genugsam verwahrt gewesen wäre. Denn zwei ungemein hohe Hügel wurden von Mauern eingeschlossen, die künstlich schief oder einwärts gekrümmt erbaut worden waren, damit die Seiten der Stürmenden den Geschossen ausgesetzt wären. Der äußerste Rand der Feldmasse war abschüssig, und dazu erhoben sich Türme, wo der Berg zu Hilfe kam zu einer Höhe von 60, in Vertiefungen von 120 Fuß, ein bewundernswürdiger Anblick und von ferne gesehen gleichhoch. Andere Mauern waren innerhalb um die Königsburg gezogen, und von in die Augen fallender Höhe der Antoniusturm, so von Herodes dem Marcus Antonius zu Ehren genannt.

12. Der Tempel erhob sich wie eine Burg und hatte seine eigenen Mauern, welche durch mühsame Arbeit noch vor den andern ausgezeichnet waren. Selbst die Säulengänge, die um den Tempel herliefen, waren ein vortreffliches Bollwerk. Es gab da eine Quelle von unversiegbarem Wasser, unterirdische Gemächer in den Bergen, Fischbehälter und Zisternen zur Aufbewahrung des Regenwassers. Vorausgesehen hatten die Erbauer infolge der Andersartigkeit der Sitten häufige Kriege, daher war alles gegen eine wenn auch noch so lange Belagerung eingerichtet. Auch hatte ihnen bei der Eroberung durch Pompeius Furcht und Erfahrung noch mancherlei an die Hand gegeben. Ja, sie hatten sich während des Claudius geldsüchtiger Zeiten das Befestigungsrecht erkauft und führten im Frieden Mauern wie zum Kriege auf, durch einen großen Zusammenfluß von Menschen vermehrt; wenn andere Städte zerstört worden waren. Denn gerade die Allerhartnäckigsten hatten dorthin ihre Zuflucht genommen, und darum waren sie um so mehr zur Empörung geneigt. Sie hatten drei Anführer und ebensoviele Heere. Das äußerste und weitläufigste Gemäuer hatte Simo, die Mittelstadt Joannes, den Tempel Eleazar besetzt. Durch Menschenzahl und Waffen waren Joannes und Simo stark, Eleazar durch die Örtlichkeit. Aber unter ihnen selber wüteten Gefechte, Hinterlist und Brandstiftungen, und eine große Menge Getreide verbrannte. Dann sandte Joannes, unter dem Vorwande zu opfern, Leute, welche Eleazar und seine Schar ermordeten, und bemächtigte sich des Tempels. So teilte sich die Stadt in zwei Parteien, bis bei Annäherung der Römer der auswärtige Krieg Eintracht erzeugte.

13. Es waren Wunderzeichen geschehen, die jedoch dies dem Aberglauben ergebene, heiligem Brauche abgeneigte Volk weder durch Schlachtopfer noch durch Gelübde zu sühnen für gestattet hält. Schlachtreihen sah man über den Himmel hin zusammentreffen, rot funkelnde Waffen und von plötzlichem Wolkenfeuerschein den Tempel erhellt. Mit einem Male öffneten sich die Türen des Heiligtums und man vernahm eine übermenschliche Stimme, die Götter zögen aus, und zugleich der Ausziehenden gewaltiges Getöse. Dies deuteten nur wenige zum Schrecken, die Mehrzahl hegte die Überzeugung, in den alten Schriften der Priester stehe, gerade in dieser Zeit werde das Morgenland mächtig werden, und Männer aus Judäa würden sich der Weltherrschaft bemächtigen[136]. Diese Rätselworte hatten auf Vespasian und Titus hingedeutet; aber nach Art der menschlichen Begehrlichkeit deutete die Menge auf sich selbst solch hocherhabenes Geschick und wurde nicht einmal durch Unglück zur Wahrheit bekehrt. Die ganze Menge der Belagerten, jeden Alters, männlichen und weiblichen Geschlechts, betrug, wie wir vernommen haben, 600000. Waffen hatte jeder, der sie irgend tragen konnte, und mehr noch, als die Zahl erwarten ließ, wagten sich damit in den

Kampf. Gleich hartnäckig zeigten sich Männer und Frauen. Und sollte man sie zwingen auszuwandern, so fürchteten sie sich mehr vor dem Leben als vor dem Tode. Das war die Stadt, das war das Volk, gegen welche nun Caesar Titus, weil die Örtlichkeit stürmischen und augenblicklichen Angriff nicht zuließ, mit Dämmen und Schutzdächern zu kämpfen beschloß. Die Arbeiten wurden unter die Legionen verteilt, und die Gefechte ruhten, bis alles veranstaltet war, was schon von den Alten zur Eroberung von Städten erfunden oder neu ersonnen worden war.

14. Indessen lagerte sich Civilis, als er nach der unglücklichen Schlacht im Gebiete der Treverer in Germanien sein Heer ersetzt hatte, bei Vetera Castra, durch die Örtlichkeit geschützt, und damit durch die Erinnerung an das dort gehabte Glück der Mut der Barbaren sich erhöhte. Dahin folgte ihm auch Cerialis nach Verdoppelung seiner Streitkräfte durch die Ankunft der 2., 6. und 14. Legion. Auch die Kohorten und Reiterscharen, welche man schon längst herbeigerufen hatte, hatten sich nach dem Siege beeilt. Keiner der beiden Heerführer war ein Zauderer, doch hielt sie die weite Ausdehnung der schon von Natur nassen Ebenen auseinander. Civilis hatte noch dazu quer in den Rhein hinein einen Damm aufführen lassen, durch dessen Widerstand der Fluß aufgestaut und sich über die anliegenden Gegenden hin ergoß. Dies war des Landes Beschaffenheit, durch unsichere Furten trügerisch und uns ungünstig. Der römische Soldat ist schwer bewaffnet und im Schwimmen furchtsam, die mit den Fluten vertrauten Germanen hebt auch noch die Leichtigkeit der Waffen und ihr hoher Wuchs.

15. Als daher die Bataver sie reizten, begannen zwar die mutigsten der Unsrigen den Kampf, dann aber entstand Bestürzung, da in den tiefen Sümpfen Waffen und Pferde steckenblieben, während die Germanen durch die ihnen bekannten Furten hindurchsprangen und fielen uns meist abgewendet von der Front in die Flanken und in den Rücken. Auch wurde nicht wie bei einem Gefecht auf festem Boden Mann gegen Mann gestritten, sondern wie in einer Seeschlacht wurden, zwischen den Fluten umhertreibend oder, wenn sie auf sichern Grund trafen, dort aus Leibeskräften weiter strebend, Verwundete mit Unverwundeten, des Schwimmens Kundige mit solchen, die es nicht verstanden, in wechselseitiges Verderben hineingezogen. Dennoch waren die Verluste für ein solches Getümmel unbedeutend, weil die Germanen sich nicht über den Sumpf hinaus wagten und in ihr Lager zurückkehrten. Der Ausgang dieses Treffens spornte beide Heerführer aus verschiedenen Beweggründen an, die Entscheidung des Ganzen zu beschleunigen. Civilis wollte sein Glück verfolgen, Cerialis die Schande tilgen. Die Germanen pochten auf ihren glücklichen Erfolg, die Römer hatte die Beschämung aufgeregt. Die Nacht wurde bei den Barbaren mit Gesang und Geschrei, auf unsrer Seite unter Grimm und Drohungen verbracht.

16. Am folgenden Morgen ergänzte Cerialis das Vordertreffen mit Reiterei und Hilfkohorten; in die zweite Schlachtreihe wurden die Legionen gestellt; für sich hatte der Feldherr Auserlesene für unvorhergesehene Fälle zurückbehalten. Civilius stellte sich nicht in ausgedehnter Linie, sondern in Keilen auf. Die Bataver und Cugerner hielten auf dem rechten Flügel, links und näher am Flusse die Überrheinischen. Die Ermunterung durch die Feldherren fand nicht in der gewöhnlichen Weise einer Rede vor der Gesamtheit statt, sondern wenn sie an jede Schar herangeritten kamen. Cerialis sprach vom alten Ruhme des römischen Namens, von vormaligen und neueren Siegen. Den treulosen, feigen und besiegten Feind sollten sie auf immer vertilgen; mehr nur Rache zu nehmen als einer Schlacht bedürfe es. Geringer an Zahl hätten sie neulich mit Überlegenen gekämpft, und dennoch seien die Germanen und zwar ihr Kern geschlagen worden. Übrig seien solche nur geblieben, die Flucht im Herzen und Wunden auf dem Rücken trügen. Hierauf suchte er die Legionen, jede auf ihre Weise anzuspornen, die vierzehnte Britanniens Bezwinger nennend, das Auftreten der sechsten habe Galba zum Kaiser gemacht, die von der zweiten würden in dieser Schlacht zuerst ihre neuen Feldzeichen und ihren neuen Adler weihen. Von da noch weiter vorwärts reitend rief er mit ausgestreckten Armen dem germanischen Heere zu, sie möchten ihr Uferland, ihr Lager mit dem Blute der Feinde wiedererobern. Ungewöhnlicher Freudenruf erscholl von allen, welche teils nach langem Frieden eine Schlacht begehrten, teils des Krieges müde sich nach Frieden sehnten und Belohnungen und Ruhe für die Zukunft hofften.

17. Auch als Civilis seine Schlachtreihen ordnete, ging es nicht schweigend zu, weil er den Kampfplatz selbst zum Zeugen der Tapferkeit anrief. Die Germanen und Bataver ständen auf dem Felde ihres Ruhmes, sie hätten Asche und Gebeine der Legionen unter ihren Füßen. Wohin der Römer seine Blicke richte, schwebe ihm Gefangenschaft und Niederlage vor und lauter Grauen. Nicht möchten sie sich schrecken lassen durch den wechselvollen Verlauf des treverischen Kampfes. Ihr eigner Sieg sei den Germanen dort im Wege gewesen, weil sie, die Waffen ruhen lassend, sich die Hände mit Beute gebunden hätten; doch sei ja alles nachher ihnen günstig und dem Feinde zum Schaden ausgefallen. Was durch des Feldherrn Klugheit habe vorgesehen werden müssen, sei vorgesehen worden, nasse, aber ihn selbst bekannte Ebenen, Sümpfe, die den Feinden schädlich seien, vor ihren Augen der Rhein und Germaniens Götter, unter deren Walten sie den Kampf beginnen möchten, ihrer Gattinnen gedenkend, ihrer Eltern, ihres Vaterlandes. Dieser Tag werde entweder der ruhmvollste sein im Vergleich mit den Vorfahren, oder bei den Nachkommen der schmachvollste. Als durch Waffenklang und Stampfen – dies ist ihre Weise – diesen Worten Beifall erwiesen wor-

den war, wurde mit Steinen, Kugeln und andern Wurfgeschossen das Treffen begonnen, ohne daß unsere Soldaten in den Sumpf hineingingen, während sie die Germanen doch reizten, um sie hervorzulocken.

18. Als die Wurfgeschosse verbraucht waren und der Kampf hitziger wurde, rückte der Feind immer erbitterter hervor. Mit ihren ungeheuren Leibern und ihren übermäßig langen Speeren durchbohrten sie aus der Ferne die umhertreibenden und wankenden Soldaten; zugleich schwamm von dem Damme, welcher wie wir erwähnten, in den Rhein hinein aufgeführt worden war, der Keil der Bructerer herüber. Da geriet alles in Verwirrung, und schon wurde die Linie der verbündeten Kohorten geworfen, als die Legionen den Kampf aufnahmen und, den Ungestüm der Feinde dämpfend, das Gleichgewicht der Schlacht herstellten. Währenddessen kam ein batavischer Überläufer zu Cerialis und versprach ihm die Umgehung des Feindes, wenn Reiterei an das äußerste Ende des Sumpfes geschickt würde. Da sei fester Boden, und die Cugerner, denen die Bewachung hier zugefallen, seien nicht recht auf der Hut. Zwei Reiterscharen wurden mit dem Überläufer abgeschickt und umgingen den unvorsichtigen Feind. Sobald man dies an dem Geschrei bemerkte, drangen die Legionen von vorn ein, die Germanen wurden geschlagen und eilten fliehend dem Rheine zu. Man würde den Krieg an diesem Tage beendet haben, hätte die römische Flotte sich beeilt zu folgen. Nicht einmal die Reiterei setzte nach, da plötzlich Regen goß und auch die Nacht nahte.

19. Am folgenden Tage wurde die 14. Legion in die obergermanische Provinz zu Annius Gallus gesandt; Cerialis Heer ergänzte die 10. Legion aus Spanien. Zu Civilis stießen die Hilfsscharen der Chauken. Dennoch wagte er es nicht, die Stadt der Bataver[137] mit den Waffen zu schützen, sondern raffte mit sich fort, was sich mitnehmen ließ, warf Feuer in das übrige und zog sich nach der Insel zurück, wohl wissend, daß es, um eine Brücke zu schlagen, an Schiffen fehle, und anders das römische Heer doch nicht hinüberkommen werde. Ja, er riß auch den von Drusus Germanicus angelegten Damm ein und ließ so den Rhein, der in abschüssigem Bett nach Galliens Seite drängt, durch Zerstörung aller Hindernisse wieder dorthin hinüberströmen. Da so der Fluß so gut wie abgeleitet war, gewährte das seichte Bett zwischen der Insel und Germanien den Anblick zusammenhängenden Landes. Auch Tutor und Classicus gingen über den Rhein sowie 113 treverischen Senatoren, unter welchen sich Montanus Alpinius befand, von dem wir oben bemerkten[138], er sei von Antonius Primus nach Gallien gesendet worden. Es begleitete ihn sein Bruder Decimus Alpinius. Zugleich brachten auch die übrigen durch Erregung des Mitleids und durch Geschenke unter den so schon kampflustigen Völkerschaften Hilfsscharen zusammen.

20. So viel Kräfte hatte der Krieg noch übrig, daß Civilis an einem

Tage in vier Abteilungen die Standlager der Kohorten, der Reiterscharen und der Legionen angriff, die 10. Legion zu Arenacum, die 2. zu Batavodurum, dann Grinnes und Vada, Lagerplätze von Kohorten und Reiterscharen, indem er seine Truppen so teilte, daß er und Verax, seiner Schwester Sohn, sowie Classicus und Tutor ein jeder seine eigene Schar bei sich hatte. Und hofften sie auch nicht alles durchzusetzen, so glaubten sie doch, es werde, wenn sie recht viel wagten, das Glück ihnen irgendwo beistehen; auch könne ja Cerialis, der nicht recht auf seiner Hut sei, und auf die vielfachen Botschaften bald hierhin, bald dorthin eilen würde, mitten auf dem Marsche abgefangen werden. Die, denen das Lager der 10. Legion zugewiesen worden war, beunruhigten, da sie die Belagerung für zu schwierig hielten, die Soldaten, als sie ausgerückt und mit Holzfällen beschäftigt waren, und töteten dabei den Lagerpräfekten, fünf Centurionen vom ersten Range und etliche Soldaten. Die übrigen verteidigten sich hinter den Befestigungswerken. Inzwischen bemühten sich die Scharen der Germanen, bei Batavodurum eine angefangene Brücke abzubrechen. Das unentschiedene Gefecht trennte die Nacht.

21. Gefährlicher stand es bei Grinnes und Vada. Vada bestürmte Civilis, Grinnes Classicus, und man konnte sie nicht mehr aufhalten, da sie die Tapfersten alle schon getötet hatten, unter denen auch Briganticus, der Befehlshaber einer Reiterschar, gefallen war, von dem wir sagten, daß er den Römern treu, seinem Oheim Civilis aber feind war. Als aber Cerialis mit einem auserlesenen Reiterhaufen zu Hilfe kam, da wandte sich das Glück, und die Germanen wurden Hals über Kopf in den Fluß hineingejagt. Während Civilis die Fliehenden zurückzuhalten suchte, wurde er erkannt und mit Geschossen verfolgt, ließ sein Pferd zurück und schwamm hinüber. Ebenso entkam auch Verax; Tutor und Classicus setzten in Kähnen über, welche an das Ufer kamen. Selbst diesmal nahm die römische Flotte nicht am Kampfe teil, wie ihr geheißen war. Schuld daran war die Furchtsamkeit und auch der Umstand, daß die Ruderknechte sich zu anderweitigen Dienstverrichtungen zerstreut hatten. Allerdings gab Cerialis zu wenig Zeit zur Vollziehung seiner Befehle, weil er seine Entschlüsse plötzlich zu fassen pflegte, doch immer mit glänzendem Erfolg. Das Glück stand ihm zur Seite, auch wenn er es an seinen Maßregeln hatte fehlen lassen. Daher kam es, daß er sowie sein Heer sich um die Mannszucht weniger kümmerten. Und wenige Tage nachher entging er zwar der Gefahr der Gefangenschaft, konnte sich aber der üblen Nachrede nicht entziehen.

22. Er hatte sich nach Novaesium und Bonn begeben, um die Lager in Augenschein zu nehmen, die zur Überwinterung der Legionen errichtet wurden, und kehrte zu Schiffe zurück; der Heereszug hatte sich zerteilt, die Wachen waren nicht auf ihrer Hut. Das wurden die Germanen gewahr und bereiteten einen Überfall vor. Sie ersahen sich

eine schwarzumwölkte Nacht und drangen, vom reißenden Strome hinabgeführt, ohne von jemand aufgehalten zu werden, in die Verschanzung ein. Beim ersten Gemetzel half ihnen eine List, sie zerhieben die Zeltschnüre und mordeten die unter ihren eigenen Gezelten Begrabenen. Eine andere Schar brachte die Flotte in Verwirrung, warf Schlingen über die Hinterverdecke der Schiffe und zog sie fort. Und wie sie erst, um unbemerkt zu bleiben, geschwiegen hatten, so erfüllten sie, als das Gemetzel einmal angefangen hatte, alles mit Geschrei, um desto mehr Schrecken einzuflößen. Die Römer, erst durch die Wunden geweckt, suchten nach ihren Waffen und rannten auf den Gassen umher, nur wenige in kriegerischer Rüstung, die meisten mit um den Arm gewundenem Gewande und gezückten Schwertern. Der Feldherr, halb im Schlafe und fast unbekleidet, wurde nur durch einen Irrtum der Feinde gerettet. Sie führten in dem Glauben, dort befinde sich der Feldherr, das durch die Flagge ausgezeichnete Flaggschiff hinweg. Cerialis aber hatte die Nacht anderswo zugebracht, wie man größtenteils glaubte, in Unzucht mit einem ubischen Weibe, Claudia Sacrata. Die Wachen wenigstens entschuldigten ihren Schimpf mit der Schande des Feldherrn, als sei ihnen geboten gewesen zu schweigen, um seine Ruhe nicht zu stören; so seien sie durch Unterlassung des Signals und Anrufes ebenfalls in Schlaf versunken. Am hellen Tage fuhren die Feinde mit den genommenen Schiffen zurück und zogen das Flaggschiff, einen Dreiruderer zum Geschenk für Veleda die Lippe hinauf.

23. Civilis überkam die Lust, eine Schlachtordnung von Schiffen zur Schau zu stellen. Er bemannte, was von Zweiruderern und Schiffen einer Ruderreihe da war. Dazu kam eine ungeheure Menge Kähne mit je dreißig bis vierzig Mann. Die Ausrüstung war die bei den Schnellseglern gewöhnliche, und die mitfahrenden Kähne wurden statt der Segel auf eine nicht übel aussehende Weise durch verschiedenfarbige Kriegsmäntel unterstützt. Man wählte eine meerähnliche Wasserfläche, dort wo die Mündung der Maas zugleich den Rheinstrom in den Ozean ergießt. Der Grund zur Aufstellung dieser Flotte war, außer der dem Volke angeborenen Eitelkeit, mit dieser Schreckensmacht die aus Gallien kommende Zufuhr abzuschneiden. Cerialis ließ mehr aus Neugier als aus Furcht seine Flotte auslaufen, die an Zahl jener nicht gewachsen, aber wegen der Übung der Ruderer, der Geschicklichkeit der Steuerleute und der Größe der Schiffe überlegen war. Diese fuhren mit dem Strome, jene mit dem Winde. So segelten sie an einander vorüber und trennten sich, nachdem sie sich nur mit dem Wurf leichter Geschosse versucht hatten. Civilis zog sich, nichts weiter wagend, über den Rhein zurück. Cerialis, die Insel der Bataver feindlich verheerend, ließ die Äcker und Landhäuser des Civilis mit bekannter Feldherrnschlauheit unberührt. Inzwischen neigte sich der Herbst zum Ende und häufiger Regen fiel und der

übertretende Strom bedeckte die an sich schon sumpfige und niedriggelegene Insel so, daß sie wie ein See aussah. Weder eine Flotte war da, noch Zufuhr, und das in der Ebene gelegene Lager wurde durch die Gewalt der Flut auseinandergerissen.

24. Daß die Legionen jetzt hatten aufgerieben werden können, und die Germanen das auch wollten, von ihm jedoch durch List davon abgebracht worden wären, rechnete sich Civilis zum Verdienste an. Auch ist es nicht unwahrscheinlich, weil ja wenige Tage darauf die Ergebung folgte. Cerialis bot nämlich durch geheime Unterhändler den Batavern Frieden, dem Civilis Verzeihung an, und gab der Veleda und ihren Verwandten zu verstehen, sie möchten das durch so viele Niederlagen ihnen widrige Geschick des Krieges durch einen dem Römervolke zur rechten Zeit erwiesenen Dienst zu ändern suchen. Die Treverer seien niedergehauen, die Ubier wieder in Botmäßigkeit genommen, den Batavern ihr Vaterland entrissen, und nichts anderes durch die Freundschaft mit Civilis gewonnen, als Wunden, Flucht und Trauer. Ein Verbannter und Heimatloser, falle er denen, die ihn aufnehmen, nur zur Last; und genug schon hätten sie sich durch so oftmaliges Überschreiten des Rheines vergangen. Wenn sie noch ferner etwas unternähmen, würde Unrecht und Schuld auf ihrer Seite, auf der anderen die rächenden Götter stehen.

25. Auch Versprechungen wurden den Drohungen beigemischt, und als auf diese Weise die Treue der Überrheinischen erschüttert war, erhoben sich auch unter den Batavern Stimmen. Man dürfe das Verderben nicht noch weiter ausdehnen, und es könne ja auch nicht von nur einer Völkerschaft die Knechtschaft der ganzen Erde abgeschüttelt werden. Was habe man denn durch Ermordung und Verbrennung der Legionen gewonnen, als daß nur noch mehr und stärkere herbeigerufen worden wären? Wären sie nur dem Vespasian durch Krieg behilflich gewesen, so sei Vespasian jetzt im Besitz der Herrschaft. Forderten sie aber das römische Volk zum Kampf heraus, ein wie großer Teil des Menschengeschlechtes seien denn die Bataver? Sie möchten doch auf die Räter und Noriker und die Lasten der übrigen Bundesgenossen blicken, von ihnen verlangte man keine Tribute, sondern nur Tapferkeit und Männer. Das grenze am nächsten an die Freiheit, und wenn man sich einmal einen Herrn wählen solle, so könne man sich doch ehrenvoller Römerfürsten als die Weiber der Germanen gefallen lassen. So sprach das Volk, die Großen noch grimmiger: sie seien durch des Civilis Raserei nur zu den Waffen getrieben worden; er habe dem Unglück seines eigenen Hauses des Volkes Untergang vorgeschoben. Da hätten freilich die Götter den Batavern gezürnt, als die Legionen belagert, die Legaten ermordet, der ganze nur dem einen notwendige, ihnen selbst Tod bringende Krieg, unternommen worden war. Gekommen sei es nun zum Äußersten, wenn sie nicht anfingen, sich zu besinnen und durch Bestrafung des schuldigen Hauptes ihre Reue zu bezeugen.

26. Dem Civilis entging diese Stimmung nicht, und er beschloß ihr zuvorzukommen. Außerdem war er der Unfälle müde und es bewog ihn die Hoffnung, sein Leben zu retten, eine Hoffnung, die in der Regel auch hochfahrenden Mut niederbeugt. Er bat um eine Unterredung, die Brücke über die Nabalia wurde abgebrochen, die Heerführer traten hervor auf ihre Trümmer, und Civilis begann folgendermaßen: „Hätte ich mich vor einem Legaten des Vitellius zu verteidigen, so verdienten weder meine Tat Verzeihung, noch meine Worte Glauben. Alles gestaltete sich zwischen uns unfreundlich und feindlich, von ihm ausgehend und von mir weiter geführt. Gegen Vespasian hege ich seit alter Zeit Ergebenheit, und als er noch Privatmann war, nannte man uns Freunde. Dies ist dem Primus Antonius bekannt, durch dessen Schreiben ich zum Kriege aufgerufen worden bin, damit nicht die germanischen Legionen und die gallische Kriegsmannschaft über die Alpen zögen. Dazu ermahnte mich Antonius brieflich und Hordeonius Flaccus mündlich. Ich begann denselben Kampf in Germanien, den Mucianus in Syrien, Aponius in Mösien, Flavianus in Pannonien ...".

Hier bricht der überlieferte Text ab. Er umfaßt etwa die Hälfte des fünften Buches. Die andere Hälfte und die Bücher VI bis XIV der Historien sind verloren.

ANNALEN

ERSTES BUCH

Die Jahre 14 und 15 n. Chr.

Einführung

1. Die Stadt Rom beherrschten ursprünglich Könige. Freiheit und Konsulat begründete Lucius Brutus. Zu Diktaturen schritt man nur auf Zeit, und weder die Dezemviralgewalt hat mehr als zwei Jahre, noch das konsularische Recht der Kriegstribunen lange Bestand gehabt. Weder Cinnas noch Sullas Herrschaft war von langer Dauer; auch die Macht des Pompeius und Crassus ging schnell auf Caesar, die Waffengewalt des Lepidus und Antonius auf Augustus über, welcher das ganze durch bürgerliche Zwietracht ermüdete Reich unter dem Titel eines Princeps als Herr dahinnahm. Doch des alten Römervolkes Glück und Mißgeschick ist von berühmten Schriftstellern erzählt worden[1]; auch das Zeitalter des Augustus darzustellen, fehlte es nicht an ausgezeichneten Talenten, bis sie von der überhandnehmenden Schmeichelei abgeschreckt wurden. Die Geschichte des Tiberius, Gaius, Claudius und Nero ist zu ihren Lebzeiten aus Furcht verfälscht, nach ihrem Hingange unter noch frischem Haß geschildert worden. Daher mein Entschluß, nur weniges und zwar die letzte Zeit von Augustus, sodann die Herrschaft des Tiberius und die Folgezeit zu berichten, ohne Gehässigkeit und Parteinahme, deren Ursachen mir fernliegen.

2. Als es nach dem Falle des Brutus und Cassius kein Heer der Republik mehr gab, Pompeius bei Sizilien überwältigt, Lepidus entwaffnet, Antonius gefallen war, und selbst der julianischen Partei kein anderer Führer mehr als Caesar[2] blieb, da legte dieser den Titel eines Triumvirn nieder, nannte sich nur Konsul und war mit der tribunicischen Gewalt zufrieden, um das Volk zu schützen. Als er dann die Soldaten durch Geschenke, das Volk durch Getreidespenden, alle durch der Ruhe Annehmlichkeit gewonnen hatte, erhob er sich allmählich und zog die Macht des Senates, der Magistrate und der Gesetze ohne irgendeinen Widerstand an sich; denn die Mutigsten waren in den Schlachten oder durch die Proskription[3] gefallen, die übrigen vom Adel wurden, je geneigter sie ihre Bereitwilligkeit zeigten, durch Güter und Ehrenstellen ausgezeichnet und zogen, durch die neuen Verhältnisse gehoben, die sichere Gegenwart der gefahrvollen Vergangenheit vor. Auch die Provinzen waren dieser Lage der Dinge nicht abgeneigt, denn die Herrschaft des Senates und des Vol-

kes war wegen der Kämpfe der Mächtigen und der Habsucht der Beamten verdächtig, da der Schutz der Gesetze nur schwach war, die durch Gewalt, Umtriebe, sogar durch Bestechungen unwirksam gemacht wurden.

3. Übrigens erhob Augustus zu Stützen der Herrschaft den Claudius Marcellus, den Sohn seiner Schwester, einen kaum erwachsenen Jüngling, durch das Pontificat und die curulische Aedilität, den Marcus Agrippa, von niedriger Abkunft, aber einen wackeren Krieger und Genossen seines Sieges durch zwei Mitkonsulate. Bald, nach des Marcellus Tode, nahm er ihn zum Schwiegersohn[4]. Seine Stiefsöhne Tiberius Nero und Claudius Drusus zeichnete er durch den Imperatorentitel aus, obwohl sein eigenes Haus noch blühte. Denn Agrippas Söhne Gaius und Lucius hatte er in das Geschlecht der Cäsaren aufgenommen und daß sie, obgleich noch im Knabenkleide, Fürsten der Jugend genannt und zum Konsulat bestimmt würden, sich unter dem Scheine der Weigerung sehnlichst gewünscht. Als Agrippa[5] gestorben war, raffte den Lucius Caesar, als er zu den spanischen Heeren reiste, den Gaius, als er an einer Wunde krank aus Armenien zurückkehrte, ein frühzeitiges Todesgeschick oder die Hinterlist ihrer Stiefgroßmutter Livia hinweg. Und da Drusus längst schon seinen Tod gefunden hatte, blieb Nero allein von den Stiefsöhnen übrig. Ihm fiel nun alles zu, er wurde zum Sohn, zum Mitregenten, zum Mitinhaber der tribunicischen Gewalt angenommen und allen Heeren als solcher vorgestellt, nicht mehr, wie bisher, durch das geheime Spiel der Mutter, sondern auf deren offene Aufforderung hin. Denn den greisen Augustus hatte sie so ganz gefesselt, daß er seinen einzigen Enkel Agrippa Postumus auf die Insel Planasia verbannte, obgleich er bei aller Roheit und törichten Vermessenheit wegen seiner Körperstärke doch keiner Schandtat überführt war. Freilich stellte er den Germanicus, des Drusus Sohn, über acht Legionen am Rhein, und ließ ihn von Tiberius an Kindes Statt annehmen, obwohl ein schon erwachsener Sohn im Hause des Tiberius war; er tat es, nur um auf mehreren Stützen zu ruhen. Nirgends mehr war zu dieser Zeit Krieg, außer gegen die Germanen, und auch mehr nur um die Schmach wegen des mit Quintilius Varus verlorenen Heeres zu tilgen, als aus Verlangen nach Erweiterung des Reichs, oder wegen eines sich lohnenden Gewinnes. Im Innern war alles ruhig, die Namen der Beamten waren dieselben geblieben; die Jüngeren waren nach dem Siege bei Actium, auch die meisten Greise während der Bürgerkriege geboren. Wie wenige waren noch übrig, welche die Republik gesehen hatten!

4. Da sich nun so die Lage des Staates verändert hatte, war nirgends noch etwas von alter und unverdorbener Sitte übrig. Jeder achtete, da alle Gleichheit aufgehoben war, nur auf des Fürsten Gebote. Ohne Besorgnis für die Gegenwart, so lange Augustus, in rüstigen Jahren, sich, sein Haus und den Frieden aufrechterhielt. Als sein schon vor-

gerücktes Alter auch noch mit einem kranken Körper zu kämpfen hatte, sein Ende nahte und neue Hoffnungen erwachten, sprachen nur wenige ohne Erfolg von den Gütern der Freiheit, mehrere fürchteten, andere wünschten Krieg, der bei weitem größte Teil trug sich mit mancherlei Gerüchten über die nahe bevorstehenden Herren. Der trotzige und durch ihm angetane Schmach erbitterte Agrippa sei weder durch sein Alter, noch durch seine Erfahrung einer so großen Zahl gewachsen. Tiberius Nero sei zwar reif an Jahren, bewährt im Kriege, aber voll des alten, dem claudischen Geschlechte angeborenen Stolzes, viele Anzeichen von Grausamkeit, so sehr er sich bemühte sie zu unterdrücken, brächen schon hervor. Er sei ja auch von frühester Kindheit an im Herrscherhause aufgezogen, mit Konsulaten und Triumphen als Jüngling überschüttet worden; nicht einmal in den Jahren, in welchen er zu Rhodus, unter dem Scheine der Zurückgezogenheit als Verbannter lebte, habe er auf etwas anderes als auf Groll, Verstellung und geheime Lust gesonnen. Dazu komme seine Mutter mit der Herrschsucht eines Weibes. Einer Frau müsse man dienen und überdies noch zweien Jünglingen[6], welche den Staat einstweilen drücken, dereinst zerreißen würden.

5. Während dies und ähnliches die Gemüter bewegte, verschlimmerte Augustus Krankheit bedenklich und einige argwohnten stark ein Verbrechen seiner Gemahlin[7]. Es ging nämlich das Gerücht, Augustus sei vor wenigen Monaten unter Mitwissenschaft auserwählter Personen und mit Fabius Maximus als einzigem Begleiter nach Planasia gefahren, um den Agrippa zu besuchen. Dort seien von beiden Seiten viele Tränen geflossen und Beweise zärtlicher Liebe gegeben worden, weswegen zu hoffen sei, der Jüngling werde dem Hause des Großvaters zurückgegeben werden. Dieses habe Maximus seiner Gemahlin Marcia eröffnet, diese der Livia. Erfahren habe es dann der Cäsar. Und als nicht lange nachher Maximus starb, ungewiß, ob gezwungenen Todes, habe man bei seiner Bestattung Marcias Seufzer vernommen, wie sie sich anklagte, des Gemahles Tod verschuldet zu haben. Dem sei nun wie ihm wolle, kaum hatte Tiberius Illyrien[8] betreten, als er durch ein eiliges Schreiben der Mutter herbeigerufen wurde, und es ist nicht ganz ausgemacht, ob er den Augustus noch lebend oder schon entseelt zu Nola gefunden habe. Denn mit strengen Wachen hatte Livia Haus und Wege stark besetzt, und zuweilen wurde frohe Kunde verbreitet, bis, da alles beschickt war, was die Zeit erheischte, derselbe Ruf zugleich, daß Augustus hingeschieden sei und Nero der Herrschaft sich bemächtigt habe, verkündigt wurde.

Das Jahr 14 n. Chr.

6. Die erste Tat der neuen Herrschaft war die Ermordung des Agrippa Postumus; den nichts ahnenden und waffenlosen Mann tötete mit

Mühe ein Centurio, so festen Mutes er auch war. Tiberius sprach hierüber nichts im Senat, er schützte den Befehl des Vaters vor, durch welchen er dem ihm als Wache beigegebenen Tribun den Auftrag gegeben habe, mit Agrippas Ermordung nicht zu zaudern, wenn er selbst dereinst seinen letzten Tag erreicht habe. Durch viele bittere Klagen über die Sitten des Jünglings hatte ohne Zweifel Augustus erreicht, daß dessen Verbannung durch Senatsbeschluß rechtskräftig wurde. Doch nie war er so hart, einen der Seinigen hinrichten zu lassen, auch ist es nicht glaublich, daß er zur Sicherheit des Stiefsohnes über den Enkel den Tod verhängt habe. Wahrscheinlicher ist, daß Tiberius und Livia, jener aus Furcht, diese aus stiefmütterlichem Haß die Ermordung des verdächtigen und verhaßten Jünglings beschleunigt haben. Dem Centurio, welcher nach Soldatenbrauch meldete, es sei geschehen, was er geboten habe, antwortete er, er habe es nicht geboten, und dem Senat müsse über diese Tat Rechenschaft gegeben werden. Als Sallustius Crispus[9], welcher teil an dem Geheimnis hatte, dies erfuhr – er hatte dem Tribun den schriftlichen Befehl gesandt – fürchtete er, als Schuldiger vorgeschoben zu werden, mit gleicher Gefahr, möchte er Trug oder Wahrheit vorbringen, und drang in Livia, daß nicht Familiengeheimnisse, nicht Ratschläge der Freunde und Dienste der Soldaten öffentlich kundgemacht würden. Tiberius möge doch nicht die Gewalt der Herrschaft wieder auflösen, indem er alles vor den Senat zöge. Es sei die erste Bedingung des Herrschens, daß die Rechenschaft nicht anders stimme, als wenn sie dem einen abgelegt werde.

7. Zu Rom eilten indessen Konsuln, Senatoren und Ritter der Knechtschaft entgegen, und gerade die angesehensten mit der größten Heuchelei und Eilfertigkeit. Mit verstellter Miene, um nicht erfreut über das Hinscheiden des Fürsten und auch nicht zu betrübt beim Beginn der neuen Regierung zu scheinen, vermischten sie Tränen, Freude, Klagen und Schmeichelei. Die Konsuln Sextus Pompeius und Sextus Apuleius legten zuerst den Eid in des Kaisers Tiberius Hände ab; in die ihrigen Seius Strabo und Gaius Turranius, jener Präfekt der prätorischen Kohorten, dieser der des Getreidewesens; darauf der Senat, die Soldaten und das Volk. Denn Tiberius begann alles durch die Konsuln, als wäre noch die alte Republik und er zum Regieren unentschlossen. Nicht einmal das Edikt, durch das er die Senatoren in die Kurie berief, erließ er anders als unter dem Titel der unter Augustus empfangenen tribunicischen Vollmacht. Die Worte des Ediktes waren kurz und von sehr bescheidenem Inhalt: er wolle über die dem Vater zu erweisenden Ehrenbezeigungen Rat halten. Auch weiche er nicht von der Leiche; dies allein von den öffentlichen Geschäften maße er sich an. Doch hatte er, sobald Augustus verblichen war, als Imperator den prätorischen Kohorten die Losung gegeben. Wachen, Soldaten und das übrige war wie am Hof; Soldaten begleiteten ihn

auf das Forum, Soldaten in die Kurie. Er sandte Erlässe an die Heere, so als habe er die Herrschaft übernommen, nirgends zaudernd, außer wenn er im Senate redete. Die vornehmste Ursache davon lag in seiner Furcht, Germanicus[10], dem so viele Legionen unermeßliche Hilfstruppen der Bundesgenossen, außerordentliche Gunst beim Volke zu Gebote stand, möchte die Herrschaft lieber besitzen als erwarten wollen. Auch achtete er auf den Ruf, daß er mehr von der Republik berufen und erwählt, als durch die ehelichen Ränke eines Weibes und die Adoption eines Greises eingeschlichen zu sein schiene. In der Folge erkannte man, daß er, auch um die Gesinnungen der Großen zu erforschen, den Schwankenden gespielt hatte. Denn Worte und selbst Blicke bewahrte er im Gedächtnis, sie gewaltsam zum Verbrechen deutend.

8. In der ersten Senatssitzung ließ er nichts anderes verhandeln, als über des Augustus letzte Angelegenheiten, dessen Testament, durch Jungfrauen der Vesta[11] hereingetragen, Tiberius und Livia als Erben enthielt. Livia wurde in das julische Geschlecht mit dem Namen Augusta aufgenommen. Zu den nächsten Ansprüchen hatte er die Enkel und Urenkel, im dritten Grade die Großen des Staates verzeichnet, ihm größtenteils verhaßt, doch aus Prahlerei und zu seinem Ruhme bei der Nachwelt. Die Legate überschritten nicht das bürgerliche Maß, nur daß er dem Volke und den armen Bürgern 43500000, den Soldaten der prätorischen Kohorten jedem 1000 Sesterzen, denen der Stadtmiliz 500, den Legionssoldaten und den Kohorten der römischen Bürger 300 Sesterzen dem Mann schenkte. Darauf wurde über die Ehrenbezeigungen Rat gehalten, unter welchen die ausgezeichnetsten waren: daß die Leiche durch das Triumphtor geführt würde, was Gallus Asinius, daß die Titel der von ihm gegebenen Gesetze, die Namen der von ihm besiegten Völker vorangetragen würden, was Lucius Arruntius vorschlug. Valerius Messala fügte noch hinzu, der Eid auf den Namen des Tiberius sei jährlich zu erneuern; und als er von Tiberius gefragt wurde, ob er diese Meinung etwa in seinem Auftrag vorgebracht habe, antwortete er, er habe sie aus eigenem Antrieb ausgesprochen, und werde auch in dem, was die Republik angehe, sich keines andern Rates als des seinigen bedienen, selbst auf die Gefahr hin, anzuecken. Nur diese eine Art zu schmeicheln hatte noch gefehlt. Einstimmig riefen dann die Senatoren, die Leiche müsse von Senatoren auf den Schultern zum Scheiterhaufen getragen werden. Der Kaiser stellte es ihnen mit anmaßender Bescheidenheit anheim und ermahnte das Volk durch ein Edikt, man möge nicht, wie man einst aus zu großem Liebeseifer das Leichenbegängnis des vergöttlichten Julius unterbrochen habe, so auch Augustus auf dem Forum, anstatt auf dem Marsfelde, an dem dazu bestimmten Orte[12], verbrannt wissen wollen. Am Tage des Leichenbegängnisses waren Soldaten wie zur Bedeckung aufgestellt, zu vielfachem Gespötte de-

rer, welche jenen Tag der noch nicht reifen Knechtschaft und der so unglücklich wiedererstrebten Freiheit, als die Ermordung des Diktators Caesar einigen als die schändlichste, anderen als die schönste Tat erschien, entweder selbst erlebt oder von ihren Eltern vernommen hatten. Nun müsse wahrlich der graugewordene Fürst, nach langer Herrschaft, nachdem er sogar die Macht seiner Erben auf den Staat im voraus befestigt hatte, durch militärischen Beistand geschützt werden, damit sein Leichenbegängnis ruhig vonstatten gehe!

9. Darauf erhob sich mancherlei Gerede über Augustus selbst. Die meisten waren über Unerhebliches verwundert: daß derselbe Tag, der einst der erste der empfangenen Herrschaft war, auch der letzte seines Lebens gewesen sei; daß zu Nola in demselben Haus und Schlafgemach wie sein Vater Octavius sein Leben geendigt habe. Auch die Zahl seiner Konsulate wurde gerühmt, worin er dem Valerius Corvus und Gaius Marius zusammengenommen gleich gekommen war[13]; die 37 Jahre ununterbrochen bekleidete tribunicische Gewalt; der einundzwanzigmal erworbene Imperatortitel und andere Auszeichnungen, für ihn vervielfacht oder neugeschaffen. Hingegen wurde von Verständigen sein Leben mannigfach gepriesen oder angeschuldigt. Die einen sagten: durch kindliche Liebe zum Vater[14] und durch die Bedrängnis der Republik, welche damals den Gesetzen keinen Raum mehr gab, sei er zum Bürgerkriege gedrängt worden, der durch lobenswerte Mittel weder angefangen noch geführt werden könne. Viel habe er dem Antonius, um nur an den Mördern seines Vaters Rache zu nehmen, viel Lepidus nachgesehen. Als dieser im Stumpfsinn gealtert, jener in Ausschweifungen zugrunde gegangen sei, hätte es kein anderes Rettungsmittel für das entzweite Vaterland gegeben, als daß es von einem regiert würde. Doch nicht durch Königsmacht, noch Diktatur, sondern unter dem Titel eines Oberhauptes sei von ihm die Republik geordnet, mit dem Ozean oder entfernten Flüssen das Reich umgürtet, Legionen, Provinzen, Flotten, kurz alles miteinander verbunden worden. Recht bestehe unter den Bürgern, Mäßigung gegen die Bundesgenossen, die Stadt selbst stehe da in stolzem Schmuck; nur sehr wenig werde mit Gewalt gehandhabt, damit im übrigen Ruhe sei.

10. Dagegen wurde geltend gemacht, die kindliche Liebe zum Vater und die unglücklichen Verhältnisse der Republik seien zum Vorwand genommen, aus Herrschbegierde durch Schenkungen die Veteranen aufgereizt, von dem noch im Privatstande lebenden Jüngling ein Heer gerüstet, des Konsuls Legionen bestochen, und eine Begünstigung der pompeianischen Partei erheuchelt worden. Als er darauf durch einen Beschluß der Senatoren die Fasces[15] und die prätorische Gewalt errungen, habe er nach des Hirtius und Pansa Fall – mögen sie nun der Feind, oder den Pansa in die Wunde geträufeltes Gift, den Hirtius seine eigenen Soldaten oder als Anstifter ihrer Meuterei, der

Caesar, hingerafft haben – sich der Truppen beider bemächtigt. Das Konsulat sei dem widerstrebenden Senat abgerungen, und die Waffen, welche er gegen Antonius empfangen, habe er gegen die Republik gekehrt. Die Proskriptionten der Bürger, die Verteilungen der Äcker hätten selbst nicht die Billigung derer erhalten, welche sie ins Werk setzten. Möge immerhin des Cassius und der beiden Brutus[16] Untergang ihrer Feindschaft gegen seinen Adoptivvater zum Opfer dargebracht worden sein, obwohl es Pflicht sei, Privathaß dem öffentlichen Wohl nachzustellen, so sei doch Pompeius[17] durch Vorspiegelung des Friedens, und Lepidus durch den Schein der Freundschaft betrogen worden. Späterhin habe auch Antonius, durch das tarentinische wie durch das brundisinische Bündnis und durch die Vermählung mit der Schwester verlockt, für die trügerische Schwagerschaft mit dem Tode gebüßt. Freilich sei darauf Friede gefolgt, aber ein blutiger. Des Lollius und des Varus Niederlage, und zu Rom die Ermordung eines Varro, Egnatius und Julius[18]. Selbst seine häuslichen Verhältnisse ließ man nicht unberührt; dem Nero[19] sei die Gattin entführt, zum Spott noch die Pontifices befragt, ob er sich mit der Schwangeren noch vor der Entbindung rechtmäßig vermählen könne; des Quintus Tedius und des Vedius Pollio Schwelgerei, endlich Livia, welche harte Mutter gegen den Staat, welche harte Stiefmutter dem Hause der Cäsaren! Nichts sei der Verehrung der Götter übriggelassen, da er sich in Tempeln und in Götterbildung durch Flamines[20] und Priester verehrt wissen wollte. Auch Tiberius sei keineswegs aus Liebe oder Sorgsamkeit für den Staat zum Nachfolger berufen worden, sondern weil er dessen Hochmut und Grausamkeit gar wohl durchschaute, habe er durch das scheußlichste Gegenbild Ruhm für sich erstrebt. Allerdings hatte Augustus wenige Jahre zuvor, als er für Tiberius die tribunicische Gewalt vom Senate wiederum verlangte, obwohl in ehrender Rede, einiges über dessen Haltung, Lebensweise und Charakter hingeworfen, was er gleichsam entschuldigend ihm zum Vorwurf machte. Übrigens wurde ihm, als die Bestattung dem Brauche gemäß vollendet war, ein Tempel und göttliche Verehrung zuerkannt.

11. Hierauf wandte man sich mit Bitten an Tiberius. Doch dieser redete mannigfach über die Größe des Reiches und seine eigene Bescheidenheit: Nur ein Geist, wie der des göttlichen Augustus, sei einer so ungeheuren Last gewachsen. Er habe, von jenem zur Teilnahme an seinen Sorgen berufen, durch Erfahrung gelernt, wie schwer, wie sehr dem Glücke unterworfen das lästige Amt sei, das Ganze zu regieren. Daher möchten sie in einem auf so viele erlauchte Männer gestützten Staate nicht einem alles übertragen. Mehrere würden leichter mit vereinter Anstrengung die Geschäfte der Republik führen. In dergleichen Rede lag mehr etwas Würdevolles als Aufrichtigkeit. Waren doch des Tiberius Worte auch bei Dingen, die er nicht verheimlichen wollte,

sei es von Natur oder durch Gewöhnung, stets verdreht oder dunkel. Damals aber, als er es darauf anlegte, seine Gesinnungen auf das tiefste zu verbergen, wurden sie noch mehr in Ungewißheit und Zweideutigkeit verstrickt. Aber die Senatoren, welche nur die eine Furcht beseelte, sie möchten ihn zu verstehen scheinen, ergossen sich in Klagen, Tränen und Gelübde; zu den Göttern zum Bilde des Augustus, zu seinen eigenen Knien erhoben sie die Hände. Da befahl er, das Buch solle gebracht und vorgelesen werden, in dem die Mittel des Staates aufgezeichnet waren: wie viele Bürger und Bundesgenossen unter den Waffen, wie viele Flotten, Königreiche, Provinzen, wie viele Tribute oder Steuern, notwendige Ausgaben und Spenden. Dies alles hatte Augustus mit eigener Hand verzeichnet und den Rat hinzugefügt, das Reich innerhalb seiner Grenzen zu erhalten, man weiß nicht, ob aus Furcht oder Mißgunst.

12. Als sich nun dabei der Senat zu den niedrigsten Beschwörungen fußfällig herabließ, entfuhren dem Tiberius die Worte: er wolle, wenn auch der ganzen Staatsverwaltung nicht gewachsen, doch die Obhut über irgend einen Teil derselben, den man ihm übertragen würde, übernehmen. Darauf sprach Asinius Gallus: „Ich frage dich, Caesar, welchen Teil der Staatsverwaltung du dir übertragen lassen willst?“ Betroffen über die unerwartete Frage, schwieg er eine Weile, dann wieder gefaßt antwortete er: es gezieme seiner Bescheidenheit keineswegs, von dem etwas zu wählen oder zu meiden, dem er sich nicht überhaupt lieber entziehen möchte. Wiederum sagte Gallus – denn er hatte aus seiner Miene die Beleidigung gemutmaßt –, nicht deshalb sei gefragt worden, damit er teilen sollte, was nicht getrennt werden könnte, sondern damit er zu dem Zugeständnis gebracht würde, es sei ein Staatskörper, und er müsse vom Geiste eines einzigen regiert werden. Daran knüpfte er eine Lobpreisung des Augustus an und erinnerte den Tiberius selbst an seine Siege und an alles Treffliche, was er in der Toga so viele Jahre hindurch vollbracht habe. Aber auch dadurch besänftigte er den Zorn desselben nicht, ihm längst verhaßt, als ob er durch Vermählung mit Vipsania, der Tochter des Marcus Agrippa, welche einst des Tiberius Gattin gewesen war, mehr als einem Bürger zukäme erstrebte und seines Vaters Asinius Pollio Stolz bewahrte.

13. Hierauf eckte Lucius Arruntius, nicht viel abweichend von der Rede des Gallus, in gleichem Grade an, obwohl Tiberius keinen alten Groll gegen Arruntius hegte. Aber er hatte den reichen und entschlossenen Mann von vortrefflichen Eigenschaften und dem entsprechenden öffentlichen Rufe in Verdacht. Als sich nämlich Augustus in seinen letzten Gesprächen darüber ausließ, wer wohl die Obergewalt, obgleich ihr gewachsen, ablehnen, oder, wenn schon unvermögend, sich wünschen, oder endlich ebensoviel Kraft als Begehren dazu haben würde, hatte er geäußert, Marcus Lepidus sei dazu fähig, aber

verschmähe sie, Asinius Gallus danach begierig, aber zu schwach, Lucius Arruntius nicht unwürdig und werde, wenn ihm Gelegenheit gegeben würde, es wagen. Über die ersteren stimmt man überein, statt des Arruntius haben einige den Gnaeus Piso[21] erwähnt; und wirklich sind alle, außer Lepidus, bald durch mannigfache von Tiberius veranlaßte Beschuldigungen gestürzt worden. Auch Quintus Haterius und Mamercus Scaurus verletzten sein argwöhnisches Gemüt, Haterius, indem er sagte: „Wie lange wirst du dulden, Caesar, daß dem Staat das Haupt fehle?", Scaurus, weil er äußerte, daß des Senates Bitten nicht vergeblich sein würden, lasse sich daraus hoffen, weil er dem Antrag der Konsuln nicht mit dem Rechte der tribunicischen Gewalt entgegengetreten wäre. Wider Haterius fuhr er sogleich los, den Scaurus, welchem er unversöhnlicher zürnte, überging er mit Stillschweigen, und ermüdet durch das Geschrei aller, durch die zudringlichen Bitten einzelner, gab er allmählich nach. Nicht daß er erklärt hätte, er wolle die Herrschaft übernehmen, sondern er hörte nur auf, sich zu weigern und sich bitten zu lassen. Es ist bekannt, daß Haterius, als er, um Abbitte zu tun, in den Palast gegangen und zu den Füßen des auf und ab wandelnden Tiberius hingesunken war, fast von den Soldaten getötet worden wäre, weil Tiberius zufällig oder durch die Arme desselben behindert hingefallen war. Dennoch ließ er sich durch die Lebensgefahr eines solchen Mannes nicht besänftigen, bis Haterius Livia Augusta ansprach, und durch deren angelegentlichste Bitten beschützt wurde.

14. Groß war die Schmeichelei des Senats auch gegen Augusta. Einige waren der Meinung, sie müsse „Mutter"[22] oder „Mutter des Vaterlandes" genannt werden, sehr viele, daß dem Namen des Kaisers beigeschrieben würde „Julias Sohn"[23]. Jener aber erklärte wiederholt, in Ehrenbezeugungen gegen Frauen sei Maß zu halten, und er selbst werde dieselbe Mäßigung bei dem zeigen, was man ihm zuerkennen würde. Übrigens von Neid geplagt und die Erhöhung eines Weibes als eine Erniedrigung für sich haltend, litt er nicht einmal, daß ihr ein Liktor[24] zuerkannt wurde, und verweigerte ihr den Adoptionsaltar und anderes von der Art. Aber für den Caesar Germanicus bat er um die prokonsularische Gewalt, und es wurden Gesandte abgeschickt, ihm diese zu überbringen und ihn zugleich in seiner Betrübnis über des Augustus Hinscheiden zu trösten. Daß nicht ebendasselbe für Drusus verlangt wurde, hatte seinen Grund darin, daß Drusus erwählter Konsul und zugegen war. Zu Kandidaten der Prätur ernannte er zwölf, die seit Augustus herkömmliche Zahl, und als der Senat ihm zuredete, sie zu vermehren, verpflichtete er sich durch einen Schwur, nicht darüber hinausgehen zu wollen.

15. Damals zuerst wurde das Wahlrecht der Volksversammlung genommen und dem Senat übertragen. Denn bis auf diesen Tag geschah zwar das Wichtigste nach Willkür des Oberhauptes, einiges

jedoch nach dem Wunsche der Tribus. Auch klagte das Volk nur durch törichtes Gerede über das entzogene Recht, und der Senat war froh, daß er von Spenden und erniedrigenden Bitten erlöst war, als Tiberius sich zu der Mäßigkeit bereiterklärte, daß er nicht mehr als vier Kandidaten empfehlen wolle, welche ohne Zurückweisung und Bewerbung ernannt werden müßten. Inzwischen baten die Volkstribunen darum, daß sie auf eigene Kosten Spiele geben dürften, welche nach dem Namen des Augustus in den Kalender eingetragen, die augustalischen genannt werden sollten. Man bewilligte ihnen aber dazu Geld aus dem Staatsschatze, auch sollten sie sich im Zirkus der Triumphkleidung bedienen. Auf dem Wagen einherzufahren, wurde nicht gestattet[25]. Später wurde die jährliche Feier demjenigen Prätor übertragen, welchem die Gerichtsbarkeit zwischen Bürgern und Fremden zugefallen war.

16. Dies war die Lag der Dinge in Rom, als die pannonischen Legionen vom Geiste des Aufruhrs ergriffen wurden, ohne eine andere Veranlassung dazu, als weil der Wechsel des Fürsten ihnen Freiheit zu Unruhen und durch einen Bürgerkrieg Hoffnungen auf Belohnungen vorspiegelte. Im Sommerlager standen drei Legionen zusammen unter dem Befehle des Junius Blaesus, welcher auf die Nachricht vom Ende des Augustus und dem Regierungsantritt des Tiberius, der Trauerfeier wegen oder aus Freude, die gewohnten Dienstverrichtungen eingestellt hatte. Dies gibt dem Soldaten zuerst Anlaß zu Mutwillen und Uneinigkeit, dann leiht er sein Ohr dem Gerede aller Schlechten, endlich begehrt er Schwelgerei und Dienstlosigkeit und verschmäht Zucht und Anstrengung. Im Lager befand sich ein gewisser Percennius, einst Anführer der bezahlten Theaterclaque, sodann gemeiner Soldat, von frecher Zunge und durch die Bemühungen für die Schauspieler geübt, Versammlungen aufzuwühlen. Dieser wiegelte unerfahrene Gemüter und solche, die in zweifelnder Besorgnis lebten, wie nach Augustus der Kriegsdienst beschaffen sein würde, allmählich in nächtlichen Gesprächen oder wenn sich der Tag zum Abend neigte auf und versammelte, wenn die Besseren sich verloren hatten, die Schändlichsten um sich herum.

17. Zuletzt, als auch andere schon bereit waren, die Meuterei zu unterstützen, fragte er wie von der Rednerbühne herab: Warum sie wenigen Centurionen, noch weniger Tribunen nach Sklavenweise gehorchen würden? Wann sie wagen würden, Abstellung ihrer Beschwerden zu fordern, wenn sie nicht jetzt den neuen und noch wankenden Fürsten mit Bitten oder Waffen angingen? Genug sei so viele Jahre lang durch Feigheit versäumt worden, daß sie dreißig oder vierzig Feldzüge als Greise und die meisten mit einem durch Wunden verstümmelten Körper ertrügen. Nicht einmal für die Entlassenen sei der Dienst zu Ende, sondern als Vexillarier dienend hätten sie unter anderer Benennung dieselben Anstrengungen zu tragen. Und wenn

ja einer so viele Unfälle überlebt habe, werde er noch in entlegene Länder geschleppt, wo er unter dem Namen von Äckern morastige Sümpfe oder unbebaute Berggegenden erhalte. Und fürwahr, der Dienst selbst sei schwer und gewinnlos genug. Zehn Asse den Tag setze man zum Preise für Leib und Leben; davon müsse man Kleidung, Waffen, Zelte, davon den Freikauf von der Grausamkeit der Centurionen und von Dienstarbeiten bestreiten. Aber beim Herkules, Geißelhiebe und Wunden, harte Winter, strapazenvolle Sommer, grauenvoller Krieg oder fruchtloser Friede dauere dabei ewig fort. Es gebe keine andere Abhilfe, als wenn der Dienst nur unter bestimmten Bedingungen angetreten würde: daß der Mann einen Denar Sold erhielte, das sechzehnte Jahr das Ende des Dienstes herbeiführte, daß sie dann nicht weiter unter den Fahnen gehalten, sondern ihnen in demselben Lager der Lohn bar ausgezahlt würde. Ob denn die prätorischen Kohorten, die zwei Denare erhielten, die nach sechzehn Jahren ihrem Herde zurückgegeben würden, mehr Gefahr auf sich nähmen? Zwar sollten die Wachen der Stadt nicht von ihm verunglimpft werden, doch sie müßten unter wilden Völkern aus ihren Zelten dem Feinde ins Antlitz schauen.

18. Lärmend stimmte ihm der Haufe bei, durch verschiedenes aufgehetzt. Die einen wiesen mit Erbitterung auf die Male der Geißelhiebe hin, andere auf ihr greises Haar, die meisten auf die abgetragene Kleidung und den nackten Leib. Zuletzt gerieten sie in solche Wut, daß sie damit umgingen, die drei Legionen in eine zusammenzuwerfen. Davon durch Eifersucht abgebracht, weil jeder für seine Legion diese Ehre suchte, wandten sie sich zu etwas anderem, und stellen die drei Adler und die Feldzeichen der Kohorten an einem Orte auf. Zugleich häufen sie Rasen zusammen, und errichten ein Tribunal darauf, damit der Sitz desto weiter gesehen werden könne. Zu so eifrig Beschäftigten trat Blaesus hinzu, schalt sie und hielt sie einzeln zurück, indem er rief: „Befleckt lieber mit meinem Blut eure Hände; geringerer Frevel ist es, den Legaten zu töten, als wenn ihr vom Kaiser abfallt. Entweder will ich unverletzt die Legionen in ihrer Treue erhalten oder ermordet ihre Reue beschleunigen."

19. Nichtsdestoweniger wurde der Rasen aufgehäuft, und schon hatte er sich bis zur Brusthöhe erhoben, bis sie endlich, durch seinen beharrlichen Widerstand besiegt, das Unternehmen aufgaben. Da sprach Blaesus mit großer Redekunst: Nicht durch Empörung und Aufruhr seien die Wünsche der Soldaten dem Kaiser kundzutun; auch hätten weder die Alten von den Feldherren der Vorzeit, noch sie selbst vom vergöttlichten Augustus so Unerhörtes begehrt; und nicht gerade zu schicklicher Zeit mehre man die Last der ersten Regierungssorgen des Fürsten. Wollten sie dennoch versuchen, ob sie im Frieden erlangen könnten, was die Sieger nicht einmal in den Bürgerkriegen gefordert hätten, warum sännen sie dann wider die Sitte des Gehor-

sams, wider die heilige Ordnung der Kriegszucht, auf Gewalt? Sie sollten Abgeordnete bestellen und in seiner Gegenwart ihre Aufträge geben. Hierauf riefen sie, des Blaesus Sohn, der Tribun war, solle diese Gesandtschaft ausrichten und für die Soldaten um Entlassung nach sechzehn Jahren bitten; das übrige würden sie ihm auftragen, wenn das erste glücklichen Erfolg gehabt haben werde. Nach der Abreise des Jünglings herrschte ziemliche Ruhe; doch brüstete sich der Soldat damit, daß der Sohn des Legaten als Sprecher für die gemeinsame Sache deutlich genug zeige, daß durch Nötigung abgerungen werden solle, was man auf dem Wege der Bescheidenheit nicht hätte erlangen können.

20. Indessen rissen die vor dem Beginn des Aufstandes der Wege, Brücken und anderer Bedürfnisse wegen nach Nauportus geschickten Manipeln, als sie vom Aufruhr im Lager Kunde bekommen, ihre Fahnen aus der Erde, plündern die nächsten Flecken und Nauportus selbst, das fast schon als ein Municipium angesehen werden konnte, und verfolgen die sie zurückhaltenden Centurionen mit Spott und Beschimpfung, zuletzt mit Schlägen, besonders gegen den Lagerpräfekten Aufidienus Rufus ergrimmt, den sie vom Wagen rissen, mit Gepäck belasteten und vor dem Zuge hertrieben, wobei sie ihn höhnisch fragten: ob er so ungeheure Lasten, so weite Märsche sich gern gefallen lasse? Rufus nämlich, lange Gemeiner, dann Centurio, hierauf Lagerpräfekt, suchte den alten, harten Dienst wieder einzuführen, ergraut in Arbeit und Beschwerde und desto barscher nur weil er sie selbst erduldet hatte.

21. Bei ihrer Ankunft erneute sich der Aufruhr, und umherschweifend plünderten sie die Umgegend. Blaesus ließ wenige, besonders mit Beute beladene, zum Schrecken der übrigen geißeln und einkerkern, denn noch wurde dem Legaten von den Centurionen und den Bessergesinnten der Gemeinen Gehorsam geleistet. Jene widersetzten sich den sie Fortschleppenden, umfaßten die Knie der Umstehenden, riefen bald einzelne, bald jeder die Centurie, Kohorte, Legion, in welcher er diente, mit Namen an, schreiend, dasselbe stehe allen bevor. Zugleich überhäuften sie den Legaten mit Schmähungen, riefen Himmel und Götter zu Zeugen, und unterließen nichts, um Unwillen, Mitleid, Furcht und Zorn zu erregen. Alle stürzten herbei, erbrachen den Kerker, lösten die Bande und gesellten sich nun den Ausbrechern und Todesverbrechern bei.

22. Stürmischer wurde hierauf die Gewalt, zahlreicher des Aufruhrs Häupter. Ein gewisser Vibulenus, ein gemeiner Soldat, vor des Blaesus Tribunal auf den Schultern der Umstehenden emporgehoben, sprach zu den Tobenden, die gespannt warteten, was er vorhabe: „Ihr habt diesen Unschuldigen, diesen Unglücklichen Licht und Atem wiedergegeben; aber wer gibt meinem Bruder das Leben, wer mir den Bruder zurück, den, ob der gemeinsamen Sache vom germanis-

chen Heere zu euch gesandt, der da in der letzten Nacht durch seine Gladiatoren, die er zum Verderben der Soldaten hält und waffnet, erwürgt hat! Antworte, Blaesus, wo hast du den Leichnam hingeworfen? Selbst Feinde mißgönnen die Bestattung nicht. Habe ich durch Küsse und Tränen meinen Schmerz gestillt, dann laß auch mich hinschlachten, wenn nur diese hier uns bestatten, uns, die um keines Verbrechens willen, sondern weil wir für das Beste der Legionen sorgten, Getöteten!"

23. Er gab diesen Worten Nachdruck, indem er weinend Brust und Antlitz mit den Händen schlug. Dann stieß er die auseinander, von deren Schultern er getragen worden war, stürzte sich zu Boden, und warf sich einzelnen vor die Füße und erregte so viel Bestürzung und Empörung, daß ein Teil der Soldaten die Gladiatoren aus des Blaesus Dienerschar, ein anderer dessen übrigen Sklaven fesselte, andere auseinander rannten, um die Leiche zu suchen. Und wäre nicht schnell bekannt geworden, daß sich finde nirgends eine Leiche, daß die Sklaven selbst unter der Folter den Mord leugneten, und daß jener überhaupt nie einen Bruder gehabt habe – es fehlte nicht viel, sie hätten den Legaten umgebracht. Die Tribunen jedoch und den Lagerpräfekten stießen sie hinaus. Das Gepäck der Fliehenden wurde geplündert, der Centurio Lucilius getötet, dem man mit soldatischem Witze den Beinamen „einen anderen her!" gegeben hatte, weil er, wenn einen Rebenstock auf dem Rücken eines Soldaten zerbrochen war, mit lauter Stimme einen anderen und wieder einen anderen zu verlangen pflegte. Die übrigen verbargen sich in Schlupfwinkeln. Nur einen hielt man selbst zurück, Clemens Julius, den man wegen seiner Entschlossenheit für brauchbar hielt, die Aufträge der Soldaten zu überbringen. Ja, die Legionen selbst, die 8. und die 15. hätten gegeneinander zum Schwerte gegriffen, weil jene einen Centurio mit dem Beinamen Sirpicus zur Hinrichtung forderte, die von der 15. ihn schützten, hätten sich nicht die Soldaten der 9. mit Bitten und, als sie widerstrebten, mit Drohungen ins Mittel gelegt.

24. Diese Nachrichten brachten den Tiberius, so verschlossen er war und so sehr er gerade das Schlimmste zu verheimlichen suchte, doch dahin, daß er seinen Sohn Drusus mit den vornehmsten Staatsmännern und zwei prätorischen Kohorten abschickte. Ohne hinlänglich bestimmte Verhaltungsbefehle sollte er den Umständen gemäß seine Maßregeln treffen. Doch wurden die Kohorten durch ausgewählte Krieger ungewöhnlich verstärkt, ein großer Teil der prätorianischen Reiterei und der Kern der Germanen beigegeben, welche damals die Leibwache des Imperators bildeten. Auch der Präfekt der Prätorianer, Aelius Seianus, der seinem Vater Strabo zum Amtsgenossen gegeben war und in hohem Ansehen bei Tiberius stand, kam hinzu, um den Jüngling zu leiten, die übrigen auf Gefahren und Belohnungen aufmerksam zu machen. Dem herannahenden

Drusus kamen, wie zur pflichtmäßigen Begrüßung, die Legionen entgegen, nicht fröhlich, wie gewöhnlich, nicht strahlend im Waffenschmuck, sondern in entstellendem Schmutz und im Blick, obwohl sie Niedergeschlagenheit erkünstelten, doch dem Trotze näherstehend.

25. Nachdem er in den Wall eingezogen war, besetzten sie die Tore mit starken Posten und ließen bewaffnete Haufen an bestimmten Plätzen des Lagers bereit stehen. Die übrigen stellten sich in unabsehbarem Zuge um das Tribunal herum. Da stand Drusus, Stillschweigen mit der Hand gebietend. Jene, sooft sie das Auge auf die Menge zurückwandten, lärmten mit furchtbarem Rufe, zagten dann wieder, sobald sie den Caesar erblickten; bald erscholl unbestimmtes Gemurmel, bald wildes Geschrei, dann herrschte plötzlich Stille; in wechselnder Gemütsbewegung zagten und schreckten sie. Endlich unterbrach er den Tumult und las das Schreiben des Vaters vor, worin es hieß: Besondere Sorgfalt trage er für diese tapfern Legionen, mit denen er so viele Kriege durchgekämpft habe. Sobald sich sein Geist von der Trauer erholt habe, werde er mit dem Senate über ihre Forderungen verhandeln; einstweilen habe er seinen Sohn gesandt, um ohne Säumen zu gestatten, was sogleich bewilligt werden könne. Das übrige sei dem Senate vorzubehalten, der ebensowenig von Handlungen der Gnade, als von denen der Strenge ausgeschlossen werden dürfe.

26. Die Antwort der Versammlung war: Der Centurio Clemens sei beauftragt, ihren Willen auszusprechen. Dieser begann mit der Entlassung nach sechzehn Jahren, mit den Belohnungen nach beendigtem Dienste, ein Denar sollte der tägliche Sold sein, die Veteranen nicht unter der Fahne behalten werden. Als Drusus ihnen dagegen die Entscheidung des Senates und seines Vaters vorhielt, wurde er mit Geschrei unterbrochen: Warum er gekommen sei, wenn er weder den Sold der Krieger erhöhen, noch ihre Mühsal erleichtern dürfe, kurz, keine Vollmacht habe, Gutes zu erweisen? Ja, beim Herkules! Geißelhiebe und Mord werde allen gestattet. Schon früher habe Tiberius durch Berufung auf Augustus die Wünsche der Legionen zu vereiteln gepflegt; dieselben Kunstgriffe wiederhole nun Drusus. Ob denn immer nur die Söhne zu ihnen kommen würden? Das aber sei etwas ganz Neues, daß der Imperator nur die Vorteile des Kriegers an den Senat verweise. So sei doch derselbe Senat zu befragen, sooft Strafen oder Schlachten angekündigt würden. Ob denn etwa die Belohnungen von den Herrschern, die Strafen aber der Willkür abhingen?

27. Zuletzt verließen sie das Tribunal, erhoben, sobald einer der prätorianischen Soldaten oder der Freunde Caesars[26] ihnen begegnete, drohend die Faust, um Anlaß zum Zwist und zur Ergreifung der Waffen zu geben. Am meisten waren sie gegen Gnaeus Lentulus er-

bittert, weil man glaubte, daß er, an Alter wie an Kriegsruhm andere überragend, den Drusus bestärke und vor allen jene trotzigen Forderungen der Soldaten mit Verachtung zurückweise. Und als er nicht lange darauf mit Caesar sich hinwegbegeben hatte und in Voraussicht der Gefahr nach dem Winterlager zurückkehren wollte, umringten sie ihn und fragten, wohin er wolle, zum Imperator oder zu den Senatoren, um auch da dem Wohle der Legionen entgegenzuwirken? Zugleich drangen sie auf ihn ein und warfen mit Steinen. Schon blutig durch einen Steinwurf und seines Todes gewiß, wurde er von der herbeieilenden Schar derer, die mit Drusus gekommen waren, in Schutz genommen.

28. Die drohende und den Ausbruch eines Frevels in Aussicht stellende Nacht beschwichtigte ein Zufall: man sah den Mond plötzlich bei hellem Himmel sich verdunkeln[27]. Dies nahmen die Soldaten, welche die Ursache nicht kannten und so die Verfinsterung des Gestirns mit ihren Beschwerden verglichen, als eine Vorbedeutung für die gegenwärtige Lage der Dinge: glücklich werde vonstatten gehen, was sie betrieben, wenn der Göttin Glanz und Klarheit wiederkehrte. Daher lärmten sie mit Erzesklang und dem vereinten Schalle von Trompeten und Hörnern, je nachdem wie sie sich glänzender oder dunkler zeigte, frohlockend oder trauernd. Und als nun sich erhebende Wolken sie dem Blick entzogen und man sie in Finsternis versenkt glaubte, da, wie denn das einmal erschütterte Gemüt zum Aberglauben leicht beweglich ist, wehklagten sie, daß ihnen ewige Beschwerde geweissagt werde, und daß die Götter ihr Beginnen verabscheuten. Diese Stimmung glaubte Caesar benutzen und, was der Zufall dargeboten, mit Weisheit anwenden zu müssen, und befahl bei den Zelten herumzugehen. Der Centurio Clemens wurde herbeigerufen, und wer sonst noch durch löbliche Eigenschaften die Gunst der Menge besaß. Diese mischten sich unter die Patrouillen, Wachposten und Torwachen, boten Hoffnung dar, steigerten die Furcht. „Wie lange wollen wir den Sohn des Imperators eingeschlossen halten? Was wird des Streites Ende sein? Wollen wir einem Percennius und einem Vibulenus den Eid der Treue schwören? Werden Percennius und Vibulenus den Kriegern Sold, den ausgedienten Soldaten Äcker verleihen? Endlich, werden sie statt der Neros[28] und des Drusus die Herrschaft über das römische Volk übernehmen? Lieber laßt uns, wie die letzten in der Schuld, so die ersten in der Reue sein. Langsam wird gewährt, was für die Gesamtheit gefordert wird; der Einzelne kann Vergünstigungen auf der Stelle verdienen und auf der Stelle erhalten.“ Als hierdurch die Gemüter bewegt und mit gegenseitigem Verdacht erfüllt worden waren, trennten sie die Sache der jungen Soldaten von der der Veteranen, die der einen Legion von der der anderen. Da kehrte allmählich die Liebe zum Gehorsam wieder; sie verließen die Tore und trugen die beim Beginn des Aufruhrs an einem Orte zusammengebrachten Fahnen an ihre Plätze zurück.

29. Drusus berief beim Anbruch des Tages die Versammlung, tadelte, obwohl ungeübt im Reden, doch mit angestammter Adelswürde, das frühere, lobte das gegenwärtige Verhalten, erklärte, er lasse sich nicht durch Schrecken und Drohungen besiegen. Sehe er sie zur Bescheidenheit gewandt, höre er sie demütig flehen, so wolle er dem Vater schreiben, daß er besänftigt die Bitten der Legionen aufnehme. Auf ihr Gesuch wurde wiederum derselbe Blaesus, sowie Lucius Apronius, ein römischer Ritter aus dem Gefolge des Drusus und Justus Catonius, ein Centurio der ersten Ordnung, zu Tiberius gesandt. Darauf erhob sich ein Kampf der Meinungen, weil einige dafür stimmten, daß man die Gesandten abwarte und inzwischen durch freundliche Behandlung die Soldaten besänftigen solle, andere, daß man nachdrücklichere Maßregeln ergreifen müsse. Beim gemeinen Mann gebe es keine Schranken, sei er nicht in Angst, so wolle er Angst machen, sei er in Furcht gesetzt, dann könne man ihn ungestraft verachten. So lange der Aberglaube sie noch ängstige, müsse Schrecken auch vom Feldherrn hinzukommen durch Hinrichtung der Rädelsführer. Rasch entschied sich des Drusus Sinn für Strengeres. Er befahl Vibulenus und Percennius vorzufordern und zu töten. Viele erzählen, sie seien im Zelt des Feldherrn verscharrt, andere, die Leichen seien außerhalb des Walles zur Schau hingeworfen worden.

30. Darauf wurden die hauptsächlichsten Unruhestifter gesucht, und einige, die außerhalb des Lagers umherschweiften, von den Centurionen oder den Soldaten der prätorischen Kohorten niedergehauen; andere wiederum lieferten, zum Beweise ihrer Treue, die Manipeln selbst aus. Dazu vermehrte die Besorgnisse der Soldaten ein überaus früher Winter mit anhaltendem und so heftigen Regengüssen, daß sie nicht aus den Zelten treten, nicht zusammenkommen und kaum die Feldzeichen schützen konnten, welche von Wirbelwind und Fluten fortgerissen wurden. So währte auch das Grausen vor dem Zorn des Himmels fort. Nicht umsonst erbleichten die Gestirne wider Missetäter, stürmten Gewitter nieder. Kein anderes Mittel gebe es gegen dieses Unheil, als wenn sie das unselige entweihte Lager verließen und gelöst vom Banne ihrer Schuld ein jeder in sein Winterlager zurückkehrte. Zuerst kehrte die 8., nachher die 15. Legion zurück. Die von der 9. hatten lärmend erklärt, man müsse das Schreiben des Tiberius abwarten; bald vereinsamt durch den Abmarsch der anderen kamen sie dem bevorstehenden Zwang, freiwillig zuvor, und Drusus kehrte, da für jetzt alles hinreichend beruhigt war, ohne die Wiederkunft der Gesandten zu erwarten, nach Rom zurück.

31. Ungefähr in eben diesen Tagen und aus denselben Gründen empörten sich die germanischen Legionen um so gewaltsamer, je größer ihre Zahl, und mit starker Hoffnung, Caesar Germanicus werde eines anderen Herrschaft nicht zu dulden vermögen und sich den Legionen hingeben, die durch ihre Gewalt alles mit sich fortrei-

ßen würden. Zwei Heere standen am Rheinufer, das sogenannte obere unter dem Legaten Gaius Silius; das untere befehligte Aulus Caecina. Den Oberbefehl hatte Germanicus, damals mit der Schatzung Galliens beschäftigt. Die jedoch, welche Silius befehligte, warteten mit unschlüssigem Sinne lauernd den Erfolg der Meuterei der anderen ab. Die Soldaten des unteren Heeres aber brachen sofort mit Wut los, wobei die von der 21. und 5. Legion den Anfang machten und auch die 1. und 20. mit sich fortrissen, denn diese hatten, in demselben Sommerlager im Gebiete der Ubier stehend, müßige Tage oder doch leichten Dienst. Als man daher des Augustus Ende vernommen hatte, redete das unlängst ausgehobene, in Rom heimische Volk, an Zügellosigkeit gewöhnt und Anstrengung nicht duldend den unerfahrenen Gemütern der übrigen ein: gekommen sei die Zeit, wo die Veteranen frühzeitige Entlassung, die jungen Krieger reichlicheren Sold, alle insgesamt Milderung ihrer Mühseligkeiten fordern und die Grausamkeit der Centurionen rächen könnten. So redete nicht einer, wie bei den pannonischen Legionen der Percennius, und auch nicht vor den schüchternen Ohren von Soldaten, die auf andere, stärkere Heere hinschauten sondern überall gebe es die Mienen und Stimmen des Aufruhrs: In ihrer Hand liege Roms Schicksal. Durch ihre Siege werde der Staat erweitert. Nach ihnen empfingen die Imperatoren den Beinamen.

32. Und selbst der Legat trat ihnen nicht entgegen, denn der Wahnsinn der Mehrzahl hatte ihn um die Besonnenheit gebracht. Plötzlich, wie vom Wahnsinn ergriffen, stürzten sie mit gezückten Schwertern auf die Centurionen los. Diese sind von jeher des Soldateningrimms Gegenstand und seines wütenden Ausbruchs Anlaß. Sie streckten sie zu Boden, mißhandelten sie mit Geißelhieben, je sechzig einen, um sich mit der Zahl der Centurionen auszugleichen; dann warfen sie diese zersetzt und zerfleischt, und zum Teil schon entseelt, vor den Wall oder in den Rhein. Septimius wurde, da er sich zum Tribunal geflüchtet und zu Caecinas Füßen niedergeworfen hatte, so lange mit Ungestüm gefordert, bis er zum Tode ausgeliefert wurde. Cassius Chaerea, der sich nachher durch des Kaisers Gaius Ermordung einen Namen bei der Nachwelt erwarb[29], damals ein Jüngling und voll wilden Mutes, bahnte sich mit dem Schwerte einen Weg durch die ihm Entgegentretenden und Bewaffneten. Kein Tribun, kein Lagerpräfekt behaupteten noch sein Recht. Wachen, Posten und was sonst das Bedürfnis der Gegenwart gebot, verteilten sie selbst. Für die, welche die Gesinnung des Soldaten tiefer zu deuten verstanden, war das Hauptzeichen einer großen, nicht zu stillenden Gärung, daß sie nicht geteilt und auf den Antrieb einiger weniger, sondern gemeinschaftlich aufflammten und gemeinschaftlich schwiegen, mit so großer Gleichförmigkeit und so fester Haltung, daß man sie hätte für befohlen halten mögen.

33. Indessen wurde dem Germanicus, der, wie wir gesagt, in Gallien die Schatzung vornahm, der Tod des Augustus gemeldet. Er hatte dessen Enkelin Agrippina zur Gemahlin und von ihr mehrere Kinder. Er selbst war des Drusus, des Bruders des Tiberius, Sohn und der Augusta Enkel, aber in Angst wegen des geheimen Hasses des Oheims und der Großmutter gegen ihn, dessen Ursachen um so heftiger wirkten, weil sie ungerecht waren. Denn des Drusus Andenken stand beim römischen Volk in hohen Ehren, da man glaubte, er würde, wäre er zur Herrschaft gelangt, die Freiheit hergestellt haben, woher nun auf Germanicus dieselbe Gunst und Hoffnung übertragen wurde. Denn bürgerlich war des Jünglings Sinn, bewundernswert seine Leutseligkeit, ein Widerspiel von des Tiberius anmaßenden, versteckten Reden und Mienen. Dazu kam noch Weiberzwist durch eine stiefmütterliche Gereiztheit Livias gegen Agrippina; und etwas zu leidenschaftlich war freilich auch Agrippina selbst, nur daß sie durch Sittenreinheit und Liebe zum Gemahl ihren wenngleich nie sich beugenden Sinn zum Guten lenkte.

34. Aber Germanicus war, je näher dem Höchsten ihn die Hoffnung führte[30], desto eifriger nur für Tiberius bemüht. Die Sequaner und die nächsten Stämme der Belgier ließ er ihm huldigen. Sodann brach er auf die Nachricht von der Legionen Empörung eiligst auf. Sie kamen ihm außerhalb des Lagers entgegen, den Blick wie aus Reue auf die Erde gesenkt. Als er in die Verschanzung eingezogen war, ließen sich verworrene Klagen vernehmen, ja einige ergriffen seine Hand, als wollten sie sie küssen, und drückten, damit er ihren zahnlosen Mund fühlte, seine Finger in denselben ein. Andere wiesen die vom Alter gekrümmten Glieder dar. Er befahl der um ihn sich sammelnden Menge, weil sie gemischt erschien, sich in Manipeln zu sondern. So würden sie besser hören, war die Antwort. So solle man die Feldzeichen voranstellen, damit dies wenigstens die Kohorten unterschiede. Langsam gehorchten sie. Hierauf mit Verehrung des Augustus anhebend, lenkte er hinüber zu Tiberius Siegen und Triumphen, wobei er mit vorzüglichem Lobe verherrlichte, was er in Germanien mit diesen Legionen so ruhmvoll verrichtet hatte. Dann lobte er Italiens Einstimmigkeit, Galliens Treue, und führte aus, daß nirgends eine Spur von Gärung oder Zwietracht vorhanden sei. Schweigend oder doch mit noch verhaltenem Murren hörte man dies an.

35. Als er aber die Empörung berührte mit den Fragen: Wo sei des Soldaten bescheidene Haltung, wo der alten Manneszucht Ruhm geblieben, wohin hätten sie die Tribunen, wohin die Centurionen verstoßen, da entblößten sie sich insgesamt, hielten ihm die Narben der Wunden und die Male der Geißelhiebe vor; dann erhoben sie mit verworrenem Ruf Beschwerde über den hohen Preis der Dienstbefreiung, die Kärglichkeit des Soldes, die Härte der Arbeiten, wobei sie insbesondere das Schanzen, Gräbenziehen, Herbeischleppen des Fut-

ters, Bau- und Brennholzes hervorhoben und was sonst aus Bedürfnis oder gegen die Muße des Lagerlebens hervorgesucht wird. Das wildeste Geschrei entstand von der Veteranen Seite, welche, dreißig oder noch mehr Dienstjahre zählend, baten, er möchte den Müden Hilfe bringen und sie nicht den Tod sehen lassen unter denselben Beschwerden, sondern das Ende eines so mühseligen Dienstes und auskömmliche Ruhe. Einige forderten sogar das von dem göttlichen Augustus vermachte Geld unter Glück verkündenden Andeutungen für Germanicus. Ja offen erklärten sie ihre Bereitwilligkeit, wenn er die Herrschaft wolle. Da aber sprang er eilends, als würde er von einem Frevel befleckt, vom Tribunal hinab. Zwar hielten sie ihm drohend, wenn er nicht zurückginge, als er sich entfernte, die Waffen entgegen, er aber riß, laut rufend, er wolle lieber sterben, als treulos werden, das Schwert von der Seite, hob es empor, und hätte es sich in die Brust gestoßen, wenn nicht die nächsten seine Rechte ergriffen und mit Gewalt zurückgehalten hätten. Der äußerste und in sich zusammengedrängte Rand der Versammlung, ja, kaum möchte man es glauben, auch einige, die einzeln hervortraten, forderten ihn auf, nur zuzustoßen, und ein Soldat namens Calusidius bot ihm sein gezücktes Schwert, mit dem Bemerken, es sei schärfer. Dies schien selbst den Wütenden abscheulich und ruchlos und es trat eine Pause ein, während welcher der Caesar von den Freunden in sein Zelt gebracht werden konnte.

36. Hier wurde nun über Gegenmittel beratschlagt. Denn es kam auch noch die Nachricht, man wolle Abgeordnete wählen, welche das obere Heer zur Teilnahme an der Sache bewegen sollten; schon sei die Stadt der Ubier[31] zur Zerstörung bestimmt, und die so an Raub gewöhnten Scharen würden dann zur Plünderung Galliens losbrechen. Es mehrte die Besorgnis, daß der der römischen Empörung kundige Feind, falls das Ufer bloßgestellt würde, wohl einen Einfall wagen möchte. Wollte man dagegen Hilfsvölker und Bundestruppen gegen die abziehenden Legionen bewaffnen, so würde ein Bürgerkrieg hervorgerufen werden. Gefahrvoll schien Strenge, schimpflich Nachgeben, mochte man dem Soldaten nichts oder alles zugestehen, der Staat in doppelter Gefahr. Daher beschloß man nach reiflicher Abwägung der Gründe, im Namen des Fürsten ein Schreiben ergehen zu lassen: daß Entlassung denen erteilt werde, die zwanzig, Dienstfreiheit denen, die sechzehn Jahre gedient hätten. Doch blieben diese unter der Fahne, allen anderen Dienstes entbunden, nur nicht der Abwehr des Feindes. Die Vermächtnisse, die sie verlangt hätten, würden ausgezahlt und verdoppelt werden.

37. Wohl merkte der Soldat, dies sei für den Augenblick ersonnen, und verlangte es daher sofort. Die Entlassung wurde durch die Tribunen beschleunigt, die Schenkung bis zum Winterquartier eines jeden verschoben. Doch nicht eher zogen die Soldaten der 5. und 21. Le-

gion ab, bis ihnen noch eben da im Sommerlager das aus der Reisekasse der Freunde Caesars und seiner eigenen zusammengeschossene Geld ausgezahlt war. Die 1. und 20. Legion führte der Legat Caecina in die Stadt der Ubier zurück, in schmachvollem Zuge, da die dem Imperator geraubten Geldsäcke mitten zwischen den Feldzeichen und Adlern gefahren wurden. Germanicus begab sich zum oberen Heere, und nahm der 2., 13. und 16. Legion ohne alles Zögern den Huldigungseid ab. Die von der 14. hatte kurze Zeit geschwankt. Es wurde ihnen Geld und Entlassung, ohne daß sie es gefordert hatten, bewilligt.

38. Dagegen begannen unter den Chauken die dort als Besatzung liegenden Veteranen der mißvergnügten Legionen einen Aufstand; doch wurden sie durch augenblickliche Hinrichtung zweier Soldaten einstweilen zur Ruhe gebracht. Befohlen hatte dies der Lagerpräfekt Manius Ennius, mehr wegen des Beispiels, als mit ihm zustehenden Recht. Darauf, als die Gärung wieder aufwallte, flüchtig geworden und aufgefunden, suchte er, da Schlupfwinkel keine Sicherheit mehr boten, in kühner Rede Schutz: Nicht der Präfekt werde von ihnen verletzt, nein, Germanicus, der Feldherr, Tiberius, der Imperator! Und damit riß er in der Bestürzung derer, die ihm in den Weg getreten waren, die Fahne empor, wendet sich dem Ufer zu, und führt mit dem Rufe: wenn einer aus dem Zuge wiche, würde er als Ausreißer angesehen werden, die bestürzten und nichts wagenden Soldaten ins Winterlager zurück.

39. Unterdessen trafen Abgeordnte des Senats bei Germanicus ein, als dieser schon wieder zum Altar der Ubier heimgekehrt war. Zwei Legionen überwinterten dort, die 1. und die 20. samt den unlängst unter dem Vexill[32] entlassenen Veteranen. Bestürzt und vom Bewußtsein ihrer Schuld der Besinnung beraubt, ergriff sie die Besorgnis, nur darum seien auf Geheiß des Senates Gesandte gekommen[33] um rückgängig zu machen, was sie durch Empörung erpreßt hatten, und klagten, wie so gern der große Haufe für noch so Unbegründetes einen Schuldigen zu suchen pflegt, den gewesenen Konsul Munatius Plancus, das Haupt der Gesandtschaft, als Urheber des Senatsbeschlusses an. Nach Eintritt der Nacht hoben sie an, die Auslieferung des in Germanicus Wohnung aufbewahrten Vexills zu fordern, brachen, vor dem Eingang sich zusammenrottend, die Tür auf, schleppten den Caesar aus seinem Bett, und nötigten ihn unter Androhung des Todes, das Vexill herauszugeben. Als sie hierauf die Straßen durchzogen, begegneten sie den Gesandten, welche auf die Nachricht von dem rasenden Beginnen zu Germanicus eilten. Sie überhäuften sie mit Schmähungen, waren im Begriffe sie zu ermorden, insbesondere den Plancus, welchen seine Würde von der Flucht abgehalten hatte. Keine andere Zuflucht blieb dem Gefährdeten, als das Lager der 1. Legion. Dort die Fahnen und den Adler umfassend, suchte er bei ihrer Heilig-

keit Schutz, und doch, hätte nicht der Adlerträger Calpurnius der äußersten Gewalt gesteuert, ein Gesandter des römischen Volkes hätte, eine Seltenheit selbst unter Feinden, im römischen Lager mit seinem Blute die Altäre der Götter befleckt. Erst mit Tagesanbruch, als Anführer, Soldaten und der Vorgang kenntlich wurden, betrat Germanicus das Lager, befahl den Plancus herbeizuführen, und nahm ihn mit sich auf das Tribunal. Hierauf, das Schicksal laut ob jener Raserei anklagend, und daß sie sich nicht durch der Soldaten, sondern durch der Götter Zorn von neuem erhebe, legte er dar, weshalb die Gesandten gekommen seien, bejammerte mit beredtem Munde das heilige Recht der Gesandtschaft und das harte, unverdiente Los des Plancus selbst, zugleich, welche Schande die Legion auf sich geladen habe, und entließ, nach mehr betäubter als beruhigter Versammlung, die Gesandten unter der Bedeckung von Reiterei der Bundesgenossen.

40. In dieser ängstlichen Spannung tadelten nun alle den Germanicus, daß er sich nicht zum oberen Heere begebe, wo er Gehorsam und Hilfe gegen die Empörer fände. Mehr als zuviel sei schon durch Dienstentlassung, Geldbewilligung und gelinde Maßregeln versehen. Und achte er auch seiner eignen Rettung nicht, warum lasse er denn den kleinen Sohn, die schwangere Gemahlin unter Wütenden und alles Menschenrechts Verächtern weilen. Sie wenigstens sollte er dem Großvater[34] und dem Staate zurückgeben. Lange zögernd bewog er die mit der Beteuerung, daß sie, als vom göttlichen Augustus entsprossen, auch wider Gefahren nicht entartet sei, sich weigernde Gemahlin, endlich ihren schwangeren Leib und den gemeinschaftlichen Sohn unter vielen Tränen umfassend, zur Abreise. So zog die mitleidswürdige Schar der Frauen dahin, zur Flucht brach des Feldherrn Gattin auf, den kleinen Sohn am Busen, wehklagend um sie her die zugleich fortziehenden Gemahlinnen der Freunde, und nicht minder traurig die Bleibenden.

41. Dieser Anblick, kein Bild eines glücklichen und im eigenen Lager stehenden Caesar, sondern wie es in einer besiegten Stadt vorkommt, dies Seufzen, diese laute Trauer zog auch der Soldaten Ohr und Auge auf sich. Sie traten aus den Zelten: Welch ein Klageton? Welche Trauerszene? Erlauchte Frauen – keinen Centurio, keinen Soldaten zur Bedeckung, nichts von dem der Gemahlin eines Imperators gewohntem Gefolge – ziehen zu den Treverern, in fremden Schutz! So ergriff sie Scham und Mitleid und ihres Vaters Agrippa, Augustus, ihres Großvaters Andenken; wie ihr Schwager Drusus gewesen, sie selbst eine reich gesegnete Mutter von ruhmwürdiger Sittenreinheit; endlich das Kind, im Lager geboren, in den Zelten der Legionen aufgezogen! Caligula nannten sie es mit soldatischem Worte, weil ihm, um die Zuneigung der Menge zu gewinnen, gewöhnlich diese Fußbedeckung gegeben wurde[35]. Doch nichts stimmte sie so

um, wie die Eifersucht auf die Treverer. Sie baten, widerstrebten, daß sie umkehrte, bliebe, ein Teil der Agrippina in den Weg tretend, die Mehrzahl sich zu Germanicus zurückgewandt. Da hob dieser, noch tief bewegt von Schmerz und Zorn, so vor den ihn Umdrängenden zu reden an:

42. „Nicht sind mir die Gattin oder der Sohn teurer als der Vater und der Staat. Allein jenen wird gewiß seine Hoheit, das römische Reich werden die übrigen Heere schützen. Mein Weib und meine Kinder, die ich für euern Ruhm willig dem Tode opfern würde, entziehe ich jetzt eurer Wut durch weite Entfernung, damit, was für ein Verbrechen ihr auch noch im Sinne tragt, es allein mit meinem Blut gesühnt werde, und daß nicht die Ermordung des Urenkels des Augustus und der Schwiegertochter des Tiberius euch noch schuldiger mache. Denn was ließt ihr in diesen Tagen ungewagt und unentweiht? Welchen Namen soll ich dieser Versammlung geben? Kann ich Soldaten euch nennen, die ihr den Sohn eures Imperators mit Wall und Waffen eingeschlossen, oder Bürger, die ihr so für nichts das Ansehen des Senates geachtet habt? Was selbst unter Feinden gilt, die Heiligkeit der Gesandtschaft und das Völkerrecht, habt ihr gebrochen. Der göttliche Julius Caesar dämpfte mit einem Worte den Aufruhr des Heeres[36], indem er die Quiriten nannte, welche ihm den Eid verweigerten. Der göttliche Augustus schreckte mit einer Miene, einem Blicke die Legionen Actiums. Wenn mich, obwohl jenen noch nicht gleich, so doch von ihnen entsprossen, Hispaniens oder Syriens Soldaten verachteten, so wäre schon dies auffallend und unwürdig. Ihr aber, 1. und 20. Legion, jene durch von Tiberius empfangene Feldzeichen, du, seine Gefährtin in so vielen Schlachten, durch so viel Belohnungen geehrt, wie vortrefflich dankt ihr eurem Feldherrn! Solche Botschaft soll ich dem Vater bringen, der aus andern Provinzen nur Erfreuliches vernimmt, daß seine jungen Soldaten, seine Veteranen nicht durch Dienstentlassung, nicht durch Geld befriedigt sind; daß nur hier Centurionen ermordet, Tribunen vertrieben, Gesandte eingesperrt würden, daß vom Blute Lager und Flüsse gefärbt sind, und ich selbst nur aus Gnade unter Erbitterten mein Leben hinschleppe?

43. „Warum doch risset ihr am ersten Versammlungstage jenen Stahl, den ich mir in die Brust stoßen wollte, von mir weg, o ihr unbedachtsamen Freunde! Besser meinte es und liebevoller der, der mir sein Schwert anbot. Gefallen wäre ich dann wenigstens noch unwissend so vieler Missetaten meines Heeres; gewählt ihr dann hättet einen Feldherrn, der, meinen Tod zwar ungeahndet lassend, doch für Varus und für die drei Legionen hätte Rache nehmen mögen. Denn die Götter wollen es verhüten, daß den Belgiern, obwohl sie sich dazu erbieten, die Ehre und der Ruhm werde, den römischen Namen aufgeholfen und Germaniens Völker gebändigt zu haben! Dein in den Himmel aufgenommener Geist, o göttlicher Augustus, dein Bild, Va-

ter Drusus, dein Andenken tilge mit eben diesen Kriegern, die schon Scham ergreift und Ruhmbegierde, diesen Schandfleck aus und wende Bürgerwut den Feinden zum Verderben! Und ihr, deren Mienen, deren Inneres ich nun umgewandelt erblicke, wenn ihr die Gesandten dem Senate, Gehorsam euerm Imperator, mir die Gattin und den Sohn zurückgeben wollt, so meidet der Berührung Pest und sondert die Meuterer ab. Das wird die sichere Stütze der Reue, das das Band der Treue sein.

44. Hierauf bekannten sie demütig, daß wahr sei, was er ihnen vorgeworfen hatte, baten, er möge die Schuldigen bestrafen, den Gefallenen verzeihen und sie gegen den Feind führen. Seine Gattin möge zurückgerufen werden, und der Zögling der Legionen heimkehren und nicht als Geisel den Galliern überliefert werden. Die Rückkehr Agrippinas lehnte er wegen der Nähe ihrer Niederkunft und des Winters ab, der Sohn solle kommen, das übrige möchte sie selbst vollziehen. Da eilten sie wie verwandelt auseinander und schleppten die Hauptaufwiegler gefesselt vor den Legaten der 1. Legion, Gaius Caetronius, welcher folgendermaßen Gericht und Strafe an einem nach dem anderen übte. Die Legionen standen mit gezogenen Schwertern versammelt; der Angeklagte wurde auf einer Erhöhung durch einen Tribun zur Schau gestellt. Hatten sie „schuldig" ausgerufen, so wurde er hinabgestoßen und niedergehauen. Und der Soldat freute sich über das Gemetzel, als spräche er so sich selbst frei. Auch wehrte Caesar ihnen nicht, da ohne einen Befehl von seiner Seite ihnen mit der Grausamkeit der Tat auch deren übler Nachruf zur Last fiel. Diesem Beispiele folgten die Veteranen, und nicht lange darauf wurden sie nach Rätien gesandt, scheinbar zur Verteidigung dieser Provinz wegen der drohenden Nähe der Sueben, doch eigentlich nur um sie aus dem Lager loszuwerden, das nicht weniger durch die Härte der Maßregeln als durch des Frevels Andenken noch in wilder Bewegung war. Hierauf hielt er eine Musterung der Centurionen. Aufgerufen vom Imperator, gab ein jeder Namen, Rang, Vaterland, Zahl der Dienstjahre, wie er in Schlachten sich hervorgetan und, wer deren hatten, auch die militärischen Auszeichnungen an. Hatten die Tribunen, hatte die Legion Diensteifer und Unsträflichkeit bezeugt, so behielt er seine Stelle; sobald sie ihm einstimmig der Habsucht oder Grausamkeit schuld gaben, wurde er aus dem Dienste entlassen.

45. Obwohl nun so das gegenwärtig Nahe beschwichtigt worden war, so blieb doch eine nicht minder schwierige Aufgabe zu lösen übrig, wegen des Trotzes der 5. und 21. Legion, die beim sechzigsten Meilensteine – der Ort heißt Vetera – überwinterten. Denn sie zuerst hatten den Aufstand begonnen. Jeder noch so furchtbare Frevel war von ihren Händen verübt worden. Und weder durch die Bestrafung ihrer Waffenbrüder geschreckt, noch durch deren Reue umgestimmt, verharrten sie in ihrer Erbitterung. Deshalb schickte sich denn Caesar

an, Waffen, Flotte und Bundestruppen den Rhein hinabzusenden, um, wenn man den Gehorsam verweigern sollte, den Kampf entscheiden zu lassen.

46. In Rom aber, wo noch nicht bekannt geworden, wie es in Illyricum geendet habe, und man doch den Aufruhr der germanischen Legionen schon vernommen hatte, war alles in Bestürzung, und gab es dem Tiberius schuld, daß, während er Senat und Volk, so kraft- und wehrlose Schatten, durch heuchlerisches Zögern höhne, sich inzwischen die Soldaten auflehnten, und durch zwei Jünglinge mit noch nicht erstarktem Ansehen nicht gebändigt werden könnten. Er selbst hätte gehen und seine kaiserliche Majestät ihnen entgegenstellen müssen, sie würden gewichen sein, sobald sie den vielerfahrenen Fürsten und in ihm zugleich den obersten Richter über Strenge und Milde gesehen hätten. Wie? Augustus habe im geschwächten Alter so oft nach Germanien ziehen können, und Tiberius, in der Kraft der Jahre, sitze im Senate, um die Worte der Senatoren zu verdrehen? Hinreichend sei für die Knechtschaft der Stadt gesorgt. Auf die Stimmung der Krieger müsse man mit Linderungsmitteln zu wirken suchen, damit sie sich den Frieden willig gefallen ließen.

47. Unbewegt und fest stand gegen solche Reden bei Tiberius der Entschluß, die Hauptstadt des Reiches nicht zu verlassen, nicht sich und den Staat dem Zufall preiszugeben. Denn es ängstigte ihn gar vieles und verschiedenartiges: daß das Heer in Germanien stärker, näher das in Pannonien sei; jenes sei auf Galliens Hilfsquellen gestützt, dieses bedrohe Italien mit seiner Nähe. Welchem Teil also sollte er den Vorzug geben? Und könnten nicht die Zurückgesetzten, als wären sie beschimpft, in Erbitterung geraten? Dagegen könnte er durch die Söhne sich beiden gleicherweise nahen ohne Gefahr für die Majestät, die aus der Ferne größere Ehrfurcht einflöße. Zugleich sei den Jünglingen unbenommen, manches an den Vater zu verweisen, und die dem Germanicus oder Drusus Widerstrebenden könnten schließlich immer noch von ihm besänftigt oder zu Boden geschlagen werden. Welcher Rückhalt bliebe noch, wenn sie dem Imperator Hohn geboten? Übrigens wählte er, als sei er eben im Begriffe abzureisen, schon Begleiter, ließ das Gepäck zusammenbringen, und rüstete Schiffe aus. Dann täuschte er, den Winter oder Geschäfte mannigfach vorschützend, zuerst die Verständigen, darauf die Menge, und am längsten die Provinzen.

48. Germanicus aber glaubte, obwohl das Heer zusammengezogen und die Rache gegen die Abtrünningen schon bereit war, doch noch eine Frist gestatten zu müssen, ob sie nach dem jüngst gegebenen Beispiel sich nicht selbst beraten möchten, und schickte an Caecina ein Schreiben voraus: er ziehe mit starker Macht heran und werde, wenn sie nicht schon vorher die Todesstrafe an den Übelgesinnten vollstreckten, sie ohne Unterschied niedermetzeln lassen. Dies las Caecina

den Adler- und Fahnenträgern und denen, die sonst im Lager noch am meisten treu geblieben waren, heimlich vor, mit der Mahnung, alle von der Schande, sich selbst vom Tode zu befreien. Denn im Frieden sehe man auf eines jeden Sache und Verdienst, wenn Krieg losbreche, fielen Unschuldige und Schuldige gleicherweise. Jene forschten aus, wen sie für geeignet hielten, und bestimmten, nachdem sie den größeren Teil der Legionen der Pflicht getreu befunden hatten, nach des Legaten Anordnung eine Zeit, zu der sie die ärgsten und entschlossensten Aufwiegler mit dem Schwerte überfallen wollten. Auf ein einander gegebenes Zeichen brachen sie dann in die Zelte ein, metzelten die nichts Ahnenden nieder, und keiner, außer den Einverstandenen, konnte vermuten, was der Anlaß und das Ziel des Mordes sei.

49. Verschieden von allen Bürgerkriegen, die sich jemals zugetragen, war dieses Schauspiel. Nicht im Treffen, nicht aus entgegengesetzten Lagern, nein aus denselben Lagerstätten traten die, welche beim gemeinsamen Mahle den Tag, in gemeinsamer Ruhe die Nacht gesehen hatten, zum Parteikampfe auseinander, und schleuderten die Geschosse gegeneinander. Geschrei, Wunden, Blutvergießen lag zutage, die Ursache im verborgenen. Im übrigen waltete der Zufall. Und so fielen auch einige von den Gutgesinnten, nachdem auch die Verruchtesten, erkennend gegen wen gewütet werde, zu den Waffen gegriffen hatten. Und kein Legat, kein Tribun war beschwichtigend zugegen, zügellos ließ man die Menge Rache üben und sich satt morden. Bald darauf zog Germanicus ins Lager ein, und indem er mit vielen Tränen dies nicht Heilung, sondern eine Niederlage nannte, hieß die Leichen er verbrennen.

Die noch jetzt wild bewegten Gemüter ergreift das Verlangen, gegen den Feind zu ziehen, zur Sühnung ihre Raserei, weil anders ihrer Waffenbrüder Manen nicht versöhnt werden könnten, als wenn sie auf der schuldbeladenen Brust ehrenvolle Wunden davontragen würden. Dem Drange der Krieger willfährig, schlug Caesar eine Brücke und setzte 12000 Legionssoldaten von den Bundesgenossen, 26 Kohorten und acht Reitergeschwader über, deren Gehorsam in diesem Aufstande unbefleckt geblieben war.

50. Fröhlich und auch nicht fern trieben die Germanen ihr Wesen, während wir erst durch Trauerfeier ob des Augustus Verlust, dann durch Zwietracht uns gebunden fühlten. Der Römer aber durchquerte in eilendem Zuge den käsischen Wald und den von Tiberius angelegten Grenzwall, schlug an dem Grenzwall ein Lager auf, Front und Rücken durch Verschanzung, die Flanken durch Verhaue gedeckt. Von hier aus durchzog man dunkle Waldgebirge und überlegte, ob man unter zwei Wegen den kurzen und gewöhnlichen, oder den beschwerlicheren und ungebahnten und deshalb vom Feinde unbewachten einschlagen solle. Man wählte den längeren Weg und be-

schleunigte das übrige; denn die Kundschafter hatten hinterbracht, daß die Germanen diese Nacht festlich beginnen und bei feierlichem Gelage dem Spiele weihen würden. Caecina erhielt Befehl, mit den leichtgerüsteten Kohorten voranzugehen und das, was in den Waldungen hinderlich wäre, wegzuräumen. Die Legionen folgten in mäßiger Entfernung. Günstig war die sternenhelle Nacht und kam man zu den Dörfern der Marsen. Und schon waren die auch jetzt noch ohne Besorgnis, ohne Nachtwachen aufgestellt zu haben, auf ihrem Lager und neben den Tischen hingestreckten Germanen mit Posten umringt. So sehr war alles in Sorglosigkeit aufgelöst und ohne Gedanken an Krieg, auch des Friedens Ruhe war eine matte nur und schlaffe, wie es unter Trunkenen natürlich ist.

51. Der Caesar treilte die kampfbegierigen Legionen, damit die Verheerung desto ausgedehnter würde, in vier keilförmige Haufen. 50000 Schritt umher verwüstete er mit Schwert und Feuer. Nicht Geschlecht, nicht Alter flößten Erbarmen ein. Heiliges so gut wie Ungeweihtes, auch das von jenen Völkerschaften am höchsten gefeierte Heiligtum der Tanfana, wie sie es nannten, wurde dem Boden gleichgemacht. Unverwundet blieben die Soldaten, die Halbschlafende, Waffenlose oder Umherirrende erschlagen hatten. Dieses Blutbad brachte die Bructerer, Tubanten und Usipeter in Bewegung und sie besetzten die Waldgebirge, durch welche das Heer den Rückzug nehmen mußte. Dies wußte der Feldherr und brach zum Marsche wie zur Schlacht auf. Ein Teil der Reiter und die Kohorten oder Hilfstruppen führten den Zug, bald hinter ihnen die 1. Legion, und das Gepäck in die Mitte nehmend, deckten die linke Seite die von der 21., die rechte die von der 5. Legion; die 20. sicherte den Rücken; hintennach kam der Rest der Bundesgenossen. Die Feinde aber rührten sich nicht, bis der Zug sich ganz durchs Waldgebirge hinbewegte, griffen dann allmählich die Flanken und die Front an, und fielen mit ganzer Macht auf den Nachtrab. Und schon gerieten die leichten Kohorten durch die dichten Haufen der Germanen in Verwirrung, als der Caesar, an die 20. Legion heranreitend, ihr mit lauter Stimme zurief, dies sei der rechte Augenblick, den Aufruhr in Vergessenheit zu begraben. Sie möchten vorrücken, sich beeilen, ihre Schuld in Ehre zu verwandeln. Da entbrannte ihr Mut, und den Feind mit einem Anlauf zersprengend, trieben sie ihn ins offene Feld und hieben ihn nieder. Zugleich kamen die Truppen der Vorhut glücklich aus dem Wald und befestigten ein Lager. Der Marsch war von nun an ruhig und die Soldaten ließen sich voll Vertrauen wegen des soeben Vollbrachten, und das Frühere vergessend, in die Winterlager bringen.

52. Diese Botschaft erfüllte den Tiberius mit Freude und mit Sorge. Er freute sich, daß der Aufstand unterdrückt war; daß sich aber Germanicus durch Geldspenden und beschleunigte Dienstentlassung um die Gunst der Soldaten beworben hatte und ebenso dessen Kriegs-

ruhm beunruhigte ihn. Er berichtete jedoch im Senat von dessen Taten und redete mancherlei von seinen Verdiensten, allein mehr zum Schein mit schönen Worten, als daß man sich dabei von seiner inneren Empfindung hätte überzeugen können. Kürzer sprach er über Drusus und die Beendigung der illyrischen Unruhen seinen Beifall aus, aber mit mehr Wärme und in Glauben erweckender Rede; und alles, was Germanicus bewilligt hatte, gewährte er auch den pannonischen Heeren.

53. Im selben Jahr starb Julia, wegen ihrer Sittenlosigkeit vordem von ihrem Vater Augustus auf die Insel Pandateria, dann in die Stadt Regium an der sizilischen Meerenge verwiesen. Einst, als Gaius und Lucius Caesar ihre ganze Hoffnung waren, war sie die Gattin des Tiberius gewesen und hatte ihn als nicht ebenbürtig verschmäht. Kein anderer Grund lag tiefer in Tiberius Seele, weshalb er sich nach Rhodus entfernte. Zur Herrschaft gelangt, richtete er die verbannte, ehrlose und nach des Agrippa Postumus Ermordung aller Hoffnung beraubte Frau durch Mangel und langsames Verkümmern zugrunde, in dem Wahn, die Länge der Verbannung werde den Mord in Dunkelheit hüllen. Gleiche Ursache lag seiner Grausamkeit gegen Sempronius Gracchus zugrunde, der aus edlem Geschlecht, geistreich und von loser Redefertigkeit, eben diese Julia in ihrer Ehe mit Marcus Agrippa entehrt hatte. Und damit hatte das unzüchtige Verhältnis noch kein Ende. Als sie dem Tiberius zur Gattin gegeben worden war, entflammte sie der beharrliche Ehebrecher mit Trotz und Haß wider ihren Gemahl, und der Brief, welchen Julia ihrem Vater Augustus zur Verunglimpfung des Tiberius schrieb, wurde für ein Werk des Gracchus gehalten. Deshalb nach Cercina, einer Insel des afrikanischen Meeres verwiesen, ertrug er ein vierzehnjähriges Exil. Da fanden ihn die zu seiner Ermordung abgesandten Soldaten auf einem Vorsprunge des Gestades, nichts Gutes gewärtigend. Nach ihrer Ankunft verlangte er eine kurze Frist, um seiner Gattin Alliaria seine letzten Aufträge in einem Schreiben zu erteilen. Dann bot er seinen Mördern den Nacken dar, durch seine Standhaftigkeit im Tode des sempronischen Namens nicht unwürdig: sein Leben war entartet. Einige berichten, nicht von Rom aus, sondern von Lucius Asprenas, dem Prokonsul Afrikas, seien jene Soldaten auf Veranlassung des Tiberius abgesandt, welcher vergebens gehofft, es werde der üble Nachruf dieses Mordes sich auf Asprenas wälzen lassen.

54. Eben dieses Jahr sah das Entstehen neuer Zeremonien durch die Stiftung der Priesterschaft der augustalischen Brüder, wie einst Titus Tatius zur Beibehaltung des sabinischen Gottesdienstes die titische Brüder eingeführt hatte. Durch das Los wurden aus den Vornehmsten des Staates 21 Männer gewählt, Tiberius und Drusus, Claudius und Germanicus ihnen beigesellt. Die damals das erste Mal gefeierten augustalischen Spiele störten Unruhen durch Zänkereien der Schau-

spieler. Augustus hatte dieser Art von Spielen aus Willfährigkeit gegen Maecenas nachgesehen, der den Bathyllus leidenschaftlich liebte; auch war er selbst solchen Künsten nicht abhold, und hielt es für bürgerliche Anspruchslosigkeit, an Volksvergnügungen teilzunehmen. Andere Wege suchte der Sinn des Tiberius, doch wagte er noch nicht, das so viele Jahre hindurch weichlich gehaltene Volk auf Härteres hinzulenken.

Das Jahr 15 n. Chr.

55. Unter dem Konsulat des Caesars Drusus und des Gajus Norbanus wurde dem Germanicus ein Triumph zuerkannt, während der Krieg fortdauerte, den er, wiewohl er sich dazu erst zum Sommer mit aller Macht rüstete, mit dem Anfange des Frühlings durch einen plötzlichen Streifzug gegen die Chatten eröffnete. Denn es war die Hoffnung vorhanden, daß der Feind zwischen Arminius und Segestes geteilt sei, beide ausgezeichnet durch Treulosigkeit oder Treue gegen uns. Arminius war der Aufwiegler Germaniens, Segestes hatte schon oft und auch noch beim letzten Bankett, nach dem man dann zu den Waffen schritt, darauf hingewiesen, daß ein Aufruhr im Werke sei, und dem Varus geraten, ihn nebst Arminius und den übrigen Machthabern zu fesseln. Das Volk würde nach Beseitigung der Fürsten nichts wagen, er selbst aber Zeit gewinnen, die Schuldigen von den Schuldlosen zu unterscheiden. Doch Varus fiel durch sein Verhängnis und des Arminius Gewalt. Segestes blieb, obwohl durch seines Volkes Einigkeit mit in den Krieg hineingezogen, anderen Sinnes, und sein Privathaß wuchs noch, weil Arminius seine einem anderen verlobte Tochter entführt hatte. So war der Schwiegersohn verhaßt, die Schwiegereltern verfeindet; und was bei Einträchtigen ein Band der Liebe ist, wurde zum Stachel des Zornes bei den feindlich Gesinnten.

56. Germanicus übergab also vier Legionen, 5000 von den Hilfstruppen und die in Eile aufgebotenen Scharen der diesseits des Rheines wohnenden Germanen dem Caecina. Ebensoviele Legionen und die doppelte Zahl der Verbündeten führte er selbst, und brach nach Anlegung eines Kastells über den Trümmern einer von seinem Vater errichteten Schutzwehr auf dem Taunusgebirge, mit leicht gerüstetem Heere gegen die Chatten los, den Lucius Apronius zur Gangbarerhaltung der Wege und Überbrückung der Flüsse zurücklassend. Denn er hatte, was in jenem Himmelsstrich selten ist, bei Trockenheit und mäßig hohen Strömen unaufgehalten seinen Marsch beeilt und fürchtete nun Regengüsse und Anschwellung der Flüsse bei der Rückkehr. Aber den Chatten erschien er so unversehens, daß, was Alter und Geschlecht der Wehr unfähig machte, sogleich gefangen oder niedergemacht wurde. Die junge Mannschaft war über den Adranafluß geschwommen und suchte die Römer am Schlagen einer

Brücke zu hindern. Dann versuchten sie, durch Wurfgeschütz und Pfeile zurückgetrieben, vergeblich Friedensunterhandlungen anzuknüpfen und während einige zu Germanicus übergingen, zerstreuten sich die übrigen, ihre Gaue und Dörfer verlassend, in die Wälder. Der Caesar wandte sich, nachdem er Mattium, das ist der Hauptort des Volkes, in Brand gesteckt und das offene Land verwüstet hatte, zum Rhein zurück. Der Feind wagte es nicht, die Heimziehenden im Rücken zu beunruhigen, was seine Art ist, so oft er aus List mehr denn aus Furcht zurückgewichen ist. Die Cherusker hatten im Sinne gehabt, den Chatten beizustehen, doch Caecina schreckte sie, der bald hier- bald dorthin seine Waffen trug. Die Marsen aber, die einen Angriff wagten, hielt er durch ein glückliches Treffen im Zaume.

57. Nicht lange darauf kamen Gesandte von Segestes, um Hilfe gegen die Gewalt seiner Landsleute zu erbitten, von denen er belagert wurde, da Arminius mehr bei ihnen galt, weil er zum Kriege riet. Denn bei den Barbaren wird ein jeder, je kühnere Entschlossenheit er zeigt, in bewegter Zeit für desto zuverlässiger und vorzüglicher gehalten. Segestes hatte den Gesandten seinen Sohn namens Segimundus beigesellt, aber im Bewußtsein seiner Schuld war der Jüngling noch unschlüssig. In dem Jahre nämlich, in welchem Germanien abfiel, hatte er, zum Priester beim Altar der Ubier erwählt, seine priesterlichen Binden zerrissen und war zu den Aufständischen geflohen. Jedoch zur Hoffnung auf römische Milde überredet, überbrachte er des Vaters Aufträge; und gütig aufgenommen wurde er mit einer Bedekkung nach dem gallischen Ufer geschickt. Germanicus hielt es für verlohnend, das Heer zurückzuführen. Man kämpfte mit den Belagerern und befreite Segestes mit einer großen Schar von Verwandten und Schützlingen. Dabei waren edle Frauen, und unter diesen die Gattin des Arminius, Segestes Tochter, mehr von des Gatten, als des Vaters Geist, weder bis zu Tränen bezwungen, noch mit einem Laute flehend, sondern die Hände unter dem Busen zusammengefaltet und auf den schwangeren Leib niederblickend. Auch brachte man Raub aus des Varus Niederlage, der meist denen, die jetzt sich ergaben, als Beute zugefallen war; mit diesem erschien Segestes selbst, mächtig von Ansehen und im Bewußtsein seiner Bundestreue unerschrocken.

58. Seine Worte waren etwa folgende: „Dies ist nicht der erste Tag, der meine Treue und Beständigkeit dem römischen Volke bezeugt. Seit ich von dem göttlichen Augustus mit dem Bürgerrechte beschenkt worden bin, habe ich Freunde und Feinde nach eurem Vorteil erwählt, und nicht aus Haß gegen mein Vaterland, – denn Verräter sind ja selbst denen verhaßt, für die sie arbeiten – nein, weil ich dasselbe den Römern und Germanen für vorteilhaft, und den Frieden für besser erachtete als den Krieg. Darum klagte ich Arminius, den Räuber meiner Tochter, Bundbrüchigen an euch bei Varus an, der damals an des Heeres Spitze stand. Hingehalten durch die Fahrlässig-

keit des Feldherrn, drang ich darauf, weil das Gesetz zu wenig Schutz gewährte, daß er mich nebst Arminius und den Mitverschworenen in Fesseln legte. Dessen ist jene Nacht Zeuge, o wäre sie lieber für mich die letzte gewesen! Was erfolgte, läßt sich mehr beweinen, als verteidigen. Übrigens habe ich sowohl Arminius in Ketten geworfen, als ihre Last erduldet, die mir von seinem Anhange auferlegt wurde. Und kaum bin ich nun deiner teilhaftig geworden, so ziehe ich dem Neuen das Alte, die Ruhe der Verwirrung vor, nicht etwa eines Lohnes wegen, sondern um mich von Treulosigkeit zu reinigen, und zugleich dem Volke der Germanen als geeigneter Vermittler, sollte es die Reue dem Verderben vorziehen. Für die Jugend des Sohnes und seine Verirrung bitte ich um Nachsicht; die Tochter, das bekenne ich, hat nur Zwang hierher geführt. Du selbst magst überlegen, was den Ausschlag gibt, daß sie empfangen von Arminius hat, oder aber, daß sie von mir gezeugt worden ist.“ Der Caesar versprach in gnädiger Antwort seinen Kindern und Verwandten Sicherheit, ihm selbst einen Wohnsitz in der alten Provinz[38]. Das Heer führte er zurück und nahm auf des Tiberius Antrag den Imperatortitel an. Arminius Gattin gebar einen Sprößling männlichen Geschlechts. Wie mit dem zu Ravenna erzogenen Knaben die harte Laune des Schicksals nachmals ihr Spiel getrieben hat, werde ich zu seiner Zeit erwähnen.

59. Das über Segestes Unterwerfung und gütige Aufnahme sich verbreitende Gerücht wurde, wie gerade einem jeden der Krieg zuwider oder erwünscht war, teils mit Hoffnung, teils mit Schmerz vernommen. Den Arminius trieb außer angeborener Heftigkeit, der Gattin Raub und daß der Knechtschaft unterworfen, was die Gattin unter ihrem Herzen trug, gleich einem Rasenden umher, und so durchflog er das Cheruskerland, um Waffen gegen Segestes und gegen den Caesar aufzubieten. Selbst Schmähungen sparte er nicht: Ein herrlicher Vater, ein großer Imperator, ein tapferes Heer, die mit so vielen Armen ein schwaches Weib hinweggeführt! Vor ihm seien drei Legionen, ebensoviel Legaten niedergesunken; denn nicht mit Verräterei, nicht gegen schwangere Frauen, sondern offen, und gegen Bewaffnete pflege er den Krieg zu führen. Noch sehe man in den Hainen der Germanen die römischen Feldzeichen, die er den Göttern des Vaterlandes aufgehängt habe. Immerhin möge Segestes das besiegte Uferland bewohnen, und seinem Sohn das Priestertum an Menschen[39] wiedergegeben. Die Germanen würden nie genügende Entschuldigung dafür finden, daß sie zwischen Elbe und Rhein Ruten, Beile und die Toga gesehen hätten. Andere Völker hätten aus Unbekanntschaft mit der römischen Herrschaft noch nichts von Hinrichtungen erfahren, noch nichts von Steuern gehört; weil sie dieselben abgeschüttelt hätten und jener unter die Gotter erhobene Augustus, wie jener auserkorene Tiberius, erfolglos heimgezogen seien, so sollten sie doch einen unerfahrenen Jüngling, ein meuterisches Heer nicht fürchten.

Wenn Vaterland, Eltern und Altgewohnte ihnen lieber wäre als Gebieter und neue Ansiedelungen, so möchten sie eher dem Arminius zu Ruhm und Freiheit, als dem Segestes zu schimpflicher Knechtschaft folgen.

60. Hierdurch wurden nicht nur die Cherusker, sondern auch die angrenzenden Völkerschaften in Bewegung gesetzt, und auch Inguiomerus, des Arminius Onkel gewonnen, ein Mann von altem Ansehen bei den Römern. So mehrte sich für den Caesar die Besorgnis. Und damit nicht der Krieg mit einer Heeresmasse losbräche, schickte er den Caecina mit vierzig römischen Kohorten, um den Feind zu teilen, durch das Land der Bructerer bis an die Ems. Die Reiterei führte der Präfekt Pedo durch das Gebiet der Friesen. Er selbst ließ vier Legionen, die er eingeschifft hatte, über die Seen fahren, und zugleich traf Fußvolk, Reiterei und Flotte bei vorgenanntem Fluß zusammen. Die Chauker wurden, da sie Hilfe versprachen, in die Heeresgemeinschaft aufgenommen. Die ihre eigenen Besitzungen verheerenden Bructerer schlug mit leicht gerüsteter Mannschaft Lucius Stertinius, von Germanicus abgesandt, und fand während des Mordens und Plünderns den Adler der 19. Legion, der mit Varus verloren worden war. In einem Zuge wurde alsdann das Heer bis zu den entferntesten Bructerern geführt und alles zwischen Ems und Lippe verwüstet, nicht fern vom Teutoburger Waldgebirge, in welchem, wie man sagte, die Reste des Varus und der Legionen noch unbestattet lagen.

61. Daher ergriff den Caesar das Verlangen, nun die letzte Schuld den Kriegern und ihrem Führer abzutragen, und das ganze anwesende Heer war ob der Anverwandten und Freunde tief zum Mitleid bewegt, ob der Unfälle des Krieges und des Loses der Menschheit. Nachdem Caecina voraüsgeschickt war, um die verborgenen Schluchten des Waldgebirges zu durchspähen, und Brücken und Dämme über Sumpfgewässer und trügerische Felder aufzuführen, betraten sie die trauerreichen Orte, dem Blick wie der Erinnerung grauenvoll. Das erste Lager des Varus deutete durch den weiten Umfang und durch die Ausdehnung des Feldherrnplatzes die Arbeit dreier Legionen unverkennbar an; weiterhin erkannte man an dem halbeingestürzten Wall und an dem flachen Graben, daß der hier schon zusammengeschmolzene Rest sich festgesetzt hatte. Mitten auf der Fläche lag bleichendes Gebein, so wie sie geflohen waren, wie sie Widerstand geleistet, bald zerstreut, bald angehäuft. Dabei lagen Trümmer von Waffen und Pferdegerippe; zugleich sah man vorn an Baumstämmen befestigte Schädel; in den benachbarten Hainen standen die Altäre der Barbaren, an welchen sie die Tribunen und die Centurionen der ersten Reihen geschlachtet hatten. Dazu erzählten die, welche jene Niederlage überlebend der Schlacht oder den Banden entronnen waren, hier seien die Legaten gefallen, dort die Adler genommen worden; wo Varus die erste Wunde empfangen, wo er

durch unselige Hand, durch selbstgeführten Streich den Tod gefunden; auf welcher Erhöhung Arminius gesprochen, wie viele Galgen für die Gefangenen, welche Gruben für die Hingerichteten bereit gehalten wurden, und wie er der Feldzeichen und Adler im Übermut gespottet habe.

62. So bestattete denn das anwesende Römerheer im sechsten Jahre nach der Niederlage die Gebeine der drei Legionen, ohne daß einer erkannte, ob er fremde Reste oder die der Seinigen mit Erde bedecke, alle als Verwandte, als Blutsfreunde, und mit gesteigerter Erbitterung gegen den Feind, voll Betrübnis zugleich und Ingrimm. Den ersten Rasen zur Errichtung des Grabhügels legte der Caesar, so den größten Liebesdienst den Verstorbenen erweisend und am Schmerz der Gegenwärtigen teilnehmend. Dies billigte Tiberius nicht, sei es, weil er alles an Germanicus nachteilig deutete oder weil er glaubte, das Heer sei durch den Anblick der Erschlagenen und Unbestatteten gelähmt zum Kampf und furchtsamer gegen den Feind geworden. Auch hätte der Imperator, mit dem Augurat und mit uralten Weihen bekleidet, sich nicht mit einer Totenfeier befassen sollen.

63. Germanicus aber zog dem in unwegsame Gegenden entweichenden Arminius nach, und sobald er seiner habhaft geworden war, befahl er den Reitern vorzusprengen und das Feld zu nehmen, auf welchem der Feind sich festgesetzt hatte. Arminius ließ seine Leute, welche die Weisung erhalten hatten, sich zu sammeln und sich der Waldung zu nähern, plötzlich herumschwenken, und gab dann auch denen ein Zeichen, hervorzubrechen, die er in dem Waldgebirge verborgen hatte. Da wurde durch die neue Schlachtreihe die Reiterei in Verwirrung gesetzt und die nachgesandten Reserverkohorten, von dem Schwarme der Fliehenden fortgerissen, vermehrten nur die Bestürzung. Sie wären ohne Zweifel in einen den Siegern wohlbekannten, den Fremden gefährlichen Sumpf gedrängt worden, hätte der Caesar nicht die Legionen vorgeführt und in Schlachtordnung gestellt. Das erfüllte den Feind mit Schrecken, die Soldaten mit Vertrauen, und man trennte sich nach unentschiedenem Kampfe. Darauf führte er das Heer wieder an die Ems und bringt die Legionen auf der Flotte, wie er sie hergeschifft, zurück. Ein Teil der Reiter erhielt Befehl, längs dem Gestade des Ozeans dem Rheine zuzuziehen, Caecina, der seine eigene Mannschaft führte, die Weisung, obwohl er auf bekannten Wegen heimkehrte, so zeitig als möglich die langen Brücken zu überschreiten. Dies war ein schmaler Pfad zwischen unabsehbaren Sümpfen, einst von Lucius Domitius aufgedämmt. Das übrige war lauter Moor, unwegsam durch zähen Schlamm oder durch Bäche unsicher; rings umher allmählich aufsteigende Waldungen, die jetzt Arminius besetzt hielt, da er auf kürzeren Wegen und in schnellem Zuge den mit Gepäck und Waffen belasteten Soldaten zuvorgekommen war. Caecina, unschlüssig, auf welche Weise er zugleich die

durch Alter zerfallenen Brücken herstellen und den Feind abwehren sollte, hielt für gut, da wo er war, ein Lager abzustecken, damit ein Teil die Arbeit, der andere den Kampf beginnen könnte.

64. Die Barbaren waren bestrebt, die Vorposten zu durchbrechen, und zwischen die Schanzarbeiter einzudringen: sie neckten, umgingen sie und stürmten heran. Durcheinander hallte verworrenes Geschrei der Arbeitenden und Kämpfenden, und alles war gleicherweise den Römern ungünstig, der Boden tiefer Morast, darauf zu fußen ebenso unhaltbar, wie schlüpfrig beim Vorwärtsschreiten, die Leute mit Panzern beschwert, ja nicht einmal den Wurfspieß mitten im Gewässer zu schwingen fähig. Dagegen standen die Cherusker des Kampfs in Sümpfen längst gewohnt, hochragenden Wuchses, und mit mächtigen, aus noch so weiter Ferne verwundenden Spießen. Erst die Nacht rettete die bereits wankenden Legionen aus dem ungünstigen Kampfe. Die Germanen, wegen ihres Glückes unermüdet, leiteten, ohne auch sich selbst jetzt Ruhe zu gönnen, was von Gewässern auf den rings sich erhebenden Höhen entspringt, in die Niederungen hinab, und da so der Boden überschwemmt und, was vom Werke fertig war, zerrissen wurde, verdoppelte sich die Arbeit der Soldaten. Vierzig Jahre hatte Caecina jetzt gehorchend oder befehlend gedient, mit Glück und Mißgeschick vertraut und darum unerschrocken. So fand er denn, überlegend, was kommen könnte, keinen anderen Ausweg, als den Feind in den Wäldern zurückzuhalten, bis die Verwundeten und der ganze schwere Zug einen Vorsprung hätten. Denn mitten zwischen den Bergen und Sümpfen erstreckte sich die Ebene dergestalt hin, daß sie nur eine schmale Heeresbreite zuließ. Die Legionen, erhielten ihre Bestimmung, die 5. auf dem rechten Flügel, die 21. auf dem linken Stellung zu nehmen, die von der 1. den Zug zu führen, die der zwanzigsten sich gegen die Verfolgenden zu wenden.

65. Die Nacht war durch ganz Gegensätzliches unruhig, da die Barbaren bei festlichen Gelagen mit lustigem Gesang oder wildem Lärm die Tiefen der Täler und die widerhallenden Waldhöhen erfüllten, bei den Römern dagegen die Feuer matt brannten, der Wachtruf sich nur abgebrochen vernehmen ließ, und sie selbst zerstreut am Walle lagen, zwischen den Zelten herumirrten, mehr schlaflos als um zu wachen. Auch den Feldherrn schreckte ein grauenhafter Traum: denn er glaubte Quintilius Varus zu schauen, wie er mit Blut bedeckt aus dem Sumpfgewässer auftauchte, und gleichsam seinen Zuruf zu vernehmen, doch ohne ihm zu folgen, und die nach ihm ausgestreckte Hand von sich stoßend. Als der Tag nun graute, verließen die an die Flanken beorderten Legionen sei es aus Furcht oder Ungehorsam, ihren Platz und besetzten eiligst ein Feld jenseits des Moores. Doch brach Arminius, obwohl ihn nichts am Angriff hinderte, nicht gleich hervor; sondern als das Gepäck im Schlamme und in den Gräben festsaß, die Soldaten rings umher in Unordnung gerieten, die Ordnung der

Feldzeichen in Verwirrung war, und wie es in solcher Lage zu geschehen pflegt, ein jeder sich für sich beeilte und den Befehlen ein taubes Ohr lieh, da erst befahl er den Germanen einzustürmen, indem er laut rief: „Seht da! Varus und seine zum zweitenmal vom Schicksal besiegten Legionen!" Im selben Augenblick durchbrach mit auserlesener Mannschaft den Zug und versetzte insbesondere den Pferden Wunden. Diese warfen, in dem eigenen Blute und auf dem schlüpfrigen Sumpfboden ausgleitend, ihre Reiter ab, sprengten dann die Entgegenkommenden auseinander, zertraten die am Boden Liegenden. Die meiste Not gab es bei den Adlern, welche weder den eindringenden Geschossen entgegengetragen, noch in der schlammigen Erde befestigt werden konnten. Während Caecina sich bemühte, die Schlachtordnung zu halten, glitt er von dem durchbohrten Pferd und wäre umringt worden, hätte die erste Legion sich nicht entgegengeworfen. Zustatten kam die Habgier der Feinde, da sie das Gemetzel aufgaben und der Beute nachgingen. So arbeiteten sich die Legionen, als es Abend werden wollte, ins Freie und auf festen Grund hinaus. Doch auch hiermit hatte das Elend noch kein Ende. Ein Wall mußte aufgeführt, das Material dazu herbeigeholt werden. Großenteils war das Gerät verloren, womit die Erde aufgegraben und der Rasen ausgestochen wird; es gab keine Zelte für die Manipeln, keinen Verband für die Verwundeten. Mit Schmutz oder Blut verunreinigte Lebensmittel verteilend, wehklagten sie über die Grabesfinsternis und daß nur noch ein Tag so vielen tausend Menschen vergönnt sei.

66. Zufällig brachte ein Pferd, das sich losgerissen hatte, umhersprengte und durch das Geschrei scheu geworden war, einige der Entgegeneilenden in Verwirrung. So groß ward die dadurch hervorgebrachte Bestürzung, weil man nicht anders glaubte, als seien die Germanen schon eingebrochen, daß alle zu den Toren stürzten, und unter diesen suchte man vornehmlich das decumanische zu gewinnen, welches, abgewandt vom Feinde, den Fliehenden größere Sicherheit gewährte. Selbst als man erfahren hatte, daß die Furcht unbegründet sei, konnte Caecina weder durch sein Ansehen, noch durch Bitten, ja nicht einmal mit dem Arme dem Soldaten Einhalt gebieten oder ihn zurückhalten, und er konnte erst, als er sich an der Schwelle des Tores niedergeworfen hatte, durch Erregung des Mitleids, weil man über den Leib des Legaten hätte gehen müssen, den Weg versperren. Zugleich wiesen die Tribunen und Centurionen die Grundlosigkeit des Schreckens nach.

67. Darauf zog er die Soldaten auf dem Feldherrnplatze zusammen, befahl ihnen seine Worte mit Schweigen zu vernehmen und stellt ihnen vor, was der Drang der Umstände erheischte. Einzig auf den Waffen beruhe die Rettung, aber mit Maß haltender Klugheit müsse man sie führen und innerhalb des Walles bleiben, bis die Feinde, in der Hoffnung, ihn zu erstürmen, näher heranrückten; dann von allen Sei-

ten ausfallen; durch einen solchen Ausfall werde man bis zum Rheine gelangen. Wollten sie aber fliehen, dann warteten ihrer noch mehr Wälder, noch tiefere Sümpfe, und die ganze Wut der Feinde. Dagegen gehöre den Siegern Ehre und Ruhm. Was ihnen daheim teuer, was ihnen im Lager ehrenvoll sei, das brachte er in Erwägung, vom Mißgeschick schwieg er. Sodann übergab er, mit dem seinigen beginnend, die Pferde der Legaten und Tribunen ohne alle Rücksicht den tapfersten Kriegern, damit erst diese und dann das Fußvolk auf den Feind losgingen.

68. In nicht minder unruhiger Bewegung waren die Germanen durch Hoffnung, ungeduldiges Verlangen und verschiedene Meinungen der Anführer. Denn Arminius riet, die Römer ausrücken zu lassen und sie dann von neuem auf nassem und unwegsamem Boden zu umzingeln; wilder und den Barbaren willkommener war Inguiomers Rat, den Wall mit Waffen zu umziehen; die Eroberung werde leicht sein, mehr Gefangene und unverdorbene Beute werde es geben. Also stießen sie mit Tagesanbruch die Gräben zu, warfen Reisigbündel hinein und erfaßten den Rand des Walles; denn nur sparsam standen hier die Soldaten, und als hätte die Furcht sie festgebannt. Als sie so an den Verschanzungen hingen, wurde den Kohorten das Zeichen gegeben, Hörner und Trompeten schallten zusammen. Dann warfen sie sich den Germanen mit Geschrei und mit Ungestüm in den Rücken, höhnisch rufend: hier seien nicht Wälder, nicht Sümpfe, sondern auf gleichem Boden gleiche Götter. Dem Feinde, der sich die Vernichtung leicht und nur wenige Halbbewaffnete dachte, kam nun der Schall der Trompeten, der Glanz der Waffen, je unvermuteter mit desto größerem Schreck entgegen. Und sie fielen, wie im Glück raubgierig, so im Unglück unvorsichtig. Unversehrt verließ Arminius, mit schwerer Wunde Inguiomer den Kampf. Im gemeinen Haufen wurde gemordet, so lange die Erbitterung und das Tageslicht ausreichten. Erst mit der Nacht kehrten die Legionen um und obwohl sie noch mehr Wunden und der gleich große Nahrungsmangel quälte, so fanden sie doch im Siege Kraft, Gesundheit, Überfluß, kurz alles.

69. Inzwischen hatte sich schon der Ruf verbreitet, das Heer sei umzingelt, und feindlich setze ein Haufe von Germanen sich Gallien zum Ziel. Und hätte Agrippina nicht den Abbruch der Rheinbrücke verhindert, so hätte es nicht an Furchtsamen gefehlt, die sich solchem Schimpf unterfangen hätten. Allein diese hochherzige Frau versah das Feldherrnamt in jenen Tagen, und verschenkte unter die Soldaten sowie ein dürftiger oder ein Verwundeter sich zeigte, Kleidung und Verband. Es erzählt Gajus Plinius, der der Geschichtsschreiber der germanischen Kriege, sie habe vorne an der Brücke gestanden und den heimkehrenden Legionen Lob und Dank gezollt. Dies drang tief verwundend in Tiberius Seele. Nicht lauter, meinte er, sei solche

Sorgfalt, nicht gegen die Ausländer suche man den Krieger zu gewinnen. Dem Imperator bleibe ja nichts mehr übrig, wenn eine Frau die Manipeln mustere, sich zu den Feldzeichen begebe und es mit Spenden versuche. Als ob sie noch nicht gunstsüchtig genug den Sohn des Feldherrn in gemeiner Soldatentracht herumtragen und ihn Caesar Caligula nennen lasse. Einflußreicher schon sei bei den Heeren Agrippina als die Legaten, als die Feldherren; ja unterdrückt sei von dem Weibe die Empörung, der des Fürsten Name nicht zu widerstehen vermochte. Nahrung und größeres Gewicht gab dem allem noch Seianus, um wohlbekannt mit des Tiberius Charakter, Haß auf ferne Zeiten auszusäen, den er in sich verschlösse und vermehrt ausbrechen ließe.

70. Germanicus übergab indessen von den zur See hergebrachten Legionen die 2. und 14., um sie zu Lande zu führen, dem Publius Vitellius, damit die Flotte mit geringerer Last auf dem seichten Meere segelte oder bei Ebbe aufsäße. Vitellius hatte anfangs auf trockenem Boden oder doch bei nur mäßig anspülender Flut einen ruhigen Marsch; bald aber wurde durch des Nordwinds Anstürmen, in Verbindung mit dem Gestirn der Nachtgleiche, da der Ozean am stärksten anschwillt, der Heereszug fortgerissen und umhergetrieben. Alles Land war überschwemmt, eine Fläche Meer, Gestade und Felder, nicht zu unterscheiden unsichere Stellen von festen, und seichte von tiefen. Niedergeworfen werden Leute von den Fluten, verschlungen von den Strudeln. Lastvieh, Gepäck, tote Körper schwammen durcheinander, trieben gegeneinander. Durcheinander wirrten sich die Manipeln, bald mit der Brust, bald nur mit dem Gesichte hervorragend, nicht selten, wenn der Boden wich, auseinandergeworfen oder überflutet. Da half kein Ruf, kein wechselseitiger Zuspruch im Gegendrang der Woge; nichts hatte der Entschlossene vor dem Zaghaften, der Erfahrene vor dem Unerfahrenen, nicht die Überlegung vor dem Zufalle voraus. Alles riß in gleichem Ungestüm der Strudel mit sich fort. Endlich hatte Vitellius höheres Land errungen und führte dahin auch den Zug empor. Sie übernachteten ohne allen Bedarf, ohne Feuer, ein großer Teil nackt oder übel zugerichtet, nicht minder bedauernswert, als wären sie vom Feinde umlagert; denn dort ist doch noch ein ehrenvoller Tod vergönnt, ihrer dagegen harrte ruhmloser Untergang. Doch der Tag gab die Erde wieder, und man drang bis zum Flusse Visurgin vor, wohin Caesar mit der Flotte gesteuert war. Darauf wurden die Legionen eingeschifft, während das Gerücht umging, sie seien ertrunken. Man glaubte nicht eher an ihre Rettung, als bis man den Caesar und das Heer zurückgekehrt sah.

71. Schon hatte auch Stertinius, vorausgesandt, um den Bruder des Segestes, Segimer, welcher sich ergeben hatte, in Empfang zu nehmen, ihn selbst und dessen Sohn in die Stadt der Ubier geführt. Beiden wurde verziehen; dem Segimer leicht, unter größerem Zögern

dem Sohn, weil er den Leichnam des Quintilius Varus mißhandelt haben sollte. Übrigens wetteiferten Gallien, Hispanien und Italien, um die Verluste des Heeres zu ersetzen, und boten, was jedem zu Gebote stand, Waffen, Pferde und Gold an. Germanicus lobte ihren Eifer, nahm jedoch nur Waffen und Pferde für den Kriegsbedarf an, mit eigenem Gelde unterstützte er die Soldaten. Um das Andenken an die Niederlage auch durch Leutseligkeit zu mildern, besuchte er die Verwundeten, erhob die Taten eines jeden, und wußte so bei Besichtigung der Wunden den einen durch Hoffnung, den anderen durch rühmendes Lob, alle durch Zuspruch und Fürsorge, für sich und für den Kampf mit neuem Eifer zu erfüllen.

72. In diesem Jahre wurden die Triumphinsignien dem Aulus Caecina, Lucius Apronius und Gajus Silius, wegen der mit Germanicus verrichteten Taten zuerkannt. Tiberius wies den öfter schon vom Volk ihm aufgedrungenen Namen „Vater des Vaterlandes“ zurück, und ließ auch nicht zu, daß auf seine Verordnungen geschworen wurde, obwohl der Senat dafür stimmte, indem er zu sagen pflegte, alle Dinge der Sterblichen seien unsicher, und je mehr er empfangen haben würde, auf desto schlüpfrigerem Boden würde er stehen. Dennoch wollte deshalb niemand glauben, daß er bürgerlich gesinnt sei. Hatte er doch das Majestätsgesetz wieder eingeführt, das zwar auch bei den Alten den gleichen Namen hatte, aber anderes zur Entscheidung brachte: ob jemand durch Verräterei dem Heer, durch Aufruhrstiftung dem Volk, überhaupt durch üble Verwaltung der Republik der Majestät des römischen Volks Schaden gebracht hätte. Taten wurden angerechnet, Worte blieben unbestraft. Augustus zuerst betrieb die Untersuchung über Schmähschriften unter dem Titel dieses Gesetzes, aufgebracht durch die Zügellosigkeit des Cassius Severus, womit dieser angesehene Männer und Frauen in mutwilligen Schriften verunglimpft hatte. Als späterhin Tiberius von Pompeius Macer befragt wurde, ob Majestätsklagen angenommen werden sollten, gab er den Bescheid: die Gesetze müßten gehandhabt werden. Auch ihn erbitterten von unbekannten Verfassern verbreitete Spottgesänge gegen seine Grausamkeit, seinen Stolz und seine Uneinigkeit mit der Mutter.

73. Nicht überflüssig wird es sein, hier zu erwähnen, wie man zuerst bei Falanius und Rubrius, zwei unbedeutenden römischen Rittern den Vorversuch zu solchen Anschuldigungen machte, damit man sieht, wie entstanden und künstlich von Tiberius angelegt, sich dieses schwere Unheil eingeschlichen, dann wie es unterdrückt, wie es sich zuletzt zur Flamme entzündet und alles insgesamt ergriffen hat. Dem Falanius warf der Ankläger vor, er habe unter die Verehrer des Augustus, welche in allen Häusern eine Art Priesterkollegium bildeten, einen gewissen Cassius, einen körperlich mißbrauchten Mimen, aufgenommen und beim Verkauf seiner Gärten eine Bildsäule des

Augustus mit in den Kauf gegeben. Der Rubrius wurde beschuldigt, er habe durch Meineid die Gottheit des Augustus entweiht. Als dies dem Tiberius bekannt wurde, schrieb er den Konsuln: Nicht deshalb sei seinem Vater der Himmel zuerkannt worden, damit diese Ehre zum Verderben der Bürger gewendet würde. Der Schauspieler Cassius sei ganz gewöhnlich unter anderen seiner Kunst bei den Spielen gewesen, welche seine Mutter dem Andenken des Augustus geweiht hätte. Auch verstoße es nicht gegen die Religion, daß seine Bildnisse, wie andere Götterbilder, dem Verkaufe von Gärten und Häusern beigegeben würden. Der Eid müsse ebenso angesehen werden, als wenn er Jupiter hintergangen hätte, der Götter Beleidigungen seien auch der Götter Sorge."

74. Nicht lange nachher belangte den Prätor von Bithynien Granius Marcellus, sein eigener Quästor Caepio Crispinus mit Unterstützung des Hispo Romanus, wegen Majestätsbeleidigung; er, der mit der Lebensweise jetzt den Anfang machte, die nachher das Elend der Zeiten und die Verwegenheit der Menschen in so bekannten Ruf gebracht hat. Denn dürftig, unbekannt, unruhigen Geistes, und mit geheimen Klageschriften sich einen Platz in der Gunst des Tyrannen erkriechend, brachte er bald jeden, der berühmt war, in Gefahr. So von mächtigem Einfluß bei dem einen, verhaßt bei allen anderen, gab er ein Beispiel, dessen Befolgung Arme reich, Verachtete gefürchtet und erst andere, zuletzt sich selber zur Quelle des Verderbens machte. Den Marcellus beschuldigte er, nachteilig von Tiberius gesprochen zu haben, eine unausweichliche Beschuldigung, da der Ankläger gerade das Allerschändlichste aus dem Wandel des Fürsten hervorhob und dem Angeschuldigten vorwarf. Denn weil es wahr war, wurde es auch für gesagt gehalten. Hispo setzte noch hinzu, das Standbild des Marcellus sei höher als die der Cäsaren gestellt, von einem anderen Standbild das Haupt des Augustus abgenommen und des Tiberius Bild daraufgesetzt worden, bei welchen Worten dieser so in Hitze geriet, daß er, sein gewohntes Schweigen brechend, ausrief: auch er wolle in dieser Sache seine Stimme abgeben, öffentlich und eidlich, um nämlich die übrigen ebendazu zu nötigen. Denn auch jetzt noch waren Spuren der sterbenden Freiheit vorhanden. Daher sagte Gnaeus Piso: „Als der wievielste wirst du stimmen, Caesar? Wenn zuerst, dann weiß ich, welcher Meinung ich zu folgen habe, wenn ganz zuletzt, dann fürchte ich, ohne es zu wollen, von dir abzuweichen." Hierdurch getroffen und je unvorsichtiger er aufgebraust war, um so gelassener aus Reue, stimmte er dahin, daß der Angeklagte von den Majestätsbeschuldigungen freigesprochen wurde. Wegen der Erpressungen wandte man sich an die Entschädigungsrichter.

75. Noch nicht gesättigt durch die Untersuchungen der Senatoren, pflegte er auch den Gerichten beizusitzen; an einer Ecke des Tribunals, um nicht den Prätor vom curulischen Sessel zu verdrängen. Und vie-

les wurde in seiner Gegenwart wider die Umtriebe und mächtiger Advokaten Fürsprache festgesetzt. Doch trotz dieser Sorge für Unparteilichkeit litt die Freiheit dadurch Schaden. So rief der Senator Aurelius Pius, sich beklagend, daß durch den Bau einer öffentlichen Straße und durch Führung einer Wasserleitung sein Haus baufällig geworden sei, die Hilfe der Senatoren an. Da aber die Prätoren der Staatskasse dagegen waren, nahm der Kaiser sich der Sache an und bewilligte dem Aurelius den ganzen Wert des Hauses, indem er gern auf eine ehrenvolle Weise Geld verwendete, eine Tugend, die er lange beibehielt, während er sich von den übrigen lossagte. Dem gewesenen Prätor Propertius Celer, der wegen Armut um Entlassung aus dem Senat bat, schenkte er eine Million Sesterzen, da hinlänglich bekannt war, daß seine Mittellosigkeit von seinem Vater herrührte. Andere, die dasselbe versuchten, hieß er den Grund erst dem Senat beweisen; aus Neigung zur Strenge auch in dem hart, was er rechtlich hätte tun können. So zogen denn die übrigen Schweigen und Armut dem Bekenntnis und der Wohltat vor.

76. Im selben Jahre hatte der Tiber, durch anhaltende Regengüsse angeschwollen, die ebenen Gegenden der Stadt unter Wasser gesetzt. Bei seinem Zurücktreten sanken Gebäude und Menschen darnieder. Daher stimmte Asinius Gallus dafür, daß die sibyllischen Bücher befragt würden. Tiberius verweigerte das, weil er gleicherweise Göttliches wie Menschliches geheim hielt. Doch wurden Ateius Capito und Lucius Arruntius mit Vorkehrungen zur Eindämmung des Flusses beauftragt. Achaia und Macedonien, welche gegen ihre Lasten einkamen, beschloß man für jetzt der Prokonsularherrschaft zu entheben und dem Kaiser zuzuweisen. Bei der Aufführung der Fechterspiele, welche er in seines Bruders Germanicus und in seinem Namen zu veranstalten versprochen hatte, führte Drusus den Vorsitz, allzusehr, wiewohl es feil war, am Blute Freude findend, was beim Volke Furcht erweckte, und auch der Vater getadelt haben soll. Warum dieser nicht selbst an dem Schauspiel teilgenommen hatte, deutete man verschieden, einige aus seinem Widerwillen vor Zusammenkünften, andere aus seinem finstern Charakter und aus Furcht vor Vergleichen, weil Augustus so leutselig zugegen gewesen war. Ich möchte nicht glauben, daß er dem Sohne Gelegenheit habe geben wollen, seine Grausamkeit so recht zu zeigen und den Unwillen des Volkes zu erregen, obwohl man auch dies gesagt hat.

77. Aber der Theaterunfug, der im Jahr zuvor begonnen hatte, kam jetzt zu einem heftigeren Ausbruch, da nicht nur Leute aus dem Volk, sondern auch Soldaten und ein Centurio erschlagen, der Tribun einer prätorischen Kohorte verwundet wurde, als sie Beschimpfungen der Obrigkeit und Zwist unter dem Pöbel verhindern wollten. Über diesen Aufstand wurde im Senate verhandelt, und dahin gestimmt, daß den Prätoren das Recht der Ruten gegen die Schauspieler

zustehen sollte. Der Volkstribun Haterius Agrippa tat Einspruch, und erfuhr heftige Widerrede von Asinius Gallus, während Tiberius, der dieses Schattenspiel der Freiheit dem Senat gönnte, schwieg. Doch drang der Einspruch durch, weil der Kaiser Augustus einst erklärt hatte, die Schauspieler sollten von Geißelhieben frei sein, und Tiberius es nicht für sich erlaubt hielt, seine Aussprüche zu entkräften. Über das Maß ihrer Besoldung und wider die Zügellosigkeit ihrer Gönner wurde vielerlei festgesetzt, wovon das Wichtigste war, die die Wohnungen der Mimen kein Senator betreten, die Ausgehenden keine Begleitung von römischen Rittern umgeben, sie nicht anderswo als im Theater auftreten, und die Prätoren befugt sein sollten, Ungebührlichkeiten der Zuschauer mit Verbannung zu bestrafen.

78. Den darum nachsuchenden Spaniern wurde gestattet, dem Augustus einen Tempel in der Kolonie Tarraco zu erbauen, und damit für alle Provinzen ein Beispiel gegeben. Als das Volk gegen das nach den Bürgerkriegen eingeführte Prozent von kaufmännischem Umsatz einkam, machte Tiberius bekannt, die Kriegskasse stütze sich auf dieses Einkommen und zugleich auch sei der Staat der Last nicht gewachsen, wenn die Veteranen nicht erst im zwanzigsten Dienstjahre entlassen würden. So wurden die nachteiligen Maßregeln der letzten Meuterei, wodurch sie die Dienstentlassung nach sechzehn Jahren erpreßt hatten, für die Folge aufgehoben.

79. Darauf wurde im Senate von Arruntius und Ateius verhandelt, ob, um den Überschwemmungen des Tiber Schranken zu setzen, die Flüsse und Seen, durch die er anschwillt, abgeleitet werden sollten, und es wurden darüber die Abgeordneten der Landstädte und Kolonien vernommen. Dabei baten die Florentiner, daß doch der Clanis nicht aus seinem alten Bett verdrängt, in den Arnus hinübergeleitet würde, was ihnen Verderben brächte. Übereinstimmend damit erklärten sich die Interamnaten, die fruchtbarsten Felder Italiens würden zugrunde gehen, wenn der Fluß Nar – denn damit ging man um – in Bäche verteilt, einmal übertreten sollte. Auch die Reatiner schwiegen nicht, indem sie sich der Zudämmung des Velinersees da, wo er sich in den Nar ergießt, widersetzten; natürlich werde er auf das anliegende Land übertreten, und am besten habe doch für das Wohl der Sterblichen die Natur gesorgt, welche den Flüssen ihre Mündung, ihren Lauf, ihr Ziel, wie ihren Ursprung angewiesen habe. Man müsse auch die heiligen Gebräuche ihrer Väter berücksichtigen, welche Opferfeste, Haine und Altäre den heimatlichen Flüssen geweiht hätten. Werde doch der Tiber selbst, seiner Nachbarflüsse beraubt, in minderer Herrlichkeit dahinströmen. Diese Bitten der Kolonien oder die Schwierigkeit des Unternehmens, vielleicht auch der Aberglaube brachte es dahin, daß man der Meinung des Piso beitrat, der nichts zu ändern gestimmt hatte

80. Auf längere Zeit wurde dem Poppaeus Sabinus die Provinz

Mösien gelassen mit Beifügung von Achaia und Macedonien. Auch das gehörte zu Tiberius Weise, die Verwaltungen fortdauern zu lassen, und sehr viele bis zum Lebensende in denselben Heeren und Gerichtsbezirken zu behalten. Als seine Beweggründe wird verschiedenes angegeben; einige meinen, er habe aus Scheu vor neuer Sorge einmal Beschlossenes für ewig festgehalten, andere, aus Mißgunst, daß nicht mehrere den Genuß davon hätten, etliche auch, daß, wie sein Sinn verschlagen, ebenso ängstlich sein Urteil gewesen sei; denn wie er auf ausgezeichnete Tugenden nicht achtete, so haßte er doch auf der andern Seite Laster. Von den Besten fürchtete er Gefahr für sich, von den Schlechtesten Schande für den Staat; ein Schwanken, worin er zuletzt so weit ging, daß er gewissen Personen Provinzen übertrug, die er doch nicht jemals aus Rom gehen lassen wollte.

81. Über die Konsulwahlen, wie sie unter diesem Fürsten damals zuerst und dann weiter gehalten wurden, wage ich kaum irgend etwas mit Gewißheit auszusprechen: so viele Widersprüche finden sich nicht bloß bei den Geschichtschreibern, sondern sogar in seinen eigenen Reden. Bald beschrieb er, die Namen der Bewerber weglassend, eines jeden Abkunft, Leben und Heerdienst, so daß man erkennen konnte, wer sie waren. Nicht selten ließ er auch diese Bezeichnung weg, ermahnte die Bewerber, nicht durch Umtriebe die Komitien zu stören, und versprach ihnen dafür seine eigene Verwendung. Meistens erklärte er, es hätten sich nur die bei ihm gemeldet, deren Namen er den Konsuln angegeben habe; aber auch anderen bleibe die Meldung unbenommen, sofern sie auf Gunst oder Verdienst vertrauen zu können meinten. Schön klingende Worte, aber gehaltlos oder hinterlistig, und je mehr in Freiheitsschimmer eingehüllt, desto schrecklicherer Knechtschaft Ausbruch prophezeiend.

ZWEITES BUCH

Die Jahre 16 bis 19 n. Chr.

Das Jahr 16. n. Chr.

1. Unter dem Konsulat des Statilius Sisenna und Lucius Libo gerieten im Orient die Königreiche und römischen Provinzen in Bewegung, deren Anfang von den Parthern ausging, welche den von Rom erbetenen und empfangenen König, obwohl vom Geschlechte der Arsaciden, als einen Ausländer verachteten. Dies war Vonones, welcher dem Augustus von Phraates als Geisel gegeben war. Denn Phraates hatte, obwohl er die Heere und Feldherren Roms zurückgeschlagen hatte, sich mit jeder Aufmerksamkeit, die Ehrerbietung nur beweisen kann, dem Augustus zugewendet und ihm zur Befestigung der Freundschaft einen Teil seiner Kinder geschickt, nicht gerade aus Furcht vor uns, sondern aus Mißtrauen gegen die Treue seines Volkes.

2. Nach dem Ende des Phraates und der folgenden Könige kamen, weil daheim nun alles hingemordet war, Gesandte von den parthischen Großen nach Rom, um Vonones, den ältesten seiner Söhne zu berufen. Dies achtete sich der Kaiser zu hoher Ehre und stattete ihn reichlich aus. Die Barbaren nahmen ihn mit Jubel auf, wie es bei neuen Herrschern gewöhnlich ist. Bald wandelte sie die Scham an: entartet seien die Parther, erbettelt aus fremdem Weltteil ein von Feindessitte angesteckter König; schon werde der Arsacidenthron wie eine römische Provinz betrachtet und verschenkt. Wo sei nun deren Ruhm, die Crassus niedermetzelten, Antonius verjagten, wenn ein kaiserlicher Sklave, der so viele Jahre die Knechtschaft erduldet hatte, den Parthern gebiete? Noch mehr entflammte er selbst die Verachtenden, da er sich ganz von den Gebräuchen der Vorfahren entfernte, selten auf der Jagd war, sich wenig um die Rosse kümmerte, so oft er in die Städte zog, sich in einer Sänfte tragen ließ und die heimatlichen Gelage stolz verachtete. Auch spottete man des griechischen Begleiter Gefolges darüber, daß der geringste Hausbedarf mit dem Siegelringe in Verschluß genommen wurde. Dagegen waren freier Zutritt und entgegenkommende Freundlichkeit den Parthern unbekannte Tugenden, und galten nur für neue Laster; und weil dergleichen eigenen Sitten fremd war, verfolgten sie mit gleichem Hasse Lobenswertes und Verkehrtes.

3. So wurde Artabanus, aus dem Arsacidenstamme, bei den Dahern aufgewachsen, herbeigerufen, und im ersten Treffen zwar geschlagen, sammelte er doch neue Kräfte und bemächtigte sich des Königstums. Dem besiegten Vonones gewährte Armenien Zuflucht, damals erledigt und zwischen parthischer und römischer Macht treulos schwankend wegen des Antonius Schandtat, welcher Artavasdes, den Armenierkönig, unter dem Scheine der Freundschaft zu sich gelockt, in Ketten gelegt und zuletzt getötet hatte. Dessen Sohn, Artaxias, im Andenken des Vaters feindselig gegen uns gesinnt, schützte durch Macht der Arsaciden sich und sein Königreich. Als Artaxias durch die List seiner Verwandten getötet worden war, gab der Kaiser den Armeniern Tigranes und ließ ihn durch Tiberius Nero auf den Königsthron setzen. Doch war weder des Tigranes Herrschaft von Dauer, noch die seiner Kinder, obwohl sie, nach barbarischer Sitte, in Geschwisterehe wie in Thronverbindung miteinander standen.

4. Dann wurde auf Augustus Gebot Artavasdes eingesetzt und nicht ohne bedeutenden Verlust auf unserer Seite wieder entthront. Jetzt wurde Gajus Caesar[41] erkoren, um Armenien endlich zu beruhigen. Dieser setzte Ariobarzanes, einen Meder von Geburt, wegen seiner ausgezeichnet schönen Bildung und seines Herzens Trefflichkeit nicht ohne Beifall über die Armenier. Als ein Zufall Ariobarzanes hinweggerafft, da wollten sie sein Geschlecht nicht dulden, versuchten es mit der Herrschaft einer Frau namens Erato, vertrieben sie in kurzem, und nahmen unschlüssig, aller Bande ledig und mehr herrenlos als frei endlich den flüchtigen Vonones zum Regenten. Da aber Artabanus drohte und ihm die Armenier nicht Schutz genug gewähren konnten, wollte aber unsere Macht ihn verteidigen, zum Kriege wider die Parther geschritten werden mußte, lockte Silanus Creticus, der Statthalter Syriens, ihn zu sich und umgab ihn mit Wachen, wobei er ihm Aufwand und den Königsnamen ließ. Wie sich Vonones bestrebte, diesem Spiele zu entfliehen, davon wollen wir an seinem Orte berichten.

5. Übrigens kam es Tiberius gar nicht ungelegen, daß solche Unruhen den Orient bewegten, um unter diesem Vorwande den Germanicus von den ihm vertraut gewordenen Legionen loszureißen, ihn über neue Provinzen zu setzen und so zugleich Unfällen und der Hinterlist bloßzustellen. Doch jener, je leidenschaftlicher die Soldaten ihm zugetan waren, je abgeneigter ihm der Onkel war, desto eifriger auf Beschleunigung des Siegs bedacht, erwog der Schlachten Wege und was ihm, der nun schon im dritten Jahre Krieg führte, Trauriges und Glückliches begegnet sei: geschlagen würden die Germanen in regelrechter Schlacht auf ordentlichem Gelände, begünstigt durch Waldungen, Sümpfe, kurzen Sommer und frühzeitigen Winter. Seine Krieger litten nicht so sehr durch Wunden als durch weite Märsche und den Verlust der Waffen; Gallien sei schon durch Pferdelieferun-

gen erschöpft; der lange Zug des Trosses lade zu Nachstellungen ein, und sei den sich Verteidigenden hinderlich. Doch wenn man auf die See ginge, würde die Besitznahme mühelos und vom Feinde unbemerkt erfolgen. Zugleich würde der Krieg zeitiger begonnen, gemeinschaftlich mit den Legionen auch die Zufuhr fortgeschafft, Reiter und Pferde ungeschwächt durch die Mündungen und Betten der Flüsse in der Mitte Germaniens ausgesetzt.

6. Dahin also ging sein Streben. Nachdem zur Schatzung Galliens Publius Vitellius und Gajus Antius abgesandt waren, wurden Silius, Antejus und Caecina mit dem Bau der Flotte beauftragt. Tausend Schiffe schienen hinreichend und wurden eilig angefertigt, einige kurz, mit schmalem Hinter- und Vorderteil, aber weitem Bauche, um desto leichter den Wogen zu widerstehen; andere mit flachem Kiel, um ohne Schaden auf den Grund zu laufen; mehrere mit an beiden Enden angebrachten Steuern, um durch plötzliche Wendung der Ruder bald mit dem einen, bald mit dem anderen anzulegen; viele mit Verdecken, um das Wurfgeschütz darauf zu transportieren und zugleich zur Fortschaffung der Pferde oder Lebensmittel eingerichtet. Leichthinsegelnd und ruderschnell, erhielten sie durch den fröhlichen Mut der Soldaten ein noch bedeutenderes und Schrecken erregendes Ansehen. Die Insel der Bataver[42] wurde zum Sammelplatz bestimmt, wegen der leichten Landung und der Gelegenheit sowohl die Truppen einzuschiffen, als den Krieg hinüber zu spielen. Denn der Rhein, welcher in einem Bette fortströmt, oder nur mäßige Inseln umfließt, teilt sich mit dem Anfange des batavischen Landes gleichsam in zwei Flüsse, und behält seinen Namen und die Schnelligkeit seines Stromes da, wo er an Germanien vorüberfließt, bis er sich in den Ozean ergießt. Am gallischen Ufer ist er breiter und langsamer strömend, und die Anwohner verändern seinen Namen, indem sie ihn Vahalis nennen, worauf er auch diese Benennung bald mit der der Maas vertauscht und sich durch deren ungeheure Mündung ebenfalls in den Ozean ergießt.

7. Doch während die Schiffe noch herbeigetrieben wurden, ließ Caesar den Legaten Silius mit einer leichtgerüsteten Schar einen Einfall ins Land der Chatten tun; er selbst führte auf die Nachricht, daß das an der Lippe erbaute Kastell belagert werde, sechs Legionen dorthin. Weder Silius konnte, wegen plötzlicher Regengüsse, etwas anderes tun, als in der Eile einige Beute und des Chattenfürsten Arpus Weib und Tochter rauben, noch ließen den Caesar die Belagerer zum Kampfe kommen, da sie schon beim Gerücht von seiner Annäherung sich zerstreut hatten. Doch den jüngst den varischen Legionen aufgeführten Grabeshügel und einen alten dem Drusus errichteten Altar hatten sie zerstört. Den Altar stellte er wieder her und hielt zur Ehre seines Vaters, selbst an ihrer Spitze, mit den Legionen einen feierlichen Umzug; den Grabeshügel zu erneuern, schien nicht ratsam. Doch

wurde alles zwischen dem Kastell Aliso und dem Rhein mit neuen Grenzwällen und Straßendämmen wohl verwahrt.

8. Kaum war die Flotte angekommen, da lief er auch, nach Voraussendung der Zufuhr und Verteilung der Schiffe unter die Legionen und Bundesgenossen, in den sogenannten Drususgraben[43] ein und gelangte, nachdem er mit Gebet den Vater Drusus angerufen hatte, daß er ihn, der gleiches unternommen, willig und huldvoll durch sein Beispiel und durch die Erinnerung an seine Pläne und Taten unterstützen möchte, von da aus durch die Seen und den Ozean bis an die Ems in günstiger Fahrt. Die Flotte wurde am linken Ufer der Ems zurückgelassen, und damit ein Fehler gemacht, daß er die Soldaten nicht weiter hinauffuhr, die nach den rechts gelegenen Ländern ziehen sollten. So gingen mehrere Tage mit Brückenschlagen hin. Auch zogen zwar die Reiter und die Legionen, da die Flut noch nicht kam, unerschrocken über die Meergewässer voran, aber der Nachtrab der Hilfsvölker und namentlich die hier befindlichen Bataver, gerieten, da sie zu keck durch das Wasser schritten und ihre Fertigkeit im Schwimmen zeigen wollten, in Verwirrung, ja manche wurden ein Raub der Wogen ...[44].

Als Caesar mit dem Abstecken eines Lagers beschäftigt war, erhielt er die Botschaft vom Abfall der Ampsivarier ihm im Rücken; doch mit Reiterei und Leichtbewaffneten auf der Stelle abgesandt, rächte Stertinius die Treulosigkeit, mit Feuer und Schwert.

9. Der Strom der Weser floß zwischen den Römern und Cheruskern hindurch. An seinem Ufer trat mit den übrigen Häuptlingen Arminius auf und bat, als man seine Frage, ob der Caesar gekommen sei, bejaht hatte, daß man ihm gestatten möchte, sich mit seinem Bruder zu unterreden. Dieser befand sich beim Heere, jetzt Flavus genannt, ausgezeichnet durch seine Treue, da er vor wenigen Jahren unter Tiberius selbst ein Auge im Kampfe verloren hatte. So wurde es ihm erlaubt; und als jener vortritt, begrüßt ihn Arminius, entfernt seine Begleitung und verlangt, daß die vorn auf unserem Ufer aufgestellten Bogenschützen sich hinwegbegeben sollten. Sobald sie fortgegangen waren, fragt er den Bruder, woher eine solche Entstellung des Gesichts rühre. Da dieser Ort und Treffen nennt, will er erfahren, was für ein Lohn ihm denn dafür geworden. Flavus zählt Solderhöhung, Kette, Krone und andere kriegerische Ehrengeschenke auf, indes Arminius des armseligen Lohnes der Knechtschaft spottet.

10. Hierauf stellten sie einander gegenüber, dieser die Größe Roms, die Macht des Caesar, und wie der Besiegten schwere Strafe, des sich Ergebenden nur Gnade warte, und auch seine Gattin und sein Sohn nicht feindlich behandelt würden; jener führte des Vaterlandes heiliges Recht, die angestammte Freiheit, die heimatlichen Götter Germaniens an, und wie mit ihm auch die Mutter bitte, daß er doch nicht lieber seine Angehörigen und Verwandten, ja sein Volk verlassen und

verraten, als bei ihnen herrschen wolle. So allmählich in Wortwechsel geratend, hätten sie sich nicht einmal durch den sie trennenden Strom abhalten lassen, einen Kampf zu beginnen, wäre nicht Stertinius herbeigeeilt und hätte den zornerfüllten, nach Waffen und einem Pferde verlangenden Flavus zurückgehalten. Drüben sah man Arminius, wie er drohte und die Schlacht ankündigte; denn manches ließ er dazwischen in lateinischer Sprache hören, da er ja im römischen Lager als Anführer seiner Landsleute gedient hatte.

11. Am folgenden Tage stand die Heerordnung der Germanen jenseits der Weser. Der Caesar erachtete es eines Imperators für nicht würdig, ohne Brücken geschlagen und diese mit Deckung versehen zu haben, die Legionen in Gefahr zu geben, und ließ die Reiterei durch Furten übersetzen. Es führten sie Stertinius und aus der Primipilaren Zahl Aemilius, indem sie auf verschiedenen Punkten hineinsprengten, um den Feind zu teilen. Wo der Strom am reißendsten war, brach Chariovalda, der Anführer der Bataver durch. Ihn lockten die Cherusker in verstellter Flucht auf eine von Waldhöhen umgebene Ebene; dann stürmten sie vereint von allen Seiten in wildem Drange los, warfen die Standhaltenden zurück, verfolgten die Weichenden und jagten die in einem Kreise sich Sammelnden teils im Handgemenge, teils aus der Ferne kämpfend vor sich her. Nachdem Chariovalda lange der Wut der Feinde widerstanden hatte, ermahnte er die Seinigen, die heranstürmenden Scharen in geschlossenen Haufen zu durchbrechen, sprengte so selbst ins dichteste Gedränge hinein und sank unter einem Hagel von Geschossen, da auch sein Pferd schon unter ihm durchbohrt war, und so der Edlen viele um ihn her. Die übrigen rettete ihre eigene Gewalt oder die mit Stertinius und Aemilius zu Hilfe kommende Reiterei aus der Gefahr.

12. Nach dem Übergange über die Weser erfuhr Caesar durch die Aussage eines Überläufers, daß von Arminius schon ein Kampfplatz ausgewählt sei, auch andre Stämme schon in einem dem Herkules geweihten Haine zusammengekommen seien und wohl einen nächtlichen Sturm auf das Lager wagen würden. Man glaubte dem Aussagenden. Auch erblickte man Wachfeuer, und Kundschafter, die sich näher hinangeschlichen hatten, hinterbrachten, man höre das Schnauben der Pferde und das dumpfe Getöse eines zahllosen und ungeordneten Heerhaufens. Bei solcher Nähe des alles entscheidenden Augenblicks hielt er für ratsam, die Stimmung der Soldaten zu erforschen, und erwog bei sich, auf welche Weise dies sicher zu ermitteln wäre. Die Tribunen und Centurionen berichteten öfter Angenehmes als Zuverlässiges; der Freigelassenen Sinnesart bleibe immer knechtisch; Freunden hänge Schmeichelei an; berufe man das Heer zusammen, so stimmten auch hier dem, wozu wenige den Ton angäben, die übrigen lärmend bei. Bis auf den Grund sei ihre Gesinnung zu erkennen, wenn sie unter sich und unbeobachtet bei der Feldkost Hoffnung oder Furcht aussprächen.

13. Mit dem Beginn der Nacht ging er vom Feldherrnzelt aus auf heimlichen, den Wachen unbekannten Pfaden, mit einem einzigen Begleiter, die Schultern mit einem Fell bedeckt, die Lagergassen entlang, trat an die Zelte heran und genoß seines Ruhms, da der eine den Adel des Feldherrn, ein anderer sein edles Äußere, die meisten seine Ausdauer, seine Leutseligkeit, seinen in Ernst und Scherz stets gleichen Sinn lobend erhoben und bekannten, daß man in der Schlacht des ihm vergelten, und zugleich, daß man die Treulosen und die Friedensbrecher der Rache und dem Ruhme zum Opfer bringen müsse. Währenddessen sprengte einer von den Feinden, welcher der lateinischen Sprache kundig war, an den Wall heran, und versprach mit lauter Stimme in Arminius Namen Frauen und Äcker und, so lange der Krieg dauerte, 100 Sesterzen täglichen Sold, wenn jemand überginge. Solcher Schimpf entflammte den Zorn der Legionen: nahte nur erst der Tag, käme es nur zur Schlacht; nehmen würden die Soldaten selber die Äcker der Germanen, fortschleppen ihre Frauen. Gern nähme man die Vorbedeutung an und hielte Frauen und Geld der Feinde für sich zur Beute bestimmt. Etwa um die dritte Nachtwache wurde das Lager berannt, doch ohne eines Geschosses Wurf, da sie auf den Werken die Kohorten zahlreich aufgestellt und nichts vernachlässigt fanden.

14. Dieselbe Nacht brachte dem Germanicus einen glückverkündenden Traum, denn es kam ihm vor, als habe er beim Opfern, da sein Gewand mit dem Blut des Opfers bespritzt war, ein anderes, schöneres aus den Händen seiner Großmutter Augusta empfangen. Ermutigt durch diese Vorbedeutung und nach günstigen Auspizien berief er die Heeresversammlung und setzte ihr auseinander, was für Vorkehrungen er mit Weisheit getroffen und für bevorstehenden Kampfe zweckdienlich erachtet hatte. Nicht Ebenen allein seien für den römischen Soldaten gut zum Kampfe, sondern wenn man nur planmäßig zu Werke ginge, auch Wälder und Berghöhen; denn die ungeheuren Schilde der Barbaren und ihre übermäßig langen Speere könnten zwischen Baumstämmen und auf dem Boden gewachsenem Gesträuch nicht so leicht gehandhabt werden wie Wurfspieß, Schwert und eng an den Körper schließende Bedeckung. Nur möchten sie Stoß auf Stoß folgen lassen, mit dem Stahle nach dem Kopfe zielen. Keinen Harnisch habe der Germane, keinen Helm; die Schilde seien nicht einmal mit Eisen oder Leder verwahrt, sondern bloßes Weidengeflecht oder dünne, mit Farbe übertünchte Bretter. Die erste Schlachtreihe sei einigermaßen mit Speeren versehen, die übrigen hätten nur im Feuer hartgespitzte oder kurze Wurfspieße. Ferner sie selbst, so furchtbar auch von Ansehen und zu kurzem Angriff tüchtig, doch so empfindlich seien sie gegen Wunden; ohne Gefühl für Schande, ohne sich um ihre Anführer zu kümmern, liefen sie davon und flöhen, verzagt im Unglück, im Glück nicht göttlichen,

nicht menschlichen Rechtes eingedenk. Wenn sie voll Überdruß der Märsche und Meeresfahrten ein Ende wünschten, in dieser Schlacht werde es ihnen bereitet. Näher schon sei die Elbe als der Rhein und kein Krieg mehr jenseits zu erwarten, wofern sie ihn nur bis in die Länder, wohin er seines Vaters und Onkels Fußstapfen verfolge, als Sieger brächten.

15. Der Rede des Feldherrn folgte die Kampfbegierde der Soldaten, und das Zeichen zur Schlacht wurde gegeben. Doch auch Arminius und die übrigen Führer der Germanen unterließen nicht, ein jeglicher den Seinen zu bezeugen: das seien jene Römer, die von des Varus Heer zuerst geflohen, die um der Kriegsarbeit sich zu entziehen, zur Empörung gegriffen, die zum Teil den wundenbedeckten Rücken, zum Teil von Flut und Sturm zerschlagene Glieder von neuem den erbitterten Feinden, den zürnenden Göttern entgegentrügen, ohne etwas Gutes zu hoffen. Denn eine Flotte und den unwegsamen Ozean habe man nur deshalb gewählt, damit niemand den Ankommenden begegnen, niemand die Geschlagenen bedrängen möchte; doch wären sie zur Schlacht nur schon gekommen, vereitelt wäre den Besiegten der Winde und der Ruder Schutz. Gedenken möchten sie nur ihrer Habsucht, ihrer Grausamkeit und des Hochmuts, was bleibe ihnen dann anderes übrig, als an der Freiheit festzuhalten, oder vor der Knechtschaft zu sterben?

16. Die so Entflammten und nach einer Schlacht Verlangenden führten sie in eine Ebene hinab, die Idisiaviso heißt. Diese zieht sich mitten zwischen der Weser und zwischen Hügeln, je nachdem wie die Ufer des Flusses ihr Raum geben oder die Vorsprünge der Berge sie beschränken, in ungleichmäßiger Breite hin. Im Rücken erhob sich ein Wald mit hochaufstrebendem Geäst und kahlem Boden zwischen den Stämmen. Die Ebene und den Waldessaum hielt die Schlachtordnung der Barbaren; bloß die Cherusker hatten die Höhen besetzt, um sich auf die Römer hinabzustürzen, wenn sie schon im Kampfe begriffen seien. Unser Heer zog so heran: gallische und germanische Hilfstruppen an der Spitze, nach diesen die Bogenschützen zu Fuß; dann vier Legionen und Caesar mit zwei prätorischen Kohorten und auserlesener Reiterei; hierauf in gleicher Zahl die anderen Legionen, die Leichtbewaffneten mit den reitenden Bogenschützen und die übrigen Kohorten der Bundesgenossen. Alle waren in Spannung und Bereitschaft, so wie der Zug geordnet war auch zur Schlacht anzutreten.

17. Kaum hatte man die Cheruskerscharen zu Gesicht bekommen, die in wildem Ungestüm vorgebrochen waren, als Germanicus dem Kern der Reiter befahl, ihnen in die Flanken zu fallen, dem Stertinius mit den übrigen Geschwadern, sie zu umgehen und im Rücken anzugreifen, während er selbst im rechten Zeitpunkt zur Stelle sein werde. Inzwischen zog das herrlichste Götterzeichen, acht Adler, die man auf

den Wald los und dann hinein sich schwingen sah, die Aufmerksamkeit des Feldherrn auf sich. Laut rief er, sie sollten eilen, sollten folgen den Vögeln Roms, der Legionen eigenen Schutzgeistern. Im selben Augenblick griff die Linie des Fußvolks an, wo die vorausgesandte Reiterei den Nachtrab und die Flanken schon geworfen hatte. Und wie ein Wunder stürzten die beiden feindlichen Heerhaufen, in entgegengesetzter Richtung fliehend, die den Wald besetzt gehalten, ins Freie, die auf der Ebene gestanden, in den Wald. Mitten unter diese wurden die Cherusker von den Hügeln hinabgetrieben und unter ihnen sich auszeichnend, hielt Arminius mit seinem Arme, seinem Zurufe, seiner Wunde die Schlacht aufrecht. Ja er drang schon auf die Bogenschützen ein, um hier durchzubrechen, hätten nicht die Kohorten der Räter und Vindelicier neben den gallischen sich ihm entgegengeworfen. Doch eigene Kraftanstrengung und das Ungestüm seines Rosses halfen ihm hindurch, da er mit seinem Blut das Antlitz sich bestrichen hatte, um nicht erkannt zu werden. Einige melden, er sei von den unter den römischen Hilfstruppen befindlichen Chauken erkannt und von ihnen durchgelassen worden. Gleiche Tapferkeit oder gleicher Trug ließ Inguiomer entkommen. Die übrigen wurden allenthalben niedergemacht und sehr viele, welche die Weser zu durchschwimmen suchten, fanden, wo nicht unter nachgeschleuderten Geschossen oder in der Gewalt des Stromes, so doch unter der Masse der Nachdrängenden und unter dem Zusammensturz des Ufers ihr Grab. Manche, die in schimpflicher Flucht die Gipfel der Bäume erklimmend, sich unter den Zweigen verbergen wollten, wurden von herbeigeführten Bogenschützen wie zum Spiel durchbohrt; andere zerschmetterten die niedergeworfenen Bäume.

18. Groß war dieser Sieg und doch für uns nicht blutig. Von der fünften Tagesstunde an bis in die Nacht gemordet, bedeckten die Feinde zehntausend Schritt mit ihren Leichen und Waffen, und es fanden sich unter der ihnen abgenommenen Beute auch Ketten, die sie, als wäre der Ausgang gar nicht zweifelhaft, für die Römer mitgebracht hatten. Die Soldaten begrüßten auf der Walstatt den Tiberius als Imperator, und türmten einen Hügel auf, worauf er trophäenartig Waffen mit den Namen der besiegten Völker pflanzte.

19. Nicht Wunden, Trauerklagen und Verheerungen erfüllten so wie dieser Anblick die Germanen mit Schmerz und Erbitterung. Diejenigen, welche schon Anstalt machten, ihre Wohnsitze zu verlassen und sich über die Elbe zurückzuziehen, wollten jetzt eine Schlacht und griffen zu den Waffen. Volk und Adel, jung und alt fielen plötzlich den römischen Heereszug an und verwirrten ihn. Zuletzt ersahen sie sich eine vom Flusse und von Waldung eng umgrenzte, sumpfige Ebene zum Kampfplatz. Auch die Waldung umzog ein tiefes Moor, nur daß die Angrivarier die eine Seite durch einen breiten Damm erhöht hatten, um von den Cheruskern abgegrenzt zu sein. Hier

stellte sich das Fußvolk auf; die Reiterei versteckten sie in den nahegelegenen Gehölzen, damit sie den Legionen, nachdem diese die Waldungen betreten, im Rücken wären.

20. Nichts davon blieb dem Caesar unbekannt: der Feinde Pläne und Stellung, Offenes und Verborgenes wußte er und wandte ihnen ihre eigene List zum Verderben. Dem Legaten Seius Tubero übergab er die Reiterei und das flache Feld; die Schlachtordnung des Fußvolks gestaltete er so, daß ein Teil auf ebenen Boden in den Wald einrücken, der andere den vor ihm liegenden Damm ersteigen sollte; das Schwierige übernahm er selbst, das übrige ließ er den Legaten. Die nun auf dem ebenem Feld zu tun hatten, brachen leicht hinein; die aber den Damm bestürmen sollten, hatten, als müßten sie eine Mauer erklimmen, durch schwere Stöße von oben zu leiden. Der Feldherr merkte, daß aus der Nähe der Kampf ungleich sei, zog die Legionen etwas zurück und befahl den Schleuderern und Wurfschützen, ihre Geschosse zu werfen und den Feind zurückzujagen. Aus den Wurfmaschinen flogen nun Lanzen, und je mehr die Verteidiger sich dem Blicke preisgaben, unter desto häufigeren Wunden stürzten sie nieder. Der Caesar war der erste, der mit den prätorischen Kohorten, als der Wall genommen war, den Angriff auf die Waldung machte. Mann gegen Mann wurde hier gefochten. Den Feind hielt der Sumpf, die Römer der Fluß oder Berge im Rücken eingeschlossen; beide Teile konnten, festgebannt wo sie standen, nur in ihrer Tapferkeit Hoffnung, nur im Siege Rettung finden.

21. Auch waren die Germanen von nicht geringerem Mute erfüllt, aber durch die Beschaffenheit des Kampfes und der Waffen im Nachteil, da ihre ungeheure Menge im beschränkten Raum die übermäßig langen Speere nicht vorzustrecken, nicht zurückzuziehen, noch auch durch Sturmlauf von ihrer Schnelligkeit Gebrauch zu machen vermochte und sie zum Kampfe von der Stelle aus gezwungen waren; wogegen die Soldaten, den Schild fest an die Brust gedrückt, mit in dem Schwertgriff sicher ruhender Hand, im breiten Gliederbau, im unbedeckten Antlitz der Barbaren mit dem Schwerte wühlten, und über die Leichenhügel der Feinde sich den Weg bahnten, während Arminius wegen der fortwährenden Gefahr schon säumiger wurde, oder weil ihn eine frisch empfangene Wunde hemmte. Verließ doch selbst den Inguiomer, der das ganze Treffen durchflog, das Glück mehr als die Tapferkeit. Germanicus hatte, um desto kenntlicher zu sein, den Helm abgenommen und bat, sie möchten nur fort morden: nichts frommten Gefangene, allein die Vertilgung des Volkes werde dem Kriege ein Ende machen. Schon war es spät am Tage, als er eine Legion aus der Schlacht zurückzog, um das Lager anzulegen; die übrigen sättigten sich bis zur Nacht hin am Blut der Feinde. Die Reiterei kämpfte ohne Entscheidung.

22. Nach Belobung der Sieger in der Heerversammlung errichtete

Caesar einen Waffenhaufen mit der stolzen Inschrift: Es habe nach Besiegung der Völkerstämme zwischen Rhein und Elbe das Heer des Caesar Tiberius dieses Denkmal dem Mars, Jupiter und Augustus geweiht. Von sich fügte er nichts hinzu, aus Furcht vor Neid oder weil er das Bewußtsein seiner Tat für genügend hielt. Darauf beauftragte er den Stertinius mit dem Kriege gegen die Angrivarier, zu dem es jedoch nicht kam, da sie sich mit ihrer Ergebung beeilten. So erhielten sie, demütig nichts verweigernd, auch für alles Verzeihung.

23. Doch da es schon hoch im Sommer war, wurden einige Legionen auf dem Landwege in die Winterlager zurückgeschickt. Die Mehrzahl schiffte Caesar ein, und fuhr mit ihnen durch die Ems in den Ozean. Anfangs rauschte die stille Meeresfläche vom Ruderschlage der tausend Schiffe, oder wurde durch ihre Segel bewegt. Bald aber türmte sich schwarzes Gewölk zusammen; Hagelschauer, ihm entströmend, und zugleich die in der Stürme rings erhobenem Kampfe wild durcheinander bewegten Wogen nahmen die Sicht, hinderten die Steuerung, und die zagenden, mit den Gefahren des Meeres unbekannten Soldaten machten, indem sie das Schiffsvolk störten oder zur Unzeit unterstützen wollten, die Verrichtungen der Erfahrenen unnütz. Hierauf kamen Himmel zumal und Meer ganz in die Gewalt des Südwindes, welcher, noch verstärkt durch die ungeheuren Wolkenmassen, die sich über dem feuchten Germanien und seinen tiefen Strömen bilden, und durch des nahen Nordens Kälte noch furchtbarer, die Schiffe ergriff und in den offenen Ozean und nach Inseln hin verschlug, die mit schroffen Klippen oder verborgenen Untiefen Verderben drohten. Als man diesen nur eben und mit Mühe ausgewichen war, konnte man, da sich die Strömung änderte und mit dem Winde in gleicher Richtung trieb, weder Anker werfen, noch die eindringenden Fluten ausschöpfen. Pferde, Lastvieh, Gepäck, sogar Waffen wurden über Bord geworfen, um die an den Seiten leck gewordenen Schiffe, zumal da auch von oben her die Wogen sich überschlugen, zu erleichtern.

24. In dem Maße, wie durch Ungestüm vor anderen Meeren der Ozean und durch Unfreundlichkeit des Himmels sich Germanien hervortut, übertraf auch jenes Unglück durch Neuheit und Größe alle Vorstellung; ringsum waren feindliche Gestade oder ein so unabsehbares und so tiefes Meer, daß es für das äußerste und uferlos gehalten wird. Ein Teil der Schiffe wurde verschlungen, mehrere strandeten an weitentlegenen Inseln, wo denn die Mannschaft, weil von menschlicher Bebauung nichts zu finden war, von Hunger aufgerieben wurde, bis auf die wenigen, denen eben dahin getriebene Pferdeleichen das Leben kümmerlich fristeten. Allein des Germanicus Dreiruderer trieb an das Land der Chauken, den während aller jener Tage und Nächte an den Klippen und Uferspitzen, wenn er laut sich selbst die Schuld an so großem Unglücke beimaß, kaum die Freunde abhalten konnte, in

demselben Meere den Tod zu suchen. Endlich kamen mit wiederkehrender Flut und günstigem Winde die Schiffe schwer verletzt und mit spärlichem Ruderwerk oder aufgespannten Kleidungsstücken segelnd, einige auch von den stärkeren gezogen, zurück. Diese, in aller Eile ausgebessert, sandte er aus, um die Inseln zu durchsuchen. Durch diese Sorgfalt wurden sehr viele wieder zusammengebracht; viele gaben die jüngst in Pflicht genommenen Angrivarier, nachdem sie diese von den weiter einwärts Wohnenden losgekauft hatten, zurück. Manche waren nach Britannien verschlagen worden und wurden von den kleinen Königen des Landes heimgesandt. Jeder, der aus der Ferne zurückgekommen war, wußte Wunderdinge zu erzählen, von der Gewalt der Wirbelwinde und von unerhörten Vogelarten, von Seeungeheuern, Zwittergestalten von Menschen und Tieren, sei es nun gesehen worden, oder durch die Furcht nur eingebildet.

25. Doch die Kunde vom Verlust der Flotte reizte, wie die Germanen zu neuer Kriegeshoffnung, so Caesar dem zu wehren. Dem Gajus Silius befahl er, mit 30000 Mann zu Fuß und 3000 Reitern gegen die Chatten zu ziehen. Er selbst brach mit größerer Truppenzahl in das Gebiet der Marser ein, deren unlängst uns untertänig gewordener Feldherr Mallovendus anzeigte, daß in einem nahen Hain vergraben der Adler einer varischen Legion von einer nur mäßigen Bedeckung gehütet werde. Auf der Stelle wurde eine Schar abgesandt, um den Feind von vorn herauszulocken, andere sollten ihn im Rücken umgehen und das Erdreich aufgraben; und beide begünstigte das Glück. Desto rascher drang Caesar in das Innere vor, und plünderte und verwüstete das Gebiet des Feindes, der es nicht wagte, sich in ein Treffen einzulassen, oder, wenn er irgendwo standhalten wollte, gleich geworfen wurde und, wie man von Gefangenen erfuhr, nie in größerer Bestürzung war. Denn unbesiegbar und durch keine Unfälle zu beugen nannten sie die Römer, die der Vernichtung ihrer Flotte, des Verlustes der Waffen ungeachtet, daß Roß und Mann mit ihren Leichen die Ufer bedeckten, doch mit derselben Tapferkeit, mit gleichem Ungestüm und als hätte sich ihre Zahl nur gemehrt, hereingebrochen wären.

26. Hierauf wurden die Soldaten in die Winterlager zurückgeführt, in ihrem Geiste froh, das widrige Geschick zur See durch einen glücklichen Feldzug wieder gutgemacht zu haben. Dem gesellte Caesar noch Freigebigkeit bei, indem er vergütete, was ein jeder an Verlust angab. Auch hielt man es für unzweifelhaft, daß die Feinde wankten und schon mit dem Entschluß umgingen, selbst um Frieden zu bitten, und daß, wenn noch der nächste Sommer darangesetzt würde, der Krieg ganz gewiß beendigt werden könne. Aber Tiberius mahnte ihn in wiederholten Schreiben, zu dem ihm beschlossenen Triumphe zurückzukehren. Schon seien der günstigen Erfolge genug, genug der Unglücksfälle. Glückliche und große Schlachten habe er aufzuweisen;

doch er möge auch daran denken, wie schwere und furchtbare Verluste, ohne alle Schuld des Feldherrn, Sturm und Regen herbeigeführt hätten. Er habe, neunmal vom Kaiser Augustus nach Germanien gesandt, mehr durch Politik als durch Gewalt erreicht. So seien die Sugambrer in Botmäßigkeit genommen, so die Sueben und ihr König Maroboduus durch friedlichen Vertrag gefesselt worden. Es könnten ja auch die Cherusker und die übrigen widerspenstigen Völker, weil nun zur Rache Roms genug geschehen sei, ihren inneren Fehden überlassen bleiben. Da Germanicus nur um ein Jahr noch bat, um das Begonnene auszuführen, setzte er dessen Bescheidenheit auf eine noch härtere Probe, indem er ihm das zweite Konsulat anbot, dessen Verwaltung seine persönliche Gegenwart erforderte. Zugleich fügte er bei, er möchte, wenn der Krieg noch fortzuführen sei, doch seinem Bruder Drusus noch Gelegenheit zum Ruhm übriglassen, der, da es jetzt keinen anderen Feind gebe, nur in Germanien den Imperatortitel erlangen und den Lorbeerkranz davontragen könne. Germanicus zögerte nun nicht weiter, obwohl er einsah, daß dies nur Vorwände waren, und er aus Neid von der bereits errungenen Ehrenbahn hinweggerissen werde.

27. Um eben diese Zeit wurde aus dem Geschlechte der Scribonier Libo Drusus angezeigt, er bereite einen Umsturz vor. Über Ursprung, Verlauf und Ende dieses Handels will ich mich sorgfältiger verbreiten, weil damals das erste Mal das aufkam, was so viele Jahre hindurch am Staat gezehrt hat. Der Senator Firmius Catus, einer der vertrautesten Freunde Libos, wußte den unvorsichtigen und eitlen Vorspiegelungen sich leicht hingebenden Jüngling für Chaldäer-Verheißungen, Magierzaubereien und Traumdeuter einzunehmen, indem er ihm vorhielt, daß Pompeius sein Urgroßvater, Scribonia, die ehemals des Augustus Gemahlin gewesen war, seine Tante, die Caesaren seine Vettern seien und sein Haus an Ahnenbildern reich sei. Dabei ermunterte er ihn, Aufwand und Schulden zu machen, nahm an seinen Ausschweifungen und Verbindlichkeiten teil, um ihn in desto mehr Angaben zu verstricken.

28. Sobald er genug Zeugen und eben dasselbe einräumende Sklaven gefunden hatte, fordert er Zutritt zum Fürsten, nachdem er durch den römischen Ritter Flaccus Vescularius, der näheren Umgang mit Tiberius hatte, die Anklage und den Schuldigen zuvor bezeichnet hatte. Der Kaiser weigerte, ohne die Anzeige deshalb von sich zu weisen, die Zusammenkunft: es könne ja derselbe Flaccus Zwischenträger ihrer Unterhandlungen sein. Indes ehrte er Libo mit der Prätur und zog ihn zur Tafel, ohne in der Miene veränderte Gesinnung, im Gespräche die Bewegung seines Innern zu verraten – so tief hatte er den Groll versteckt – und wollte lieber all seine Reden und Tun wissen, obwohl er es doch hätte hindern können; bis ein gewisser Junius, von jenem angegangen, Schatten der Unterwelt

durch Zaubersprüche zu beschwören, dem Fulcinius Trio davon Anzeige machte. Berühmt unter den Anklägern war das Talent des Trio, der recht geflissentlich auf bösen Ruf bedacht war. Auf der Stelle ergriff er den Angeschuldigten, begab sich zu den Konsuln, forderte eine Untersuchung vor dem Senat. Und sogleich wurden auch die Senatoren mit dem Bemerken berufen, man müsse sich über eine wichtige und grauenvolle Sache beraten.

29. Inzwischen ging Libo im Trauergewand[45], begleitet von angesehenen Frauen, von Haus zu Haus, sprach seine Verwandten an und verlangte Fürsprache gegen die Gefahr, wurde aber von allen insgesamt unter mannigfachem Vorwand, jedoch aus gleicher Scheu abschlägig beschieden. Am Tage der Senatssitzung ließ er sich, von Furcht und Kümmernis ermattet, oder, wie einige berichten, sich krank stellend, in einer Sänfte bis an die Tür der Kurie tragen, und auf seinen Bruder gestützt, mit den Händen und mit flehender Rede zu Tiberius hingewandt, wurde er von diesem mit unbewegter Miene empfangen. Hierauf las der Kaiser die Klageschriften und die Namen ihrer Verfasser vor, in ruhig abgemessenem Tone, damit er die Beschuldigungen weder zu mildern, noch zu verschärfen schiene.

30. Hinzugekommen als Kläger waren außer Trio und Catus noch Fonteius Agrippa und Gaius Vibius, und diese stritten miteinander, wem das Recht, wider den Beklagten die Hauptrede zu halten, zugestanden werden sollte, bis Vibius erklärte, er wolle, weil sie selbst nicht einig werden könnten und Libo ohne Verteidiger gekommen sei, die Beschuldigungen einzeln vorbringen. Er brachte nun Papiere voll solchen Unsinns vor, daß Libo gefragt haben soll, ob er einmal so reich sein würde, daß er die Via Appia bis nach Brundisium hin mit Geld bedecken könne. Es stand darin desgleichen noch mehr, Albernes, Gehaltloses oder, will man es milder nehmen, Erbarmungswürdiges. In einem Papier jedoch sollten, wie der Ankläger behauptete, mit Libos eigener Hand den Namen der Cäsaren oder Senatoren unheilschwangere oder unverständliche Zeichen beigefügt sein. Da der Beklagte leugnete, beschloß man die jenes zugebenden Sklaven auf der Folter zu verhören. Und weil nach altem Senatsbeschluß ein peinliches Verhör gegen das Leben des Herrn verboten war, befahl der verschlagene und in neuen Rechtsbestimmungen erfinderische Tiberius, einen nach dem anderen an den Actor publicus[46] verkaufen, damit nämlich gegen Libo unbeschadet des Senatsbeschlusses das Verhör mit den Sklaven vorgenommen werden könnte. Deshalb bat der Angeklagte um Frist bis zum folgenden Tage, begab sich nach Hause und trug seinem Verwandten Publius Quirinus die letzten Bitten an den Fürsten auf.

31. Die Antwort war, er solle sich an den Senat wenden. Unterdessen wurde sein Haus von Soldaten besetzt; sie lärmten sogar schon in der Vorhalle umher, um gehört und gesehen werden zu können, als

Libo selbst bei dem Mahl gemartert, welches er sein letztes Labsal hatte sein lassen wollen, selbst nach einem Mörder rief, die Hände seiner Sklaven erfaßte, und ein Schwert hineinzudrücken suchte. Und da diese, indem sie zagten und zurückwichen, das auf dem Tische stehende Licht umwarfen, versetzte er sich, von des Todes Nacht schon umfangen, zwei Stiche in den Unterleib. Auf das Stöhnen des Zusammensinkenden liefen die Freigelassenen herbei; die Soldaten traten ab, sobald sie den Mord gesehen hatten. Dennoch wurde die Klage vor den Senatoren mit gleichem Ernste weitergeführt, und Tiberius beteuerte, er würde für das Leben des Angeklagten gebeten haben, wenn er auch noch so schuldig gewesen sei, hätte er nicht freiwillig seinen Tod beeilt.

32. Seine Güter wurden unter die Ankläger verteilt und außerordentliche Präturen denen verliehen, welche vom Senatorenstande waren. Dann stimmte Cotta Messallinus dafür, daß Libos Bildnis bei den Leichenzügen seiner Nachkommen nicht folgen solle, Gnaeus Lentulus, daß kein Scribonier den Beinamen Drusus annehmen dürfe. Auf den Antrag des Pomponius Flaccus wurden Dankfesttage bestimmt; Geschenke für Jupiter, Mars und Concordia, und daß der 13. September, an dem Libo sich getötet hatte, als ein Festtag betrachtet würde, beantragten Lucius Piso, Asinius Gallus, Papius Mutilus und Lucius Apronius, deren wichtige Namen und Schmeicheleien ich hier aufgeführt habe, damit man sieht, ein wie altes Übel dies in unserem öffentlichen Leben ist. Auch wurden wegen der Vertreibung der Mathematiker[47] und Magier aus Italien Senatsbeschlüsse gefaßt. Aus ihrer Mitte wurde Lucius Pituanius vom tarpeischen Felsen gestürzt; gegen Publius Marcius verfuhren die Konsuln vor dem esquilinischen Tore, nachdem sie die Trompete hatten blasen lassen, nach altem Brauche.

33. Am nächsten Senatstag wurde viel gegen den Aufwand der Bürger gesprochen von dem Konsular Quintus Haterius und dem gewesenen Prätor Octavius Fronto und beschlossen, daß keine massiven Gefäße von Gold zum Auftragen der Speisen verfertigt werden, noch serische Gewänder[49] Männer entehren sollten. Noch weiter ging dabei Fronto und verlangte Einschränkung in Silberzeug, Hausgerät und Dienerschaft. Denn es war bei den Senatoren noch häufig Sitte, wenn sie etwas dem Gemeinwesen für heilsam erachteten, dies bei der Abstimmung zur Sprache zu bringen. Dagegen setzte Asinius Gallus auseinander, daß mit der Vergrößerung des Reiches auch der Privatreichtum gewachsen, und dies gar nichts Neues, sondern dem Brauch der ältesten Zeiten gemäß sei. Der Vermögenszustand sei ein anderer unter den Fabriciern, ein anderer unter den Scipionen gewesen und alles richte sich dabei nach dem Staatsverhältnis, bei dessen Beschränktheit auch die Haushaltungen der Bürger eng begrenzt gewesen seien, wie jetzt, da jenes zu so hohem Glanz gestiegen, auch der einzelne sich weiter ausdehne. Auch gebe es bei der Dienerschaft, bei

Silberzeug und allem, was man zum Bedarf anschaffe, kein Zuviel und kein Zuwenig, außer im Verhältnis zum Vermögen des Besitzers. Gesondert sei die Schatzung des Senates und der Ritter, nicht weil sie von anderer Natur wären, sondern damit sie, wie durch Stand, Rang und Würde, so auch den Vorrang hätten durch anderes, was zur Erholung des Geistes oder zum körperlichen Wohlbefinden geschaffen werde. Es müßte sonst ein jeder, je höher er stände, sich um so mehr Sorgen, um so größeren Gefahren unterziehen, aber was ihn für Sorgen und Gefahren entschädigen könnte, entbehren sollen. Gallus fand leichte Zustimmung durch das mit schönen Namen sich bemäntelnde Sündenbekenntnis und die Sinnesähnlichkeit seiner Zuhörer. Dazu hatte auch Tiberius bemerkt, es sei jetzt nicht Zeit, Zensur zu üben, und sollte in den Sitten ein Verfall sich zeigen, so würde es an dem nicht fehlen, der zu ihrer Verbesserung berufen sei.

34. Hierbei zog Lucius Piso über die Ränke des Forums, über die Bestechlichkeit der Gerichte, über die Wut der mit Anklagen drohenden Redner her und beteuerte, er gehe nun und entferne sich aus der Stadt, um auf irgend einem verborgenen und ferngelegenen Landsitze zu leben; zugleich war er im Begriff, die Kurie zu verlassen. Das machte Eindruck auf Tiberius, und obwohl er schon durch freundliche Worte Piso zu besänftigen gesucht hatte, trieb er doch auch dessen Verwandten an, ihn beim Weggehen durch ihr Ansehen und ihre Bitten zu halten. Einen nicht geringeren Beweis von der Freimütigkeit seines Unwillens gab eben dieser Piso bald darauf durch gerichtliche Belangung der Urgulania, welche Augustas Freundschaft über das Gesetz gestellt hatte. Und so wenig Urgulania Folge leistete, indem sie, ohne Piso zu beachten, nach dem Hause des Kaisers fuhr, so wenig wich er von der Stelle, obgleich Augusta sich über persönliche Kränkung und Geringschätzung beklagte. Tiberius, der es der öffentlichen Meinung schuldig zu sein glaubte, sich insoweit gegen die Mutter nachgiebig zu zeigen, daß er erklärte, er wolle selbst zum Tribunal des Prätors gehen und der Urgulania Beistand leisten, begab sich aus dem Palast, wobei er Soldaten aus der Ferne folgen ließ. So sah man ihn, wie er unter dem Andrange des Volks, ohne eine Miene zu verziehen, mit allerlei Gesprächen Zeit und Weg hinzögerte, bis Augusta, da seine Verwandten den Piso umsonst zu beschwichtigen versuchten, das verlangte Geld zu überbringen befahl. So endete die Sache nicht unrühmlich für Piso, und zu wachsendem Ruhme für den Kaiser. Übrigens war Urgulanias Macht in solchem Grade der des Staates überlegen, daß sie in einer Sache, welche im Senat verhandelt wurde, als Zeugin zu erscheinen unter ihrer Würde hielt. Es wurde ein Prätor zu ihr entsendet, um sie in ihrer Wohnung zu vernehmen, während doch selbst vestalische Jungfrauen, so oft sie ein Zeugnis abzulegen hatten, auf dem Forum und im Gerichte zu verhören alte Sitte war.

35. Die Vertagung der öffentlichen Verhandlungen in diesem Jahre würde ich nicht erwähnen, wenn es nicht der Mühe lohnte, des Gnaeus Piso und Asinius Gallus Meinungsverschiedenheit in dieser Sache kennenzulernen. Piso war, obwohl der Kaiser erklärt hatte, er werde nicht anwesend sein, der Meinung, man müsse sie deshalb nur um so mehr durchführen: es würde dem Gemeinwesen zur Ehre gereichen, wenn Senat und Ritter auch in Abwesenheit des Fürsten imstande wären, ihres Amtes zu walten. Gallus sagte, weil ihm so Piso die Gelegenheit vorweggenommen hatte, freiheitliche Gesinnung zu zeigen, nichts erscheine in gehörigem Glanze oder der Würde des römischen Volkes vollkommen angemessen, was nicht im Beisein und unter den Augen des Kaisers geschehe, und darum müsse man die Versammlung Italiens und das Herbeiströmen der Provinzen seiner Gegenwart vorbehalten. Dies wurde, während Tiberius zuhörend schwieg, mit großer Heftigkeit von beiden Seiten verhandelt; aber die Geschäfte wurden vertagt.

36. Auch mit dem Kaiser geriet Gallus in Streit. Denn er beantragte, daß die Wahl der Magistrate auf fünf Jahre vorgenommen und die Legaten der Legionen, die vor der Prätur diesen Militärposten bekleideten, schon jetzt zu Prätoren bestimmt würden; der Fürst solle zwölf Kandidaten für jedes Jahr vorschlagen. Es war ganz unbezweifelt, daß dieser Antrag tiefer ging und die Grundlagen der Herrschaft berührt wurden. Tiberius erklärte jedoch, als ob so seine Macht vermehrt würde, es sei eine starke Aufgabe für seine Bescheidenheit, so viele zu erwählen, so vielen die Aussicht hinauszuschieben. Es würde kaum bei den jährlichen Wahlen Anstoß vermieden, obwohl da die nahe Hoffnung bei einer Zurückweisung tröste. Wieviel Haß habe man von denen zu erwarten, die sich über fünf Jahre zurückgeschoben sähen? Woher könne man voraussehen, wie während eines so langen Zeitraums eines jeden Gesinnung, Haus und Vermögensumstände sich gestalten würden? Die Männer würden schon bei einjähriger Vorherernennung übermütig; wie, wenn sie sich mit der Ehre fünf Jahre hindurch trügen? Geradezu verfünffacht würden die Magistrate und die Gesetze untergraben, welche für die öffentlichen Bestrebungen der Kandidaten, Ehrenstellen zu suchen und zu bekleiden, bestimmte Zeitabschnitte festgesetzt hätten. Durch die scheinbar wohlmeinende Rede behielt er die Gewalt der Herrschaft fest in Händen.

37 Auch half er einigen Senatoren zu dem erforderlichen Vermögen, weshalb es um so mehr zu verwundern war, daß er das Gesuch des Marcus Hortalus, eines edlen jungen Mannes, bei dessen offenkundiger Armut so stolz verachtend aufnahm. Ein Enkel des Redners Hortensius, hatte dieser sich vom göttlichen Augustus durch ein Geschenk von einer Million Sesterzen bewegen lassen, zu heiraten und Kinder zu zeugen, damit ein so hochberühmtes Geschlecht nicht

ausstürbe. So standen die vier Söhne am Eingange der Kurie dabei, als er im Palaste, wo die Senatssitzung abgehalten wurde, bald auf das unter den Rednern aufgestellte Bild des Hortensius, bald auf das des Augustus blickend, sobald die Reihe der Abstimmung an ihn kam, in folgender Weise begann: „Senatoren, die Reihe der Knaben, welche ihr hier erblickt, habe ich nicht aus eignem Antriebe, sondern weil der Fürst mich dazu aufforderte, gezeugt; auch meine Ahnen hatten es verdient, Nachkommen zu haben. Denn ich, der ich weder Vermögen, noch Volksgunst, noch Beredsamkeit, dies Familienerbteil unseres Hauses, im Zeitenwechsel hatte überkommen oder mir erwerben können, war zufrieden, wenn meine Dürftigkeit weder mir zur Schande, noch irgend jemand zur Last gereichte. Auf Befehl des Kaisers nahm ich ein Weib. Seht hier den Stamm und die Nachkömmlinge so vieler Konsuln, so vieler Diktatoren! Und nicht Neid, nein nur um Mitleid zu erwecken sage ich dies. Erlangen werden sie ja nur die Ehren in der Blüte deiner Macht, o Caesar, die du ihnen wirst verleihen wollen; inzwischen schütze vor Mangel Quintus Hortensius Urenkel, und des göttlichen Augustus Zöglinge."

38. Die Geneigtheit des Senats war für Tiberius nur ein Antrieb, sich ihm um so entschiedener zu widersetzen, indem er sich etwa dieser Worte bediente: „Wenn alles, was arm ist, erst anfängt hierherzukommen und für seine Kinder Geld zu erbetteln, wird der einzelne doch nie genug bekommen und der Staat erschöpft werden. Auch ist es gewiß nicht deshalb von den Vorfahren gestattet worden, bisweilen von der Verhandlung abzuschweifen und, was gemeinsam frommt, bei der Abstimmung vorzubringen, damit wir eigene Angelegenheiten und unsere häuslichen Verhältnisse hier zu fördern suchen, immer unzufrieden mit dem Senat und dem Fürsten, mögen sie die Schenkung bewilligen oder sie verweigern. Denn nicht Bitte, sondern Forderung und zwar eine unzeitige und überraschende dazu, muß man es nennen, wenn die Senatoren wegen ganz anderer Dinge sich versammelt haben, aufzustehen und mit der Menge und mit dem zarten Alter seiner Kinder die Milde des Senates zu bestürmen, dann eben dieselbe Gewalt auch gegen mich zu gebrauchen, und so gewissermaßen den Staatsschatz zu erbrechen, welcher, wenn wir ihn durch Gunsterweisungen erschöpfen, durch Gewalttaten wieder wird gefüllt werden müssen. Ja, Hortalus, es hat dir der Kaiser Augustus Geld gegeben, aber unaufgefordert und nicht unter der Bedingung, daß es dir immer gegeben würde. Sonst muß alle Tätigkeit erschlaffen, die Trägheit sich steigern, und wenn niemand in sich selbst den Grund der Furcht und der Hoffnung sucht, werden alle sorglos fremder Unterstützung harren, sich zum Gewinne träg, und uns beschwerlich." Dieses und ähnliches, obgleich mit Beifall von denen angehört, die alles an den Fürsten, Rühmliches wie Unrühmliches, zu loben pflegen, nahm die Mehrzahl doch mit Schweigen oder mit

geheimem Murren auf. Das merkte auch Tiberius und sagte nach kurzem Schweigen, er habe dem Hortalus geantwortet; übrigens wolle er, wenn es den Senatoren gut schiene, jedem seiner Kinder männlichen Geschlechtes 200000 Sesterzen geben. Einige dankten ihm; Hortalus schwieg, sei es aus Furcht oder seines angestammten Adels auch in der Bedrängnis seiner Lage sich bewußt. Auch übte späterhin Tiberius kein Erbarmen, obwohl Hortensius' Familie in schimpfliche Armut versank.

39. Im selben Jahr hätte die Kühnheit eines einzigen Sklaven, wäre nicht beizeiten eingeschritten worden, den Staat durch Parteiungen und Bürgerkrieg erschüttern können. Ein Sklave des Agrippa Postumus namens Clemens faßte auf die Nachricht vom Tod des Augustus den keinen Sklavensinn verratenden Entschluß, nach der Insel Planasia zu eilen und mit List oder Gewalt Agrippa zu den germanischen Heeren zu entführen. Die Langsamkeit des Lastschiffs vereitelte die Ausführung des Wagstücks. Da inzwischen der Mord vollbracht war[50], unternahm er noch Größeres und Gefährlicheres, entwendete seine Asche, schiffte nach Cosa, einem Vorgebirge Etruriens, und versteckte sich an unbekannten Orten, bis ihm Haar und Bart lang gewachsen waren; denn seinem Herrn war er an Alter und Gestalt nicht unähnlich. Nun verbreitete sich durch Leute, die dazu geschickt und um sein Geheimnis wußten, das Gerücht, Agrippa lebe noch; erst, wie bei Verbotenem zu geschehen pflegt, in heimlichen Gesprächen, dann in weit und breit erschallendem Gerede, wo nur irgend leichtgläubige Unerfahrenheit oder auch unruhige und deshalb eine Staatsumwälzung wünschende Köpfe ihm Gehör schenkten. Dabei schlich er sich selbst in die Landstädte, wenn es dunkel wurde, ohne sich öffentlich sehen zu lassen, noch längere Zeit an einem und demselben Orte, weil die Wahrheit durch Anschauen und Verweilen, der Trug durch Eile und Ungewißheit an Stärke gewinnt, so ließ er das Gerücht hinter sich oder kam ihm zuvor.

40. So erscholl indessen durch Italien der Ruf, Agrippa sei erhalten durch der Götter Gnade, und man schenkte ihm in Rom Glauben. Schon drängte sich um den in Ostia Gelandeten eine gewaltige Volksmenge, schon drängten sich in Rom heimliche Zirkel um ihn zusammen, als Tiberius in Besorgnis schwankend überlegte, ob er seinem Sklaven mit Soldatenmacht ein Ziel setzen oder die Vernichtung des leeren Wahnes der Zeit überlassen sollte. Bald glaubte er, nichts für zu gering achten, bald nicht alles fürchten zu müssen, schwankend zwischen Scham und Furcht. Endlich übertrug er doch die Sache dem Sallustius Crispus. Dieser erwählte zwei seiner Klienten – einige berichten, es seien Soldaten gewesen – und gab ihnen die Weisung, sich ihm unter vorgespiegeltem Einverständnis zu nähern, ihm Geld anzubieten und in gemeinschaftlicher Gefahr Treue zu geloben. Sie taten, wie ihnen befohlen worden war. Dann ersahen sie sich eine unbe-

wachte Nacht, nahmen hinreichende Mannschaft und schleppten ihn gebunden und mit verstopftem Mund in den Palast. Als ihn Tiberius fragte, wie er Agrippa geworden wäre, soll er geantwortet haben: „wie du Kaiser." Mitschuldige anzugeben ließ er sich nicht bewegen. Auch wagte Tiberius nicht, ihn öffentlich zu bestrafen, sondern ließ ihn in einem entlegenen Teile des Palastes umbringen und seinen Leichnam heimlich wegtragen. Und obwohl viele aus dem Hause des Fürsten, auch Ritter und Senatoren ihn mit Geld unterstützt und ihm mit Rat beigestanden haben sollten, so wurde doch nichts untersucht.

41. Am Ende des Jahres wurde ein Triumphbogen neben dem Saturntempel wegen der unter Germanicus Anführung und Tiberius Auspizien bewerkstelligten Wiedereroberung der unter Varus verlorenen Fahnen, ein Tempel der Fors Fortuna neben dem Tiber, in den Gärten, welche der Diktator Caesar dem römischen Volke vermacht hatte, sowie eine Kapelle dem julischen Geschlechte und ein Standbild zu Ehren des Kaisers Augustus bei Bovillae geweiht.

Das Jahr 17 n. Chr.

Unter dem Konsulat des Gaius Caecilius und Lucius Pomponius triumphierte am 26. Mai Caesar Germanicus über die Cherusker, Chatten, Angrivarier und was sonst für Völkerschaften bis zur Elbe hin wohnen. Dabei wurden Beutestücke, Gefangene, Abbildungen der Berge, Flüsse und Schlachten mitgeführt, und man nahm den Krieg, weil er gehindert worden war, ihn zu beendigen, für beendigt an. Die Augenlust der Schauenden erhöhte noch seine eigene herrliche Gestalt und sein mit fünf Kindern besetzter Wagen. Doch ein geheimes Bangen schlich sich auch mit ein, wenn man bedachte, wie so wenig Glück einst die Gunst der Menge seinem Vater Drusus gebracht hatte, wie auch sein Onkel Marcellus den heißen Wünschen des Volkes schon in der Jugendblüte entrissen worden war, wie kurz und wie unglückbringend die Liebe des römischen Volkes war.

42. Übrigens schenkte Tiberius im Namen des Germanicus dem Volke männiglich 300 Sesterzen und bestimmte sich selbst für dessen Konsulat zum Amtsgenossen. Da er aber auch damit nicht erreichte, daß man an die Aufrichtigkeit seiner Liebe glaubte, beschloß er, den Jüngling unter dem Schein der Ehrenbezeugung hinwegzuschaffen. Dazu ersann er sich selbst Veranlassungen oder ergriff begierig die, welche ihm der Zufall bot. Der König Archelaus herrschte schon im fünfzigsten Jahre über Cappadocien, dem Tiberius verhaßt, weil er ihm während seines Aufenthalts in Rhodus keine Aufmerksamkeit bewiesen hatte. Nicht aus Stolz hatte das Archelaus unterlassen, sondern von den Vertrauten des Augustus gewarnt, weil, so lange Gajus Caesar noch mächtig und gerade in die Angelegenheiten des Orients

abgesendet war, die Freundschaft des Tiberius für bedenklich gehalten wurde. Als er nun nach dem Untergange des Geschlechtes der Cäsaren zur Herrschaft gelangt war, lockte er Archelaus durch ein Schreiben seiner Mutter zu sich, welche ohne zu verhehlen, daß ihr Sohn sich beleidigt fühle, Gnade anbot, wenn er um diese zu bitten käme. Jener, von der Arglist nichts ahnend, oder, falls er sie zu merken schien, Gewalt fürchtend, eilte nach Rom. Von dem Fürsten schon unfreundlich empfangen, wurde er dann im Senate angeklagt. Aber nicht der Verbrechen wegen, die ersonnen wurden, sondern aus Angst und schon entkräftet vom Alter, und weil Königen schon Gleichstellung, geschweige denn die tiefste Erniedrigung etwas Ungewohntes ist, beschloß er sein Leben, sei es freiwillig oder nach des Schicksals Lauf. Sein Reich wurde in eine Provinz verwandelt, und der Kaiser setzte mit der Erklärung, daß durch dessen Einkünfte die Abgabe des Hundertsten ermäßigt werden könne, für die Zukunft ein halbes Prozent fest[51]. Um dieselbe Zeit gerieten nach dem Tod des Commagenerkönigs Antiochus und des Cilicierkönigs Philopators, diese Völker in Gärung, wobei die meisten römische, die anderen königliche Herrschaft wünschten. Auch baten die Provinzen Syrien und Judäa, der Lasten müde, um Verminderung des Tributs.

43. Dies also und was ich oben von Armenien erwähnt habe, setzte er vor den Senatoren auseinander, und daß das bewegte Morgenland nicht anders als durch des Germanicus Weisheit beruhigt werden könne; denn sein eigenes Lebensalter neige sich, das des Drusus sei noch nicht gereift genug. So wurden denn durch einen Beschluß des Senates dem Germanicus die Provinzen jenseits des Meeres übertragen und, wohin er kommen möchte, größere Gewalt, als denen, welche dieselbe durch das Los oder vom Fürsten hingesandt besäßen. Doch hatte Tiberius aus Syrien den mit Germanicus verschwägerten Creticus Silanus abgerufen, weil Silanus Tochter mit dessen ältestem Sohne Nero verlobt war. Dagegen ernannte er Gnaeus Piso zum Statthalter, einen Mann von heftigem und unbeugsamen Charakter, da ihm der trotzige wilde Sinn seines Vaters Piso angeboren war, der im Bürgerkriege die in Afrika von neuem sich erhebende Partei mit der rastlosesten Tätigkeit gegen Caesar unterstützte, dann Brutus und Cassius folgte, und nach bewilligter Rückkehr um Ehrenämter sich zu bewerben verschmähte, bis er selbst sogar ersucht wurde, das ihm von Augustus übertragene Konsulat anzunehmen. Doch außer dem vom Vater ererbten Stolze nährte auch der Adel und Reichtum seiner Gemahlin Plancina seinen Hochmut. Kaum dem Tiberius wollte er nachstehen; auf dessen Söhne blickte er hinab, als ständen sie tief unter ihm. Und er zweifelte nicht, daß er zur Statthalterschaft in Syrien erkoren sei, um Germanicus Hoffnungen zu beschränken. Einige haben geglaubt, es seien ihm wirklich von Tiberius geheime Aufträge gegeben worden, und unbezweifelt ist, daß wenigstens Plancina von

Augusta aufgefordert worden war Agrippina mit weiblicher Eifersucht zu verfolgen. Geteilt war ja der Hof und uneinig in Drusus oder Germanicus stillschweigender Begünstigung. Tiberius gab dem Drusus als dem aus seinem eigenen Blute Entsprossenen den Vorzug; Germanicus gewann an Liebe bei den übrigen durch die Abneigung des Onkels und weil er von mütterlicher Seite aus berühmterem Geschlechte stammte, da er Marcus Antonius als Großvater, Augustus als Großonkel aufzuweisen hatte. Dagegen schien des Drusus' Urgroßvater, der römische Ritter Pomponius Atticus, die Ahnenbilder der Claudier zu entehren. Auch übertraf die Gemahlin des Germanicus, Agrippina, an Fruchtbarkeit und Ruf des Drusus Gattin, Livia. Doch lebten die Brüder in vortrefflicher und selbst durch die Zwistigkeiten der nächsten Anverwandten nicht zu erschütternder Eintracht.

44. Nicht lange darauf wurde Drusus nach Illyrien gesandt, um sich an den Kriegsdienst zu gewöhnen und sich Liebe beim Heere zu erwerben. Zugleich glaubte Tiberius den im Wohlleben der Stadt ausschweifenden Jüngling im Lager besser aufgehoben, und sich selbst gesicherter, wenn beide Söhne Legionen kommandierten. Doch dienten die Sueben zum Vorwand, die um Hilfe gegen die Cherusker baten. Denn die Germanen hatten, da sie nach dem Abzug der Römer frei von Furcht vor fremder Macht waren, nach der Gewohnheit dieses Volkes und damals auch aus Eifersucht des Ehrgeizes die Waffen gegen sich selbst gekehrt. Die Macht der Völkerschaften, die Tüchtigkeit ihrer Anführer, hielten sich das Gleichgewicht; aber Marbod machte der Königstitel bei seinem Volke verhaßt, Arminius, der für die Freiheit kämpfte, stand in Gunst.

45. Daher schritten nicht bloß die Cherusker und deren Bundesgenossen, die alten Krieger des Arminius, zum Kampfe, sondern auch aus Marbods eigenem Königreiche fielen suebische Völker, die Semnonen und die Langobarden zu ihm ab. Durch deren Beitritt hätte er das Übergewicht erhalten, wäre nicht Inguiomer mit der Schar seiner Schützlinge zu Marbod übergegangen, aus keinem anderen Grunde, als weil der greise Onkel es unter seiner Würde hielt, dem jugendlichen Neffen zu gehorchen. So ordneten sich die Heere zur Schlacht, beiderseits mit gleicher Hoffnung, und nicht, wie sonst bei den Germanen, in planlosem Zusammenlaufe oder in zerstreuten Haufen. Denn der lange Krieg mit uns hatte sie daran gewöhnt, den Feldzeichen zu folgen, sich durch Rückhalt zu decken, und auf die Worte der Feldherren zu achten. Damals wies Arminius, alles zu Roß betrachtend, als er bald hier, bald dort herangesprengt kam, auf die wiedererrungene Freiheit hin, auf die hingemordeten Legionen, und daß sich noch jetzt den Römern entrissene Siegesbeute und Waffen in den Händen vieler befänden. Dagegen nannte er Marbod einen feigen Flüchtling, der sich fern von Schlachten in den Schlupfwinkeln des hercynischen Waldes geborgen gefühlt hätte, dennoch bald durch

Geschenke und Gesandtschaften um ein Bündnis gebettelt habe, einen Vaterlandsverräter, einen Trabanten des Kaisers, den man mit nicht minderer Erbitterung zu verjagen suchen müsse, als sie den Quintilius Varus vernichtet hätten. Sie sollten nur so vieler Schlachten gedenken, durch deren Ausgang sowie durch die letztliche Verjagung der Römer hinreichend erwiesen sei, auf welche Seite die Entscheidung des Kriegs gegeben sei.

46. Auch Marbod enthielt sich nicht der Prahlerei über sich selbst oder der Schmähungen gegen den Feind. Den Inguiomer an der Hand beteuerte er, auf diesem Manne ruhe der ganze Ruhm der Cherusker, nach seinem Plane sei, was glücklich ausgefallen, unternommen worden; ein Rasender und, wo es Taten gelte, unerfahren, eigne Arminius sich fremden Ruhm an, nur weil er drei sorglose Legionen und ihren nichts Arges ahnenden Führer durch Treulosigkeit hintergangen habe, zu großem Unglücke für Germanien und zu eigner Schande, da seine Gattin und sein Sohn noch jetzt in Knechtschaft schmachteten. Er dagegen habe, von zwölf Legionen unter Tiberius angegriffen, den Ruhm der Germanen unbefleckt erhalten; dann habe man den Kampf nach billigem Vergleiche aufgegeben, und es gereue ihn nicht, daß es nun bei ihnen selbst stehe, ob sie mit ungeschwächter Kraft gegen die Römer Krieg oder einen nicht mit Blut erkauften Frieden wählen wollten. Die durch solche Reden angefeuerten Heere entflammte auch noch ihr eignes Interesse, da von den Cheruskern und Langobarden für den alten Ruhm oder für die neuerrungene Freiheit, von der anderen Seite für die Erweiterung der Herrschaft gestritten wurde. Niemals war man mit größeren Heeresmassen in den Kampf gezogen, noch auch mit unentschiedenerem Erfolg gekämpft worden, da auf beiden Seiten der rechte Flügel geschlagen wurde. Man erwartete von neuem eine Schlacht, hätte sich Marbod nicht mit seinem Lager auf die Höhen zurückgezogen. Dies wurde als Zeichen eingestandener Besiegung angesehen, und durch Desertion allmählich ganz geschwächt, entwich er zu den Markomannen und schickte Gesandte an Tiberius, um Hilfe zu erbitten. Er erhielt zur Antwort, er habe kein Recht, gegen die Cherusker römische Waffenhilfe anzurufen, da er die Römer, als sie gegen eben diesen Feind gekämpft, auf keine Weise unterstützt habe. Doch wurde, wie wir schon berichtet haben, Drusus abgeschickt, um den Frieden zu sichern.

47. Im selben Jahre stürzten zwölf volkreiche Städte Asiens durch ein Erdbeben in der Nacht zusammen, wodurch das Unglück um so überraschender und schwerer wurde. Auch half das in solchem Unfalle gewöhnliche Rettungsmittel der Flucht ins Freie nicht, weil sie von dem auseinanderklaffenden Erdreiche verschlungen wurden. Es versanken, so erzählt man, ungeheure Berge, steil erhoben sah man, was sonst Ebene war, und Flammen leuchteten unter dem Einsturz

empor. Wie das Verderben am schwersten die Sardianer getroffen hatte, wandte es auch das Mitleid ihnen vorzugsweise zu; denn zehn Millionen Sesterzen versprach ihnen der Kaiser und erließ ihnen auf fünf Jahre was sie an das Aerarium oder an den Fiskus zu zahlen hatten. Die Magneter am Sipylus kamen an nächster Stelle, was Verlust sowie Ersatz betrifft. Auch Temnia, Philadelphia, Agea, Apollonis und Mostene oder das sogenannte macedonische Hyrcania sowie Hierocaesarea, Myrina, Kyme und Tmolus beschloß man auf eben die Zeit von Abgaben zu befreien und jemand aus dem Senate hinzusenden, der ihre gegenwärtige Lage in Augenschein nehmen und zu erleichtern suchen sollte. Es wurde dazu Marcus Aletius von den gewesenen Prätoren gewählt, damit nicht, weil schon ein Konsular die Verwaltung Asiens hatte, Eifersucht unter Gleichgestellten und daraus ein Hindernis entstände.

48. Diese glänzenden öffentlichen Schenkungen krönte der Kaiser noch durch eine nicht minder willkommene Freigebigkeit, indem er die vom Fiskus in Anspruch genommenen Güter der reichen, ohne Testament verstorbenen Aemilia Musa dem Aemilius Lepidus, aus dessen Familie sie zu sein schien, und die Erbschaft des Pantuleius, eines reichen römischen Ritters, obwohl er selbst zum Miterben ernannt war, dem Marcus Servilius, der, wie er erfahren, in einem früheren, unverdächtigen Testamente eingesetzt war, mit der Erklärung übergab, man müsse den Adel beider durch Geld unterstützen. Auch trat er von niemand eine Erbschaft an, außer wenn er durch Freundschaft dazu berechtigt war. Unbekannte und gegen andere feindselig Gesinnte, die nur deshalb den Fürsten eingesetzt hatten, hielt er weit von sich entfernt. Übrigens wies er, so wie er die ehrbare Armut Unverschuldeter unterstützte, ebenso Verschwender und durch schändliches Leben Verarmte, einen Vibidius Varro, Marius Nepos, Appius Appianus, Cornelius Sulla, Quintus Vitellius aus dem Senate, oder ließ sie freiwillig austreten.

49. Um dieselbe Zeit weihte er die durch Alter oder Feuer zerstörten und von Augustus wieder erneuerten Göttertempel dem Liber, der Libera und der Ceres neben dem Circus maximus, welchen der Diktator Aulus Postumius gelobt hatte, und an demselben Orte den von den Aedilen Lucius und Marcus Publicius gegründeten Tempel der Flora, sowie dem Janus den, welchen Gaius Duillius am Kohlmarkte erbaut hatte, der zuerst Roms Sache zur See mit Glück verfochten hatte und sich einen Seetriumph über die Punier verdiente. Der Hoffnung wurde von Germanicus ein Heiligtum geweiht; dies hatte Atilius in eben jenem Kriege gelobt.

50. Indessen gewann das Majestätsgesetz an Kraft. Die Apuleia Varilla, eine Schwesterenkelin des Augustus, zog ein Angeber wegen Majestätsbeleidigung vor Gericht, weil sie den göttlichen Augustus und auch Tiberius und dessen Mutter mit Schmähreden verspottet

und, obgleich dem Kaiser verwandt, sich des Ehebruchs hatte schuldig finden lassen. Über den Ehebruch, erklärte man, spreche sich das julische[53] Gesetz bestimmt genug aus; die Majestätsanklage aber wollte der Kaiser davon geschieden und sie verurteilt wissen, wenn sie etwa von Augustus unehrerbietig gesprochen haben sollte; was sie gegen ihn selbst ausgestoßen habe, solle nicht zur Untersuchung gezogen werden. Auf die Frage vom Konsul, welcher Meinung er über das sei, was sie von seiner Mutter unziemlich gesprochen zu haben beschuldigt würde, schwieg er. Dann, am nächsten Senatstage, bat er auch in deren Namen, daß niemand wie auch immer gegen sie gerichtete Worte zum Verbrechen gemacht werden möchten. Auch befreite er Apuleia ganz von der Majestätsbeleidigungsklage, tat auch wegen der schweren Bestrafung des Ehebruches Fürbitte für sie und riet, sie nach der Weise der Vorfahren durch ihre Verwandten über 200 Meilen entfernen zu lassen. Dem Ehebrecher Manlius wurde der Aufenthalt in Italien und Afrika verboten.

51. Über die Wahl des an Vipstanus Gallus Stelle, den der Tod dahingerafft hatte, zu ernennenden Prätors erhob sich Streit. Germanicus und Drusus, die in Rom waren, begünstigten Haterius Agrippa, einen Verwandten des Germanicus. Dagegen bestanden viele darauf, die Zahl der Kinder müsse bei den Bewerbern den Ausschlag geben, wie das Gesetz gebot. Tiberius hatte seine Freude daran, als der Senat zwischen seinen Söhnen und den Gesetzen entscheiden mußte. Natürlich unterlag das Gesetz, aber nicht sogleich und durch nur geringe Stimmenmehrheit, ganz so, wie auch die Gesetze unterlagen, als sie noch in Kraft waren.

52. Im selben Jahr begann in Afrika ein Krieg, wobei Anführer der Feinde Tacfarinas war. Dieser, von Geburt ein Numidier, hatte im römischen Lager unter den Hilfstruppen gedient, war dann entlaufen und hatte anfangs Landstreicher und Straßenräuber zu Plünderung und Raub zusammengerottet, hierauf sie nach Kriegsgebrauch in Fähnlein und Geschwader geordnet, und galt am Ende nicht mehr für das Oberhaupt eines ordnungslosen Haufens, sondern für das der Musulamier. Dieser mächtige, den Wüsten Afrikas benachbarte und damals noch von keinen Städten wissende Volksstamm ergriff die Waffen und zog die benachbarten Mauren mit in den Krieg hinein. Auch diese hatten einen Anführer, Mazippa, und das Heer teilte sich so, daß Tacfarinas die auserlesene und nach römischer Art bewaffnete Mannschaft im Lager hielt und sie an Zucht und Gehorsam gewöhnte, Mazippa mit der leichtbewaffneten Menge Brand und Mord und Schrecken ringsumher verbreitete. So hatten sie auch schon die Cinithier, eine nicht zu verachtende Völkerschaft mit hineingezogen, als Furius Camillus, der Prokonsul von Afrika, die Legion und was von Bundesgenossen unter den Fahnen stand, vereinigt gegen den Feind führte, eine unbedeutende Schar, wenn man die Menge der Numi-

dier und Mauren bedenkt. Aber nichts suchte man so sorgsam zu verhüten, als daß sie sich aus Furcht dem Kampfe entzögen. Durch ihre Siegeshoffnung wurde erreicht, daß sie besiegt wurden. Es wurde also die Legion in der Mitte, die leichten Kohorten und zwei Geschwader auf den Flügeln aufgestellt. Tacfarinas schlug den Kampf nicht aus. Die Numidier wurden geschlagen, und so nach vielen Jahren dem Namen Furins zum erstenmal wieder Kriegsruhm erworben. Denn seit jenem Wiedereroberer der Stadt[54] und seinem Sohne war der Feldherrnruhm im Besitze anderer Familien gewesen, und auch dem, dessen wir hier gedenken, traute man kein kriegerisches Talent zu. Desto williger pries Tiberius seine Taten im Senat. Und so erkannten ihm denn die Senatoren die Abzeichen des Triumphes zu, was Camillus wegen seines anspruchslosen Lebens später nicht zu entgelten hatte.

Das Jahr 18 n. Chr.

53. Das folgende Jahr sah Tiberius zum drittenmal und Germanicus zum zweitenmal als Konsuln. Diese Würde aber trat Germanicus zu Nicopolis in Achaia an, wohin er nach einem Besuche bei seinem in Dalmatien verweilenden Bruder Drusus, und nach einer unangenehmen Fahrt auf dem adriatischen, dann auf dem ionischen Meere, längs der illyrischen Küste gekommen war. Er verwandte daher etliche Tage zur Ausbesserung der Flotte und besuchte zugleich die durch den Sieg bei Actium berühmt gewordenen Buchten, sowie das von Augustus geweihte Denkmal seiner Beute und das Lager des Antonius, wobei er seiner Ahnen gedachte; denn es war ja, wie ich schon erwähnte, Augustus Großonkel, Antonius Großvater gewesen. So trat ihm dort ein großes Bild von traurigen und frohen Ereignissen entgegen. Von da kam er nach Athen, und es war eine dem Bündnis mit der befreundeten und uralten Stadt gewährte Gunst, daß er sich nur eines einzigen Liktors bediente. Die Griechen empfingen ihn mit den ausgesuchtesten Ehrenbezeugungen, mit den Taten und Reden ihrer Altvordern prunkend, um der Schmeichelei desto mehr Würde zu geben.

54. Von hieraus fuhr er nach Euböa und setzte nach Lesbos über, wo Agrippina in ihrer letzten Niederkunft Julia gebar. Dann berührte er den äußersten Punkt Asiens, sowie Perinthus und Byzantium, thracische Städte, und lief hierauf in die Meerenge der Propontis und die Mündung des Pontus ein, aus Verlangen, jene alten, von der Sage gefeierten Orte kennenzulernen. Zugleich half er auch den durch inneren Zwist oder die Bedrückungen der Beamten leidenden Provinzen wieder auf. Als er auf dem Rückweg den heiligen Dienst der Samothrakier in Augenschein zu nehmen trachtete, trieben ihn wi-

drige Nordwinde ab. Daher segelte er von Ilium und was dort an die Wechsel des Schicksals und an unseren Ursprung ehrfurchtgebietend erinnerte, wieder an Asiens Küste hinab und landete bei Kolophon, um das Orakel des clarischen Apollo zu befragen. Nicht ein Weib, wie zu Delphi, sondern aus bestimmten Familien und meistens aus Milet berufen, hört ein Priester hier nur die Zahl und die Namen der Befragenden. Dann in die Höhle herniedersteigend, trinkt er von dem Wasser der geheimnisvollen Quelle und erteilt, gewöhnlich ohne etwas von Wissenschaft und Dichtkunst zu wissen, in Versen abgefaßt die Antwort über das, was jeder gerade in seinem Sinne trägt. So, hieß es, habe er dem Germanicus in rätselhafter Weise, wie es der Orakel Sitte ist, frühzeitigen Untergang geweissagt.

55. Aber Gnaeus Piso schreckte, um seine Pläne desto schneller zu beginnen, die Bürgerschaft der Athener durch einen stürmischen Einzug und ließ sie in heftiger Rede unter Seitenhieben gegen Germanicus hart an, weil jener wider die Würde des römischen Namens nicht die Athener, die ja durch so viele Niederlagen schon vertilgt seien, sondern dies Gemisch von Nationen mit allzugroßer Leutseligkeit geehrt habe. Denn sie seien ja die Verbündeten des Mithridates gegen Sulla und des Antonius gegen den göttlichen Augustus gewesen. Auch Altes warf er ihnen vor: was ihnen gegen die Macedonier mißlungen sei, was sie gewaltsam gegen ihre eigenen Bürger getan hätten. Feindselig war er auch aus persönlicher Erbitterung gegen die Stadt, weil sie einen gewissen Theophilus, der als Fälscher vom Areopag verurteilt war, auf seine Bitten nicht losgegeben hatten. Sodann holte er in schneller Fahrt durch die Cykladen hin und auf des Meeres kürzesten Wegen bei der Insel Rhodus den Germanicus ein, der gar wohl wußte, welcher Verfolgungen Ziel er sei. Aber dennoch bewies er solche Sanftmut gegen ihn, daß er, als ein sich erhebender Sturm ihn zwischen Klippen verschlug und des Feindes Vernichtung sehr leicht dem Zufall hätte zugeschrieben werden können, Dreiruderer aussandte, um ihn mit ihrer Hilfe der Gefahr zu entreißen. Piso jedoch ließ sich, auch dadurch nicht milder gestimmt, kaum eines Tages Aufenthalt gefallen, verließ Germanicus und eilte voran. Sowie er nur Syrien und die Legionen erreicht hatte, brachte er es durch Schenkungen, Gunsterschleichung und Beförderung des niedrigsten Gesindels unter den gemeinen Soldaten, wobei er die alten Centurionen und die strengen Tribunen entfernte und ihre Stellen seinen Schützlingen oder den Allernichtswürdigsten zuteilte, sowie Müßiggang im Lager, Zügellosigkeit in den Städten, Herumschwärmen und Mutwillen der Soldaten auf dem Lande zuließ, so weit mit der Verderbnis, daß er in den Reden des gemeinen Haufens ‚Vater der Legionen‘ hieß. Auch Plancina hielt sich nicht in den Schranken des weiblichen Anstandes, sondern wohnte den Übungen der Reiterei und den Manövern der Kohorten bei, stieß gegen Agrippa und Germanicus Schmähreden

aus, und selbst einige der gutgesinnten Soldaten zeigten sich zur Folgsamkeit im Schlechten willig, weil insgeheim die Rede ging, diese Dinge geschehen nicht ohne des Kaisers Willen.

Alles dies war dem Germanicus bekannt, aber seine angelegentlichste Sorge war, zuvor zu den Armeniern zu kommen.

56. Dieses Volk war von alters her unzuverlässig wegen der Sinnesart der Menschen und der Lage des Landes, weil es sich vor unseren Provinzen weithin ausgedehnt und sich tief nach Medien hinab erstreckt. So in der Mitte zwischen den größten Reichen sind sie öfter mit diesen uneinig aus Haß gegen die Römer und Eifersucht gegen den Parther. Einen König hatten sie damals nicht, da Vonones weggeführt war; aber die Gunst des Volkes wandte sich dem Zeno, dem Sohne des pontischen Königs Polemo zu, weil dieser seit seiner frühesten Kindheit sich des Brauches und der Lebensweise der Armenier befleißigt und durch Jagden, Gelage und was die Barbaren sonst hochhalten, Vornehme und Geringe gleicherweise für sich gewonnen hatte. Daher setzte ihm Germanicus in der Stadt Artaxata, unter Beistimmung des Adels und dem Zuströmen der Menge den königlichen Schmuck aufs Haupt. Die übrigen huldigten ihm als König, begrüßten ihn mit dem Namen Artaxias, einer Benennung, die sie ihm von der Stadt gaben. Kappadocien dagegen, zur Provinz umgewandelt, erhielt zum Statthalter den Quintus Veranius. Zugleich wurde einiges von den königlichen Steuern herabgesetzt, um desto größere Milde von der römischen Herrschaft hoffen zu lassen. Über die Commagener, die damals zuerst unter prätorische Herrschaft gestellt wurden, wurde Quintus Servaeus gesetzt.

57. So glücklich nun die Angelegenheiten der Bundesgenossen alle beseitigt waren, konnte doch Germanicus dessen nicht froh werden wegen Pisos Übermut, der dem Befehl, einen Teil der Legionen selbst oder durch seinen Sohn nach Armenien zu führen, in keiner Art nachgekommen war. Erst zu Cyrrus im Winterlager der 10. Legion trafen sie zusammen, beide mit fester Miene, Piso gegen Furcht gewappnet, Germanicus dagegen, nicht drohend zu erscheinen; auch war er, wie ich angeführt habe, der Milde näher. Aber seine Freunde, die nur zu wohl verstanden, das Gefühl der Kränkungen noch zu entflammen, übertrieben die Wahrheit, häuften noch Falsches hinzu und beschuldigten ihn selbst und Plancina und seine Söhne auf mannigfache Weise. Endlich begann, unter Zuziehung von wenigen Vertrauten, von Caesers Seite eine Unterredung, wie sie der Zorn und das Streben ihn zu unterdrücken, zu erzeugen pflegt. Die Antwort Pisos bestand in Bitten voller Trotz und sie schieden voneinander mit sichtbarem Hasse. Seitdem erschien Piso selten auf Caesars Tribunale, und war er einmal zugegen, mit finsterer, offenbaren Widerspruches voller Miene. Auch ließ er sich einst laut bei einem Gastmahle vernehmen, als bei dem Nabatäerkönige goldene Kronen von schwerem

Gewichte dem Caesar und Agrippina, leichte dem Piso und den übrigen dargereicht wurden; dem römischen Kaisersohne und nicht dem Sohne des Partherkönigs werde dieses Gelage gegeben. Damit warf er seine Krone weg und sprach noch vieles gegen Verschwendung, was alles von Germanicus, so bitter es auch war, dennoch ertragen wurde.

58. Inzwischen kamen Gesandte vom Könige der Parther, Artabanus. Er hatte sie zur Versicherung der alten Freundschaft und Verbindung abgeschickt. Er wünsche auch, den Handschlag zu erneuern, und wolle Germanicus zu Ehren bis an das Ufer des Euphrat kommen. Inzwischen bitte er, daß man Vonones nicht in Syrien behalte, und daß man ihn nicht die Häupter seiner Völker durch Botschaften aus der Nähe zu Empörungen verleiten lasse. Darauf antwortete Germanicus in bezug auf das Bündnis der Römer und der Parther würdevoll, über die Ankunft des Königs und die ihm bewiesene Aufmerksamkeit mit Anstand und Bescheidenheit. Vonones wurde nach der cilicischen Seestadt Pompeiopolis entfernt, und zwar nicht nur aus Rücksicht auf die Bitten des Artabanus, sondern auch zur Kränkung Pisos, bei dem dieser wegen vieler Gefälligkeiten und Geschenke, womit er sich Plancina verpflichtet hatte, in großer Gunst stand.

Das Jahr 19 n. Chr.

59. Unter dem Konsulate des Marcus Silanus und Lucius Norbanus reiste Germanicus nach Ägypten, um die Altertümer des Landes kennen zu lernen; doch wurde die Sorge für die Provinz vorgegeben. Auch verminderte er durch Eröffnung der Magazine die Getreidepreise und tat vieles, was dem Volke wohlgefiel[55]. Ohne Militärbegleitung ging er umher, mit unbedeckten Füßen und in gleicher Kleidung wie die Griechen, darin dem Publius Scipio nacheifernd, der, wie wir wissen, eben dies nicht selten in Sizilien tat, selbst mitten im Drange des Punierkrieges. Tiberius berührte seine Tracht und sein Benehmen nur mit leisem Tadel, und sprach sich um so schärfer darüber aus, daß er gegen die Bestimmungen des Augustus ohne kaiserliche Bewilligung in Alexandria eingezogen war[56]. Denn Augustus behielt, unter andern Geheimnissen seiner Herrschaft, indem er Senatoren und hochstehenden römischen Rittern Ägypten nur mit seiner Erlaubnis zu betreten gestattete, das Land sich selbst vor, damit nicht Italien mit Hungersnot bedrängen könnte, wer irgend diese Provinz mit dem Schlüssel zum Meer und zum Land schon mit unbedeutender Mannschaft gegen mächtige Heere halten könnte.

60. Aber Germanicus fuhr, da er noch nicht erfahren hatte, daß diese Reise für strafbar befunden wurde, von der Stadt Canopus aus den Nil hinauf. Diese Stadt gründeten die Spartaner, weil dort der

Steuermann Canopus bestattet worden war, zur Zeit, als Menelaus auf der Rückfahrt nach Griechenland in das entgegengesetzte Meer und das Land Libyen verschlagen worden war. Von da aus besuchte er die nächste Flußmündung, die dem Herkules geweiht ist, von dem die Eingeborenen behaupten, daß er bei ihnen entsprossen und der älteste sei, während die, die nachmals gleiche Heldentugenden besaßen, nur den Namen von ihm erhalten hätten; nachher die großartigen Ruinen des alten Theben. Noch standen auf den aufgetürmten Riesenwerken ägyptische Buchstaben, welche die frühere Macht bekundeten. Einer von den älteren Priestern, aufgefordert seine heimatliche Sprache auszulegen, erklärte, es hätten hier vorzeiten 700000 Männer kriegsfähigen Alters gewohnt, und mit diesem Heere habe König Rhamses Libyen, Äthiopien, die Meder, Perser, Bactrier und Scythen unterworfen[57]; und auch die Länder, welche Syrer und Armenier, sowie die angrenzenden Cappadocier bewohnen, habe er bis zum bithynischen Meere[58] auf der einen, bis zum lycischen auf der andern Seite unter seiner Botmäßigkeit gehalten. Auch waren da zu lesen die den Völkern auferlegten Tribute, das Gewicht des Silbers und Goldes, die Zahl der Waffen und Pferde, auch die Tempelgeschenke, Elfenbein und Räucherwerk, und welche Mengen von Getreide und Lebensbedürfnissen aller Art jede Nation zu liefern hatte, alles nicht minder großartig, als das, was jetzt durch Parthergewalt oder römische Macht geboten wird.

61. Übrigens richtete Germanicus auch auf andere Wunderwerke seine Aufmerksamkeit, unter denen die vorzüglichsten waren: Memnons steinernes Bild, das, wenn es von den Sonnenstrahlen getroffen wird, einen klangreichen Ton von sich gibt; ferner die mitten zwischen auseinandergewehten, kaum gangbaren Sandmassen, Bergen gleich, durch den Wetteifer und Reichtum der Könige aufgetürmten Pyramiden, sowie die Seen, deren Becken, ausgegraben, dem überströmenden Nile zu Behältern dienen; an andern Stellen dagegen dessen Einengungen und unergründliche Tiefe, die keinem Maße der Untersuchenden erreichbar ist. Von da kamen die Reisenden nach Elephantine und Syene, den ehemaligen Grenzpunkten des römischen Reichs, das sich jetzt[59] bis zum roten Meere ausdehnt.

62. Während Germanicus diesen Sommer so in mehreren Provinzen verbrachte, erwarb sich Drusus keinen geringen Ruhm, da er die Germanen zu innerem Zwist verleitete, und die schon gebrochene Macht des Marbod bis zur Vernichtung bedrängte. Es befand sich unter den Gotonen ein Jüngling edler Abkunft, namens Catualda, der, einst durch Marbods Gewalt zur Flucht gezwungen, jetzt, in dessen zweifelhafter Lage, Rache wagte. Er brach mit starker Mannschaft in das Gebiet der Markomannen ein und erstürmte, nachdem er durch Bestechung die Großen zur Teilnahme verleitet hatte, die Königsburg und das dabei gelegene Kastell. Was die Sueben seit alten

Zeiten erbeutet hatten, fand sich dort, sowie aus unsern Provinzen Marketender und Kaufleute, welche das Handelsrecht, dann Begierde, ihr Vermögen zu vermehren, endlich Vergessen des Vaterlandes aus der Heimat in Feindesland geführt hatte.

63. Dem von allen Seiten verlassenen Marbod blieb keine andere Zuflucht als das Mitleid des Kaisers. Nachdem er über die Donau gegangen war, wo sie an der Provinz Noricum hinströmt, schrieb er an Tiberius, nicht wie ein Flüchtling oder Schutzflehender, sondern in Erinnerung an sein früheres Glück. Habe er doch vielen Nationen, die den einst so berühmten König an sich zu ziehen gesucht, die Freundschaft der Römer vorgezogen! Der Kaiser antwortete: einen sicheren und ehrenvollen Wohnsitz solle er haben, in Italien, falls er bleiben wolle; sollte aber seinen Verhältnissen andres ersprießlich sein, so solle er mit ebenso sicherem Geleite wieder scheiden, wie er gekommen sei. Übrigens erklärte er im Senate, nicht Philippus sei den Athenern, nicht Pyrrhus oder Antiochus dem römischen Volke so furchtbar gewesen. Die Rede ist noch vorhanden, worin er die Größe des Mannes, die ungestüme Kraft der ihm untertänigen Völkerschaften, wie nahe dieser Feind Italien gewesen, und seine eigenen Anschläge zu dessen Vernichtung hervorhob. Marbod hielt man nun zwar in Ravenna gefangen und zeigte, sollten einmal die Sueben übermütig werden, ihn wie zur Rückkehr in sein Königreich in Bereitschaft; aber er verließ Italien nicht in einer Reihe von achtzehn Jahren und ergraute mit tief gesunkenem Ruhm, weil er das Leben zu sehr liebte. Gleiches Schicksal hatte Catualda, und auch keine andre Zuflucht. Bald darauf durch die Macht der Hermunduren unter Vibilius Anführung vertrieben, wurde er von uns aufgenommen und nach Forum Julium, einer Kolonie des narbonensischen Galliens, geschickt. Die Barbaren, welche beide begleitet hatten, wurden, um nicht, friedlichen Provinzen einverleibt, diese aufzuwiegeln, jenseits der Donau zwischen den Flüssen Marus und Cusus angesiedelt, und als König ihren Vannius von dem Stamm der Quaden gegeben.

64. Da zugleich die Nachricht einlief, daß den Armeniern von Germanicus Artaxias zum König gegeben worden sei, so beschloß der Senat, daß Germanicus und Drusus im kleinen Triumph[60] in die Stadt einziehen sollten. Auch erbaute man Siegesbogen neben dem Tempel des rächenden Mars, mit dem Bildnis der Caesaren, und Tiberius war froher, daß er mit kluger Politik den Frieden gefestigt hatte, als wenn er einen Krieg durch Waffenkampf beendigt hätte. Darum griff er nun auch Rhescuporis, den König Thraciens, mit List an. Ganz hatte früher Rhoemetalces dieses Volk beherrscht. Als er gestorben war, überließ Augustus einen Teil der Thracier dessen Bruder Rhescuporis, den andern dessen Sohne Cotys. Nach dieser Teilung waren Fruchtgefilde und Städte und der Griechen Nachbarland dem Cotys, das unbebaute, wilde und an Feindesland sich hinziehende Gebiet dem

Rhescuporis zugefallen. Und ebenso war die Sinnesart der Könige selbst, bei jenem sanft und einnehmend, bei diesem hart, selbstsüchtig und ungesellig. Doch lebten sie anfangs in trügerischer Eintracht; bald aber überschritt Rhescuporis die Grenzen, eignete sich das dem Cotys Gegebene an und brauchte gegen den sich Widersetzenden Gewalt; noch zögernd unter Augustus, den er als den Schöpfer beider Königtümer, wenn auch verachtete, als Rächer fürchtete. Kaum jedoch hatte er den Regentenwechsel vernommen, so ließ er Räuberscharen einbrechen und Kastelle zerstören, um Anlaß zum Kriege zu geben.

65. Nichts erfüllte Tiberius so sehr mit ängstlicher Sorge, als daß nicht der geordnete Zustand gestört würde. Er erwählte einen Centurio dazu, den Königen anzukündigen, daß sie die Waffen nicht entscheiden ließen. Sogleich wurden von Cotys die Hilfstruppen entlassen, die er aufgebracht hatte. Rhescuporis verlangte mit erheuchelter Mäßigung, daß man an einem bestimmten Orte zusammenkomme; man könne ja in einer Unterredung die strittigen Punkte ausgleichen. Auch wurde nicht lange über Zeit, Ort und selbst über die Bedingungen geschwankt, da der eine aus Willfährigkeit, der andre aus Arglist alles zugestand und annahm. Rhescuporis, um, wie er sagte, dem Bündnis eine heiligende Weihe zu erteilen, veranstaltete dann noch ein Gastmahl, und wie er so der Fröhlichkeit bis tief in die Nacht hinein Raum gegeben hatte, ließ er den bei der Tafel und im Rausch nichts Arges ahnenden und, als er die Hinterlist bemerkte, die Heiligkeit des Thrones, die Götter derselben Familie und den gastlichen Tisch zum Zeugnis rufenden Cotys in Ketten gefangen setzen. Als er so ganz Thracien in Besitz genommen hatte, schrieb er an Tiberius, es seien ihm Nachstellungen bereitet worden, und er sei dem Nachstellenden zuvorgekommen. Zugleich schützte er einen Krieg gegen Bastarner und Scythen vor, und verstärkte sich mit neuen Scharen von Fußvolk und Reiterei.

Die Antwort war milde: Wenn Trug fern sei, könne er ja seiner Unschuld vertrauen; übrigens werde weder er, noch der Senat anders als nach Untersuchung der Sache über Recht und Unrecht entscheiden. Demnach möge er nach Auslieferung des Cotys kommen und das Gehässige der Beschuldigung von sich abzuwälzen suchen.

66. Dieses Schreiben schickte Latinius Pandus, der Proprätor von Mösien, mit Soldaten, denen Cotys ausgeliefert werden sollte, nach Thracien. Nachdem Rhescuporis eine Weile zwischen Furcht und Ingrimm hin und her geschwankt hatte, wollte er doch lieber des schon vollendeten, als des nur begonnenen Frevels wegen angeklagt sein. Er ließ Cotys umbringen und log, er habe freiwillig den Tod gewählt. Gleichwohl änderte der Kaiser in dem listigen Verfahren nichts, worin er sich einmal gefiel, sondern setzte nach des Pandus Tod, den Rhescuporis als ihm feindselig beschuldigte, den Pomponius Flaccus, einen alten Krieger, der in enger Freundschaft mit dem Könige stand

und so um so geeigneter erschien, ihn in die Falle zu locken, vornehmlich deshalb über Mösien.

67. Flaccus begab sich hinüber nach Thracien, bewog den wenngleich Bedenken tragenden und seine Verbrechen sich vor das Gewissen führenden durch große Versprechungen, mit über die römische Grenzverteidigungslinie zu gehen. Dort wurde der König sofort unter dem Schein der Ehre mit starker Mannschaft umgeben, und Tribunen und Centurionen zogen ihn, erst ermunternd und zuredend, dann, je weiter man kam, in immer offenbarerer Hast, bis er zuletzt sein Los erkannte, nach Rom. Vor dem Senate von Cotys Gattin angeklagt, wurde er verurteilt, fern vom Königreiche in Haft gehalten zu werden. Thracien wurde zwischen seinem Sohne Rhoemetalces, von dem man mit Bestimmtheit wußte, daß er des Vaters Anschlägen widerstrebt hatte, und zwischen den Kindern des Cotys geteilt. Letztere aber erhielten, da sie noch nicht erwachsen waren, den gewesenen Prätor Trebellienus Rufus zum einstweiligen Reichsverweser ganz so, wie schon unsre Vorfahren den Marcus Lepidus als Vormund für des Ptolemaeus Kinder nach Ägypten gesandt hatten. Rhescuporis wurde nach Alexandria abgeführt und dort, weil er zu entfliehen suchte, oder man ihm dies auch nur zum Scheine schuld gab, umgebracht.

68. Um dieselbe Zeit versuchte Vonones, der, wie ich erwähnt habe, nach Cilicien entfernt worden war, nach Bestechung seiner Wächter zu den Armeniern, von da zu den Albanern und Heniochern und dem mit ihm verwandten König der Scythen zu entkommen. Unter dem Vorwand der Jagd verließ er die Küstengegenden und suchte die unwegsamen Waldgebirge zu erreichen; dann gelangte er durch die Schnelligkeit seines Pferdes bis zum Flusse Pyramus, dessen Brücken die Anwohner auf die Nachricht von der Flucht des Königs hin abgebrochen hatten. Auf Furten war nicht durchzukommen. So wurde er am Ufer des Stromes von dem Reiterpräfekten Vibius Fronto gefesselt; dann durchbohrte ihn Remmius, ein Freiwilliger der Veteranen, der früher dem Könige als Wächter beigesellt gewesen war, als täte er es im Zorne, mit dem Schwerte. Daher ist es um so glaubhafter, daß man wegen Mitwisserschaft des Verbrechens und aus der Furcht, verraten zu werden, dem Vonones gleich den Tod gegeben hat.

69. Germanicus fand indes nach seiner Rückkunft aus Ägypten alles, was er bei den Legionen oder in den Städten befohlen hatte, abgeschafft oder in das Gegenteil verdreht. Daraus entstanden heftige Beschimpfungen gegen den Piso, und nicht minder bitter war, was dieser gegen den Caesar zu sagen wagte. So beschloß denn Piso, Syrien zu verlassen. Dann zurückgehalten durch eine Krankheit des Germanicus, ließ er, als er dessen Genesung vernommen und die für seine Gesundheit getanen Gelübde gelöst werden sollten, die herbeigeführ-

ten Opfertiere, die Opferzurüstungen und die festliche Menge der Antiochener durch seine Liktoren auseinanderjagen. Hierauf entfernte er sich nach Seleucia, um das Übelbefinden abzuwarten, das den Germanicus von neuem befallen hatte. Die furchtbare Heftigkeit der Krankheit wurde noch gesteigert durch seine Überzeugung, Gift von Piso empfangen zu haben. Auch fand man aus dem Estrich und den Wänden hervorgezogene Reste menschlicher Leichen, Zauberformeln und Verwünschungen und des Germanicus Namen auf Bleitafeln eingegraben, halbverbranntes und mit Moder bedecktes Gebein und andere zauberische Dinge, mit denen man Seelen den Mächten der Unterwelt meint weihen zu können. Zugleich wurden Boten Pisos angeschuldigt, als spähten sie nach der Verschlimmerung seines Zustandes.

70. Dies nun nahm Germanicus nicht minder mit Entrüstung als mit Besorgnis auf. Wenn man seine Schwelle belagere, wenn er unter den Augen seiner Feinde den Geist aushauchen müsse, wie würde es denn seiner unglücklichen Gattin und seinen unmündigen Kindern ergehen? Die Vergiftung scheine allzu langsam; man eile und dränge, um die Provinz und die Legionen allein zu haben. Aber Germanicus fühle sich noch nicht soweit entkräftet, und der Preis des Mordes solle nicht bei dem Mörder verbleiben. So setzte er einen Brief auf, worin er ihm die Freundschaft aufkündigte. Mehrere setzten noch hinzu, er habe den Befehl erhalten, die Provinz zu verlassen. Piso lichtete ohne Zögern die Anker; doch nahm er sich auf der Fahrt Zeit, um einen umso kürzeren Rückweg zu haben, wenn der Tod des Germanicus ihm Syrien geöffnet haben würde.

71. Caesar Germanicus redete, auf kurze Zeit zur Hoffnung aufgerichtet, als darauf mit der Erschöpfung seines Körpers sich sein Ende nahte, die umstehenden Freunde auf folgende Weise an: „Riefe mich das Schicksal ab, dann wäre mein Schmerzgefühl selbst gegen die Götter gerecht, weil sie mich meinen Eltern, meinen Kindern, meinem Vaterlande in der Mitte des Jugendalters durch einen allzufrühen Tod entrissen. So durch den Frevel Pisos und Plancinas hingerafft, lege ich meine letzten Bitten in euerm Busen nieder. Berichtet dem Vater und dem Bruder, von welchen bitteren Kränkungen zerrissen, durch welche Nachstellungen rings umstrickt ich das unglückliche Leben mit dem schmählichsten Tode beschlossen habe. Wenn jemand Hoffnungen von mir, wenn jemand die Verwandtschaft des Blutes, auch wohl Neid diesen und jenen gegen den Lebenden bewegte, so werden sie darüber weinen, daß der einst Blühende und in so vielen Kriegen Erhaltene durch Weibertücke gefallen ist. Gewiß wird euch gestattet werden, im Senate Klage zu führen und die Gesetze anzurufen. Nicht ist es der Freunde vorzüglichste Pflicht, dem Verstorbenen tatenlose Klage nachzuweinen, sondern dessen zu gedenken, was er gewollt und was zu vollführen er aufgetragen hat. Beweinen werden

den Germanicus auch Unbekannte, rächen werdet ihr ihn, wenn ihr mir mehr als meinem Glücke anhängt. Zeigt dem römischen Volke des göttlichen Augustus Enkelin, meine Gattin, weist auf die Reihe meiner sechs Kinder hin. Das Mitleid wird mit den Klägern sein, und denen, welche dem Frevel einen höheren Auftrag andichten wollen, wird die Welt entweder keinen Glauben oder keine Verzeihung schenken." Da schworen die Freunde, die Rechte des Sterbenden ergreifend, eher das Leben als die Rache aufgeben zu wollen.

72. Darauf wandte er sich an seine Gattin und bat sie um seines Angedenkens, um der gemeinschaftlichen Kinder willen, sie möge den trotzigen Sinn ablegen, sich unter der Wut des Schicksals beugen, und nach der Rückkehr nach Rom die Mächtigen nicht durch ehrgeiziges Streben reizen. Soviel sagte er in anderer Beisein, und auch insgeheim noch anderes, wodurch er, wie man glaubte, in Beziehung auf Tiberius Besorgnis zu verraten schien. Nicht lange darauf starb er zu unendlicher Trauer der Provinz und nachbarlicher Völker. Leid trugen auch die Nationen und Könige des Auslands: so groß war seine Leutseligkeit gegen Bundesgenossen, seine Milde gegen Feinde; man mochte ihn sehen oder hören, gleich verehrungswürdig, wußte er, die Größe und die Würde seiner Hoheit stets behauptend, Beleidigendes und Anmaßendes zu vermeiden.

73. Sein Leichenbegängnis, ohne Ahnenbilder und Gepränge, wurde durch laut rühmende Erinnerungen an seine Tugenden verherrlicht. Ja, einige verglichen seine Gestalt, sein Alter, seine Todesart, auch wegen der Nähe des Ortes, wo er starb, mit dem Lebensschicksale des großen Alexander. Beide von edler Bildung, von hoher Abkunft, nicht viel über dreißig Jahre, hatten durch Nachstellungen der ihrigen unter fremden Völkern ihren Tod gefunden. Er aber, gegen seine Freunde mild, im Genusse mäßig, habe in einer Ehe, mit rechtmäßigen Kindern nur gelebt, und sei nicht minder Kriegsheld auch gewesen, wenn gleich von Tollkühnheit entfernt und nur verhindert, das durch so viele Siege darniedergeworfene Germanien zu unterjochen. Hätte er allein zu entscheiden, hätte er Königsrecht und Namen gehabt, um so schneller würde er dessen Kriegsruhm erworben haben, je mehr er ihn durch Güte, Mäßigkeit und andre lobenswerte Eigenschaften übertroffen hätte. Ob der vor der Verbrennung auf dem Forum der Antiochener, dem zur Bestattung ausersehenen Platze, entblößte Leichnam wirklich Spuren der Vergiftung an sich getragen hat, ist nicht ganz gewiß. Denn je nachdem sich jemand mehr von Mitleid mit Germanicus und vorgefaßtem Argwohn oder von Neigung für Piso leiten ließ, bildete er sich eine verschiedene Meinung.

74. Nun wurde unter den Legaten und wer von Senatoren sonst noch zugegen war, beratschlagt, wem die Verwaltung Syriens übertragen werden sollte, und, da die übrigen sich nur mit Zurückhaltung

bewarben, zwischen Vibius Marsus und Gnaeus Sentius lange darüber gestritten, worauf denn Marsus dem älteren und eifriger sich bestrebenden Sentius nachgab. Dieser nun schickte auf Verlangen des Vitellius und Veranius, sowie der übrigen, welche Beschuldigungen und Klage wie gegen schon anerkannt Verklagte einleiteten, eine in der Provinz berüchtigte und Plancina sehr vertraute Giftmischerin namens Martina nach Rom.

75. Agrippina bestieg, obwohl erschöpft von Trauer und körperlichem Leiden, voll Ungeduld in allem, was ihr die Rache verzögern konnte, dennoch die Flotte mit der Asche des Germanicus und mit den Kindern, unter allgemeinem Jammer, daß eine Frau von fürstlichem Adel, die man soeben noch in der schönsten Ehe unter Huldigenden und Glückpreisenden zu erblicken gewohnt gewesen war, jetzt Leichenasche am Busen trage, ungewiß der Rache, in banger Sorge für sich selbst und durch unglückselige Fruchtbarkeit dem Mißgeschick so vielmal ausgesetzt.

Indessen erreichte den Piso bei der Insel die Botschaft, daß Germanicus hingeschieden sei. Er vernahm sie, und, ohne sich mäßigen zu können, schlachtete er Opfertiere und besuchte die Tempel. Und wenn er selbst schon nicht Herr seiner Freude war, so benahm sich Plancina noch übermütiger, welche die Trauer um den Verlust einer Schwester im selbigen Augenblick mit dem Schmucke der Freude vertauschte,

76. Da strömten die Centurionen herbei und erinnerten daran, wie ihm der Legionen Eifer zu Gebot stehe; er solle nun nach der Provinz zurückkehren, die ihm widerrechtlich entrissen und jetzt ledig sei. Als er daher ratschlagte, was zu tun sei, riet ihm sein Sohn Marcus Piso nach Rom zu eilen; noch sei nichts Unrühmbares begangen, und haltloser Verdacht oder leeres Gerücht sei nicht so sehr zu fürchten. Die Zwietracht mit Germanicus sei vielleicht des Hasses, jedoch nicht der Strafe würdig, und durch Wegnahme der Provinz sei den Feinden Genugtuung gegeben. Kehre er aber zurück und Sentius leiste Widerstand, so beginne ein Bürgerkrieg; und die Centurionen und Soldaten würden nicht bei seiner Partei bleiben, bei welchen das frische Andenken an ihren Feldherrn und tiefwurzelnde Liebe zu den Caesaren das Übergewicht behalten dürften.

77. Dagegen erklärte Domitius Celer, einer seiner vertrautesten Freunde, die Wendung, welche die Sache genommen hätte, sei zu benützen: Piso, nicht Sentius sei über Syrien gesetzt, ihm seien die Rutenbündel und die prätorische Gewalt, ihm die Legionen übergeben worden. Wenn irgendwie Feindseligkeiten ausbrächen, wer könne da mit größerem Rechte Waffengewalt entgegenstellen als er, da er ja eines Legaten Vollmacht und besondere Aufträge empfangen habe? Auch müsse man dem Gerede Zeit lassen, in welcher es veralte; gewöhnlich seien Unschuldige der frischen Erbitterung nicht ge-

wachsen. Wenn er dagegen das Heer in Händen habe und seine Stärke noch vermehre, so werde vieles, was nicht vorgesehen werden könne, sich durch Zufall zum Besseren wenden. „Oder sollen wir uns beeilen, mit Germanicus Asche zugleich zu landen, damit dich ungehört und unverteidigt Agrippinas laute Klage und die unwissende Menge beim ersten Lärm zu Boden reißt? Du besitzt ja Augustus Einverständnis, besitzt des Kaisers Gunst, nur im geheimen. Und daß Germanicus nicht mehr ist, darüber trägt niemand Betrübnis so zur Schau wie die, welche sich am meisten darüber freuen.“

78. Ohne große Schwierigkeit ließ sich Piso, stets zu trotzigen Maßregeln geneigt, bewegen, dieser Meinung beizustimmen, und beschuldigte in einem an Tiberius gerichteten Schreiben den Germanicus des Aufwandes und des Stolzes. Er selbst, von ihm vertrieben, damit freies Feld zu Neuerungen gewonnen würde, habe die Sorge für das Heer mit derselben Treue, womit er es früher besessen, wieder übernommen. Zugleich befahl er dem Domitius, auf einem Dreiruderer mit Vermeidung der Küsten und vor den Inseln vorbei auf weiter See nach Syrien zu steuern. Die sich bei ihm zusammenfindenden Überläufer ordnete er manipelweise, bewaffnete die Marketender und fing, hinüber nach dem Festland segelnd, eine Truppe nach Syrien marschierender Rekruten auf. Den kleinen Königen der Cilicier schrieb er, sie sollten ihn mit Hilfstruppen unterstützen, und bei allen diesen Kriegsgeschäften zeigte sich der junge Piso nicht lässig, obwohl er von der Unternehmung des Krieges abgeraten hatte.

79. So an der Küste Lyciens und Pamphyliens vorübersegelnd, begegneten sie den Schiffen, auf welchen Agrippina fuhr, und von beiden Seiten schickte man sich anfangs in der Erbitterung zum Waffenkampfe an; dann trieb man es jedoch aus gegenseitiger Furcht nicht weiter als zum Wortwechsel, und Vibius Marsus kündigte dem Piso an, er solle nur nach Rom kommen, um seine Sache zu verteidigen. Dieser antwortete höhnend, er werde erscheinen, sobald der Prätor, der Vergiftungen zu untersuchen habe, dem Angeklagten wie den Klägern erst einen Tag dazu anberaumt haben würde.

Inzwischen kam dem Domitius, der, bei der syrischen Stadt Laodicea gelandet, sich in das Winterlager der 6. Legion begeben wollte, weil er diese zur Meuterei für vorzüglich geeignet hielt, der Legat Pacuvius zuvor. Dies eröffnete Sentius dem Piso durch ein Schreiben und warnte ihn, nicht das Lager durch Verführer, nicht die Provinz durch Krieg zu gewinnen zu suchen. Damit zog er alle, welche er als des Germanicus Andenken ehrend oder seiner Feinde Gegner kannte, zusammen, indem er ihnen wiederholt die Hoheit ihres Kaisers und daß Waffengewalt den Staat bedrohe, vorhielt, und stand so an der Spitze einer starken und zum Kampf bereiten Schar.

80. Auch Piso ließ, obwohl seine Unternehmungen nicht den gewünschten Erfolg hatten, das unter den gegenwärtigen Umständen

Sicherste nicht außer Acht, sondern besetzte ein stark befestigtes Kastell Ciliciens namens Celendris. Denn er hatte, die Überläufer und die neulich aufgefangenen Rekruten, sowie seine und Plancinas Sklaven ihnen beigesellend, aus den Hilfstruppen der Cilicier, die die kleinen Könige gesandt hatten, der Zahl nach eine vollständige Legion gebildet. Er versicherte ihnen, er, der Legat des Kaisers, werde von der Provinz, die dieser ihm gegeben, nicht durch die Legionen, auf deren Ruf er ja komme, sondern durch Sentius abgehalten, welcher persönlichen Haß durch falsche Beschuldigungen zu bemänteln suche. Sie möchten nur zur Schlacht antreten; denn kämpfen würden die Soldaten nicht, sobald sie Piso, den sie selbst einst ‚Vater' genannt hatten, sollte nach dem Recht entschieden werden, überlegen, sollte mit den Waffen, nicht kraftlos erblicken würden. Dann entfaltete er vor den Bollwerken des Kastells die Manipeln auf einer steilen, abschüssigen Anhöhe; denn das übrige wurde vom Meere eingeschlossen. Gegenüber standen die alten Krieger in Reihen und mit gehörigem Rückhalt aufgestellt. So drohte hier der Krieger, dort die Stellung einen schwierigen Angriff; aber ohne Mut und ohne Hoffnung, nicht einmal mit andern Waffen als denen des Landmanns, die nur zum Notbehelf und in Eile angefertigt waren. Als es zum Handgemenge kam, blieb dies nicht länger unentschieden, als bis die römischen Kohorten die Höhe erklommen hatten. Da wandten sich die Cilicier zur Flucht und schlossen sich in das Kastell ein.

81. Unterdessen versuchte Piso umsonst, die nicht fern auf den Ausgang wartende Flotte zu bekämpfen. Darauf wieder zurückgekehrt, suchte er vorn auf den Mauern bald händeringend, bald einzelne mit Namen rufend und Belohnungen versprechend, Meuterei zu stiften. Schon hatte er einen solchen Eindruck gemacht, daß der Fahnenträger der 6. Legion sein Feldzeichen zu ihm hinübertrug. Da befahl Sentius, Hörner und Trompeten schmettern zu lassen, den Wall anzugreifen und Leitern anzulegen, den Entschlossensten sodann, zu stürmen, den übrigen mit den Wurfmaschinen Lanzen, Steine und Feuerbrände hineinzuschleudern. Als so endlich seine hartnäckige Beharrlichkeit besiegt war, bat Piso, nach Auslieferung der Waffen im Kastell bleiben zu dürfen, bis der Kaiser darüber befragt wäre, wem er Syrien überlassen wolle. Diese Bedingungen wurden nicht angenommen, und nichts weiter als die Schiffe und sicheres Geleit nach Rom bewilligt.

82. In Rom herrschte, als Germanicus Krankheit bekannt geworden war und alles, wie gewöhnlich aus der Ferne, zum Schlimmeren vergrößert hinterbracht wurde, nur Schmerz und Zorn. Laut brachen die Klagen aus: deshalb also sei er in die äußersten Lande verwiesen, deshalb dem Piso die Provinz überlassen worden, das hätten Augustas geheime Unterredungen mit Plancina bezweckt! Durchaus Wahres hätten die Älteren also von Drusus gesprochen, den Herrschern miß-

falle der bürgerliche Sinn ihrer Söhne, und aus keinem andern Grunde seien sie beiseite geschafft worden, als weil sie damit umgegangen wären, das römische Volk nach wiedergeschenkter Freiheit unter gleichen Rechten aller zu regieren. Diese Reden des Volks fachte die Todesnachricht so sehr an, daß man noch vor der Bekanntmachung der Obrigkeiten, noch vor dem Senatsbeschluß die Geschäftstätigkeiten beendete, die öffentlichen Plätze verließ und die Häuser schloß. Allenthalben wechselte Schweigen und Seufzen, nichts war nur zum äußeren Schein veranstaltet. Enthielt man sich auch nicht der äußeren Zeichen der Trauernden, so bewegte doch der Schmerz die Herzen tiefer. Zufällig brachten Kaufleute, die, als Germanicus noch lebte, Syrien verlassen hatten, frohere Kunde von seinem Befinden mit. Gleich schenkte man ihr Glauben, gleich verbreitete man sie. Wie man sich gerade begegnete, erzählte man das unverbürgt Vernommene andern weiter, und diese wieder mehreren, wobei sie es aus Freude noch vergrößerten. So eilte alles durch die Stadt und erbrach die Türen der Tempel. Leichtgläubiger noch machte die Nacht und die in der Dunkelheit sich rascher gebende Versicherung. Auch trat Tiberius der Täuschung nicht entgegen, bis sie mit der Zeit von selbst verschwand. Da trug das Volk, als sei er ihm zum zweitenmal entrissen, nur um so schmerzlicheres Leid.

83. Ehrenerweisungen wurden, wie in Liebe gegen Germanicus oder in Erfindungsgabe jeder stark war, ausgesonnen und beschlossen: daß sein Name im saliarischen Liede[61] mitgesungen, daß ihm ein curulischer Sessel auf den Plätzen der augustalischen Priester mit Eichenkränzen darüber aufgestellt würde, daß bei den circensischen Spielen sein Bild von Elfenbein den Zug eröffnen sollte, kein Opferpriester oder Augur außer aus dem julischen Geschlechte an des Germanicus Stelle erwählt würde. Dazu kamen Ehrenbogen in Rom, am Ufer des Rheins und auf dem syrischen Berge Amanus mit der Inschrift seiner Taten und den Worten: er habe für den Staat den Tod erlitten, ein Grabmal zu Antiochia, wo er verbrannt worden war, ein Tribunal zu Epidaphne, an welchem Orte er sein Leben beschlossen hatte. Die Standbilder und die Orte seiner Verehrung möchte schwerlich jemand zählen können. Da ein Ehrenschild von Gold und ausgezeichneter Größe unter den Meistern der Beredsamkeit für ihn beantragt wurde, erklärte Tiberius mit Nachdruck, ein gewöhnliches und den übrigen gleichgestaltetes werde er ihm weihen; denn in der Beredsamkeit gewähre der Stand keinen Unterschied, und es sei Auszeichnung genug, wenn er unter den alten Schriftstellern seinen Platz erhielte. Der Ritterstand benannte die Sitzabteilung im Theater, die bis dahin die der Jüngeren hieß, nach Germanicus und beschloß, daß an den Iden des Juli die Rittergeschwader seinem Bilde folgen sollten. Vieles besteht noch fort, manches unterblieb sogleich, oder die Länge der Zeit hat es in Vergessenheit begraben.

84. Übrigens brachte noch in der Zeit der ersten Trauer die Schwester des Germanicus, die dem Drusus vermählte Livia, zwei Knaben zugleich zu Welt. Dies seltene und auch in Familien des Mittelstandes freudige Ereignis erfüllte den Fürsten mit so großer Freude, daß er sich nicht enthalten konnte, sich vor den Senatoren damit zu brüsten, daß früher noch keinem Römer von gleich hohem Range Zwillinge geboren worden seien; denn alles, auch zufälliges, legte er zu seinem Ruhme aus. Dem Volke aber war unter solchen Umständen auch dieses ein Schmerz mehr, gerade als ob nun Drusus mit seinem Kindersegen um so mehr Germanicus Haus bedrängen werde.

85. Im selben Jahr wurde durch nachdrückliche Senatsbeschlüsse der weiblichen Ausschweifung gesteuert und verordnet, daß keine mit ihrem Körper Gewinn treiben sollte, deren Großvater, Vater oder Gemahl römischer Ritter gewesen wäre. Denn Vistilia, eine Frau aus prätorischer Familie, hatte die Feilheit ihres Mißbrauchs bei den Aedilen zu öffentlicher Kunde gebracht, nach der bei den Alten herkömmlichen Sitte, welche Strafe genug für unzüchtige Frauenzimmer im bloßen Bekenntnis der Schande zu finden glaubten. Auch Titidius Labeo, Vistilias Gatte, wurde darüber zur Rede gestellt, warum er gegen seine des Vergehens offen überwiesene Frau die gesetzliche Strafe nicht in Anspruch genommen habe. Und da der vorgab, die sechzig Tage Bedenkzeit seien noch nicht verflossen, so begnügte man sich, über Vistilia zu beschließen: sie wurde nach der Insel Seriphos verwiesen. Auch wurde über die Vertreibung der ägyptischen und jüdischen Religionsgebräuche verhandelt und von den Senatoren der Beschluß gefaßt, daß von den von jenem Aberglauben angesteckten viertausend Freigelassene, die das taugliche Alter hätten, nach der Insel Sardinien gebracht werden sollten, um dort den Räubereien Einhalt zu tun; würde sie das ungesunde Klima aufreiben, so sei es ein unbedeutender Verlust; die übrigen sollten Italien verlassen, sofern sie nicht vor bestimmter Frist die unheiligen Gebräuche abgelegt hätten.

86. Hierauf trug der Kaiser vor, es müsse eine Jungfrau an Stelle der Occia ausgewählt werden, welche 57 Jahre lang mit der größten Züchtigkeit dem Dienst der Vesta vorgestanden hatte; und er stattete dem Fonteius Agrippa und Domitius Pollio Dank ab, weil sie durch Darbietung ihrer Töchter in Dienstbeflissenheit gegen den Staat wetteiferten. Den Vorzug erhielt Pollios Tochter, aus keinem anderen Grund, als weil ihre Mutter derselben Ehe treu geblieben war. Denn Agrippa hatte durch Scheidung seinem Hause Abbruch getan. Der Kaiser tröstete die Zurückgesetzte durch eine Aussteuer von einer Million Sesterzen.

87. Als sich das Volk über drückende Teuerung beschwerte, setzte er für das Getreide einen Preis fest, welchen der Käufer zahlen sollte, wogegen er zwei Sesterzen auf den Modius[62] den Verkäufern zulegen

wollte. Dennoch nahm er die ihm auch schon früher angetragene Benennung ‚Vater des Vaterlandes' nicht an, und gab denen einen harten Verweis, welche sein Tun göttlich und ihn selbst Herr genannt hatten. Daher die Beschränktheit und die Mißlichkeit bei der Rede unter einem Fürsten, der die Freiheit fürchtete und die Schmeichelei haßte.

88. Ich finde bei den Geschichtschreibern und Senatoren dieser Zeit, daß ein Brief des Chattenfürsten Adgandestrius im Senat verlesen worden sei, worin derselbe den Tod des Arminius versprach, wenn man ihm zur Vollbringung des Mordes Gift schicken wolle; die Antwort sei gewesen: das römische Volk pflege nicht durch Trug und heimlich, sondern offen und bewaffnet an seinen Feinden Rache zu nehmen. Ein Ruhm, durch den sich Tiberius den Feldherren der Vorzeit gleichgestellte, welche den Vergiftungsanschlag gegen den König Pyrrhus zurückgewiesen und angezeigt hatten. Übrigens hatte Arminius, als er nach dem Abzuge der Römer und nach Vertreibung Marbods nach der Königsmacht strebte, den Freiheitsinn seiner Landsleute gegen sich, und fiel, da er, angegriffen mit Waffengewalt, mit abwechselndem Glücke kämpfte, durch die Hinterlist seiner Verwandten. Er war unstreitig Germaniens Befreier, und ein Mann, der nicht wie andere Könige und Heerführer die erst beginnende Macht der Römer, sondern deren Herrschaft in der höchsten Blüte anzugreifen wagte, in Schlachten nicht immer glücklich, im Kriege unbesiegt. Er hat siebenunddreißig Jahre des Lebens, zwölf der Macht erfüllt, und noch jetzt wird er bei den barbarischen Stämmen besungen, den Annalen der Griechen, die nur das Ihrige bewundern, ist er unbekannt, bei den Römern nicht sonderlich genannt, weil wir das Alte erheben, unbekümmert um das Neuere.

DRITTES BUCH

Die Jahre 20 bis 22 n. Chr.

Das Jahr 20 n. Chr.

1. Nach ununterbrochener Fahrt auf winterlich stürmischem Meer landete Agrippina auf der Kalabriens Küste gegenüberliegenden Insel Corcyra. Dort verwandte sie wenige Tage zu ihrer Beruhigung, heftig der Trauer Schmerz, und unerfahren ihn zu tragen. Auf die Nachricht von ihrer Ankunft strömten die vertrautesten Freunde, sehr viele Krieger, die alle unter Germanicus gedient hatten, und auch viele Unbekannte aus den benachbarten Landstädten, wobei einige es für ihre Pflicht gegen den Fürsten hielten und die Mehrzahl diesen folgten, nach der Stadt Brundisium, wohin sie am schnellsten übersetzen und wo sie am sichersten landen konnte. Sobald sich die Flotte am Horizont zeigte, füllten sich nicht nur Hafen und Ufergegend, sondern Mauern und Dächer und von wo man sonst die weiteste Aussicht haben mochte, mit Scharen von Trauernden, die einander befragten, ob man die Aussteigende mit Schweigen oder mit irgend einem Zuruf empfangen solle. Man war noch nicht ganz einig, was dem Augenblicke angemessen sei, als sich die Flotte näherte, nicht, wie es Brauch ist, mit fröhlichem Ruderschlage, sondern in allem mit dem Ausdruck der Betrübnis. Als sie mit zwei Kindern, im Arme die Totenurne, aus dem Schiffe steigend den Blick niedersenkte, erscholl aus aller Munde ein Wehruf. Man konnte die Trauerklagen der Angehörigen, der Fremden, der Männer oder Frauen nicht unterscheiden, nur daß die Entgegenkommenden im frischen Schmerz es dem im langen Harme schon ermattenden Gefolge Agrippinas zuvortaten.

2. Auch der Kaiser hatte zwei prätorische Kohorten gesandt und dazu noch den Befehl, es sollten die Behörden Kalabriens, wie die apulischen und die kampanischen, die letzten, dem Andenken seines Sohnes schuldigen Pflichten erfüllen. So wurde denn die Asche von Tribunen und Centurionen auf den Schultern getragen; voraus zogen ungeschmückt die Feldzeichen, umgekehrt die Rutenbündel, und ging der Zug durch Kolonien, so verbrannte man, das Volk in schwarzer Kleidung, die Ritter im Staatskleid, nach dem Vermögen des Ortes Gewänder, Weihrauch und was sonst bei Leichenfeierlichkeiten Brauch ist. Auch solche, deren Städte ganz aus dem Wege lagen, kamen dennoch entgegen und bezeugten, indem sie den

himmlischen Manen Schlachtopfer und Altäre weihten, durch Tränen und Klageruf ihren Schmerz. Drusus ging mit Claudius, dem Bruder des Germanicus und mit den Kindern des letzern, die in Rom gewesen waren[63], bis nach Tarracina. Die Konsuln Marcus Valerius und Gaius Aurelius – die schon ihr Amt angetreten hatten –, der Senat und ein großer Teil des Volkes füllten die Straße ordnungslos und, wie einem jeden ums Herz war, weinend; denn fern war Schmeichelei, da jedermann wußte, daß Tiberius seine Freude über Germanicus Tod kaum verhehle,

3. Tiberius und Augusta erschienen nicht öffentlich, unter ihrer Würde es achteten, wenn sie öffentlich klagen wollten, oder um in ihrer Verstellung nicht erkannt zu werden, wenn aller Augen ihre Mienen zu durchspähen suchten. Daß seine Mutter Antonia auf irgendeine bemerkenswerte Weise dem Trauerdienste sich unterzog, finde ich weder bei den Geschichtschreibern, noch in den Tageblättern[64], während doch außer Agrippina, Drusus und Claudius auch die übrigen Blutsverwandten namentlich aufgeführt sind, sei es, daß sie durch Krankheit abgehalten wurde, oder daß ihr von Trauer überwältigtes Herz die ganze Größe des Unglücks zu ertragen, müßte sie es schauen, sich nicht getraute. Eher möchte ich glauben, sie sei von Tiberius und Augusta, welche ihre Wohnung nicht verließen, zurückgehalten worden, damit ihr Schmerz dem ihren gleich erscheine, und als fühlten nach der Mutter Beispiel sich auch Großmutter und Oheim zurückgehalten.

4. Der Tag, an welchem die sterblichen Reste im Grabmal des Augustus beigesetzt wurden, war stumm bald in tiefem Schweigen, bald unruhig bewegt durch lautes Weinen. Die Straßen der Stadt waren voll, Fackelschein erglänzte das Marsfeld entlang. Dort riefen die Krieger laut unter den Waffen, die Staatsbeamten ohne ihren Ehrenschmuck, das Volk in seinen Zünften: der Staat sei nun dahingesunken und keine Hoffnung noch übrig; und dies klang entschlossener und rücksichtsloser, als daß man hätte glauben mögen, sie würden noch an den Herrscher denken. Nichts jedoch drang tiefer durch Tiberius Seele, als die begeisterungsvolle Liebe aller Welt zu Agrippina, indem man sie die Zierde des Vaterlandes, Augustus allein wahrhaftigen Sprößling, das einzige Muster alter Sitte nannte, und zum Himmel, zu den Göttern hingewendet flehte, daß ihre Kinder ungefährdet die ihnen Übelwollenden überlebten.

5. Es fehlte auch nicht an Leuten, die das Gepränge eines öffentlichen Leichenbegängnisses vermißten und in Vergleich stellten, was einst Augustus für Drusus, den Vater des Germanicus, Ehrendes und Großes getan hatte. Er selbst wäre im strengsten Winter bis Ticinum entgegengekommen und, ohne von der Leiche zu weichen, zugleich mit in Rom eingezogen; da hätten die Ahnenbilder der Claudier und Julier in reicher Fülle die Bahre umgeben; ihn habe man auf dem

Forum beweint, von der Rednerbüne herab gepriesen; kurz mit allem, was die Vorwelt erfunden oder die Nachwelt noch ersonnen, habe man ihn überhäuft. Dagegen seien dem Germanicus nicht einmal die gewöhnlichen, jedem Manne von Stand schuldigen Ehren zuteil geworden. Wohl habe man den Leichnam wegen der Weite des Weges, im fremden Lande, wie es gerade ging, verbrennen müssen; aber um so mehr Auszeichnungen hätten billig nachher zuerkannt werden sollen, je mehr anfangs der Zufall versagt hatte. Nur eine Tagreise sei der Bruder, der Onkel noch nicht einmal bis zum Tore entgegengekommen. Wo blieben jene Einrichtungen der Alten: die Ausstellung des Bildes auf dem Paradebette, die Abfassung von Liedern zur Feier des Verdienstes, die Lobreden, die Tränen, wären sie auch nur das erzwungene Bild des Schmerzes!

6. Wohl wußte Tiberius darum, und um das Gerede des Volkes zu unterdrücken, ließ er ein Edikt ergehen mit der Ermahnung: viele erlauchte Römer seien für den Staat gestorben, keiner mit so heißem Sehnsuchtsschmerz gefeiert worden, und dies sei sowohl ihm als auch allen ehrenvoll, wenn man auch Maß dabei zu halten wisse. Denn nicht dasselbe zieme Männern vom höchsten Rang und dem Herrschervolke, was unbedeutenderen Familien und Gemeinden gerecht sei. Gebührt habe dem frischen Schmerze die Trauer und der nur im Gram gesuchte Trost; aber nun müsse man dem Geiste wieder festen Halt geben, wie einst der göttliche Julius nach dem Verlust der einzigen Tochter, wie der göttliche Augustus, als ihm die Enkel entrissen wurden, ihre Betrübnis in sich begraben hätten. Und es bedürfe nicht älterer Beispiele, wie oft das Volk der Römer Niederlagen der Heere, den Fall der Feldherren, den gänzlichen Verlust edler Geschlechter standhaft ertragen habe. Fürsten seien sterblich, ewig der Staat. So möchten sie denn zu ihrer gewohnten Lebensweise zurückkehren, und, weil das Schauspiel der megalesischen Spiele[65] nicht fern war, auch die Freuden wieder suchen.

7. Da ging man nach Beendigung der Trauerfeier wieder an die Geschäfte. Drusus begab sich zu den illyrischen Heeren, unter allgemeiner Spannung der Gemüter wegen der an Piso zu nehmenden Rache und unter häufigen Klagen, daß er, indessen Asiens und Achaias anmutige Gefilde durchstreifend, durch vornehm trügerisches Säumen die Beweise seiner Verbrechen zu entkräften suche. Denn es war ruchbar geworden, die, wie ich gesagt, von Gnaeus Sentius geschickte berüchtigte Giftmischerin Martina sei zu Brundisium eines plötzlichen Todes gestorben, und es sei zwar Gift im Knoten ihres Haares gefunden worden, aber keinerlei Spur von Selbstentleibung an ihrem Leichnam.

8. Nachdem Piso seinen Sohn nach Rom vorausgesandt und ihm zur Besänftigung des Fürsten Aufträge erteilt hatte, begab er sich zu Drusus, den er nichts weniger als aufgebracht über seines Bruders

Untergang, vielmehr wegen der Entfernung des Nebenbuhlers sich nur noch geneigter zu finden hoffte. Tiberius nahm den Jüngling, um die Unbefangenheit seines Urteils zu zeigen, freundlich auf, ja er beschenkte ihn noch mit der gegen Söhne adeliger Familien ihm gewohnten Freigebigkeit. Drusus antwortete dem Piso: wenn wahr sein sollte, was verbreitet würde, so habe vornehmlich er Ursache zur Betrübnis; doch wünsche er, es möge falsch und unbegründet sein, und niemandem des Germanicus Tod verderblich werden. Dies sagte er öffentlich und vermied jede geheime Unterredung. Man zweifelte nicht daran, daß es ihm so von Tiberius vorgeschrieben worden war, da der sonst arglose und offenherzige Jüngling jetzt die Künste des Alters brauchte.

9. Piso setzte nun über das dalmatische Meer, ließ seine Schiffe zu Ancona zurück und holte, durch das Picenische, nachher auf der flaminischen Straße eine Legion ein, welche aus Pannonien nach Rom, hierauf zum Schutz nach Afrika geführt wurde. Dieser Umstand gab zu vielem Gerede Anlaß: er habe sich im Zuge und auf dem Marsche häufig den Soldaten gezeigt. Von Narnia aus fuhr er, um jenen Verdacht zu vermeiden, oder weil Zagende in ihren Entschließungen schwankend sind, den Nar und dann den Tiber hinab, und mehrte nur noch die Erbitterung des Volkes, weil er bei dem Grabmale der Caesaren landete, und zu lebhafter Tageszeit, während das Ufer von Menschen wimmelte, mit einem großen Klientenschwarme, Plancina mit Frauengefolge heiteren Gesichts einherzogen. Was ebenfalls den Unwillen reizte, war sein am Forum stehendes, festlich geschmücktes Haus, dazu Gastgebot und Tafel, und dies alles in der stark besuchten Gegend offenkundig.

10. Am folgenden Tag belangte Fulcinius Trio den Piso bei den Konsuln. Dagegen behaupteten Vitellius und Veranius sowie die übrigen aus des Germanicus Gefolge Trio sei in keiner Hinsicht hier Partei; auch sie würden nicht als Ankläger, sondern nur berichtend und bezeugend, was geschehen sei, im Auftrag des Germanicus vorgehen. Da ließ jener die Anklage in dieser Sache fallen, erhielt aber die Erlaubnis, sein früheres Leben anzuklagen, und der Kaiser wurde gebeten, die Untersuchung zu übernehmen. Dagegen wandte nicht einmal der Angeklagte etwas ein, da er die Parteilichkeit des Volkes und der Senatoren fürchtete. Tiberius dagegen, meinte er, sei stark, Gerede zu verachten und in die Mitwissenschaft der Mutter verflochten; auch werde was wahr oder zum Nachteil angenommen sei, von einem Richter leichter unterschieden, Haß und Mißgunst dagegen gebe bei mehreren den Ausschlag. Dem Tiberius entging die Schwierigkeit der Untersuchung nicht und welcher üble Ruf ihn in jedem Falle verfolgen würde. Er hörte daher mit Zuziehung nur weniger Vertrauter die Drohungen der Kläger, die Bitten der Gegenpartei, und wies die Sache unentschieden dem Senate zu.

11. Inzwischen war auch Drusus aus Illyrien zurückgekehrt, und obgleich die Senatoren wegen Marbods Aufnahme und der im vorigen Sommer vollbrachten Taten ihm den Einzug im kleinen Triumph zuerkannt hatten, zog er unter Aufschub dieser Ehre in der Stadt ein. Hierauf leisteten dem Angeklagten, der sich Lucius Arruntius, P. Vinicius, Asinius Gallus, Aeserninus Marcellus und Sextus Pompeius zu Anwälten erbeten hatte, da diese sich verschiedentlich entschuldigten, Manius Lepidus, Lucius Piso und Livineius Regulus Beistand. Die Aufmerksamkeit der ganzen Stadt war darauf gerichtet, wie groß bei Germanicus Freunden die Treue sein würde, wie groß bei dem Beschuldigten die Zuversicht, und ob wohl Tiberius seine Empfindungen ganz beherrschen und unterdrücken würde. Darauf mehr als sonst gespannt, erlaubte sich das Volk auch mehr geheime Reden oder argwöhnisches Schweigen gegen den Fürsten.

12. Am Tag des Senates hielt der Kaiser eine Rede mit überlegter Abgemessenheit: Piso sei seines Vaters Legat und Freund gewesen, und von ihm selbst auf Antrag des Senates in der Verwaltung der Angelegenheiten des Orients dem Germanicus zum Beistand gegeben worden. Ob er dort den jungen Mann durch Widerspenstigkeit und durch Parteikampf erbittert und sich über seinen Tod nur gefreut, oder ob er freventlich ihn selbst getötet habe, das müsse man mit unbefangenem Sinne zu entscheiden suchen. „Denn hat er als Legat die Grenzen seiner Befugnis, den Gehorsam gegen seinen Feldherrn außer acht gelassen, und, wie über seinen Tod, so über meine Trauer sich gefreut, so werde ich ihn hassen und ihn von meinem Hause entfernen, doch nicht Privatfeindschaft kraft fürstlicher Gewalt bestrafen. Entdeckt sich aber ein Verbrechen, was ja bei jedem Morde Ahndung verdient, dann mögt ihr den Kindern des Germanicus und auch uns, seinen Eltern, der Gerechtigkeit Genugtuung verschaffen. Doch erwägt auch das, ob Piso meuterisch und als Empörer mit dem Heere umgegangen, ob er durch Ränke die Gunst der Soldaten erschlichen, ob er mit Waffengewalt die Provinz habe wiedererlangen wollen, oder ob die Ankläger fälschlich und übertreibend dies nur ausgestreut haben, über deren allzugroßen Eifer ich mit Recht aufgebracht bin. Denn wozu sollte es führen, den Leichnam zu entblößen und den Augen des Volkes zur Schau zu überlassen, ja auch im Auslande zu verbreiten, er sei durch Gift dahingerafft, wenn dies noch ungewiß und erst zu untersuchen ist? Ich beweine zwar meinen Sohn und werde ihn stets beweinen, aber ich wehre auch dem Angeklagten nicht, alles vorzubringen, wodurch seiner Unschuld unter die Arme gegriffen wird oder, sollte Germanicus irgend unrecht haben, dies nachgewiesen werden kann, und bitte Euch, nicht deshalb, weil die Sache mit meinem Schmerze so eng verbunden ist, die vorgeworfenen Beschuldigungen als erwiesen anzunehmen. Ihr, die Blutsverwandtschaft oder Vertrauen auf seine Sache ihm zu Verteidigern ge-

geben hat, helft dem Gefährdeten, soviel ein jeder durch Beredsamkeit und Sorgfalt es vermag. Zu derselben Anstrengung, zu derselben Fertigkeit ermahne ich die Ankläger. Das allein dürften wir dem Germanicus über das Gesetz hinaus vergünstigt haben, daß in der Kurie und nicht auf dem Forum, vor dem Senat und nicht vor Richtern, die Untersuchung über seinen Tod geführt werden soll. Alles übrige werde mit gleicher Unparteilichkeit behandelt. Niemand achte auf Drusus Tränen, niemand auf meinen Kummer, noch auch auf das, was etwa zu unserer Verunglimpfung erdichtet wird.“

13. Darauf wurden zwei Tage zur Vorbringung der Beschuldigungen bestimmt, worauf dann nach einer Zwischenzeit von sechs Tagen der Angeklagte drei Tage lang verteidigt werden sollte. Da begann Fulcinius mit alten und nichtigen Dingen: ehrgeizig und habsüchtig sei Spanien verwaltet worden; was, erwiesen, dem Beschuldigten, wenn er sich von dem Neuen reinigte, so wenig zum Nachteil, als, widerlegt, wenn er größerer Verbrechen schuldig befunden wurde, zur Lossprechung gereichte. Nach ihm warfen Servaeus, Veranius und Vitellius, alle mit gleichem Eifer, aber Vitellius mit großer Beredsamkeit vor: aus Haß gegen Germanicus und aus staatsgefährlichem Streben habe Piso den großen Haufen der Soldaten durch Zuchtlosigkeit und durch Mißhandlung der Bundesgenossen in einem solchen Grade zu bestechen gewußt, daß er von den Verworfensten ‚Vater der Legionen‘ genannt worden sei; dagegen habe er gegen alle Gutgesinnte, besonders gegen die Begleiter und Freunde des Germanicus seine Wut ausgelassen, zuletzt ihn selbst durch Verwünschungen und Gift ums Leben gebracht. Dann brachte er seine und Plancinas Orgien und frevelhafte Opferhandlungen vor, und daß er wirklich den Staat mit Waffengewalt angegriffen habe, und um belangt werden zu können, erst in einer Schlacht habe besiegt werden müssen.

14. Die Verteidigung gestaltete sich im übrigen mißlich; denn weder die Erschleichung der Soldatengunst, noch die Preisgebung der Provinz an die Verworfensten, selbst nicht das beschimpfende Betragen gegen seinen Feldherrn konnte er leugnen. Allein den Vorwurf der Vergiftung schien er entkräftet zu haben, den auch die Ankläger nicht einmal hinreichend durch die Beschuldigung begründeten, es seien bei einem Gastmahle des Germanicus, wo Piso neben diesem seinen Platz gehabt habe, die Speisen durch seine Hände vergiftet worden; denn es schien ungereimt, daß dies unter fremden Sklaven und vor den Augen so vieler Umstehender, in Germanicus eigener Gegenwart gewagt worden sein sollte. Auch bot der Angeklagte seine Sklaven zur Folter an, und bestand darauf bei denen, die die Aufwartung gehabt hatten. Aber die Richter waren aus verschiedenen Beweggründen unerbittlich; der Kaiser wegen der Bekriegung der Provinz, der Senat, weil es nie recht glaublich werden wollte, daß Germanicus ohne Hinterlist ums Leben gekommen sei ...[66]

...geschrieben hätten, fordernd, was jedoch nicht weniger Tiberius als Piso abschlug. Zugleich wurden Stimmen des Volkes vor der Kurie vernommen, man würde sich der Tätlichkeiten nicht enthalten, wenn er dem Spruche der Senatoren entschlüpfen sollte. Und schon hatten sie die Bildnisse Pisos nach der gemonischen Treppe geschleppt, und waren im Begriff, sie in Stücke zu schlagen, wären sie nicht auf Befehl des Fürsten geschützt und wieder aufgestellt worden. Er wurde daher in eine Sänfte gesetzt und von einem Tribun der Leibwache unter unsicherem Gerede, ob er als Beschützer seines Lebens oder als Vollstrecker des Todes folge, heimgeführt.

15. Gleich groß war der Haß gegen Plancina, größer ihre Begünstigung, und deshalb hielt man es für zweifelhaft, wieviel dem Kaiser gegen sie gestattet sein würde. Sie selbst versprach, solange Pisos Hoffnungen noch schwankten, mit ihm jedes Schicksal zu teilen, und, wenn es so sein sollte, seine Gefährtin im Tode zu sein. Sowie sie aber durch Augustas geheime Fürsprache Verzeihung erhalten hatte, fing sie allmählich an, sich von ihrem Manne zurückzuziehen und ihre Verteidigung von der seinigen zu trennen. Da nun der Angeklagte einsah, daß ihm Verderben drohte, war er nicht einig mit sich, ob er noch einen Versuch wagen solle; doch auf Zureden seiner Söhne stählte er den Mut und trat abermals vor den Senat. Als ihm, hier erneuerte Anschuldigungen, erbitterte Reden der Senatoren, kurz, Feindseligkeit und Widerwärtigkeit von allen Seiten zuteil wurde, erschrak er doch über nichts so sehr, als daß er Tiberius ohne Mitleid, ohne Zorn, unbeweglich und verschlossen sah, damit keine Regung des Gefühls sich einen Ausweg bahnte. Nach der Wohnung zurückgebracht, schrieb er, als sänne er auf eine Verteidigungsrede für den folgenden Tag, einiges nieder, versiegelte es und gab es einem Freigelassenen; dann vollzog er die gewohnte Körperpflege. Hierauf ließ er tief in der Nacht, nachdem seine Gemahlin das Schlafgemach verlassen hatte, die Türe verschließen. Und nach Tagesanbruch fand man ihn, ein Schwert auf dem Boden liegend, mit durchbohrter Kehle.

16. Ich erinnere mich, von älteren Leuten gehört zu haben, man habe öfter in Pisos Händen eine Schrift gesehen, die er selbst nicht zur öffentlichen Kunde brachte. Aber seine Freunde hätten gesagt, sie enthielte Tiberius Briefe und Aufträge gegen Germanicus, und er wäre auch entschlossen gewesen, sie den Senatoren vorzulegen und so dem Fürsten die Schuld zu geben, wäre er nicht von Seianus durch leere Versprechungen hingehalten worden. Auch sei er nicht freiwillig gestorben, sondern durch einen ihm ins Haus geschickten Mörder. Keins von beiden möchte ich verbürgen; doch auch verschweigen durfte ich es nicht, da es von Leuten, die bis zu meiner Jugendzeit lebten, erzählt worden ist. Der Kaiser, mit Betrübnis heuchelnder Miene, klagte im Senate, daß ein solcher Tod seine Verunglimpfung zum Zweck gehabt habe...[67]

...fragte zu wiederholten Malen, wie Piso den letzten Tag und die letzte Nacht zugebracht habe. Als hierauf meist besonnen, mitunter unüberlegt geantwortet wurde, las er das Handschreiben vor, welches von Piso ungefähr folgendermaßen abgefaßt war: „Durch die Verschwörung meiner Feinde und die Gehässigkeit eines angedichteten Verbrechens vernichtet, rufe ich, dieweil die Wahrheit und meine Unschuld nirgends eine Stätte finden, die unsterblichen Götter zu Zeugen an, daß ich treu, o Caesar, gegen dich und mit nicht minderer Ehrerbietung gegen deine Mutter gelebt habe, und bitte euch, ihr wollet für meine Kinder sorgen, von denen Gnaeus Piso in mein wie auch immer entstandenes Mißgeschick nicht mitverflochten ist, da er sich während dieser ganzen Zeit in Rom aufhielt, Marcus Piso mich vor der Rückkehr nach Syrien gewarnt hat. Ach, wäre ich doch lieber dem Sohne, dem Jünglinge, als er dem Vater, dem Greise gefolgt! Um so inständiger bitte ich, daß er nicht unschuldig für meine Verkehrtheit büße. Durch fünfundvierzigjährigen Gehorsam, bei der Konsulatsgenossenschaft bitte ich, der einst dem göttlichen Augustus, deinem Vater, bewährt und dir befreundet war, bitte ich, hinfort nichts weiter bittend, um die Rettung meines unglücklichen Sohnes."
Über Plancina fügte er nichts hinzu.

17. Hierauf sprach Tiberius den Jüngling vom Verbrechen des Bürgerkrieges frei, es sei ja der Befehl des Vaters gewesen, und der Sohn habe sich dem nicht entziehen können, und bedauerte zugleich das Unglück des edlen Geschlechtes, ja, was er auch verdient, sein eigenes schweres Mißgeschick. Für Plancina sprach er mit Scham und dem Bewußtsein der Schande, indem er die Fürbitte seiner Mutter vorwandte, gegen welche nun aller Gutgesinnten geheime Klagen um so mehr entbrannten: das also sei das Recht der Großmutter, die Mörderin des Enkels anzusehen, anzureden, und dem Senate zu entreißen! Was das Gesetz allen Bürgern gönne, sei nur dem Germanicus allein nicht zuteil geworden; Vitellius und Veranius Stimme habe den Caesar beweint, vom Imperator und von der Augusta sei Plancina verteidigt worden. Ebenso möge sie denn ihr Gift und ihre so glücklich erprobten Künste gegen Agrippina, gegen deren Kinder anwenden, und die treffliche Großmutter samt dem Onkel mit dem Blute der beklagenswertesten Familie sättigen. Zwei Tage noch gingen mit dem Schein einer gerichtlichen Untersuchung hin, indem Tiberius die Söhne Pisos antrieb, ihre Mutter zu beschützen. Und da Ankläger und Zeugen um die Wette redeten, ohne daß jemand antwortete, steigerte sich mehr das Mitleid als der Haß. Zuerst um seine Meinung befragt, erklärte der Konsul Aurelius Cotta – denn wenn der Kaiser vortrug, waren die Magistrate auch dazu verpflichtet –, der Name Pisos sei aus der Konsulsliste zu streichen, eine Hälfte seiner Güter einzuziehen, die andere solle seinem Sohne Gnaeus Piso überlassen werden und dieser seinen Vornamen ändern. Marcus Piso solle nach

Verlust seines Ranges und nach Empfang von fünf Millionen Sesterzen auf zehn Jahr verbannt, Plancina wegen der Fürsprache der Augusta begnadigt werden.

18. Vieles von diesem Spruche wurde durch den Kaiser gemildert: der Name Pisos sollte nicht aus den Listen getilgt werden, da ja der des Marcus Antonius, welcher doch das Vaterland bekriegt, der des Julus Antonius, welcher die Familie des Augustus beschimpft hätte, noch darin stände. Und so befreite er auch Marcus Piso von der Schande und gestand ihm die väterlichen Güter zu, stark genug, wie ich oft erwähnt habe, gegen die Lockung des Geldes und damals schon aus Scham über die Lossprechung Plancinas versöhnlicher. In gleicher Weise, als Valerius Messallinus ein goldenes Bild im Tempel des rächenden Mars, Caecina Severus die Errichtung eines Altars der Rache beantragt hatten, wies er das zurück, indem er sagte, auswärtiger Siege wegen werde dergleichen wohl geweiht; das eigene Unglück müsse man in Trauer verhüllen. Messallinus hatte hinzugefügt, es sei dem Tiberius, der Augusta, der Antonia und der Agrippina und dem Drusus Dank zu sagen für Germanicus Rache, und dabei des Claudius Erwähnung unterlassen. Da fragte noch in Gegenwart des Senats Lucius Asprenas den Messalinus, ob er ihn absichtlich übergangen habe, und nun erst wurde Claudius Name beigeschrieben. Mir drängt sich, je mehr ich Neues oder Altes bei mir erwäge, desto lebendiger das Gaukelspiel der menschlichen Dinge in allen Angelegenheiten auf. Denn Ruf, Hoffnung und Verehrung bestimmten eher alle andern zur Herrschaft, als den, den das Geschick so im Verborgenen als den künftigen Fürsten behielt.

19. Wenige Tage darauf schlug der Kaiser dem Senate vor, dem Vitellius, Veranius und Servaeus Priesterwürden zu erteilen; dem Fulcinius versprach er seine Stimme zu Ehrenämtern, warnte ihn aber sich durch seine Redegabe nicht zu unbesonnener Leidenschaftlichkeit fortreißen zu lassen. Damit endete die Rache, die man für Germanicus Tod nahm, welcher nicht nur bei den damals Lebenden, sondern auch in den folgenden Zeiten auf verschiedene Weise besprochen worden ist. So sehr ist gerade das Bedeutendste zweifelhaft, indem einige alles einmal Gehörte für ausgemacht halten, andere das Wahre in das Gegenteil verdrehen und so dann beides bei der Nachwelt sich weiter verbreitet. Drusus hatte inzwischen die Stadt verlassen, um sich die Auspizien zu erneuern, und zog alsdann mit kleinem Triumph[60] ein. Wenige Tage darauf starb Vipsania, seine Mutter, sie allein unter allen Kindern Agrippas eines sanften Todes. Denn die übrigen sind entweder, wie man sicher weiß, durch das Schwert, oder, wie man glaubte, durch Gift oder Hunger umgekommen.

20. Im selben Jahr erneuerte Tacfarinas, der, wie ich berichtet habe[68], im vorigen Sommer von Camillus geschlagen worden war, den Krieg in Afrika, zuerst mit verheerenden Streifzügen, die seiner

Schnelligkeit wegen ungestraft blieben, dann Dörfer zerstörend und schwerere Beute mit sich schleppend, zuletzt durch Einschließung einer Römischen Kohorte unweit des Flusses Pagyda. Befehlshaber des Kastells war Decrius, ein wackerer Streiter, wohlgeübt im Kriegsdienst und jene Belagerung als einen Schimpf betrachtend. Dieser forderte seine Soldaten auf, eine Schlacht im freien Felde anzubieten, und stellte sie vor dem Lager in Schlachtordnung auf. Als die Kohorte beim ersten Angriff geschlagen war, warf er sich mitten unter den Geschossen rasch den Fliehenden entgegen und fuhr die Fahnenträger an, daß römische Soldaten einem ordnungslosen Haufen oder Überläufern den Rücken kehrten. Und trotz der Wunden, die er schon empfangen hatte, und obgleich ihm ein Auge schon durchbohrt war, bot er dem Feinde kühn die Stirn und gab den Kampf nicht auf, als bis er, von den Seinigen verlassen, fiel.

21. Als das Lucius Apronius – denn dieser war dem Camillus nachgefolgt – erfahren hatte, ließ er, mehr um die Schande der Seinen als um den Ruhm des Feindes bekümmert, nach einem in dieser Zeit seltenen und an die früheren erinnernden Verfahren jeden zehnten Mann der schimpfbeladenen Kohorte durch das Los ausheben und zu Tode prügeln.

Diese Strenge brachte so große Wirkung hervor, daß eine Abteilung von Veteranen, die nicht mehr als fünfhundert zählte, dieselben Scharen des Tacfarinas, die einen verschanzten Posten, namens Thala, angegriffen hatten, schlug. In diesem Treffen erwarb sich Helvius Rufus, ein gemeiner Soldat, die Ehre, einen Bürger gerettet zu haben, und wurde von Apronius mit Halskette und Lanze beschenkt. Der Kaiser fügte noch die Bürgerkrone hinzu, wobei er sich mehr darüber beklagte, daß ihm Apronius nicht auch diese vermöge seines Rechtes als Prokonsul zuerteilt hatte, als daß er darüber ungehalten gewesen wäre. Nun aber führte Tacfarinas, da die Numidier, in Schreck gesetzt, sich an Belagerungen nicht mehr wagen wollten, den Krieg bald hier, bald dort, wenn man auf ihn eindrang, weichend, dann gleich wieder hinter dem Rücken sich zusammenziehend; und solange dies die Weise des Barbaren war, trieb er ungestraft sein Spiel mit den getäuschten und ermüdeten Römern. Als er sich aber hinab zu den am Meere gelegenen Plätzen wandte und, durch die Beute behindert, in einem stehenden Lager festsaß, da lieferte, abgeschickt von seinem Vater mit der Reiterei und den Hilfskohorten, denen er die Schnellsten der Legionen beigegeben hatte, Apronius Caesianus eine den Numidiern glückliche Schlacht und trieb sie in die Wüste.

22. In Rom wurde Lepida, die neben dem Adel der Aemilier auch Lucius Sulla und Gnaeus Pompejus zu Urgroßvätern hatte, angeklagt, sie habe fälschlich vorgegeben, von Publius Quirinus, einem reichen und kinderlosen Manne, ein Kind zu haben. Dazu wurde sie noch des Ehebruches beschuldigt, der Giftmischerei und der Befragung der

Chaldäer wider des Kaisers Haus. Es verteidigte die Angeschuldigte ihr Bruder Manius Lepidus. Daß Quirinus auch nach ausgesprochener Verstoßung noch so erbittert gegen sie vorging, hatte Mitleid mit der wenngleich ehrlosen und schuldigen Frau erregt.[69] Nicht leicht wohl wird jemand bei dieser Untersuchung die Gesinnung des Fürsten durchschaut haben, so sehr ließ er die Zeichen des Zornes und der Milde wechseln und sich durchkreuzen. Anfangs den Senat ersuchend, es möchte von der Klage wegen Majestätsverletzung nicht die Rede sein, zog er doch nachher Marcus Servilius, einen Konsularen und andre Zeugen heran, um das vorzubringen, was er doch gleichsam hatte verschweigen lassen wollen. So ließ er auch die Sklaven Lepidas, die sich in militärischer Haft befanden, zu den Konsuln bringen, und doch gab er nicht zu, daß sie auf der Folter über das, was sein Haus anging, verhört würden. Auch entband er Drusus, den designierten Konsul, von der Verpflichtung, zuerst seine Stimme abzugeben, was einige für bescheidenen Bürgersinn hielten, damit die übrigen nicht gezwungen würden, beizustimmen, andere aber auf feindselige Gesinnung bezogen, denn er würde nicht zurückgetreten sein, wenn er nicht zur Verurteilung verpflichtet gewesen wäre.

23. Lepida, welche an den Tagen der Spiele, die zwischen die Untersuchung gefallen waren, das Theater in Begleitung vornehmer Frauen besuchte, erregte, indem sie ihre Vorfahren und den Pompeius selbst, an den das Ganze und die darin aufgestellten Bildnisse den Blick erinnerten, mit tränenvoller Klage anrief, soviel Mitleid, daß man sich in Tränen ergoß und laute Drohungen und Verwünschungen gegen Quirinus ausstieß, dessen Alter und Kinderlosigkeit, dessen so ganz unbekanntem Hause sie, die einst dem Lucius Caesar zur Gattin, dem göttlichen Augustus zur Schwiegertochter bestimmt gewesen war, aufgeopfert werden sollte. Darauf kamen durch die Folter der Sklaven ihre Schandtaten an den Tag, und man leistete der Meinung des Rebellius Blandus Folge, wonach sie geächtet werden sollte. Ihm pflichtete Drusus bei, obwohl andere milder gestimmt hatten. Nachher wurde dem Scaurus, der eine Tochter mit ihr gezeugt hatte, vergünstigt, daß ihre Güter nicht eingezogen würden. Nun erst eröffnete Tiberius, er wisse durch die Sklaven des Publius Quirinus, daß diesem Lepida auch mit Gift nachgestellt habe.

24. Für diese Unglücksfälle erlauchter Häuser – denn in gar nicht langem Zeitraum hatten die Calpurnier den Piso, die Aemilier die Lepida verloren – gereichte es zum Troste, daß Decimus Silanus der junischen Familie wiedergegeben wurde. Sein früheres Mißgeschick will ich kurz erwähnen. So sehr zu mächtigem Einfluß auf den Staat der göttliche Augustus vom Glück begünstigt wurde, so ungünstig war es ihm in seinem Hause wegen der Unzucht seiner Tochter und Enkelin, die er aus der Stadt verwies, und deren Buhlen er mit dem Tode oder mit Verbannung bestrafte; denn indem er der Schuld, die

unter Männern und Frauen ohne Unterschied begangen wird, den harten Namen der Religionsverletzung und der Majestätsentweihung gab, ging er über die Milde der Vorfahren und seine eigenen Gesetze hinaus. Doch den Untergang anderer sowie die übrigen Ereignisse jener Zeit will ich erwähnen, wenn nach Vollendung dessen, was ich mir zum Ziel gesetzt, mein Leben noch zu weiteren Arbeiten ausreicht. Decimus Silanus, der die Enkelin Augustus verführte, erkannte, obwohl nichts Härteres gegen ihn verhängt wurde, als daß er von der Freundschaft des Kaisers ausgeschlossen wurde, doch darin die Ankündigung der Verbannung, und wagte auch nicht eher, als unter des Tiberius Regierung, den Staat und den Kaiser um Begnadigung zu bitten; unter seines Bruders Marcus Silanus einflußreicher Mitwirkung, welcher sich durch ausgezeichneten Adel und Beredsamkeit hervortat. Doch Tiberius gab dem Silanus, als er seinen Dank abstattete, in Gegenwart des Senats die Antwort: auch er freue sich, daß sein Bruder aus weiter Ferne zurückgekehrt sei; und dies sei von Rechts wegen gestattet gewesen, weil er weder durch einen Senatsbeschluß, noch durch ein Gesetz verwiesen worden sei; persönlich aber hege er gegen ihn ungeschwächt die Gefühle seines gekränkten Vaters, und durch die Rückkehr des Silanus sei nicht aufgehoben, was Augustus gewollt habe. So lebte er von da an in Rom, doch zu Ehrenstellen gelangte er nicht.

25. Hierauf wurde über eine Milderung des papisch-poppaeischen Gesetzes[70] verhandelt, welches Augustus im höheren Alter nach den julischen Vorschlägen zur Schärfung der Ehelosigkeitsstrafen und zur Bereicherung des Staatsschatzes verordnet hatte, ohne daß deshalb die Ehen und die in denselben aufgezogenen Kinder häufiger geworden wären, vielmehr die Kinderlosigkeit vorherrschend blieb. Dagegen wuchs die Menge der Gefährdeten, da jede Familie durch die Verdächtigungen der Angeber ins Verderben gestürzt werden konnte, so daß man, wie vorher mit den Verbrechen, so jetzt mit den Gesetzen seine Plage hatte. Dieser Umstand fordert mich auf, mich über den Ursprung des Rechts, und auf welche Weise man zu dieser unendlichen Menge und Mannigfaltigkeit von Gesetzen gekommen ist, gründlicher zu verbreiten.

26. Die ältesten Menschen lebten, da sie noch keine böse Lust trieb, ohne Vorwurf und Verbrechen, darum auch ohne Strafe oder Beschränkungen; weder Belohnungen waren nötig, da das Gute aus eignem Triebe erstrebt wurde, noch brauchte, da man nichts Ungehöriges begehrte, irgend etwas durch Furcht verboten zu werden. Als aber der Gleichheitssinn verloren ging und an der Stelle bescheidener Genügsamkeit und Sittsamkeit Ehrsucht und Gewalt hereinbrach, da wuchs die Alleinherrschaft empor und erhielt bei vielen Völkern ewige Dauer. Einige zogen sogleich, oder dann als sie der Könige überdrüssig geworden waren, Gesetze vor. Diese waren bei dem noch

rohen Sinne der Menschen anfangs einfach, und vorzüglich hat der Ruf die der Creter verherrlicht, welche Minos, die der Spartaner, welche Lykurgus, und die, welche nachher mit mehr Berechnung schon und in größerer Zahl Solon für die Athener abgefaßt hat. Über uns hatte Romulus nach Willkür geboten; sodann band Numa das Volk durch Religionsgebräuche und göttliches Recht, auch wurde von Tullus und Ancus manches aufgebracht. Aber hauptsächlich war Servius Tullius Stifter der Gesetze, denen auch die Könige Folge leisten sollten.

27. Nach Vertreibung des Tarquinius traf das Volk gegen die Parteien der Patrizier vielerlei Veranstaltungen zum Schutze der Freiheit und zur Befestigung der Eintracht; man wählte Decemvirn, und faßte, nachdem man alles Treffliche, was irgendwo sich fand, herbeigeholt hatte, die zwölf Tafeln ab, als Ziel des auf Gleichheit gestützten Rechtes. Denn die nachfolgenden Gesetze wurden, obgleich mitunter auf Veranlassung eines Vergehens gegen Übeltäter, doch öfter unter Entzweiungen der Stände und um unerlaubte Ehrenrechte zu erlangen, oder berühmte Männer zu vertreiben und aus andern schlechten Absichten auf dem Wege der Gewalt eingeführt. So wurden die Gracchen und die Saturnine Aufwiegler des Volkes; und im Namen des Senats Drusus ein nicht geringerer Verführer; verleitet wurden durch Hoffnung oder getäuscht durch den Einspruch die Bundesgenossen; und nicht einmal während italischen Krieges, noch nachher im Bürgerkriege unterließ man, vieles und sich widersprechendes zu verordnen, bis der Diktator Lucius Sulla nach Abschaffung oder Veränderung des Früheren und nachdem er mehreres hinzugefügt, Stillstand in diese Sache brachte; auf nicht lange Zeit, weil alsbald die stürmischen Anträge des Lepidus folgten, und nicht lange wiederum darauf den Tribunen freie Hand gelassen wurde, das Volk, wohin sie wollten, zu leiten. Dann wurden nicht mehr nur allgemeine, sondern auch auf einzelne Bürger sich beziehende Gesetzesvorschläge gemacht, und so gab es bei der größten Verderbnis des Staates die meisten Gesetze.

28. Gnaeus Pompejus sodann, in seinem dritten Konsulat auserkoren, um die Sitten zu verbessern, aber strenger in seinen Maßregeln als es die Vergehen erheischten, und zugleich Urheber seiner eignen Gesetze und ihr Untergraber, verlor, was er mit Gewalt der Waffen zu halten suchte, ebenso durch die Gewalt der Waffen. Hierauf herrschte zwanzig Jahre lang ununterbrochene Zwietracht, ohne Regel, ohne Rechte; das Allerschändlichste blieb ungestraft, viel Löbliches dagegen gereichte zum Verderben. Erst in seinem sechsten Konsulate schaffte Caesar Augustus, nun seiner Macht sicher, was er im Triumvirat geboten hatte, ab und gab Gesetze, nach denen wir im Frieden und unter Fürsten leben sollten. Immer strenger wurden seitdem die Bande, Wächter wurden eingesetzt und nach dem papisch-poppae-

ischen Gesetz durch Belohnungen angelockt, auf daß, wenn man die elterlichen Vorrechte ungenutzt ließe, das Volk, gleichsam der gemeine Vater aller, das Erbe erhielte. Aber sie griffen weiter um sich, und hatten die Stadt, Italien, ja die Bürger allerorten schon in ihren Schlingen und die Lage vieler war zerrüttet; und Schrecken drohte allen, hätte nicht Tiberius, um ein Gegenmittel anzuordnen, fünf gewesene Konsuln, fünf gewesene Prätoren und ebensoviele aus dem übrigen Senate durch das Los gewählt, von denen sehr viele Verwicklungen des Gesetzes aufgelöst wurden und so für die Gegenwart einige Erleichterung fühlen ließen.

29. Um dieselbe Zeit empfahl der Nero, einen der Söhne des Germanicus, der schon ins Jünglingsalter getreten war, den Senatoren, und verlangte, nicht ohne Gespött der Zuhörer, daß er von der Verpflichtung, erst das Vigintivirat anzutreten, entbunden würde, und fünf Jahre früher, als nach den Gesetzen, um die Quästur anhalten dürfe. Zum Vorwand brauchte er, daß ihm und seinem Bruder auf Augustus Bitte dasselbe zuerkannt worden sei. Aber ich zweifle nicht, daß es auch damals manche gab, die über dergleichen Bitten heimlich gespottet haben; und doch war damals die Hoheit der Caesaren erst im Werden und noch mehr vor Augen der alte Brauch, und auch die Verbindung der Stiefsöhne mit dem Stiefvater noch loser als die, welche den Großvater den Enkeln verpflichtete. Man verlieh ihm auch das Pontifikat und an dem Tage, an dem er zuerst das Forum betrat, eine Spende für das Volk, das hocherfreut war, einen Sprößling des Germanicus schon in mannbarem Alter zu erblicken. Noch größer wurde nachher die Freude durch die Vermählung Neros mit des Drusus Tochter Julia. Und wie dies mit Beifall, so wurde mit Mißfallen aufgenommen, daß dem Sohne des Claudius Seianus zum Schwager bestimmt wurde. Damit schien er den Adel seines Geschlechts befleckt und den schon allzu kühner Hoffnungen verdächtigen Seianus über Gebühr zu haben.

30. Am Ende des Jahres starben ausgezeichnete Männer, Lucius Volusius und Sallustius Crispus. Volusius war von alter Familie, die jedoch nicht über die Prätur gekommen war; er brachte das Konsulat hinein, ja selbst censorische Gewalt bei der Wahl der Ritterdecurien hatte er geübt und die Reichtümer, an welchen dieses Haus so ungeheuer zunahm, zuerst herangehäuft. Den Crispus, von ritterlicher Abkunft, hatte als seiner Schwester Enkel Gaius Sallustius, der glänzendste der römischen Historiker, seinen Namen zu führen an Kindesstatt angenommen. Und dieser Mann, der, ungeachtet ihm der Weg zu Ehrenstellen offen stand, den Maecenas nachahmte und ohne die Senatorwürde lebte, ließ viele der Triumphatoren und Konsularen an Einfluß hinter sich. Abweichend von der Weise der Alten durch Schmuck und Zierlichkeit, und mit seinem Reichtume, seinem Überflusse an Üppigkeit grenzend, besaß er doch im Grunde seines Wesens

eine Kraft, die, unglaublich vielen Geschäften gewachsen, um so tätiger war, je mehr er Schläfrigkeit und Trägheit zur Schau trug. So war er, so lange Maecenas lebte, der nächste, dann der erste, auf dem die Geheimnisse der Kaiser ruhten. Auch um die Ermordung des Agrippa Postumus wußte er; im höheren Alter aber ließ ihm des Fürsten Freundschaft mehr den Schein, als die Gewalt; und so war es dem Maecenas auch ergangen; sei es, daß so des Machteinflusses Schicksal ist, der selten von Dauer ist, oder sei es, daß Übersättigung die einen ergreift, wenn sie alles verliehen haben, oder die andern, wenn nichts mehr übrig ist, was sie wünschen könnten.

Das Jahr 21 n. Chr.

31. Es folgt Tiberius viertes, Drusus zweites Konsulat, merkwürdig durch die Amtsgenossenschaft des Vaters und des Sohnes; denn die Gemeinschaft eben dieser Würde zwischen Germanicus und Tiberius, zwei Jahre vorher, war weder dem Onkel erfreulich, noch von Natur so innig gewesen. Zu Anfang dieses Jahres begab sich Tiberius, angeblich zur Festigung seiner Gesundheit, nach Kampanien, seine lange, ununterbrochene Abwesenheit allmählich in Gedanken vorbereitend, oder damit Drusus, wenn der Vater entfernt wäre, die Obliegenheiten des Konsulats allein erfüllte. Zufällig gab eine Kleinigkeit, aus welcher sich ein großer Streit entspann, dem Jünglinge Gelegenheit, zu Gunst zu gelangen. Der gewesene Prätor Domitius Corbulo führte über einen jungen Mann von Adel, Lucius Sulla, vor dem Senate Klage, weil er bei den Fechterspielen ihm nicht Platz gemacht habe. Für Corbulo waren Alter, die väterliche Sitte, die Teilnahme der älteren Personen; ihm entgegen traten Mamercus Scaurus, Lucius Arruntius und andere Verwandte Sullas. Wetteifernd redete man gegen einander und führte auch die Beispiele der Vorfahren an, welche Unehrerbietigkeit der Jugend durch harte Beschlüsse gerügt hatten, bis Drusus Rede endlich zur Beruhigung der Gemüter führte, und Corbulo durch Mamercus Genugtuung erhielt, welcher zugleich Onkel und Stiefvater Sullas und unter den Rednern dieser Zeit der begabteste war. Eben dieser Corbulo machte viel Geschrei darüber, daß die meisten Straßen in Italien durch Betrug der Unternehmer und Sorglosigkeit der Beamten zerrissen und ungangbar geworden seien, und übernahm bereitwillig selbst die Ausführung dieses Geschäfts, was nicht in gleicher Weise zum öffentlichen Nutzen als vielen zum Verderben gereichte, gegen deren Vermögen und Ruf er durch Verurteilung und Subhastation wütete.

32. Nicht lange nachher unterrichtete Tiberius den Senat durch ein übersandtes Schreiben von der abermaligen Beunruhigung Afrikas durch Tacfarinas Einfall, und daß nach dem Ermessen der Senatoren ein diensterfahrener, auch körperlich kräftiger und dem Kriege ge-

wachsener Mann zum Prokonsul erwählt werden müsse. Damit erhielt Sextus Pompeius die erste Gelegenheit, seinen Groll gegen Marcus Lepidus auszulassen, indem er auf eine gehässige Weise darstellte, wie er fahrlässig, ohne Mittel, seiner Vorfahren unwürdig und deshalb auch von der Anwartschaft auf Asien auszuschließen sei. Dagegen erklärte sich jedoch der Senat, der den Lepidus mehr sanft als träge, seine beschränkte Lage als vom Vater und den fleckenlos gehaltenen Adel eher für eine Ehre als für eine Schande ansehen zu müssen glaubte. So schickte man ihn denn nach Asien und beschloß wegen Afrika, daß der Kaiser den, dem man es übertragen sollte, wählen möchte.

33. Hierbei beantragte Severus Caecina, es sollte keinen Beamten, dem eine Provinz zugefallen wäre, seine Gemahlin begleiten dürfen, nachdem er weitläufig erörtet hatte, seine Gattin lebe in Einigkeit mit ihm, und habe ihm sechs Kinder zur Welt gebracht; er habe, was er als allgemeines Gesetz hinstelle, in seinem Hause beachtet, indem er sie auf Italien beschränkt habe, während er doch in mehreren Provinzen volle vierzig Jahr gedient habe. Denn nicht umsonst sei vorzeiten beschlossen worden, daß man keine Frauen in das Land von Bundesgenossen oder auswärtigen Völkern mitnehmen solle. Es liege nun einmal im Frauengefolge etwas, was dem Frieden durch Üppigkeit, dem Kriege durch Furchtsamkeit hinderlich sei, und dem römischen Heereszuge das Ansehen eines Barbarentrosses gebe. Das weibliche Geschlecht sei nicht nur schwach und Beschwerden nicht gewachsen, sondern, gebe man ihm dazu Freiheit, auch grausam, ehrsüchtig, herrschbegierig. Es zöge unter den Soldaten einher und ließe Centurionen die Aufwartung machen; habe doch unlängst eine Frau bei den Übungen der Kohorten und bei den Manövern der Legionen den Vorsitz geführt[71]. Sie möchten nur selbst bedenken, daß, so oft jemand wegen Erpressungen angeklagt worden war, das meiste den Frauen schuld gegeben werde; an diese hängen sich sogleich die schlechtesten der Provinzbewohner, von diesen würden Geschäfte übernommen und abgemacht. Man huldige zweien, wenn sie sich öffentlich zeigten, es gebe zwei Statthaltereien. Dazu seien die Befehle der Frauen eigensinnig und leidenschaftlich, welche, vordem durch die oppischen und andre Gesetze gebunden, jetzt der Fesseln ledig, im Hause, im Gericht, ja auch im Heere nun das Regiment in Händen hätten.

34. Von wenigen nur wurde dies mit Beifall angehört. Die Mehrzahl rief ihm lärmend entgegen, weder sei der Gegenstand in Vortrag gebracht, noch Caecina der Mann, um sich in einer so wichtigen Sache zum Richter aufzuwerfen. Dann antwortete Valerius Messallinus, der, ein Sohn des Messalla, auch an die Wohlredenheit seines Vaters erinnerte: vieles von der Härte der Alten habe eine bessere und fröhlichere Gestalt angenommen; werde doch nicht mehr, wie ehe-

dem, die Stadt rings von Kriegen umlagert, noch seien die Provinzen feindlich. Und wenig werde den Bedürfnissen der Frauen gewährt, was nicht einmal den Penaten ihrer Ehemänner, geschweige denn den Bundesgenossen beschwerlich fiele; alles übrige hätten sie mit dem Manne gemein, und darin liege nichts dem Frieden Hinderliches. In den Krieg dürften freilich nur Waffen Begleiter sein; aber welche Erholung sei den Heimkehrenden nach der Beschwerde schicklicher, als die von der Ehefrau gewährte? Einige, sage man, haben sich von Ehrgeiz und Habsucht hinreißen lassen. Wie? Seien nicht gar viele Staatsbeamten selbst die Knechte von mancherlei Begierden? Und doch werde nun nicht deshalb keiner mehr in die Provinz gesandt. Oft wären Männer durch die Verkehrtheiten ihrer Frauen verdorben worden. Seien deshalb alle Ehelosen rein? Einst hätten die oppischen Gesetze gefallen, als es die Umstände der Republik so erheischten; nachher habe man einiges nachgelassen und gemildert, weil es so frommte. Umsonst gebe man unsrer Schwäche fremde Namen, denn des Mannes Schuld sei es doch, wenn die Frau das Maß überschreite. Ferner würden mit Unrecht wegen der Geistesschwäche des einen oder des anderen den Männern die Gefährtinnen in Glück und Unglück entrissen, zugleich würde das von Natur schwache Geschlecht verlassen und seiner eigenen Üppigkeit und fremden Lüsten preisgegeben. Kaum bei persönlicher Hut blieben die Ehen unverletzt; was würde geschehen, wenn sie mehrere Jahre lang wie in Scheidung vergessen würden? Sie möchten dem, was anderswo gesündigt würde, vielmehr so zu begegnen suchen, daß sie der Frevel Roms gedächten.

Dem fügte Drusus noch einiges über seine Ehe bei, daß nämlich die Fürsten öfter entfernte Gegenden des Reiches zu besuchen hätten. Wie oft sei der göttliche Augustus nach dem Occident und nach dem Orient in Livias Begleitung gezogen. Auch er sei nach Illyrien gereist und werde, wenn es so dienlich sein sollte, sich noch zu andern Völkern begeben, doch nicht immer ruhigen Herzens, wenn er von seiner teuren Gattin, der Mutter so vieler Kinder, sich losreißen müßte. So wurde Caecinas Antrag verworfen.

35. Am Tage der nächsten Senatsversammlung nannte Tiberius, nachdem er in seinem Schreiben den Senatoren einen versteckten Verweis dafür gegeben hatte, daß sie alle Sorgen an den Fürsten verwiesen, den Marcus Lepidus und Junius Blaesus, damit einer von ihnen zum Prokonsul Afrikas erwählt würde. Hierauf hörte man die Erklärungen beider an. Lepidus entschuldigte sich erstlich, indem er seine Körperschwäche, die Jugend seiner Kinder, die Mannbarkeit seiner Tochter vorschützte, wobei man auch gar wohl verstand, was er verschwieg, daß Blaesus des Seianus Onkel sei und deshalb den Vorrang habe. Auch Blaesus antwortete scheinbar abschlägig, aber weder mit demselben Ernst, noch durch die Einhelligkeit der Schmeichler irgendwie unterstützt.

36. Hierauf wurde etwas zur Sprache gebracht, was vielen tief in ihrer Seele schon Gegenstand geheimer Klage gewesen war. Immer häufiger nahmen sich die Nichtswürdigsten heraus, ungestraft rechtschaffenen Leuten Schimpf und Mißgunst zu erwecken, indem sie zugleich ein Bild des Kaisers geschwind anfaßten. Fürchtete man so doch sogar selbst Freigelassene und Sklaven, wenn sie ihrem Patron oder ihrem Herrn mit Worten, ja mit Fäusten drohten. So sprach denn der Senator Gaius Cestius: Fürsten seien zwar Ebenbilder der Götter, aber auch von den Göttern würden nur, wenn sie gerecht seien, die Bitten der Schutzflehenden erhört, und niemand nehme zum Kapitol oder zu andern Tempeln der Stadt seine Zuflucht, um sich dieses Schutzortes zu Schandtaten zu bedienen. Aufgehoben und gänzlich umgestoßen seien die Gesetze, wenn auf dem Forum, an der Schwelle der Kurie von einer Annia Rufilla, die er vor dem Richter schon wegen Betrug zur Strafe gezogen habe, Schimpfreden und Drohungen gegen ihn ausgestoßen würden, und er selbst wegen des ihm entgegengehaltenen Kaiserbildes nicht wagen dürfe, sein Recht zu üben. Nicht Unähnliches und zum Teil noch Entsetzlicheres ließen andere laut umher vernehmen und drangen in Drusus mit Bitten, doch ein Strafexempel zu geben, bis er sie vorführen und, als sie überführt war, in öffentlichen Gewahrsam bringen ließ.

37. Auch die römischen Ritter Considius Aequus und Caelius Cursor wurden, weil sie dem Prätor Magius Caecilianus Majestätsverbrechen angedichtet hatten, auf Antrag des Fürsten und nach einem Beschlusse des Senats bestraft. Beides wurde dem Drusus zum Lobe angerechnet: von ihm, der in der Stadt, teilnehmend an Versammlungen und Gesprächen, sich frei zeige, werde des Vaters einsames Treiben gemildert. Selbst die Verschwendung mißfiel nicht eben an dem Jüngling; möchte er immer lieber seinen Sinn darauf richten, den Tag mit seinen Bauplänen, die Nacht mit Gelagen hinbringen, als einsam und durch keine Vergnügungen abgelenkt finstrer Wachsamkeit und argen Sorgen nachzuhängen.

38. Denn nicht Tiberius rastete, nicht die Ankläger. So hatte Ancharius Priscus den Prokonsul Cretas, Caesius Cordus, wegen Erpressungen belangt und ihn auch noch verletzter Majestät beschuldigt, was damals aller Klagen Ergänzung war. Der Kaiser zog Antistius Vetus, einen der Großen Macedoniens, der vom Ehebruch freigesprochen war, nach einem den Richtern gegebenen Verweise, wegen eines Majestätsverbrechens von neuem zur Verantwortung als einen Friedensstörer und Teilhaber an Rhescuporis Anschlägen, zu der Zeit, als dieser nach Ermordung seines Bruderssohnes Cotys Krieg gegen uns im Sinne hatte. Der Angeklagte wurde daher geächtet und beigefügt, er solle auf einer weder Macedonien, noch Thracien nahen Insel festgehalten werden. Denn Thracien war seit der Teilung der Herrschaft zwischen Rhoemetalces und den Kindern des Cotys, denen wegen

ihrer Unmündigkeit Trebellienus Rufus zum Vormund gegeben worden war, weil es sich an uns nicht gewöhnen konnte, in Aufstand, und zwar nicht minder Rheometalces als Trebellienus beschuldigend, daß sie die den Eingeborenen zugefügten Unbilden unbestraft ließen. Die Coelaleten, Odruser und Dier, mächtige Völkerschaften, griffen zu den Waffen, aber unter verschiedenen und nur in geringem Ansehen einander gleichen Anführern, was die Ursache war, daß sie sich nicht zu einem furchtbaren Kriege vereinigten. Ein Teil erregte Unruhe an Ort und Stelle, andre gingen über den Haemus, um entfernte Völker aufzuwiegeln, die meisten und am besten Geordneten belagerten den König und die vom Macedonierkönige Philipp gegründete Stadt Philippopolis.

39. Als dies Publius Bellaeus, Befehlshaber des zunächst stehenden Heeres erfuhr, sandte er die Bundesgenossenreiterei und leichtbewaffnete Kohorten gegen die, welche plündernd oder um Verstärkung an sich zu ziehen, umherschwärmten. Er selbst führte den Kern des Fußvolks zum Entsatz der Belagerten. Gleichzeitig glückte alles insgesamt, indem man die Plündernden niederhieb, Zwietracht bei den Belagerern entstand, und ein Ausfall des Königs mit der Ankunft der Legion zusammentraf. Hier dürfte nicht von Schlachtordnung und Kampf geredet werden, wo Halbbewaffnete und Umherirrende ohne Blut von unsrer Seite hingemordet wurden.

40. Im selben Jahr begannen die Staaten Galliens wegen der Größe ihrer Schulden einen Aufruhr, dessen eifrigster Anstifter unter den Treverern Julius Florus, bei den Aeduern Julius Sacrovir war. Edle Abkunft und verdiente Vorfahren hatten beide, weshalb man ihnen einst das römische Bürgerrecht erteilt hatte, als dies noch etwas Seltenes und nur der Lohn des Verdienstes war. Diese kamen in geheimen Unterredungen, zu denen sie die Verwegensten oder die, welche von ihrer Armut und von Furcht wegen ihrer Verbrechen am meisten zu Vergehen sich gedrungen fühlten, hinzuzogen, darin überein, es solle Florus die Belgier, Sacrovir die näher wohnenden Gallier aufwiegeln. So führten sie an Versammlungsorten und in Gesellschaften aufrührerische Reden über die kein Ende nehmenden Abgaben, den Druck des Wuchers, die Grausamkeit und den Übermut der Statthalter; auch seien die Soldaten wegen der Nachricht von dem Untergang des Germanicus in Aufruhr. Eine treffliche Zeit, um die Freiheit wieder zu erlangen, wenn sie, selbst in voller Kraft, bedächten, wie hilflos Italien, wie unkriegerisch das Volk Roms sei, und daß einzig und allein auf Ausländern die Stärke der Heere beruhe.

41. Nicht leicht blieb irgendeine Völkerschaft vom Geiste der so ausgesäten Zwietracht unberührt. Zum Ausbruch ließen es jedoch zuerst die Andecaver und Turoner kommen. Die ersten hielt der Legat Acilius Aviola durch Aufruf der Kohorte, die zu Lugdunum als Besatzung lag, in Schranken. Die Turoner wurden durch Legionssol-

daten, welche Visellius Varro, der Statthalter des unteren Germaniens, gesandt hatte, unter Anführung eben jenes Aviola und einiger Großen Galliens bezwungen, welche Hilfe leisteten, um damit ihren Abfall zu verstecken und ihn zu gelegenerer Zeit auszuführen. Ja mit unbedecktem Haupte sah man den Sacrovir für die Römer den Kampf eröffnen, um, wie er sagte, seinen Mut zu zeigen; aber Gefangene beschuldigten ihn, er habe, damit auf ihn nicht geschossen würde, sich kenntlich gemacht. Als man Tiberius darüber befragte, achtete er der Anzeige nicht und nährte so den Krieg durch Unschlüssigkeit.

42. Indessen verfolgte Florus eifrig seinen Plan und suchte eine Reiterabteilung, welche, unter den Treverern ausgehoben, nach unsrer Art in Dienst und Zucht gehalten wurde, zur Ermordung römischer Kaufleute und so zum Beginne des Krieges zu verleiten. Einige Reiter ließen sich verführen, die Mehrzahl blieb jedoch in ihrer Pflicht. Ein andrer Haufe von Verschuldeten oder Hörigen jedoch ergriff die Waffen und zog dem Waldgebirge zu, das Arduenna heißt, als von beiden Heeren die Legionen, die Visellius und Gaius Silius auf entgegengesetzten Wegen vorgeschoben hatten, sie zurückhielten. Julius Indus, mit auserlesener Schar vorausgesandt, ein Landsmann des Florus, aber in Zwist mit ihm und deshalb um so eifriger bemüht uns beizustehen, jagte die noch ungeordnete Menge auseinander. Florus, der die Sieger durch einen Wechsel des Verstecks getäuscht hatte, fiel zuletzt beim Anblick der Soldaten, welche die Ausgänge besetzt hatten, durch eigne Hand. Damit endete die Empörung der Treverer.

43. Mit den Aeduern gab es umso größere Arbeit, je mächtiger ihr Staat war und je entfernter eine Heeresmacht, sie niederzuhalten. Augustodunums, der Hauptstadt des Volkes, hatte sich Sacrovir mit bewaffneten Kohorten bemächtigt und mit demselben des vornehmsten jungen Adels von Gallien, der dort wissenschaftlichen Studien oblag, um durch dieses Pfand die Eltern und Verwandten desselben an sich zu fesseln. Zugleich teilte er heimlich verfertigte Waffen unter die Jugend aus. Es waren ihrer 40000, bewaffnet zum fünften Teil mit Legionärswaffen, die übrigen mit Jagdspießen und Weidmessern und was Jäger sonst noch als Waffen brauchen. Beigesellt wurden ihnen die zu Fechterspielen bestimmten Sklaven, welche nach Landessitte eine ganz eiserne Rüstung tragen: man nennt sie Cruppellarier, andere zu verwunden sind sie ungeschickt, selbst unverwundbar. Es vermehrte sich die Macht noch, wenn nicht durch offenen Beitritt der Nachbarstaaten, so doch durch eifrige Bereitwilligkeit der einzelnen, sowie durch den Zwist der römischen Feldherren, zwischen denen man unschlüssig schwankte, da beide die Führung des Kriegs für sich in Anspruch nahmen. Endlich überließ sie der altersschwache Varro dem rüstigen Silius.

44. Zu Rom wurde alles, wie es bei Gerüchten zu geschehen pflegt, in seiner Übertreibung für wahr genommen: nicht nur, daß die Tre-

verer und Aeduer, sondern die vierundsechzig Völkerschaften Galliens abgefallen seien und man die Germanen in den Bund gezogen habe, sowie daß Spanien wanke. Jeder Gutgesinnte war in Bekümmernis aus Sorge um den Staat; viele freuten sich sogar aus Unzufriedenheit mit der Gegenwart und aus Verlangen nach einer Veränderung der eigenen Lage, und schalten auf Tiberius, daß er in solcher Gährung des Staates sich noch mit den Klageschriften der Angeber befasse. Ob etwa auch Sacrovir vor dem Senate des Majestätsverbrechens angeschuldigt werden solle? Nun endlich seien Männer aufgetreten, die den Blutbefehlen mit den Waffen Einhalt täten. Gegen einen jammervollen Frieden sei Krieg sogar ein guter Tausch. Desto geflissentlicher erheuchelte Tiberius Sorglosigkeit und brachte ohne Aufenthalt oder Miene zu verändern, sondern auf seine gewohnte Weise diese Tage zu, war es die Tiefe seiner Verschlossenheit, oder hatte er erfahren, daß die Sache nicht von Belang sei und unbedeutender, als man sie machte.

45. Unterdessen verwüstete Silius, mit zwei Legionen heranziehend, denen er eine Schar von Hilfsvölkern voraussandte, die Gaue der Sequaner, welche an der äußersten Grenze und den Aeduern benachbart und verbündet unter den Waffen standen. Dann ging er im Eilmarsch auf Augustodunum los, wobei die Fahnenträger unter sich in der Eile wetteiferten und selbst der gemeine Krieger laut verlangte, daß er nicht die gewohnte Rast, nicht die Ruhestunden der Nacht abwarte; nur sehen wollten sie die Gegner und gesehen werden: das sei genug zum Siege. Beim zwölften Meilensteine zeigte sich Sacrovir mit seinen Truppen auf offenem Felde. Vorn hatte er die Gepanzerten aufgestellt, an den Flanken die Kohorten, im Hintertreffen die Halbbewaffneten. Er selbst ritt, von den Häuptlingen umgeben, auf stattlichem Rosse an sie heran, erinnerte sie an den alten Ruhm der Gallier und an all das Mißgeschick, das sie den Römern schon gebracht hätten: wie glorreich für die Sieger die Freiheit, wieviel unerträglicher die Knechtschaft sei für abermals Besiegte.

46. Nicht lange führte er solche Reden und nicht freudig wurden sie vernommen, denn schon nahte die Schlachtreihe der Legionen, und das ungeordnete, des Kriegsdienstes unkundige Stadtvolk war kaum des Eindrucks mächtig, welchen es durch Auge und Ohr empfing. Silius dagegen rief, obwohl die vorgefaßte Siegeshoffnung ihm den Anlaß zu Ermahnungen genommen hatte, dennoch laut aus: ein Schimpf sei es, daß sie, Germaniens Besieger, gegen Gallier wie gegen einen Feind sich sollten führen lassen. „Eine Kohorte hat neulich die rebellischen Turonen, ein Reitertrupp die Treverer, wenige Geschwader eben dieses Heeres haben die Sequaner geschlagen. Je reicher die Aeduer an Geld sind, je mehr sie in Wollust schwelgen, zeigt, daß sie desto feigere Krieger sind, und schont die Fliehenden." Gewaltiger Schlachtruf war die Antwort, und in den Rücken warfen sich die

Reiter, das Fußvolk griff die vordere Reihe an. Auch an den Flanken ließ man sich nicht säumig finden. Einigen Verzug verursachten die Gepanzerten, da das Eisenblech dem Wurfspieße und dem Schwerte widerstand. Doch griffen die Soldaten nach Beilen und Äxten, als wollten sie eine Mauer durchbrechen, und zerhieben die Panzer samt dem Leibe. Einige streckten mit Stangen oder Gabeln die unbeholfenen Massen nieder, und die Liegenden, ohne irgendeinen Ansatz, sich wieder aufzurichten, wurden wie entseelt auf dem Platze gelassen. Sacrovir begab sich zuerst nach Augustodunum, dann aus Furcht vor Auslieferung mit den Getreusten in ein nahes Landhaus. Hier fiel er durch eigne Hand, die übrigen, indem sie sich wechselseitig niederstießen; der Brand des über ihnen angesteckten Landhauses verzehrte alle.

47. Nun erst schrieb Tiberius dem Senate, daß der Krieg begonnen und beendet sei, und nichts nahm noch setzte er der Wahrheit hinzu, sondern daß durch Treue und Tapferkeit die Legaten, er durch seine Maßregeln die Oberhand gewonnen hätten. Zugleich fügte er die Gründe bei, warum nicht er, nicht Drusus zu diesem Kriege aufgebrochen sei, indem er des Reiches Größe hervorhob, und daß es sich für einen Fürsten nicht zieme, wenn ein oder zwei Gebiete sich empörten, die Hauptstadt zu verlassen, von welcher aus sich die Herrschaft über alles erstrecke. Jetzt, da ihn keine Furcht mehr bestimmen könne, wolle er gehen, um den Stand der Dinge selbst in Augenschein zu nehmen und zu ordnen. Da beschlossen die Senatoren Gelübde für seine Rückkehr, Betfeste und andre Auszeichnungen. Allein Dolabella Cornelius, der es den übrigen zuvortun wollte, wurde abgeschmackt in seiner Schmeichelei, indem er beantragte, daß er im kleinen Triumph[60] aus Campanien in die Stadt einziehen solle. Darauf erfolgte ein Schreiben des Kaisers, worin er erklärte, er sei doch nicht so ganz vom Ruhm entblößt, daß er nach Bändigung der wildesten Nationen, nach so vielen in seiner Jugend angenommenen oder ausgeschlagenen Triumphen, im höheren Alter nun für eine Wanderung in der Nachbarschaft von Rom sich eine nichtssagende Belohnung wünschen sollte.

48. Um dieselbe Zeit verlangte er vom Senat, daß der Tod des Sulpicius Quirinus durch öffentliche Bestattung feierlich begangen würde. Quirinus gehörte zwar nicht zur alten patrizischen Familie der Sulpicier, da er aus der Landschaft Lanuvium gebürtig war, aber als ein unverdrossener Kriegsmann und durch eifrige Diensttätigkeit hatte er unter dem göttlichen Augustus das Konsulat, darauf nach Eroberung der Kastelle der Homonadenser in Cilicien die Triumphinsignien erhalten und obwohl dem Gaius Caesar, als dieser Armenien erhielt, zum Führer gegeben, doch auch Tiberius während seines Aufenthalts in Rhodus Ehre erwiesen. Das brachte dieser jetzt im Senate zur Sprache, wobei er die ihm geleisteten Dienste lobend erwähnte,

und Marcus Lollius anklagte, dem er schuldgab, den Gajus Caesar zur Verkehrtheit und Zwietracht verleitet zu haben. Den übrigen jedoch war das Andenken des Quirinus nicht im mindesten erfreulich, wegen der Gefahren, die er, wie ich angeführt habe, der Lepida bereitet hatte, und wegen seines schmutzigen und allzu einflußreichen Alters.

49. Am Ende des Jahres belangte ein Angeber den römischen Ritter Clutorius Priscus, der für ein berühmtes Gedicht, worin er den Tod des Germanicus betrauert hatte, vom Kaiser mit Geld beschenkt worden war, indem er ihm vorwarf, er habe während der Krankheit des Drusus eines verfertigt, um es, wenn er gestorben wäre, zu noch größerer Belohnung bekannt werden zu lassen. Dieses hatte Clutorius im Hause des Publius Petronius vor dessen Schwiegermutter Vitellia und vielen vornehmen Frauen aus Ruhmredigkeit vorgelesen. Als der Angeber auftrat und die übrigen im Schreck sich zur Ablegung des Zeugnisses bewegen ließen, versicherte allein Vitellia, sie habe nichts gehört. Doch es fanden die Ankläger mehr Glauben zum Verderben, und auf Antrag des designierten Konsuls Haterius Agrippa wurde dem Angeklagten die Todesstrafe zuerkannt.

50. Dagegen begann Manius Lepidus auf folgende Weise: „Wenn wir, Senatoren, einzig darauf sehen, mit wie ruchloser Rede Clutorius Priscus sich selbst in seiner Seele und aller Ohren verletzt hat, so dürfte weder Kerker noch Strick, ja nicht einmal die Sklavenkreuzigung gegen ihn genügen. Sind aber Schandtaten und Frevel ohne Maß, so setzt den Strafen und Züchtigungsmitteln des Fürsten Mäßigung, sowie der Vorfahren und euerem eigenen Beispiel Grenzen setzt, und findet zwischen eitlem Tun und Bosheit, zwischen Worten und Missetaten einen Unterschied. So ist doch noch ein Urteil möglich, nach welchem diesem sein Vergehen nicht ungestraft bleibt, und wir Milde und Strenge zugleich nicht zu bereuen brauchen. Oft habe ich unsren Fürsten es beklagen hören, wenn jemand durch Selbstentleibung seinem Mitleid zuvorgekommen war. Gegen das Leben des Clutorius ist noch nichts geschehen, dessen Rettung nicht staatsgefährlich, dessen Hinrichtung nicht zur Warnung dienen wird. Sein Streben ist, wie wahnsinnig, so in sich leer und von vorübergehendem Erfolge; auch dürfte man wohl nichts Erhebliches und Ernsthaftes von dem zu fürchten haben, der, seiner Schandtaten eigner Verräter, nicht Männer, sondern schwache Weiberherzen beschleicht. Doch weiche er aus der Stadt, und werde nach Verlust seines Vermögens geächtet. Dafür stimme ich in derselben Weise, als wäre er des Majestätsverbrechens schuldig befunden worden.“

51. Allein Rubellius Blandus, ein gewesener Konsul, stimmte dem Lepidus bei; die übrigen folgten der Meinung des Agrippa, und so wurde Priscus in das Gefängnis abgeführt und sogleich hingerichtet. Darüber beschwerte sich Tiberius beim Senat mit den ihm gewohn-

ten Umschweifen, indem er die Pflichttreue derer erhob, die selbst unbedeutende Kränkungen des Fürsten streng ahndeten, aber gegen so voreilige Bestrafung bloßer Reden Einspruch tat, und den Lepidus lobte, ohne jedoch den Agrippa zu tadeln. So wurde denn ein Senatsbeschluß gefaßt, es sollten die Beschlüsse der Senatoren nicht vor dem zehnten Tage ins Aerarium[72] gebracht, und so lange das Leben der Verurteilten gefristet werden. Doch weder erhielt damit der Senat zur Reue Freiheit, noch ließ sich Tiberius durch diese Zwischenzeit besänftigen.

Das Jahr 22 n. Chr.

52. Es folgen die Konsuln Gaius Sulpicius und Decimus Haterius, ein Jahr, welches, bei ungestörter äußerlicher Ruhe, im Innern Verdacht erregte durch Strenge wider den Luxus, der zu jeder Art von Geldverschwendung schon ins Unermeßliche gestiegen war. Doch anderweitiger Aufwand, obwohl gerade der bedeutendere, ließ sich bei der gewöhnlichen Verheimlichung der Preise verbergen; aber die durch unaufhörliches Gerede davon bekannten Vorkehrungen zur Befriedigung des Magens und des Gaumens hatten besorgen lassen, der der alten Sparsamkeit ergebene Fürst möchte zu streng dagegen verfahren. Denn nach dem Vorgange des Gaius Bibulus hatten auch die übrigen Aedilen sich darüber ausgelassen, daß das Aufwandsgesetz nicht beachtet würde, die Lebensmittelpreise über die gestattete Höhe hinaus täglich stiegen und durch gewöhnliche Maßregeln nicht mehr gesteuert werden könnte; und der darum befragte Senat hatte die Sache ohne Entscheidung dem Fürsten überwiesen. Nachdem Tiberius oft bei sich erwogen hatte, ob sich so ausschweifenden Begierden noch Schranken setzen ließen, ob die Beschränkung dem Staat nicht noch größeren Nachteil brächte, und wie unrühmlich es wäre, etwas anzugreifen, was er nicht durchsetzen könnte oder was, festgehalten, Beschimpfung und Entehrung angesehener Männer zur Folge haben müßte, verfaßte er endlich ein Schreiben an den Senat, ungefähr folgenden Inhalts:

53. „Vielleicht möchte es, Senatoren, in allen übrigen Angelegenheiten zweckmäßiger sein, daß ich persönlich befragt werde und erkläre, was ich dem Staat für dienlich achte; bei dieser Verhandlung jedoch wäre es wohl besser gewesen, mein Auge fern zu halten. Wenn nämlich euer Blick ins Antlitz derer, die schimpflicher Üppigkeit bezichtigt werden können, die Miene der Besorgnis hervorruft, müßte ich sie selbst sehen, ja gleichsam sie ertappen. Hätten mit mir zuvor die wackeren Aedilen Rat gepflogen, so weiß ich nicht, ob ich nicht geraten haben würde, übermächtige und schon zu ihrer ganzen Höhe gediehene Laster lieber zu übersehen, als nur zu erreichen, daß offenkundig würde, welchen Freveln wir nicht mehr gewachsen sind.

Doch sie haben ihre Pflicht getan, wie ich nur wünschen kann, daß auch die übrigen Beamten ihre Obliegenheiten erfüllen; für mich nun aber ist weder zu schweigen schicklich, noch leicht mich zu erklären, weil ich nicht in der Eigenschaft eines Aedils, noch in der eines Prätors oder Konsuls auftrete. Etwas Größeres und Erhabeneres wird vom Fürsten verlangt, und während ein jeder sich den Dank für zweckmäßiges Handeln aneignet, ihm allein die Fehler aller schuld gegeben werden. Denn was soll ich zuerst zu verbieten und auf die alte Sitte zu beschränken beginnen? Den unbegrenzten Umfang der Landhäuser? Die Zahl der Sklaven und die Mannigfaltigkeit ihrer Abstammung? Die Schwere des Silber- und des Goldgeschirrs? Die Wunderwerke der Plastik und Malerei? Die von Männern nicht anders als von Frauen getragenen Kleider? Und dazu das, was die Frauen noch besonders haben, was für Steine ausgegeben, unser Geld auswärtigen oder feindlichen Völkern zuführt?"

54. „Ich weiß gar wohl, daß man sich bei Gastmahlen und in geselligen Kreisen darüber beklagt und man Beschränkung fordert. Aber stelle nur jemand ein Gesetz darüber fest, kündige Strafen an, dieselben Menschen werden ein Geschrei erheben, man wolle den Staat umkehren, den glänzendsten Häusern Verderben bereiten, keiner sei vor Anschuldigung sicher. Und doch kann man nicht einmal Krankheiten des Leibes, wenn sie alt und lange genährt sind, anders als durch harte und strenge Mittel Einhalt tun; die Seele aber verderbt und ihr eigner Verderber, krank und lustentbrannt zugleich, ist nicht durch mildere Arznei zu dämpfen, als die Begierden sind, die sie entflammen. So viele von den Vorfahren ausfindig gemachte Gesetze, so viele, welche der göttliche Augustus gegeben hat, sind durch Vergessenheit, diese, was um so schändlicher ist, durch Nichtbeachtung außer Kraft gesetzt und haben den Luxus nur noch sicherer gemacht. Denn begehrt man, was noch nicht verboten ist, so kann man doch noch fürchten, daß es verboten werde; hat man sich dagegen über Untersagtes ungestraft hinweggesetzt, so gibt es weiter weder Furcht noch Scham. Warum herrschte denn ehedem Sparsamkeit? Weil sich ein jeder selbst beschränkte, weil wir noch Bürger einer Stadt waren. Auch waren die Verführungen noch nicht so groß, als die Römer nur in Italien herrschten. Durch Siege über Fremde haben wir fremdes, durch Siege über unsere Mitbürger unser eignes Gut verprassen gelernt. Wie wenig noch ist das, worauf uns die Aedilen aufmerksam machen, wie sehr ist es, wenn wir das übrige bedenken, für unerheblich zu erachten! Ja, fürwahr, niemand bringt in Erinnerung, daß Italien auswärtiger Hilfe bedarf, daß das Leben des römischen Volkes täglich das unsichere Spiel der Meereswogen und Stürme ist, und daß, wenn der Überfluß der Provinzen nicht den Herren samt den Sklaven und Äckern zu Hilfe käme, uns wohl unsere Parks, unsere Villen sollten erhalten müßen! Diese Sorge, Senatoren, hat der Fürst zu tra

gen; ihre Vernachlässigung müßte den gänzlichen Untergang des Staates zur Folge haben. Die Heilung des übrigen muß von unserem Inneren ausgehen; uns möge Ehrgefühl, die Armen Not, die Reichen Übersättigung zum bessern lenken; oder verspricht einer der Beamten so viel Tatkraft und Strenge, daß er imstande wäre, dagegen aufzutreten. Den will ich loben und bekennen, daß ein Teil meiner Sorgenlast von mir abgenommen wäre. Wollen sie aber nur als Ankläger der Laster auftreten, und dann, wenn sie den Ruhm dafür geerntet haben, Mißhelligkeiten erregen und diese mir überlassen; so glaubt mir, Senatoren, auch mich gelüstet nicht nach Anfeindungen, und da diejenigen schon schwer genug sind und meist unverdient, die ich zum Wohle des Staates übernehme, verbitte ich mir die mit Recht, die, nichtig und erfolglos, weder mir noch euch von Nutzen sein können."

55. Als man das Schreiben des Kaisers angehört hatte, überließ man den Aedilen dergleichen Sorge. Und der Tafelluxus, dem man seit der Schlacht bei Actium bis zu der Zeit, als Servius Galba mit Waffengewalt zur Herrschaft gelangte, hundert Jahre hindurch mit verschwenderischem Aufwande ergeben gewesen war, nahm allmählich ab. Die Ursachen dieser Veränderung wollen wir untersuchen. Vor Zeiten schon gingen die reichen Familien des Adels oder andre durch hohe Stellung ausgezeichnete in ihrer Prunksucht zu weit. Denn noch war es gestattet, dem Volk, den Bundesgenossen, den Königreichen Ehre zu erweisen und von ihnen anzunehmen; und je mehr jemandes Reichtum, Haus und Aufwand in die Augen fiel, desto mehr wurde er durch seines Namens Ruf und durch Klientschaften geehrt. Als der Mord gewütet hatte und die Größe des Rufes nur Verderben brachte, da wandten die noch übrigen sich Weiserem zu. Zugleich führten die aus den Landstädten und Kolonien, ja selbst aus den Provinzen häufig in den Senat aufgenommenen Emporkömmlinge die Sparsamkeit der Heimat mit sich ein, und obschon die meisten durch Glück, auch wohl durch Tätigkeit es zu einem reichen Alter brachten, blieb ihnen doch der frühere Sinn. Hauptsächlich gab aber Vespasian zu eingeschränkter Lebensweise Anlaß, selbst ein Mann von alter Sitte und Lebensart. So war Folgsamkeit gegen Fürsten und das Streben, ihm nachzueifern, wirksamer, als eine gesetzliche Strafe und Furcht. Es sei denn, daß in allen Dingen durchweg ein gewisser Kreislauf stattfindet, so daß gleich den Jahreszeiten auch die Sitten kreisend wechseln. Auch war nicht alles bei den Alten besser, sondern auch unsere Zeit hat viel Löbliches und Kunstreiches, was die Nachahmung der Nachwelt verdient, hervorgebracht. Indessen möge uns dieser Wetteifer mit den Vorfahren immer im Edlen verbleiben.

56. Als Tiberius sich so durch Zurückweisung der schon lauernden Ankläger den Ruhm der Mäßigung erworben hatte, sandte er ein Schreiben an den Senat, worin er um die tribunizische Gewalt für

Drusus anhielt. Diese Bezeichnung des höchsten Ranges schuf Augustus, um nicht den Namen König oder Diktator anzunehmen, und doch durch einen Titel die übrigen Staatswürden zu überragen. Darauf erkor er Marcus Agrippa zum Genossen dieser Gewalt, und nach dessen Ableben den Tiberius Nero, damit sein Nachfolger nicht ungewiß bliebe. So, glaubte er, würden ungebührliche Hoffnungen anderer gezügelt werden; zugleich vertraute er der Bescheidenheit Neros und seiner eignen Größe. Nach diesem Beispiele nun rückte jetzt Tiberius den Drusus der Regierung näher, während er, so lange Germanicus lebte, seine Wahl zwischen beiden unentschieden gelassen hatte. Nachdem er im Eingang des Schreibens zu den Göttern gefleht, daß sie sein Vorhaben dem Staate zum Segen gereichen lassen möchten, sprach er bescheiden und ohne Übertreibung der Wahrheit von den Eigenschaften des Jünglings; er habe eine Gattin und drei Kinder und dasselbe Alter, in welchem er selbst einst vom göttlichen Augustus zur Annahme dieses Amtes berufen worden sei. Auch werde er nicht übereilt, sondern nach achtjähriger Erprobung, nach Unterdrückung von Empörungen, nach Beilegung von Kriegen, triumphgeschmückt und als zweimaliger Konsul zum Teilhaber einer ihm schon bekannten Last angenommen.

57. Die Senatoren hatten schon eine solche Rede vorausgeahnt; um so gesuchter war ihre Schmeichelei. Doch kamen sie auf nichts anderes, als daß sie Bildnisse der Fürsten, Altäre der Götter, Tempel, Ehrenbogen und sonst Gewöhnliches in Vorschlag brachten, nur daß Marcus Silanus in der Beschimpfung des Konsulats eine Ehre für die Fürsten suchte und seine Stimme dahin abgab, es sollten auf öffentliche und Privatdenkmale zur Erinnerung an diese Zeit, nicht die Namen der Konsuln, sondern die Namen derjenigen gesetzt werden, welche die tribunizische Gewalt bekleideten. Als aber vollends Quintus Haterius die Meinung aussprach, die Senatsbeschlüsse dieses Tages seien mit goldenen Buchstaben in der Kurie anzuheften, wurde er zum Gespött, da er als Greis nur noch die Verachtung über solch eine Kriecherei haben konnte.

58. Währenddessen forderte Servius Maluginensis, der Priester des Jupiter, weil die Verwaltung der Provinz Afrika dem Junius Blaesus verlängert worden war, daß ihm jetzt Asien zugeteilt würde, indem er behauptete, daß die allgemeine Meinung irrig sei, es dürften die Priester Jupiters Italien nicht verlassen. Er habe doch ein gleiches Recht mit den Priestern des Mars und Quirinus. Wenn diese also Provinzen erlosen könnten, warum sollte es denen des Jupiter verboten sein? Es fänden sich darüber keine Volksbeschlüsse, und es stehe nichts in den Zeremonienbüchern. Oft hätten die Oberpriester den Dienst des Jupiter besorgt, wenn dessen Priester durch Krankheit oder durch ein öffentliches Geschäft verhindert gewesen sei. In 75 Jahren sei nach Cornelius Merulas Ermordung niemand an dessen Statt erwählt

worden, und dennoch sei kein Stillstand in den heiligen Gebräuchen eingetreten. Könne nun die Wahl ohne Nachteil des Gottesdienstes so viele Jahre hindurch unterbleiben, wie viel leichter würde die bloße Abwesenheit zu einer einjährigen prokonsularischen Verwaltung sein? Durch Privatfeindseligkeit sei es vordem dahin gekommen, daß ihnen von den Oberpriestern gewehrt würde, in die Provinzen zu gehen; jetzt sei durch die Gnade der Götter der oberste Priester auch das Oberhaupt der Welt, und keiner Eifersucht, keinem Hasse oder Rücksichten persönlicher Gunst unterworfen.

59. Als sich der Augur Lentulus und andere verschiedentlich dagegen äußerten, traf man die Auskunft, daß man den Ausspruch des Oberpriesters abwarten wollte. Tiberius verschob die Untersuchung über das Recht des Priesters, und schränkte die wegen der tribunizischen Gewalt des Drusus beschlossenen Feierlichkeiten ein, namentlich das Ungewöhnliche an jenem Antrage tadelnd, weil goldene Buchstaben der Sitte der Väter zuwider seien. Auch wurde ein Brief des Drusus verlesen, der obwohl voll bescheidener Wendungen für sehr stolz gehalten wurde. Dahin, meinte man, sei es jetzt mit dem allgemeinen Verfalle gekommen, daß nicht einmal der Jüngling, nach Erlangung so großer Ehre Roms den Göttern nahe, im Senate erschiene, und wenigstens die Auspizien auf vaterländischem Boden beginne. Sei etwa Krieg, oder werde der jetzt gerade an den Gestaden und Seen Campaniens Lustwandelnde in entlegenen Landen fern gehalten? So werde der Beherrscher der Menschheit eingeweiht; das lerne er also zuerst in der Schule des Vaters! Möchte immerhin der greise Imperator den Anblick der Bürger lästig finden, und sein müdes Alter sowie die Beendigung seiner Arbeiten vorschützen: was aber könnte Drusus hindern außer Hochmut?

60. Indes gewährte Tiberius, sich selbst der Gewalt des Prinzipats versichernd, dem Senate das Schattenspiel der alten Zeit, indem er die Forderungen der Provinzen zur Untersuchung an die Senatoren verwies. Immer häufiger nämlich wurde es in den griechischen Städten, frei und ungestraft Freistätten zu errichten. Die Tempel füllten sich mit dem Auswurfe der Sklaven; in denselben Schutz wurden Verschuldete gegen ihre Gläubiger und todeswürdiger Verbrechen wegen Verdächtige aufgenommen, und keine Gewalt war stark genug, die Aufstände des Volks zu dämpfen, wenn es die Verbrechen der Menschen gleich heiligem Götterdienst in Schutz nahm. Es wurde daher beschlossen, daß die Gemeinden ihre Beweisurkunden durch Abgeordnete einreichen sollten; und einige gaben nun freiwillig auf, was sie sich fälschlich angemaßt; viele bauten auf das Alter des Aberglaubens oder auf Verdienste um das römische Volk. So war der Glanz des Tages groß, an welchem der Senat die Wohltaten der Vorfahren, die Verträge der Bundesgenossen, auch die Beschlüsse der Könige, die vor dem Übergewichte Roms mächtig gewesen waren,

und selbst die heiligen Verpflichtungen gegen die Götter in Einsicht nahm, und es ihm, wie ehedem, frei stand, was er bestätigen oder abändern wollte.

61. Zuerst unter allen nahten die Epheser und brachten in Erinnerung, daß nicht auf Delos, wie man insgeheim glaube, Diana und Apollo geboren seien; befinde sich bei ihnen doch der Fluß Cenchreus, der Hain Ortygia, wo Latona hochschwanger und gestützt an den noch stehenden Ölbaum diese Gottheiten zur Welt gebracht hatte. Auf der Götter Geheiß sei dieser Hain geheiligt worden; auch habe hier Apollo selbst nach Tötung der Cyklopen sich dem Zorne Jupiters entzogen. Darauf habe Vater Liber, als Sieger im Kriege, den Amazonen, die um Gnade flehend den Altar umgaben, verziehen. Alsdann habe mit des Herkules Bewilligung, als er sich Lydiens bemächtigte, die Heiligkeit des Tempels zugenommen, und auch unter der Herrschaft der Perser sei sein Recht nicht geschmälert worden: später hätten es die Macedonier, dann wir aufrecht erhalten.

62. Die zunächst folgenden Magneter stützten sich auf die Verfügungen Lucius Scipio und des Lucius Sulla, von denen jener nach des Antiochus, dieser nach des Mithridates Vertreibung die Treue und Tapferkeit der Magneter dadurch geehrt hatte, daß die Freistatt der Diana Leucophryne unverletzlich sein sollte. Hierauf brachten die Aphrodisianer und Stratoniceaner ein Belobungsdekret des Diktators Caesar wegen ihrer alten Verdienste um seine Partei, und ein neueres des göttlichen Augustus, weil sie den Einfall der Parther mit unverändert treuem Festhalten am römischen Volke ausgehalten hätten, zum Vorschein. Aber die Gemeinde der Aphrodisianer suchte damit der Venus, die der Stratoniceaner Jupiters und Hekates heiliges Recht zu schützen. Weiterher holten und erklärten die Hierocaesareaner, sie hätten eine persische Diana mit einem von König Cyrus geweihten Heiligtum; und dabei wurden des Perpenna, des Isauricus und vieler anderen Feldherrn Namen erwähnt, die nicht nur den Tempel, sondern ebenso auch zweitausend Schritten im Umkreis dieselbe Heiligkeit verliehen hatten. Sodann baten die Cyprier für drei Tempel, von denen den ältesten Aerias der paphischen Venus, dann sein Sohn Amathus einen der amathusischen Venus und Teucer dem salaminischen Jupiter, als er vor dem Zorne seines Vaters Telamon geflohen, errichtet hätten.

63. Gehör erhielten auch die Gesandtschaften anderer Gemeinden. Aber durch ihre Menge, zumal da der Streit mit Parteilichkeit geführt wurde, ermüdet, übertrugen es die Senatoren den Konsuln, sich erst vollkommene Einsicht in die Berechtigung und die etwa dabei zum Grunde liegende Widerrechtlichkeit zu verschaffen und dann, ohne zu entscheiden, die Sache wieder vor den Senat zu bringen. Die Konsuln berichteten, daß außer den erwähnten Städten noch zu Pergamum eine Freistätte nachgewiesen worden sei, die übrigen aber sich

auf einen des hohen Alters wegen dunklen Ursprung beriefen. Denn die Symrnäer führten ein Orakel Apollos, auf dessen Geheiß sie der Venus Stratonicis einen Tempel geweiht, die Tenier einen Spruch desselben Gottes an, nach welchem ihnen befohlen worden sei, dem Neptun Bild und Tempel als Heiligtum zu stiften. Näherliegendes gäben die Sardianer an, eine Vergünstigung des Siegers Alexander, und nicht weniger beriefen sich die Milesier auf den König Darius; aber übereinstimmend sei bei beiden der Gottesdienst, Dianas oder Apollos Verehrung. Auch die Kreter bäten für ein Bild des göttlichen Augustus. So wurden denn Senatsbeschlüsse abgefaßt, wodurch, wenn auch mit vieler Ehrerweisung, doch Maß vorgeschrieben und ihnen geboten wurde, in den Tempeln selbst diese Dekrete in Erz zu graben, um ihr Andenken recht zu heiligen, und sich nicht unter dem Deckmantel der Religion von Ehrgeiz leiten zu lassen.

64. Um ebendieselbe Zeit versetzte eine schwere Krankheit der Julia Augusta den Fürsten in die Notwendigkeit, eilig in die Stadt zurückzukehren, weil zwischen Mutter und Sohn entweder noch aufrichtiges Einverständnis oder doch nur heimlicher Groll bestand. Denn nicht lange vorher hatte Julia, als sie, nicht weit vom Theater des Marcellus, dem göttlichen Augustus ein Standbild weihte, den Namen des Tiberius dem ihrigen nachgestellt, und dies, glaubte man, habe er als eine Herabsetzung seiner Fürstenhoheit mit schwerem, doch verheimlichtem Groll in sich verschlossen. Jetzt aber wurden Gebete zu den Göttern und die großen Spiele vom Senat beschlossen, welche die Oberpriester, Auguren und Quindecimvirn samt den Septemvirn[73] und den Priestern der augustalischen Brüderschaft geben sollten. Lucius Apronius hatte beantragt, daß auch die Fetialen diesen Spielen vorstehen möchten. Doch hier widersprach der Kaiser, indem er die Gerechtsame der verschiedenen Priesterschaften schied und frühere Beispiele anführte: es hätten nämlich niemals die Fetialen eine so erhabene Würde besessen, und nur deshalb seien die Augustalen hinzugezogen worden, weil sie die eigene Priesterschaft des Hauses wären, für welches die Gelübde dargebracht würden.

65. Einzelne Anträge anzuführen, liegt nicht in meiner Absicht, wenn sie nicht auf eine löbliche oder besonders schimpfliche Weise sich auszeichnen, und ich halte das für die Hauptaufgabe der Annalen, daß Verdienste nicht verschwiegen bleiben und Schlechtigkeit in Wort und Tat sich vor der Nachwelt und der Schande fürchte. Übrigens waren jene Zeiten so verderbt und von Schmeichelei verunreinigt, daß nicht nur die ersten Männer im Staate, die ihren Ruhm durch Ergebenheitsbeweise zu sichern suchen mußten, sondern auch alle Konsularen, ein großer Teil derer, welche die Prätur bekleidet hatten, und sogar viele untergeordnete Senatoren sich um die Wette erhoben, um Niederträchtigkeiten ohne alles Maß in Antrag zu bringen. Es wird erzählt, Tiberius sei gewöhnlich, so oft er aus der Kurie

trat, auf Griechisch in die Worte ausgebrochen: ‚O, diese Sklavenseelen!' So mußte natürlich selbst den, der keine öffentliche Freiheit wollte, die Geduld so verworfener Sklavenseelen anekeln.

66. Man ging hierauf allmählich von entehrenden zu feindseligen Verhandlungen über. Den wegen Erpressungen von den Bundesgenossen belangten Prokonsul Asiens Gaius Silanus griffen Mamercus Scaurus, einer von den Konsularen, der Prätor Junius Otho und der Aedil Bruttedius Niger in Gemeinschaft an, und warfen ihm Verletzung der Gottheit des Augustus, Verachtung der Majestät des Tiberius vor, wobei Mamercus sich auf Beispiele aus der Vorzeit berief, wie Lucius Cotta von Scipio Africanus, Servius Galba vom Censor Cato, Publius Rutilius von Marcus Scaurus angeklagt worden seien. Als ob ein Scipio und ein Cato solche Dinge rächten, oder jener Scaurus, in welchem Mamercus, diese Schmach für seine Ahnen, mit ehrlosem Handwerk seinen Urgroßvater schändete. Junius Otho hatte schon lange die Leitung einer Schule zum Geschäft gehabt; später durch den Einfluß des Seianus Senator geworden, suchte er seinen unberühmten Anfang durch unverschämte Wagnisse in Vergessenheit zu bringen. Den an edler Bildung reichen Bruttedius, der, hätte er den geraden Weg verfolgt, zum höchsten Ruhm gelangen konnte, trieb Ungeduld im Streben, erst seinesgleichen, dann Höheren, am Ende seinen eignen Hoffnungen voranzueilen, was viele, auch Gutgesinnte zu Grunde gerichtet hat, die, was sie langsam aber sicher zum Ziele führt verschmähend, frühreife Frucht selbst um den Preis des eignen Verderbens sich erzwingen wollen.

67. Es vermehrten die Zahl der Ankläger Gellius Poplicola und Marcus Paconius, jener des Silanus Quästor, dieser sein Legat. Auch wurde es nicht für zweifelhaft gehalten, daß er wirklich der Grausamkeit und Gelderpressung schuldig war; aber dabei wurde ihm noch vieles zugeschoben, was selbst Unschuldigen hätte gefährlich werden müssen, zumal er außer so vielen gegen ihn gestimmten Senatoren auch den beredtesten Männern von ganz Asien, die eben deshalb zur Anklage auserkoren worden waren, alleine antworten mußte. Dazu war er auch nicht der Rede kundig und voll persönlicher Furcht, was selbst geübte Redegabe lähmt, indes Tiberius sich nicht enthielt, ihn selbst in häufigen Fragen durch Ton und Miene zu ängstigen, wobei ihm zum Widerlegen oder Ausweichen keine Zeit vergönnt war, und er oft sogar zum Eingeständnis sich genötigt sah, damit jener nur nicht umsonst gefragt hätte. Auch die Sklaven des Silanus hatte man, um sie auf der Folter verhören zu können, dem Actor publicus[46] in Kauf gegeben. Und damit keiner von seinen Angehörigen dem Gefährdeten Beistand leisten möchte, wurden Majestätsverbrechen untergeschoben, eine zum Schweigen nötigende Fessel. So gab er denn, nachdem er sich eine Frist von wenigen Tagen erbeten hatte, seine Verteidigung auf, nur noch ein Schreiben an den Kaiser wa-

gend, in welchem er Verunglimpfung mit Bitten hatte wechseln lassen.

68. Tiberius befahl, damit man das, was er gegen Silanus vorhatte, durch ein Beispiel als desto mehr gerechtfertigt ansehen würde, eine Klagschrift des göttlichen Augustus gegen Volesus Messalla, der ebenfalls Prokonsul gewesen war, und den gegen ihn abgefaßten Senatsbeschluß vorzulesen. Dann forderte er den Lucius Piso zur Abstimmung auf. Dieser gab, nachdem er zuvor viel von des Fürsten Milde geredet hatte, seine Meinung dahin ab, daß Silanus geächtet und nach der Insel Gyarus verwiesen werden sollte. Ebenso die übrigen, nur daß Gnaeus Lentulus mit Zustimmung des Tiberius erklärte, es müßte das mütterliche Vermögen des Silanus, da er von einer anderen[74] Mutter stamme, abgesondert und seinem Sohn gegeben werden.

69. Aber Cornelius Dolabella fügte, seine Schmeichelei noch weiter verfolgend, nachdem er sich hart über Gaius Silanus Charakter ausgelassen hatte, noch hinzu, es solle niemand, dessen Leben gebrandmarkt und der mit Schmach beladen sei, um eine Provinz losen dürfen, und der Fürst möge darüber entscheiden. Denn von den Gesetzen würde bestraft, was begangen sei; wieviel milder gegen diese Männer selbst, wieviel besser für die Bundesgenossen werde es sein, vorher dafür zu sorgen, daß nichts verbrochen würde. Dagegen erklärte der Kaiser, es sei ihm zwar nicht unbekannt, was von Silanus verbreitet werde; aber es dürfe nicht nach Gerüchten entschieden werden. Viele hätten sich in den Provinzen ganz anders, als von ihnen gehofft oder gefürchtet worden sei, benommen; manche würden durch die Größe der Geschäfte zum Besseren geweckt, andere erschlafften. Auch sei der Fürst gar nicht imstande, mit eigner Einsicht alles zu umfassen, und doch fromme es auch nicht, wenn er sich vom Ehrgeiz andrer leiten lasse. Darum gebe man Gesetze gegen das, was schon geschehen sei, weil ungewiß, was geschehen könne. So sei es von den Vorfahren eingerichtet, daß, wenn Verbrechen vorausgegangen wären, Strafen folgten. Nicht umkehren möchten sie, was weislich ausgesonnen und auch ständig befolgt worden sei. Die Fürsten hätten Last genug und auch genug Macht; die Rechte würden geschmälert, so oft die Gewalt sich ausdehne, und man müsse Herrschergewalt üben, wo nach den Gesetzen verfahren werden könne. Je seltener bei Tiberius volkstümliche Gesinnung war, mit um so freudigerer Stimmung wurde es aufgenommen. Und wie er es verstand, sich Schranken zu setzen, wenn eigene Erbitterung ihn nicht hinriß, so fügte er noch hinzu, die Insel Gyarus sei unwirtlich und ohne Anbau von Menschenhänden. Sie möchten es der junischen Familie und einem Manne, der einst zu ihrem Stand gehört hätte, gestatten, daß er sich lieber nach Cythnus begäbe; darum bitte auch Torquata, des Silanus Schwester, eine Jungfrau von alter Sittenheiligkeit. Dieser Meinung trat man bei.

70. Hierauf erhielten die Einwohner von Cyrene Gehör, und auf die Anklage des Ancharius Priscus wurde Caesius Cordus wegen Erpressungen verurteilt. Den römischen Ritter Lucius Ennius, der wegen verletzter Majestät belangt war, weil er von einem Bild des Fürsten das Silber zu gewöhnlichem Gebrauch verwandt, verbot der Kaiser unter die Beklagten aufzunehmen. Dem widersetzte sich wie aus Freiheitssinn Atejus Capito: es dürfe doch den Senatoren nicht die Gewalt entrissen werden, zu beschließen, und eine so große Missetat nicht ungeahndet hingehen; möge er immerhin bei persönlicher Kränkung nachsichtig sein, jedoch ja nicht Staatsbeleidigungen verzeihen. Tiberius verstand dies mehr wie es sich wirklich verhielt, als wie es gemeint war, und blieb bei seinem Einspruch. Capito fiel um so mehr mit seiner Ehrlosigkeit auf, weil er als Kenner des menschlichen und göttlichen Rechts den Ruhm des Staates und seine persönlichen guten Eigenschaften der Schande preisgegeben hatte.

71. Darauf erhob sich die religiöse Frage, in welchem Tempel das Geschenk aufzustellen sei, welches die römischen Ritter für die Genesung Augustas der Fortuna Equestris gelobt hatten. Denn obgleich sich viele Heiligtümer dieser Göttin in Rom befanden, so gab es doch keins mit diesem Beinamen. Es fand sich, daß ein Tempel zu Antium sei, der so hieß, und man meinte, daß alle gottesdienstlichen Angelegenheiten in den italischen Städten samt Tempeln und Götterbildern unter römischem Recht und römischer Herrschaft ständen. So wurde das Geschenk zu Antium aufgerichtet. Und weil nun einmal über Gegenstände der Religion verhandelt wurde, so trug der Kaiser die neulich aufgeschobene Erklärung gegen den Priester Jupiters, Servius Maluginensis vor, und verlas einen Beschluß der Oberpriester, daß, sooft Krankheit den Priester Jupiters befiele, er mit des Pontifex Maximus Bewilligung länger als zwei Nächte abwesend sein dürfe, nur nicht an Tagen einer öffentlichen Opferhandlung und nicht öfter als zweimal in demselben Jahr; eine Bestimmung, welche, unter Augustus Herrschaft gegeben, genugsam bewies, daß Abwesenheit auf ein Jahr und Provinzialverwaltung den Jupiterspriestern nicht gestattet sei. Auch führte man das Beispiel des Pontifex Maximus Lucius Metellus an, der den Priester Aulus Postumius zurückgehalten hätte. So wurde die Provinz Asien dem zugewiesen, der unter den Konsularen dem Maluginensis der nächste war.

72. In denselben Tagen beantragte Lepidus beim Senat, die Basilika des Paulus, ein Denkmal der Aemilier, aus eigenen Mitteln herstellen und ausschmücken zu dürfen. Denn auch damals war noch öffentliche Freigebigkeit Sitte; auch hatte Augustus dem Taurus, Philippus und Balbus nicht verwehrt, vom Feinde Erbeutetes oder den Überfluß ihres Vermögens zur Verschönerung der Hauptstadt und zum Ruhme ihrer Nachkommen zu verwenden. Nach diesem Vorgang erneuerte damals Lepidus, obwohl von mäßigem Vermögen, das

Ehrendenkmal seiner Ahnen. Aber das Theater des Pompeius, das durch Zufall vom Feuer verzehrt worden war, versprach der Kaiser wieder aufzubauen, weil von der Familie niemand es wiederherzustellen imstande sei; doch sollte des Pompeius Name bleiben. Dabei erhob er Seianus mit Lobsprüchen, als sei durch dessen Bemühung und Wachsamkeit eine solche Feuersbrunst auf diesen einen Schaden beschränkt geblieben. Und die Senatoren beantragten ein dem Seianus im Theater des Pompeius zu errichtendes Standbild. Auch erklärte der Kaiser nicht lange nachher, als er den Prokonsul Afrikas Junius Blaesus mit Triumphinsignien auszeichnete, er tue dies dem Seianus zu Ehren, dessen Onkel jener war. Dabei hatte Blaesus diese Auszeichnung vollauf verdient.

73. Denn Tacfarinas hatte, obwohl öfters zurückgeschlagen, nach Wiederherstellung seiner Streitkräfte aus dem Innern Afrikas seine Anmaßung so weit getrieben, daß er Gesandte an Tiberius schickte und sogar Wohnsitze für sich und sein Heer forderte oder endlosen Krieg drohte. Bei keiner anderen Gelegenheit soll den Kaiser eine ihm und dem römischen Volk angetane Beschimpfung mehr gekränkt haben, als daß ein Ausreißer und Räuber förmlich wie ein Feind verhandelte. Nicht einmal dem Spartacus, der nach so vielen Niederlagen konsularischer Heere ungestraft Italien verheerte, sei, obwohl durch des Sertorius und Mithridates gewaltige Kriege der Staat wankte, zugestanden worden, sich durch einen Vertrag unterwerfen zu dürfen. Wieviel weniger könne sich man in der glänzendsten Höhe des römischen Volks vom Straßenräuber Tacfarinas durch Frieden und Gebietszugeständnis loskaufen wollen. So übertrug er dem Blaesus das Geschäft, die übrigen zwar zur Hoffnung, die Waffen ungefährdet niederlegen zu können, anzulocken, des Anführers aber sich auf jede Weise zu bemächtigen.

Viele wurden nun durch diese Nachsicht wieder unterworfen; dann begegnete man den Kunstgriffen des Tacfarinas mit ganz ähnlicher Kriegesweise.

74. Denn während er, mit eigentlicher Heeresmacht uns nicht gewachsen, aber in Kriegslisten geschickter, mit mehreren Haufen Einfälle machte und sich wieder zurückzog und es zugleich mit Hinterhalten versuchte, wurden drei Angriffslinien und ebensoviele Heereszüge angeordnet. Den einen derselben befehligte der Legat Cornelius Scipio, da wo jene die Leptiner plünderten und zu den Garamanten ihre Zuflucht nahmen; auf der andern Seite führte Blaesus, der Sohn, eine eigne Schar, damit nicht die Dörfer der Cirtener ungestraft geplündert würden; in der Mitte hatte der Feldherr selbst mit der auserlesenen Mannschaft, Kastelle und Verschanzungen an dazu geeigneten Orten angelegt und die Feinde überall in gefährliche Enge getrieben, weil, wohin sie sich auch wenden mochten, ein Teil der römischen Kriegsmacht ihnen im Angesicht oder zur Seite, ja oft im Rücken stand; auf diese Weise wurden viele niedergemacht oder

abgeschnitten. Dann teilte er das dreifache Heer in mehrere Haufen und stellte Centurionen von erprobter Tapferkeit an ihre Spitze. Auch zog er nicht, wie bisher üblich, nach beendetem Sommer die Truppen zurück, oder sammelte sie in den Winterlagern der alten Provinz, sondern jagte, gleichsam auf der Schwelle zum Kriege, nachdem er hie und da Kastelle angelegt, durch leichtbewaffnete und der Wüsten kundige Soldaten den sein Hüttenlager öfters wechselnden Tacfarinas vor sich her. Erst als er dessen eigenen Bruder gefangen genommen hatte, zog er sich zurück, freilich früher, als für das Wohl der Bundesgenossen ratsam war, da genug noch übriggeblieben waren, die den Krieg von neuem sich erheben lassen konnten. Tiberius aber, der ihn für beendigt erklärte, gestand auch das dem Blaesus zu, daß er vor den Legionen als Imperator begrüßt werden sollte; eine altherkömmliche Ehrenerweisung gegen Feldherren, die, wenn sie glücklich für den Staat gekämpft hatten, vom siegreichen Heer im Ungestüm der Freude einstimmig als Imperatoren ausgerufen wurden. So gab es mehrere Imperatoren zugleich, doch unbeschadet der Gleichheit mit den übrigen. Auch Augustus gestattete einigen diesen Titel; zum letztenmale jetzt Tiberius dem Blaesus.

75. Gestorben sind in diesem Jahr zwei angesehene Männer: Asinius Saloninus, dadurch ausgezeichnet, daß er Marcus Agrippa und Asinius Pollio zu Großvätern, den Drusus zum Bruder hatte und vom Kaiser zum Gatten seiner Enkelin bestimmt war, und der schon von mir erwähnte Ateius Capito, der sich zum ersten Range im Staate durch Tätigkeit im Zivildienst erhoben hatte, obwohl sein Großvater nur Centurio unter Sulla, sein Vater nur Prätor gewesen war. Zum Konsulat hatte ihn Augustus schnell befördert, damit er vor Antistius Labeo, der sich durch dieselben Eigenschaften auszeichnete, durch die Würde dieses Amtes den Vorrang hätte. Denn jene Zeit brachte zwei Zierden des Friedens zugleich hervor; Labeo war von unbestochenem Freiheitssinne und von der Volksmeinung deshalb mehr gefeiert, Capitos Gefügigkeit gefiel den Herrschern besser. Jenem erwuchs, weil er bei der Prätur stehen blieb, Empfehlung aus dem Unrecht, diesem, weil er das Konsulat erlangte, Haß aus dem Neide.

76. Auch Junia, Catos Nichte, des Gaius Cassius Gemahlin, Marcus Brutus Schwester, vollendete ihr Leben in diesem vierundsechzigsten Jahre nach der Schlacht bei Philippi. Ihr Testament veranlaßte viel Gerede unter dem Volk, weil sie trotz der Größe ihres Vermögens den Kaiser nicht bedacht hatte, während sie doch ziemlich alle Große auf eine ehrenvolle Weise zu Erben eingesetzt hatte. Er nahm dies gleichmütig auf, und wehrte nicht, daß ihr Leichenbegängnis durch Lobpreisung von der Rednerbühne und durch die übrigen Feierlichkeiten geehrt wurde. Die Ahnenbilder von zwanzig der berühmtesten Familien wurden vorangetragen, Manlier, Quinctier und andere Namen von gleichem Adel; doch Cassius und Brutus überstrahlten alle gerade dadurch, daß ihre Bildnisse nicht zu sehen waren.

VIERTES BUCH

Die Jahre 23 bis 28 n. Chr.

Das Jahr 23 n. Chr.

1. Mit dem Konsulat des Gaius Asinius und Gaius Antistius begann für Tiberius das neunte Jahr der öffentlichen Ruhe, der Blüte seines Hauses – denn den Tod des Germanicus rechnete er zu den glücklichen Ereignissen –, als plötzlich das Schicksal Verwirrung anzurichten, er selbst zu wüten oder Wütenden Kräfte zu leihen anfing. Anfang und Anlaß dazu gab Aelius Seianus, der Präfekt der prätorischen Kohorten, dessen Machteinfluß ich oben schon erwähnt habe. Jetzt will ich seine Abkunft, seinen Charakter und durch welchen Frevel er die Herrschaft an sich zu reißen suchte, auseinandersetzen. Gebürtig aus Vulsinii, der Sohn des Seius Strabo, eines römischen Ritters, und in früher Jugend schon dem göttlichen Augustus Enkel, dem Gaius Caesar zugetan, nicht ohne Nachrede, er habe dem reichen und verschwenderischen Apicius sich für Geld preisgegeben, fesselte er dann Tiberius durch mancherlei Kunstgriffe dergestalt, daß er den gegen andere Versteckten gegen sich allein arglos und offen machte, nicht nur durch seine Geschicklichkeit – denn mit denselben Künsten wurde er ja auch besiegt – als durch den Zorn der Götter gegen den Römerstaat, dem seine Macht sowie sein Fall zu gleichem Verderben gereichte. Sein Körper war ausdauernd in Beschwerden, sein Geist kühn; geheim sich selber haltend trat er gegen andre als Anschwärzer auf; vereint war in ihm Schmeichelei und Stolz, äußerlich ruhige Bescheidenheit, in seinem Innern Begier, das Höchste zu erlangen, und deshalb bald Verschwendung und Üppigkeit, häufiger Tätigkeit und Wachsamkeit, nicht minder verderblich, sobald sie nur zur Erwerbung königlicher Macht erheuchelt werden.

2. Die bisher mäßige Gewalt der Präfektur steigerte er, indem er die in der Stadt zerstreuten Kohorten in ein Lager zusammenzog, damit sie zu gleicher Zeit ihre Befehle erhielten und durch Anzahl, Stärke und gegenseitigen Anblick mehr Vertrauen zu sich selbst und für andere mehr Furchtbarkeit gewönnen. Zum Vorwand brauchte er: der Soldat werde in der Vereinzelung übermütig; falle plötzlich etwas vor, so könne man auf einmal mit größerer Macht zu Hilfe kommen; und strengere Zucht würden sie selbst beachten, wenn sie fern von den Lockungen der Stadt ein Wall umgäbe. Als das Lager fertig war,

schlich er sich allmählich in die Herzen der Soldaten ein durch persönliche Annäherung und Anrede. Zugleich wählte er selbst die Centurionen und Tribunen. Auch enthielt er sich nicht, der Senatoren Gunst zu suchen, um seine Klienten mit Ehrenstellen oder mit Provinzen auszustatten, wobei Tiberius so willfährig und geneigt war, daß er ihn nicht bloß in Gesprächen, nein, vor den Senatoren und dem Volke als seinen Mitarbeiter pries und es geschehen ließ, daß sogar den Bildnissen desselben in Theatern, auf Märkten und in den Hauptquartieren der Legionen Anbetung zuteil wurde.

3. Allein der Caesaren volles Haus, der jugendkräftige Sohn, die schon erwachsenen Enkel verzögerten, was er begehrte. Mit Gewalt über soviele zugleich herzufallen war mißlich, die Hinterlist aber erforderte Zeit zwischen den Verbrechen. Er entschloß sich jedoch, den geheimeren Weg einzuschlagen und mit Drusus zu beginnen, gegen den er von frischem Groll hingerissen war. Denn Drusus hatte, keinen Nebenbuhler duldend und von leicht reizbarem Charakter, bei zufällig entstandenem Wortwechsel die Hand wider Seianus erhoben und, da dieser ein Gleiches tat, ihn ins Gesicht geschlagen. Als er daher alles aufzubieten versuchte, schien es ihm am leichtesten, sich an dessen Gattin Livia zu wenden, die, eine Schwester des Germanicus, als Kind von unansehnlicher Gestalt, sich nachher durch Schönheit hervortat. Diese verführte er, als wäre er von Liebe entbrannt, zum Ehebruch. Als die Zumutung des ersten Frevels Gehör gefunden hatte, trieb er sie – denn ein Weib pflegt nach Verlust der Keuschheit nichts mehr zu versagen – zur Hoffnung auf ein Ehebündnis, auf Teilnahme an der Herrschaft und zur Ermordung ihres Gatten an. Und so schändete sie, die Augustus zum Großonkel, Tiberius zum Schwiegervater und von Drusus Kinder hatte, sich selbst, ihre Vorfahren und Nachkommen mit dem Buhlen aus einer Landstadt, um für den ehrenvollen Besitz der Gegenwart den schimpflichen einer ungewissen Zukunft zu erwarten. Zur Mitwissenschaft wurde Eudemus gezogen, Livias Freund und Arzt, der unter dem Deckmantel seiner Kunst oft an ihren Geheimnissen teilnahm. Seianus jagte seine Gattin Apicata aus dem Hause, mit welcher er drei Kinder gezeugt hatte, damit sie der Buhlerin nicht zum Verdachte Anlaß gäbe. Doch die Größe des Unternehmens führte noch Besorgnis, Aufschub, bisweilen sogar widersprechend scheinende Maßregeln herbei.

4. Inzwischen legte mit dem Beginn des Jahres Drusus, einer von Germanicus Söhnen, die Männertoga an, und für ihn wurde, was der Senat für seinen Bruder Nero beschlossen hatte[75], wiederholt. Dazu hielt der Kaiser eine Rede voll des Lobes für seinen Sohn, wie so väterliches Wohlwollen er gegen die Kinder seines Bruders hege. Denn Drusus galt, so schwer es sein mag, daß Macht sich mit Eintracht einigt, doch billig oder wenigstens nicht feindlich gegen die Jünglinge.

Hierauf kam der alte und oft schon vorgegebene Entschluß zu einer Reise in die Provinzen wieder zur Sprache. Der Imperator schützte die Menge der Veteranen vor und die Notwendigkeit, durch Aushebungen die Heere zu ergänzen; denn es fehle an Freiwilligen, und gäbe es ihrer auch genug, so bewiesen sie doch nicht dieselbe Tapferkeit und Zucht, weil meist Arme und Landstreicher freiwillige Dienste nähmen. Dabei zählte er die Zahl der Legionen kurz auf und welche Provinzen sie beschützten. Und das glaube auch ich auseinandersetzen zu müssen, welche Kriegsmacht damals unter den Waffen stand, welche Könige verbündet, und wie viel beschränkter damals die Herrschaft noch war.

5. Vor Italien lagen auf beiden Meeren zwei Flotten, bei Misenum und Ravenna, und am nächsten gallischen Gestade die geschnäbelten Schiffe, welche, im Siege bei Actium erbeutet, Augustus nach Forum Julium gesendet und mit Ruderern stark bemannt hatte. Die Hauptmacht aber bildeten am Rhein, zu gemeinschaftlichem Schutze gegen Germanen und Gallier, acht Legionen. Spanien, neuerdings bezwungen, wurde von dreien besetzt gehalten. Mauretanien hatte der König Juba als ein Geschenk des römischen Volks empfangen. Das übrige Afrika wurde von zwei Legionen, von einer gleichen Zahl Ägypten, sodann der ganze ungeheure Landstrich von da, wo Syrien anfängt, bis zum Euphrat hin, von vier Legionen in Zaum gehalten, da wo Nachbarn waren die Könige der Iberer, Albaner und andere, die durch unsere Größe gegen auswärtige Reiche geschützt werden. Thracien hatte Rhoemetalces nebst den Söhnen des Cotys inne, das Donauufer zwei Legionen in Pannonien, zwei in Mösien, und ebensoviel waren in Dalmatien aufgestellt, um vermöge der Lage des Landes jenen den Rücken zu decken und, wenn Italien plötzliche Hilfe verlangte, ganz aus der Nähe herbeigerufen werden zu können, obwohl Rom seine eigne Besatzung hatte, drei städtische und neun prätorische Kohorten, meist in Etrurien und Umbrien, oder im alten Latium und in den altrömischen Kolonien ausgehoben. Aber auch bundesgenössische Dreiruderer, Reiterhaufen und Hilfskohorten befanden sich an passenden Orten in den Provinzen, und nicht viel unbedeutender war ihre Streitkraft; doch sie aufzuzählen dürfte unsicher sein, da sie nach Befinden der Umstände hier und dorthin zogen, und bisweilen an Zahl zunahmen, bisweilen verringert wurden.

6. Für angemessen möchte ich es nun halten, auch auf die übrigen Zweige der Staatsverwaltung hinzuweisen, auf welche Weise es damit gehalten wurde bis zu diesem Tage, weil dieses Jahr ja die Regierung des Tiberius so zum Nachteil zu verändern begann. Vor allem also wurden die öffentlichen Angelegenheiten und die wichtigsten von denen der Privatpersonen im Senat verhandelt, und es war den Angeseheneren gestattet, sich auszusprechen. Und wo sie in Schmeichelei verfielen, tat er selbst Einhalt. Auch sah er bei Übertragung von

Ehrenstellen auf den Adel der Vorfahren, auf Berühmtheit im Kriegsdienst, auf ausgezeichnete Eigenschaften in den Geschäften des Friedens, so, daß man ziemlich gewiß sein konnte, es seien keine anderen würdiger gewesen. Es blieb den Konsuln, den Prätoren ihr Ansehen, auch die geringeren Beamten handhabten ihre Gewalt, und die Gesetze wurden, nahm man die Untersuchung über Majestätsbeleidigungen aus, auf löbliche Weise ausgeübt. Freilich wurden die Getreidelieferungen, die Zollabgaben und die übrigen öffentlichen Einkünfte durch die Gesellschaften der römischen Ritter betrieben. Aber seine eigenen Vermögensangelegenheiten übertrug der Kaiser nur den bewährtesten, selbst einigen ihm unbekannten, ihrem guten Rufe folgend. Die einmal Angestellten wurden beibehalten ohne alle Einschränkung, da die meisten in einem und demselben Geschäft zu Greisen wurden. Zwar seufzte das Volk unter schweren Getreidepreisen; aber keine Schuld traf dabei den Fürsten: ja er suchte, soviel er durch Geldaufwand und Sorgfalt vermochte, der Unergiebigkeit des Bodens und den Unglücksfällen auf dem Meere zu begegnen. Auch sorgte er dafür, daß die Provinzen nicht durch neue Lasten in Aufruhr gebracht würden und daß sie die alten sich ohne Habsucht oder Grausamkeit der Beamten gefallen ließen. Körperliche Züchtigung und Gütereinziehung kam nicht vor.

Nur hie und da besaß der Kaiser in Italien Ländereien; seine Sklaven waren bescheiden, die Hausverwaltung auf wenig Freigelassene beschränkt, und hatte er je einmal einen Streit mit Bürgern, so entschied das öffentliche Recht.

7. Wenngleich in keiner milden Weise, sondern rauh und meist gefürchtet, behielt er doch dies alles bei, bis es sich mit Drusus Tod änderte. Denn solange dieser lebte, blieb es so, weil Seianus, während seine Macht noch im Entstehen war, sich durch gute Ratschläge bekannt machen wollte, und weil er den Rächer stets fürchtete, der seinen Haß nicht barg, sondern sich häufig beklagte, daß ein anderer ‚Reichsgehilfe' genannt werde, da doch der Sohn noch am Leben sei. Und wie viel fehle denn, daß er Mitregent werde? Nur die erste Hoffnung zur Herrschaft zeige eine steile Bahn; habe man sie erst betreten, so fehle es nicht an Beistand und an Helfern. Schon errichtet sei, weil der Präfekt es so gewollt, das Lager, der Soldat schon in seine Hände gegeben. Man sehe ja sein Bild im Bau des Gnaeus Pompeius. Gemeinschaftliche Enkel solle er mit der drusischen Familie haben[76]. Und nach allem dem müsse man noch bitten, daß er bescheiden sich damit genügen lasse. Dergleichen äußerte er nicht selten und nicht vor wenigen, und auch seine geheimen Reden wurden verraten, da die Gattin verführt war.

8. So hielt denn Seianus Beschleunigung für nötig und wählte Gift, durch dessen allmähliche Wirkung sich der Schein zufälliger Krankheit ergeben sollte. Dies wurde dem Drusus durch den Eunuchen

Lygdus hinterbracht, wie man acht Jahre nachher erfuhr[77]. Tiberius ging indes alle Tage während seiner Krankheit, nichts befürchtend, oder um seine Seelenstärke zu zeigen und auch als er gestorben und noch nicht bestattet war, in die Kurie, erinnerte die Konsuln, die sich zum Zeichen der Betrübnis auf gemeinem Sitze niedergelassen hatten, an ihre Würde und an ihren Platz und richtete den in Tränen zerfließenden Senat, nachdem er die Klagen desselben zum Schweigen gebracht hatte, zugleich auch durch eine zusammenhängende Rede auf: er wisse zwar wohl, man könne es tadeln, daß er sich im noch frischen Schmerze vor den Augen des Senates zeige; von den meisten Trauernden werde kaum der Zuspruch der Verwandten ertragen, kaum das Tageslicht angeblickt. Man dürfe sie doch deshalb nicht der Schwäche zeihen: er aber habe kräftigeren Trost in seiner Hingebung an den Staat gesucht. Dann beklagte er die hochbetagte Augusta, die unreife Jugend seiner Enkel, sein eigenes sich neigendes Lebensalter, und verlangte, daß des Germanicus Kinder, der einzige Trost im gegenwärtigen Mißgeschick, hereingeführt würden. Die Konsuln begaben sich hinaus, ermutigten die Jünglinge durch Trostworte, geleiteten sie hinein und stellten sie vor den Kaiser hin. Dieser sprach, sie bei der Hand fassend: „Senatoren, diese Vaterlosen übergab ich ihrem Onkel, und bat ihn, obwohl er selbst Nachkommen hatte, sie nicht anders als sein eigenes Blut zu hegen und zu erziehen, für sich selbst und seine Nachkommen heranzubilden. Da Drusus ihnen nun entrissen ist, so richte ich meine Bitten an euch und beschwöre euch im Angesicht der Götter und des Vaterlandes: Nehmt die Enkelsöhne des Augustus, die von so berühmten Vorfahren entsprossen sind, auf und leitet sie; erfüllt eure Pflicht so wie die meinige. Diese Männer, mein Nero und mein Drusus, vertreten euch Elternstelle. So seid ihr geboren, daß euer Wohl und Weh sich auf den Staat erstreckt."

9. Dies wurde unter lautem Weinen und unter Segenswünschen vernommen, und hätte er der Rede hier ein Ende gesetzt, so hätte er die Hörer gewiß mit Mitleid gegen sie und mit Achtung erfüllt. Doch wandte er sich zu dem leeren und so oft verspotteten Spiel zurück, und sprach von der Abgabe der Staatsverwaltung, und daß doch die Konsuln oder anders wer die Regierung übernehmen möchte, und entzog so auch dem Wahren und Ehrenwerten allen Glauben. Zum Ehrengedächtnis des Drusus wurde ebendasselbe wie für Germanicus beschlossen, und noch vieles hinzugefügt, wie spätere Schmeichelei es in der Regel pflegt. Das Leichenbegängnis zeichnete sich besonders durch den feierlichen Aufzug der Ahnenbilder aus, da man den Stamm des julischen Geschlechtes, Aeneas und sämtliche Albanerkönige, Romulus, den Gründer der Stadt, darauf den sabinischen Adel, Attus Clausus und die übrigen Bildnisse der Claudier in langer Reihe schaute.

10. Bei der Erzählung von Drusus Tod habe ich mitgeteilt, was von

den meisten und zuverlässigsten Geschichtschreibern berichtet worden ist; doch möchte ich ein Gerücht aus jener Zeit selbst nicht übergehen, das so stark ist, daß es sich noch nicht verliert: Seianus habe nach Verführung Livias zum Verbrechen auch den Eunuchen Lygdus durch unzüchtigen Umgang an sich gefesselt, weil dieser wegen seiner jugendlichen Schönheit bei seinem Herrn beliebt und einer seiner ersten Diener war. Dann sei er, nachdem unter den Mitwissenden Ort und Zeit der Vergiftung verabredet worden war, in der Verwegenheit so weit gegangen, daß er die Sache umgekehrt und, in geheimer Anzeige Drusus der Giftmischerei gegen den Vater beschuldigend, den Tiberius vor dem Tranke gewarnt habe, der, wenn er bei dem Sohne speiste, ihm zuerst angeboten werden würde. Infolge dieser Hinterlist habe dann der Greis, nachdem er zu dem Mahle gekommen, den empfangenen Becher dem Drusus überreicht, und da dieser ihn, von nichts wissend, mit jugendlicher Hast leerte, sei der Verdacht noch mehr befestigt worden, als habe er aus Furcht und Scham sich selbst den Tod gegeben, den er dem Vater habe bereiten wollen.

11. Dieses allgemein verbreitete Gerede kann man, abgesehen davon, daß es von keinem sichern Gewährsmanne bestätigt wird, leicht widerlegen. Denn wer von nur leidlicher Besonnenheit, geschweige denn der in so wichtigen Dingen erfahrene Tiberius, würde seinem Sohne ungehört Vernichtung bieten, und das mit eigener Hand und ohne in der Reue zurück zu können? Würde er nicht vielmehr den Diener der Vergiftung gefoltert, dem Urheber derselben nachgeforscht, gewiß wenigstens die ihm angeborene, auch gegen Fremde bewiesene, zaudernde Bedenklichkeit gegen den einzigen, vorher keiner Schandtat überwiesenen Sohn gezeigt haben. Aber weil Seianus für fähig gehalten wurde, jede nur denkbare Missetat zu ersinnen, so wurde bei des Kaisers übergroßer Liebe zu ihm und bei dem Hasse aller übrigen gegen beide, dem noch so Fabelhaften und Ungeheuren Glauben geschenkt; wie ja immer das Gerücht beim Tode der Herrscher ins Gräßliche übertreibt. Überdies ist der Hergang des Verbrechens von Seianus Gattin Apicata verraten, durch Folterung des Eudemus und Lygdus ans Tageslicht gekommen, und kein einziger Schriftsteller hat seinen Haß so weit getrieben, daß er dabei dem Tiberius etwas schuldgegeben hätte, während sie doch alles andere aufsuchten und übertrieben. Ich habe bei Mitteilung und Widerlegung des Gerüchts nur die Absicht gehabt, aus Anlaß eines augenfälligen Beispiels grundloses Hörensagen abzuweisen, und die zu bitten, in deren Hände die Frucht meiner Forschung gelangt, daß sie Weitverbreitetem und doch Unglaublichem, welches man begierig aufgreift, vor der nicht ins Wunderbare entstellten Wahrheit nicht den Vorzug geben.

12. Übrigens nahmen der Senat und das Volk, während Tiberius seinem Sohn von der Rednerbühne eine Leichenrede hielt, mehr aus

Verstellung als von Herzen Haltung und Sprache Leidtragender an und freuten sich im stillen, daß das Haus des Germanicus neu emporwachse. Doch dieser Beginn der Gunst und die ihre Hoffnung schlecht verbergende Mutter Agrippina beschleunigte dessen Verderben. Denn sobald Seianus sah, daß Drusus Tod an den Mördern unbestraft und kein Gegenstand öffentlicher Betrübnis war, überlegte er, kühn in Freveln, zumal da ihm der erste Schritt gelungen, bei sich hin und her, auf welche Art er auch die Kinder des Germanicus aus dem Wege räumen könnte, deren Anwartschaft ja ganz außer Zweifel war. Denn gegen drei zugleich konnte Gift nicht angewendet werden bei der ausgezeichneten Treue ihrer Hüter und bei Agrippinas unzugänglicher Keuschheit. Daher griff er ihren Starrsinn an, brachte Augustas alten Haß, Livias frisches Schuldbewußtsein in Aufruhr, um sie beim Kaiser zu beschuldigen, daß sie stolz auf ihre Fruchtbarkeit und sich stützend auf die Gunst des Volkes, nach der Herrschaft trachte. Um dieses betrieb er durch listige Verleumder, unter welchen er sich den Julius Postumus auserkoren hatte, welcher durch Ehebruch mit der Mutilia Prisca zu den Vertrautesten der Großmutter gehörte und für seine Pläne ganz paßte, weil die über Augusta viel vermögende Prisca die von Natur schon ängstlich um ihre Macht besorgte Alte ganz unversöhnlich gegen die Enkelschwiegertochter stimmte. Auch Agrippinas nächste Umgebung wurde verleitet, durch boshafte Rede ihren hochfahrenden Sinn vollends aufzureizen.

13. Indessen beschäftigte sich Tiberius in unausgesetzter Sorge für den Staat, wobei er die Geschäfte sich zum Trost gereichen ließ, mit der Rechtspflege über die Bürger, mit den Gesuchen der Bundesgenossen; und auf seinen Antrag wurden die Senatsbeschlüsse abgefaßt, daß der Stadt Cibya in Asien und Aegium in Achaia, die durch Erdbeben gelitten hatten, durch Erlaß des Tributs auf drei Jahre Hilfe geleistet würde. Der Prokonsul des jenseitigen Spaniens, Vibius Serenus, wurde öffentlicher Gewalttätigkeit angeklagt, seiner grausamen Härte wegen nach der Insel Amorgus deportiert. Carsidius Sacerdos, angeschuldigt als einer, der den Feind Tacfarinas mit Getreide unterstützt habe, wird freigesprochen, und von der gleichen Beschuldigung auch Gaius Gracchus. Diesen hatte in früher Kindheit sein Vater Sempronius als Gefährten der Verbannung nach der Insel Cercina mitgenommen. Hier aufgewachsen unter Verbannten und ungebildeten Menschen, fand er seinen Unterhalt nachher durch gemeinen Handel in Afrika und Sizilien. Dennoch entging er den Gefahren nicht, die großes Glück bereitet. Und hätten nicht Aelius Lamia und Lucius Apronius, welche Afrika bekommen hatten, den Schuldlosen in Schutz genommen, so wäre er durch die Berühmtheit seines unglücklichen Geschlechts und durch seines Vaters Mißgeschick mit ins Verderben gerissen worden.

14. Auch dieses Jahr wies Gesandtschaften griechischer Städte auf,

da die Samier für Junos Heiligtum, die Coer für das des Aesculap sich Bestätigung des alten Rechts der Freistatt erbaten. Die Samier stützten sich auf einen Beschluß der Amphictyonen, die zu der Zeit, als die Griechen durch Anlage von Städten in Asien die Meeresküste beherrschten, in allen Angelegenheiten die höchste Entscheidung hatten. Nicht unähnlich verhielt es sich bei den Coern mit dem Alter, und hinzu kam noch von seiten des Ortes ein Verdienst. Denn man hatte die römischen Bürger im Tempel des Aesculap untergebracht, als sie auf Befehl des Königs Mithridates auf allen Inseln und in allen Städten Asiens ermordet wurden.

Sodann brachte nach mancherlei und oft fruchtlosen Klagen der Prätoren endlich der Kaiser selbst die Zügellosigkeit der Schauspieler zur Sprache: viel Meuterei im Staate, viel Scheußliches in den Familien gehe von ihnen aus; das einst oscische Possenspiel, diese nichtssagende Volksergötzung, sei zu so verbrecherischer Übermacht gelangt, daß ihm durch das Ansehen des Senats Schranken gesetzt werden müßten. So wurden die Schauspieler aus Italien vertrieben.

15. Dasselbe Jahr brachte dem Kaiser noch andere Trauer, weil es den einen von Drusus Zwillingssöhnen wegraffte, und nicht minder durch eines Freundes Tod. Dieser war Lucilius Longus, in allen Leiden und Freuden sein Gefährte und von allen Senatoren sein einziger Begleiter in der Abgeschiedenheit auf Rhodus. So wurde ihm vom Senat, trotz der Neuheit seines Adels, ein censorisches Leichenbegängnis und ein Standbild auf dem Forum des Augustus auf öffentliche Kosten zuerkannte, vor welchem damals noch alles verhandelt wurde. Selbst ein Prokurator Asiens, Lucilius Capito, mußte sich auf Anklage der Provinz vor ihm verteidigen, unter nachdrücklicher Versicherung des Fürsten, er habe ihm nur über seine Sklaven und über sein Privatvermögen ein Recht gegeben. Sollte er sich die Gewalt eines Prätors angemaßt und sich der bewaffneten Macht bedient haben, so seien damit seine Anweisungen überschritten; man solle die Bundesgenossen anhören. So wurde der Beschuldigte nach Untersuchung der Sache verurteilt. Wegen dieser Genugtuung und weil im vorigen Jahre Gaius Silanus bestraft worden war[78], beschlossen Asiens Städte einen Tempel für Tiberius, dessen Mutter und den Senat. Man erlaubte auch dessen Aufführung, und Nero dankte dafür dem Senat und seinem Großvater unter freudiger Zustimmung der Zuhörer, die, im frischen Andenken an Germanicus, diesen zu sehen, diesen zu hören glaubten. Der Jüngling besaß auch wirklich eines Fürsten würdige Feinheit und Gestalt, die bei Seianus bekanntem Hasse gegen ihn wegen der Gefahr noch mehr für ihn gewann.

16. Um dieselbe Zeit sprach der Kaiser über die Erwählung des Jupiterpriesters an die Stelle des verstorbenen Servius Maluginensis und dabei über den Vorschlag eines neuen Gesetzes. Denn nach altem Brauche würden Patrizier, von feierlich vermählten Eltern stam-

mend, und zwar drei zugleich vorgeschlagen, aus denen einer zu wählen sei. Nun stehe aber diese Zahl nicht so wie damals zu Gebote, da die Gewohnheit feierlicher Vermählung außer Gebrauch gekommen, oder doch nur von wenigen beibehalten sei. Dazu führte er mehrere Ursachen an: die hauptsächlichste liege in der Gleichgültigkeit der Männer und Frauen; dazu kämen die Schwierigkeiten bei der Zeremonie selbst, die man mit Bedacht vermeide; endlich trete ja, wer dieses Priestertum erlangte, aus der väterlichen Gewalt, und ebenso die Frau, die der Hand eines solchen Priesters folgte. Dem sei daher durch einen Senatsbeschluß oder durch ein Gesetz abzuhelfen, sowie auch Augustus manches aus der rauhen Vorzeit dem gegenwärtigen Bedürfnis angepaßt habe. Man beschloß daher nach Erwägung der gottesdienstlichen Gebräuche an der Einrichtung dieser Priester zwar nichts abzuändern; aber es wurde ein Gesetz gegeben, nach welchem die Gattin des Jupiterpriesters sich gottesdienstlichen Dingen in der Gewalt des Mannes, im übrigen aber in gleichem Rechte mit anderen Frauen befinden sollte. Worauf Maluginensis Sohn an des Vaters Stelle gewählt wurde. Und damit das Ansehen der Priester zunehmen, sie selbst auch sich bereiter finden lassen möchten, sich den heiligen Verrichtungen zu unterziehen, wurden der Vestalin Cornelia die an die Stelle der Scantia gewählt wurde, zwei Millionen Sesterzen zuerkannt und beschlossen, daß, so oft Augusta in das Schauspiel ginge, sie unter den Vestalinnen ihren Sitz nähme.

Das Jahr 24 n. Chr.

17. Unter dem Konsulat des Cornelius Cethegus und Visellius Varro empfahlen die Oberpriester und nach ihrem Beispiel auch die übrigen Priester, als sie Gelübde für das Wohl des Fürsten taten, auch Nero und Drusus denselben Göttern, nicht aus Liebe zu den Jünglingen, als aus Schmeichelei, deren Übertreibung bei verderbten Sitten ebenso gefährlich ist wie ihr gänzliches Unterlassen. Denn Tiberius, dem Hause des Germanicus wohl niemals hold, empfand es jetzt als eine unerträgliche Beleidigung, daß man den Jünglingen gleiche Ehre mit seinen Jahren gebe. Er beschied die Oberpriester zu sich, und forschte sie darüber aus, ob sie darin den Bitten oder Drohungen Agrippinas nachgegeben hätten. Sie selbst kamen, obwohl leugnend, mit einem mäßigen Verweise davon; sie waren nämlich großenteils seine eigenen Vewandten oder die ersten Männer im Staate. Aber im Senat sprach er die Warnung für die Zukunft aus, daß niemand die noch schwankenden Gemüter junger Leute durch allzufrühe Auszeichnungen zum Stolz verleiten möchte. Denn fortwährend lag Seianus ihm mit der Klage im Ohr, der Staat sei wie in einem Bürgerkrieg geteilt,

schon gebe es solche, die sich als Partei nach Agrippina nennen würden, und es werde noch mehr geben, wenn man der Sache nicht entgegentrete. Kein anderes Mittel aber gegen die überhandnehmende Zwietracht sei zu finden, als wenn der eine oder der andere der Entschlossensten aus dem Wege geräumt würde.

18. Aus diesem Grunde griff er Gaius Silius und Titius Sabinus an. Die Freundschaft des Germanicus war beiden verderblich, dem Silius auch das noch, daß er sieben Jahre hindurch eines gewaltigen Heeres Führer gewesen war und nach in Germanien erworbenen Triumphinsignien Sieger im Kriege mit Sacrovir. So stürzte er von umso bedeutenderer Höhe herab, was umso mehr Schrecken bei anderen verbreiten mußte. Viele glaubten, die Ungnade sei vermehrt worden durch seine eigene Maßlosigkeit, weil er übermäßig damit prahlte, daß seine Krieger im Gehorsam beharrt hätten, während andere sich zu Meuterei hätten fortreißen lassen, und daß die Herrschaft dem Tiberius nicht geblieben sein würde, wenn auch jene Legionen von Umstürzlerei ergriffen gewesen wären. Hierdurch glaubte der Kaiser seine Hoheit herabgewürdigt und solchem Verdienste nicht groß genug. Denn Wohltaten sind nur so lange willkommen, als sie noch vergolten werden zu können scheinen; sind sie über die Grenze weit hinaus, so wird statt des Dankes Haß erwidert.

19. Silius hatte Sosia Galla zur Gattin, die wegen der Freundschaft Agrippinas dem Fürsten verhaßt war. Beide beschloß man anzuklagen, indem für jetzt die Sache des Sabinus verschoben wurde. Angestiftet wurde gegen sie der Konsul Varro, der seines Vaters Feindschaft zum Vorwand brauchte und sich dem Hasse des Seianus zu seiner Schande gefällig zeigte. Der Bitte des Angeklagten um kurzen Aufschub, bis der Kläger vom Konsulat abträte, widersetzte sich der Kaiser, weil es ja herkömmlich sei, daß Staatsbeamte Privatpersonen belangen, und weil das Recht des Konsuls nicht geschmälert werden dürfe, auf dessen Wachsamkeit beruhe, daß der Staat keinen Schaden leide. Es war dies dem Tiberius eigen, erst kürzlich aufgekommene Schändlichkeiten mit Worten aus der Vorzeit zu bemänteln. Mit großem Ernst also, als ob mit Silius nach den Gesetzen verfahren würde, oder ein Varro Konsul wäre oder darin das Wesen des Staates bestände, wurde der Senat zusammenberufen, während der Beklagte schwieg oder, wenn er eine Verteidigung begann, nicht verheimlichte, wessen Rachsucht ihn so bedrängte. Dem Beklagten wurde die lange Verhehlung der Empörung Sacrovirs, obwohl er darum gewußt, die Befleckung seines Sieges durch Habsucht und seine Gattin Sosia zum Vorwurfe gemacht. Ohne Zweifel haftete an ihnen die Schuld der Erpressung; doch alles insgesamt wurde wie eine Untersuchung wegen verletzter Majestät behandelt, und Silius kam der bevorstehenden Verurteilung durch freiwilligen Tod zuvor.

20. Dennoch wütete man gegen sein Vermögen, nicht etwa um

den Besteuerten ihr Geld zurückzugeben, von denen niemand eine Forderung machte; nein, selbst die Geschenke des Augustus wurden weggenommen, und alles einzeln zusammengerechnet, was für den Fiskus in Anspruch genommen wurde. Das war der erste Blick, den Tiberius nach fremdem Vermögen aussandte. Sosia wurde des Landes verwiesen auf Antrag des Asinius Gallus, der für die Einziehung der einen Hälfte ihrer Güter gestimmt hatte, während die andere den Kindern gelassen werden sollte. Dagegen wollte Marcus Lepidus den Anklägern nur ein Viertel nach der Bestimmung des Gesetzes überlassen, das übrige den Kindern. An diesem Lepidus finde ich einen für jene Zeiten würdigen und weisen Mann, denn sehr oft gab er den grausamen Absichten in den Schmeicheleien anderer eine bessere Wendung. Und doch brauchte er sich dabei nicht zu mäßigen, da er sich bei Tiberius stets desselben Ansehns und derselben Gunst erfreute; ein Umstand, welcher mich zur Unentschiedenheit darüber nötigt, ob in dem Schicksal und dem Los der Geburtsstunde, wie das übrige, so auch der Fürsten Hinneigung zu diesen, ihr Widerwille gegen jene, oder ob etwas auch in unserer Selbstbestimmung liege, und ob es vergönnt sei, in der Mitte zwischen starrem Trotz und entehrender Dienstbarkeit eine von Ehrgeiz wie von Gefahren freie Bahn zu wandeln.

Aber Messalinus Cotta, von nicht minder berühmten Ahnen, doch ganz verschiedener Gesinnung, beantragte darauf, durch Senatsbeschluß festzustellen, daß die Beamten für die in den Provinzen begangenen Verbrechen ihrer Frauen ebenso wie für eigene bestraft würden, wenngleich sie schuldlos wären und um fremde Schuld nicht wüßten.

21. Dann wurde auch über Calpurnius Piso verhandelt, einen vornehmen und stolzen Mann. Dieser hatte ja, wie ich erzählt habe, im Senat laut erklärt, er werde Rom wegen der Parteiungen der Ankläger verlassen und, Augustas Machteinfluß verachtend, es gewagt, Urgulania vor Gericht zu ziehen und aus des Fürsten Hause vorzufordern. Das nahm Tiberius für den Augenblick mit bürgerlichem Sinne auf; im Herzen aber, das den Zorn immer wieder zurückrief, auch wenn die Aufwallung des gekränkten Gefühles schon vorüber war, lebte die Erinnerung fort. Quintus Granius klagte den Piso geheimer, gegen die Majestät geführter Reden an und fügte hinzu, es finde sich Gift in seinem Hause, und er komme mit einem Schwert umgürtet in die Kurie. Das wurde als zu gräßlich, als daß es wahr sein könnte, übergangen; hinsichtlich des übrigen, was man in Menge gegen ihn zusammenhäufte, wurde die Klage angenommen, doch nicht durchgeführt; er starb zur rechten Zeit.

Auch kam es zum Vortrag über den verbannten Cassius Severus, der, niedriger Herkunft und verbrecherischen Wandels, aber in der Rede stark, es durch zügellose Anfeindungen dahin gebracht hatte, daß er durch eidlichen Ausspruch des Senats nach Creta entfernt wurde. Und da er es auch hier ebenso trieb, lud er mit dem neuen Hasse auch den alten wieder auf sich, und ergraute, seines Vermögens beraubt und geächtet, auf dem Felsen von Seriphos.

22. Um dieselbe Zeit stürzte der Prätor Plautius Silvanus aus unbekannten Ursachen seine Gattin Apronia kopfüber aus dem Fenster, und von seinem Schwiegervater Lucius Apronius vor den Kaiser geschleppt, antwortete er, mit verwirrtem Sinne so, als ob er selbst in tiefem Schlafe gewesen sei, und deshalb von nichts wisse, seine Gemahlin aber sich freiwillig den Tod gegeben habe. Unverzüglich begab sich Tiberius nach dem Hause, besichtigte das Schlafgemach, in welchem man die Spuren ihrer Gegenwehr erkennen konnte, und daß sie fortgestoßen worden sei. Er berichtete an den Senat, es wurden Richter ernannt, und Urgulania, die Großmutter des Silvanus, schickte ihrem Enkel einen Dolch, was man wegen Augustas Freundschaft mit Urgulania ganz wie auf einen Wink des Fürsten geschehen betrachtete. Der Angeklagte ließ sich, nachdem er es vergeblich mit dem Stahl versucht hatte, die Adern öffnen. Hierauf wurde Numantina, seine erste Gemahlin, angeklagt, durch Zauberformeln und Gift ihren Gatten in Wahnsinn gestürzt zu haben, jedoch für unschuldig erklärt.

23. Erst dieses Jahr befreite das römische Volk von dem langen Kriege gegen den Numidier Tacfarinas. Denn die früheren Feldherren ließen, sobald sie ihre Taten nur zur Erlangung der Triumphinsignien hinreichend glaubten, den Feind außer acht. In Rom standen schon drei lorbeerumkränzte Standbilder, als Tacfarinas noch immer Afrika verheerte, verstärkt durch Hilfstruppen der Mauren, die, weil Ptolemäus, Jubas Sohn, wegen seiner Jugend sich um nichts bekümmerte, die Sklavenherrschaft der Freigelassenen des Königs mit Krieg vertauscht hatten. Dabei hatte er zum Hehler für seine Beute und zum Genossen seiner Plünderungszüge den König der Garamanten, nicht so, daß er mit einem Heere einhergezogen wäre, sondern durch Zusendung von leichten Truppen, die das Gerücht aus der Ferne bedeutender darstellte. Ja aus der Provinz selbst strömten viele, je dürftiger ihre Lage und je unruhiger ihr Sinn war, ihm um so bereitwilliger zu, weil der Kaiser nach dem, was Blaesus getan hatte, als ob nun gar kein Feind in Afrika mehr wäre, die neunte Legion zurückzuführen befohlen hatte, und der Prokonsul dieses Jahres, Publius Dolabella, dieselbe zurückzuhalten nicht gewagt hatte, da er die Befehle des Fürsten mehr als die Ungewißheit des Krieges fürchtete.

24. Tacfarinas sprengte daher das Gerücht aus, es werde die römische Macht auch von andern Völkern zerrissen und weiche deshalb allmählich aus Afrika, und leicht könnten auch die noch übrigen aufgehoben werden, wenn alle, denen Freiheit lieber sei als Knechtschaft, insgesamt eindrängen. So vermehrte er seine Streitkräfte, und schloß

nach Aufschlagung eines Lagers die Stadt Thubursicum ein. Aber Dolabella hob, nachdem er alles, was von Truppen da war, zusammengezogen hatte, durch den Schrecken des römischen Namens und weil die Numidier der Schlachtordnung des Fußvolks nicht gewachsen sind, mit seinem ersten Anmarsch gleich die Belagerung auf, und befestigte die dazu sich eignenden Plätze. Zugleich richtete er die Häupter der Musulamier, die auf Abfall sannen, mit dem Beile hin. Weil man in mehreren Feldzügen gegen Tacfarinas die Erfahrung gemacht hatte, daß nicht mit schwerem und auch nicht mit einem Zuge der umherschweifende Feind zu verfolgen sei, bildete er sodann, nachdem er den König Ptolemäus mit seinen Leuten aufgeboten hatte, vier Heereszüge, die den Legaten oder Tribunen übergeben wurden. Dazu führten auserlesene Mauren auf Beute ausgehende Haufen. Er selbst war allen beratend zur Hand.

25. Nicht lange darauf wurde gemeldet, die Numidier hätten sich bei einem halbzerstörten, einst von ihnen selbst in Brand gesteckten Kastell namens Auzea nach Aufschlagung eines Hüttenlagers festgesetzt, vertrauend auf die Lage des Platzes, weil er rings von ungeheuren Waldgebirgen umschlossen war. Da wurden die leichtgerüsteten Kohorten und Geschwader, ohne zu wissen, wohin es gehen solle, im Eilmarsch fortgeführt. Und kaum war der Morgen angebrochen, so griffen sie mit Trompetenschall und wildem Schlachtruf die noch halb schlafenden Barbaren an, während die Pferde der Numidier noch angekoppelt standen oder auf weit auseinander gelegenen Weideplätzen umherschweiften. Von seiten der Römer kämpfte dichtgeschlossenes Fußvolk, die Schwadronen auf ihren Posten, alles war zur Schlacht vorbedacht; dagegen gab es bei den mit allem unbekannten Feinden keine Waffen, keine Ordnung, keinen Plan; sondern wie Schlachtvieh ließen sie sich treiben, töten und fangen. Der in der Erinnerung an seine Mühen und daran, wie er so oft mit den sich ihm entziehenden Feinden den Kampf gewünscht, erbitterte Soldat stillte seinen Rachedurst im Blute der Feinde. Durch die Manipeln ging die Losung, allesamt den Tacfarinas, den von so vielen Schlachten her bekannten, zu verfolgen; nur nach des Anführers Tötung werde von dem Kriege Ruhe sein. Er aber, als sein Gefolge rings darniederlag, sein Sohn schon in Fesseln lag, und die Römer von allen Seiten her auf ihn losdrängten, entging, indem er sich den Geschossen entgegenstürzte, durch den Tod, nicht ohne sich zu rächen, der Gefangenschaft. Und damit war dem Krieg ein Ende gemacht.

26. Als nun Dolabella um die Triumphinsignien bat, schlug sie Tiberius ihm ab, dem Seianus zu Gefallen, damit nicht des Blaesus, seines Onkels, Ruhm verdunkelt würde. Doch wie Blaesus dadurch nicht berühmter wurde, so erhöhte jenem die Versagung der Ehre nur den Ruhm. Hatte er doch mit einem geringeren Heere ausgezeichnete Gefangene, den Fall des Anführers und den Ruf des been-

digten Krieges gewonnen. Es folgten auch Abgeordnete der Garamanten, selten in der Stadt gesehen, welche die über Tacfarinas Fall bestürzte und ihrer Schuld sich wohl bewußte Völkerschaft gesendet hatte, um dem römischen Volk Genugtuung zu leisten. Als man hierauf von dem während dieses Kriegs bewiesenen Eifer des Ptolemäus Kenntnis genommen hatte, wurde ein Brauch aus alter Zeit erneuert, und einer von den Senatoren abgeschickt, um ihm den Stab von Elfenbein und die gestickte Toga, altherkömmliche Geschenke des Senats, zu überreichen und ihn als König, Bundesgenosse und Freund zu begrüßen.

27. Im selben Sommer erstickte der Zufall einen in Italien aufkeimenden Sklavenkrieg. Der Urheber des Aufruhrs, Titus Curtisius, einst Soldat in einer prätorischen Kohorte, rief anfangs in geheimen Zusammenkünften zu Brundisium und in den umliegenden Städten, nachher durch öffentliche Anschläge das wilde, in den weitausgedehnten Waldgebirgen hausende Landsklavenvolk zur Freiheit auf, als, wie durch Gunst der Götter, drei Zweiruderer zum Schutz des Seeverkehrs in dieser Meeresgegend landeten. In diesen Gegenden weilte gerade der Quästor Curtius Lupus, dem nach altem Brauch Cales zugefallen war. Dieser warf durch Verteilung der Schiffsmannschaft die Verschwörung, als sie sich eben erheben wollte, auseinander. In Eile vom Kaiser mit starker Mannschaft abgeschickt, schleppte der Tribun Staius den Anführer selbst und die ihm am nächsten an Verwegenheit standen, nach Rom, das wegen der Menge der Sklavenhaufen, die ins Ungeheure überhand nahm, während das freie Volk sich täglich verminderte, schon zitterte.

28. Unter denselben Konsuln wurden, ein furchtbares Beispiel des Jammers und der Raserei, als Angeklagter ein Vater, ein Sohn als Kläger, beide mit Namen Vibius Serenus, vor den Senat geführt. Aus der Verbannung zurückgeschleppt, mit Schmutz bedeckt und auch jetzt, da der Sohn wider ihn auftrat, mit der Kette gefesselt, stand während des Sohnes Rede der Vater da. Der Jüngling eigens vorbereitet, in großem Staate und mit fröhlicher Miene, brachte, Angeber und Zeuge in einer Person einen Mordanschlag gegen den Fürsten vor und Aussendung von Aufwieglern zum Kriege in Gallien, und fügte hinzu, der gewesene Prätor Caecilius Cornutus habe das Geld herangeschafft. Dieser hatte, der Sorgen überdrüssig, und weil einmal Gefahr schon wie Untergang betrachtet wurde, in Eile sich selbst getötet. Ganz anders der Angeklagte. Mit ungebeugtem Mut schüttelte er, dem Sohne zugekehrt, die Fesseln und rief die Rachegötter an, daß sie ihm nur die Verbannung wiedergäben, in der er fern von solcher Sitte leben könnte, den Sohn aber dereinst das Strafgericht ereilen möchte. Dabei beteuerte er, Cornutus sei unschuldig und nur durch eine Lüge geschreckt. Man könne sich leicht davon überzeugen, wenn andere noch angegeben werden sollten; denn auf des Fürsten

Mord und Staatsumwälzung würde er doch wohl nicht mit einem Genossen gedacht haben.

29. Da nannte der Kläger den Gnaeus Lentulus und Seius Tubero, zu großer Betroffenheit des Kaisers, da die ersten Männer im Staate, seine vertrautesten Freunde, Lentulus im höchsten Alter, Tubero körperschwach, der Feindesaufwiegelung und Staatsverwirrung beschuldigt wurden. Doch sie wurden auch sogleich der Sache enthoben. Gegen den Vater verhörte man die Sklaven, und das Verhör fiel zu Nachteil des Klägers aus, der wie im Wahnsinn wegen seines Frevels und geschreckt zugleich durch die Reden des Volkes, das mit dem Kerker, dem Felsen oder Vatermörderstrafe drohte, aus der Stadt entfloh. Von Ravenna aus wieder zurückgeholt, wurde er genötigt, die Anklage weiter zu verfolgen, wobei Tiberius aus seinem alten Grolle gegen den verbannten Serenus kein Geheimnis machte. Denn dieser hatte sich nach der Verurteilung Libos in einem an den Kaiser gerichteten Schreiben beschwert, daß seine Bemühung unbelohnt geblieben sei, und noch manches andere in trotzigerem Tone beigefügt, als ratsam ist, einem stolzen und leicht zu beleidigenden Manne zu hören zu geben. Dies trug ihm der Kaiser acht Jahre später nach, die Zwischenzeit verschiedentlich anschuldigend, auch wenn die Folter durch Halsstarrigkeit der Sklaven das Entgegengesetzte ergeben hatte.

30. Als hierauf Anträge dahin ausgesprochen waren, daß er nach der Weise der Vorfahren bestraft werden sollte, tat er, um die Gehässigkeit zu mildern, Einspruch. Da Asinius Gallus meinte, ihm seine Haft auf Gyarus oder Donusa anzuweisen, verwarf er auch dies mit dem Bemerken, beiden Inseln fehle es an Wasser, und man müsse dem doch die Bedürfnisse des Lebens gewähren, dem man das Leben zugestehe. So wurde Serenus nach Amorgus zurückgebracht. Weil Cornutus durch eigne Hand gefallen war, verhandelte man auch über die Abschaffung der Belohnungen der Ankläger, wenn ein wegen verletzter Majestät Belangter vor beendigter Untersuchung sich selbst das Leben genommen hätte. Und man wäre dieser Meinung beigetreten, hätte nicht der Kaiser mit ziemlicher Härte und wider seine Gewohnheit öffentlich die Ankläger begünstigend, die Klage erhoben, es würden dann die Gesetze entkräftet und der Staat aufs äußerste gefährdet. Lieber möchte man die Rechte ganz vernichten, als deren Wächter beseitigen. So wurden die Angeber, diese zum öffentlichen Verderben aufgekommene Menschenklasse, die man selbst durch Strafen nie recht hat in Schranken halten können, noch durch Belohnungen hervorgelockt.

31. Mitten zwischen diesen unaufhörlichen Jammer trat eine kleine Freude, weil der Kaiser den römischen Ritter Gaius Cominius, der eines Schmähgedichtes gegen ihn überführt war, auf Bitten seines Bruders, eines Senators, begnadigte. Umso mehr wunderte man sich, daß er, mit dem Besseren und damit, welcher Ruf der Milde folge,

wohl bekannt, dennoch finsterer Tyrannei den Vorzug gab. Denn er fehlte ja nicht aus Unverstand, und leicht ist zu erkennen, wann die Taten der Herrscher aus wahrer Überzeugung, wann mit erheuchelter Freude gefeiert werden. Ja er selbst, abgemessen sonst und gleich als ob die Worte sich erst hervorringen müßten, sprach fließender und freier heraus, so oft er half. Aber bei Publius Suillius, dem früheren Quästor des Germanicus, stimmte er, als dieser, überführt, wegen eines zu fällenden Urteils Geld genommen zu haben, aus Italien verwiesen wurde, für Verbannung auf eine Insel, und zwar mit solcher Heftigkeit, daß er sogar eidlich versicherte, dies heische des Staates Wohl. So übel man ihm dies damals deutete, so sehr gereichte es ihm späterhin zum Ruhm nach der Heimkehr des Suillius, den ja die Folgezeit so übermächtig, so verkäuflich und des Kaisers Claudius Freundschaft lange mit Glück, niemals zum Guten brauchen sah. Dieselbe Strafe wurde über den Senator Firmius Catus verhängt, da er seiner Schwester fälschlich Majestätsverbrechen schuldgegeben hatte. Catus hatte, wie ich erwähnt habe, den Libo in Fallstricke gelockt, dann durch Anzeige zu seinem Sturz Anlaß gegeben. Dieses Dienstes eingedenk bat nun Tiberius, doch unter anderm Vorwand, ihn nicht zu verbannen; seine Verstoßung aus dem Senate hinderte er nicht.

32. Daß gar manches von dem, was ich erzählt habe und noch erzählen werde, vielleicht kleinlich und kaum erheblich scheint, weiß ich sehr wohl; aber niemand dürfte auch unsre Annalen mit den Werken derer vergleichen wollen, welche die alte Geschichte des römischen Volks beschrieben haben. Gewaltige Kriege, Städteeroberungen, Niederlagen und Gefangennahme von Königen, oder, wollten sie sich lieber einmal zu den innern Angelegenheiten wenden, Zwiste der Konsuln mit den Tribunen, Acker- und Korngesetze, Kämpfe des Volkes und der Optimaten stellten sie in freier Darstellung vor. Engbegrenzt und ohne Ruhm ist unsere Arbeit, dieweil der Friede ja ununterbrochen, oder nur unbedeutend gestört, der Zustand Roms jammervoll, der Fürst um die Erweiterung des Reiches unbekümmert war. Dennoch dürfte es nicht ohne Nutzen sein, jene beim ersten Blicke unbedeutenden Erscheinungen, worin oft der Ursprung großer Staatsveränderungen liegt, näher ins Auge zu fassen.

33. Alle Nationen und Städte insgesamt lenkt entweder das Volk, oder der Adel, oder ein einzelner; eine mit Auswahl aus diesen Elementen zusammengesetzte Staatsform kann leichter gelobt werden als zustande kommen, und kommt sie zustande, unmöglich von Dauer sein. Wie man also ehedem, als das Volk mächtig war, oder als die Väter das Übergewicht hatten, bekannt sein mußte, mit der Natur des großen Haufens und mit den Mitteln, ihn mit der gehörigen Mäßigung zu leiten und diejenigen, welche den Geist des Senates und der Optimaten am gründlichsten kannten, für weltklug und weise gehalten wurden: so möchte es bei der Umgestaltung der Verfassung,

und da den römischen Staat einer so gut wie unumschränkt beherrscht, wohl dienlich sein, Vorliegendes zu sammeln und zu überliefern, weil wenige aus eigner Einsicht Gutes vom Schlechteren, und Nützliches vom Schädlichen unterscheiden, die Mehrzahl sich nur durch die Erfahrungen andrer belehren läßt. Wie nützlich es übrigens auf der einen Seite sein wird, so äußerst wenig Vergnügen gewährt es auf der andern. Denn die örtlichen Verhältnisse der Völker, die Mannigfaltigkeit der Schlachten, der ruhmvolle Tod von Feldherren fesseln und regen stets das Interesse der Leser. Wir reihen grausame Befehle, unaufhörliche Anklagen, trügerische Freundschaften, das Verderben der Unschuldigen, und Prozesse, die denselben Ausgang haben, aneinander, wobei uns immer Ähnliches begegnet und uns mit Überdruß erfüllt. Dazu kommt, daß die alten Geschichtsschreiber selten einen Tadler finden, und keiner sich darum kümmert, ob man die punischen oder die römischen Schlachtordnungen mit größerer Liebe schildert, wogegen die Nachkommen vieler, denen unter Tiberius Regierung Strafe oder gar Entehrung widerfuhr, noch leben. Und sind auch die Familien selbst erloschen, so finden sich doch immer Menschen, die wegen der Charakterähnlichkeit die Missetaten anderer sich selbst vorgeworfen glauben. Auch der Ruhm und das Verdienst hat seine Feinde, indem sie ihnen zu sehr aus der Nähe ihr eigenes Widerspiel vorrücken. Doch ich kehre zu meinem Werke zurück.

Das Jahr 25 n. Chr.

34. Unter dem Konsulat des Cornelius Cossus und Asinius Agrippa wurde Cremutius Cordus unter einer ganz neuen und damals zuerst erhörten Beschuldigung belangt, daß er Annalen herausgegeben hatte, worin er Marcus Brutus gelobt und Gaius Cassius den letzten Römer genannt habe. Ankläger waren Satrius Secundus und Pinarius Natta, Klienten des Seianus. Das war es, was dem Angeklagten den Untergang bereitete, und daß der Kaiser mit finsterer Miene die Verteidigung anhörte, welche Cremutius, schon entschlossen, das Leben zu verlassen, auf diese Weise begann: „Meine Worte, Senatoren, werden mir zum Verbrechen gemacht; so wenig fallen mir Taten zur Last; aber auch jene nicht als gegen den Fürsten oder des Fürsten Mutter gerichtet, auf welche sich das Majestätsgesetzt erstreckt. Brutus und Cassius soll ich gelobt haben, deren Taten, so viele sie auch aufgezeichnet, doch niemand ohne ehrende Auszeichnung erwähnt hat. Titus Livius, durch Beredsamkeit und Zuverlässigkeit vor allen ausgezeichnet, hat dem Gnaeus Pompeius so großes Lob gespendet, daß ihn Augustus einen Pompeianer nannte; und doch tat dies ihrer Freundschaft keinen Eintrag. Den Scipio, den Afranius, denselben

Cassius, diesen Brutus nennt er nirgends Räuber und Vatermörder, Namen, welche man ihnen jetzt beilegt, oft aber als ausgezeichnete Männer. Des Asinius Pollio Schriften überliefern von eben diesen ein ehrenvolles Andenken. Messalla Corvinus sprach rührend von seinem Imperator Cassius, und beide genossen fort und fort Reichtum und Ehre. Der Schrift des Marcus Cicero, worin er den Cato bis in den Himmel erhob, womit anderem hat der Diktator Caesar ihm geantwortet, als, wie vor Gericht, mit einer geschriebenen Gegenrede? Des Antonius Breife, des Brutus Volksreden enthalten zwar falsche, aber mit vieler Bitterkeit ausgesprochene Vorwürfe gegen Augustus; in den Gedichten des Bibaculus und Catull liest man lauter Schmähungen gegen die Caesaren; aber der göttliche Julius, selbst der göttliche Augustus ließen sich dies gefallen, ließen es bestehen, ich weiß nicht leicht zu sagen, ob mehr aus Klugheit oder aus Mäßigung. Denn verachtet man dergleichen, so kommt es in Vergessenheit, zürnt man, so scheint man ihm Anerkennung zu gewähren.

35. „Ich will die Griechen nicht berühren, bei denen nicht nur Freiheit, sondern sogar Frechheit unbestraft blieb; oder trat jemand dagegen auf, so rächte er Worte mit Worten. Am meisten aber blieb es freigestellt und ohne Tadler, über die zu reden, die der Tod dem Hasse oder der Parteigunst schon entzogen hatte. Stehen denn etwa Cassius und Brutus unter den Waffen und haben sie noch die Felder von Philippi inne, daß ich zum Zweck eines Bürgerkrieges das Volk durch öffentliche Reden entflamme? Oder behaupten jene Männer, die vor siebzig Jahren fielen, die man in ihren, nicht einmal vom Sieger vernichteten Standbildern erkennt, die nicht ebenso bei den Geschichtschreibern ihr Andenken? Einem jeden mißt doch die Nachwelt seine Ehre zu; und es wird nicht, wenn mich Verdammung trifft, an solchen fehlen, die nicht des Cassius allein und Brutus, nein auch meiner gedenken werden." – Hierauf verließ er den Senat und endete sein Leben durch den Hungertod. Die Senatoren beschlossen die Verbrennung seiner Werke durch die Aedilen; aber sie erhielten sich, verheimlicht und herausgegeben. Um so mehr mag man des Stumpfsinns derer spotten, die wähnen, durch die Gewalt der Gegenwart vermöge man auch die Erinnerung der Folgezeit zu vertilgen. Im Gegenteil, gerade durch Verfolgung der Geister wächst ihr Ansehen, und nichts anderes haben die Könige des Auslands oder die, welche gleiche Tyrannei üben, erreicht, als ihre eigene Schande und dabei für jene Ruhm.

36. Übrigens riß in diesem Jahr die Vorladung von Angeschuldigten gar nicht ab, so daß selbst während der lateinischen Feiertage Calpurnius Salvianus den Stadtpräfekten Drusus, als er, um sein Amt zu übernehmen, das Tribunal betreten hatte, gegen Sextus Marius anging, was, vom Kaiser öffentlich getadelt, dem Salvianus die Verbannung zuzog. Den Cycicenern machte man zum Vorwurf Nachläs-

sigkeit in der Verehrung des göttlichen Augustus verbunden mit Beschuldigungen wegen Gewalttätigkeit gegen römische Bürger. So verloren sie die Freiheit, die sie sich im Kriege des Mithridates verdient hatten, als sie belagert waren und der König nicht weniger durch ihre Standhaftigkeit als durch die Macht des Lucullus zur Flucht genötigt wurde. Aber Fonteius Capito, der als Prokonsul Asien verwaltet hatte, wurde freigesprochen, nachdem offenkundig geworden war, daß die gegen ihn ausgesprochenen Beschuldigungen durch Vibius Serenus erdichtet worden seien. Gleichwohl schadete dies dem Serenus nicht, den der öffentliche Haß nur um so sicherer stellte; denn ein je schärferer Ankläger jemand war, als eine desto unverletztlichere Person stand er gleichsam da. Die unbedeutenden, noch nicht berüchtigten dagegen pflegten bestraft zu werden.

37. Um dieselbe Zeit bat das jenseitige Spanien durch eine an den Senat geschickte Gesandtschaft, nach dem Beispiele Asiens dem Tiberius und seiner Mutter ein Heiligtum errichten zu dürfen, bei welcher Gelegenheit der Kaiser, stark ohnehin in der Verschmähung von Ehrenbezeugungen und weil er diesen einmal antworten zu müssen glaubte, durch deren Gerede er bezichtigt wurde, sich zum Ehrgeiz hingeneigt zu haben, in dieser Weise zu reden begann: „Ich weiß, Senatoren, daß von sehr vielen Festigkeit an mir vermißt worden ist, weil ich Asiens Städten, die unlängst eben dies begehrten, nicht entgegen gewesen bin. Darum will ich zugleich mit einer Rechtfertigung meines früheren Schweigens das, was ich für die Zukunft beschlossen habe, eröffnen. Da der göttliche Augustus nicht verwehrt hatte, daß ihm und der Stadt Rom ein Tempel zu Pergamum errichtet würde, so bin ich, der ich alle seine Taten und Worte wie ein Gesetz beobachte, dem schon gutgeheißenen Beispiele um so bereitwilliger gefolgt, weil mit meiner Verehrung die Feier des Senats verbunden wurde. Wenn es nun aber Verzeihung finden mag, das einmal anzunehmen, so wäre es Ehrgeiz und Stolz, sich in allen Provinzen in göttlicher Gestalt verehren zu lassen. Auch muß die Ehre des Augustus schwinden, wenn sie ohne Unterscheidung Schmeichelei gemein macht."

38. „Daß ich, Senatoren, ein Sterblicher, menschliche Pflichten zu erfüllen habe, und gern zufrieden bin, wenn ich ganz den ersten Platz ausfülle, bezeuge ich vor euch und wünsche, daß die Nachwelt dessen gedenke, die mich mehr als genug dadurch ehren wird, wenn sie mich für meiner Ahnen würdig, für vorsorglich in euern Angelegenheiten, für standhaft in Gefahren, für furchtlos in Kämpfen für das öffentliche Wohl hält. Das seien meine Tempel in euern Herzen, das meine schönsten und unvergänglichsten Standbilder. Denn die, welche man aus Stein aufführt, werden, wenn das Urteil der Nachwelt zum Haß umschlägt, Grabsteinen gleich verachtet. Daher bitte ich die Bundesgenossen, die Bürger und die Götter selbst, die letzteren, daß

sie mir bis an mein Lebensende einen ruhigen und dessen, was vor ihnen und den Menschen recht ist, kundigen Sinn verleihen, die ersteren, daß sie dann, wenn ich entschlafen bin, Lob und ehrende Erinnerung meinen Taten und dem Rufe meines Namens folgen lassen mögen." Er beharrte dabei auch später, selbst in Privatgesprächen, eine solche Verehrung von sich abzuweisen, was ihm einige als Bescheidenheit, viele als Mißtrauen, etliche als ein Zeichen niedriger Denkungsart deuteten. Strebten ja doch die Besten unter den Sterblichen nach dem Höchsten. So seien Herkules und Liber bei den Griechen, bei uns Quirinus den Göttern beigezählt. Augustus habe besser daran getan, darauf zu hoffen. Alles übrige stehe sogleich den Fürsten zu Gebote; nach dem einen müßten sie unablässig streben: nach einem gesegneten Andenken. Denn in der Verachtung des Ruhms liege auch Verachtung der Tugend.

39. Indes verfaßte Seianus, im Taumel seines übergroßen Glückes und überdies durch eines Weibes Ungeduld getrieben, da Livia die ihr versprochene Ehe forderte, ein Schreiben an den Kaiser. Es war damals nämlich Sitte, sich auch bei seiner Anwesenheit schriftlich an ihn zu wenden. Der Inhalt war ungefähr: Durch das Wohlwollen seines Vaters Augustus und späterhin durch die vielfachen ehrenden Äußerungen des Tiberius selbst habe er sich angewöhnt, seine Hoffnungen und Wünsche selbst den Göttern nicht eher als den Fürsten vorzutragen. Auch habe er sich nie den Glanz von Ehrenämtern erbeten; Wachen und Beschwerden für die Sicherheit des Kaisers seien ihm, gleich einem gemeinen Kriegsmann, lieber. Gleichwohl sei ihm das Schönste zuteil geworden, der Verwandtschaft mit dem Caesar würdig geachtet zu werden[76]. Da habe er zu hoffen angefangen; und weil er nun gehört, Augustus habe bei der Verheiratung seiner Tochter auch auf römische Ritter einige Rücksicht genommen[79], so möchte er ebenso, würde ein Gemahl für Livia gesucht, den Freund bedenken, der nur mit Ehre der Verwandtschaft sich begnügen werde. Denn er wolle sich nicht damit der ihm aufgetragenen Geschäfte überheben; er wisse es hinlänglich zu schätzen, wenn sein Haus gegen Agrippinas ungerechte Anfeindungen gesichert werde, und das nur seiner Kinder wegen; denn ihm selber werde das Leben lang erscheinen, das er mit einem solchen Fürsten beschlossen habe.

40. In der Antwort hierauf lobte Tiberius die Ergebenheit des Seianus, berührte im Vorbeigehen seine eigenen Gunstbezeugungen gegen ihn und fügte, nachdem er sich noch Zeit erbeten wie zu einer erschöpfenden Beratung, noch hinzu: Alle übrigen Menschen beschränkten sich mit ihren Überlegungen darauf, was sie ihrem eigenen Vorteil für angemessen hielten; ein anderes sei das Los der Fürsten, die das Wichtigste dem Rufe anbequemen müßten. Deshalb nehme er nicht die Wendung, die sich leicht zu einer Antwort darböte, daß Livia selbst entscheiden könne, ob sie sich nach Drusus

Tod wieder vermählen oder in ihrem alten Familienkreise bleiben wolle; habe sie doch eine Mutter und eine Großmutter, die ihr zur Beratung näherständen. Unumwundener wolle er sich aussprechen, zuerst über Agrippinas Feindseligkeit, die weit heftigeren entbrennen würde, wenn eine Heirat Livias das Haus der Caesaren wie in Parteien spaltete. Auch so schon bräche die Eifersucht der Frauen hervor und diese Zwietracht sei es, welche die Einigkeit seiner Enkel erschüttere. Wie erst, wenn der Streit nur um so leidenschaftlicher durch ein solches Ehebündnis würde? „Denn du täuschest dich, Seianus, wenn du glaubst, du werdest in demselben Stande bleiben, und Livia, die einst mit Gaius Caesar, dann mit Drusus vermählt gewesen ist, werde gewillt sein, an der Seite eines römischen Ritters zu altern. Gesetzt, ich ließe es zu, glaubst du, daß die es dulden werden, die ihren Bruder, ihren Vater und unsere Vorfahren in den höchsten Staatswürden sahen? Dein Wille ist es zwar, stehenzubleiben in den Schranken dieses Standes; aber jene Beamten und Großen, welche sie wider deinen Willen durchbrechen und dich über alle Angelegenheiten befragen, lassen es nicht unbemerkt, daß du längst schon über den Rang eines Ritters hinausgeschritten und meines Vaters Freunden weit vorangeeilt bist, und klagen dadurch, daß sie dich beneiden, auch mich selbst an. Augustus, sagst du, ist damit umgegangen, seine Tochter einem römischen Ritter zu geben. Ist es denn ein Wunder, wenn er, der in Sorgen aller Art hin und her gezerrt wurde, und voraussehen mußte, daß der zu einer ungeheuren Höhe emporsteigen würde, den er durch solche Verbindung über andere erhoben hätte, einen Gaius Proculeius und einige andre im Gespräche wohl erwähnte, die bei besonders stillem Leben nicht im mindesten in Staatsgeschäfte verflochten waren? Aber wenn schon die bloße Unentschlossenheit des Augustus uns bedenklich machen sollte, wieviel gewichtiger ist es, daß er sie dem Marcus Agrippa und nachher mir vermählte? Dies habe ich dir nun unserer Freundschaft wegen nicht verschweigen wollen; im übrigen werde ich weder deinen noch Livias Absichten entgegen sein. Womit ich selbst in meinem Geiste umgegangen bin und durch welche Verwandtschaftsbande dich mir zu verknüpfen ich noch vorhabe, will ich für jetzt zu erwähnen unterlassen. Nur das will ich dir eröffnen, daß nichts so erhaben ist, was nicht jene Verdienste und deine Gesinnungen gegen mich verdienen sollten, und ich werde das, wenn die Zeit kommt, sei es im Senate oder in der Volksversammlung, nicht verschweigen."

41. Seianus hinwiederum, jetzt nicht um jene Ehe, sondern aus tiefer liegendem Grunde in Besorgnis, bat, dem stillen Verdacht, dem Volksgerede, dem drohend sich erhebenden Neid kein Gehör zu geben. Und um nicht durch Abwehrung der beständig in sein Haus strömenden Versammlungen seine Macht zu schwächen oder durch deren Aufnahme den ihn Verdächtigenden Stoff zu geben, traf er die

Auskunft, daß er den Tiberius zu bewegen suchte, sein Leben fern von Rom, in anmutsvollen Gegenden zuzubringen. Denn vieles hatte er dabei im Auge: daß in seiner Hand der Zutritt eines jeden stehe, und er großenteils über den Briefwechsel entscheiden würde, da er durch die Hände der Soldaten ginge; daß dann der Kaiser bei schon sich neigendem Alter und durch die Einsamkeit seines Aufenthaltes verweichlicht, die Geschäfte der Regierung leichter würde fahren lassen, und daß mit der Entfernung der ihm den Hof machenden Menge die Mißgunst gegen ihn sich mindern und er nach Wegräumung des äußeren Gepränges an wahrer Macht gewinnen würde. Demnach begann er allmählich auf die Geschäfte der Stadt, auf den Zulauf des Volkes, auf die Menge der sich Zudrängenden zu schelten, voll des Lobes der Ruhe und Einsamkeit, wo es keinen Überdruß und keine Anfeindung gebe und man sich den wichtigsten Sachen ganz hingeben könne.

42. Nun traf es sich, daß in diesen Tagen über Votienus Montanus, einen Mann von gefeiertem Talent, eine Untersuchung angestellt wurde, die den schon wankenden Tiberius vollends bestimmte, er müsse den Versammlungen des Senats und den meist wahren und schwer ihn treffenden Erklärungen, mit welchen wiederholt in seiner Gegenwart auf ihn gezielt wurde, aus dem Wege gehen. Denn da Votienus wegen Schmähreden gegen den Kaiser belangt worden war, und Aemilius, ein Soldat, der als Zeuge auftrat, im Eifer der Beweisführung, alles ohne Schonung aussagte und, obwohl man ihm lärmend ins Wort fiel, nachdrücklichst doch dabei beharrte. So hörte Tiberius einmal die Schmähungen, mit denen man insgeheim gegen ihn loszog, und fühlte sich so getroffen, daß er rief, er wolle sich entweder auf der Stelle oder während der Untersuchung selbst rechtfertigen, und sich nur mit Mühe durch die Bitten der Umstehenden und die Schmeicheleien aller beruhigen ließ. Votienus wurde als Majestätsverbrecher bestraft; der Kaiser aber hing umso beharrlicher seiner Härte gegen Angeklagte nach, weil sie ihm vorgeworfen worden war, bestrafte die wegen Ehebruch mit Varius Ligur angeklagte Aquilia mit Verbannung, obwohl ihr der designierte Konsul Lentulus Gaetulicus schon nach dem julischen Gesetz das Urteil gesprochen hatte, und strich Apidius Merula, weil er nicht auf die Verordnungen des göttlichen Augustus geschworen hatte, aus der Senatorenliste.

43. Hierauf erhielten die Gesandten der Lacedämonier und Messenier Gehör wegen des Anrechts auf den Tempel der Diana Limnatis[80], und die Lacedämonier suchten durch geschichtliche Nachrichten und Gesänge der Dichter zu erhärten, daß er von ihren Vorfahren und in ihrem Lande geweiht sei; zwar sei er ihnen von dem Macedonierkönige Philipp, mit dem sie Krieg geführt, gewaltsam entrissen, aber nachmals durch Gaius Caesars und Marcus Antonius Spruch wieder zuerkannt worden. Dagegen brachten die Messenier die alte Teilung

des Peloponnes unter die Nachkommen des Herkules vor, und wie ihrem Könige das denthaliatische Gebiet, in dem sich dieses Heiligtum befinde, zugefallen sei, und davon in Felsen und in altes Erz gegrabene Schriften fortwährend zeugten. Wolle man sie auf das Zeugnis von Dichtern und Geschichtswerken verweisen, so hätten sie deren mehr und vollgültigere; auch habe Philipp nicht durch Gewalt, sondern der Wahrheit gemäß entschieden. Dasselbe Urteil habe der König Antigonus, dasselbe der Imperator Mummius gefällt; ebendahin sei auch, als ihnen die Entscheidung öffentlich übertragen worden, der Milesier, zuletzt des Prätors von Achaia, Atidius Geminus, Erklärung gegangen. So wurde dem zugunsten der Messenier entschieden. Ferner verlangten die Segestaner, daß der vor Alter verfallene Tempel der Venus auf dem Berge Erycus wiederhergestellt würde, wobei sie die bekannten und für Tiberius schmeichelhaften Sagen von seinem Ursprung in Erinnerung brachten. Gern übernahm er, wie ein Blutsverwandter, die Sorge dafür. Dann wurde auch über ein Gesuch der Massilioten verhandelt, und ihre Berufung auf das Beispiel des Publius Rutilius für gültig erklärt. Diesen nämlich, der nach dem Gesetze verbannt war, hatten die Smyrnäer in ihre Bürgergemeinschaft aufgenommen. Und mit demselben Rechte von den Massilioten beschenkt, als er des Landes verwiesen war, hatte Volcatius Moschus deren Gemeinwesen, als seinem Vaterlande, sein Vermögen hinterlassen.

44. Gestorben sind in diesem Jahre an ausgezeichneten Männern Gnaeus Lentulus und Lucius Domitius. Dem Lentulus hatte, außer dem Konsulat und den Triumphinsignien über die Goten, weise ertragene Armut, dann unsträflich erworbener und mit Mäßigung genossener großer Reichtum zum Ruhme gereicht. Domitius konnte sich seines Vaters rühmen, der im Bürgerkrieg zur See mächtig war, bis er in Antonius, dann in Caesars Partei verflochten wurde. Sein Großvater war in der Schlacht bei Pharsalos auf der Seite der Optimaten gefallen. Er selbst war der jüngeren Antonia, Octavias Tochter, zum Gemahl erkoren. Später ging er mit einem Heer über die Elbe, weiter in Germanien vordringend, als irgend einer seiner Vorgänger, und erhielt deshalb die Triumphinsignien. Es starb auch Lucius Antonius, aus einem in hohem Grade, aber nur unglücklich berühmtem Geschlecht. Denn als sein Vater Julus Antonius wegen des Ehebruchs mit Julia die Todesstrafe erlitten hatte, schaffte Augustus ihn, den noch sehr jungen Schwesterenkel, nach Massilia, um dort unter dem Scheine wissenschaftlicher Beschäftigung den Namen der Verbannung zu verhüten. Jedoch erwies man ihm die letzte Ehre und setzte nach Senatsbeschluß seine Gebeine im Grabmal der Octavier bei.

45. Unter denselben Konsuln wurde im diesseitigen Spanien von einem Landmanne aus dem Stamme der Termestiner eine gräßliche Tat verübt. Dieser fiel den Prätor der Provinz, Lucius Piso, der wegen des Friedens ohne Sorge war, unversehens auf der Reise an und ver-

wundete ihn mit einem Stoße auf den Tod. Durch seines Pferdes Schnelligkeit entkommen, das er nach Erreichung der waldigen Gebirgsgegenden laufen ließ, wußte er den Verfolgern zwischen Klüften und auf unwegsamen Pfaden auszuweichen. Jedoch blieb er nicht lange unentdeckt, denn als man sein Pferd aufgefangen und durch die nächsten Gaue geführt hatte, erfuhr man, wem es gehörte. Auch fand man ihn; doch als er durch die Folter gezwungen werden sollte, die Mitwissenden anzuzeigen, rief er mit lauter Stimme in seiner Muttersprache: vergebens seien alle Fragen; hinzutreten könnten seine Genossen und zusehen; keine Gewalt des Schmerzes werde so groß sein, ihm die Wahrheit zu entlocken. Und als er ebenso am folgenden Tage wieder zum peinlichen Verhör geschleppt wurde, entzog er sich mit so gewaltigem Schwunge seinen Wächtern und schmetterte den Kopf an ein Felsstück, daß er auf dem Flecke tot war. Man hält jedoch dafür, daß Piso durch die List der Termestiner gefallen sei, da er unterschlagene öffentliche Gelder strenger, als die Barbaren sich gefallen lassen wollten, beitrieb.

Das Jahr 26 n. Chr.

46. Unter dem Konsulat des Lentulus Gaetulicus und Gaius Calvisius wurden dem Poppaeus Sabinus die Triumphinsignien zuerkannt, weil er die Thracierstämme, die ohne Gesittung und deshalb um so trotzigeren Mutes auf den Berghöhen hausten, zermalmt hatte. Die Ursache des Aufstandes war außer der Sinnesart der Leute, daß sie Aushebungen zu dulden und die kräftigsten Männer zu unserem Dienste herzugeben verweigerten, da sie gewohnt waren, nicht einmal ihren Königen anders als nach Gutdünken zu gehorchen, oder, wenn sie Hilfsmannschaft sandten, dieser ihre eigenen Anführer zu geben und nur gegen Grenznachbarn zu kämpfen. Damals hatte sich das Gerücht verbreitet, sie würden zerstreut und, mit andern Völkern vermischt, in weit von einander entlegene Länder geschleppt werden. Doch bevor sie zu den Waffen griffen, schickten sie Abgeordnete, um ihre Freundschaft und ihren Gehorsam in Erinnerung zu bringen, und wie diese fortdauern würden, wenn man sie durch keine neue Last reizte; daß sie aber, würde ihnen gleich Besiegten Knechtschaft angekündigt, Eisen hätten und Kriegsmannschaft und zur Freiheit oder zum Tode entschlossenen Mut. Zugleich wiesen sie auf ihre Felsenburgen hin, und daß ihre Eltern und Frauen dahin gebracht seien, und drohten mit einem verwickelten, schweren und blutigen Kriege.

47. Sabinus erteilte, bis er die Heerscharen zusammen hatte, milden Bescheid, und rückte, als Pomponius Labeo mit einer Legion aus Mösien, der König Rhoemetalces mit den Hilfshaufen der Eingeborenen, die in ihrer Treue festgeblieben, angekommen waren, unter Zu-

ziehung seiner gegenwärtigen Truppen gegen den Feind, der sich schon in den Engpässen der Waldgebirge aufgestellt hatte. Einige ließen sich kühner auf freien Anhöhen blicken. Diese trieb der römische Feldherr, in Schlachtordnung anrückend, ohne Mühe hinweg; doch mit geringem Verlust bei den Barbaren wegen der nahen Zufluchtsorte. Darauf befestigte er an der Stelle ein Lager, und besetzte mit starker Mannschaft einen schmalen Berg, der sich in gleicher Erhebung bis zum nächsten Kastell hinzog, welches ein großer bewaffneter, aber ungeordneter Haufe verteidigte; zugleich sandte er gegen die Kampflustigsten, die sich nach Sitte des Volkes mit Gesang und Waffentanz vor dem Wall tummelten, auserlesene Bogenschützen. Diese verwundeten, so lange sie aus der Ferne angriffen, häufig und ungestraft; näher heranreichend wurden sie durch einen plötzlichen Ausfall in Verwirrung gebracht und von einer sugambrischen Kohorte in Schutz genommen, welche der Römer als entschlossen in Gefahren und nicht minder furchtbar durch Gelärm mit Schlachtgesang und Waffen in der Nähe aufgestellt hatte.

48. Hierauf wurde das Lager in die Nähe des Feindes verlegt, indessen die Thracier in den vorigen Verschanzungen zurückgelassen wurden, von denen ich erwähnt habe, daß sie auf unserer Seite waren. Sie erhielten die Erlaubnis, zu sengen, zu brennen und Beute zu machen, sofern die Verheerung nur auf den Tag sich beschränkte, und sie die Nacht sicher und wachsam im Lager zubrächten. Zuerst wurde dies beachtet; bald aber ergaben sie sich dem Wohlleben, und durch das im Überfluß, was sie geraubt hatten, versäumten sie die Posten, lagen hingestreckt bei ausgelassenen Gelagen, oder schlafend und berauscht am Boden. Als daher die Feinde ihre Sorglosigkeit erfahren hatten, ordneten sie zwei Heereszüge an, mit deren einem die Plünderer angegriffen werden sollten, während die andern das römische Lager bekämpften, nicht in der Hoffnung, es zu nehmen, sondern damit im Schlachtgeschrei und unter den Geschossen mit eigner Gefahr beschäftigt niemand den Schall des andern Treffens vernehme. Überdies erkor man sich die Finsternis, um die Furcht zu vermehren. Doch die, welche den Wall der Legionen angriffen, wurden leicht zurückgeworfen; die thracischen Hilfstruppen aber, durch den plötzlichen Angriff in Schreck gesetzt, wurden, da sie zum Teil an den Verschanzungen lagen, die Mehrzahl außerhalb umherschwärmte, mit umso größerer Erbitterung niedergemacht, je mehr sie der Vorwurf traf, als Überläufer und Verräter die Waffen zu ihrer und des Vaterlandes Knechtschaft zu tragen.

49. Am folgenden Tag zeigte Sabinus das Heer auf ebenem Felde, ob die Barbaren, durch den nächtlichen Erfolg ermuntert, ein Treffen wagen möchten. Da sie vom Kastell und den damit zusammenhängenden Hügeln nicht herabkamen, begann er die Belagerung durch Posten, die er an dazu gelegenen Orten befestigte. Hierauf warf er

einen Graben auf mit Brustwehr im Umkreis von 4000 Schritten, zog dann allmählich, um Wasser und Futter abzuschneiden, die Einschließungslinie zusammen, und schloß einen engen Kreis. Auch wurde ein Damm errichtet, um Steine, Lanzen und Feuerbrände von da auf den schon nahen Feind zu werfen. Nichts aber quälte diesen so sehr als der Durst, da die ungeheure Menge der Streitbaren und Nichtstreitbaren nur noch eine Quelle übrig hatte. Dabei starben Pferde und Rindvieh, nach Barbarensitte miteingeschlossen, aus Futtermangel. Daneben lagen die Leichen der Menschen, welche an den Wunden oder vor Durst umgekommen waren; alles war von Verwesung, Gestank, Ansteckung verpestet. Und zu dieser allgemeinen Not gesellte sich noch das äußerste Übel, die Zwietracht, indem die einen auf Ergebung, die andern auf Tod und wechselseitige Ermordung sannen, wobei es auch solche gab, die rieten, den Untergang nicht ungerächt zu finden, sondern einen Ausfall zu machen.

50. Und nicht nur Leute niedriger Herkunft waren so geteilter Ansicht, sondern auch einer der Anführer, Dinis, ein hochbetagter Greis und aus langer Erfahrung wie mit der Gewalt so mit der Milde der Römer bekannt. Er erklärte, man müsse die Waffen niederlegen, dies sei der Bedrängten einziges Rettungsmittel, und war der erste, welcher sich mit Weib und Kind dem Sieger übergab. Es folgten ihm die wegen des Alters und Geschlechtes Schwachen und alle, denen das Leben lieber war als Ruhm. Das junge Volk dagegen war zwischen Tarsa und Turesis geteilt. Beide waren entschlossen, mit der Freiheit unterzugehen; aber Tarsa rief, man müsse das Ende beeilen, gleicherweise Furcht und Hoffnung abschneiden, und ging mit dem Beispiele voran und stieß sich das Schwert in die Brust; und es fehlte nicht an solchen, die auf dieselbe Weise den Tod fanden. Turesis wartete mit seiner Schar die Nacht ab, was unser Feldherr wohl wußte. Daher wurden die Posten durch dichtere Haufen verstärkt. Es brach eine regnerische Nacht herein, und schon hatte der Feind bald mit wildem Geschrei, bald durch tiefes Schweigen die Belagernden unsicher gemacht, als Sabinus die Runde machte und die Mahnung gab, sie möchten weder bei zweideutigem Getöse, noch bei verstellter Ruhe den Nachstellenden Blößen geben, sondern unbeweglich und ohne ziellos die Geschosse zu verschleudern, ein jeglicher seines Amtes warten.

51. Unterdessen stürmten die Barbaren scharenweise heran, warfen bald faustgroße Steine, in Feuer hartgespitzte Pfähle und abgehauene Baumstämme gegen den Wall, bald füllten sie mit Reisig, Faschinen und Leichen die Gräben aus; einige legten vorher verfertigte Brücken und Leitern an die Brustwehr an, ergriffen diese, rissen sie nieder und drängten im Handgemenge gegen die Widerstandleistenden vor. Der Soldat dagegen stürzte sie mit Geschossen hinab, stieß sie mit den Schildbuckeln und warf Mauerlanzen und zusammengehäufte Stein-

massen über sie her. Diesen mehrte den Mut die Hoffnung des schon errungenen Sieges und, falls sie wichen, die um so auffallendere Schande; jenen der letzte Rettungsversuch und die den meisten zur Seite stehenden Mütter und Weiber und deren Klaggeschrei. Die Nacht begünstigte bei den einen die Kühnheit, bei den anderen die Furchtsamkeit; unsicher traf die Waffe, unversehens saß die Wunde. Man erkannte weder Feind noch Freund und die von des Berges Krümmung wie im Rücken widerhallenden Stimmen hatten vollends alles in solche Verwirrung gebracht, daß die Römer einige Schanzen als schon durchbrochen aufgaben. Dennoch drangen die Feinde nicht hindurch, äußerst wenige ausgenommen. Die übrigen, da die Tapfersten getötet oder verwundet waren, drängte man, als der Morgen graute, in die äußerste Ecke des Kastells, wo endlich die Übergabe erzwungen wurde. Auch die nächste Umgegend ergab sich freiwillig. Die übrigen hatten es dem frühzeitigen und strengen Winter auf dem Gebirge Hämus zu verdanken, daß sie nicht mit Gewalt oder durch Belagerung unterjocht wurden.

52. Da nun einmal das Kaiserhaus erschüttert war, und damit in der Kette des Verderbens, welche die Agrippina treffen sollte, das erste Glied begönne, wurde in Rom ihre Muhme Claudia Pulchra vor Gericht gefordert, angeschuldigt von Domitius Afer. Dieser, der soeben erst Prätor gewesen und nur von mittelmäßigem Ansehen war und durch jede Untat berühmt zu werden sich beeilte, machte ihr Unzucht, Ehebruch mit Furnius und Giftmischerei gegen den Fürsten und Verwünschungen zum Vorwurf. Agrippina, immer heftig, jetzt noch mehr durch die Gefahr der Verwandten gereizt, begab sich zu Tiberius und fand ihn zufällig dem Vater opfernd. Davon gleich zu Vorwürfen Anlaß nehmend, sagt sie, es schicke sich nicht für einen und denselben, dem göttlichen Augustus Opfer zu schlachten und die Nachkommen desselben zu verfolgen. Nicht auf stumme Bildsäulen sei sein göttlicher Geist übergegangen; aber sie, sein wahres Ebenbild, von dem himmlischen Blute entsprossen, erkenne gar wohl die Gefahr und lege das Trauergewand an. Umsonst schiebe man die Pulchra vor, der einzig zum Verderben gereiche, daß sie unbesonnen Agrippina sich zur Verehrung erkoren habe, wobei sie vergessen hatte, daß Sosia aus eben dem Grunde ins Unglück gestürzt sei. Diese Worte entlockten der verschlossenen Brust eine bei ihr sonst seltene Äußerung. Er fuhr gegen sie los und gab ihr mit einem griechischen Verse zu verstehen, sie werde darum doch noch nicht verletzt, weil sie nicht herrsche. Pulchra und Furnius wurden verurteilt. Afer war damit den Rednern ersten Ranges beigesellt, da sein Talent bekannt geworden war und auch der Kaiser sich erklärte, indem er ihn als einen von Rechts wegen beredt zu nennenden Mann bezeichnete. Nachher stand er, mochte er als Kläger auftreten oder Angeschuldigte verteidigen, in vorteilhafterem Rufe der Beredsamkeit als des Charakters, nur

daß sein hohes Alter ihm auch viel von der Beredsamkeit nahm, weil er, da sein Geist schon müde war, doch immer noch nicht schweigen konnte.

53. Agrippina aber, in ihrem Zorn beharrend und dabei auch körperlich krank, begann, als der Kaiser sie besuchte, nachdem sie lange und ohne ein Wort zu sagen sich in einen Tränenstrom ergossen hatte, endlich mit Vorwürfen und Bitten, er möge sich ihrer Verlassenheit annehmen und ihr einen Gemahl geben; noch eigne sich ihr jugendliches Alter dazu, und eine tugendhafte Frau finde nur in der Ehe Befriedigung. Es gebe im Staate Männer, die des Germanicus Gattin und auch seine Kinder aufzunehmen nicht unter ihrer Würde halten dürften. Aber der Kaiser, der gar wohl wußte, ein wie großer Anteil am Staat damit beansprucht werde, verließ sie, um sich nicht offenbar seinen Unwillen oder Furcht zu verraten, so sehr sie auch in ihn drang, ohne Antwort. Dies, was von den Verfassern der Jahresberichte nicht überliefert worden ist, habe ich in den Denkwürdigkeiten Agrippinas, der Tochter, gefunden; denn sie, die Mutter des Kaisers Nero, hat ihr Leben und die Schicksale der Ihrigen der Nachwelt mitgeteilt.

54. Übrigens erschütterte Seianus die Betrübte und Befangene noch tiefer, indem er Leute zu ihr schickte, die ihr unter dem Scheine der Freundschaft zu verstehen gaben, es sei schon Gift für sie in Bereitschaft, und sie müsse des Schwiegervaters Tafel meiden. Der Verstellung unfähig, regte sie nun, als sie neben ihm ihren Platz hatte, keinen Blick, sagte kein Wort; keine Speise rührte sie an; bis Tiberius es merkte, zufällig oder weil er von der Sache schon gehört hatte. Und um dies desto genauer zu erproben, lobte er das Obst, wie es eben aufgetragen war, und überreichte es seiner Schwiegermutter eigenhändig. Dadurch wurde Agrippinas Argwohn vermehrt, und ohne es mit ihrem Munde zu berühren, gab sie es an die Sklaven weiter. Dennoch äußerte Tiberius nichts darüber gegen sie persönlich, zur Mutter aber wandte er sich mit den Worten: ein Wunder sei es nicht, wenn er gegen die Härteres beschlossen hätte, von welcher er der Giftmischerei beschuldigt würde. Daher entstand denn das Gerücht, es werde ihr der Untergang bereitet, nur wage der Kaiser es damit nicht öffentlich; geheime Wege suche man zur Ausführung.

55. Der Kaiser aber erschien, um das Gerede davon abzulenken, häufig im Senat und hörte die Gesandten Asiens, die darüber stritten, in welcher Stadt sein Tempel errichtet werden solle, mehrere Tage hindurch an. Elf Städte wetteiferten mit gleich dringender Bewerbung, an Kräften ungleich. Nicht weit voneinander abweichendes erwähnten sie von dem Alter ihres Geschlechtes, ihrem Eifer für das römische Volk während der Kriege mit Perseus, Aristonicus und andern Königen. Die Hypaepener aber und die Trallianer samt den Laodicenern und Magnetern wurden als zu unbedeutend übergangen;

nicht einmal die Ilier erhielten, obgleich sie Troja die Mutter der Römerstadt nannten, durch etwas anderes als durch den Ruhm des Altertums Gewicht. In einige Überlegung wurde gezogen, daß die Halicarnassier versicherten, seit 1200 Jahren habe ihr Wohnsitz durch keine Erderschütterung gewankt und natürlicher Felsen sei hier der Grund des Tempels. Die Pergamener, glaubte man, hätten an dem daselbst dem Augustus gegründeten Tempel – und eben darauf stützten sie sich – genug erhalten. Die Epheser und Mileter schienen, diese durch Apollos, jene durch Dianas Verehrung, ihre Städte schon besetzt zu haben. So schwankte man noch zwischen den Sardes und den Smyrna. Die Sardianer lasen ein Dekret Etruriens vor zum Beweise ihrer Blutsverwandtschaft; Tyrrhenus und Lydus nämlich, des Königs Atys Söhne, hätten das Volk wegen seiner Menge geteilt, Lydus wäre in den vaterländischen Fluren geblieben, dem Tyrrhenus sei das Los zugefallen, neue Sitze zu gründen, und nach dem Namen ihrer Führer hätten jene in Asien, diese in Italien ihre Benennung erhalten; vermehrt sei noch die Macht der Lyder durch Aussendung von Völkern nach Griechenland, das nachher auch von Pelops einen Namen erhalten habe. Zugleich brachten sie Schreiben von Feldherren und mit uns geschlossene Bündnisse im makedonischen Kriege, sowie die Fülle ihrer Ströme, die Milde ihres Klimas und die Ergiebigkeit des Landes um sie her zur Sprache.

56. Die von Smyrna dagegen, mit ihrem Altertum anhebend, sei es, daß Tantalus, dem Jupiter entsprossen, oder Theseus, ebenfalls göttlichen Ursprungs, oder eine der Amazonen ihre Stadt gegründet habe, gingen dann zu den Diensten gegen das römische Volk über, auf welche sie am meisten bauten, weil sie Schiffsmacht gesendet hatten, nicht nur in auswärtigen Kriegen, sondern auch in denen, die man in Italien zu bestehen gehabt habe. Auch seien sie die ersten gewesen, die einen Tempel der Stadt Rom errichtet hätten; unter dem Konsul Marcus Porcius, bei zwar schon großer, aber doch noch nicht zum höchsten Gipfel erhobener Macht des römischen Volkes, als noch die punische Stadt stand und mächtige Könige in Asien herrschten. Zugleich beriefen sie sich auf Lucius Sullas Zeugnis, daß, als in der größten Not des Heeres wegen der Strenge des Winters und wegen des Mangels an Bekleidung, dies nach Smyrna der Volksversammlung zur Kunde gekommen sei, alle Anwesenden ihre Kleider ausgezogen und unseren Legionen geschickt hätten. So nun um ihre Meinung befragt, gaben die Senatoren den Smyrnaern den Vorzug. Auch beantragte Vibius Marsus, daß dem Marcus Lepidus, welchem diese Provinz zugefallen war, ein Legat über die gewöhnliche Zahl hinaus gegeben würde, der die Sorge für den Tempel übernähme; und weil Lepidus aus Bescheidenheit ablehnte, ihn selbst zu wählen, so wurde Valerius Naso, einer der gewesenen Prätoren, nach dem Lose hingesandt.

57. Inzwischen ging der Kaiser, nachdem er sich lange mit diesem Plan beschäftigt und ihn öfters aufgeschoben hatte, endlich nach Campanien, unter dem Vorwand, Tempel zu weihen, zu Capua dem Jupiter, zu Nola dem Augustus, aber in Wahrheit entschlossen, fern von der Hauptstadt zu leben. Obwohl ich den Grund dieser Entfernung, den meisten Schriftstellern folgend, den Ränken des Seianus zugeschrieben habe, werde ich, weil er, nachdem dieser ermordet worden war, doch nachher noch sechs Jahr hintereinander in gleicher Abgeschiedenheit zubrachte, oft wiederum bedenklich, ob es nicht richtiger sei, jene in ihm selber zu suchen, weil er seine Grausamkeit und Wollust, die er tätlich ausließ, örtlich doch verbergen wollte. Einige glaubten, er habe sich im Alter seines Äußeren geschämt; denn sehr hager und gebückt war seine hohe Gestalt, sein Scheitel entblößt von Haar und voller Geschwüre sein Gesicht und gewöhnlich mit Pflaster wie besät. Und schon in seiner Abgeschiedenheit auf Rhodus hatte er sich angewöhnt, Gesellschaft zu meiden und seine Lüste zu verbergen.

Erzählt wird auch, durch seiner Mutter Herrschsucht sei er fortgetrieben worden, mit welcher die Herrschaft zu teilen er zu stolz war, und die er gleichwohl nicht verstoßen konnte, da er die Herrschaft selbst als ihr Geschenk empfangen hatte. Denn Augustus war damit umgegangen, den Enkel seiner Schwester, den von aller Welt gepriesenen Germanicus, an die Spitze des römischen Staates zu stellen. Aber durch die Bitten der Gattin besiegt, nahm er für Tiberius den Germanicus, für sich selbst den Tiberius als Sohn an. Dies pflegte ihm Augusta vorzuhalten, und wollte den Dank dafür.

58. Klein war das Gefolge, mit welchem er aufbrach. Ein Senator, der das Konsulat bekleidet hatte, Cocceius Nerva, ein rechtserfahrener Mann; außer Seianus noch ein römischer Ritter von höherem Range, Curtius Atticus; die übrigen, Leute von wissenschaftlicher Bildung, meistenteils Griechen, um in ihrer Unterhaltung Erholung zu finden. Sternkundige sagten, Tiberius sei unter einer solchen Konstellation aus Rom gegangen, daß ihm die Rückkehr nicht verstattet sei, was für viele die Quelle des Verderbens wurde, die daraus auf ein baldiges Lebensende schlossen und das laut äußerten; denn sie sahen den unglaublichen Fall nicht voraus, daß er elf Jahre hindurch mit Freuden die Vaterstadt meiden würde. Nachher zeigte sich, wie nahe Wissenschaft und Irrtum aneinander grenzten, und wie, was Wahrheit war, sich in Dunkelheit hüllte. Denn daß er nach der Stadt nicht wiederkehren würde, das sagte man nicht so von ungefähr; im übrigen wußten sie von nichts, da er ganz in der Nähe, auf dem Lande, am Gestade, oft sogar vor den Mauern Roms verweilend, das höchste Alter erreichte.

59. Und nun bestärkte noch eine drohende Gefahr, in die der Kaiser zufällig in diesen Tagen geriet, jenes nichtige Gerede, und gab ihm

selbst Veranlassung, auf des Seianus Freundschaft und Festigkeit noch mehr Vertrauen zu setzen. Sie speisten auf einem Landsitz, welcher den Namen Spelunca[81] führt, zwischen dem Meer bei Amunclae und den Fundaner Bergen, in einer natürlichen Grotte. Plötzlich fielen an ihrem Eingang Felsstücke herab und begruben einige der Diener unter sich. Da kam Schrecken über alle, und die Gäste flohen. Seianus, mit Knie, Gesicht und Händen über dem Kaiser gebeugt, setzte sich dem, was auf ihn hätte fallen können, entgegen, und wurde in dieser Stellung von den Soldaten gefunden, welche zu Hilfe gekommen waren. Größer erschien er seitdem, und mochte er noch so verderblichen Rat erteilen, er wurde, als nicht für sich besorgt, mit Vertrauen angehört. Auch spielte er den Richter gegen Germanicus Geschlecht, während er Leute anstellte, welche die Anklägerrolle übernahmen und vorzüglich Nero verfolgen mußten, welcher die nächste Anwartschaft auf die Nachfolge hatte und, obwohl ein bescheidener Jüngling, doch gar oft vergaß, was unter den obwaltenden Umständen dienlich war, wobei er von seinen Freigelassenen und Klienten, die sich beeilten, Einfluß zu gewinnen, angetrieben wurde, Mut und Selbstvertrauen zu zeigen: das sei der Wille des römischen Volks, der Wunsch der Heere, und Seianus werde nichts dagegen wagen, der jetzt auf gleiche Weise mit der Untätigkeit des Jünglings wie mit der Langmut des Greises sein Spiel treibe.

60. Dies und ähnliches hörend, kam ihm zwar nichts Arges in den Sinn, doch entfuhren ihm bisweilen trotzige und unbesonnene Reden, welche dazu bestellte Aufpasser auffingen und mit Zusätzen hinterbrachten, ohne daß dem Nero gestattet war, sich zu verteidigen, daraus entstanden für ihn noch manche andre beunruhigende Entscheidungen. Der eine nämlich suchte seine Begegnung zu vermeiden; manche wandten sich nach dem Gruß sogleich von ihm weg; brachen das von ihm begonnene ab, wogegen die etwa anwesenden Anhänger des Seianus stehen blieben und seiner spotteten. Blickte ihn doch Tiberius selbst mit finsterer oder in Falschheit lächelnder Miene an. Mochte der Jüngling reden oder schweigen, Verbrechen war sein Schweigen, seine Rede. Nicht einmal die Nacht war sicher, da die Gattin sein Wachen, Träumen und Seufzen der Mutter Livia, und diese dem Seianus hinterbrachte, der auch den Bruder Neros, Drusus, mit in seine Partei hineinzog, indem er ihm die Aussicht auf den ersten Platz vorhielt, hätte er den durch sein Alter vor ihm Stehenden und schon Wankenden gestürzt. Des Drusus wilder Sinn wurde außer der Herrschbegierde und der unter Brüdern gewöhnlichen Gehässigkeit auch noch durch Neid entflammt, weil die Mutter Agrippina dem Nero geneigter war. Doch begünstigte Seianus den Drusus nicht so, daß er nicht auch für ihn den Samen künftigen Verderbens auszustreuen bedacht gewesen wäre, da er wohl wußte, daß

er bei ungestümerem Wesen leichter auch zu Nachstellungen Blößen gebe.

61. Am Ende des Jahres entschliefen ausgezeichnete Männer, Asinius Agrippa, von berühmteren als alten Ahnen und ihrer nicht unwürdigem Lebenswandel, und Quintus Haterius, aus senatorischer Familie, so lange er lebte ein gefeierter Redner. Die Denkmäler seines Geistes behaupten sich jedoch nicht in gleicher Weise. Das ist erklärlich, da seine Stärke mehr im Feuer des Vortrags als in der Sorgfalt bestand, und wie der durchdachte Fleiß andrer bei der Nachwelt gewinnt, so ist jener Wohllaut und Redefluß des Haterius mit ihm selbst zugleich erstorben.

Das Jahr 27 n. Chr.

62. Unter dem Konsulat des Marcus Licinius und Lucius Calpurnius kam ein unvorhergesehenes Unglück der Niederlage ungeheurer Kriege gleich. Sein Anfang war zugleich sein Ende. Es hatte nämlich ein gewisser Atilius, seines Standes ein Freigelassener, bei Fidenae[82] ein Amphitheater errichtet, und nur auf den Raum für recht viel Zuschauer bei den Gladiatorenspielen bedacht, weder das Fundament auf festem Boden untergelegt, noch den hölzernen Bau darauf mit starker Bindung aufgeführt, da er die Sache nicht aus Überfluß an Geld, auch nicht um sich die Gunst der Stadt zu erwerben, sondern schmutzigen Gewinnes wegen unternommen hatte. Begierig auf dergleichen, weil sie unter Tiberius Herrschaft von Vergnügungen ferngehalten wurden, strömten nun Männer, Frauen, jedes Alter, wegen der Nähe des Ortes um so zahlreicher herbei. Desto schwerer war das Unheil, als das schon vollgepfropfte Gebäude auseinanderriß, indem es in sich selbst zusammenstürzte oder nach der Außenseite niederschlug, und eine unermeßliche Menschenmenge, teils Zuschauer, teils Umherstehende zu Boden riß und unter sich begrub. Diejenigen nun, welche gleich der erste Zusammensturz zu Tode geschmettert hatte, entgingen der Qual, soweit es bei einem solchen Geschick möglich war; bejammernswerter waren die, welche, eines Gliedes beraubt, das Leben noch nicht verlassen hatten, welche den Tag über mit dem Auge, die Nacht hindurch mit Geheul und Stöhnen ihre Gatten oder auch ihre Kinder suchten. Nun wurden auch die Abwesenden durch die Nachricht herbeigezogen, um dieser einen Bruder, jener einen Verwandten, ein anderer seine Eltern zu bejammern. Auch solche, deren Freunde oder Angehörige aus ganz anderen Gründen abwesend waren, schwebten dennoch in Furcht; denn da noch nicht kund geworden war, wen jener Schlag getroffen hatte, verbreitete sich wegen der Ungewißheit die Besorgnis desto weiter.

63. Sobald mit der Aufräumung des Schuttes der Anfang gemacht

wurde, drängte man sich zu den Leichen hin, sie zu umarmen und zu küssen, und oft gab es Streit, wenn zu große Entstellung des Gesichts und Übereinstimmung der Gestalt oder des Alters die Erkennenden täuschte. 50000 Menschen waren durch diesen Unglücksfall verstümmelt oder zerschmettert worden, und es wurde für die Zukunft durch einen Senatsbeschluß verordnet, daß niemand, der weniger als 400000 Sesterzen im Vermögen hätte, ein Fechterspiel geben sollte, und ein Amphitheater nicht anders als auf einem Grunde von erprobter Festigkeit sollte aufgeschlagen werden dürfen. Atilius wurde verbannt. Übrigens standen gleich nach dem Unglück die Häuser der Großen offen, Heilmittel und ärztliche Hilfe wurde allenthalben angeboten, und Rom erinnerte während jener Tage, einen so traurigen Anblick sie auch darbot, an die Handlungsweise der Alten, die nach großen Schlachten den Verwundeten ihre Freigebigkeit und Pflege zukommen ließen.

64. Noch hatte man dies Unglück nicht verschmerzt, als ein gewaltiges Feuer einen mehr als gewöhnlichen Schaden in Rom anrichtete, bei dem der ganze caelische Berg abbrannte. Und schon hieß es, das Jahr sei ein unheilvolles und unter ungünstigsten Vorbedeutungen habe der Fürst den Entschluß zur Abwesenheit gefaßt, indem man, wie es Sitte des großen Haufens ist, im Zufall eine Schuld erblicken wollte, wäre nicht der Kaiser durch Geldausteilung nach Maßgabe des Schadens dem begegnet. So wurde ihm im Senat von den Vornehmen Dank gesagt und dem entsprach der Ruf beim Volk, weil er ohne Ansehen der Person und Fürsprache derer, die ihm am nächsten standen, auch Unbekannte und sogar dazu erst Aufgeforderte mit Freigebigkeit unterstützt hatte. Ehrende Anträge kamen hinzu, wie, daß der caelische Berg in Zukunft der Augustische genannt werden sollte, weil mitten im Brand ringsumher allein das Bild des Tiberius im Hause des Senators Junius unversehrt geblieben wäre. Schon einmal sei dies vordem der Claudia Quinta begegnet, und ihr zweimal der Gewalt des Feuers entgangenes Standbild von den Vorfahren im Tempel der Göttermutter geweiht worden. Heilig und den Göttern willkommen seien die Claudier, und man müsse des Ortes Heiligkeit mehren, an welchem die Himmlischen so große Ehre für den Fürsten offenbart hätten.

65. Es möchte hier nicht unpassend sein, zu erwähnen, daß dieser Berg vor alters der Eichenberg genannt wurde, weil er reich und ergiebig an solchem Holze war, darauf den Namen Caelius bekommen habe von Caeles Vibenna, welcher als Führer eines etruskischen Stammes, da er Hilfe geleistet hatte, hier von Tarquinius Priscus oder welcher der Könige sonst es verlieh, seinen Wohnsitz empfangen hatte. Denn in diesem Punkte sind die Geschichtsschreiber verschiedener Meinung. Das übrige unterliegt keinem Zweifel, daß jene Scharen auch in der Ebene und in der Nachbarschaft des Forums

zahlreich gewohnt haben, woher das tuscische Viertel nach den Ankömmlingen seinen Namen hat.

66. Doch wie der Wohltätigkeitseifer der Großen und die Freigebigkeit des Fürsten gegen Unglücksfälle Trost gewährt hatte, so wütete die täglich größer und feindseliger werdende Gewalt der Ankläger ohne Einhalt fort. Schon hatte auch den reichen, dem Kaiser verwandten Quinctilius Varus der Domitius Afer, derselbe, welcher dessen Mutter Claudia Pulchra gestürzt hatte, vor Gericht gezogen. Niemand wunderte sich, daß der lange Zeit Dürftige, der von der erst jüngst erworbenen Belohnung so schlechten Gebrauch gemacht hatte, sich zu noch mehr Schandtaten rüstete. Das aber nahm wunder, daß Publius Dolabella als Mitankläger aufgetreten war, weil er, von berühmten Ahnen und dem Varus verwandt, seinen eigenen Adel und sein eigenes Geschlecht verderben wollte. Doch widerstand der Senat und erklärte, man müsse auf den Imperator warten, was im Andrange des Verderbens noch die einzige augenblickliche Zuflucht war.

67. Aber dem Kaiser, obschon er nach Einweihung der Tempel in Campanien ein Edikt hatte ergehen lassen, daß niemand in seine Ruhe einen Eingriff täte, und durch aufgestellte Militärposten dem Zusammenlauf der Leute aus den Städten gewehrt wurde, waren dennoch die Munizipien und Kolonien und alles auf dem Festland verhaßt, und er begrub sich auf der Insel Capreae, die durch eine 3000 Schritt breite Meerenge von der Spitze des Vorgebirges von Sorrent getrennt ist. Ihre Abgeschiedenheit, glaube ich, mag ihm wohl am meisten gefallen haben, weil ja ringsumher das Meer hafenlos ist und kaum für kleine Schiffe sich einige Anlegeplätze finden. Auch kann wohl niemand landen, ohne Wissen der Wächter. Ihr Klima ist im Winter mild, da das vor ihr liegende Gebirge die rauheren Winde abhält, ihr Sommer, da sie dem Westwind zugewendet liegt und die See rings offen ist, außerordentlich angenehm; auch hatte sie die Aussicht auf den reizendsten Meerbusen, ehe der Ausbruch des Vesuvs die Gestalt der Landschaft veränderte. Die Sage erzählt, Griechen hätte diese Gegend gefesselt, und Capreae sei von Teleboern bewohnt gewesen. Jetzt nun nahm Tiberius mit zwölf eigentümlich benannten Landhäusern von gewaltigem Baue Besitz von der Insel, und in demselben Maße, mit dem er früher den Regierungssorgen obgelegen hatte, gab er sich nun heimlicher Lust und Verderben brütendem Müßiggange hin. Denn sein argwöhnischer, leichtgläubiger Sinn war ihm geblieben, welchen Seianus, wie er ihn schon in Rom zu nähren pflegte, nun noch heftiger in Bewegung setzte, indem er seine Nachstellungen gegen Agrippina und Nero nicht mehr verbarg. Ihnen wurde eine Wache gegeben, welche über alles, was gemeldet wurde und einging, über Offenes und Geheimes gleichsam Buch und Rechnung führte. Ja man stiftete sogar noch Leute an, die ihnen raten mußten, zu Germa-

niens Heeren ihre Zuflucht zu nehmen, oder in der besuchtesten Zeit des Forums das Bild des göttlichen Augustus zu umfassen und Volk und Senat um Hilfe anzurufen. Wiesen sie dies auch zurück, so wurde es ihnen nicht anders, als führten sie es im Sinne, vorgeworfen.

Das Jahr 28 n. Chr.

68. Unter dem Konsulat des Junius Silanus und Silius Nerva hob das Jahr auf eine schmähliche Weise damit an, daß der erlauchte römische Ritter Titius Sabinus wegen seiner Freundschaft mit Germanicus in den Kerker geschleppt wurde. Denn er hatte auch nicht aufgehört, der Gattin und den Kindern desselben seine ganze Ergebenheit zu beweisen, sie im Hause besuchend, öffentlich begleitend, nach so vielen Klienten noch der einzige, und deshalb von den Gutgesinnten gelobt, den Übelwollenden zuwider. Diesen griffen Latinus, Latiaris, Porcius Cato, Petilius Rufus und Marcus Opsius, gewesene Prätoren und nach dem Konsulat begierig, an, zu welchem nur durch Seianus der Zugang offen stand. Und des Seianus Gewogenheit ließ sich nur durch ein Verbrechen erwerben. Es wurde unter ihnen verabredet, Latiaris, der einigen Umgang mit Sabinus hatte, solle ihn in die Falle locken, die übrigen als Zeugen dabei sein, und dann die Anklage beginnen. So warf denn Latiaris zuerst wie von ungefähr einige Reden hin, lobte dann seine Beständigkeit, daß er nicht wie die übrigen, im Glücke des Hauses Freund, im Mißgeschicke es verlassen hätte; zugleich sprach er ehrenvoll von Germanicus, Agrippina bedauernd. Sobald nun Sabinus, weich, wie im Unglück die Menschenherzen sind, sich in Tränen ergoß und in seine Klagen einstimmte, wagte er schon kühnere Angriffe auf Seianus, seine Grausamkeit, seinen Stolz, seine Hoffnungen, und enthielt sich selbst der Schmähungen gegen Tiberius nicht. Diese Gespräche riefen, als hätten sie Verbotenes miteinander ausgetauscht, den Schein einer engen Freundschaft hervor. Und schon suchte Sabinus von selbst den Latiaris auf, kam häufig in sein Haus und trug ihm, wie dem treusten Freunde, seinen Kummer zu.

69. Nun beratschlagten die oben Erwähnten, auf welche Art jene Dinge von mehreren mit angehört werden könnten. Denn dem Orte, an welchem man zusammenkam, war das Ansehen der Einsamkeit zu bewahren, und wollte man hinter der Tür stehen, so war zu besorgen, daß man gesehen wurde, Geräusch verursachte oder sonst zufällig Verdacht erregte. Zwischen dem Dach also und der getäfelten Decke, ein nicht minder schimpfliches Versteck als verabscheuungswürdig der Betrug, versteckten sich die drei Senatoren und legten das Ohr an die Öffnungen und Spalten. Unterdes zog Latiaris den auf der Straße angetroffenen Sabinus, als wolle er ihm soeben Gehörtes erzählen, in

das Haus und in das Zimmer und häufte Vergangenes und Gegenwärtiges, dessen es ja in Fülle gab, mit neuen Schrecknissen zusammen. So erging sich nun auch jener, und um so länger, je schwerer Trauriges, hat es sich einmal Luft gemacht, verschwiegen zu werden pflegt. Sofort wurde die Klage beeilt, und in einem dem Kaiser übersandten Schreiben berichteten sie den Hergang des Betruges und ihre eigene Schande. Nie war die Bürgerschaft in größerer Angst und Furcht, selbst vor den Nächsten hütete man sich; Zusammenkünfte und Gespräche, bekannte und unbekannte Ohren mied man; sogar auf stumme, leblose Gegenstände, auf Decke und Wände warf man argwöhnische Blicke.

70. Der Kaiser aber ging gleich in dem Schreiben, in welchem er am 1. Januar die feierlichen Wünsche für das neue Jahr aussprach, auf den Sabinus ein, den er beschuldigte, einige Freigelassene bestochen und einen Anschlag gegen ihn gemacht zu haben, und verlangte nicht undeutlich dessen Bestrafung. Man säumte auch nicht, sie zu beschließen, und der Verurteilte wurde forgeschleppt. So weit er es bei vor den Mund gehaltenem Gewande und zusammengeschnürter Kehle mit aller Anstrengung vermochte, rief er: das sei des Jahres Weihe, solch ein Schlachtopfer falle dem Seianus! Wohin er die Augen richtete, wohin seine Worte fielen, war alles flüchtig und verödet, Straßen und Plätze verlassen. Ja davor selbst erbebend, daß sie sich gefürchtet hätten, kehrten einige zurück und zeigten sich von neuem. Denn welcher Tag werde noch frei sein von Strafe, wenn mitten unter Opfern und Gelübden, zu einer Zeit, wo selbst unheiliger Worte sich zu enthalten Brauch sei, Fesseln und Strick herbeigebracht würden? Nicht absichtslos habe Tiberius einen so gehässigen Schritt getan; darauf ausgegangen und gesonnen habe man, damit man nicht den Glauben hege, es könne etwas die neuen Magistratspersonen hindern, so gut wie Tempel und Altäre, auch den Kerker aufzuschließen. Auch erfolgte ja noch obendrein ein Schreiben, worin er dafür dankte, daß man einen Feind des Staates zur Strafe gezogen hätte, mit dem Beifügen, sein Leben schwebe in Gefahr, bedenklich seien die Nachstellungen der Feinde; ohne jemand namentlich zu nennen; obwohl nicht gezweifelt wurde, es werde damit auf Nero und Agrippina gezielt.

71. Wäre es nicht mein Vorsatz, alles nach den Jahren zu berichten, so würde ich gern vorauseilen und sogleich des Endes gedenken, welches Latinius und auch Opsius nebst den übrigen Anstiftern jener Schandtat nicht bloß erst nach dem Regierungsantrittdes Kaisers Gaius, sondern noch zu Lebzeiten des Tiberius nahmen, der die Werkzeuge seiner Verbrechen, wollte er sie gleich von andern nicht gestürzt wissen, meist dann, wenn er ihrer satt war, und sich ihm zu demselben Dienste neue dargeboten hatten, als zu alt und zu lästig niederschmetterte. Doch wir wollen diesen und so auch anderer

Sünder Strafgericht zu seiner Zeit berichten[82]. Jetzt beantragte Asinius Gallus, dessen Kinder Agrippina zur Tante mütterlicherseits hatten, man solle den Fürsten ersuchen, seine Besorgnisse dem Senat zu eröffnen und zu gestatten, daß man sie beseitige. Keine von seinen vermeinten Tugenden liebte Tiberius so sehr als die Verstellung. Um so übler nahm er es auf, daß man ans Licht ziehen wollte, was er zu verbergen suchte. Doch besänftigte ihn Seianus, nicht aus Liebe zu Gallus, sondern um den Bedenklichkeiten des Fürsten ihre Zeit zu lassen, wohl wissend, daß er, im Überlegen langsam, wäre er einmal losgebrochen, den unheilverkündenden Worten auch die Schrecken der Tat unmittelbar folgen lasse.

Um dieselbe Zeit starb Julia, welche Augustus, wiewohl seine Enkelin, da sie des Ehebruches überführt war, verurteilt und auf die Insel Trimerus unweit der apulischen Küste verbannt hatte. Dort hielt sie eine zwanzigjährige Verbannung aus, von Augusta unterstützt, die, wenn sie ihre Stiefkinder im Glück heimlich gestürzt hatte, Mitleid mit den Gefallenen vor der Welt zur Schau trug.

72. Im selben Jahr brachen die Friesen, ein überrheinisches Volk, den Frieden, mehr wegen unserer Habsucht, als selbst des Gehorsams überdrüssig. Als mäßigen Tribut, ihrer Dürftigkeit angemessen, hatte Drusus ihnen die Lieferung von Ochsenhäuten zum Kriegsbedarf auferlegt, ohne daß irgend jemand streng darauf gesehen hätte, von welcher Dauerhaftigkeit und welchem Maß sie wären, bis Olennius, ein Primipilarcenturio, zur Leitung den Friesen vorgesetzt, Häute von Auerochsen zum Maßstab wählte, nach welchem sie angenommen werden sollten. Dies, was auch für andere Nationen schwierig gewesen wäre, fiel den Germanen um so schwerer, welche an ungeheuren Tieren reiche Wälder, aber nur mäßig großes Hornvieh in den Ställen haben. Anfangs nun gaben sie die Ochsen selbst, darauf ihre Felder, zuletzt ihre Frauen und Kinder in Sklaverei. So entstand Erbitterung und Beschwerde, und als keine Erleichterung gewährt wurde, suchte man sich durch Krieg zu helfen, ergriff die zur Tributerhebung anwesenden Soldaten und knüpfte sie an Galgen auf. Olennius kam den Erbitterten durch die Flucht zuvor und rettete sich in das Kastell, das Flevum heißt, wo eine nicht zu verachtende Mannschaft von Bürgern und Bundesgenossen die Gestade des Ozeans bewachte.

73. Als das der Proprätor von Niedergermanien, Lucius Apronius erfuhr, zog er die Veteranenabteilungen der Legionen aus der oberen Provinz nebst Auserlesenen vom Fußvolk und der Reiterei ihrer Hilfstruppen an sich und führte zugleich beide Heerhaufen den Rhein hinab in das Land der Friesen, nachdem bereits die Belagerung des Kastells aufgehoben war und die Rebellen, um das ihrige zu schützen, sich zerstreut hatten. Er versah daher die nächsten Meergewässer mit Dämmen und Brücken, um den schweren Heereszug hinüberzuführen. Und da man inzwischen Furten gefunden hatte, ließ er die canni-

nefatische Reiterabteilung und das, was von germanischem Fußvolk bei den Unsrigen diente, den Feind im Rücken umgehen, der schon in Schlachtordnung gestellt die bundesgenossischen Geschwader und die zu Hilfe gesandte Reiterei der Legionen schlug. Darauf wurden drei leichte Kohorten und dann wieder zwei, dann nach einiger Zeit die Flankenreiterei zum Angriff gesandt, stark genug, wären sie zugleich eingedrungen. So hatten sie, in Abständen anrückend, einerseits die in Verwirrung Gesetzten nicht zum Stehen bringen können und wurden anderseits vom Schrecken der Fliehenden mit fortgerissen. Dem Cethegus Labeo, dem Legaten der 5. Legion, übergab er, was von Hilfstruppen noch übrig war. Und auch dieser, durch die zweifelhafte Stellung der Seinen in Bedrängnis gebracht, schickte Boten ab und bat dringend um den Kern der Legionen. Voran stürmten den andern die Soldaten der 5. Legion und brachten, nachdem sie den Feind in hartem Kampfe geschlagen hatten, die von Wunden erschöpften Kohorten und Geschwader in Sicherheit. Der römische Feldherr zog nicht zur Rache aus, noch bestattete er die Leichen, obgleich viele von den Tribunen, Präfekten und angesehene Centurionen gefallen waren. Bald darauf erfuhr man durch Überläufer, daß 900 Römer in einem Haine, den sie den Hain der Baduhenna nennen, nach bis zum andern Tage fortgesetztem Kampfe niedergemacht worden seien, und daß eine andere Schar von 400, da nach Besetzung eines Landhauses des Cruptorix, eines ehemaligen Söldners, Verrat zu befürchten war, sich gegenseitig selbst den Tod gegeben habe.

74. Berühmt war seitdem unter den Germanen der Friesen Name, indes Tiberius von den Verlusten schwieg, um nur keinem die Kriegsführung anvertrauen zu müssen. Auch die Sorge des Senates war nicht darauf gerichtet, ob dem Reiche in seinem äußersten Gebiete Schmach widerführe; im Innern hatte Schrecken sich der Gemüter bemächtigt, gegen den man Rettung in der Schmeichelei suchte. So beantragte man, obschon über ganz andere Gegenstände befragt, einen Altar der Gnade, einen Altar der Freundschaft mit den Bildsäulen des Kaisers und Seianus umher, und sprach wiederholt die flehentliche Bitte aus, doch zum Anblick ihrer Person Gelegenheit zu geben. Trotzdem kamen sie nicht nach Rom oder in die Nähe; es schien schon genug, die Insel zu verlassen und sich an der nächsten Grenze Campaniens sehen zu lassen. Dorthin kamen die Senatoren, die Ritter und ein großer Teil des Volkes, bange vor Seianus, zu welchem der Zutritt schwieriger war, weswegen er denn durch Gunstbewerbung und Teilnahme an seinen Anschlägen gesucht wurde. Es war nicht zu verkennen, daß seine Anmaßung noch stieg, als er jenen scheußlichen Sklavensinn so offen vor sich sah. In Rom nämlich ist das Hin- und Herrennen an der Tagesordnung, und es bleibt bei der Größe der Stadt ist es ungewiß, zu welchem Geschäft ein jeder eilt; dort auf dem Feld oder am Gestade, Tag und Nacht durcheinander-

liegend, ließen sie sich die Gunst oder Verachtung der Türsteher gefallen, bis auch dies verboten wurde. So kehrten die nach Rom zurück, voll Unruhe, die er keines Wortes, keines Blicks gewürdigt hatte, manche auch unselig froh, denen das Ende der unheilschwangeren Freundschaft drohend bevorstand.

75. Übrigens befahl Tiberius, nachdem er seine Enkelin Agrippina[84], des Germanicus Tochter, in eigener Person dem Gnaeus Domitius übergeben hatte, es solle die Vermählung in der Stadt gefeiert werden. Bei der Wahl des Domitius hatte er außer dem Alter des Geschlechts die Blutsverwandtschaft mit den Caesaren im Auge gehabt; denn er konnte sich Octavias als seiner Großmutter und durch sie des Augustus als seines Großonkels rühmen

FÜNFTES BUCH

Das Jahr 29 n. Chr.

1. Unter dem Konsulat des Rebellius und Fusius, die beide den Zunamen Geminus hatten, starb im höchsten Alter Julia Augusta[85] durch die claudische Familie und durch Adoption der Livier und Julier vom berühmtesten Adel. Ihre erste Ehe und Kinder aus derselben hat sie mit Tiberius Nero, der, im perusinischen Kriege zur Flucht genötigt, als zwischen Sextus Pompeius und den Triumvirn Friede geschlossen war, nach Rom zurückkehrte. Da raubte sie, man weiß nicht ob wider ihren Willen, aus Leidenschaft für ihre Schönheit, der Kaiser[86] ihrem Gatten, mit solcher Eile, daß er, ohne ihr auch nur zur Niederkunft Zeit zu gönnen, sie schwanger zu seinen Penaten heimführte. Sie gebar fortan nicht wieder; doch hatte sie, durch die Verbindung Agrippinas mit Germanicus mit dem Blut des Augustus eng verwandt, mit ihm gemeinschaftliche Urenkel. Keuschen Wandels nach alter Sitte, leutseliger als Frauen der Vorzeit guthießen, als Mutter leidenschaftlich, nachsichtig als Gattin, und mit den Künsten des Gemahls wie mit der Verstellung des Sohnes war sie gut im Einklang. Ihre Bestattung war einfach, ihr Testament blieb lange unvollzogen[87]. Eine Leichenrede hielt ihr von der Rednerbühne ihr Urenkel Gaius Caesar, welcher nachmals zur Herrschaft gelangte.

2. Tiberius entschuldigte sich, daß er den letzten Liebesdienst der Mutter nicht erwies, ohne das mindeste in seiner behaglichen Lebensweise zu verändern, schriftlich mit der Größe der Geschäfte, und beschränkte, wie aus Bescheidenheit, die vom Senat in reichem Maße zur Feier ihres Andenkens beschlossenen Ehrenerweisungen auf äußerst wenige, die er gelten ließ, mit dem Beifügen: man möge ihr nicht göttliche Verehrung beschließen; so habe sie selbst es lieber gewollt. Ja, er ließ sogar an einer Stelle eben dieses Schreibens tadelnd etwas von Weiberfreundschaft merken, womit er damit dem Konsul Fusius heimlich einen Hieb versetzte. Dieser hatte in Augustas hoher Gunst gestanden, Frauenherzen zu gewinnen wohlgeschickt; dabei auch witzig und den Tiberius gern mit bitteren Scherzreden verhöhnend, wofür Machthaber ein langes Gedächtnis haben.

3. Übrigens war von nun an die Gewaltherrschaft schon schroff und drückend. Denn so lange Augusta lebte, gab es doch noch eine Zuflucht, weil in Tiberius Seele Folgsamkeit gegen die Mutter einmal

festgewurzelt war, und Seianus nicht wagte, ihrem mütterlichen Ansehen vorzugreifen. Jetzt brachen sie los, wie vom Zaume befreit, und es ging ein Schreiben gegen Agrippina und Nero ein, von welchem das Volk glaubte, es sei schon längst überbracht und nur von Augusta zurückgehalten gewesen. Denn nicht lange nach ihrem Tode wurde es vorgetragen. Es kamen darin Ausdrücke absichtlich gesuchter Bitterkeit vor; aber nicht Waffengewalt, nicht Umstürzlerei, nein Liebschaften mit Jünglingen und Unkeuschheit warf er dem Enkel vor. Gegen die Schwiegertochter wagte er nicht einmal so etwas zu erdichten, und führte nur über ihre stolze Zunge und ihren trotzigen Sinn Klage unter großer Angst und tiefem Schweigen des Senates, bis einige, die von dem, was recht ist, nichts zu hoffen hatten – wird doch öffentliches Unrecht von einzelnen als eine Gelegenheit benutzt, sich Gunst zu erwerben – eine Abstimmung verlangten. Am schnellsten war gleich Cotta Messallinus bei der Hand mit einer harten Erklärung. Doch andere Große und besonders die Staatsbeamten waren in ängstlicher Unschlüssigkeit; denn es hatte ja Tiberius, so gehässig auch sein Angriff war, das weitere doch unbestimmt gelassen.

4. Nun befand sich im Senat Junius Rusticus, vom Kaiser zur Aufzeichnung der Senatsprotokolle[88] ausersehen, weshalb man ihm in dessen Anschläge einen tieferen Blick zutraute. Dieser mischte sich, sei es in einer verhängnisvollen Aufwallung – denn früher hatte er noch keinen Beweis von Selbständigkeit gegeben – oder aus falsch angebrachter Klugheit, indem er, die drohende Gegenwart vergessend, vor der ungewissen Zukunft bebte, unter die Unschlüssigen und warnte die Konsuln, die Verhandlung nicht zu beginnen. Dabei ließ er sich darüber aus, wie von kurzer Entscheidung selbst des Höchsten Sturz abhängen könne, sobald einmal der Greis des Germanicus Untergang bereuen sollte. Zugleich umringte das Volk, die Bildnisse Agrippinas und Neros tragend, die Kurie und schrie, unter Glück verkündendem Rufe für den Kaiser, das Schreiben sei untergeschoben, und wider des Fürsten Willen werde dem Hause desselben der Untergang bereitet. So wurde an diesem Tage noch nichts Schreckliches vollbracht; man trug sich sogar mit Aussprüchen gegen Seianus, die man Konsularen angedichtet hatte, wobei sehr viele im stillen und deshalb um so dreister ihren Einfällen freies Spiel gewährten. Um so heftiger war daher sein Zorn und er hatte Stoff zu Anschuldigungen gewonnen: es sei des Fürsten Schmerz für nichts geachtet worden; vom Senate abgefallen sei das Volk; schon höre und lese man auf eine neue Ordnung berechnete Volksreden und Senatsbeschlüsse. Was fehle noch, als daß man zum Schwert griffe, und diejenigen, deren Bildnissen man wie einer Fahne gefolgt sei, zu Führern und Imperatoren wählte?

5. Daher beschwerte sich der Kaiser, nachdem er seine Vorwürfe gegen Enkel und Schwiegertochter wiederholt und dem Volk durch

ein Edikt einen Verweis gegeben hatte, bei dem Senat, daß durch den Trug eines einzigen Senators die kaiserliche Majestät öffentlich verhöhnt worden sei, behielt sich jedoch in allem die Entscheidung vor. Nun besann man sich nicht länger mehr, wenn auch nicht das Äußerste zu beschließen, denn das war ja verboten, doch zu beteuern, man sei zur Rache bereit, und nur durch die Gewalt des Fürsten fühle man sich gebunden...

Der Rest des 5. Buches ist verloren. In dem verlorenen Teil behandelt Tacitus die Jahre 29, 30 und 31. Es werden die Schicksale der Agrippina und ihrer Söhne erzählt. Agrippina und Nero, der bald unter ungeklärten Umständen starb, wurden verbannt, Drusus in Rom eingekerkert. Seianus wurde zum Konsul des Jahres 31 gewählt. Trotzdem versuchte er den Kaiser zu stürzen. In einem heimlich vorbereiteten Handstreich wurde er am 18. Oktober 31 verhaftet, noch am selben Tag verurteilt und hingerichtet.

Mit diesem Ereignis dürfte wohl das 5. Buch der Annalen geendet haben

SECHSTES BUCH

Vom Herbst 31 bis zum Jahr 37 n. Chr.

Der Herbst des Jahres 31 n. Chr.

1. [89] ... Vierundvierzig Reden wurden über diese Angelegenheit[90] gehalten, von denen einige aus Furcht, die Mehrzahl, weil man einmal gewohnt war ...

... „habe ich[91] geglaubt, daß mir dies Schande, dem Seianus Haß zuziehen würde. Das Glück hat sich gewandt, und der, der ihn zum Amtsgenossen und Schwiegerenkel sich erkoren hatte, verzeiht sich selbst; die übrigen verfolgen nicht ohne Frevel den, dem sie mit Schande gehuldigt haben ... Ob es bejammernswerter ist, der Freundschaft wegen angeklagt zu werden, oder den Freund selbst anzuklagen, mag ich nicht entscheiden ... Nicht auf die Grausamkeit, nicht auf die Gnade irgend eines Menschen will ich warten, sondern frei und mit mir selbst zufrieden der Gefahr zuvorkommen. Euch beschwöre ich, mein Andenken nicht nur in Trauer, als fröhlich zu bewahren, indem ihr mich denen beizählt, die durch ein rühmliches Ende sich dem allgemeinen Elend entzogen haben."

2. Dann brachte er einen Teil des Tages damit zu, daß er sie einzeln, wie jeder sich gerade getrieben fühlte, noch bei ihm zu bleiben, noch mit ihm zu reden, bei sich behielt oder entließ, und stürzte sich, während die Gesellschaft noch zahlreich war und alle seine furchtlose Miene erblickten und man sich dem letzten Augenblick noch fern dachte, in das Schwert, das er im Gewande verborgen hatte. Der Kaiser verfolgte den Hingeschiedenen mit keiner Beschuldigung, mit keiner Schmähung, obgleich er doch dem Blaesus viel Schimpfliches zur Last gelegt hatte.

3. Hierauf wurde die Sache des Publius Vitellius und Pomponius Secundus vorgenommen. Jenen beschuldigten die Angeber, die Schlüssel der Schatzkammer, deren Vorgesetzter er war, und die Kriegskasse zu einer Staatsumwälzung angeboten zu haben; diesem wurde von dem gewesenen Prätor Considius die Freundschaft des Aelius Gallus zum Vorwurf gemacht, der nach Bestrafung des Seianus in den Garten des Pomponius wie zum sichersten Schutzort seine Zuflucht genommen hatte. Die Gefährdeten fanden keine andere Hilfe, als in der Treue ihrer Brüder, welche Bürgschaft für sie leisteten. Darauf versetzte sich Vitellius, durch häufige Vertagung seiner Sache ebenso der Hoffnung wie der Furcht müde, indem er sich, wie

wenn er studieren wollte, ein Federmesser geben ließ, leichte Stiche in die Adern und endete sein Leben in Schwermut. Pomponius dagegen, ein Mann von äußerst feinen Sitten und glänzendem Geist, überlebte den Tiberius, wobei er sein widriges Geschick mit Gleichmut trug.

4. Hiernach beschloß man, die noch übrigen Kinder des Seianus zu bestrafen, obgleich sich die Erbitterung des Volkes schon zu verlieren anfing, und die meisten durch die früheren Hinrichtungen besänftigt waren. Es wurden also ein sein Schicksal schon verstehender Knabe und ein Mädchen in den Kerker getragen[92], das so wenig davon wußte, daß es zu wiederholten Malen fragte, um welches Vergehens willen und wohin man sie denn fortschleppe. Sie wolle es auch nicht wieder tun, und könne ja mit der Rute ihre Strafe bekommen. Die Schriftsteller dieser Zeit berichten, weil es für unerhört galt, daß eine Jungfrau von Triumvirn hingerichtet würde, sei sie, schon neben dem Strange, vom Henker geschändet worden, dann habe man die Kinder erdrosselt und auf die gemonische Treppe hingeworfen.

5. Um dieselbe Zeit gerieten Asien und Achaia in Bestürzung durch das eher starke als dauernde Gerücht, daß Drusus, des Germanicus Sohn, auf den cycladischen Inseln und nachher auf dem Festlande gesehen worden sei. Es war dort auch wirklich ein Jüngling von nicht ungleichem Alter, und einige kaiserliche Freigelassene taten, als hätten sie ihn erkannt, und begleiteten ihn in dieser Täuschung. Schon durch den Ruf des Mannes wurden nun Unwissende herbeigelockt, und weil die Griechen für Neues und Wunderbares stets empfänglich sind, so ersannen sie nämlich und glaubten auch zugleich, er sei der Haft entronnen und eile zu den Heeren des Vaters, um in Ägypten oder Syrien einzufallen. Schon wurde er durch Zuströmen der Jugend und durch öffentliche Teilnahme gefeiert, froh der Gegenwart und voll eitler Träume, als dies schließlich dem Poppaeus Sabinus zu Ohren kam. Dieser war gerade in Macedonien beschäftigt und hatte auch die Verwaltung von Achaia. Um also, sei es der Wahrheit oder dem Truge zuvorzukommen, eilte er an dem toronäischen und thermäischen Meerbusen vorüber; bald war er über Euböa, eine Insel des ägäischen Meeres, und über den Piräeus an der attischen Küste, dann über das korinthische Gestade und des Isthmus Enge hinaus; als er auf dem anderen Meere nach der römischen Kolonie Nicopolis gekommen war. Erst dort erfuhr er, daß jener auf eine klügere Weise gefragt, wer er denn sei, sich für einen Sohn des Marcus Silanus ausgegeben habe, und, nachdem sich viele seiner Anhänger verloren hatten, ein Schiff bestiegen habe, als wenn er nach Italien wolle. Das schrieb er dem Tiberius; doch haben wir über den Ursprung und das Ende dieser Sache weiter nichts erfahren.

6. Mit dem Ende des Jahres kam die lange genährte Zwietracht der Konsuln zum Ausbruch. Denn der zu Anfeindungen leicht geneigte

und in der Beredsamkeit des Forums wohlgeübte Trio hatte den Regulus auf versteckte Weise der Lässigkeit bei der Unterdrückung der Helfershelfer des Seianus bezichtigt. Dieser, wurde er nicht gereizt, gewohnt bei seiner Mäßigung zu bleiben, brachte seinen Amtsgenossen nicht bloß zum Schweigen, sondern zog ihn sogar als der Verschwörung schuldig zur Untersuchung, und obwohl viele Senatoren baten, den zum Verderben führenden Haß ruhen zu lassen, blieben sie in feindlicher und drohender Stellung, bis sie vom Amt abtraten.

Das Jahr 32 n. Chr.

7. Gnaeus Domitius und Camillus Scribonianus hatten ihr Konsulat angetreten, als der Kaiser über die Meerenge schiffte, welche zwischen Capri und Sorrent hindurchwogt, und an Campanien vorüberfuhr, unschlüssig, ob er Rom betreten solle, oder, weil er schon das Gegenteil beschlossen hatte, den Schein zu geben, als ob er kommen wolle. So kehrte er denn auch, nachdem er oft Ausflüge in die Umgebungen gemacht und sich in die Gärten am Tiber begeben hatte, wieder heim zu seinen Felsen und zur Meereseinsamkeit, aus Scham über seine Freveltaten und Lüste, in welchen er so grenzenlos entbrannt war, daß er nach Königsbrauch[93] freigeborne Jünglinge mit Schändung befleckte. Nicht bloß Wohlgestalt und körperliche Schönheit, sondern bei den einen sittsame Jugend, bei den andern der Glanz ihrer Ahnenbilder diente seiner Lust zum Stachel. Da kamen denn auch zuerst die vorher unbekannten Namen der ‚Sellarier' und ‚Spintrier'[94] auf nach der Scheußlichkeit des Ortes und der Mannigfaltigkeit der Hingebung. Und die zur Aufsuchung und zur Herbeischleppung bestellten Sklaven wandten bei Bereitwilligen Geschenke, gegen sich Weigernde Drohungen, und wollte ein Verwandter oder der Vater sie zurückhalten, Gewalt, Entführung und ihre eigenen Gelüste wie gegen Gefangene an.

8. Indessen wurden in Rom mit dem Beginn des Jahres, als wären erst neuerdings die Schandtaten Livias in Erfahrung gebracht und nicht längst schon bestraft, auch gegen ihre Bildnisse und gegen ihre Andenken[95] wilde Stimmen erhoben, und daß des Seianus Vermögen aus dem Aerarium dem Fiskus zugewiesen werden solle, als ob es darauf ankäme[96]. Scipionen, Silaner, Cassier waren es, die dafür fast mit denselben oder wenig veränderten Worten allen Ernstes stimmten, als sich plötzlich Togonius Gallus, der sich mit seiner dunklen Herkunft zwischen diese großen Namen eindrängen wollte, auf eine lächerliche Weise vernehmen ließ. Er bat nämlich den Fürsten, eine Auswahl unter den Senatoren zu treffen, von welchen zwanzig durch das Los bestimmt und mit dem Schwert umgürtet, so oft er in die

Kurie käme, sein Leben schützen sollten. Hatte er doch wirklich einen Brief desselben[97] ernsthaft so verstanden, daß er sich einen der Konsuln zur Bedeckung ausbat, um sicher von Capri nach Rom zu gelangen. Tiberius indessen, Spott und Ernst miteinander zu vermischen gewohnt, dankte doch dem Senat für seinen guten Willen; aber wer, schrieb er, könne übergangen, wer gewählt werden? immer dieselben, oder von Zeit zu Zeit andere? ferner, solche, die ihre Ehrenämter schon bekleidet hätten, oder junge Männer? amtlose oder Beamte? sodann, wie es sich ausnehmen würde, wenn sie nun an der Schwelle der Kurie zu den Schwertern griffen? Auch sei ihm das Leben nichts mehr wert, wenn es mit den Waffen geschützt werden müßte. So sprach er gegen Togonius, in gemäßigten Ausdrücken und ohne weiter noch die Unterdrückung des Antrags anzuraten.

9. Dem Junius Gallio[98], der beantragt hatte, daß die Prätorianer nach Beendigung ihrer Dienstzeit das Recht erhalten sollten, in den vierzehn Reihen[99] zu sitzen, gab er einen heftigen Verweis, indem er ihn wie gegenwärtig fragte, was er denn mit den Soldaten zu schaffen hätte, die billig weder Befehle, noch Belohnungen anders als vom Imperator selbst empfangen könnten. Er habe fürwahr etwas gefunden, was der göttliche Augustus nicht beachtet hätte. Oder sei damit vielleicht Zwietracht und Aufruhr von einem Trabanten des Seianus beabsichtigt, um unerfahrene Gemüter unter dem Namen der Ehre zur Auflösung der Mannszucht zu verleiten? Das war der Lohn, den Gallio für seine ausgedachte Schmeichelei davontrug, auf der Stelle aus der Kurie, nachher auch aus Italien verwiesen. Und weil man ihm zur Last legte, das Exil sich leicht machen zu wollen, da er sich Lesbos ausgesucht hatte, eine reiche und anmutige Insel, wurde er nach Rom zurückgeschafft und in den Wohnungen von Staatsbeamten bewacht. Im selben Schreiben brachte der Kaiser den gewesenen Prätor Sextius Paconianus zu großer Freude der Senatoren zum Fall, einen verwegenen und boshaften Menschen, der aller Leute Geheimnisse ausspähte und von Seianus ausersehen worden war, mit seiner Hilfe dem Gaius Caesar eine Schlinge zu legen. Als man das entdeckt hatte, kam der längst gehegte Haß zum Ausbruch; und es wäre auf die Todesstrafe erkannt worden, hätte er sich nicht selbst zu Denunziationen bereit erklärt.

10. Als er aber mit dem Latinius Latiaris begann, bot sich in dem gleich verhaßten Kläger und Beklagten das willkommenste Schauspiel dar. Latiaris, der wie erwähnt vordem das Hauptwerkzeug gewesen war bei der Umgarnung des Titius Sabinus, war jetzt auch der erste, der büßen mußte. Bei dieser Gelegenheit griff Haterius Agrippa die Konsuln des vorigen Jahres mit der Frage an, warum sie jetzt, da sie doch gegenseitig Klage wider einander erhoben hätten, schwiegen: Furcht und Schuld der Mitwisserschaft das sei freilich wohl so gut wie ein Vertrag; aber die Senatoren dürften doch von dem, was

sie gehört hätten, nicht schweigen. Regulus antwortete, es bleibe ihm die Zeit der Rache, und er werde die Sache in Gegenwart des Fürsten verfolgen; Trio: Eifersucht zwischen Amtsgenossen und was sie in ihrer Zwietracht etwa hingeworfen hätten, werde besser der Vergessenheit übergeben. Als Agrippa dennoch nicht aufhörte, bat Sanquinius Maximus, einer der Konsularen, den Senat, man möge die Sorgen des Kaisers nicht noch durch die Suche nach Zänkereien mehren; er selbst sei stark genug, denselben zu begegnen. So wurde für Regulus Freispruch, für Trio wenigstens Aufschub[100] gewonnen. Haterius aber war um so verhaßter, weil er durch Schlafsucht oder liederliche Nachtschwärmerei kraftlos und nur wegen seiner Trägheit ohne Furcht vor dem Fürsten, war er noch so grausam, und mitten unter Schwelgerei und Unzucht auf Untergang so erlauchter Männer zu sinnen pflegte

11. Hierauf wurde dem Cotta Messallinus, von welchem stets die grausamsten Aussprüche herrührten, und der deshalb von jeher verhaßt war, gar manches vorgeworfen: er habe von Gaius Caesar, als sei er von zweideutiger Männlichkeit[101] gesprochen; als er am Geburtstag der Augusta unter den Priestern speiste, habe er dieses Mahl ein Leichenmahl genannt, und, sich über den Einfluß des Marcus Lepidus und Lucius Arruntius beschwerend, mit welchen er wegen einer Geldangelegenheit in Streit war, hinzugefügt: „die freilich wird der Senat, mich aber mein kleiner Tiberius[102] schützen." In allem wurde er von den Großen des Staates überführt, und als sie nicht nachließen, berief er sich auf den Kaiser; auch lief nicht lange nachher ein Schreiben ein, worin dieser in der Art einer Verteidigung, vom Entstehen seiner Freundschaft mit Cotta ausgeholt und dessen häufige Dienstleistungen erwähnt hatte, verlangte, daß man nicht boshaft verdrehte Worte, nicht arglose Tischgespräche zum Verbrechen machen möchte.

12. Merkwürdig erschien mir der Anfang dieses kaiserlichen Schreibens; denn mit folgenden Worten begann er: „Was ich euch schreiben soll, Senatoren, oder wie ich schreiben soll, oder was ich durchaus nicht schreiben soll in diesem Augenblick, wenn ich das weiß, mögen mich Götter und Göttinnen noch ärger zu Grunde richten, als ich täglich mein Zugrundegehen fühle." So sehr waren seine Freveltaten und seine Ausschweifungen auch ihm selber schon zur Qual geworden. Und nicht grundlos pflegte der ausgezeichnetste der Weisen[103] zu behaupten, schlössen sich die Herzen der Tyrannen auf, so würde man erblicken, wie sie zerfleischt und voll Wunden seien, weil, wie der Leib von Geißelhieben, so die Seele von Grausamkeit, von Wollust und argen Plänen zerrissen werde. Denn selbst einen Tiberius schützte nicht die Stellung, noch die Einsamkeit vor dem eigenen Bekenntnis der Qualen und des Strafgerichts in seinem Innern.

13. Dann wurde, da der Senat Vollmacht erhalten hatte, über den Senator Caecilianus zu erkennen, der das meiste gegen Cotta vorgebracht, beschlossen, über ihn dieselbe Strafe zu verhängen, wie gegen Aruseius und Sanquinius, die Ankläger des Lucius Arruntius[104]; die größte Ehre, die dem Cotta je begegnet ist, da er, zwar von Adel, doch dürftig durch Verschwendung und in Verruf durch seine Schandtaten, nicht anders als der fleckenlose Wandel des Arruntius einer Genugtuung für würdig gehalten wurde.

Später wurden Quintus Servaeus und Minucius Thermus vorgeführt, Servaeus ein gewesener Prätor und vordem Begleiter des Germanicus, Minucius aus dem Ritterstand, die von Seianus Freundschaft nur bescheidenen Gebrauch gemacht hatte, weswegen das Mitleid mit ihnen um so größer war. Tiberius dagegen schalt sie als Hauptteilnehmer an den Verbrechen und forderte Gaius Cestius, den Vater, auf, das dem Senat zu sagen, was er ihm geschrieben hätte; und Cestius übernahm die Anklage. Das eben war das Allerverderblichste, was jene Zeiten mit sich brachten, als selbst die Häupter des Senats sich auch mit den allerniedrigsten Angebereien befaßten, einige ganz öffentlich, viele insgeheim. Und dabei war zwischen Fremden und Angehörigen, zwischen Freunden und Unbekannten, zwischen plötzlich sich Ereignendem und dem, was sich hinter alten Zeiten versteckte, keine Unterscheidung möglich. Wovon auch immer, sei es auf dem Forum, sei es beim Mahle, man gesprochen hatte, man wurde angeklagt, je nachdem wie einer zuvorgekommen war und eilte, den anderen zum Schuldigen zu bestimmen, manche um sich selbst zu retten, der größere Teil wie von einer Krankheit und Ansteckung ergriffen. Minucius und Servaeus nun schlugen sich, als sie verurteilt wurden, zu den Angebern. Und in denselben Abgrund wurden Julius Africanus aus dem Santonischen in Gallien und Seius Quadratus mit hinabgezogen, dessen Herkunft ich nicht gefunden habe. Und ich weiß recht wohl, daß von den meisten Geschichtschreibern die Gefahren und die Strafgerichte vieler übergangen wurden, weil sie bei deren Menge ermüdeten oder auch besorgten, es möchte das, was ihnen selbst zu viel und zu niederschlagend gewesen war, auch ihre Leser mit gleichen Widerwillen erfüllen. Mir hat sich manches noch als wissenswürdig dargeboten, obwohl es von anderen unerwähnt geblieben ist.

14. So wagte es in jener Zeit, in der alle übrigen ihre Freundschaft mit Seianus verleugnet hatten, ein römischer Ritter, Marcus Terentius, der deshalb angeklagt war, daran dadurch festzuhalten, daß er so vor dem Senate zu reden begann: „Meinem Glück mag es zwar vielleicht weniger ersprießlich sein, die Beschuldigung anzuerkennen als sie abzuleugnen; aber wie auch immer die Sache ausfallen mag, ich will gestehen, Seianus Freund gewesen zu sein, danach gestrebt zu haben, es zu werden, und als ich es geworden war, mich dessen ge-

freut zu haben. Hatte ich ihn doch als Amtsgenossen seines Vaters im Oberbefehl über die prätorischen Kohorten, nachher die Geschäfte der Stadt und des Kriegswesens zugleich verwalten gesehen. Seine Angehörigen und Verwandten wurden mit Ehrenstellen überhäuft; je vertrauter jemand dem Seianus war, desto mehr galt er auch in des Kaisers Freundschaft; die dagegen, denen er verfeindet war, hatten mit Furcht und Elend zu kämpfen. Keinen will ich als Beispiel nennen, alle insgesamt, die wir an jenem seinem letzten Anschlag keinen Teil genommen haben, will ich auf meine alleinige Gefahr hin zu verteidigen suchen. Denn nicht Seianus, den Vulsinier, sondern das Familienglied der Claudier und Julier, unter denen er sich durch Verschwägerung einen Platz gewonnen hatte, deinen Schwiegerenkel, Caesar, deines Konsulats Genossen, den, der deine eigenen Geschäfte im Staate zu besorgen pflegte, den verehrten wir. Uns kommt es ja nicht zu, darüber zu urteilen, wen du über alle andere erhebst und aus welchen Gründen. Dir haben die Götter die Entscheidung über alles überlassen, uns ist nur die Ehre des Gehorsams geblieben. Ferner müssen wir auf das sehen, was vor Augen liegt, wer von dir Macht und Ehrenstellen hat, wer die größte Gewalt besitzt, zu nützen oder zu schaden. Und daß Seianus alles dies besessen, wird doch niemand leugnen wollen. Die verborgenen Gedanken des Fürsten und worauf er wohl im stillen sinnen möge, zu erforschen, ist unerlaubt, gefährlich, und auch so nicht einmal zu erreichen. Nicht den letzten Tag des Seianus, Senatoren, sondern seine sechzehn Jahre möget ihr beherzigen. Auch dem Satrius und dem Pomponius bewiesen wir Ehrerbietung; selbst seinen Freigelassenen und seinen Türhütern bekannt zu sein, wurde schon für etwas Großes gehalten. Wie nun? Soll eine solche Verteidigung ohne Unterschied und einem wie dem andern gestattet werden? O nein, man ziehe nur die rechte Grenze. Staatsverbrecherische Absichten, Mordanschläge wider den Kaiser bestrafe man; wegen der Freundschaft und der Dienstleistungen möge uns wie dich, o Caesar, das freisprechen, daß sie gemeinschaftlich für uns geendet haben."

15. Die Festigkeit dieser Rede und daß sich doch jemand gefunden hatte, welcher aussprach, was alle in ihrem Herzen dachten, brachte eine solche Wirkung hervor, daß seine Ankläger, indem man mit hinzunahm was sie vorher verbrochen hatten, mit Verbannung oder mit dem Tode bestraft wurden.

Hierauf kam ein Schreiben des Tiberius gegen den gewesenen Prätor Sextus Vistilius, den er als einen Liebling seines Bruders Drusus in sein Gefolge mit aufgenommen hatte. Anlaß zur Ungnade war für Vistilius, daß er gegen den Gaius Caesar als einen Unzüchtigen entweder wirklich etwas geschrieben hatte, oder es erdichtet und geglaubt worden war. Deshalb vom Umgang mit dem Fürsten ausgeschlossen, versuchte er mit altersschwacher Hand gegen sich das

Messer, verband die Adern wieder, bat dann schriftlich um Gnade, erhielt eine harte Antwort und öffnete sich die Adern von neuem.

Nun wurden gleich auf einmal Annius Pollio, Appius Silanus, Mamercus Scaurus und Calvisius Sabinus als Majestätsverbrecher belangt, und dem Vater Pollio auch Vinicianus beigesellt, alle von berühmtem Geschlecht, einige von den höchsten Würden. Schon zitterten alle Senatoren – denn wie wenige gab es, die mit so vielen erlauchten Männern nicht verwandt oder befreundet waren – hätte nicht Celsus, der Tribun einer Kohorte der Stadtmiliz, der sich damals unter den Angebern befand, den Appius und Calvisius aus der gefahrvollen Lage befreit, während der Kaiser des Pollio, sowie des Vinicianus und des Scaurus Sache, um sie selbst mit dem Senat zu untersuchen, aufschob, nicht ohne einige Unglück prophezeiende Andeutungen gegen Scaurus.

16. Nicht einmal die Frauen waren ungefährdet. Konnte man sie nicht der Absicht, sich des Staates zu bemächtigen, bezichtigen, so wurden sie der Tränen wegen angeklagt; so wurde die hochbetagte Vitia hingerichtet, des Fusius Geminus Mutter, weil sie die Hinrichtung des Sohnes beweint hatte.

Dies wurde vom Senat betrieben. Nicht anders wurden von seiten des Fürsten Vescularius Flaccus und Julius Marinus zum Tode geführt, die zu seinen ältesten Vertrauten gehörten, die ihm schon nach Rhodus gefolgt und auch auf Capri unzertrennlich von ihm gewesen waren. Vescularius war bei den Nachstellungen gegen Libo Zwischenträger gewesen, mit des Marinus Hilfe hatte Seianus den Curtius Atticus unterdrückt. Mit um so größerer Freude nahm man es auf, daß das Beispiel, welches sie gegeben hatten, nun auf sie selbst zurückgefallen war.

Um dieselbe Zeit starb der Oberpriester Lucius Piso natürlichen Todes, eine Seltenheit bei so großer Stellung, aus eigenem Antrieb nie Urheber eines knechtischen Antrags, und so oft ihn die Notwendigkeit drängte, weise mäßigend. Daß sein Vater Censor gewesen, habe ich erwähnt[105]; sein Alter kam auf achtzig Jahre; in Thracien hatte er sich die Triumphinsignien verdient; doch sein größter Ruhm war, daß er als Stadtpräfekt die seit kurzem erst ständige und, weil man nicht daran gewöhnt war, ihr zu gehorchen, um so drückendere Gewalt mit bewundernswerter Mäßigung übte.

17. Früher nämlich wurde, wenn die Könige und in der Folge die Magistratspersonen in die Ferne zogen, damit die Stadt nicht ohne Regierung wäre, einstweilen jemand gewählt, der Recht spräche und gegen plötzliche Vorfälle Vorkehrungen träfe; und es heißt, von Romulus sei Denter Romulius, dann von Tullus Hostilius Numa Marcius und von Tarquinius Superbus Spurius Lucretius eingesetzt worden. Nachher beauftragten damit die Konsuln; und noch jetzt ist ein Schattenbild davon vorhanden, so oft wegen der latinischen Ferien

ein Verweser des Konsulamtes bestellt wird. Dann aber setzte Augustus während der Bürgerkriege den Cilnius Maecenas aus dem Ritterstande über alles in Rom und in Italien. Als er dann zur Oberherrschaft gelangt war, wählte er wegen der großen Volksmenge und der langsamen Hilfe der Gesetze einen aus der Zahl der Konsularen, um die Sklaven und solche Bürger, welche, wenn sie keine Gewalt fürchten, aus frechem Übermut zum Aufruhr geneigt sind, im Zaum zu halten. Der erste, der dieses Amt, aber nach wenigen Tagen auch schon die Entlassung aus demselben erhielt, als wisse er es nicht zu verwalten, war Messalla Corvinus. Dann führte es Statilius Taurus, obwohl in vorgerücktem Alter, trefflich durch; darauf Piso, der sich 15 Jahre hindurch immergleichen Beifall erwarb und nach einem Beschlusse des Senates durch ein öffentliches Leichenbegängnis geehrt wurde.

18. Darauf wurde vor den Senatoren vom Volkstribun Quintilianus der Antrag eines der Quindecimvirn Caninius Gallus über ein Buch der Sibylla zur Sprache gebracht, daß dieses unter die übrigen Bücher der Seherin aufzunehmen und darüber ein Senatsbeschluß zu fassen sei. Als dieser nun durch Diszession bewirkt war, sandte der Kaiser ein Schreiben, worin er den Tribun als nicht kundig alter Sitte, wegen seiner Jugend mäßig tadelte. Dem Gallus aber machte er zum Vorwurf, daß er, in seiner Wissenschaft und in dem Zeremonienwesen doch kein Neuling, ohne Gewißheit über den Ursprung des Buches und vor dem Gutachten des Kollegiums und ohne daß, wie üblich, die Weissagung erst von den Vorstehern gelesen und geprüft sei, vor nicht vollzähligem Senat verhandelt habe. Zugleich brachte er in Erinnerung, daß, weil viel Unechtes unter dem berühmten Namen in Umlauf gekommen, Augustus festgesetzt habe, innerhalb welcher Zeit es bei dem Stadtprätor abzugeben sei und daß kein Privatgebrauch davon gemacht werden dürfe. Das war auch schon von den Vorfahren beschlossen worden, als nach dem Brand des Kapitols im Bürgerkriege[106] auf Samos, in Ilium, Erythrae, wie auch in Afrika, Sizilien und in den italienischen Kolonien die Sprüche der Sibylle mag es eine oder mehrere gegeben haben, aufgesucht und die Priester mit dem Geschäft beauftragt wurden, so weit es in menschlicher Kraft stände, das Wahre auszusondern. So wurde denn auch jetzt dieses Buch der Untersuchung der Quindecimvirn unterworfen.

19. Unter eben diesen Konsuln kam es durch eine drückende Teuerung beinahe zu einem Aufruhr, und man machte im Theater viele dringende Forderungen[107], und das mehrere Tage hindurch, mit größerer Dreistigkeit als dem Kaiser gegenüber sonst Sitte war. Hierüber aufgebracht beschuldigte er die Beamten und die Senatoren, daß sie nicht durch ihr öffentliches Ansehen das Volk in seine Schranken gewiesen hätten, und bemerkte dabei, aus wie vielen Provinzen und wie viel größeren Getreidevorrat als Augustus er selbst herbeischaffen

ließe. So wurde zur Zurechtweisung der Menge ein altertümlich strenger Senatsbeschluß abgefaßt, und nicht gelinder lautete das Edikt der Konsuln. Sein eignes Schweigen wurde nicht für Leutseligkeit, wie er geglaubt, sondern für Stolz genommen.

20. Am Ende des Jahres fielen noch Geminius, Celsus und Pompeius, römische Ritter, welche der Verschwörung beschuldigt waren. Von diesen war Geminius durch Geldverschwendung und üppiges Leben dem Seianus befreundet gewesen, durchaus zu keinem ernsthaften Zweck. Julius Celsus, ein Tribun, hatte im Kerker seine Kette frei gemacht, schlang sie um sich und brach, indem er sie nach der anderen Seite anzog, sich selbst das Genick. Dem Rubrius Fabatus wurde deshalb eine Wache gegeben, weil er, am römischen Staate verzweifelnd, seine Zuflucht zum Mitleid der Parther habe nehmen wollen. Allerdings gab er, als er an der sizilischen Meerenge gefunden und durch einen Centurio zurückgebracht war, keine annehmbaren Gründe für eine so weite Reise an. Er blieb jedoch am Leben, mehr aus Vergessenheit als aus Gnade.

Das Jahr 33 n. Chr.

21. Unter dem Konsulat des Servius Galba und Lucius Sulla wählte der Kaiser nach langem Überlegen, was für Männer er seinen Enkelinnen geben solle, da das Alter der Jungfrauen drängte[108], Lucius Cassius und Marcus Vinicius. Vinicius stammte aus einer Landstadt, denn er war zu Cales geboren; sein Vater und sein Großvater waren Konsuln gewesen; übrigens war er aus ritterlicher Familie, sanft von Charakter und in der Rede fein gewandt. Cassius, aus plebejischem, jedoch aus altem und geehrtem Geschlechte Roms und in strenger Zucht des Vaters aufgewachsen, empfahl sich häufiger durch gefälliges Wesen als durch Tätigkeit. Diesem vermählte er Drusilla, dem Vinicius die Julia, des Germanicus Töchter, und schrieb davon dem Senate, doch mit mäßig ehrenden Ausdrücken über die jungen Männer. Hierauf lenkte er nach Angabe ganz allgemeiner Gründe für seine Abwesenheit auf Wichtigeres, nämlich auf die Verfeindungen über, die er sich des Staates wegen zugezogen hatte, und bat, daß der Präfekt Macro nebst einigen Tribunen und Centurionen, so oft er in die Kurie käme, mit ihm eintreten möchte. Und obwohl darüber sehr bereitwillig und ohne Bestimmung des Ranges oder der Zahl ein Senatsbeschluß gefaßt wurde, kam er doch nie auch nur in ein Haus von Rom, geschweige denn in die öffentliche Versammlung, meist auf abgelegenen Wegen die Vaterstadt umkreisend und vermeidend.

22. Indessen fiel eine große Menge von Anklägern über diejenigen her, welche ihr Vermögen, gegen das Gesetz des Diktators Caesar, durch Zinswucher vermehrten, welches über die Größe des Darle-

hens und des Geldbesitzes innerhalb Italiens Grenzen festlegt, aber längst nicht mehr beachtet wurde, weil das allgemeine Beste dem Privatvorteile nachgestellt zu werden pflegt. Allerdings war der Wucher ein altes Übel Roms und am häufigsten die Ursache von Aufständen und Zwistigkeiten, weshalb man ihm auch bei den alten und noch weniger verdorbenen Zeiten Schranken setzte. Denn zuerst wurde durch die zwölf Tafeln festgesetzt, daß niemand mehr als eine Uncia[109] Zins nehmen sollte, während er bisher ganz von der Willkür der Reichen abgehangen hatte. Dann durch die tribunizischen Gesetze auf eine halbe Uncia herabgesetzt, wurde zuletzt das Zinsennehmen ganz verboten. Durch viele Volksbeschlüsse suchte man den Betrügereien, welche, so oft schon unterdrückt, durch die wunderbarsten Schliche von neuem aufkamen, zu begegnen. Jetzt aber brachte der Prätor Gracchus, dem Untersuchungen dieser Art zugefallen waren, sich durch die Menge der Gefährdeten dazu gedrängt fühlend, die Sache vor den Senat, und in der Angst – denn keiner war frei von einer Schuld dieser Art – baten die Senatoren den Fürsten um Nachsicht. Und mit seiner Bewilligung wurde noch eine Frist von 18 Monaten gestattet, während welcher ein jeder den Vorschriften des Gesetzes gemäß seine Vermögensangelegenheiten in Ordnung bringen sollte.

23. So entstand denn Geldmangel, da auf einmal allen ihr Darlehen gekündigt wurde und weil nach so zahlreichen Verurteilungen und Güterversteigerungen das geprägte Silber im Fiskus oder im Aerarium still lag. Zudem hatte der Senat verordnet, daß ein jeder zwei Drittel seines Kapitals in Gütern in Italien anlegen sollte. Aber die Gläubiger forderten doch das Ganze, und für die, denen gekündigt worden war, war es Ehrensache, ihre Kreditwürdigkeit nicht zu schwächen. So gab es zuerst ein Hinundhergerenne und Bitten, dann ein Lärmen vor dem Richterstuhl des Prätors. Aber gerade das, was man als Auskunftsmittel begriffen hatte, nämlich Verkauf und Kauf, schlug zum Gegenteil aus, weil die Kapitalisten alles Geld zum Erhandeln von Ländereien zurückgelegt hatten. Da die Menge des Verkäuflichen Wohlfeilheit zur Folge hatte, so mußte ein jeder, je verschuldeter er war, nur desto schlechter bei der Veräußerung fahren, und viele kamen ganz zu Fall. Die Zerrüttung der Vermögen aber brachte Ehre und Ruf in Gefahr, bis der Kaiser dadurch Hilfe schaffte, daß er hundert Millionen Sesterzen an die Wechselbanken verteilte und davon auf drei Jahre ohne Zinsen Darlehen zu nehmen erlaubte, wenn der Schuldner dem Volke für das Doppelte in Grundstücken Sicherheit leistete. So wurde der Kredit wiederhergestellt, und es fanden sich allmählich auch wieder Privatleute als Gläubiger. Auch wurde der Kauf der Ländereien nicht nach der Vorschrift des Senatsbeschlusses vorgenommen, da man, wie in solchen Dingen gewöhnlich, nur im Anfang streng, zuletzt gleichgültig dabei war.

24. Hierauf kehrten die vorigen Schrecknisse wieder, indem Considius Proculus wegen verletzter Majestät belangt wurde. Ohne alle Besorgnis seinen Geburtstag feiernd, wurde er in die Kurie geschleppt und zugleich verurteilt und hingerichtet, dazu seine Schwester Sancia geächtet. Ankläger war Quintus Pomponius. Dieser, ein unruhiger Kopf, gab vor, dies und ähnliches zu unternehmen, um die Gunst des Fürsten zu gewinnen und so den Gefahren seines Bruders Pomponius Secundus zu begegnen. Auch gegen Pompeia Macrina wurde auf Verbannung erkannt, deren Gemahl Argolicus und Schwiegervater Laco zwei vornehme Achäer, der Kaiser schon gestürzt hatte. Ihr Vater, ein römischer Ritter von hohem Range, und ihr Bruder, ein gewesener Prätor, töteten sich selbst, da ihnen ebenfalls Verurteilung bevorstand. Man hatte ihnen zum Verbrechen gemacht, daß ihren Urgroßvater, Theophanes aus Mytilene, Gnaeus Pompeius Magnus unter seinen Vertrautesten gehabt und dem Theophanes nach seinem Tode griechische Schmeichelei göttliche Verehrung erwiesen hatte.

25. Nach diesen wurde Sextus Marius, der reichste Mann Spaniens, der Blutschande mit seiner Tochter angeklagt und vom tarpejischen Felsen hinabgestürzt[110]. Damit kein Zweifel übrig bleibe, daß die Größe seines Vermögens sein Unglück geworden seien, nahm Tiberius seine Goldgruben, obwohl sie für Staatsgut erklärt wurden, für sich in Beschlag. Und so einmal in Wut versetzt durch diese Hinrichtungen befahl er alle umzubringen, die, der Verbindung mit Seianus angeklagt im Kerker gehalten wurden. Da lagen zahllos hingemordet Menschen jedes Geschlechts und Alters, berühmte und unbekannte, zerstreut oder übereinandergehäuft. Und dabei war es Verwandten oder Freunden nicht gestattet, bei ihnen zu stehen, über sie zu weinen, ja nicht einmal sie länger anzusehen, sondern ringsum aufgestellte Wächter, die auf eines jeden laute Klage spähten, wichen von den verwesenden Leichen nicht, bis sie in den Tiber geschleift wurden, wo sie umherschwammen oder an die Ufer trieben, damit keiner sie verbrannte oder nur berührte. Aufgehört hatte durch des Schreckens Gewalt die Teilnahme am menschlichen Geschick, und je mehr die Raserei emporwuchs, desto enger wurde die Grenze des Mitleids.

26. Um dieselbe Zeit empfing Gaius Caesar, der dem Großvater, als er nach Capri zog, gefolgt war, Claudia, die Tochter des Marcus Silanus zur Ehe, er, der ein unmenschliches Herz hinter tückischer Bescheidenheit verbarg, dem nicht bei der Verurteilung der Mutter, nicht bei der Verbannung der Brüder ein Laut entfuhr; was gerade Tiberius für einen Tag hatte, ganz so gab er sich auch, wobei sogar die Worte so ziemlich dieselben waren. Daher die treffende Bemerkung des Redners Passienus, die nachmals in Umlauf kam: es habe nie einen besseren Sklaven, nie einen schlechteren Herrn gegeben.

Nicht übergehen möchte ich eine Weissagung des Tiberius über Servius Galba, der damals Konsul war. Diesen ließ er zu sich bescheiden und redete ihn, nachdem er ihn von verschiedenen Seiten ausgeforscht hatte, zuletzt auf Griechisch etwa so an: „Auch du, Galba, wirst einst noch die Herrschaft kosten". Damit deutete er auf seine späte und kurze Gewalt hin, vermöge seiner Kenntnis der Kunst der Chaldäer. Die sich zu eigen zu machen hatte er auf Rhodus Muße gehabt und zum Lehrer den Thrasyllus, dessen Erfahrung er auf folgende Weise erprobt hatte.

27. Sooft er über dergleichen Angelegenheit Rat pflegen wollte, bediente er sich eines hochgelegenen Teiles seiner Wohnung, unter Zuziehung eines einzigen Freigelassenen. Dieser, ein ungebildeter, aber körperlich kräftiger Mensch, ging auf unwegsamen und abschüssigen Pfaden – denn das Haus erhob sich über Felsen – vor demjenigen her, dessen Wissenschaft Tiberius gerade auf die Probe zu stellen beschlossen hatte, und stürzte den Heimkehrenden, wenn der Verdacht der Gaukelei oder des Betruges gegen ihn aufgestiegen war, in das unten strömende Meer, damit er das Geheimnis nicht verriete. Als nun so Thrasyllus über dieselben Klippen geführt, auf den Forschenden schon Eindruck gemacht hatte, indem er ihm Herrschaft und künftige Zeiten mit Geschick eröffnet hatte, wurde er gefragt, ob er auch seine eigene Geburtsstunde erkundet habe, in was für einem Jahre, und an was für einem Tage er sich jetzt befinde? Er berechnete die Stellungen und Abstände der Gestirne, stutzte erst, fing dann an zu zagen, und brach, je tiefer er blickte, immer mehr und mehr vor Staunen und Furcht erbebend, zuletzt in den Ausruf aus, es stehe ihm ein bedenklicher, ja beinahe der letzte Augenblick bevor. Da umarmte ihn Tiberius, wünschte ihm Glück dazu, daß er Gefahren vorher zu bestimmen wisse und nun ungefährdet bleiben werde, und behielt ihn, das, was er gesagt hatte, wie ein Orakel aufnehmend, als einen seiner vertrautesten Freunde bei sich.

28. Ich muß jedoch gestehen, wenn ich dies und ähnliches vernehme, mein Urteil schwankt, ob denn wirklich das Verhängnis und unwandelbare Notwendigkeit oder das Ungefähr den Gang der menschlichen Dinge bestimme. Denn man findet ja, daß selbst die Weisesten der Alten und diejenigen, welche ihnen anhängen, verschiedener Meinung sind, und viele den festen Glauben hegen, daß sich die Götter weder um unser Entstehen, noch um unser Ende, noch überhaupt um Menschen kümmern, weshalb so häufig Unglück über die Guten komme, und Glück den Schelchten beschieden sei. Dagegen glauben andere, das Verhängnis stimme zwar mit den Ereignissen überein, aber nicht in unsteten Gestirnen, sondern es liege in den Anfängen und Verkettungen natürlicher Ursachen. Wobei sie uns jedoch die Wahl der Lebensweise freilassen, nur sei, habe man sie gewählt, die Ordnung des Verhängten schon bestimmt. Auch sei nicht Unglück oder Glück, was der große Haufe dafür halte; viele, die von Widerwärtigkeiten bedrängt schienen, seien glücklich, dagegen gar

manche bei noch so großem Reichtum höchst elend, sobald jene das unglückliche Geschick standstaft ertrügen, diese das glückliche mit Unverstand gebrauchten. Übrigens lassen es sich die meisten Menschen nicht nehmen, daß einem jeden gleich mit der Geburt seine Zukunft bestimmt sei; nur falle manches anders aus, als es verkündet worden, durch den Betrug derer, die Dinge verkündigen, die sie nicht wissen. So werde der Glaube an eine Wissenschaft untergraben, von welcher die alte Zeit wie die unsrige sprechende Beweise geliefert habe. Wie nämlich vom Sohne eben dieses Thrasyllus die Herrschaft Neros vorhergesagt worden sei, soll zu seiner Zeit erwähnt werden, damit ich mich jetzt nicht noch weiter vom Faden der Erzählung entferne.

29. Unter denselben Konsuln wurde der Tod des Asinius Gallus bekannt. Daß er des Hungertodes starb, wurde nicht bezweifelt, ob freiwillig oder gezwungen, war nicht ausgemacht. Denn als man den Kaiser befragte, ob er zulassen wolle, daß er bestattet würde, schämte er sich nicht, es zu erlauben und obenein noch über das Mißgeschick zu klagen, das den Beschuldigten hinweggerafft, bevor er in seiner Gegenwart erst überführt worden wäre. In einer Zwischenzeit von drei Jahren hatte es also an Zeit gefehlt, den greisen Konsular, den Vater so vieler Konsularen, vor Gericht zu stellen!

Hierauf endete Drusus, nachdem er sich durch jammervolle Nahrung, das Polster seines Lagers kauend, bis zum neunten Tage hinweggefristet hatte. Einige haben erzählt, es sei dem Macro vorgeschrieben gewesen, falls von Seianus zu den Waffen gegriffen werden sollte, den Jüngling aus dem Gefängnisse hervorzuholen – denn er saß im Palast verhaftet –, und ihn an die Spitze des Volkes zu stellen. Nachher zog der Kaiser, als das Gerücht ging, er werde sich mit der Schwiegertochter und mit dem Enkel versöhnen, doch die Grausamkeit der Reue vor.

30. Ja er schmähte auch noch gegen den Toten, indem er ihm des Leibes Schändung, gegen die Seinen eine verderbliche, gegen den Staat eine feindselige Gesinnung vorwarf, und ein über seine Handlungen und Reden geführtes Tagebuch vorzulesen befahl, was am meisten bei der Sache empörte. Daß so viele Jahre hindurch Aufpasser neben ihm gestanden, um seine Miene, seine Seufzer, ja sein leises Gemurmel zu belauschen, und daß der Großvater es über sich gebracht hatte, dies dann zu hören, zu lesen und bekannt zu machen, ist kaum glaublich, wären nicht in den Papieren des Centurio Actius und des Freigelassenen Didymus die Namen der Sklaven aufgeführt gewesen, die den gerade aus seinem Gemache hinaustretenden Drusus geschlagen oder geschreckt hatten. Auch hatte der Centurio seine eigenen harten Reden als etwas Vortreffliches beigefügt, sowie die Worte des Hinsterbenden, mit denen er zuerst wie im Wahnsinn Unheilverkündendes über Tiberius, dann, als ihn des Lebens Hoffnung

verlassen hatte, überlegte und zusammenhängende Verwünschungen aussprach, daß, wie er gegen die Schwiegertochter, gegen des Bruders Sohn und Enkel, gegen sein ganzes Haus mit Mord gewütet hätte, er so auch selbst dem Namen und Geschlechte der Ahnen und den Nachkommen als ein Racheopfer fallen möchte. Dem lärmten zwar die Senatoren entgegen, als wollten sie ihren Abscheu beweisen, doch es erfüllte sie Schreck und Staunen, daß er, der mit so viel Schlauheit sonst Dunkel um seine Freveltaten zu hüllen pflegte, nun schon so sicher geworden war, daß er, die Scheidewände gleichsam niederreißend, den eigenen Enkel unter der Geißel eines Centurio und unter den Stößen der Sklaven zeigte, wie er vergeblich um die notdürftigste Lebensnahrung flehte.

31. Noch hatte man den Schmerz hierüber nicht verwunden, als man auch von Agrippina hörte, die, wie ich glaube, nach des Seianus Hinrichtung von Hoffnung aufrecht gehalten fortlebte, aber als die Verfolgungswut nicht nachließ, freiwillig gestorben ist, es sei denn, daß man versucht hat, durch Entziehung der Nahrung den Schein eines von ihr selbst gewählten Todes hervorzubringen. Denn Tiberius flammte ja zu den abscheulichsten Beschuldigungen auf, indem er ihr Unkeuschheit und Buhlerei mit Asinius Gallus vorwarf, weshalb sie durch seinen Tod Lebensüberdruß befallen habe. Allein Agrippina, die ein bescheidenes Los nicht ertragen konnte, nur nach Herrschaft stets begierig, hatte in diesen männlichen Bestrebungen die Schwächen des Weibes abgelegt. Auch daß sie an demselben Tage, an welchem zwei Jahre vorher Seianus seine Schuld gebüßt hatte, starb, und daß dies Aufzeichnung verdiene, fügte der Kaiser noch hinzu, und wußte sich etwas damit, daß sie nicht mit dem Strange erdrosselt, noch auf die Gemonische Treppe hingeworfen sei. Dafür nun wurde ihm Dank abgestattet und beschlossen, daß alle Jahre am 19. Oktober, dem Todestage beider, dem Jupiter ein Geschenk geweiht werden sollte.

32. Nicht lange nahher faßte Cocceius Nerva, des Fürsten ständiger Begleiter, ein Kenner aller göttlichen und menschlichen Rechte bei gesicherten Vermögensverhältnissen und ungeschwächter Gesundheit, den Entschluß, zu sterben. Sobald Tiberius dies erfuhr, begab er sich an sein Bett, forschte nach den Beweggründen, ließ es selbst an Bitten nicht fehlen und gestand zuletzt, wie drückend es für sein Gewissen, wie drückend auch für seinen Ruf es sein würde, wenn sein nächster Freund, ohne allen Grund zu sterben, aus dem Leben fliehe. Nerva wollte nichts von seinen Reden hören, und fuhr fort, sich aller Nahrung zu enthalten. Die um seine Gedanken wußten, sagten, er habe, je mehr er aus der Nähe die Leiden des Staates habe beobachten können, um so mehr aus Unmut und Besorgnis, dieweil er noch unversehrt und unangefochten war, sich ein ehrenvolles Ende gewünscht.

Übrigens hatte, was kaum glaublich scheint, Agrippinas Fall Plancinas Sturz zur Folge. Dem Gnaeus Piso einst vermählt und öffentlich über Germanicus Tod frohlockend, hatte sie bei Piso Fall durch Augustas Fürsprache und nicht minder durch Agrippinas Feindschaft Schutz gefunden. Sobald Haß und Gunst ein Ende hatten, machte sich das Recht geltend, und wohlbekannter Verbrechen wegen angeklagt, vollzog sie selbst an sich, zu spät mehr als auf unverdiente Weise, die Todesstrafe.

33. Als in so vielfacher Trauer die Bürgerschaft Leid trug, war auch das ein Gegenstand der Betrübnis, daß Julia, des Drusus Tochter, einst Neros Gattin, in das Haus des Nubellius Blandus heiratete, an dessen Großvater, einen römischen Ritter aus Tibur, sich noch viele erinnerten.

Am Ende des Jahres wurde durch ein zensorisches Leichenbegängnis der Tod des Aelius Lamia gefeiert, der, endlich von der Täuschung, als solle er Syrien verwalten, befreit, Stadtpräfekt geworden war. Glänzend war seine Abkunft, rüstig sein Alter, und die Vorenthaltung der Provinz hatte sein Ansehen nur gemehrt. Hierauf wurde nach dem Absterben des Proprätors von Syrien Pomponius Flaccus ein Schreiben des Kaisers vorgelesen, worin er sich beklagte, daß gerade die Trefflichsten und zur Befehligung der Heere Geschicktesten dieses Amt ablehnten, und er dadurch in die Notwendigkeit versetzt werde, durch Bitten einige Konsularen zu bewegen, daß sie sich zur Übernahme von Provinzen bereit finden ließen. Dabei vergaß er ganz, daß Arruntius nun schon das zehnte Jahr von seiner Abreise nach Spanien zurückgehalten wurde. Im selben Jahr starb auch Marcus Lepidus, von dessen Mäßigung und Weisheit ich in den vorhergehenden Büchern genug gebracht habe. Auch braucht sein Adel nicht erst weiter nachgewiesen zu werden, denn das aemilische Geschlecht war ja reich an guten Bürgern, und die, welche in dieser Familie vom Sittenverderbnis angesteckt waren, lebten doch wenigstens in äußerlichem Glanze.

Das Jahr 34 n. Chr.

34. Unter dem Konsulat des Fabius Paulus und Lucius Vitellius kam nach Verlauf von vielen Jahrhunderten der Vogel Phönix nach Ägypten und gab den gelehrtesten Männern unter den Eingeborenen und Griechen Stoff, sich vielfach über dieses Wunder auszusprechen. Das, worin sie übereinstimmen, auch das, was meistens zweifelhaft, doch wissenswürdig ist, will ich mitteilen. Der Sonne heilig und durch Schnabel und Zeichnung der Schwungfedern von allen übrigen Vögeln unterschieden stellen dieses Tier übereinstimmend alle dar, die

von der Gestalt desselben ein Bild gegeben haben. Über die Zahl der Jahre weichen die Angaben mannigfach von einander ab. Am gewöhnlichsten ist die Annahme von fünf Jahrhunderten. Einige behaupten eine Zwischenzeit von 1461 Jahren[111], und daß die vorher erschienenen Vögel zuerst unter des Sesosis, dann unter des Amasis Herrschaft, hierauf unter Ptolemaeus, dem dritten Könige aus macedonischem Geschlecht, nach der Stadt, die Heliopolis heißt, in zahlreicher Begleitung des übrigen Geflügels, das die ungewöhnliche Gestalt bewundert, geflogen seien. Doch die alten Zeiten mögen dunkel sein; zwischen Ptolemaeus und Tiberius verflossen noch nicht 250 Jahre, weshalb etliche geglaubt haben, dieser Phönix sei unecht und nicht aus den Ländern der Araber, wie er auch nichts von dem getan, was die alte Geschichte behauptet hat. Wenn er nämlich seiner Jahre Zahl vollendet hat und sein Tod herannahte, baue er in seiner Heimat ein Nest und befruchte es mit seinem Samen, woraus ein Junges entstehe, welches, sobald es herangewachsen, seine erste Sorge sein lasse, den Vater zu bestatten; und zwar nicht ohne Bedacht, sondern erst eine Menge von Myrrhen aufhebend und auf langem Wege es damit versuchend, belade es sich, sobald es der Last und dem Zuge gewachsen, mit des Vaters Leichnam, trage ihn bis auf der Sonne Altar und verbrenne ihn dann. Dies ist ungewiß und mit Fabelhaftem ausgeschmückt. Daß aber dieser Vogel bisweilen in Ägypten gesehen wird, darüber herrscht kein Zweifel.

35. Zu Rom indes, wo unablässig gemordet wurde, öffnete sich Pomponius Labeo, der, wie ich erwähnt, Präfekt von Mösien gewesen war, die Adern und verblutete; es folgte diesem Beispiel Paxaea, seine Gattin. Denn leicht entschloß man sich zu solcher Todesart aus Furcht vor dem Henker, und weil den Verurteilten nach Einziehung der Güter die Bestattung versagt wurde, während die, welche über sich selbst beschlossen, beerdigt wurden und ihre Testamente Gültigkeit behielten: Belohnung genug zur Eile. Der Kaiser aber erklärte in einem an den Senat geschickten Schreiben, es sei bei den Vorfahren Sitte gewesen, so oft sie Freundschaftsverbindungen aufgelöst hätten, das Haus zu verbieten und damit dem guten Vernehmen ein Ende zu machen. Dies nur habe er auch bei Labeo in Anwendung gebracht, wogegen dieser, weil er wegen schlechter Verwaltung der Provinz und wegen anderer Verbrechen hart gedrängt gewesen sei, seine Schuld mit Erweckung von Mißgunst bemäntelt habe. Ohne Grund sei seine Gattin in Schrecken geraten, die, wenngleich schuldig, doch außer Gefahr gewesen sei. Hierauf wurde Mamercus Scaurus von neuem belangt, durch seinen Adel sowie als Sachwalter ausgezeichnet, durch seinen Wandel schimpfbelastet. Nicht Seianus Freundschaft stürzte ihn, sondern der zum Verderben nicht minder wirksame Haß des Macro, der dieselben Künste, nur versteckter, übte und Anzeige von dem Inhalte eines von Scaurus geschriebenen Trauer-

spiels gemacht hatte, Verse hinzusetzend, die auf Tiberius bezogen werden konnten. Aber von seinen Anklägern Servilius und Cornelius wurden ihm Ehebruch mit Livia und Magierzaubereien vorgeworfen. Scaurus kam, wie es der alten Aemilier würdig war, der Verurteilung auf Zureden seiner Gemahlin Sextia zuvor, welche, wie sie ihn zum Tode angetrieben hatte, so diesen auch mit ihm teilte.

36. Doch wurden auch die Ankläger, wenn sich Gelegenheit fand, bestraft, wie Servilius und Cornelius, durch des Scaurus Sturz berüchtigt, weil sie von Varius Ligur für Unterlassung einer Klage Geld genommen hatten, die, nachdem sie geächtet worden waren, auf Inseln verwiesen wurden. So wurde auch Abudius Ruso, der Aedil gewesen und der den Lentulus Gaetulicus, unter dem er eine Legion befehligt hatte, damit angriff, daß dieser sich den Sohn des Seianus zum Schwiegersohn ausgewählt hatte, nun selbst verurteilt und aus Rom verbannt. Gaetulicus stand zu der Zeit an der Spitze der Legionen im oberen Germanien und hatte sich ungewöhnliche Liebe erworben, ein Mann von unbegrenzter Milde, mäßiger Strenge und auch beim benachbarten Heer durch seinen Schwiegervater Lucius Apronius nicht unbeliebt. Daher entstand das hartnäckige Gerücht, er habe es gewagt, dem Kaiser einen Brief des Inhalts zu senden: In ein verwandtschaftliches Verhältnis mit Seilanus sei er nicht aus eignem Entschluß, sondern sich auf Tiberius Urteil stützend getreten; er so gut wie Tiberius hätte sich täuschen können, und nun dürfe doch derselbe Irrtum nicht diesem unverfänglich sein, anderen zum Verderben gereichen. Seine Treue sei unverändert und werde es bleiben, falls ihm keine Nachstellungen bereitet würden; einen Nachfolger aber werde er nicht anders als ein Todesurteil aufnehmen. Darum wollten sie eine Art Bündnis schließen, nach welchem der Fürst in allem übrigen die Herrschaft hätte, er aber die Provinz behielte. So auffallend dies war, so gewann es doch dadurch Glauben, daß er allein unter allen, die mit Seianus verschwägert waren, unangefochten und in großer Gunst blieb, indem Tiberius erwägen mochte, wie man ihn allgemein haßte, daß er schon hochbetagt sei und seine Macht sich mehr auf den Ruf als auf Gewalt stütze.

Das Jahr 35 n. Chr.

37. Unter dem Konsulat des Gaius Cestius und Marcus Servilius kamen vornehme Parther ohne Wissen des Königs Artabanus nach Rom. Dieser, aus Furcht vor Germanicus den Römern treu und mild gegen die Seinen, nahm darauf gegen uns ein übermütiges, gegen sein Volk ein grausames Betragen an, indem er auf die Kriege vertraute, die er mit Glück gegen die Völkerschaften umher geführt hatte. Er verachtete das Alter des Tiberius als wehrlos und war begierig auf

Armeniens Besitz, dem er nach dem Tod des Königs Artaxias den ältesten seiner Söhne, Arsaces, zum Herrn gegeben hatte. Dem allem fügte er noch Beschimpfung hinzu, indem er Gesandte schickte, den von Vonones in Syrien und Cilicien zurückgelassenen Schatz zurückzufordern; zugleich ließ er sich mit prahlerischen Drohungen über die alten Grenzen der Perser und Macedonier aus, und wie er sich dessen, was Cyrus und darauf Alexander besessen hätten, bemächtigen würde. Den Parthern aber hatte zu jener geheimen Botschaft am nachdrücklichsten Sinnaces geraten, von ausgezeichnetem Geschlecht und ebenso begütert, und nächst ihm der Eunuch Abdus; denn dies ist bei den Barbaren nicht mit Verachtung, sondern obendrein mit Machteinfluß verbunden. Diese zogen nun noch andere Große zu, und ließen, weil sie niemand aus dem Geschlechte der Arsaciden auf den Thron erheben konnten, da die meisten von Artabanus ermordet oder noch nicht erwachsen waren, aus Rom um den Phraates, den Sohn des Königs Phraates, bitten: nur eines Namens und eines Anstifters bedürfe es, nur daß mit des Kaisers Bewilligung ein Sprößling des Arsaces sich am Ufer des Euphrat zeige.

38. Das war dem Tiberius ganz nach Wunsch. Er stattete den Phraates[112] aus und rüstete ihn für den väterlichen Thron, seinem Grundsatz treu, mit Politik und List in den auswärtigen Verhältnissen zu verfahren, Waffengewalt aber fern zu halten. Indessen ließ sich Artabanus auf die Kunde von den Nachstellungen bald durch Furcht einschüchtern, bald durch Rachgier entflammen: bei den Barbaren gilt Zaudern als knechtisch, schnelle Ausführung als königlich. Doch gab die Klugheit den Ausschlag, so daß er den Abdus unter dem Schein der Freundschaft zu sich zu Tische lud und durch langsames Gift unschädlich machte, den Sinnaces durch Verstellung sowie durch Geschenke und auch durch Geschäfte hinhielt. Phraates war in Syrien, während er nach Aufgabe der römischen Lebensweise, an die er sich so viele Jahre hindurch gewöhnt hatte, die Gebräuche der Parther anzunehmen suchte, der vaterländischen Weise nicht gewachsen und wurde von einer Krankheit dahingerafft. Allein Tiberius gab das Begonnene nicht auf. Den Tiridates, der von demselben Geschlecht war, erkor er dem Artabanus zum Nebenbuhler, und zur Wiedereroberung Armeniens den Iberer Mithridates, den er mit seinem Bruder Pharasmanes versöhnte, der die Herrschaft über sein Volk behauptete; die Leitung aller seiner Unternehmungen im Morgenland übertrug er dem Lucius Vitellius. Nicht unbekannt ist mir der nachteilige Ruf dieses Mannes in Rom, und wie viel Abscheuliches von ihm erzählt wird; aber bei der Verwaltung der Provinzen benahm er sich auf eine der Vorzeit würdige Weise. Als er von dort zurückgekommen war, verwandelte er sich in der Furcht vor dem Kaiser Gaius und in der Vertraulichkeit mit Claudius in einen niedrigen Sklaven und gilt bei der Nachwelt für ein Muster entehrender Schmeichelei, indem die

frühere Zeit vor der späteren zurückwich, und ein schmachvolles Alter die Vorzüge der Jugend in Vergessenheit brachte.

39. Von den kleinen Königen trieb zuerst Mithridates den Pharasmanes an, mit List und Gewalt seine Unternehmungen zu unterstützen, und es fanden sich auch Verführer, welche die Diener des Arsaces mit vielem Golde zu einer Freveltat verleiteten; zugleich brachen die Iberer mit großen Heerhaufen in Armenien ein und bemächtigten sich der Stadt Artaxata. Sobald Artabanus das erfuhr, rüstete er seinen Sohn Drodes zur Rache aus, gab ihm die parthischen Truppen mit und sandte Leute aus, um Hilfstruppen zu werben. Dagegen zog Pharasmanes die Albaner an sich, rief die Sarmaten herbei, deren Häuptlinge von beiden Seiten Geschenke angenommen hatten und dann nach der Weise dieses Volkes doppelte Partei ergriffen. Allein die Iberer, Herren der Gegend, ließen die Sarmaten durch den kaspischen Paß eilig Armenien überschwemmen, während die, welche den Parthern zu Hilfe zogen, leicht abgewehrt wurden, da der Feind die anderen Zugänge gesperrt hatte. Den einzigen übrigen zwischen dem Meer und den albanischen Grenzgebirgen machte die Sommerzeit ungangbar, weil durch die Passatwinde die Furten überflutet werden, während der Südwind im Winter die Flut zurückwälzt und, indem so das Meer in sich selbst hineingetrieben wird, die Untiefen des Gestades entblößt werden.

40. Indes forderte den von seinen Bundesgenossen ohne Unterstützung gelassenen Drodes Pharasmanes, durch Hilfsvölker verstärkt, zur Schlacht heraus, rückte auf den Ausweichenden los, sprengte gegen sein Lager an, beunruhigte die Futterholenden und umzingelte ihn oft wie bei einer Einschließung mit Posten, bis die an solche Beschimpfung nicht gewöhnten Parther den König umringten und selbst ein Treffen forderten. Ihre Stärke bestand nun aber allein in der Reiterei; Pharasmanes war auch an Fußvolk stark. Denn die Iberer und Albaner, die gebirgige Gegenden bewohnen, sind mehr an eine harte Lebensweise und an Ausdauer gewöhnt und meinen auch von den Thessaliern entsprossen zu sein, zu der Zeit, da Jason, nachdem er Medea entführt und Kinder mit ihr gezeugt hatte, wieder zu dem kinderlosen Königshause des Aeetes und dem erledigten Reiche der Colchier zurückkehrte. Auch verehren sie vieles mit seinem Namen und ein Orakel des Phrixus; wie denn auch niemand bei ihnen einen Widder opfern würde, weil sie glauben, daß er den Phrixus zu ihnen getragen habe, mag dies ein Tier oder das Abzeichen des Schiffes gewesen sein. Als nun von beiden Seiten die Schlachtordnung aufgestellt war, redete der Parther von seiner Herrschaft über den Orient, vom Glanz der Arsaciden und wie ruhmlos dagegen der Iberer mit seiner Söldnerschar sei; Pharasmanes aber, wie sie noch frei vom parthischen Joche seien, und wie sie, je Größeres sie erstrebten, desto größere Ehre als Sieger, wollten sie aber fliehen, desto größere

Schmach und Gefahr davon tragen würden. Zugleich wies er auf die wilde Schlachtreihe der Seinen, auf die goldgeschmückten Scharen der Meder, hier wie Männer, dort nur wie Beute hin.

41. Bei den Sarmaten aber ließ sich nicht einzig des Feldherren Ruf vernehmen, sondern jeder spornte sich selbst an, keinen Kampf mit Pfeilen zu gestatten: im Sturme und im Handgemenge müsse man zuvorkommen. Ein buntes Schauspiel gewährten daher die Kämpfenden, indem die Parther, mit gleicher Gewandtheit zu verfolgen oder zu fliehen gewohnt, ihre Geschwader auseinanderdehnten und Schußweite suchten, die Sarmaten aber, ohne den Bogen zu gebrauchen, mit dem sie weniger in die Ferne stark sind, mit Piken und Schwertern hereinstürmten, bald nach Art eines Reitertreffens mit Angriff und Flucht abwechselten, dann auch wieder wie eine dichtgeschlossene Linie mit den Leibern und dem Stoß der Waffen jetzt vorwärts drängten, jetzt geworfen wurden. Und schon griffen auch die Albaner und Iberer ein, rissen die Feinde von den Pferden und ließen so einen doppelten Kampf sich gegen sie erheben, da von oben her die Reiterei und mehr noch aus der Nähe das Fußvolk sie übel zurichtete. Dabei gerieten Pharasmanes und Orodes, während sie den Tapferen zur Seite standen oder den Wankenden zur Hilfe kamen, kenntlich und darum sich gegenseitig erkennend, mit Schlachtruf, mit Geschoß und Roß hart aneinander; mit größerer Heftigkeit Pharasmanes; denn durch den Helm hindurch brachte er eine Wunde bei, doch nicht im stande, es zu wiederholen, da sein Roß mit ihm vorübersprengte und den Verwundeten die tapfersten seiner Trabanten deckten. Aber das irrig für wahr gehaltene Gerücht, er sei getötet worden, setzte die Parther in Schrecken und sie räumten den Sieg ein.

42. Bald zog Artabanus mit der ganzen Macht seines Reiches zur Rache herbei. Vermittelst ihrer Ortskenntnis stritten die Iberer mit größerem Glücke. Doch wäre er deshalb noch nicht gewichen, hätte nicht Vitellius durch Zusammenziehung der Legionen und Verbreitung des Gerüchts, er wolle auf Mesopotamien einen Angriff machen, in ihm die Furcht vor einem Römerkriege geweckt. Da gab Artabanus Armenien auf; es wandte sich sein Glück, da Vitellius dazu antrieb, den im Frieden grausamen und durch Unglück der Schlachten verderbenbringenden König zu verlassen. Demgemäß bewog Sinnaces, von welchem ich vorhin erwähnte, daß er feindlich gegen ihn gesinnt war, seinen Vater Abdageses und andere, die ihren Plan geheim gehalten und jetzt durch die beständigen Niederlagen entschlossener geworden waren, zum Abfall. Und allmählich wandten sich diejenigen ihnen zu, die aus Furcht mehr denn aus Neigung untertan, nun, da sich Vorgänger gefunden hatten, ihren Mut erhoben hatten. Nichts anderes blieb noch dem Artabanus, als was von Ausländern ihn als Leibwache umgab, Menschen, die aus ihrem Heimatlande verjagt, weder das, was recht ist, wissen, noch sich um Unrecht

kümmern, sondern vom Lohne leben und dem Verbrechen dienen. Diese nahm er mit sich und floh eilig in entfernte und Scythien benachbarte Gegenden, in Hoffnung auf Hilfe, weil er mit den Hyrcanern und Carmaniern verschwägert war, und in der Meinung, es könnten doch inzwischen die Parther, Abwesenden geneigt, gegen Gegenwärtige wankelmütig, sich zur Reue wenden.

43. Vitellius aber trieb, sobald Artabanus entflohen war und sich des Volkes Stimmung einem neuen Könige zugewandt hatte, den Tiridates an, das Dargebotene zu ergreifen, und führte den Kern der Legionen und der Bundesgenossen an das Ufer des Euphrat. Den Opfernden, da der eine nach römischer Sitte Suovetaurilien[113] darbrachte, der andere ein Roß zum Sühneopfer für den Fluß hergerichtet hatte, brachten Anwohnende die Nachricht, der Euphrat schwelle ohne des Regens Gewalt von selbst und unermeßlich an; dabei bilde er in weißglänzendem Schaume diademähnliche Kreise, ein Vorzeichen glücklichen Überganges. Einige legten es feiner dahin aus, es werde das Unternehmen einen glücklichen Anfang haben, aber keine Dauer, weil auf das, was auf der Erde oder am Himmel vorbedeutet würde, sicherer Verlaß sei, der Flüsse unstetes Wesen in demselben Augenblick Vorzeichen erscheinen und verschwinden lasse. Doch jetzt wurde eine Schiffsbrücke geschlagen und das Heer übergesetzt, und der erste war Ornospades, welcher mit vielen tausend Reitern ins Lager kam, einst verwiesen und dem Tiberius bei Beendigung des dalmatischen Krieges auf eine nicht unrühmliche Weise behilflich und darum mit dem römischen Bürgerrecht beschenkt, dann, nach wiedergewonnener Freundschaft des Königs, bei diesem in hohen Ehren und Statthalter über die Ebenen, die, von den berühmten Strömen Euphrates und Tigris umflossen, den Namen Mesopotamien erhalten haben. Auch verstärkte nicht lange nachher Sinnaces die Truppenzahl, und Abdagaeses, die Stütze seiner Partei, brachte dazu auch noch den Schatz und den königlichen Schmuck. Vitellius hielt es für hinreichend, die römischen Waffen gezeigt zu haben, ermahnte den Tiridates und die Großen, jenen, seines Großvaters Phraates und des Kaisers, seines Pflegevaters, und ihres beiderseits trefflichen Beispiels eingedenk zu sein; diese, Gehorsam gegen den König, Ehrerbietung gegen uns, eigene Ehre und Treue zu bewahren. Hierauf zog er mit den Legionen nach Syrien zurück.

44. Ich habe das, was während zweier Sommer geschah, zusammengefaßt, um den Geist von den inneren Unruhen ausruhen zu lassen. Denn einen Tiberius konnte, obwohl drei Jahre nach Seianus Hinrichtung, was andere zu besänftigen pflegt, Zeit, Bitten und das Gefühl der Sättigung nicht mäßigen, daß er nicht Ungewisses oder Verjährtes gleich dem Schwersten und eben erst Geschehenen bestrafte. In dieser Furcht ließ Fulcinius Trio die ihn bedrängenden Ankläger nicht bis zum Ziele kommen, und schrieb in seinem Testament

viele harte Beschuldigungen gegen Macro und die angesehensten Freigelassenen des Kaisers nieder, diesem selbst altersschwachen Sinn und in der fortwährenden Abwesenheit gleichsam Verbannung zum Vorwurf machend. Dies ließ Tiberius, da die Erben es verheimlichen wollten, vorlesen, sei es um seine Duldsamkeit gegen die Freimütigkeit anderer zur Schau zu tragen und sich als Verächter seiner eigenen Schande zu zeigen, oder wollte er, der so lange von den Verbrechen des Seianus nichts gewußt, nun lieber auch jedes Wort bekannt werden lassen und von der Wahrheit, welcher die Schmeichelei schadet, wenigstens durch Schmähungen in Kenntnis gesetzt werden.

In eben diesen Tagen legte der Senator Granius Martianus, von Gaius Gracchus wegen Majestätsverbrechen belangt, Hand an sich selbst, und der gewesene Prätor Tatius Gratianus wurde nach ebendemselben Gesetze zur Todesstrafe verurteilt.

45. Nicht unähnlich war das Ende des Trebellienus Rufus und des Sextius Paconianus; denn Trebellienus fiel durch seine eigene Hand, Paconianus wurde im Kerker, weil er dort Verse gegen den Fürsten gemacht hatte, erdrosselt. Dies erfuhr Tiberius nicht wie sonst, durch das Meer abgeschieden, durch Boten aus der Ferne, sondern in der Nähe Roms, so daß er am selben Tage oder nach Verlauf einer Nacht auf die Berichte der Konsuln antwortete, gleichsam mit Augen das durch die Häuser dahinwogende Blut und die Hände der Henker sehend.

Am Ende des Jahres entschlief Poppaeus Sabinus, ein Mann von nicht bedeutender Herkunft, der aber durch die Freundschaft der Fürsten zum Konsulat und zu Triumphinsignien gelangt war und 24 Jahre hindurch die größten Provinzen verwaltet hatte, nicht etwa wegen ganz besonderer Geschicklichkeit, sondern weil er den Geschäften gerade gewachsen war und nichts darüber.

Das Jahr 36 n. Chr.

46. Es folgen die Konsuln Quintus Plautius und Sextus Papinius. In diesem Jahr fiel bei der Gewöhnung an solches Unglück weder des Lucius Aruseius ...[114]

...Hinrichtung als etwas Gräßliches auf; aber mit Schrecken erfüllte es, daß der römische Ritter Vibulenus Agrippa, als seine Ankläger ausgeredet hatten, noch in der Kurie Gift, welches er aus dem Busen zog, verschluckte, und als er zu Boden sank und schon im Sterben lag, mit eilender Hand von den Liktoren in den Kerker geschleppt und dem schon Entseelten die Kehle zugeschnürt wurde. Nicht einmal Tigranes[115], der einst Armenien beherrschte und jetzt angeklagt war, entging durch den Königstitel der Todesstrafe. Aber der Konsular Gaius Galba und die beiden Blaesus starben freiwilligen

Todes, Galba, da er durch ein ungnädiges Schreiben des Kaisers verhindert worden war, um eine Provinz zu losen; die beiden Blaesus, denen er das während des unversehrten Ansehens ihres Hauses bestimmte Priestertum nach dem Sturze desselben[116] vorenthalten hatte, erkannten darin, daß er diese jetzt wie erledigt andern zuwies, das Signal zu ihrem Tode und vollzogen ihn selbst. Auch Ämilia Lepida, von der ich erwähnt habe, daß sie mit dem jungen Drusus vermählt gewesen war, und welche mit häufigen Beschuldigungen ihren Gemahl verfolgt hatte, war, obwohl verabscheut, dennoch ungestraft geblieben, so lange ihr Vater Lepidus lebte. Nachher wurde sie von den Angebern wegen Ehebruch mit einem Sklaven angegriffen, und man zweifelte auch nicht an dieser Schandtat. Darum gab sie ihre Verteidigung auf und endete selbst ihr Leben.

47. Um dieselbe Zeit zog das dem Cappadocier Archelaus unterworfene Volk der Cliter, weil es nach unserer Weise sich schätzen zu lassen und Tribut zu zahlen gezwungen wurde, auf die Höhen des Taurus und schützte sich durch die Beschaffenheit der Gegenden gegen die unkriegerischen Truppen des Königs, bis der Legat Marcus Trebellius, von Vitellius, dem Statthalter Syriens, mit 4000 Legionären und auserlesenen Hilfstruppen abgeschickt, zwei Hügel, welche die Barbaren besetzt hatten – der kleinere heißt Cadra, der andere Davara – mit Verschanzungen umgab, und diejenigen, welche auszufallen wagten, mit dem Schwerte, die übrigen durch Durst zur Unterwerfung zwang.

Tiridates nahm mit Zustimmung der Parther Nicephorium, Anthemusias und die übrigen Städte, welche, von den Macedoniern gegründet, griechische Namen führen, und die parthischen Städte Halus und Artemita in Besitz, wobei alle in ihrer Freude wetteiferten, die den unter den Scythen erzogenen Artabanus wegen seiner Grausamkeit verwünscht hatten und nun von Tiridates wegen seiner römischen Bildung eines milden Sinnes sich versehen zu dürfen glaubten.

48. Am meisten Schmeichelei zeigte Seleucia, eine mächtige, mit Mauern wohlverwahrte Stadt, die noch nicht ins Barbarische ausgeartet war, sondern an ihrem Gründer Seleucus festgehalten hatte. Dreihundert sind dort nach dem Vermögen oder wegen ihrer Einsicht wie ein Senat gewählt; das Volk hat seine eigene Macht. Und solange man einig ist, kann man die Parther verachten; sowie aber Zwietracht entsteht und ein jeder gegen seine Nebenbuhler Hilfe herbeiruft, gewinnen sie, von einer Partei herbeigeholt, gegen alle Macht. Das war unlängst der Fall gewesen unter des Artabanus Regierung, der seinem Interesse gemäß das Volk den Großen ausgeliefert hatte; denn Volksherrschaft grenzt nahe an Freiheit, die Obergewalt weniger ist der Königswillkür näher. Jetzt erhoben sie den zu ihnen kommenden Tiridates mit den Ehren der alten Könige und mit denen, welche die neuere Zeit noch reichlicher ersonnen hat; zugleich ergossen sie sich in

Schmähungen gegen Artabanus, der zwar von mütterlicher Abkunft Arsacide, aber übrigens entartet wäre. Tiridates überließ dem Volke die Regierung Seleucias. Als er hierauf ratschlagte, an welchem Tag er die Thronbesteigungsfeier halten sollte, empfing er Schreiben von Phraates und Hiero, welche die bedeutendsten Statthalterschaften in Händen hatten, worin sie um einen kurzen Aufschub baten. Und so beschloß man, auf die so vielvermögenden Männer zu warten, und machte sich inzwischen auf den Weg nach Ctesiphon, dem Sitz der Regierung. Als sie aber einen Tag nach dem andern hinzögerten, umwand der Surena[117] in Beisein und unter Zustimmung einer großen Menge den Tiridates nach Landessitte mit dem königlichen Diadem.

49. Und hätte er sich nun sogleich in das Innere und zu den übrigen Völkerschaften begeben, so wäre die Unschlüssigkeit der noch Zögernden unterdrückt worden und alle dem einen zugefallen; dadurch aber, daß er sich vor ein Kastell legte, in welches Artabanus seine Kasse und seine Konkubinen gebracht hatte, gab er selbst Zeit, sich den eingegangenen Verbindlichkeiten zu entziehen. Denn Phraates und Hiero und wer sonst noch den zur Krönung bestimmten Tag nicht mitgefeiert hatte, wandten sich, zum Teil aus Furcht, einige aus Neid gegen Abdagaeses, der jetzt den Hof und den neuen König beherrschte, dem Artabanus zu. Und diesen fand man auf in Hyrkanien, mit Schmutz bedeckt, und als er sich mit dem Bogen seine Nahrung zu verschaffen suchte. Anfangs erschreckt, als sei nur Trug im Werke, faßte er, als man ihn versichert hatte, man sei gekommen, um ihm die Herrschaft wiederzugeben, Mut und fragte, woher die plötzliche Veränderung. Da schmähte Hiero über des Tiridates Knabenalter, und daß die Herrschaft nicht in den Händen eines Arsaciden sei, sondern daß der durch ausländische Verzärtelung zum Weichling gewordene nur den leeren Namen, die Gewalt aber des Abdagaeses Haus besitze.

50. Der im Herrschen seit langem Erfahrene merkte wohl, daß, wie trügerisch auch ihre Liebe, sie den Haß doch nicht erheuchelten. Ohne länger zu säumen, als bis er die Hilfsvölker der Scythen zusammengezogen hatte, brach er eilig auf und kam so der Feinde List, der Freunde Sinnesänderung zuvor. Auch hatte er den Schmutz nicht abgelegt, um die Aufmerksamkeit des großen Haufens durch Mitleid auf sich zu ziehen. Kein Betrug, keine Bitten, nichts wurde unversucht gelassen, um die Schwankenden zu locken und die Entschlossenen zu bestärken: schon kam er mit einer ansehnlichen Macht in die Nähe von Seleucia, als Tiridates, durch das Gerücht und zu gleicher Zeit auch schon durch Artabanus selbst außer Fassung gebracht, in seinen Entschlüssen schwankte, ob er ihm entgegenziehen oder den Krieg auf zögernde Weise behandeln sollte. Die, denen eine Schlacht und beschleunigte Entscheidung mehr zusagte, setzten auseinander, wie die zerstreuten und durch die Weite des Marsches ermüdeten

Leute sich innerlich nicht einmal zu rechter Folgsamkeit verbunden fühlten; unlängst erst Verräter und Feinde dessen, den sie jetzt wieder begünstigten. Abdagaeses dagegen war der Meinung, man müsse nach Mesopotamien zurückgehen, um, durch den Fluß gedeckt, während die Armenier, die Elymäer und die übrigen im Rücken aufgeboten würden, verstärkt durch Bundestruppen und die, welche der römische Feldherr senden dürfte, das Glück zu versuchen. Diese Meinung ging durch, weil Abdagaeses das meiste Ansehen hatte und Tiridates sich vor Gefahren feig zurückzog. Aber der Abzug glich einer Flucht, und nachdem der Stamm der Araber erst den Anfang gemacht hatte, entwichen auch die übrigen in ihre Heimat oder in das Lager des Artabanus, bis Tiridates, mit wenigen zu Roß nach Syrien zurückkehrt, allesamt vom Schimpfe des Verrates entband.

51. Dasselbe Jahr suchte Rom mit einer schweren Feuersbrunst heim, wobei der Teil des Zirkus, welcher an den Aventin stößt, und der Aventin selbst niederbrannte. Diesen Schaden wandte der Kaiser sich zum Ruhme, indem er den Wert der Häuser und Mietsgebäude bezahlte. Hundert Millionen Sesterzen wurden bei dieser Freigebigkeit verbraucht, und um so höher nahm das Volk es auf, je mäßiger er in seinen eignen Bauten war. Auch von öffentlichen Bauwerken ließ er nicht mehr als zwei ausführen, einen Tempel für Augustus und die Bühne des pompeianischen Theaters. Als sie vollendet waren, weihte er sie nicht einmal ein, sei es aus Verachtung des Gepränges oder seines Alters wegen. Aber zur Abschätzung des Verlustes, den ein jeder erlitten hatte, wurden die vier Enkelschwiegersöhne des Kaisers, Gnaeus Domitius, Cassius Longinus, Marcus Vinicius und Rubellius Blandus ausgewählt und durch Ernennung der Konsuln denselben Publius Petronius beigesellt. Zudem wurden nach dem Talent eines jeden Ehrenbezeugungen für den Fürsten ersonnen und beschlossen. Welche er ausgeschlagen oder angenommen haben möge, blieb wegen seines nahen Lebensendes ungewiß.

Das Jahr 37 n. Chr.

Denn nicht lange darauf traten die für Tiberius letzten Konsuln Gnaeus Acerronius und Gaius Pontius ihr Amt an, während der schon übermächtig gewordene Macro, der die nie von ihm vernachlässigte Gunst des Gaius Caesar mit jedem Tage eifriger suchte, und nach dem Tode der Claudia, die, wie ich erwähnte, mit demselben vermählt war, seine eigene Gattin Ennia angetrieben hatte, den Jüngling durch Erheuchelung von Liebe an sich zu locken und durch Eheversprechung zu binden, ihn, der nichts abschlug, wenn er nur zur Herrschaft gelangte; denn obwohl von heftiger Gemütsart, hatte er sich doch die

Falschheit der Verstellung in der Schule des Großvaters vollkommen angeeignet.

52. Wohl wußte das der Fürst, und schwankte deshalb wegen der Regierungsübergabe, zuerst zwischen seinen Enkeln, unter denen des Drusus Sohn durch die Bande des Blutes und der Zuneigung ihm näher stand, doch noch nicht die Jahre der Mannbarkeit erreicht hatte, während der Sohn des Germanicus in der Kraft der Jugend und der Gunst des Volkes stand, was dem Großvater zum Hasse Grund genug war. Als er auch an Claudius dachte, weil dieser, in gesetztem Alter, sich edler Wissenschaften befleißigte, stand dessen beschränkter Geist ihm im Wege. Sollte aber außerhalb der Familie ein Nachfolger gesucht werden, so besorgte er, es möchte das Andenken des Augustus, es möchte der Name der Caesaren zu Spott und Schande werden. Lag ihm doch weniger der Dank der Gegenwart am Herzen, als Ehre bei der Nachwelt. Hierauf überließ er, unschlüssig in seinem Geiste, körperlich entkräftet, die Entscheidung, welcher er sich nicht gewachsen fühlte, dem Schicksal. Doch ließ er Worte fallen, die zu erkennen gaben, wie richtig er in die Zukunft blickte. Dem Macro nämlich machte er auf eine nicht undeutliche Weise zum Vorwurf, die untergehende Sonne werde von ihm verlassen und der Blick zur aufgehenden gewendet, und dem Gaius Caesar, der in zufällig entstandenem Gespräch des Lucius Sulla spottete, sagte er vorher, er werde alle Laster des Sulla und keine seiner Tugenden besitzen. Zugleich umarmte er unter vielen Tränen den jüngeren seiner Enkel und sagte, als der andre dazu finster blickte: „Du wirst diesen morden, dich ein anderer.“ Aber so bedenklich auch sein Zustand wurde, so ließ er doch in nichts von seinen Ausschweifungen nach, in seinen leidenden Zustand noch Kraft heuchelnd und, wie gewöhnlich, der Kunst der Ärzte und aller derer spottend, die nach dem dreißigsten Lebensjahre um das, was ihrem Körper zuträglich oder schädlich sei, zu unterscheiden noch fremden Rates bedürften.

53. Indessen wurde in Rom zum Blutvergießen, das nach Tiberius kommen sollte, der Same ausgestreut. Laelius Balbus hatte die Acutia, einst des Publius Vitellius Gattin, wegen Majestätsvergehen belangt. Als nun nach ihrer Verurteilung dem Ankläger eine Belohnung zuerkannt wurde, tat der Volkstribun Junius Otho Einspruch: daher denn die Verfeindung beider und Othos nachherige Verbannung. Darauf wurde die durch ihre vielen Liebeshändel berüchtigte Albucilla, die mit dem Angeber der Verschwörung, Satrius Secundus, verheiratet gewesen war, der Ruchlosigkeit gegen den Fürsten angeklagt. Mitverwickelt in die Sache wurden als Mitschuldige und auch ihre Buhlen Gnaeus Domitius, Vibius Marsus und Lucius Arruntius. Von Domitius Berühmtheit habe ich oben gesprochen. Auch Marsus hatte schon vor langer Zeit Ehrenämter bekleidet, und sich durch seine Studien hervorgetan. Daß aber beim Zeugenverhör und bei der Fol-

terung der Sklaven Macro den Vorsitz gehabt hatte, zeigten die an den Senat geschickten Protokolle; und das Fehlen eines kaiserlichen Schreibens gegen sie erweckte den Verdacht, daß das meiste in seiner Schwäche, ja vielleicht ohne sein Wissen wegen Macros bekannter Feindschaft gegen Arruntius erdichtet worden sei.

54. Daher fristeten denn auch Domitius, während er auf Verteidigung sann, und Marsus, als habe er den Hungertod beschlossen, ihr Leben; Arruntius antwortete den zu Zögerung und Aufschub ratenden Freunden: nicht für alle sei eben dasselbe schicklich; er sei alt genug und habe nichts anderes zu bereuen, als daß er unter Hohn und Gefahr ein angstvolles Alter ertragen habe, lange dem Seianus, jetzt dem Macro, immer einem der Mächtigen verhaßt, nicht um einer Schuld willen, sondern weil er sich Schändlichkeiten nicht habe zumuten lassen. Wohl sei es möglich, sich vor den wenigen, den letzten Lebenstagen des Fürsten noch zu hüten; auf welche Weise werde er der Jugend des Nachfolgenden entgehen? Oder werde, da Tiberius nach so vielen bedeutenden Erfahrungen durch den Einfluß der Herrschergewalt aus seiner Bahn geworfen und umgewandelt worden sei, Gaius Caesar, nach kaum zurückgelegtem Knabenalter, unwissend in allem und zum Schlechtesten aufgezogen, unter Macros Leitung das Bessere ergreifen, der als der noch Schlechtere zur Unterdrückung des Seianus ausgewählt, durch noch mehr Verbrechen den Staat zerrüttet hätte? Kommen sehe er schon noch härtere Knechtschaft, und wolle deshalb vor dem Bevorstehenden wie vor dem Vergangenen fliehen. Dies einem Seher gleich aussprechend, öffnete er sich die Adern. Die Folge wird zum Beweise dienen, daß Arruntius wohl daran getan hatte, zu sterben. Albucilla, durch einen Fehlstoß von eigener Hand verwundet, wurde auf Befehl des Senats in den Kerker gebracht. Über die Diener ihrer Unzucht wurde beschlossen: Carsidius Sacerdos, der gewesene Prätor, solle auf eine Insel deportiert werden, Pontius Fregellanus den Senatorenrang verlieren und dieselben Strafen sollten den Laelius Balbus treffen; letzteres tat man mit Freude, weil Balbus als furchtbarer und gegen die Unschuld stets gerüsteter Redner bekannt war.

55. In denselben Tagen wählte sich Sextus Papinius, aus konsularischer Familie, ein plötzliches und schreckliches Ende, indem er sich aus dem Fenster stürzte. Die Schuld wurde auf seine Mutter geschoben, die, schon lange verstoßen, durch Schmeichelei und selbst durch Üppigkeit den Jüngling zu dem bewogen hätte, woraus er nur durch den Tod habe Rettung finden können. Daher wurde sie im Senat angeklagt und, obwohl sie sich den Senatoren zu Füßen warf und viel von der gemeinschaftlichen Trauer, von der Schwäche des weiblichen Herzens in solchem Unglück und von anderen traurigen und bejammernswerten Dingen mit dem Ausdruck desselben Schmerzes lange sprach, dennoch auf zehn Jahre aus der Stadt verwie-

sen, bis ihr jüngerer Sohn die schlüpfrige Zeit der Jugend hinter sich hätte.

56. Schon versagte dem Tiberius der Körper, schon die Kräfte, nur die Verstellung noch nicht. Er besaß noch dieselbe Starrheit des Geistes: gespannt in Rede und Blick, bisweilen mit erkünstelter Freundlichkeit suchte er seine augenfällige Entkräftung zu verdecken. Nachdem er so öfters den Aufenthalt gewechselt hatte, ließ er sich endlich am misenischen Vorgebirge in einem Landhaus nieder, deren Besitzer einst Lucius Lucullus gewesen war. Daß er sich seinem Ende nahe, erfuhr man auf folgende Weise. Es war ein durch seine Geschicklichkeit ausgezeichneter Arzt mit Namen Charikles da, der zwar nicht die Krankheit des Fürsten zu behandeln pflegte, aber doch zur Erteilung seines Rates stets bereit war. Wie im Begriff, in eigenen Geschäften zu verreisen, umfaßte dieser unter dem Schein der Ehrerbietung seine Hand und fühlte so seinen Puls. Aber er hinterging ihn nicht; denn Tiberius, vielleicht beleidigt und nur um so mehr seinen Zorn unterdrückend, ließ ein Mahl auftragen und blieb über seine gewohnte Zeit bei Tisch, als täte er es dem scheidenden Freunde zu Ehren. Charikles jedoch versicherte den Macro, die Lebensgeister schwänden schon und würden sich nicht über zwei Tage erhalten. Nun wurde alles Nötige in Unterredungen zwischen den Anwesenden, durch Boten bei den Legaten und Heeren beeilt. Am 16. März stockte der Atem, und man glaubte, er habe die Sterblichkeit erfüllt. Und schon kam Gaius Caesar unter großem Zusammenlauf von Glückwünschenden zum Vorschein, um die Regierung anzutreten, als plötzlich gemeldet wurde, es kehre dem Tiberius die Stimme und der Blick wieder, und man rufe nach Dienern, die Speise bringen sollten, um der Entkräftung zu begegnen. Da verbreitete sich Schrekken über alle, die übrigen zerstreuten sich nach allen Richtungen, jeder stellte sich niedergeschlagen oder unwissend. In Schweigen wie festgebannt, erwartete Gaius Caesar nach der Hoffnung des Höchsten seine Todesstunde. Macro, voll Unerschrockenheit, befahl den Greis durch eine Menge auf ihn geworfener Gewänder zu ersticken und sein Zimmer zu verlassen. So endete Tiberius im 78. Jahre seines Lebens.

57. Sein Vater war Nero und von beiden Seiten stammte er aus dem claudischen Geschlecht, obwohl seine Mutter durch Adoption in die livische und dann in die julische Familie übergegangen war. Seine Lage war von früher Kindheit an bedenklich; denn er folgte dem geächteten Vater in die Verbannung, und sobald er in des Augustus Haus als Stiefsohn eintrat, hatte er mit vielen Nebenbuhlern zu kämpfen, solange Marcellus und Agrippa, nachher die Caesaren Gaius und Lucius lebten. Selbst sein Bruder Drusus wurde mehr von der Liebe der Bürger begünstigt. Aber am mißlichsten war seine Lage, als er, mit Julia vermählt, die Unkeuschheit der Gattin zu ertragen hatte

oder ihr aus dem Wege ging. Nachher, als er aus Rhodus zurückgekehrt war, waltete er zwölf Jahre lang in dem kinderlosen Hause des Fürsten, dann ungefähr dreiundzwanzig als unumschränkter Herrscher Roms. Auch sein Charakter hatte seine ganz verschiedenen Perioden; eine treffliche in Leben und Ruf, solange er Privatmann oder Befehlshaber unter Augustus war, eine versteckte und dabei Tugenden zu heucheln schlaue, solange noch Germanicus und Drusus lebten; ebenso zwischen Gutem und Bösem geteilt war er bei Lebzeiten seiner Mutter; fluchwürdig durch Grausamkeit, doch mit Geheimhaltung der Ausschweifungen, solange er noch Seianus liebte oder fürchtete. Zuletzt ließ er sich gleicherweise in Frevel und Schändlichkeiten gehen, seitdem er, nach Beseitigung aller Scham und Furcht, nur seiner eignen Natur gehorchte.

Die Bücher 7 bis 10 und der größte Teil des 11. Buches sind verloren gegangen. Sie enthielten den Zeitraum vom 16. März 37 bis tief in das Jahr 47 hinein. Es fehlt also die ganze Regierungszeit des Gaius Caesar Caligula (37–41 n. Chr.) und die erste Hälfte der Regierungszeit des Claudius (41–54 n. Chr.). Die Erzählung setzt mitten im Jahr 47 wieder ein.

ELFTES BUCH

Die Jahre 47 und 48 n. Chr.

Das Jahr 47 n. Chr.

1. ... Denn von Valerius Asiaticus, der zweimal Konsul gewesen, glaubte sie[118], er sei einst ihr[119] Buhler gewesen, und da sie zugleich nach seinem Parke trachtete, den er, nachdem er von Lucullus angelegt war, mit ausgezeichneter Pracht noch verschönerte, hetzte sie den Suillius zur Klage gegen beide auf; nebenbei auch den Sosibius, des Britannicus Erzieher, der unter dem Scheine des Wohlwollens den Claudius warnen mußte, sich vor Gewalt und auch vor Schätzen in acht zu nehmen, die den Fürsten gefährlich seien. Der Hauptanstifter der Ermordung des Gaius Caesar[120] sei Asiaticus gewesen, er habe sich auch nicht gefürchtet, es in der Versammlung des römischen Volkes zu gestehen und bekenne sich obendrein ausdrücklich zu dieser Tat. Berühmt seitdem in Rom, nachdem sich sein Ruf auch durch die Provinzen verbreitet, gehe er schon damit um, sich zu den germanischen Heeren zu begeben, weil er aus Vienna gebürtig und, auf viele mächtige Verwandtschaften gestützt, es leicht habe, die vaterländischen Volksstämme aufzuwiegeln. Claudius, ohne irgend weiter nachzuforschen, schickte in Eile, wie zur Unterdrückung eines Krieges, den Präfekten der Prätorianer Crispinus mit Soldaten ab, von welchem er zu Bajä aufgefunden und in Fesseln nach Rom geschleppt wurde.

2. Nicht vor den Senat gelassen, wurde er in einem Zimmer verhört, in Gegenwart Messalinas und des Suillius, der ihm Verführung der Soldaten, die er sich durch Geld und Unzucht zu jeder Freveltat verpflichtet haben sollte, sodann Ehebruch mit Poppaea, zuletzt Preisgabe des eigenen Körpers vorwarf. Bei diesem Punkte brach endlich der Angeschuldigte sein Schweigen und fuhr auf, indem er sagte: „Frage deine Söhne, Suillius, sie werden es gestehen, daß ich Mann sei!" Darauf begann er seine Verteidigung, versetzte den Claudius in ungewöhnliche Rührung, und entlockte selbst der Messalina Tränen. Sie entfernte sich, um diese zu trocknen, aus dem Zimmer, schärfte jedoch dem Vitellius[121] ein, den Angeklagten nicht entschlüpfen zu lassen. Sie selbst eilte zum Verderben der Poppaea, indem sie Leute zu ihr sendete, welche sie durch Androhung des Kerkers zum freiwilligen Tode trieben; der Kaiser wußte gar nichts

davon, so daß er wenige Tage darauf an Scipio, ihren Gatten, als dieser bei ihm speiste, die Frage richtete, warum er sich ohne seine Gemahlin zu Tische begeben habe? worauf dieser die Antwort gab, sie sei gestorben.

3. Als er indes über den Freispruch des Asiaticus zu Rate ging, gedachte Vitellius unter Tränen seiner alten Freundschaft und daß sie Antonia, des Fürsten Mutter, gemeinschaftlich verehrt hatten, dann zählte er des Asiaticus Verdienste um den Staat auf und seinen neulichen Feldzug gegen Britannien und was sonst noch zur Erweckung des Mitleids dienlich schien, und gestattete ihm die freie Wahl der Todesart. Es folgten dann des Claudius Worte, welche diese Gnade aussprachen. Als hierauf einige zum Hungertode und damit zu einem sanftem Ende rieten, erklärte Asiaticus, er verzichte auf diese Wohltat, nahm seine gewohnten Leibesübungen vor, badete, ging heiter zu Tisch und öffnete sich mit den Worten, er würde ehrenvoller durch des Tiberius List oder des Kaisers Gaius Wut ums Leben gekommen sein, als durch Weibertücke und den schamlosen Mund des Vitellius, die Adern, besichtigte jedoch zuvor noch den Scheiterhaufen und gab noch den Befehl, ihn auf eine andere Seite zu schaffen, damit nicht das Laubdach der Bäume durch den Dampf des Feuers litte. So groß war seine Ruhe in der letzten Stunde.

4. Hierauf wurde der Senat berufen und Suillius fuhr fort, noch zwei erlauchte römische Ritter mit dem Beinamen Petra, zu verklagen. Als Grund für ihren Tod mußte gelten, daß sie ihr Haus für die Zusammenkünfte Mnesters[122] und Poppaeas hergegeben hatten; dem einen freilich wurde ein Traum zum Vorwurf gemacht, daß er den Claudius mit einem Ährenkranze gesehen hätte, an dem die Ähren rückwärts gekehrt gewesen seien, und daß er mit diesem Bilde Teuerung geweissagt hätte. Einige berichten, ein Weinlaubkranz mit falben Blättern sei von ihm gesehen und dann so gedeutet worden, es werde damit der Tod des Fürsten prophezeit, wenn der Herbst sich neige. Darüber ist man nicht in Zweifel, daß irgendwie durch einen Traum ihm selbst und seinem Bruder Verderben bereitet wurde. 1500000 Sesterzen und die Ehrenzeichen der Prätur wurden dem Crispinus zuerkannt. Vitellius fügte noch eine Million für den Sosibius hinzu, weil er dem Britannicus durch gute Lehren, dem Claudius mit Ratschlägen diene. Als auch Scipio um seine Meinung gefragt wurde, sagte er: „Da ich über Poppaeas Vergehungen ebenso denke wie alle, so nehmet an, daß ich mich auch ebenso erkläre wie alle“, fein die Mitte haltend zwischen seiner Liebe als Gatte und dem Zwang als Senator.

5. Von nun an fuhr Suillius ganz wütend fort, Beschuldigte anzuklagen, und viele eiferten ihm in seiner Verwegenheit nach. Denn die ganze Wirksamkeit der Gesetze und der Magistratspersonen an sich reißend, hatte der Fürst die Gelegenheit zum Rauben eröffnet, und

keine öffentliche Ware war so käuflich, wie die Treulosigkeit der Sachwalter, dergestalt, daß Samius, ein angesehener römischer Ritter, der dem Suillius 400000 Sesterzen gegeben hatte, als er erfuhr, daß er ihn dennoch in der Sache betrogen habe, sich in dessen Hause in sein Schwert stürzte. Daher erhob sich auf den Vorgang des designierten Konsuls Gaius Silius, von dessen Macht und Sturz ich zu seiner Zeit reden werde, der Senat und drang auf das cincische Gesetz, wodurch von Alters her verboten war, für die Führung einer Sache Geld oder Geschenke anzunehmen.

6. Als hierauf diejenigen dagegen Lärm machten, denen damit Schmach bereitet wurde, drang Silius, der in Zwist mit Suillius lebte, heftig in sie ein, indem er die Beispiele der alten Redner anführte, welche Ruhm und Nachwelt als den ihrer Beredsamkeit betrachtet hätten. Sie, die schönste sonst und der edelen Künste vornehmste werde durch schmutzige Dienste verunstaltet. Nicht einmal die Treue bleibe unverletzt, sobald man auf die Größe des Gewinnes sehe. Gingen die Prozesse, ohne jemand Lohn zu bringen, ihren Gang, so würden ihrer weniger werden. So aber würden Feindschaften, Anklagen, Haß und Beleidigungen genährt, damit, wie die Heftigkeit der Krankheiten den Ärzten um so größeren Lohn, so des Forums Pest den Sachwaltern Geld einbringe. Gedenken möchten sie doch eines Gaius Asinius und Messala, sowie unter den Neueren eines Arruntius und Aeserninus: das Höchste hätten diese erreicht, ohne ihren Wandel und ihre Beredsamkeit zu beflecken. So sprach der designierte Konsul, und da andere ihm beistimmten, bereitete man schon einen Beschluß vor, nach dem sie durch das Gesetz zu Rückerstattung verpflichtet sein sollten, als Sullius und Cossutianus nebst den übrigen merkten, daß hier nicht eine Untersuchung eingeleitet, es war ja nichts zu ermitteln, sondern eine Strafe verhängt werde, den Kaiser umringten und die bisherigen Anträge durch Bitten abzuwenden suchten.

7. Sowie dieser es gewährt hatte, begannen sie von neuem: Wer sei denn jener so stolze Mensch, fragten sie, daß er auf des Ruhmes Ewigkeit schon im voraus zu hoffen wage? Wie das Bedürfnis es erheische, und nur um der Sache willen suche man Hilfe zu gewähren, damit niemand aus Mangel an Sachwaltern den Mächtigen erliege. Dennoch werde der Dienst der Beredsamkeit nicht umsonst gewährt; beiseite gestellt werde ja die Sorge für das eigene Haus, sobald man auf fremde Angelegenheiten bedacht sei. Viele lebten vom Kriegsdienst, andere vom Ackerbau; niemand bemühe sich um etwas, wovon er nicht im voraus schon eine Frucht erblicke. Leicht hätten ein Asinius und Messala, mit Beute aus den Kriegen zwischen Antonius und Augustus beladen, oder jene Erben reicher Familien, Aeserninus und Arruntius die Großmütigen spielen können. Auch könnten sie Beispiele genug aufweisen, um wie ungeheuren Lohn Publius Clodius oder

Gaius Curio vor dem Volke zu reden pflegten. Sie dagegen, Senatoren von mäßigem Vermögen, erstrebten im friedlichen Staate nichts als die Vorteile des Friedens. Er möchte doch der niedrigen Volksschichten bedenken, die nur in der Toga sich Ehre zu holen vermögen. Nehme man dem Streben in der Kunst den Lohn, es würde sie selbst dann auch verschwinden.

Wenngleich weniger würdevoll, so doch mitnichten solche Rede grundlos erachtend, setzte der Fürst 10000 Sesterzen als Höchstmaß für die Bezahlung fest, und wer dies überschritte, sollte zur Wiedererstattung verpflichtet sein.

8. Um dieselbe Zeit kehrte Mithridates, von welchem ich erwähnte, daß er über die Armenier geherrscht hatte und auf Befehl des Gajus Caesar in Fesseln gelegt worden war, auf Claudius Weisung in sein Königreich zurück, vertrauend auf die Macht des Pharasmanes. Dieser, König der Iberer und zugleich Bruder des Mithridates, berichtete, die Parther seien uneins, und da das Ganze der Regierung schwanke, kümmere man sich um Untergeordnetes gar nicht. Denn bei den vielen Grausamkeiten des Gotarzes, der seinem Bruder Artabanus, dessen Gattin und Sohn umgebracht hatte, fürchteten sich denn auch die übrigen vor ihm und man rief den Vardanes herbei. Dieser, zu großen Wagnissen immer gleich bereit, legte in zwei Tagen 3000 Stadien[123] zurück und jagte den nichts ahnenden und erschrockenen Gotarzes vor sich her. Darauf bemächtigte er sich ungesäumt der nächsten Statthalterschaft, wobei sich allein die Seleucenser seiner Herrschaft widersetzten. Gegen sie, die auch von seinem Vater abgefallen war, mehr als für jetzt dienlich von Zorn entflammt, verwickelte er sich in die Belagerung der mächtigen Stadt, die durch das Bollwerk des vor ihr hinströmenden Flusses, durch Mauern und durch Vorräte gesichert war. Inzwischen erneuerte Gotarzes den Krieg, durch die Macht der Daher und Hyrkanier verstärkt, und Vardanes, Seleucia aufzugeben gezwungen, begab sich mit seinem Lager in die Ebene von Bactra.

9. Als so des Orients Macht geteilt war und der Ausgang ungewiß war, wurde dem Mithridates Gelegenheit gegeben, sich Armeniens zu bemächtigen, da ihm die Macht der römischen Soldaten zur Zerstörung der steilen Bergkastelle zu Gebote stand, während das iberische Heer die Ebenen durchstreifte. Denn auch die Armenier widerstanden nicht, nachdem der Statthalter Demonax geschlagen war, der eine Schlacht gewagt hatte. Einigen Aufenthalt verursachte Cotys, der König von Klein-Armenien, dem sich einige der Großen zugewandt hatten; dann aber wurde dieser durch ein Schreiben des Kaisers zur Ruhe verwiesen, und nun fiel alles dem Mithridates zu, der härter auftrat, als es einem Regierungsantritt frommte. Indes schlossen die parthischen Machthaber, während sie sich zu einer Schlacht rüsteten, plötzlich ein Bündnis, weil sie von Nachstellungen des Volkes erfuh-

ren, die Gotarzes seinem Bruder mitteilte. Und als sie zusammenkamen, bedachten sie sich zuerst, reichten sich dann an den Altären der Götter die Rechte, versprachen sich gegenseitig, den Trug ihrer Feinde zu rächen, und sich miteinander zu einigen. Berechtigter zur Behauptung des Reiches erschien Vardanes; Gotarzes dagegen entfernte sich, damit sich keine Eifersucht erheben könnte, in das Innere Hyrkaniens. Und als Vardanes nun zurückkam, ergab sich Seleucia, im siebenten Jahre nach dem Abfall, nicht ohne Schande für die Parther. So lange hatte diese eine einzige Stadt mit ihnen ihr Spiel getrieben.

10. Hierauf besuchte er die mächtigsten Statthalterschaften und hatte auch schon Lust, Armenien wiederzuerobern, wäre er nicht vom Legaten Syriens, Vibius Marsus, der ihm mit Krieg drohte, zurückgehalten worden. Inzwischen zog Gotarzes, die Abtretung des Reiches bereuend und vom Adel gerufen, dem die Knechtschaft im Frieden härter fällt, Truppen zusammen. Diesem zog er an den Fluß Erindes entgegen, und nachdem beim Übergang dort hart gekämpft war, behielt Vardanes den entscheidenden Sieg und unterwarf durch glückliche Schlachten die Stämme zwischen diesem und dem Flusse Sindes, der die Daher und die Arier scheidet. Hier wurde seinem Glücke ein Ende gesetzt, denn die Parther, wenngleich Sieger, verweigerten den Kriegsdienst in so weiter Ferne. Nachdem er also Denkmäler aufgeführt, wodurch er seine Macht bekundete, und ihm wie keinem Arsaciden vorher von jenen Völkern Tribut zu teil geworden war, kehrte er heim, mit Ruhm bedeckt, doch um so tyrannischer und seinen Untertanen unerträglicher, die nach vorher verabredeten Anschlag den nichts Ahnenden und mit der Jagd Beschäftigten ermordeten. Er stand in der ersten Jugendblüte, hätte es aber an Berühmtheit mit wenigen greisen Königen aufnehmen können, hätte er sich ebenso bemüht, von seinem Volke geliebt, wie von seinen Feinden gefürchtet zu werden. Durch die Ermordung des Vardanes gerieten die Angelegenheiten der Parther in Verwirrung, da man schwankte, wer auf den Thron gehoben werden sollte. Viele neigten sich zu Gotarzes hin, einige zu Meherdates, einem uns als Geisel gegebenen Nachkömmling des Phraates. Dabei behielt Gotarzes die Oberhand; doch als er sich der Königsstadt bemächtigt hatte, nötigte er die Parther durch Grausamkeit und Üppigkeit zu einer Gesandtschaft an den römischen Kaiser mit der geheimen Bitte, doch Meherdates auf den väterlichen Thron gelangen zu lassen.

11. Unter eben diesen Konsuln wurden, im 800. Jahre nach Roms Erbauung, im 64. nachdem Augustus sie gegeben hatte, säkularische Spiele geschaut[124]. Ich übergehe die Zeitbestimmungen beider Fürsten, da zur Genüge in den Büchern davon gehandelt worden, in denen ich die Regierung des Kaisers Domitianus beschrieben habe[125]. Denn auch dieser hat säkularische Spiele gegeben, und ich wohnte

ihnen um so aufmerksamer bei, weil ich mit der priesterlichen Würde eines Quindecimvirs bekleidet und damals auch Prätor war. Das erwähne ich nicht aus Prahlerei, sondern weil dem Kollegium der Quindecimvirn von Alters her diese Sorge oblag, und besonders die Magistrate den Zeremoniendienst besorgten. Als nun unter Claudius Vorsitz bei den circensischen Spielen edle Knaben zu Roß das troische Spiel[126] begannen, und unter diesen Britannicus, des Kaisers Sohn, und Lucius Domitius, der durch Adoption später die Herrschaft und den Beinamen Nero erhielt, wurde die lebhafter für Domitius sich aussprechende Gunst des Volkes für eine Vorbedeutung gehalten. Ja es ging die Rede, es seien, Wächtern gleich, stets Drachen an seiner Wiege nahe gewesen – Fabeleien und den Wundersagen des Auslandes nachgebildet. Denn er selbst, gewiß doch nichts an sich verkleinernd, pflegte nur von einer Schlange zu erzählen, die in seinem Schlafgemach gesehen worden sei.

12. Die Zuneigung des Volkes rührte vielmehr noch von des Germanicus Andenken her, dessen einziger noch lebender männlicher Nachkomme er war. Auch wurde das Mitleid mit seiner Mutter Agrippina noch vermehrt durch Messalinas Grausamkeit, die, immer feindselig gegen sie und damals um so mehr gereizt, nur durch eine neue, nahe an Wahnsinn grenzende Liebschaft abgehalten wurde, Beschuldigungen und Kläger gegen sie anzustiften. Denn sie war für Gajus Silius, den schönsten unter den römischen Jünglingen, so entbrannt, daß sie Junia Silana, eine Frau von edlem Geschlechte, aus der Ehe mit ihm verdrängte, um die Buhlschaft des nun Ledigen zu genießen. Silius war sich ihres frevelhaften Trachtens und der Gefahr für sich bewußt, aber des Verderbens gewiß, wenn er sich weigerte. Bei einiger Hoffnung, unentdeckt zu bleiben, und große Belohnungen zu erhalten, hielt er es für einen Trost, die Zukunft abwarten und die Gegenwart genießen zu können. Sie nun kam nicht heimlich, sondern mit zahlreichem Gefolge in sein Haus, hing sich an ihn, sobald er ausging, überhäufte ihn mit Reichtum und Ehren, und man sah zuletzt, als sei das höchste Glück schon auf ihn übertragen, Sklaven, Freigelassene und fürstliches Gepränge bei dem Buhlen.

13. Indes schalt Claudius, mit seinen ehelichen Verhältnissen unbekannt und dafür sein Amt als Zensor übend, in strengen Ausschreiben die Ausgelassenheit des Volkes in den Theatern, weil es gegen den Konsular Publius Pomponius – er dichtete für die Bühne – und gegen vornehme Frauen Schmähungen ausgestoßen hatte. Auch setzte er der Zügellosigkeit der Geldverleiher durch ein Gesetz Schranken, daß sie den Söhnen nicht auf den Tod der Eltern Geld borgen sollten. Wasserquellen leitete er von den simbruinischen Hügeln in die Stadt, er vermehrte die Schriftzeichen mit neuen und führte sie ein, da er erfahren hatte, daß auch das griechische Alphabet nicht gleich anfangs vollständig gewesen sei.

14. Die Ägypter waren die ersten, welche durch Abbildungen von Tieren ihres Geistes Vorstellungen ausdrückten – diese ältesten Denkmäler menschlichen Gedenkens sieht man in Stein gehauen –, auch geben sie sich für die Erfinder der Buchstaben aus; nachher hätten sie die Phönizier, weil sie zur See die Oberhand hatten, nach Griechenland gebracht und dann den Ruhm erlangt, als hätten sie erfunden, was sie erst empfangen. Es geht nämlich die Sage, Cadmus sei mit einer Flotte von Phöniziern gekommen und habe den noch rohen Völkern der Griechen diese Kunst bekanntgemacht. Einige melden, der Athenienser Cecrops oder der Thebaner Linus und, zu den Zeiten Troias, der Argiver Palamedes hätten sechzehn Schriftzeichen, nachher andere, besonders Simonides, die übrigen erfunden. In Italien lernten sie die Etrusker von dem Korinther Demaratus, die Aboriginer von dem Arkadier Evander, und die Gestalt der lateinischen Buchstaben ist der der ältesten unter den griechischen gleich. Aber auch wir hatten zuerst nur wenige, dann wurden noch einige hinzugetan. Nach diesem Beispiele fügte auch Claudius noch drei Buchstaben hinzu, welche, während seiner Herrschaft in Gebrauch, nachher vergessen, auch jetzt noch auf den Bronzetafeln gesehen werden, die auf den Foren und in den Tempeln angebracht sind[127].

15. Hierauf hielt er einen Vortrag im Senate über das Kollegium der Haruspices, damit nicht die älteste Wissenschaft Italiens durch Fahrlässigkeit in Vergessenheit geriete. Oft seien in unglücklichen Zeiten des Staates Leute berufen worden, nach deren Weisung die heiligen Gebräuche erneuert und für die Folge genauer beobachtet worden wären, und die Großen Etruriens hätten von selbst oder auf Antrieb des römischen Senates die Kenntnis davon bewahrt und in ihren Familien vererbt, was jetzt bei der allgemeinen Sorglosigkeit gegen diese löbliche Kunst lässiger geschehe, und weil ausländischer Aberglaube überhandnehme. Für jetzt habe zwar alles ein fröhliches Ansehen, aber man müsse für die Gnade der Götter dadurch dankbar sein, daß man die in mißlichen Zeiten beachteten heiligen Gebräuche im Glücke nicht in Vergessenheit geraten lasse. Demnach wurde ein Senatsbeschluß gefaßt, es sollten die Pontifices dafür Sorge tragen, was bei den Haruspices beizubehalten und festzustellen sei.

16. In demselben Jahre erbat sich der Volksstamm der Cherusker einen König aus Rom, da er seine Edlen in inneren Kriegen verloren hatte, und nur noch einer von königlichem Stamme übrig war, der in Rom festgehalten wurde, mit Namen Italicus. Er stammte väterlicherseits von Flavus, dem Bruder des Arminius, seine Mutter von dem Chattenfürsten Actumerus. Er selbst war von edler Körperbildung, in Waffen und zu Roß nach heimischer und unserer Weise wohlgeübt. Daher stattete ihn der Kaiser mit Geld aus, gab ihm eine Leibwache und ermahnte ihn, mit hohem Sinne in seinem Volke die Herrscherwürde zu übernehmen. Er sei der erste, der zu Rom gebo-

ren, sich nicht als Geisel, sondern als Bürger, einen Thron des Auslandes besteige. Auch war seine Ankunft anfangs den Germanen erfreulich, und schon deshalb, weil er in keine Zwistigkeiten verwikkelt, sich allen gleich geneigt zeigte, wurde er gefeiert und verehrt, bald Leutseligkeit und Mäßigkeit, die niemand verhaßt, häufiger Trunkenheit und Unbeherrschtheit, wie sie die Barbaren gern sehen, übend. Schon wurde er bei den nächsten Nachbarn, schon selbst in weiterer Ferne berühmt, als die sonst durch den Parteihader mächtigen Cherusker keine Macht beargwöhnten und sich zu den angrenzenden Völkern entfernten und beteuerten, die alte Freiheit Germaniens werde genommen und die Römermacht erhebe sich. Keiner also finde sich, im Heimatlande geboren, die erste Stelle auszufüllen, wenn nicht ein Abkömmling des Spähers Flavus über alle erhoben werde? Vergebens schiebe man den Arminius vor, denn wäre dessen Sohn, in Feindeslande aufgewachsen, zum Regieren hergekommen, so könnte man ja auch ihn fürchten, als einen durch des Auslandes Kost, Knechtschaft, Lebensart und sonst auf jede Weise angesteckten Mann. Hätte aber Italicus seines Vaters Sinn, kein anderer habe feindseliger, als dieser, gegen sein Vaterland und die heimischen Götter die Waffen geführt.

17. Durch diese und ähnliche Reden brachten sie große Heerhaufen zusammen, und nicht weniger Leute folgten dem Italicus. Denn, sagte er sich, nicht aufgedrungen habe er sich ihnen wider ihren Willen, sondern er sei gerufen worden. So wie er an Adel den Vorrang vor den übrigen habe, so sollten sie auch seine Tüchtigkeit versuchen, ob er sich seines Oheims Arminius und seines Großvaters Actumerus würdig zeigte. Auch brauche er sich seines Vaters nicht deshalb zu schämen, weil dieser die mit Bewilligung der Germanen den Römern einmal gelobte Treue nie gebrochen habe. Fälschlich werde der Freiheit Name von denen vorgeschützt, die im eigenen Geschlecht entartet, dem Gemeinwesen verderblich, nur noch in Zwietracht Hoffnung hätten. Jubelnd rief ihm die Menge Beifall zu, und in einer für Barbaren bedeutenden Schlacht Sieger, dann durch des Schicksals Gunst in Übermut verfallend und vertrieben, aber durch Hilfe der Langobarden wieder eingesetzt, zerrüttete der König wie im Glücke so im Unglücke den Staat der Cherusker.

18. Während dieser Zeit fielen die Chauken, nicht etwa daheim in Zwiespalt, sondern durch des Sanquinius Tod ermutigt, während Corbulo im Anmarsch war, in das untere Germanien ein, Gannascus an der Spitze, der von Abkunft ein Canninefate und lange bei unseren Hilfstruppen Dienstmann, nachher Überläufer war, und der mit leichten Fahrzeugen auf Beute ausgehend, besonders die Küste der Gallier verwüstete, wohl wissend, daß sie reich und unkriegerisch seien. Aber sobald Corbulo die Provinz betreten hatte, führte er mit großer Sorgfalt und zu großem Ruhme, zu welchem er den Grund in

diesem Feldzuge legte, Dreiruderer durch den Rhein, und andere Schiffe, die dazu brauchbar waren, am Ufer entlang und durch die Kanäle herbei. Nachdem er die feindlichen Kähne in Grund gebohrt und Gannascus vertrieben hatte, brachte er, als für die Gegenwart genug geschehen war, die bei Schanzarbeit und Anstrengung lässigen und nur an Plünderung Wohlgefallen findenden Legionen zur alten Zucht zurück, so daß niemand aus dem Zuge weichen, noch anders als wenn es ihm geheißen war, sich in einen Kampf einlassen durfte. Posten, Wachen, und die Verrichtungen des Tages wie der Nacht wurden unter Waffen besorgt, und man erzählt, daß ein Soldat, weil er ohne Schwert, ja ein anderer, weil er nur mit einem Dolche umgürtet schanzte, mit dem Tode bestraft worden sei. Das war übertrieben, und es kann sein, daß es auch nur erdichtet ist, doch nur in der Strenge des Feldherrn kann dies seinen Grund haben, und man darf wohl annehmen, daß ein Mann sehr aufmerksam und gegen bedeutende Vergehen unerbittlich war, dem man soviel Härte selbst bei unerheblichen Dingen zutraute.

19. Übrigens wirkte dieser Schrecken auf Soldaten und auf Feinde ganz verschieden. Wir erhöhten unsere Tapferkeit, die Barbaren ließen ihren wilden Mut sinken, und der Stamm der Friesen, seit der mit Lucius Apronius Niederlage begonnenen Empörung feindlich oder doch nicht zuverlässig, stellte Geiseln und hielt sich in den Grenzen des von Corbulo angewiesenen Gebietes ruhig. Eben derselbe gab ihnen einen Senat, Beamte und Gesetze, und damit sie sich nicht wieder seinen Befehlen entzögen, legte er in ihrer Mitte einen befestigten Posten an, nachdem er durch Abgeordnete die Groß-Chauken zur Unterwerfung hatte bewegen können, und sie zugleich den Gannascus mit List umstellen ließ. Und nicht vergeblich, noch entehrend waren diese Nachstellungen gegen einen Überläufer und Treubrüchigen. Aber durch seine Ermordung wurden die Gemüter der Chauken erregt, und Corbulo streute den Samen der Empörung aus, bei den meisten zwar deshalb in günstigem, bei einigen jedoch in schlechtem Rufe. Warum wiegle er denn den Feind auf? Mißgeschick würde dem Staate zur Last fallen; wäre er aber glücklich, so sei ein so ausgezeichneter Mann der Ruhe gefährlich und dem tatenlosen Fürsten mehr als lästig. Daher wehrte denn auch Claudius neuer Gewalt gegen Germanien, in dem Grade, daß er die Besatzungen diesseits des Rheins zurückzuziehen befahl.

20. Schon war Corbulo mit einem Lager auf feindlichem Gebiete beschäftigt, als ihm dieses Schreiben überbracht ward. Obschon ihn in der Überraschung vieles zugleich bestürmte, Furcht vor dem Kaiser, Verachtung von Seiten der Barbaren und Spott bei den Bundesgenossen, so sagte er doch nichts weiter, als: glückselig waren ehedem die Feldherren Roms!, und gab das Zeichen zum Rückzug. Damit jedoch der Soldat den Müßiggang aufgäbe, zog er zwischen Maas und Rhein

eine Strecke von 23000 Schritten einen Graben, um dadurch die unsichere Fahrt auf dem Ozean zu vermeiden. Doch die Triumphinsignien gestattete ihm der Kaiser, wenngleich er ihm den Krieg verweigert hatte.

Nicht lange nachher erlangte Curtius Rufus dieselbe Ehre, der im Gebiete der Mattiaken einen Schacht zur Aufsuchung von Silberadern eröffnet hatte, die nur spärliche Ausbeute und nicht auf lange Zeit gaben. Aber den Legionen war die Anstrengung nachteilig, Kanäle auszugraben und, was im Freien schon beschwerlich ist, unter der Erde zu verrichten. Hierdurch geplagt, und weil man sich in mehreren Provinzen Ähnliches gefallen lassen mußte, verfaßten die Soldaten insgeheim ein Schreiben im Namen der Heere, worin diese den Kaiser baten, daß er denen, welchen er Heere anvertrauen wollte, im voraus die Triumphinsignien verleihen möchte.

21. Über die Abkunft des Curtius Rufus, von welchem einige erzählen, er sei der Sohn eines Gladiators gewesen, will ich weder Erdichtetes vortragen, noch habe ich Lust, was wahr daran ist, weiter zu verfolgen. Als er erwachsen war, dem Gefolge des Qästors, welchem Afrika zugefallen war, angehörte und zu Adrumetum in der Mittagsstunde einsam in den leeren Säulengängen weilte, erschien ihm eine weibliche Gestalt von übermenschlicher Größe, und er vernahm die Worte: „Du bist es, Rufus, der in diese Provinz als Prokonsul kommen wird.“ Durch eine solche Vorbedeutung zur Hoffnung emporgehoben, kehrte er nach Rom zurück, gelangte durch Freigebigkeit seiner Freunde, zugleich durch eigene Geistestätigkeit zur Quästur, und bald mitten unter adeligen Bewerbern durch die Stimme des Fürsten zur Prätur, da Tiberius die Niedrigkeit seiner Geburt mit den Worten bemäntelt hatte: „Curtius Rufus scheint mir aus sich selbst geboren“. Nachher erreichte er ein hohes Alter, war ein erbärmlicher Schmeichler gegen Höhere, anmaßend gegen Geringere und unter Gleichen unverträglich. Er erhielt konsularische Gewalt, Triumphinsignien und endlich Afrika; hier starb er auch, wodurch er den Schicksalsspruch erfüllte.

22. Unterdessen wurde in Rom aus keiner offenkundigen, noch auch nachher bekannt gewordenen Ursache, der römische Ritter Gnaeus Nonius in der Schar der den Fürsten Begrüßenden mit einem Schwerte umgürtet gefunden. Als er auf der Folter gemartert wurde, leugnete er nichts, Mitwissende aber nannte er nicht, man wußte nicht, ob er sie nur verheimlichte.

Unter denselben Konsuln beantragte Publius Dolabella, daß alljährlich ein Fechterspiel auf Kosten derjenigen gefeiert würde, welche die Quästur erhielten. Bei den Altvordern war dies des Verdienstes Lohn gewesen, und allen Bürgern, wenn sie auf lobenswerte Eigenschaften ihr Vertrauen setzten, gestattet, sich um öffentliche Ämter zu bewerben. Ja nicht einmal das Alter machte einen Unterschied, in früher Jugend schon das Konsulat und Diktaturen zu bekleiden. Quästoren aber wurden schon, als noch Könige regierten, eingeführt, wie das von Lucius Brutus erneuerte Curiatsgesetz beweist, und es verblieb den Konsuln die Gewalt, sie zu ernennen, bis auch diese Ehrenstelle das Volk verlieh. So wurden zuerst erwählt Valerius Potitus und Aemilius Mamercus, im 63. Jahre nach Vertreibung der Tarquinier, um das Heerwesen zu leiten. Als dann die Geschäfte zunahmen, wurden zwei hinzugefügt, in Rom zu walten. Hierauf wurde ihre Zahl verdoppelt, als Italien bereits zinspflichtig geworden war, und dazu noch die Abgaben der Provinzen kamen. Nachher wurden nach Sullas Gesetz zwanzig gewählt, um den Senat zu ergänzen, dem er die Gerichte übertragen hatte. Und obwohl die Ritter diese wiedererhielten, wurde die Quästur doch nach der Würdigkeit der Kandidaten oder der Geneigtheit der Verleihenden umsonst erteilt, bis sie nach der Absicht des Dolabella gleichsam feilgeboten wurde.

Das Jahr 48 n. Chr.

23. Als unter dem Konsulate des Aulus Vitellius und Lucius Vipstanus die Ergänzung des Senates stark betrieben wurde, und die Großen aus Gallia comata, wie es genannt wird, schon längst zu Bündnissen mit Rom und Bürgerrecht gelangt, das Recht nachsuchten, Ehrenämter in Rom zu erhalten, da war hierüber viel und mancherlei Gerede. Wetteifernd widerstrebte man in Gegenwart des Fürsten, indem man versicherte, es sei Italien doch noch nicht so herabgekommen, daß es seiner Stadt nicht einen Senat verschaffen könnte. Ehedem hätten dazu die Eingeborenen genügt, da doch die Völker verwandt waren, und nicht zu schämen brauche man sich der alten Republik. Ja noch jetzt gedenke man der Beispiele, welche in der Vorzeit Sitte römische Art für Tugend und Ruhm gestellt habe. Sei es etwa noch nicht genug, daß Veneter und Insubrer sich in die Kurie eingedrängt hätten, wenn nicht ein Haufe von Ausländern und so gleichsam die Gefangenschaft eingeführt würde? Welche Ehre werde dem Reste des Adels oder den Unbegüterten aus Latium noch bleiben, die Senatoren wären? Alles würden jene Reichen besetzen, deren Großväter und Urgroßväter als Heerführer feindlicher Völkerschaften unsere Heere mit Schwert und Gewalt darniedergestreckt und den vergöttlichten Julius Caesar bei Alesia belagert hätten. Dies gehöre der neueren Zeit an: Wie wenn dazu auch derer noch gedacht würde, welche das Kapitol und die Burg Roms mit frevelhafter Hand entweiht hätten? Möchten sie immerhin den Namen des Bürgerrechts genießen; die Insignien der Senatoren, und die Ehrenzeichen der Beamten sollten sie nicht gemein machen.

24. Ohne sich durch dies und ähnliches bewegen zu lassen, sprach

der Fürst auf der Stelle dagegen, berief den Senat und begann folgendermaßen: „Meine Vorfahren, deren ältester Clausus, von Abkunft ein Sabiner, zugleich in die römische Bürgergemeinschaft und unter die patrizischen Familien aufgenommen wurde, mahnen mich, den Senat nach gleichen Grundsätzen zu verwalten, indem ich hierher versetze, was sich irgendwo Vortreffliches findet. Denn es ist mir nicht unbekannt, daß die Julier aus Alba, die Coruncanier aus Camerium, die Porcier aus Tusculum und, um nicht erst in der alten Geschichte nachzuforschen, aus Etrurien, Lucanien und ganz Italien Senatoren berufen worden sind, ja endlich letzteres selbst bis an die Alpen ausgedehnt wurde, damit nicht bloß einzelne Personen, nein auch Länder und Völker unserem Namen einverleibt würden. Damals war der Friede im Innern fest, und es blühte unsere Macht dem Auslande gegenüber, als die Transpadaner in die Gemeinschaft des Bürgerrechts aufgenommen worden waren, als man den Legionen unter dem Scheine, als verteile man sie über den Erdkreis, die kräftigsten der Provinzialen beigesellend, und so der ermattenden Herrschaft eine Stütze gab. Sind wir etwa damit unzufrieden, daß die Balber aus Hispanien und nicht minder ausgezeichnete Männer aus dem narbonensischen Gallien herübergekommen sind? Noch leben ihre Nachkommen und stehen uns nicht in Liebe gegen dieses unser Vaterland nach. Was anders brachte den Lakedaemoniern und Athenern Verderben, so mächtig sie auch in den Waffen waren, als daß sie die Besiegten als Ausländer von sich ausschlossen? Wogegen der Begründer unseres Staates, Romulus, so mächtig in seiner Weisheit war, daß er an mehreren Völkern an einem und demselben Tage Feinde und dann Bürger hatte. Ankömmlinge haben über uns geherrscht. Daß Söhnen von Freigelassenen Staatsämter übertragen wurden, ist nicht, wie viele irrig meinen, etwas Neues erst, sondern schon früher oft vom Volke geschehen. Aber mit den Senonen haben wir doch gekämpft! Nun, die Volsker und Aequer haben wohl niemals feindliche Reihen gegen uns aufgestellt? Erobert wurde von den Galliern unsere Stadt! Aber auch den Tuskern haben wir Geiseln gegeben und sind durch das Joch der Samniter gegangen. Und wenn wir auch alle Kriege insgesamt durchmustern, so ist keiner in kürzerer Zeit beendet worden, als der gegen die Gallier; darauf war ununterbrochener und zuverlässiger Friede. Jetzt, durch Sitte, Kunst und Verwandtschaftsbande eins mit uns, mögen sie ihr Gold und ihre Schätze lieber zu uns bringen als für sich besitzen. Alles, Senatoren, was jetzt für uralt gehalten wird, war einstmals neu. Plebejische Beamte folgten den patrizischen, latinische auf die plebejischen, die der übrigen Völker Italiens auf die latinischen. Auch dies wird veralten, und was wir durch Beispiele heute in Schutz zu nehmen suchen, selbst zum Beispiel werden."[128]

25. Der Rede des Kaisers folgte ein Beschluß des Senates, und zuerst

erhielten die Aequer das Recht der Senatorenwürde in Rom. Diese Gunst wurde dem alten Bündnisse gewährt, und weil sie allein unter allen Galliern sich Brüder mit dem römischen Volke nennen.

In eben diesen Tagen nahm der Kaiser die ältesten aus dem Senate oder solche, deren Eltern berühmt gewesen, unter die Patrizier auf, da nur noch wenige von den Familien übrig waren, welche Romulus Gentes maiores, sowie von denen, welche Lucius Brutus Gentes minores nannte, und auch die schon ausgestorben waren, die der Diktator Caesar nach dem cassischen und Augustus nach dem saenischen Gesetze dazu gewählt hatten. Es wurde dies für den Staat so erfreuliche Geschäft unter großer Freude des Censors[129] vorgenommen. Ängstlich besorgt, auf welche Weise er durch Schande Verrufene aus dem Senate entfernen sollte, wandte er lieber eine milde und erst neuerlich ausfindig gemachte, als die nach alter Strenge hergebrachte Maßregel an, indem er die Weisung gab, es möchte jeder mit sich selbst zu Rate gehen und um das Recht anhalten, aus seinem Stande auszutreten. Leicht werde dazu die Erlaubnis gegeben werden. Auch wolle er die aus dem Senate Verwiesenen und die, denen die Entlassung bewilligt worden sei, zusammen bekanntgeben, damit die einheitliche Bekanntmachung des Spruches der Censoren mit den aus Bescheidenheit von selbst Ausscheidenden die Schande milderte. Deshalb stellte der Konsul Vipstanus den Antrag, den Claudius Vater des Senates zu nennen, zu gemein sei ja der Titel Vater des Vaterlandes: ungewöhnliche Verdienste um den Staat seien mit noch nicht gebrauchten Namen zu ehren. Aber er selbst wies den Konsul als zu argen Schmeichler zurück, und schloß das Lustrum ab, in welchem 5984072 Bürger angegeben wurden. Und hiermit endigte auch seine Unwissenheit im eigenen Hause, nicht lange darauf mußte er die Schandtaten seiner Gattin kennen lernen und bestrafen, um dann selbst für ein blutschänderisches Eheband zu entbrennen.

26. Schon fing Messalina, durch die Bereitwilligkeit ihrer Buhlschaften mit Überdruß erfüllt, an, sich in noch nicht gekannte Lüste zu versenken, als auch Silius, sei es in verhängnisvollem Wahnsinn oder wirkliche Gefahr für ein Gegenmittel gegen die noch drohende erachtend, darauf drang, der Verstellung ein Ende zu machen. Denn soweit seien sie noch nicht gekommen, daß sie das Alter des Fürsten abwarten könnten. Nur die Pläne Unschuldiger seien gefahrlos, für offenbare Verbrechen müsse man in der Kühnheit Hilfe suchen. Auch fehle es nicht an Mitwissern, die Gleiches fürchteten. Er, unvermählt und kinderlos, sei zur Heirat und zu Britannicus Adoption bereit. Der Messalina würde dieselbe Gewalt verbleiben, nur sicherer noch, kämen sie dem Claudius zuvor, der, wie gegen Nachstellungen sorglos, ebenso doch auch im Zorne rasch sei. Lau nur wurden diese Worte aufgenommen, nicht aus Liebe zum Gemahl, sondern damit Silius, hätte er das Höchste erreicht, nicht die Ehebrecherin verachten,

und sofort dem unter mißlichen Umständen gebilligten Verbrechen seine wahre Geltung geben möchte. Doch nach dem Namen der Ehe trachtete sie wegen der Größe dieser Niederträchtigkeit, worin die, welche alles schon darangegeben haben, noch das letzte Vergnügen zu suchen pflegen. Und ohne länger zu warten, als bis Claudius eines Opfers wegen nach Ostia reiste, beging sie in aller Form die Feierlichkeiten der Vermählung.

27. Ich weiß wohl, daß es fabelhaft erscheinen wird, daß in dem Grade auch nur irgend ein Mensch sich in einer Stadt habe sicher fühlen können, die alles weiß und nichts verschweigt, geschweige denn, daß ein designierter Konsul mit der Gemahlin des Fürsten an einem vorherbestimmten Tage unter Zuziehung von Zeugen, als wäre es um Kinder zu erzielen, zusammengekommen sei, sie alsdann die Rede der Zeichendeuter angehört und nachgesprochen und den Göttern geopfert habe, man sich unter Gästen zu Tische gelegt, geküßt, umarmt, und endlich die Nacht in ehelicher Freiheit zugebracht hat. Aber hier ist nichts des Wunderbaren wegen erdichtet, ich will nur überliefern, was ältere Leute noch gehört und niedergeschrieben.

28. Das Haus des Fürsten war schon in Entsetzen geraten, und besonders die, welche Einfluß und, wenn die Verhältnisse sich änderten, zu fürchten hatten, äußerten schon nicht mehr in geheimen Unterredungen, sondern öffentlich ihren Unwillen. Solange ein Schauspieler mit dem kaiserlichen Schlafgemache sein Spiel getrieben, sei ihm zwar Schande zugefügt worden, aber das Verderben noch weit entfernt gewesen. Jetzt erhebe sich ein Mann von edlem Geschlechte, würdevoller Gestalt und kräftigen Geistes, dazu dem Konsulate nahe, und zu bedeutenderer Hoffnung berechtigt; denn es sei ja nicht verborgen, was nach solcher Ehe nur noch übrig bleibe. Dabei wandelte sie ohne Zweifel Besorgnis an, wenn sie bedachten, wie stumpfsinnig Claudius und wie sehr er in seiner Gattin Banden war, und wie viele Hinrichtungen schon auf Messalinas Befehl vollzogen worden seien. Auf der andern Seite flößte gerade die Lenkbarkeit des Imperators ihnen Vertrauen ein, daß, wenn sie durch die Furchtbarkeit der Beschuldigung nur die Oberhand bekommen würden, sich gar leicht die vor der Klage schon Verurteilte stürzen ließe. Nur das sei noch ein gefährlicher Punkt, wenn ihrer Verteidigung Gehör gegeben würde, und daß nur sein Ohr einem reuigen Bekenntnis verschlossen bliebe.

29. Anfangs nun überlegten Callistus, dessen ich schon bei des Kaisers Gajus Ermordung erwähnte, Narcissus, der Anstifter von Appius Hinrichtung, und der zu dieser Zeit in der äußersten Gunst stehende Pallas, ob sie etwa Messalina durch geheime Drohungen von der Liebe zu Silius abschrecken, alles übrige aber verheimlichen sollten. Dann befürchtend, dafür noch obenein ins Verderben gestürzt zu werden, standen Pallas aus Feigheit, Callistus, weil er auch den vori-

gen Hof kennen gelernt, und wie man Machteinfluß mehr durch vorsichtige als scharfe Maßregeln mit Sicherheit behaupte, davon ab. Narcissus blieb fest und änderte nur das ab, daß er sie nicht durch irgend ein Gespräch Anschuldigung und Kläger ahnen ließ. Er selbst dagegen auf Gelegenheit lauernd, bewog bei dem langen Verweilen des Kaisers in Ostia zwei Beischläferinnen, an deren Umarmungen er am meisten gewöhnt war, durch Geschenke und Versprechungen, sowie durch Vorhaltung größeren Einflusses nach dem Sturze der Gattin, zur Übernahme der Anzeige.

30. Demnach ruft Calpurnia, so hieß eine Beischläferin, als ihr eine geheime Unterredung gewährt war, zu des Kaisers Füßen niederfallend, aus, Messalina habe sich dem Silius vermählt. Zugleich fragt sie die Kleopatra, die, eben dies erwartend, in der Nähe stand, ob sie davon gehört habe, und verlangte dann, als sie es bejahte, daß Narcissus gerufen würde. Dieser, für die Vergangenheit um Verzeihung bittend, daß er ihm bis zu den Vettiern und Plautiern[130] nichts gesagt habe, erklärte, er wolle ihr auch jetzt den Ehebruch nicht zum Vorwurfe machen, noch solle er Palast und Sklaven und den übrigen Hofstaat zurückverlangen. Diese Dinge möge der Mann immerhin genießen; aber die Gemahlin müsse er wieder herausgeben und den Ehevertrag zerreißen. „Oder weißt du“, sprach er, „um deine Scheidung? denn Silius eheliche Verbindung hat schon Volk, Senat und Krieger gesehen, und handelst du nicht schnell, so ist der Ehemann in Roms Besitz.“

31. Da berief er die bedeutendsten seiner Freunde und befragte zuerst den Präfekten des Getreidewesens, Turranius, nachher den Kommandanten der Prätorianer, Lusius Geta. Als diese es bestätigt hatten, bestürmten ihn die übrigen um die Wette, er möge doch ins Lager gehen, sich der prätorischen Kohorten versichern, und eher auf seine Sicherheit, als auf Rache bedacht sein. Es ist bekannt, daß den Claudius eine solche Bestürzung überfallen hatte, daß er wiederholentlich fragte, ob er selbst noch der Herrschaft mächtig, ob Silius noch Privatmann sei. Indessen feierte Messalina, nie ausgelassener in ihrer Üppigkeit, da der Herbst schon vorgerückt war, eine Nachbildung der Weinlese in ihrem Palaste. Keltern preßten, Kufen flossen, und Frauen, mit Fellen umgürtet, tanzten daneben wie opfernde oder rasende Bacchantinnen; sie selbst, mit fliegendem Haare den Thyrsus schwingend, und neben ihr Silius, mit Efeu umkränzt, gingen auf Kothurnen einher, warfen das Haupt empor, und rings umtobte sie der mutwillige Chor. Man erzählte, daß Vettius Valens, der aus Übermut einen sehr hohen Baum erklommen, denen, die ihn fragten, was er schaue, geantwortet habe: ein fürchterliches Ungewitter von Ostia her, sei es, daß wirklich sein Blick so etwas wahrgenommen, oder das ihm unwillkürlich entfallende Wort zur Weissagung wurde.

32. Indessen kamen nicht Gerüchte, sondern Botschaften von allen

Seiten an, welche verkündeten, daß alles dem Claudius bekannt und er, zur Rache bereit, schon auf dem Wege sei. So gingen sie denn auseinander, Messalina in den Garten des Lucullus, Silius, um seine Furcht zu verbergen, zu den Geschäften des Forums. Die übrigen, die sich hierin und dorthin zerstreuten, fielen schon den Centurionen in die Hände; es wurden ihnen Fesseln angelegt, wenn man sie auf offener Straße oder in Verstecken fand. Messalina jedoch war, so sehr sonst Mißgeschick die Besonnenheit zu rauben pflegt, schnell entschlossen, dem Gemahl entgegenzugehen und sich zu zeigen, womit sie sich oftmals geholfen hatte, und befahl, es solle Britannicus und Octavia dem Vater in die Arme eilen. Auch bat sie Vibidia, die älteste der vestalischen Jungfrauen, beim Pontifex maximus Gehör zu suchen und um Gnade zu flehen. Inzwischen durchwanderte sie, nur von dreien begleitet – so plötzlich sah sie sich verlassen – zu Fuß die Stadt der Länge nach und begab sich in einem Fuhrwerke, auf welchem Unrat aus den Gärten fortgeschafft wird, auf die Straße nach Ostia, ohne bei irgend jemand Mitleid zu erwecken, weil ihrer Missetaten Ungestalt noch größer war.

33. Nichtsdestoweniger war man beim Kaiser in Unruhe, weil man Geta, dem Präfekten der Prätorianer, nicht recht traute, der sich zum Guten wie zum Schlechten gleich willig finden ließ. Daher erklärte Narcissus in Gemeinschaft derer, welche die gleiche Besorgnis hegten, es sei des Kaisers Rettung nicht anders zu hoffen, als wenn er die Gewalt über die Soldaten an diesem einen Tage auf einen Freigelassenen übertrage, und erbot sich selbst, sie zu übernehmen. Damit er aber nicht während der Fahrt nach der Stadt von Lucius Vitellius und Publius Largus Caecina zur Sinnesänderung umgestimmt würde, forderte und nahm er Platz im selben Wagen.

34. Häufig ging nachher die Sage, es habe während der abwechselnden Äußerungen des Fürsten, indem er bald die Schandtaten seiner Gemahlin anklagte, bald aber auch wieder seiner Ehe und der Unmündigkeit seiner Kinder gedachte, den Vitellius nichts anderes hören lassen als „o, der Schandtat, o des Frevels!“. Narcissus drang nun zwar darauf, er solle den rätselhaften Worten Erklärung geben und die Wahrheit sagen, aber damit konnte er es nicht dahin bringen, daß er nicht dennoch Schwankendes und jeder Deutung Zufallendes erwiderte, und Largus Caecina nicht dem Beispiele desselben folgte. Und schon war ihnen Messalina zu Gesicht gekommen, und rief, er möchte doch Octavias und Britannicus Mutter hören, als ihr der Kläger entgegenschrie, indem er von Silius und der Hochzeit sprach. Zugleich überreichte er eine ihre Ausschweifungen angebende Schrift, um dadurch auch den Blick des Kaisers abzulenken. Ebenso wären nicht lange nachher, als er in die Stadt einzog, ihm die gemeinsamen Kinder entgegengeführt worden, hätte nicht Narcissus sie zu entfernen befohlen. Nur Vibidia konnte er nicht zurückweisen mit

ihrer viel Gehässiges enthaltenden Forderung, die Gemahlin dem Verderben nicht unverteidigt preiszugeben. Er antwortete daher, der Fürst werde sie schon hören, und ihr gestattet werden, sich von der Beschuldigung zu reinigen; inzwischen möchte nur die Jungfrau gehen und ihren Dienst wahrnehmen.

35. Auffallend war hierbei des Claudius Schweigen. Vitellius tat, als wisse er fast von nichts, alles gehorchte dem Freigelassenen. Er befahl die Wohnung des Ehebrechers zu öffnen und den Imperator hineinzuführen, zeigte ihm zuerst in der Vorhalle das durch Senatsbeschluß verbotene Bild von des Silius Vater, dann, wie alles, was alter Familienbesitz der Nerone und der Drusus gewesen sei, zum Lohne solcher Schande geworden war. Den so Entrüsteten und in Drohungen Ausbrechenden brachte er ins Lager, wo die Soldaten schon versammelt waren, zu welchen er, nach vorhergegangener Vorbereitung durch den Narcissus einige Worte sprach, denn sein Schamgefühl hemmte den Unwillen, so gerecht er auch war. Unaufhörlich war darauf das Lärmen der die Namen der Schuldigen und ihre Bestrafung fordernden Kohorten. Als nun Silius vor das Tribunal gebracht war, versuchte er nicht Verteidigung, nicht Aufschub, sondern bat, daß sein Tod beschleunigt würde. Dieselbe Standhaftigkeit hatten auch römische Ritter von Rang. Und zwar ließ er den Titius Proculus, der von Silius zum Hüter der Messalina beigegeben war und sich zu Anzeigen erbot, den Vettius Valens, der ein Geständnis abgelegt hatte, den Pompeius Urbicus und Saufeius Trogus, die zu den Mitschuldigen gehörten, zur Hinrichtung überantworten. Auch Decrius Calpurnianus, Oberster der Brandwache, Sulpicius Rufus, der Procurator der Gladiatorenschule, und der Senator Juncus Vergilianus empfingen dieselbe Strafe.

36. Allein Mnester verursachte einen Aufenthalt, indem er sein Gewand zerriß und ausrief, er möchte nur die Male der Geißelhiebe ansehen, eingedenk der Worte, womit er ihm der Messalina und ihren Befehlen unterworfen hätte. Andere seien durch Bestechungen oder glänzende Aussichten, er durch Zwang zur Schuld gekommen, und keiner hätte eher sterben müssen, wäre Silius zur Herrschaft gekommen. Den hierdurch gerührten und zum Mitleid geneigten Kaiser brachten endlich doch die Freigelassenen dahin, nach Hinrichtung so vieler erlauchter Männer einen Schauspieler nicht zu schonen; ob er freiwillig oder gezwungen eine so große Missetat begangen habe, sei gleichviel. Nicht einmal die Verteidigung des römischen Ritters Traulus Montanus wurde angenommen. Dieser, ein anspruchsloser Jüngling, aber von ausgezeichneter Schönheit, war von Messalina selbst herbeigerufen und gleich nach einer Nacht verstoßen worden, da ihre Frechheit in der Begierde wie im Überdrusse gleich groß war. Dem Suillius Caesoninus und dem Plautius Lateranus wird der Tod erlassen, diesem wegen des ausgezeichneten Verdienstes seines

Oheims, Caesoninus wurde durch seine Laster geschützt, da er sagte, er habe sich in jener scheußlichen Gesellschaft nur wie ein Weib brauchen lassen.

37. Unterdessen fristete Messalina im Park des Lucullus ihr Leben und verfaßte eine Bittschrift, mit einiger Hoffnung, bisweilen selbst mit Zorn erfüllt. So groß war ihr Stolz noch in den letzten Augenblicken. Hätte nicht Narcissus ihre Hinrichtung beschleunigt, so würde das Verderben ihren Ankläger getroffen haben. Denn als Claudius nach Haus zurückgekehrt und durch eine früh beginnende Mahlzeit milder gestimmt, vom Weine erhitzt war, befahl er, man solle gehen und der Unglücklichen – denn dieses Ausdruckes, sagt man, habe er sich bedient – verkündigen, sie möge am folgenden Tage zu ihrer Verteidigung erscheinen. Als man dies vernahm und sein Zorn allmählich verschwand und die Liebe zurückkehrte, und, zögerte man, die Nähe der Nacht und die Erinnerung an das eheliche Schlafgemach zu besorgen war, stürzte Narcissus hinaus und entbot den Centurionen und dem Tribun, die in der Nähe waren, die Hinrichtung zu vollziehen; so befehle es der Imperator. Zum Aufseher und Vollstrecker war einer der Freigelassenen, Euodus, gegeben. Da dieser schnell in den Park vorangeeilt war, fand er sie auf die Erde hingesunken, neben ihr die Mutter Lepida, die im Glücke nichts weniger als einig mit der Tochter, sich durch ihre letzte Not zum Mitleid hatte erweichen lassen und ihr riet, den Mörder nicht erst abzuwarten. Abgelaufen sei ihr Leben und nur noch ein anständiger Tod zu suchen. Aber in ihrer durch Lüste verdorbenen Seele wohnte nichts Edles mehr; nur Tränen und eitle Klagen ergossen sich noch immer, als durch den Ungestüm der Kommenden die Türe bestürmt ward, und der Tribun schweigend vor ihr stand, der Freigelassene sie dagegen mit vielen niedrigen Schmähungen überhäufte.

38. Da erst durchschaute sie ihr Schicksal und nahm den Stahl an, und während sie ihn, vergeblich in zagender Eile bald an die Kehle, bald an die Brust setzt, wurde sie vom Tribun durchbohrt. Den Leichnam überließ man der Mutter und berichtete dem Claudius, der noch speiste, Messalina sei gefallen, ohne bestimmt zu sagen, ob durch eigene oder fremde Hand. Auch fragte er nicht, sondern forderte den Becher und beging sein Mahl wie gewöhnlich. Nicht einmal an den folgenden Tagen gab er Zeichen des Hasses, der Freude, des Zornes, der Traurigkeit, kurz irgendeines menschlichen Gefühles zu erkennen, nicht wenn er die frohlockenden Ankläger, nicht wenn er die trauernden Kinder erblickte. Zu Hilfe kam seinem Vergessen noch der Senat durch den Beschluß, ihren Namen und ihre Bildnisse aus Privathäusern und von öffentlichen Orten zu tilgen. Dem Narcissus wurden die Insignien der Quästur zuerkannt, eine geringe Kleinigkeit für seinen Übermut, da er sich mehr dünkte, als Pallas und Callistus ...[131] Ehrenwertes zwar, aber woraus das Schlimmste doch hervorgehen sollte, indem des Jammers viel ...

ZWÖLFTES BUCH

Die Jahre 48 bis 54 n. Chr.

Das Jahr 48 n. Chr. (Fortsetzung)

1. Durch die Ermordung Messalinas wurde des Fürsten Hause aus seinen Fugen gerissen, weil sich zuerst unter den Freigelassenen Streit erhob, wer dem Claudius, dem eheloses Leben unerträglich und eines Weibes Regiment Bedürfnis war, nun eine Gattin wählen sollte. Und von nicht minderem Bewerbungseifer war dann auch die Frauenwelt entbrannt. Jede trat mit ihrem Adel, ihrer Schönheit, ihrem Reichtum in die Schranken und suchte darzustellen, daß dies solch hoher Ehe würdig sei. Am meisten jedoch schwankte man zwischen Lollia Paulina, der Tochter des Konsularen Marcus Lollius, und Julia Agrippina, der des Germanicus[132]. Diese hatte Pallas, jene Callistus zum Gönner; dagegen wurde Aelia Paetina aus der Familie der Tuberonen von Narcissus begünstigt. Der Kaiser, wie er gerade einen Ratgeber gehört hatte, bald hierhin sich entscheidend, bald dorthin, berief die Uneinigen zu einer Beratung und befahl ihnen, ihre Meinung vorzutragen und mit Gründen zu unterstützen.

2. Narcissus sprach von der alten Eheverbindung, der gemeinsamen Tochter, denn Antonia war Paetinas Tochter, und daß seinen Penaten nichts Neues nahe, wenn die gewohnte Gattin wiederkehre, die gewiß nicht mit stiefmütterlichem Haß den Britannicus und die Octavia ansehen werde, die nächsten Liebespfänder nach ihren Kindern; Callistus dagegen, es sei der Stab über sie durch die lange Scheidung einmal gebrochen, und nehme man sie wieder auf, so werde sie sich gerade deshalb übermütig erheben. Weit besser werde ihm die Lollia zugeführt, die, weil sie noch keine Kinder geboren habe, frei von Eifersucht und den Stiefkindern eine wahre Mutter sein werde. Pallas dagegen pries vorzüglich an Agrippina, daß sie die Enkel des Germanicus mitbrächte, einen wahrlich der kaiserlichen Hoheit würdigen Sproß. Er möchte doch die Nachkommen der julischen und claudischen Familie vereinigen, damit nicht die so anerkannt fruchtbare, noch jugendlich blühende Frau der Caesaren Berühmtheit einem anderen Hause zubrächte.

3. Dies behielt das Übergewicht, unterstützt von den Lockungen Agrippinas, welche den Oheim unter dem Vorwande der Verwandtschaft häufig besuchte und ihn so an sich zog, daß sie den übrigen

vorgezogen, obgleich noch nicht seine Gattin, schon die Gewalt der Gattin übte. Denn sobald sie ihrer Ehe gewiß war, ging sie mit noch Größerem um und arbeitete an der Vermählung des Domitius, den sie mit Gnaeus Ahenobarbus gezeugt, und der Tochter des Kaisers, Octavia. Das konnte ohne Vergehen nicht vollführt werden, weil der Kaiser Octavia dem Lucius Silanus verlobt und den auch sonst schon angesehenen jungen Mann durch Triumphinsignien und die Pracht eines Fechterspieles in der Gunst des Volks emporgehoben hatte. Doch nichts schien schwer bei der Gesinnung eines Fürsten, der kein Urteil und keinen Haß hatte, wenn es ihm nicht eingegeben und geboten war.

4. So ließ sich denn Vitellius, mit dem Zensortitel sklavischen Trug zu bemänteln und den kommenden Herrscher voraussehend, um sich Argrippinas Gunst zu sichern, mit in ihren Plan ziehen, und streute Beschuldigungen gegen Silanus aus, dessen schöne und leichtfertige Schwester Junia Calvina nicht lange zuvor Vitellius Schwiegertochter gewesen war. Darauf baute er die Klage auf. Er suchte die zwar nicht blutschänderische, aber unvorsichtige Liebe der Geschwister in Verruf zu bringen. Der Kaiser lieh ihm sein Ohr aus Liebe zur Tochter, Verdächtigungen gegen den Eidam Gehör zu geben nur zu geneigt. Silanus dagegen, von der Nachstellung nichts ahnend und zufällig in diesem Jahre Prätor, wurde plötzlich durch ein Edikt des Vitellius aus dem Senatorstande ausgestoßen, obwohl der Senat längst gemustert und das Lustrum abgeschlossen war. Zugleich trennte Claudius die Verbindung und Silanus wurde gezwungen, seinem Amte eidlich zu entsagen, und der noch übrige Tag der Prätus dem Eprius Marcellus zugewiesen.

Das Jahr 49 n. Chr.

5. Unter dem Konsulate des Gajus Pompejus und Quintus Veranius wurde das zwischen Claudius und Agrippina verabredete Ehebündnis schon durch den Ruf und durch unerlaubte Liebe befestigt. Doch wagten sie noch nicht die Feier der Vermählung zu begehen, da es kein Beispiel gab von einer in das Haus des Oheims geführten Brudertochter. Ja, es sei Blutschande und man fürchtete, falls man dies nicht beachtete, daß es zu öffentlichem Unglücke ausschlagen könnte. Nicht eher ließ man von dem Bedenken ab, als bis Vitellius durch seine Künste die Sache durchzusetzen übernahm. Nachdem er nämlich den Kaiser gefragt hatte, ob er den Befehlen des Volkes und dem Gutachten des Senats nachgeben würde, und er erwidert hatte, er sei nur ein einzelner Bürger und könne sich nicht gegen den Willen der Gesamtheit auflehnen, hieß er ihn im Palaste warten, begab sich selbst in die Kurie, erbat sich mit der Beteuerung, es handle sich um die

wichtigste Staatsangelegenheit, die Erlaubnis, vor den übrigen zu reden, und hob damit an, wie doch die so beschwerlichen Arbeiten des Fürsten, womit er über den Erdkreis walte, der Unterstützung bedürften, damit er, von häuslicher Sorge frei, das Gemeinwohl berate. Welche Erleichterung nun sei dem Sinne eines Zensors angemessener, als sich eine Gattin zu nehmen, eine Gefährtin in glücklichen und zweifelhaften Lagen, der er seine geheimsten Gedanken, der er seine kleinen Kinder[133] anvertraue, er, der nicht an Üppigkeit und Lüste sich gewöhnt, sondern von frühester Jugend den Gesetzen Folge geleistet habe.

6. Als er dies in einnehmender Rede vorausgeschickt hatte und lebhafte Zustimmung der Senatoren erfolgte, hob er von neuem an: Weil denn alle insgesamt zur Vermählung des Fürsten rieten, so müsse man eine Frau erwählen, die sich durch Adel, Kindersegen und Sittenreinheit auszeichne. Es sei nicht erst lange zu bezweifeln, daß Agrippina durch Berühmtheit des Geschlechtes den Vorrang habe. Sie habe Beweise von Fruchtbarkeit gegeben und edle Eigenschaften kämen dazu. Vollends trefflich sei aber, daß durch die Fügung der Götter eine Witwe[134] dem Fürsten verbunden werde, der nur seine Ehen genossen habe. Gehört hätten sie von ihren Eltern, und selbst gesehen, wie Ehefrauen zu den Lüsten der Caesaren entführt worden seien; fern liege dies der gegenwärtigen Mäßigung. Man möchte vielmehr ein Beispiel aufstellen, wie der Kaiser seine Gemahlin vom Senat und römischen Volk erhalten solle. Allerdings seien uns Ehen mit Brudertöchtern neu. Nun, bei andern Völkern seien sie ganz gebräuchlich und durch kein Gesetz verboten; auch die unter Geschwisterkindern, lange unbekannt, seien im Laufe der Zeit immer häufiger geworden. Die Sitte bequeme sich nach dem jeweiligen Bedürfnisse, und gewiß werde auch dies zu dem gehören, was bald gebräuchlich würde.

7. Nicht fehlte es an solchen, die, um die Wette beteuernd, sie würden, zögere der Kaiser noch, Gewalt gebrauchen, aus der Kurie stürzten. Es drängte sich ein gemischter Haufe zusammen und rief, das römische Volk bitte um ebendasselbe. Nun wartete auch Claudius nicht länger, kam auf dem Forum den Glückwünschenden entgegen und forderte, in den Senat eintretend, einen Beschluß, wodurch die Gesetzmäßigkeit der Ehen zwischen Oheimen und Brudertöchtern auch für die Zukunft festgesetzt würde. Doch fand sich nur einer, der eine solche Verbindung begehrte, der römische Ritter Titus Alledius Severus, von dem es vielfach hieß, ihn habe Agrippinas Gunst dazu bestimmt. Der Staat war von nun an umgewandelt, und alles gehorchte der Frau, die nicht in Mutwillen, wie Messalina, mit Rom ihr Spiel trieb. Streng und gleichsam männlich war die Knechtschaft. Vor der Welt herrschte Ernst, noch häufiger Stolz, im Hause keine Sittenlosigkeit, wenn sie nicht etwa der Herrschaft frommte. Die

unermeßliche Geldgier hatte den Vorwand, man suche nur für die Regierung Unterstützung.

8. Am Tage der Hochzeit gab sich Silanus den Tod, sei es, daß er bis dahin noch Hoffnung zum Leben gehegt, oder gerade den Tag gewählt hatte, um die Gehässigkeit zu mehren. Seine Schwester Calvina wurde aus Italien vertrieben. Claudius verordnete noch überdies, es sollten nach des Königs Tullus Gesetzen Opfer und Sühnungen im Haine der Diana durch die Oberpriester dargebracht werden, dies unter allgemeinem Spotte, daß man Strafen und Reinigungszeremonien wegen dieser Blutschande gerade zu einer solchen Zeit betreibe. Indes erwirkte Agrippina, um nicht bloß durch Übeltaten bekannt zu werden, für Annaeus Seneca[135] den Erlaß der Verbannung und die Prätur zugleich. Sie war der Meinung, daß dies zur öffentlichen Freude gereichen würde, wegen der Berühmtheit seines wissenschaftlichen Strebens und damit des Domitius Jugend unter einem solchen Lehrer heranreife, und er auch sich in der Aussicht auf die Herrschaft seines Rates bediente, weil man glaubte, Seneca werde Agrippina treu sein in der Erinnerung an ihre Wohltat, sowie dem Claudius feind im Schmerz über die erlittene Kränkung.

9. Sofort beschloß man, nicht länger zu zaudern, sondern brachte den designierten Konsul Memmius Pollio durch ungeheure Versprechungen dahin, mit einem Antrag hervorzutreten, wonach Claudius gebeten werden sollte, Octavia dem Domitius zu verloben, was für das Alter beider nicht unpassend war, und den Weg zu Größerem eröffnen sollte. Pollio beantragte mit ganz ähnlichen Ausdrücken dasselbe wie unlängst Vitellius, und Octavia wurde verlobt, Domitius, außer der früheren Verbindung nun auch Verlobter und Schwiegersohn, wurde durch die Bemühungen der Mutter, durch die Ränke derer, die wegen der Anklage Messalinas die Rache des Sohnes fürchteten, dem Britannicus gleichgestellt.

10. Um ebendiese Zeit erschienen Gesandte der Parther, um, wie ich erzählt habe, sich den Meherdates zu erbitten, im Senat und begannen ihren Auftrag auf folgende Weise: Nicht das Bündnis vergessend, noch in Abtrünnigkeit von der Familie der Arsaciden kämen sie. Selbst der Sohn des Vonones, des Phraates Enkel wendete sich gegen die Tyrannei des Gotarzes, die dem Adel und dem Volke gleich unerträglich sei. Schon seien Brüder, schon Verwandte, schon entfernterstehende hingemordet, dazu auch ihre schwangeren Frauen und kleinen Kinder, während er, untätig zu Hause, in Kriegen unglücklich, Feigheit durch Grausamkeit bemäntle. Alt und von Staats wegen geschlossen sei ihre Freundschaft mit uns, und zu Hilfe kommen müßte man Bundesgenossen, die in Macht mit uns wetteifernd, aus Ehrerbietung sich uns hintanstellten. Deswegen würden Könige Kinder zu Geiseln gegeben, damit man, wenn man der heimischen Herrschaft überdrüssig sei, zum Fürsten und zum Senate

seine Zuflucht nehmen könne, um einen an ihre Sitten gewöhnten, besseren König zu erhalten.

11. Als sie dies und ähnliches gesprochen hatten, fing der Kaiser mit der römischen Hoheit und der Fügsamkeit der Parther seine Rede an. Er stellte sich mit dem göttlichen Augustus in Vergleich, indem er anführte, wie man sich von diesem einen König erbeten habe, ohne des Tiberius zu gedenken, obwohl auch dieser welche hingesendet hatte. Dazu gab er auch gute Lehren – denn Meherdates war zugegen – nicht an Gewaltherrschaft und Sklaven, sondern nur an Regentenamt und Bürger zu denken, Milde und Gerechtigkeit, je unbekannter den Barbaren, desto willkommener, zu üben. Sodann an die Abgeordneten sich wendend, pries er den Zögling Roms mit Lobsprüchen, der sich bis jetzt in der Mäßigung bewährt hatte. Doch müsse man auch die Launen der Könige ertragen, nicht nützlich sei der häufige Wechsel. Der römische Staat sei schon so ruhmvoll geworden, daß er auch auswärtigen Völkern Ruhe wünsche. Hierauf wurde dem Statthalter Syriens, Gajus Cassius aufgetragen, den Jüngling an das Ufer des Euphrats zu geleiten.

12. In dieser Zeit überragte Gajus Cassius alle andern in Rechtskunde. Denn die Kriegskunst ist in Friedenszeiten unbekannt, und der Friede hält die Tatkräftigen und die Untätigen auf gleicher Strafe. Dennoch stellte er, soweit es ihm ohne Krieg möglich war, die alte Zucht wieder her, hielt die Legionen in Übung, und verfuhr, was Sorgfalt und Vorsicht betrifft, ebenso, als wenn der Feind andränge, da er es so seiner Vorfahren und der cassischen Familie für würdig hielt, die auch unter jenen Völkern rühmlich bekannt war. Nachdem er nun die aufgeboten hatte, auf deren Verlangen man sich den König erbeten hatte, und ein Lager bei Zeugma aufgeschlagen worden war, von wo aus der Fluß am leichtesten zu überschreiten war, erinnerte er nach Ankunft der vornehmen Parther und des Araberkönigs Acbarus den Meherdates, wie der anfangs ungestüme Eifer der Barbaren durch Zögerung erkalte oder sich in Treulosigkeit verwandle. Er möge darum sein Beginnen beschleunigen. Dies wurde durch den Betrug des Acbarus nicht beachtet, der den unerfahrenen und das Glück der königlichen Hoheit in Üppigkeit suchenden Jüngling viele Tage lang in der Stadt Edessa aufhielt. Als Carenes ihn herbeirief und raschen Erfolg verhieß, wenn sie schnell herbeikämen, zogen sie nicht geradezu nach Mesopotamien, sondern auf einem Umwege nach Armenien, welches zu der Zeit unwegsam war, weil der Winter begann.

13. Sodann erst nahten sie sich durch Schnee und Gebirge ermüdet den Ebenen, schlossen sich den Truppen des Carenes an und durchzogen, nachdem sie über den Tigris gegangen waren, das Land der Adiabener, deren König Izates sich öffentlich als Meherdates Bundesgenosse erklärt hatte, doch heimlich und mit größerer Treue zu Gotazes neigte. Indessen wurde im Vorbeigehen die Stadt Ninos einge-

nommen, Assyriens uralter Herrschersitz und eine hochberühmte Feste, weil dort in der letzten Schlacht zwischen Darius und Alexander die Macht der Perser zusammenbrach. Währenddessen tat Gotarzes bei einem Berge, dessen Name Sambulos ist, den Göttern der Gegend Gelübde, und zwar mit besonderer Verehrung des Herkules, der die Priester zu bestimmter Zeit während des Schlafes mahnt, neben dem Tempel zur Jagd gerüstete Rosse hinzustellen. Sobald die Rosse die mit Geschossen beladenen Köcher empfangen haben, streifen sie durch die Waldungen hin und kehren erst in der Nacht mit leeren Köchern und laut schnaubend zurück. Der Gott zeigt wiederum in nächtlicher Erscheinung an, wo er die Wälder durchstreift hat, und allenthalben findet man das niedergestreckte Wild.

14. Übrigens bediente sich Gotarzes, da sich sein Heer noch nicht hinlänglich verstärkt hatte, des Flusses Corma statt einer Schutzwehr, und suchte, so oft er auch durch Spottreden und Herolde zur Schlacht herausgefordert wurde, immer neuen Aufschub, veränderte seine Stellung und erkaufte durch abgesandte Verführer den Abfall der Feinde. Von ihnen zieht Izates mit dem adiabenischen, bald auch Acbarus mit dem Araberheere ab, aus dem von diesen Völkern gewohnten Wankelmut und weil aus Erfahrung bekannt ist, daß die Barbaren lieber Könige aus Rom holen als behalten. Meherdates, von so mächtigen Hilfsvölkern verlassen, und den Verrat der übrigen argwöhnend, beschloß – was allein noch übrig blieb – seine Sache dem Zufalle zu überlassen und eine Schlacht zu wagen. Auch wich Gotarzes dem Kampf nicht aus, da er nach der Verminderung der Feinde voll trotzigen Mutes war. So traf man unter vielem Blutvergießen und mit zweifelhaftem Erfolge zusammen, bis den Carenes, der nach Niederwerfung seiner Gegner zu weit vorgedrungen war, ein frischer Heerhaufe im Rücken umzingelte. Da so alle Hoffnung verloren war, gab sich Meherdates den Versprechungen des Parraces, eines Klienten seines Vaters hin, und wurde durch dessen Hinterlist gefesselt und dem Sieger überliefert. Dieser schmähte ihn, er sei nicht ein Verwandter, nicht ein Mann aus Arsaces Stamm, sondern ein Fremder, ein Römer und befahl, er solle mit abgeschnittenen Ohren leben bleiben, um seine Gnade uns zur Schande zur Schau zu stellen. Nachher starb Gotarzes an einer Krankheit und Vonones wurde auf den Thron berufen, der damals über die Meder gebot. Ihm begegnete kein Glück oder Mißgeschick, über das etwas zu sagen wäre. Kurz und ruhmlos war seine Herrschaft und das Reich der Parther ging auf seinen Sohn Vologeses über.

15. Aber der Bosporaner Mithridates[136] wiegelte, nach dem Verluste seiner Macht umherirrend, als er erfuhr, daß der römische Feldherr Didius und der Kern des Heeres abgezogen war, und daß in dem neuen Reiche der wegen seiner Jugend unerfahrene Cotys und nur

wenige Kohorten mit dem römischen Ritter Julius Aquila zurückgelassen seien, beide verachtend, die Volksstämme auf und lockte Überläufer an. Zunächst verjagte er, nachdem er ein Heer zusammengebracht hatte, den König der Dandariden und bemächtigte sich dessen Herrschaft. Als dies bekannt geworden war und man vermutete, er werde nächstens in den Bosporus eindringen, suchten Aquila und Cotys, der eignen Kraft mißtrauend, weil Zorsines, der König der Siracer, wiederum Feindseligkeiten begonnen hatte, ebenfalls auswärtige Verbindungen und schickten Abgeordnete an Eunones, das Oberhaupt des Volkes der Aorser. Nicht schwer wurde ihnen das Bündnis, weil sie gegen den Empörer Mithridates auf die Römermacht hinwiesen. So setzten sie denn fest, daß Eunones in Reitertreffen kämpfen, die Belagerung der Städte die Römer übernehmen sollten.

16. Darauf setzten sie sich mit geordnetem Heereszuge in Bewegung. Front und Rücken deckten die Aorser, das Zentrum die Kohorten und Bosporaner, so wie wir bewaffnet. So wurde der Feind vertrieben, und man kam nach Soza, einer Stadt Dandaricas, welche, von Mithridates verlassen, wegen der zweideutigen Gesinnung der Bewohner durch eine zurückgelassene Besatzung zu behaupten dienlich schien. Sodann rückten sie auf die Siracer los und umstellen nach Überschreitung des Flusses Panda die Stadt Uspe, welche hochgelegen und mit Mauern und Gräben befestigt war, nur daß die Mauern nicht von Stein, sondern von Flechtwerk und Reisig, mit Erde in der Mitte, den Anstürmenden schwachen Widerstand leisteten; auch brachten in bedeutender Höhe aufgeführte Türme mit Brandfackeln und Speeren die Belagerten in Verwirrung. Und hätte die Nacht nicht dem Kampfe Einhalt geboten, so wäre die Eroberung an ein und demselben Tage begonnen und beendet worden.

17. Am folgenden Tage schickten sie Gesandte, um Gnade für die freien Leute zu bitten, der Sklaven boten sie zehntausend an. Dies verschmähten die Sieger, weil Ausgelieferte niederzumetzeln grausam und eine so große Menge mit Wache zu umgeben, schwierig war. Lieber sollten sie nach dem Kriegsrechte fallen, und es wurde den Soldaten, die auf Leitern emporgestiegen waren, das Zeichen zum Morden gegeben. Durch die Vernichtung der Uspenser wurde den übrigen Furcht eingejagt, die nichts mehr für sicher hielten, da Waffenmacht, Befestigungen, unzugängliche oder hochgelegene Orte, Flüsse und Städte gleicherweise durchbrochen waren. So stellte denn Zorsines, als nach langem Überlegen, ob er für Mithridates in seiner verzweifelten Lage, oder für sein väterliches Reich sorgen solle, des eigenen Volkes Nutzen das Übergewicht behalten hatte, Geiseln und warf sich vor des Kaisers Bildnis nieder, zu großem Ruhme des römischen Heeres, welches ja ohne Verlust und siegreich nur noch drei Tagemärsche vom Flusse Tanais entfernt war. Aber auf dem

Rückzuge wollte es das Glück anders, weil einige Schiffe, welche zur See heimkehrten, an das Gestade der Taurier verschlagen und von den Barbaren umzingelt wurden, wobei der Präfekt einer Kohorte und viele Centurionen ihren Tod fanden.

18. Indes überlegte Mithridates, da er auf Waffenhilfe nicht mehr rechnen konnte, wessen Mitleid er in Anspruch nehmen sollte. Seinen Bruder Cotys, einst sein Verräter, dann sein Feind, fürchtete er; unter den anwesenden Römern war keiner von solchem Ansehen, daß man auf seine Versprechungen Gewicht legen konnte. So wandte er sich dem Eunones zu, der nicht durch persönlichen Haß feindlich gegen ihn gesinnt und durch die neuerlich mit uns geschlossene Freundschaft von Einfluß war. So begab er sich denn, Anzug und Miene soviel als möglich seiner gegenwärtigen Lage anpassend, in die Königsburg und sprach zu seinen Knieen niedersinkend: „Hier stelle ich mich freiwillig, der von den Römern zu Lande und zur See so viele Jahre lang gesuchte Mithridates. Mache was du willst mit dem Sprößlinge des großen Achaemenes, dies einzige haben mir die Feinde nicht genommen."

19. Eunones hob, durch den Ruhm des Mannes, den Wechsel der Dinge, und die der Ahnen nicht unwürdige Bitte gerührt, den Flehenden auf und lobte ihn, daß er das Volk der Aorser, daß er seine Hand gewählt, um Gnade zu erbitten. Zugleich schickte er Gesandte und ein Schreiben an den Kaiser, des ungefähren Inhalts: Den Imperatoren des römischen Volkes und den Königen großer Nationen erwachse zunächst aus der Ähnlichkeit ihrer Stellung Freundschaft. Er und Claudius teilten miteinander auch den Sieg. Herrlich aber sei der Ausgang der Kriege, sobald man mit Verzeihung endige. So sei dem besiegten Zorsines nichts entrissen worden. Für Mithridates erbitte er, weil er Härteres verdiene, nicht Macht, nicht Herrschaft, sondern nur, daß über ihn nicht triumphiert würde und er nicht mit dem Leben büßen müßte.

20. Aber Claudius, obwohl sonst gegen ausländischen Adel mild, schwankte dennoch, ob es besser wäre, ihn mit Zusicherung des Lebens als Gefangenen anzunehmen oder wieder mit den Waffen anzugreifen. Zu letzterem trieb ihn sein Unwille über die Beleidigungen und seine Rachsucht an. Aber man machte dagegen geltend, daß man dann einen Krieg in unwegsamer Gegend und auf einem hafenlosen Meere begönne. Dazu seien die Könige voller Trotz, die Völker unstet und der Boden arm an Früchten. Aus Verzögerungen werde Unzufriedenheit entstehen, aus der Eile Gefahren, und nur unbedeutender Ruhm werde den Siegern zufallen, sowie große Schande, würde man zurückgeschlagen. Er möchte das Anerbieten annehmen und den Vertriebenen begnadigen, dessen Strafe um so größer sein würde in seiner Hilflosigkeit, je länger sein Leben währte. Hierdurch bewogen schrieb er dem Eunones: zwar habe Mithridates die härteste Strafe

verdient, und es fehle ihm nicht die Macht zu ihrem Vollzug, allein es sei von den Vorfahren für gut befunden worden, ebenso große Güte gegen Flehende zu beweisen, wie Unerbittlichkeit gegen den Feind. Triumphe aber würden nur über nie zuvor besiegte Völker und Reiche erworben.

21. Hierauf ausgeliefert und durch Junius Cilo, den Prokurator von Pontus, nach Rom gebracht, soll Mithridates stolzer, als es seiner Lage angemessen war, vor dem Kaiser gesprochen haben. Eine Äußerung drang bis zu den Ohren des Volkes: „Ich bin nicht zu dir zurückgeschickt, sondern zurückgekommen. Glaubst du es nicht, so entlasse und suche mich". Auch blieb seine Miene unerschrocken, als er neben der Rednerbühne von Wachen umgeben dem Volke zur Schau gestellt wurde. Dem Cilo wurden Konsularinsignien, prätorische dem Aquila zuerkannt.

22. Unter denselben Konsuln bringt die in ihrem Hasse furchtbare und gegen Lollia, weil sie mit ihr um die Ehe mit dem Fürsten gewetteifert hatte, erbitterte Agrippina Beschuldigungen auf und stiftete einen Kläger an, der ihr Umgang mit Chaldäern und Magiern vorwerfen mußte, und daß sie das Orakel des clarischen Apollo wegen der Vermählung des Fürsten befragt habe. Sodann sprach Claudius im Senate, ohne die Angeklagte anzuhören, viel von ihrem hohen Rang, daß sie eine Schwestertochter des Lucius Volusius, ihr Großoheim Cotta Messalinus sei, und daß sie einst mit Memmius Regulus vermählt gewesen war – denn von der Verbindung des Kaisers Gajus mit ihr schwieg er absichtlich –, und fügte dann hinzu, verderblich für den Staat seien ihre Anschläge, und man müsse ihr die Mittel zum Verbrechen nehmen. Demnach solle sie nach Einziehung ihrer Güter Italien verlassen. So blieben der Verbannten von ihren ungeheuren Schätzen fünf Millionen Sesterzen. Auch Calpurnia, eine angesehene Frau, wurde gestürzt, weil der Fürst, nicht aus sinnlicher Lust, sondern in zufälligem Gespräche, weshalb auch Agrippinas Zorn noch nicht bis zum äußersten ging, ihre Schönheit gelobt hatte. Zu Lollia aber wurde ein Tribun abgeschickt, um sie zum Tode zu zwingen. Auch nach dem Gesetz über Schadensersatz wurde auf Klage der Bithyner Cadius Rufus verurteilt.

23. Dem narbonensischen Gallien wurde wegen seiner ausgezeichneten Ehrerbietung gegenüber dem Senat vergünstigt, daß den von dort stammenden Senatoren nach dem Rechte, nach welchem auch Sizilien behandelt würde, erlaubt sein sollte, ohne Einholung der fürstlichen Genehmigung, ihre Güter zu besuchen. Ferner wurden die Ituräer und Juden, da ihre Könige Sohaemus und Agrippa gestorben waren, mit zur Provinz Syrien geschlagen. Das 75 Jahre unterlassene Augurium für die öffentliche Wohlfahrt beschloß man zu erneuern und dann damit fortzufahren. Auch erweiterte der Kaiser das ummauerte Gebiet der Stadt, nach der uralten Sitte, die denen, welche

das Reich vergrößerten, auch die Grenzen der Stadt weiter vorzurükken gestattet[137]. Doch hatten die Heerführer Roms, selbst nach Unterjochung großer Nationen, Lucius Sulla und den göttlichen Augustus ausgenommen, keinen Gebrauch davon gemacht.

24. Von dem Ehrgeiz oder Ruhm der Könige in dieser Sache gibt es verschiedentliche Sagen. Doch mag es nicht unpassend sein, den Anfang der Gründung darzustellen und welches ummauerte Gebiet Romulus festgesetzt hat. Beim Rindermarkt, da, wo wir das eherne Bild des Stiers erblickten, weil man dies Tier ja unter den Pflug spannte, fing die Furche zur Bezeichnung der Stadt an, so daß sie den großen Altar des Herkules umfaßte. Von da wurden in bestimmten Zwischenräumen Steine aufgerichtet, dicht am Fuße des palatinischen Berges entlang bis zum Altar des Consus, dann bis zu den alten Kurien, hierauf bis zu dem Heiligtum der Laren. Das römische Forum und das Kapitol, hat man geglaubt, sei nicht von Romulus, sondern erst von Titus Tatius zur Stadt hinzugefügt worden. Später wurde das Ringmauergebiet den Umständen gemäß erweitert. Und was für Grenzen damals Claudius festsetzte, ist leicht zu erfahren und in öffentlichen Urkunden verzeichnet.

Das Jahr 50 n. Chr.

25. Unter dem Konsulate des Gajus Antistius und Marcus Suillius wurde für Domitius die Adoption durch Pallas Ansehen beschleunigt, der schon als Vermittler ihrer Ehe der Agrippina eng verbunden und, bald auch durch Unzucht an sie gekettet, Claudius antrieb, doch für den Staat zu sorgen und die Jugend des Britannicus mit kräftigem Beistand zu stützen. So wären bei dem vergöttlichten Augustus, obwohl er auf Enkel seine Hoffnung bauen konnte, die Stiefsöhne in Ansehen gewesen. Von Tiberius sei neben dem eigenen Sprößling auch Germanicus noch angenommen worden. Auch sich möchte er einen Jüngling zugesellen, der einen Teil seiner Sorgen übernehmen würde. Hierdurch überredet, zog er den um zwei Jahre älteren Domitius seinem Sohne vor. Er hielt im Senate eine Rede, ganz in der Weise, wie er sie von dem Freigelassenen vernommen hatte. Sachkundige bemerkten, daß sich bis dahin keine Adoption im Patriziergeschlecht der Claudier gefunden habe, und diese hätten von Attus Clausus an in einer Linie fortbestanden.

26. Übrigens wurde dem Fürsten Dank gesagt, und noch ausgesuchter war die kriechende Schmeichelei gegenüber Domitius. Ja, es wurde ein Gesetz gegeben, nach welchem er in das claudische Geschlecht aufgenommen wurde und den Namen Nero erhielt. Auch Agrippina wurde durch den Beinamen Augusta geehrt. Als dies ge-

schehen war, war niemand so ganz mitleidslos, daß ihn nicht das Schicksal des Britannicus mit Wehmut erfüllte. Allmählich auch von der Bedienung der Sklaven verlassen, spottete er der unzweideutigen Liebesdienste seiner Stiefmutter, ihre Falschheit wohl erkennnend. Denn nicht stumpfsinnig, sagt man, war sein Wesen, sei es nun wirklich so oder mag er diesen Ruf ohne Gegenbeweise beibehalten haben, was sich in seiner Gefahr empfahl.

27. Agrippina indes, um auch verbündeten Völkerschaften ihre Macht zu zeigen, setzte es durch, daß in der Stadt der Ubier, in welcher sie geboren war, eine Veteranenkolonie gegründet wurde, die nach ihr den Namen erhielt. Zufällig war es gewesen, daß ihr Großvater Agrippa diesen Stamm, der über den Rhein gekommen war, in Schutz genommen hatte.

Zu derselben Zeit geriet man im oberen Germanien in Angst durch die Ankunft der auf Raub ausgehenden Chatten. Demnach erteilt der Legat Lucius Pomponius den Hilfstruppen der Vangionen und Nemeter, denen er bundesgenössische Reiterei beigab, die Weisung, die Plünderer abzuschneiden, oder, wenn sie sich zerstreuten, sie unversehens zu umzingeln. Den Anordnungen des Heerführers kamen die Soldaten mit Eifer nach, und in zwei Scharen geteilt, umringten die, welche links ihren Marsch genommen hatten, die eben Zurückkehrenden, welche von Beute schwelgten und schlaftrunken waren. Vermehrt wurde die Freude noch dadurch, daß sie einige aus der Niederlage des Varus, nun nach vierzig Jahren aus der Sklaverei befreiten.

28. Die aber, welche rechts auf näheren Wegen ausgezogen waren, richteten unter den ihnen entgegenkommenden und eine Schlacht wagenden Feinden eine noch größere Niederlage an, und kehrten, mit Beute und Ruhm beladen, nach dem Taunusgebirge zurück, wo Pomponius mit den Legionen wartete, ob nicht die Chatten aus Rachgier zu einer Schlacht Gelegenheit bieten würden. Sie aber schickten in der Besorgnis, auf der einen Seite von den Römern, auf der anderen von den Cheruskern, mit denen sie in ewigem Zwiste leben, umgangen zu werden, Gesandte und Geiseln nach Rom, worauf dem Pomponius die Triumphehre zuerkannt wurde, ein geringer Teil seines Rufes bei der Nachwelt, bei welcher er durch Dichterruhm hervorstrahlt.[138]

29. Um dieselbe Zeit wurde Vannius, den Caesar Drusus über die Sueben gesetzt hatte, aus seinem Reiche vertrieben. Er war in der ersten Zeit seiner Herrschaft ruhmvoll und seinem Volke willkommen. Dann aber im Laufe der Zeit sich zum Stolz wendend, wurde er durch den Haß der Anwohner und zugleich durch innere Zwistigkeiten gestürzt. Ausgegangen war dies von Vibilius, dem Könige der Hermunduren und von Vangio und Sido, den Schwestersöhnen des Vannius. Auch trat Claudius, wenngleich oft darum gebeten, nicht mit Waffengewalt zwischen die sich streitenden Barbaren. Er ver-

sprach aber sichere Zuflucht dem Vannius, wenn er vertrieben würde, und schrieb dem Palpelius Hister, der Pannonien verwaltete, er möge die Legion und aus der Provinz selbst ausgehobene Hilfstruppen am Ufer aufstellen, den Besiegten zum Schutze wie den Siegern zum Schrecken, damit sie nicht im Übermute ihres Glückes auch unseren Frieden störten. Denn eine zahllose Menge Lygier und andere Völker rückten auf den Ruf von den Schätzen des Reiches heran, die Vannius im Laufe von dreißig Jahren durch Raubzüge und Tribute noch vermehrt hatte. Er selbst besaß an eigener Heeresmacht nur Fußvolk, die Reiterei war von den sarmatischen Jazygen, der Menge der Feinde nicht gewachsen, weshalb er sich in Kastellen zu verteidigen und den Krieg in die Länge zu ziehen beschlossen hatte.

30. Doch die Jazygen vertrugen die Belagerung nicht und führten, indem sie die nächsten Felder durchschwärmten, die Notwendigkeit einer Schlacht herbei, weil die Lygier und Hermunduren daselbst eingefallen waren. Vannius zog daher hinaus aus den Kastellen und wurde im Treffen geschlagen. Obwohl ihm das Geschick übel wollte, wurde er dennoch selbst gepriesen, da er in der Schlacht mitgefochten und Wunden auf der Brust davongetragen hatte. Übrigens nahm er zu der auf der Donau in Bereitschaft liegenden Flotte seine Zuflucht. Bald folgten ihm seine Anhänger und wurden, indem sie Ländereien erhielten, in Pannonien angesiedelt. Das Reich teilten Vangio und Sido unter einander in ihrer Treue gegen uns musterhaft. Sei es durch ihr eigenes Wesen oder die Natur der Knechtschaft, waren sie bei den Untertanen bis sie die Herrschaft erhielten, sehr beliebt, noch mehr verhaßt, als sie sie erhalten hatten.

31. In Britannien aber empfingen den Proprätor Publius Ostorius unruhige Verhältnisse, weil die Feinde in das Gebiet der Bundesgenossen um so kühner einfielen, da sie nicht glaubten, daß der neue Feldherr mit dem ihm unbekannten Heere im Beginne des Winters ihnen entgegengehen würde. Dieser wußte nicht, daß durch den ersten Erfolg Furcht oder Vertrauen erzeugt wird, drang in Eile mit den Kohorten vor, machte die Widerstand Leistenden nieder, verfolgte dann die Zerstreuten, und schickte sich an, die Verdächtigen zu entwaffnen, damit sie sich nicht wieder zusammenrotteten, und so ein feindseliger und treuloser Friede weder dem Feldherrn noch dem Soldaten Ruhe ließe. Dazu sperrte er alles durch Lager an den Flüssen Avona und Sabrina. Das wollten sich zuerst die Icener nicht gefallen lassen, ein mächtiger Volksstamm und noch durch keinen Kampf geschwächt, weil sie freiwillig mit uns in Bund getreten waren. Auf ihr Anstiften erkoren sich die umwohnenden Stämme einen Platz zur Schlacht, der von einem Ackerwall eingeschlossen war und einen schmalen Eingang hatte, damit er der Reiterei nicht zugänglich wäre. Diese Bollwerke versuchte der römische Feldherr zu durchbrechen, obwohl er ohne den Kern der Legionen nur Bundestruppen führte,

und ließ nach Verteilung der Kohorten auch die Schwadronen zum Dienste als Fußvolk sich fertig machen. Dann brachen sie nach gegebenem Zeichen durch den Damm hindurch, und brachten die durch ihre eigene Umzäunung Behinderten in Verwirrung. Doch diese vollführten im Bewußtsein der Empörung, und da ihnen jede Aussicht versperrt war, viele glänzende Waffentaten. In diesem Kampfe verdiente sich der Sohn des Legaten Marcus Ostorius den Ehrenschmuck der Rettung eines Bürgers.

32. Übrigens wurden durch die Niederlage der Icener diejenigen zur Ruhe gebracht, die zwischen Krieg und Frieden schwankten, und so wurde das Heer von hier aus gegen die Decanger geführt. Die Felder wurden verwüstet und überall Beute weggeführt, wenn die Feinde keine Schlacht wagten, oder, wenn sie verstohlenerweise den Heereszug anzugreifen versuchten, ihre List bestraft wurde. Schon war man ganz in die Nähe des Meeres gekommen, welches nach der Insel Hibernia hinschaut, als bei den Briganten ausgebrochene Unruhen den Feldherrn zurückriefen, der in dem Vorsatze fest war, nichts neues zu unternehmen, sobald er sich des früheren noch nicht versichert hatte. Die Briganten beruhigten sich, nachdem einige wenige, die zu den Waffen greifen wollten, getötet worden waren, und die übrigen Verzeihung erhalten hatten. Aber das Volk der Siluren ließ sich nicht durch Strenge, nicht durch Milde beruhigen, den Krieg nicht zu beginnen. Er mußte erst durch das Feldlager der Legionen bedrängt werden. Damit dies desto rascher vonstatten ginge, wurde eine Kolonie nach Camulodunum in das eroberte Gebiet mit einer starken Mannschaft Veteranen gelegt, zum Schutze gegen die Empörer, und um die Bundesgenossen an Befolgung der Gesetze zu gewöhnen.

33. Darauf zog man gegen die Siluren, die neben ihrem eigenen wilden Mute auch auf die Macht des Caractacus vertrauten, den seines Mißgeschickes wie seines Glückes mannigfacher Wechsel so hoch erhoben hatte, daß er die übrigen Machthaber der Britannier überragte. Jetzt aber nur durch List bei schlau benutzter Ortskenntnis uns überlegen, an Streitkraft nicht gewachsen, versetzte er den Krieg ins Land der Ordoviker, und wagte, nachdem er sich diejenigen, welche unsere Friedensherrschaft fürchteten, beigesellt hatte, die äußerste Entscheidung, wobei er sich den Kampfplatz so wählte, daß Zugang, Abzug und alles insgesamt für uns ungünstig, den Seinigen zum Vorteile war. Denn er stellte sich auf steilen Bergen auf, und wo bequem heranzukommen war, da baute er einem Walle gleich Felsstücke vor. Auch floß ein Strom mit unsicherer Furt vorüber, und vorn auf den Bollwerken standen Scharen von Bewaffneten.

34. Zudem gingen die Führer der einzelnen Stämme umher, um zu ermuntern, ihren Mut durch Verminderung der Furcht zu stählen, durch Belebung der Hoffnung und andere Reizmittel zum Kampfe

anzustacheln. Und Caractacus beteuerte hierhin und dorthin eilend, daß dieser Tag, daß diese Schlacht entweder der wieder zu gewinnenden Freiheit oder ewiger Knechtschaft Anfang sein werde, und rief dabei die Namen der Vorfahren an, die den Diktator Caesar vertrieben hatten, durch deren Tapferkeit sie, frei von Veilen und Tributen, ihre Weiber und Kinder noch ungeschändet sähen. Da er dies und ähnliches sagte, lärmte ihm die Menge Beifall zu, und jeder verpflichtete sich nach seines Stammes Brauch eidlich, weder Geschossen noch Wunden zu weichen.

35. Diese Kampflust machte den römischen Feldherrn bedenklich. Zugleich schreckte ihn das Hindernis des Stromes, der aufgetürmte Wall, die emporragenden Berghöhen, alles drohend anzusehen und mit Streitern dicht besetzt. Doch die Soldaten verlangten eine Schlacht, und riefen, es sei ja alles durch Tapferkeit zu erkämpfen, und die Präfekten und Tribunen, in gleicher Weise redend, entzündeten die Kampfbegier des Heeres noch mehr. Da stellte sich Ostorius, nachdem man erkundet hatte, was undurchdringlich und was gangbar sei, an die Spitze der Erbitterten, und überschritt den Fluß ohne Schwierigkeit. Als man an den Wall gekommen war, gab es, so lange man mit Wurfgeschossen stritt, der Wunden mehr und die meisten Toten auf unserer Seite. Als aber nach Bildung eines Schilddachs die rohen und unförmlichen Steinhaufen auseinandergerissen waren, und der Kampf nun mit gleichem Vorteile im Handgemenge begann, da wichen die Barbaren auf die Höhen der Berge. Doch auch dahin drangen die leichtgerüsteten sowie die schwerbewaffneten Soldaten, jene mit Geschossen anstürmend, diese in geschlossenem Schritte, wogegen die Reihen der Britannier, die kein Panzer und kein Helm deckte, in Unordnung gerieten, und, wenn sie den Hilfstruppen Widerstand leisten wollten, durch die Schwerter und Spieße der Legionäre und wandten sie sich gegen diese, durch die Säbel und Speere der Hilfstruppen niedergestreckt wurden. Glänzend war dieser Sieg, gefangengenommen wurde die Gattin und die Tochter des Caractacus und seine Brüder ergaben sich.

36. Er selbst wurde, wie in der Regel Schutzlosigkeit mit Mißgeschick verbunden ist, als er bei der Brigantenkönigin Cartimandua Schutz suchte, gefesselt und den Siegern ausgeliefert, im neunten Jahre nach Beginn des Krieges in Britannien. Daher verbreitete sich sein Ruf über die Inseln hinaus und durch die nächsten Provinzen hin und wurde auch in Italien gefeiert, und man war begierig, den zu sehen, der so viele Jahre unserer Macht Trotz geboten hatte. Selbst in Rom war der Name des Caractacus nicht ruhmlos, und der Kaiser, der sich selber ehren wollte, mehrte so nur den Ruhm des Besiegten. Wurde doch das Volk wie zu einem außerordentlichen Schauspiele zusammenberufen. Unter den Waffen standen die prätorischen Kohorten auf der Ebene vor ihrem Lager. Da wurde das königliche Ge-

folge, dann der Pferdeschmuck und die Ehrenketten und das, was er in auswärtigen Kriegen erbeutet hatte, vorübergeführt, dann seine Brüder, Gattin und Tochter, zuletzt er selbst zur Schau gestellt. Alle anderen baten aus Furcht und unwürdig um Gnade; Caractacus hingegen, weder im Blicke noch in Worten zur Erregung des Mitleids niedergeschlagen, sprach, als er auf die Erhöhung trat:

37. „Wenn meine Mäßigung ebenso groß im Glücke gewesen wäre, wie der Ruhm meines Hauses und meine Macht, so wäre ich als Freund und nicht als Gefangener in diese Stadt gekommen, und du hättest es nicht unter deiner Würde gehalten, den von berühmten Vorfahren Entsprossenen und über mehrere Völker Gebietenden in das Friedensbündnis aufzunehmen. Mein gegenwärtiges Geschick gereicht, wie mir zur Schmach, so dir zum Ruhme. Besessen habe ich Rosse, Männer, Waffen und Schätze, ist es ein Wunder, wenn ich sie ungern verlor? Folgt etwa daraus, wenn ihr über alle gebieten wollt, daß alle die Knechtschaft sich gefallen lassen? Wenn ich, mich sogleich ergebend, ausgeliefert worden wäre, so wäre weder mein Schicksal noch dein Ruhm verherrlicht worden. Auch meiner Hinrichtung würde Vergessenheit folgen. Erhältst du mir aber das Leben, so werde ich ein ewiges Denkmal deiner Gnade sein." Hierauf begnadigte der Kaiser ihn nebst seiner Gattin und seinen Brüdern, und sie, befreit von ihren Fesseln, brachten auch Agrippina, die nicht fern auf einer anderen Erhöhung thronte, mit gleichem Preise und Danke, wie dem Fürsten, ihre Huldigung dar. Neu war es in der Tat und den Sitten der Alten fremd, daß ein Weib bei den römischen Feldzeichen den Vorsitz führte. Sie aber zeigte sich als Genossin der von ihren Voreltern erworbenen Herrschaft.

38. Der hierauf zusammenberufene Senat ließ sich vielfach und großartig über des Caractacus Gefangenschaft vernehmen, und wie dies nicht minder ruhmvoll sei, als daß Publius Scipio den Syphax, Lucius Paulus den Perseus und andere sonst noch gefesselte Könige dem Römervolk gezeigt hätten[139]. Dem Ostorius wurden Triumphinsignien zuerkannt, dessen Unternehmungen bis dahin glücklich waren, nachher aber schwankten, sei es, weil nach des Caractacus Entfernung, als sei der Krieg nun beendet, lässiger der Dienst, oder weil die Feinde im Schmerze über einen so großen König heftiger an die Rache gingen. Sie umzingelten den Lagerpräfekten und die Legionskohorten, die zur Aufführung von Verschanzungen im Gebiete der Siluren zurückgelassen waren. Und wäre man nicht schnell aus den nächsten Kastellen zu Hilfe gekommen, so wäre die Mannschaft gänzlich aufgerieben worden. Der Präfekt jedoch, acht Zenturionen und die mutigsten aus den Manipeln fielen. Nicht lange darauf schlugen sie die Unsrigen, als sie Futter holten, und die ihnen zu Hilfe gesandten Reiterhaufen in die Flucht.

39. Darauf stellte ihnen Ostorius die leichtgerüsteten Kohorten ent-

gegen. Aber auch dadurch hemmte er die Flucht nicht, hätten die Legionen nicht das Treffen aufgenommen. Durch ihre Stärke kam der Kampf ins Gleichgewicht und war dann auf unserer Seite günstiger. Die Feinde entkamen mit geringem Verlust, weil der Tag sich neigte. Seitdem kam es zu häufigen Gefechten, und zwar in der Regel wie auf Raubzügen, in Waldgebirgen, in Sümpfen, wie Zufall oder Mut es jedem an die Hand gab, blindlings oder mit Bedacht, aus Erbitterung oder Beutelust, auf Befehl, und nicht selten auch ohne Wissen der Heerführer. Besonders groß war die Hartnäckigkeit der Siluren, welche durch die bekannt gewordene Äußerung des römischen Feldherrn aufgereizt wurden, wie einst die Sugambrer ausgerottet oder nach Gallien verpflanzt worden wären, so sei auch der Siluren Name gänzlich zu vertilgen. So hoben sie zwei Hilfskohorten aus, die aus Habsucht der Präfekten zu unvorsichtig plünderten, und verleiteten durch Verschenkung der Beute und der Gefangenen auch die übrigen Völkerschaften zum Abfall, als Ostorius, der Sorgen Last erliegend, aus dem Leben schied; zur Freude der Feinde, gleich als ob einen nicht zu verachtenden Feldherrn, wenn auch keine Schlacht, doch wenigstens der Krieg hinweggerafft hätte.

40. Aber der Kaiser setzte, sobald er des Legaten Tod erfahren hatte, Aulus Didius an seine Stelle, damit die Provinz nicht ohne Lenker wäre. Dieser fand jedoch, obwohl eilig hinübergeschifft, die Dinge nicht mehr, wie sie waren, da unterdessen die von Manlius Valens befehligte Legion unglücklich gekämpft hatte. Ebenso war von seiten der Feinde die Sache vergrößert worden, um den ankommenden Feldherrn zu schrecken, wie auch er wiederum das Gehörte vergrößerte, damit ihm, brächte er sie zur Ruhe, desto größerer Ruhm, beharrten sie, mit um so größerem Rechte Nachsicht zuteil würde. Die Siluren hatten auch diesen Verlust herbeigeführt und streiften weit umher, bis sie durch das Heranrücken des Didius vertrieben wurden. Doch hatte Venutius, er stammte aus dem Gaue der Briganten, wie ich früher erwähnte, und war lange treu und von den römischen Waffen verteidigt worden, als er die Königin Cartimandua zur Gattin hatte, der sich nach Gefangennahme des Caractacus durch Kriegskenntnis am meisten hervortat, begann, als sie sich nachher schieden und sogleich bekriegten, auch gegen uns mit Feindseligkeiten[140]. Anfangs jedoch stritten sie nur unter sich, und Cartimandua brachte durch schlaue List des Venutius Bruder und Verwandte in ihre Gewalt. Danach entbrannte der Zorn der Feinde aus Furcht vor der Schande, der Herrschaft eines Weibes unterworfen zu werden. Eine starke und in Waffen auserlesene Schar drang in ihr Reich ein. Dies hatten wir vorausgesehen, und die zu Hilfe gesandten Kohorten lieferten ein hitziges Gefecht, dessen Ende nach zweifelhaftem Anfange glücklich war. Mit nicht unähnlichem Erfolge kämpfte die Legion, an deren Spitze Caesius Nasica stand. Denn Didius, schon von

Alter gedrückt und reich genug an Ehren, begnügte sich, durch seine Untergebenen zu handeln, und den Feind nur abzuwehren. Dies alles habe ich, obwohl es von zwei Proprätoren, Ostorius und Didius, in mehreren Jahren vollbracht wurde, zusammengefaßt, damit es nicht getrennt in der Erinnerung einen zu schwachen Eindruck zurückließe. Ich kehre jetzt zur Zeitfolge zurück.

Das Jahr 51 n. Chr.

41. Unter dem fünften Konsulate des Tiberius Claudius und dem des Servius Cornelius Orsitus beeilte man für Nero die Anlegung der Männertoga[141], damit er zur Übernahme von Staatsgeschäften fähig schiene. Willig gab der Kaiser den Schmeicheleien des Senates nach, daß Nero in seinem zwanzigsten Jahre das Konsulat antreten, inzwischen als designierter Konsul außerhalb Roms prokonsularische Gewalt besitzen, und Fürst der Jugend genannt werden sollte. Hinzugefügt wurde in seinem Namen ein Geschenk an die Soldaten und eine Spende für das Volk. Bei einem Zirkusspiel, welches, um ihm die Volksgunst zu erwerben, gegeben wurde, fuhr Britannicus im Knabenkleid, Nero im Triumphgewand einher. Sehen sollte das Volk diesen im Imperatorschmucke, jenen im Kinderanzug, und daraus auf das Schicksal beider schließen. Zugleich wurden die Zenturionen und Tribunen, die des Britannicus Los bemitleideten, aus erfundenen Gründen, einige auch unter dem Scheine der Ehre entfernt. Auch wer unter den Freigelassenen noch unbestochen und treu geblieben war, wurde bei dem folgenden Anlasse aus seiner Nähe gejagt. Als sie einander begegneten, grüßte Nero den Britannicus mit Namen, dieser ihn mit Domitius. Dies hinterbrachte Agrippina mit vielen Klagen dem Gemahl als Anfang der Zwietracht. Die Adoption werde verachtet, und was der Senat beschlossen, was das Volk befohlen habe, im Kreise der Penaten wieder abgeschafft. Werde der Bosheit der zu solchen Feindseligkeiten Ratenden nicht gewehrt, so würden sie zum öffentlichen Verderben losbrechen. Hierdurch, wie durch wahre Beschuldigungen aufgeregt, bestrafte er die besten Erzieher seines Sohnes mit Verbannung oder mit dem Tode, und setzte von der Stiefmutter bestimmte ihm zur Aufsicht.

42. Noch wagte jedoch Agrippina nicht, das Äußerste zu unternehmen, wenn nicht erst Lusius Geta und Rufrius Crispinus, die sie dem Andenken Messalinas und deren Kindern ergeben glaubte, des Oberbefehls über die prätorischen Kohorten entbunden würden. So wurde denn auf die Versicherung der Kaiserin hin, daß die Kohorten durch den Ehrgeiz zweier in Parteien zerrissen würden, und die Manneszucht, befehligte sie einer, strenger sein würde, die Führung der Ko-

horten dem Afranius Vurrus übertragen, einem Manne von ausgezeichnetem Kriegsruhme, der jedoch wohl wußte, auf wessen Willen er an die Spitze erhoben wurde. Auch ihre eigene Hoheit trug nun Agrippina mehr zur Schau. Sie fuhr in einem Wagen auf das Kapitol, eine Ehre, die von alters her den Priestern bei heiligen Handlungen gestattet war, und welche die Majestät einer Frau noch vermehrte, die als Tochter eines Imperators, als Schwester, Gattin und Mutter solcher, die zur Herrschaft geplant waren, ein bis auf diesen Tag einzig dastehendes Beispiel ist. Inzwischen wurde ihr vorzüglichster Vorkämpfer Vitellius in der Machtfülle der Gunst, im höchsten Alter – so unsicher ist das Geschick der Mächtigen – durch eine Klage vor Gericht gezogen, weil der Senator Junius Lupus ihn anzeigte. Dieser warf ihm Majestätsverbrechen und Streben nach der Herrschaft vor, und der Kaiser hätte auch Gehör gegeben, wäre er nicht mehr durch Drohungen als Bitten Agrippinas dahin umgestimmt worden, den Ankläger von Wasser und Feuer auszuschließen. Nur dies hatte Vitellius gewollt.

43. Viele Wunderzeichen ereigneten sich in diesem Jahre. Unglücksvögel setzten sich aufs Kapitol, Häuser stürzten durch häufige Erdstöße ein, und während man noch vor Weiterem besorgt war, wurden in der ängstlichen Eile des Volkes alle Schwachen niedergetreten. Auch Getreidemangel und daraus entstandene Hungersnot wurde als Wunderzeichen angesehen. Es blieb nicht bloß bei heimlichen Klagen, sondern man umringte den Claudius, als er zu Gerichte saß, mit stürmischem Geschrei, und setzte dem bis in den äußersten Winkel des Forums Getriebenen mit Gewalt zu, bis er mit einem Soldatenhaufen die erbitterte Menge durchbrach. Es war ausgemacht, daß nur auf nicht länger als fünfzehn Tage Lebensmittel für die Stadt vorhanden waren, und nur durch große Gnade der Götter und durch die Milde des Winters wurde der äußersten Not gewehrt. Beim Herkules! vordem führte Italien den Legionen in entfernte Provinzen Lebensmittel zu, und auch jetzt kann man sich über Unfruchtbarkeit nicht beschweren. Aber wir bearbeiten lieber Afrika und Ägypten, und das Leben des römischen Volkes ist den Zufällen der Schiffahrt preisgegeben.

44. Im selben Jahre gab ein zwischen den Armeniern und Iberern[142] ausgebrochener Krieg auch den Parthern und den Römern zu den heftigsten Reibungen Anlaß. Über das Parthervolk gebot Vologeses, der mütterlicherseits von einer griechischen Buhlerin stammte und mit Bewilligung seiner Brüder zum Throne gelangt war. Die Iberer beherrschte Pharasmanes als sein altes Eigentum, die Armenier sein Bruder Mithridates durch unsere Macht. Nun hatte Pharasmanes einen Sohn mit Namen Radamistus, von edler Gestalt und ausgezeichneter Körperkraft, in den heimischen Fertigkeiten wohlunterrichtet und unter den Nachbarvölkern hochberühmt. Dieser ließ sich

ungestümer und häufiger, als daß er seine Herrschbegier verhohlen hätte, darüber aus, daß ihm durch das Greisenalter des Vaters der unbedeutende Thron Iberiens vorenthalten würde. Daher lenkte Pharasmanes den zu Macht gerüsteten und mit der Zuneigung des Volkes gewaffneten Jüngling, da er für seine sich bereits neigenden Jahre fürchtete, auf eine andere Aussicht hin und spiegelte ihm Armenien mit dem Bemerken vor, es sei ja erst von ihm nach Vertreibung der Parther dem Mithridates gegeben worden. Doch sei Gewalt noch aufzuschieben und List vorzuziehen, um ihn, noch ehe er etwas ahnete, zu unterdrücken. So begab sich Radamistus unter dem Vorwande eines Zwistes mit dem Vater, und als sei er dem Hasse der Stiefmutter nicht gewachsen, zu dem Oheim. Mit vieler Freundlichkeit, wie man Kinder zu halten pflegt, von ihm behandelt, verleitete er die Großen der Armenier zum Umsturz, während Mithridates nichts davon wußte, und ihn noch obenein auszeichnete.

45. Den Schein der Versöhnung annehmend, kehrte er zum Vater zurück, und meldete ihm, was sich durch List habe ausrichten lassen, sei in Gang gebracht. Das Übrige müsse mit den Waffen vollführt werden. Nun erdichtete Pharasmanes Ursachen zum Kriege. Als er mit dem Könige der Albaner kämpfte und die Römer zu Hilfe rief, sei der Bruder ihm hinderlich gewesen, und diese Beleidigung komme er durch dessen Vernichtung zu rächen. Damit übergab er dem Sohne große Heerhaufen. Dieser trieb den durch den plötzlichen Einbruch geschreckten und aus dem Felde gejagten Mithridates in die Feste Gorneae, die durch ihre Lage und eine römische Besatzung gesichert war, an deren Spitze der Präfekt Caelius Pollio und der Centurio Casperius stand. Nichts ist den Barbaren so unbekannt, als Maschinen und Belagerungskünste, uns dagegen ist dieser Teil des Kriegswesens am meisten bekannt. So schreitet Radamistus nach vergeblichen oder mit Verlust verbundenen Sturmversuchen gegen die Befestigungswerke zur Belagerung und bestach, da die Gewalt nichts half, die Habsucht des Präfekten, während Casperius ihn beschwor, den verbündeten König und Armenien, dies Geschenk des römischen Volkes, nicht durch ein Verbrechen und durch Geld zugrunde zu richten. Da Pollio die Menge der Feinde, Radamistus des Vaters Befehle vorschoben, zog er endlich nach ausbedungenem Waffenstillstande ab, um, wenn er Pharasmas nicht vom Kriege abschrecken könnte, den Statthalter Syriens, Titus Ummidius Quadratus, davon zu unterrichten, in welchem Zustande sich Armenien befinde.

46. Durch die Entfernung des Centurio wie von einem Aufseher befreit, forderte der Präfekt den Mithridates zur Schließlung eines Bündnisses auf, indem er ihm die brüderliche Gemeinschaft, wobei Pharasmanes als der ältere den Vorrang habe, und die übrigen Verwandtschaftsverhältnisse aufzählte, daß er die Tochter desselben zur Ehe habe, und er selbst des Radamistus Schwager sei. Die Iberer, ob-

wohl zur Zeit die stärkeren, verweigerten den Frieden nicht. Bekannt genug sei der Armenier Treulosigkeit, dazu kein anderer Rückhalt, als die von Lebensmitteln entblößte Feste. Er möge daher nicht säumen, unblutige Bedingungen den Waffen vorzuziehen. Während Mithridates noch Bedenken trug und ihm der Rat des Präfekten verdächtig war, weil er eine königliche Beischläferin mißbraucht und überhaupt zu allem für käuflich gehalten wurde, nach was es ihm gelüstete, gelangte Casperius bis zu Pharasmanes, und forderte, die Iberer sollten die Belagerung aufheben. Dieser gab ihm offenkundig schwankenden und meist begütigenden Bescheid, forderte aber durch geheime Boten Radamistus auf, die Belagerung auf jede Weise zu beeilen. Nun wurde die Bestechungssumme erhöht, und Pollio bestimmte durch heimliche Bestechung die Soldaten, Frieden zu fordern und der Besatzung mit Abzug zu drohen. Hierdurch gezwungen nahm Mithridates Tag und Ort zum Bündnisse an, und begab sich aus dem Kastell hinaus.

47. Anfangs heuchelte Radamistus, sich in seine Arme stürzend, Ergebenheit, und nannte ihn Schwager und Vater. Er fügte sogar einen Eid hinzu, ihm weder mit dem Schwerte, noch mit Gift Gewalt antun zu wollen. So zog er ihn fort in einen nahen Hain, mit der Versicherung, besorgt sei dort die Zurüstung zum Opfer, damit die Götter bei Befestigung des Friedens Zeugen seien. Es ist bei den Königen Sitte, so oft sie ein Bündnis schließen, die Hände ineinanderzuschlingen und die Daumen zusammenzubinden und mit einem Knoten fest zu schnüren. Wenn dann das Blut bis in die äußersten Spitzen gedrungen ist, so entlocken sie es denselben durch eine leichte Ritzung, und lecken es gegenseitig auf. Ein solches Bündnis wird für besonders heilig gehalten, geweiht gleichsam durch gegenseitiges Blut. Hier jedoch tat der, welcher jene Bande anlegte, als wären sie niedergefallen, ergriff des Mithridates Knie und warf ihn zu Boden. Zugleich eilten mehrere herbei, und man legte ihm Ketten an; ja, er wurde an einem Fußeisen, was bei Barbaren entehrend ist, fortgezogen, und bald bedrohte ihn das von ihm in harter Unterwürfigkeit gehaltene Volk mit Schmähungen und Schlägen. Doch fehlte es auf der anderen Seite auch an solchen nicht, die einen so großen Glückswechsel bejammerten, und die mit den kleinen Kindern ihm folgende Gattin erfüllte alle Welt mit Weheklage. Sie wurden in verschiedene und verdeckte Wagen getan, während man die Befehle des Pharasmanes einholte. Bei diesem stand Herrschbegier über Bruder und Tochter, und sein Gemüt war zum Verbrechen bereit. Sein Auge jedoch wollte er nicht durch Hinrichtung derselben in seiner Gegenwart verletzen. Gleichsam des Eides eingedenk, brauchte Radamistus nicht das Schwert, noch Gift gegen Schwester und Oheim, sondern warf sie auf die Erde nieder, und brachte sie dadurch ums Leben, daß er sie mit vielen schweren Teppichen bedeckte. Auch die Söhne des

Mithridates wurden, weil sie bei der Eltern Hinrichtung geweint hatten, ermordet.

48. Als Quadratur erfuhr, daß Mithridates verraten, und sein Reich von den Mördern in Besitz genommen sei, berief er eine Ratsversammlung, setzte das Vorgefallene auseinander, und zog in Erwägung, ob er dafür Rache nehmen solle. Nur wenigen lag die Ehre des Staates am Herzen, die Mehrzahl sprach für das Sichere. Jeder auswärtige Frevel sei mit Freude anzusehen, ja man müsse den Samen des Hasses ausstreuen, so wie schon oft die römischen Fürsten gerade Armenien unter dem Scheine der Freigebigkeit nur um die Barbaren gegeneinander zu hetzen, verliehen hätten. Möchte immerhin Radamistus den schlecht erworbenen Besitz genießen, wenn er nur verhaßt und verrufen sei, weil dies ja nützlicher sei, als wäre er mit Ruhm dazu gelangt. Dieser Meinung trat man bei. Damit es jedoch nicht schiene, als hätte man der Schandtat Beifall geschenkt, und der Kaiser nicht etwas dem Widersprechendes beföhle, wurden Boten an Pharasmanes abgesandt, daß er aus dem armenischen Gebiete abziehen und seinen Sohn daraus entfernen solle.

49. In Kappadokien war Julius Pelignus Prokurator, ein Mann von feigem Sinn und gleich verächtlich durch Lächerlichkeit des Äußeren, aber dem Claudius sehr vertraut, da er ihm vordem als Privatmann in der Gesellschaft von Possenreißern die Zeit der trägen Muße verkürzt hatte. Dieser zog die Hilfstruppen der Provinzialen zusammen, als wollte er Armenien wiedererobern, kam aber, mehr die Bundesgenossen als die Feinde plündernd, da ihn die Seinigen verließen, und die Barbaren ihn anfielen, ohne alle Bedeckung zu Radamistus und ermahnte ihn sogar selbst, durch die Geschenke desselben bestochen, sich den königlichen Schmuck aufzusetzen, und stand ihm, da er es tat, als Bürge und Trabant zur Seite. Als sich das schimpfliche Gerücht hiervon verbreitete, wurde, damit man von Pelignus nicht auch auf die Übrigen schlösse, der Legat Helvidius Priscus mit einer Legion abgesandt, um den Umständen gemäß gegen die Unruhen Maßregeln zu treffen. Er ging daher eiligst über den Taurus und hatte bereits mehr durch Mäßigung als durch Gewalt beigelegt, als er den Befehl erhielt, nach Syrien zurückzukehren, damit daraus nicht ein Krieg mit den Parthern entstünde.

50. Denn Vologeses, in der Meinung, eine günstige Gelegenheit zu einem Angriffe auf Armenien erhalten zu haben, welches von seinen Vorfahren einst besessen, jetzt ein ausländischer König durch eine Schandtat in Gewalt hatte, zog Truppen zusammen, und schickte sich an, seinen Bruder Tiridates auf den Thron zu setzen, damit kein Glied seiner Familie ohne Herrschergewalt sei. Durch das Einrücken der Parther wurden die Iberer ohne Schlacht vertrieben, und die Hauptstädte der Armenier, Artaxata und Tigranocerta, nahmen das Joch auf sich. Hierauf brachte jedoch ein strenger Winter oder der

Mangel an Lebensmitteln, und eine aus beidem entstandene Seuche den Vologeses dazu, für jetzt die Sache aufzugeben. In das wieder herrenlose Armenien drang Radamistus ein, tyrannischer als zuvor, wie gegen Abtrünnige, die bei Gelegenheit sich von neuem empören würden. Da riß ihnen die Geduld, so sehr sie auch an Knechtschaft sonst gewöhnt waren, und mit gewaffneter Macht umringten sie die Königsburg.

51. Dem Radamistus blieb keine andere Zuflucht als die Schnelligkeit seiner Rosse, auf denen er sich selbst und seine Gattin zu retten suchte. Aber die schwangere Frau hielt anfangs zwar, so gut es ging, die Flucht aus Feindesfurcht und Liebe zu dem Gatten aus, doch als nachher bei unablässiger Eile ihr Leib erschüttert wurde und ihr Innerstes erzitterte, da bat sie ihn, es möge ein ehrenvoller Tod sie der Beschimpfungen einer Gefangenschaft entziehen. Er umarmte sie zuerst, richtete sie auf, und redete ihr zu, bald ihren Heldensinn bewundernd, bald von Furcht gequält, es möchte sich jemand der Zurückgelassenen bemächtigen. Endlich, in der Leidenschaft der Liebe und nicht ungeübt in grausamen Taten, zog er den Säbel, schleppte die Verwundete ans Ufer des Araxes, und überlieferte sie dem Strome, damit auch der Leichnam verschwände. Er selbst gelangte in jäher Flucht zu den Iberern in das väterliche Reich. Zenobia indes – so hieß die Frau – wurde von Hirten in stillem Gewässer noch atmend und mit unverkennbaren Zeichen des Lebens bemerkt, und nach der Würde ihrer Gestalt urteilend, daß sie nicht gemeiner Herkunft sei, verbanden sie ihre Wunde, wandten ländliche Heilmittel an, und trugen sie, nachdem sie ihren Namen und ihr Schicksal erfahren, nach der Stadt Artaxata. Von da wurde sie auf öffentliche Veranlassung zu Tiridates gebracht, und freundlich aufgenommen und wie eine Königin gehalten.

Das Jahr 52 n. Chr.

52. Unter dem Konsulat des Faustus Sulla und Salvius Otho wurde Furius Scribonianus ins Exil geschickt, als forschte er durch Chaldäer nach des Fürsten Ende. Mit in die Beschuldigung verflochten wurde Vibia, seine Mutter, als wollte sie sich in ihr bisheriges Mißgeschick, sie war nämlich verbannt, nicht fügen. Der Vater des Scribonianus, Camillus, hatte in Dalmatien die Waffen erhoben, und so rechnete der Kaiser es sich als Großmut an, daß er einem feindlichen Geschlechte zum zweitenmal das Leben schenkte. Doch lebte der Verbannte nachher nicht mehr lange; ob er natürlichen Todes oder an Gift gestorben, hat jeder, wie er glaubte, erzählt. Wegen Vertreibung der Mathematiker aus Italien wurde ein drohender, aber erfolgloser Senatsbeschluß

gefaßt. Hierauf wurden in einer Rede des Kaisers diejenigen belobt, die wegen beschränkter Vermögensumstände freiwillig aus dem Senatorstande traten, diejenigen aber ausgestoßen, welche dadurch, daß sie geblieben waren, zur Armut auch noch Unverschämtheit kommen ließen.

53. Bei dieser Gelegenheit trug er beim Senate die Bestrafung der Frauen an, die sich mit Sklaven verbänden, und man setzte fest, daß sie, wenn ohne Wissen des Herrn so tief gesunken, als Sklavinnen, hätte er aber eingewilligt, als Freigelassene betrachtet werden sollten. Dem Pallas, den der Kaiser als den Urheber dieses Antrags genannt hatte, erkannte der designierte Konsul Barea Soranus die Ehrenzeichen der Prätur und fünf Millionen Sesterzen zu, und überdies noch Scipio Cornelius eine öffentliche Danksagung dafür, daß er, von Arkadiens Königen entsprossen, seinen uralten Adel dem Staatswohle nachsetze, und sich zu den Dienern des Fürsten zählen lasse. Da versicherte Claudius, es werde Pallas mit der Ehre zufrieden in seiner bisherigen Armut verharren, und öffentlich wurde ein Senatsbeschluß auf einer Bronzetafel angeschlagen, in welchem der dreihundert Millionen Sesterzen reiche Freigelassene mit dem Lobe alter Sparsamkeit überhäuft wurde.

54. Nicht so mäßig zeigte sich indes sein Bruder mit dem Beinamen Felix, der schon vor längerer Zeit über Judäa gesetzt war, und sich auf so großen Machteinfluß stützend, jede Übeltat für erlaubt hielt. Allerdings hatten die Juden durch einen Aufstand den Anschein einer Empörung gegeben ...[143]. Wiewohl man nachher, als die Ermordung desselben bekannt wurde, nicht Folge leistete, blieb doch die Besorgnis, es möchte ein anderer Fürst dasselbe von ihnen verlangen. Indessen fachte nun Felix durch unzeitige Maßregeln neue Vergehungen an, wobei ihm Ventidius Cumanus in den verwerflichsten Dingen nacheiferte, welchem ein Teil der Provinz untergeben war, weil man sie so geteilt hatte, daß diesem das Volk der Galiläer, dem Felix die Samariter gehorchten, welche, schon längst in Zwist miteinander, jetzt aus Geringachtung ihrer Gebieter ihrem Hasse noch weniger Schranken setzten. So beraubten sie sich denn gegenseitig, sandten Räuberbanden aus, legten Hinterhalte, trafen auch wohl in Schlachten zusammen, und überbrachten dann den Prokuratoren Beute und Raub. Diese hatten anfangs ihre Freude daran; als sie aber nachher, als das Unwesen immer mehr überhand nahm, das römische Kriegsvolk einschreiten ließen, wurden die Soldaten niedergemacht, und es wäre die Provinz in Krieg entbrannt, wäre nicht Quadratus, der Statthalter Syriens, zu Hilfe gekommen. Mit den Juden nun, die sich bis zur Ermordung der Soldaten vergangen hatten, machte er nicht lange Umstände, und ließ sie mit dem Tode büßen. Cumanus aber und Felix verursachten ihm Bedenken, weil Claudius, als er die Ursachen der Empörung vernommen, ihm auch über die Prokuratoren zu ent-

scheiden das Recht gegeben hatte. Doch Quadratus nahm den Felix mit auf das Tribunal und ließ ihn sich unter den Richtern zeigen, um dadurch die, welche ihn anklagen wollten, zurückzuschrecken. So wurde für die Schandtaten, die sich beide hatten zu schulden kommen lassen, Cumanus verurteilt, und der Provinz die Ruhe wiedergegeben.

55. Nicht lange darauf schlugen die Völkerschaften der wilden Cilicier, welche den Beinamen der Kliten führen, auch sonst oft in Aufruhr, damals unter der Anführung des Troxoborus auf dem rauhen Gebirge ihre Lagerstätten auf, und wagten es dann, von dort aus ans Gestade und gegen die Städte hinabzuziehen und an dem Landvolke und den Bürgern, besonders aber an Kaufleuten und Schiffern Gewalt zu üben. So wurde auch die Stadt Anemurium belagert, und die von Syrien aus mit ihrem Präfekten Curtius Severus zu Hilfe gesandte Reiterei auseinandergesprengt, weil die rings umher rauhe und wohl für Fußvolk zum Kampfe geeignete Gegend durchaus kein Reitertreffen gestattete. Nachher brachte der König dieser Küste, Antiochus, nachdem er durch Schmeicheleien gegen das Volk, durch List gegen den Anführer die Streitkräfte der Barbaren geteilt hatte, und Troxobor nebst etlichen der Vornehmsten getötet worden war, die übrigen durch Güte zur Ruhe.

56. Um eben diese Zeit wurde zwischen dem Fucinersee und dem Liris ein Berg durchgraben, und, damit die Großartigkeit des Werkes von vielen geschaut werden könnte, auf dem See selbst ein Seetreffen veranstaltet, wie es einst Augustus auf einem diesseits des Tiber gegrabenen Teiche, aber mit leichten Fahrzeugen und geringerer Truppenzahl gegeben hatte. Claudius rüstete Drei- und Vierruderer und 19000 Mann aus und faßte den ganzen Umkreis mit Flößen ein, damit kein freies Entkommen wäre, dabei dennoch Raum genug umspannend für die ganze Macht des Rudervolkes, die Kunst der Steuerleute, den Anlauf der Schiffe und des Kampfes Brauch. Auf den Flößen standen Manipeln und Abteilungen prätorischer Kohorten, vor ihnen Bollwerke, um von ihnen mit Katapulten und Ballisten zu schießen. Den übrigen Teil des Sees nahmen in gedeckten Schiffen die Seesoldaten ein. Die Ufer, Hügel und Berghöhen füllte amphitheatralisch eine unzählbare Menge aus den nächsten Landstätten und andere aus Rom selbst, aus Schaulust oder Aufmerksamkeit gegen den Fürsten. Er selbst in prächtigem Feldherrnmantel und nicht weit davon Agrippina in golddurchwirktem Mantel führte den Vorsitz. Gekämpft wurde, obwohl unter Verbrechern, mit dem Mute tapferer Männer, und nach vielen Wunden erst erließ man ihnen das gänzliche Niedermetzeln.

57. Doch nach beendigtem Schauspiele eröffnete man die Abzugsgräben. Die Sorglosigkeit im Werke wurde nun offenbar, welches zum Grunde des Sees nicht tief genug hinabging. Deshalb wur-

den nach Verlauf einiger Zeit die Kanäle tiefer ausgegraben und, um wieder eine Volksmenge herbeizuziehen, ein Fechterspiel gegeben, nachdem man für ein Fußtreffen Brücken darüber geschlagen hatte. Sogar ein Gastmahl wurde am Ausflusse des Sees angerichtet, alle Welt war mit großer Furcht erfüllt, weil die hervorbrechende Gewalt des Wassers die nächste Umgebung mit fortriß, wodurch auch die entferntere erschüttert oder doch durch das Gekrach und Getöse in Schrecken gesetzt wurde. Dabei benutzte Agrippina die Bestürzung des Fürsten und klagte Narcissus, den Unternehmer des Werkes, der Habsucht und des Raubes an. Aber auch er schwieg nicht, indem er sie weiblicher Herrschgier und hochfahrender Hoffnungen bezichtigte.

Das Jahr 53 n. Chr.

58. Unter dem Konsulat des Decimus Junius und Quintus Haterius erhielt der sechzehnjährige Nero des Kaisers Tochter Octavia zur Ehe. Um durch ehrenvolle Bestrebungen in der Wissenschaft und durch den Ruhm der Beredsamkeit zu glänzen, hatte er die Sache derer von Ilium übernommen. Er setzte in beredter Entwicklung der Herkunft der Römer aus Troja, der Abstammung des julischen Geschlechtes von Aeneas und anderer an das Fabelhafte grenzender altertümlicher Gegenstände, die Befreiung der Ilier von jeder Staatslast durch. So wurde auch auf seinen Vortrag hin die Kolonie Bononia, die vom Feuer verzehrt war, mit einem Geschenke von zehn Millionen Sesterzen unterstützt. Den Rhodiern wurde die, je nachdem wie sie sich in auswärtigen Kriegen verdient gemacht oder durch inneren Aufruhr vergangen hatten, oft genommene oder bestätigte Freiheit wiedergegeben, und der Stadt Apameia, welche durch ein Erdbeben gelitten hatten, der Tribut auf fünf Jahre erlassen.

59. Claudius dagegen wurde zu den grausamsten Handlungen durch Agrippinas Ränke gebracht, welche den durch Reichtum ausgezeichneten Statilius Taurus stürzte, nach dessen Parke sie gelüstete, indem Tarquitius Priscus ihn anklagte. Dieser, Legat des Taurus, als er mit prokonsularischer Macht Afrika verwaltete, warf ihm nach ihrer Rückkehr einige Erpressungen, außerdem magischen Aberglauben vor, und er beendigte, ohne länger den ungerechten Ankläger und das unwürdige Schicksal zu ertragen, noch vor dem Ausspruche des Senats gewaltsam sein Leben. Tarquitius wurde jedoch aus der Kurie verstoßen, was die Senatoren aus Haß gegen den Ankläger trotz Agrippinas Bemühungen durchsetzten.

60. Im selben Jahre vernahm man zum öfteren den Ausspruch des Fürsten, daß den richterlichen Erkenntnissen seiner Prokuratoren gleiche Kraft beizulegen sei, als wenn er selbst entschieden hätte, und damit er nicht bloß zufällig darauf gekommen zu sein schiene, wurde

auch durch einen Senatsbeschluß vollständiger und ausführlicher als zuvor darüber bestimmt. Denn der göttliche Augustus hatte verordnet, daß vor den Rittern, welche Ägypten vorständen, gesetzlich verhandelt und ihre Dekrete ebenso angesehen werden sollten, als wenn römische Magistratspersonen sie gegeben hätten. Nachher wurde ihnen auch in anderen Provinzen und in Rom manches eingeräumt, worüber ehedem die Prätoren bestimmten. Claudius übertrug ihnen die ganze Rechtspflege, worüber so oft in Aufständen oder mit Waffengewalt gestritten worden war, als durch die sempronischen Gesetze der Ritterstand in den Besitz des Richteramts gesetzt wurde, oder als wiederum die servilischen Gesetze dem Senate die Gerichte zurückgaben, und ganz besonders darüber einst Marius und Sulla miteinander Krieg führten. Doch damals war das Interesse der Stände einander entgegengesetzt, und das, welches gesiegt hatte, erhielt öffentliche Geltung. Gajus Oppius und Cornelius Balbus waren die ersten, welche durch die Macht des Kaisers die Gewalt erhielten, über Friedensbedingungen und Kriegserklärungen willkürlich zu bestimmen. Die Matier sodann und die Vedier und die übrigen allzu wichtig gewordenen Namen römischer Ritter anzuführen, dürfte überflüssig sein, da Claudius Freigelassene, die er nur mit den Angelegenheiten seines Hauses beauftragt hatte, sich und den Gesetzen gleichstellte.

61. Hierauf brachte er die den Koern zu bewilligende Abgabenfreiheit zum Vortrage, und sprach viel von ihrer Vorzeit. Die Argiver oder Coeus, Latonas Vater, seien die ältesten Bewohner der Insel gewesen; nachher sei durch Aesculapius Ankunft dort die Heilkunst eingeführt und besonders unter seinen Nachkommen in Blüte gewesen, wobei er den Namen eines jeden einzeln anführte, und zu welchen Zeiten er gelebt hatte. Ja, er sagte sogar, Xenophon, von dessen Wissenschaft er selbst Gebrauch mache, sei aus eben diesem Geschlechte entsprossen, und seiner Fürbitte solle man es gewähren, daß die Koer in Zukunft von allem Tribute frei ihre Insel als heilig und nur der Gottheit dienstbar bewohnen möchten. Auch wurde gar nicht bezweifelt, daß viele Verdienste derselben um das römische Volk und gemeinsame Siege hätten angeführt werden können, doch Claudius wollte, was er nach seiner gewohnten Willfährigkeit der Person eines einzigen bewilligt hatte, nicht durch den Schein äußerer Gründe verschleiern.

62. Die Byzantier dagegen führten nach erhaltener Sprecherlaubnis gegen die Größe der Abgaben bei dem Senate Beschwerde und suchten alles nur mögliche hervor, mit dem Bündnisse beginnend, welches sie mit uns zu der Zeit geschlossen hatten, als wir den König der Macedonier bekriegten, dem als einem falschen der Name Pseudophilippus gegeben wurde. Hierauf gedachten sie der gegen Antiochus, Perseus und Aristonicus gesandten Truppen, der Unterstützung des Antonius im Seeräuberkriege, und was sie für Sulla, Lucullus und

Pompejus getan hatten, dann ihrer neuerlichen Verdienste um die Caesaren, da sie ja eine Gegend inne hätten, die den zu Lande und zur See hindurchziehenden Feldherren und Heeren, sowie zum Transporte der Zufuhr günstig gelegen sei.

63. Da nämlich, wo die Meerenge zwischen Europa und Asien am schmalsten ist, am äußersten Ende Europas, haben die Griechen Byzanz gegründet, denen, als sie den pythischen Apollo befragten, wo sie ihre Stadt erbauen sollten, der Orakelspruch gegeben wurde, sie möchten sich einen Wohnplatz suchen dem Lande der Blinden gegenüber. Durch diesen rätselhaften Ausspruch wurde auf die Chalcedonier hingedeutet, weil sie, die doch schon früher dort gelandet, ohne die Vorteile der Gegend zu beachten, das Schlechtere gewählt hatten. Denn Byzanz liegt auf fruchtbarem Boden, an ergiebigem Meere, weil die ungeheuren Fischmengen, die aus dem Pontus hervorbrechen, durch quer unter dem Wasser liegende Klippen geschreckt die jenseitige gekrümmte Küste verlassen und an die diesseitigen Hafenplätze kommen[144]. Daher hatten sie anfangs Gewinn und Reichtum, nachher, als die Last der Abgaben sie drückte, baten sie um Befreiung oder Ermäßigung, und der Fürst unterstützte dies, indem er darauf beantragte, daß den neuerdings durch den thrakischen und bosporanischen Krieg Erschöpften Erleichterung gewährt würde. So wurden ihnen die Steuern auf fünf Jahre erlassen.

Das Jahr 54 n. Chr.

64. Unter dem Konsulat des Marcus Asinius und Manius Acilius erkannte man in häufigen Wunderzeichen die Prophezeiung einer unglücklichen Wendung der Dinge. Feldzeichen und Zelte der Soldaten brannten durch himmlisches Feuer, auf der Spitze des Kapitols ließ sich ein Bienenschwarm nieder, Zwittergestalten von Menschen und ein Schwein, das Habichtsklauen hatte, kamen zur Welt. Auch rechnete man zu den Vorzeichen die Abnahme in der Zahl der Magistratspersonen. Ein Quästor, ein Ädil, ein Tribun, ein Prätor und ein Konsul waren innerhalb weniger Monate gestorben. Doch in ganz besonderer Angst war Agrippina, weil sie eine Äußerung des Claudius fürchtete, die er in der Trunkenheit hingeworfen hatte, es sei sein Schicksal, die Schandtaten seiner Frauen zu ertragen und dann zu bestrafen. Sie beschloß daher zu handeln und sich zu beeilen, nachdem sie zuvor aber Domitia Lepida zu stürzen. Der Grund hiervon war Eifersucht, weil Lepida, die Tochter der jüngeren Antonia und Großnichte des Augustus, der Agrippina älteres Geschwisterkind und ihres Gemahles Gnaeus Schwester, ihr an Erlauchtheit gleichzustehen glaubte. Auch Schönheit, Alter und Reichtum waren nicht eben ver-

schieden. Beide waren außerdem unzüchtig, ehrlos, heftig und wetteiferten nicht weniger in Lastern, als in dem, was sie vom Schicksale an Gütern des Glückes empfangen hatten. Den heftigsten Kampf verursachte aber, ob die Tante oder die Mutter bei Nero den Vorrang haben sollte. Denn Lepida fesselte durch Schmeicheleien und Geschenke das Herz des Jünglings, wogegen sich Agrippina finster und drohend zeigte, die dem Sohne wohl die Herrschaft geben, aber den Gebieter nicht ertragen mochte.

65. Übrigens wurde ihr vorgeworfen, daß sie der Gattin des Fürsten durch Zaubermittel nachstellte, und, indem sie ihre Sklavenheere in Kalabrien in schlechter Zucht hielt, den Frieden Italiens störe. Aus diesen Gründen wurde sie zum Tod verurteilt, so sehr Narcissus auch dagegen war, der, Agrippina mehr und mehr mißtrauend, unter seinen nächsten Freunden geäußert haben sollte, ihm sei sein Untergang gewiß, es möge nun Britannicus der Herrschaft sich bemächtigen oder Nero. Noch habe sich ja der Kaiser so um ihn verdient gemacht, daß er das Leben auch zu dessen Nutzen opfere. Überführt seien Messalina und Silius von ihm, gleiche Ursachen seien abermals zur Anklage vorhanden. Der Fürst hätte zwar nichts zu besorgen, aber durch die Nachstellungen der Stiefmutter würde das ganze Haus zerrüttet werden, und zwar auf noch schändlichere Weise, als wenn er die Unkeuschheit der vorigen Gemahlin verschwiegen hätte. An Unkeuschheit fehle es auch jetzt nicht, da Pallas ihr Buhler sei, so daß niemand mehr in Zweifel darüber sei, daß sie Ehre, Keuschheit, ihren eigenen Leib, ja alles weniger achte als die Herrschaft. Dies und ähnliches redend, umarmte er den Britannicus, erflehte für ihn die möglichste Zeitigung der männlichen Reife, und streckte bald zu den Göttern, bald zu ihm selbst die Hände aus, daß er heranwachsen, des Vaters Feinde stürzen, und selbst an den Mördern seiner Mutter Rache nehmen möchte.

66. Unter solcher Last von Sorgen wurde Claudius von einer Krankheit überfallen, und ging, um seinen Kräften durch die Milde des Himmels und die Heilsamkeit der Bäder wieder aufzuhelfen, nach Sinuessa. Jetzt ratschlagte Agrippina, die längst zu dem Frevel entschlossen war und die Gelegenheit dazu eilig nutzte, da es ihr auch an Helfern nicht fehlte, nur noch über die Art des Giftes. Ein rasches und plötzlich tötendes Mittel würde die Tat verraten können, wählte sie aber ein langsames und schleichendes, könnte nicht in Claudius, wenn er seinem Ende entgegenginge und die Hinterlist durchschaute, die Liebe zum Sohne wiederkehren. Daher entschloß sie sich zu etwas ganz Besonderem, was den Verstand verwirrte und den Tod verzögerte. Ausgewählt wurde eine Meisterin in solchen Dingen namens Locusta, die unlängst erst wegen Giftmischerei verurteilt worden war, aber lange als ein Werkzeug der Regierung diente. Durch den Erfindungsgeist dieses Weibes wurde ein Gift bereitet, welches einer der

Verschnittenen, Halotus, der die Speisen aufzutragen und zuerst zu kosten pflegte, ihm darreichen mußte.

67. Es wurde auch bald alles so weltbekannt, daß die Geschichtschreiber jener Zeit erzählen, Pilzen, seiner Lieblingsspeise, habe man das Gift beigemischt. Die Wirksamkeit der Mischung sei nicht gleich bemerkt worden, sei es wegen der Sorglosigkeit oder wegen der Trunkenheit des Claudius. Dazu schien ihm Erbrechen geholfen haben. Daher bestürzt, und weil ja das Äußerste zu fürchten war, wendete sich Agrippina, die für den Augenblick daraus entstehende Gehässigkeit nicht achtend, an den im voraus schon mit ins Vertrauen gezogenen Arzt Xenophon. Dieser, glaubt man, stieß ihm, als wollte er die Anstrengung des sich erbrechenden Kaisers unterstützen, eine mit augenblicklich wirkendem Gifte bestrichene Feder in den Hals, wohl wissend, daß die größten Verbrechen zwar mit Gefahr begonnen, aber mit Belohnung vollendet werden.

68. Unterdessen wurde der Senat berufen, und Konsuln und Priester sprachen Gelübde aus für die Genesung des Fürsten, als er, schon entseelt, mit Tüchern und Umschlägen bedeckt wurde, während man mit Anstalten zur Sicherung von Neros Herrschaft beschäftigt war. Vor allem hielt Agrippina, wie von Schmerz überwältigt und Trost suchend, Britannicus umschlungen, nannte ihn das wahre Ebenbild des Vaters und wußte ihn durch allerlei Kunstgriffe hinzuhalten, so daß er nicht aus dem Zimmer ging. Auch Antonia und Octavia, seine Schwestern, hielt sie zurück. Zudem hatte sie sämtliche Zugänge durch Wachen gesperrt und häufig verbreitet, es gehe besser mit der Gesundheit des Fürsten, damit die Soldaten bei guter Hoffnung blieben und die nach den Anzeigen der Chaldäer glückliche Stunde käme.

69. Am 13. Oktober mittags wurden plötzlich die Türen des Palastes geöffnet, und von Burrus begleitet trat Nero zu der Kohorte heraus, die nach dem Brauche des Dienstes die Wache hatte. Hier auf die Mahnung des Präfekten mit Jubelruf empfangen, wurde er in eine Sänfte gesetzt. Einige sollen Bedenken getragen haben, sich umsehend und fragend, wo Britannicus sei. Dann folgten sie, da niemand zu einer widerstrebenden Bewegung den Ton angab, der ihnen gegebenen Richtung. So wurde Nero in das Lager getragen und, nachdem er einige den Umständen angemessene Worte geredet, und nach dem Beispiele, welches ihm die Spende des Vaters vorhielt, ein Geschenk versprochen hatte, als Imperator begrüßt. Dieser Erklärung der Soldaten folgten die Beschlüsse des Senats, und auch in den Provinzen zögerte man nicht. Nun wurde dem Claudius göttliche Ehren zuerkannt, und sein Leichenbegängnis ganz so wie das des göttlichen Augustus gefeiert, wobei Agrippina in der Pracht ihrer Großmutter Livia nacheiferte. Sein Testament wurde nicht bekannt gemacht, damit nicht der dem Stiefsohne vor dem Sohne gegebene Vorzug als ungerecht und gehässig das Volk empörte.

DREIZEHNTES BUCH

Die Jahre 54 bis 58 n. Chr.

Das Jahr 54 n. Chr. (Fortsetzung)

1. Der erste Mord unter der neuen Regierung wurde an dem Prokonsul Asiens, Junius Silanus, ohne Neros Wissen durch Agrippinas Hinterlist vollbracht. Nicht, daß er durch Heftigkeit des Charakters zu seinem Verderben gereizt hatte, er war so tatenlos und ist unter anderen Herrschaften so geringschätzig behandelt worden, daß Kaiser Gajus ihn das goldene Schaf zu nennen pflegte. Sondern Agrippina, die seinen Bruder Lucius Silanus hatte hinrichten lassen, fürchtete in ihm den Rächer. Denn im Volke ging häufig das Gerede, vorzuziehen sei dem kaum dem Knabenalter entwachsenen Nero, der die Herrschaft durch ein Verbrechen erhalten habe, ein Mann von gesetztem Alter, tadellos, erlauchten Adels und, worauf man damals achtete, ein Nachkomme der Caesaren; Silanus war nämlich auch ein Urenkel des göttlichen Augustus. Das war die Ursache seiner Ermordung. Werkzeuge dazu waren der römische Ritter Publius Celer und der Freigelassene Helius, beide Verwalter des kaiserlichen Vermögens in Asien. Von diesen wurde dem Prokonsul beim Mahle Gift gegeben, unverhohlener, als daß sie unentdeckt geblieben wären. Nicht minder eilig wurde der Freigelassene des Claudius, Narcissus, von dessen Zwistigkeiten mit Agrippina ich erzählt habe, durch strenge Haft und die äußerste Not zum Sterben genötigt, wider des Fürsten Willen, mit dessen noch versteckten Lastern er wegen seiner Habsucht und Verschwendung sehr gut zusammenstimmte.

2. Man hätte mit dem Morden fortgefahren, hätten nicht Afranius Burrus und Annaeus Seneca dem Wüten zu begegnen gesucht. Diese, als Führer des jugendlichen Imperators und, was bei gemeinschaftlicher Macht selten ist, untereinander einträchtig, bewirkten gleichviel durch entgegengesetzte Mittel, Burrus durch Sorgsamkeit in militärischen Angelegenheiten und Strenge der Sitten, Seneca durch Lehren der Beredsamkeit und edle Gefälligkeit. Sie unterstützten sich wechselzeitig um desto leichter den Fürsten, wenn er die Tugend verschmähte, durch erlaubte Vergnügungen auf der schlüpfrigen Bahn der Jugend aufrecht zu erhalten. Beide hatten einen und denselben Kampf gegen Agrippinas wilden Übermut, die, von allen Lei-

denschaften einer unseligen Herrschaft entbrannt, Pallas auf ihrer Seite hatte, auf dessen Betrieb Claudius durch blutschänderische Vermählung und verderbliche Adoption sich selbst den Untergang bereitet hatte. Doch Neros Sinn erniedrigte sich nicht unter Sklaven, und Pallas hatte sich, durch finstere Anmaßung die Schranken eines Freigelassenen überschreitend, bei ihm bereits überlästig gemacht. Vor der Welt jedoch wurde sie mit allen Ehren überhäuft, und als der Tribun nach Dienstes Brauch die Losung holte, gab er demselben die „der besten Mutter". Auch wurden ihr vom Senate zwei Liktoren zuerkannt, sowie des Claudius Priesteramt. Zugleich wurde für den Claudius ein zensorisches Leichenbegängnis und nachher die Vergöttlichung beschlossen.

3. Am Tage der Bestattung erhob sich der Fürst mit einer Lobrede auf ihn. Solange er das Alter seines Geschlechtes, die Konsulate und Triumphe seiner Vorfahren aufzählte war er selbst, wie die übrigen ernst. Auch die Erwähnung seiner wissenschaftlichen Tätigkeit[145], und daß während seiner Regierung dem Staate nichts Unangenehmes von seiten des Auslandes widerfahren sei, wurde mit der Stimmung des Beifalls angehört. Als er aber nun von seiner Vorsicht und Weisheit anfing, konnte sich niemand des Lachens verwehren, obwohl die Rede, von Seneca verfaßt, viel Schmuck verriet, wie denn überhaupt dem Geiste dieses Mannes ein gefälliges, dem Geschmacke jener Zeit zusagendes Wesen eigen war. Dabei bemerkten ältere Personen, die sich gern ein Geschäft daraus machen, Altes und Gegenwärtiges zu vergleichen, Nero habe unter denen, die zur Herrschaft gelangt seien, als erster fremder Redegabe bedurft. Denn der Diktator Caesar wetteiferte mit den größten Rednern, und Augustus besaß die einem Fürsten so ganz angemessene Gabe einer stets zu Gebote stehenden und fließenden Rede. Tiberius verstand sich auch auf die Kunst, die Worte abzuwägen, gedankenkräftig oder mit Absicht zweideutig. Selbst des Kaisers Gajus Geisteszerrüttung schwächte nicht seiner Rede Kraft. Und auch bei Claudius, sooft er Überdachtes vortrug, vermißte man einen fein gewählten Ausdruck nicht. Nero richtete gleich in den Knabenjahren seinen lebhaften Geist auf ganz andere Gegenstände, er meißelte, malte, trieb Gesang oder übte sich im Lenken der Rosse. Auch zeigte er bisweilen durch Verfertigung von Gedichten, daß es ihm an den Elementen gelehrter Bildung nicht fehle.

4. Als nun die Trauerkomödie beendet war, begab er sich in die Kurie und brachte, nachdem er zuvor von dem Beschlusse des Senats und von der Übereinstimmung des Militärs gesprochen hatte, in Erinnerung, daß es ihm an Rat und Vorbildern zu trefflicher Reichsverwaltung nicht mangle, und daß seine Jugend nichts von Bürgerkriegen und innerer Zwietracht erfahren habe. Keinen Haß, keine Kränkungen und kein Verlangen, sie zu rächen, bringe er mit. Dann entwarf er ein Gemälde von der künftigen Regierung, dabei vor-

nehmlich das zurückweisend, was noch soeben die Flamme der Erbitterung nährte. Er werde sich nicht in allen Händeln zum Richter machen, so daß, indem sich Ankläger und Verklagte unter diesem einem Dache befänden, nur die Macht einiger wenigen schalte. Nichts werde im Kreise seiner Penaten käuflich oder der Intrige zugänglich sein, geschieden solle Haus und Staat sein. Der Senat solle seine alten Geschäfte behalten, vor den Richterstühlen der Konsuln würden Italien und die Staatsprovinzen erscheinen, sie sollten den Zutritt zum Senate verleihen. Er wolle für die ihm anvertrauten Heere sorgen.

5. Auch fehlte es nicht an der Erfüllung, und manches wurde nach dem Ermessen des Senats verordnet: daß niemand zur Führung eines Prozesses durch Lohn oder Geschenke gekauft werden und die designierten Quästoren nicht nötig haben sollten, Fechterspiele zu geben. Das letztere setzte der Senat nicht ohne Widerspruch Agrippinas durch, als ob des Claudius Verordnungen umgestoßen würden. Er wurde deshalb in den Palast berufen, damit sie selbst hinter einer ihnen im Rücken befindlichen, verhängten Türe, durch einen Vorhang geschieden, welcher die Sicht nahm, dem Ohre jedoch nicht hinderlich war, zugegen sein konnte. Ja, als die Gesandten der Armenier die Sache ihres Volkes vor Nero führten, war sie schon im Begriffe, auf des Imperators Thronsitz emporzusteigen und gemeinschaftlich mit ihm den Vorsitz zu führen, hätte nicht Seneca, während die übrigen vor Bestürzung unbeweglich standen, ihn aufgefordert, der kommenden Mutter entgegenzugehen. So wurde die Schande unter dem Scheine kindlicher Ehrerbietung abgewendet.

6. Am Ende des Jahres traf in verworrenen Gerüchten die Nachricht ein, die Parther seien wieder losgebrochen, und Armenien werde nach Vertreibung des Radamistus geplündert, welcher oft schon Herr dieses Reiches geworden war, und dann wieder flüchtig, auch jetzt den Krieg aufgegeben hatte. Nun warf man in dem redseligen Rom die Frage auf, wie denn der kaum siebzehnjährige Fürst eine solche Gefahr auf sich nehmen oder abwehren können werde; was für eine Stütze man von dem zu erwarten habe, der von einem Weibe geleitet werde; ob denn auch Schlachten, Belagerungen, und was der Krieg sonst noch mit sich bringe, durch Lehrmeister besorgt werden könnten? Dagegen sprachen andere die Meinung aus, es sei so besser gekommen, als wenn der in Betagtheit und Untätigkeit kraftlose Claudius, der doch nur den Befehlen von Sklaven gefolgt sein würde, nun zu Kriegsarbeit gerufen worden wäre. Burrus und Seneca seien doch als Männer von vieler Erfahrung bekannt, und was fehle dem Imperator denn an seiner Reife, da im achtzehnten Lebensjahr Gajus Pompejus, im neunzehnten Caesar Octavianus Bürgerkriegen gewachsen gewesen wären? Mehr geschehe bei fürstlicher Hoheit durch Glück und Überlegung, als durch Waffen und Gewalt. Er werde nun den Beweis geben, ob ihm rechtschaffene Freunde zur Seite stehen

würden oder nicht, wenn er unter Beseitigung jeder Eifersucht einen trefflichen, statt auf Empfehlung einen reichen und auf Gunst sich stützenden Heerführer wähle.

7. Während man sich so und ähnlich aussprach, befahl Nero die in den nächsten Provinzen ausgehobene junge Mannschaft zur Ergänzung der Legionen des Orients herbeiziehen und die Legionen selbst näher an Armenien aufstellen zu lassen, sowie den beiden schon längere Zeit regierenden Königen Agrippa und Antiochus, ihre Truppen marschfertig zu halten, um mit ihnen selbst sogar in das Gebiet der Parther einzudringen, zugleich Brücken über den Euphrat zu schlagen, indes er Kleinarmenien dem Aristobulus, die Landschaft Sophene dem Sohaemus mit der Königswürde übertrug. Auch erhob sich recht gelegen ein Nebenbuhler gegen Vologeses mit dessen Sohn Vardanes, und die Parther zogen aus Armenien ab, doch nur, als wollten sie den Krieg verschieben.

8. Im Senate aber wurde alles dies höher gefeiert durch die Reden derer, welche Dankfeste und ein Triumphgewand für den Fürsten an den Tagen dieser Feste, einen Einzug desselben im Triumph in Rom und eine Bildsäule in gleicher Größe von dem rächenden Mars und in eben demselben Tempel beantragten. Neben der gewohnten Schmeichelei war man auch erfreut, daß er den Domitius Corbulo zur Behauptung Armeniens ausgewählt hatte, und dem Verdienste nun doch eine Bahn eröffnet schien. Die Truppen des Orients wurden so verteilt, daß ein Teil der Hilfsvölker mit zwei Legionen in der Provinz Syrien und bei dem Legaten derselben Ummidius Quadratus zurückbleiben, eine gleiche Zahl von Bürgern und Bundesgenossen nebst den Kohorten und Reiterhaufen, die in Kappadokien im Winterquartiere standen, Corbulo haben sollte. Den verbündeten Königen wurde befohlen, ihnen, wie es der Krieg erfordern würde, zu gehorchen. Jedoch waren sie dem Corbulo mehr zugetan. Dieser hatte um des Rufes willen, der bei neuen Unternehmungen so viel vermag, seine Reise schnell zurückgelegt, und stieß bei Aegeae, einer Stadt Ciliciens, auf Quadratus, der bis dahin vorgerückt war, damit nicht Corbulo, wenn er zur Übernahme der Truppen in Syrien einzöge, aller Blicke nur auf sich lenkte, er, der von gewaltigem Körperbaue, in seiner Rede voller Würde, und außer durch Erfahrenheit und Weisheit auch durch den Glanz äußeren Scheines gewichtvoll war.

9. Übrigens rieten beide dem Könige Vologeses durch Botschaft, den Frieden dem Kriege vorzuziehen, und durch Stellung von Geiseln die seinen Vorgängern gewohnte Ehrerbietung gegen das römische Volk fortzusetzen. Vologeses lieferte, um den Krieg nach Bequemlichkeit vorbereiten zu können, oder vielleicht um vermeintliche Nebenbuhler unter dem Namen von Geiseln zu entfernen, die Edelsten der Familie der Arsaciden aus. In Empfang nahm sie der von Ummidius abgeschickte Centurio Insteius, welcher zufällig

in einer früheren Angelegenheit beim König gewesen war. Als Corbulo dies erfuhr, befahl er dem Kohortenpräfekten Arrius Varus, sich auf den Weg zu machen, und ihm die Geiseln abzunehmen. Damit der daraus zwischen dem Präfekten und Centurio entstandene Streit den Ausländern nicht länger ein Schauspiel gewährte, wurde die Entscheidung der Sache den Geiseln und den Abgeordneten, die sie geleiteten, überlassen. Diese gaben wegen seines jüngst erworbenen Ruhmes und einer daraus auch bei Feinden entstehenden Zuneigung, dem Corbulo den Vorzug. Daher entstand denn Zwist unter den Feldherren, weil Ummidius sich beschwerte, daß man ihm weggenommen, was er doch durch seine Maßregeln bewirkt habe, wogegen Corbulo behauptete, der König habe sich nicht eher dazu verstanden, Geiseln anzubieten, als bis seine Wahl zum Heerführer dessen Hoffnung in Furcht verwandelt hätte. Nero ließ, um die Uneinigen zu versöhnen, folgende Bekanntmachung ergehen: es werde wegen der von Quadratus und Corbulo glücklich ausgeführten Unternehmungen den kaiserlichen Fasces der Lorbeer beigesellt.

Ich habe hier, was in das folgende Konsulat hinübergeht, vereinigt.

10. In demselben Jahre erbat sich der Kaiser vom Senate für seinen Vater Gnaeus Domitius ein Standbild und die Konsularinsignien für Asconius Labeo, den er zum Vormund gehabt hatte. Für sich jedoch schlug er denen, die sie ihm anboten, Statuen aus gediegenem Silber oder Golde ab, und wiewohl der Senat darauf angetragen hatte, daß der Jahresanfang mit dem Dezembermonate beginnen solle, in welchem Nero geboren war, so behielt er doch den alten feierlichen Brauch der Januar-Kalenden für den Beginn des Jahres bei. Auch wurde weder gegen den Senator Carinas Celer, den ein Sklave anklagte, noch gegen den Ritter Julius Densus, dem Begünstigung des Britannicus zum Verbrechen vorgeworfen wurde, die Klage angenommen.

Das Jahr 55 n. Chr.

11. Als unter dem Konsulate des Claudius Nero und Lucius Antistius die Beamten auf die Verordnungen des Fürsten ihren Eid ablegten, hielt er seinen Amtsgenossen Antistius von dem Eide auf seine Verordnungen zurück, unter großen Lobeserhebungen von seiten des Senats, damit sein jugendlicher Geist, durch Ruhm selbst in Geringfügigem gehoben, Größeres folgen ließe. Auch war seine Milde gegen Plautius Lateranus hiervon gleich die Folge, welchen er, da er wegen Ehebruch mit Messalina aus dem Senate verstoßen war, demselben wiedergab. Er beteuerte seine Milde in häufigen Reden, welche

Seneca, um zu bezeugen, wie tugendhafte Lehren er ihm gebe, oder um seinen Geist glänzen zu lassen, durch den Mund des Fürsten bekannt werden ließ.

12. Übrigens wurde allmählich die Macht der Mutter gebrochen, da Nero sich mit einer Freigelassenen namens Acte, in einen Liebeshandel einließ, wobei er den Marcus Otho[146] und Claudius Senecio zu Mitvertrauten machte, schöne Jünglinge, von denen Otho aus konsularischer Familie war, Senecio, der Sohn eines kaiserlichen Freigelassenen, ohne Wissen der Mutter, dann ungeachtet ihres Widerstrebens, durch Ausschweifungen und durch zweideutige Zusammenkünfte sich ganz bei ihm eingeschlichen hatte. Selbst die bejahrteren Freunde des Fürsten hatten nichts dagegen, weil die Dirne, ohne irgend jemand zu nahe zu treten, die Lüste des Fürsten befriedigte, da er sich doch einmal von seiner Gemahlin Octavia, trotz ihres edlen Geschlechtes und ihrer erprobten Tugend, aus natürlicher Abneigung oder weil das Unerlaubte mehr Reiz hat, abgestoßen fühlte, und man besorgte, er möchte sich zur Schändung angesehener Frauen fortreißen lassen, wenn man ihm jene Lust verwehrte.

13. Allein Agrippina tobte, wie Weiber pflegen. Eine Freigelassene sei ihre Nebenbuhlerin, eine Magd ihre Schwiegertochter[147], und anderes mehr in dieser Weise. Sie wartete des Sohnes Reue oder Überdruß nicht ab, und entflammte ihn, je Schimpflicheres sie ihm vorwarf, nur um so heftiger, bis er sich, vom Ungestüm der Liebe überwältigt, vom Gehorsam gegen die Mutter lossagte, und sich dem Seneca überließ. Von dessen Vertrauten bemäntelte einer, Annaeus Serenus, durch verstellte Liebe zu derselben Freigelassenen die ersten Begierden des Jünglings und gab seinen Namen dazu her, das, was der Fürst der Dirne heimlich gab, ihr öffentlich zu schenken. Da suchte Agrippina, ihre Handlungsweise ändernd, dem Jüngling mit Liebkosungen beizukommen, und bot ihm sogar ihr eigenes Schlafgemach als Zuflucht an, um so das zu verhüllen, was sein jugendliches Alter und des Standes Höhe verlangte. Ja, sie gestand sogar, ihre Strenge sei unzeitig gewesen, und überließ ihm die Masse ihres eigenen Vermögens, welches dem kaiserlichen wenig nachstand, so, wie sie es jüngst zu weit getrieben hatte in der Beschränkung des Sohnes, so jetzt wieder ohne Maß demütig. Diese Umwandlung täuschte Nero nicht, und auch seine nächsten Freunde waren in Besorgnis und baten ihn, sich vor den Nachstellungen der stets fürchterlichen, jetzt auch falschen Frau zu hüten. Als zufällig in jenen Tagen der Kaiser den Schmuck in Augenschein nahm, in welchem die Gattinnen und Mütter der Fürsten geglänzt hatten, wählte er ein Gewand und Edelsteine aus, und sandte sie der Mutter zum Geschenk, ohne einen Gedanken an Sparsamkeit, da er ihr das Vorzüglichste und was jeder andere sich gewünscht hätte, zuvorkommend darbrachte. Allein Agrippina rief dabei aus, damit werde ihr Schmuck nicht vervollstän-

digt, sondern nur das übrige verwehrt, und es teile der Sohn, was er doch alles von ihr selbst besitze.

14. Es fehlte nicht an Leuten, die ihm dies in noch schlimmeren Ausdrücken hinterbrachten. Nero, gegen die erbittert, an welchen dieser Weiberstolz eine Stütze hatte, entfernte Pallas von den Geschäften, über welche er von Claudius gesetzt er den Selbstherrscher spielte, und man erzählte, als dieser nun unter Begleitung einer großen Menge abzog, habe er nicht ohne Witz gesagt, es gehe Pallas, um mit feierlichem Eide abzudanken[148]. Wirklich hatte Pallas sich ausbedungen, über keine Tat der Vergangenheit zur Rechenschaft gezogen zu werden und mit dem Staate quitt zu sein. In blinder Hast griff seitdem Agrippina zu Schrecken und zu Drohungen und schonte selbst des Fürsten Ohr nicht, um zu versichern, nun sei Britannicus erwachsen, der wahre und der würdige Sproß, um seines Vaters Herrschaft zu übernehmen, welche der nur eingeschobene und adoptierte durch seiner Mutter Unrecht übe. Sie habe nichts dagegen, daß alle Greuel des unglücklichen Hauses an den Tag kommen würden, vornehmlich ihre eigene Vermählung, ihre eigene Giftmischerei. Allein die Götter und sie selbst hätten dafür gesorgt, daß der Stiefsohn noch am Leben sei. Mit ihm nun wolle sie ins Lager. Hören solle man die Tochter des Germanicus auf dieser Seite, auf der anderen den verkrüppelten Burrus und den verbannten Seneca, die ja mit verstümmelter Hand und mit der Deklamatorenzunge die Herrschaft des Menschengeschlechtes beanspruchten. Dabei erhob sie gegen ihn die Hände, überhäufte ihn mit Schmähungen, rief den geheiligten Claudius, und die unterirdischen Schatten der Silaner an und wünschte die Folgen all der fruchtlosen Verbrechen auf ihn herab.

15. Hierdurch sowie durch die Nähe des Tages, an welchem Britannicus sein vierzehntes Jahr vollendete, beunruhigt, erwog nun Nero bald die Heftigkeit der Mutter, bald die eigene Sinnesart seines Bruders, die sich jüngst zwar bei unbedeutender Gelegenheit kundgegeben, wodurch er aber doch sich weit und breit Gunst erworben hatte. An den Festtagen des Saturnus und unter anderen Spielen der Altersgenossen beim Losen um das Königtum war dies Los dem Nero zugefallen. Als er nun den übrigen Verschiedenes und nicht Beschämendes, dem Britannicus aber aufzustehen und in die Mitte zu treten und einen Gesang anzustimmen gebot, wovon er eine Verspottung des Knaben erwartete, dem selbst nüchterne Gelage, geschweige trunkene unbekannt waren, hob dieser in ruhiger Fassung ein Lied an, in dem zu verstehen gegeben wurde, daß er vom väterlichen Sitze und der höchsten Gewalt verdrängt worden sei. Das hierdurch erweckte Mitleid war um so unverkennbarer, weil Nacht und Übermut die Verstellung verbannt hatten. Nero, der den Vorwurf wohl bemerkte, steigerte noch seinen Haß, sann, da ihn Agrippinas Drohungen drängten, ein Verbrechen nicht aufzuweisen war, und er des

Bruders Ermordung öffentlich nicht zu befehlen wagte, auf verborgene Mittel, und gebot, Gift zu bereiten. Dabei war ihm der Tribun einer prätorischen Kohorte, Julius Pollio, behilflich, in dessen Gewahrsam sich die wegen Giftmischerei verurteilte und vieler Verbrechen wegen berüchtigte Locusta befand. Denn daß des Britannicus nächste Umgebung auf Recht und Treue nichts mehr gab, dafür war längst gesorgt. Das erste Gift empfing er von seinen eigenen Erziehern, gab es jedoch durch Erbrechen wieder von sich, mochte es nicht stark genug gewesen sein, oder war ihm etwas beigemischt, so daß es nicht auf der Stelle wirkte. Nero war wegen der Langsamkeit des Frevels ungeduldig, drohte dem Tribun und gebot die Hinrichtung der Giftmischerin. Sie verzögerten, während sie auf das Gerede der Welt Bedacht nähmen und schon auf Verteidigung sönnen, seine eigene Sicherheit. Als sie hierauf einen ebenso jähen Tod, als würde er mit dem Schwerte erteilt, versprach, wurde neben des Caesars Schlafgemach ein Saft gekocht, mörderisch aus vorher erprobten Giften gemischt.

16. Es war gebräuchlich, daß die Kinder der Fürsten mit dem übrigen Adel gleichen Alters im Angesichte der Verwandten an besonderer und spärlicherer Tafel aßen. Da dort nun Britannicus speiste, wurde, weil ein dazu ausgewählter Diener seine Speisen und Getränke vorher kostete, um diese Gewohnheit nicht zu unterlassen oder durch beider Tod den Frevel zu verraten, folgende List ersonnen. Ein noch unschädliches aber sehr warmes und vorher gekostetes Getränk wurde dem Britannicus gereicht. Dann, als er es seiner Hitze wegen zurückwies, das Gift zugleich mit dem kalten Wasser zugegossen, welches dergestalt durch alle seine Glieder drang, daß ihm zugleich Stimme und Atem abgeschnitten war. Die Umhersitzenden ergriff Bestürzung, auseinander flohen die Arglosen. Die aber, welche tiefer schauten, blieben wie festgewurzelt sitzen, und sahen den Nero an. Dieser, zurückgelehnt wie er war, und als wüßte er von nichts, sagte, es sei dies etwas Gewöhnliches bei der Fallsucht, an welcher Britannicus schon von Kindheit an litte, allmählich würde Sehkraft und Empfindung wiederkehren. Aber Agrippina durchzuckte ein solcher Schreck und solche Bestürzung, so sehr sie auch in der Miene unterdrückt wurde, daß ersichtlich war, sie habe so wenig wie die Schwester des Britannicus, Octavia, etwas gewußt. Sah sie doch nun die letzte Hilfe entrissen und ein Vorbild zum Muttermorde gegeben. Auch Octavia hatte, wiewohl noch an Jahren unerfahren, Schmerz, Liebe, und jede Gemütsbewegung zu verbergen gelernt. So wurde nach kurzem Schweigen schon die Fröhlichkeit des Gastmahls wieder hergestellt.

17. Dieselbe Nacht vereinte Mord und Scheiterhaufen des Britannicus, da schon vorher unbedeutende Anstalten zu seiner Bestattung getroffen waren. Doch wurde er auf dem Marsfeld beigesetzt, unter

so stürmischen Regengüssen, daß das Volk glaubte, es werde damit der Zorn der Götter über die Freveltat angedeutet, welche sogar die Mehrzahl der Menschen verzieh, erwägend, wie alt schon Bruderkämpfe und mit der Herrschaft unvereinbar seien. Viele Geschichtschreiber jener Zeit erzählen, Nero habe in den Tagen vor seiner Ermordung häufig das Knabenalter des Britannicus sittlich mißbraucht. So dürfe sein Tod nicht mehr als zu frühzeitig und grausam erscheinen, obwohl er trotz der Heiligkeit des Mahles und ihm auch nur zur Umarmung der Schwester Zeit zu gönnen, vor den Augen seines Feindes über ihn so eilends verhängt wurde, über der Claudier letztem Sprößling, der vor der Vergiftung erst auch durch Schändung noch befleckt war. Das übereilte Leichenbegängnis suchte der Kaiser durch eine Bekanntmachung zu rechtfertigen, in der er anführte, es sei das von den Vorfahren so angeordnet, die Leichen früh Verblichener den Augen zu entziehen und nicht durch Lobreden oder Gepränge aufzuhalten. Im übrigen würden für ihn nach Verlust der Stütze durch den Bruder seine noch übrigen Hoffnungen auf dem Staate ruhen, wie um so mehr auch der Senat und das Volk einen Fürsten wert zu halten hätten, der allein noch übrig sei von dem zur höchsten Macht geborenen Geschlechte.

18. Hierauf bereicherte er durch Schenkungen die bedeutendsten seiner Freunde, und es fehlte nicht an solchen, welche Männer, die das Ansehen strenger Sittlichkeit behaupteten, beschuldigten, in dieser Zeit Paläste und Landgüter wie Beute geteilt zu haben. Andere glaubten, es sei Zwang dazu vom Fürsten angewendet worden, der sich seiner Schuld wohl bewußt war, und Verzeihung hoffte, wenn er sich durch Geschenke die Mächtigsten verpflichtet hätte. Aber der Zorn der Mutter ließ sich durch keine Freigebigkeit besänftigen, sie schloß sich an Octavia an, hatte oft geheime Unterredungen mit ihren Freunden, raffte, wie Habsucht ihr schon angeboren war, noch außerdem von allen Seiten wie zur Unterstützung Geld zusammen, nahm Tribunen und Centurionen freundlich auf, und hielt Namen und Verdienste des damals noch übrigen Adels in Ehren, so als suchte sie ein Oberhaupt und eine Partei. Dies wurde dem Nero bekannt, und er befahl der Militärwache, welche sie vordem als Gemahlin des Imperators und jetzt noch als dessen Mutter hatte, sowie den Germanen, die ihr jüngst zu gleicher Ehre als Leibwache beigegeben waren, abzutreten. Damit sie nicht von der Menge der ihn Begrüßenden besucht würde, trennte er seine Wohnung von der ihrigen, und brachte die Mutter in die, welche der Antonia gehört hatte. Wenn er selbst sie dort besuchte, war er von einem Haufen von Centurionen umringt und ging nach einem flüchtigen Kusse wieder.

19. Nicht Irdisches ist so unbeständig und vergänglich, als der bloße Ruf der Macht, die nicht auf eigner Stärke beruht. Alsbald war die Schwelle Agrippinas verlassen. Niemand tröstete, niemand besuchte

sie, außer wenigen Frauen, ungewiß, ob aus Liebe oder Haß. Unter diesen befand sich Junia Silana, von der ich oben erzählte, daß sie von Messalina aus der Ehe mit Gajus Silius verdrängt worden sei, ausgezeichnet durch Herkunft, Schönheit und Zügellosigkeit, und der Agrippina lange sehr wert, nachher heimlich mit ihr verfeindet, weil Agrippina den Sextius Africanus, einen Jüngling edlen Geschlechts von der Vermählung mit Silana abgebracht, sie unzüchtig und ältlich nennend, nicht um Africanus sich selbst vorzubehalten, sondern damit ihm nicht als Ehemann der Reichtum und die Kinderlosigkeit Silanas zugute käme. Diese stellte, da sich ihr zur Rache Hoffnung darbot, zwei von ihren Klienten, Iturius und Calvisius, als Kläger auf, nicht mit alten und schon oft vernommenen Beschuldigungen, daß sie um des Britannicus Tod trauere oder die Octavia zugefügten Kränkungen zur öffentlichen Kunde bringe, sondern daß sie den Rubellius Plautus, der von mütterlicher Seite in gleichem Grade wie Nero vom göttlichen Augustus abstammte, zum Umsturz emporzuheben und durch Vermählung mit ihm, und dann bald auch durch seine Herrschaft, von neuem sich des Staates zu bemächtigen willens sei. Dies eröffneten Iturius und Calvisius dem Atimetus, einem Freigelassenen Domitias, der Vaterschwester Neros, welcher, froh des Dargebotenen – denn zwischen Agrippina und Domitia herrschte feindselige Eifersucht – den Schauspieler Paris, gleichfalls einen Freigelassenen Domitias, veranlasste, sich eilig auf den Weg zu machen und die Beschuldigung in den schwärzesten Farben zu hinterbringen.

20. Die Nacht war schon vorgerückt, und Nero brachte sie im Rausche zu, als Paris hereintrat, sonst gewohnt, um diese Zeit die Ausschweifungen des Fürsten noch zu steigern, jetzt aber mit der Miene der Traurigkeit, und durch Erzählung des ganzen Hergangs der Anzeige den ihn Anhörenden so erschreckte, daß er nicht nur seine Mutter und Plautus umzubringen, sondern auch Burrus von der Präfektur entfernen wollte, weil er durch Agrippinas Gunst erhoben ihr jetzt Gegendienste leistete. Fabius Rusticus bezeugte, es sei schon ein Schreiben an Caecina Tuscus gegangen, worin ihm der Befehl über die prätorischen Kohorten übertragen worden sei, doch durch Senecas Bemühung habe Burrus seine Würde behalten. Plinius und Cluvius berichteten, es sei an der Treue des Präfekten gar nicht gezweifelt worden, und Fabius neige sich in der Tat zum Lobe Senecas hin, durch dessen Freundschaft er zu Ansehen kam. Wir wollen hier der Übereinstimmung der Geschichtschreiber folgen, und das, was sie abweichend erzählt haben, unter ihrem eigenen Namen überliefern. Der unruhige und nach der Ermordung der Mutter begierige Nero konnte nicht eher zum Aufschub bewogen werden, als bis Burrus ihren Tod versprach, falls sie des Frevels überführt würde. Verteidigung aber sei einem jedem, zumal einer Mutter zu vergönnen. Auch

seien noch keine Kläger da, sondern es werde nur die Stimme eines Einzelnen aus einem feindlichen Hause hinterbracht. Dagegen sei die Dunkelheit und die beim Gastmahle durchwachte Nacht, kurz alles mehr der Übereilung und dem Irrtum günstig.

21. Als so die Besorgnis des Fürsten gemildert und der Tag angebrochen war, begab man sich zu Agrippina, damit sie das ihr Vorgeworfene vernähme und widerlegte oder dafür Strafe büßte. Burrus entledigte sich dieses Auftrags in Senecas Beisein. Zugegen waren auch einige von den Freigelassenen als Zeugen des Gesprächs. Als er dann die Beschuldigungen und ihre Gewährsmänner vorgebracht hatte, fing Burrus an zu drohen. Agrippina erwiderte, ohne ihren Trotz zu verleugnen: „Ich wundere mich nicht, daß der Silana, da sie nie ein Kind geboren hat, die Gefühle einer Mutter unbekannt sind. Denn es werden ja nicht von Eltern Kinder ebenso wie die Buhlen von einer unzüchtigen Frau gewechselt. Wenn Iturius und Calvisius, nachdem sie alle ihre Habe aufgezehrt, ihre letzte Anstrengung, eine Anklage zu übernehmen, einem alten Weibe verkaufen, so brauche weder ich deshalb die Schande des Kindermordes zu tragen, noch der Kaiser dessen Argwohn. Denn der Domitia Feindschaft würde ich danken, wenn sie in Wohlwollen gegen meinen Nero mit mir wetteifern würde. So aber dichtet sie durch ihren Buhlen Atimetus und durch den Schauspieler Paris ein Schauspiel wie für die Bühne zusammen. Ihre Fischteiche in Baiae verschönerte sie, als durch meine Anschläge Adoption und prokonsularische Gewalt und Bestimmung zum Konsulat und die übrigen Vorbereitungen zur Erlangung der Herrschaft betrieben wurden. Es trete jemand auf, der mich beschuldigen kann, die Kohorten in Rom aufgewiegelt, die Treue der Provinzen wankend gemacht, endlich Sklaven oder Freigelassene zum Verbrechen bestochen zu haben! Konnte ich wohl am Leben bleiben, wenn Britannicus zur Herrschaft gelangte? Und wenn Plautus oder irgend ein anderer als Richter an die Spitze des Staates träte, dann fehlten mir wohl Ankläger, die mir nicht Worte aus liebevoller Ungeduld bisweilen unvorsichtig, hingeworfen, sondern die Verbrechen vorwerfen könnten, von denen ich nur vom Sohn freigesprochen werden kann?“ Da die Anwesenden hierdurch gerührt waren und nun sogar noch ihren Zorn zu besänftigen suchten, verlangte sie eine Unterredung mit dem Sohne, worin sie nichts für ihre Unschuld, als vertraute sie ihr nicht, und auch nicht von ihren Wohltaten sprach, als rückte sie ihm diese vor, sondern nur Rache gegen die Angeber und Belohnungen für ihre Freunde erwirkte.

22. Die Aussicht über das Getreidewesen wurde dem Faenius Rufus, die Besorgung der Spiele, welche vom Kaiser veranstaltet wurden, dem Arruntius Stella, Ägypten dem Gajus Balbillus überlassen. Syrien bestimmte man dem Publius Anteius, nur wurde er nachher durch allerlei Ränke getäuscht und zuletzt in Rom zurückgehalten.

Silana dagegen wurde verbannt, Calvisius und Iturius verwiesen[149]. An Utimetus wurde die Todesstrafe vollzogen, während Paris bei den Ausschweifungen des Fürsten eine zu wichtige Rolle spielte, als daß ihn eine Strafe hätte treffen sollen. Plautus wurde für jetzt mit Schweigen übergangen.

23. Hierauf wurden Pallas und Burrus verklagt, miteinander übereingekommen zu sein, daß Cornelius Sulla wegen der Berühmtheit seines Geschlechtes und wegen seiner Verschwägerung mit Claudius, dessen Eidam er durch Vermählung mit Antonia war, zur Herrschaft berufen würde. Urheber dieser Anklage war ein gewisser Paetus, als Güterkäufer bei Konfiskationen berüchtigt und hier ein offenbarer Lügner. Doch nicht so erfreulich war Pallas Unschuld als widerwärtig sein Hochmut. Als nämlich Freigelassene desselben, die er zu Mitwissenden haben sollte, namhaft gemacht wurden, gab er zur Antwort, er habe sich zu Hause nie anders als durch Blick und Handbewegung zu verstehen gegeben, und wenn mehr zu bemerken gewesen, sich der Schrift bedient, um sich nicht durch Sprechen mit ihnen gemein zu machen. Burrus, obwohl beschuldigt, gab mit unter den Richtern seine Stimme ab. So wurde dem Ankläger die Verbannung zuerkannt, und die Rechnungen verbrannt, durch welche er in Vergessenheit gekommene Schuldner des Staatsschatzes von neuem in Anspruch genommen hatte.

24. Am Ende des Jahres wurde die Kohorte, die bei den Schauspielen Wache zu halten pflegte, entfernt, damit desto größer der Schein von Freiheit wäre, und die Soldaten, von des Theaters Zügellosigkeit unberührt, unverdorbener blieben, das Volk aber zeigte, ob es sich auch nach Entfernung der Wächter in Schranken zu halten wisse. Für die Stadt brachte der Fürst nach der Erklärung der Haruspizes Sühneopfer dar, weil des Jupiter und des Minerva Tempel vom Blitz getroffen waren.

Das Jahr 56 n. Chr.

25. Unter dem Konsulat des Quintus Volusius und Publius Scipio herrschte Ruhe nach außen. Gräßlich aber war daheim der Übermut, mit welchem Nero in Sklaventracht, um unkenntlich zu sein, die Straßen der Stadt, die Bordelle und die Kneipen durchstreifte, von Menschen begleitet, die das zum Verkaufe Ausgestellte rauben und die ihnen Begegnenden verwunden mußten, welche so wenig ihre Gegner kannten, daß er selbst sogar Hiebe empfing und im Gesicht Spuren davontrug. Als darauf bekannt wurde, es sei der Kaiser, der so umhertobte, und die Beleidigungen gegen angesehene Männer und Frauen sich häuften, ja manche, da einmal die Zügellosigkeit gestattet war, unter Neros Namen ungestraft mit eigenen Rotten gleiches ver-

übten, und die Nacht wie bei einer feindlichen Eroberung verlebt wurde, traf Julius Montanus, ein Senator, der aber noch kein Ehrenamt bekleidet hatte, zufällig in der Dunkelheit mit dem Fürsten zusammen, und wurde, weil er den mit Gewalt ihn Anfallenden nachdrücklich zurückwies und den dann, als er ihn erkannte, um Verzeihung bat, als ob er damit ihm einen Vorwurf mache, zu sterben gezwungen. Nero aber in Zukunft doch besorgter, umgab sich mit Soldaten und sehr vielen Gladiatoren, die unbedeutende und gleichsam nur die Person angehende Anfänge der Händel ruhig ansehen mußten. Wurde aber von den Beleidigten gewaltsamer verfahren, so machten sie von den Waffen Gebrauch. Auch mit dem Unfug bei den Spielen und mit den Parteigängern für die Schauspieler ließ er es durch Nichtbestrafung und Belohnungen gleichsam zu Schlachten kommen, und das, indem er selbst teils versteckt, aber meistens offen zuschaute, bis, da das Volk in Zwietracht geriet und man vor ernstlicheren Bewegungen in Angst war, sich kein anderer Ausweg mehr finden ließ, als daß die Schauspieler aus Italien vertrieben wurden, und Soldaten wieder im Theater Wache hielten.

26. Um dieselbe Zeit wurde im Senate über die Gewissenlosigkeit der Freigelassenen verhandelt, und darauf gedrungen, daß den Patronen gegen Undankbare das Recht verliehen würde, die Freiheit zu widerrufen, und es fehlte nicht an solchen, welche dafür stimmten. Aber die Konsuln wagten nicht, ohne Wissen des Fürsten den Vortrag zu beginnen, doch schrieben sie ihm des Senats Einstimmigkeit: ob er nicht die Verordnung veranlassen wolle bei so wenigen dieser Meinung Widersprechenden, wobei einige mit Unmut äußerten, die aus der Freiheit erwachsene Frechheit habe sich so weit verstiegen, daß sie ihre Patrone um ihre Meinung fragten, ob sie mit Gewalt oder mit ihnen wie mit ihresgleichen verfahren sollten, und noch obendrein zu Mißhandlungen gegen sie die Faust erhöben, schamlos selbst ihre Bestrafung ihnen abratend[150]. Denn was sei denn anderes dem beleidigten Patron verstattet, als daß er den Freigelassenen über den 100. Meilenstein hinaus nach Kampaniens Küste hin verweise? Die übrigen Rechtsverhandlungen wären beiden gemein und gleich. Verleihen müsse man eine Waffe, die nicht verachtet werden könne. Auch sei es nicht schwer für die Freigegebenen, sich durch dieselbe Folgsamkeit die Freiheit zu erhalten, durch welche sie dieselbe erlangt hätten. Offenbare Verbrecher dagegen würden mit Recht in die Knechtschaft zurückgewiesen, damit sie, die Wohltaten nicht gebessert hätten, durch Furcht in Zaum gehalten würden.

27. Dagegen wurde bemerkt, die Schuld weniger müsse nur diesen persönlich verderblich sein, und nichts dem Rechte der Gesamtheit entzogen werden, denn zahlreich sei ja dieser Stand. Aus ihm bestände größtenteils die Tribus, die Decurien, die Diener der Staatsbeamten und Priester, auch die in der Stadt ausgehobenen Kohorten, ja, die

meisten Ritter, viele Senatoren stammten nicht anderswoher. Sonderte man die Freigelassenen aus, so würde der Mangel an Freigeborenen offenkundig werden. Nicht umsonst hätten die Vorfahren, während sie im Range der Stände einen Unterschied feststellten, die Freiheit zum Gemeingut gemacht. Ja, es seien auch für die Freilassung zwei Arten angeordnet, damit freie Hand zu Willensänderung oder neuer Wohltat gelassen würde[151]. Die, welche der Patron nicht durch den Stab befreit, würden gleichsam noch in Knechtschaftsbanden festgehalten. Jeder möchte die Verdienste prüfen, und langsam gewähren, was, wenn es gegeben, nicht wieder genommen werden könnte. Diese Meinung erhielt das Übergewicht, und der Kaiser schrieb dem Senate, man möge die Sache der Freigelassenen, so oft sie von ihren Patronen beschuldigt würden, jedesmal besonders erwägen, und ihnen im allgemeinen nichts entziehen. Nicht lange darauf wurde der Freigelassene Paris der Vaterschwester des Fürsten wie nach bürgerlichem Rechte entrissen, nicht ohne des letzteren Schande, auf dessen Befehl die freie Geburt ihm hatte zugesprochen werden müssen.

28. Dessen ungeachtet blieb noch ein gewisser Schein von republikanischem Leben. So erhob sich zwischen dem Prätor Vibullius und dem Volkstribun Antistius ein Streit, weil der Tribun zügellose und vom Prätor verhaftete Begünstiger von Schauspielern freizugeben befohlen hatte. Der Senat billigte den Streit, die Willkür des Antistius tadelnd. Zugleich wurde den Tribunen verboten, dem Rechte der Prätoren und Konsuln vorzugreifen, oder aus Italien jemand vorzuladen, mit welchem nach dem Gesetze verfahren werden könnte. Der designierte Konsul Lucius Piso fügte noch hinzu, sie sollten in ihrem Hause nichts kraft ihrer Gewalt bestrafen, und die Quästoren des Staatsschatzes die von ihnen auferlegten Geldstrafen nicht vor vier Monaten in die öffentlichen Rechnungen eintragen dürfen. Mittlerweile sollte erlaubt sein, Einspruch zu erheben, und die Konsuln sollten darüber entscheiden. Enger begrenzt wurde auch die Gewalt der Ädilen und festgestellt, wieviel die curulischen, wieviel die plebejischen als Pfand nehmen oder als Strafe auferlegen durften. Als dann der Volkstribun Helvidius Priscus gegen den Quästor des Staatsschatzes Obultronius Sabinus in persönlichen Streit geriet, als übertriebe er schonungslos das Recht der Versteigerung gegen Arme, übertrug der Fürst die Sorge für das öffentliche Rechnungswesen von den Quästoren auf Präfekten.

29. Mannigfach hat es sich in dieser Sache gestaltet und oft geändert. Denn Augustus überließ es dem Senate, die Präfekten zu wählen. Dann, als wegen Stimmenerschleichung Verdacht entstand, wurden die Präfekten aus der Mitte der Prätoren durch das Los bestimmt. Aber auch dies bestand nicht lange, weil sich das Los zu nicht recht Tauglichen verirrte. Nun setzte Claudius wieder Quästoren ein,

und versprach ihnen, damit sie nicht aus Furcht zu beleidigen lässiger verführen, außer der Reihe Ehrenämter. Aber es fehlte ihnen, da dies das erste Amt war, welches sie antraten, die Festigkeit des Alters. So wählte denn Nero solche, die schon die Prätur bekleidet und durch Erfahrung sich bewährt hatten.

30. Verurteilt wurde unter denselben Konsuln Vipsanius Laenas wegen seiner Habsucht bei Verwaltung der Provinz Sardinien, freigesprochen Cestius Proculus in einer Erpressungsklage, wobei die Kreter als Ankläger auftraten. Clodius Quirinalis kam der Verurteilung, weil er als Präfekt der zu Ravenna unterhaltenen Ruderer Italien wie der niedrigsten Völkerschaft durch Ausschweifungen und Grausamkeit mitgespielt hatte, durch Gift zuvor. Caninius Rebilus, einer der ersten in der Gesetzeskunde und an Größe des Vermögens, entfloh den Qualen eines siechen Alters durch Öffnung der Adern, er, dem man gar nicht zugetraut hatte, daß er Standhaftigkeit genug besitze, sich selbst den Tod zu geben, da er wegen seiner weibischen Lüste verrufen war. In vortrefflichem Rufe dagegen starb Lucius Volusius, dem eine Lebensdauer von 93 Jahren und durch edle Mittel großer Reichtum zuteil wurde, ohne der Bosheit so vieler Imperatoren einen Anstoß zu geben.

Das Jahr 57 n. Chr.

31. Unter Neros zweitem Konsulat und dem des Lucius Piso ereignete sich wenig Erwähnenswertes, es müßte denn jemand gefallen, mit dem Lobe des Fundamentes und des Balkenwerks, worauf der Kaiser den Bau eines ungeheueren Amphitheaters auf dem Marsfelde errichtet hatte, Bücherrollen anzufüllen, da es doch der Würde des römischen Volkes für angemessen befunden worden ist, Jahrbüchern nur bedeutende Ereignisse, dergleichen aber den Tagesberichten Roms einzuverleiben. Übrigens wurden die Kolonien Capua und Nuceria durch Beigebung von Veteranen verstärkt, dem Volke ein Geschenk von 400 Sesterzen pro Kopf gegeben, und vierzig Millionen in den Staatsschatz gebracht, um den Kredit des Volkes zu erhalten. Auch die Abgabe des Fünfundzwanzigtels beim Sklavenkaufe wurde erlassen, mehr scheinbar als in Wirklichkeit, weil sie, da der Verkäufer sie zu zahlen angehalten wurde, den Käufern als ein Teil des Preises zuwuchs. Es verordnete der Kaiser, kein Beamter oder Prokurator, welcher eine Provinz hätte, sollte ein Fechterspiel, eine Tierhetze oder ein anderes Schauspiel geben. Denn vorher drückten sie die Untergebenen nicht weniger durch solche Freigebigkeiten als durch Gelderpressungen, indem sie das, was sie in der Willkür verbrochen hatten, durch Bemühungen um Gunst zu decken suchten.

32. Es kam auch ein Senatsbeschluß zustande, der sowohl der Rache

wie zur Sicherheit diente. Wenn jemand von seinem eigenen Sklaven ermordet worden wäre, sollten auch die, welche durch das Testament freigegeben – noch unter demselben Dache geblieben wären, samt den Sklaven hingerichtet werden. In den Senatorstand wurde der Konsular Lucius Varius wieder eingesetzt, vordem durch Beschuldigungen der Habsucht ausgestoßen. Pomponia Graecina, eine ausgezeichnete Frau, die dem Plautius, der im kleinen Triumph aus Britannien heimkehrte, vermählt war, wurde fremden Aberglaubens angeschuldigt und dem Urteilsspruche ihres Mannes überlassen. Dieser richtete nach altem Brauche in Gegenwart der Verwandten über Leben und Ruf der Gattin, und erklärte sie für schuldlos. Langes Leben und fortwährende Trauer war dieser Pomponia beschieden, denn nach Julias, der Tochter des Drusus, Ermordung durch Messalinas Hinterlist brachte sie vierzig Jahre nur im Trauergewande und mit kummervollem Herzen zu. Das wurde ihr verziehen, solange Claudius herrschte, nachher gereichte es ihr zum Ruhme.

33. Eben dieses Jahr sah noch andere Angeklagte, von denen der Kaiser den von der Provinz Asien beklagten Publius Celer, weil er ihn nicht loszusprechen vermochte, so lange hinhielt, bis er vor Alter starb. Denn Celer deckte mit der Ermordung des Prokonsuls Silanus, die ich schon erwähnte, durch die Größe dieses Verbrechens seine übrigen Schandtaten zu. Den Cossutianus Capito hatten die Cilicier verklagt, einen schmutzigen und niederträchtigen Menschen, der in der Provinz dasselbe Recht zur Frechheit zu haben meinte, das er in Rom geübt hatte. Doch gab er durch beharrliche Anklage bedrängt, zuletzt seine Verteidigung auf, und wurde nach dem Erpressungsgesetze verurteilt. Für Eprius Marcellus, von welchem die Lykier Wiedererstattung forderten, gewann Gunsterschleichung in solchem Grade das Übergewicht, daß einige seiner Ankläger mit Verbannung bestraft wurden, als hätten sie einem Schuldlosen Gefahr bereiten wollen.

Das Jahr 58 n. Chr.

34. Als Nero zum drittenmal Konsul war, trat Valerius Messala zugleich mit das Konsulat an, von dessen Urgroßvater, dem Redner Corvinus, sich nur wenige Greise noch erinnerten, daß ihn in diesem Amte der göttliche Augustus, Neros Urgroßvater, zum Genossen gehabt hatte. Aber das Ansehen der so berühmten Familie wurde erst wieder durch Verleihung von jährlich 500000 Sesterzen gehoben, womit Messala seiner unverschuldeten Armut aufhelfen sollte. Auch dem Aurelius Cotta und Haterius Antonius setzte der Fürst ein Jahres-

gehalt aus, obwohl sie durch Üppigkeit das Vermögen ihrer Väter verpraßt hatten.

Im Anfange dieses Jahres wurde der, solange die Anlässe noch unerheblich waren, aufgeschobene Krieg zwischen den Parthern und Römern über den Besitz Armeniens mit Eifer aufgenommen, weil auf der einen Seite Vologeses nicht zugab, daß sein Bruder Tiridates des von ihm verliehenen Reiches verlustig ginge oder es als Geschenk einer fremden Macht besäße, auf der anderen Corbulo es der Größe des römischen Volkes würdig erachtete, das einst von Lucullus und Pompejus Erworbene wiederzugewinnen. Zudem riefen die Armenier mit ihrer schwankenden Treue die Waffen beider herbei, durch ihres Landes Lage und der Ähnlichkeit der Sitten den Parthern näher und durch Wechselehen mit ihnen verwandt, auch wegen ihrer Unbekanntschaft mit der Freiheit sich mehr dorthin, zur Knechtschaft, neigend.

35. Doch hatte Corbulo einen schwereren Kampf mit der Trägheit der Soldaten als mit der Treulosigkeit der Feinde. Die aus Syrien hinübergeführten Legionen nämlich, durch langen Frieden erschlafft, ließen sich den Lagerdienst nur sehr schwer gefallen. Es war bekannt, daß es Veteranen bei diesem Heere gab, die auf keinen Posten, auf keine Wache gezogen waren, die Wall und Graben wie neue und wunderbare Erscheinungen ansahen, und ohne Helme, ohne Panzer, wohlhäbig und begütert waren, da sie ihren Dienst in Städten verbracht hatten. Er entließ daher die, welche alt oder krank waren, und verlangte Ergänzung. In Galatien und Kappadokien wurden Aushebungen veranstaltet und aus Germanien eine Legion mit bundesgenössischer Reiterei und Fußvolk den Kohorten beigegeben. Das ganze Heer wurde in Zelten festgehalten, obgleich der Winter so streng war, daß das mit Eis bedeckte Erdreich nur aufgegraben die Errichtung der Zelte gestattete. Vielen erfroren die Glieder in der heftigen Kälte, und einige fanden auf den Wachtposten ihren Tod. Von einem Soldaten, der ein Holzbündel trug, hat man erzählt, es seien ihm die Hände so weggefroren, daß sie, an der Last festklebend, von den Armstümpfen abfielen. Corbulo selbst war, leicht bekleidet, unbedeckten Hauptes, auf dem Marsche, bei den Arbeiten häufig gegenwärtig, hielt Lob den Eifrigen, Trost den Schwachen und allen sein Beispiel vor. Sodann, da viele die Härte der Witterung und des Dienstes nicht ertragen wollten und entwichen, suchte man dem durch Strenge abzuhelfen. Denn nicht wie in anderen Heeren, wurde dem ersten und dem zweiten Vergehen Nachsicht zu teil, sondern der, welcher die Feldzeichen verlassen hatte, büßte sogleich mit dem Kopfe dafür. Dies erwies sich als heilsam durch die Erfahrung und besser als Schonung; weniger nämlich verließen dieses Lager, als da, wo man nachsichtig war.

36. Indes hielt Corbulo die Legionen im Lager, bis der Frühling

vorgerückt war. Dann verteilte er die Hilfskohorten an passenden Plätzen, und gab ihnen den Befehl, nicht zuerst den Kampf zu wagen. Den Befehl über diese Feldposten übertrug er dem Paccius Orsitus, der das Ehrenamt eines Primipilus bekleidet hatte. Dieser erhielt, obwohl er geschrieben hatte, die Barbaren seien nicht auf ihrer Hut, und es biete sich Gelegenheit zu einem glücklichen Unternehmen, dennoch Befehl, sich innerhalb der Verschanzungen zu halten und bedeutendere Streitkräfte abzuwarten. Doch übertrat er das Gebot, rückte, nachdem erst einige wenige Geschwader aus den nächsten Kastellen angekommen waren und aus Unkenntnis eine Schlacht verlangten, auf den Feind los und wurde geschlagen. Durch seinen Verlust erschreckt, kehrten die, welche Hilfe hätten bringen sollen, in ängstlicher Flucht ein jeder in sein Lager zurück. Corbulo war hierüber zornig, gab Pactius und den Präfekten und Soldaten einen harten Verweis, und ließ sie außerhalb des Walles lagern. In diesem Schimpfe wurden sie festgehalten und nur auf Bitte des gesamten Heeres daraus befreit.

37. Tiridates indes, außer seinen eigenen Vasallen auch noch durch seines Bruders Vologeses Macht unterstützt, beunruhigte nicht mehr bloß verstohlen, sondern öffentlich durch Krieg Armenien, plünderte die, welche er uns für treu hielt, wich aus, wenn ihm Truppen entgegengeführt wurden, und schreckte, bald hier, bald dorthin eilend, weit umher, mehr durch den Ruf als durch Kampf. Corbulo also, in langem Trachten nach einer Schlacht getäuscht und nach dem Beispiele der Feinde den Krieg in Streifzügen zu führen gezwungen, teilte seine Streitkräfte, damit Legaten und Präfekten an verschiedenen Punkten zugleich einfielen. Gleichzeitig forderte er den König Antiochus auf, die ihm zunächst gelegenen Statthalterschaften anzugreifen. Denn Pharasmanes übte, nachdem er seinen Sohn Radamistus als einen Verräter ermordet hatte, um seine Treue gegen uns zu beweisen, seinen alten Haß gegen die Armenier schon unaufgefordert aus. Die Moscher, ein mehr als andere den Römern ergebenes Volk, wurden damals das erste Mal gewonnen und durchstreiften die unwegsamen Gegenden Armeniens. So kam denn Tiridates auf andere Gedanken und schickte Abgeordnete, um sich in seinem und der Parther Namen zu beschweren, warum er, da er doch jüngst erst Geiseln gestellt und die Freundschaft erneuert hätte, die selbst auf neue Wohltaten Anspruch machen ließe, aus dem alten Besitze Armeniens vertrieben würde? Deshalb habe sich Vologeses selbst noch nicht erhoben, weil sie lieber Gründe als Gewalt gebrauchen wollten. Beharre man jedoch auf dem Kriege, so würde den Arsaciden die Tapferkeit und das Glück nicht fehlen, wie Niederlagen der Römer öfter schon bewiesen hätten. Hierauf riet Corbulo, der recht gut wußte, daß sich Vologeses durch Hyrkaniens Abfall gebunden war, dem Tiridates, sich mit Bitten an den Kaiser zu wenden. Wohl könne ihm dauernde

Herrschaft und unblutiger Besitz zuteil werden, wenn er weitgespannte und entfernte Hoffnung aufgeben würde und der gegenwärtigen und besseren folge.

38. Darauf beschloß man, weil durch hin- und hergesandte Botschafter zum eigentlichen Friedensschlusse nichts gewonnen wurde, zu einer persönlichen Unterredung Zeit und Ort zu bestimmen. Eine Bedeckung von tausend Reitern, erklärte Tiridates, werde bei ihm sein; wie viele und welcher Art Soldaten Corbulo zur Seite stehen sollten, bestimmte er nicht, wenn man nur ohne Panzer und Helme, friedlichen Ansehens also, käme. Jedem Menschen wohl, geschweige einem lange gedienten und vorsichtigen Feldherrn wäre diese Barbarenlist offenbar gewesen, daß deshalb auf jener Seite eine beschränkte Zahl festgesetzt, auf dieser eine größere mitgebracht werden sollte, damit Hinterlist bereitet werden konnte. Denn wenn der im Gebrauch der Pfeile geübten Reiterei der unbeschirmte Leib preisgegeben worden wäre, so würde die Menge nichts geholfen haben. Doch stellte er sich, als merke er es nicht, antwortete, sie würden über das, was für das Ganze zu beraten wäre, besser im Angesichte der gesamten Heere sich besprechen, und wählte eine Gegend, die einesteils aus sich sanft erhebenden Hügeln bestand, um die Reihen des Fußvolks aufzunehmen, andernteils sich in eine Ebene ausdehnte, um die Reitergeschwader entwickeln zu können. Am verabredeten Tage war Corbulo der erste und stellte die verbündeten Kohorten und die Hilfstruppen der Könige auf den Flanken, im Zentrum die 6. Legion auf, welcher er aus anderen Lagerplätzen während der Nacht herbeigezogene 3000 Mann von der 3. beigemischt hatte, nur mit einem Adler, als sähe man eine und dieselbe Legion. Tiridates trat, da der Tag sich schon neigte, in der Ferne auf, wo man ihn mehr sehen als hören konnte. Ohne eine Zusammenkunft befahl so der römische Feldherr den Soldaten, es solle jeder in sein Lager abziehen.

39. Der König brach eilig auf, sei es, daß er Trug argwohnte, weil man nach mehreren Orten zugleich marschierte, oder um unsere Zufuhr, die vom pontischen Meere und von Trapezunt her auf dem Wege war, aufzufangen. Aber während er dem Nachschub nicht Gewalt anzutun vermochte, weil er über die von unsern Posten besetzten Gebirge geführt wurde, traf Corbulo, damit der Krieg sich nicht vergeblich in die Länge zöge, und er die Armenier zwänge, ihr Eigentum zu verteidigen, Anstalt zur Erstürmung der Kastelle und nahm für sich das stärkste in dieser Statthalterschaft namens Volandum. Die kleineren übertrug er dem Legaten Cornelius Flaccus und dem Lagerpräfekten Insteius Capito. Als er hierauf die Befestigungswerke in Augenschein genommen und das zur Erstürmung Zweckmäßige besorgt hatte, forderte er die Soldaten auf, den unsteten und weder zum Frieden noch zum Kampfe entschlossenen, sondern seine Treulosigkeit und Feigheit durch Flucht bekennenden Feind aus seinen Sitzen

zu verjagen und sich gleicherweise Ruhm und Beute zu holen. Er teilte alsdann das Heer in vier Haufen und führte die einen zu einem Schilddache zusammengedrängt, zur Untergrabung des Walles an. Andere ließ er Leitern an die Mauern legen, viele aus Wurfmaschinen Fackeln und Lanzen hinüberschleudern. Den Wurfschützen und Schleuderern wurde ein Platz angewiesen, von wo sie aus der Ferne ihre Kugeln werfen konnten, damit nirgends den Bedrängten Ruhe gegönnt wurde bei dem Sturme rings umher. So groß war nun die Begeisterung des kämpfenden Heeres, daß schon im ersten Drittel des Tages die Mauern von Verteidigern entblößt, die Verrammelungen der Tore zerstört, die Befestigungswerke durch Sturm genommen und alle mannbaren Leute niedergemacht worden waren, wobei kein einziger Soldat verloren und äußerst wenige verwundet waren. Die wehrlose Menge wurde öffentlich verkauft, die übrige Beute fiel den Siegern zu. Gleiches Glück hatte der Legat und der Präfekt. Und da so an einem Tag drei Kastelle erobert worden waren, ergaben sich die übrigen aus Schreck und einige auch durch freien Entschluß der Bewohner. So bekam man Mut zum Angriff auf Artaxata, die Hauptstadt des Volkes. Doch wurden die Legionen nicht den nächsten Weg geführt, weil sie, wenn sie den Araxes, welcher die Mauern gespült, auf einer Brücke hätten überschreiten sollen, den Geschossen bloßgestellt gewesen wären. Fern und da, wo breitere Furten waren, zogen sie hinüber.

40. Tiridates aber war voll Scham und Furcht, er möchte, wenn er die Belagerung zuließe, unvermögend zur Hilfe erscheinen und, wenn er sich widersetzte, sich selbst und seine Reiterscharen in den Schwierigkeiten des Geländes verwickeln. Er beschloß zuletzt, ein schlachtbereites Heer zu zeigen, und, böte sich der Tag dazu, das Treffen zu beginnen, oder durch verstellte Flucht sich Gelegenheit zur Überlistung zu bereiten. So umschwärmte er plötzlich den römischen Heereszug. Das überraschte unseren Feldherrn nicht, der gleicherweise das Heer zum Marsche und zum Kampfe geordnet hatte. Auf der rechten Seite zog die 3. Legion, auf der linken die 6. einher, Auserwählte der 10. in der Mitte. Zwischen die Reihen war das Gepäck genommen, und den Rücken deckten 1000 Reiter, denen er befohlen hatte, den Nachdrängenden auf der Stelle Widerstand zu leisten, die Zurückfliehenden jedoch nicht zu verfolgen. Auf den Flügeln zogen die Bogenschützen zu Fuß und die übrige Mannschaft der Reiter weiter vorwärts ausgedehnt auf dem linken Flügel längs dem Fuße der Anhöhen, damit, wenn der Feind eingedrungen wäre, er zugleich von vorne und seitwärts empfangen werden könnte. Von der anderen Seite sprengte Tiridates heran, nicht bis auf Schußweite, sondern bald drohend, bald unter dem Scheine eines Zagenden, ob er vielleicht die Reihen lösen und die Getrennten verfolgen könnte. Als keine Lücke durch Unbesonnenheit aufriß, und nur ein einziger De-

curio der Reiter sich zu kühn hervorgewagt, und von Pfeilen durchbohrt durch sein Beispiel die übrigen im Gehorsam gefestigt hatte, zog der König ab, da die Dunkelheit schon nahte.

41. Nun steckte Corbulo da, wo er war, ein Lager ab und überlegte, ob er mit den leichtgerüsteten Legionen in der Nacht weiter nach Artaxata ziehen, und es einschließen sollte, weil er meinte, Tiridates habe sich dorthin zurückgezogen. Als ihm dann Kundschafter meldeten, des Königs Marsch gehe weithin und es sei ungewiß, ob er sich die Meder oder die Albaner zum Ziel gesetzt habe, erwartete er den Tag. Nur die leichten Truppen wurden vorausgesendet, um inzwischen die Mauern zu umziehen und die Belagerung von fern zu beginnen. Aber die Stadtbewohner öffneten von selbst die Tore und ergaben sich samt ihrer Habe den Römern. Das rettete ihnen selbst das Leben. Artaxata wurde in Brand gesteckt, zerstört und dem Erdboden gleich gemacht, weil es einerseits wegen des Umfangs seiner Mauern ohne starke Besatzung nicht behauptet werden konnte, und wir anderseits keine solche Streitmacht besaßen, die sich zur Haltung einer Besatzung und zur Führung des Krieges hätte teilen lassen. Ließ man es aber unversehrt und unbewacht, wäre doch kein Nutzen oder Ruhm gewonnen worden, daß man es genommen hatte. Dazu ereignete sich auch noch ein wie von Gott gesandtes Wunder. Außerhalb nämlich, bis an die Gebäude hin, war alles von der Sonne erleuchtet. Was von den Mauern umgeben war, wurde so plötzlich von einer schwarzen Wolke bedeckt und von Blitzen durchzuckt, daß man glaubte, es werde gleichsam von zürnenden Göttern dem Untergange geweiht.

Wegen dieser Ereignisse wurde Nero als Imperator ausgerufen, und nach einem Senatsbeschlusse wurden Dankfeste gefeiert. Auch beantragte man Standbilder, Triumphbogen und anschließendes Konsulat für den Fürsten, und daß der Tag, an welchem der Sieg errungen, an welchem er verkündet und an welchem darüber berichtet worden sei, zu den Festtagen gezählt werden sollte, und anderes in derselben Art. Das war so über alles Maß, daß Gajus Cassius, der bei den übrigen Ehrenbezeigungen bestimmte, erklärte, daß, wenn der Gunst des Glückes gemäß den Göttern gedankt werden sollte, das ganze Jahr für die Dankfeste nicht ausreichen würde, und daß deshalb notwendig eine Einteilung getroffen werden müsse zwischen heiligen Tagen und den Arbeitstagen, an denen man Göttliches ehre und Menschliches nicht verhindere.

42. Hierauf wurde ein von mancherlei Schicksalen gebeutelter Angeklagter verurteilt, der sich den Haß vieler Menschen verdient hatte, jedoch nicht ohne Folgen für Senecas Ruf. Dies war Publius Suillius, als Claudius noch herrschte, furchtbar und feil, und durch die Veränderung der Zeitläufe nicht so gedemütigt, wie seine Feinde es wohl wünschten. Ja, er wollte lieber als ein Schuldiger erscheinen, denn als

ein um Gnade Flehender. Zu seiner Unterdrückung, glaubte man, sei der Senatsbeschluß und die Strafe nach dem cincischen Gesetz gegen die, welche für Geld Prozesse übernahmen, wieder aufgenommen worden. Suillius ließ seinen Beschwerden oder selbst Vorwürfen freien Lauf, nicht nur aus wildem Trotze, sondern auch durch sein Alter rücksichtslos. Er schalt Seneca einen Feind der Freunde des Claudius, unter welchem er doch eine so gerechte Verbannung habe aushalten müssen. Dabei nur an unfruchtbare Studien und die Unerfahrenheit der Jugend gewöhnt, sehe er scheel gegen die, welche eine lebensvolle und unverdorbene Beredsamkeit zum Schutze ihrer Mitbürger ausübten. Er sei Quästor des Germanicus, jener in dessen Familie ein Ehebrecher gewesen. Müsse man es nun für straffälliger halten, aus freier Entschließung des Prozessierenden für ehrenhafte Bemühungen eine Belohnung zu erlangen, als die Schlafgemächer fürstlicher Frauen zu entehren? Durch welche Weisheit, welche Lehren der Philosophen habe er denn innerhalb der vier Jahre seiner königlichen Freundschaft 300 Millionen Sesterzen erworben? In Rom fielen Testamente von Kinderlosen gleichsam in sein Netz, Italien und die Provinzen würden durch seinen unermeßlichen Wucher erschöpft. Durch Arbeit erworben und mäßig sei dagegen sein Vermögen. Anschuldigung, Gefahr, ja alles wolle er lieber erdulden, als daß er altes und selbsterworbenes Ansehen vor plötzlichem Glücke sich beugen lassen sollte.

43. Nun fehlte es auch nicht an solchen, welche dies mit denselben Worten oder noch schlimmer dem Seneca hinterbrachten. Man wußte Ankläger zu finden, welche Plünderung der Bundesgenossen, während Suillius die Provinz Asien verwaltete, und Unterschlagung öffentlicher Gelder anzeigten. Nachher wurde, weil sie zur Untersuchung ein ganzes Jahr erhielten, es für schneller befunden, mit den in Rom begangenen Verbrechen anzuheben, wofür die Zeugen gleich bei der Hand waren. Diese warfen dem Suillius vor, daß durch die Härte seiner Anklage Quintus Pomponius in die Notwendigkeit eines Bürgerkrieges gestürzt, Julia, des Drusus Tochter, und Sabina Poppaea zum Tode gezwungen, Valerius Asiaticus, Lusius Saturninus sowie Cornelius Lupus ins Verderben gebracht, ferner ganze Scharen römischer Ritter verurteilt worden seien, und er an jeglicher Grausamkeit des Claudius schuld gewesen sei. Er sagte zu seiner Verteidigung, daß er nichts von dem freiwillig übernommen, sondern nur dem Fürsten Folge geleistet habe, bis der Kaiser solchen Reden Einhalt tat, indem er bemerkte, es sei ihm aus den Denkschriften seines Vaters bekannt, daß keines Menschen Anklage je von ihm erzwungen worden sei. Da wurden denn Messalinas Befehle vorgeschützt, und die Verteidigung fing an zu wanken. Warum sei denn kein anderer ausersehen worden, dem tyrannischen und unzüchtigen Weibe seine Stimme zu leihen? Bestrafen müsse man die Diener schwarzer Taten,

wenn sie nach Erlangung ihres Lohns für die Verbrechen diese selbst auf andere schöben. So wurde er denn, nach Konfiskation eines Teiles seiner Güter – denn seinem Sohne und der Enkelin wurde der andere Teil gelassen, und auch das noch ausgenommen, was sie nach dem Testamente ihrer Mutter oder Großmutter erhalten hatten – auf die balearischen Inseln verbannt. Weder während der Entscheidung selbst, noch nach der Verurteilung war er gebrochenen Mutes. Ja man erzählte, er habe jene Verbannung in einem reichen und behaglichen Leben zugebracht. Als die Ankläger nun seinen Sohn Nerullinus aus Mißgunst gegen den Vater und mit Anklagen wegen Erpressungen angriffen, legte sich der Fürst ins Mittel, da der Rache nun genug geschehen sei.

44. Um diese Zeit erkaufte der Volkstribun Octavius Sagitta, sinnbetört in Liebe zu Pontia, einer verheirateten Frau, mit ungeheuren Geschenken den Ehebruch und dann auch, daß sie den Gemahl verließ, wobei er ihr die Ehe versprach und diese sich auch von ihr versprechen ließ. Doch als die Frau ledig war, suchte sie Aufschub, wandte ihres Vaters Nichteinwilligung vor und entzog sich dem Versprechen, als sich Hoffnung zu einem reicheren Gatten gefunden hatte. Octavius dagegen klagte bald, bald drohte er, wobei er beteuerte, daß sein Ruf vernichtet, sein Vermögen erschöpft sei, und überließ zuletzt sein Leben, was ihm allein noch geblieben war, ihrer Willkür. Und da er zurückgewiesen wurde, verlangte er zum Troste eine einzige Nacht, um durch diese besänftigt sich in Zukunft mäßigen zu können. Die Nacht wurde festgesetzt, und Pontia übertrug einer mitwissenden Magd die Bewachung des Schlafgemachs. Er in Begleitung eines Freigelassenen brachte im Gewande verborgen einen Dolch mit hinein. Nun wechselten, wie in Liebe und Zorn gewöhnlich, Zänkereien, Bitten, Vorwürfe und Genugtuung, und ein Teil der Nacht wurde der Lust behalten. Nach dieser wild entflammt, durchbohrte er die nichts Fürchtende mit dem Eisen, schreckte die herbeieilende Magd durch eine Wunde zurück und stürzte zum Schlafgemache hinaus. Am folgenden Tage war der Mord offenbar, der Mörder nicht zweifelhaft. Denn er wurde überführt, die Nacht mit ihr zusammen zugebracht zu haben. Doch der Freigelassene erklärte, sein sei die Tat, er habe seines Patrons Beleidigungen gerächt. Und schon rührte er einige durch die Erhabenheit des von ihm gegebenen Beispiels, bis die von der Wunde genesene Magd die Wahrheit eröffnete. So wurde er von dem Vater der Ermordeten vor die Konsuln gefordert, nachdem er aus dem Tribunate ausgeschieden, durch den Spruch des Senats nach dem Meuchelmordsgesetze verurteilt.

45. Eine nicht minder in diesem Jahre hervorstechende Schamlosigkeit machte den Anfang großen Unglücks für den Staat. Es lebte in Rom Sabina Poppaea, deren Vater Titus Ollius war. Doch hatte sie den Namen ihres Großvaters mütterlicherseits angenommen, da das

Andenken des Poppaeus Sabinus berühmt war, der hervorstrahlte im Ehrenschmucke des Konsulates und Triumphes, während Ollius, noch ehe er ein Ehrenamt bekleidet hatte, die Freundschaft des Seianus stürzte. Diese Frau besaß alles andere außer einem tugendhaften Herzen. Ihre Mutter nämlich, die Frauen ihrer Zeit an Schönheit übertreffend, hatte diesen Ruhm zugleich mit ihrer Schönheit auf sie vererbt; ihr Vermögen entsprach der Berühmtheit des Geschlechtes; ihre Rede war freundlich, ihr Verstand nicht ungebildet; Ehrbarkeit trug sie zur Schau, leichtfertig war sie in der Wirklichkeit; selten ging sie aus, und dann mit halb verschleiertem Gesichte, um dem Auge nicht volle Befriedigung zu gewähren, oder weil ihr dies vorteilhaft stand. Ihren Ruf aber schonte sie nie, keinen Unterschied machend zwischen ihren Ehemännern und Liebhabern. Auch von Neigung, ihrer eigenen oder eines anderen, unabhängig ließ sie dahin, wo sich Vorteil zeigte, ihre Sinnenlust gehen. Als sie so in der Ehe mit dem römischen Ritter Rufus Crispinus lebte, dem sie einen Sohn geboren hatte, lockte Otho sie durch seine Jugend und durch Verschwendung an sich, auch weil er als der Heißgeliebteste in Neros Freundschaft galt. Und nicht lange währte es, so gesellte sich zum Ehebruche die Vermählung.

46. Otho, sei es aus Unvorsichtigkeit der Liebe, oder um ihn zu entflammen und damit, wenn sie dasselbe Weib besäßen, auch dieses Band noch seine Macht vermehrte, pries dem Fürsten die Schönheit und feine Bildung seiner Gattin. Oft hörte man ihn sagen, wenn er sich von der kaiserlichen Tafel erhob, er gehe zu ihr, ihm sei Adel, Schönheit, alles, was die Welt sich wünsche und was Glückliche erfreue, zuteil geworden. Nach diesen und ähnlichen Anreizungen wurde nicht mehr lange gezögert. Sondern, sobald sie Zutritt erhalten hatte, suchte Poppaea zuerst durch Schmeicheleien und Verführungskünste Einfluß zu gewinnen, sich dabei stellend, als erliege sie ihrer Leidenschaft und sei von Neros Schönheit ganz eingenommen. Dann, als des Fürsten Liebe schon leidenschaftlich wurde, nahm sie ein stolzes Ansehen an und sprach, wenn sie über eine oder zwei Nächte festgehalten werden sollte, sie sei vermählt, und könne unmöglich ihre Ehe aufgeben, gefesselt an Otho durch dessen Lebensweise, worin niemand ihn erreiche. Er sei an Geist und Bildung großartig, bei ihm sehe sie des höchsten Glückes Würdiges. Nero dagegen, durch eine Buhlerin, eine Magd, durch die Gewöhnung an eine Acte gefesselt, habe nichts als Niedrigkeit und Schmutz aus dieser Sklavenverbindung angenommen. Nun wurde Otho von der gewohnten Vertraulichkeit ausgeschlossen, dann auch vom Zutritt und der Begleitung, und zuletzt, damit er nicht in Rom ein Nebenbuhler wäre, über die Provinz Lusitanien gesetzt, wo er bis zum Bürgerkriege nicht wie nach der früheren ehrlosen Weise, sondern unbescholten und rechtschaffen lebte, ausschweifend im Privatleben, in der Amtsgewalt gemäßigt.

47. Soweit suchte Nero noch Beschönigungen für seine Schandtaten und Verbrechen. Er hegte besonders gegen Cornelius Sulla Argwohn, dessen stumpfen Sinn ins Gegenteil deutend, indem er einen schlauen Heuchler in ihm zu erkennen glaubte. Diese Besorgnis steigerte noch Graptus, einer der kaiserlichen Freigelassenen, der durch Erfahrungen und hohes Alter schon seit Tiberius das Fürstenhaus wohl kannte, durch folgende Lüge. Die mulvische Brücke war in dieser Zeit der Sammelplatz zu nächtlichen Liebesabenteuern, und oft kam auch Nero dahin, um desto ungebundener außerhalb der Stadt Mutwillen zu verüben. Daher erlog nun jener, es sei ihm auf seinem Heimweg längs der flaminischen Straße ein Hinterhalt bereitet und nur durch Schicksalsfügung vermieden worden, weil er auf dem entgegengesetzten Wege durch den Park des Sallust zurückgekehrt sei. Ausgegangen sei der Anschlag von Sulla. Zufällig hatten nämlich einige in jugendlicher Ausgelassenheit, die damals überall geübt wurde, den heimkehrenden Dienern des Fürsten einen leeren Schrekken eingejagt. Weder einen von den Sklaven noch von den Klienten Sullas hatte man erkannt, und am meisten widersprach sein verächtliches und keines Wagstücks fähiges Wesen der Beschuldigung. Doch nicht anders, als hätte man ihn überführt, wurde ihm befohlen, sich aus der Vaterstadt zu entfernen, und sich auf die Mauern Massilias zu beschränken.

48. Unter denselben Konsuln erhielten die Gesandtschaften der Puteolaner Gehör, welche gegen einander der Gemeinderat und das Volk an den Senat geschickt hatten, jene über die Gewalttätigkeit der Menge, diese über die Habsucht der Beamten und insbesondere jedes Vornehmen sich beschwerend. Und da der Aufruhr schon bis zu Steinwürfen und Androhung von Brandstiftungen gekommen war und Mord und Waffengewalt herbeizuführen drohte, wurde Gajus Cassius ausersehen, Maßregeln dagegen zu treffen. Weil man sich dessen Strenge nicht gefallen lassen wollte, wurde auf sein eigenes Bitten den Brüdern Scribonius dieses Geschäft übertragen, und ihnen eine prätorische Kohorte mitgegeben. Aus Angst vor ihr und durch Hinrichtung einiger Wenigen in der Bürgerschaft kehrte die Eintracht wieder.

49. Nicht erwähnen würde ich einen ganz gewöhnlichen Senatsbeschluß, nach welchem der Stadt Syracus erlaubt wurde, die bei Fechterspielen festgesetzte Zahl zu überschreiten, wenn nicht Paetus Thrasea demselben widersprochen und so seinen Neidern Gelegenheit gegeben hätte, seine Meinung anzugreifen. Glaube er nämlich, so fragte man, daß es an der Freiheit des Senats dem Staate fehle, warum er solche Kleinigkeiten denn verfolge? Warum er nicht über Krieg oder Frieden, über Abgaben und Gesetze und worauf sich sonst das Römertum noch stütze, für oder wider seine Stimme gebe? Gestattet sei es ja den Senatoren, so oft sie das Recht erhielten, ihre Meinung

auszusprechen, das, was sie wollten vorzubringen und eine Verhandlung darüber zu verlangen. Oder sei allein etwa ein der Verbesserung würdiger Gegenstand, daß nicht in Syracus Schauspiele zu kostspielig gegeben würden. Sei das Übrige in allen Teilen des Reichs so vortrefflich, als ob nicht Nero, sondern Thrasea die Leitung desselben in Händen hätte? Wenn man daher das Wichtigste absichtlich schweigend übergehe, um wieviel mehr habe man in Unbedeutendes sich nicht zu mischen. Thrasea entgegnete, als seine Freunde Rechtfertigung verlangten, nicht aus Unbekanntschaft mit der gegenwärtigen Lage der Dinge rüge er dergleichen Beschlüsse, sondern es geschehe zur Ehre des Senates, damit es nur recht sichtbar werde, wie diejenigen für wichtige Angelegenheiten ihre Sorge nicht verleugnen würden, die ihre Aufmerksamkeit auch auf die unerheblichsten verwendeten.

50. Als sich in demselben Jahre die Beschwerden des über die Härte der Zollpächter klagenden Volkes häuften, dachte Nero schon daran, ob er nicht die gesamten Zölle aufheben lassen, und damit dem Menschengeschlechte das schönste Geschenk gewähren sollte. Aber die Senatoren zügelten seinen ersten Eifer, nachdem sie zuvor seine Großherzigkeit hoch gepriesen, des Reiches Auflösung erklärend, wenn die Einkünfte, von denen der Staat erhalten würde, vermindert werden sollten. Der Aufhebung der Zölle würde nämlich die Forderung folgen, auch die Steuern abzuschaffen. Die meisten Zollpächtergesellschaften seien von Konsuln und Volkstribunen gestiftet worden, als des römischen Volkes Freiheit noch in voller Kraft war. Das Übrige sei damals so eingerichtet worden, daß die genaue Berechnung der Einnahmen und die notwendigsten Ausgaben zueinander in Einklang ständen. Eine Grenze sei jedenfalls der Habsucht der Zollpächter zu setzen, damit nicht, was man ohne Klage sich so viele Jahre hindurch habe gefallen lassen, durch neuerdings begangene Bedrückungen ein Gegenstand der Unzufriedenheit werden würde.

51. Daher verordnete der Fürst, es sollten die bisher geheim gehaltenen Vorschriften einer jeden Staatssteuer bekannt gemacht, versäumte Forderungen nicht über ein Jahr hinaus wieder aufgenommen werden; zu Rom sollte der Prätor, in den Provinzen die jedesmaligen Proprätoren oder Prokonsuln gegen die Zollpächter außerordentliche Gerichtssitzungen halten; den Soldaten sollte die Abgabenfreiheit, außer von dem, womit sie Handel trieben, erhalten werden; und noch andere ganz billige Beschränkungen, die nur kurze Zeit beachtet, dann aber außer acht gelassen wurden. Noch hat jedoch die Abschaffung des Vierzigsten und Fünfzigsten Bestand, und was für Namen sonst noch die Zollpächter für unerlaubte Erhebungen erfunden hatten. Ermäßigt wurden in den jenseits des Meeres gelegenen Provinzen die Abgaben von der Getreideausfuhr und festgesetzt, daß die Schiffe nicht mit zum Vermögen der Handelsleute gerechnet werden, und sie für diese keine Steuer bezahlen sollten.

52. Zwei von der Provinz Afrika Angeklagte, die dort prokonsularische Gewalt gehabt hatten, Sulpicius Camerinus und Pomponius Silvanus sprach der Kaiser frei, den Camerinus nur gegen einige wenige Privatleute, welche ihm mehr Verbrechen der Grausamkeit als der Gelderpressung vorwarfen. Den Silvanus hatte eine große Menge von Anklägern umlagert, und verlangte Zeit zur Herbeirufung von Zeugen; der Angeklagte forderte augenblickliche Verteidigung. Er gewann die Oberhand durch seinen kinderlosen Reichtum und sein Greisenalter, welches er noch über das Leben derer hinausführte, durch deren Erbschleichereien er davongekommen war.

53. Ruhig war es bis zu dieser Zeit in Germanien gewesen, wegen der Denkungsart der Heerführer, welche, da Triumphinsignien schon etwas ganz gewöhnliches geworden waren, dadurch noch größeren Ruhm zu gewinnen hofften, wenn sie den Frieden zu erhalten wußten. Pompejus Paulinus und Lucius Vetus befehligten zu dieser Zeit das Heer. Um jedoch die Soldaten nicht untätig ruhen zu lassen, vollendete jener den vor 63 Jahren zur Eindeichung des Rheins von Drusus begonnenen Damm, Vetus traf Anstalten, die Mosel und die Saone durch einen zwischen beiden gezogenen Kanal zu verbinden, damit die Truppen über das Meer, sodann die Rhone und Saone hinauf, durch diesen Kanal gleich auf der Mosel in den Rhein und dann in den Ozean einliefen, und unter Vermeidung der Schwierigkeiten des Landweges des Westens und des Nordens Küsten durch Schiffahrt miteinander verbunden wären. Neidisch auf dieses Werk war Aelius Gracilis, Legat in Belgica, und schreckte den Vetus davon ab, seine Legionen in eine fremde Provinz zu bringen und sich in Gallien beliebt zu machen, indem er bemerkte, dies errege nur Besorgnis beim Imperator, was gewöhnlich edle Bestrebungen verhindert.

54. Übrigens verbreitete sich bei der fortwährenden Untätigkeit der Heere das Gerücht, es sei den Legaten das Recht genommen worden, gegen den Feind zu ziehen. Deshalb führten die Friesen ihre junge Mannschaft durch Waldgebirge oder Sümpfe, das wehrlose Alter über die Seen ans Ufer, und besetzten die unbebauten, den Soldaten vorbehaltenen Ländereien, unter Anführung des Verritus und Malorix, welche diese Völkerschaft regierten, soweit Germanen sich gebieten lassen. Und schon hatten sie sich häuslich niedergelassen, Saat ins Ackerland gebracht und bearbeiteten den Boden, als wäre es der heimische, als Dubius Avitus, sobald er von Paulinus die Provinz erhalten hatte, mit römischer Heeresmacht drohte, wenn die Friesen nicht in ihre alten Lande abzögen oder den neuen Wohnsitz sich vom Kaiser erwirkten, und den Verritus und Malorix dahinbrachte, sich zu Bitten zu bequemen. So reisten sie nach Rom und gingen, während sie auf Nero, der mit anderen Sorgen beschäftigt war, warteten, unter den Sehenswürdigkeiten, die man Ausländern zu zeigen pflegt, auch ins Theater des Pompeius, damit sie von der Größe des Volkes eine

Anschauung bekämen[152]. Während sie hier aus Langeweile – denn an den Spielen fanden sie, weil sie nichts davon verstanden, kein Gefallen – sich nach dem schaulustigen Publikum, den Abteilungen der Stände, wer die Ritter, wo der Senat, erkundigten, wurden sie einige Männer in ausländischer Tracht auf den Sitzen der Senatoren gewahr, und als sie auf ihre Frage, wer denn diese seien, vernommen, daß den Gesandten derjenigen Völker diese Ehre zugestanden sei, die sich durch Tapferkeit und Freundschaft für Rom auszeichneten, riefen sie aus, es gehe niemand in der Welt an Waffen oder Treue über die Germanen, stiegen hinab und setzten sich unter den Senatoren nieder. Dies wurde freundlich von den Zuschauern aufgenommen, wie aus alter Zeit würdiger Aufwallung und edlem Wetteifer hervorgegangen. Nero beschenkte beide mit dem römischen Bürgerrechte, den Friesen befahl er, die Felder zu räumen, und da sie sich nicht daran kehrten, zwang sie dazu die plötzlich gegen sie ausgesandte Bundesgenossenreiterei, nachdem die, welche hartnäckigeren Widerstand geleistet hatten, gefangen genommen oder niedergehauen worden waren.

55. Dieselben Ländereien besetzten die Ampsivarier, ein nicht nur durch seine eigene Stärke, sondern auch durch das Mitleid der angrenzenden Völker bedeutenderer Stamm, weil sie von den Chauken vertrieben und heimatlos um ein sicheres Exil baten. Auch sprach für sie ein unter jenen Völkerschaften berühmter und uns auch treuergebener Mann namens Boiocalus, welcher erwähnte, wie er im Cheruskeraufstande auf des Arminius Befehl gefesselt worden sei, dann unter Tiberius und Germanicus gedient habe, und zu fünfzigjährigem Gehorsam auch das noch hinzufüge, daß er seinen Stamm unserer Botmäßigkeit unterwerfe. Wozu liege ein so bedeutender Teil des Feldes unbebaut, auf welches nur die Schaf- und Rinderherden der Soldaten bisweilen hinübergetrieben würden? Sie möchten immerhin Aufnahmestätten für ihre Herden vorbehalten bei dem Hunger der Menschen, nur eine Wüste, eine Einöde möchten sie nicht lieber wollen als befreundete Völker. Den Chamavern hätten einst diese Fluren gehört, dann den Tubanten und nachher den Usipern. Wie der Himmel den Göttern, so seien die Länder der Erde dem Geschlechte der Sterblichen verliehen, und Gemeingut die, welche unbesetzt seien. Alsdann zur Sonne emporblickend und die übrigen Gestirne anrufend, fragte er dieselben, als wären sie gegenwärtig, ob es ihr Wille sei, auf leeren Boden niederzuschauen. Lieber möchten sie das Meer darüber hinströmen lassen gegen die Räuber des Erdbodens.

56. Hierdurch gereizt erwiderte Avitus, man müsse sich die Gebote der Stärkeren gefallen lassen. So habe es den Göttern, die sie anriefen, gefallen, daß es der Römer Willkür überlassen bleibe, was sie geben, was sie nehmen wollten, und keine anderen Richter duldeten als sich selbst. Dies sagte er öffentlich den Ampsivariern, dem Boiocalus

persönlich, ihm wolle er in Anerkennung seiner Freundschaft Äcker geben. Doch der verschmähte dies als einen Verräterlohn mit dem Bemerken: Fehlen kann uns Land, darauf zu leben, darauf zu sterben nicht. Und so schied man beiderseits erbittert. Jene riefen die Bructerer, Tencterer und selbst entferntere Völkerschaften zur Teilnahme am Krieg auf. Avitus schrieb an den Legaten des oberrheinischen Heeres, Curtilius Mancia, daß er über den Rhein gehen und Waffenmacht im Rücken zeigen möchte. Er selbst führte die Legionen in das Gebiet der Tencterer, Vernichtung drohend, wenn sie der Gemeinschaft nicht entsagten. Als diese nun zurücktraten, wurden die Bructerer durch gleiche Furcht geschreckt, und da auch die Übrigen fremde Gefahr von sich abzuwenden suchten, wich der Ampsivarier Stamm, allein noch übrig, zurück zu den Usipiern und Tubanten. Da sie, aus deren Ländern vertrieben, sich zu den Chatten, dann zu den Cheruskern begeben hatten, wurden sie auf ihrer langen Irrfahrt als Fremdlinge, als Bettler und als Feinde, auf fremdem Boden, was wehrhaft war, erschlagen, das wehrlose Alter als Beute verteilt.

57. In demselben Sommer kam es zwischen den Hermunduren und Chatten zu einer großen Schlacht, weil sie sich einen in Salzgewinnung ergiebigen Grenzfluß mit Gewalt zuzueignen suchten – außer dem Hange, alles mit den Waffen auszumachen, auch aus angestammtem Aberglauben, daß diese Gegenden dem Himmel besonders nahe seien, und die Gebete der Sterblichen von den Göttern nirgends so nahe vernommen würden. Daher entstehe durch die Huld der Götter in jenem Flusse und in jenen Wäldern das Salz, nicht, wie bei anderen Völkern, indem beim Übertreten des Meeres das Wasser eintrocknet, sondern, nach dem Ausgießung über einen brennenden Holzstoß, wobei es sich aus den einander widerstrebenden Elementen, dem Feuer und dem Wasser, niederschlägt. Dieser Krieg war für die Hermunduren glücklich, den Chatten desto verderblicher, weil die Sieger das Heer der Gegner dem Mars und dem Merkur weihten, ein Gelübde, wodurch Roß und Mann und alles Besiegte insgesamt dem Untergange überliefert wird. So fielen die Drohungen unserer Feinde auf sie selbst zurück. Aber der uns verbündete Gau der Ubier wurde von einem unvorhergesehenen Unglücke betroffen. Aus der Erde hervorbrechendes Feuer nämlich ergriff allenthalben Landhäuser, Fluren und Dörfer und breitete sich sogar bis zu den Mauern der jüngst gegründeten Kolonie aus. Es war nicht zu löschen, weder wenn Regen fiel, noch durch Flußwasser oder sonst eine Feuchtigkeit, bis einige Landleute in Ermangelung eines Mittels und im Ingrimm über die Verheerung aus der Ferne Steine warfen, dann, als die Flammen sich legten, näher herantraten und sie mit Stockschlägen und anderen Hieben gleichsam wie wilde Tiere abzuschrecken suchten, zuletzt vom Leibe gerissene Kleidungsstücke darauf warfen, die um so besser das Feuer dämpfen sollten, je abgetragener und befleckter durch den Gebrauch sie waren.

58. In demselben Jahre hielt man es für ein böses Vorzeichen, daß der ruminalische Baum[153] auf dem Comitium, welcher vor 840 Jahren die Kindheit des Remus und Romulus beschirmt hatte, durch Absterben der Äste und Dürrwerden des Stammes sein Ansehen verlor, bis Trieben wieder auflebte.

VIERZEHNTES BUCH

Die Jahre 59 bis 62 n. Chr.

Das Jahr 59 n. Chr.

1. Unter dem Konsulate des Gaius Vipstanus und Fontejus verschob Nero das lange im Sinn getragene Verbrechen nicht weiter, da ihm mit der Länge der Herrschaft auch der Mut dazu gewachsen war, und er täglich heftiger in Liebe zu Poppaea glühte, die noch dazu, so lange Agrippina lebte, die Ehe mit ihm und seine Scheidung von Octavia nicht hoffen konnte, und deshalb unter häufigen Beschuldigungen, bisweilen durch Spottreden dem Fürsten Vorwürfe machte und ihn unmündig nannte, da er von den Befehlen anderer abhängig, nicht nur keine Herrschaft, sondern auch nicht einmal Freiheit besäße. Denn warum würde die Vermählung mit ihr aufgeschoben? Gewiß mißfalle ihre Gestalt und die triumphgeschmückten Ahnen, oder fürchte man etwa ihre Fruchtbarkeit und ihren geraden Sinn, daß sie als Gattin wenigstens die Kränkungen des Senates und den Zorn des Volkes über den Stolz und die Habsucht der Mutter zur Sprache bringe? Könne Agrippina keine andere als eine ihrem Sohne feindlich gesinnte Schwiegertochter ertragen, nun, so möge man sie der Ehe Othos wiedergeben. Sie wolle hingehen, wohin immer es sei, wo sie des Imperators Schmach nur zu hören und nicht zu sehen bekäme wie hier, wo sie mit in seine Gefahren hineingezogen sei. Dem und ähnlichem, das durch Tränen und alle Kunstgriffe einer Ehebrecherin der Wirkung nicht verfehlte, wehrte niemand, da alle ja wünschten, daß die Macht der Mutter gebrochen würde, und keiner glaubte, daß der Haß des Sohnes bis zu ihrer Ermordung gehen würde.

2. Cluvius berichtet[154], Agrippina sei in ihrem Eifer, die Macht festzuhalten, so weit gegangen, daß sie am Mittag, da zu dieser Zeit Nero durch Wein und Speise erhitzt zu sein pflegte, wiederholentlich sich dem Trunkenen dargeboten habe, geschmückt und zur Blutschande bereit. Und da die nächste Umgebung schon wollüstige Küsse und als Vorboten des Frevels erscheinende Liebkosungen bemerkte, habe Seneca gegen die Lockungen des Weibes durch ein Weib zu helfen gesucht, und es sei die Freigelassene Acte zu ihm gesandt worden, um zugleich in Angst wegen ihrer eigenen Gefahr und Neros Verruf, zu hinterbringen, daß die Blutschande weltbekannt sei, da sich die Mutter ihrer rühme, und daß die Soldaten die Herrschaft eines entweihten

Fürsten nicht ertragen würden. Fabius Rusticus erzählt, nicht Agrippina, sondern Nero habe dieses Gelüste gehabt, und es sei durch eben jener Freigelassenen List vereitelt worden. Aber dasselbe, was Clucius, haben auch die übrigen Geschichtschreiber überliefert, und die Sage spricht dafür, mag nun der Agrippina wirklich eine solche Scheußlichkeit in den Sinn gekommen, oder der Gedanke dieser unerhörten Lust nur bei der glaublicher erschienen sein, die sich schon in ihren Mädchenjahren dem Lepidus in Hoffnung auf Herrschaft zur Schändung hingegeben, in gleicher Begierde sich bis zu den Lüsten des Pallas erniedrigt hatte und zu jedem Frevel durch ihre Vermählung mit dem Oheim geübt war.

3. Hinfort vermied Nero geheime Zusammenkünfte mit ihr, und lobte es, daß sie Ruhe zu gewinnen suche, wenn sie sich in ihren Park oder auf das Land nach Tusculum und Antium fortbegab. Zuletzt fand er sie mehr als lästig, wo man sie auch immer sich aufhalten ließ, und beschloß, sie zu töten, nur noch darüber zu Rate gehend, ob durch Gift oder Dolch oder irgendein anderes Gewaltmittel. Zuerst gefiel Gift. Doch konnte dies, gab man es an des Fürsten Tafel, nicht einem Zufall zugeschrieben werden, da schon Britannicus so geendet hatte. Und die Diener einer Frau zu gewinnen, die durch eigene Erfahrung in Verbrechen gegen Nachstellungen auf der Hut zu sein gelernt hatte, schien schwierig; auch hatte sie sich durch Gegenmittel schon im voraus verwahrt. Auf welche Weise Mord durch Erdolchung zu verheimlichen wäre, dafür wußte niemand Rat. Auch besorgte er, es möchte, wer etwa zu dieser so entsetzlichen Tat erkoren, sich des Befehls weigern. Da trat mit seiner Erfindungsgabe der Freigelassene Anicetus hervor, der Befehlshaber der Flotte bei Misenum, Neros Erzieher in dessen Knabenalter und durch wechselseitigen Groll mit der Agrippina verfeindet. Er zeigte nämlich, es lasse sich ein Schiff einrichten, dessen einer Teil im Meere selbst sich künstlich öffnend, die nichts Ahnende versenken könnte. Nichts lasse so viel Zufälligkeiten Raum als das Meer, und wenn sie durch Schiffbruch umgekommen sei, wer würde so unbillig sein, einem Verbrechen zuzuschreiben, was Wind und Wogen verschuldet hätten? Dann würde der Fürst für die Verstorbene noch einen Tempel und Altäre und das übrige zum Beweis der Liebe Geeignete anordnen.

4. Diese listige Erfindung gefiel und wurde auch von der Zeit begünstigt, weil er bei Baiae das Fest der Quinquatrien beging[155]. Dorthin lockte er die Mutter, indem er wiederholt erklärte, man müsse den Zorn der Eltern ertragen und sein Gemüt besänftigen, um dadurch das Gerücht von einer Versöhnung zu erzeugen, und damit es Agrippina mit der Frauen für Angenehmes eigenen Leichtgläubigkeit aufnähme. Der Kommenden ging er sodann bis ans Gestade entgegen – denn sie kam von Antium her – empfing sie mit Händedruck und Umarmung und führte sie nach Bauli. Dies ist der Name eines

Landsitzes, welcher zwischen dem Vorgebirge Misenum und dem baianischen See von einer Meeresbucht bespült wird. Hier lag unter anderen Schiffen ein besonders stattliches, wie wenn auch dies der Mutter zu Ehren geschehe. Denn sie war gewohnt, auf einem Dreiruderer und mit Ruderern von der Flotte zu fahren. Für jetzt war sie zu einem Mahle eingeladen, damit die Nacht zur Verheimlichung der Schandtat angewandt würde. Es war bekannt genug, daß sich ein Verräter gefunden hatte, und daß Agrippina, als sie von der Nachstellung gehört, unschlüssig, ob sie es nicht glauben sollte, in einem Tragsessel sich nach Baiae hatte bringen lassen. Dort linderte Schmeichelei ihre Besorgnis, nachdem sie freundlich aufgenommen worden war und über dem Kaiser selbst ihren Platz erhalten hatte. Dann zog Nero durch mancherlei Gespräche mit ihr, bald in jugendlicher Vertraulichkeit, dann auch wieder mehr sich sammelnd, als ob er ihr ernste Dinge mitzuteilen habe, das Gastmahl in die Länge und begleitete sie beim Weggehen, mit größerer Innigkeit an ihrem Blick und Busen hangend, sei es, um die Verstellung vollständig zu machen, oder weil der letzte Anblick der dem Untergange geweihten Mutter sein wenngleich noch so wildes Gemüt beschäftigte.

5. Die Götter sandten eine sternenhelle und auf stillem Meere ruhige Nacht gleichsam zur Enthüllung der Schandtat. Und noch nicht weit war das Schiff gefahren, auf welchem die Agrippina zwei aus der Zahl ihrer Vertrauten begleiteten, von denen Crepereius Gallus nicht weit vom Steuerruder stand, Acerronia, über die Füße der Ruhenden rückwärts gelehnt, der Reue des Sohnes und der wiedererlangten Muttergunst in Freuden gedachte, als auf ein gegebenes Zeichen das mit vielem Blei beschwerte Dach an dieser Stelle niederstürzte und Crepereius erdrückt und sofort seinen Tod fand. Agrippina und Acerronia wurden durch die Lehnen des Ruhebettes, welche über sie hervorstanden und zufällig stärker waren, als daß sie der Last nachgegeben hätten, geschützt. Auch erfolgte das Auseinandergehen des Fahrzeuges nicht, da alles in Verwirrung geriet und die meisten, von nichts wissend, auch den Mitwissern hinderlich waren. Da hielten es die Ruderer für geraten, das Schiff auf die eine Seite zu legen, und es so zu versenken. Aber teils stimmten sie selbst nicht rasch genug zur augenblicklichen Tat überein, teils veranlaßten andere, indem sie sich entgegenstemmten, einen sanfteren Sturz ins Meer. Acerronia jedoch wurde, weil sie in ihrer Unbesonnenheit ausrief, sie sei Agrippina und man möge der Mutter des Fürsten zu Hilfe kommen, mit Stangen und Rudern und was der Zufall von Schiffswaffen darbot, erschlagen. Agrippina, welche schwieg und deshalb nicht recht erkannt wurde, eine Wunde erhielt sie dennoch an der Schulter, gelangte schwimmend und dann auf Barken, welche ihr entgegenkamen, in den Lucrinersee und wurde in ihr Landhaus gebracht.

6. Dort erwog sie, daß sie nur deshalb durch ein trügerisches

Schreiben herbeigerufen und mit so vorzüglicher Auszeichnung behandelt worden sei, daß ferner nahe am Ufer, nicht von Winden getrieben, nicht auf Felsen stoßend, das Schiff in seinem Oberteil wie auf dem Lande ein Maschinenwerk, zusammengestürzt war. Sie zog auch Acerronias Ermordung in Erwägung, betrachtete zugleich ihre eigene Wunde, und daß sie sich allein dadurch gegen die Nachstellungen zu schützen vermochte, weil sie sie nicht bemerkt zu haben schienen. So schickte sie ihren Freigelassenen Agerinus ab, um dem Sohne zu verkünden, daß sie durch die Huld der Götter und durch sein eigenes Glück einem schweren Unfalle entronnen sei. Sie bitte, daß er, obwohl in Schreck gesetzt durch die Gefahr für die Mutter, die Sorge eines Besuches noch verschieben möge, für jetzt bedürfe sie der Ruhe. Unterdessen gebrauchte sie in erheuchelter Sorglosigkeit Heilmittel für die Wunde und wärmende Umschläge für ihren Leib. Das Testament Acerronia ließ sie aussuchen und ihren Nachlaß versiegeln, nur dies nicht aus Verstellung.

7. Indes wurde dem Nero, der die Nachricht erwartete, daß die Untat vollbracht sei, gemeldet, sie sei mit einer leichten Verwundung davongekommen und nur so weit in Gefahr gewesen, daß der, von dem es ausgegangen, ihr nicht zweifelhaft sein könne. Da rief er außer sich vor Schreck und feierlich versichernd, sie sei, eilend mit der Rache, in jedem Augenblicke zu erwarten. Möchte sie nun ihre Sklaven bewaffnen, die Soldaten entflammen oder geradezu an den Senat und ans Volk gehen, den Schiffbruch, ihre Wunde, die Ermordung ihrer Freunde ihm vorwerfen, was stehe ihm dagegen für Hilfe zu Gebote, wenn nicht Burrus und Seneca einen Ausweg wüßten? Diese nämlich hatte er sogleich holen lassen, von denen es ungewiß ist, ob sie vorher von der Sache etwas wußten. Daher beobachteten beide ein langes Stillschweigen, um nicht vergeblich zu widerraten, oder weil sie glaubten, es sei schon so weit damit gediehen, daß, wenn man nicht der Agrippina zuvorkäme, Nero sterben müsse. Dann blickte Seneca, insofern entschlossener, den Burrus an, und forschte ihn aus, ob den Soldaten wohl der Mord befohlen werden könne. Dieser erwiderte, die Prätorianer, dem ganzen Hause der Caesaren verpflichtet und des Germanicus eingedenk, würden sich gegen einen Abkömmling desselben keine Gewalttat erlauben. Anicetus möge doch vollenden, was er versprochen habe. Und dieser verlangte, ohne sich zu besinnen, die Oberleitung der Freveltat. Bei dieser Erklärung bekannte Nero offen, an diesem Tage werde ihm erst die Herrschaft gegeben, und dem Freigelassenen habe er dieses große Geschenk zu danken. Er möge sich eilig aufmachen und recht dienstwillige Leute mit sich nehmen. Er selbst veranstaltete, da er hörte, es sei, von Agrippina als Bote gesandt, Agerinus gekommen, obenein noch eine Szene zur Beschuldigung, und warf ihm, während er seine Aufträge ausrichtet, ein Schwert zwischen die Füße. Dann ließ er ihn, als sei er auf der Tat ertappt, in

Fesseln legen, um vorgeben zu können, die Mutter habe die Ermordung des Fürsten im Werke gehabt, und aus Scham über die Entdekkung des Frevels sich selbst den Tod gegeben.

8. Da inzwischen Agrippinas Gefahr als ein Werk des Zufalls zur öffentlichen Kunde gekommen war, lief jeder, so wie er sie vernahm, an den Strand hinab. Die einen bestiegen die vorspringenden Dämme, andere die nächsten Kähne, wieder andere wateten, so weit es ging, ins Meer, einige streckten sogar die Hände aus. Das ganze Ufer ertönte von Klagen, von Gelübden, vom Geschrei der bald dies bald jenes Fragenden oder derer, die ungewisse Antworten darauf gaben. Herbeigeströmt kam eine ungeheure Menschenmenge mit Lichtern und machte sich, als es bekannt wurde, daß sie gerettet sei, wie um Glück zu wünschen auf, bis sie sich bei dem Anblick einer bewaffneten und drohenden Schar zerstreute. Anicetus umstellte das Landhaus mit Wachen und riß, nachdem er die Pforte erbrochen hatte, die ihm entgegentretenden Sklaven hinweg, bis er zur Tür des Schlafgemachs gelangte, vor welcher nur noch wenige standen, während die übrigen durch Angst vor den Hereindringenden verscheucht worden waren. Im Schlafgemach war schwaches Licht und eine einzige Sklavin und Agrippina, banger und banger, daß niemand vom Sohne kam, selbst Agerinus nicht. Wie ganz anders würde sich ein freudiges Ereignis ankündigen. Jetzt war alles still. Plötzlich ließ sich Lärm als Andeutung des äußersten Unglücks vernehmen. Als hierauf die Sklavin hinausging, rief sie ihr nach: auch du läßt mich allein. Sie erblickte den Anicetus, vom Schiffshauptmann Herculeius und einen Centurio der Flotte Obaritus begleitet, und sprach, wenn er gekommen sei, um zu sehen, wie es ihr ginge, so möchte er melden, sie habe sich erholt, wenn aber, um eine Untat zu vollbringen, so glaube sie es nicht von ihrem Sohn, befohlen sei der Muttermord ihm nicht. Da stellten sich die Mörder um das Bett, und zuerst schlug der Schiffshauptmann die Kaiserin mit einem Knüttel auf das Haupt. Als dann der Centurio zum Todesstoß das Schwert zog, rief sie, ihren Leib hinhaltend, auf: in den Mutterleib stoße, und erlag unter vielen Wunden.

9. Dies wird übereinstimmend berichtet. Ob Nero die entseelte Mutter noch beschaut und ihre Schönheit gelobt hat – einige haben es erzählt, andere leugnen es. Verbrannt wurde sie noch in derselben Nacht auf einem Tischpolster und mit ganz gewöhnlicher Zeremonie. Auch wurde, so lange Nero die Herrschaft besaß, keine Erde über sie gehäuft oder eingefriedet. Nachher bekam sie durch die Fürsorge ihrer Dienerschaft einen unbedeutenden Grabhügel neben der misenischen Straße und der Villa des Diktators Caesar, welche sehr hoch gelegen auf die darunter liegenden Meeresbuchten hinabschaut. Als der Scheiterhaufen angezündet war, durchbohrte sich einer ihrer Freigelassenen namens Mnester selbst mit dem Schwerte, man weiß nicht,

ob aus Anhänglichkeit an seine Gebieterin oder aus Furcht vor Hinrichtung. Daß so ihr Ende sein würde, hatte Agrippina schon viele Jahre vorher geglaubt, aber nicht beachtet. Als sie nämlich Neros wegen die Chaldäer befragte, gaben sie ihr die Antwort, er werde dereinst herrschen und seine Mutter töten, worauf sie sprach: mag er mich auch töten, wenn er nur herrscht!

10. Vom Kaiser indes wurde erst, als es vollbracht war, die Größe des Verbrechens erkannt. Während der noch übrigen Zeit der Nacht bald in starrem Schweigen, häufiger noch vor Schreck auffahrend und kaum des Verstandes mächtig, erwartete er das Tageslicht, als werde es ihm Vernichtung bringen. Da richtete ihn zuerst auf des Burrus Antrieb die Schmeichelei der Centurionen und Tribunen zur Hoffnung auf, indem sie seine Hand ergriffen und ihm Glück wünschten, daß er der unvorhergesehenen Gefahr und dem Frevel der Mutter entkommen sei. Sodann begaben sich die Freunde in die Tempel, und da so ein Beispiel gegeben war, bezeugten die nächsten Landstädte Campaniens durch Opfer und Gesandtschaften ihre Freude, während er selbst, in entgegengesetzter Verstellung, niedergeschlagen schien, gleichsam seiner Lebensrettung zürnend und über den Tod seiner Mutter weinend. Weil sich jedoch nicht wie der Menschen Antlitz so auch die Gestalt der Gegenden ändert, und ihm der drückende Anblick jenes Meeres und Gestades vor Augen war – auch glaubte mancher, es lasse sich Tubaklang auf den Höhen rings umher und Klagetöne am Grabe der Mutter hören – zog er fort nach Neapel und erließ ein Schreiben an den Senat, wesentlich folgenden Inhalts:

Der Mörder Agerinus, einer der vertrautesten Freigelassenen Agrippinas sei mit dem Schwerte ertappt worden, und diese habe in demselben Schuldbewußtsein, in welchem sie das Verbrechen vorgenommen, dafür gebüßt.

11. Er fügte noch aus früherer Zeit Beschuldigungen bei, daß sie Teilnahme an der Herrschaft erhofft hatte, und daß dem Weibe die prätorischen Kohorten den Huldigungseid leisten sollten, und die gleiche Entehrung für den Senat und das Volk. Als sie sich getäuscht sah, hätte sie erbittert gegen die Soldaten, den Senat und das Volk, Geschenk und Spende widerraten, und angesehenen Männern Gefahren bereitet. Mit wie großer Mühe habe er es nur dahin gebracht, daß sie nicht in die Kurie eingedrungen, nicht auswärtigen Völkern Bescheid gegeben hätte. Auch des Claudius Zeiten verblümt angreifend, schob er alle Schändlichkeiten dieser Regierung auf die Mutter, indem er erklärte, daß das Glück des Staates ihren Tod wollte. Natürlich sprach er dabei auch von dem Schiffbruch. Daß dieser ein Werk des Zufalls gewesen sei. Wer möchte als so stumpfsinnig gefunden werden, das zu glauben? Oder daß von einem schiffbrüchigen Weibe ein einziger mit einer Waffe abgesendet worden sei, die Kohorten und

die Flotten des Imperators zu durchbrechen? So stand denn nicht mehr Nero, dessen Abscheulichkeit die Klagen aller überstieg, sondern Seneca in üblem Rufe, weil er mit einer solchen Rede nur ein Selbstgeständnis abgefaßt hatte.

12. Dennoch wurden mit bewunderungswürdigem Wetteifer der Großen Dankfeste in allen Tempeln beschlossen, und daß die Quinquatrien, an welchen die Nachstellungen entdeckt worden waren, durch jährliche Spiele gefeiert, daß ein goldenes Bild Minervas in der Curie und daneben eine Statue des Fürsten aufgestellt und der Geburtstag Agrippinas unter die Unglückstage gerechnet werden sollte. Thrasea Paetus, der mit Schweigen oder kurzer Zustimmung die früheren Schmeicheleien durchgehen zu lassen pflegte, verließ hier den Senat und gab damit Anlaß zu seinem Verderben, ohne damit für die Übrigen zur Freiheit den Grund zu legen. Auch Wunderzeichen traten häufig und erfolglos dazwischen. Ein Weib gebar eine Schlange, und ein anderes wurde während der Beiwohnung des Mannes vom Blitz getötet. Dann verfinsterte sich plötzlich die Sonne und in allen vierzehn Regionen der Stadt schlug es ein. Dies alles ereignete sich so ganz ohne Sorge um die Götter, daß Nero noch nachher viele Jahre fortregierte und fortfrevelte. Um übrigens dem Hasse gegen die Mutter noch mehr Nachdruck zu geben, und nach ihrer Entfernung seine erhöhte Milde an den Tag zu legen, gab er zwei angesehene Frauen, Junia und Calpurnia[156] und die gewesenen Prätoren Valerius Capito und Licinius Gabolus ihrem Heimatlande wieder, aus dem sie einst von Agrippina vertrieben worden waren. Auch erlaubte er die Asche Lollia Paulinas heimzubringen und ihr ein Grabmal zu errichten, und Iturius und Calvisius, die er kürzlich selbst verwiesen hatte, befreite er von der Strafe. Silana war bereits gestorben, nachdem sie aus entfernterem Exil nach Tarent zurückgekehrt war, als Agrippina, durch deren Feinschaft sie gefallen, schon nicht mehr fest stand oder endlich besänftigt war.

13. Da er in Campaniens Städten zögerte, ängstlich besorgt, auf welche Weise er in Rom einziehen sollte, ob er Gehorsam des Senats, ob er Liebe beim Volke finden würde, gaben die Verworfensten, an denen kein anderer Hof je so fruchtbar war, ihm die Versicherung, Agrippinas Name sei verhaßt und die Gunst des Volkes nur noch heißer durch ihren Tod geworden. Unbesorgt möge er sich nur auf den Weg machen und von der Verehrung seiner Person sich selbst anwesend überzeugen. Zugleich baten sie sich aus, voranzugehen. Sie fanden noch mehr Bereitwilligkeit, als sie versprochen hatten, die Tribus zog ihm entgegen, der Senat im Festschmucke, Scharen von Frauen und von Kindern, nach Geschlecht und Alter abgeteilt, und da, wo er einherziehen sollte waren Schaugerüste aufgebaut, so wie man Triumphen zusieht. Hierüber stolz und über die öffentliche Knechtschaft Sieger, begab er sich aufs Kapitol, verrichtete ein Dank-

gebet, und gab sich allen Ausschweifungen hin, die schlecht gezügelt, doch eine gewisse Achtung vor der Mutter noch zurückgehalten hatte.

14. Eine alte Lieblingsbeschäftigung war es für ihn, auf dem Wagen eines Viergespannes zu stehen, und ein nicht minder schimpfliches Vergnügen, nach Schauspielerweise zur Zither zu singen. Wagenrennen pflegte er eine königliche und von den alten Heerführern häufig geübte Gewohnheit zu nennen. Auch sei dies ja durch Dichterlob gefeiert und den Göttern zur Ehre gerechnet. Gesang sei doch dem Apollo heilig, und es stehe ja in diesem Schmucke nicht nur in griechischen Städten, sondern auch in römischen Tempeln die hocherhabene, der Zukunft kundige Gottheit. Schon war es nicht mehr zu halten, als Seneca und Burrus es ratsam fanden, damit er nicht beides durchsetzte, ihm eins zu gestatten. So wurde im vaticanischen Tale ein Raum abgesteckt, in welchem er die Rosse lenkte, ohne daß jedermann zuschauen durfte. Bald lud er selbst das Römervolk ein, das ihn lobpreisend erhob, wie ja die Menge gierig nach Vergnügungen ist, und erfreut, wenn der Fürst dieselbe Richtung nimmt. Übrigens hatte die Preisgebung des Ehrgefühls nicht, wie man glaubte, Überdruß zur Folge, sondern nur neuen Antrieb. Und weil er die Schande zu mildern glaubend, wenn er mehrere damit befleckte, brachte er die Nachkommen adeliger Familien, die wegen ihrer Armut käuflich waren, auf die Bühne, die, obwohl sie schon verstorben sind, namentlich nicht anzuführen ich ihren Vorfahren schuldig zu sein glaube. Kommt ja doch auf den die Schmach, der lieber zu Vergehungen, als daß sie sich nicht vergehen möchten, Geld gab. Auch bekannte römische Ritter wußte er durch ungeheure Geschenke zu nötigen, der Arena ihre Dienste zuzusagen, wiewohl ein Lohn von demjenigen, der befehlen kann, die Gewalt des Zwanges mit sich führt.

15. Um sich jedoch noch nicht auf dem öffentlichen Theater zu entehren, ordnete er unter dem Namen der Juvenalien Spiele an, zu welchen man sich von allen Seiten einschreiben ließ. Nicht Adel, nicht Alter oder bekleidete Ehrenämter waren für irgend jemand ein Hindernis, die Kunst eines griechischen oder lateinischen Schauspielers zu treiben, selbst bis zu ganz unmännlichen Gebärden und Sangesweisen. Ja, sogar Frauen von Rang übten entehrende Dinge ein, und es wurden in dem Haine, den Augustus um den Schiffskampfsee gelegt hatte, Versammlungsorte und Schenken eingerichtet und Reizmittel zur Üppigkeit feilgeboten. Man teilte dazu Geldgeschenke aus, welche die Besseren aus Zwang, die Unmäßigen sich dessen rühmend verwenden sollten. Von nun an nahmen Schandtaten und Verworfenheit immer mehr überhand, und nichts hat den schon längst verderbten Sitten mehr Ausschweifungen zugesellt als dieses Volksgewühl. Kaum wurde noch durch ehrenwerte Bestrebungen ein gutes Sittlichkeitsgefühl erhalten, geschweige daß im Wettstreit der

Laster Keuschheit und Sittsamkeit oder irgend etwas von guter Sitte hätte bewahrt werden können. Zuletzt betrat er selbst die Bühne, er schlug mit viel Sorgfalt die Zither und hatte vorher mit Gesangsmeistern geübt. Ansehen gab der Sache noch eine Militärkohorte, Centurionen und Tribunen und, kummervoll, doch lobend, Burrus. Damals wurden auch das erste mal unter dem Namen der Augustianer römische Ritter geworben, die durch Jugend und Körperstärke ausgezeichnet waren, zum Teil aus Wohlgefallen am Mutwillen, andere in Hoffnung auf Machteinfluß. Diese ließen ganze Tage und Nächte Beifallsgeklatsch erschallen, die Gestalt des Fürsten und seine Stimme vergötternd, und lebten dafür, wie um eines Verdienstes willen, in Ruhm und Ehre.

16. Damit jedoch nicht nur die Schauspielerkünste des Imperators bekannt würden, suchte er auch den Dichter zu machen, indem er alle die um sich versammelte, die einiges Talent zum Versemachen hatten, aber noch nicht damit bekannt waren. Diese setzten sich nach der Tafel mit ihm zusammen hin und schmiedeten die mitgebrachten oder auf der Stelle erst erfundenen Verse zusammen und ergänzten so die Worte, die er selbst, so gut es ging, hervorgebracht hatte. Das zeigt schon der bloße Anblick seiner Gedichte, die ohne Feuer, ohne Begeisterung und nicht wie aus einem Munde strömen. Auch den Lehrern der Weisheit widmete er nach der Tafel eine Zeit, um an der Uneinigkeit der Entgegengesetztes Behauptenden Genuß zu haben. Und es fehlte auch nicht an Leuten, die sich dazu drängten, mit ernstem Gesicht und Blick unter den Ergötzlichkeiten des Hofes solch ein Schauspiel zu gewähren.

17. Um eben diese Zeit entstand aus unbedeutendem Anfange ein entsetzliches Blutvergießen zwischen den nucerinischen und pompeianischen Kolonisten bei einem Fechterspiele, welches Livineius Regulus gab, der, wie ich erzählt habe, aus dem Senate ausgestoßen war. Mit kleinstädtischem Mutwillen einander neckend, kamen sie zu Schimpfreden, dann zu Steinwürfen, endlich zum Schwert, und die Oberhand behielt das Volk von Pompeii, wo das Schauspiel gegeben wurde. So wurden denn viele von den Nucerinern durch Verwundungen verstümmelt nach der Stadt getragen, und gar manche beweinten den Tod von Kindern oder Eltern. Hierüber zu richten überließ der Fürst dem Senate, der Senat den Konsuln, und als die Sache wiederum vor den Senat gebracht worden war, wurden den Pompeianern auf zehn Jahre dergleichen Zusammenkünfte untersagt, und die Vereine, welche sie gegen die Gesetze gestiftet hatten, aufgelöst; Livincius und wer sonst noch den Tumult veranlaßt hatte, wurde mit Verbannung bestraft.

18. Aus dem Senate gestoßen wurde auch Pedius Blaesus auf die Klage der Cyrener, daß von ihm der Schatz des Aesculapius angegriffen worden sei und bei der Aushebung des Militärs Bestechung und

Parteilichkeit gewaltet habe. Dieselben Cyrener verklagten den Acilius Strabo, der Prätor gewesen und von Claudius gesandt worden war, über die Ländereien zu entscheiden, welche einst erblich dem Könige Apion gehörten und dem römischen Volke samt der Herrschaft hinterlassen, dann aber die nächsten Grundbesitzer in Beschlag genommen hatten, die sich nun auf die Verjährung der Ungesetzlichkeit und Ungerechtigkeit wie auf Recht und Billigkeit stützten. Als ihnen daher die Ländereien abgesprochen worden waren, erhoben sie Beschwerde über den Richter, und der Senat erwiderte darauf, ihm seien die Aufträge des Claudius unbekannt, der Fürst sei zu befragen. Obwohl Nero die Entscheidung des Strabo guthieß, schrieb er doch, er wolle sich nichtsdestoweniger der Bundesgenossen annehmen und ihnen, was sie in Besitz genommen, bewilligen.

19. Hierauf folgte der Tod zweier berühmter Männer, des Domitius Aser und Marcus Servilius, welche durch die höchsten Ehrenämter und durch große Beredsamkeit bedeutend gewesen waren, jener durch Prozeßführungen, Servilius lange auf dem Forum, dann als römischer Geschichtsschreiber berühmt, sowie durch strengen Lebenswandel, dem er besseren Glanz verschaffte als jener, an Geist ihm gleich, doch ein anderer von Charakter.

Das Jahr 60 n. Chr.

20. Im vierten Konsulate Neros und dem des Cornelius Cossus wurde das fünfjährige Spiel in Rom nach Weise des griechischen Kampfspiels eingeführt[157], unter mannigfaltigem Gerede, wie in der Regel alles Neue. Es gab nämlich Leute, welche davon sprachen, auch Gnaeus Pompejus sei von noch älteren Personen getadelt worden, weil er ein bleibendes Schauspielhaus gegründet hätte. Denn vorher habe man mit in der Eile errichteten Amphitheatern und für den Augenblick nur aufgeschlagenen Bühnen Spiele zu geben gepflegt, oder gehe man in noch ältere Zeiten zurück, da habe das Volk stehend zugesehen, damit es nicht, wenn es sich im Theater setzte, ganze Tage im Nichtstun verbrächte. Die alte Sitte der Schauspiele sollte immerhin beibehalten werden, so oft Prätoren sie gäben, ohne daß für irgend einen Bürger ein Zwang damit verbunden wäre, mit aufzutreten. So aber würde die allmählich ersterbenden vaterländischen Sitten durch fremde Zügellosigkeit von Grund aus vernichtet, so daß man alles, was irgend verführt werden oder verführen könne, in Rom zu sehen bekäme, und die Jugend durch ausländisches Treiben, in griechischen Sportspielen, in Müßiggang und schändlichen Liebeshändeln sich herumtreibend, entarte, vom Fürsten und Senat dazu veranlaßt, welche die Laster nicht nur frei gewähren ließen, sondern auch Gewalt dazu gebrauchten, daß die römischen Großen unter dem Scheine

der Redekunst und Poesie durch die Bühne entehrt würden. Was fehle noch, als daß sie auch den Leib entblößten, die Kampfriemen zur Hand nähmen und solche Kämpfe statt des Heerdienstes und der Waffen sich angelegen sein ließen? Oder würden sie auch den Erfordernissen des Auguriums und den Decurien der Ritter, dem herrlichen Richteramte, genügen, wenn sie für die gebrochenen Töne und das sanfte Verhallen der Stimmen ein geschicktes Ohr hätten? Auch die Nächte würden noch der Schande zugegeben, damit dem Ehrgefühle ja keine Zeit verbliebe, sondern in gemischtem Haufen während der Finsternis auch der Verworfenste wage, was während des Tages ihn gelüstete.

21. Der Mehrzahl gefiel die Ungebundenheit selbst, doch gaben sie derselben anständige Namen. Auch die Altvordern seien den Ergötzlichkeiten der Schauspiele der damaligen Lage gemäß nicht abhold gewesen, und deshalb hätte man von den Tuskern Schauspieler, von den Thuriern Pferderennen angenommen, und nach Besitznahme Achajas und Asiens wären die Spiele mit mehr Aufwand aufgeführt worden, doch niemand von edler Abkunft hätte sich in Rom zu Theaterkünsten erniedrigt, nun 200 Jahre schon seit des Lucius Mummius Triumph, der zuerst ein Schauspiel dieser Art in der Stadt gegeben hatte. Aber auch für Einsparung habe man gesorgt, indem man lieber einen bleibenden Sitz für das Theater gründete, als daß es mit ungeheuern Kosten jedes Jahr aufgebaut und wieder abgerissen würde. So würden die Staatsbeamten ihr Vermögen nicht mehr erschöpfen, noch auch das Volk Ursache haben, griechische Wettkämpfe von den Staatsbeamten zu fordern, wenn der Staat diesen Aufwand bestritte. Die Siege der Redner und Dichter würden dem Talent zur Aufmunterung dienen, und keinen Richter könne es erniedrigen, edlen Bestrebungen und erlaubten Vergnügungen das Ohr zu leihen. Mehr der Fröhlichkeit als der Ausgelassenheit würden wenige Nächte in ganzen fünf Jahren gewidmet, in welchen bei so heller Beleuchtung nicht Unerlaubtes verborgen werden könne. – In der Tat ging dies Schauspiel ohne besondere Unanständigkeit vorüber. Und nicht einmal zu gewöhnlichem Parteieifer ließ sich das Volk entflammen, weil die Schauspieler, obwohl der Bühne zurückgegeben, doch von den heiligen Wettkämpfen entfernt gehalten blieben. Den Preis der Beredsamkeit trug niemand davon, sondern als Sieger wurde der Kaiser ausgerufen. Die griechischen Kleider, in welchen an diesen Tagen die Meisten einhergingen, waren damals schon etwas Altes.

22. Währenddessen erglänzte auch ein Komet, von welchem das Volk die Meinung hegt, er verkünde einen Regierungswechsel. So wurde denn, als wäre Nero schon gestürzt, hin und her gefragt, wer wohl gewählt werden möchte. In aller Mund wurde Rubellius Plautus gefeiert, der durch seine Mutter den Adel des julischen Geschlech-

tes hatte. Er selbst befolgte die Grundsätze der Altvordern durch strenge Haltung, züchtiges und zurückgezogenes Familienwesen; und je mehr er sich aus Furcht verborgen hielt, desto mehr gewann er an Ruf. Es vermehrte das Gerede durch die aus gleicher Einfalt entsprungene Deutung eines Blitzstrahles. Weil der Blitz nämlich, als Nero im sogenannten Sublaqueum bei den simbruinischen Seen zur Tafel lag, in die Speisen einschlug, und der Tisch zerschmettert wurde, dieses sich aber in der Gegend der Tiburtiner ereignet hatte, woher Plautus von väterlicher Seite stammte, so glaubte man, er sei es, der durch Götterwink bezeichnet werde, und es bezeigten ihm viele ihre Aufmerksamkeit, die mit Begier, und meistens sich täuschend, gleich bei der Hand sind, sich vorschnell neuem und noch ungewissem hinzugeben. Hierdurch bewogen setzte Nero ein Schreiben an Plautus auf, er möge die Ruhe der Stadt bedenken, und sich den so boshafte Gerüchte Aussprengenden entziehen. Er besitze ja in Asien von seinen Vorfahren ererbte Güter, auf welchen er eine sichere und ungestörte Jugendzeit genießen könne. Dahin entfernte dieser sich denn auch mit seiner Gemahlin Antistia und einigen wenigen Vertrauten.

In eben diesen Tagen brachte seine übertriebene Lust an Üppigkeit Nero in üblen Ruf und in Gefahr, weil er in die Quelle der in die Stadt geleiteten marcischen Wasserleitung hineingeschwommen war. So schien er den geweihten Trank und die Heiligkeit des Ortes durch ein Bad seines Körpers verunreinigt zu haben, und eine darauf folgende bedenkliche Krankheit bestätigte den Zorn der Götter.

23. Unterdessen glaubte Corbulo nach Zerstörung Artaxatas den frischen Schreck zur Eroberung Tigranocertas benutzen zu müssen, um durch dessen Vernichtung die Furcht der Feinde noch zu steigern, oder, ginge er schonend zu Werke, sich den Ruf der Milde zu erwerben. Er setzte sich dahin in Marsch, nicht mit feindseligem Heere, um nicht die Hoffnung auf Gnade zu nehmen, aber doch auch nicht ohne auf seiner Hut zu sein, da er wußte, daß dieses Volk ebensoleicht umzustimmen, wie in Gefahren ohne Mut und treulos bei sich bietender Gelegenheit sei. Die Barbaren näherten sich jeder nach seiner Art teils mit Bitten, teils verließen sie die Dörfer und entfernten sich in abgelegene Gegenden. Auch gab es welche, die sich in Höhlen mit dem, was ihnen am teuersten war, verbargen. Der römische Feldherr wandte daher verschiedene Maßregeln an, Mitleid gegen die Flehenden, Schnelligkeit gegen die Flüchtlinge. Ohne Schonung gegen die, die sich im Verstecke hielten, brannte er die Höhlen aus, deren Öffnungen und Ausgänge er mit Reiswerk und Gesträuch gefüllt hatte. Da stürmten, als er vor ihrem Gebiete vorbeizog, die in Raubzügen geübten und gegen einen Einfall durch Berge geschützten Marder auf ihn ein. Corbulo ließ die Iberer verheerend gegen sie ausziehen, und rächte der Feinde Kühnheit durch fremdes Blut.

24. Er selbst und das Heer geriet, ohne durch Kampf einen Verlust

erlitten zu haben, doch durch Mangel und Beschwerden in Not, und war gezwungen, nur mit Fleisch von Schlachtvieh den Hunger zu stillen. Dazu wurden Wassermangel, Sommerhitze und lange Märsche allein durch die Standhaftigkeit des Feldherrn erträglich, da er dasselbe und mehr aushielt als ein gemeiner Soldat. Sodann kam man in bebaute Gegenden, mähte die Saaten ab und nahm von zwei Kastellen, in welche die Armenier sich geflüchtet hatten, das eine im Sturm. Die, welche den ersten Angriff zurückgeschlagen hatten, wurden durch Belagerung bezwungen. Von da zog er in die Landschaft der Tauranniter hinüber und entging einer unvorhergesehenen Gefahr. Denn ein nicht fern von seinem Zelte mit einer Waffe ertappter Barbar von nicht unedlem Geschlechte zeigte unter der Folter den Plan der Nachstellung, sich selbst als Urheber derselben und seine Mitverschworenen an, und so wurden die, welche unter dem Scheine der Freundschaft Hinterlist bereiteten, überführt und bestraft. Nicht lange nachher brachten ihm Abgeordnete aus Tigranocerta die Nachricht, die Mauern ständen offen, und ihr Volk harre seiner Befehle. Zugleich überreichten sie als Gastgeschenk eine goldene Krone. Er nahm sie ehrend an, und nichts wurde der Stadt entzogen, damit sie ungekränkt desto williger im Gehorsam beharrte.

25. Dagegen wurde der feste Platz Legerda, welchen Trotz bietend junges Volk verschlossen hatte, nicht ohne Kampf erobert. Denn sie hatten vor den Mauern eine Schlacht gewagt und wichen, in die Befestigungswerke zurückgedrängt, erst einem Gegenwalle und den Waffen der Eindringenden. Dies alles ging um so leichter vonstatten, weil die Parther durch einen Krieg mit den Hyrcanern beschäftigt waren. Auch hatten diese zum römischen Kaiser gesandt, um Bundesgenossenschaft zu erbitten, als ein Unterpfand ihrer Freundschaft darstellend, daß Vologeses von ihnen aufgehalten werde. Die Zurückkehrenden geleitete Corbulo, damit sie, gingen sie über den Euphrat, nicht von feindlichen Wachtposten aufgehoben würden, mit einer Bedeckung bis an die Gestade des roten Meeres[158], von wo sie unter Vermeidung des parthischen Gebietes, in ihr Heimatland zurückreisten.

26. Ja auch Tiridates, welcher durch das medische in das äußerste Gebiet Armeniens eindrang, zwang er durch seinen mit den Hilfstruppen vorausgesendeten Legaten Verulanus und sein eigenes Erscheinen mit den Legionen im Eilmarsch, sich zu entfernen und des Krieges Hoffnung aufzugeben. Und schon nahm er, nachdem er die, welche er uns abgeneigt fand, mit Mord und Brand verfolgt hatte, von Armenien Besitz, als Tigranes ankam, von Nero auserwählt, die Herrschaft zu übernehmen, ein Mann aus Kappadokiens Adel, des Königs Archelaus Enkel, aber weil er lange als Geisel in Rom gewesen war, bis zu knechtischer Unterwürfigkeit demütig. Auch wurde er nicht einstimmig angenommen, da bei einigen noch die Liebe für die

Arsaciden fortbestand. Doch die Mehrzahl, des Hochmuts der Parther überdrüssig, wollte lieber den von den Römern gegebenen König. Auch wurde ihm noch eine Bedeckung gegeben, 1000 Legionäre, drei Kohorten Bundesgenossen und zwei Reiterabteilungen, um so leichter den neuen Thron behaupten zu können. Teile Armeniens wurden, wie sie einem jeden benachbart waren, dem Pharasmanes, Polemo, Aristobulus und Antiochus untertan gemacht. Corbulo zog nach Syrien ab, das durch den Tod des Legaten Ummidius aufgehoben und ihm überlassen wurde.

27. In demselben Jahre half sich eine von Asiens bedeutenden Städten, Laodicea, durch eine Erderschütterung zerstört, ohne Hilfe von unserer Seite, durch eigene Mittel wieder auf. Dagegen erhielt in Italien die alte Stadt Puteoli das Recht einer Kolonie und den Beinamen von Nero. Veteranen wurden nach Tarent und Antium gewiesen, halfen jedoch dem Volksmangel dort nicht ab, da die meisten sich in die Provinzen zerstreuten, in welchen sie ihren Dienst beendet hatten. Nicht gewohnt, Ehen einzugehen und Kinder aufzuziehen[159], ließen sie verwaiste Häuser ohne Nachkommenschaft zurück. Denn nicht wie früher, als ganze Legionen mit ihren Tribunen, Centurionen und den Soldaten jeder Abteilung angesiedelt wurden, so daß sie in Eintracht und Liebe ein Gemeinwesen bildeten, sondern einander Unbekannte, aus verschiedenen Manipeln, ohne Führer, ohne gegenseitige Zuneigung, wie aus ganz fremder Menschenart plötzlich in eine versammelt, eine Masse mehr denn eine Kolonie.

28. Da die Prätorenwahlen, welche nach dem freien Ermessen des Senats gehalten zu werden pflegten, zu ungewöhnlich leidenschaftlicher Bewerbung Anlaß gegeben hatten, legte der Fürst die Sache dadurch bei, daß er drei überzählige Bewerber über je eine Legion setzte. Auch erhöhte er das Ansehen des Senates durch die Verordnung, daß diejenigen, welche von den Friedensrichtern sich auf den Senat berufen würden, dieselbe Geldstrafe zu befürchten haben sollten wie die, welche an den Imperator appellierten; denn bisher war dies frei und ohne Strafe gewesen.

Am Ende des Jahres wurde der römische Ritter Vibius Secundus auf Anklage der Mauren wegen Erpressungen verurteilt und aus Italien verwiesen, wobei er durch seines Bruders Vibius Crispus Einfluß erwirkt hatte, daß er nicht noch härter bestraft wurde.

Das Jahr 61 n. Chr.

29. Unter dem Konsulate des Caesennius Paetus und Petronius Turpilianus erlitten wir in Britannien eine schwere Niederlage. Hier hatte

der Legat Aulus Didius, wie ich erwähnte, nur das Erworbene behauptet, und sein Nachfolger Veranius wurde, nachdem er durch unbedeutende Streifzüge das Gebiet der Siluren verheert hatte, durch den Tod verhindert den Krieg weiter auszudehnen. Solange er lebte, war er im Rufe großer Sittenstrenge, verriet aber durch seines letzten Willens Worte deutlich Ehrgeiz, indem er nach vielen Schmeicheleien gegen Nero auch bemerkte, er würde ihm die Provinz unterworfen haben, wenn er noch die nächsten zwei Jahre gelebt hätte. Darauf erhielt Paulinus Suetonius Britannien, durch seine Kenntnis des Kriegswesens und im Gerede des Volkes, das niemand ohne Nebenbuhler läßt, den Corbulo ebenbürtig und begierig, dessen Ruhm der Wiedereroberung Armeniens durch die Zähmung der Widerspenstigen zu erreichen. Er rüstete sich daher, die stark bevölkerte und Überläufern eine Zuflucht gewährende Insel Mona[160] anzugreifen, und zimmerte Schiffe mit flachem Kiel wegen des seichten und unsichern Ufers. So setzte das Fußvolk über, die Reiter folgten auf Furten nach, oder schwammen in den tieferen Wogen neben den Pferden.

30. Da stand schon die feindliche Schlachtordnung am Ufer, dichtgedrängt Waffen und Männer. Dazwischen liefen Weiber nach Art der Furien umher, die in finsterem Gewande mit herabhängendem Haar Fackeln vor sich her trugen. Auch Druiden eilten herum, mit zum Himmel erhobenen Händen sich in gräßliche Verwünschungen ergießend, und brachten durch die Neuheit ihres Anblicks die Soldaten außer Fassung, so daß sie sich, als erstarrten ihre Glieder, unbeweglich den Wunden preisgaben. Dann rückten sie auf des Feldherrn Zureden und auch sich selbst anspornend, nicht vor einer Schar von Weibern und Unsinnigen zu erschrecken, vor, streckten die Entgegenkommenden nieder und verwickelten sie in ihr eigenes Feuer. Nachher wurde unter den Besiegten ein Beobachtungsposten aufgestellt, und man hieb die unmenschlichem Aberglauben geweihten Haine nieder. Denn mit dem Blute der Gefangenen auf den Altären Brandopfer darzubringen und in den Eingeweiden von Menschen die Götter zu befragen, hielten sie für heiliges Recht. Als Suetonius noch hiermit beschäftigt war, wurde ihm der plötzliche Abfall der Provinz gemeldet.

31. Der König der Icener, Prasutagus, durch langjährigen Reichtum berühmt, hatte nebst seinen beiden Töchtern den Kaiser zum Erben eingesetzt, in der Meinung, durch solche Unterwürfigkeit sein Reich und Haus vor Unbilden sicher zu stellen. Doch es geschah ganz das Gegenteil, sein Reich wurde durch Centurionen, sein Haus durch Sklaven wie nach einer Eroberung verwüstet. Zuerst wurde gleich seine Gattin Boudicca von ihnen durch Schläge mißhandelt, seine Töchter geschändet, die Vornehmsten der Icener, als hätten die Römer das Gebiet zum Geschenke erhalten, ihrer Erbgüter beraubt

und die Verwandten des Königs wie Leibeigene gehalten. Wegen dieser Schmach und in Furcht vor noch Ärgerem – denn sie wurden schon förmlich wie eine Provinz behandelt – griffen sie zu den Waffen, nachdem sie die Trinobanten zu erneuter Empörung aufgewiegelt und die anderen alle, die, nicht durch Knechtschaft gebrochen, in geheimen Verschwörungen die Freiheit wiederzugewinnen sich gelobt hatten, am heftigsten gegen die Veteranen erbittert. Diese nämlich, unlängst als Kolonisten nach Camulodunum geführt, vertrieben sie aus ihren Wohnungen, verjagten sie von ihren Äckern und nannten sie Gefangene und Sklaven. Zügellosigkeit der Veteranen begünstigten die Soldaten, weil sie ein ähnliches Leben führten und in Hoffnung gleicher Ungebundenheit. Dazu wurde der dem göttlichen Claudius errichtete Tempel wie eine Feste ewiger Tyrannei betrachtet, und die dabei ernannten Priester verschwendeten unter dem Vorwande des heiligen Dienstes jegliches Vermögen. Auch schien es nicht schwierig, die Kolonie zu zerstören, die mit keinen Befestigungswerken umgeben war, wofür unsere Heerführer zu wenig Sorge getragen hatten, da man eher auf Annehmlichkeit als auf Zweckmäßigkeit bedacht war.

32. Mittlerweile stürzte ohne bekannte Ursache zu Camulodunum das Standbild der Victoria nieder, und zwar rückwärts, als wiche sie den Feinden. Bis zum Wahnsinn verstört weissagten Weiber, der Untergang sei da. Auch habe man ausländischer Stimmen Ruf in ihrer Kurie gehört, ertönt sei von Geheul das Theater und in der Themse Meeresströmung sei das Bild der zerstörten Kolonie gesehen worden, ja der Ozean habe blutig ausgesehen und beim Rücktritte der Flut Gestalten menschlicher Leichen zurückgelassen. Das deuteten die Veteranen sich zur Furcht, wie die Britannier zur Hoffnung. Aber weil Suetonius fern war, erbaten sie sich vom Prokurator Catus Decianus Hilfe. Dieser schickte nicht mehr als 200 Mann ohne ordentliche Waffen, im Orte selbst war nur eine unbedeutende Zahl von Soldaten. Auf den Schutz des Tempels sich verlassend und auch von denen behindert, welche als geheime Mitwisser des Aufstandes Gegenmaßregeln zu hintertreiben suchten, führten sie weder Graben oder Wall davor auf, noch entfernte man Greise und Frauen, damit die junge Mannschaft allein zurückbliebe. Unbesorgt, wie mitten im Frieden wurden sie von der Menge der Barbaren umzingelt. Alles übrige wurde im ersten Anlauf geplündert oder in Brand gesteckt, der Tempel, in welchem die Soldaten sich zusammengerottet hatten, zwei Tage hindurch belagert und dann erstürmt. Als Sieger zogen die Britannier dem zu Hilfe kommenden Legaten der 9. Legion, Petilius Cerialis, entgegen, schlugen die Legion und töteten alles Fußvolk. Cerialis entkam mit den Reitern ins Lager und wurde durch die Verschanzungen geschützt. Durch diese Niederlage und seine Verhaßtheit in der Provinz, die er durch Habsucht zum Kriege getrieben

hatte, in Angst gesetzt, ging der Prokurator Catus nach Gallien hinüber.

33. Suetonius dagegen begab sich mit bewundernswürdiger Standhaftigkeit mitten unter den Feinden gradeswegs nach Londinium, welches sich zwar nicht durch den Beinamen einer Kolonie auszeichnet, aber durch die Menge der Kaufleute und insbesondere des Verkehrs lebhaft ist. Hier, noch schwankend, ob er es zum Waffenplatz wählen sollte, beschloß er, in Erwägung der geringen Kriegerzahl und daß Petilius Verwegenheit auf eine schon genug zur Warnung dienende Weise gezüchtigt worden war, mit Aufopferung der einen Stadt das Ganze zu retten. Er ließ sich nicht durch die Klagen und Tränen der hilfeflehenden Bewohner davon abbringen, das Zeichen zum Aufbruch zu geben, und nur die in den Heereszug mit aufzunehmen, die ihn begleiten wollten. Die, welche die Wehrlosigkeit des Geschlechtes, kraftloses Alter oder die Annehmlichkeit des Ortes zurückgehalten hatte, wurden vom Feinde niedergemacht. Dasselbe Unglück hatte die Landstadt Verulamium, weil die Barbaren unter Vermeidung der Kastelle und Militärplätze, froh der Beute und ohne sich um anderes zu bekümmern sich nur zum Ziel setzten, was dem Plündernden recht viel versprach und für den Verteidigenden nicht sicher war. Daß an 70000 Bürger und Bundesgenossen an den Orten, welche ich erwähnt habe, gefallen sind, ist ausgemacht. Denn nicht mit Gefangennahme, mit Verkauf oder sonstigem Kriegsverkehr befaßten sie sich, sondern sogleich mit Mord, mit Galgen, Feuer und dem Kreuz, als wollten sie ihre Mißhandlungen vergelten und einstweilen der Rache zuvorkommen.

34. Schon hatte Suetonius die 14. Legion mit den Vexillariern der 20. und Hilfstruppen aus der Nachbarschaft, ungefähr 10000 Bewaffnete, als er beschloß, nicht weiter zu zögern und eine Schlacht zu liefern. Er wählte eine Gegend mit engem Passe und im Rücken von einem Wald umschlossen, nachdem er sich hinlänglich davon überzeugt hatte, daß keine Feinde anderswo als vor ihm waren und die Ebene offen sei und keinen Hinterhalt besorgen zu lassen. So stellten sich die Legionäre in dichten Reihen auf, auf den Seiten die Leichtbewaffneten, zusammengedrängt an den Flanken die Reiterei. Die Truppen der Britannier dagegen wogten hin und her in Haufen und Geschwadern, eine sonst noch nicht gesehene Menge und so wilden Mutes, daß sie auch ihre Weiber zu Zeugen ihres Sieges mit sich schleppten und auf die Wagen setzten, die sie an dem äußersten Saume des Feldes aufgestellt hatten.

35. Boudicca, ihre Töchter vor sich auf dem Wagen, rief, so wie sie sich jedem Stamme nahte, es sei zwar gewöhnlich bei den Britanniern, unter Frauenführung zu kriegen, jetzt aber räche sie, entsprossen von so hohen Ahnen, nicht ihr Reich und ihre Schätze, nein, wie eine vom Volke, die verlorene Freiheit, den zerschlagenen Leib und

die geschändete Ehre ihrer Töchter. So weit hätten die Römer ihre Lüste getrieben, daß sie nicht einmal die Person, ja selbst nicht das Alter oder Jungfräulichkeit unbefleckt gelassen hätten. Doch leisteten die Götter der gerechten Rache Beistand. Gefallen sei die Legion, die eine Schlacht gewagt hatte, die übrigen versteckten sich im Lager oder schauten sich nach Flucht um. Nicht einmal den Lärm und das Geschrei so vieler Tausende würden sie aushalten, geschweige ihren Angriff und ihren Arm. Wenn sie die Menge der Bewaffneten, wenn sie die Ursachen des Krieges bei sich erwögen, so müßten sie in diesem Kampfe siegen oder fallen. Dies sei eines Weibes Vorsatz, möchten die Männer leben und Sklaven sein!

36. Selbst Suetonius schwieg nicht in so entscheidendem Augenblicke. Obwohl er der Tapferkeit vertraute, gesellte er doch Bitten zu Ermahnungen, daß sie das Getöse und das nichtige Drohen der Barbaren verachten möchten. Dort sehe man mehr Weiber als Streiter, unkriegerisch und wehrlos würden sie sogleich weichen, wenn sie, so oft schon geschlagen, der Sieger Schwert und Tapferkeit wiedererkannt hätten. Auch in vielen Legionen seien es wenige, welche die Schlachten entschieden, und es müsse ihren Ruhm erhöhen, daß sie, eine nur unbedeutende Schar, den Ruf eines ganzen Heeres gewinnen würden. Sie möchten nur in geschlossenen Reihen und nach Schleudern der Speere mit dem Schildbuckel und dem Schwerte auf sie stürzen und ohne Rast morden, unbekümmert um Beute. Nach errungenem Siege würde ihnen alles zufallen. Eine solche Kampflust folgte auf die Rede des Feldherrn, so sehr hatten sich zum Schleudern der Speere die alten, in Schlachten vielerfahrenen Krieger schon fertig gemacht, daß Suetonius, des Ausgangs gewiß, das Signal zum Kampfe gab.

37. Anfangs stand die Legion unbeweglich fest und behauptete des Platzes engen Passe wie eine Schutzwehr, dann brach sie, nachdem in sicherem Wurf der näher gerückte Feind schon alle Geschosse empfangen hatte, wie in einem Keil hervor. Gleich ungestüm war der Ansturm der Hilfstruppen, und die Reiterei durchbrach mit eingelegten Lanzen das, was ihr entgegenkam und standhielt. Die übrigen wendeten den Rücken, und schwer war das Entkommen, weil die umher aufgestellten Wagen die Auswege versperrt hatten. Die Soldaten aber enthielten sich nicht einmal des Weibermordens, und auch die von Geschossen durchbohrten Zugtiere hatten den Leichenhaufen noch vermehrt. Glänzender und den Siegen der alten Zeit gleichkommender Ruhm wurde an diesem Tage erworben. Denn es berichten ja einige, daß nicht viel weniger als 80000 Britannier gefallen wären, während von den Soldaten ungefähr 400 getötet und nicht viel mehr verwundet worden sind. Boudicca endete durch Gift ihr Leben. Auch Poenius Postumus, der Lagerpräfekt der zweiten Legion, durchbohrte sich selbst, nachdem er das Glück der 14. und 20. erfahren hatte, mit

dem Schwerte, weil er seine Legion um gleichen Ruf gebracht und gegen den Brauch des Dienstes die Befehle des Feldherrn verweigert hatte.

38. Hierauf zusammengezogen, wurde das ganze Heer unter Zelten gehalten, um den Krieg vollends zu beendigen. Auch vermehrte der Kaiser noch die Truppen, indem er aus Germanien 2000 Legionäre, acht Kohorten Hilfsvölker und 1000 Reiter sandte, nach deren Ankunft die 9. Legion durch die Legionäre ergänzt wurde. Die Kohorten und Reiterscharen wurden in neue Winterlager verlegt, und alle Volksstämme, die noch schwankend oder sich feindlich zeigten, mit Feuer und Schwert verheert. Aber nichts quälte sie so sehr als der Hunger, da sie um Aussaat unbekümmert und jedes Alter dem Kriege zugewandt gewesen waren, und unsere Zufuhr schon für sich selbst bestimmt hatten. Doch nur langsam neigten die wilden Völker sich zum Frieden, weil Julius Classicianus, dem Catus zum Nachfolger gesandt und mit Suetonius in Zwietracht, dem Gemeinwohl durch persönliche Zwistigkeiten hinderlich war. So hatte er ausgestreut, man müsse den neuen Legaten abwarten, der ohne feindliche Erbitterung und ohne Siegerstolz mild mit den Unterworfenen verfahren werde. Zugleich ließ er nach Rom melden, man dürfe das Ende des Kampfes nicht erwarten, sofern Suetonius, dessen Mißgeschick er seiner eigenen Verkehrtheit, dessen gelungene Unternehmungen er dem Staatsglück zuschrieb, keinen Nachfolger erhielte.

39. Daher wurde, um Britanniens Zustand zu untersuchen, einer der Freigelassenen, Polyclitus, abgesandt, und Nero hoffte stark, daß durch dessen Ansehen nicht nur zwischen dem Legaten und Prokurator Eintracht gestiftet werde, sondern auch der Empörungsgeist der Barbaren friedlich beschwichtigt werden könnte. Und Polyclitus säumte nicht, mit ungeheurem Gefolge Italien und Gallien belästigend, als er über den Ozean geschifft war, auch unseren Soldaten Furcht einzujagen. Aber den Feinden war er zum Gespött, bei denen, da sie damals noch für Freiheit glühten, die Macht der Freigelassenen noch unbekannt war. Sie erstaunten, daß ein Feldherr und ein Heer, die einen solchen Krieg beendet hatten, Sklaven gehorchen sollten. Doch wurde alles dem Imperator auf eine mildere Weise berichtet, und so wurde Suetonius in seiner Tätigkeit gelassen. Weil er aber nachher am Strande einige wenige Schiffe und die Ruderer darauf verloren hatte, erhielt er, wie wenn der Krieg noch fortdauerte, den Befehl, das Heer dem Petronius Turpilianus zu übergeben, der bereits vom Konsulate abgetreten war. Dieser, den Feind nicht reizend und auch nicht angegriffen, gab träger Ruhe die ehrende Benennung des Friedens.

40. In demselben Jahre wurden in Rom zwei auffallende Verbrechen begangen, das eine durch eines Senators, das andere durch eines Sklaven Verwegenheit. Domitius Balbus war es, ein gewesener

Prätor, teils durch langes Greisenalter, teils durch Kinderlosigkeit und Reichtum Nachstellungen ausgesetzt, dem ein Verwandter, Valerius Fabianus, zur Bekleidung von Ehrenämtern bestimmt, ein Testament mit Zuziehung der römischen Ritter Vinicius Rusinus und Terentius Lentinus unterschob. Diese hatten sich den Antonius Primus und den Asinius Marcellus hinzugezogen. Antonius war rasch zu jeder verwegenen Tat entschlossen, Marcellus durch seinen Urgroßvater Asinius Pollio berühmt und galt auch wegen seines Charakters als nicht verächtlich, nur daß er Armut für das größte Übel hielt. So versiegelte also Fabianus mit den Genannten und noch anderen wenigen Ausgezeichneten die Urkunde. Dessen wurden sie vor dem Senate überführt und Fabianus wie Antonius nebst Rufinus und Terentius nach dem cornelischen Gesetze[161] verurteilt. Den Marcellus befreite die Erinnerung an seine Vorfahren und des Kaisers Fürbitte mehr von der Strafe als von Schande.

41. Dieser Tag stürzte auch den Pompeius Aelianus, einen jungen Mann, der Quästor gewesen, als Mitwisser um des Fabianus Schändlichkeiten, und er wurde aus Italien und Hispanien, wo er geboren war, verbannt. Gleichen Schimpf traf den Valerius Ponticus, weil er Verklagte, damit sie nicht beim Stadtpräfekten belangt würden, beim Prätor angegeben hatte, um einstweilen unter dem Scheine der Gesetzlichkeit, nachher durch Scheinklage die Strafe zu umgehen. Dem Senatsbeschlusse wurde beigefügt, daß, wer dergleichen Dienste erkauft oder feilgeboten hätte, ebensogut in Strafe fallen sollte, als wenn er durch öffentlichen Spruch wegen falscher Anklage verurteilt wäre.

42. Nicht lange darauf ermordete den Stadtpräfekten Pedanius Secundus sein eigener Sklave, sei es wegen Verweigerung der Freiheit, für welche er einen Preis mit ihm ausgemacht hatte, sei es aus Liebe zu einem Lustknaben gegen ihn erbittert und seinen Herrn sich als Nebenbuhler nicht gefallen lassend. Als nun aber nach alter Sitte die ganze Sklavenschaft, die sich noch unter demselben Dache befand, zur Todesstrafe geführt werden sollte, kam es durch den Zusammenlauf des Volkes, das so viele Unschuldige beschützen wollte, bis zum Aufruhr. Und im Senate selbst entstanden Parteiungen zwischen denen, welche die zu große Strenge verwarfen und der Mehrzahl, welche nichts geändert wissen wollte. Unter diesen sprach sich Gajus Cassius, als er seine Stimme abgeben sollte, folgendermaßen aus:

43. „Oftmals, Senatoren, bin ich in dieser Versammlung gewesen, wenn gegen die Anordnungen und Gesetze der Vorfahren neue Senatsbeschlüsse gefordert wurden, und habe nichts dagegen gehabt. Nicht etwa weil ich daran zweifelte, daß vordem für alle Angelegenheiten besser und zweckmäßiger gesorgt sei und, was man verändere, nur verschlimmert werde, sondern damit es nicht schiene, daß ich meine Studien aus zu großer Vorliebe für die alte Sitte erheben wollte. Zugleich glaubte ich das Ansehen, welches ich etwa besitze,

nicht durch häufigen Widerspruch untergraben zu dürfen, damit es ungeschwächt bliebe, wenn einmal der Staat des Rates bedürftig wäre. Dies ist heute der Fall, da ein gewesener Konsul in seinem eigenen Hause durch Sklavenhinterlist ermordet worden ist, die niemand verhindert oder verraten hat, obwohl noch der Senatsbeschluß nicht erschüttert ist, welcher der ganzen Sklavenschaft die Todesstrafe androhte. Beschließt, beim Herkules, Straflosigkeit. Aber kann dann einen seine Würde schützen, wenn die Präfektur der Stadt noch nichts geholfen hat! Wen wird die Menge seiner Sklaven sichern, da den Pedanius Secundus vierhundert nicht geschützt haben! Wem wird die Dienerschaft Hilfe leisten, die in Furcht nicht einmal unsere Gefahren beachtet! Oder hat etwa, wie einige zu erdichten nicht erröten, der Mörder erlittenes Unrecht gerächt? Weil er über väterliches Vermögen einen Vertrag geschlossen hat, oder ihm ein vom Großvater ererbter Sklave entzogen wurde? Laßt uns doch gar den Ausspruch tun, es scheine uns der Herr mit Recht ermordet zu sein!

44. Haben wir Lust, noch Gründe zu suchen in einer Sache, welche schon Weisere erwogen haben? Aber wenn wir auch jetzt zuerst darüber etwas festzusetzen hätten, glaubt ihr, ein Sklave habe den Vorsatz, seinen Herrn zu ermorden, gefaßt, ohne daß ihm ein drohendes Wort entfallen wäre, und ohne aus Unbedachtsamkeit mit etwas herauszufahren? Mag er auch seinen Plan verborgen, den Mordstahl unter nichts Ahnenden bereitet haben, konnte er von allen unbemerkt durch die Wachen hindurch, die Tür des Schlafgemachs aufschließen, Licht hineintragen, und den Mord vollziehen? Viele Anzeichen gehen einem Verbrechen voran. Verraten die Sklaven sie, dann können wir allein unter vielen, sicher unter Fürchtenden, endlich, müssen wir einmal sterben, nicht ungerächt unter Strafbaren zu leben. Verdächtig war unseren Vorfahren der Sklaven Sinnesart, auch als sie noch auf denselben Landgütern oder in denselben Häusern mit ihnen geboren wurden und die Anhänglichkeit an den Herren unmittelbar lernten. Seitdem wir aber ganze Nationen in unserem Sklavenstand haben, die ganz verschiedene Bräuche und fremde oder gar keine Religion haben, dürfte man dieses Gemenge nur durch Furcht in Schranken halten können. Es werden so aber einige unschuldig ums Leben kommen. Nun ja, auch in einem geschlagenen Heere ziehen, wenn der Tod jeden zehnten Mann trifft, selbst die Tapferen das Los. Jedes große Strafexempel ist mit einer gewissen Unbilligkeit verbunden, die jedoch dem einzelnen gegenüber durch den öffentlichen Nutzen wieder aufgewogen wird."

45. Als der Meinung des Cassius niemand einzeln entgegenzutreten wagte, antwortete darauf doch der durcheinander hallende Ruf derjenigen, welche die Menge, oder das Alter, das Geschlecht und der meisten unbezweifelte Unschuld bemitleideten. Dennoch behielt die Partei die Oberhand, welche die Hinrichtung beschloß. Aber man

konnte nicht Folge leisten, da die Menge sich zusammendrängte und mit Steinen und Feuerbränden drohte. Da gab der Kaiser durch einen Erlaß dem Volke sein Mißfallen zu erkennen, und ließ alle Wege, auf welchen die Verurteilten zur Strafe abgeführt wurden, mit Militärposten besetzen. Cingonius Varro hatte darauf beantragt, daß auch die Freigelassenen, die sich unter demselben Dache befanden, aus Italien verwiesen werden sollten. Dies wurde vom Fürsten verhindert, damit der alte Brauch, dem das Mitleid keinen Abbruch getan, nicht durch Grausamkeit übertrieben würde.

46. Unter denselben Konsuln wurde Tarquitius Priscus wegen Erpressungen verurteilt, von den Bithyniern belangt und zu großer Freude des Senates, der sich erinnerte, wie sein eigener Prokonsul Statilius Taurus von ihm angeklagt worden war. Die Schätzung wurde in Gallien von Quintus Volusius, Sextius Africanus und Trebellius Maximus durchgeführt. Volusius und Africanus suchten an Adel den Rang einander streitig zu machen, den Trebellius, den beide verachteten, erhoben sie dadurch nur über sich.

47. In diesem Jahr starb Memmius Regulus, durch Ansehen, Festigkeit und Ruf, soweit es bei des Imperators überschattender Hoheit vergönnt ist, ein berühmter Mann, so daß selbst Nero, als er krank war und Schmeichler um ihn her erklärten, daß des Reiches Ende da sei, wenn er dem Schicksale unterliegen sollte, zur Antwort gab, der Staat habe ja eine Stütze; und als sie darauf fragten, an wem am meisten, hinzusetzte: an Memmius Regulus. Jedoch durfte Regulus danach sein Leben behalten, durch sein ruhiges Verhalten geschützt und weil er von neuem Adel und auch sein Vermögen nicht neiderregend war. Ein Gymnasium wurde von Nero in diesem Jahre eingeweiht, und Öl dabei den Rittern und dem Senate mit griechischer Freigiebigkeit dargereicht.

Das Jahr 62 n. Chr.

48. Unter dem Konsulate des Publius Marius und Lucius Asinius verfaßte der Prätor Antistius, von welchem ich erwähnt habe, daß er sich im Volkstribunate ungebührlich benommen hatte, Schmähgedichte gegen den Fürsten, und machte sie in einer zahlreichen Gesellschaft bekannt, als er bei Ostorius Scapula speiste. Sofort wurde er von Cossutianus Capito, der unlängst auf Fürbitte seines Schwiegervaters Tigellinus den Senatorrang wiedererhalten hatte, des Majestätsverbrechens angeklagt. Da zum ersten Male wurde dieses Gesetz wieder ins Leben gerufen, und man glaubte, es sei nicht so sehr auf des Antistius Verderben, als auf den Ruhm des Imperators abgesehen gewesen, um den vom Senate Verurteilten durch seine tribunizische Einsprache vom Tode zu erretten. Da nun Ostorius, als er zeugen sollte, nichts

gehört zu haben behauptete, schenkte man den Gegenzeugen Glauben, und der designierte Konsul Junius Marullus beantragte darauf, es solle dem Angeklagten die Prätur genommen, und er nach Weise der Vorfahren hingerichtet werden. Als die übrigen dazu bestimmten, sprach Paetus Thrasea, unter großer Ehrerbietung gegen den Kaiser und dem heftigsten Tadel gegen Antistius, daß nicht alles, was ein schuldig befundener Verklagter zu leiden verdiene, unter einem so trefflichen Fürsten und von dem durch keinen Zwang gebundenen Senat zu verhängen sei. Henker und Strang seien längst abgeschafft, und es gebe ja gesetzlich bestimmte Strafen, nach welchen ohne Grausamkeit der Richter und ohne Entehrung der Zeiten vorgegangen werden könnte. Ja, er würde, nach Einziehung seiner Güter, auf einer Insel, je länger er sein schuldbeladenes Leben hinschleppe, für seine Person um so unglücklicher, dagegen das auffallendste Beispiel von der Gnade des Staates sein.

49. Die Freimütigkeit Thraseas durchbrach den Sklavensinn der übrigen, und sie traten, als der Konsul die Abstimmung durch Auseinandertreten vornahm, seiner Meinung bei, nur wenige ausgenommen. Unter diesen war Aulus Vitellius, der zu Schmeichelei am schnellsten bei der Hand war und die Trefflichsten zumal durch Hader reizte und vor dem Antwortenden verstummte, weil es furchtsame Charaktere zu tun pflegen. Die Konsuln wagten jedoch nicht, das Urteil des Senates zum Schluß zu bringen, und schrieben über dessen Einstimmigkeit an den Kaiser. Dieser, zwischen Scham und Ärger schwankend, schrieb endlich zurück, Antistius habe, durch keine Beleidigung herausgefordert, die heftigsten Schmähungen gegen den Fürsten ausgesprochen. Ahndung derselben sei vom Senat gefordert worden, und billig wäre es gewesen, gemäß der Größe des Verbrechens eine Strafe zu bestimmen. Übrigens wolle er, der der Strenge der Entscheidenden Einhalt getan haben würde, ihrer Milde nicht wehren. Sie möchten bestimmen wie sie wollten, selbst ihn freizusprechen stehe ihnen frei. Als das und ähnliches vorgelesen worden und sein Ärger niemand entgangen war, veränderten doch deshalb weder die Konsuln ihren Vortrag, noch ging Thrasea von seiner Meinung ab, oder gaben die übrigen das auf, was sie für recht gehalten hatten, einige, damit sie nicht den Fürsten der Gehässigkeit ausgesetzt zu haben schienen, die Mehrzahl durch ihre Menge sicher, Thrasea aus gewohnter Festigkeit und damit sein Ruhm nicht zu schanden würde.

50. Eine ganz ähnliche Beschuldigung traf Fabricius Veiento, nämlich, daß er viel Ehrenrühriges gegen den Senat und die Priester in den Büchern gesagt hätte, denen er den Namen „Testamente“ gegeben hatte. Der Ankläger Talius Geminus fügte noch hinzu, es seien von ihm Gnadenbezeugungen des Fürsten und das Recht, zu Ehrenstellen zu gelangen, feilgeboten worden. Dies war ein Grund für Nero, die

Untersuchung zu übernehmen. Er verwies den überführten Veiento aus Italien und befahl, seine Bücher zu verbrennen, die nun gesucht und viel gelesen wurden, solange man sie sich mit Gefahr verschaffte. Später brachte sie die Freiheit, sie zu besitzen, in Vergessenheit.

51. Während nun mit jedem Tage des Staates Elend drückender wurde, verminderte sich die Gegenhilfe, und auch Burrus schied aus dem Leben, man weiß nicht, ob durch Krankheit oder Gift. Krankheit vermutete man daher, weil er durch allmähliches Zusammenschwellen des Halses und Verhinderung des Atmens sein Leben verhauchte. Die Mehrzahl versicherte, es sei ihm auf Neros Befehl, als würde ein Mittel angewandt, der Gaumen mit einer schädlichen Arznei bestrichen worden. Burrus habe den Frevel gemerkt und, als der Fürst gekommen sei, um ihn zu besuchen, sich von seinem Anblicke abgewendet und nichts weiter dem Forschenden geantwortet als „Ich befinde mich wohl!" Der Bürgerschaft blieb sehnsüchtiges Verlangen nach ihm, in der Erinnerung an seine Tugend und bei der energielosen Schuldlosigkeit des einen seiner Nachfolger und den leidenschaftlichen Begierden und Ehebrüchen des anderen. Der Kaiser hatte nämlich zweien den Oberbefehl über die prätorischen Kohorten gegeben, dem Faenius Rufus in Rücksicht auf die Gunst des Volkes, weil er das Getreidewesen ohne Eigennutz verwaltet hatte, und dem Sofonius Tigellinus, wozu ihn desselben alte Unkeuschheit und sein Verruf bestimmte. Diese waren nun auch so, wie man ihre Sitten kannte, Tigellinus mächtiger in der Gunst des Fürsten und zu seinen geheimsten Lüsten zugezogen, in günstigem Rufe beim Volke und bei den Soldaten Rufus, was bei Nero für ihn von nachteiligen Folgen war.

52. Burrus Tod brach Senecas Gewalt, weil einerseits gute Eigenschaften nicht mehr denselben Einfluß hatten, da der eine der sie gleichsam Vertretenden nicht mehr war, andererseits Nero sich zu den Schlechteren hinneigte. Diese griffen Seneca mit mancherlei Beschuldigungen an, daß er seinen ungeheueren und das Maß eines Privatmannes übersteigenden Reichtum noch vermehre, und daß er die Gunst der Bürger sich selbst zuwende und auch durch die Anmut seiner Gärten und die Pracht seiner Landhäuser den Fürsten gleichsam überbiete. Auch warfen sie ihm vor, daß er den Ruhm der Beredsamkeit sich allein zueigne und häufiger Verse mache, seitdem in Nero die Liebe dafür erwacht sei. Denn den Lieblingsbeschäftigungen des Fürsten öffentlich abhold, rede er geringschätzig von dessen Kraft, wenn er Rosse lenke, und spotte seiner Töne, so oft er singe. Wie weit solle denn nichts im Staate berühmt sein, wovon er nicht als Erfinder gelte? Ein Ende habe doch gewiß das Knabenalter Neros, und zur Jugendkraft sei er bereits gelangt. Entledigen möchte er sich des Hofmeisters, da er in seinen Ahnen mit Lehrern versehen sei, die erhaben genug seien.

53. Seneca indes, dem seine Verleumder nicht unbekannt waren, da

die sie ihm verrieten, denen das Gute noch einigermaßen am Herzen lag, und weil der Kaiser immer mehr seinen Umgang verschmähte, bat um Zeit zu einer Unterredung und hob, nachdem er sie erhalten hatte, also an: „Es ist das vierzehnte Jahr, Caesar, seitdem ich deiner hoffnungsvollen Jugend zur Seite gestellt wurde, das achte, daß du die Herrschaft hast. Im Laufe dieser Zeit hast du soviel Ehren und Reichtum auf mich gehäuft, daß nichts zu meinem Glücke fehlt, als Maß hierin. Ich will dafür bedeutende Beispiele anführen, nicht meines, sondern deines Standes. Dein Urgroßvater Augustus gestattete dem Marcus Agrippa Zurückgezogenheit auf Mytilene, dem Gaius Maecenas in Rom selbst gleichsam die Muße des Auslandes. Von ihnen hatte der eine als Gefährte in seinen Kriegen, der andere zu Rom mit vielerlei Geschäften geplagt, zwar ansehnliche, aber doch die größten Verdienste vergeltende Belohnungen empfangen. Was konnte ich deiner Freigebigkeit anders entgegenbringen, als Studien, die, um mich so auszudrücken, im Schatten aufgezogen worden waren und nur dadurch zu Ruhm gelangten, weil ich zur ersten Bildung deiner Jugend mitgewirkt zu haben scheine; dafür ein sehr großer Lohn. Du dagegen hast mich mit überschwenglicher Gunst und unzählbarem Gelde überschüttet, so daß mir recht oft die Gedanken durch die Seele gehen: Wie? ich, im Ritterstande und in der Provinz geboren, werde den Großen des Staates beigezählt? Unter dem Adel, der mit langer Ahnenehre prangt, erhob sich mein jüngst gewonnener Glanz? Wo ist jener mit Mäßigem zufriedene Sinn? Solche Gärten legt er an; durch diese Villen in der Umgebung Roms wandelt er dahin; schwelgt auf so ausgedehnten Ländereien, durch so reichen Zins in Überfluß? Nur eine Verteidigung bietet sich mir dar, daß ich nämlich deinen Geschenken nicht widerstreben durfte.

54. „Aber beide haben wir das Maß erfüllt, du in dem, wieviel ein Fürst dem Freunde geben, ich in dem, wieviel ein Freund vom Fürsten annehmen konnte. Was darüber geht, vermehrt nur den Neid, der zwar, wie alles Sterbliche, unter deiner Größe liegt, aber mich belastet; mir muß geholfen werden. Wie ich in Kriegsdienste oder auf einer Reise, ermattet, mir eine Stütze erbitten würde, so bitte ich auf dieser Lebensreise, ein Greis und auch den leichtesten Sorgen nicht gewachsen, da ich meinen Reichtum nicht ferner tragen kann, um Beistand. Laß ihn durch deine Prokuratoren verwalten, zu deinem Vermögen schlagen. Ich will mich nicht selbst in Armut stürzen, sondern nur das ausliefern, dessen Glanz mich blendet, und die Zeit, die der Besorgung der Gärten und Villen bestimmt ist, wieder dem Geiste zuwenden. Du selbst in voller Manneskraft, und auf so viele Jahre stützt sich schon die Macht deiner Regierung. So können wir, deine schon betagteren Freunde uns ganz der Ruhe überlassen. Auch das wird zu deinem Ruhme gereichen, solche zum höchsten Gipfel erhoben zu haben, die auch mit wenigem sich begnügten."

55. Hierauf antwortete Nero etwa so: „Daß ich deiner wohlausgearbeiteten Rede auf der Stelle entgegnen kann, gleich das besitze ich als ein Geschenk von dir, der du mich nicht nur Vorhergesehenes, sondern auch plötzlich sich Darbietendes zu behandeln gelehrt hast. Mein Urgroßvater Augustus vergönnte dem Agrippa und Maecenas, nach ihren Anstrengungen der Muße zu pflegen. Aber das tat er erst in einem Alter, dessen Ansehen rechtfertigen konnte, was und wie beschaffen das war, was er ihm gewährte. Und doch beraubte er keinen von beiden der von ihm verliehenen Belohnungen. Im Kriege und in Gefahren hatten sie sich verdient gemacht, denn in diesen bewegte sich des Augustus Jugendzeit. Auch mir würde, hätte ich mit Waffen zu tun, dein Schwert und dein Arm nicht gefehlt haben. Aber du bist, wie es die gegenwärtigen Verhältnisse erforderten, durch Überlegung, Rat und Lehre meiner Kindheit, dann meines Jünglingsalters Stütze gewesen: deine mir verliehenen Gaben werden, solange mein Leben währt, unvergänglich sein. Was du von mir hast, Gärten, Renten und Landhäuser, ist dem Zufall unterworfen. Mag es auch bedeutend scheinen, so viele, die sich keineswegs mit deinen Eigenschaften messen können, haben mehr erhalten. Ich schäme mich, Freigelassene zu nennen, die man reicher sieht, weshalb ich sogar erröten muß, daß du, der mir vor allen teuer ist, noch nicht alle an Glück übertrifft."

56. „Jedoch du selbst stehst ja noch in kräftigem, für die Geschäfte und deren Lohn ganz geeignetem Alter, und ich befinde mich noch in den ersten Stadien der Herrscherlaufbahn. Du müßtest dich sonst geringer einschätzen als Vitellius, der dreimal Konsul gewesen ist, oder mich unter Claudius stellen wollen. Und was dem Volusius lange Sparsamkeit erwarb, das sollte meine Freigebigkeit bei dir nicht leisten können. Bist du es nicht, der meine verführbare Jugend, wenn sie sich auf irgend einer Seite verirrt hat, zurückruft, und läßt du es dir nicht um so angelegener sein, die durch deine Beihilfe veredelte Kraft zu lenken. Nicht deine Mäßigkeit, wenn du dein Vermögen zurückgibst, nicht deine Ruhe, wenn du den Fürsten verläßt, sondern meine Habsucht, und die Furcht vor meiner Grausamkeit wird in aller Munde sein. Und wird auch deine Enthaltsamkeit hochgepriesen, so möchte es doch nicht ehrenvoll für einen Weisen sein, daraus für sich Ruhm zu ernten, womit er dem Freunde üble Nachrede bereitet." – Hiermit umarmte und küßte er ihn, von Natur dazu geschaffen und durch Gewohnheit geübt, seinen Haß durch trügerische Schmeicheleien zu bemänteln. Seneca sagte ihm – wie alle Unterredungen mit einem Gebietenden enden – Dank, veränderte aber die Gewohnheiten seiner bisherigen Macht, wies die Versammlungen der ihn Begrüßenden von sich, vermied Gefolge, und ließ sich selten in Rom blikken, als würde er durch Übelbefinden oder philosophische Studien abgehalten.

57. Nach dem Falle Senecas war es leicht, Faenius Rufus niederzudrücken, indem man ihm die Freundschaft Agrippinas zum Verbrechen machte. Tigellinus dagegen wurde mit jedem Tage mächtiger. Während, sein Talent zu allem Schlechten, worin er allein stark war werde noch beliebter werden, wenn er den Fürsten durch gemeinsam ausgeführte Verbrechen bände, forschte nach den Gegenständen seiner Besorgnisse. Als er erfuhr, daß Plautus und Sulla besonders gefürchtet würden, Plautus war deshalb jüngst nach Asien, Sulla nach dem narbonensischen Gallien verwiesen, machte er auf ihren Adel aufmerksam und wie dem einen die Heere des Orients, dem andern die Germaniens nahe seien. Er habe nicht, wie Burrus, einander entgegengesetzte Hoffnungen, sondern einzig Neros Wohl im Auge. Dafür werde einigermaßen durch persönliche Aufmerksamkeit gegen Nachstellungen in Rom selbst gesorgt. Aber auf welche Weise könnten Bewegungen in der Ferne unterdrückt werden? Gallien horche auf bei dem Diktatornamen, und nicht weniger schwankten Asiens Völker wegen der Berühmtheit des Großvaters Drusus. Sulla sei unbemittelt, daher höchst kühn und stelle sich solange untätig, bis er zur Verwegenheit Gelegenheit finden würde. Plautus, von großem Vermögen, tue nicht einmal, als liebe er die Ruhe, sondern trage seine Nachahmung der alten Römer zur Schau, indem er noch die Anmaßung und Lehre der Stoiker angenommen habe, die unruhige und nach Gefahren begierige Menschen bilde. Nun säumte man nicht lange. Sulla wurde, nachdem am sechsten Tage schon Meuchelmörder in Massilia gelandet waren, noch ehe er etwas fürchten und vernehmen konnte, umgebracht, als er, um zu speisen, sich zu Tisch gelegt hatte. Sein Haupt, das ihm überbracht wurde, verhöhnte Nero, als sei es durch allzufrühes Ergrauen entstellt.

58. Daß man auch den Plautus zu ermorden vorhatte, blieb nicht ebenso verborgen, weil mehr Menschen an seiner Erhaltung gelegen war. Auch hatte der lange Weg zu Lande und zu Wasser und die Zeit schon ein Gerücht davon erregt, und man gab allgemein vor, er habe sich an Corbulo gewandt, der damals an der Spitze großer Heere stand und der, sollten berühmte und zugleich schuldlose Männer getötet werden, ja vorzugsweise in Gefahr schwebte. Ja, auch Asien habe zugunsten des jungen Mannes die Waffen ergriffen, und selbst die zur Freveltat beorderten Soldaten hätten, da sie weder stark an Zahl, noch auch entschlossenen Mutes waren, und nicht imstande, die Befehle zu vollziehn, sich den Hoffnungen auf eine Umwälzung der Dinge mit hingegeben. Dieser Wahn wurde, wie es mit Gerüchten zu gehen pflegt, noch vermehrt durch die Muße Leichtgläubiger. Übrigens kam ein Freigelassener des Plautus aufgrund schneller Winde dem Centurio zuvor und überbrachte ihm Aufträge von seinem Schwiegervater Lucius Antistius. Er möge sich einem wehrlosen Tode entziehen, er habe noch Zeit, zu entkommen. Dann werde er

aus Mitleid mit seines Namens Größe Gutgesinnte finden und Unternehmende sich ihm zugesellen. Inzwischen sei keine Art der Hilfe zu verschmähen. Wenn er die 60 Soldaten, denn soviel waren im Anzuge, verjagt hätte, würde, während man Nero erst davon benachrichtigte und während ein anderer Haufe herüberzöge, vieles erfolgen, was bis zu einem Kriege wachsen könnte. Jedenfalls werde durch einen solchen Entschluß entweder Rettung gewonnen, oder es habe der Kühne doch nichts Schlimmeres zu erfahren als der Feige.

59. Aber Plautus ließ sich hierdurch nicht bewegen, sei es, daß er, waffenlos und ein Verbannter, keine Hilfe sah, sei es, daß ihm das Schwankende der Hoffnung zuwider war, oder aus Liebe zu seiner Gattin und zu seinen Kindern, gegen welche der Fürst, wie er meinte, versöhnlicher sein würde, wenn er durch keine Besorgnis beunruhigt worden wäre. Einige erzählen, es sei andere Botschaft vom Schwiegervater gekommen, als stehe ihm nichts Schreckliches bevor. Auch hätten die Lehrer der Weisheit, Coeranus von griechischer, Musonius von etrurischer Abkunft, ihm Standhaftigkeit in Erwartung des Todes statt eines ungewissen und angstvollen Lebens angeraten. Man fand ihn wenigstens um die Mittagszeit zu Leibesübungen entkleidet. So ermordete ihn der Centurio, in Gegenwart des Verschnittenen Pelago, welchen Nero dem Centurio und seiner Schar, wie Trabanten einen königlichen Minister übergeordnet hatte. Das Haupt des Ermordeten wurde ihm überbracht. Bei seinem Anblicke sagte er – ich will des Fürsten eigene Worte anführen –: Warum doch, ...[162]

Und nun nach abgelegter Furcht macht er Anstalten die wegen dieser Befürchtungen aufgeschobene Vermählung mit Poppaea zu beeilen und seine Gattin Octavia fortzuschaffen, die, so anspruchslos sie sich betrug, nicht bloß durch ihres Vaters Namen, sondern auch durch die Gunst des Volkes lästig war. An den Senat jedoch sandte er ein Schreiben, worin er über die Ermordung Sullas und des Plautus nichts bekannte, sondern sagte, beide seien unruhige Köpfe, und er trage für die Sicherheit des Staates große Sorge. Unter diesem Titel wurden Dankgebete beschlossen, und daß Sulla nebst Plautus aus dem Senate gestoßen würde, ein Hohn, der aber schändlicher noch war, als die Unbilden selbst.

60. Als er daher nach Annahme des Senatsbeschlusses sah, daß alle seine Frevel wie Großtaten aufgenommen würden, verstieß er Octavia, indem er sie für unfruchtbar ausgab, und verband sich sodann mit Poppaea. Diese, lange Neros Beischläferin, und ihn zuerst als Ehebrecher, dann als Gatten beherrschend, brachte einen von Octavias Dienern dazu, ihr Sklavenliebschaft vorzuwerfen. Als Schuldiger wurde einer mit Namen Eucerus, Alexandriner von Geburt, geschickt im Flötenspiel, ausersehen. In Untersuchung wurden deshalb die Sklavinnen gezogen, und obwohl einige sich durch die Gewalt der Folter überwältigen ließen, Falsches zu bejahen, so blieb doch die Mehrzahl

standhaft darin, die Unschuld ihrer Herrin zu verteidigen. Eine unter ihnen antwortete dem in sie dringenden Tigellinus, die Weiblichkeit Octavias sei reiner als sein Mund. Dennoch wurde sie entfernt, zuerst unter dem Scheine bürgerlicher Scheidung, und erhielt des Burrus Haus, des Plautus Güter, unglückselige Geschenke. Später wurde sie unter militärischer Bewachung nach Campanien verwiesen. Da nun erhoben sich häufige und unverhohlene Klagen unter dem Volke, welches geringere Vorsicht und wegen der Beschränktheit seiner Lage weniger Gefahren hat. Daraufhin, keineswegs aus Reue über die Freveltat, rief Nero die Octavia als seine Gattin zurück.

61. Sofort erstieg man freudig das Kapitol und verehrte die Götter endlich wieder. Die Statuen der Poppaea riß man nieder, trug Octavias Bildnisse auf den Schultern umher, bestreute sie mit Blumen und stellte sie auf dem Forum und in den Tempeln auf. Auch machte man sich auf, den Fürsten zu preisen, indem man ihm wegen der Zurückberufung Verehrung zollte. Und schon erfüllte man selbst den Palast mit Getümmel und Geschrei, als ausgesandte Soldatenhaufen mit Schlägen und Drohung mit dem Schwert die Menge auseinandersprengten. So änderte sich wieder, was man in dem Aufruhr umgeworfen hatte, und die Ehrensäulen der Poppaea wurden wieder aufgerichtet. Diese, immer schon aus Haß, jetzt auch aus Furcht in Wut, es möchte die Gewalt der Menge noch heftiger losstürmen, oder Nero durch die Neigung des Volkes sich umstimmen lassen, warf sich ihm zu Füßen und sprach: Nicht also stehe es mit ihrer Sache, daß sie jetzt um die Ehe streite, obwohl ihr diese lieber als das Leben sei, sondern ihr Leben selbst sei von Octavias Klienten und ihren Sklaven in die äußerste Gefahr gebracht, die den Namen des Volkes sich beigelegt hätten, und im Frieden wagten, was sonst kaum im Kriege geschehe. Jene Waffen seien gegen den Fürsten ergriffen worden, nur ein Anführer habe gefehlt, der sich leicht im Aufruhre finden werde, verließe die nur erst Campanien und begäbe sich selbst in die Stadt, auf deren Wink schon aus der Ferne Unruhen erregt würden. Was sei denn übrigens ihr Vergehen? Womit habe sie denn irgend wen beleidigt? Etwa damit, weil sie den Penaten der Caesaren einen echten Sprößling geben würde? Wolle denn das Römervolk es lieber, daß der Nachwuchs eines ägyptischen Flötenspielers zu kaiserlicher Hoheit gelange? Endlich möchte er, wenn dies der Sache ersprießlich sei, lieber freiwillig als gezwungen seine Gebieterin kommen lassen oder Sorge für seine Sicherheit durch gerechte Rache tragen. Schon durch unbedeutende Gegenmaßregeln hätten sich die ersten Bewegungen gelegt. Doch zweifle man daran, daß Octavia die Gattin Neros sein werde, dann würde man ihr einen Gemahl geben.

62. Diese vielgestaltige und auf Besorgnis wie auf Zorn hinwirkende Rede schreckte und entflammte zugleich den Hörenden. Doch zu wenig Gewicht hatte der Verdacht mit dem Sklaven und war

durch das Verhör der Sklavinnen vereitelt worden. Man beschloß daher, das Eingeständnis eines Mannes zu suchen, dem auch die Beschuldigung einer Staatsumwälzung angedichtet werden könnte. Geeignet schien dazu der Vollstrecker des Muttermords, Anicetus, der, wie ich erwähnte, der Flotte des Misenum vorstand, nach Vollbringung des Verbrechens in geringer Gunst stand, dann immer mehr verhaßt wurde, weil man in den Gehilfen bedeutenderer Missetaten gleichsam einen lebenden Vorwurf sieht! Ihn ließ also der Kaiser rufen und erinnerte ihn an seinen früheren Dienst: Er allein sei zu des Fürsten Rettung gegen die Nachstellungen der Mutter behilflich gewesen. Gelegenheit zu nicht geringerem Verdienste biete sich jetzt dar, wenn er die feindselige Gemahlin wegschaffte. Gewalt und Waffen seien gar nicht nötig; er solle nur Ehebruch mit Octavia bekennen. Für jetzt zwar noch geheime, aber große Belohnungen und anmutige Zurückgezogenheit versprach er ihm, drohte aber, falls er sich weigern sollte, mit dem Tode. Dieser, aus angeborener Tollheit und weil der frühere Frevel ihm so leicht gelungen war, erdichtete und bekannte in Gegenwart der Höflinge, die der Fürst gleichsam zu Rate gezogen, noch mehr, als ihm geboten war. Hierauf wurde er nach Sardinien verwiesen, wo er ein wohlhabendes Exil verlebte und natürlichen Todes starb.

63. Nero indes erklärte in einem Ausschreiben, der Präfekt sei auf die Hoffnung hin, ihr die Flotte zu gewinnen, von ihr bestochen worden, und, die kurz vorher ihr Schuld gegebene Unfruchtbarkeit vergessend, abgetrieben worden sei von ihr um Schuldbewußtsein ihrer Lüste eine Leibesfrucht. Das alles wisse er gewiß. Und so verbannte er Octavia auf die Insel Pandateria. Keine andere Verbannte rührte je den Blick der Zuschauer zu größerem Mitleid. Es erinnerten sich noch einige, wie Agrippina von Tiberius, oder wie, in frischerem Andenken stand es, Julia von Claudius vertrieben wurde. Aber diese hatten an der Kraft der Jahre eine Stütze, hatten doch manches Frohe erlebt und milderten die Bitterkeit der Gegenwart durch Erinnerung an eine glücklichere Vergangenheit. Ihr dagegen war der Hochzeitstag zugleich wie eine Leichenfeier, da sie in ein Haus geführt wurde, worin sie nichts als Trauer haben sollte, da der Vater und gleich darauf der Bruder ihr durch Gift entrissen wurde, dann eine Sklavin mächtiger war als die Gebieterin, und Poppaea lediglich zum Sturze der Gattin geehelicht wurde, zuletzt dann eine Beschuldigung, die schwerer wog als jegliches Verderben.

64. Dennoch konnte die junge Frau, erst im zwanzigsten Lebensjahre stehend[163], mitten unter Centurionen und Soldaten Unglück ahnend, und schon dem Leben entrückt, noch nicht im Tode Ruhe finden. Nach Verlauf weniger Tage wurde ihr zu sterben geboten, obschon sie erklärte, sie sei ja Witwe schon und nur noch seine Schwester, und den Namen des Germanicus, zuletzt den Agrippinas

anrief, bei deren Leben sie zwar eine unglückliche Ehe, doch noch ohne Vernichtung durchlebt hätte. Man legte sie in Banden, öffnete ihr an allen Gliedern die Adern und tötete sie. Da das durch die Angst zurückgedrängte Blut zu langsam floß, wurde sie durch den Dampf eines sehr heißen Bades völlig getötet. Dazu gesellte man eine noch empörendere Grausamkeit, ihr Haupt wurde abgeschnitten und in die Stadt gebracht und Poppaea betrachtete es. Natürlich wurden Geschenke für den Tempel beschlossen, etwas, was wir noch ein letztes Mal erwähnen, damit ein jeder, welcher die Ereignisse während dieser Zeiten nach unserer oder anderer Erzählung kennenlernt, schon im voraus annehme, daß, sooft der Fürst Verbannung und Hinrichtung gebot, allemal auch den Göttern gedankt worden sei, und daß damit das, was ehedem zur Auszeichnung glücklicher Ereignisse, damals zu der öffentlichen Unglücks diente. Doch wollen wir nicht verschweigen, wenn ein Senatsbeschluß durch Schmeichelei auffallend, oder der äußerste Beweis von Unterwürfigkeit war.

65. In demselben Jahre, glaubte man, habe Nero die bedeutendsten seiner Freigelassenen durch Gift getötet, den Doryphorus, als habe er seiner Vermählung mit Poppaea widerstrebt, den Pallas, weil er ihm ein unermeßliches Vermögen durch langes Greisenalter vorenthielt. Romanus hatte durch geheime Anschuldigung Seneca als Gajus Pisos Mitverschworenen angeklagt, wurde aber durch dieselbe Beschuldigung von Seneca gewaltiger zu Boden geschlagen. Daher entstand in Piso Furcht, und es bildete sich ein großes, aber unglückliches Gewebe von Nachstellungen gegen Nero.

FÜNFZEHNTES BUCH

Die Jahre 62 bis 65 n. Chr.

Das Jahr 62 n. Chr. (Fortsetzung)

1. Inzwischen hatte der Partherkönig Vologeses Corbulos Taten vernommen, und daß mit Tigranes ein fremder König über Armenien gesetzt und zugleich durch Vertreibung seines Bruders Tiridates die Hoheit der Arsaciden verachtet worden sei. Dafür gedachte er Rache zu nehmen, wurde jedoch wieder durch die Größe Roms und Achtung vor dem ununterbrochenen Bündnisse auf entgegengesetzte Gedanken gelenkt, unschlüssig von Natur und, weil er durch den Abfall der Hyrkaner, eines mächtigen Volkes, in vielfache Kämpfe verwikkelt war. Als er nun so schwankte, reizte ihn obenein noch eine neue schimpfliche Botschaft. Tigranes hatte nämlich Armeniens Grenze überschritten und das Land der Adiabener, eines Nachbarvolkes weiter umher und länger als auf reinen Raubzügen verwüstet. Und es verdroß die Großen der Völker, daß sie schon so tief in der Verachtung gesunken seien, daß sie nicht einmal von einem römischen Feldherrn, sondern durch die Verwegenheit eines Menschen, der so viele Jahre hindurch als Geisel unter Sklaven gehalten worden sei, angefallen würden. Noch mehr Nachdruck gab ihrem Unwillen Monobazus, in dessen Händen die adiabenische Regierung lag, weil er wiederholt fragte, was für Hilfe und woher er sie holen sollte. Schon habe man Armenien geräumt, die Nachbarländer kämen nun dazu. Würden die Parther sie nicht verteidigen, so würden sie, wenn sie sich ergeben hätten, erträglichere Knechtschaft unter den Römern finden, als wenn sie bezwungen wären. Auch der aus dem Reiche vertriebene Tiridates machte durch sein Schweigen oder durch bescheidene Klagen um so mehr Eindruck. Nicht durch Untätigkeit, sagte er, würden große Reiche behauptet; mit Männern und Waffen müsse man den Kampf wagen. Die Sache sei auf den Thronen die gerechtere, welche die stärkere sei, und das Seinige zu halten, sei des Privatmanns Ruhm, um Fremdes zu kämpfen der der Könige.

2. Hierdurch erregt, berief Vologeses eine Ratsversammlung, stellte Tiridates an seine Seite und hob dann so an: „Diesen, der mit mir von einem Vater stammt, habe ich, da er mir nach unserem Alter den höchsten Rang überlassen hat, in den Besitz Armeniens gesetzt, was für die dritte Stufe der Macht gehalten wird, denn Medien hatte Pa-

corus schon vorher genommen. Und so schien es, als hätte ich wider den altherkömmlichen Haß und Zwist der Brüder die Penaten unserer Familie zweckgemäß geordnet. Die Römer wollen es nicht, und brechen den ihnen nie zum Glück gestörten Frieden auch jetzt zu ihrem eigenen Verderben. Ich will nicht leugnen: ich hatte lieber durch Billigkeit als Blut, lieber durch Gründe als Waffen das von den Vorfahren Erworbene behaupten wollen. Habe ich durch Zögern gefehlt, durch Tapferkeit will ich es wiedergutzumachen suchen. Ist doch euere Kraft und Ehre unverletzt, und habt ihr nicht noch dazu den Ruhm der Mäßigung, welcher selbst von den Höchsten der Sterblichen nicht gering zu achten ist und uns von den Göttern angerechnet wird." Hiermit wand er das Diadem um des Tiridates Haupt, übergab eine schlagkräftige Reiterschar, die der Sitte gemäß dem Könige folgt, dem Moneses, einem Manne von Adel, fügte Hilfstruppen der Adiabener hinzu und trug ihm auf, Tigranes aus Armenien zu verjagen. Er selbst wollte, nach Beseitigung der Zwistigkeiten mit den Hyrkanern, die inneren Streitkräfte und die ganze Macht des Krieges aufbieten, um die römischen Provinzen zu bedrohen.

3. Als dies Corbulo durch sichere Kunde erfuhr, sandte er zwei Legionen unter Verulanus Severus und Vettius Bolanus dem Tigranes zu Hilfe, mit der geheimen Weisung, in allen Stücken mehr mit Bedacht als mit Eile zu handeln. Er wollte nämlich den Krieg lieber haben, als führen, und hatte dem Kaiser geschrieben, es bedürfe eines eigenen Feldherrn, der Armenien verteidigte, denn Syrien sei, da Vologeses hereinbrechen wolle, in zu großer Gefahr. Unterdessen stellte er die übrigen Legionen am Ufer des Euphrat auf, bewaffnete die in Eile aufgebotene Mannschaft der Provinzialen, suchte feindliche Einfälle durch verschanzte Posten zu vereiteln, und weil die Gegend wasserarm ist, errichtete er Kastelle an den Quellen, und verschüttete einige Bäche mit Sandhaufen.

4. Während diese Vorkehrungen von Corbulo zum Schutze Syriens getroffen wurden, fand Moneses, obwohl er, um dem Gerüchte noch zuvorzukommen, sich mit seiner Schar beeilte, den Tigranes deshalb doch nicht ununterrichtet oder unvorbereitet. Er hatte Tigranocerta besetzt, eine durch die Menge der Verteidiger und die Größe der Mauern starke Stadt. Zudem umfließt der Nicephorius, ein Strom von nicht zu verachtender Breite, einen Teil der Mauern, und ein ungeheurer Graben war dort gezogen, wo man sich nicht auf den Fluß verließ. Darin befand sich römische Miliz und Lebensmittel, für welche man zuvor gesorgt hatte. Daß bei deren Herbeischaffung einige zu eifrig vorgerückt und von den sich plötzlich zeigenden Feinden umzingelt worden waren, erfüllte die übrigen nur noch mehr mit Erbitterung als mit Furcht. Den Parthern aber fehlte es an dem Mut, der zu einem Nahkampf gehört. Mit einzelnen Pfeilschüssen konnten sie die Eingeschlossenen nicht schrecken, und mühten sich so vergeb-

lich. Als die Adiabener Leitern und Maschinen heranzubringen suchten, wurden sie leicht zurückgeworfen, dann, da die Unsrigen einen Ausfall taten, niedergehauen.

5. Corbulo jedoch schickte, so gut auch seine Sachen standen, in der Meinung, sich im Glücke mäßigen zu müssen, Abgeordnete zu Vologeses, die sich darüber beschweren sollten, daß die Provinz gewaltsam angegriffen, und ein verbündeter und befreundeter König und römische Kohorten belagert würden. Er möchte lieber die Belagerung aufgeben, oder auch er würde auf feindlichem Gebiete ein Lager aufschlagen. Der Centurio Casperius, den man zu dieser Gesandtschaft ausersehen hatte, traf in der Stadt Nisibis, 37000 Schritt von Tigranocerta entfernt, den König an und richtete seinen Auftrag in barschem Ton aus. Bei Vologeses war es ein alter und tief eingewurzelter Grundsatz, die Waffen Roms zu meiden, und sein gegenwärtiges Unternehmen hatte ja auch keinen günstigen Fortgang. Die Belagerung war erfolglos, Tigranes durch Mannschaft und Vorräte gesichert, die, welche die Eroberung versuchten, in die Flucht geschlagen, Legionen nach Armenien gesandt und andere an Syriens Grenze bereit, selbst einzubrechen. Sich selbst sah er beschränkt auf seine durch Futtermangel entkräftete Reiterei, denn ein Heuschreckenschwarm, der sich erhoben hatte, hatte alles Kraut und Laub abgefressen. Daher verbarg er seine Furcht, schützte mildere Gesinnung vor und gab zur Antwort, er werde Abgeordnete an den römischen Imperator schikken, um um Armenien zu bitten und den Frieden zu befestigen. Dem Moneses befahl er, Tigranocerta aufzugeben; er selbst zog wieder zurück.

6. Daraus machten mehrere etwas durch des Königs Furcht und Corbulos Drohungen Bewirktes und Ruhmwürdiges. Andere suchten darin einen heimlichen Vertrag, daß nach Aufgabe des Kriegs von beiden Seiten und während Vologeses abzöge, auch Triganes aus Armenien weichen sollte. Denn warum sei das römische Heer von Tigranocerta weggeführt worden, warum im Frieden verlassen, was man im Kriege verteidigt hätte? Oder habe man etwa im äußersten Kappadokien unter eilig aufgeschlagenen Hütten besser überwintert, als in der Hauptstadt des eben erst wieder behaupteten Königreichs? Offenbar sei der Krieg nur aufgeschoben worden, damit Vologeses mit einem anderen als mit Corbulo kämpfe, und Corbulo den so viele Jahre hindurch verdienten Ruhm nicht weiter der Gefahr aussetzte. Denn er hatte, wie ich anführte, einen eigenen Heerführer zur Behauptung Armeniens verlangt, und Caesennius Paetus war, wie man hörte, unterwegs. Bald war er auch da, und die Streitmacht wurde so geteilt, daß die 4. und 12. Legion nebst der 5., welche neulich aus Mösien aufgeboten war, sowie die pontischen, galatischen und kappadokischen Hilfsvölker unter den Befehl des Paetus kamen, die 3., 6. und 10. Legion und die bisherige syrische Miliz bei Corbulo bleiben.

Das übrige sollte sie je nach Befinden der Umstände vereinigen oder teilen. Aber einerseits duldete Corbulo keinen Nebenbuhler und auf der anderen Seite verachtete Paetus, dem es doch genug des Ruhmes hätte sein können, wenn man ihn für den nächsten hielt, das Vollbrachte, indem er meinte, es sei ja keine Niederlage oder Beute aufzuweisen, nur dem Namen nach habe man von Eroberungen von Städten gesprochen. Er wolle Abgaben und Gesetze und statt des Schattenkönigs römisches Recht den Besiegten auferlegen.

7. Um eben diese Zeit kehrten die Abgeordneten des Vologeses, die, wie ich erwähnte, an den Fürsten gesendet worden waren, unverrichteter Sache zurück, und die Parther entschieden sich nun offen für den Krieg. Auch wies ihn Paetus nicht zurück, sondern rückte mit zwei Legionen, von denen die 4. zu dieser Zeit Funisulanus Vettonianus, die 12. Calavius Sabinus befehligte, in Armenien ein, unter traurigem Vorzeichen. Denn beim Übergange über den Euphrat, welchen er auf einer Brücke überschritt, scheute ohne sichtbare Veranlassung das Roß, welches die Konsularinsignien trug, und kehrte um. Und ein Opfertier, welches beim Winterlager stand, das verschanzt wurde, brach fliehend durch die halbvollendeten Werke und lief aus der Verschanzung hinaus. Auch brannten die Wurfspeere der Soldaten, ein um so auffallenderes Vorzeichen, weil gerade der parthische Feind mit Wurfgeschossen den Kampf besteht.

8. Indes verachtete Paetus die Vorbedeutungen, und da das Winterlager noch nicht gehörig befestigt und noch gar nicht für das Getreidewesen gesorgt war, führte er das Heer eilig über den Taurus, um, wie er sagte, Tigranocerta wiederzuerobern und die Gegenden, welche Corbula unversehrt verlassen hätte, zu verwüsten. Man nahm auch einige Kastelle und hätte ein wenig Ruhm und Beute gewinnen können, hätte er beim Ruhme Mäßigung und bei der Beute Sorgsamkeit bewiesen. Auf weiten Märschen die Gegenden durchstreifend, die nicht behauptet werden konnten, führte er, nachdem die Lebensmittel, welche man erbeutet hatte, verdorben waren, und der Winter schon vor der Türe stand, das Heer zurück und verfaßte ein Schreiben an den Kaiser, so als wenn der Krieg beendigt wäre, voll prächtig klingender Worte, aber tatenleer.

9. Inzwischen besetzte Corbulo das nie von ihm vernachlässigte Euphratufer mit zahlreicheren Posten, und damit die feindlichen Reiterscharen einen Brückenbau nicht störten, denn schon jagten sie auf den anliegenden Ebenen mit großem Aufsehen umher, führte er Schiffe von hervorragender Größe, mit Balken verbunden und mit Türmen noch erhöht, über den Strom und trieb mit Katapulten und Balisten die Barbaren fort, auf welche die Steine und Speere zu weit hinflogen, als daß das Gegenfeuer ihrer Pfeile ihnen hätte gleichkommen können. Hierauf wurde die Brücke vollendet und die jenseitigen Hügel mit bundesgenossischen Kohorten, nachher mit dem Lager der

Legionen besetzt, mit solcher Schnelligkeit und unter solcher Schaustellung der Streitkräfte, daß die Parther die Rüstungen zu einem Angriffe auf Syrien aufgaben, und nun alle ihre Hoffnung auf Armenien richteten.

Hier wußte Paetus nichts von dem, was ihm bevorstand. Er hatte die 5. Legion fern in Pontus stehen, die übrigen durch uneingeschränkten Urlaub der Soldaten geschwächt, bis man hörte, Vologeses sei mit einem großen und kampfgierigen Heere in Anmarsch.

10. Er rief die 12. Legion herbei und verriet gerade damit, wodurch er den Ruf einer Verstärkung des Heeres gehofft hatte, dessen Schwäche. Dennoch hätte auch damit das Lager behauptet und die Parther durch Verzögerung des Krieges hingehalten werden können, wäre Paetus in seinen eigenen oder anderer Entschlüssen beharrlich gewesen. So aber ging er, als er von kriegskundigen Männern gegen die hereindrängenden Gefahren schon ermutigt worden war, um nicht fremden Rates bedürftig zu scheinen, wieder zu etwas ganz anderem und schlechterem über. Er verließ das Winterlager und führte, mit dem Rufe, nicht Wall und Graben, sondern Männer und Waffen seien ihm gegen den Feind gegeben, die Legionen hinaus, als wolle er eine entscheidende Schlacht liefern. Als er dann einen Centurio und einige wenige Soldaten verloren hatte, welche er vorausgesandt hatte, um sich die Stärke der Feinde anzusehen, zog er in zagender Eile zurück. Voll eitlen Selbstvertrauens, weil Vologeses ihn weniger hitzig verfolgte, besetzte er mit 3000 Mann auserlesenen Fußvolks die nächste Höhe des Taurus, um den Übergang des Königs zu verhindern, und stellte auch die pannonischen Flankenreiter, den Kern der Reiterei, auf einer Seite der Ebene auf. Seine Gattin und sein Sohn wurden in ein Kastell mit Namen Arsamosata gebracht, ihnen eine Kohorte zur Bedeckung beigegeben und so die Soldaten zerstreut, welche, zusammengehalten, dem umherschweifenden Feind entschlossener die Spitze geboten hätten. Nur mit Mühe soll er sich dahin haben bringen lassen, den Corbulo von seiner Bedrängnis zu benachrichtigen. Auch wurde von Corbulo nicht geeilt, damit sich, wenn die Gefahren sich noch mehrten, auch der Ruhm des Beistands erhöhte. Doch befahl er, daß von jeder der drei Legionen 1000 Mann, 800 von der Flankenreiterei und eine gleiche Anzahl von den Kohorten sich marschfertig halten sollten.

11. Indessen änderte Vologeses, obwohl er erfuhr, daß Paetus hier mit Fußvolk, dort mit Reiterei die Wege besetzt hatte, seinen Entschluß in keiner Weise, sondern wandte Gewalt und Drohungen an, scheuchte die bundesgenössischen Reiter hinweg, und rieb die Legionarsoldaten auf, da nur ein Centurio, Tarquitius Crescens, den Turm, in welchem er mit einer Besatzung stand, zu verteidigen wagte, häufige Ausfälle tat und die näher herankommenden Barbaren niederhieb, bis er durch Feuerbrände überwältigt wurde. Wer vom Fuß-

volk unversehrt davonkam, eilte in entfernte, unwegsame Gegenden, die Verwundeten zurück ins Lager, wo sie die Tapferkeit des Königs, die Wildheit und Menge seiner Scharen, kurz alles in ihrer Furcht übertrieben und bei denen, welche dasselbe fürchteten, leicht Glauben fanden. Nicht einmal der Feldherr leistete dem Mißgeschick Widerstand, sondern hatte alle Pflichten des Dienstes aufgegeben, nachdem er abermals zu Corbulo mit Bitten gesandt hatte, er möchte eilig kommen, die Feldzeichen, die Adler und was von des unglücklichen Heeres Namen noch übriggeblieben sei, zu beschützen. Sie würden unterdes, so lange sie das Leben hätten, auch ihre Treue behaupten.

12. Dieser ging nun unerschrocken, nachdem er einen Teil der Truppen, um die am Euphrat angelegten Befestigungswerke zu behaupten, in Syrien zurückgelassen hatte, auf dem nächsten und von Nachschub nicht entblößten Wege nach Kommagene, weiter nach Kappadokien und von da nach Armenien. Es begleitete das Heer außerdem sonst gewöhnlichen Kriegsbedarf eine große Menge mit Getreide beladener Kamele, denn wie den Feind wollte er auch den Hunger abwehren. Von den Zersprengten stieß er zuerst auf den Primipilarcenturio Pactius, dann auf sehr viele Soldaten. Diesen gab er, als sie verschiedene Ursachen ihrer Flucht vorschoben die Weisung, zu ihren Fahnen zurückzukehren und die Gnade des Paetus anzusprechen; er könne, außer wenn sie siegen würden, keine Nachsicht mit ihnen haben. Zugleich trat er vor seine eigne Legionen, spornte sie an, erinnerte sie an frühere Taten und hielt ihnen neuen Ruhm vor Augen. Nicht Dörfer oder Städte der Armenier, sondern ein römisches Lager und zwei Legionen darin erstrebte man als Preis der Anstrengung. Wenn schon ein einzelner Mann für die Rettung eines Bürgers als besondere Auszeichnung einen Ehrenkranz von der Hand des Feldherren überreicht würde, welche und wie große Ehre müßte dann darin liegen, wenn die Menge der Rettung Bringenden der die Rettung Erhaltenden gleich wäre? Hierdurch und durch Ähnliches angefeuert, es gab auch solche, für welche die Gefahr eines Bruders oder Anverwandten noch ein besonderer Sporn war, beeilten sie ununterbrochen Tag und Nacht den Marsch.

13. Um so eifriger bedrängte Vologeses nun die Belagerten, bestürmte bald den Wall der Legionen, bald das Kastell, in welchem das unkriegerische Alter verteidigt wurde, dabei näher heranrückend, als es die Sitte der Parther ist, ob er durch diese Verwegenheit den Feind zur Schlacht herauslocken könnte. Sie aber waren kaum aus den Zelten herauszubringen, und taten weiter nichts, als daß sie die Verschanzungen verteidigten, teils auf des Feldherrn Geheiß, andere aus eigener Feigheit und in Erwartung des Corbulo, bestürmte sie Gewalt, mit der Berufung auf die Niederlagen bei Caudium und Numantia schnell bereit. Es seien doch das italische Volk der Samniter oder die Spanier nicht mit gleicher Macht angedrungen, die doch

Nebenbuhler der römischen Herrschaft gewesen seien. Auch die kräftige und gepriesene alte Zeit wäre, sooft das Geschick zuwider war, auf Rettung bedacht gewesen. Durch diese Verzweiflung des Heeres niedergeschlagen, faßte der Feldherr zuerst noch kein demütig bittendes, sondern gleichsam sich beschwerend ein Schreiben an Vologeses ab, daß er für die Armenier, die immer römischer Botmäßigkeit unterworfen oder einem König, den der Kaiser ausgewählt hatte, untergebenen waren, Feindseligkeiten übe. Friede sei auf beiden Seiten nützlich, und er möge nicht bloß die Gegenwart im Auge haben. Er sei schon mit der Gesamtmacht seines Reiches gegen zwei Legionen herbeigezogen; den Römern dagegen bleibe noch der Erdkreis zur Unterstützung des Krieges.

14. Hierauf schrieb Vologeses nichts zu seiner Rechtfertigung zurück, sondern daß er seine Brüder Pacorus und Tiridates abwarten müsse. Sie hätten diese Stelle und diesen Zeitpunkt zu einer Beratung festgesetzt, um über Armenien zu beschließen. Dazu hätten nun die Götter als etwas der Arsaciden Würdiges hinzugefügt, daß sie über römische Legionen zugleich verfügen könnten. Darauf wurden Boten von Paetus abgesandt, und um eine Unterredung mit dem Könige gebeten, welcher dem Vasaces, dem Befehlshaber der Reiterei, hinzugehen befahl. Nun sprach Paetus von Lucullus, Pompeius und davon, was die Caesaren zur Behauptung oder Verschenkung Armeniens getan hatten, Vasaces meinte, daß wir bei dem Behaupten und Verschenken ein Schattenbild, die Parther dagegen die Gewalt in Händen hätten. Nachdem man gegenseitig lange hin und her gestritten hatte, wurde der Adiabener Monobazus am folgenden Tage als Zeuge dessen zugezogen, was man vereinbarte. Man beschloß, es sollten die Legionen von der Belagerung befreit werden, jeder römische Soldat das Gebiet der Armenier verlassen, und den Parthern die Kastelle und der Nachschub überlassen werden. Wäre dies geschehen, so sollte dem Vologeses gestattet sein, Gesandte an Nero abzuschicken.

15. Inzwischen schlug Paetus über den Fluß Arsanias, der am Lager vorüberströmte, eine Brücke, dem Anscheine nach, als bahnte er über sie einen Weg für sich. Allein die Parther hatten wie zum Beweise ihres Sieges dazu Befehl gegeben. Ihnen gereichte sie nämlich zum Vorteil, die Unsrigen nahmen eine ganz entgegengesetzte Richtung.. Das Gerücht fügte hinzu, die Legionen seien unter dem Joch durchgeführt worden, und anderes noch, was den unglücklichen Verhältnissen entsprach. Etwas in dieser Art nahmen sich die Armenier auch heraus, indem sie nämlich in die Befestigungswerke hineingingen, bevor noch der römische Heereszug heraus war. Sie standen auf den Wegen umher und schleppten ehedem ihnen geraubte Sklaven oder Lasttiere fort, die sie für das Ihrige erklärten. Auch Kleider wurden geraubt, Waffen zurückbehalten, und die Soldaten waren dabei schüchtern und ließen es geschehen, um nur zu keinem Kampfe An-

laß zu geben. Nachdem Vologeses die Waffen und Leichen der Erschlagenen zusammengehäuft hatte, um unsere Niederlage damit zu bekunden, enthielt er sich des Anblicks der fliehenden Legionen. Der Ruf der Mäßigung wurde gesucht, nachdem er seinen Übermut befriedigt hatte. Den Arsaniasfluß suchte er auf einem Elefanten und die dem Könige die Nächsten waren, auf ihren Rossen zu überqueren, weil sich das Gerücht verbreitet hatte, die Brücke werde durch die Hinterlist der Erbauer unter der Last auseinanderbrechen. Doch fanden die, welche sie zu betreten wagten, sie stark und zuverlässig.

16. Übrigens wußte man, daß die Belagerten an Getreide noch solchen Vorrat hatten, daß sie Feuer in die Speicher warfen. Auf der anderen Seite berichtete Corbulo, die Parther würden von Lebensmitteln entblößt und, da ihr Futter aufgezehrt gewesen, die Belagerung haben aufgeben müssen, und er sei nicht weiter als noch drei Tagemärsche entfernt gewesen. Er fügte hinzu, es sei durch einen Eid des Paetus vor den Feldzeichen, in Beisein derer, welche der König als Zeugen gesandt hatte, das Versprechen gegeben worden, es solle kein Römer Armenien betreten, bis Neros Antwortschreiben käme, ob er in den Frieden einwillige. Wie dieses zur Vergrößerung der Schande erdichtet sein mag, so wird das übrige doch nicht für ungewiß gehalten, daß Paetus an einem Tage eine Strecke von 40 römischen Meilen zurückgelegt habe[164], überall Verwundete im Stiche lassend, und daß diese Verzagtheit der Fliehenden nicht weniger schimpflich gewesen sei, als hätten sie in einer Schlacht die Flucht ergriffen. Corbulo, der ihnen mit seinen Truppen am Euphratufer begegnete, zeigte den militärischen Schmuck und die Waffen nicht in einem solchen Glanz, daß er ihren Abstand zu einem Vorwurf hätte werden lassen können. Niedergeschlagen und das Los der Waffenbrüder bemitleidend, enthielten sich die Manipeln nicht einmal der Tränen. Kaum fand vor Schluchzen die gewöhnliche Begrüßung statt. Zurückgetreten war der Wettstreit der Tapferkeit und das ehrgeizige Streben nach Ruhm, Leidenschaften glücklicher Menschen. Nur Mitleid machte sich geltend und zwar am meisten bei den gemeinen Soldaten.

17. Die Heerführer hatten darauf eine kurze Unterredung miteinander. Als der eine darüber klagte, wie so vergeblich seine Anstrengung gewesen sei, wohl hätte der Krieg mit der Flucht der Parther beendigt werden können, antwortete der andere, sie hätten beide in allem noch freie Hand. Sie brauchten die Adler nur umzuwenden, und vereint in Armenien einzufallen, das durch Vologeses Abzug geschwächt sei. Corbulo erwiderte hierauf, er habe dazu vom Kaiser keinen Auftrag. Durch die Gefahr für die Legionen bewogen, sei er aus seiner Provinz hinausgezogen. Da man über die Absichten der Parther in Ungewißheit sei, werde er nach Syrien zurückkehren. Auch so habe man noch um das große Glück zu flehen, daß nur das durch die weiten Märsche entkräftete Fußvolk der rüstigen und auf

den ebenen Flächen voraneilenden Reiterei nachkommen möge. Darauf überwinterte Paetus in Kappadokien. Von Vologeses aber wurden Boten an Corbulo gesandt, er möge die Kastelle jenseits des Euphrat niederreißen, und den Strom, wie ehedem, zur Grenze machen. Jener verlangte, daß auch Armenien von den einander feindlichen Besatzungen befreit würde. Und endlich gab der König nach. So wurde zerstört, was Corbulo jenseits des Euphrat befestigt hatte, und die Armenier blieben ohne Einmischung.

18. Unterdessen waren in Rom Trophäen über die Parther und Siegesbogen auf der Mitte des kapitolinischen Berges aufgestellt worden, beschlossen vom Senat, als der Krieg noch unentschieden war. Sie wurden auch jetzt nicht zurückgenommen, weil man trotz des inneren Geständnisses nur fürs Auge zu sorgen suchte. Ja, Nero ließ, um seine Sorgen wegen der auswärtigen Angelegenheiten zu verbergen, das durch Alter verdorbene Getreide des Volkes in den Tiber werfen, um damit zu zeigen, daß man unbesorgt sein könne wegen der Lebensmittel. Ihr Preis stieg nicht, obwohl ungefähr 200 Schiffe im Hafen selbst durch einen gewaltigen Sturm und 100 andere, welche den Tiber hinaufgefahren waren, durch eine zufällige Feuersbrunst vernichtet wurden. Hierauf setzte er drei Konsulare, den Lucius Piso, den Ducennius Geminus und den Pompejus Paullinus über die Staatseinkünfte, wobei er frühere Fürsten tadelte, welche durch die Größe ihres Aufwands die gewöhnlichen Einkünfte überschritten hätten. Er schenkte dem Staate jährlich sechzig Millionen Sesterzen.

19. In dieser Zeit hatte eine ganz abscheuliche Sitte überhandgenommen, indem beim Herannahen der Wahlversammlungen oder Verlosung der Provinzen sehr viele Kinderlose durch Scheinadoption Söhne annahmen, und wenn ihnen dann als Vätern Präturen und Provinzen zugefallen waren, die, welche sie adoptiert hatten, sogleich wieder aus ihrer Gewalt entließen[165]. Mit großem Unwillen wandte man sich an den Senat, machte das Recht der Natur, die Beschwerlichkeiten der Erziehung gegen den Betrug, die Ränke und die Kürze der Adoption geltend. Gewinn genug sei es für die Kinderlosen, daß sie in großer Sorglosigkeit ohne Lasten Gunst, Ehrenstellen, alles bequem bei der Hand und in Bereitschaft fänden. Ihnen aber würden die lange erwarteten Verheißungen der Gesetze zum Hohn, wenn nun jemand, der ohne Sorge zum Vater, ohne Trauer kinderlos würde, mit denen, die als Väter lange ihren Wunsch gehegt, mit einemmal auf gleicher Stufe stände. Demzufolge wurde ein Senatsbeschluß gefaßt, daß eine bloß vorgegebene Adoption in keiner Beziehung zu einem öffentlichen Amte verhelfen und nicht einmal zum Antritt einer Erbschaft von Nutzen sein sollte.

20. Hierauf wurde der Kreter Claudius Timarchus vor Gericht gezogen infolge von Vergehen, die im übrigen bei übermächtigen und durch zu großen Reichtum zu Ungerechtigkeiten gegen Geringere

verleiteten Provinzbewohner üblich sind. Eine seiner Äußerungen war als Beschimpfung des Senats empfunden worden, weil er gesagt hatte, es stehe in seiner Gewalt, ob den Prokonsuln, welche Kreta verwaltet hatten, Dank abgestattet werden sollte. Paetus Thrasea, der diese Gelegenheit zum allgemeinen Besten zu benutzen suchte, fügte, nachdem er über den Angeklagten sich dahin erklärt hatte, daß er aus der Provinz Kreta zu verbannen sei, noch folgendes hinzu: „Es ist durch die Erfahrung erwiesen, Senatoren, daß vortreffliche Gesetze und lobenswerte Strafen unter wohlgesinnten aus den Vergehungen der übrigen hervorgehen. So ließ die Zügellosigkeit der Redner das cincische Gesetz, der Gunsterschleichung der Kandidaten die julischen Gesetze, die Habsucht der Beamten die calpurnischen Verordnungen entstehen. Denn die Schuld ist eher da als die Strafe, die Zurechtweisung später als das Fehlen. Daher laßt uns gegen den neuen Übermut der Provinzbewohner einen der römischen Gewissenhaftigkeit und Festigkeit würdigen Entschluß fassen, wodurch dem Schutze der Bundesgenossen nichts entzogen wird, über uns aber die Meinung aufhöre, es beruhe auf anderm als der Bürger Urteil, wofür ein jeder gehalten werden solle.

21. „Ehemals freilich sandte man nicht bloß einen Prätor oder Konsul, sondern auch Privatpersonen, die Provinzen zu besuchen und, was sie von dem Gehorsam einer jeden hielten, zu berichten, und es zitterten Völker vor dem Gutachten eines einzelnen. Jetzt aber machen wir den Ausländern den Hof und schmeicheln ihnen, und wie auf den bloßen Wink irgend jemandes eine Danksagung, so wird noch rascher eine Klage beschlossen. Nun, man beschließe immerzu, und lasse es den Provinzialen, ihre Macht auf solche Weise zur Schau zu legen. Nur werde falsches und durch Bitten erpreßtes Lob ebenso gezügelt wie Bosheit und Grausamkeit. Häufig wird mehr gesündigt, während wir uns verdient zu machen suchen, als während wir Anstoß geben. Ja es gibt Tugenden, die verhaßt sind, unbeugsame Strenge und ein gegen Gunstbewerbung unbestechlich fester Sinn. Daher ist bei unseren Verwaltungen in der Regel der Anfang besser, das Ende aber schwach, weil wir wie Kandidaten uns um Stimmen bewerben. Wird diesen Dingen gesteuert, so werden die Provinzen auf eine mildere und gleichmäßigere Weise regiert werden. Denn wie durch die Furcht vor Erpressungsklagen die Habsucht gebrochen ist, so wird durch das Verbot der Danksagungen der Gunsterschleichung auch eine Grenze gesetzt werden."

22. Mit großem Beifall wurde diese Äußerung aufgenommen, doch konnte kein Senatsbeschluß zu stande gebracht werden, da die Konsuln erklärten, die Sache sei nicht auf der Tagesordnung gewesen. Nachher setzten sie auf Veranlassung des Fürsten fest, es solle niemand in einer Versammlung der Bundesgenossen beantragen, im Senate den Proprätoren oder Prokonsuln Dank abzustatten, noch solle jemand eine solche Gesandtschaft übernehmen.

Unter denselben Konsuln war durch Blitzschlag das Gymnasium ein Raub der Flammen geworden, und Neros Standbild darin zerschmolz zu einem unförmigen Klumpen Erz. Ferner stürzte durch ein Erdbeben Pompeii, eine volkreiche Stadt Campaniens, großenteils zusammen. Auch starb die vestalische Jungfrau Laelia, an deren Stelle Cornelia aus der Familie der Cosser gewählt wurde.

Das Jahr 63 n. Chr.

23. Unter dem Konsulat des Memmius Regulus und Verginius Rufus hatte Nero eine übermenschliche Freude darüber, daß ihm von Poppaea eine Tochter geboren wurde, und nannte sie Augusta, nachdem er diesen Namen auch der Poppaea gegeben hatte. Der Ort der Niederkunft war die Kolonie Antium, wo er selbst geboren war. Ferner hatte der Senat Poppaeas Mutterleib den Göttern anempfohlen und öffentlich Gelübde übernommen, welche noch vervielfacht und entrichtet wurden. Auch Dankgebete fügte man hinzu und beschloß einen Tempel der Fruchtbarkeit, ein Kampfspiel nach dem Muster der actischen Feier, daß der Glücksgöttinnen goldene Bilder auf dem Throne des kapitolinischen Jupiters aufgestellt, und daß ein Zirkusspiel, wie dem julischen Geschlechte bei Bonvillae, so dem claudischen und domitischen bei Antium gegeben würde. Dies alles zerfloß in nichts, da das Kind schon innerhalb des vierten Monats starb. Nun erhoben sich von neuem die Schmeicheleien derer, welche die Ehre einer Göttin, ein Opfertisch, Tempel und einen Priester für sie beantragten. Auch Nero selbst benahm sich, wie in der Freude, so im Grame ohne Maß. Man hatte bemerkt, daß, als der ganze Senat gleich nach der Niederkunft hinaus nach Antium strömte, Thrasea, zurückgewiesen, mit unerschüttertem Sinne diese ihm eine nahe Hinrichtung verkündende Beschimpfung aufgenommen habe. Nachmals soll der Kaiser dann absichtlich gegen Seneca geäußert, er sei mit Thrasea wieder ausgesöhnt, und Seneca dem Kaiser Glück gewünscht haben. Daraus erwuchsen immer mehr Ruhm und Gefahren den trefflichen Männern.

24. Inzwischen überbrachten bei Beginn des Frühlings die Gesandten der Parther die Aufträge und ein gleichlautendes Schreiben des Königs Vologeses. Er wollte die früheren, so oft gepflogenen Unterhandlungen über die Ansprüche auf Armenien jetzt übergehen, weil die Götter, selbst der mächtigsten Völker Schiedsrichter, ja den Besitz den Parthern nicht ohne Schande Roms verliehen hätten. Unlängst sei Tigranes eingeschlossen gewesen, nachher habe er Paetus und die Legionen, obwohl er sie hätte vernichten können, unversehrt entlassen. Genugsam sei seine Macht erprobt und auch schon ein Beispiel von Milde gegeben. Auch würde sich Tiridates nicht weigern, zur Emp-

fangnahme des Diadems nach Rom zu kommen, wenn er sich nicht durch der Priesterwürde heilige Verpflichtungen gebunden fühlte. Erscheinen wolle er bei den Feldzeichen und Bildnissen des Fürsten, um daselbst in Gegenwart der Legionen die Regierung anzutreten.

25. Da so Vologeses Schreiben lautete, und weil Paetus dem Entgegengesetztes schrieb, als wenn alles gut stände, wurde der Centurio, welcher mit den Gesandten angekommen war, gefragt, in welcher Lage sich Armenien befinde. Dieser antwortete, alle Römer seien daraus abgezogen. Da merkte Nero den Spott der Barbaren, die darum baten, was sie schon entrissen hatten, und ratschlagte mit den Vornehmsten des Staates, ob man einen zweifelhaften Krieg oder einen nicht ehrlosen Frieden vorziehen solle. Man entschloß sich zum Krieg. Und der so viele Jahre mit den Soldaten sowie mit den Feinden vertraute Corbulo erhielt die Leitung des Ganzen, damit nicht wieder durch eines anderen Ungeschick gefehlt würde, weil man sich doch des Paetus hatte schämen müssen. Sie wurden daher unverrichteter Dinge zurückgeschickt, jedoch mit Geschenken, um damit die Hoffnung zu erwecken, es werde Tiridates nicht erfolglos um dasselbe nachsuchen, wenn er seine Bitten in Person anbrächte. Die Verwaltung Syriens wurde dem Gaius Cestius, dem Corbulo die Kriegsmacht anvertraut, und die 15. Legion unter Anführung des Marius Celsus aus Pannonien hinzugefügt. Es wurde an die Tetrarchen, die Könige, Präfekten und Prokuratoren geschrieben, sowie an die Prätoren, welche die benachbarten Provinzen verwalteten, daß sie Corbulos Befehlen Folge zu leisten hätten, dessen Gewalt ungefähr in dem Maße ausgedehnt worden war, wie sie das römische Volk dem Gnaeus Pompeius zur Führung des Seeräuberkrieges gegeben hatte. Den zurückgekehrten Paetus begnügte sich der Kaiser, da derselbe Härteres besorgte, durch Witzreden zu züchtigen, etwa mit den Worten: er verzeihe ihm auf der Stelle, damit er, so leicht in Furcht zu setzen, nicht bei längerer Besorgnis erkrankte.

26. Indessen führte Corbulo, nachdem er die 4. und 12. Legion, welche nach dem Verluste der Tapfersten und bei der Einschüchterung der übrigen zum Kampfe nicht recht geeignet schienen, nach Syrien verlegt hatte, von dort die 6. und die 3., frische und durch häufige und glückliche Anstrengungen geübte Truppen nach Armenien. Hinzu fügte er noch die 5. Legion, welche, in Pontus stehend, die Niederlage nicht miterlebt hatte, und zugleich die kürzlich erst Herbeigeführten von der 15., Vexille auserlesener Mannschaft aus Illyrien und Ägypten, und was von Flankenreiterei und Kohorten da war, und die Hilfstruppen der Könige, die bei Melitene zusammengezogen wurden, wo er über den Euphrat zu gehen sich anschickte. Hierauf entsühnte er das Heer dem Gebrauch gemäß und rief es zu einer Versammlung, und hob in hohem Tone an von den Auspizien des Imperators und von seinen eigenen Taten zu reden, wobei er das

Mißlungene auf das Ungeschick des Paetus schob, mit großen Eindruck machender Persönlichkeit, die bei dem Kriegsmanne die Stelle der Beredsamkeit vertrat.

27. Dann verfolgte er den Weg, auf welchem einst Lucius Lucullus vorgedrungen war, nachdem er die durch die Länge der Zeit entstandenen Hemmnisse durchbrochen hatte. Die nun zu ihm kommenden Friedensunterhändler des Tiridates und Vologeses wies er keineswegs von sich, gesellte ihnen Centurionen bei mit nicht unfriedlichen Aufträgen. Noch sei es nämlich nicht dahin gekommen, daß ein entscheidender Kampf nötig wäre. Viel Glück hätten die Römer, einiges die Parther gehabt, zur Warnung gegen Übermut. Daher sei es sowohl für Tiridates von Nutzen, ein von Verheerungen unberührtes Reich zum Geschenke zu empfangen, und auch Vologeses werde besser durch Bundesgenossenschaft mit Rom als durch gegenseitig zugefügten Schaden für das Volk der Parther sorgen. Er wisse selbst, wie viel Zwietracht im Innern herrsche, und wie ungebändigte und überaus wilde Stämme er regiere. Dagegen habe sein Imperator allenthalben ungestörten Frieden und nur diesen einen Krieg zu führen. – Zugleich verband er Schrecken mit dem Rat, und vertrieb die armenischen Magnaten, die zuerst von uns abgefallen waren, aus ihren Sitzen, riß ihre Schlösser nieder und erfüllte das ebene wie das hochgelegene Land, die Mächtigen wie die Schwachen mit gleicher Furcht.

28. Nicht zuwider, geschweige denn feindlich verhaßt war selbst den Barbaren Corbulos Name, und darum hielten sie seinen Rat für treu gemeint. Daher zeigte sich Vologeses im ganzen nicht unbeugsam und bat auch für einige Statthalterschaften um Waffenstillstand. Tiridates forderte Ort und Tag zu einer Unterredung. Da eine naheliegende Zeit und der Ort, wo neulich die Legionen mit Paetus belagert worden waren, von den Barbaren wegen der für sie erfreulichen Erinnerung ausersehen war, hatte Corbulo nichts dagegen, damit die Unähnlichkeit der Verhältnisse seinen Ruhm erhöhte. Auch die Schande des Paetus setzte ihn nicht in Verlegenheit, was besonders daraus zu ersehen war, weil er dem Sohne desselben, einem Tribun, gebot, mit den Manipeln hinzuziehen und die Überreste der unglücklichen Schlacht zu begraben. Am festgesetzten Tage kamen Tiberius Alexander, ein erlauchter römischer Ritter, als Kriegskommissar beigegeben, und Annius Vinicianus, Corbulos Eidam, noch nicht in senatorischem Alter, doch an des Legaten statt an die Spitze der 5. Legion gestellt, in Tiridates Lager, um ihn damit zu ehren und damit er bei solchem Unterpfande keine Nachstellungen fürchtete. Sodann nahm jeder Teil zwanzig Reiter mit. Der König sprang, als er Corbulo erblickte, zuerst vom Pferde; doch auch Corbulo säumte damit nicht, sondern beide reichten sich zu Fuß die Rechte.

29. Hierauf lobte der Römer den jungen Mann, daß er, Gefährliches aufgebend, das Sichere und Heilbringende ergreife. Dieser re-

dete zuerst viel vom Adel seines Geschlechtes, dann im übrigen mit Mäßigung. Er werde sich nämlich nach Rom begeben und dem Kaiser neuen Glanz bringen, ein Arsacide, der unter nicht ungünstigen Verhältnissen für die Parther doch demütig bitte. Dann beschloß man, Tiridates solle vor des Kaisers Bildnis seinen königlichen Schmuck niederlegen und ihn nur aus Neros Hand wiedernehmen. Die Unterredung endete mit einem Kusse. Nach Verlauf von wenigen Tagen stellten sich dann, mit großem Gepränge von beiden Seiten, hier die in Geschwader geordnete Reiterei mit den heimatlichen Abzeichen, dort die Scharen der Legionen auf mit blitzenden Adlern, Feldzeichen und Götterbildern, einem Tempel ähnlich. In der Mitte trug eine Erhöhung den curulischen Sessel, und der Sessel Neros Bildnis. Dem nahte nun Tiridates und legte, nachdem der Sitte gemäß die Opfer geschlachtet worden waren, das vom Haupte genommene Diadem vor dem Bilde nieder, unter großer, allseitiger Bewegung der Gemüter, welche die noch vor Augen stehende Niedermetzelung oder Einschließung der römischen Heere vermehrte. Jetzt sei das Geschick umgewandelt, dahinziehen werde Tiridates nun den Völkern zur Schau, wie wenig anders als ein Gefangener!

30. Zum Ruhm gesellte Corbulo noch Artigkeit und ein Gastmahl, und da der König nach den Gründen fragte, sooft er auf etwas Neues aufmerksam wurde, wie zum Beispiel, daß der Anfang der Nachtwachen immer durch einen Centurio gemeldet, die Tafel durch das Zeichen eines Horns aufgehoben, oder der vor dem Augurale errichtete Altar mittels einer Fackel angezündet wurde, erfüllte er ihn durch weitere Ausschmückung von diesem allen mit Bewunderung der alten Sitten. Am folgenden Tage bat er noch um Frist, um vor dem Antritt einer so weiten Reise Brüder und Mutter zu besuchen. Als Geisel übergab er inzwischen seine Tochter nebst einem demütig bittenden Schreiben an Nero.

31. So reiste er ab, und fand Pacorus in Medien, Vologeses zu Ekbatana, der nicht unbekümmert um seinen Bruder war. Hatte er selbst doch durch besondere Boten Corbulo ersucht, es möchte sich Tiridates keinen Schein von Knechtschaft gefallen lassen müssen, nicht sein Schwert abliefern oder von der Umarmung der Statthalter in den Provinzen ausgeschlossen werden, noch vor ihren Türen stehen bleiben, und ihm zu Rom so große Ehre wie den Konsuln erwiesen werden. Natürlich fehlte dem an ausländischen Stolz gewöhnten Manne die Bekanntschaft mit uns, bei denen die wirkliche Gewalt der Herrschaft gilt, Unwesentliches dagegen nicht beachtet wird.

32. In demselben Jahre gab der Kaiser auch den Völkerschaften der Seealpen das Recht Latiums.[166] Die Plätze der römischen Ritter im Zirkus legte er vor die Sitze des Volkes. Bis zu diesem Tage nämlich gingen sie unabgesondert hinein, weil das roscische Gesetz nichts als über die vierzehn Reihen bestimmte. Auch Gladiatorenspiele hatte

eben dieses Jahr aufzuweisen, von gleicher Pracht wie die früheren. Aber es entehrte sich eine ganze Menge von erlauchten Frauen und Senatoren durch Betretung des Kampfplatzes.

Das Jahr 64 n. Chr.

33. Unter dem Konsulate des Gajus Laecanius und Marcus Licinius wurde Nero täglich von heftigerer Begierde getrieben, ohne Unterschied alle Bühnen zu betreten. Denn bis jetzt hatte er nur im Palast oder im Park gesungen, und an den juvenalischen Spielen, welche er als zu wenig besucht und für eine so starke Stimme zu beschränkt verschmähte. Da er aber nicht wagte, in Rom den Anfang zu machen, wählte er sich Neapel als eine griechische Stadt. Von dort aus wollte er beginnen, damit, wenn er nach Achaja hinübergegangen sei und die ausgezeichneten, von alters her heiligen Siegeskränze empfangen hätte, er durch größeren Ruf die Teilnahme der Bürger erweckte. So füllte denn der zusammengeraffte Haufen der Stadtbewohner nebst denen, welche das Gerücht davon aus den nächsten Kolonien und Landstädten herbeigelockt hatte, und ferner die, welche dem Kaiser der Ehre wegen oder aus verschiedenen Zwecken folgten sowie auch Abteilungen von Soldaten das Theater der Neapolitaner.

34. Dort ereignete sich eine, wie die meisten glaubten, Unglück verkündende, nach seiner eigenen Meinung vielmehr eine von der Fürsorge und Gunst der Götter zeugende Begebenheit. Als nämlich das Volk, welches da gewesen, heraus war, stürzte das Theater leer und ohne Beschädigung eines einzigen zusammen. Also stattete er in dazu verfaßten Liedern den Göttern Dank ab und feierte das Glück in dem neulichen Unfalle. Schon mit der Überfahrt über das adriatische Meer in Gedanken beschäftigt, ließ er sich einstweilen bei Benevent nieder, wo von Vatinius ein stark besuchtes Gladiatorenspiel gegeben wurde. Vatinius gehörte zu den scheußlichsten Schreckgestalten dieses Hofes, Zögling einer Schusterbude, verwachsen, mit seinem Witz ein Possenreißer. Anfangs zum Gespötte herbeigezogen, wurde er sofort durch Anschwärzung der Trefflichsten so mächtig, daß er durch Einfluß, Geld, Gewalt zu schaden, dann auch die Schlechten überragte.

35. Nero, der diesem Spiele nun beiwohnte, ruhte nicht einmal während der Vergnügungen mit Freveltaten. Gerade in diesen Tagen nämlich wurde Torquatus Silanus zu sterben gezwungen, weil er neben der Erlauchtheit der junischen Familie auch noch den göttlichen Augustus als seinen Urgroßvater aufwies. Den Anklägern wurde geboten, ihm vorzuwerfen, daß er verschwenderisch in Schenkungen sei und auf nichts anderes hoffe als auf eine Staatsumwälzung. Ja er

halte sich Menschen, die er Chef der Kanzlei, des Amts für Eingaben und der Finanzen nenne[167], lauter Namen und Anstalten für die höchste Verwaltung. Hierauf wurden die Vertrautesten seiner Freigelassenen gefesselt und fortgeschleppt. Und als die Verurteilung bevorstand, schnitt Torquatus sich die Adern an den Armen auf. Darauf folgte denn, wie gewöhnlich, Neros Erklärung: Er würde, wenngleich schuldig und mit Recht in seine Verteidigung Mißtrauen setzend, dennoch das Leben behalten haben, hätte er die Gnade des Richters abgewartet.

36. Nicht lange darauf machte er, für jetzt Achaja aufgehend – weshalb, war ungewiß – Rom wieder einen Besuch, mit den Provinzen des Morgenlandes, besonders mit Ägypten sich in geheimen Phantasien beschäftigend. Sodann versicherte er in einem Schreiben, seine Abwesenheit werde nicht lange währen und im Staate alles gleich unerschüttert und im Gedeihen bleiben, und begab sich wegen dieser Reise auf das Kapitol. Als er daselbst vor den Göttern seine Andacht verrichtet und auch in den Tempel der Vesta gegangen war, gab er, plötzlich an allen Gliedern zitternd, sei es, daß die Gottheit ihn erschreckte, oder in der Erinnerung an seine Missetaten niemals frei von Furcht, das Unternehmen auf, indem er erklärte, alle seine Sorgen würden von der Liebe zum Heimatlande überwogen. Er habe den trauervollen Blick seiner Mitbürger gesehen, höre ihre leisen Klagen darüber, daß er eine so große Reise antreten wolle, er, dessen unbedeutende Ausflüge sie nicht einmal ertrügen, da sie gewohnt seien, gegen Zufallslaunen in des Fürsten Anblick Trost zu finden. So habe denn, wie im Familienleben die nächsten Liebespfänder den Vorrang hätten, so auch bei ihm das römische Volk das meiste Gewicht, und gehorchen müsse er, wenn es ihn zurückhalte. Dies und ähnliches war nach dem Sinne des Volkes, wegen seines Verlangens nach Vergnügungen und weil es, was seine größte Sorge ist, in seiner Abwesenheit Getreidenot fürchtete. Der Senat und die Großen waren unsicher, ob man ihn fern oder nahe für furchtbarer halten sollte. Nachher glaubten sie, wie es bei großen Befürchtungen gewöhnlich ist, daß das Schlimmere das sei, was geschehen war.

37. Er selbst, um glaubhaft zu machen, daß ihm nirgends so wohl sei, veranstaltete Gastgelage an öffentlichen Orten, und bediente sich der ganzen Stadt wie seines Hauses. Am reichsten an Üppigkeit und am meisten besprochen war das Mahl, welches von Tigellinus angeordnet, hier als Beispiel angeführt werden soll, damit ich nicht öfter von gleicher Verschwendung zu erzählen brauche. Auf dem Teiche des Agrippa ließ er ein Floß bauen, auf dem sich das Gelage befand und von anderen Schiffen gezogen sich fortbewegen konnte. Die Schiffe waren mit Gold und Elfenbein ausgelegt, und als Ruderer Buhlknaben nach dem Alter und nach der Erfahrung in Wollüsten gepaart. Geflügel und Wild hatte er aus den verschiedensten Ländern

und Seetiere bis vom Ozean her holen lassen. Am Rande des Teiches standen Lusthäuser voller vornehmer Frauen, und gegenüber konnte man Dirnen mit entblößtem Leibe schauen. Schon zeigten sich unzüchtige Gebärden und Bewegungen, und sobald die Dunkelheit anbrach, ertönte Gesang und erglänzten Lichter aus dem umgebenden Park, sowie den umliegenden Gebäuden. Nero selbst, durch Erlaubtes und Unerlaubtes schon geschändet, hätte keinen Frevel mehr übrig gehabt, wodurch er sich verderbter hätte zeigen mögen, hätte er nicht wenige Tage darauf sich einem aus jener Schar von Lustbefleckten, er hieß Pythagoras, ganz wie in förmlicher Ehe zum Weibe hingegeben. Dem Imperator wurde der Brautschleier umgeworfen, man sah Heiratszeugen, die Morgengabe, das Brautbett, die Hochzeitsfackeln. Alles wurde zur Schau gegeben, was selbst bei der Frau die Nacht bedeckt.

38. Ein Unglück folgt, man weiß nicht, ob durch Zufall oder Hinterlist des Fürsten – denn beides haben die Geschichtschreiber berichtet – aber schwerer und entsetzlicher als alles, was diese Stadt durch Feuers Ungestüm betroffen hat. Den Anfang nahm es an der dem Palatin und dem Caelius zugewandten Seite des Zirkus, wo längs der Buden, in denen solche Waren sich befanden, die der Flamme Nahrung geben, das Feuer in demselben Augenblicke entstand und auch schon mächtig und mit dem Winde schnell den Zirkus seiner Länge nach ergriff. Denn weder mit Brandmauern versehene Paläste, noch mit Mauern umgebene Tempel oder sonst etwas Hemmendes lag dazwischen. Ungestüm zuerst die Ebenen durchstreichend, dann sich zu den Höhen erhebend und wiederum die Niederungen verheerend, kam der Brand jeder Vorkehrung bei der Schnelligkeit des Unglücks zuvor. Die Stadt war ihm besonders ausgesetzt wegen der engen, bald hier- bald dorthin sich windenden Straßen und unregelmäßigen Häusermassen, wie das alte Rom ja war. Dazu war das Wehgeschrei der ängstlichen Frauen, das kraftlose Alter oder die Unerfahrenheit der Jugend, wie dieser für sich, jener für andere sorgte, die Schwachen mit sich schleppend oder auf sie wartend, das Zögern der einen, die Eile der anderen, kurz alles war hinderlich. So wurde man oft, wenn man rückwärts schaute, von der Seite oder von vorn eingeschlossen, oder fand, wenn man in die Nachbarschaft geflüchtet, auch diese schon vom Feuer ergriffen, selbst das entfernt Geglaubte war in derselben Gefahr. Ungewiß endlich, was man meiden, worauf man zugehen solle, füllte man die Straßen und warf sich auf den Feldern hin. Einige fanden, da sie alle ihre Habe, selbst für den täglichen Lebensunterhalt verloren, andere aus Liebe zu den Ihrigen, die sie nicht hatten retten können, obwohl ihnen selbst ein Ausweg offen stand, den Tod. Und dabei wagte niemand Einhalt zu tun bei den häufigen Drohungen einer Menge von Menschen, welche das Löschen verwehrten, und, weil andere geradezu Feuerbrände schleuderten und riefen, sie

wüßten wohl, von wem sie den Auftrag hätten, sei es nun um ungezügelter Räuberei zu treiben, oder wirklich auf Befehl.

39. Nero, der sich in dieser Zeit zu Antium aufhielt, kehrte nicht eher nach der Stadt zurück, als bis sich das Feuer dem Gebäude näherte, durch welches er den Palast und den Park des Maecenas in Verbindung gesetzt hatte. Es war jedoch nicht zu verhindern, daß auch der Palast, das Gebäude und alles ringsumher verbrannte. Aber zum Troste für das vertriebene und flüchtig gewordene Volk öffnete er das Marsfeld und die Bauten des Agrippa, ja seinen eigenen Park, und ließ in Eile Gebäude aufführen, um die hilflose Menge aufzunehmen. Auch wurden Lebensmittel von Ostia und den benachbarten Landstädten herbeigeschafft und der Getreidepreis bis auf drei Sesterzen herabgesetzt. So populär dies war, verfehlte es doch seine Wirkung, weil sich das Gerücht verbreitet hatte, er habe gerade während des Brandes der Stadt in seinem Hause die Bühne bestiegen und Troias Untergang besungen, das gegenwärtige Unglück Vernichtungsszenen der Vorzeit gleichstellend.

40. Erst am sechsten Tage wurde am äußersten Rande der Esquilien der Feuersbrunst dadurch ein Ende gesetzt, daß man auf einem ungeheuren Raum die Gebäude niederriß, so daß sich der anhaltenden Gewalt offenes Feld und gleichsam leerer Himmel entgegenstellte. Und man fühlte sich noch nicht von Furcht befreit, als von neuem, nicht minder wütend, das Feuer wiederkehrte, mehr auf den offenen Plätzen der Stadt, weshalb weniger Menschen umkamen. Die Tempel der Götter und die dem Vergnügen gewidmeten Säulengänge stürzten weithin nieder und diese Feuersbrunst hatte schlimmere Nachrede, weil sie in den aemilianischen Besitzungen des Tigellinus ausgebrochen war, und es den Anschein hatte, als wolle Nero nur den Ruhm haben, eine neue Stadt zu bauen und nach seinem Namen zu benennen. Rom wird nämlich in vierzehn Bezirke eingeteilt, von denen vier unversehrt blieben, drei bis auf den Grund zerstört wurden, in den sieben übrigen standen nur noch wenige zerfetzte und halbverbrannte Trümmer von Gebäuden.

41. Die Zahl der Häuser, Mietsgebäude und Tempel, die zu Schaden kamen, zu bestimmen, dürfte wohl nicht leicht sein. Aber die ältesten Heiligtümer, das, welches Servius Tullius der Luna, der große Altar und Tempel, welche dem anwesenden Herkules der Arkadier Evander geweiht hatte, der Tempel des Jupiter Stator, welchen Romulus gelobte, Numas Königsburg und das Heiligtum der Vesta mit den Penaten des römischen Volkes verbrannten. Ferner die durch so viele Siege erworbenen Schätze und die Zierden der griechischen Kunst, sodann auch alte und unverfälschte Denkmäler des Geistes. Bei aller Schönheit der wieder aufgebauten Stadt, erinnerten sich doch ältere Personen vieler Dinge, die nicht ersetzt werden konnten. Es haben einige angemerkt, daß am 19. Juli, an dem auch die Senonen

die eroberte Stadt in Brand gesteckt, diese Feuersbrunst ihren Anfang genommen habe. Andere sind in ihrem Forschungseifer soweit gegangen, daß sie zwischen beiden Feuersbrünsten gleich viele Jahre, Monate und Tage zählen.[168]

42. Übrigens benützte Nero die Zertrümmerung seiner Vaterstadt und erbaute sich einen Palast, in welchem nicht nur Edelsteine und Gold zu bewundern sein sollten, was ja längst etwas Gewöhnliches und durch Verschwendung schon gemein geworden war, als vielmehr Auen und Teiche und wie in einsamen Gegenden hier Wälder, dort offene Flächen und Aussichten. Beaufsichtigt und geplant wurde die Anlage von Severus und Celer, welche Erfindungsgabe und Kühnheit besaßen, selbst das, was die Natur verweigerte, durch Kunst zu versuchen und mit den Kräften des Fürsten zu spielen. Sie hatten nämlich versprochen, vom Averner See bis zur Tibermündung einen schiffbaren Graben zu ziehen, an dürrem Gestade vorbei und durch hindernde Berge hindurch. Denn man trifft auf keine andere Feuchtigkeit, die Wasser geben könnte, als auf die pontinischen Sümpfe. Alles übrige ist Felsen oder Sand, und wäre es auch möglich, durchzubrechen, so würde die Arbeit unerträglich und der Grund unzureichend sein. Nero jedoch als ein Liebhaber vom Unglaublichen, machte den Versuch, die nächsten Höhen am Avernus zu durchstechen, und heute noch sieht man die Spuren der vereitelten Hoffnung.

43. Indessen wurde, was der Palast von der Stadt noch übrig ließ, nicht, wie nach dem gallischen Brande, ohne Unterschied und ohne Ordnung wieder aufgeführt, sondern in regelmäßigen Häuserreihen, mit breitem Straßenraume und beschränkter Höhe der Gebäude, sowie mit freien Höfen und dazu mit Säulengängen, um die Front der Mietsgebäude zu decken. Diese Säulengänge versprach Nero auf seine Kosten aufzuführen und die Höfe den Eigentümern gereinigt zu übergeben. Auch setzte er nach dem Stande und Vermögen eines jeden Prämien aus und bestimmte eine Zeit, innerhalb welcher die Häuser oder Mietsgebäude fertig sein mußten, um sie zu erhalten. Zur Aufnahme des Schuttes bestimmte er die Sümpfe bei Ostia, und daß die Schiffe, welche Getreide den Tiber hinaufgefahren, mit Schutt beladen hinabfahren sollten, desgleichen, daß die Gebäude selbst bis zu einer gewissen Höhe ohne Gebälk massiv von gabinischem oder albanischem Stein, weil dieser feuerfest ist, errichtet würden und daß sie auch keine gemeinsamen Wände, sondern jedes Gebäude ringsumher seine eigenen Mauern hätte. Ferner sollte das willkürlich von Privatleuten aufgefangene Wasser, damit es reichlicher und an mehreren Orten für das Publikum flösse, Aufseher bekommen, und ein jeder Löschwerkzeuge an einem zugänglichen Platz halten. Dies alles, um der Zweckmäßigkeit willen angenommen, verlieh der neuen Stadt auch Schönheit. Indes glaubten einige doch, es sei jene alte Gestalt Roms der Gesundheit zuträglicher gewesen, weil die Enge der Stra-

ßen und die Höhe der Gebäude die Sonnenhitze nicht so eindringen ließ, wogegen jetzt die offene, durch keinen Schatten geschützte Breite in um so drückenderer Hitze glühe.

44. Dies nun waren Veranstaltungen menschlicher Vorsicht. Darauf suchte man Sühnmittel für die Götter und befragte die sibyllinischen Bücher, nach welchen dem Vulcan, der Ceres und der Proserpina ein Betfest gehalten, und Juno von den Matronen versöhnt wurde, zuerst auf dem Kapitol, dann an der nächsten Küste des Meeres, aus welchem Wasser geschöpft, und Tempel und Bild der Göttin besprengt wurde. Auch Sellisternien und Pervigilien[169] feierten die Frauen, welche Männer hatten. Doch nicht durch menschliche Hilfe, nicht durch kaiserliche Schenkungen, noch durch Sühnungen der Götter ließ sich das schmähliche Gerücht bannen, daß man glaubte, die Feuersbrunst sei befohlen worden. Um daher dies Gerede zu beenden, gab Nero denen, die wegen ihrer Schandtaten verhaßt das Volk Christen nannte, die Schuld, und belegte sie mit den ausgesuchtesten Strafen. Der, von welchem dieser Name ausgegangen, Christus, war unter der Regierung des Tiberius vom Prokurator Pontius Pilatus hingerichtet worden. Der für den Augenblick unterdrückte verderbliche Aberglaube brach nicht nur in Judäa, dem Vaterlande dieses Unwesens, sondern auch in Rom, wo von allen Seiten alle nur denkbaren Greuel und Abscheulichkeiten zusammenfließen und Anhang finden, wieder aus. Anfangs wurden solche ergriffen, welche sich dazu bekannten, und dann auf deren Anzeige hin eine ungeheure Menge nicht nur der Brandstiftung als auch des allgemeinen Menschenhasses überwiesen. Bei ihrem Tod wurde auch noch Spott mit ihnen getrieben, indem sie, bedeckt mit den Fellen wilder Tiere von Hunden zerrissen oder ans Kreuz geheftet starben oder zum Feuertode bestimmt, sich zur nächtlichen Erleuchtung verbrennen lassen mußten, wenn sich der Tag neigte. Nero hatte seinen Park zu diesem Schauspiele geöffnet und gab ein Zirkusspiel, wobei er sich im Aufzuge eines Wagenlenkers unter das Volk mischte, oder auf dem Wagen stand. Daher wurde auch für noch so Schuldige, welche die härtesten Strafen verdienten, Mitleiden rege, als würden sie nicht dem allgemeinen Besten, sondern der Mordlust eines einzigen geopfert.

45. Unterdessen wurde, um Geld zusammenzutreiben, Italien ausgeplündert, die Provinzen, die Bundesvölker und die sogenannten freien Städte zu Grunde gerichtet, ebenso die Bundesvölker und die sogenannten freien Städte. Dieser Plünderung verfielen auch die Götter, indem man die Tempel in Rom beraubte und das Gold wegschleppte, welches bei Triumphen, bei Gelübden jede Generation des römischen Volkes im Glücke oder in der Furcht geweiht hatte. Ja, in Asien sowie in Achaja wurden nicht nur die Geschenke, sondern auch die Bildnisse der Götter weggenommen, durch Acratus und Secundus Caprinas, die man in jene Provinzen sandte. Jener war ein Freigelasse-

ner, zu jeder Schändlichkeit bereit, dieser in griechischer Bildung bis zur Zungenfertigkeit wohl bewandert, dem Geiste hatte er von edler Kunst nichts angeeignet. Man erzählte, Seneca habe, um das Gehässige des Tempelraubes von sich abzuwenden, um zurückgezogenes Leben auf einem fernen Landgute gebeten und sei, als dies ihm nicht gestattet worden war, sich krank stellend, als leide er an den Nerven, nicht aus seinem Schlafgemache gekommen. Einige haben berichtet, es sei ihm von seinem eigenen Freigelassenen, Cleonicus mit Namen, auf Neros Befehl Gift bereitet worden. Seneca sei dem durch den Verrat des Freigelassenen oder durch eigene Besorgnis entgangen, indem er mit sehr einfacher Kost, mit wildem Obst und, wenn der Durst ihn quälte, mit fließendem Wasser sein Leben fristete.

46. Um dieselbe Zeit wurden die Gladiatoren, welche in der Stadt Präneste einen Ausbruch versuchten, durch den Militärposten, der sie bewachte, zur Ruhe gewiesen, während das Volk sich schon mit Gerüchten von einem Spartacus und vom Unglücke der Vorzeit trug, neuerungssüchtig und schreckhaft wie es ist. Nicht lange nachher erlitt man zur See einen Verlust, nicht im Kriege, denn zu keiner anderen Zeit war der Friede so ungestört. Sondern Nero hatte der Flotte befohlen, an einem bestimmten Tage nach Campanien zurückzukehren, ohne Rücksicht auf die Umstände der See. Die Steuerleute brachen also, obwohl das Meer tobte, von Formiae auf, und verloren, von heftigem Südwestwind, als sie das Vorgebirge Misenum zu umschiffen sich bemühten, an das cumanische Ufer verschlagen, sehr viele Dreiruderer und fast alle kleineren Fahrzeuge.

47. Am Ende des Jahres sind Wunder an der Tagesordnung, die Vorboten bevorstehenden Unglücks. Blitzschläge waren niemals häufiger, und ein Komet erschien, den Nero immer durch erlauchtes Blut zu sühnen suchte. Zweiköpfige Mißgeburten von Menschen oder Tieren fand man auf die Straße hingeworfen oder bei den Opfern, bei denen trächtige Tiere zu schlachten Sitte ist. Im Placentinischen wurde an der Heerstraße ein Kalb geboren, dem der Kopf am Beine saß, und es erfolgte darauf die Deutung der Haruspizes: der Menschenwelt werde ein anderes Haupt bereitet, aber es werde nicht zur Macht kommen und auch nicht verborgen bleiben, weil jenes einerseits im Mutterleibe schon hinuntergedrückt, andererseits dicht am Wege geboren sei.

Das Jahr 65 n. Chr.

48. Darauf traten Silius Nerva und Atticus Vestinus das Konsulat an, nachdem eine Verschwörung schon begonnen und sogleich zugenommen hatte, welcher wetteifernd Senatoren, Ritter, Krieger und selbst Frauen beigetreten waren, teils aus Haß gegen Nero, teils aus

Zuneigung für Gajus Piso. Dieser stammte aus dem calpurnischen Geschlecht und war wegen seines Adels von väterlicher Seite her mit vielen ausgezeichneten Familien verwandt. Er stand beim Volke durch Tugend oder auch durch Tugendschein in glänzendem Rufe. Denn zum Schutze seiner Mitbürger verwendete er seine Redegabe, seine Freigebigkeit zum besten seiner Freunde, auch mit Unbekannten freundlich redend und verkehrend. Zustatten kamen ihm auch die Gaben des Zufalls, eine hohe Gestalt und edle Gesichtsbildung. Aber Würde im Betragen war ihm fern und Mäßigung in Genüssen. Er hing der Leichtfertigkeit und Pracht oftmals auch der Schwelgerei nach; und das gefiel der Mehrzahl, welche bei so großer Süßigkeit der Laster keine straffe oder gestrenge Herrschaft haben will.

49. Ihren Ursprung hatte die Verschwörung nicht in seiner eigenen Herrschbegier, und dennoch kann ich nicht recht sagen, wer der eigentliche Urheber war, auf dessen Antrieb etwas, was dann so viele ergriff, angeregt wurde. Daß Subrius Flavus, Tribun einer prätorianischen Kohorte, und Sulpicius Asper, ein Centurio, dabei am tätigsten gewesen waren, hat ihre Festigkeit im Tode dargetan. Auch Annaeus Lucanus und Plautius Lateranus brachten das Gefühl lebhaften Hasses mit. Den Lucanus entflammten persönliche Gründe, weil Nero den Ruhm seiner Gedichte zu unterdrücken suchte, und ihm wehrte, sich damit zu zeigen, da er selbst erfolglos mit ihm gewetteifert hatte. Den designierten Konsul Lateranus bewog keine Kränkung, sondern Liebe für den Staat zum Beitritt. Aber Flavius Scaevinus und Afranius Quintianus, beide vom Senatorstande, ließen sich ganz wider den Ruf, in dem sie standen, auf ein so großes Wagnis ein. Denn des Scaevinus Geist war schon durch Schwelgerei zerrüttet, und so schleppte er auch sein Leben nur noch schlafend hin. Quintianus wollte, durch Entehrung seines Körpers in Verruf und in einem Schmähgedichte von Nero preisgegeben, seine Beschimpfung rächen.

50. Während diese nun unter sich oder mit ihren Freunden die Freveltaten des Fürsten besprachen, wie seine Herrschaft sich dem Ende nahe, und jemand erkoren werden müsse, der dem erschöpften Staate aufhelfen könne, gesellten sich ihnen die römischen Ritter Claudius Senecio, Cervarius, Proculus, Vulcatius Araricus, Julius Augurinus, Munatius Gratus, Antonius Natalis und Marcius Festus zu. Unter diesen hatte Senecio, einer der Vertrautesten Neros, der er auch jetzt noch den Schein der Freundschaft aufrecht erhielt, mit um so mehr Gefahren zu kämpfen. Natalis wurde in jedes Geheimnis von Piso eingeweiht, die übrigen setzten ihre Hoffnung auf die Umwälzung der Dinge. Hinzugezogen wurde vom Militär noch außer Subrius und Sulpicius, von denen ich schon sprach, Gavius Silvanus und Statius Proximus, Tribunen, Maximus Scaurus und Venetus Paulus, Centurionen prätorianischer Kohorten. Als Hauptstütze aber sah man Faenius Rufus den Präfekten desselben, an. Obwohl sein Leben und

sein Ruf gelobt wurde, übertraf ihn Tigellinus doch vermöge seiner Grausamkeit und Unkeuschheit in der Gunst des Fürsten, und überhäufte ihn mit Beschuldigungen, den er oftmals schon, als sei er Agrippinas Buhle gewesen und aus Sehnsucht nach ihr nun auf Rache bedacht, in Furcht gesetzt hatte. Als daher die Verschworenen durch seine häufigen Äußerungen den Glauben gewannen, daß auch der Präfekt der Prätorianer auf ihre Seite getreten sei, verhandelten sie schon entschlossener über Zeit und Ort des Mordes. Und es wurde erzählt, daß Subrius Flavus wirklich den raschen Entschluß gefaßt, Nero anzugreifen, wenn er auf der Bühne sänge, oder wenn er, während sein Palast in Flammen stände, ohne Wache in der Nacht bald hier bald dorthin liefe. Hier hatte die begünstigende Einsamkeit, dort gerade die Menschenmenge, welche Zeuge einer solchen Ehrentat sein sollte, wohl schon die herrliche Gesinnung angestachelt, hätte ihn nicht das Verlangen zurückgehalten, ungestraft zu bleiben, welches großen Unternehmungen stets hinderlich ist.

51. Während sie so zögerten, und sich immer länger mit Hoffnung wie mit Furcht trugen, suchte eine gewisse Epicharis, man weiß nicht, wie sie es erkundet haben mochte – denn sie hatte sich vorher um ehrenhafte Dinge nicht im mindesten bekümmert – die Verschworenen anzufeuern und sie tadelnd zurechtzuweisen. Endlich, ihres Säumens überdrüssig, versuchte sie, als sie sich in Campanien aufhielt, die Vornehmsten von der Flotte zu Misenum wankend zu machen und mit in die Sache zu verstricken, was sie so begann: Es befand sich als Schiffskapitän Volusius Proculus auf dieser Flotte, der bei Ermordung der Mutter Neros behilflich, meinte, der Größe des Verbrechens nicht angemessen befördert worden zu sein. Dieser, mag dem Weibe schon längst bekannt gewesen, oder mochte die Freundschaft erst neulich entstanden sein, eröffnete ihr seine Verdienste um Nero und wie erfolglos sie gewesen seien, und klagte dabei, äußerte den Vorsatz zur Rache, wenn sich Gelegenheit böte. So gab er ihr Hoffnung, daß er sich wohl bewegen lassen und noch mehrere gewinnen könne. Und nicht unbedeutend sei die Unterstützung der Flotte, häufig biete sich eine Gelegenheit, weil Nero sich bei Puteoli und Misenum viel auf dem Meere belustigte. Epicharis ging also weiter, und fing an alle Greueltaten des Fürsten aufzuzählen. Auch dem Senate bliebe nichts mehr übrig. Jedoch seien schon Vorkehrungen getroffen, auf welche Weise er den Umsturz des Staates büßen könne. Er möchte sich nur bereiten hilfreiche Hand zu leisten, die tüchtigsten Soldaten auf seine Seite ziehen und würdigen Lohnes gewärtig sein. Die Namen der Verschworenen verschwieg sie jedoch. Deshalb war die Anzeige des Proculus umsonst, obwohl er alles dem Nero hinterbrachte, was er gehört hatte. Leicht nämlich widerlegte Epicharis, als sie herbeigeholt und mit dem Angeber zusammengestellt war, den auf keine Zeugen sich Stützenden. Sie selbst jedoch wurde in Gewahrsam behalten, da

Nero den Verdacht hegte, es möchte auch das, was noch nicht als wahr erwiesen war, doch wohl nicht falsch sein.

52. Doch die Verschworenen beschlossen aus Besorgnis vor Verrat, den Mord bei Baiae auf dem Landsitz Pisos zu beschleunigen, welchen der Kaiser, von der reizenden Lage desselben eingenommen, häufig besuchte und wo er ohne Wachen und die lästige Umgebung seiner Hoheit badete und speiste. Aber Piso wollte nicht, er schützte den bösen Eindruck vor, wenn die Heiligkeit des Tisches und die gastlichen Götter durch den Mord des Fürsten, wie schändlich dieser auch immer sei, besudelt werden sollten. Besser würden sie tun, in Rom, in jenem verhaßten und durch Plünderung der Bürger aufgeführten Palast, oder an einem öffentlichen Orte das, was sie für den Staat unternahmen, zu vollbringen. So sprach er sich aus, der Grund aber lag in der heimlichen Besorgnis, es möchte Lucius Silanus, durch ausgezeichneten Adel und des Gajus Cassius Unterweisung, bei dem er erzogen und zum höchsten Ansehen erhoben worden war, die Herrschaft an sich zu reißen suchen, wobei die ihm bereitwillig ihre Hilfe anbieten dürften, welche unbeteiligt an der Verschwörung wären und Nero wie einen durch ein Verbrechen Gemordeten nur bedauern würden. Viele haben auch geglaubt, Piso habe auch des Konsuls Vestinus energischen Sinn gescheut, daß dieser die Republik ausrufen oder einen anderen zum Imperator auswählen möchte, den Staat als sein Geschenk betrachtend. Dieser hatte nämlich keinen Teil an der Verschwörung, obgleich Nero unter dieser Beschuldigung seinen alten Haß gegen den Schuldlosen zu befriedigen gesucht hatte.

53. Endlich beschlossen sie, am Tage der circensischen Spiele, der der Ceres gefeiert wird[170], ihr Vorhaben auszuführen, weil der Kaiser, selten ausgehend, und in seinem Hause oder in dem Park eingeschlossen, die Spiele des Zirkus oft besuchte, und in der Fröhlichkeit des Schauspiels leichter an ihn heranzukommen war. Zum Überfall hatten sie den Plan verabredet, daß Lateranus, als bäte er um Unterstützung für seine Vermögensumstände, flehend und dem Fürsten zu Füßen fallend, den Nichtsahnenden zu Boden reißen und niederdrükken sollte, er ein Mann von festem Mute und ungeheurer Körperstärke. Auf den Liegenden und Festgehaltenen sollten alsdann die Tribunen und Centurionen und wer von den übrigen am meisten Kühnheit hätte, zulaufen und ihn niederstechen, wobei Scaevinus sich den ersten Dolchstoß erbat. Er hatte einen Dolch aus dem Tempel der Wohlfahrt, oder, wie es andere berichtet, aus dem der Fortuna in der Stadt Ferentinum genommen und führte ihn wie einem großen Werke geweiht mit sich. Währenddessen sollte Piso beim Cerestempel warten, von wo ihn der Präfekt Faenius und die Übrigen holen und ins Lager bringen sollten, unter der Begleitung der Antonia, der Tochter des Kaisers Claudius, um die Gunst des Volkes zu erwecken. Dies berichtet Gajus Plinus, unsere Absicht war, nichts zu verschwei-

gen, wie es auch erzählt sein möchte, obgleich es widersinnig erscheinen dürfte, daß einerseits Antonia in eitler Hoffnung Namen und Leben aufs Spiel gesetzt, andererseits Piso sich trotz seiner allbekannten Liebe zu seiner Gattin zu einer anderen Ehe verpflichtet haben sollte, es müßte denn die Herrschsucht stärker sein als jede andere Leidenschaft.

54. Aber zu bewundern ist es, wie unter Menschen von verschiedenem Herkommen, Stand, Alter und Geschlecht, unter Reichen und Armen dies alles so verschwiegen gehalten werden konnte, bis der Verrat vom Hause des Scaevinus ausging, der am Tage vor dem Überfalle, als er sich nach einer langen Unterredung mit Antonius Natalis nach Hause begab, sein Testament versiegelte, den obenerwähnten Dolch aus seiner Scheide zog und befahl, scheltend über seine Altersstumpfheit, ihn auf einem Stein zu schärfen und spitz zu schleifen und dem Freigelassenen Milichus die Sorge dafür übertrug. Zugleich ließ er eine ungewöhnlich reiche Mahlzeit auftragen, beschenkte die liebsten seiner Sklaven mit der Freiheit, die anderen mit Geld, und war selbst dabei niedergeschlagen und unverkennbar mit wichtigen Gedanken beschäftigt, obwohl er in zerstreuten Gesprächen Frohsinn heuchelte. Zuletzt gab er eben jenem Milichus Befehl, Verband zu Wunden und Blutstillungsmittel bereit zu halten, sei es, daß dieser um die Verschwörung wußte und bis dahin treu war, oder daß er nichts wußte und damit jetzt zuerst Verdacht schöpfte, wie die meisten dem weiteren Verlaufe zufolge berichtet haben. Als nämlich die Sklavenseele die Belohnungen der Treulosigkeit bei sich erwog, und ihr auch sogleich unermeßliche Schätze und Macht vorschwebten, da trat das Pflichtgefühl, des Schutzherrn Wohlfahrt und die Erinnerung an die erhaltene Freiheit in den Hintergrund. Er hatte auch seiner Ehegattin Rat angenommen, der als ein weiblicher zum schlechtern führte. Diese nämlich suchte ihm auch noch Furcht einzujagen: Viele Freigelassene und Sklaven hätten ja dabei gestanden, die dasselbe sahen, nichts würde eines Schweigen helfen, wohl aber dem einen Belohnung werden, der mit der Anzeige zuvorkäme.

55. So ging denn nach Tagesanbruch Milichus in den Park des Servilius, versicherte, da er an der Türe zurückgewiesen wurde, er bringe Wichtiges und Grausenhaftes, und wird nun von den Pförtnern zu Neros Freigelassenem Epaphroditus, sodann von diesem zu Nero geführt. Hier berichtete er die drohende Gefahr, die furchtbaren Verschwörungen und was er sonst gehört und selbst gemutmaßt hatte. Auch die zur Ermordung bereitete Waffe zeigte er vor, und verlangte, daß der Beschuldigte geholt würde. Dieser, durch Soldaten herbeigeschleppt, begann sich zu verteidigen und erklärte, daß der Dolch, dessen er beschuldigt würde, schon lange von seinen Vätern als ein Heiligtum betrachtet und im Schlafgemache aufbewahrt, ihm nun durch des Freigelassenen Arglist entwendet worden sei. Sein Te-

stament habe er schon öfter, und ohne dabei auf den Tag zu achten, versiegelt, Geld und Freiheit habe er seinen Sklaven auch schon früher geschenkt, nur aus dem Grunde sei er jetzt freigebiger, weil er bei dem schon zusammengeschmolzenem Vermögen und dem Andrange seiner Gläubiger dem Testamente nicht vertraute. Sein Tisch sei immer reich besetzt gewesen, ergötzlich seine Lebensweise, strengen Richtern wenig nach Gefallen. Von Wundverbänden habe er ihm gar nichts geheißen, sondern weil er alles übrige so offenbar ganz aus der Luft gegriffen habe, füge er diese Beschuldigung noch hinzu, um sich zugeich zum Angeber und zum Zeugen zu machen. Mit diesen Worten verband er eine ruhige Haltung und beschuldigte ihn obenein noch als einen ehrlosen und verruchten Menschen, mit so großer Sicherheit in Ton und Blick, daß es mit der Anzeige mißlich ausgesehen hätte, hätte nicht den Milichus sein Weib daran erinnert, daß sich Antonius Natalis viel und heimlich mit Scaevinus unterhalten, und daß beide des Gajus Piso vertrauteste Freunde seien.

56. Also wurde Natalis herbeigerufen, und man fragte sie beide getrennt, was für eine Unterredung das gewesen sei und worüber? Da entstand Verdacht, weil, was sie geantwortet hatten, nicht zusammenstimmte, und man legte ihnen Fesseln an. Den Anblick der Folter und ihre Androhung hielten sie nicht aus. Der erste war jedoch Natalis, welcher, mit der ganzen Verschwörung mehr bekannt und zugleich im anschuldigen geübter, zuerst von Piso eingestand, dann auch Annaeus Seneca nannte, sei es, daß er zwischen ihm und Piso Unterhändler gewesen war, oder um Neros Gunst sich zu erwerben, welcher, feindlich gegen Seneca gesinnt, alle Mittel aufbot, ihn zu unterdrücken. Als er dann Natalis Anzeige erfahren, zeigte auch Scaevinus, aus gleicher Schwachheit, oder weil er alles für schon entdeckt und jedes Verschweigen für nutzlos hielt, die übrigen an. Unter diesen leugneten Lucanus, Quintianus und Senecio lange Zeit. Nachher nannten sie, bestimmt durch das Versprechen der Straflosigkeit und um damit ihr Säumen zu entschuldigen, Lucanus seine Mutter Acilia, Quintianus den Glitius Gallus, Senecio den Annius Pollio, ihre besten Freunde.

57. Mittlerweile erinnerte sich Nero, daß auf Volusius Proculus Anzeige hin Epicharis in Gewahrsam gehalten werde, und befahl, in der Meinung, daß ein Weib dem Schmerze nicht gewachsen sei, ihren Leib mit Folterungen zu zermartern. Sie aber konnten weder Geißelhiebe, noch Feuerqualen, noch die Erbitterung der, um nicht von einem Weibe verhöhnt zu werden, sie um so heftiger Folternden, bewegen, das ihr Vorgeworfene nicht dennoch abzuleugnen. So blieb der erste Tag des peinlichen Verhörs unwirksam. Als sie am folgenden zu denselben Martern auf einem Tragsessel zurückgeschleppt wurde, denn weil ihr die Glieder ausgerenkt waren, war sie nicht imstande, aufzutreten, befestigte sie das losgerissene Busenband wie

eine Schlinge an der Lehne des Sessels, legte es um den Hals und hauchte das ganze Gewicht des Körpers hineinlegend, den schon matten Lebensatem aus. Diese Freigelassene, ein Weib, schützte auf um so rühmlichere Weise in so großem Drangsale andere, ja fast Unbekannte, als Freigeborene und Männer, römische Ritter und Senatoren, von der Folter unberührt, die Teuersten der Ihrigen verrieten. Denn Lucanus selbst, Senecio und Quintianus unterließen nicht, ohne Unterschied Mitwissende anzugeben, wobei Nero immer mehr erbebte, obgleich er seine Person mit vervielfältigten Wachen umgeben hatte.

58. Ja selbst Rom gab er gleichsam in Gewahrsam, indem er die Mauern von Manipeln besetzen, Meer und Strom versperren ließ, und über die Plätze, durch die Häuser, selbst durch die Fluren und die nächsten Landstädte schwärmten Fußvolk und Reiterei, mit Germanen untermischt, auf welche der Fürst als auf Ausländer sein Vertrauen setzte. Nun wurden ununterbrochen ganze Scharen in Fesseln herbeigeschleppt, und lagen vor den Toren des Parkes. Waren sie dann, um sich zu verteidigen, hereingetreten, so wurde schon eine Äußerung von Freude gegenüber den Verschworenen, ja ein zufälliges Gespräch und ungefähres Zusammentreffen, wenn man bei einem Gastmahle, einem Schauspiele mit ihnen zusammengewesen war, als Verbrechen angesehen. Neben Neros und Tigellinus wütigen Inquisitionen beteiligte sich auch Faenius Rufus heftig. Er war von den Angebern noch nicht genannt worden, aber zeigte sich, um desto glaubhafter zu machen, daß er nichts von der Sache wisse, gegen die Genossen hart. Er war es, der dem Subrius Flavus, welcher bei ihm stand und ihm zuwinkte, ob er nicht mitten in der Untersuchung sein Schwert ziehen und den Mord vollbringen sollte, abwinkend antwortete, und ihm, der schon die Hand ans Heft gelegt, den mutigen Entschluß verdarb.

59. Es gab einige, die nach verratener Verschwörung, während Milichus vernommen wurde und Scaevinus schon schwankte, Piso aufforderten, sich ins Lager zu begeben oder die Rednerbühne zu besteigen, um die Teilnahme der Soldaten und des Volks zu suchen. Gesellten sich die Mitverschworenen seinem Unternehmen bei, so würden auch Unbeteiligte nachfolgen. Und groß sei schon der Ruf von dem Umwälzungsversuche, der ja so viel bei Unternehmungen von Neuerungen gelte. Nichts habe Nero gegen dieses alles vorgekehrt. Auch tapfere Männer würden durch unvorhergesehene Ereignisse in Schrecken gesetzt, geschweige daß jener Schauspieler, den ein Tigellinus mit seinen Buhlerinnen begleitete, Waffen dagegen aufbiete! Vieles komme durch einen Versuch zustande, was dem Trägen unerreichbar scheine. Vergebens hoffe man auf Verschwiegenheit und Treue bei der Mannigfaltigkeit der Sinnesart und körperlichen Beschaffenheit so vieler Mitwisser. Der Folter oder der Belohnung sei

alles zugänglich. Kommen würde man, um auch ihn zu fesseln und zuletzt unwürdigen Todes sterben zu lassen. Wie viel rühmlicher würde er fallen, wenn er sich des Staates annehme, und für die Freiheit Hilferuf erschallen ließe! Möchte lieber der Soldat den Dienst versagen, ihn das Volk im Stiche lassen, wenn er selbst nur, würde das Leben ihm zu schnell entrissen, durch seinen Tod sich seinen Ahnen und der Nachwelt zu empfehlen wüßte.

Er ließ sich hierdurch nicht bewegen und zeigte sich nur noch kurze Zeit öffentlich, dann einsam zu Hause, sammelte er zur Todesstunde Kraft, bis die Schar der Soldaten käme, wozu Nero Rekruten oder jüngst erst Eingetretene ausgewählt hatte, denn die alten Krieger fürchtete man als der Sache günstig. Er starb, indem er sich die Adern an den Armen öffnete. Zu einem Testament voll schimpflicher Schmeicheleien gegen Nero verstand er sich aus Liebe zu seiner Gattin, einer entarteten und durch bloße Körperschönheit sich empfehlende Frau, die er einem Freunde abspenstig gemacht hatte. Der Name des Weibes war Arria Galla, der ihres früheren Mannes Domitius Silus. Dieser trug dadurch, daß er es sich gefallen ließ, sie durch ihre Unkeuschheit des Piso Schande weiter.

60. Als nächstes ließ Nero nun die Hinrichtung des designierten Konsuls Plautius Lateranus folgen, so eilig, daß er ihm nicht seine Kinder zu umarmen, nicht jene kurze Frist, den Tod sich frei zu wählen, gestattete. Hinweggeschleppt nach der für Sklaven bestimmten Richtstätte, wurde er durch die Hand des Tribunen Statius erstochen, durch und durch standhaft im Schweigen und ohne dem Tribun die Teilnahme an der gleichen Sache vorzuwerfen.

Nun folgte Annaeus Senecas Ermordung, dem Fürsten die erfreulichste, nicht weil er ihn der Verschwörung überwiesen befunden, sondern um nun das Schwert zu gebrauchen, wo es mit dem Gift nicht gelungen war. Natalis nämlich sagte einzig nur so viel aus, er sei zum kranken Seneca geschickt worden, ihn zu besuchen und sich zu beschweren, warum er Piso den Zutritt versage, es wäre besser, sie pflegten in vertraulichem Verkehre ihre Freundschaft; und Seneca habe geantwortet, es frommten keinem von beiden mündlicher Gedankenaustausch und häufige Unterredungen nicht; übrigens beruhe seine Rettung auf dem Wohle des Piso. Dieses erhielt der Tribun einer prätorischen Kohorte, Gavius Silvanus, Befehl, dem Seneca zu hinterbringen und ihn zu fragen, ob er die Worte des Natalis und seine eigene Antwort anerkenne. Er war zufällig oder mit Bedacht an diesem Tage aus Campanien zurückgekehrt und beim vierten Meilenstein auf seinem Landgut vor der Stadt geblieben. Dahin kam der Tribun als der Abend nahte, und umringte die Villa mit Soldaten. Dann richtete er an ihn, der mit seiner Gemahlin Pompeia Paulina und zwei Freunden speiste, des Imperators Auftrag aus.

61. Seneca antwortete, es sei Natalis an ihn geschickt worden und

habe sich in Pisos Namen beschwert, daß er verhindert würde, ihn zu besuchen, und er habe sich mit seinem Gesundheitszustande und mit seiner Liebe zur Ruhe entschuldigt. Die Rettung eines Privatmannes seiner Wohlfahrt vorzuziehen, habe er keinen Grund gehabt, und zu Schmeicheleien sei sein Charakter nicht geneigt. Das sei auch niemand besser bekannt als Nero, der öfter Senecas Freimütigkeit als seinen Sklavensinn erfahren hätte. Als dies von dem Tribun in Poppaeas und Tigellinus Gegenwart berichtet wurde, die des rasenden Fürsten vertrauteste Ratgeber waren, fragte er, ob Seneca zum freiwilligen Tode Anstalt mache. Hierauf versicherte der Tribun, man habe keine Spur von Furcht, nichts Niedergeschlagenes in seinen Worten oder seiner Miene wahrgenommen. So erhielt er den Befehl, zurückzukehren und ihm den Tod anzukündigen. Fabius Rusticus berichtet, er sei nicht auf dem Wege wieder zurückgegangen, auf welchem er gekommen, sondern habe sich erst zum Präfekten Faenius begeben, diesem den Befehl des Kaisers gezeigt und dann gefragt, ob er ihm Folge leisten solle, worauf er die Weisung von ihm erhalten habe, ihn zu vollziehen. So wollte es das Geschick, daß alle Memmen waren. Denn auch Silvanus gehörte zu den Verschworenen und vermehrte somit nun die Frevel, an deren Ahndung er hatte mitwirken wollen. Doch seinen Mund und seine Blicke wollte er nicht damit entweihen, und schickte einen von den Centurionen zu Seneca hinein, um ihm den Todeszwang anzukündigen.

62. Unerschrocken forderte dieser Schreibtafeln zu einem Testamente, und da der Centurio es verweigerte, rief er, sich an seine Freunde wendend, weil er dann verhindert würde, ihren Verdiensten Dank zu zollen, lasse er ihnen das Einzige und Schönste, was er jetzt noch hatte, das Bild seines Lebens. Bliebe ihnen dies in der Erinnerung, so würden sie den Ruhm höherer Bildung und auch treuer Freundschaft davontragen. Dabei rief er sie von ihren Tränen bald durch Zureden, bald nachdrücklicher, wie einer, der zurechtweist, zur Standhaftigkeit zurück, sie oftmals fragend, wo die Lehren der Weisheit geblieben seien, wo die während so vieler Jahre gegen drohende Gefahr vorbereitete Besonnenheit? Denn wem sei Neros Grausamkeit unbekannt gewesen? Und etwas anderes bleibe ihm ja nach der Ermordung seiner Mutter und seines Bruders nicht mehr übrig, als die Hinrichtung seines Erziehers und Lehrers hinzuzufügen.

63. Als er dies und ähnliches gleichsam für alle ausgesprochen hatte, umarmte er seine Gattin, bat und beschwor sie, bei der augenblicklichen Besorgnis etwas weicher, sich zu mäßigen, daß sie sich nicht endlosem Schmerze ergäbe, sondern daß sie ihre Sehnsucht nach dem Gatten in der Betrachtung seines der Tugend geweihten Lebens und durch die Tröstungen der Tugend zu ertragen suchte. Sie dagegen erklärte, auch ihr sei ja der Tod bestimmt, und forderte selbst des Mörders Hand. Da sagte Seneca, ihrem Ruhm nicht widerstrebend

und zugleich aus Liebe, um die einzig Geliebte keinen Kränkungen zu hinterlassen: „Des Lebens Trost hatte ich dir gezeigt, du ziehst des Todes Ehre vor. Solchem Beispiele will ich nicht wehren. So sei denn in uns beiden die Festigkeit bei so mutvollem Scheiden gleich, größerer Ruhm jedoch in deinem Ende." Hierauf öffneten sie sich mit einem Schnitt des Stahles die Arme. Seneca zerschneidet, weil sein alter und durch spärliche Nahrung abgezehrter Leib nur langsam dem Blute Fluß gewährte, auch die Adern der Beine und Kniekehlen, und riet, von wütenden Qualen erschöpft, der Gattin, um durch seinen Schmerz nicht ihren Mut zu brechen und auch durch den Anblick ihrer Pein nicht selbst in Ungeduld zu verfallen, sich in ein anderes Zimmer zu entfernen. Und da ihm noch im Todesaugenblicke selbst die Redegabe zu Gebote stand, diktierte er herbeigerufenen Schreibern manches, was, mit seinen eigenen Worten öffentlich bekannt gemacht, nur anders auszudrücken ich unterlasse.

64. Indessen gebot Nero, da er keinen persönlichen Haß gegen Paulina hegte, und damit die Unzufriedenheit wegen seiner Grausamkeit nicht wüchse, daß ihrem Tode Einhalt geschehe. Auf Aufforderung der Soldaten verbanden ihr Sklaven und Freigelassene die Arme und hemmten das Blut, man weiß nicht, ob ihr unbewußt. Denn so wie sich der große Haufe gern zum Schlimmern neigt, fehlte es nicht an Leuten, die glaubten, solange sie noch Nero als unversöhnlich fürchtete, habe sie nach dem Ruhme gestrebt, mit dem Gemahle den Tod zu teilen, dann, als sich ihr freundlichere Hoffnungen zeigten, habe sie sich durch die Lockungen des Lebens überwinden lassen, dem sie nachher noch wenige Jahre zugab, in rühmlicher Erinnerung an den Gemahl, Gesicht und Glieder von so bleichem Ansehen, daß zu merken war, es sei ihr viel von ihren Lebensgeistern entwichen. Weil bei Seneca der Tod immer noch nicht eintreten wollte, bat er Statius Annaeus, der ihm lange durch treue Freundschaft und ärztliche Geschicklichkeit bewährt war, ihm das längst bereitgehaltene Gift, womit die zum Tode Verurteilten in Athen getötet wurden, darzureichen. Als es ihm gebracht war, trank er es erfolglos, weil seine Glieder schon kalt und der Körper unempfänglich für die Wirkung des Giftes war. Endlich stieg er in eine Wanne warmen Wassers, besprengte die ihm zunächst stehenden Sklaven mit den Worten, er weihe diese Flüssigkeit dem Jupiter Liberator. Dann in ein Bad getragen und durch dessen Dampf getötet, wurde er ohne alle Leichenfeier verbrannt. So hatte er es schriftlich angeordnet, als er noch mitten in der Fülle des Reichtums und der Macht sein Ende bedachte.

65. Es ging die Rede, Subrius Flavus habe in geheimer Beratung mit den Centurionen, doch nicht ohne Wissen Senecas, beschlossen, daß nach Neros Ermordung durch die Mitwirkung des Piso, auch dieser ums Leben gebracht und die Herrschaft dem Seneca gegeben werden sollte, als einem schuldlosen und durch die Berühmtheit sei-

ner Tugenden zur Herrscherhoheit bestimmten Manne. Ja, man erzählte sich sogar des Flavus Worte, es mindere die Schande nicht, wenn ein Zitherspieler abgesetzt würde und ein Tragiker ihm folge, weil, wie Nero zur Zither, so Piso als Sänger im tragischen Kostüm auftrat.

66. Übrigens blieb auch die Militärverschwörung nicht länger geheim, da sich die Angeber den Faenius Rufus zu verraten getrieben fühlten, den sie als Mitverschworenen und Inquisitor in einer Person nicht dulden wollten. So sprach denn höhnisch lächelnd, als er in ihn drang und drohte, Scaevinus, niemand wisse mehr als er, und forderte ihn obenein noch auf, einem so guten Fürsten sich erkenntlich zu zeigen. Kein Laut erfolgte hierauf von Faenius und auch kein Schweigen; er stotterte und war unverkennbar bestürzt und wurde, da die übrigen, besonders der Ritter Cervarius Proculus, sich bestrebten, ihn zu überführen, auf Geheiß des Imperators vom Soldaten Cassius, der wegen seiner ausgezeichneten Körperkraft zur Hand war, ergriffen und gefesselt.

67. Bald darauf wurde durch die Anzeige derselben Personen der Tribun Subrius Flavus gestürzt. Anfangs nahm er die sittliche Verschiedenheit der Charaktere zu seiner Verteidigung in Anspruch, und daß er, ein Waffentragender, sich nicht mit Unbewaffneten und Weichlingen zu solch einer Tat vereinigt haben würde. Dann, als man ihm hart zusetzte, suchte er im Bekenntnisse seinen Ruhm und sprach, von Nero gefragt, aus welchen Gründen er sich zum Vergessen seines Eides habe verleiten lassen: „Ich haßte dich, und doch war keiner unter den Soldaten dir getreuer, so lange du geliebt zu werden verdientest. Zu hassen begann ich dich, seitdem du Mörder deiner Mutter und Gemahlin, Wagenlenker, Schauspieler und Brandstifter wurdest.“ Ich habe seine eigenen Worte angeführt, weil sie nicht wie die des Seneca bekannt geworden waren, und doch die ungeschminkten, kräftigen Empfindungen des Kriegers nicht weniger bekannt zu werden verdienen. Es ist gewiß, daß nichts in dieser Verschwörung Neros Ohr so schwer verletzte, der, so schnell entschlossen auch Verbrechen zu begehen, doch, was er beging, zu hören nicht gewohnt war. Die Bestrafung des Flavus wurde dem Tribunen Veianus Niger aufgetragen. Dieser ließ auf dem nächsten Felde eine Grube graben, welche Flavus als zu flach und zu eng tadelte, als er sie sah, und zu den umstehenden Soldaten sagte: „Nicht einmal das nach des Dienstes Regel!“ Aufgefordert, herzhaft den Nacken vorzustrecken, sprach er: „Möchtest du nur so herzhaft hauen!“ Jener aber, stark zitternd, hatte kaum mit zwei Hieben ihm den Kopf abgeschlagen, als er sich schon seiner Grausamkeit vor Nero rühmte, indem er sagte, mit anderthalb Streichen sei er von ihm hingerichtet worden.

68. Das nächste Beispiel von Standhaftigkeit gab der Centurio Sulpicius Asper, der Nero auf die Frage, warum er sich zu seiner Ermor-

dung verschworen habe, kurz antwortete, man habe bei seinen vielen Schandtaten sich nicht anders helfen können. Darauf unterzog er sich der über ihn verhängten Strafe. Auch die übrigen Centurionen zeigten sich ihrer nicht unwürdig bei der Erduldung ihrer Hinrichtung. Aber Faenius Rufus besaß nicht ihren Mut, sondern brachte sein Wehklagen selbst noch mit ins Testament.

Nero wartete darauf, daß auch der Konsul Vestinus, den er für leidenschaftlich und feindselig gesinnt hielt, mit in die Beschuldigung hineingezogen würde. Doch von den Verschworenen hatte keiner dem Vestinus die Anschläge mitgeteilt, einige aus alter Feindschaft gegen ihn, die meisten, weil sie glaubten, daß er unbesonnen und unverträglich sei. Übrigens hatte sich Neros Haß gegen Vestinus aus einer sehr engen Freundschaft entsponnen, indem letzterer die so ganz von ihm erkannte Schlaffheit des Fürsten verachtete, dieser den wilden Sinn des Freundes fürchtete und oft mit beißendem Witze von ihm verspottet wurde, der, wenn er auch viel Wahrheit in sich trägt, eine bittere Erinnerung zurückläßt. Hinzugekommen war noch eine erst neuerdings gegebene Veranlassung, da Vestinus sich mit Statia Messalina ehelich verbunden hatte, und recht gut wußte, daß auch der Kaiser sich unter ihren Liebhabern befand.[171]

69. Als sich nun keine Beschuldigung, kein Ankläger finden wollte, und er den Schein eines Richters anzunehmen nicht imstande war, da sandte er, zur Gewalt der Herrschaft seine Zuflucht nehmend, den Tribun Gerellanus mit einer Kohorte Soldaten aus, und befahl ihm, den Unternehmungen des Konsuls zuvorzukommen, sein burgähnliches Haus zu besetzen und seine auserlesene junge Mannschaft zu überwältigen; Vestinus besaß ein das Forum beherrschendes Haus und schöne Sklaven von gleichem Alter. Er hatte an diesem Tage sämtliche Obliegenheiten des Konsulats erfüllt und feierte ein Gastmahl, sei es, daß er nichts besorgte, oder um die Besorgnis zu verbergen, als die Soldaten eintraten und sagten, er werde vom Tribun gerufen. Er erhob sich ohne Säumen, und alles geschieht in wenigen Augenblikken. Man schloß ihn im Schlafgemach ein, ein Arzt war bei der Hand, die Adern wurden ihm aufgeschnitten, man brachte ihn, da er noch bei Kräften war, in ein Bad, und versenkte ihn in das warme Wasser, ohne daß er nur einen Laut ausgestoßen hätte, um sein eigenes Los zu bejammern. Indessen wurden seine Tischgenossen mit Wachen umgeben und erst in später Nacht entlassen, nachdem sich Nero ihre Angst, da sie nach der Tafel sogleich den Tod erwarteten, ausgemalt und mit Hohn geäußert hatte, sie hätten für das konsularische Mahl genug gebüßt.

70. Sodann gebot er die Hinrichtung des Annaeus Lucanus. Als dieser, da ihm das Blut entströmte, wahrnahm, daß ihm Füße und Hände erkalteten und aus den äußersten Teilen allmählich der Lebensgeist entwich, während die Brust noch ganz warm und des Bewußt-

seins mächtig war, sagte er, sich eines von ihm verfaßten Gedichtes erinnernd, in welchem er einen verwundeten Krieger eines ähnlichen Todes hatte sterben lassen, die betreffenden Verse her; das waren seine letzten Worte. Nach diesem fanden auch Senecio, Quintianus und Scaevinus, nicht weichlich, wie sie gelebt, sodann die übrigen Verschworenen den Tod, ohne eine bemerkenswerte Tat oder Rede.

71. Doch wie die Stadt mit Leichen, so füllte sich unterdessen das Kapitol mit Schlachtopfern. Der eine brachte, weil ihm ein Sohn, der andere, weil ein Bruder, ein Verwandter oder Freund hingemordet worden war, den Göttern Dank, schmückte sein Haus mit Lorbeer, stürzte zu des Fürsten Knien nieder und bedeckte seine Rechte mit Küssen. Und er hielt dies für Freude und belohnte die beschleunigten Geständnisse des Antonius Natalis und Cervarius Proculus mit Straferlaß. Milichus legte sich, durch Belohnungen bereichert, den Beinamen Erretter zu, indem er das griechische Wort dafür gebrauchte[172]. Von den Tribunen fiel Gavius Silvanus, obwohl freigesprochen, durch seine eigene Hand, Statius Proxumus vereitelte die Verzeihung, welche er vom Imperator angenommen hatte durch zwecklosen Tod. Ihre Tribunenwürde verloren Pompeius, Cornelius Martialis, Flavius Nepos, Statius Domitius, zwar nicht deshalb, weil sie den Fürsten haßten, aber weil man es doch von ihnen glaubte. Den Novius Priscus traf wegen seiner Freundschaft mit Seneca, den Glitius Gallus sowie den Annius Pollio als Verschrieene mehr als Überführte Landesverweisung. Den Priscus begleitete seine Gattin Artoria Flaccilla, den Gallus Egnatia Maximilla mit anfänglich großem und unangetasteten, später ihr abgenommenen Vermögen, was beides ihren Ruhm vermehrte. Vertrieben wurde auf Grund der Verschwörung auch Rufius Crispinus, doch eigentlich Nero verhaßt, weil er einst Poppaea zur Frau gehabt hatte. Den Verginius Flavus und Musonius Rufus trieb die Berühmtheit ihrer Namen ins Exil; denn Verginius förderte durch Beredsamkeit, Musonius durch Weisheitslehren die Bestrebungen der Jugend. Dem Cluvidienus Quietus, Julius Agrippa, Blitius Catulinus, Petronius Priscus und Julius Altinus wurden, gleichsam um die Schar vollzählig zu machen, Inseln des ägäischen Meeres zur Verbannung angewiesen. Cadicia, des Scaevinus Gemahlin und Caesonius Maximus wurden aus Italien verwiesen. Daß sie angeklagt worden waren, erfuhren sie erst durch ihre Strafe. Acilia, des Annaeus Lucanus Mutter, wurde ohne Freispruch und ohne Bestrafung übergangen.

72. Als Nero dies vollbracht und eine Versammlung der Soldaten gehalten hatte, verteilte er unter die Gemeinen Mann für Mann zweitausend Sesterzen, und gab ihnen auch noch das Getreide unentgeltlich, das sie früher zum bestehenden Preise hatten. Darauf berief er, als wollte er über Kriegstaten sprechen, den Senat und erteilte die Triumphauszeichnung dem Konsularen Petronius Turpilianus, dem designierten Prätor Cocceius Nerva[173] und dem Präfekten der Prätor-

ianer Tigellinus. Dabei erhob er Tigellinus und Nerva so hoch, daß er außer den Triumphstandbildern auf dem Forum auch im Palaste ihre Bildnisse aufstellen ließ. Die Konsularinsignien erhielt Nymphidius. Weil er uns erst jetzt entgegentritt, will ich einiges von ihm zuvor bemerken, denn auch er wird an Roms Unglück seinen Anteil haben. Geboren nämlich von einer Freigelassenen, die ihren schönen Leib den Sklaven und Freigelassenen der Fürsten preisgegeben hatte, rühmte er sich vom Kaiser Gajus gezeugt worden zu sein, weil er zufällig von hoher Gestalt und finsterer Miene war, oder es mag wirklich der Kaiser Gajus, der selbst auf Buhldirnen lüstern war, auch mit seiner Mutter sein Spiel getrieben haben ...[174]

73. Als nun Nero den Senat einberufen und eine Rede vor den Senatoren gehalten hatte, machte er auch noch ein Ausschreiben an das Volk und die schriftlich aufgezeichneten Anzeigen und Geständnisse der Verurteilten bekannt. Denn hart wurde er in häufigem Gerede der Menge angegriffen, daß er schuldlose Männer aus Mißgunst oder Furcht getötet habe. Daß übrigens die Verschwörung wirklich angefangen, zur Reife gekommen und dann erstickt worden sei, hielten sowohl damals alle, denen es am Herzen lag, die Wahrheit zu erfahren, für unbezweifelt, als es auch die gestehen, welche nach dem Untergange Neros nach Rom zurückgekommen sind. Da indessen im Senate alle, die sich gerade in der tiefsten Trauer befanden, auch die demütigsten Schmeichler waren, fuhr Salienus Clemens den durch seines Bruders Seneca Tod in Angst gesetzten und für sein Leben bittenden Junius Gallio[175] an und nannte ihn einen Feind und Fürstenmörder. Die Senatoren wiesen ihn einstimmig zurück, damit er nicht den Schein erwecken möchte, als wolle er öffentliches Unglück als eine Gelegenheit für seinen persönlichen Haß benutzen, und damit nicht das, was nun durch die Milde des Fürsten beigelegt und in Vergessenheit begraben sei, zu neuer Grausamkeit hervorgezogen würde.

74. Hierauf wurden den Göttern Geschenke und Danksagungen beschlossen und eine besondere Ehre dem Sonnengott, der am Zirkus, wo die Tat verübt werden sollte, einen alten Tempel hat, weil er mit seinem Walten das Dunkel der Verschwörung aufgehellt habe; ferner, daß das Fest der cerealischen Circensien durch ein mehrfaches Pferderennen gefeiert werden, der Monat April den Namen Neros erhalten und der Wohlfahrt an der Stelle ...[176], von wo Scaevinus seinen Dolch genommen hatte, ein Tempel erbaut werden sollte. Er selbst weihte diesen Dolch auf dem Kapitole mit der Inschrift: „Dem Rächer Jupiter.“ Für jetzt wurde dies nicht beachtet, später, als Julius Vindex zu den Waffen griff[177], als eine Vorbedeutung und Weissagung künftiger Rache gedeutet. Ich finde in den Senatsprotokollen, der designierte Konsul Anicius Cerialis habe seine Stimme dahin abgegeben, es solle schleunigst dem göttlichen Nero auf Staatskosten ein

Tempel errichtet werden. Dies erkannte er ihm freilich nur als einem über menschliche Höhe sich Erhebenden und der Menschen Anbetung Verdienenden zu. Einige betrachteten es jedoch als eine Hindeutung auf sein nahes Ende. Denn Götterehre wird nicht eher einem Fürsten erwiesen, als bis er aufgehört hat, unter den Sterblichen zu leben.

SECHZEHNTES BUCH

Die Jahre 65 und 66 n. Chr.

Das Jahr 65 n. Chr. (Fortsetzung)

1. Hierauf trieb der Zufall sein Spiel mit Nero vermöge seines eigenen Leichtsinns und der Versprechungen des Caesellius Bassus, der, ein Punier von Geburt und verworrenen Sinnes, ein nächtliches Traumbild zu unbezweifelter Hoffnung deutete, nach Rom fuhr und, nachdem er sich Zutritt zum Fürsten erkauft hatte, die Eröffnung machte, es sei auf seinem Felde eine Höhle von unermeßlicher Tiefe gefunden worden, in welcher eine große Menge Gold enthalten wäre, nicht als Geld ausgeprägt, sondern in roher, altertümlicher Masse. Überaus schwere Platten nämlich lägen da, und daneben ständen auf der anderen Seite Barren, und diese seien so lange Zeit hindurch verborgen geblieben, um den gegenwärtigen Reichtum noch zu mehren. Übrigens habe, wie er vermuten würde, die Phönizierin Dido, aus Tyrus flüchtig, nachdem sie Karthago gegründet hatte, diesen Schatz verborgen, damit das neue Volk nicht durch zu vieles Geld in Üppigkeit versänke, oder die Könige der Numidier, so schon feindlich gesinnt, nicht durch Verlangen nach dem Golde zum Kriege gereizt würden.

2. Nero prüfte weder die Glaubwürdigkeit des Berichtenden, noch die der Sache selbst, schickte keine Kundschafter hin, durch welche er hätte erfahren können, ob ihm die Wahrheit berichtet würde, vergrößerte obendrein noch das Gerede, und sandte Leute ab, um die gleichsam bereitliegende Beute zu holen. Es wurden ihnen Dreiruderer und auserlesenes Rudervolk gegeben, um die Eile noch zu fördern. Mit nichts anderem trug sich in diesen Tagen das leichtgläubige Volk, in entgegengesetzten Reden die Verständigen. Zufällig wurde das fünfjährige Kampfspiel im zweiten Lustrum gefeiert, und die Dichter und Redner benutzten dies als den vorzüglichsten Stoff zur Verherrlichung des Fürsten. Nicht nur die gewöhnlichen Früchte würden wachsen, und Gold aus Erzgestein erzeugt, sondern mit einer ganz neuen Fruchtbarkeit erweise sich die Erde, offen liegende Schätze brächten die Götter dar, und was sie sonst noch mit der größten Beredsamkeit, aber mit nicht minderer Schmeichelei Kriecherisches erdichteten, dessen gewiß, daß sie ein geneigtes Ohr bei ihm fanden.

3. Inzwischen nahm die Üppigkeit durch die leere Hoffnung überhand, und die alten Schätze wurden aufgezehrt, als seien ihm nun

soviele dargeboten, daß er viele Jahre davon prassen könne. Ja, er machte sogar damit schon Geschenke, und die Erwartung des Reichtums gehörte mit zu den Ursachen der öffentlichen Armut. Denn, nachdem Bassus sein Feld und weite Strecken umher hatte aufgraben lassen, bald diese, bald jene Stelle als die der verheißenen Höhle für gewiß bezeichnend, wobei nicht bloß Soldaten, sondern auch das zur Betreibung des Werkes angestellte Landvolk nachzog, entsagte er endlich, sich verwundernd, daß früher doch seine Träume nicht irrig waren, und er jetzt das erste mal getäuscht sei, seinem Wahnsinn, und entzog sich durch freiwilligen Tod der Beschämung und der Furcht. Einige haben berichtet, er sei gefesselt und bald darauf wieder losgelassen worden, nachdem man ihm zum Ersatz des königlichen Schatzes seine Güter abgenommen hatte.

4. Währenddessen bot der Senat, da der fünfjährige Wettkampft schon nahe war, um die Schande abzuwenden, den Siegespreis des Gesanges dem Imperator an und fügte auch noch die Krone der Beredsamkeit hinzu, um damit die Entehrung auf der Bühne zu bemänteln. Nero jedoch erklärte, es bedürfe diese Verwendung oder die Gewalt des Senates gar nicht, er sei seinen Mitbewerbern gewachsen und werde mittelst der Gewissenhaftigkeit der Richter das verdiente Lob erhalten. So trug er zuerst ein Gedicht auf der Bühne vor. Dann, als die Menge verlangte, er möchte alle seine Künste zeigen – denn dieser Worte bediente man sich – begab er sich in das Theater, und fügte sich allen Regeln des Zitherspiels: daß er ermüdet sich nicht setzte, daß er den Schweiß nur mit dem Kleide, das er an sich trug, abwischte, damit kein Auswurf des Mundes oder der Nase sichtbar würde. Zuletzt beugte er sich mit einem Knie, zeigte dem Publikum mit der Hand seine Verehrung und erwartete in verstellter Furcht das Urteil der Richter. Roms Pöbel, selbst der Histrionen Gebärdenspiel zu begünstigen gewohnt, ließ in abgemessenen Weisen und mit taktmäßigem Geklatsche seine Stimme erschallen. Man hätte glauben können, es sei Freude, und die war es auch, vielleicht aus Unbekümmertheit um die öffentliche Schande.

5. Die aber, welche aus entfernten Landstädten und aus dem noch strengen und nach alter Sitte lebenden Italien, die ferner, welche, in entlegenen Provinzen nichts von Ausgelassenheit wissend, in Gesandtschaftsangelegenheiten oder ihres eigenen Nutzens wegen herbeigekommen waren, ertrugen weder diesen Anblick, noch waren sie der entehrenden Anstrengung gewachsen. Sie wußten mit ungeübten Händen nicht, was sie machen sollten, verwirrten die Kundigen und wurden häufig von den Soldaten geschlagen, welche zwischen den Reihen standen, damit kein Augenblick in taktlosem Geschrei oder trägem Schweigen verstriche. Es ist bekannt, daß viele Ritter, als sie sich durch den engen Ausgang und die drängende Menge hindurch zu arbeiten suchten, zertreten und andere, da sie Tag und Nacht auf

ihren Bänken blieben, von tödlicher Krankheit ergriffen wurden. Schwerer nämlich wog bei der Sache noch die Furcht, wenn man an dem Schauspiele nicht teilgenommen hätte, da viele öffentlich, noch mehr heimlich zugegen waren, um Namen, Mienen, Fröhlichkeit und Trübsinn der Versammelten zu erspähen. Da wurde denn über Geringere auf der Stelle die Todesstrafe verhängt; gegen Vornehme suchte man den Haß einstweilen zu verstecken, um ihn erst späterhin auszulassen. So soll Vespasianus, vom Freigelassenen Phöbus hart angefahren worden sein, ob er zum Schlafe die Augen schlösse. Er sei nur mit Mühe durch die Fürsprache der Besseren geschützt worden und so ist er dem drohenden Verderben nur durch höhere Fügung entgangen[178].

6. Nach Beendigung des Spieles fand Poppaea ihren Tod zufällig durch den Jähzorn des Gemahles, von welchem die Schwangere einen Fußtritt erhielt. Denn an Gift möchte ich nicht glauben, wiewohl es einige Schriftsteller, mehr aus Haß als der Wahrheit gemäß, berichten. Wünschte er sich doch Kinder und war der Liebe zur Gemahlin ganz hingegeben. Ihr Leichnam wurde nicht verbrannt, wie es Römersitte ist, sondern nach Gewohnheit ausländischer Könige mit einer Füllung von Spezereien einbalsamiert und im Begräbnis der Julier beigesetzt. Doch wurde ein öffentliches Leichenbegräbnis gehalten, und er selbst pries auf der Rednerbühne ihre Schönheit, daß sie eines göttlichen Kindes Mutter gewesen sei, und noch andere Geschenke des Glückes als Tugenden.

7. Den Tod Poppaeas, welcher, wiewohl öffentlich betrauert, doch für alle erfreulich war, die sich ihrer Unkeuschheit und Grausamkeit erinnerten, machte Nero erst dadurch zu einem wirklichen Unglück, daß er Gajus Cassius von der Ehre des Leichenbegängnisses ausschloß, was der erste Vorbote zu seinem Sturz war. Auch wurde er nicht lange verschoben, und nur noch Silanus beigesellt, ohne alle andere Schuld, als daß Cassius sich durch alten Reichtum und Sittenstrenge, Silanus sich durch Berühmtheit des Geschlechtes und sittsame Tugend hervortat. In einer dem Senate übersandten Rede erklärte Nero daher, beide müßten aus der Staatsverwaltung entfernt werden. Dem Cassius warf er vor, daß er unter den Bildern seiner Ahnen auch ein Bildnis des Gajus Cassius[179] verehre mit der Inschrift: Dem Haupte der Partei. Natürlich sei damit Anlaß zu einem Bürgerkriege und Abfall von dem Hause der Caesaren bezweckt. Und um nicht allein die Erinnerung an den feindseligen Namen zur Zwietracht zu benutzen, habe er Lucius Silanus, einen Jüngling von edlem Geschlechte und verwegenem Sinne an sich gezogen, um ihn bei der Umwälzung voranzustellen.

8. Darauf fuhr er in derselben Weise über Silanus wie auf dessen Oheim Torquatus her, als verteile er schon die Regierungsgeschäfte, und bestimmte Freigelassene für das Rechnungswesen, für Verord-

nungen und Briefe. Lächerlich zugleich und falsch, denn Silanus war aus Furcht nur um so achtsamer geworden und durch den Fall seines Oheims auf der Hut gewesen. Hierauf stellte er Leute mit einer sogenannten Anzeige auf, die gegen Cassius Gemahlin Lepida, die Tante des Silanus, Blutschande mit dem Sohne ihres Bruders und grauenhafte Opfergebräuche erlügen mußten. Als Mitwissende zog man die Senatoren Volcatius Tullinus und Cornelius Marcellus hinein und den römischen Ritter Calpurnius Fabatus. Sie legten Berufung beim Fürsten ein und kamen der schon bevorstehenden Verurteilung zuvor. Später entwichen sie dem mit den schwersten Verbrechen beschäftigten Nero als zu unbedeutend.

9. Nun wurde durch Senatsbeschluß dem Cassius und dem Silanus die Verbannung zuerkannt. Über Lepida sollte der Kaiser entscheiden. Cassius wurde nach Sardinien abgeführt und hier auf sein hohes Alter gewartet. Silanus wurde nach Ostia geschafft als wolle man ihn nach Naxus bringen, nachher aber in einer Landstadt Apuliens, mit Namen Barium, in Haft gehalten. Hier ertrug er sein unwürdiges Los mit Weisheit, und wurde von einem zu seiner Ermordung abgeschickten Centurio ergriffen. Als dieser ihm den Rat gab, sich die Adern zu zerschneiden, sagte er ihm, sein Geist sei zwar zum Tod entschlossen, aber er erlasse dem Mörder nicht den Ruhm des Dienstes. Da ließ ihn der Centurio, wohl sehend, daß er, obgleich unbewaffnet, dennoch überlegen und dem Zorne näher als der Furcht sei, von den Soldaten niederhalten. Silanus unterließ es auch nicht, sich zu wehren und soviel er mit bloßen Händen vermochte, Streiche zu versetzen, bis er unter vorne vom Centurio empfangenen Wunden wie im Treffen fiel.

10. Nicht weniger entschlossen gingen Lucius Vetus, seine Schwiegermutter Sextia und Pollita, seine Tochter, in den Tod, dem Fürsten verhaßt, als rückten sie ihm dadurch, daß sie lebten, nur die Ermordung des Rubellius Plautus vor, des Schwiegersohnes von Lucius Vetus. Doch den ersten Anlaß, seine Wut zu offenbaren, gab ihm des Letzteren Freigelassener Fortunatus, der seinen Herren anklagte, nachdem er dessen Eigentum veruntreut hatte. Er nahm noch Claudius Demianus zu Hilfe, welchen Nero, da ihn Vetus als Prokonsul Asiens seiner Schandtaten wegen in Banden gelegt hatte, zum Lohne für die Anklage befreite. Als dies der Angeschuldigte erfuhr, und daß er sich mit dem Freigelassenen wie von gleichem Stande vor Gericht stellen sollte, begab er sich hinweg auf sein Landgut bei Formioe. Dort umgaben ihn Soldaten in aller Stille. Bei ihm befand sich seine Tochter, außer der nahenden Gefahr auch noch durch langen Schmerz empört, seitdem sie die Mörder des Gatten Plautus gesehen hatte. Ja, sie bewahrte, da sie seinen blutigen Nacken umschlungen, das Blut und die damit bespritzten Kleider auf, in tiefer, dauernder Trauer Witwe bleibend und ohne alle andere Nahrung, als nur um dem Tode zu weh-

ren. Jetzt begab sie sich auf ihres Vaters Bitte nach Neapel. Weil ihr der Zutritt zu Nero verweigert wurde, paßte sie ihn ab, so oft er ausging, und rief, bald mit weiblichem Klagegeschrei, bald auch, ihr Geschlecht verleugnend, mit der Stimme der Erbitterung, er möchte den Unschuldigen hören und den, der ehedem seines Konsulates Genosse gewesen sei, nicht einem Freigelassenen preisgeben, bis der Fürst sich gegen Bitten und Verunglimpfungen gleich unbeweglich zeigte.

11. So verkündete sie denn dem Vater, er solle der Hoffnung entsagen und das Unvermeidliche tun. Zugleich wurde gemeldet, es sei schon die Untersuchung im Senate im Werke und ein harter Spruch zu erwarten. Auch fehlte es nicht an Leuten, die ihm rieten, den Kaiser zu einem bedeutenden Teil als Erben einzusetzen und den Enkeln so das Übrige zu sichern. Dies verschmähend, um nicht ein in möglichster Freiheit geführtes Leben noch zuletzt durch einen Sklavenstreich zu schänden, verschenkte er, was an Geld vorhanden, unter seine Sklaven, ließ einen jeden mit sich nehmen, was weggetragen werden konnte, und nur drei Ruhebetten für die Todesstunde zurückbehalten. Dann zerschnitten sie sich in demselben Schlafgemache, mit demselben Stahle die Adern, und wurden eilig, nur mit einem Kleide wegen des Anstands umhüllt, ins Bad getragen, der Vater auf die Tochter, die Großmutter auf die Enkelin, diese auf beide schauend, und alle baten im Gebet um ein schnelles Enden des entschwindenden Lebens, auf daß sie die Ihrigen noch lebend, doch des Todes sicher, zurücklassen möchten. Das Schicksal beachtete auch die natürliche Ordnung, zuerst verschieden die Bejahrteren, dann die, welche an Jahren die jüngste war. Sie wurden nach der Bestattung angeklagt, und man beschloß, daß sie nach der Vorfahren Sitte bestraft würden. Nero erhob Einspruch und gestattete die freie Wahl der Todesart. Solches Possenspiel wurde noch getrieben, als der Mord schon vollbracht war.

12. Der römische Ritter Publius Gallus wurde, weil er der Vertrauteste des Faenius Rufus und dem Vetus nicht fremd gewesen war, geächtet. Seinem Freigelassenen und Ankläger wurde zur Belohnung für seine Dienste ein Platz im Theater unter den tribunizischen Amtsboten zugestanden. Der Monat, welcher auf den April oder Neroneus folgt, der Mai, in Claudius, der Juni in Germanicus umbenannt, wobei Cornelius Orsitus, der das beantragt hatte, die Erklärung gab, der Monat Juni werde deshalb gestrichen, weil schon zwei Torquatus, wegen Verbrechen hingerichtet, den Namen Junius zu einem Unglücksnamen gemacht hätten.

13. Das durch so viele Greueltaten scheußliche Jahr bezeichneten auch die Götter durch Stürme und durch Seuchen. Campanien wurde durch einen Wirbelsturm verwüstet, der überall Villen, Baumpflanzungen und Früchte niederwarf und seinen Ungestüm bis in die Nähe Roms verbreitete. Dort richtete eine wütende Pest unter

allen Menschenklassen Verheerungen an, ohne ungewöhnliche Beschaffenheit der Luft, die in die Augen hätte fallen können. Aber die Häuser waren mit Leichnamen, die Straßen mit Leichenzügen angefüllt. Kein Geschlecht, kein Alter war frei von Gefahr. Sklaven sowohl wie freies Volk verblichen plötzlich unter den Wehklagen der Gattinnen und Kinder, die, wiewohl ihnen noch zur Seite und um sie noch weinend, oft auf demselben Scheiterhaufen verbrannt wurden. Der Tod der Ritter und der Senatoren, obschon ebenso häufig, erschien doch weniger beweinenswert, als kämen sie der Grausamkeit des Fürsten nur durch die gemeine Sterblichkeit zuvor.

In demselben Jahre wurden im narbonensischen Gallien, in Afrika und Asien Aushebungen zur Ergänzung der Legionen von Illyrien veranstaltet, in welchen die Alten oder Kranken des Eides entbunden wurden. Das Unglück der Lugdunenser milderte der Fürst durch vier Millionen Sesterzen, um wiederaufzubauen, was die Stadt verloren hatte, eine Summe, welche die Lugdunenser vormals in Zeiten der Not in Rom dargebracht hatten.

Das Jahr 66 n. Chr.

14. Unter dem Konsulat des Gajus Suetonius und Luccius Telesinus vollführte jener Antistius Sosianus, welcher mit dem Exil bestraft worden war, weil er, wie ich schon berichtet habe, Schmähgedichte auf Nero gemacht hatte, folgendes: Als er vernommen hatte, daß Angebern solche Ehre widerführe und der Fürst zu Hinrichtungen so geneigt sei, freundete er sich unruhigen Geistes und eine sich bietende Gelegenheit ergreifend mit Pammenes an, der dort ebenfalls Verbannter, durch Chaldäerkunst berüchtigt und deshalb mit vielen in befreundeter Verbindung war. Er dachte sich, daß zu ihm nicht umsonst so häufig Boten und Befragungen kamen, und erfuhr zugleich, daß ihm von Publius Anteius ein Jahrgehalt gegeben wurde. Auch war ihm nicht unbekannt, daß Anteius durch seine Anhänglichkeit an Agrippina dem Nero verhaßt war, daß seine Reichtümer ein besonderer Reiz für dessen Habsucht, und dies für viele die Ursache des Verderbens war. Nachdem er daher ein Schreiben des Anteius abgefangen und auch Papiere entwendet hatte, in welchen sein Horoskop und was ihm begegnen würde aufgeschrieben war, und die Pammenes in einem geheimen Versteck aufbewahrt, wobei er zugleich entdeckt hatte, was über des Ostorius Scapula Ursprung und Leben aufgesetzt war, schrieb er an den Fürsten, daß er ihm wichtige und seiner Wohlfahrt dienliche Eröffnungen machen würde, wenn er nur einen kurzen Erlaß des Exils erhielte: Anteius nämlich und Ostorius bedrohten den Staat und forschten nach dem eigenen und des Kaisers Schicksal. Sofort wurden Schnellsegler abgeschickt, Sosianus schleu-

nig herbeigeholt und gleich nach Bekanntmachung seiner Angabe Anteius und Ostorius mehr für schon verurteilt als für angeklagt gehalten, so daß niemand mehr des Anteius Testament untersiegeln wollte, hätte nicht Tigellinus dazu aufgefordert, nachdem zuvor Anteius angetrieben worden war, mit seinem letzten Willen nicht zu zögern. Dieser nun nahm Gift, beschleunigte aber, in Ungeduld über dessen Langsamkeit, seinen Tod durch Zerschneiden der Adern.

15. Ostorius war zu dieser Zeit auf einem entfernten Landgute an der Grenze von Ligurien. Dorthin wurde ein Centurio geschickt, um die Hinrichtung desselben zu beschleunigen. Der Grund der Eile rührte daher, daß Ostorius, der einen großen kriegerischen Ruf besaß und sich die Bürgerkrone in Britannien verdient hatte, durch ungeheure Körperkraft und durch Geschicklichkeit in den Waffen Nero besorgt machte, er möchte ihn, der immer furchtsam und durch die jüngst entdeckte Verschwörung nur noch mehr in Schreck versetzt war, angreifen. Der Centurio also eröffnete, nachdem er die Ausgänge der Villa gesperrt, dem Ostorius des Kaisers Befehle. Dieser wandte die oft gegen den Feind erprobte Tapferkeit gegen sich selbst, und da die Adern, obwohl zerschnitten, zu wenig Blut ergossen, bediente er sich insoweit der Hand eines Sklaven, daß dieser unbeweglich einen Dolch hinhalten mußte, drückte dessen Rechte dann an sich heran, und fuhr mit seiner Kehle hinein.

16. Auch wenn ich auswärtige Kriege und zum Besten des Staates erlittenen Tod in solcher Ähnlichkeit der Ereignisse erzählte, hätte mich selbst wohl Überdruß ergriffen, und ich würde auch des Widerwillens anderer gewärtig sein, die sich von dem wenngleich ehrenvollen, doch traurigen und unaufhörlichen Untergang der Bürger hinweg wenden müßten. Nun aber ermüdet knechtische Geduld und soviel in der Heimat vergeudetes Blut den Geist und beklemmt ihn in Schmerzgefühl. Und ich möchte keine andere Entschuldigung von denen, die hiervon Kenntnis bekommen, verlangen, als die, daß ich so feig ums Leben Kommende nicht hasse. Es war der Zorn der Götter gegen die römische Welt, den man nicht, wie bei Heeresniederlagen oder Städteeroberungen, einmal anführen, und dann übergehen darf. Vergönne man es den Nachkommen erlauchter Männer, daß, wie man sie durch eine Leichenfeier von gemeiner Bestattung abhebt, so sie auch in der Geschichte ihres Endes besonderer Erwähnung gewürdigt und teilhaftig werden.

17. Innerhalb weniger Tage nämlich fielen in einem Zuge Annaeus Mela, Anicius Cerialis, Rufrius Crispinus und T. Petronius. Mela und Crispinus waren römische Ritter vom Senatorenrange. Denn letzterer war ehedem Präfekt der Prätorianer und mit Konsularinsignien beschenkt und unlängst auf die Beschuldigung der Mitverschwörung nach Sardinien verwiesen. Er tröstete sich selbst, als er schon die Botschaft vom Befehle zu seinem Tode erhalten hatte. Mela, ein Bruder

von Gallio und Seneca, hatte aus verkehrtem Ehrgeize sich der Bewerbung um Staatsämter enthalten, um als römischer Ritter Konsularen gleich an Macht zu stehen. Zugleich hielt er es für den kürzeren Weg, Vermögen zu erwerben, wenn er als Prokurator die Geschäfte des Fürsten besorgte. Er war auch der Vater des Annaeus Lucanus, eine mächtige Stütze für seine Berühmtheit. Nach dessen Hinrichtung trieb er das Vermögen desselben mit Härte ein und reizte so Fabius Romanus, einen von Lucanus vertrautesten Freunden, zur Anklage gegen sich auf. Es wurde ersonnen, der Vater habe gemeinsam mit dem Sohne um die Verschwörung gewußt, indem man des Lucanus Handschrift nachmachte. Sobald Nero diese ansah, befahl er, sie ihm vorzulegen, da er nach seinen Schätzen lüstern war. Aber Mela öffnete sich, was damals die gewöhnliche Todesart war, die Adern, nachdem er ein Schriftstück aufgesetzt hatte, worin er für Tigellinus und dessen Schwiegersohn Cossutianus Capito eine bedeutende Summe aussetzte, damit das übrige gesichert bliebe. Man setzte hinzu, er habe in der Schrift, als klagte er über die Ungerechtigkeit seines Verderbens, sich so ausgedrückt: er sterbe ohne den Tod verdient zu haben, Rufrius Crispinus aber und Anicius Cerialis, des Fürsten Feinde, blieben am Leben. Man hielt dies für erdichtet, über Crispinus, weil er bereits umgebracht worden war, über Cerialis, damit er umgebracht würde. Denn nicht lange nachher tat er sich selbst Gewalt an, weniger bemitleidet als die übrigen, weil man sich erinnerte, daß von ihm dem Kaiser Gajus die Verschwörung verraten worden sei[180].

18. Über Gajus Petronius muß ich etwas weiter ausholen. Er verbrachte nämlich den Tag im Schlaf, die Nacht in Geschäften und den Vergnügungen des Lebens, und wie andere Tätigkeit, so hatte ihn Nichtstun in Ruf gebracht. Auch wurde er nicht für einen Schlemmer und Verschwender, wie die meisten, die das ihrige vergeuden, sondern für einen gebildeten Lebemann gehalten, und seine Reden und Handlungen wurden, je ausgelassener sie waren und je mehr sie eine gewisse Selbstvernachlässigung verrieten, desto günstiger als vermeintliche Natürlichkeit genommen. Doch als Prokonsul von Bithynien und bald darauf als Konsul zeigte er sich kräftig und den Gefahren gewachsen. Dann in sein Laster zurückgesunken, oder sei es, daß er nur den Schein davon annahm, wurde er von Nero unter seine wenigen Vertrauten als Richter des Geschmacks aufgenommen, wobei er im Überflusse nichts für angenehm und für behaglich hielt, als was Petronius ihm empfohlen hatte. Daher denn Tigellinus Neid wie gegen einen Nebenbuhler und im Wissen um den Lebensgenuß Höherstehenden. Er wandte sich deshalb an die Grausamkeit des Fürsten, der die übrigen Leidenschaften desselben wichen, machte dem Petronius Freundschaft mit Scaevinus zum Vorwurf, nachdem er einen Sklaven zur Anzeige bestochen, ihm keine Gelegenheit zur

Verteidigung gegeben und den größeren Teil seiner Dienerschaft in Fesseln geworfen hatte.

19. Zufällig hatte sich der Kaiser in diesen Tagen nach Campanien begeben, und Petronius wurde, als er bis nach Cumae gekommen war, daselbst festgehalten. Auch ließ er sich nicht länger die Zögerung zwischen Furcht und Hoffnung gefallen. Doch warf er das Leben nicht in Hast von sich, sondern ließ, wie es ihm einfiel, sich die Adern verbinden, und wieder öffnen. Dabei sprach er zu seinen Freunden, aber nicht in ernstem Tone oder in einer Weise, mit der er den Ruhm der Seelenstärke hätte bezwecken mögen, und hörte ihnen auch zu, wenn sie nicht von der Unsterblichkeit und von den Ansichten der Weisen sprachen, sondern leichtfertige Gedichte und spielerische Verse vortrugen. Einige seiner Sklaven beschenkte er, andere ließ er geißeln, ging noch zur Tafel und gab sich dem Schlafe hin, damit der wenn gleich erzwungene Tod dem natürlichen ähnlich wäre. Nicht einmal in seinem Testament, wie die meisten der ums Leben kommenden, schmeichelte er dem Nero, dem Tigellinus oder sonst einem der Mächtigen, sondern er zeichnete vielmehr des Fürsten Laster unter Aufführung der Namen der Lustknaben und Dirnen und der Neuheit jedes Schändungsalters auf und sandte dieses versiegelt dann dem Nero. Dann zerbrach er den Siegelring, damit man sich desselben nicht nachher bedienen möchte, um jemand in Gefahr zu stürzen.

20. Als Nero hin und her sann, wie denn wohl das Wesen seiner Nächte kundbar geworden wäre, fiel ihm Silia ein, durch ihre Ehe mit einem Senator nicht unbekannt, von ihm selbst zu jeder Lust gebraucht, und dabei dem Petronius äußerst vertraut. Sie wurde verbannt, als habe sie nicht verschwiegen, was sie gesehen und erduldet, in Wahrheit aus persönlichem Hasse. Dagegen gab er den gewesenen Prätor Minucius Thermus der Feindschaft des Tigellinus preis, weil ein Freigelassener des Thermus einige Beschuldigungen gegen Tigellinus vorgebracht hatte, was er selbst durch der Folterungen Qual, sein Schutzherr durch unverschuldete Hinrichtung büßen mußte.

21. Nach Hinmordung so vieler ausgezeichneter Männer trachtete Nero endlich, die Tugend selber auszurotten, durch die Ermordung des Paetus Thrasea und des Barea Soranus. Er war gegen beide längst feindlich gesinnt und gegen Thrasea auch aus den Gründen noch, weil er, wie ich erwähnt, aus dem Senate ging, als über Agrippina verhandelt wurde, und weil er beim Festspiel der Juvenalien eine eben nicht erwünschte Teilnahme bewiesen hatte, eine Beleidigung, die um so tiefer verletzte, weil eben dieser Thrasea in Patavium, woher er war, bei dem vom Trojaner Antenor gestifteten Cästusspiel in tragischem Anzug gesungen hatte. Auch an dem Tage, an dem der Prätor Antistius wegen seiner Schmähschriften gegen Nero zum Tode verurteilt wurde, stimmte er für Milderung, und setzte sie durch. Und als Poppaea Götterehre zuerkannt wurde, war er absichtlich nicht zugegen

und auch am Leichenbegängnis hatte er nicht Teil genommen. Das alles ließ Capito Cossutianus nicht in Vergessenheit kommen, der nicht nur zu Schändlichkeiten an und für sich geneigt war, sondern auch noch Thraseas Feind, weil er durch dessen Einfluß gefallen war, da dieser die Gesandten der Cilicier unterstützte, als sie den Capito wegen Erpressungen belangten.

22. Auch das Folgende machte er zum Vorwurf: Thrasea vermeide beim Beginne des Jahres die feierliche Eidesleistung, fehle, obgleich mit der Priesterwürde der Quindezimvirn bekleidet, beim Ablegen der Gelübde, habe niemals für das Wohl des Fürsten oder für dessen himmlische Stimme geopfert, früher so eifrig und unverdrossen, selbst bei ganz gewöhnlichen Senatsberatungen sich als Gönner oder Gegner zu zeigen, habe er jetzt drei Jahre lang die Kurie nicht betreten, und noch ganz vor kurzem, als man zur Züchtigung des Silanus und Vetus wetteifernd zusammeneilte, sich lieber mit Privathändeln seiner Klienten beschäftigt. Das sei schon Absonderung und Parteinahme, und wenn viele dasselbe wagen sollten, Krieg. „Wie einst von Gajus Caesar und Marcus Cato", sagte er, „so spricht die nach Zwietracht verlangende Bürgerschaft jetzt Nero, von dir, und Thrasea. Er hat auch seine Anhänger oder vielmehr Trabanten, die sich zwar noch nicht seinen Trotz beim Abstimmen, aber seine Haltung und Miene zum Vorbild nehmen, starr und finster, um dir damit Leichtsinn vorzuwerfen. Allein von ihm werden deine Wohlfahrt und deine Kunstleistungen nicht geehrt. Das Glück des Fürsten verachtet er; befriedigt ihn nun auch seine Trauer und sein Schmerz nicht? Dieselbe Gesinnung verrät es, an Poppaeas Göttlichkeit nicht zu glauben und auf die Verordnungen des göttlichen Augustus und Julius Caesar nicht zu schwören. Er verachtet heiligen Brauch und schafft ab, was Gesetz ist. Die Tageblätter des römischen Volkes werden in den Provinzen, in den Heeren aufmerksamer gelesen, um zu erfahren, was Thrasea nicht getan hat. Wenn sie besser sind, so laßt uns zu jenen Einrichtungen übertreten, oder man nehme den Neuerungssüchtigen den Rädelsführer und Ratgeber weg. Jene Schule[181] hat die Tuberonen und Favonier erzeugt, auch in der alten Republik nicht beliebte Namen. Um die Oberherrschaft zu stürzen, tragen sie die Freiheit zur Schau; haben sie dieselbe umgestürzt, dann werden sie die Freiheit selbst angreifen. Vergebens hast du den Cassius entfernt, willst du es dulden, daß die Nacheiferer der Brutus um sich greifen und Gedeihen finden. Schließlich brauchst du ja selbst über Thrasea nichts zu beantragen, laß den Senat richten." Nero gab dem Zorn des Cossutianus Nahrung und gesellte ihm noch Eprius Marcellus bei, einen Mann von beißender Beredsamkeit.

23. Den Barea Soranus hatte sich indessen schon der römische Ritter Ostorius Sabinus aus Anlaß des Prokonsulats in Asien zur Anklage ausbedungen, wo derselbe die Ungnade des Fürsten durch Gerechtig-

keit und Tätigkeit noch mehr auf sich lud, weil er für die Öffnung des Hafens von Ephesus[182] Sorge getragen, und weil er die Gewalttätigkeit der Bürgerschaft von Pergamon, die den kaiserlichen Freigelassenen Acratus verhindert hatte, Statuen und Gemälde wegzuschaffen[183], unbestraft gelassen hatte. Schuld gegeben aber wurde ihm Freundschaft mit Plautus und das Streben, die Provinz für einen Aufstand zu gewinnen. Man wählte zur Verurteilung die Zeit, als Tiridates nach Rom kam, um den Thron Armeniens zu empfangen, damit durch das Gerede über die auswärtigen Verhältnisse die Schandtat im Innern des Staates bemäntelt würde, oder vielleicht damit er die Größe des Imperators durch die Hinrichtung ausgezeichneter Männer gleichsam wie durch eine königliche Tat bekundete.

24. Als so die ganze Stadt hinausgeströmt war, um den Fürsten zu empfangen und den König zu schauen, ließ Thrasea, obschon am Entgegengehen gehindert, den Mut nicht sinken, sondern setzte ein Handschreiben an Nero auf, um sich zu erkundigen, was man ihm vorwerfe, und versicherte, er werde sich rechtfertigen, sobald er nur Kenntnis von den Beschuldigungen und Gelegenheit sie zu entkräften erhalten würde. Dieses Handschreiben nahm Nero hastig an, in der Hoffnung, daß Thrasea im Schreck etwas geschrieben habe, wodurch er des Fürsten Ruhm erhöhte und seinen eigenen Ruf entehrte. Als dies nun nicht der Fall war, und er seinerseits vielmehr den Blick, den Hochsinn und den Freimut des Unschuldigen fürchtete, ließ er den Senat berufen.

25. Nunmehr ratschlagte Thrasea mit seinen nächsten Freunden, ob er es mit der Verteidigung versuchen oder sie verschmähen solle. Verschieden war der Rat, den man erteilte. Die, welche dafür waren, daß man sich in die Kurie begäbe, sagten, sie seien wegen seiner Festigkeit unbesorgt; er werde nichts sagen, als etwas, wodurch er nur seinen Ruhm erhöhen würde. Feige und Verzagte umgäben ihr Ende mit Einsamkeit. Schauen möge das Volk den dem Tode entgegentretenden Mann, hören der Senat übermenschliche Worte, gleichsam von einem der Götter; möglich sei es, daß gerade durch das Wunderbare selbst ein Nero sich bewegen ließe. Beharre er aber bei seiner Grausamkeit, so würde doch von der Nachwelt wenigstens das Gedächtnis eines ehrenvollen Ausgangs von der Feigheit schweigend Untergehender unterschieden werden.

26. Die dagegen, welche rieten, zu Hause die Sache abzuwarten, redeten von Thrasea selbst auf die gleiche Weise. Aber Spott und Schmach stehe ihm bevor, entziehen möge er sein Ohr den Lästerreden und Beschimpfungen. Nicht Cossutianus allein oder Eprius seien zum Frevel bereit; es gebe Menschen genug, die aus Roheit ihm vielleicht Faustschläge und Stöße versetzen würden, selbst bessere könnten aus Furcht folgen. Ersparen möchte er lieber dem Senat, dessen stete Zierde er gewesen sei, den Schimpf solcher Greuelszenen,

und es ungewiß lassen, was der Senat beim Anblick des Thrasea als Angeschuldigten beschließen würde. Daß Nero sich von Scham wegen seiner Missetaten ergreifen lassen könnte, sei eine vergeblich gehegte Hoffnung, und weit mehr zu fürchten, daß er auch an seiner Gattin, an seiner Tochter und den übrigen, die ihm teuer seien, seine Wut auslasse. Darum möchte er unentweiht und unbefleckt in der ruhmvollen Weise derer, deren Pfad und deren Streben ihn durchs Leben geleitet habe, sein Ende suchen. Anwesend war bei der Beratung Rusticus Arulenus, ein feuriger Jüngling, der sich aus Ruhmbegier anbot, gegen den Senatsbeschluß Einspruch zu erheben; denn er war Volkstribun. Thrasea dämpfte sein Feuer, damit er nichts Eitles und dem Angeschuldigten nichts Frommendes und dem Einspruchtuenden Verderbliches unternehmen möchte. Seine Lebenszeit sei abgelaufen, und er dürfe die so viele Jahre hindurch eingehaltene Lebensweise nicht verlassen; er dagegen habe erst den Anfang im Staatsdienste gemacht, und seine Zukunft liege noch in seiner Hand. Reiflich möge er zuvor bei sich erwägen, was für einen Weg er in solchen Zeiten einschlagen wolle, um ins öffentliche Leben einzutreten. Er selbst behielt es übrigens seiner eigenen Überlegung vor, ob es sich für ihn schicken würde in den Senat zu kommen.

27. Am folgenden Morgen besetzten zwei bewaffnete prätorische Kohorten den Tempel der Venus Genetrix. Den Eingang zum Senat hatte ein Haufe mit der Toga bekleideter Männer, welche ihre Schwerter nicht verbargen, in Besitz genommen, und auf den Plätzen, wie an den Basiliken waren Kriegerscharen verteilt. Unter ihren Blicken und Drohungen begaben sich die Senatoren in die Kurie. Da vernahm man eine Rede des Fürsten durch seinen Quästor. Ohne jemand namhaft zu machen, beschuldigte er die Senatoren, daß sie die öffentlichen Geschäfte vernachlässigen würden, und durch ihr Beispiel die römischen Ritter sich zur Lässigkeit verleiten ließen. Denn sei es verwunderlich, wenn man gar nicht erst aus entlegenen Provinzen herkomme, da so viele, hätten sie erst das Konsulat und Priesterwürden erlangt, sich lieber der Annehmlichkeit ihrer Gärten hingäben? – Das war eine Waffe, nach der die Ankläger eilends griffen.

28. Als Cossutianus den Anfang machte, rief Marcellus mit noch größerer Heftigkeit: der gesamte Staat sei in Gefahr, durch die Halsstarrigkeit der Untergebenen werde die Milde des Gebieters herabgesetzt. Zu milde sei bis auf diesen Tag der Senat gewesen, da er den Empörer Thrasea, da sie dessen ebenso rasenden Eidam Helvidius Priscus, sowie Paconius Agrippinus, den Erben des väterlichen Hauses gegen den Fürsten, und den abscheuliche Gedichte verfertigenden Curtius Montanus ungestraft entschlüpfen ließen. Er vermisse im Senate den Konsularen, bei Gelübden den Priester, beim Eide den Bürger Thrasea. Doch dieser habe sich ja gegen die Einrichtungen und heiligen Gebräuche der Vorfahren öffentlich zum Verräter und

zum Feinde aufgeworfen. Möge er, der den Senator zu spielen und des Fürsten Widersacher zu beschützen gewohnt gewesen, doch endlich einmal kommen und seine Meinung sagen, was er verbessert oder verändert wissen wolle. Leichter würde man den Einzelnes Tadelnden ertragen, als jetzt das Schweigen des alles Verdammenden. Mißfalle ihm der Friede im Erdkreise umher, oder die Siege ohne Verluste? Man solle doch einen Menschen, welcher über das Glück des Staates traure, welcher Plätze, Theater, Tempel für Einöden halte, welcher mit Selbstverweisung drohe, in seinem verkehrten Ehrgeize nicht gewähren lassen. Er sähe hier ja keine Senatsbeschlüsse, keine Staatsbeamten, keine Römerstadt. So möge er doch sein Leben von einem Staate losreißen, dem er schon längst seine Liebe, jetzt auch seinen Blick entzogen hätte.

29. Als unter diesen und ähnlichen Worten Marcellus, finster und drohend, wie er war, in Ton, Miene und Blick Feuer sprühte, da zeigte sich nicht mehr jene bekannte und bei der Menge der Gefahren gewohnte Niedergeschlagenheit des Senates, sondern als sie der Soldaten Arme und Waffen sahen, eine ungewöhnliche und tiefere Beängstigung. Zugleich schwebte ihnen Thraseas eigene ehrwürdige Gestalt vor, und mancher fühlte auch mit Helvidius Mitleid, welcher die unverschuldete Verwandtschaft büßen sollte. Was habe man dem Agrippinus anderes vorgeworfen, als seines Vaters trauriges Geschick, da auch dieser, ebenso unschuldig, durch Tiberius Grausamkeit gefallen war. Und Montanus, der rechtschaffene Jüngling, der auch kein verrufenes Gedicht gemacht habe, werde, weil er sein Talent gezeigt hatte, verbannt.

30. Indessen trat nun auch Ostorius Sabinus, der Ankläger des Soranus, herein und hob von der Freundschaft des Soranus mit Rubellius Plautus an, und daß er das Prokonsulat von Asien mehr zu seiner eigenen Verherrlichung benutzt als zum allgemeinen Besten verwaltet habe, indem er die Empörungen der Städte nur nährte. Dies war etwas Altes; aber neu, und in des Vaters Gefahr auch die Tochter verwickelnd, war, daß sie an die Magier Geld verteilt hätte. Dies war in der Tat der Fall gewesen aus der kindlichen Liebe Servilias, denn so hieß die junge Frau, die aus Zärtlichkeit gegen den Vater, zugleich aus jugendlicher Unbesonnenheit, nach nichts anderem gefragt hatte, als nach der Sicherheit ihrer Familie, und ob Nero versöhnlich sein, und ob die Untersuchung des Senates nichts Schreckliches zur Folge haben werde. Sie wurde also vor den Senat beschieden, und da standen nun von einander abgesondert, vor dem Tribunale der Konsuln der hochbetagte Vater, ihm gegenüber die Tochter, erst im zwanzigsten Lebensjahre, und da unlängst ihr Gatte Annius Pollio verwiesen worden war, eine Witwe und Verlassene. Sie blickte nicht einmal ihren Vater an, dessen Gefahren sie noch vergrößert zu haben schien.

31. Als darauf der Ankläger sie fragte, ob sie nicht ihm Braut-

schmuck, ob sie nicht das Geschmeide vom Halse zum Verkauf gegeben habe, um Geld zu magischen Opfern zusammenzubringen, da warf sie sich zuerst zu Boden, weinte lange ohne zu sprechen, umfaßte dann den Opferherd und den Altar und sprach: „Keine bösen Götter, keine Verwünschungen, nichts anderes habe ich im unglückseligen Gebete erfleht, als daß du, Kaiser, ihr, Senatoren, diesen meinen besten Vater retten möchtet. So nur habe ich Edelsteine, Gewänder und die Abzeichen meines Standes hingegeben, wie wenn sie mein Blut und Leben gefordert hätten. Mögen diese, die vorher mir unbekannt, selbst sehen, welches Rufes sie sind, was für Künste sie üben. Ich habe des Fürsten nicht anders, als unter den Göttern gedacht. Doch weiß davon mein unglücklicher Vater nicht, und ist es ein Verbrechen, so habe ich allein gefehlt."

32. Der noch Redenden fiel Soranus ins Wort und rief: sie sei mit ihm nicht in die Provinz gereist, sie habe ihrer Jugend wegen dem Plautus nicht bekannt werden können, sie sei in die Beschuldigungen ihres Gatten nicht mit verflochten. Man möge sie, die nur zu großer Kindesliebe Schuldige, von ihm sondern, er wolle sich selbst dann jedem Schicksale unterwerfen. Damit wollte er sich in die Arme der entgegeneilenden Tochter stürzen, hätten nicht dazwischentretende Liktoren sich beiden in den Weg gestellt. Nun wurden die Zeugen vorgelassen, und so viel Mitleid die Grausamkeit der Anklage erregt hatte, so viel Erbitterung verursachte Publius Egnatius als Zeuge. Dieser, ein Klient des Soranus, jetzt gekauft, um den Freund zu vernichten, trug das Ansehen der stoischen Schule zur Schau, geübt, in Haltung und Miene den Schein der Tugend auszudrücken. Er war übrigens im Herzen treulos und hinterlistig, Habsucht und Sinnlichkeit verbergend. Als dies durch Geld ans Licht gezogen war, gab er ein warnendes Beispiel, sich ebenso, wie vor den förmlichen Betrügern oder Schandbefleckten, auch vor solchen zu hüten, welche mit dem Scheine edler Eigenschaften trügen und die Freundschaft täuschen.

33. Doch stellte derselbe Tag auch ein edles Beispiel mit Cassius Asklepiodotus auf, der, durch die Größe seines Vermögens unter den Bithyniern herausragend, mit eben der Ergebenheit, mit der er den Soranus in seinem Glücke geehrt hatte, auch dem Sinkenden zugetan blieb, und aller seiner Habe beraubt und verbannt wurde, infolge des Gleichmuts der Götter bei guten wie bei bösen Taten. Dem Thrasea, dem Soranus und der Servilia wurde die freie Wahl des Todes gestattet, Helvidius und Paconius wurden aus Italien verwiesen, Montanus wurde seinem Vater zu Gefallen begnadigt, doch mit der Bestimmung, an den Staatsgeschäften sich nicht mehr beteiligen zu dürfen. Den Anklägern Eprius und Cossutianus wurden einem jeden 5000000 Sesterzen, dem Ostorius 1200000 und die Ehrenzeichen der Quästur verliehen.

34. Hierauf wurde, als sich der Tag schon zum Abend neigte, der Quästor des Konsuls[184] zu Thrasea gesandt, der sich in seinem Park aufhielt. Er hatte einen großen Kreis von angesehenen Männern und Frauen bei sich versammelt, und seine Aufmerksamkeit hauptsächlich auf Demetrius, einen Lehrer der cynischen Schule gerichtet, mit welchem er, wie aus der Spannung seiner Mienen und aus dem, was man vernahm, wenn dann und wann lauter gesprochen wurde, zu ersehen war, über die Natur der Seele und die Trennung des Geistes vom Körper Untersuchungen anstellte, bis Domitius Caecilianus, einer seiner vertrautesten Freunde, kam, und ihm berichtete, was der Senat beschlossen habe. Da ermahnte Thrasea die weinenden und klagenden Anwesenden, sich eilig wegzubegeben und mit dem Lose des Verurteilten nicht auch die eigene Gefahr zu teilen. Die Arria aber, welche dem Tode des Gatten und ihrer Mutter Arria Beispiel[185] folgen wollte, bat er, ihr Leben zu erhalten und der gemeinschaftlichen Tochter nicht die einzige Stütze zu entziehen.

35. Dann trat er in die Halle und wurde hier von dem Quästor angetroffen, mehr der Freude zugewandt, weil er vernahm, daß sein Schwiegersohn Helvidius nur aus Italien verwiesen werde. Als er hierauf den Senatsbeschluß empfangen hatte, führte er Helvidius und Demetrius in sein Schlafgemach, hielt ihnen die Adern beider Arme hin und sprach, während er das Blut hinströmen ließ und den Boden damit besprengend, und indem er den Quästor näher herbeirief: „Wir spenden Jupiter, dem Befreier! Schau, Jüngling! und die Götter mögen es dir nicht zum Vorzeichen werden lassen. Aber du bist für eine Zeit geboren, in welcher es frommt den Geist durch Beispiele der Festigkeit zu stählen.“ Nachher, als das langsame Absterben schwere Qualen verursachte, wandte er sich zu Demetrius hin ...

Der Schluß des Buches, das noch das Ende des Jahres 66 und die Jahre 67 und 68 n. Chr. enthielt, ist verlorengegangen. Es endete mit Neros Tod. Unmittelbar daran schließen sich die Historien an.

ANMERKUNGEN

DIALOG ÜBER DIE REDNER

1 Justus Fabinus, ein Freund Plinius des Jüngeren.
2 Die „frühere Zeit" ist die Zeit vor Augustus.
3 Curiatius Maternus, von konservativ-republikanischer Gesinnung, zog sich vom Forum zurück und wurde Dramatiker. Nero, dessen Günstling Vatinius er angegriffen, und Vespasianus, unter dem er seinen Cato vorgelesen hatte, verschonten ihn; Domitianus ließ ihn wegen einer Übungsrede „Gegen Tyrannen" hinrichten.
4 Cato, römischer Staatsmann, Konsul, Censor. Er suchte dem sittlichen Niedergang Roms entgegen zu treten.
5 Marcus Aper, nacheinander Quaestor, Tribun, Praetor, Gegner des Maternus, wahrscheinlich ein Gallier, ausgezeichnet durch Rednertalent und juristische Kenntnisse, hauptsächlich Autodidakt, Verächter schulmäßiger Beredsamkeit und Wissenschaft.
6 Im Gegensatz zu Marcus Aper ist Julius Secundus ein akademisch gerichteter Redner, der von Kunst und Bildung alles erwartete, durch diese Gebundenheit ängstlich wurde und durch theoretische Bedenken sich tagelang über das Exordium einer Rede nicht einig wurde.
7 Domitius Ahenobarbus, ein unversöhnlicher Feind Caesars.
8 Von den Dichtungen des Salejus Bassus ist nichts erhalten.
9 Epirus Marcellus spielte unter Nero die Rolle eines Angebers; er stand auch noch unter Vespasianus dank seiner Beredsamkeit in großem Ansehen, verschwor sich aber mit Caecina Alienus im Jahre 79 gegen den Kaiser und wurde nach Entdeckung des Anschlags zum Selbstmord gezwungen.
10 Helvidius, Schwiegersohn des von Marcellus angeklagten Paetus Thrasea.
11 Die Männer in der Toga im Gegensatz zum gemeinen Volk, das nur mit der Tunika bekleidet war.
12 Der breite Purpursatz an der Toga war den Senatoren vorbehalten.
13 Die Quästur war die Verwaltung der Staats- und Kriegskasse, die Tribunen hatten das Recht, die Plebs zu versammeln und zu Beschlüssen zu veranlassen sowie ein Vetorecht gegenüber dem Senat, die Prätoren standen an der Spitze des Gerichtswesens.

14 Centumvirn, die Hundertmänner, in Wirklichkeit aus 105, später aus 180 Mitgliedern bestehend, eine Art oberster Gerichtshof für privatrechtliche Fälle. Dabei behandelte sie hauptsächlich Eigentums- und Erbschaftsangelegenheiten.

15 Die Procuratoren, Vertrauensmänner im allgemeinen, die im Auftrage ihres Herren Geschäfte erledigten. Häufig wurden dazu Freigelassene benützt. Besondere Bedeutung erlangten die Procuratoren der Kaiser, die vielfach als Verwaltungsbeamte verwendet wurden, in der Steuerverwaltung, für die Domänen, Bauten, Bergwerke, Wasserversorgung, Spiele usw. Schon Augustus stellte neben den Freigelassenen, die nur untergeordnete, wenn auch einflußreiche Posten erhielten, Angehörige des Ritterstandes als Procuratoren an. Daraus entwickelte sich mit der Zeit ein kaiserliches Beamtentum.

16 Crispus Vibius, berühmter Redner, unter Vespasianus Proconsul von Africa; von seinen Reden sind nur einige Fragmente bei Quinctilianus erhalten.

17 Kaiser Vespasian aus dem Haus der Flavier regierte von 69–79 n. Chr. Er ließ das Kolosseum erbauen.

18 Nicostratus, berühmter Ringer und Faustkämpfer.

19 „An der Neroneen“ – die Stelle ist wohl so zu verstehen, daß Maternus bei den musischen Wettkämpfen des Nero den Vatinius besiegt.

20 Linos, mythischer Sänger, Lehrer des Herakles in der Musik.

21 Lysias, der älteste der zehn attischen Redner, 458–378 v. Chr. – Hyperides, Zeitgenosse des Demosthenes.

22 C. Asinius Pollio, 75 v. Chr.–4 n. Chr., berühmt als Krieger, Staatsmann, Redner, Dichter und Geschichtsschreiber schrieb ein aus 17 Büchern bestehendes Geschichtswerk über die römischen Bürgerkriege und die Folgezeit (60–12 v. Chr.); dieses Werk ist verlorengegangen.

23 M. Valerius Messalla Corvinus, Gönner des Tibullus, Feldherr und Redner, schrieb ein Werk über die Bürgerkriege; kämpfte auf Seiten des Brutus und Cassius, ging nach der Schlacht bei Philippi (42 v. Chr.) zu Antonius und dann zu Caesar über.

24 Die Tragödie Medea des Ovid ist nicht erhalten.

25 Lucius Varius Rufus, Freund des Augustus, Vergil und Horaz, gab nach Vergils Tod dessen Aeneis heraus; von seiner Tragödie Thyestes sind nur die Didaskalie (Aufführungsbericht) und Fragmente erhalten.

26 Pomponius Secundus, dessen Leben Plinius in zwei Büchern beschreibt, gehörte zu den angesehensten Tragödiendichtern seiner Zeit.

27 Domitius Afer, aus Nemausus (Nîmes), Redner, führte den Giftprozeß gegen Claudia Pulchra; er erwarb außerdem ein Vermögen durch eine Ziegelfabrik.

28 Vipstanus Messalla, angesehener Redner, kämpfte für Kaiser Vitellius, Verfasser eines Geschichtswerkes, Freund des Tacitus. Vgl. Historien III, Kap. 9, 11 und 18 und Historien IV, 42.
29 Niketes aus Smyrna, Sophist und barocker Redner, 1. Jahrhundert n. Chr.
30 Ephesos und Mytilene hatten berühmte Rhetorenschulen.
31 Aeschines, attischer Redner und Staatsmann, Vertreter der makedonischen Politik in Athen, Gegner des Demosthenes, der ihn verdächtigte, er sei von König Philipp bestochen worden.
32 Hortensius, eine verlorengegangene Schrift des Cicero.
33 Menenius Agrippa, bekannt aus der Anekdote bei Livius, 2, 32, wo dieser Redner durch sein Gleichnis von den Gliedern, die mit dem Magen hadern, die auf den heiligen Berg ausgewanderten Bürger mit den Patriziern versöhnte (494 v. Chr.).
34 M. Caelius Rufus, Zeitgenosse und Freund des Cicero, bekannt aus dessen Briefen. – C. Licinius Calvus, Freund des Catull und selbst Dichter; erwarb sich durch seine Aklage des Vatinius als Redner einen Namen. – Junius Brutus, einer der Mörder Caesars, galt als großer Philosoph und Redner.
35 43 v. Chr.
36 M. Tullius Tiro, der Stenograph des Cicero.
37 S. Sulpicius Galba, hervorragender Redner, Consul 144 v. Chr.
38 C. Papirius Carbo, Cicero nennt ihn einen großen Redner, aber unerfahren in Recht und Gesetz. Consul 120 v. Chr. Er war erst Anhänger, dann Feind der Gracchen.
39 L. Licinius Crassus, Redner, lebte von 140–91 v. Chr.
40 T. Cassius Severus, starb 33 n. Chr. in der Verbannung.
41 Hermagoras aus Aeolien war ein Rhetor des 2. Jahrhunderts v. Chr.
42 Apollodorus, griechischer Geschichtsschreiber aus Athen.
43 A. Caecina wurde von Cicero in einer Erbschaftssache verteidigt.
44 Roscius und Ambivius, berühmte Schauspieler.
45 Accius und Pacuvius, alte Tragiker, deren Stücke nicht erhalten sind. Lucanus, Neffe des Seneca, Dichter des Epos „Pharsalia".
46 Jus Verrinum, ein unnachahmliches Wortspiel Ciceros, (verres bedeutet Eber) aus seiner Rede gegen den Prätor C. Verres.
47 Aufidius Bassus, Servilius Nonianus, Sisenna und Terentius Varro, Geschichtsschreiber; der letztgenannte am bedeutendsten.
48 Sextus Julius Gabianus war ein berühmter Lehrer der Redekunst zur Zeit des Vespasian.
49 Metrodorus, ein Schüler Epikurs.
50 Mit dem „immer vollen Auditorium" ist das Forum gemeint.
51 Dolabella, Anhänger Sullas, von Caesar wegen Erpressung angeklagt. Alle diese Reden sind verloren.
52 Hier fehlen nach einer Randbemerkung der vatikanischen und

der Leidener Handschrift sechs Seiten in der Handschrift, aus welcher diese abgeschrieben sind. Messallas Rede bricht ab. Das Folgende spricht Maternus.

53 Interdikt ist der Einspruch des Praetors bei Zivilprozessen.

54 Pompeius reorganisierte damals, im Jahre 53 v. Chr., die Gerichte.

55 vgl. Anm. 14.

56 Dieselben Mäntelchen, die zu dieser Zeit die Redner vor Gericht trugen, waren früher nur Schutz gegen kühle und nasse Witterung gewesen.

57 Der Weiseste, Kompliment für Vespasian.

AGRICOLA

1 P. Rutilius Rufus, Unterfeldherr des Marius, Consul 105 v. Chr., Philosoph und Redner, wurde ungerechterweise wegen Erpressungen verbannt. – M. Aemilius Scaurus, Consul 115 v. Chr., war ein Vorkämpfer der Aristokratie. Beide schrieben ihre Selbstbiographie.
2 Grausame Zeit bezeichnet die Regierung des Domitian, deren Schrecken im folgenden genannt werden.
3 Arulenus Rusticus, Praetor 69 v. Chr., geistreicher Staatsmann, den Domitian wegen jener Lobschrift hinrichten ließ. – Paetus Thrasea, Stoiker, berühmt durch mutige und liberale Gesinnung. Von Nero zum Tode verurteilt.
4 Herennius Senecio wurde von Domitian zum Tode verurteilt wegen der Lobschrift auf Helvidius Priscus, der durch seine gutgemeinte, aber übertriebene Opposition sogar den Vespasian zwang, ihn hinrichten zu lassen.
5 Agricola wurde 40 n. Chr. in Forum Julii, dem heutigen Fréjus geboren.
6 vgl. Anm. 15 beim Gespräch über die Redner.
7 Gaius Caesar ist Caligula, der so seinen Schwiegervater M. Silanus aus dem Weg räumen wollte.
8 Massilia, heute Marseille.
9 Suetonius Paulinus, Statthalter von Britannien 59–62 n. Chr.; vgl. dazu Historien II, Kap. 25 und 31.
10 Agricola heiratete mit 23 Jahren.
11 Salvius Titianus, ein Bruder des Kaisers Otho.
12 Unterstützung, weil Kinderlose bei Bewerbungen im Nachteil waren.
13. Quaestor war Agricola 65 n. Chr., Tribun 67, Praetor 68 n. Chr.
14 Mit Tempelraub bezeichnet Tacitus die Erpressungen, die Nero auch an Heiligtümern verübte, um die verbrannte Stadt wieder aufzubauen.
15 Otho, der spätere Kaiser im Drei-Kaiser-Jahr.
16 Über Mucianus schreibt Tacitus selbst in Historien IV, 11.
17 Diese Aufnahme unter die Ritter war eine formelle Auszeichnung durch den Kaiser, aber ohne praktische Bedeutung.
18 Aquitanien, Südfrankreich zwischen Pyrenäen, Cevennen, Garonne und Loire.

19 Des Agricola Tochter war bei der Verlobung mit Tacitus 13 Jahre alt. Die Übersetzung dieser Stelle ist umstritten.
20 Spanien reichte nach Ansicht der Römer sehr weit nach Norden.
21 Von Fabius Rusticus wissen wir nur, daß er unter Claudius und Nero lebte.
22 Die Siluren sind die Bewohner von Wales.
23 Gaius Julius Caesar.
24 Tiberius berief sich auf den Beschluß des Augustus, das Reich nicht zu erweitern.
25 Mit Gaius Caesar ist hier Caligula gemeint.
26 Camulodunum, heute Colchester.
27 Insel Mona, Sitz der Druiden, heute Anglesey.
28 „Das Joch abgeschüttelt" bezieht sich auf die Niederlage der Römer im Teutoburger Walde.
29 Die Briganten waren Bewohner Nordenglands (Hauptstadt Eboracum = York).
30 Agricola kam im Jahr 78 n. Chr. nach Britannien.
31 Die Ordoviker wohnten in Westengland.
32 Die Britannier mußten, um die verlangten Naturalabgaben leisten zu können, bei den Römern an bestimmten Tagen Korn kaufen.
33 Tanaus ist vielleicht der Firth of Tay.
34 Clota und Bodotria sind der Firth of Clyde und der Firth of Forth.
35 Liburnen, leichte, schmale Schiffe nach illyrischem Muster.
36 Tungrer, germanisches Volk in Belgien.
37 Borester, unbekanntes Volk in Schottland. Auch der nachgenannte Hafen wird sonst nirgends erwähnt.
38 Dieses Proconsulatsjahr war 90 n. Chr.
39 Diese Ermordung des Civica war eine Hinrichtung wegen angeblichen Hochverrates. Agricola starb 93 n. Chr.
40 Eilboten zum Kaiser, der nicht in Rom war.
41 Die Einsetzung des Domitian zum Erben geschah aus Angst, er könnte auch die Familie des Agricola später verfolgen.
42 Im Jahre 40 n. Chr.
43 Im Jahre 93 n. Chr.
44 Carus Metius war ein berüchtigter Denunziant, ebenso Massa Baebius.
45 Messalinus, ein Mitglied des kaiserlichen Blutrates.
46 Unsere sind der Senatoren Hände.
47 Wenn Domitian, der sehr schnell und leicht errötete, unter den Senatoren bei der Verurteilung eines der ihrigen einen erbleichen sah, dann bezeichnete er diesen seinen Schergen als nächstes Opfer.
48 Was die Augen des Sterbenden vermißten, waren seine Tochter und Tacitus.

GERMANIA

1 Die Räter besiedelten Tirol und die Ostschweiz. – Die Pannonier wohnten am rechten Donauufer vom Wienerwald bis zur Savemündung; beide Völker illyrischer Abstammung. – Die Sarmaten waren Nomaden in den Steppen östlich der Weichsel. – Die Dacier wohnten im heutigen Siebenbürgen. – Unter trennenden Gebirgen versteht Tacitus die Karpathen. – Mit Inseln meint Tacitus die Dänemarks und Skandinavien, das noch lange unerforscht blieb und bis ins 11. Jahrhundert n. Chr. für eine Insel galt.

2 Abnoba, der Schwarzwald.

3 Die Marser wohnten östlich vom Rhein; ebenso die Gambrivier.

4 Diese Stelle ist in der Geschichtsforschung viel umstritten. Wir wissen nicht, woher Tacitus seine Angaben nahm. Die Entwicklung des Stammesnamens Germanen zum Namen des gesamten Volkes wird heute aber als geschichtlich gesichert betrachtet. Der Rest der Angaben des Tacitus wird als weniger zuverlässig angesehen. Vermutlich haben sich nur die Germanen selbst mit dem Volksnamen bezeichnet, die im römischen Reich lebten und lateinisch sprachen.

5 Asciburgium, heute Asberg am Rhein, Stadtteil von Moers. Daß Odysseus bei seinen Irrfahrten bis nach Germanien gekommen sei, kann man als reine Sage abtun.

6 Diese Beschreibungen des unwirklichen Germaniens finden wir auch bei Caesar, Strabo, Mela oder Plinius. Man darf sich trotzdem Germanien nicht als eine Waldwildnis vorstellen. Der Wald hat zu Zeiten des Tacitus zwar einen erheblich größeren Raum eingenommen, aber schon die Kopfzahlen, die für die germanischen Heere und Völker angegeben wird, lassen auf eine stärkere Besiedlung des Landes schließen. Zwischen den Wäldern muß weites Siedlungsland gelegen haben, das zum großen Teil schon seit vorgeschichtlicher Zeit waldfrei und gut bebaut war.

7 Das kann auf Nahrungsmangel zurückzuführen sein. Eine Verzwergung bei den Haustieren Germaniens ist durch Funde nachgewiesen. Langhornige Rinderrasse waren nur bei den Römern bekannt.

8 Diese Geringschätzung des Goldes bei Tacitus beruht auf der

vorgefaßten Meinung, daß Naturvölker im Gegensatz zu den Römern genügsam und anspruchslos seien. Zahlreiche Schatzfunde und Grabbeigaben bezeugen das Gegenteil. Die Mattiaken besaßen Silbergruben im Taunus, Rohgold wurde allerdings meist eingetauscht.

9 Münzen mit der Victoria auf dem Zwiegespann und mit gezahntem Rand wurden nur bis in Caesars Zeit geprägt.

10 Zur Bewaffnung der Germanen vgl. auch Annalen II, 14.

11 Zur Veleda vgl. Historien IV, 61.

12 Der Merkur entspricht dem Wotan (vgl. mercredi und Wednesday).

13 Liburnen, leichte, schmale Schiffe nach ilyrischer Bauart.

14 „Sie zählen nach Nächten" wie viele alte Völker; vgl. Fastnacht, Weihnacht, Sonnabend, sennight und fortnight.

15 In diesem und den folgenden Kapiteln idealisiert Tacitus das sittliche Leben der Germanen, um es in den Gegensatz zum Sittenverfall Roms zu stellen. So manche dieser Angaben pasen überhaupt nicht auf die Germanen, so das Fehlen geheimer Liebesbriefe hier bei einem Volk, das die Schrift gar nicht kennt, so das Fehlen des Wuchers und der Geldanlage unten in Kap. 26, obwohl es gar keine Geldwirtschaft gibt.

16 Testamente gab es nicht. Das Eigentum mußte in der Familie bleiben; Anspielung auf römische Erbschleicherei.

17 Für die Wohngebiete der einzelnen Stämme sei auf die beigegebene Karte verwiesen.

18 Gaius Julius Caesar.

19 Mit den hercynischen Wäldern werden die deutschen Mittelgebirge bezeichnet.

20 Agrippinenser nannten sich die Ubier nach der Gattin des Claudius.

21 Dekumatenland liegt zwischen Rhein, Donau und Limes.

22 Als Säulen des Herkules galten im Altertum vor allem die Vorgebirge an der Meerenge von Gibraltar. Daß im Zusammenhang mit einem vom Drusus unternommenen Kriegszug das Gerücht entstanden war, es gebe auch in der Nordsee Säulen des Herkules, kann nur durch den Anblick von Helgoland verursacht sein. Damals gab es neben dem heute noch vorhandenen Buntsandsteinfelsen auf der vorgelagerten Düne noch einen weißen Felsen in fast derselben Höhe. Der Rest von diesem Felsen ist erst 1711 von einer Springflut davongespült worden.

23 113 v. Chr.

24 Arsaces, ein Partherkönig.

25 Der Caesar ist hier Augustus.

26 Gaius Caesar ist hier Caligula.

27 Vgl. Agricola, Kap. 39.

28 Die Koloniestadt der Hermunduren war Augusta Vindelicorum, heute Augsburg.

29 Bekannt wurde der Oberlauf der Elbe durch die Kriegszüge des Drusus und des Tiberius.

30 Marbod, der sich in Rom Bildung und Kriegskunst angeeignet hatte, führte sein Volk dann nach Böhmen, wo die Macht seines Reiches immer mehr wuchs.

31 Mit dem Gebirgszug meint Tacitus die Sudeten.

32 Mit den Aestiern bezeichnet Tacitus die baltischen Stämme an der Ostsee. Er hat sie irrtümlich als Germanen betrachtet, wenn er auch feststellt, daß ihre Sprache eine andere ist. Daß sie der britannischen näher stünde, trifft allerdings auch nicht zu, das baltische ist am engsten mit dem slawischen verwandt.

33 Falsch ist die Angabe, daß die Esten selbst den Bernstein glesum genannt hätten. Diese Bezeichnung ist vielmehr rein germanisch und später von den Römern als Lehnswort übernommen worden.

34 Die erste römische Nachricht von einer Bernsteininsel stammt schon von Pytheas von Massalia, der um das Jahr 325 v. Chr. von England aus eine Fahrt zur Erkundung des germanischen Nordens machte. Diese Bernsteininsel dürfte allerdings Helgoland gewesen sein.

35 Die Peuciner wohnten am Donaudelta, Veneter sind die Wenden, Fennen die Finnen.

HISTORIEN

1 Tacitus war unter Vespasian Quaestor, unter Titus Tribun und Aedil, unter Domitian Praetor.
2 Mit „göttlich" wurde ein Kaiser erst nach seinem Tode bezeichnet; daher sind die Historien nach 98 geschrieben.
3 Sicherer nennt er diesen Stoff, weil er ihn – in ruhigen Zeiten - treuer und genauer bearbeiten konnte.
4 Die vier ermordeten Kaiser sind Galba, Otho, Vitellius und Domitian.
5 Falscher Nero. Als zwanzig Jahre nach des Kaisers Tod ein Unbekannter aufstand und behauptete, Nero zu sein, jauchzten ihm die Parther zu und hätten ihn fast wieder eingesetzt.
6 Städte verschüttet, beim bekannten Ausbruch des Vesuvs 79 n. Chr.
7 Kapitol in Brand siehe Historien III, 71.
8 Hohe Ehen, Domitian beging Ehebruch mit seiner Nichte Julia.
9 Der Senat hatte Nero für einen Feind des Vaterlandes erklärt. Nachdem auch die Prätorianer von ihm abgefallen waren, läßt Nero sich von einem seiner Freigelassenen töten. Mit ihm endet das julisch-claudische Kaiserhaus.
10 Galba war in Spanien zum Kaiser ausgerufen worden.
11 Langsam, da er von Spanien nach Rom zwei Monate brauchte. Galba war im übrigen 73 Jahre alt.
12 Galba ließ Seesoldaten, denen Nero den Dienst im Landheere versprochen hatte, als sie sich weigerten, in ihre frühere Stellung zurückzukehren, an der Mulvischen Brücke zum Teil niedermachen.
13 Vindex unternahm 68 von Gallien aus einen Aufstand gegen Nero, der dessen Sturz, aber auch seinen eigenen Tod zur Folge hatte.
14 Verginius war Neros Feldherr gegen Vindex.
15 Für Ägypten wurden seit Augustus besonders zuverlässige Präfekten eingesetzt, die nicht den Getreidereichtum des Landes auf gefährliche Weise ausnützen würden, siehe Annalen II, 59.
16 Tiberius Alexander stammt aus einem jüdischen, in Ägypten seßhaften Geschlecht und war öfters mit Ämtern in Judäa betraut.

17 Clodius Macer fiel 68 von Nero ab, machte sich aber durch Grausamkeit verhaßt.
18 Ringe waren das vom Kaiser verliehene Abzeichen des Ritterstandes.
19 Übergetreten zu Galba.
20 Dieser Piso war der Sohn einer Urenkelin des Pompeius. Rubellius war der Sohn der Julia, einer Enkelin des Tiberius.
21 Das Lager der Prätorianergarde.
22 Frauenwechsel, Caligula hatte 4, Claudius 6 Frauen nacheinander.
23 In der Kaiserzeit wurden die Astrologen als Mathematiker bezeichnet.
24 Dahin fuhren sie mit Nero auf seinen Kunst- und Vergnügungsreisen.
25 Velabrum hieß ein großer Platz zwischen Forum, Palatium und Tiber.
26 Neuliche Bewegung ist der Sturz Neros.
27 Die Praetorianerkohorte im Palatium tat ihren Dienst in der Toga.
28 Am Feldzeichen jeder Kohorte war das Bild des Herrschers befestigt.
29 Der See des Curtius ist die Stelle auf dem Forum, wo sich 362 v. Chr. M. Curtius zur Versöhnung der Götter in einen Erdspalt gestürzt haben soll, der sich über ihm schloß.
30 Staatssklave, hier nur ein im Tempel Bediensteter.
31 Der Praetor amtiert, weil die beiden Consuln ermordet waren.
32 Bei Mutina (Modena) erlitt Antonius 43 v. Chr. eine Niederlage, in Perusia wurde sein Bruder 40 belagert und mußte sich wegen Hungersnot ergeben. In der Schlacht bei Pharsalus besiegte Caesar 48 v. Chr. den Pompeius trotz der doppelten Übermacht, die dieser in die Schlacht führte. In Philippi fanden im Jahre 42 v. Chr. zwei Schlachten zwischen den Bürgerkriegsparteien des Octavian, Cassius und Brutus statt.
33 Capito war des Vitellius Vorgänger in Germanien.
34 Näheres über Hordeonius in Historien I, 9.
35 Rechte Hände aus Bronze waren Verbrüderungsgeschenke.
36 Köln.
37 Die cottischen Alpen ziehen sich von Monte Viso bis zum Mt. Genis hin. Die pöninischen Höhen reichen vom Großen St. Bernhard bis zum St. Gotthard.
38 Die Mediomatriker waren Kelten zwischen Maas und Rhein, Divodurum ist heute Metz.
39 Galbas Zorn bezog sich auf die Anhänglichkeit der Lugduneser an Nero.
40 Infula, die Kopfbinde der Schutzflehenden.

41 Heilquellen in Baden im Aargau.
42 Heute Bözberg im östlichen Jura.
43 Heute Avenches.
44 Subsignanen sind die Legionen, die unter dem Signum (Gegensatz: vexillum) dienten.
45 Cluvius Rufus war der spanische Statthalter.
46 Hispalis, heute Sevilla, Emerita, heute Merida.
47 Die flaminische Straße führte von Rom durch Umbrien nach Ariminum (Rimini).
48 Ein Vorfahr, P. C. Dolabella war Kampfgenosse Caesars und wurde Consul nach Caesars Ermordung. Er war verheiratet mit Ciceros Tochter.
49 Scribonianus versuchte 42 n. Chr. einen Aufstand, aber die Legionen fielen am fünften Tage schon wieder von ihm ab.
50 Ancilien hießen die 12 heiligen Schilde, die alljährlich im März von den Saliern bei den Waffentänzen herumgetragen wurden.
51 Trachalus war ein berühmter Redner.
52 Die Dynastie der Flavier, von Vespasian begründet und von seinen beiden Söhnen Titus und Domitian fortgeführt. Vespasian war mit seinem Sohn Titus als Unterfeldherr zu der Zeit in Judäa, um Unruhen zu unterdrücken.
53 Berenice war die Tochter des jüdischen Fürsten Herodes Agrippa; nachdem sie ihren dritten Gatten verlassen hatte, lebte sie bei ihrem Bruder in Judäa.
54 Cinyras war ein Sohn des Apollon und erster König von Cypern.
55 Vgl. Anm. 35.
56 Heute Vintimiglia in Ligurien.
57 Vgl. Agricola, 7.
58 Heute Fréjus.
59 Heute Antibes und Albenga.
60 Vgl. Anm. 44.
61 Vgl. Historien II, 41 ff. und Historien III, 15 ff.
62 Epiphanes war Sohn des Königs Antiochus von Kommagene.
63 Brixellum am Südufer des Po, heute Bresello bei Parma.
64 Ferentinum in Etrurien.
65 Heute Bologna.
66 Die Ceresspiele fanden vom 12. bis 19. April statt.
67 Caecinas Bescheidenheit: es war damals schon Sitte geworden, daß nur der Kaiser amtlich an die Consuln oder den Senat schreiben durfte.
68 Hiermit ist die Deckung des Rheinufers gemeint.
69 Juba hießen die alten, einheimischen Fürsten.
70 Der Arar ist die Saône.
71 Vgl. Historien I, 88.

72 Lucius Vitellius war ein Bruder des Kaisers.
73 Interamma in Umbrien, heute Terni, wird im übrigen als mutmaßlicher Geburtsort des Tacitus angesehen.
74 Arruntius hatte seit 25 n. Chr. seine Provinz Hispania citerior von Rom aus verwaltet.
75 Heute Turin.
76 Über den kleinen St. Bernhard.
77 Vgl. Historien II, 51, Verginius hatte die Kaiserkrone abgelehnt.
78 Sklaven wurden durch Kreuzigung hingerichtet.
79 Vespasian war 9 n. Chr. geboren.
80 Vespasian hatte 43 n. Chr. für Dienste in Britannien die Triumphehrenzeichen erhalten, sein Sohn Titus hatte sich als Tribun in Germanien ausgezeichnet.
81 Sohaemus war König von Emesa in Syrien.
82 Heute Beirut.
83 Vgl. zu Antonius Primus Annalen XIV, 40.
84 Am 18. Juli hatten die Römer hier in den Jahren 477 v. Chr. und 390 v. Chr. zwei Niederlagen erlitten.
85 Die Rechtsansprüche der Patrone an die Freigelassenen bestanden vor allem darin, daß diese sie im Notfall erhalten mußten.
86 Vgl. Annalen I, 54.
87 Heute Petan in der Südsteiermark.
88 Vitellius hatte mehr Legionen.
89 Die Jazygen wohnten zwischen Donau und Theiß.
90 Zu Sido vgl. auch Annalen XII, 29 f.
91 Opitergium, heute Oderzo; Altinum, heute Altino; Patavium, heute Padina; Ateste, heute Este; Forum Alieni, vermutlich Legnago.
92 Die Zeitbestimmung begann um 6 Uhr morgens, hier also 11 Uhr.
93 30 römische Meilen sind etwa 45 km.
94 Neun Uhr abends.
95 Aricia, heute La Riccia, liegt nahe bei Rom an der Via Appia. Der Hain war der Diana Nemorensis geweiht.
96 Caninius Rebilus war am 31. Dezember des Jahres 45 v. Chr. als der damalige Konsul plötzlich starb, noch für einen Tag ernannt worden. Cicero scherzt darüber, er wäre von solcher Wachsamkeit gewesen, daß er während seines ganzen Consulats nicht geschlafen hätte.
97 Caecina Tuseus war ein Milchbruder Neros, vgl. Annalen XIII, 20.
98 Ariminum, heute Rimini.
99 Heute Monaco.
100 Heute Fréjus.
101 Die Stoechaden sind die fünf hyerischen Inseln vor Marseille.

102 Vgl. Annalen XII, 40.
103 Caractus wurde allerdings erst acht Jahre nach dem Triumph des Claudius gefangengenommen.
104 Historien IV, 12.
105 Fanum Fortunae, heute Fano, lag zwischen Rimini und Ancona an der Adria.
106 Die Schlacht am Janiculum fand 87 v. Chr. statt. Sisenna war 78 v. Chr. Prätor und schrieb ein Geschichtswerk über seine Zeit. Das Ereignis wird im übrigen auch von Livius berichtet.
107 Heute Bavagna in Umbrien.
108 Flavius Sabinus war der Bruder, Domitianus der Sohn des Vespasian.
109 Heute Casigliano in Umbrien.
110 Die Juvenalien hatte Nero zur Feier seiner Bartablegung eingeführt.
111 Die Saturnalien begannen am 17. Dezember.
112 Das Lager der Prätorianergarde.
113 Eine „hohe“ Gestalt galt als Zeichen germanischer Abstammung.
114 Triumphinsignien waren die gestickte Toga (Mantel), die mit Palmzweigen durchwobene Tunika (Kleid), der Lorbeerkranz und der Elfenbeinsessel.
115 Seine Lehrer in der Weisheit waren die Stoiker.
116 Um bei Vespasian auf den Sturz des Helvidius hinzuarbeiten.
117 Vitellius hatte den Legionen einen großen Teil der Mannschaften entzogen.
118 Die Zinsbarkeit wurde 27 v. Chr. eingeführt, es ist also schwer möglich, daß noch viele so alte lebten. Auch das „unlängst“ im nächsten Satz ist 60 Jahre her.
119 Castra Vetera bei Xanten.
120 Der Praetor beruft ausnahmsweise den Senat ein, weil beide Konsuln abwesend waren.
121 Scribonianus Crassus war ein Bruder des Piso. Vgl. Historien I, 47.
122 Vgl. auch Agricola, 45.
123 Vgl. Historien IV, 10.
124 Das Mindestalter für Senatoren war 25 Jahre.
125 Marcellus Epirus war der Ankläger des Thrasea, des Schwiegervaters des Helvidius.
126 Die Insignien des Oberbefehls waren Rutenbündel und Liktoren.
127 Diese Denkmäler waren Säulen, in welche die Verträge mit den Lingonen eingeritzt waren.
128 Der entsprechende Teil der Historien über das Jahr 79 n. Chr. ist verloren. Jedoch überliefern uns Plutarch und Cassius Dio ebenfalls die Geschichte von Sabinus und Epponia.

129 Die Singulares war eine Elitetruppe, die aus allen Legionen ausgewählt wurde und in etwa der Prätorianergarde entsprach.
130 Gemeint ist hier der Valentinus.
131 Vgl. dazu Historien IV, 59 und 70.
132 Sichere Meerfahrt war für die Römer von Mitte Mai mit Mitte September; gefährlich galt die Fahrt von da an bis Mitte November und von Mitte März bis Mai. In der restlichen Zeit des Jahres wurde die Schiffahrt eingestellt.
133 Griechisch *βαδιλευς*, Basileus, König.
134 Die Eumolpiden waren eine der angesehensten Priesterfamilien in Athen, die seit uralter Zeit auch die eleusinischen Mysterien feiern durften.
135 Domitianus war zu der Zeit erst 16 Jahre alt.
136 Vgl. Daniel 2, 44.
137 Der Zentralort der Bataver war Nymwegen.
138 Historien III, 35 und Historien IV, 32.

ANNALEN

1 Livius (59 v. Chr.–17 n. Chr.) schrieb in der augusteischen Zeit eine monumentale Geschichte Roms in 142 Büchern von Anfang bis auf seine Zeit hin. Die Annalen schließen sich hier fast lückenlos an.
2 Gemeint ist Gaius Octavius Caesar, der spätere Kaiser Augustus. Octavian war neunmal hintereinander Consul.
3 Ächtung durch öffentlichen Anschlag mit Einzug des Vermögens.
4 Marcellus starb 23 v. Chr.; seine Witwe, des Augustus Tochter, welche Agrippa heiratete, hieß Julia.
5 Agrippa starb 12 v. Chr., Lucius 2 n. Chr., Gaius 4 n. Chr. und Drusus 9 v. Chr.
6 Drusus der Sohn des Tiberius und Germanicus als Adoptivsohn.
7 Livia soll Augustus vergiftete Feigen gegeben haben.
8 Tiberius wurde in die neue Provinz Illyrien geschickt, um dort Ordnung zu schaffen.
9 Näheres über Sallustius Crispius teilt Tacitus selbst mit. Annalen III, 30.
10 Germanicus, der Sohn des Drusus und einer Nichte des Augustus, von Tiberius adoptiert, war 15 v. Chr. geboren.
11 Testamente wurden meistens im Tempel der Vesta hinterlegt.
12 Augustus hatte zwischen dem Tiber und der Flaminischen Straße ein Familienmausoleum erbaut.
13 Corvus war sechsmal, Marius siebenmal Consul gewesen.
14 Hier ist Gaius Julius Caesar gemeint, der Augustus in seinem Testament noch adoptiert hatte.
15 Das Rutenbündel der römischen Liktoren.
16 Marcus und Decimus Brutus.
17 Sextus Pompeius.
18 Lollius wurde wie Varus von den Germanen geschlagen. Varro und Egnatius zettelten Verschwörungen gegen Augustus an. Julus, der Sohn des Triumvirn Antonius, wurde wegen seines Ehebruchs mit Julia verdächtigt, nach der Herrschaft zu streben.
19 Tiberius Claudius Nero. Augustus entführte und heiratete dessen Gattin Livia, während sie noch mit Drusus schwanger war.

20 Opferpriester der hohen Götter.
21 Mehr über Cn. Piso in Annalen II, 43.
22 Im Original: alii parentem, alii matrem patriae, was nicht übersetzt werden kann, da wir im Deutschen keinen Singular des Wortes Eltern haben.
23 Julias Sohn: Julia war Livias Beinamen seit ihrer Aufnahme ins julische Geschlecht.
24 Selbst den Vestalinnen ging ein Liktor voraus, um ihnen auf der Straße Platz zu machen. Den Konsulen gingen im übrigen 12 Liktoren voran. Auf der anderen Seite bedeuteten Liktoren ein öffentliches Amt, und das hatte Tiberius Mutter wirklich nicht.
25 Auf dem Triumphwagen durften nur die Prätoren fahren.
26 Hier ist Drusus gemeint.
27 Jene Mondfinsternis fand am 27. September 14 n. Chr. statt. Die Römer glaubten, daß man der Mondgöttin mit Erzesklang helfen könnte.
28 Tiberius hatte vor der Adoption durch Augustus wie sein Vater Tiberius Claudius Nero geheißen.
29 Cassius Chaerea ermordete 41 n. Chr. den Kaiser C. Caesar Caligula.
30 Gaius Julius Caesar Germanicus war 4 n. Chr. von seinem Onkel Tiberius adoptiert worden.
31 Die Hauptstadt der Ubier war Köln.
32 Das Vexillum war ein Feldzeichen in Form einer Fahne. Veteranenverbände hatten meist ein solches Feldzeichen.
33 Diese Gesandtschaft wurde schon in Annalen I, 14 erwähnt.
34 Sohn war Caligula, geboren 12 n. Chr., Großvater war Tiberius durch Adoption.
35 Caliga ist der Lederschuh der Soldaten, Caligula heißt Stiefelchen.
36 Der Aufruhr des Heeres gegen Caesar war im Jahre 47 v. Chr. Quiriten waren die Bürger auf der Volksversammlung. Wenn Caesar seine Soldaten so nannte, so bedeutete das, daß er sie aus dem Heeresverband für ausgeschlossen erachtete.
37 Bathyllus war ein berühmter Komiker und Pantomime. Insbesondere die durch Tanz und Musik begleitete Pantomime war in Rom zu dieser Zeit sehr beliebt.
38 Die alte Provinz ist das linke Rheinufer.
39 Das Priestertum an Menschen ist die göttliche Verehrung des Caesar und des Augustus.
40 Augustus.
41 Gaius Caesar, der Sohn des Agrippa und der Julia, der älteste Enkel und zugleich Adoptivsohn des Augustus. Er starb bei der Rückkehr aus Armenien.
42 Die Insel der Bataver war das Land zwischen dem Nordarm des Rheins, der Waal und der Maas.

43 Der Drususgraben wurde vom Vater des Germanicus in den Jahren 11 und 12 v. Chr. angelegt und verband den Rhein und die Yssel. So konnte man mit der Rheinflotte über die Zuidersee bequem in die offene Nordsee gelangen.
44 Hier ist eine Lücke im Text anzunehmen, da sich im Folgenden die Ampsivarier schon im Rücken der Römer befinden. Zudem befinden sich die Römer zu Beginn des 9. Kapitels schon an der Weser.
45 Das Trauergewand trugen die eines Kriminalverbrechens Angeklagten.
46 Der Actor publicus war ein Finanzbeamter mit richterlichen Funktionen. Über sein genaues Aufgabengebiet ist wenig bekannt. Nach römischem Recht durften Aussagen von Sklaven gegen ihren Herrn nicht unter der Folter erpreßt werden.
47 Mit Mathematikern wurden die Astrologen bezeichnet.
48 Die Hinrichtungen wurden vor dem esquilinischen Tor vollzogen. Vorher wurde die Trompete geblasen, als Symbol dafür, daß der Verbrecher sich in den Kriegszustand gegen den Staat versetzt habe. Nach altem Brauch wurden die Hinrichtungen durch das Beil vollzogen.
49 Serische Gewänder sind Kleider aus Seide. Serica ist der römische Name von China.
50 Vgl. Annalen I, 6.
51 Um den Erlaß des Hundertsten war schon in Annalen I, 78 vergeblich gebeten worden.
52 Liber ist Bacchus, Libera seine Schwester Proserpina.
53 Nach dem julischen Gesetz wurde der Ehebruch der Frau durch Einzug der Hälfte ihrer Aussteuer und eines Drittels ihres Vermögens bestraft. Anschließend wurde sie auf eine Insel verbannt.
54 M. Furius Camillus hatte die Gallier, die Rom erobert hatten, 390 v. Chr. wieder vertrieben.
55 Diese Erlasse des Germanicus sind im Original auf Papyrus gefunden worden.
56 Verfassungsrechtlich war Ägypten ein selbständiges Königreich und war nur in Personalunion der Herrschers mit dem römischen Reich verbunden. Staatsbeamte durften daher nur mit kaiserlicher Sondererlaubnis diese Provinz betreten.
57 Diese Inschrift ist heute noch erhalten. Sie wird nicht ganz richtig wiedergegeben, sondern es wird hier übertrieben.
58 Das bithynische Meer ist das schwarze Meer, das lycische das Mittelmeer zwischen Rhodos und Cypern.
59 Mit ‚jetzt' ist die Zeit unter Trajan gemeint, zu der Tacitus die Annalen schrieb.
60 Beim kleinen Triumph zog der Feldherr nicht auf dem Triumphwagen, sondern zu Pferde in die Stadt ein.

61 Das salianische Lied wurde von den Priestern des Mars bei ihrer Prozession im März gesungen.
62 Ein Modius hatte 8,7 ltr. Rauminhalt.
63 Die beiden Kinder Caligula und Julia waren mit Germanicus und Agrippina im Osten gewesen, Nero, Drusus, Agrippina und Drusilla waren in Rom geblieben.
64 Tageblätter gab es schon seit Ciceros Zeit, allerdings nur in einem Exemplar; dieses war öffentlich ausgestellt, damit jedermann es lesen und gegebenenfalls Abschriften machen konnte. Es enthielt Nachrichten über Verordnungen, Gerichtsverhandlungen und Senatsreden sowie Familiennachrichten.
65 Die megalesischen Spiele fanden vom 4. bis 10. April zu Ehren der Magna Mater statt.
66 Hier ist eine größere Lücke im Text. In ihr mag gestanden haben, daß die Ankläger verlangt haben, daß die Briefe, die Piso dem Kaiser geschrieben haben (vgl. Annalen II, 78), dem Senat vorgelegt werden sollten.
67 Hier ist in der Handschrift eine kleinere Lücke, in der u.a. der Name dessen gestanden sein muß, den der Kaiser im folgenden befragte. Vermutlich war es Pisos Sohn Gnaeus.
68 Annalen II, 52.
69 Nach Sueton war Lepida von ihrem Gemahl Quirinius schon 20 Jahre vorher verstoßen worden. Die Anklage bezog sich auf Dinge, die also mehr als 20 Jahre zurücklagen.
70 Die Lex Papia Poppaea, nach den Konsuln des Jahres 9 n. Chr. benannt, bestrafte Kinderlosigkeit.
71 Gemeint ist hier Plancina, vgl. Annalen II, 55.
72 Die Senatsbeschlüsse hatten erst dann Gültigkeit, wenn sie im Aerarium, im Tempel des Saturn, niedergelegt waren.
73 Die Quindecimvirn hatten die sybillinischen Bücher auszulegen, die Septemvirn die öffentlichen Mähler zu besorgen. Die Fetialen wachten über Verhandlungen im Krieg, über Friedensschluß und Erhaltung von Verträgen. Zur augustalischen Brüderschaft vergleiche man Annalen I, 54.
74 Diese Stelle ist nicht ganz klar. Vermutlich stammte die Mutter aus der Gens Atia, also aus dem Geschlecht der Mutter des Augustus. In etwa der gleiche Sinn ergibt sich, wenn man ‚alia' liest, also eine andere und bessere Mutter.
75 Annalen III, 29.
76 Die Tochter des Seianus sollte den Sohn des Claudius heiraten. Vgl. Annalen III, 29.
77 Man erfuhr dies alles 31 n. Chr., als nach dem Tode des Seianus seine Gattin Apicata alles verriet.
78 Annalen III, 66ff.
79 Des Augustus Tochter Julia war zuerst mit Marcellus, dann mit Agrippa, schließlich mit Tiberius verheiratet.

80 Limnae liegt an der Grenze von Messenien und Sparta.
81 Heute Sperlonga.
82 Fidenae, heute Castel Giubbileo, lag etwa 8 km nordöstlich von Rom zwischen Tiber und Anio.
83 In den uns erhaltenen Büchern der Annalen wird nur noch über Latinius berichtet. Vgl. Annalen VI, 10.
84 Agrippina war nur durch Adoption seine Enkelin. Sie war Neros Mutter und in dritter Ehe mit dem Kaiser Claudius vermählt.
85 Julia Augusuta ist im 87. Lebensjahr gestorben.
86 Kaiser Augustus.
87 Das Testament der Julia Augustus wurde von Tiberius unterdrückt, später aber von ihrem Urenkel Gaius Caesar Caligula gewissenhaft eingehalten.
88 Neben den schon in Annalen III, 3 erwähnte Tageblättern (vgl. Anm. 64) gab es seit alters her natürlich noch die offiziellen Protokolle des Senates. Diese wurden seit Augustus nicht mehr veröffentlicht, daher der Informationsvorsprung des Iunius Rusticus.
89 Die ersten sechs Kapitel hinter der großen Lücke beschrieben den Rest des Jahres 31. Sie wurden in älteren Ausgaben meist dem 5. Buch zugerechnet. Der Anfang des ersten Kapitels ist nur verstümmelt überliefert.
90 Vermutlich darüber, wie man gegen Seianus Anhänger verfahren sollte.
91 Hier spricht wohl ein – uns unbekannter – ebenfalls bedrohter Freund des Seianus nicht im Senat, sondern in privatem Kreis.
92 Der älteste Sohn des Seianus war schon mit seinem Vater zusammen hingerichtet worden.
93 Hier werden wohl die asiatischen Sitten gemeint sein.
94 Sella, der Sessel und Spintria, gr. der Schließmuskel.
95 Die Bilder der Livia, der Schwiegertochter des Tiberius und Gattin des Drusus, wurden zerstört und ihr Name in Inschriften ausgekratzt.
96 Tiberius verfügte sowohl über den Fiskus, die Kasse des Kaisers, als auch über das Aerarium, die Staatskasse.
97 Das hatte in einem Brief des Tiberius an den Senat gestanden, in dem er den Seianus anklagte. Das sollte aber natürlich nur die Bedrohung des Kaisers um so größer herausstellen.
98 Vgl. Anmerkung 175.
99 Diese 14 Reihen waren die Bänke der Ritter im Theater.
100 Vgl. Annalen VI, 44.
101 Im Original steht Gaia Caesar. Mit diesem halb weiblichen Vornamen warf er dem Caligula Perversität vor.
102 Lat. Tiberiolus.
103 Sokrates bei Plato, Gorgias.

104 Der Prozeß des Arruntius muß in dem verloren gegangenen Teil des 5. Buches erzählt worden sein.
105 Das muß im verlorengegangenen Teil des 5. Buches geschehen sein.
106 Die sybillinischen Bücher wurden im Jupitertempel auf dem Kapitol aufgehoben. Die echten Bücher waren beim Brand des Kapitols am 6. Juli 83 v. Chr. mit verbrannt.
107 Es war römische Sitte, den Behörden oder dem Kaiser im Theater Vorwürfe zu machen.
108 Sie waren 15 und 16 Jahre alt.
109 Die Uncia war die kleinste römische Münzeinheit und galt $1/_{12}$, gelegentlich auch $1/_{10}$ des As. Der Zinssatz von einer Uncia entspricht also $8 1/_3$ (bzw. 10) Prozent.
110 Sextus Marius hatte, nach Dio Cassius, seine Tochter, die sehr hübsch war, fortgeschickt, damit sie nicht von Tiberius geschändet werde.
111 Der Phönix war in Ägypten dem Sonnengott heilig, da die Sonne selbst. Daher stammt die Angabe von 1461 Jahren, die der Sirius- oder Sothisperiode entspricht. Die Periodenlänge von 500 Jahren tritt erstmalig bei Herodot auf, und blieb danach die Hauptüberlieferung. Keiner dieser beiden Zeiträume kann mit den bei Tacitus angegebenen Daten in Einklang gebracht werden. Sesosis herrschte 1970–1935 v. Chr., Amasis 569–526 v. Chr. und Ptolemäus 247–222 v. Chr.
112 Phraates war damals schon recht alt gewesen, denn er war wahrscheinlich im Jahre 10 oder 9 v. Chr. als verheirateter Mann nach Rom gekommen.
113 Opfer von Schweinen, Schafen und Stieren.
114 Hier ist eine kleinere Lücke.
115 Tigranes war ein Enkel des König Herodes von Judäa.
116 Es dreht sich um die beiden Söhne des Iunius Blaesus. Sie waren Vettern des Seianus. Dadurch wurde ihr Haus mit in den Strudel dieser Ereignisse gerissen.
117 Surena war ein Titel, der dem römischen Cäsar entspricht.
118 Valeria Messalina, die berüchtigte dritte Gattin des Claudius.
119 Der Buhler der Poppaea Sabina. Sie galt als die schönste Frau ihrer Zeit und war Schwiegermutter Neros.
120 Gaius Caesar Caligula. Er wurde am 24. Januar 41 n. Chr. ermordet.
121 Vitellius war Konsul und als solcher beim Verhör anwesend.
122 Mnester war ein berühmter Pantomime. Messalina verliebte sich in ihn, fand aber zunächst keine Gegenliebe. Mnesters Neigungen scheinen mehr der Poppaea gegolten zu haben. Vgl. auch Annalen XI, 36.
123 3000 Stadien sind etwa 500 km.

124 Augustus gab diese Spiele im Jahr 17 v. Chr.
125 Der entsprechende Teil der Historien ist verloren. Die Zeitbestimmung war folgende: Die Säkularfeier wurde zuerst im Jahre 298 nach Roms Erbauung (455 v. Chr.) und von da an nach jedem Säkulum (zu 110 Jahren gerechnet) begangen. Claudius aber gab sie als Hundertjahrfeier der Gründung Roms. Domitian veranstaltete die Spiele 88 n. Chr.
126 Die troischen Spiele waren Reiterübungen in glänzenden Rüstungen.
127 Die drei Buchstaben des Claudius waren ein Zeichen für W (Digamma), eines für PS (Antisigma) und eines für Ypsilon.
128 Diese Rede des Kaisers ist uns in großen Bruchstücken auf einer Bronzetafel in einem Tempel in Lyon erhalten geblieben.
129 Censor war Claudius selbst.
130 Vettius und Plantius waren frühere Liebhaber der Messalina.
131 Der Schluß dieses Kapitels ist uns nur in verstümmelter Form erhalten.
132 Lollia Paulina war zuerst mit Memmius Regulus, dann mit Caligula vermählt gewesen, aber von diesem verstoßen worden. Claudius war, ehe er Kaiser wurde, mit Plautia Urgulanilla, dann mit Aelia Paetina vermählt gewesen, welche ihm die Antonia geboren hatte, hatte sich von ihr aber scheiden lassen.
133 Britannicus war 9, Octavia 10 Jahre alt.
134 Agrippina war zuerst mit Cn. Domitius, dann mit dem Redner Crispus Passianus vermählt gewesen.
135 Seneca war 41 von Claudius wegen eines Verhältnisses mit Julia, der Nichte des Kaisers, nach Corsica verbannt worden.
136 Diesen Mithridates hatte Claudius zum König des Bosporenischen Reiches auf der Krim eingesetzt. Er wurde 46 n. Chr. von seinem Bruder Cotys abgelöst.
137 Claudius erweiterte das Reich um Britannien, die Stadt Rom um den Aventin.
138 Für die Dichtungen des Pomponius vgl. Annalen XI, 13.
139 Syphax, ein Numidierkönig, wurde 201 v. Chr. besiegt, Perseus, König von Macedonien, im Jahr 167 v. Chr.
140 Nach den Historien III, 45 müßte die Trennung zwischen Venutius und Cartimandua erheblich später geschehen sein.
141 Nero erhielt die Toga schon im 14. Lebensjahr, statt wie üblich im 16. Jahr.
142 Diese Iberer lebten im mittleren Kaukasus im Flußgebiet des Kyros, heute Kura. Dieses Gebiet deckt sich in seinem Umfang in etwa mit dem heutigen West-Georgien.
143 Der Text hat hier eine kleinere Lücke.
144 Die Thunfische zogen im Frühjahr in großen Schwärmen aus dem Schwarzen Meer Richtung Byzanz, wo sie gefangen, ein-

gesalzen und exportiert wurden. Chalcedon und Byzanz sind beides Kolonien von Megara, die Behauptungen des Tacitus über die unterschiedlich begünstigten Lagen sind also nicht ganz ernst zu nehmen.

145 Claudius schrieb mehrere geschichtliche Werke.

146 Marcus Otho, der spätere Kaiser.

147 Nach Sueton hätte Nero die Acte tatsächlich fast geheiratet.

148 Pallas war Verwalter des kaiserlichen Fiskus, der von staatlichen Aerarium streng getrennt war. Die Beamten der Republik schworen am Tage ihrer Amtsniederlegung den Eid, daß sie nichts Gesetzwidriges getan hätten. Pallas als ehemaliger Sklave hätte einen solchen Eid nicht leisten können. Er hatte zudem mit seinem Amt einen ungeheuren Mißbrauch getrieben, da er sich unsäglich bereichert hatte.

149 Verweisung unterschied sich von der Verbannung dadurch, daß man Vermögen und Bürgerrechte behielt.

150 Der Sinn dieser Stelle ist nicht klar, da der Text hier schlecht überliefert ist.

151 Es gab zwei Arten von Freilassungen, die feierliche und die unfeierliche; jene erteilte den Sklaven das Bürgerrecht und erstreckte sich auch auf seine Kinder.

152 Das Theater des Pompeius faßte nach Plinius 40 000 Zuschauer.

153 Unter dem Ruminalischen Feigenbaum soll die Wölfin Romulus und Remus gesäugt haben; er wurde dann nach Rom verpflanzt. An seinem Fuß stand das Erzbild der Wölfin mit den Zwillingen.

154 Cluvius beschrieb in einem Geschichtswerk die Zeit des Nero und das Dreikaiserjahr.

155 Die Quinquatrien wurden vom 19. bis 23. März zu Ehren der Minerva gefeiert.

156 Für Junia vgl. Annalen XII, Kap. 4 und 8, für Culpurnia und Lollia Annalen XII, 22.

157 Die Neronien sollten zur Feier des kaiserlichen Regierungsjubiläums alle fünf Jahre gefeiert werden. Nero hatte mit 17 Jahren die Regierung angetreten und war jetzt 22 Jahre alt.

158 Mit dem Roten Meer meint Tacitus hier den persischen Golf.

159 Seit Augustus war den Soldaten die Ehe verboten.

160 Mona war sowohl der Name der Insel Man in der irischen See (bei Caesarin) als auch der Insel Anglesey nordwestlich von Wales. Hier bei Tacitus kann nur Anglesey gemeint sein.

161 Das cornelische Gesetz wurde von Sulla erlassen und bestimmte für Fälschung Einzug des Vermögens und Verbannung.

162 Die Worte Neros fehlen, der Text hat hier eine Lücke. Nach Cassius Dio soll Nero gesagt haben: „Ich wußte nicht, daß er eine so große Nase gehabt hat.“

163 Sie muß damals mindestens 22 Jahre alt gewesen sein, da sie älter als ihr Bruder Britannicus war.
164 40 römische Meilen sind etwa 60 km. Für einen Wintermarsch durch ein Gebirge wahrlich eine Leistung.
165 Kinderreiche hatten als Amtskandidaten gewisse Vorteile.
166 Das Recht Latinus war die letzte Vorstufe vor dem römischen Bürgerrecht.
167 Das waren die Ämter am kaiserlichen Hof, die von Freigelassenen bekleidet wurden (ab epistulis, die Kanzlei; a libellis, Amt für die Eingaben an den Kaiser; a rationibus, Amt für die kaiserlichen Finanzen).
168 Der Brand wurde mit dem Brand Roms unter den Galliern im Jahre 386 v. Chr. verglichen. Die wohl aus astrologischen Kreisen stammende Zahlenspielerei errechnet zwischen den beiden Bränden eine Zeitspanne von 418 Jahren, 418 Monaten und 418 Tagen, also etwa 454 Jahre.
169 Bei den Sellisternien wurden den Standbildern von Göttinnen ein Festmahl gegeben. Die Pervigilien waren ein Nachtfest für die Göttinnen, an dem nur verheiratete Frauen teilnehmen durften, deren Männer noch lebten.
170 Das ist der 19. April.
171 Nero heiratete Statilia Messalina später nach dem Tod der Poppaea.
172 Milichus Soter.
173 Cocceius Nerva wurde später Kaiser.
174 Hier fehlen weitere Angaben zur Laufbahn des Nymphidius. In den Historien I, 5 tritt Nymphidius nochmals auf.
175 Junius Gallio war unter Claudius Proconsul in Achaia. Vor ihm wurde Paulus angeklagt, siehe Apostelgeschichte 18, 12.
176 Hier müssen zwei Sätze miteinander verschmolzen worden sein, denn ein Tempel der Wohlfahrt wurde in Rom gebaut, der Tempel, aus dem Scaevius den Dolch genommen hatte, stand in Ferentium.
177 Vindex begann als Legat in Gallien mit der Erhebung gegen Nero. Vgl. Historien I, 6.
178 Vespasian wurde später Kaiser.
179 Die Abstammung des Gaius Cassius von C. Cassius Parmensis, einem der Caesarmörder ist anzunehmen, aber nicht nachweisbar.
180 Die Verschwörung gegen Gaius Caligula im Jahre 40 n. Chr.
181 Gemeint ist die Schule der Stoiker.
182 Der Hafen von Ephesus war versandet gewesen.
183 Acratus war nach dem Brand von Rom ausgeschickt worden, um Kunstwerke für den Wiederaufbau zu beschlagnahmen.
184 Die Konsuln hatten als Vorsitzende des Senats dessen Urteile zu vollziehen und bedienten sich dazu zweier Quaestoren.

185 Arrias Mutter war des Caecina Paetus Gattin. Als dieser zum Tod verurteilt wurde, erstach sie sich zuerst, zog den Dolch aus der Wunde und reichte ihn ihrem Gemahl mit den Worten: Paetus, es schmerzt nicht.

LEBEN UND WERK

Das Leben des P. Cornelius Tacitus

Über das Leben des Publius Cornelius Tacitus ist uns nur wenig Sicheres bekannt. Sehr vieles müssen wir aus den Bemerkungen in seinen eigenen Werken schließen.

Tacitus wurde im Jahr 55 n. Chr. oder kurz davor geboren, also in den Herrscherjahren Neros. Aber dieses Datum können wir auch nur daraus schließen, daß Tacitus noch in der Regierungszeit Vespasians (69–79) zum Quästor ernannt wurde, für die Quästur aber ein Mindestalter von 25 Jahren vorgeschrieben war. Viel früher kann das Geburtsjahr aber auch nicht liegen, da Plinius, der im Jahr 62 n. Chr. geboren war, Tacitus in einem Brief als beinahe gleichaltrig ansah. Auch über den Geburtsort haben wir keine genauen Angaben. Zwar behauptet die Stadt Interamna (Terni) in Umbrien, daß Tacitus ihr Sohn sei. Dieser Ruhm steht aber auf sehr schwachen Füßen, er beruht nur darauf, daß der Kaiser Tacitus, der in den Jahren 275 und 276 im ganzen 200 Tage regiert hatte und der aus Interamna stammte, behauptete, Tacitus sei sein Vorfahre gewesen. Daher gab er im übrigen auch den Befehl, daß dessen Schriften in allen Bibliotheken aufgestellt und jährlich zehnmal abgeschrieben werden sollten, damit sie nicht verloren gingen. Es ist allerdings fraglich, ob unser Tacitus überhaupt Nachkommen hatte, da die ersten 15 Jahre seines Lebens kinderlos waren. Mindestens genauso wahrscheinlich ist es, daß Tacitus in irgendeiner der Garnisonsstädte des belgischen Germaniens als Sohn des dortigen Prokurators C. Tacitus geboren wurde und er irgendwo in den westlichen Provinzen aufwuchs. Für diese Verwandtschaft spricht insbesondere die Seltenheit des Namens Tacitus.

Auf Patavia (Padua) als Heimat weisen gewisse Stilmerkmale, die intime Vertrautheit mit den Gebräuchen und den Adligen dieser Stadt, sowie die genaue Kenntnis der transpadanischen Kriegsschauplätze hin. Damit wäre die Familie des Tacitus keltischen oder etruskischen Ursprungs gewesen.

Von den Historikern wird als am wahrscheinlichsten angenommen, daß Tacitus irgendwoher aus Gallien stammt. Insgesamt ist es hier aber nicht anders als beim gesamten Leben des Tacitus: ein mühseliges Herumraten und ein scharfsinniges Schlußfolgern aus seinen eigenen und seltenen Bemerkungen und aus einigen wenigen anderen Textstellen. Deswegen sei hier auch nur am Rande noch erwähnt, daß wir uns noch nicht einmal des Vornamens Publius völlig sicher sein können, mit fast gleicher Berechtigung wird auch der Vorname Gaius genannt.

Etwa im Alter von 20 Jahren leistete Tacitus vermutlich seinen Militärdienst ab, wahrscheinlich war er Tribun in irgendeiner uns unbekannten Einheit. In diesen Jugendjahren betrieb Tacitus auch mit großem Eifer seine rednerischen Studien, wie er uns selbst in seinem ‚Dialog' berichtet.

Im Jahre 77 verlobt ihm Cn. Julius Agricola seine einzige Tochter, die damals kaum mehr als vierzehn Jahre alt war. Die Hochzeit folgte im Jahre 78 n. Chr., in dem auch Agricola sein Amt als Statthalter in Britannien antrat. In den Jahren 79 oder 80 n. Chr. wird Tacitus die Quästur innegehabt haben, die unterste Stufe der höheren Ehrenämter. Darauf folgte üblicherweise zwei oder drei Jahre später das Amt eines Ädilen oder eines Volkstribunen. Welches dieser Ämter Tacitus bekleidete, wissen wir nicht. Fest steht, daß er im Jahre 88 Prätor wurde und Mitglied des Kollegiums der 15 Männer war. Er arbeitete an der Organisation der Säkularspiele des Domitian mit. Schon damals galt Tacitus im übrigen im Urteil seiner Zeitgenossen als ein vorzüglicher Redner.

Nach der Prätur verließ Tacitus für mehr als vier Jahre Rom. Welches Amt er antrat und in welcher Provinz das war, wissen wir nicht, aus der genauen Kenntnis des Tacitus vom Kriegswesen und vom Soldatenleben läßt sich aber schließen, daß er irgendein militärisches Amt bekleidete, vielleicht als Legat irgendeiner Legion. Man könnte auch an Germanien denken, weil das seine Schilderungen in der ‚Germania' untermauern würde.

Während der Abwesenheit des Tacitus starb sein Schwiegervater Agricola im Jahre 93 n. Chr. Ihm widmete Tacitus seine Biographie ‚De vita Julii Agricolae'. Im Jahre 96 n. Chr. wurde der tyrannische und gefürchtete Kaiser Domitian durch eine Palastrevolution gestürzt und der greise, aber erfolgreich regierende Nerva wurde für zwei Jahre Kaiser. Im folgenden Jahr 97 wurde Tacitus Konsul (suffectus) für den verstorbenen Konsul L. Vergilius Rufus. Nerva veranstaltete diesem ein Staatsbegräbnis, bei dem Tacitus die Leichenrede hielt. Das ist damit aber auch schon alles, was wir über die Tätigkeiten des Tacitus als Konsul wissen. Es zeigt aber auch, daß Tacitus als der berühmteste Redner seiner Zeit galt.

Im Jahre 100 vertritt Tacitus zusammen mit Plinius d. J. die Anklage gegen Marius Priscus, der früher Prokonsul von Africa gewesen war und wegen seiner Amtsführung dort belangt wurde. Dieser Prozeß erregte damals großes Aufsehen, er dauerte drei Tage und wurde im Beisein des Kaisers durchgeführt.

Die nächsten Jahre des Tacitus liegen wieder im Dunkeln der

Geschichte. Hier gibt es nichts als Vermutungen – welche Ämter er im weiteren bekleidet hat, ob er nochmals in Germanien war. Erst um das Jahr 112/113 gibt es wieder einen überlieferten Fixpunkt. Vermutlich in diesem Jahr war Tacitus Prokonsul der Provinz Asien. Hier hatte er sich neben den Problemen mit den Griechen und den orientalischen Völkerschaften auch mit den Juden und dem beginnenden Christentum zu beschäftigen. Aber auch hier gibt es über seine Amtsführung nicht gesichertes, nur Rückschlüsse aus seinen Werken.

Den Rest seines Lebens dürfte Tacitus der Arbeit an den ‚Annalen' gewidmet haben, die er ab 115 herausgab. Tacitus starb wahrscheinlich irgendwann in den Jahren zwischen 117 und 120 n. Chr.

Agricola

Die erste veröffentlichte Schrift des Tacitus ist die Lebensbeschreibung seines Schwiegervaters Julius Agricola, die gleich zu Anfang der Regierungszeit des Kaiser Traian erschien, wahrscheinlich im Jahre 98 n. Chr. Das Buch ist das großartige Lebens- und Charakterbild eines Römers, der dem Staat das Geforderte leistet – unbeeinflußt von egoistischen Motiven und immer nach dem klassischen römischen Ideal der ‚virtus', der römischen Bürgertugend handelnd. Tacitus verflicht dabei Agricolas Leben mit der Zeitgeschichte und beschreibt Land und Leute und die Geschichte Britanniens. Daher ist auch nicht ganz unumstritten, ob das Werk als Biographie oder als eine historische Monographie zu betrachten ist. Tacitus hält sich nicht an das hergebrachte Schema einer Biographie, der Hauptteil des Buches ist vielmehr eine rein historische Darstellung der Feldzüge in Britannien, kann also in gewisser Hinsicht als Vorläufer seiner historischen Schriften angesehen werden. Daß Britannien die zentrale Stelle in der Biographie einnimmt, ist verständlich, da diese Statthalterschaft den Höhepunkt von Agricolas Laufbahn darstellt. Die historische Beschreibung wird allerdings immer aus der Beziehung zu Agricola betrachtet, insbesondere, was die Charakterisierung der einzelnen Kaiser betrifft. Dabei fällt natürlich die Beurteilung der Leistungen des Schwiegervaters manchmal etwas einseitig aus, was aus der Pietät für den Verstorbenen zu sehen ist. Dies gilt besonders für das Ende der Laufbahn und den Tod des Agricola. Tacitus verschweigt, daß eine Fortführung der Kriege in Britannien damals weder nötig noch überhaupt aus reichspolitischen Gründen möglich war. Nach der Abberufung Agricolas aus Britannien mußten sogar seine nördlichsten Eroberungen wieder aufgegeben werden.

Diese Kaltstellung des Agricola kränkte Tacitus in hohem Maße. Die passive Haltung Agricolas in der Folgezeit stellt er sogar als Zeichen der ‚virtus' dar, jede Handlung des Kaiser Domitian dagegen wird als Haß ausgelegt, was schließlich so weit geht, daß er dem Domitian zwischen den Zeilen die Schuld am Tod des Agricola unterstellt.

Germania

Das bekannteste Werk ist die Germania, die nicht lange nach dem Agricola erschienen ist, vermutlich sogar noch im gleichen Jahr. Das Buch dürfte bei den geschichtlichen Studien des Tacitus mit angefallen sein und wurde wohl getrennt veröffentlicht, weil einerseits Germanien für das Rom der Kaiserzeit neben dem Partherreich das Land war, mit dem es dauernde Kämpfe und Grenzunruhen gab, und das damit von größtem Interesse war. Auf der anderen Seite war der Stoff zu umfangreich, als daß er als Exkurs in den Rahmen der Annalen oder Historien aufgenommen hätte werden können. Der Zweck der Veröffentlichung wird gewesen sein, richtige und umfassende Kenntnisse über dieses wichtige Volk zu verbreiten, zumal der Kaiser sich damals gerade zur Ordnung der dortigen Verwaltung noch in Germanien befand.

Tacitus beschreibt ein Volk, mit dem er in hohem Maße vertraut ist, er muß es wohl aus eigener Anschauung gekannt haben. In der Schrift selbst findet sich allerdings kein unzweifelhafter Beleg dafür, die Übereinstimmung des literarischen Textes mit den archäologischen Befunden läßt daran aber keine ernsthaften Zweifel.

Der Germania zerfällt in zwei Teile, im ersten werden das Land und die Bewohner allgemein beschrieben, im zweiten wird gewissermaßen eine Liste der germanischen Völker und ihrer Eigenarten aufgestellt, die Tacitus sehr wohl im einzelnen charakterisieren kann.

Dabei geht er mit einem deutlichen Seitenblick auf die sittlichen Zustände in Rom vor; er unterläßt es nie, wenn sich eine Gelegenheit ergibt, die noch unverdorbenen Sitten der Germanen gegenüberzustellen. Dabei schießt er im Eifer gar manchmal über das Ziel hinaus und ist blind für Fehler der Germanen. Trotzdem ist es äußerst zweifelhaft, ob dieser früher so überbetonte Blickpunkt des Sittenspiegels der eigentliche Zweck der Arbeit war.

Genauso kann ein mehr politischer Aspekt angenommen werden, da Tacitus immer wieder auf die kriegerische Kraft und die politischen Tugenden und den Freiheitswillen insbesondere der Westgermanen zu sprechen kommt. Er mag vielleicht auch in seinem Unterbewußtsein geahnt haben, welche Gefahren dem römischen Reiche dereinst noch von den Germanen drohen würden, denn er sagt, daß ‚Germanien schon 210 Jahre besiegt wurde' und daß ‚mehr über sie triumphiert als gesiegt' wurde, was ein bezeichnendes Licht auf seine Einstellung des Konfliktes Germanien – Rom legt. Er spricht auch die Hoffnung aus, daß, wenn schon nicht Liebe zu Rom, so doch die Zwietracht und die Kämpfe der Germanen untereinander erhalten bleiben mögen, da dem Glück der Römer nichts besseres geschehen könne.

Dialog über die Redner

Lange Zeit wurde die Entstehung der Schrift über die Redner – wenn nicht sogar ganz bestritten wurde, daß sie von Tacitus stammt – ungefähr in das Jahr 81 n. Chr. gelegt. Die jüngere Forschung ist sich einig, daß der Dialog erst viel später geschrieben wurde, etwa in der Zeit zwischen 102 und 105 n. Chr., wahrscheinlich sogar erst nach den ersten Büchern der Historien. Es ist nämlich anzunehmen, daß sich Tacitus mit diesem Werk, das so völlig aus seinen anderen Schriften herausfällt, in gewisser Hinsicht von der Rednerbühne verabschiedet hat, um sich in der Zukunft ganz seiner Arbeit als Historiker zu widmen.

Der Zeitpunkt des Gesprächs selbst ist relativ einfach festzusetzen, es muß im Jahre 75 oder 78 stattgefunden haben. Tacitus selbst macht zwei sich widersprechende Angaben, von denen eine falsch sein muß. Ziel des Buches selbst ist es, zu zeigen, daß die Kunst der Rede tief herabgesunken ist, und nach den Ursachen dieses Verfalls zu suchen. Als Ergebnis gibt Tacitus dem Leser mit auf den Weg, daß nicht nur eine Veränderung der Redekunst zu suchen ist, sondern auch eine Veränderung der politischen und sozialen Verhältnisse, des ganzen Lebens und der Denkweisen. Daher gibt es nach Tacitus keinen wirklichen lebenden Redner mehr und kein Mensch sollte sich diesen Beruf zu einer Lebensaufgabe mehr machen. Zu diesem Zwecke läßt er den Dichter und Historiker Maternus als Verteidiger der Dichtung gegen die Beredsamkeit, den Ästhetiker Aper als Verteidiger der neuen Beredsamkeit gegen die Dichtung und den Moralisten Messalla als Vertreter der alten Beredsamkeit und den Julius Secundus sehr zurückhaltend als Schiedsrichter auftreten. Insbesondere der erste Teil des Dialogs ist von höchster stilistischer und spannungsgeladener Qualität. Der Stil des Buches weicht von den übrigen Werken des Tacitus stark ab, er ist runder, flüssiger, ciceronischer. Die Schrift selbst zeigt für unsere Vorstellungen aber keine rechte dialogische Kunst, jeder einzelne Teilnehmer trägt seiner Meinung in zusammenhängender Rede vor; das war aber zeitgemäß, bei Cicero finden wir ähnliche Kompositionen.

Daß der Inhalt der Kapitel 36 bis 41 widerspruchsvoll und teilweise als zu ironisch gefunden werden kann, ist wohl mehr auf die große Lücke im Kapitel 35 zurückzuführen, als daß es in der Absicht des Tacitus gelegen hätte.

Historien

Die Historien sind wohl über einen längeren Zeitraum hin erschienen, einige Bände waren schon um 105 n. Chr. bekannt, das Gesamtwerk lag um 109 komplett vor. Insgesamt hatten die Historien 12 oder 14 Bücher, uns ist nur das erste Drittel mit den Büchern I bis IV und ein Teil des V. Buches erhalten. Im übrigen stammt die Einteilung in die einzelnen Bücher von Tacitus selbst her, während der genaue Titel hier ebenso wie bei den Annalen unbekannt ist und auch aus der späteren Überlieferung stammen kann. Die Annahme, daß die Historien und die Annalen als ein großes Gesamtwerk konzipiert worden sind, kann man heute getrost beiseite lassen, obwohl die Historien lückenlos an die Annalen anschließen. In den Historien beschreibt Tacitus die Geschichte seiner Zeit. Er hat sie noch selbst erlebt und die agierenden Personen gekannt. Die ersten zwei, vermutlich schon recht früh veröffentlichten Bände beschreiben die Geschichte von der Ermordung Galbas und des von ihm adoptierten Piso über die Machtergreifung und die Regierung Othos bis zu dessen Selbstmord und der Kaiserproklamation des Vespasian. So bilden diese Bände eine natürliche Einheit, so wie man immer wieder versucht hat, die Historien und die Annalen in einheitliche Blöcke aufzuteilen. Band III behandelt den Bürgerkrieg des Jahres 69 und den Tod des Vitellius, in Band IV wird der Aufstand des Civilis behandelt und der erhaltene Teil des Bandes V gibt einen vorbereitenden Überblick über die Sachlage in Judäa und über den endgültigen Abschluß der Auseinandersetzungen mit dem Civilis. Über den Inhalt der restlichen Bände können wir nur Hypothesen aufstellen, die Tacitusforschung hat hierzu teilweise recht logische und einleuchtende Gliederungen zu rekonstruieren versucht.

Gleich zu Anfang im ersten Kapitel sagt uns Tacitus sein Programm, nach dem er vorgehen will. Insbesondere betont er, daß er niemanden in der Darstellung bevorzugen will und auch niemanden mit Haß verfolgen will, daß er also eine objektive Beschreibung liefern will. Dies ist ihm nicht ganz gelungen, der Kaiser Domitian zum Beispiel wird beim besten Willen nicht objektiv geschildert. Dazu kommt, daß Tacitus keinerlei Quellenstudien getrieben hat, er sah das auch nicht als seine Aufgabe an, sondern daß er sich an die vorgegebenen Überlieferungen gehalten hat und diesen Stoff nur ergänzt und anders aufgearbeitet und gewichtet hat. Über diese Quellen sind ebenfalls viele scharfsinnige Vermutungen aufgestellt worden, durch Textvergleiche etc., je weiter die Literaturwissenschaft jedoch voranschreitet, zu desto weniger festgelegten Antworten ist sie bereit.

Annalen

Die ersten Bücher der Annalen sind wohl in den Jahren 115 bis 117 verfaßt und auch veröffentlicht worden, der endgültige Abschluß des Werkes dürfte einige Jahre weiter liegen.

Leider sind uns auch die Annalen nicht vollständig erhalten, wir haben die Bände I bis IV vorliegen, dann noch den Anfang von Buch V und einen Teil von Buch VI. Die Bücher VII bis X und der Anfang von Buch XI sind verschollen. Erhalten sind dann wieder die Bücher XII bis XVI, wobei aber bei Buch XVI das Ende unvollständig ist. Sollte Tacitus hier mitten in der Bearbeitung gestorben sein?

Gleich zu Beginn des ersten Buches macht er uns wiederum mit seiner Maxime bekannt, objektiv zu schreiben, dem berühmten ‚sine ira et studio'.

Die Bücher I bis VI behandeln die Regierungszeit des Tiberius. Es scheint im übrigen nicht unwahrscheinlich, daß die Verstümmelungen in Buch V und VI daher rühren, daß die christlichen Überlieferer der Texte die taciteische (und damit römische) Darstellung des Jesus-Prozesses in Jerusalem im Jahr 30 n. Chr. von ihrem Blickpunkt her für nicht akzeptierbar fanden.

Die Bücher VII bis XII, die größtenteils fehlen, beschrieben die Regierungszeiten der Kaiser Caligula und Claudius. Buch XIII bis Buch XVI behandelt die Geschichte Neros.

Umstritten ist auch, ob die Annalen genau 16 Bücher hatten. Fest steht, daß die Annalen und die Historien zusammen aus 30 Büchern bestanden. In mittelalterlichen Handschriften wird das erste Buch der Historien manchmal auch als Buch XVII bezeichnet – daher die Einteilung in 16 Bücher Annalen und 14 Bücher Historien. Auf der anderen Seite erscheint es unwahrscheinlich, daß in der zweiten Hälfte des Buches XVI die gesamten letzten Jahre der Regierungszeit des Nero beschrieben sein sollten, mit all ihren Greueln und all den Prozessen gegen die Senatorenschaft.

Für die Annalen gilt fast all das weiter, was schon über die Historien gesagt wurde. Auch hier bewahrheitet sich die These, daß die Beschreibung umso düsterer und trostloser wird, je weiter Tacitus in ihr fortschreitet. Obwohl zwischenhinein manchmal direkt witzige Einschübe den Sinn des Tacitus für Humor beweisen, so z.B. wenn in XII, 1 ff. drei Freigelassene mit Hilfe dreier Heiratskandidatinnen um die Gunst des Kaisers buhlen.

Stil und Sprache

Mit Tacitus hat die römische Literatur einen ihrer großen Höhepunkte erreicht, und zugleich ihren letzten. Zwar wurde nach Tacitus noch viel geschrieben und einzelne Schriftsteller wurden noch hoch gelobt, aber Kraft und Tiefe waren verschwunden. Tacitus behandelt die lateinische Sprache mit größter Meisterschaft, er hat sich in dem würdevollen Ernst seiner wortkargen, gedankenreichen Sprache den individuellsten Stil aller römischen Schriftsteller geschaffen.

Dieser Stil streift oft das poetische; insbesondere dann, wenn Tacitus die direkte Rede verwendet, ist eine gewisse Rhythmisierung zu erkennen. Wie man aus einigen wenigen Stellen weiß, bei denen uns auch der Originaltext erhalten ist, scheute er sich auch nicht, eine Rede um des Effektes willen völlig umzuschreiben, und wohl auch darum, damit das Gesamtbild seines Werkes nicht zerrissen werden würde.

Den Höhepunkt erreicht der Stil des Tacitus in der ersten Hälfte der Annalen, die zweite fällte dagegen wieder etwas ab, so daß hier die Vermutung laut wird, daß Tacitus über der Arbeit daran gestorben ist und keine Gelegenheit mehr hatte, den endgültigen Schliff anzubringen.

Tacitus liebt die poetischen Ausdrücke und die Archaismen, er vermeidet die gewohnten Fachausdrücke und alltäglichen Bezeichnungen und ersetzt sie durch Umschreibungen und individuelle Prägungen, sein Wortgebrauch weicht von der Sprache der ciceronischen Zeit sehr stark ab. Er verwendet selten heitere und positiv klingende Wörter, was den pessimistischen Eindruck seiner Geschichtswerke noch verstärkt. Seine Sätze sind von prägnanter Kürze, nur auf die wichtigsten Wörter reduziert, wobei sie mit einer Vorliebe für Patrizipialkonstruktionen und für den Ablativus absolutus zusammengesetzt sind. Gerade hierin liegen auch die Probleme beim Verständnis, der Sinn einer ganzen Reihe von Stellen ist heute noch umstritten. Das mag aber durchaus in der Absicht des Tacitus gelegen haben, die lange Zeit der Despotie wird ihn vorsichtig gemacht haben, und er wollte wohl nicht immer und nicht immer von allen verstanden werden.

Zur Übertragung

Die vorliegende Übertragung geht auf Wilhelm Boetticher zurück, den schon fast klassischen Tacitusübersetzer. Wir legten sowohl die dritte als auch die zweite Fassung zugrunde, die 1935 und 1864 überarbeitet und veröffentlicht wurden.

Die dritte Fassung zeichnet sich besonders dadurch aus, daß sie ziemlich wörtlich und fern von jeder fälschenden Retusche ist. Es wurde versucht, die Satzkonstruktionen und Wortbildungen des Tacitus möglichst getreu wieder zu geben. Das führte jedoch dazu, daß sie – genauso wie das Original – oft nur schwer verständlich ist. Auch uns leitete bei dieser Ausgabe dasselbe Prinzip, es wurden jedoch um der besseren Lesbarkeit willen Zugeständnisse gemacht, sowie die neuesten wissenschaftlichen Erkenntnisse und Deutungsversuche mit eingearbeitet, wobei wir uns immer für eine Lesart entschieden haben. Die Diskussion über noch ungeklärte Probleme ist Sache der Fachliteratur und nicht dieser Ausgabe.

Ausdrücklich sei hier auch vermerkt, daß es nicht unser Ziel war, eine freie und im Deutschen leicht lesbare Übertragung vorzulegen. Sondern das Deutsche sollte sich dem lateinischen Original so anlehnen, daß die Übersetzung zur Nachbildung wird. Gerade im ausgefeilten Stil des Tacitus liegen hier aber die Probleme, eine adäquate Übertragung ist unmöglich, die Schönheit und Eleganz der taciteischen Sprache erschließt sich einem Leser nur dann, wenn er das Original lesen kann.

Mancher Kritiker wird vielleicht diese Übertragung als im Deutschen zu plump, als zu ‚schullehrerhaft' empfinden. Aber gerade der Versuch, dem lateinischen Original so nahe wie möglich zu kommen, zwang uns häufig zu Lösungen, wie zum Beispiel die Patrizipialkonstruktionen aufzutrennen und in einzelne Sätze zu zerlegen, die dann meist mit ‚und' beginnen. Auch das zugegebenermaßen häßliche deutsche Wort ‚indem' gehört in diese Kategorie der Hilfslösungen. Aber nur so konnten wir den Charakter der Schriften des Tacitus erhalten. Wir sind dabei der Überzeugung, daß es dem Leser durchaus zuzumuten ist, eine Übersetzung zu akzeptieren, bei der er sich erst durch längeres und langsames Lesen in die fremdartige Form des Stils des Tacitus hineinfindet. Umso größer wird der Genuß sein, insbesondere wenn er sich vielleicht letztendlich entschließt, das lateinische Original mit hinzuzuziehen.

ZEITTAFEL

n. Chr.

14 Kaiser Augustus stirbt
Tiberius wird Kaiser (14–37)
Kriegszüge des Germanicus durch Germanien
23 Seianus, der Befehlshaber der Prätorianer, wird Günstling des Tiberius
28 Aufstand in Friesland
29 Agrippina wird verbannt
30 (33?) Jesus von Nazareth wird gekreuzigt
31 Seianus wird gestürzt und getötet
33 Agrippina stirbt
37 Kaiser Tiberius stirbt
Caligula wird Kaiser (37–41)
Nero wird geboren (Kaiser von 54–68)
39 Kriegszug des Caligula durch Gallien
Titus wird geboren (Kaiser von 79–81)
41 Kaiser Caligula wird ermordet
Claudius wird Kaiser (41–54)
43 Britannien wird erobert und Provinz
45 Paulus beginnt seine Missionsreisen
48 Claudius läßt Messalina hinrichten
50 Köln, die Koloniestadt der Ubier, wird gegründet
51 Domitian wird geboren (Kaiser von 81–96)
53 Traian wird geboren (Kaiser von 98–117)
54 Kaiser Claudius wird von seinr Gattin Agrippina vergiftet
Nero wird Kaiser (54–68)
um 55 Tacitus wird geboren
58 Armenien wird erobert
Krieg mit den Chatten
59 Nero läßt seine Mutter Agrippina ermorden
62 Nero läßt seine Gattin Octavia ermorden und heiratet Poppäa Sabina
Plinius d. J. wird geboren
61 Aufstand in Britannien unter Königin Boadicea
64 Brand von Rom
65 Verschwörung des Calpurnius Piso
66 Nero bereist Griechenland
68 Nero wird zum ‚Feind des Vaterlandes' erklärt und umgebracht
Galba wird Kaiser

69 Galba wird erschlagen
Otho wird Kaiser. Er regiert 95 Tage
Vitellius wird Kaiser und kommt bei der Erstürmung Roms um
Vespasian wird Kaiser (69–79)
Krieg des Civilis in Germanien
70 Jerusalem wird erobert und zerstört
71 Aufstand der Bataver in Gallien
75 Zeitpunkt des ‚Dialog' des Tacitus
76 Hadrian wird geboren (Kaiser von 117–138)
77 Verlobung des Tacitus mit der Tochter des Agricola
78 Heirat des Tacitus
Agricola erobert den Rest Britanniens
um 79 Quästur des Tacitus
79 Vespasian stirbt
Titus wird Kaiser (79–81)
Ausbruch des Vesuvs, Pompeji wird verschüttet
81 Kaiser Titus stirbt
Domitian wird Kaiser (81–96)
Ädilat (?) oder Tribunat (?) des Tacitus
83 Domitian beginnt den Bau des germanischen Limes
86 Niederlage der Römer gegen die Markomannen und Quaden
88 Tacitus ist Prätor
um 89 Tacitus geht als Legat (?) in die Provinz (89–93 od. 97?)
93 Saturninus läßt sich zum Gegenkaiser ausrufen, wird aber besiegt
Agricola stirbt
96 Kaiser Domitian wird ermordet
Nerva wird Kaiser (96–98)
97 Tacitus ist Konsul (suffectus für den verstorbenen Konsul Verginius Rufus)
98 Kaiser Nerva stirbt
Traian wird Kaiser (98–117)
Tacitus schreibt den ‚Agricola' und die ‚Germania'
um 98/99 Tacitus ist Proconsul in Asien
100 Tacitus vertritt die Anklage im Prozeß gegen den Marius Priscus
100–107 Tacitus gibt die Historien heraus
um 103 Tacitus schreibt den ‚Dialog'
109 Plinius d. J. stirbt
115–117 Tacitus gibt die Annalen heraus
117 Kaiser Traian stirbt
Hadrian wird Kaiser (117–138)
um 117/120 Tod des Tacitus

Das
Römische Reich
HIBERNIA
BRITANNIA
GERMANIA
SARMATIA
GALLIA
Lugdunensis
Aquitania
Narbonensis
HISPANIA
Tarraconensis
Baetica
Lusitania
NORICUM
PANNONIA SUPERIOR
PANNONIA INFERIOR
DALMATIA
DACIA SUPERIOR
DACIA INFER.
MOESIA INFERIOR
THRACIA
MACEDONIA
EPIRUS
ACHAIA
ITALIA
Corsica
Sardinia
Sicilia
Roma
PONTUS EUXINUS
BITHYNIA ET PONTUS
GALATIA
CAPPADOCIA
ASIA
Mysia
Caria
CILICIA
ARMENIA
MESOPOTAMIA
ASSYRIA
SYRIA
ARABIA
CRETA ET CYRENAICA
Libya
AEGYPTUS
NUMIDIA
AFRICA
MAURETANIA CAESARIENSIS
TINGITANA
Sinus Arabicus
Caucasus m.
ALBANIA
IBERIA
REGNUM PARTHORUM
Milia passuum Roman.
Kilometer

BRITANNIEN
zur Römerzeit
Orcades
Virvedrum pr.
Mertae
Taezalum pr.
Creones
Vacomagi
Taezali
Devana
CALEDONIA
Aebudae Insulae
Maleus I.
Attacotti
Alauna
Tava aest.
Bodotria aest.
Epidium I.
Damnii
Otadini
Valentia
Blatum Bulgium
Bremenium
Selgovae
Segedunum
Luguvallium
Brocavum
Brigantes
Cataractonium
Monapia
Eburacum
Mona
Manucium
Lindum
Abus
Segontium
Deva
Coritani
Ordovices
Viroconium
Venta Icenorum
BRITANNIA
Camalodunum
Trinovantes
Londinium
Maridunum
Silures
Glevum
Venta
Isca
Aquae Sulis
Calleva
Rutupiae
Sabrina aest.
Belgae
Venta Belg.
Cantii
Clausentum
Regni
Dumnonii
Tamara
Vectis I.
Bolerium pr.
Silurum Ins.
Oceanus Britannicus
Fretum Gallicum
Portus Itius
Gesoriacum
Samarobriva
Rotomagus
Sequana
Lutetia
ARMORICA
Aulerci
GALLIA
Osismii
Cenabum
Juliomagus
Namnetes
Turones
Avaricum
Vennicnii
Rhobogdii
Voluntii
Magnatae
Eblanii
Eblana
Autini
HIBERNIA
Manapii
Senus
Hiberni
Oceanus Hibernicus
OCEANUS ATLANTICUS
OCEANUS GERMANICUS
58
56
54
52
50
48
10
8
6 Westl. Länge 4 v. Greenwich 2
0
2

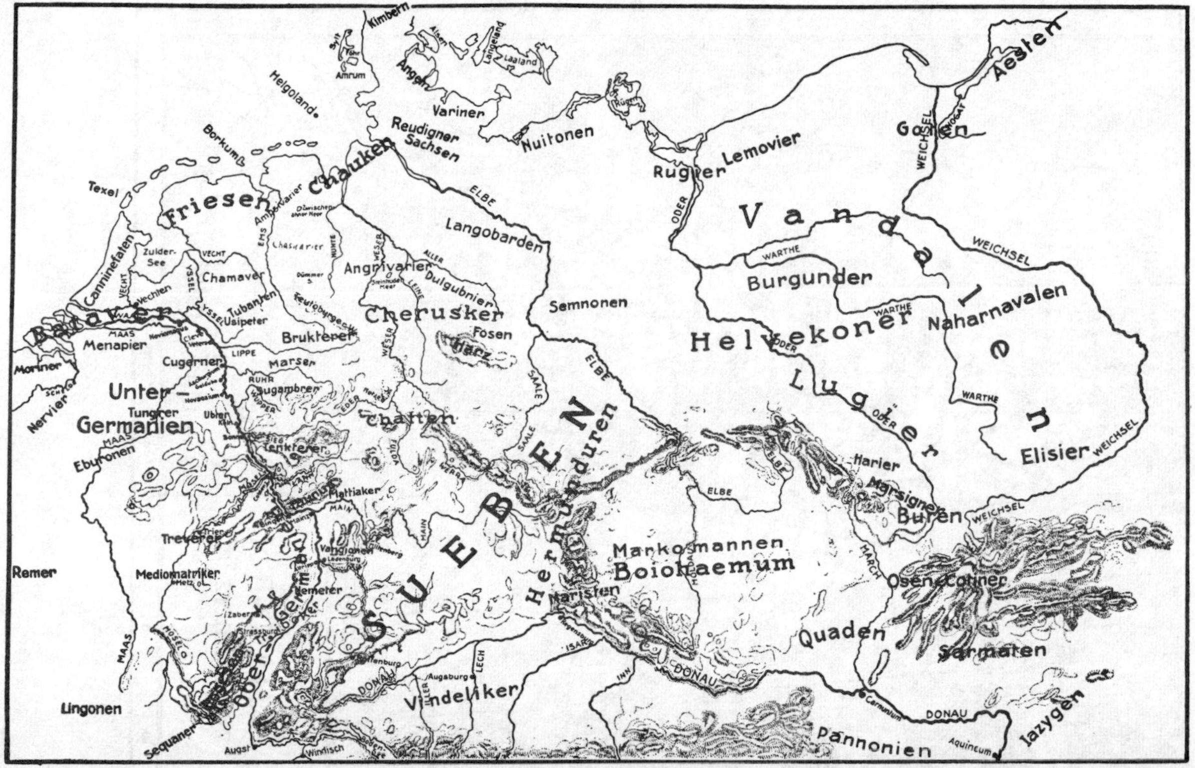

Die Völker Germaniens